金石萃編

三

【清】王昶撰

金石文獻叢刊

上海古籍出版社

金石萃編卷一百一

賜進士出身　誥授光祿大夫刑部右侍郎加七級王昶譔

唐六十一

無憂王寺寶塔銘

碑高九尺六寸廣四尺四寸四分三十三行行七十四字正書在扶風縣

大唐聖朝無憂王寺大聖眞身寶塔碑銘并序

徵事郎殿中侍御史內供奉賜緋魚袋張彧撰

譚農楊播書

天萬物混成天地恒其數一眞妙用龍象演其教教也
者因言以見性數也者任氣而爲名　我釋迦闕

兩儀應三世步蓮臺而清風自扇攀桂樹而白月□□
故能□□根牙□宏頓漸高懸佛日遠照昏衢了緣扣
寂合大空而混和從有入無破羣迷以登覺眇矣邈矣
古哉實哉有若此寺大聖眞身寶塔者　摩伽王之系
孫阿育王之首建也噫如來滅後報應斯在究乎其容
則卅二相形焉□乎其變則八萬四千所明焉或曰華
夏之中有五印扶風得其一也雖靈奇可覩而載紀莫
標目者漢□□□齊梁□□遭時毀廢晦跡丘墟營□
不□□□無□□祥異氣往往間出故風俗謂之聖冢
焉空傳西域之章獨享中人之薦厥有太白二三沙門
攝心住持得□清淨其始遠也望而□之其少近也□
而信之周流一方磅礴□星□□色□□瑞光通宵
更雄達曙不散者久之矣咸請奉以身命碎於微塵精
誠克學指掌斯獲驗其銘曰育王所建因以名焉　大
魏二年岐州牧小冢宰□拔育以爲□□□古名同於
今□刱舊規郰新意廣以臺殿高其閈閎度僧以資之
刻名以紀之隋開皇中改爲誠實道場仁壽末右內史
李敏復修之賓其銘矣煬皇帝嗣位省□下伽藍□□
□燒禪□□□發其□逐□□以州□資□而配焉
　我聖唐太宗文武皇帝鳳鳴中天龍躍北朔弔萃舉

以問罪次瀍川而犒師欽承靈蹤宿布虔懇一戎遂定
載路□□□德□年□□法門□□京城□十四大德
□□沙彌□□□□□舊大德以輔□贊有功也僧徒濟
濟□百其衆梵宇巘巘數千其多貞觀五年二月十五
日岳伯張德亮曰靚神光□□及物□上章奏精□動
　天有　□以望雲□寢殿门施焉古所謂
三十年一開則歲穀稔而兵戈息自育至顯德五年蓋
三十霜矣八部瞻仰再□開發即以其年二月八□□
□□□□□□□奉迎護舍利觀其□□玉潤皎潔冰
淨靈不可掩堅不可磨寸餘法身等虛空而無盡一分

功德比恒沙而莫量示不思議之致也　二□親
造九重寶函擲以□□□□□□□□府□
五百疋□□□復益令增修有禪師惠恭意方等道
睿旨購宏材徵鴛鷺之工□蓬壺之妙容□匠而蔵
製獻全摹以運斤不日不月載營載葺且□□□谷□
隈□□□□□襟帶八川□□山□□□□□隱□
□而太白之翠峯陽烏矯其翅由是危檻對植曲房分
起欒櫨疊拱杭坤軸以盤鬱梁棟攢羅拓乾崗而抱闕
適將□會□□　□□□宗師　□□佛之記□域
中之□□寂上之因豈□□乃瓌琦晉□豐麗穹崇岳

立杖一柱以戴天蝃蝀霞舒揭萬楹而捧日　則
天聖后長安四年　勑大周□□□□□□鸞
臺□□□□□□公辟同往開之□□作□七日行道
蹕蹕荷擔於東都明堂而陳其供焉　萬乘焚
香千官拜慶雲五色而張蓋近結城樓日重光以建輪
遠浮郊樹□□□□□□□□□□□□□□
□　□□岐陽施絹三千疋景龍四年二月十一
日中宗孝和皇帝庭爲　聖朝無憂王寺題舍利
塔爲　大聖眞身寶塔度僧四十九□□□□□
□□□□□□□□一□□鎮□□□□□變

化□□之謂聖陰陽不測之謂神況每欲開隱皆呈異
相或風煙歙欻蕩覆河山或雷雨震驚杌動天地倏往
而香花爰止□□□□□□　我肅宗文明
大聖大宣孝皇帝纘承丕緒恢復盛業德包有截化惣
無垠以澤及四海爲勲華以功□□□□□□□□
□□□□□□□□初五月十□日　□僧法
澄中使宋合禮府尹崔光遠啟發迎赴內道場
聖躬臨□晝夜苦行從正性之路入甚□之門以其年
七月一日展如初□□□本□□□　詔□
□□像一鋪□事金銀之具□百□□□爪髮王簡及

瑟瑟數珠一索金襴袈裟一副沉檀等香三百兩以賻
之道俗瞻戀攀緣號訴哀聲振乎林薄漏□□乎海裔
故得□源鳴咽□□□□□□光□　我漢室
人□□□之頃寺之門樓及鐘經等閣及東西行廊
星霜殆改冈克厥構有元罾上人者禪林之秀也壞衣
味道卻粒□冥□大慈悲聿宏製之寔多喜捨□□□
□有輪奐□□□□有壁茨而未盡□□沙門法鍔
者法將之雄也上座唐興寺主法昭泉都維那澄演等
蓮華之粹也同力致再誓相爲謀□□□以營之又結
括以成之層簷□□□□□雲□□□崇崇焉

極樂之所也嗟夫八音希聲大覺無形或芬芬馨馨或
杳杳冥冥如髣髴兮有靈有靈有道有道則壽考凡人
莫□□萬物於自然故達士樂全真而□□□□□□
□□□相交□王李公□忠□心居其泊志處其約或
謇謇諤諤或汪汪綽綽若昂藏之野鶴野鶴得性得性
則常靜凡人莫不繫百寶於□□故　□公秉廉
讓以成政□□□□□□□□□勉己復禮人焉而勸□
□懲惡人焉而懼任□□善人焉而悅務農省稅人焉
而康君子曰不肅而威不嚴而教龍門講德載揚元□
□風馬首行春更墮里嵩之雨頁足□□□□□□□

□衛□□□□□□□□孤懸隴□□稜劍□長倚
天外而已在少尹時則有若撿挍刑部員外郎兼侍御
史張公增少尹撿挍司勳員外郎兼侍御史丘公鴻漸
並□□□□□□幕□□有若侍御史內供
奉梁公傑侍御史內供奉姜公邑高監察御史裹行嚴
公霍秘書省校書郎掌書記韓公計皆人倫之傑也或
問氣逸發或含章挺生騰□□□駕鳳爭飛□□□則
□□□□本□兵馬使開府儀同三司侍中監李奉忠
文武呈才風雲合變英威獨斷問望孤高監軍使左監
門衛大將軍焦奉超武略濟時忠□□　□□□□

□寵冠　兩朝□□□□□□量宏深淸□卓絕手
膺宰命尤著吏能其參　元戎之佐尊聞微妙之偈
以爲命者身之質身者命之資法本皆如性應無著花
喻□□□□□□□□樹□□相与□簡□□
頌□詞曰
我佛在兮世獨尊我佛化兮道長存流正法兮不二門
赫惠日兮破重昏摩伽國兮□□□□□□□□□□
仰大□兮遍□□□金□兮□□□度衆僧兮施百納
□□□□□□心淸淨兮眼不雜伏騰猿兮救怖鴿
混丘墟兮將如何絕榛棘兮与菅蔞觀變現兮倍轉多

□□□□□□□□□兮□□過呼洞穴兮見釋迦
邦伯奏兮發　睿旨屢開迎兮歸　帝里捨
珍玩兮具法喜騁星宮兮勢崛起會天人兮浴定水偉
嘉祥兮爭効祉　□□□兮□光明
我尹忠兮□克淸踐福地兮□□生對真容兮忘
□情琢巨石兮讚休績歷曠劫兮揚善聲
大曆十三年歲次戊午四月□丑朔廿五日辛□建
刻字□秀
困學紀聞曰舊史德宗紀貞元六年岐州無憂王寺
有佛指骨寸餘先是取來禁中供養二月乙亥詔送

還本寺此迎佛骨之事也韓愈傳云鳳翔法門寺有護國眞身塔內有釋迦文佛指骨一節寺名與前不同闔若據毀之曰法門寺即無憂王寺紀載非一手故其名互異說非也關中金石記

右無憂王寺大聖眞身塔銘文云貞觀五年至顯德五年蓋三十霜矣顯德蓋顯慶之譌書碑者稱恒農楊播而不署官考之史楊炎父播舉進士退居求志明皇召拜諫議大夫棄官歸養肅宗時即家拜散騎常侍號元靖先生播蓋自託於逸民之流故不稱官也炎鳳翔天興人而播自題恒農者舉其族望如顏

稱琅邪徐稱東海之類潛研堂金石文跋尾

碑爲徵事郎殿中侍御史內供奉賜緋魚袋張彧撰宏農楊播書宰相世系表楊氏初裔孫播世居扶風子炎相德宗者即其人也但表言世居扶風而此稱宏農舉族望以自異也其序扶風地舊有聖冢驗其銘曰育王所生因以名焉大魏二年岐州牧少冢宰拓拔□修藉臺殿隨開皇中改爲成實道場仁壽二年右內史李敏讓修之重廣其銘唐自太宗問罪薛舉師次漳川欽承靈蹤及貞觀五年牧伯張德亮又加崇飾中宗旌爲聖朝無憂王寺題舍利塔爲大聖寶塔肅宗以□□五月十□日□□中使宋合禮府尹崔光遠啓發迎赴內道場舊唐書肅宗紀乾元三年二月癸丑以太子少保崔光遠爲鳳翔尹秦隴節度使是也王縉傳代宗令僧百餘人于宮中陳設佛像經念誦謂之內道場不知內道場已起于肅宗時矣授堂金石跋

按此碑題曰大唐聖朝無憂王寺大聖眞身寶塔碑銘据碑文則無憂王寺之額是中宗所題其在隋時爲誠實道場唐武德年間改爲法門寺碑云奉以身命碎于微塵精誠克孚指掌斯獲又云寸

餘法身等虛空而無盡似即所謂手指骨也舊唐書德宗紀貞元六年岐州無憂王寺有佛指骨寸餘先是取來禁中供養正月乙亥詔送還本寺岐州者本魏周所置舊名隋改扶風郡唐初復置岐州至德初升爲西京鳳翔府不知貞元時紀何以仍稱岐州也陝西通志載法門寺在扶風縣北二十里唐書地理志扶風縣本湋川武德二年析岐山縣置貞觀八年更名御稱太宗皇帝弔薛舉以問罪次漳川而犒師則扶風之法門寺正即太宗犒師漳川之地與碑合也詳玩碑文指骨藏塔中

三十年一開顯慶五年開後至長安四年復往開之肅宗時又啟發迎赴內道場紀所謂先是取來禁中供養者正指肅宗啟發之事非憲宗所迎之骨也邵氏聞見後錄古塔四層葬佛手指骨一節唐憲宗盛儀衛迎入禁中即韓吏部表諫者塔下層爲大有石芙蕖工製精妙每芙蕖一葉上刻一施金錢人姓名殆數千人宮女姓名爲多又刻白玉像所葬佛指骨置金蓮花中隔琉璃水晶匣可見又明人張杰撰碑記云法門寺者唐憲宗迎佛骨之所也元和十四年詔改爲法雲寺勅學士張

仲素撰碑今此碑立于大歷十三年不但在憲宗迎佛骨之前三十餘年且距德宗貞元六年送還本寺亦有十一年則是憲宗迎佛骨之事非此碑所稱之佛骨也困學紀聞但疑無憂王寺與法門寺名不同而不知佛骨是兩事閻若璩謂法門寺即無憂王寺是矣而亦不辨佛骨之是一是二皆未詳考此碑者也此碑撰文者張彧無傳可攷書者楊播即楊炎之父傳載肅宗時即家拜散騎常侍號元靖先生則當書此碑時已拜散騎常侍矣炎傳又稱炎居父喪廬墓側號慕不廢聲有紫芝

白雀之祥炎三世以孝行聞門樹六闕古所未有是播亦以孝行聞而門樹二闕矣炎傳又云宰相元載與炎同郡炎又元出也故擢炎吏部侍郎史館修撰會載敗坐貶道州司馬唐書宰相表元載權知門下省事在大歷四年載誅在大歷十二年至十四年八月德宗初即位召炎爲門下侍郎同中書門下平章事然則炎之歷官居相位皆在大歷四年以後其時父喪以起復則播卒在大歷四年以前而此碑立于十三年播卒已逾十年是書碑在前立碑在後也碑載肅宗藏骨塔中有瑟瑟

數珠一索以賜之博雅云瑟瑟碧珠也本草云瑟瑟即寶石碧者方以智通雅今寶石出西番回鶻諸坑井內雲南遼東亦有之紅者名刺子碧者名靛子唐人謂之瑟瑟即此也唐書于闐國傳德宗遣內給事朱如玉之安西求玉于于闐得瑟瑟百斤蓋瑟瑟爲時所寶如此碑末行四月□丑朔廿五日辛□建泐二字据廿五日干爲辛則朔日是丁丑廿五是辛丑也碑避諱書用作冄世作廿泯作泯

段行琛碑

碑高一丈一寸二分廣五尺二寸四分
二十六行行五十二字正書在汧陽縣

大唐贈楊州大都督段府君神道碑銘并序

朝請郎檢校尚書刑部員外郎兼鳳翔少尹侍御史
賜緋魚袋張增書
朝議郎行鳳翔府□□縣尉李同系篆額

巨唐大曆己未歲春正月段府君之子四鎮北庭涇原鄭潁等州節度使開府儀同三司御史大夫張掖郡王曰秀實追琢貞石光昭先考展孝思旌休烈也夫流源者其源長德充者其後大更八姓而至齊五福府君其人□君諱行琛字行琛宗周柱史聃其裔前漢都尉昌其業太尉之威懷戎落驃騎之光啟冀方四燕兩魏高位碩德扶疎於史牒者向二百人以至高門平原忠武王孝先弼亮北齊奄荒東夏恢武經而抗衡西帝撥文教而師尹南宮曾門德濬初羅否運播遷隴坻度地肯堂構□望姓在周辟奉朝請入隨直文林館靖恭厥位獲沒　先朝大父操握機未發早齡即世考達從調□官藝極龍豹致果爲毅職統熊羆皆保家之良主府君生知六行之美學究五經之奧既齒鄉賦高標甲科簡脩獨耀於鵷衣從事仍屈於黃綬學有著位我實當之郡有子弟我實誨之自隴及岐鼎新儒行雖東里子產西蜀文翁誠存物應蓋未之比厥有成績聞於家邦猷名位而知止貲並圓而用晦　我國家雖石斷何奴之臂時脩大刑於絕漠之表旁求百夫之特永清葛壘之外府君偏詔子張掖王曰尒居能服勤性成惟孝出可承命遊且有方□穴不探龜組何獲尒之□昆介弟可以供指使我之先人遺業可以終餘齒忠不擇事安實敗名曰□慈以激昂俾宣力以勤遠猷必勝之畧動獲前禽之利洎□宦發通貴佐律副軍君子謂府君知愛子之道矣王投筆占募馳馹徂征坐銀章已綰玉關未入府君溫其在邑□且有儀九流百氏經耳輒誦四憂十義因心必達然猶深居自珍與物爲春希言中倫知機其神內葆光以恬眞外行簡以依仁□□奉親之祿欲養而不待身寄有涯之生遷化而無愧天寶九載夏之季序遘疾於汧陽御史里之第乙酉奄歸無物其季於斯七十五稔夫人樂平狄氏吳山縣丞哲第六之女心婉志柔靜亦勤直承筐而蘩衍其實主奠而敬恭無忒下壽初登先時永逝門子祥穎仲子秀成季子□穎等柴立長號稽謀宅兆明年春孟孛辛亥還皇祖及諸父之無後者皆葬於隴山東麓栢谷摯次列三墳同施一域送終之禮備矣曆歲祓天□塋

驚蒯門徵會沙場之右殄殲鐵額之醜王飛鄣及
國擗地崩心夷凶難遂於情禮哭墓復隨於軍口既
清海裔又牧同中一莅疲人荐彰丕績廣德二年秋九
月乙未　詔追贈府君祕書省著作郎夫人太原
縣太君　恩深殁後之寵慶表生前之訓
上又以王翊亮一節綏御口戎致位崇獨坐之班咸軍
雪多壘之耻大曆十年夏五月　詔加贈府君婺
州刺史夫人太原郡太夫人十一年冬萶俊尚書左僕
射扶風郡王馬璘遘疾弥留表王請貞師律　詔
仍遷御史大夫既操二重之權克施五利之策平涼安
定曲荷其亭育先零罕开遙服其威信四封無聳三務
有成十三年五月　命朝丹禁面疆戎索
帝曰朕翁縣也俾寫貞麟閣橐秡而遣焉及季夏壬寅
又贈府君楊州大都督夫人忻國太夫人榮親揚名二
美兼著傳曰子之能仕父教之忠詩曰維其有之是以
似之見於府君矣雖封樹無改而銘頌未刊過聽謬採
於芻蕘俗詞愧陳於質要銘曰
於穆端士神所勞矣貞惠資身義方訓子育德無倦徇
名知止宜其後昆式是繁祉繁祉伊何後昆口然西服
戎胡東定幽燕殊勳克著湛恩上延贈光三錫慶洽重

泉能賦增寵牛崗啟繇北控汧源西瞞隴岫列塋如始
紀口增舊淑德清規終天亦茂
大曆十四年閏五月庚口朔十三日壬午建
此碑名不著而書法遒逸豐美極是當家書者爲張
增增無書名亦可以知唐人能書者多矣非此碑則
後世不知有增也按碑行琛者忠烈公秀實父忠烈
兄弟四人長琳頴次公次秀成次同頴史傳不著因
爲拈出碑又不署撰文者姓名豈即張增耶忠烈公
汧陽人碑在汧陽完好可搨趙明誠金石錄又有一
碑云楊炎撰蕭正書與此不同而都無此碑豈段公
有二碑耶書之以俟考石墨鐫華
此碑人以其非名家也搨者少故石尚全然字固非
惡可以觀唐日文明之盛又何必名家後可存也余
于唐碑多有采錄此更罕得但碑中敘府君之没張
掖以軍事未見含斂猶之可言至于葬事褒于昆弟
巳爲不倚乃赴闕出鎮多歷年所未見展墓之請況
于終制之思即唐世之不體臣衷亦王之綴子諗主
此中曲折覽之悶人及觀宋之名賢永叔阡標瀧岡
全未目見長公自舉進士追司玉局終身未嘗入蜀
松楸邱墓何以爲心則軍旅之交介胄之士更何多

爲然獨云時制太嚴拚職非易至我朝恤念臣勞士君子欲仕則仕欲歸則歸有何功令之束中尙有父母在堂數十年奉諱方八里門者其視唐宋諸人更媿矣書以志慨墨林快事

此碑標題揚州字作楊攷開成尙書石經淮海惟揚州字亦從木則是時兩字通用矣關中金石記

段府君行琛太尉秀實之父也碑敘其世系云曾門德濬初罹否運播遷隴坻新唐書所稱秀實曾祖師濬仕爲隴州刺史留不歸卽其事也然碑指爲行琛曾祖於秀實爲高祖而傳仍以爲曾祖且碑言播遷

則已非從仕也又其歷官如碑所指亦惟在周辟奉朝請入隋直文林館更無所謂刺史也凡此皆疑傳文爲誤碑云曾門德濬下言大父操考達則德濬郎行琛曾祖名唐人重嫌忌必非敘他文直犯其家諱者而傳稱曾祖師濬德誤作師亦宜以碑爲正也行琛以碑言天寶九載夏之季序遘疾至乙酉奄歸無物攷秀實本傳李嗣業爲節度使而秀實方居父喪表起爲義王友充節度判官嗣業傳爲北庭行營節度使亦在收復東都之後然則嗣業爲節度已當至德改元爲天寶之十四載通鑑上命河西節度副使李嗣業將兵赴行在下言以秀實自副將之其語可案據而傳謂居父喪卽在此時推之碑言天寶九載者蓋誤舛失考也通鑑天寶十載右威衛將軍李嗣業勸仙芝宵遁別將汧陽段秀實詬嗣業執其手謝之還安西言于仙芝以秀實兼都知兵馬使爲己判官是嗣業爲右威衛將軍而秀實爲判官距天寶九載父卒方閱一歲正居喪時也于事爲得其實授堂金石跋

按此碑書者張增篆額者李同系唐書皆無傳惟書譜引金石表並列其名亦但據此碑則無他書可攷矣碑云大歷己未春正月段府君之子四鎭

北庭涇原鄭潁等州節度使開府儀同三司御史大夫張掖郡王曰秀實追琢貞石光昭先考舊唐書段秀實傳云德宗嗣位就加檢校禮部尙書張掖郡王新書傳云代宗幸陝勸白孝德入援知奉天行營事孝德薦爲涇州刺史封張掖郡王德宗立加檢校禮部尙書此碑立于大歷十四年閏五月其時德宗初卽位而碑已有張掖郡王之封蓋張掖之封在代宗時至德宗嗣位但加檢校禮部尙書舊唐書誤併于德宗嗣位之後此則新書與碑合也碑不書檢校禮部尙書者當在立碑以後

也碑稱高祖曰高門曾祖曰曾門未見他碑正字通言世族盛著曰門望引韓顯宗疏云門望者祖父之遺烈碑殆取斯義也碑又稱其長子祥穎曰門子則本周禮春官小宗伯其正室皆謂之門子注謂將代父當門者也然亦未見他碑碑云高門平原忠武王孝先弼亮北齊奄荒東夏北齊書段榮傳長子韶字孝先小字鐵伐天保五年北史作四年封平原郡王北齊書脫平字此從北史薨謚忠武此碑不曰韶而曰孝先蓋以字行也北齊書傳又稱韶長子懿字德猷第二子深字德深第三子德舉第四子德

衡第七子德堪北史傳則云元妃所生三子懿深亮懿字德猷深字德深亮字德堪而皆不及德濬碑云曾門德濬初擢否運播遷隴坻度地肖堂鬱口望姓蓋是歲年遷居隴中歷仕周隋與孝先離居已久故齊書傳不爲載入不知其爲第幾子唐書段秀實傳亦云曾祖師濬師字誤仕爲隴州刺史蹈不歸更爲汧陽人可互證也懿深亮皆元妃所生則德濬非同母又諸子皆字德某則德濬亦其字也大父操諸傳皆無攷考達舊唐書段秀實傳云官左衛中郎碑則云從調夏官也兩唐書傳皆稱秀實性至孝六歲母疾水漿不入口七日疾有閒然後飲食時號孝童碑故云府君顧謂子張掖王曰爾居能服勤性成惟孝出可承命遊且有方也碑云門子祥穎仲子秀成季子口穎等而不載叔子蓋卽秀實已列于前也碑云大歷十一年冬舊使倘書左僕射扶風郡王馬璘遘疾彌留表王請貞師律詔仍遷御史大夫兩傳俱云十一年璘疾甚不能視事請秀實攝節度副使兼左廂兵馬使尋拜秀實涇州刺史兼御史大夫四鎮北庭行軍涇原鄭潁節度使與碑合也碑末行闕五月庚

口朔泐一字以下文十三日壬午推之乃庚午也

茅山紫陽觀靈寶院鐘款識

鐘之高與圍不知凡幾許兹就其有字者計之共五稜橫廣一尺五寸四分前一區廣五寸五分後四稜廣七寸統計十二行行七字六字八字不等正書

維唐大曆十四年歲次己未口月戊辰朔十五日壬口
口口金口口口口村將仕郎前口州口水縣尉口口等
六十餘戶其鑄洪鐘一口用銅一百七十斤永充供養
行者徐恬
茅山紫陽觀靈寶院
大丘門

按戊辰朔爲大歷十四年六月十五日爲壬午也

殷府君夫人碑

碑兩面刻連額高七尺七寸五分廣二尺二寸三分各九行兩側各四行每行並二十九字正書額橫題府錢唐丞殷君夫人顏君之□十二字篆書在河南府玉虛觀

有唐故杭州錢唐縣丞殷府君夫人碑

第十三姪男金紫光祿大夫行湖州刺史上柱國魯

郡公眞卿撰并書

君号□定瑯邪臨沂人□□黃門侍郎□□□□□

□　皇朝秦王記室□魯府君之曾著作郎□□□賢

□□□□□□□□□　皇曾王侍讀贈華州刺史

昭甫府君□□□□□□□□□□□□悊明達發

乎天均孝仁敬□迴出人表精究□□□□□□□

□□□□□其在家也九族仰其壼儀其移天也六

□□□□□□□□□□□□□□太夫人殷氏□

□□之才膺大家之選□□□□□□□□□□□

□□元孫府君□子□惟貞府君藐焉始□□□□

□□□□□□□□□□擅□名下闕碑側□□□□□

□□□□□□□之不登□秩每□文□族祖濬武平

一呂因李□陳□□□□朝內弟曜卿允南姨弟劉璀

族弟□同賦詩多擅警絕之句六女長適□□生安陸

令銓孝養於君次適王元□著漢春秋次適蔡九言生

□□□□□□爲當代之冠次適顏昭粹粹女適司勳

郎□□□□才器爲海內□□□□欽生濯季淮幼

適戎兄嗣疑仁□□□□□□□度爲君感□□□

□□□及女娉眞卿童穉時特蒙君教言毓奇□□□

□延壽王孫□□□龍□□淹造化篇五都賦不幸

開元廿五秊秋七月有五日以隨□□成□尉□尉

之公館享秊八十四粤以明秊春正月合祔于東□□

□山之玉寶□禮也嗚呼君全德內充慈仁外被才明

可以□博士法下闕碑側

金石補遺云四面環刻字徑三寸碑書第十三姪男

上柱國魯郡開國公眞卿撰文并書年月缺在河南

府道居寺天王殿前新自地中掘起者按道居寺乃

玉虛觀道紀司也字音訛耳河南府志

右杭州錢唐縣丞殷君夫人顏氏碑首云君號□定

瑯邪臨沂人北齊黃門侍郎之推府君之元皇朝秦

王記室思魯府君之曾著作郎集賢學士勤禮府君

之孫文中又稱秘書監元孫府君太子少保惟貞府

君自父祖以上皆稱府君而直書其名所謂臨文不

諱也篇中不稱夫人而稱君亦變例也稱曾元而去

孫字與漢尹宙碑同唐書殷踐猷傳族子成己晉州長史初母顏叔父吏部郎中徽仲爲酷吏所陷率二妹割耳訴冤徽仲得减死及成己生而左耳缺云讀此碑乃知即魯公之姑其二妹者一爲宂芳令裴安期妻其一則殘缺不可辨矣殷君之名殘缺不見寶刻類編載顏魯公書有殷履直夫人顏氏碑開元二十六年立在洛陽疑即此碑也夫人以開元二十五年卒明年正月祔葬此碑乃魯公爲湖州刺史時追立蓋在大歷閒（潛研堂金石文跋尾）

金石畧載眞卿書獨遺此碑寶刻類編有顏眞卿書殷履直夫人顏氏碑即此碑四面書字多磨滅其稱殷君云皇朝秦王記室（缺二字）府君之曾眞卿稱第十三姪男益其姑也金石補遺云在河南府學道居寺天王殿前新自地中掘出者按此碑已見寶刻類編則非新出（中州金石記）

碑四面鐫字半已損滅其序夫人號（缺一字）定而不書諱字蓋婦人不以名行雖表墓之文亦不輕布如此又言夫人贈華州刺史昭甫府君季女與魯公之父爲同母而生者宜魯公臨文之愼也（授堂金石跋）

按此碑兩面兩側同環刻今搨本失兩側非全文也顏魯公集不載此文無從校補矣額題唐錢唐丞殷君夫人顏君之碑夫稱殷君而夫人稱顏君橫題碑首他碑未見文內殷府君名泐不可見杭州府志職官表有唐錢唐縣丞殷履直云見寶刻類編當即其人前題第十三姪男金紫光祿大夫行湖州刺史上柱國魯郡公眞卿撰并書兩唐書顏眞卿傳眞卿之封魯郡公在代宗嗣位之初其官湖州刺史在元載當國之日此碑文內雖云開元廿六年合祔而立碑當在大歷末年也碑直敘夫人事文內於殷府君不甚詳則此碑爲夫人作

蓋是府君先卒已葬而夫人以開元廿五年卒明年乃合祔也自開元廿六年至大歷末相距四十年而後立此碑則碑爲諸孫所立矣碑敘夫人不稱諱某而云号口定亦例之變下述夫人先世郎眞卿之先世而文亦不避祖諱可以見當時臨文之體文多缺泐以眞卿撰家廟碑攷之云黃門侍郎者北齊給事黃門侍郎待詔文林館平原太守隋東宮學士諱之推也云皇朝秦王記室口魯府君之曾者秦王記室諱思魯也云著作郎口口山賢（下闕）乃著作郎修國史夔府長史贈虢州刺史勤

禮也云曹王侍讀贈華州刺史昭甫府君者卽眞
卿之祖本名顯甫工篆籀草隸書與內弟殷仲容
齊名高宗侍讀曹王屬贈華州刺史也曹王諱明
太宗第九子此先世之可攷者也碑又云太夫人
殷氏據魯公文集載曹州司法參軍祕書省麗正
殿二學士殷君墓碣銘云君諱踐猷字伯起陳郡
長平人五代祖不害高祖英童曾祖聞禮祖令言
父子敬君長妹蘭陵郡太夫人眞卿先妣也此碑
所稱太夫人殷氏似自敘其母然則顏與殷累世
迭爲婚媾矣碑此下敘姓名有稱內弟者有稱姨

弟者稱謂多他碑未見又夫人生六女適某某皆
列其姓名亦始見此碑後云開元廿五年卒于口
尉之公館公館二字亦始見中州金石記謂此碑
已見寶刻類編而疑河南府志新自地中掘起之
說爲非蓋寶刻類編撰于宋時此碑當自宋以後
入土至近時新出也

顏氏家廟碑

碑連額高一丈一尺四寸四分廣五尺三寸二十四行行四十七字碑陰同側廣一尺二寸各六行行五十二字並正書額題顏氏家廟之碑六字篆書在西安府學

唐故通議大夫行薛王友柱國贈祕書少監國子祭酒
太子少保顏君廟碑銘并序
第七子光祿大夫行吏部尚書充禮儀使上柱國魯
郡開國公眞卿撰并書
集賢學士李陽冰篆額
魯孔悝有夷鼎之銘陸機有祠堂之頌皆所以發揮祖
德敷演家聲故君子之觀其銘也旣美其所稱又美其
所爲無而稱之是誣也有而不述豈仁乎論而譔之敢
不祗懼君諱惟貞字叔堅其先出于顓頊之孫祝融融
孫安爲曹姓其裔邾武公名夷甫字顏子友別封郳爲
小邾子遂以顏爲氏多仕魯爲卿大夫孔門達者七十

二人顏氏有八戰國有率燭秦有芝貞漢有異肆安樂
其後丧亂譜諜淪亡魏有斐盛盛字叔臺靑徐二州刺
史關內侯始自魯居于瑯邪臨沂孝悌里生廣陵太守
給事中葛繹貞子諱欽字公若精韓詩禮易尚書學者
宗之生汝陰太守護軍襲葛繹子諱默字靜伯生晉侍
中右光祿大夫西平靖侯諱含字宏都隨元帝過江巳
下七葉葬在上元幕府山西生侍中光祿勳西平定侯
諱髦字君道事具孝行傳生州西曹騎都尉西平侯諱
綝字文和生宣成太守御史中丞諱靖之字茂宗生巴
陵太守度支校尉諱騰之字宏道善草隸書有風格梁

武帝草書評云顏𩿨之賀道力竝便尺牘少行於代生
輔國江夏王叅軍諱炳之字叔豹以能書稱生齊持書
御史兼中丞諱見遠字見遠和帝被弒一慟而絶梁武
深恨之事見梁周北齊書生梁鎮西記室叅軍諱協字
子和感家門事義不求聞達元帝著懷舊詩以傷之撰
晉仙傳三篇日月災異圖兩卷文集廿卷見梁書生北
齊給事黃門侍郎待詔文林館平原太守隋東宮學士
諱之推字介著家訓廿篇寃魂志三卷證俗音字五卷
文集卅卷事具本傳黃門兄之儀周御正御史中大夫
麟趾學士隋文輔政不署矯詔索璽又拒之出爲集州

刺史新野公後朝朔望引至御榻曰見危授命臨大節
而不可奪古人所重何以加卿事具周書弟之善隋葉
令子孫見于後黃門生　皇秦王記室諱思魯慇楚
遊秦小記室字孔歸君之曾祖也隋司經校書東宮學
士率子弟奉迎義旗於長春宮招瓜州拜儀同博學善
屬文自爲父集序國史稱溫大雅在隋與思魯同事東
宮彥博與愍楚同直內史省彥將與遊秦同典校祕閣
二家兄弟各爲一時人物之選少時學業顏氏爲優其
後職位溫氏爲盛溫氏譜亦載焉生勤禮字敬君之祖
也幼而朗悟識量宏遠工於篆籀尤精詁訓解褐校書

郎與兩兄師古相時同時爲宏文崇賢學士弟育德又
於司經挍定經史當代榮之　太宗嘗令師古讚
崇賢學士以兄弟特命蕭鈞讚之曰依仁服義懷文守
一履道自居下帷終日業彰素里行成蘭室鵠鑰馳稱
龍樓委質著作郎修國史遷府長史贈虢州刺史生昭
甫孝諱敏仲殆庶無恤少連務滋辟强昭甫字周卿君之
父也幼而穎悟尤明詁訓工篆籀草隸書与內弟殷仲
容齊名而勁利過之特爲伯父師古所賞重每有註述
必令叅定嘗得古鼎廿餘字舉朝莫識盡能讀之
　高宗侍讀曹王屬贈華州刺史眞卿表謝　肅

宗批答卿之乃祖當爲碩儒旣高倚相之能遂有臧孫
之後不墜其業在卿之門生我伯父諱元孫泉君伯父
聰穎絕倫尤工文翰舉進士考功郎劉奇特標牓之由
是名動海內累遷太子舍人　睿宗監國專掌令
畫嘗和遊苑詩批云孔門稱哲宋室聞賢翰墨云捷莫
之與先歷滁沂豪三州刺史贈祕書監君仁孝友悌少
孤育舅殷仲容氏蒙教筆法家貧無紙筆与兄以黃土
掃壁木石畫而習之故特以草隸擅名天授元年糊名
考判入高等以親累授衢州叅軍与盈川令楊炯信安
尉桓彥範相得甚歡又選授洛州溫縣永昌二尉每選

皆判入高科侍郎蘇味道以所試示介衆曰選人中乃
有如此書判嗟嘆久之遂代兄爲長安尉太子文學以
清白五爲訪察使魏奉古等所薦五郎初開盛選寮屬
拜薛王友柱國伯姊御史大夫張知泰妻魯郡夫人亡
將葬數家占君不宜臨壙君哭而拒之曰豈有忘手足
之痛牽拘忌而忍自絕乎弗從其季秋七月才生明遘
疾而歿教義者隱而傷焉与會稽賀知章陳郡殷踐猷
吳郡陸象先上谷寇泚河南源光裕博陵崔璩友善事
具陸據所撰神道碑累贈祕書少監國子祭酒太子少
保眞卿表謝　　肅宗批答云卿之先人德行優著

學精百氏藝絕六書頻擢甲科屢升循政曳裾王府名
右鄒枚載筆春宮道高徐阮既而壽乖葵髮器紆青雲
業載史臣慶傳令子追存盛美褒贈崇班且旌著於義
方俾揚名於有後豪州生春卿杲卿曜卿旭卿茂曾春
卿工詞翰偶儻有吏材蘇頲舉茂才偃師丞杲卿文理
清峻所居有聲太常丞攝常山太守祿山反揕其心手
開土門拜衛尉卿兼中丞城陷杲卿叱罵之遂被鉤舌
支解而終贈太子太保謚曰忠節眞卿表謝　　肅
宗批答云自羯胡猖狂入我河縣所在官吏多受廹脅
卿兄以人臣大節獨制橫流或俘其謀主或斬其元惡

當以救兵懸絕身陷賊庭傍若無人歷數其罪手足寄
於鋒刃忠義形於顏色古所未有朕甚嘉之曜卿工詩
善草隸十五以文學直崇文館淄川司馬旭卿善草書
允山令茂曾好屬文詁訓仁厚絕衆雉爲司馬君生闕
疑允南喬卿眞長幼輿眞卿允臧闕疑仁孝有吏能精
詩傳善剖判杭州參軍允南仁孝有清識工詩人多誦
其佳句善草隸与春卿杲卿曜卿同日於銓庭爲侍郎
席建侯所賞達奚珣薦爲左補闕眞卿時爲殿中正至
三拱　　法座蹈舞而衣袂相接者三故允南賦詩
云誰言百人會兄弟也霑陪歷殿中膳部司封郎中司

業金鄉男喬卿仁和有吏幹富平尉眞長清直早世幼
輿方雅有醞藉通班漢左清道兵曹眞卿早孤蒙伯父
息允南親自教誨舉進士歷校書　　制舉醴泉尉陟
清白長安尉三院御史四爲大夫六爲尚書再爲採訪
節度充禮儀使光祿大夫魯郡公允臧敦實孝悌有吏
能　　制舉延昌令監察充朔方衣資使殿中三爲侍
御史中允江陵少尹荊南行軍豪州及君孫泉明佐父
開土門彭州司馬威明邛州司馬季明子幹沛詡頗誕
及外孫博野尉沈盈盧逖並爲逆胡所害各蒙贈五品
京官濬好屬文翹華正頍慈明都水使者頍好五言技

書額仁孝方正明經大理司直嶺南營田判官執喪九
日不食頴河陽尉顥鳳翔叅軍頬工小楷洗馬頏恭仁
奉禮郎竝早喪逝繇方義主簿泉覲竝沒蠻襲明徵明
德明未仕通明擭嘉尉將明昌明尉克明崇文明經衛
宻摽旟之嵐有德行文詞華原主簿準溧水尉覿頗工
文襄陽尉覲有文行宏文進士顥仁友清白常熟令封
金鄉男頲清介勤學侍郎蔣洌賞其判京兆兵曹襲金
鄉男峴仁純常熟主簿任城男頎浚儀尉頵清源尉頂
幹辦揚府法曹願長厚清白朝邑尉頲左率倉曹碩祕
書正字頯有吏幹歙州錄事叅軍曲阜男頠好為詩富

陽尉翌好為文常州叅軍竝粗有所立君之諸祖諸父
羣從揚庭頤竝侍讀强學益期竝學士中和至誠敬仲
大智溫之微之濬之晉挺授撰溫泳陵竝明經康成强
學希莊日損隱朝鄰幾知微舒說順勝式宣韶竝進士
制舉有意中和繼庭希壯至刺史利仁明天文欣期元
淑景靈竝按書充庭注後漢書嘉賓千里昇庠匡朝怡
涵渾允濟揩邈諷不器防有文詞博古少連恭斂惇學
行敬仲溫之以孝聞潤有風義晃鏻邈迢以清白稱其
餘咸著官族不獲悉數洪惟累祖之耿光丕業有若子
泉宏都之德行巴陵記室之書翰特進黃門之文章祕

監華州之學識筆自魯國格于　聖代紛綸盛美遂
舉集于君君能述遵前人不敢失墜□□□事以忝聿
修亡其克饗尊榮為清廟不祧之主眞卿幸承遺訓叨
受　國恩既荷無疆之休敢揚不朽之烈銘曰
系我宗邾顏公子封郳侔附庸亞孔聖浴沂風判青徐
給事中護營柳渡江楓侍兄疾感虵童隣火斷耳貂重
施七葉傳孝恭武□□□司從便尺牘繼負蟲慟君雖
償而終咨記室游湘東嗟御正禦稷忠泉黃門擅文雄
三部長事東宮四穆叔史牢籠衰華州詁訓通小祕監
盛名鴻雒少保文翰工莅畿赤五衰崇登望苑友桂叢

三超贈保儲躬流充盛廟貌融兆不祧垂無窮
建中元年歲次庚申秋七月癸亥朔鐫畢八月己未
眞卿蒙　恩遷太子少師冬十月壬子男頵封沂
水縣男碩新泰縣男姪男頂承縣男須費縣男頎鄒
縣男微鄌官階勳爵竝至二品子姪八人受封無功
無能叨竊至此子孫敬之哉

碑後額

正書十行行九字

高祖記室君國初居此宅猿州君舍人君侍讀堂今豎
廟地高祖妣殷夫人居十字街西北壁第一宅祕書監

君禮部侍郎君侍焉虢州君居後堂華州君於堂中生焉今充神尉少保君堂今充齋堂廳屋充亞獻終獻齋室

顔眞卿之隸書李陽冰之古篆二俱奇絶也好古之士重如珠璧自唐室離亂其碑倒於郊野塵土之内更慮年深爲牧童稚叟之所毁壞且夫物不終否能者卽興有都院孔目官李延襲者眞好古博雅君子也特上告知□郎中移載入於府城立於　先聖文宣王廟庶其永示多人流傳千古乃命南岳夢英大師秉筆書記時太平興國七年八月廿九日移

朝散大夫行殿中侍御史通判永興軍府事師頑

朝散大夫行尚書考功員外郎權知永興軍府事柱國李準重立

右顔氏家廟碑顔眞卿撰并書眞卿父名惟貞仕至薛王友眞卿其第七子也述其祖禰羣從官爵甚詳集古錄

右顔魯公家廟碑石刻四面環轉在關中後廟毁□初有李延襲者語郡守移置之結法與東方畫像贊相類而石獨完善少殘缺者覺之風稜秀出精彩注射勁節直氣隱隱筆畫間吁可重也天寶間安氏睥天柱折而力扶之者郭尚父張睢陽平原與常山四耳顔氏獨擅其二碑之所以重者寧獨書哉弇州山人稿

余嘗評顔魯公家廟碑以爲今隸中之有玉筯體者風華骨格莊密挺秀眞書家至寶而其文比之生平所結撰尤自詳雅以語顔氏之後人則又其家至寶也今年冬吾州別駕小山君以家乘來乞敘始知爲公之裔孫播於茶陵者因舉以歸之弇州山人續稿

陛士龍有言文以述祖德爲美故三代彝器皆孝子慈孫爲其祖父而立者魯公此碑蓋近之矣又此碑後有太平興國七年八月二十九日重立李延襲記十七字篆書乃夢英手筆蓋此碑倒於郊野延襲告於上官移載入於府城立於文廟故自記之也夫以顔氏之物子孫不能守而後之人爲之移徙樹立則不惟顔公之名節可重而字畫亦不容泯矣然則爲人子孫思以稱述先德而冀世之後欲爲不朽者可以思矣蒼潤軒碑跋

碑文自父以上並直書其名而加諱字其他伯叔羣從悉名之予讀張燕公集有唐贈并州刺史先府君碑首曰府君諱騭字成騭范陽方城人也又有周通道館學士張府君墓誌乃說之曾祖也首曰君諱弋

字嵩之茈陽方城人也又曰君即太常卿隆之曾孫徵君子犯之孫河東從事俊之子又有唐處士張府君墓誌乃說之祖也曰曾祖徵君諱子犯祖河東郡從事諱俊父通道館學士諱弋竝直書其名而加諱字唐文粹載陳子昂我府君有周居士文林郎陳公墓誌文曰公諱元敬字某五世祖太樂生高祖方慶方慶生曾祖湯湯生祖通通生皇考辯又有梓州射洪縣武東山陳居士墓銘序曰君諱嗣字宏嗣太樂郎君之高祖父也生曾祖方慶生祖湯生皇考通君即通之第二子也竝直書其名惟父加一諱字劉禹

錫集有子劉子自傳曰曾祖凱官至博州刺史祖鍠殿中丞侍御史父諱緒浙西鹽鐵副使贈吏部尚書亦惟父加一諱字白居易集有故鞏縣令白府君事狀曰高祖諱建曾祖諱士通祖諱志善父諱溫公諱鍠即居易之祖又曰長子諱季庚襄州別駕事具後狀其襄州別駕府君事狀曰公諱季庚字某鞏縣府君之長子即居易之父李翺集有皇祖實錄一篇其首曰公諱楚金蓋古人臨文不諱而子昂禹錫自祖以上不加諱字又所謂不逮事王父母則不諱者也令人自述先人行狀而使他人塡諱非古也　文有云子泉宏都之德行子泉即顏淵也避唐高祖諱 金石文字記

魯公書高祖記室君國初居此宅云云共八十五字人不知摹搨塵土封翳予拂拭摹出碑前後皆二十二行每行四十七字左右旁皆六行每行五十字字比前後面略小額字又差小 來齋金石刻考略

自秦造分隸以至東漢增減任意譌舛相錯篆籀古法遂以大壞魏晉之間鍾王繼起風會雖於是而開然未能有所是正曁乎六朝喪亂之餘譌以滋譌通相傳染日以鄙倍唐與太宗高宗相繼右文書學漸

歸於正虞褚諸公出雖未能盡加刊削然六朝謬體蓋已十去七八矣延百餘年顏元孫作干祿字書魯公極力揚抗之於是書體廓然大正每作一字必求與篆籀吻合無敢或有出入雖其作草亦無不與篆籀相準蓋自斯喜來得篆籀正法者魯公一人而已評者議魯公書眞不及草草不及稿以太方嚴為魯公病豈知寧樸無華寧拙無巧故是篆籀正法此家廟碑乃公用力深至之作當是時公年已七十有二去其死李希烈之難不過五年年高筆老風力道厚又為家廟立碑挾泰山巖巖氣象加以俎豆肅穆之

意故其爲書莊嚴端懿如商周彝鼎不可逼視少師
告亦書於是年而風度開明如端人正士冠裳珮玉
蓋書家廟則精神肅敬少師告則意緒堂皇故書雖
出於一時而韻趣迥别有如此也碑經五季之亂倒
於永興郊野宋初太平興國七年都院孔目李延襃
者始告於殿中侍御史師頏知永興軍府事李華移
植學宮書環四面其後一面字較淸朗然比於元刻
氣味今古迥絶意其棄擲郊野時經樵夫牧豎毀壞
李延襃以舊本重刻而後亭末之詳耳元本兩側字
形畧小余特擴而大之令與前後齊一以便觀覽又

李陽冰篆額之後有碑陰一小方詳敘立廟規則而
知而搨者絶少余并臨於後文闕四字據都穆金薤
琳瑯補足之於是家廟碑由篆額以迄碑陰都二千
八百二十八字無一字闕後有夢英楷跋并李延襃
篆跋亦夢英所書盡皆臨之經始於雍正七年八月
至九月廿有五日乃完郎曰覶書其後　禮不逮事
父母則不諱王父母曾公少孤故於勤禮昭甫兩世
不稱諱則不諱王父母之義也其於父則稱諱者則
禮所謂死則諱之者也然不逮事父母於王父母且
不諱乃自欽至思曾十二世又稱諱何歟服絶於高

祖廟制親盡則祧以親而言思曾爲曾公高祖親未
盡宜稱諱則勤禮昭甫於公益親尤宜稱諱而碑不
稱諱若執不諱王父母之義則祖既不諱自祖以上
繄不必諱而各加諱字殊無義例蓋曾公徒以思曾
以上尊故宜稱諱而不準諸禮故多所未合又意在
行文不及挍點故稱與不稱皆不免錯出耳顧寧人
金石文字記謂碑自祖以上並直書名而加諱字蓋
未詳察之故若今人自述先人行狀而使他人塡諱
爲不合於臨文不諱之義則顧氏之辨可謂卓已
按宣和書譜李陽冰字少溫趙郡人官至將作監其

書名每作冰說文冰魚陵切凝本字徐鉉云今作筆
陵切以爲冰凍之冰陽冰蓋取海賦陽冰不冶之義
故字少溫猶韓文公名愈而字退之也今人每稱李
監爲陽凝不讀公者便以爲誤實則當爲冰凍之冰
若云陽凝則於少溫之義無取其所以書冰者以仌
字獨書難以成文故隸楷皆從冰猶主字篆當從
獨書不成文故皆從鐙主之主也今曾公家廟碑書
冰作氷并於冰省一筆其非凝可知不然不應以目
前好友誤書其名如此虛舟題跋
右贈太子少保顏惟貞廟碑唐書稱眞卿爲師古五

世從孫以此碑證之魯公乃崇賢學士勤禮之曾孫師古與勤禮爲親兄弟則魯公於師古爲從曾孫不得云五世從孫也廣韻顏姓出琅邪本自魯伯禽支庶有食采顏邑者因而著族又邾武公名夷字曰顏故公羊傳稱顏公後遂爲氏然則琅邪顏氏出自姬姓與曹姓之顏源流各別碑稱邾武公名夷甫字顏子友別封郳爲小邾子遂以顏爲氏多仕魯爲卿大夫魏有青徐二州刺史盛始自魯居于琅邪臨沂孝悌里與廣韻異魯公自云官階勳爵並至二品予以史證之太子少師官也光祿大夫階也皆從二品上

柱國勳也魯郡開國公爵也皆正二品　又顏氏家廟碑陰額上題字凡十行八十五字亦魯公所書記改堂爲廟室神廚之事爾雅四達謂之衢謂交道四出者今俗所謂十字街也然北史李庶傳劉家莊七帝坊十字街東南此碑亦云殷夫人居十字街西北壁第一宅則十字街之名亦古矣號本从号今从乎亦體之別者潛研堂金石文跋尾

碑魯公自敘歷譜其世系所出以逮子姓號爲詳備然載先出于顓頊之孫祝融孫安爲曹姓其裔邾武公名夷甫字顏子友別封郳爲小邾子遂以顏爲氏顧亭林案左傳襄十九年齊侯娶于魯曰顏懿姬其姪鬷聲姬注曰顏鬷皆姬母姓當云母氏則顏之爲姬姓爲魯族審矣姓譜曰顏姓本自魯伯禽支子有食采顏邑者因以爲族其出于邾之說本自圖稱葛洪蓋徒見公羊於邾有顏公之稱而不考之于左氏也莒之犁比公豈必爲犁彌之祖乎案魯公當承其家學如師古註急就篇顏氏魯伯禽支庶食采顏邑因著族又顓頊之後封邾邾武公名夷父字顏公羊傳謂顏公其後遂稱顏氏故魯公臨文不檢已爲後人所詆而世尤妄爲牽附乃于己之所祖而肆誣焉抑何惑歟又碑敘之儀則謂黃門

兄今北史云之推弟之儀魯公去隨未遠又上書不過五世此必有所據史載之推二子長曰思魯次曰敏楚碑作愍楚敏與愍音同故通用之若之儀碑載出爲集州刺史新野公北史于之儀拒命下云出爲西疆郡守及踐極詔徵還京師進爵新野郡公開皇五年拜集州刺史較碑頗詳而進爵亦稍有先後此尤可互見乃足覩其全者故亦不可不兼取資也授堂金石跋

按此碑魯公爲其父立廟而建碑以紀之也子爲父立廟而碑題曰顏君文中亦多稱君又金石之

一例也文實正書而夢英記乃謂之隸書古人楷字多謂之隸書唐六典校書郎正字所掌有五一古文二大篆三小篆四八分五隸書八分石經碑用之隸書典籍表奏公私文疏用之惟其爲楷書始可用于表奏文疏也東魏時有文覺寺碑楷書也而題曰隸書夢英之語同其例也文敘先世云出于顓頊之孫祝融融孫安爲曹姓其裔邾武公名夷甫字顏子友別封郳爲小邾子遂以顏爲氏通志氏族畧顏氏曹姓顓帝元孫陸終第五子曰安安裔孫挾周武王時封之于邾爲魯附庸至于夷父字顏公羊謂之顏公子孫因以爲氏據圖稱陳留風俗傳及葛洪要字皆如此云但謂顏爲武公然邾自顏六世至文公蘧蒢始有爵謚武公之號未必然也王儉譜云顏氏出自魯侯伯禽支庶食采顏邑因氏焉眞卿尙書譜云未知儉何所憑故當依圖葛二家及舊譜爲定据此知魯公已自不主王儉出自伯禽之說鄭氏復不檢左傳齊侯娶魯顏懿姬之語而皆專主顏氏爲曹姓也但氏族畧以安爲祝融之孫顓頊元孫之子据碑則安爲顓頊之元孫据史記顓頊生子窮蟬又生稱稱

生卷章卷章生重黎（卽祝融）吳回吳回生陸終陸終生子六人五曰曹姓則與鄭氏合然曹姓是吳回之孫非祝融之孫又不同也碑云孔門達者七十二人顏氏有八致孔門弟子之顏姓者曰顏回（字子淵）顏無繇（字路）顏幸（字子柳）顏之僕（史記云字叔家語字子叔）顏噲（字子聲）顏何（史記云字冉家語云字稱）顏高（史記云字子驕家語云名產今本家語作顏刻字子驕）顏祖（史記云祖字襄家語云顏相字子襄）凡八人又据李鍇尙史引呂覽有顏涿聚（史記作濁鄒左傳作顏庚）齊大夫初梁父之大盜也學于孔子爲天下名士以終其壽史記孔子世家云弟子三千身通六藝者七十有二人如顏濁鄒之徒受業者甚衆則是涿聚亦孔門弟子之姓顏氏者而史記弟子列傳無其人此碑但云八人涿聚亦不在其列矣碑云戰國有率斶秦有芝貞漢有異肆安樂戰國策有顏斶齊宣王見之曰斶前斶亦曰王前（按顏斶春秋後語作王蠋萬姓統譜併合爲顏蠋）未見有所謂率斶者芝貞異肆亦無攷安樂字公孫僑國薛人家貧爲學精力官至齊郡太守丞見前漢書儒林傳碑云魏有斐盛盛卽詳本碑斐見三國魏志附倉慈傳云京兆太守濟北顏斐注引魏畧云斐字文林有才學黃初初爲黃門侍郎

後爲京兆太守遷平原太守吏民啼泣遮道車不
得前碑云盛生欽欽生默默生含含生髦欽默皆
附見晉書顔含傳而事蹟不詳含在晉書孝友傳
云少有操行以孝聞兄畿死復活含絶棄人事躬
親侍養兩兄繼歿次嫂樊氏因疾失明醫人疏方
須髯蛇膽無由得之有青衣童子持青囊乃蛇膽
也童子出戶化成青鳥飛去此碑銘詞所謂侍兄
疾感蛇童者指此然云兄疾與傳異含後歷官累
遷光禄勳三子髦謙約髦歷黃門郎侍中光禄勳
含喪在殯鄰家失火移棺綍斷火將至而滅僉以

爲淳誠所感碑所謂事具孝行傳者如此碑云髦
生綝綝生靖之靖之生騰之騰之生炳之炳之生
見遠見遠生協協生之推之儀之善之儀爲之推弟碑云黃門
兄者疑碑經重刻致誤梁書顔協傳父見遠博學有志行齊
和帝鎮荊州以見遠爲録事參軍及即位于江陵
以爲治書侍御史兼中丞高祖受禪見遠乃不食
發憤數日而卒協博涉羣書工草隸世祖鎮荊州
轉正記室吳郡顧協亦在蕃邸府中稱爲二協卒
世祖爲懷舊詩傷之云宏都多雅度信乃含賓實
鴻漸殊未昇上才淹下秩傳與碑參攷互有詳畧

又傳云協撰晉仙傳五篇碑作三篇爲異北齊書
顔之推傳云之推九世祖含據碑當爲八世祖梁書協傳云七代祖含
則之推爲八世祖此云九世者誤也父協梁湘東王繹鎮西府諮
議參軍梁書傳作起釋褐湘東王國常侍父兼府記室名與官彼此互異世善周
官左氏學之推早傳家業甚爲西府所稱繹以爲
其國左常侍加鎮西墨曹參軍繹自立以爲散騎
侍郎累官平原太守齊亡入周大象末御史上士
隋開皇中太子召爲學士碑不敘大象之官傳不
載冤魂志證俗音字二書各有畧也周書之儀傳
字子升官爵與碑同有文集十卷碑所畧碑云之

推生思魯君之曾祖思魯生勤禮君之祖勤禮生
昭甫君之父思魯兩唐書附見師古傳勤禮昭甫
俱無攷碑所載國史稱溫大雅在隋與思魯同事
東宮彥博與愍楚同直內史省彥將與遊秦同典
校祕閣二家兄弟各爲一時人物之盛二家兄弟
者卽謂思魯與弟愍楚遊秦溫大雅與弟彥博字大
臨大有字彥將今檢兩唐書顔溫諸傳俱不載此國
史語蓋史家畧之矣碑云昭甫明詁訓工篆籀草
隸書與內弟殷仲容齊名又云君少孤育舅殷仲
容氏蒙教筆法殷仲容爲君之舅則爲昭甫之妻

兄弟而上文有內弟之稱儀禮舅之子注云內兄弟也爾雅姑舅之子爲內兄弟昭甫稱殷仲容爲內弟則昭甫之子不當稱爲舅矣据碑陰稱高祖妣殷夫人是思魯之妻夫人之兄弟勤禮當稱舅兄弟之子勤禮當稱內兄弟兄弟之孫昭甫當稱內兄弟或者昭甫更娶殷夫人兄弟之孫則君當稱仲容爲舅也又魯公之母亦殷氏見前殷君夫人碑若然則顔氏三世娶于殷矣書小史載顔元孫少孤養于舅殷仲容家尤善草隸仲容以能書爲天下所宗人造請者牋盈几輒令代遺元孫爲

君之兄是兄弟並育于舅氏而書法並爲舅氏所授矣碑云君與會稽賀知章陳郡殷踐猷吳郡陸象先上谷寇泚河南源光裕博陵崔璩友善唐書傳賀知章字季真越州永興人唐書地理志越州永興縣儀鳳二年置天寶元年更名蕭山隋會稽郡碑稱會稽者從郡名與族姑子陸象先善肅宗爲太子授祕書監善草隸殷踐猷即仲容從子字仲起與賀知章陸象先韋述最善授祕書省學士陸象先蘇州吳人元方子尤知名元宗朝累官太子少保源光裕相州臨漳人乾曜族孫亦有名由中書舍人累官鄭州刺史崔璩博陵安平人

元暐子官終禮部侍郎惟寇泚無攷碑云豪州生春卿杲卿曜卿旭卿茂曾豪州者即元孫官滁沂豪三州刺史長子春卿次杲卿唐書傳春卿十六舉明經拔萃高第調犀浦主簿轉蜀尉蘇頲在蜀爲長史被譖繫獄爲櫻欄賦自託頲遽出之据碑則頲爲春卿舉主也春卿終偃師丞臨終捉真卿臂曰爾當大吾族顧我不得見以諸子讓汝真卿主其昏嫁是春卿有子而碑未晰也杲卿字昕開元中與兄春卿弟曜卿並以書判超等吏部侍郎席豫咨嗟推伏据碑則同日試超等者尚有曾公

之兄允南也杲卿後死祿山之難自旭卿以下羣從俱無傳碑云君生闕疑允南喬卿真長幼輿真卿允臧凡七子而真卿爲第六子此碑首行稱第七子所未詳也真卿本傳云帝崩以爲禮儀使代宗以大歷十四年五月辛酉崩十月己酉葬此碑立于建中元年七月距葬後已踰半年而結銜尚云充禮儀使殆猶未解此職也碑書哉生明爲才生明崇班爲祟班或是借用或重刻之訛唐書宰相世系表不列顔氏故關中金石志特据此碑及晉北齊唐諸顔氏傳攷定爲魯公世系列于志中

而考證未備茲故縷述之

金石萃編卷一百一終

金石萃編卷一百二

賜進士出身 誥授光祿大夫刑部右侍郎加七級王昶譔

唐六十二

景教流行中國碑

碑高四尺七寸五分廣三尺五寸三十二行行六十二字正書在西安府

景教流行中國碑頌并序

大秦寺僧景淨述

朝議郎前行台州司士參軍呂秀巖書

粤若常然真寂先先而无元窅然靈虛後後而妙有總玄樞而造化妙衆聖以元尊者其唯 我三一妙身

无元真主阿羅訶歟判十字以定四方鼓元風而生二氣暗空易而天地開日月運而晝夜作匠成万物然立初人別賜良和令鎮化海渾元之性虛而不盈素蕩之心本無希嗜洎乎娑殫施妄鈿飾純精閒平大於此是之中隟冥同於彼非之內是以三百六十五種肩隨結轍競織法羅或指物以託宗或空有以淪二或禱祀以邀福或伐善以矯人智慮營營恩情役役茫然無得煎迫轉燒積昧亡途久迷休復於是 我三一分身景尊弥施訶戢隱真威同人出代神天宣慶室女誕聖於大秦景宿告祥波斯覩耀以來貢圓廿四聖有說之舊

法理家國於大猷設　三一淨風無言之新教陶良用
於正信制八境之度鍊塵成眞啟三常之門開生滅死
懸景日以破暗府魔妄於是乎悉摧棹慈航以登明宮
含靈於是乎既濟能事斯畢亭午昇眞經留廿七部張
元化以發靈關法浴水風滌浮華而潔虛白印持口字
融四照以合無拘擊木震仁惠之音東禮趣生榮之路
存鬚所以有外行削頂所以無內情不畜臧獲均貴賤
於人不聚貨財示罄遺於我齋以伏識而成戒以靜慎
為固七時禮讚大庇存亡七日一薦洗心反素眞常之
道妙而難名功用昭彰強稱景教惟道非聖不弘聖非

道不大道聖符契天下文明　太宗文皇帝光華啟
運明聖臨人大秦國有上德曰阿羅本占青雲而載眞
經望風律以馳艱險貞觀九祀至於長安　帝使宰臣
房公玄齡總仗西郊賓迎入內翻經書殿問道禁闈深
知正眞特令傳授貞觀十有二年秋七月詔曰道無常
名聖無常體隨方設教密濟羣生大秦國大德阿羅本
遠將經像來獻上京詳其教旨玄妙無為觀其元宗生
成立要詞無繁說理有忘筌濟物利人宜行天下所司
卽於京義寧坊造大秦寺一所度僧廿一人宗周德喪
青駕西昇巨唐道光景風東扇旋令有司將　帝寫眞

轉摸寺壁天姿汎彩英朗景門聖迹騰祥永輝法界案
西域圖記及漢魏史策大秦國南統珊瑚之海北極衆
寶之山西望仙境花林東接長風弱水其土出火綄布
返魂香明月珠夜光璧俗無寇盜人有樂康法非景不
行主非德不立土宇廣闊文物昌明　高宗大帝克
恭纘祖潤色眞宗而於諸州各置景寺仍崇阿羅本為
鎮國大法主法流十道國富元休寺滿百城家殷景福
聖曆年釋子用壯騰口於東周先天末下士大笑訕謗
於西鎬有若僧首羅含大德及烈並金方貴緒物外高
僧共振玄綱俱維絕紐　玄宗至道皇帝令寧國等

五王親臨福宇建立壇場法棟暫橈而更崇道石時傾
而復正天寶初令大將軍高力士送　五聖寫眞寺
內安置賜絹百疋奉慶睿圖龍髯雖遠弓劍可攀日角
舒光天顏咫尺三載大秦國有僧佶和瞻星向化望日
朝尊詔僧羅含僧普論等一七人與大德佶和於興慶
宮修功德於是天題寺牓額戴龍書寶裝璀翠灼爍丹
霞睿扎宏空騰凌激日寵賚比南山峻極沛澤與東海
齊深道無不可所可可名聖無不作所作可述　肅
宗文明皇帝於靈武等五郡重立景寺元善資而福祚
開大慶臨而皇業建　代宗文武皇帝恢張聖運從

事無爲每於降誕之辰錫天香以告成功頒御饌以光
景衆且乾以美利故能廣生聖以體蠲故能亭毒
我建中聖神文武皇帝披八政以黜陟幽明闡九疇以
惟新景命化通蠲理祝無愧心至於方大而虛專靜而
恕廣慈救衆苦善貸被羣生者我修行之大猷汲引之
階漸也若使風雨時天下靜人能理物能清存能昌殁
能樂念生響應情發目誠者我景力能事之功用也大
施主金紫光祿大夫同朔方節度副使試殿中監賜紫
袈裟僧伊斯和而好惠聞道勤行遠自王舍之城聿來
中夏術高三代藝博十全始效節於丹庭乃策名於王

帳中書令汾陽郡王郭公子儀初總戎於朔方也
肅宗俾之從邁雖見親於臥內不自異於行間爲公爪
牙作軍耳目能散祿賜不積於家獻臨恩之頗黎布辭
憩之金罽或仍其舊寺或重廣法堂崇飾廊宇如翬斯
飛更効景門依仁施利每歲集四寺僧徒虔事精供備
諸五旬餧者來而飡之寒者來而衣之病者療而起之
死者葬而安之清節達娑未聞斯美白衣景士今見其
人願刻洪碑以揚休烈詞曰　眞主无元湛寂常然權
輿匠化起地立天分身出代救度無邊日昇暗滅咸證
眞寂　赫赫文皇道冠前王乘時撥亂乾廓坤張明

明景教言歸我唐翻經建寺存殁舟航百福偕作萬邦
之康　高宗纂祖更築精宇和宮敞朗遍滿中土眞
道宣明式封法主人有樂康物無灾苦　玄宗啓聖
克修眞正御牓揚輝天書蔚映皇圖璀璨率土高敬庶
績咸熙人賴其慶　肅宗來復天威引駕聖日舒晶
祥風掃夜祚歸皇室祓氛永謝止沸定塵造我區夏
代宗孝義德合天地開貸生成物資美利香以報功
仁以作施暘谷來威月窟畢萃　建中統極聿修明
德武肅四溟文清萬域燭臨人隱鏡觀物色六合昭蘇
百蠻取則道惟廣兮應惟密强名言兮演三一　主

能作兮臣能述建豐碑兮頌元吉
大唐建中二年歲在作噩太蔟月七日大耀森文日
建立　時法主僧寧恕知東方之景衆也
右碑下及東西二面皆列彼國字式下有助檢校試
太常卿賜紫袈裟寺主僧業利檢校建立碑石僧行
通雜于字中字皆左轉弗能譯也按碑三一妙身元
元眞主阿羅訶者教之主也大秦國上德阿羅本者
于貞觀九年至長安也京兆府義寧坊建大秦寺度
僧廿一人貞觀十有二年也此卽天主教始入中國
自唐至今其教徧天下矣予讀西域傳拂菻古大秦

國居西海上去京師四萬里與扶南交阯五天竺相貿易開元盛時西戎冐萬里而至者百餘國輒貢經典迎入內飜經殿遂使異方之教行于中國然惟建寺可以度僧計當時寺五千三百五十八僧七萬五千二十四尼五萬五百七十六凡兩京度僧尼御史一人涖之僧尼出踰宿者立案止民家不過三宿九年不還者編諸籍甚嚴也今天下寺不常建而僧尼遂至無筭何耶（金石錄補）

今在西安城西金勝寺內明崇禎間西安守晉陵鄒靜長先生有幼子曰化生生而雋慧甫能行便解作合掌禮佛二六時中略無疲懈居無何而病微瞋笑視儵然長逝卜瘞於長安崇仁寺之南掘數尺得一石乃景教流行碑也此碑沉埋千年而今始出質之三世因緣此兒其淨頭陀再來耶則佳城之待沈彬關門之俟陽明此語爲不誣矣見頻陽劉兩化集中字完好無一損者下截及末多作佛經番字（來齋金石刻考）

略

大秦卽梨靬說文作麗靬漢書西域傳所稱梨靬條支臨西海者是也後漢書云以在海西故亦云海西國水經注恒水又逕波麗國是佛外祖國也法顯曰

恒水東到多摩黎軒國卽是海口釋氏西域記曰大秦一名黎軒道元據此益以黎靬爲卽波麗矣攷條支卽波斯國魏書云地在忸密之西東去黎靬猶一萬里長安志義寧坊有波斯寺唐貞觀十二年太宗爲大秦國胡僧阿羅斯立應是大秦僧人入中國之始合之碑則云于義寧坊造大秦寺兩國所奉之教略同故寺名通用耶阿羅斯碑作阿羅本當是歟求之誤（關中金石記）

右景教流行中國碑景教者西域大秦國人所立教也舒元輿重岩寺碑襍夷而來者有摩尼焉大秦焉秋（疑祆字）神焉合天下三夷寺不足當吾釋氏一小邑之數今摩尼祆神祠久廢不知所自獨此碑叙景教傳授頗詳葢始於唐初大秦僧阿羅本擕經像至長安太宗詔所司於義寧坊造寺一所度僧廿一人高宗時崇阿羅本爲鎭國大法主仍令諸州各置景寺其僧皆削頂留鬚七時禮讚七日一爲所奉之像則三一妙身无元眞主阿羅訶也今歐羅巴奉天主耶穌溯其生年當隋開皇之世或云卽大秦遺教未審然否後題大蔟月七日大耀森文日建立所云大耀森文亦彼教中語火貌布卽火浣布也（潛研堂金石文跋尾）

萬歷間長安民鋤地得唐建中二年景教碑士大夫習西學者相矜謂有唐之世其教已流行中國問何以爲景教而不知也按宋敏求長安志義寧坊街東之北波斯胡寺貞觀十二年太宗爲大秦國胡僧阿羅斯立又云醴泉坊之東舊波斯寺儀鳳二年波斯三卑路斯請建波斯寺神龍中宗楚客占爲宅移寺于布政坊西南隅祆祠之西册府元龜天寶四載九月詔曰波斯經教出自大秦傳習而來久行中國爰初建寺因以爲名將以示人必循其本其兩京波斯寺宜改爲大秦寺天下諸州郡宜准此此大秦寺建

立之緣起也碑云大秦國有上德曰阿羅本貞觀九祀至于長安十二年秋七月于京師義寧坊建大秦寺阿羅本卽阿羅斯也寺初名波斯儀鳳中尚仍舊名天寶四載方改名大秦碑言貞觀中詔賜名大秦寺夷僧之誇詞也舒元輿重巖寺碑云合天下三夷寺不足當吾釋寺一小邑之數釋寺唯一夷寺有三摩尼卽末尼也大秦卽景教也祆神卽波斯也今據元輿記而詳考之長安誌曰布政司西南隅胡祆祠武德四年立西域胡天神也祠有薩寶府官主祠祆神亦以胡祝稱其職東京記引四夷朝貢圖云康國

有神名祆畢國有火祆祠疑因是建廟王溥唐會要云波斯國西與吐蕃康居接西北拒佛菻卽大秦也其俗事天地日月水火諸神西域諸胡事火祆者皆詣波斯受法故曰波斯教卽火祆也宋人姚寬曰火祆字從天胡神也經所謂摩醯首羅本起大波斯國號蘇魯支有弟子名元眞居波斯國大總長如火山後化行于中國然祆神專主事火而寬以爲摩醯首羅者以波斯之教事天地水火之總故諸胡皆詣受教不專一法也大秦之教本不出于波斯及阿羅訶者出則自别于諸胡碑言三百六十五種之中或空有以

淪二或禱祀以邀福彼不欲過而問焉初假波斯之名以入長安後乃改名以立異地志稱默德那爲回回祖國其教以事天爲本經有三十藏凡三千六百餘卷西洋諸國皆宗之今碑云三百六十五種肩隨結轍豈非回回祖國之三十藏與若末尼則志磐統紀序之獨詳開元二十年敕云末尼本是邪見妄稱佛法旣爲西胡師法其徒自行不須科罰大歷六年回紇請荆揚等州置摩尼寺其徒白衣白冠會昌三年秋敕京城女末尼凡七十二人皆死梁貞明六年陳州末尼反立毋乙爲天子發兵禽斬之其徒不茹

董酒夜聚婬穢畫魔王踞坐佛爲洗足云佛上大乘我乃上上乘葢末尼爲白雲白蓮之流于三種中爲最劣矣以元興三夷寺之例嚴而斷之三夷寺皆外道也皆邪教也所謂景教流行者則夷僧之黠者稍通文字膏脣拭舌妄爲之詞而非果有異于摩尼祆神也（錢氏景教考）

右錢氏景教考曰大秦曰回回曰末尼大秦則范蔚宗已爲立傳末尼因回回以入中國獨回回之教種族蔓衍士大夫且有慕而從之者其在唐時史固稱其創邸第佛祠或伏甲其間數出中渭橋與軍人格

鬬奪含光門魚契走城外而摩尼至京師歲往來西市商賈頗與囊槖爲姦李文饒亦稱其挾邪作蠱浸淫字內則其可絕者匪特非我族類而已作景教續考　回回之先即默德那國國王穆罕默德（四譯館考作謨罕驀德）生而靈異臣服西域諸國尊爲別諳援爾華言天使也而天方古史稱阿丹奉眞宰明諭定分定制傳及後世千餘載後洪水泛濫有大聖努海受命治世使其徒衆四方治水因有人焉此去阿丹降世之初葢二千餘歲後世之習淸眞之教者乃更衍其說曰阿丹傳施師師傳努海海傳易卜剌欣欣傳易司馬儀儀傳母撒撒傳達五德德傳爾撒爾撒不得其傳六百年而後穆罕默德生命曰哈聽猶言封印云按唐之回紇即今之回回回紇之先爲匈奴元魏時號高車或曰勑勒曰鐵勒其見於魏收李延壽宋祁之史班班可攷異端之徒創爲荒忽幽怪之談以欺世而眩俗如天方古史云云者其尤可軒渠者也又言國中有佛經三十藏自阿丹至爾撒凡得百十有四部如討剌特（降與母撒之經名）則逋爾（降與達五德之經名）引支納（降與爾撒之經名）皆經之最大者自穆罕默德按經六千六百六十六章名曰甫爾加尼此外爲今淸眞所誦習

者又有古爾阿尼之寶命眞經特福西爾噶最之噶最眞經特福西爾咱吸堤之咱希德眞經特福西爾白索義爾之大觀眞經密邇索德之道行推原經勒亞一合之昭微經特卜綏爾之大觀經侏儒昧任不可窮詰而其隸在四驛館者回回特爲八館之首問之則云書兼篆楷草西洋若土魯番天方撒爾兒罕占城日本眞臘瓜哇滿剌加諸國皆用之夫篆楷草爲吾中國書法之次第其徒特借以神其誕幻而顧倒道而行近道而說以爲得天之明諭噫是何其無忌憚之甚也今以其教之在中國者而考之隋開皇

中國人撒哈八撒阿的斡思葛始以其教來故明初用回回歷其法亦起自開皇至唐元和初回紇再朝獻始以摩尼至其法日晏食飲水茹葷屏湩酪見新唐書回紇傳二年正月庚子請於河南府太原府置摩尼寺許之見舊唐書憲宗紀明洪武時大將入燕都得秘藏之書數十百冊稱乾方先聖之書中國無解其文者太祖勅翰林編修馬沙亦黑馬哈麻譯之而回回之教遂盤互於中土而不可復遣矣至於天方則古筠沖地舊名天堂又名西域其國本與回回爲鄰明宣德間乃始入貢而今之清真禮拜寺遂合而一之念禮齋

課朝五之類月無虛夕與言奇服招搖過市而恬然不以爲怪其亦可謂不齒之民也已道古堂文集

按此碑原委景教考言之已詳潛研跋謂今歐邏巴奉天主耶穌或云卽大秦遺教据碑有判十字以定四方之語今天主教常舉手作十字與碑言似合然　日下舊聞考載天主堂搆于西洋利瑪竇自歐邏巴航海九萬里入中國崇奉天主云云歐邏巴在極西北須從海中大西洋迤西而南經小西洋大南洋抵占城瓊島泊交廣以達中土有九萬里之遠也若大秦國以　本朝職方會覽西彝圖說諸書攷之大秦一名如德亞今稱西多尔在歐邏巴南雖陸路可通而甚遼遠似不能合爲一也杭氏續考專論回回之教其說亦詳然謂唐之回紇卽今之回回說亦未然唐之回紇卽回鶻其地與薛延陀爲鄰距長安祗七千里若回回有祖國以今職方諸書攷之在古大秦國之東一名伯尔西亞今稱包社大白頭番與回紇隔遠亦不能合爲一也碑稱大秦國上德阿羅本兩唐書西域傳所載諸國惟拂菻一名大秦然無一語及景教入中國之事唐會要稱波斯國西北距佛菻卽拂

菻則波斯在拂菻之東南故長安志所載大秦寺其初謂之波斯寺玩天寶四載詔書波斯經教出自大秦則所謂景教者實自波斯而溯其源於大秦也唐書西域傳波斯距京師萬五千里其法祠祆神與唐會要語同然亦無所謂景教者祆神字當从示从天讀呼煙切與从夭者别說文云關中謂天爲祆廣韻云胡神所謂關中者統西域而言西北諸國事天最敬故君長謂之天可汗山謂之天山而神謂之祆神延及歐邏巴奉教謂之天主皆以天該之唐傳載波斯國俗似與今回回相同

此碑稱常然眞寂戢隱眞威亭午昇眞眞常之道
占靑雲而載眞經舉眞字不一而足今所建回回
堂謂之禮拜寺又謂之眞教寺似乎今回回之教
未始不源于景教然其中自有同異特以彼教難
通未能剖析姑備錄諸說以資博攷至碑稱景教
景字之義文中只二語云景宿告祥懸景日以破
暗府是與景星景光臨照之義相符然則唐避諱
而以景代丙亦此義歟

不空和尚碑

碑高八尺三寸五分廣四尺一寸八分二十四行行四十八字正書在西安府

唐大興善寺故大德大辯正廣智三藏和尚碑銘并序
銀靑光祿大夫御史大夫上柱國馮翊縣開國公嚴
郢撰
銀靑光祿大夫彭王傅上柱國會稽縣開國公徐浩
書
和尚諱不空西域人也氏族不聞於中夏故不書　肅宗
顯宗口知至道特見高卬訖
代宗三朝皆爲灌頂國師以顯言德祥開
右
至尊　　代口初以特進大鴻
臚褒表之及示疾不起又就臥內加開府儀同三司肅
國公皆牢讓不允特錫法号曰大廣智三藏大曆口口
夏六月癸未滅度於京師大興善寺　代宗
爲口癈朝三日贈司空追謚大辯正廣智三藏和尚荼
毗之時口遣中謁者齋　祝文祖祭申如在
之敬　睿詞口切嘉薦令芳禮冠羣倫舉無
與比明年九月　口以舍利起塔於舊居寺
院和尚性聰朗博貫前佛萬法要指緇門獨立邈盪
其無雙稽夫眞言字義之憲度灌頂升壇之軌迹即時
成佛之速應聲儲祉之妙天麗且弥地普而深固非末
學口能詳也敢以槪見序其大歸昔金剛薩埵親於毗

盧遮那佛前受瑜伽最上乘義後數百歲傳於龍猛菩
薩龍猛又數百歲口於龍智阿闍梨龍智傳金剛智阿
闍梨金剛智東來傳於和尚和尚又西遊天竺師子等
國詣龍智阿闍梨揚摧十八會法口化相承自毗盧遮
那如來迄於和尚凡六葉矣每齋戒留中道迎善氣登
禮皆若福應較然溫樹不言莫可記已西域隘巷口爲
弃突以慈眼視之不旋踵而爲伏不起南海半渡天吴
鼓駭以定力對之未移晷而海靜無浪其生也母氏有
毫光照燭之瑞其殁也精舍有池水竭涸之異凡僧夏
五十享年七十自成童至于晚暮常飾其具坐道場浴

蘭焚香入佛知見五十餘年晨夜寒暑未嘗須臾有傾
搖懈倦之色過人絕遠乃如是者後學升堂誦說有法
者非一而沙門惠朗受次補之記得傳燈之旨繼明佛
日紹六爲七至矣哉於戲法子永懷梁木將紀本行託
余勒崇昔承微言今見几杖光容眇漠壇宇淒愴篹書
昭銘口予何讓銘曰
嗚呼大士右我　三宗道篤　帝師秩爲儀
同昔在廣成軒口順風歲逾三千復有蕭公瑜伽上乘
眞語密契六葉授受傳燈相繼述者篋之燗然有第陸
伏狂爲水息天吳慈心制暴慧口降愚寂然感通其可

測乎兩楹夢奠雙樹變色司空寵終辯正旌德　天
使祖祭　宸衷悽惻　詔起寶塔舊口之隅
下藏舍利上飾行層跡殊生滅法離有無刻石爲偈傳
之大都
建中二年歲次辛酉十一月乙卯朔十五日巳巳建
右唐不空碑自明皇以後職官不勝其濫下至佛氏
老子之徒亦皆享高爵祿故不空始爲特進大鴻臚
封之肅國公歿又贈司空嗚呼名器之輕一至於
此昔舜命伯禹作司空異於是矣金石錄
舊唐書王縉傳曰初代宗喜祠祀未甚重佛而元載
杜鴻漸與縉喜飯僧徒代宗嘗問以福業報應事載
等因而啟奏代宗由是奉之過當嘗令僧百餘人於
宮中陳設佛像經行念誦謂之內道場其飲膳之厚
窮極珍異出入乘廐馬度支具廩給每西蕃入寇必
令羣僧講誦仁王經以禳虜寇苟幸其退則橫加錫
賜胡僧不空官至卿監封國公通籍禁中勢移公卿
爭權擅威自相凌奪凡京畿之豐田美利多歸於寺
觀吏不能制僧徒雖有藏姦畜亂敗戮相繼而代宗
信心不易乃詔天下官吏不得箠曳僧尼又見縉等
施財立寺窮極瓌麗每對揚啟沃必以業果爲證以

爲國家慶祚靈長皆福報所資業力已定雖小有患
難不足道也故祿山史思明毒亂方熾而皆有子禍
僕固懷恩將亂而死西戎犯闕未擊而退此皆非人
力所能制也帝信之愈甚公卿大臣既推以業報則
人事棄而不修故大歷刑政日以陵遲有由然也五
臺山有金閣寺鑄銅爲瓦塗金於上照耀山谷計錢
巨億萬縉爲宰相給中書符牒令臺山僧數十人分
行郡縣聚徒講說以求貨利代宗七月望日於內道
場造盂蘭盆飾以金翠所費百萬又設高祖以下七
聖神座備幡節龍傘衣裳之制各書尊號於幡上以

識之昇出內陳於寺觀是曰排儀仗百寮序立於光
順門以俟之幡花鼓舞迎呼道路歲以爲常其傷教
之源始於縉也史傳所言佞佛之弊至切故具錄之
按此碑不空以一胡僧而官至特進大鴻臚開府儀
同三司肅國公遂爲後代沙門授官之祖吁亦異矣
冊府元龜載不空贈官詔曰大道之行同合於異
相王者至理總歸於正法方化成之齊致何儒釋之
殊塗故前代帝王罔不崇信法教宏闡與時偕行特
進試鴻臚卿大興善寺三藏沙門大廣智不空我之
祖師人之舟楫超詣三學坐離於見聞修持萬行常

示於化滅執律捨縛護戒爲儀繼明善教之志來受
人王之請朕在先朝早聞道要及當付囑常所歸依
毎毎執經內殿開法前席凭几同膠序之禮順風比
崆峒之問而妙音圓演密行內持待扣如流自涯皆
悟滌除昏妄調伏魔冤天人洗心於度門龍鬼受職
於神印固以氣消災厲福致吉祥當有命秩用申優
禮而得師爲盛味道滋深思復强名載明前志夫妙
界有莊嚴之士內品有果地之儀本乎尙德敬順時
典可開府儀同三司仍封肅國公贈司空謚曰大辨
正廣智不空三藏和尙　又言大歷三年二月興善

寺不空三藏上言因修寺塔下見古埏得一小棺長
尺餘發視有十餘重棺皆金寶裝飾中有舍利骨及
佛髮一條毎棺一鎖規製妙絶有殷仲文題贊其說
近怪仲文爲桓元侍中領左衛將軍安帝反正出爲
東陽太守未至關中不可以欺里巷之儒而代宗乃
崇寶輿具威儀迎入內道場奉之何哉　洪邁容齋
三筆曰自唐代宗以胡僧不空爲鴻臚卿開府儀同
三司其後習以爲常至本朝尙爾元豐三年詳定官
制所言譯經僧官有授試光祿鴻臚卿少卿者請自
今試卿者改賜三藏大法師試少卿者賜三藏法師

諸試卿改賜六字法師少卿四字並冠以譯經三藏
久之復罷金石文字記
不空得總持門靈異甚多故不獨伏象澄海數事如
値大旱京兆尹蕭昕請致雨空咒畫龍投曲江白龍
尺許振鱗出水亘天昕鞭馬疾驅奔及十步暴雨驟
至比至永崇里已決渠矣元宗嘗召術士羅公遠同
至便殿校功力殿石瑩滑師借遠如意遽擲碎羅再
三取之不得上起不空曰三郞勿取此影耳因舉手
示羅如意又西蕃寇西涼詔不空入誦仁王密語神
兵見於殿庭西涼果奏東北雲霧中見神兵鼓噪蕃

部有金色鼠齧咋絶弓弦城坳幻光明天王怒睍蕃
帥六奔帝敕諸道城樓置天王像此其始也又邛山
有蛇頭若邱陵見不空乞度遂欲陷河維決所居不
空授戒說法且曰昔以瞋深受此苦報今復忿恨吾
力何及當思吾言此身自捨旬月遂死澗中不空多
秘密法當時甚著碑荒落不稱余所見尚多遺忘故
少爲筆削附載于此史金石
碑中斷裂首題銀青光祿大夫御史大夫上柱國馮
口縣開國公嚴郢撰銀青光祿大夫彭王傅上柱國
會稽口開國公徐浩書新唐書郢本傳盧杞引郢爲

御史大夫其階與勳爵皆未及浩本傳德宗初名授
彭王傅神道碑云皇上登寶位徵拜彭王傅而階銀青亦未之及會稽
下缺字於時進封郡公當爲郡字也授堂金石跋

顏魯公書朱巨川告身
告身二通裝本高一尺二寸橫廣與行數俱不計字大小多寡亦不等告正書鄧文原等三跋俱行書

尚書吏部

起居舍人試知制誥朱巨川[illegible]

右壹人擬朝議郎

正陸品上行起居
舍人試知
制誥
尚書左僕射闕
開府儀同三司守尚書左僕射知省事上柱國臣 希逸
光祿大夫行吏部尚書上柱國魯郡開國公臣 真卿
朝議郎權知吏部侍郎賜緋魚袋 說
正議大夫吏部侍郎 未上
銀青光祿大夫行尚書左丞
朝議大夫吏部侍郎上柱國[illegible]縣開國男賜紫金魚袋 未上

朝議郎權知吏部侍郎賜緋魚袋臣[illegible]等言謹件朱巨川王寄闕播
艮輔獨孤弼等伍人擬階如右謹以申聞謹奏
建中元年八月廿二日朝議郎守尚書吏部郎中賜緋魚袋臣王定上
朝議大夫守給事中臣崔容讀
銀青光祿大夫守門下侍郎同平章事上柱國臣楊炎省
侍中闕
聞押
告朝議郎行起居舍
人試知制誥朱巨川
計奏被

旨如右符到奉行
主事 意
郎中 定　　令史
書令史
建中元年八月　日下
右建中元年告身
勑典掌王言潤色鴻業必資純懿之行以彰課最之績
久更其職用得其才朝議郎行尚書司勲員外郎知制
誥朱巨川學綜墳史文含風雅貞廉可以勵俗通敏可
以成務自司綸翰屢變星霜酌而不竭時謂無對今六

官是總百度惟貞才識兼求尒其稱職膺茲獎拔是用
正名光我禁垣實在斯舉可守中書舍人散官如故
建中三年八月十四日
太尉兼中書令臣在使　元
銀青光祿大夫守中書侍郎同中書門下平章事臣張使
通直官朝議郎守給事中賜緋魚袋臣關播奉　行
通直官朝議郎守給事中賜緋魚袋臣關播奉行
奉
勑如右牒到奉行
建中三季六月十五日

侍中 闕
銀青光祿大夫守門下侍郎同平章事扎
正議大夫行給事中審
月 日 時 都事
左司郎中
吏部尚書 闕
朝請大夫權判吏部侍郎范陽郡開國公 翰
吏部侍郎 闕
尚書左丞 闕
告朝議郎守中書舍

人朱巨川奉
勑如右符到奉行
主事 怡
判郎中 滋　令史侯朝
書令史
建中三年六月十六日下
右建中三年告身
唐告多出善書者之手亦足以見一代文物之盛矧
魯公道義風節師表百世其所書尤可寶也至大辛
亥仲春廿又二日古浩鄧文原書

右顔魯公書朱巨川告郎宣和書譜所載者上有高宗乾卦紹興圖書而魯公之書蘇東坡先生已嘗論之矣不惟爱翫抑見唐代典故之式尤爲可尚龍集辛亥仲秋朔裔贇成題

此唐德宗建中三年六月給授中書舍人朱巨川告身符年月職名之上用尚書吏部告身之印計二十九顆世傳爲顔魯公書按唐式書符令史事也代宗之喪魯公以吏部尚書爲禮儀使楊炎惡其直換太子少師領使事及盧杞益不容改太子太師併使罷之是時適在間局而其忠義書法巍然爲天下望巨

川欲重其事特求公書亦如今世士大夫得請誥勅封贈多求善書者操筆同一意也米元章書史載朱巨川告顔書其孫灌園持入秀州崇德邑中余以金梭易之劉涇得余顔告背紙上有五分墨裝爲秘玩王詵篤好顔書遂以韓馬易去此書今在王詵處宣和書譜載顔書亦有朱巨川告今卷中並無宣和印記獨存梁太祖御前之印前後壓縫有宋高宗乾卦紹興印耳豈嘗藏御府靖康之亂散落人間南渡收訪應募者截去本朝璽跋邪然五代時既入御府則宋時不應在灌園處豈王詵所得乃別本邪不可得

而知矣此卷作字雖小而與東方朔贊用筆同其爲顔書無疑告中細書不知出何人唐制惟侍中中書令爲眞宰相其曰同中書門下平章事雖行宰相事而未爲眞中書以後藩鎮節使多授中書令故勅後細書首行云太尉兼中書令臣在使完是年四月盧杞忌張鎰出之鳳翔故第二行云守中書侍郎同中書門下平章事臣張使其第三行云守給事中臣關播奉行杞愛播和柔易制是年十月即同平章事矣牒後細書首行云侍中闕第二行云守門下侍郎同平章事杞即盧杞也又吏部正員尚書一人侍郎二

人其屬有四曰吏部司封司勲考功吏部郎中一人掌文官階品朝集祿賜告身尚書左右丞各一人掌辨六官吏戶禮左丞總焉兵刑工右丞總焉故牒尾尚書侍郎左丞俱云缺而云判吏部侍郎范陽郡開國公翰者盧翰也後此二年爲興元元年正月亦進同平章事符後書云判郎中滋者劉滋也貞元二年正月遂從吏部爲左散騎常侍末後書令史不名爲可驗此告非令史筆矣一展閱間而唐之典故歷歷可考且魯公書得其背紙墨跡尚裝爲秘玩況眞跡邪宜何如其寶愛之也正德丁丑五月望日陸完跋

按告身之制通典載唐法選集而試書判既試而
銓身言已銓而注擬先簡僕射乃上門下省給事
中讀之黃門侍郎省之侍中審之然後上聞主者
受旨而奉行焉各給以符而印其上謂之告身今
驗建中元年告身內有吏部郎中王定上字給事
中崔容讀字門下侍郎同平章事楊炎省字侍中
闕當有某人審字此行之次有聞字次有被旨奉
行字皆與通典合朱巨川于建中元年官行起居
舍人三年守中書舍人而告並階朝議郎唐六典
朝議郎正六品上起居舍人從六品上中書舍人

正五品上凡階卑擬高曰守階高擬卑曰行巨川
在元年階朝議郎而官行起居舍人以正六品上
階擬從六品上官是階高擬卑也故曰行至三年
仍階朝議郎而官守中書舍人以正六品上階擬
正五品上官是階卑擬高也故曰守階官皆與六
典合兩告中惟三年勅典掌王言云云是顏書其
元年告列眞卿行吏部尚書銜名三年告不列蓋
已在閒局矣元年告凡數目字作壹貳等字而年
月皆作一二是元宗先天時詔改之制也唐書百
官志王言之制七二曰制書大除授用之四曰發
勅授六品以上用之制有詞勅無詞此二告元年
者無詞授六品以上也三年者雖亦六品以上而
仍謂之勅雖曰勅而有詞殆中書舍人之官異于
常格歟朱巨川兩唐書無傳元年告銜名有尚書
左僕射知省事希逸者卽侯希逸也舊唐書傳希
逸平盧人寶應元年討平史朝義加檢校工部尚
書私糴去職大歷十一年起復檢校尚書右僕射
上柱國封淮陽郡王末泰元年因與巫者夜宿于
城外軍士乃閉之不納希逸奔歸朝廷拜檢校右
僕射久之加知省事新傳則云夜與巫家野次李

正己閉關不內遂奔滑州召還檢校尚書右僕射
知省事兩傳不同據此告希逸列銜是左僕射非
右僕射在建中元年非末泰元年且末泰紀元在
寶應廣德之後大歷之前非大歷後舊傳誤

顏魯公奉使帖

石高五尺一寸四分廣二尺三寸五分分作三截上
截書十一行行七字下截像中截跋十二行行十四
字並行書唐顏
正書在同州府學

眞卿奉命來此事期未竟止緣忠勤無有旋意然中心
恨恨始終不改游于波濤宜得斯報千百年間察眞卿
心者見此一事知我是行亦足達於時命耳

人心無路見
時事只天知
觀此筆蹟不顧歲月以事實攷之盖使李希烈時也希烈以建中元年陷汝州盧杞建議遣公奉使至正元元年八月丙戌公不幸遇害困蹟賊庭者逾二年刃加於頸而色不變度無還期誓不易節盖書此以自表云重旣摹公之像於蒲繪而祠之又訪得此石本狀貌老矣公以乾元元年自同徙蒲至奉使時垂三十年氣節不衰而狀貌非昔也乃刻石而寘之祠室俾觀者有考焉

靖康元年七月壬申朝散郎秘閣修撰知同州軍州事唐重書

魯公行書奉命來此事期未竟止緣忠勤無有旋意又作二語云人心無路見時事只天知宋刻同州下有公小像不知原刻在何處石墨鐫華

公使逆藩逼以偽相羈囚憤懣甘死待日內無可屈之志前無可任之途循省身世思憶君國千愁萬緒莫從告語寄之此圖申以數語用示後人即遂訣君父痛哉未嘗不百拜展卷淚淫淫承睫下也坐令逆徒兇焰頓化敘崇則此象此字之傳固人心天理之

不容丧亦造物之呵護引延留爲正氣之類置榜樣也夫上可以格之天下可以感逆賊及數百世之人之遠而一堂之近平生合姓之忠義不足以信之君而破奸相之謀公何遇之不幸也然丁此遇而後完大節于八十之年公即無心以自表暴而天若有以就之又何恨乎墨林快事

右顏魯公像并奉使蔡州書在同州府宋靖康元年七月秘閣修撰知同州唐重所刻題云重旣摹公之像於蒲繪而祠之又訪得此石本狀貌老矣公以乾元元年自同徙蒲至奉使時垂三十年節氣不衰而狀貌非昔也乃刻石寘之祠室俾觀者有攷焉案魯公以貞元元年乙丑爲李希烈所害時年七十六則乾元元年戊戌年止四十九故二像鬚眉不無壯老之別重字聖任眉州彭山人建炎初以天章閣直學士知京兆府與金人戰城陷死之蓋忠義得之性成宜其有慕於魯公也潛研堂金石文跋尾

案魯公以興元元年奉使貞元元年八月廿四日死難唐書本紀以爲八月丙戌獨行狀以爲興元元年者非　重字聖任自署爲朝散郎秘閣修撰知同州單州事攷重以右諫議大夫疏斬蔡京父子遷中書

舍人言宰輔當先補外爲宰相所惡落職知同州傳不載其爲祕閣修撰當是略也是年金兵破晉絳重度不能守開門縱州人使出自以殘兵數百守城金兵疑其有備不渡河而返尋擢天章閣待制節其時事矣後爲京兆府路經略制置使爲金將婁室所攻城陷殉節攷欽宗本紀金破晉絳乃是年九十兩月事也婁室破永興軍乃高宗建炎二年正月事也重在同州繪公圖像刻置祠堂是其忠義之氣根于天性觀此圖者不特使真卿英靈千載不沫重之氣節亦於是乎可見矣關中金石志

按此碑據魯公年譜以爲興元元年書據魯公碑銘云興元元年八月三日薨于蔡州之難行狀云貞元元年八月二十四日希烈幽殺之新唐書本傳不書薨日舊傳則云興元元年八月三日與碑銘同公之奉使新書本紀及傳皆不書年月舊書本紀特書建中四年正月庚寅李希烈陷汝州甲午遣顏真卿宣慰李希烈軍是希烈之陷汝真卿之奉使皆在建中四年唐重以陷汝州在建中元年關中金石記以奉使在興元元年皆誤也兩書傳載真卿先爲袁傪所排次爲楊炎所惡最後爲盧杞所忌數遣人問方鎮所便將出之會李希烈陷汝州杞乃奏顏真卿四方所信使諭之可不勞師旅上從之李勉密表固留又遣逆于路不及至河南河南尹鄭叔則勸不行荅曰君命可避乎既見希烈宣詔旨就館希烈逼使上疏雪已真卿不從每與諸子書但戒嚴奉家廟恤諸孤訖無它語希烈屢遣人或說或脅皆怒叱之乃拘真卿守以甲士掘方丈坎於廷傳將阬之真卿曰死生分矣何多爲張伯儀敗齎旌節首級至真卿慟哭投地會其黨周曾康秀林等謀襲希烈奉真卿爲帥事

洩曾死拘送真卿蔡州龍興寺真卿度必死乃作遺表自爲墓誌祭文指寢室西壁下曰此吾殯所也興元後王師復振賊慮變遣將辛景臻安華至真卿所縊殺之真卿之書此帖當即與作遺表墓誌祭文同時真卿前以直道取忌于小人後以忠貞被拘于逆賊所遇之境艱苦備嘗千磨百折而不變節帖中所謂中心悢悢始終不改游于波濤宜得斯報數年中情事盡在此四語中後人可以想見也傳載真卿被害在興元元年王師復振之後則其書此帖自在興元以前既不能確定其時

祇可系于被害之年

吳嶽祠堂記

碑高六尺一寸廣二尺七寸二十一行行二十六字行書篆額在隴州西鎮吳山廟

將仕郎行太子正字□□冷朝陽書

唐興元元年十月十一日國之元□鳳翔隴右□原四鎮北庭兼管內副元帥司徒兼中書令西平郡王李公晟有事于　吳山之祠虎暢前驅烏隼之族昇降林嶺不䣛不呼縈雲掛嵐以届于祠下公遂以　神之□□告于座客□□忝備賓佐管文記之任操觚染翰恭而書之初相國凉公鎮鳳翔□常以中軍委□□□□□名

横軼倫伍大曆四年屬天降灾沴不雨踰時土山方焦大水成塵封內山鎮分官禱祈　命公禱于　吳山公於是氣肅體虔桂酒瑱筵公告神以灾沴　神饗公之吉蠲明能通幽□在俄頃雲油雨霈霶霈優渥沃瘠膏□□私必濡既皂且房歲□大熟遠□起□人咸異之由是公心有所奉動符冥應招神尸卅人供灑掃之事其後扙　王命提偏師救亂于蜀唯聊戎于邛僰曾不踰時弨弓反旆繼以叛將擁衆兩河釋騷公皷行而東且討且撰洹水盡敵魏橋制勝兵未及而趙北圍解氣有餘而㴱茫凱旋壁渭川則殿若長城復　皇都則□

如破竹冥符幽贊於是乎在無何優　詔拜公上公極人臣之寵且以西門之務委焉公本之禮經山在封內者得崇祀典況　吳山德於我乎具以　上聞特請褒異□　詔使中使孟希价持僉賜神錦袍金帶夫人花冠等焜耀祠宇發揚幽昧山鎮之秩□于方岳矣徵諸故事當開元廿八年　詔使正議大夫內常侍竇元禮賜食致祭至天寶八年哥舒翰拔石堡破蕃蠻封神爲成德公至德乾元之間累有褒□□爲　天嶽王則神之宜力有自來矣人或以公曩之感神駭于視聽公異以爲　吳嶽者含蓄雲雨蟠厚地而柱着旻天地

之山也李公持顛定傾蘇羣生而戴　天子社稷之山也與夫嵩嶽巨鎮均功並用肹蠁氣合何其壯哉鍾鼓䇿之苾芬薦之人神欣欣既晝斯夕宜矣山之廣袤載于方志略而不述所述者公之感通與其年月敢學舊史實而無華掌書記朝散大夫殿中侍御史內供奉于公巽奉　命爲記

按唐書是年五月二十八日副元帥李晟復京師七月十三日德宗至自興元八月晟至鳳翔斬叛卒王斌等及涇帥田希鑒此則以其年之十一月祭告吳山而掌書記于公巽爲此文也碑中所云相國凉公

鎭鳳翔者李抱玉也金石文字記

右記于公异撰冷朝陽書爲李西平于興元元年十月有事吳山而作也按晟傳德宗遣張少宏口詔進晟尚書左僕射同中書門下平章事此記云鳳翔隴右涇原四鎭北庭兼管內副元帥司徒中書令西平郡王而不以僕射平章入銜豈敘後之官爵略前所加而不書耶抑進至三公則辭僕射平章耶唐制率以僕射平章遥授藩鎭殆爲虛名晟拜鳳翔則爲節度以中書令出鎭與僕射平章迥别矣舊書兼鳳翔尹新書遺西鎭北庭皆當以碑爲正記又追述李抱

玉鎭鳳翔日以中軍委晟禱嶽雨降今晟亦鎭鳳翔復舉祠事文筆之工只三四語盡西平偉績通鑑載公异草露布至梁州上覽之感涕即其人也朝陽書遒媚可愛非俗手可及金石錄補

按吳嶽即西鎭周禮雍州其山鎭曰嶽山孫炎曰雍州鎭有吳嶽山亦名吳山水經注汧水發南山西側俗以此山爲吳山山海經吳山三峯秀出雲霄山頂相捍望之常有落勢漢書地理志右扶風汧縣吳山在西古文以爲汧山唐書地理志隴州吳山縣本長蛇縣貞觀元年更名有西鎭吳山祠陝西通志西鎭吳山廟在隴州南七十里吳嶽山下唐李晟鎭鳳翔時旱禱雨應有侍御史內供奉于公异記即謂此碑也禱雨事是李抱玉非李晟通志失檢隋書禮儀志開皇十六年正月進西鎭吳山造神廟此建廟之始也冊府元龜天寶十載正月封吳山爲成德公二月己亥遣大理少卿李楨祭吳嶽山成德公至德二年二月帝在鳳翔改汧陽郡吳山爲西嶽增秩以祈靈助此封祀之始也舊唐書元宗紀天寶十載但載正月癸丑遣祭嶽瀆海鎭而不書封吳山神事惟文獻通考載天

寶十載封嶽山爲成德公其八載但云九州鎭山除入諸嶽外並宜封公而無封吳山成德公之文此碑云天寶八年哥舒翰拔石堡破蕃營封神爲成德公据唐書紀傳翰之拔石堡是八載六月事若因翰戰功而封吳山神又不應在正月是諸書與碑牴牾未能明也碑又云至德乾元之閒累有褒口口爲天嶽王通考但云至德二載勅吳山宜改爲吳嶽祠享官屬並準五嶽故事不云封天嶽王也此碑紀興元元年十月十一日李晟祠吳山之事晟銜云鳳翔隴右口原四鎭北庭兼管內副

元帥司徒兼中書令西平郡王據舊唐書本傳此銜乃興元元年六月七月兩次所加其尚書左僕射同中書門下平章事乃正月所授至三月又加檢校右僕射兼河中尹河中晉絳慈隰節度使又兼京畿渭北鄜坊丹延節度招討使至四月又加京畿渭北鄜坊商華兵馬副元帥碑皆不爲叙入蓋晟時在鳳翔則叙鳳翔之新銜其前銜自不槩叙金石後錄未及審也碑云相國凉公常以中軍云云舊傳云大歷初李抱玉鎮鳳翔署李晟爲右軍都將今碑作中軍似當從碑碑云救亂蜀唾翦

戎卭僰是德宗卽位之初吐蕃冦劍南晟將神策兵往救因留成都數月事碑云叛將擁衆兩河繹騷云云卽田悅王武俊等魏州趙州之戰及勤王退賊收復京城等事碑與傳皆合傳稱興元元年七月德宗至京師晟亦入朝賜里第田園女樂鼓吹紀功勒碑詩兼鳳翔尹盎自復至鳳翔至是乃有祠吳山之事也舊傳稱晟字良器隴右臨洮人新傳作洮州臨潭人攷唐書地理志洮州臨洮郡屬隴右道州有美相縣貞觀四年徙治洪河城以故地置旭州五年又置臨潭縣八年廢旭州以臨潭屬洮州是兩傳籍異而實同也撰記者于公異兩唐書傳公異吳人文章精拔建中末爲李晟招討府掌書記興元元年收京城公異爲露布上行在德宗覽之泣下既而曰不知誰爲之或對曰于公異之詞也上稱善久之通鑑載其事語蓋本此碑叙其官階朝散大夫殿中侍御史內供奉兩傳皆略書者冷朝陽兩書無傳惟李嘉祐有送冷朝陽及第歸江寧詩知其爲江寧人

大岯山銘

石橫廣五尺八寸五分高三尺二寸五分三十四行行字數十八至二十四不等行書在濬縣

大岯山銘并序

判官相州司戶叅軍李沛撰

攝□陽縣令陳□卿書

巨唐興元末下　詔徵天下兵將大有事於淮西邏逑等□於是焉在　我魏博節度使工部尚書御史大夫駙馬都尉田公選百金之士馬步五千悉甲而還委銀靑光祿大夫試殿中監兼御史中丞符公惣之洎貞元元年春一月畢會于大梁久之未進以其年冬十有一月□都統撿挍司空同中書門下平章事懐德郡王李宋節度劉公中令諸軍曰元兇李希烈□□爲惡罔□

□天流毒淮右以逆亂干　神器以暴殄錯□命罪浮
于□□禍□于覆宗　上以德柔之以仁綏之如豺如
狼□□廻心盍不得已而至于用兵猶尙盤桓伺其間
□然後□將□天威曷尓有衆尓所不曷其於尓躬有
罪
　公由是夙夜祗懼恭行　明命長□□野□□
□□□次於許之扶溝□□而守□之以雄戟勁弩堅
之以深溝高壘□□□□□□□□追誨□及貟芒刺于
背□戰慄于□常□外虞不遑內事二年夏四月□□
□變霜刃□發身分蔡下首懸藁街浹辰之間天下如
金同文□規□夷一貫雖虞格有苗軒庭涿鹿　□

者之師□□□□不是過也五月有　詔會大梁洪班
　賞勞以還師飮酒淮海金帛山積既醉而凱歌者動
以萬計事畢□□□轅□□□□□□□屯大岯洗
兵刷馬示以無事卷旗虹藏□□□伏□□□□□
□□馬援南征建標於銅柱衛□北伐勒石於燕然安
曰厠於昔賢□多□於茂實碩謂沛曰此　皇上之威
德□□座之不績無述可平沛從軍□年備□□□敢
不如命刊石立銘
□□□□春□□臧□□□□□□□□山裂壞□
□猖狂地所不載天其□亡　皇赫斯怒□樂萬方徵

兵諸侯出師勤□殫我□司翼尓鷹揚朝渡孟津夕次
大梁深溝□右高壘穎陽有心無戰神□乃殛向化者
□覆宗者賊宇宙□一車書同則振旅闐闐全軍□□
昔我往矣□□□□今我來思□勳銘山山□□□河
流□□垂□□□□此河石
　碑爲平李希烈銘功之詞劉昫唐書德宗本紀云興
元元年十一月癸卯宋亳節度使劉洽與曲環破希
烈之衆於陳州俘斬三萬級生擒賊將翟崇暉以獻
戊午劉洽大破希烈之衆擒其僞相鄭賁等五人以
獻希烈遁歸蔡州汴州平碑所云大都統檢校司空

同中書門下平章事懷德郡王汴宋節度劉公卽洽
也碑又云二年夏四月同戚□變霜刃□發身分蔡
下首懸藁街又云五月有詔會大梁洪班賞勞以還
師卽指李希烈爲其牙將陳仙奇所殺并誅其妻子
仙奇以淮西歸順之事亦與史合　中州金石記
　按大岯山禹貢作伾史記作邳禹貢東過洛汭至
于大伾傳曰山再成曰伾爾雅釋山云再成英一
成岯李巡曰山再重曰英一重曰岯書傳與爾雅
不同盍所見異也禹貢錐指薛士龍曰大伾山許
愼說今黎陽之黎山今按岯伾二字說文俱無伾

字下引詩以車伾伾坏字下云邱再成者與孔傳同並無薛所稱語慎有五經異義或出其中水經注有兩大伾山其云又東逕大伾下又東合氾水者此大伾山在氾水縣西一里非禹貢之大伾其云又東北至濬縣西南古宿胥口大伾山在其東北其南岸則滑縣者乃禹貢之大伾卽此碑所稱大伾山也濬縣在大名府西南一百八十里今屬河南衛輝府河南通志云山在濬縣東南二里卽今碑所在也碑撰書人俱無攷劉洽兩唐書亦無傳惟于德宗紀興元元年十一月書劉洽破希烈

之事但舊紀稱洽爲宋亳節度使新紀略其官惟于正月戊戌書劉洽爲汴滑宋亳都統副使三月丁酉書劉洽權知汴滑宋亳都統兵馬事舊紀並略之碑云魏博節度使工部尚書御史大夫駙馬都尉田公卽田緒也舊唐書德宗紀興元元年四月己巳魏博行軍司馬田緒殺其帥田悅詔緒爲魏州長史魏博節度觀察使新唐書田承嗣傳云田悅早孤母更嫁平盧戍卒悅隨母轉側淄青間承嗣得魏訪獲之委以號令裁處皆與承嗣意合及長命悅知節度事帝因詔悅爲節度使後乃更

議如七國故事悅國號魏僭稱魏王阻兵凡四年狂愎少謀從弟緒手刺殺之緒字緒承嗣第六子下令軍中曰我先王子能立我者賞衆推緒爲畱後詔卽拜緒節度使貞元元年以嘉誠公主降緒拜駙馬都尉李希烈平以功賜一子八品官碑所載緒官紀傳皆略之碑云銀青光祿大夫試殿中監兼御史中丞符公卽符璘也舊書傳符璘者田悅之將初馬燧李抱眞李芃等破田悅于洹水燧等進屯魏州時悅與李納會于濮陽因請助兵納分麾下數千隨之至是納爲河南諸軍所逼徵兵

于悅悅遣璘將三百騎護送之納兵旣歸遂悉其衆降于燧遷璘試太子詹事兼御史中丞封義陽郡王但據傳則璘爲田悅率兵赴濮州非爲田緒璘之官御史中丞是馬燧所遷亦非緒所授與碑異也碑云二年五月詔會大梁賞勞還師此事不見于本紀破希烈之功李晟爲最著劉洽率兵盤桓日久僅止拒守扶溝閒有俘獲大都曲環之績爲多至希烈之誅假手牙將陳仙奇並非兵力所致則洽亦無大功可錄宜乎史不爲立傳而李沛乃勒銘大伾比于銅柱燕然幕官喜諛若此可歎

也碑無歲月當即是貞元二年五月

張延賞碑

碑高九尺三寸廣約四尺二十五行行
六十字隸書篆額在偃師縣經周案

唐故贈太保張公神道碑

□□□□銀青光祿大夫□尚書戸部□郎闕下
貞元三年秋七月壬申丞相張□薨于位冬十月乙酉
□□于闕下□其□□里嗚呼往□□□哀可極□殁□
□□□□□□□諱□□字延賞河闕下□□□□闕下□
郜尚書中書令□□□□都督謚曰恭肅□輔
□□□開元之□□□□□□□□□□闕下臣器公而薦□

□□名實符　肅宗名見奇之且思□□□□□
□□□□解褐闕下太師闕下深於知□□□歎異□□婣
好闕下城邑闕下鎮北都公□□兼□尹守□拜給事中
敢闕下□□闕下□節度闕下建中□□□　聳轂駐　蹕□
郊□□□□□□進封闕下□時都邑闕下重□□故□□
□□□□□□□□□□□□□　闕下之望□□
□□□□總戎闕下心□功□闕下□□聽遠邇相□□□
之□時情所闕下弔賻有加　□□護喪事闕下□□
聞□闕下泫云尓太闕下□□鰥□□冂□□□□知禁德
禮闕下康□□□□如東周之禮其在荆楚闕下□愛成頌

沓因俗施政□□□□□□闕下其闕下叔山甫成中興之
業而□冂□闕下□□□□若星□□□□山岳斯可謂
殁而不朽者□詩云□□□□闕下備盡彝□之孝遺令
薄葬布衣瓦器以終予志□□□□□□闕下目所及
皆為實錄其詳則　制詔□□□□□□及闕下
太保□氏□□□□軒轅□□□□闕下□□
皇天太保嗣烈克光前闕下厥□閭閻懷恩周愛甘棠荆
淚空碑況闕下

內作將作官馬瞻刻字并模勒

右贈太保張延賞碑首云貞元三年秋七月壬申丞

相張公薨于位又云冬十月乙酉葬其葬之日趙氏
金石錄題爲貞元三年七月似未諦審其文矣文云
太師又云歎異申以婣好謂苗晉卿以女妻之太師
者晉卿贈官也後云祁國夫人太師其下剝落不可
識祁國蓋延賞妻封号太師亦謂晉卿也前兩行曼
滅不見撰書人姓名趙德甫謂趙贊撰歸登書登善
分隸有名於貞元元和間延賞子宏靖碑亦登所書
見於寶刻類編今不可得矣潛研堂金石文跋尾
億按碑刻缺甚前人皆未收及近韓太初始訪得之
其文略可成句有貞元三年秋七月丞相張公薨於

位與新唐書德宗紀宰相表並合又載公諱延賞字延賞按本傳延賞初名寶符賜名曰延賞今碑下截寶符字完好其云思恭肅之德錫茲嘉名即其事也然傳不言字延賞又延賞生平歷官碑字僅可見有入拜給事中又有歷御史中丞證之史文亦不遺此惟碑云以公力竭誠追封魏國公則有所未及此亦足補史之疏也碑言遺令薄葬以布衣瓦器可謂儉而中禮者矣偃師金石遺文記

按碑文約一千五百字今存者三百餘字賴標題有張公字文有延賞字知爲張延賞碑据金石錄以此碑爲貞元三年趙贊撰歸登八分書趙贊無傳歸登舊唐書傳云字沖之吳人大歷七年舉孝廉高第貞元初復登賢良科歷遷工部尚書贈太子少保有文學工草隸此碑立于貞元三年是登舉賢良科時也寶刻類編載張延賞子宏靖碑亦登所書宏靖卒于長慶四年距書此碑又三十八年則登亦臻高年矣集古錄又載百巖大師懷暉碑歸登篆額則登工書不獨草隸也延賞爲嘉貞之子嘉貞官戶部尚書中書令益州長史都督謚恭肅今碑叙嘉貞官謚有泐字可據補也碑云鎮北都公□□□兼□尹守□拜給事中散下闕鎮北都者王思禮也思禮請爲從事延賞遂爲太原少尹兼行軍司馬北都副留守代宗幸陝除給事中碑有散字或是散騎常侍然兩傳皆無此官碑云建中□□□鑾輅駐蹕□郊傳稱建中末駕在山南延賞貢奉供億頗竭忠力碑之所見可參攷者祇此餘俱詳兩書傳中又延賞與父嘉貞子宏靖曾孫彥遠累世皆有書名書譜並載之彥遠法書要錄序稱曾祖少稟師訓妙合鍾張尺牘尤爲合作此碑旣缺泐而本傳但稱其博涉經史而已不云工書也因附識之

金石萃編卷一百二終

金石萃編卷一百三

賜進士出身　誥授光祿大夫刑部右侍郎加七級王昶撰

唐六十三

李元諒頌

碑連額高一丈五尺五分廣六尺二寸四分三十二行行六十五字隸書額題大唐鎮國軍隴西節度使右僕射李公懋功昭德頌二十字篆書在華州治大門內

大唐潼關鎮國軍隴右節度使撿挍尚書右僕射兼御史大夫華州刺史武康郡王李公懋功昭德頌并序

中大夫行中書舍人上騎都尉昌平縣開國男張濛撰

朝散大夫守衛尉少卿淮陽縣開國男韓秀弼書

朝散大夫守宗正寺丞李彝篆額

聖唐九葉　皇帝平內盜攘外夷　中興□圖以崇□業乃命潼關鎮國軍節度使撿挍尚書右僕射兼御史大夫華州刺史武康郡王李元諒整兵隴右分鎮京西　朝野訢以爲宜軍州翕而益重復我洮罕期在於茲□謂公星辰之精山河之靈或穆英叡爲　國而生者也於是行軍司馬兼御史中丞董叔經以州人感公救其塗炭荷公拯其瘵厲露表彙言贊千雲□曰臣聞鼓天下之大節莫先於忠義卻天下之大難莫出於才能奏勳庸播金石以爲天下表莫盛於碑版然則　陛下寶臣元諒雄傑英勇沉斷明謀虎牙之望夙成龍額之封果及武有七德而克用爲摸文有九功而能舉爲法故輝燭方邵糺稗韓彭桓桓然狥　國之功皆可揭而昌言也昝　陛下簿狩郊甸爰奉巴梁虺虺畜而毒生豺狼飽而害作內奰宮闈黨與譸張何望之鑿掘咸林敬釭窺覬蒲坂同逆相扇傾陷臣州元諒時以散員副戎關鎮無一壤之土無一旅之衆感憤而發招輯白徒斬賊使於潼津破賊將於數谷槃勝連擊遂克□池閭閻載安室家相慶此其佝　國之功一也勇而重閑以備不虞創□墉隍是徵板榦環廻爽於術郭延袤截於逼衢興防馳突之鋒戾窒揵牢之掠四封輻湊不震不驚益兇竪東顧之憂壯義夫西討之勢此其佝　國之功二也州之□備自昝其空乃剔鏤鼓爲兵撤氈彭爲甲剡篙揉爲弩戴簣鞏爲拼嚴約誓於五申肅部隊於三令勞逸斯共甘苦必分德以導其懷刑以齊其力義以啟其憤□以□其□由是士皆嚮方樂公戰矣此其佝　國之功三也籍馬蒐乘補卒濟師始編籥者二千終載書者一萬進次昭□稟令於副元帥之軍剡屯□泰

分援於□可孤之□元兇怙梟犯我中營或靡旍而來
或掉鞅而去因其去也霆激飆衝分翼夾馳覆其陣血
鬬滻川之水屍膏灞岸之田狡勢遂窮不能復振此其
徇　　國之功四也蒼茫　　御苑橫蠹長雲推百堵
而洞開擁三軍而徑入姚令言望旗而潰張光晟弃甲
而奔穀騎爭追若燎于藪賊泚憂廹躬率全軍駐其恂
恂之徒拒我堂堂之衆一鼓而北□死真寧氛祲廓而
黃道清腥穢消而彤庭肅□師章敬都邑晏如迎
大駕復於咸秦還大兵戢於陰聲北其徇　　國之
功五也李懷光阻河□□□□戈鋋北連絳臺南拒黃
巷選□方之健將保朝邑之離宮　　陛下特
詔攻圍重鞠戎旅揔干經略丕冒□京或掎擊其救兵
或邀絕其餫卒力殫命窒困乃求降未殲當路之豺且
傑吠籬之犬此其徇　　國之功六也進屯河縣接邏
關橋雖竹纜已焚而木甖將渡大憝知窘猶懷鬬心棄
暗出奇卒於有勝遲明遇伏□物無歸□蹙窮城自絞
中閣三條□□三輔斯寧此其徇　　國之功七也戎
羌不道傲擾西陲驟掠邠涇寀入盩厔狃其攜猾濘暑
仍留苟不用權若何攘㬥迺勵我鷹揚之旅棄其馬瘠
之時張皇軍形□□□邈然後排烽結隊加竈翻營師

未逾於洛源寇已遏於河曲此其徇　　國之功八也
婁婁藉虜匿詐求和重違修睦之言用許尋盟之約諸
軍畢會是獨沉疑陳其不誠請以爲備且曰古者諸侯
相見兵衛不撤警也今犬羊反覆未可以端信待之乃
拒平凉二十所里柵爲壁壍□壕設詟師敖前之伏修
楚臣勁後之殿練鋭三千涉涇式遏既而升壇將獻果
以惡來聲若河翻勢如山進望我旗鼓驚貽而還禦侮
之道既罄折衝之威亦著此其徇　　國之功九也艮
原縣閉在涇隴西壁窮邊羅彼煙塵剪爲荆棘
□□經啟宥　　命輿功遂發軫而遽行卽建摽而特
起恢其制度峻以規摸役不二旬巋然峙立乃修廬井
乃闢田疇商旅□通□庸偕附烽候交於塞表保障連
於峽□□周築虎牢漢憑馬邑遏于亂略曾何足云此
其徇　　國之功十也　　朝廷所以降丕命策高勳
重位以崇之豐爵以榮之歌鍾以樂之邸宅以寧之自
建中以來衛　　社稷之臣秉旄鉞之將除宰輔董戎
外其孰能疇□於此哉兇明允彖賢勤於理要清恕以
康黎獻簡恤以裕公私推信□□敬讓薄九賦勵三農
抑浮窳之風興廉正之教一年而人知禁二年而人知
惠三年而人知袠四年而人知歸夫然□安可使楙功

昭德沉隱無聞者歟頷□犖人蒙之樂石　制曰可
於是耆壽荔非昇古沙門釋僧惠道士游方外□千乃
心萬乃□喜從所欲祈我筆端乃約奏章以纂成績公
本名元光姓駱氏武威姑臧人蓋□軒帝孫降屈安息
高陽□□留宅姑臧僕射元魏之股肱武衛　巨唐
之牙爪𣏾濟其賫公叉昌明而弱歲羈孤感於知己□
□□之族從駱統之□□鎮潼關□五年矣既申武節
克建戎勳　天子以敦淳可親誠明可信更
名錫氏以昭寵焉書所謂踐修厥猷靈承于寵者矣若
夫技功王府諜德侯家雖馮異□言巳傳□於爸歲而

吉甫作頌庶隮美於今辰詞曰
洸洸武康兮有虔秉鉞即戎臨敵兮原火烈烈隊如星
兮陣如雪進如流兮止如截轉電激兮衝風發壞垝垣
兮復宮闈既東征兮又西徂鼙鼓雄兮才氣傑滌昏霾
兮掃妖孽河濆清兮渭源澈功既成兮　恩亦結倚
鐵防兮賫金穴□山巍兮峻水溢惠汪濊兮威凛冽庶
毗安兮群盜絕聯□□兮瞰大螯城瘁雲兮營偃月望
麾幢兮想旌節樹豐碑兮頌英懋詞不媿兮勳不滅
貞元五年十月十一日建
明萬歷六年冬十一月二十一日賜進士第華州知

州丹陽石□麟重建
李元諒者駱元光賜姓名也以朱泚之亂能鎮定華
州將從治隴右故華州人感之行軍司馬董叔經請
于天子立碑述頌也張濛撰韓秀弼分書秀弼手筆
固是君家尚書公嫡派而碑頌駱公詞無虛溢并可
重也駱公封武康郡王謚莊威舊史不收見新唐書
此所謂事增于前者乎石墨鐫華
李元諒本安息安氏少養宦官駱奉先冒姓駱名元
光驁敢有謀會朱泚之亂能鎮定華州張濛述頌所
謂昭德揚功皆實録也韓秀弼分書當兵戈雲擾碑

復琢磨精工窿然巋然不爲苟就亦足占中興之兆
萬歷初碑卧廢署草間人多歲其上禾昌石公元麟
來守華州移置郡衙金石史
舊唐書李元諒傳元諒本名駱元光嘗在潼關領軍
積十數年軍士皆畏服德宗居奉天賊泚遣僞將何
望之輕騎襲華州刺史董晉弃州走望之遂據城將
聚兵以絕東道元諒自潼關將所部乘其未設備徑
攻望之遂拔華州望之走歸元諒乃修城隍器械召
募不數日得兵萬餘人軍益振以功加御史中丞賊
泚數遣兵來寇輒擊却之遷華州刺史兼御史大夫

潼關防禦鎮國軍節度使與副元帥李晟進收京邑
力戰壞苑垣而入遂復京師賜姓李改名元諒官終
隴右節度使金石文字記
碑序元諒徇國之功十皆隱約其詞與舊書合彬彬
郁郁有初唐風新書云贈司空謚莊威碑不之及豈
立于元諒未卒時耶舊書初加檢校工部尚書新書
實封五百戶皆碑所遺金石後録
元諒本姓安氏出自武衛大將軍與貫文稱武衛巨
唐之爪牙者即此元諒爲潼關鎮國軍隴右節度使
檢校尚書右僕射唐書以爲檢校尚書左僕射者非

也文中云陛下薄狩郊甸爰幸巴梁何望之壘掘咸
林敬釭窺覦蒲坂者謂德宗幸奉天朱泚將何望之
等襲華州刺史董晉弃城走元諒自潼關引兵援其
城是也云進次昭應稟命于副元帥之軍列屯光泰
分援于尚可孤之壘者謂尚可孤以襄鄧兵五千次
藍田元諒屯昭應賊兵不能踰渭是也時李晟爲京
畿渭北商華兵馬副元帥云姚令言望旗而潰張光
晟弃甲而奔賊泚憂窮竄死負寧者謂賊將姚令言
與晟兵遇十闘皆北張光晟以精兵壁九曲距東渭
橋密與晟約降泚引殘軍西走至寧州爲朱惟孝等

所斬是也時元諒與渾瑊尚可孤等皆從晟軍云李
懷光阻河距命陛下特詔攻圍重蒴戎旅者謂懷光
反元諒與馬燧渾瑊韓游瓌等進討也懷光將徐廷
光素易元諒侮斥其祖父元諒與游瓌約即日斬之
所稱才蔵當道之豺且牒吠籬之犬者應指此云蕃
戎匿詐求和諸軍畢會是獨沉疑陳其不誠請以爲
備者謂吐蕃請盟詔元諒軍潘原韓游瓌軍洛口援
渾瑊會平凉盟吐蕃刼盟事也云距平凉二十里所
柵爲壁塹爲壕設晉師敖前之伏修楚臣殿後之殿
皆與史本傳合此貞元三年事也蓋更隴右節度即

在其時云依其制度峻以規模役不二旬隱然岳立
乃修盧井乃闢田疇者則元諒修治良原隍堞闢田
數十里使士卒墾治諸事水經注曰河水自潼關東
北流水側有長坂謂之黄巷坂潘岳西征賦溯黄巷
以濟潼今二書巷皆作卷此云北連釋臺南抵黄巷
可以証其誤矣碑在華者華人思其功請于朝故作
此頌也　文苑英華有任華送李褭宰新都序云宗
室後進有以學術辭藻著稱者褭也少好學通九流
百家之言善屬文有大節召試西掖與莊若訥高郢
同入高等執政以褭大人在蜀故授新都以榮之

文內有行軍司馬董叔經攷唐書藝文志博經一卷
貞元中董叔經上墨池編云唐開汾河記董叔經書
即此人 關中金石記

姜嫄公劉廟碑

碑連額高七尺二寸廣三尺二寸一分二十八行行四十九字行書篆額在邠州城南本廟內

姜嫄公劉新廟碑
太中大夫行中書舍人上輕車都尉賜紫金魚袋高
郢撰
節度巡官將仕郎試大理評事張詵書
處士張瑄篆額

姜嫄者炎帝之後有邰氏之女姓姜字嫄帝嚳之元妃
后稷之母也公劉者后稷之曾孫周文王之十代祖也
姜嫄嘗出遊見距跡而履之鬷震載夙時維后稷以居
然生子心所不康初寘之隘巷再寘之平林三寘之寒
氷皆有以全度者旣而收之遂名之棄生有赫靈之異
長有躬稼之勤法施於人以濟粒食堯乃命爲農師而
封諸邰農師實后稷也古初造物首出羣理事必口之
本言必天地之際當虞舜之時稱禹平水土契布五教
稷播百穀咎繇明五刑地平天成萬代永賴舜以倉庸
命禹禹讓于稷㮣咎繇及以元后命禹禹獨讓于咎繇
曰朕德罔克人不依咎繇邁種德德乃降黎人懷之茲
大禹所以言天意永命之所歸也夏有天下載祀四百
禹之祚也商有天下載祀六百契之祚也周有天下載
祀八百稷之祚也自時厥後百王澆季而咎繇口積累
在天天祚永歸有所底止乃以無疆之寵命

我聖唐盛德大業与天地准追視三代猶指掌矣昔
者周口文武之烈本於后稷后稷之生本於姜嫄故詩
曰厥初生人時維姜嫄后稷之子曰不窋失官而奔於
戎狄不窋之孫曰公劉口口於豳居以平西戎以篤前
烈故詩曰篤公劉于邠斯館是知姜嫄有德於周公劉

有德於豳先賢所出立祠舊矣　我國家稱
秩元祀咸秩無文山川鬼神亦莫不寧而姜嫄公劉之
廟舊制卑陋湫隘在市非所以崇明祀敬鬼神也貞元
四口口口邠寧節度觀察使撿挍刑部尚書兼御史大
夫邸寧郡王張公獻甫戎醜是膺授鉞而至肅肅
王命維公將之烈烈征師維公成之略地千里亭鄣
嚴於外啟行一戰弓矢櫜於內牟乘睦而知禮風俗康
而御野覩此二廟獨爲匪安公曰嘗精潔莫重於明神
喧黷莫甚於市廛奈何雜處乎夫小人者知鼓舞之事
神而不知褻狎之慢神知事神之求祐而不知慢神之

買禍茂草一去遺塵萬祀使口而無知則已若曰有知
而喧既瀆易之俾中夫札瘥夭昏之患者得非長吏慈
惠之不足耶乃以不忍人之心行不忍人之政且爲神
口既而卜遷粵以貞元六年十一月九日作新廟於南
郭焉地則郊野之閑左水右山有清謐之勝材則林遷
之至上棟下宇非徵斂之煩口則農務之隙量功命日
無妨奪之弊衮嘉木而樹之考良辰而落之神於是嚴
威而謁乎所處人於是祇惕而遠乎所瀆是惠人於無
過之地而寧神於不怒之境仁爲己任不亦厚乎夫神
聰明正直者也唯忠肅恭懿乃能承之順此而祭不必

多品故雖澗谿之毛口汙之水而君子奉是四德陳於
二簋行之以禮奉之以蠲潔之以齋達之以和則神可
得而事焉祐可得而致焉夫子曰丘禱久矣抑爲口口
尚書張公以文武之憲純一之真知無不爲忠也正色
帥下肅也執事有恪恭也擇善而從懿也自先幽州大
夫以來一門四人口口口方鎭暉勳績爲　時心膂
所資非他忠肅恭懿而已用能承　天之寵
獲神之勞以屏　王室以揚家聲也宜哉祠成三
歲矣而銘記尚闕將恐寖遠失其所由乃陳梗槩爰此
刋刻辭曰

何賢乎姜嫄曰克生后稷何賢乎后稷曰克降農殖后
稷之道至今賴之姜嫄之德如何勿思何賢乎　公劉曰
肇宅幽土何口口幽土曰平戎之所乃今乃古有廟有
宇宇亦既卑廟亦既摧闃闃朝合隱塵暮開蚩蚩羣吠
屑屑徘徊瀆禮非敬犯神有災明靈戾止理化咸集財
豐衆和暴禁兵戢惟此墻屋公私必葺矧伊明祠風雨
所及是度是築乃遷乃立寨　我皇德達于有神
揚　神之威靜乎虜塵亦惟正直克贊忠純勒銘
茲庭永示邑人

節度判官殿中侍御史韋丹建立

廟在今邠州城南邠寧節度觀察使張獻甫所遷故
當時稱曰新廟而高郢爲文字昔以尚書郎出使寧
夏道邠謁廟其後稍上有履迹平（爾雅大野曰平俗作坪非）乃姜
嫄履巨人迹所在字爲大書履迹平三字俾州官刻
寘廟側蓋州人但知有廟而少知乎此故表而出之
金薤琳琅

郢事李懷光能引譬忠義不爲勢屈卓然名臣獨爲
相時不能制王叔文輩耳文尤冗弱殊無足稱張誼
于書家不甚著此書不及王縉而畧似柳公權亦足
存也　石墨鐫華

碑云姜嫄嘗出遊見跡而履之按毛公註生民詩履帝武敏歆之句曰帝高辛氏之帝也敏疾也從于帝而見于天將事齊敏也以爲從高辛氏郊禖求子而生后稷其說本自明白至鄭氏箋云帝上帝也敏拇也祀郊禖時有大人之跡姜嫄履之足不能滿其拇指之處心體歆歆然如有人道感已遂有身而生子說殊怪誕蓋出于司馬子長本紀歐陽公謂稷契非高辛之子毛公于史記既不取其履足之怪而取其訛謬之世次第毛公趙人爲河間獻王博士在司馬子長之前數十年未必見史記世次而世次之說出

于世本其書在宋時已亡矣朱紫陽幽風集註云后稷生不窋不窋生鞠陶鞠陶生公劉而史記止云不窋卒子鞠立鞠卒子公劉立無下陶字集註云自公劉居豳後十世而太王徙居岐山之陽十二世而文王始受命與史記合而此碑云公劉者周文王之十代祖也未知何據金石後

唐書稱獻甫從渾瑊討朱泚累遷至金吾將軍檢校工部尚書不及刑部爲邠寧後加檢校尚書左僕射不及封邠寧郡王並史之缺誤當從碑爲是關中金石記

獻甫封朔寧郡王新舊史俱失載李氏自言出於伯陽而伯陽爲庭堅之裔故天寶初尊咎繇爲德明皇帝此碑敘三代承禹稷契之祚而咎繇積累在天天命乃歸於唐蓋以此也都元敬金薤琳瑯嘗載其文石今已損失三十餘字前兩行空處攙入明人范文光題石潛研堂金石文跋尾

德宗紀貞元四年九月庚申吐蕃寇寧州邠寧節度使張獻甫敗之今碑所載戎醜是膺授鉞而至是其事也碑後云自先幽州大夫以來一門四人幽州張守珪也四人者則獻誠獻恭及煦與獻甫當時伐閱之盛若此可謂濟美矣授堂金石跋

按陝西通志姜嫄祠在邠州城外太王祠右唐節度張獻通志誤憲甫建卽此廟也通志又引名山藏云洪武十八年八月截邠州姜嫄公劉之廟於祀典則自唐以後及明以前皆不列祀典矣此碑撰文者高郢書者張誼篆額者張琯新唐書傳高郢字公楚衛州人李懷光引佐邠寧府懷光誅李晟表其忠馬燧奏管書記召拜主客員外郎遷中書舍人碑郎書于此時張誼張琯無傳立碑者韋丹新傳云丹字文明京兆萬年人蚤孤從外祖顏眞卿學擢明經歷官咸陽尉張獻甫表佐邠寧幕府順

宗爲太子以殿中侍御史召爲舍人其立此碑在
召爲舍人之前佐邠寧幕府時也碑云姜嫄者姓
姜名嫄說文云周棄母字也史記嫄作原周本紀
云有邰說文作邰氏女曰姜原注引韓詩章句曰姜姓
原字或曰姜原謚號也梁玉繩人表攷謂原本作
嫄生民傳箋姜姓嫄名史記集解謂嫄是字及謚
號者非諸說互異如此乾隆四十九年逆回滋擾
總督兵過邠親至此廟此碑尚存而廟甚頹廢安
得有如張獻甫其人者爲之塗塈耶

李抱眞德政碑

碑高一丈四尺廣七尺四寸二十八行行五十四字行書在長治縣

□義軍節度支度營田兼澤潞磁邢洺等州觀察處置
等使光祿大夫撿挍司空同中書門下平章事兼潞州
大都督府長史上柱國義陽郡王李公德政碑銘并序
銀青光祿大夫守門下侍郎　□□門下平章事上
柱國隴西縣開國伯董晉奉　勅撰
銀青光祿大夫守戶部尚書□度支及諸道鹽鐵轉
運等副使上柱國扶風郡開國公班宏奉　勅書
朝散大夫守□□府長□□陽縣開國男韓秀弼奉
勅篆額

唐□元臣曰義陽郡王抱眞字□□　皇開
府儀同三司涼州都督河蘭鄯廓瓜沙甘肅九州大捴
管申國公衛仁之元孫開府儀同三司左武衛大將軍
永之曾孫□兵部尚書懷恪之孫贈太子太保齊管之
子蓄河岳之秀業祖者之慶克生鴻才以佐
元后殊勳茂績可得而稱也公體□孰□抱素專直威
厲霜雪氣凌雲霓沉毅足以建功寬裕足以安衆召公
相武之□申伯翊宣之□尚父六韜之奇夷吾九合之
業□□□冠公皆□之□□從父兄故相國抱玉所重
期以遠大薦于
肅宗授汾州別駕儻固

懷恩之平史□也伐□□之功□□□□□□□□
□□□□潛懷異圖□髮衝□冠憤激忠□間道□
闕濆其□□而□□疾顧汾滸底定□□□
□□□□□□拜殿中少監□□□□兼御史中
丞□陳鄭懷澤潞等五州節度□□　恩光荐及
輝□□□□不□□思有陳讓　□□
□□澤州刺史兼侍御史充節度副使□內五州都團
練使澤人欣欣如戴父母公虔奉　皇旨
專精吏職一年而流□□□□□二年而軍給人集風
淳俗乂時屬散卒聚鍾鼓□肆其猖狂□以驅□議者

請兵逐之公謂之曰□□冥元和以生奉五常以□□
不□順無不懼逆理亂之道□之于政政□則□□興
仁義著政□則刑罰滋盜賊起使其叛亂是德之不脩
也始務□□豈可加兵乃□□禍福□門□□開泰之
□□□□□□□□巖□□勞□等□風載揚遂遷懷州
刺史澤人□思之□□□□□懷人來蘇之慶霈若膏
□□政未幾懷如澤焉　天子寵文翁之
能旌龔遂之美以節使司徒公□□于西乃授撿挍祕
書□兼侍御史權知行軍司馬□澤潞節度支度營田
觀察處置使留後仍知潞州大都督府事公以

殊恩倚任留務□□□□化源獨□心計乃約故實
□□□□□□□安物□□□養農省徭以息孤惸均
調以贍士卒孝悌聞於鄉黨學校興於里閭刑戮廢於
□□權朴弛於官署闔境之內不日□爾化□建中元
年特授節制并廉察本道兼領潞州大都督府長史緣
勤王之師修守土之備內勸耕食外□武□布
大君之誠以睦藩□導　□□之化以釋危
疑由是　上澤得以下流下情得以上達
　君臣無間致于太和公之力也屬軍戎之後蟲旱
□災公請□神祇變□于□精感而飛蝗越境誠懇而

雩雨應期稼穡獲全異於他部古之循吏何以加焉公
前後歷官以十八政再爲侍御史中丞尚書常侍三領
郡守一登亞相兩踐端揆封義陽郡王食實封六百戶
　命爲承弼同平章事俾平水土兼領司空量宏
而深□達而明常執□□□謙不求援而取貴□趣輿
登補袞簡自　皇□爵爲元臣非德及蒼生
忠貫白日□何以臻此潞之緇黃耆□詣　闕
陳請頌勒貞石　帝嘉乃誠　詔
門下侍郎平章事董晉撰文以昭其功銘曰
皇矣　上帝降祚　有唐蘊粹孕靈克生

義陽明明　天子賢能是舉乃　命
義陽鎭于上□烈烈義陽惟　國之楨□若□□翳如
長城用極于正性根于忠英風外馳明謨內融
王度克遵惠此罷人以德代刑散澆爲淳軍以威□
兒□□懾恢振　皇綱輔弼　天
業　帝曰抱眞允文允武俾登鼎鉉錫之
茅土名高方召道冠申甫刊石紀功用騫終古
　監工上黨縣□郭□仁
　有元至正五年冬至日奉議大夫潞州知州張楚仙
　佈化得斯斷碑於岱嶽廟瓦礫中重建於此故記之

耳

右李抱眞德政碑攷新舊唐書地理志五代職方攷磁州字無从心者此碑磁字點畫分明又天祐十一年澤州開元寺神鐘記亦作此磁字州縣之名當從其時本稱史臣秉筆任意更易非得石刻何由決其然否此金石之有益於史學也潛研堂金石文跋尾

按此碑無歲月金石錄系于貞元九年云有碑陰行書今失搨也碑爲董晉撰班宏書韓秀弼篆額而皆云奉勑文亦云帝嘉乃勣詔門下侍郎平章事董晉撰文以昭其功而兩唐書德宗紀及李抱眞傳皆不書其事舊唐書德宗紀貞元十年正月己亥昭義節度使檢校司空平章事李抱眞請降官乃授檢校左僕射六月壬寅李抱眞卒舊傳亦云十年六月卒新書本紀不書抱眞卒本傳不書卒年而于宰相表則誤書卒于九年此碑所紀皆抱眞未卒以前之語則金石錄以爲九年當必有據也撰文者董晉字混成河中虞鄉人結銜爲門下平章事宰相表載其罷相爲禮部尚書在九年五月本紀同碑不署禮部尚書官可知其撰文在九年五月以前矣書碑者班宏衛州汲人傳載貞元

八年以宏專判度支使而無守戶部尚書之官碑書扶風郡公傳所未及其卒也在八年七月據此則書碑又在八年七月以前矣今不能確定姑從金石錄附于九年篆額者韓秀弼與秀實秀榮兄弟並以八分擅名諸書皆無可攷此碑署銜曰朝散大夫□□府長□□陽縣開國男據廣德二年書臧希晏碑題曰朝議郎守衛尉少卿淮陽縣開國男則此所泐封縣乃淮陽也墨池編載其所書有元待聘碑李齊物碑鄭叔清碑裴曠改葬碑李元亮功德頌李晟先廟碑而不及此碑之篆額則此碑久不傳於世矣抱眞碑泐其字新書傳云字太元碑載其高祖修仁曾祖永祖懷恪父齊管皆無傳所載抱眞歷官兩書稍畧惟新傳云孫倪國公進義陽郡王碑則畧其公爵傳又稱抱眞自貞元初朝京師還鎭會天下無事乃好方士有孫季長爲治丹因讓司空還爲左僕射餌丹二萬三千丸而卒讓司空是貞元十年正月事此碑尚是在潞鎭時所立也

張敬詵墓誌銘

石高廣一尺六寸六分十九行行二十一字正書在洛陽

唐故鴻臚少卿□□□君墓誌銘并序

鄉貢進士河東薛長儒撰

張氏之先運籌傳物風靡萬代公其裔焉公諱敬詵馮翊同川人也　皇朝左金吾衛大將軍太常卿元長府君之孫　皇朝中散大夫撫州長史崇讓府君之次子公禮度淸曠育德含章藴燕樂佐理之謀猷懷吳周匡弼之骨梗弓裘不墜文武攸稱淸貫克序加朝請大夫以博雅周才授鴻臚少卿以公忠推德錫金章紫綬東都副留守河南尹裴公諝命公爲押衙奉上以忠貞撫下以信義休聲遐著寮友欽之方申呂父之榮遽染劉

貞之疾以貞元十年八月廿三日卒於洛陽縣永泰里之私第春秋六十八以其年九月廿四日窆於瀍澗之陽邙山之新塋禮也嗣子三人曰琳重琳威琳齊皆年始能言昂昂逸足有女五人長女從緇鍒寧剎寺次歸杜氏三女歸王氏兩女尙幼夫人樊氏淑順傳芳霜明勁節移天墜翼同穴後時哭不絕聲撫孤增慟永懷陵谷爰託松銘其詞云

神理茫茫兮微明忽幽人世營營兮生勞死休更相泣送兮萬古千秋隴樹白楊兮悲風颼颼

碑云窆於瀍澗之陽邙山之新塋葢以鴻臚少卿爲河南尹裴諝命爲押衙卒而葬于洛陽也中州金石記

張君有夫人合葬墓誌銘書其上世及此君占籍歷官名字皆互異此誌稱東都副留守河南尹裴公諝命公爲押衙以時攷之謂晉公也授堂金石跋

按張敬詵及其祖元長父崇讓兩唐書皆無傳誌云東都副留守河南尹裴公諝句命公爲押衙舊唐書裴諝傳諝字士明河南洛陽人天寶間舉明經補河南府參軍丁父喪居東都祿山陷二京東都收復遷太子司議郎未嘗爲東都副留守河南尹授堂乃以諝字爲請字以裴公爲晉公是卽裴

度也兩唐書裴度傳度係貞元五年舉進士其歷官亦未嘗爲東都副留守河南尹斷非碑所指之裴公則或仍是裴諝而官有碑傳不同耳誌載子三人女五人長者從緇是出家爲尼也次皆著其所適族較他志爲詳

諸葛武侯新廟碑

碑高六尺八寸二分廣四尺二寸三分二十三行行三十七字正書在沔縣

蜀丞相諸葛忠武侯新廟碑銘并序

山南西道節度行軍司馬撿挍尚書刑部員外郎□

□御□沈迴撰

節度推官將仕郎試太常寺協律郎元錫書
皇帝御極貞元三祀時乘盛秋　府王左僕射馮翊
嚴口揔帥文武將佐洎棠口突歸之族疆理西鄙營軍
汚陽先聲馳於種落伐謀息其狂狡于時威武震疊虜
騎收跡塞垣蕭條烽燧滅焰士無保障之役馬無服轅
之勞重關弛攄邊穀棲野我師惟揚則有餘力乃昇高
訪古周覽原隰修敬茲廟式薦馨香光靈若存年祀浸
遠雖簫鼓曲奏邑里祈禳而風雨飄颻祠堂落構土階
徵數尺之崇庭除無袤丈之隙登降不能成禮牲玉不
得備陳頹墉露肩灌木翳景樵蘇罕往麋鹿走集

馮翊曰丞相以命廿全德功存季漢遺風餘烈顯赫南
方丘壠口山實在茲地荒祠偏倚廟貌詭製非所以式
先賢崇祀典也乃發泉府徵役徒撤編菅薙蕪薄是營
是葺衆工齊至縩以高墉隔閡彌牧擔以峻宇昭示威
神英英昔賢像設如在翼翼新廟日至而畢顧謂小子
揚搉前烈銘于廟門曰在昔君臣合德興造功業有若
伊尹相湯呂望興周夷吾霸齊樂毅昌燕是八君子皆
風雲元感垂裕來廿嘗以爲阿衡則尊立聖主天下樂
推尚父則止讐口口諸侯同舉管氏籍强齊之力宗周
無令王樂生因建國之資燕昭爲與主君臣同道僅能

成功惟武侯遭時昏亂羣雄競起高光之澤已竭桓靈
之虐在人週先主之短促值曹魏之雄富能以區區一
州介在山谷驅羸卒輔孱主銜擧中原撐拒强敵論時
則辛癸惡稔語地則燕齊勢勝遷夏殷者未可校功霸
桓昭者不足併力向使天假之年理兵渭汭其將席卷
西邑底綏東周祀漢配天不失舊物矣洪伐彰彰宜祠
今古偉軼前烈其誰曰不然武侯名跡存乎國志今之
口書姑務統論大畧敘我新意至於備載爵位追述史
傳非作者之意也今則不書其銘曰
桓靈濟虐雲海横流羣雄蝟起毒蔓九州天旣厭漢人

思代劉沸渭交爭存亾之秋其誰存之時惟武侯伊昔
武侯蹤足南陽退藏於密不曜其光有時有君將排垢
氛魚脫溪泉龍躍風雲先主纘緒天下三分馥馥德馨
悠悠清塵前哲　後口心跡暗口建茲新廟式是粢
珉
大唐貞元十一年歲在乙亥正月庚午朔十九日戊
子建
是碑今已改鑿甚多如棠爐曲磨等字皆從明搨本
校正止僻下舊本已泐今作獨夫二字不可從竹崦盦金
石目錄

文稱貞元三年府王左僕射馮翊總帥者謂舒王誼
爲荆襄江西沔鄂節度諸軍行營兵馬都元帥也錫
字君貺見世系表關中金石記
按諸葛武侯廟在漢中府寧羌州沔縣東五里三
國蜀志諸葛亮傳亮疾病卒遺命葬漢中定軍山
因山爲墳冢景耀六年春詔爲亮立廟于沔陽裴
注引襄陽記曰亮初亡所在各求爲立廟朝議以
禮秩不聽百姓遂因時節私祭之于道陌上言事
者或以爲可聽立廟于成都後主不從步兵校尉
習隆中書郎向充等共上表曰亮德範遐邇勳蓋

季世蒸嘗止于私門廟像闕而莫立使百姓巷祭
戎夷野祀非所以存德念功述追在昔者也今若
盡順民心則瀆而無典建之京師又偪宗廟臣愚
以爲宜因近其墓立之于沔陽于是從之此卽舊
廟也碑不詳新廟所在漢中府志載諸葛武侯墓
在沔縣南十里定軍山下水經注沔縣故城南對
定軍山諸葛亮之死也遺令葬于其山舊廟卽在
墓前今廟在城南五里是距舊廟五里也此碑撰
文者沈迥書者元錫兩唐書俱無傳唐書宰相世
系表錫爲司儀郎廷祚之曾孫綿州長史平叔之

孫吏部員外郎挹之子錫字君貺與宰相元稹同
系表祇載其官淄王傅而此碑結銜乃爲節度推
官將仕郎試太常寺協律郎又據韓文考異衢州
徐偃王廟碑韓愈撰福州刺史元錫書集古錄廣川書跋並
作徐放書韓文考異作元錫是錫又嘗官福州刺史矣碑云府
王左僕射馮翊嚴□釐理西鄙營軍沔陽殿下泐
一字陝西通志云唐貞元十一年左僕射嚴武曾
修有記卽謂是碑則所泐者乃武字也武爲挺之
之子兩唐書傳稱挺之爲華陰人嚴氏有馮翊華
陰二望碑稱馮翊者舉其舊望也惟碑有左僕射

之官兩書嚴武傳所無且舊傳稱武卒于永泰元
年杜工部年譜亦同不應貞元三年嚴武尚在是陝西通
志與碑不合關中金石記定爲舒王誼唐書宗室
傳舒王誼初名謨昭靖太子子德宗愛其幼取爲
第二子其爲沔鄂節度在李希烈反之時正貞元
三年事宜乎合矣而亦未嘗有左僕射之官且與
馮翊嚴□義亦無着希烈之亂在淮蔡舒王誼爲
節度在沔鄂卽今湖北漢陽府沔陽州非陝西漢
中府之沔縣則關中金石記亦不確也碑敘伊尹
呂望夷吾樂毅只四人而云八君子亦不可曉

會善寺戒壇記
碑高三尺八寸三分廣二尺九寸四分十六行行二十八字隸書在登封
嵩山會善寺戒壇記
汝州刺史兼御史中丞陸長源撰
河南陸郢書并篆額
嵩高得天下之中也所謂名山福地異人靈跡往往而
有漢晉間高僧植貝多子於西峯一季三花因爲浮圖
遂爲寰中之眞境又有兩阜中斷豁爲石門飛流縈回
臥噴薄喬木森竦以布護先是有高僧元同律師一行
禪師鑪林崖之欹傾塡乳竇之窊窳甃玉立殿結璅搆

廊檐檀爲香林琉璃爲寶地遂置五□正思惟戒壇思
惟者以佛在貝多樹下思惟因名貝多爲思惟□三花
之義在此自河洛□塵塔廟崩毁上都安國寺臨壇大
德乘如脩慈業廣秉律道尊志度有緐豎庇群動慨茲
壇墜遂爲　聞□尋有　詔申命安國寺上
座藏用聖善寺大德行嚴會善寺大德靈珍惠海等住
持每季建方等道場四時講律藏用上人逸□徧尋高
晴□邁美殿塔之嚴麗賞泉石之勝絕其跡不朽其教
益廣於是鍾梵相聞幡蓋交蔭豈獨鑪峯名嶽空記遠
公之行浜洲精舍重述道林之跡時貞元十一祀龍集
乙亥大火西流之月也
塡闕大德與空　道響　了眞　道覺
登封縣令徐暈
寺主懷賓　都維那明□　前都維那幽蘭
劉豐楊誠刻
在會善寺戒壇汝州刺史兼御史中丞陸長源撰河
南陸郢書按袁宏道遊嵩紀稱其隸法道逸今觀其
書雖遜潘碣然筆頗秀健陶宗儀書史會要亦稱郢
善書詳見趙明誠金石錄說嵩
寶刻類編及朱長文墨池編俱有此碑碑云漢晉間

有高僧植貝多子西峯一年三花因爲浮圖按太平
寰宇記引嵩高山記云漢有道士從外國將貝多子
來於嵩岳西脚下種之并立浮圖今有四樹與衆木
有異一年花白色其香甚佳與碑云高僧不合盖傳
聞異詞也陸長源新唐書有傳中州金石記
碑首行陸長源列銜有云汝州刺史兼御史中丞考
之新唐書本傳惟由汝州刺史爲汴行軍司馬昌黎
集董晉行狀貞元十二年八月上命汝州刺史陸長
源爲御史大夫行軍司馬今長源作記當貞元十一
年已稱兼御史中丞然則入汴時長源盖由中丞復

進爲大夫而史皆缺不載其後題年月乃云貞元十一祀龍集乙亥大火西流之月變年爲祀而猶書龍集乙亥皆依古爲文長源好奇如是授堂金石跋

按碑爲陸長源撰陸郢書并篆額長源字泳祖吳人其爲汝州刺史新唐書本傳不著何年舊傳則在貞元十二年之前此碑立于十一年其時正在汝州也書史會要稱其善書歐公集又載其官汝州時以殷仲容書流杯亭侍宴詩絕代之寶乃爲之造亭立碑自記其事於碑陰此則長源在汝之軼事也陸郢無傳碑載貝多子一年三花爲漢晉

間高僧所植嵩高山記則云漢有道士從外國將來王子年拾遺記則云少室山有貝多樹俗云漢世野人將子種于此是高僧道士野人所傳不同皆僧之稱謂也又齊民要術引嵩山記云嵩高寺中忽有思維樹即貝多也一年三花以貝多爲思維樹語與碑合而云忽有則不言栽植之人又與諸說異矣一行禪師見舊唐書方技傳初一行求訪師資以窮大衍至天台山國濟寺國濟談當作國清聞院僧於庭布算聲而謂其徒曰今日當有弟子自遠求吾算法已合到門一行承其言而趨入稽首

請法盡受其術武三思慕其學行就請與結交一行逃匿以避之尋出家爲僧隱于嵩山師事沙門普寂碑所云鏈林崖之歡傾塡乳竇之尚寤者卽此時事也建碑在七月而云大火西流與他碑別

鹽池靈慶公碑

碑高七尺八寸八分廣三尺八寸四分二十五行行五十一字正書在安邑縣

大唐河東鹽池靈慶公神祠碑并序

將仕郎太常博士崔敖撰

將仕郎前試大理評事韋縱書并篆額

地絡之紀莫宗於河陰潛之功兌啟亏匯既畧太華浸

滔中條嶽瀆宣精融爲巨澤肇有元命盬珪告成惟其潤下乃生鳥鹵鹽池之數有九七在幽朔二陂河東皇穹陰騭兆人眷祐中土因飲食以致其味節和齊以調其心滇滇天池寔曰鹽澤幅圓百里澄澈萬頃元極積數太鹹爲鹺其墟實沉其宿畢昴其灃砥柱其關巔軨后祇寶之設以重險謙順成暈潤溪攸鍾涵風蓄雷終古不息湧若山外連爲海門所以帝乙建社而臨之王豹遷都而據之執其重輕以曬富有在箸山澤委于虞衡周制無征漢方盡斡務其尊稽蓋用抑商少府所尸均其攉量群族自占契廬環之業傳祖考田有上下旱

理其埤水營其高五夫爲塍塍有渠十井爲溝溝有路
泉之爲畦釃之爲門瀆以渾流灌以殊源陰陽相蒸清
濯相孕動物潛爲蠢爲陶工溜平而凝莫見其朕霜野
霜地積如連山羡溲區域歸于塗潦泉貨之廣没於齊
人　皇家不賦百三十載　䆠宗御國五
十季姦生劇丘爟火通鎬　嗣聖受命以兵靜
之擊鼓崤洛封豕燕趙却㺄犺兮絕漠巠昆夷兮窮荒
亶其　宸威風動八極調發之費仰於有司雖田
征益加而軍實不足遂收鹽鐵之筭置權酤之官以攉
合經以貨聚衆晝野摽禁塹川爲壕西籠解梁左纏安

邑乃漉塲圃乃完廥倉畢其陽功以謹秋備度土定食
止於中州濟兮擴汾爰距隴坂東下京鄭而趦于宛艘
連其檣輦擊其轂終歲所入二百千萬供塞垣盡敵之
賞臧天下太半之租然後傳兮甸人納兮醢人有形有
散以宴以祀每仲夏初吉爲墠而饗之懿夫明徵厥有
前誌　中宗反政崇朝而復鹹大鬉窮霖巨漲
而不淡諴宜命祑視彼封君　先皇帝薦靈慶
以膷神索氤氳而建廟拖諸侯之法服鏘泮懸之淸樂
籍二郡之版六百緐兮司泄故得浮榮光結顥氣沖其
德正其味粒重英以表稔花四出而呈瑞陳陳相因非

稀載可能計矣貞元九季冬　天子親祀
明堂大裴而　郊孝道昇聞百蠻頓首粟帛之賚及
於鰥惸厥政惟和逮于遐逾戶部尚書裴公延齡與三
壤之差口九州之賦鐵鼓之貢林鹽之饒凡晉人是輸
以河中爲會府遂表職方郎中兼侍御史馮公口推其
全材委以大計詔曰俞輿往哉汝諧乃駐車蒲城以馭
羣吏分命前永樂縣丞張巨源前鄭縣丞蕭曾率屬而
臨之洎十一季秋九月裴公薨今戶部侍郎蘇公弁繼
之以馮公成績有開禮任如舊度支又以前詹事府司
直陸位知解縣池前大理評事韋縱知安邑池惟職方

領地官之外權惟評直守制使之成算姦氣不作阜財
有經十三季四月五日兩池官吏及畦戶等請勒豐碑
揚茲利澤感和羨之訓心遊傳氏之嚴稽近臨之詞氣
對郇瑕之邑微臣作頌式贊新宮頌曰
浩浩靈池冠兮水行蒼茫太陰漭瀰紀精惟澤在口与
畤爲程禍貪而竭福儉而盈　巨唐君臨坤順乾
貞冥勒其官坎德効靈海眼通波河源伏脉千里一氣
潴爲廣厈霙瀵照臨玉繩下直日雨日風以凝以積自
我天產惟其口食斯皇　元后乃聖乃神既絜
浮沉亦修明禋大禮畢舉大樂畢陳馮公負來克諧神

八登牲廟壖麞幣池瀕既醉既飽馮公則欣蕭張行優
陸韋德隣有口有屬伊馮之賓仰彼𩔗造垂於無垠
皇運天長頌聲日新
貞元十三年歲次丁丑八月甲寅廿日癸酉建

碑陰

高廣與碑同三層書止記二十九行行十八字中下皆人名中七行下十四行行字不等行書

靈慶公神堂碑陰記
五老山人劉宇撰并書
天作口極神將宅焉神者何靈化之眞宰者也夫神之
俶落寔日監宗閎閣禱之不在祀典 元皇朝有

元老韓公滉之惣邦賦以大鹹之功康濟是博上以供
宗廟之費下以代田野之租昇聞于 天肅加
禮秩 帝曰可於是冊爲靈慶公俎豆之數視於
淮濟享謁之期載在 口府及故東都留守禮部尚書
崔公縱頃知河中院以神之舊宮僻在幽阻旣崇其禮
宜敞厥居是用遷置于斯乃錺殿堂開像設面𥁞淪之
積水跨邐迤之重岡陰陰森森容衛畢備列卒趍蹕儼
然如生雖水府靈居未之若也今職方郎中兼侍御史
馮公輿纂其是職推致信讓無小無大報之以德頃以
天人不雨草木無輝農夫愁怨慮失其歲職方於是齋
心累辰親執牲帛將至誠之德告靈化之源嘗不崇朝
而雨斯足如是者數四是則人有德於神神亦有德於
人德交歸爲政是用長宜其建石表與徵文紀靈是以
有太常博士崔君之頌也逮夫石自他山而至文自奉
常而來知解縣池簷事府司直陸位事以道自集商以
仁自來知安邑池大理評事韋縱財以清自豊吏以明
自肅此二君者以爲職方之精意可達於明神如之何
不奉矣乃相與就其磨礱餋以棟宇自朔及望揭焉而
舉洪範曰潤下作鹹夫敘讚靈慶公陰濟之功亦所以
表 聖皇澤及於萬姓者也恐其頌或有闕乃命

山客重紀於碑陰
貞元十三年七月二日記
戸部侍郎判度支蘇弁
專知度支河中院朝散大夫檢校尚書職方郎中兼
侍御史上柱賜緋魚袋馮輿
專知度支解縣池宣義郎前守絳州龍門縣令賜緋
魚袋崔寶
專知度支安邑池將仕郎前試大理評事韋縱
度支河中院巡官奉義郎前京兆府昭應縣主簿班
遇

度支河中院巡官宣義郎前行華州下封縣尉崔震
兩池都巡檢官宣德郎前行同州郃陽縣尉楊尗與
鹽口勘會官將仕郎前守絳州萬泉縣主簿崔季常
方集勘會官儒林郎前行晉州神山縣尉崔士衡
鹽宗勘會官朝散郎前行盧州舒城縣尉張伷
東郭勘會官宣德郎前行寧州司田參軍賈公幹
方集塲官朝請郎前試左衛兵曹參軍李文質
常滿塲官朝議郎前試秘書省校書郎元昭慶
鹽北塲官文林郎前邛州大邑縣丞蕭倡
青鼻塲官朝議郎前行撫州司士參軍李廣成

鹽宗監官朝議郎行監賜紫金魚袋楊日新
分雲塲官將仕郎前守絳州稷山縣主簿裔峯
柳谷檢閱官承務郎試左領軍衛兵曹參軍韋瑀
紫泉塲官宣義郎前行河中府猗氏縣尉韋厚正
下封塲官儒林郎試右威衛兵曹參軍柳翊
賫國塲官將仕郎試率更寺主簿崔阡
鹽池神廟新碑既立因覩有唐昔勒豐碑偃側甚危
欄其傾仆斯爲可惜迺樹立於廟庭之右姑昌紀其
歲月焉
大元至元二十七年八月二十日解鹽司副使亢澤

解鹽司判官郭棠
令蘇之紀尉畢大紀戊寅季冬望日同謁　祠下

此段左行

唐書叛臣傳大歷中澀兩壞河中鹽池味苦惡韓滉
判度支慮減常賦妄言池生瑞鹽王德之美代宗
疑不然命蔣鎮馳驛按視鎮內欲結滉故實其事表
置祠房號池曰寶應靈慶云又地理志安邑縣有鹽
池與解爲兩池大歷十二年生乳鹽賜名寶應慶靈
池以傳及此碑證之則志作慶靈者誤也舊唐書德
宗紀貞元十二年九月戶部尚書判度支裴延齡卒

碑云十一年秋九月蓋未詳孰是碑爲鹽池官吏所
建宜不誤矣潛研堂金石文跋尾
碑記爲將仕郎太常博士崔敖撰將仕郎前試大理
評事韋縱書新唐書宰相世系表崔氏清河小房有
敖與敦敷汶敏列一格韋氏鄖城公房有縱左金吾
衛兵曹參軍今碑所署卽其人記載元宗御國五十
年收鹽鐵之筭置搉酤之官云云舊唐書食貨志云
自天寶末兵興以來河北鹽法羈縻而已暨元和中
皇甫鎛奏置稅鹽院同江淮兩池搉利人苦犯禁据
此碑言代宗時因兵興已置搉酤則鹽法非止爲羈

糜已記後載貞元九年戸部尚書裴公延齡以河中爲會府洎十一年秋九月裴公薨今戸部侍郎蘇公弁繼之唐時兩池置官署備于此延齡首籠利權以毒天下而其爲之佐者又數人本傳惟言貞元八年遷戸部侍郎判度支凡設謀鉤距肆爲剥蝕皆已悉書而酤鹽在河中獨不及之又八年爲戸部侍郎至九年已歷尚書史於其轉官更失紀皆疎也新唐書本傳同碑稱裴公薨在貞元十一年延齡傳作十二年葢史誤弁本傳裴延齡卒德宗聞其才特開延英面賜金紫授度支郎中副知度支事遷戸部侍郎依前判度支與碑所記符記前云中宗復政崇朝而復鹹大歷陰霖巨浸而不淡蔣鎭傳鹽池爲潦水所入其味多苦韓滉慮鹽戸減稅詐奏雨不壞池池生瑞鹽當時固以欺飾爲之而踵事者又勒之頌詞以長其僞然則敖之文雖贍腴固非實也授堂金石跋

按此碑陽爲頌陰爲記頌爲崔敖撰韋縱書并篆額記爲劉宇撰書頌刻于貞元十三年八月廿日記刻于貞元十三年七月二日是記先刻矣然記內已言有崔君之頌恐其頌或有闕乃命山客重紀于碑云重紀又似記爲後出者而乃先刻之何

也鹽池靈慶公神祠在山西解州安邑縣山西通志云池神廟在鹽池內唐大歷十二年建十三年韓滉奏解池產瑞鹽請置神祠賜號曰寶應靈慶池神曰靈慶公張濯撰記貞元十三年修太常博士崔敖撰頌貞元十七年四月知解縣池陸位安邑池韋縱立池神祠頌碑崔敖撰文據此則似崔敖撰頌在十三年立碑在十七年敖又别爲撰文然此碑有頌并序而别無他文實是十三年建無十七年字通志語所未詳也韓滉奏瑞鹽卽碑所謂先皇帝薦靈慶以號神索氤氲而建廟竝重英以表稔花四出而呈瑞據碑則建廟在前瑞鹽在後通志語亦不合碑陰有舊宫僻在幽阻是用遷置于斯之語則是遷建非重修也但未詳舊址所在通志則云廟在鹽池內貞元十三年修而不言遷建亦與碑不合碑陰云元老韓公滉之總邦賦以大鹹之功康濟是博請加禮秩于是冊爲靈慶公舊唐書韓滉傳大歷六年改戸部侍郎判度支此卽總邦賦之時也傳不載奏請封靈慶公事惟云大歷十二年秋霖雨害稼諸縣損田三萬一千一百九十五頃卽碑所謂大歷窮霖巨浸而不淡

也碑敘搉鹽之制云皇家不賦百三十載元宗御國五十年嗣聖受命却儼狁于絕漠走昆夷于窮荒調發之費軍實不足遂收鹽鐵之筭置搉酤之官是搉鹽始于代宗時也舊唐書食貨志開元元年十一月河中尹姜師度以安邑鹽池漸涸師度開拓疏决水道置爲鹽屯公私大收其利此即搉鹽之始矣食貨志又言自天寶末兵興以來河北鹽法羈縻而已者蓋祿山之亂河北跋扈朝廷之法有所不行故謂之羈縻非謂直至元和中始置搉酤且即如其言則天寶已前之不羈縻亦可推

見授堂似未詳玩耳碑云臬之爲畦甕之爲門又云兩池官吏及畦戶等請立豐碑河東鹽法有畦地畦戶其名始見此碑山西通志鹽法卷內云畦地始見唐崔敖言又柳宗元言溝塍畦畹交錯輪囷宋元符四年開二千四百餘畦百官入賀池之有畦自唐宋時已然池如仰盤畦居灘際地勢南卑于北畦旁各開水爲港長與畦等汲引水上畦底如砥邊封爲埂中復留塍以段分之此治畦之法也又唐時就山海井竈之地置監院游民業鹽者爲亭戶免雜徭此即畦戶也碑自撰書人及碑陰官屬姓名惟蘇弁兩唐書有傳餘俱無傳弁傳云字元容京兆武功人裴延齡卒德宗聞其才授度支郎中副知度支事承延齡之後以寬代煩虐人甚稱之遷戸部侍郎判度支是在貞元十二年九月後也

濟瀆廟北海壇祭器碑

石高四尺八寸五分廣二尺九寸十八行行二十九字隸書在濟源縣

濟瀆廟　北海壇　二所新置祭器沉幣雙舫雜物之銘并序　器物名數題在碣之陰也

朝散大夫行河南府濟源縣令張洗字濯纓撰

有唐六葉海內晏然偃革□□崇乎祀典封茲瀆爲清源公建祠於泉之初源也置瀆令一員祝史一人齋郎六人執魚鑰備灑掃其北海封爲廣澤王立壇附于水之濆矣　天子以迎冬之日命成周內史奉祝文宿齋毳冕七旒五章劒履玉珮爲之初獻縣尹加絺冕六旒三章劒履玉珮爲之亞獻邑丞爵冕加五旒無章亦劒履玉珮爲之終獻用三牲之享　邦之大事先在祀乎濯纓不才謬領茲邑下車入廟每事皆問主者有云俎豆素闕弊難悉數其尤者有五北海望壇臨事壘土朽槾一歲而費數金爲勞之甚其弊一也二所

祭器凡百有二十二事至時請於上寮轉敷入洛去來
三百餘里仍以稅緡酬之積有歲時不知窮極其弊二
也沉幣雙舫又以車取沁河渡口之舟往返之勞結綵
之飾其弊三也兩壇位席百領有餘戶至誅求爲擾非
潔其弊四也牀榻乃至七箸器用之類門到斂索事終
存亡太半其弊五也旣革前弊輒爲之銘銘曰
窮寐求思如神有知大風離披壞木於斯人吏驚馳念
兹悟兹前年夏及今年春大風壞掘覆數株因用此材而爲祭器兼沉幣之舫也爲余有意
廟中無備沉幣雙舫二壇祭器子來悅使所借皆遂觀
者闐闐事無闕焉刻之于石以俟後賢是時也貞元十
有三季

碑陰

石高廣與前同前後十四行行字自二十八至三十五不等正書

濟瀆 北海壇 二所新置祭器及沉幣雙舫雜器物
等一千二百九十二事
沾二 篚箱四 俎盤十 鐏六 豆卅二 籩卅二
簠八 簋八 罍二 洗二 酒爵十二 杓四 燈
盞一百六十枚 沉幣 雙舫舩一 新造塼壇一
副壇席七十領 五幅帳兩口 氈四領 四尺毯子
四 浴斛一 方毯子八 蒲合廿領 丈六床兩張
八尺床一十六張內三張細 連心床一張 四尺
床子八 繩床十內四倚子 油書臺盤二一方五尺一八尺 素一小臺盤一 八尺牙盤二 火爐床子
一 竹床子一 燈臺四 柒盆子二 竹衣架四
木衣架三 鹿木枕四 粘板二 草函一 鞍架一
櫃一并鎖 門簾一 帳簾一並紫綾緣 盆子卅
枚 水罐十 長杓八 馬杓二 刷箒三 鏁一具
竹燈臺子一百六十枚 新口床席二領碧綾緣
椀二百箇 疊子五十隻 盤子五十隻 朱盤兩面
崑崙盤四面 細匙筯五十張雙 麁匙筯五十張
雙 柴杓子六 五尺皁一條
舊什物 釜兩口 煮羊脚鑊一 鐺大小八口 小
鐺子一 小鑊子一 鏊二 火爐一 大盆二
瓮五 中盆二 小盆子六 水罐九 食槃五 甑
三 長杓四 馬杓二 八尺床子四 四尺床子四
故食床一張 長連床一張 雜木竹壓床兩張
間簾一 鈎三 熟籠一 巾一條 廚□□ 麁茶
椀子八枚 茶鍋子一并風爐全 茶碾子一 香爐
二 酒海一 殿門鏁一具 剉碓一具并頭刃
唐制附祭北海於濟源此碑記新作祭器事碑文乃

濟源令裴洗字濯纓所撰簡古有體裁一洗駢儷之習洗與韓退之同時文體已矯傑如是金石文字記

集古錄有此碑明都穆金薤琳瑯亦載其文而遺其碑陰又遺器物名數題在碣之陰也十字第一行北海壇二所脫二所兩字偃革□儒上闕一字以爲闕二字及以沁河爲池河以俟後賢爲以待皆賴有原刻証之碑云沽二者卽坫有云柒盒子柒杓子者柒本漆字艸書後人又變爲正字故山海經漆本或作柒也中州金石記

新唐書百官志云五岳四瀆令各一人正九品上掌祭祀有祝史三人齋郎各十三人較之碑所紀益倍其數不知何時增益爲之也或志文他有所據今亦未能詳也碑又云北海封爲廣澤王天子以迎冬之日命成周內史奉祝文宿齋云云濟源唐舊屬洛州故成周內史爲之攝祭禮儀志祭北海及濟于河南是其事也然志文不詳其儀數洗字濯纓而題云濯纓不才謬領茲邑臨文自稱其字非用謙之道也授堂金石跋

按濟源廟北海壇並在河南懷慶府濟源縣西北河南府志云北海之建壇說者謂濟瀆泉脈通北海故於此建廟然檢舊唐書禮儀志云祭于洛州新唐書禮樂志云在河南不云濟脈通北海也濟水源流詳見逢奚珣遊濟瀆記碑濟瀆之封清源公在元宗天寶六載唐自高祖至元宗爲六世故碑云有唐六葉也壇廟定制歲以立冬日致祭內史爲初獻縣令亞獻邑丞終獻而供祀器具假之洛陽自濟源南至洛陽皆須陸運碑故云轉轂入洛去來三百餘里也壇廟祭祀官事也必假器于鄰郡且必以稅緡酬之可見唐時制度之簡陋如此稅舒芮切以物遺人也非假物之義若假物則當用貰字舒制切貸也貰與假同義貰與稅聲近俗因相沿以假貸爲稅碑所稱稅緡謂以緡錢償其假物之資也稅字蓋始見此碑碑陰所載器物名亦有可資考訂者如燈盞俗名也許渾詩云小殿燈千盞而此碑已有之毯子俗名也其字見廣韻而此碑已有之衣架名見爾雅架本从木不必加木于旁故廣韻玉篇不收⿰木架字而此碑有之床竹歷俗名也釜鬲謂之歷不可施于床或者是床隔隔从鬲鬲與歷同音因謂之歷而此碑已有之蒲合廿領未詳何物厠于床毯之間疑卽蒲席禮

明堂位周以蒲芍註云蒲蒻合蒲此或倒互爲蒲合酒海見白香山詩就花枝移酒海而此碑已有之浴斛疑即浴斗亦即浴盤也副壇席七十領席當蓋切音帶玉篇云邪席也集韻云屋邪似用以衛壇者壘子廚于椀後即今俗名碟子疊有重累之義碟音舌集韻云治皮也不與碗同類今俗作碟非也惟崑崙盤其名無攷茶字作荼與爾雅合帶字加竹見廣韻惟幣字作幣幅幔帳簾不从巾旁而从心熏籠作勳蘢又牧字四處宜作枚似皆小訛碑無書人姓名撰者張洗兩唐書無傳碑無歲月据金石文字記作貞元十三年

金石萃編卷一百三終

金石萃編卷一百四

賜進士出身　誥授光祿大夫刑部右侍郎加七級王昶譔

唐六十四

鄭楚相德政碑

碑連額高八尺六寸廣四尺二寸十四行行字數四十至四十四字不等行書篆額在澄城縣

大唐同州澄城縣令鄭公德政碑銘并序

司封郎中集賢殿學士□□撰

衛尉卿鄭雲逵書

鄉貢進士姜元素篆額

□□□□之政咸勤東京之事敢明其理邦邑必難□□不獨孝宜二千石之選也　我國家璽啟至化稽對前謨□冂□冂自邇□凵實先二輔載首屬城恒寧厥人多□於理不有卓異曷颺頌歌未通神明誰鏤□石勉是□□十一年秋閏八月□□□辛巳　詔□銘紀左馮翊澄城令鄭楚相功德于其理所之南門也澄人謂余□從亘凵謬□□殿飽循吏之事業聆采詩之風謠求成其文寘美公□□字叔敖鄭州滎陽人高祖元冑　皇朝□大夫祠部郎中曾祖慈力　皇朝議大夫蔡州刺史祖敬賓梓州通泉□□考琨冀州南宮尉累葉遊德咸稱能賢□□後人□變□子既冠試吏逢時

歷遷及壯佐州遇守方鈌拾紫大殺假□兩轄名盈利
權道猷曠貴念代游之□□□巨鏞之□□□以幅巾
諸生修剌先進醇粹流藻馨香立言德成敢稚□奏用
申擢秀才第爲東觀投書郎勞□□於遺編勉□士以
主簿愛仙家於早歲安緩氏以彌年秩滿從□□□殊
□授長安尉而至于宰是邑也致□天瑞本人和氣□
□悌順□□性革當用財而離居縣撤屋而周□用簡
成賦□□□役論閭廢積論蕩狹愛傳縣衡以□占偶
踐更□□□斂樹柔桑阜蕃多稼讓隣終畝并力從□
順祈報以登□□禮節□息宴并冽□闕□□投艱寒

燠異宜男女半道戒鑿□厚商利遠通會廬之義肇周
八家不窮之養□行四□□□疏□豐恒□□□諸圖
者放於園公三畝具存百本咸□生生之理脩赫赫之
名成鴻細□□□眘藏考厚藏不□之竊盡□有益之
祠枯泉由靈而□出糉嶽抱義而大□此又感會讎昧
之可紀□也今□□□禱□散俸□□里□訪善良之
疾苦降服馬於鄉亭此又顧懷隱微之所□流也統齊
多方宗諸元□臻於□□□□於洽平人閑歲安□□
雲明鷄犬攸聞火烟圖境表率王甸圖像連城□□□
理道之至歟是皆根於□心□□□操執倫先時劇職

□歲九賦疾如影響利用卷舒摛詞則宜章練政則居
□□函　詔除褒者遂冠□文行之其猶子□大傳伯
師尚書之徵□□□　崔君□寵乃寮聞言於獻狀詢
績□□據於是百姓孫士良等報德誠明請命　朝省
而斯頌作焉詞曰
澄有賢令兮爲鄭父文雅楊班兮學齊魯執業操刀兮
造新部更宅闕戸兮調舊宇家多令□兮□□□野播
□苗兮鍛鍾畝泉異貳師兮亦我澍獸同安成兮不吾
禦西海少婦兮慎莫渡頴川四君兮敢爲□螭龜爰伐
兮題廣路崔嵬靡沕兮偉終古

左司郎中宇文邈修功善狀　守令白潛成立
貞元十四年正月廿五日建　姜濬摸勒并刻字

鄭公字叔敖字上當碑裂處缺二字卽摸字上亦裂
據趙目而知其爲陳京也碑云百姓孫士良等報德
誠明請命朝省斯頌作爲殆奉詔立碑曾下考功而
非後世士民擅立去思也金石後錄

鄭君字叔敖渤其名案文中有云詔京銘紀左馮翊
澄城令鄭楚相功德于其理所之南門則其名爲楚
相矣京字慶復官至秘書少監集賢學士見柳宗元
行狀關中金石記

碑殘泐金石文字記云公字叔敖鄭州滎陽人而不得其名今案碑前列鄭楚相名故下惟云字叔敖而名不再見顧氏殆失檢也鄭君初擢秀才第爲東觀校書郎授長安府至于宰是邑百姓孫士艮等請命朝省斯頌作焉後又言左司郎中宇文邈修功善狀葢唐自武后聖歷二年制州縣長吏非奉有勑旨毋得擅立碑于是凡以政績將立碑者具所紀之文上尚書考功有司而攷其詞今此碑猶可案也騐實則人無溢美準勑立葢有風勸余故錄之以見唐制如此宇文邈載宰相世系表爲御史中丞者當即其人授堂金石跋

按此碑撰者陳京及篆額之姜元度兩唐書皆無傳惟書人鄭雲逵署銜曰衛尉卿舊傳云滎陽人元和元年拜右金吾衛大將軍歲中改京兆尹新傳云元和初爲京兆尹皆不言其官衛尉卿唐書百官志亦無衛尉卿官名唐六典左右金吾衛大將軍掌宮中及京城晝夜巡警之法注云後漢掌宮外及京師盜賊水火考按疑事衛尉巡行宮中執金吾徼巡宮外相爲表裏所以戒不虞也考漢書百官公卿表衛尉秦官掌宮內衛屯兵後漢書百官志衛尉卿一人掌宮門衛士宮中巡徼事是唐之左右金吾衛大將軍所掌同于漢之衛尉卿雲逵署銜用古官名耳此碑立于貞元十四年觀雲逵自署則其官右金吾衛大將軍不在元和元年疑兩傳誤也碑云□□十一年秋閏八月□□□辛巳上泐二字乃貞元也下泐三字閏八月爲乙丑朔則辛巳乃十七日也高祖元冑曾祖慈力祖敬賓宰相世系表有鄭敬賓別一人考現唐書表傳皆不載陝西通志名宦傳有鄭叔敖貞元元年授長安尉後宰澄城民思慕之立石以識即謂此碑也通志直

作叔敖是未騐碑有楚相字碑不詳尉長安在何年可据以補碑所未備末云宇文邈修功善狀他碑紀德政者所無

董晉碑

碑高九尺五分廣三尺九寸每行約六十字現存二十四行餘剝蝕不可考行書額題唐贈太傅董公神道碑九字篆書在偃師縣經周案

□□□□□□節度副大使知節度□□□□□□闕下□汴州
諸軍事兼汴州刺史上柱國隴西郡開國公贈太傅闕下
朝議郎守中書舍□闕下
皇太子侍書正□□闕下

漢興五代孝武思理廖西相陳天人之際王道下闕□□
□□□□□□□□□□重承衛之崇啓心宣力
□李慶士陟恪宗工能系其列公下闕□疢□□之□□
□□□初　肅宗受端命以台兵車思欲去□
□□湯火下闕□□視□□□□□□□釆章　□宗
御天下乃清□□□爲文憲彌□陪□下闕奉常□□□
今上建皇極□脩□紀思代天工俾寧方下闕□
□平章事居五年□禮部尚書□□　□□遷兵部
分正戀□下闕□□□□汴□亳□等州觀察處置□□
□五年二月□丑薨于位□□下闕□□□□優之也初

公以祠部郎爲出疆從事北方之強□□下闕□□□□之
勇沛□餘力其爲大府未浹日而理乃珥貂□□□下闕
□以□□亞相使于北河其往也薊門不開山東多壘
習俗□□下闕□□□□□□□□□謀因以爵役憑軾
勞扈　蹕而旋益□下闕□□□□□□□□□□□
□□□而不黷其爲相也□戴下闕□□□□□□陳於
□不可悉數并章□□然後得請其于封下闕□
□□　上以爲陳留□□郊□非□下闕□□□長
城□□蘊在靈府悍將□□□□□□諸侯下闕□
□□□□□□一邦之人得□□下闕□□□□□□□

□諸侯自膠西而下闕□□□□□□□新浦主簿贈
下闕而無貴下闕祝□□□文學行義克下闕於□□下闕□□
人京兆韋□下闕年無下闕

碑陰

拓本僅有下截二十餘行行約二十字漫漶者多茲就顯明者錄之

□□拜殿中侍御史四遷□中書舍人歷工上闕命至右
□□主客員外郎有高文至性不幸上闕乃纂集其文刻
于左方以脩遺闕禮上闕二年土壤咸上闕三年家上闕于室
變丘墟爲閭里散災祲爲和上闕車□□十省其五郡邑
資儲三溢其上闕取以歸揚子七縣之衝也列爲小上闕逌

周月如有二天化洽數州上闕□相□國作旱歲之霖今
公上闕□□□□□□□不言而衆爭舉正色而羣心
服邊鎭上闕江□□刳木爲舟用五行潤下之功息上闕不
疾而速性命之際融正氣以發上闕令而□若親臨再相
天地之宜三秉上闕
上闕用置典刑士吏自清乃設堤防禁遏上闕大化四流歸
朝執憲專賛　皇猷上闕有□□□去□□□季□□□
轂焚蔬人化於　公上闕□□五□而人不知　公與其
敎我箱千斯上闕□精□□平政均滔滔蜀江來自天上闕
□□□明□□裁□師旅弛張柵戍不戰上闕留授鉞又

命官入閤下
億按碑中截剝蝕文斷已不屬韓太初得張太保碑因附石有此碑質之於余余命及門李於岸摹搨以歸就其中可尋繹者攷之斷其爲董晉也碑載肅宗受端命以合兵車思欲去元元之湯火下有祕草及琛章等字唐書本傳肅宗幸彭原上書行在拜秘書省校書郎待制翰林蓋謂此也碑載代宗御天下乃清吏職以爲文憲彌綸下有奉常字攷舊書晉本傳歷秘書太府太常少卿又云德宗嗣位改太常卿韓文公集董公行狀遷秘書少監歷太府太常二寺亞卿下又云又爲太常卿令奉常即太常也碑與行狀合惟本傳言德宗立授太府卿而不及太常此宜以碑爲詳者也碑載今上建皇極以修人紀思代天工有門下平章字又有居五年除禮部尚書字遷兵部字分正字節度汴宋亳潁等州觀察處等字本傳貞元五年以門下侍郎同中書門下平章事又云罷爲禮部尚書以兵部尚書爲東都留守皆與碑合惟汴宋亳潁觀察處置等使史畧而不書舊書惟言汴宋亦不及亳潁亦惟碑獨與行狀符也碑載十五年二月丁丑公薨於位行狀亦云十五年二月三日薨於位碑又載初公以禮部郎爲出疆從事即傳所謂李涵持節送崇徽公主於回紇署晉判官其事同碑又載以祭酒亞相使於北河其往也薊門不開山東多壘即傳所謂改國子祭酒宣慰恒州其事同碑載拜章八上然後得請即行狀所云退以表辭者八方許之而傳又不及此又宜以碑補也碑在府志以爲佚不可得又入洛陽內令以韓君嘉事故余得收而誌之以正方志之疏並使太傅墓地亦有聞於後豈非幸哉金石攷定此碑爲權德輿撰而書尤險勁惜莫存其名撥題銜有皇太子侍書碑載貞元十五年字則碑爲石刻建立又在十五年後矣時已去順宗即位不遠其時王伾嘗爲太子侍書蓋即其人也偃師金石遺文記

無垢淨光塔銘

碑連額高一丈二尺五分廣五尺二十三行行四十四字正書篆額在福州府

皇帝降誕日爲　國建無垢淨光塔銘并序

攝觀察推官宣義郎前行秘書省校書郎□承宣撰

昔如來以善惡無所勸爲之說因果修因果者無所從爲之存像教像教設而功德爰立因果著而報應彰明至於聚沙亦獲多福矧□□縱廣之高大其功德曷可

思量哉惟　　唐貞元己卯歲孟夏四月旬有九日
聖君降誕之辰也煌煌乎溥天之大慶率土之盛事窮
祥絶瑞畧而不談人神幽贊品類歡樂□自京邑達于
海隅各獻珎寶以賀　　昌運先是　　觀察使柳公
監軍□魚公相與言曰聞夫西方之聖者□崇福
之本至仁之教故報　　君莫大於崇福崇福莫大
於樹善樹善莫大於佛教教之本其在浮圖□□□
今皇帝道邁往初澤漸無垠天下之人登壽域樂太平
者二十有一年于兹矣含氣之類尚猶知感矧臣子之
心□當于兹辰焉於是會釋徒謀建置作爲浮圖以塔

名之夫塔者上□諸天下鎮三界影之所蔭如日月之
照破昏爲明鈴之所響如金石之奏聞聲生善如是諸
福盡歸　　□□謀之既臧相顧踴躍顧力□果事
無不諧齋心至誠三卜皆吉相地面勢依山憑高摽勝
槩于南方跨上游於福地食　　王祿者樂於檀施
荷　　帝力者悅而獻工役無告勞功用斯畢
皇帝嘉焉　　御扎題額錫名貞元無垢淨光之塔屹
然峻然高立雲外霽盤而星象可接金牓而鸞鳳交馳
從何處生如踊諸地路金剛而難壞與刼石而齊堅取
舍利以寘其中□□□以表其外俾夫觀覽者名号斯

識瞻禮者利益居多異夫經營之初壑鑿之始周其基
址下現盤石五色□□□□□意將靈祇先有所待
盤石之上又生異表瑩澈氷淨淋灕玉顔如物之牙櫱
然攢植訊諸博識得未曾有非　　□孝之感動神祇
之協贊則何以有斯靈異乎况　　河東公以仁德鎮
撫海隅庶安　　魚公以忠□□　　□□□輯睦一
臣協□一方康寧建彼崇塔赫然丕績上以資
大君無量之福下以遂□生□□□□□□□□亦
至矣盍刊諸貞石以示于將來小子備從事之末奉銘
敘之　　命豈知竺乾之道空爲□□之□□□

瞻彼靈塔巍巍崇崇疑自地踊若將天造作鎮海隅高
摽闤中影護下界形儀太空金盤□□□□□□□□
□□贊兹盛功倏其建之臣子之忠□□□福之
聖壽無窮
貞元十五年歲次己卯□□□□□□
福建等州都團練觀察處置等使朝請大夫使持節
都督福州諸軍事守福州刺史□
福建監軍使朝議郎行內侍省內府局丞員外□同
正員上柱國賜緋魚袋魚□
右貞元無垢淨光塔銘今在福州府梁克家三山志

云石塔寺在州西南貞元十五年德宗誕節觀察使
柳冕以石造塔賜名貞元無垢淨光庾承宣爲記卽
此碑也碑末題福建等州都團練觀察處置等使朝
請大夫使持節福州諸軍事守福州刺史史以下皆
闕以三山志證之知所闕者爲兼御史中丞及柳冕
姓名也次一行題監軍使朝議郎行內侍省內府局
丞員外置同正員上柱國賜緋魚袋魚獻獻字剝落
止存右一筆今據三山志補之志所書魚獻結銜字
多譌脫又當據碑爲正耳碑中基阯字避諱作基
與慈恩寺基公塔銘正同　潛研堂金石文跋尾

按碑云貞元己卯歲孟夏四月旬有九日聖君降
誕之辰唐書本紀德宗以貞元二十一年正月崩
年六十四推其生在天寶元年至貞元己卯年五
十八寺僧爲皇帝誕辰建造浮圖僅見此碑當時
佛教流行天下以建塔寓祝釐之意當不止一處
而福州距京師遠數千里僻處海隅此碑獨流傳
至今撰文者庾承宣無傳書者柳冕唐書傳稱冕
字敬叔博學富文辭貞元十三年兼御史中丞福
建觀察使此碑正在福州時也冕官福州置萬安
監索部內馬驢牛羊畜牧之民間怨苦坐政無狀
代還然則碑稱其以仁德鎭撫海隅庶安者亦過
譽矣

徐浩碑

碑高一丈八寸廣四尺九寸五分三十四行行八十字正書在偃師縣學

大唐故銀青光祿大夫彭王傅上柱國會稽郡開國公
贈太子少師東海徐公神道碑銘并序
朝議郎守河南少尹飛騎尉賜緋魚袋張式撰
次子朝□□□南□□□□□□□□□□□
書并篆額
惟天陰騭下土恢宏相導降聖啓運生賢佑時猶三光

五行暑度盈缺之無僭候也當
睿宗開元□後昇化昭融遐建明德大旌文學
肅宗嗣位首革艱運方□□□盪□
儲□則□功□難議獄□死□　代
宗□□□　今上纂丕圖忝任二柄
以康億兆　會稽公歷奉　四后周旋五紀
各因其會振耀長才有潤色皇猷之□□□納□之直
□□□□流之□威懷□德之□□外統□□□□□
卿開國承家分□□上所不至者未昇鼎司儒流展用
亦已厚矣　公姓徐氏諱浩字季海東海郯人隋杭州

錢唐縣令澄之曾孫　皇朝逸人□□之曾孫益州□
□縣尉贈吏部侍郎師道之孫銀□□祿大夫□州刺
史贈□散騎常侍嶠之之子稟命于天稟訓于先稟氣
于山川國器斯全輔之沉研無得而□辭爲通賢年十
五□經術首科昇□始□□□山□□□□卑時
論稱之無何　□□俾□□賢□□大學士燕國公說
□之滄溟□代宗師嘗覽　公應　制喜雨賦及五
色鵠賦兼和　製等詩曰後進之英今知所在賞歎
□□□爲上聞賜帛出於中禁依聲播於樂府無翼而
飛遽□□□□□是愛其才□其□始終□□進太

子校書集賢殿待詔改鞏縣尉尋拜右拾遺張守珪之
節制幽薊恩冠諸侯欽承□□特□幕賓陳□優遂其
請授□□□□□□府君憂□際補京兆府司□參
軍□□蔡□濱於滅無復宦情□□逾年勉從親故
之論起就常調授河南府司錄轉河陽令先是有晚昧
疑獄繫囚六十人　公下車□縣□□□□□□
□□□□□□□熈熈如也桐□遺愛碑頌□□
□□□議郎東都留守□□辟從其事有河□俚人
僞作符命埋深谿而表異滋拱木以徵年然後假獻歲
之辰矯　元元之□審言　□□□□□□以

得之□雷同之□矣□云祚聖□以□□□□既悦於
　聽聞史策方裁於簡冊　公明徵篆□立辯乖訛
正大謬於已然折羣言於獨□既而致□悉驗□姦遷
金部員外郎轉都官郎中□□南□補□□□□□□
求成俗事多詐濫吏亦□□公□□□□□□□□□
信義必行於夷獠廉平可動於鬼神五嶺百越須聲四
合同詣方面請建旌德碑都督張九臯□之飛章朝議
以爲主聖臣忠□□　□德□人到于今歌之轉
刑部郎兼司農□□□□兵部□□□□□□幽□始
禍嶲縣興師　公以官在職司志當靜亂馳駟詣闕陳

諫納忠度向背於兵鋒算隄防於地理慮先物表機變
□□　天子□方□大□姧□忌害□□
□□除□□剌史□旆節路　皇情□寤念蒯桐之□
信□剖竹之非輕乃加本州防禦使錫金印紫綬及京
師失守　翠輦西巡成都築受養之宮□□□□□
之制□□　公詣　行在所拜中書舍人集賢殿□
□時　鑾輿□復□詔急宣尤資倚□之能多類□
□之□　公虔恭　法□□□　天顏□管風
生落幾泉靡皆如□□特邈□鋒　上□其□□□
□□以本官兼尚書右丞封□□縣開國□喪亂既平

□□及正輔宜、天子之孝奉揚君
父之懿　　肅宗降孝感光□之詔
肅宗□至道□□之□□□官之□□□三
接□□獨以□文□□□□□代文□之盛孰可儔其
類歟當時以陷賊衣冠正名同惡百辟□議三司定刑
其徒三□將寘重典　公上引大□□□□□□□□
輕之義近□俟□□□於輦轂　　太□唯罪□
人越□□□□□□狄仁傑議誅元惡而□國章有素故
事斯在詞簡理要端如貫珠百寮傾聽無復異論廷諍
□進竟獲減論李輔國憑寵恃□□臣□□□□□將授

左散騎常侍□□□□　公□陳□□由官邪名不□
□□□□□之地□從顧□之□授非其人期不奉
制有命改授大詹事且曰將來命官若此者皆許以
聞然蹇諤之誠幸伸於一□而浸潤之譖□中於多□
□□以□□□遂貶盧州長史　　　代宗踐
祚公論勃興□□復中書舍人加銀青光祿大夫集賢
殿學士□知院事尋遷工部侍郎楊脅徵病久政□□
於南海焉崇道除姧伺□盜據新□以爲□鉞□□□
公□可拜嶺南道節度觀察等使兼御史大夫　公
折簡飛書先□大信順流鼓□以示不疑見□者皆曰

此選補徐郎中之名也父母至矣復何所求既而傾巖
洞以□命□戈鋋而□□□□□人跡罕通□□□
風蕩其□□無□□□舉□□□□□□復□庶□
而□□之□□年有□部之拜復兼集賢學士嘗領東
都選務銓第舉科凡百□流拔奇者一人即□北□宰
輔□□□年即□□□齊公□人爲洞鑒深識皆此類
也□□□德□不掩□□□執法□所繩又黜□州別
駕　　　皇上登寶位徵拜彭王傅加會稽
郡開國公食邑二千戶覩風儀之可法□□□之□□
□□□□□欲以論□之□□之□明年薨於長安永

寧里之私第享齡八十□第加等贈太子少師□焉
公□□之興中和所蘊智周覩晦行茂家邦班固謂董
仲舒公孫弘倪寬以儒□□□□□□似□□□□
□□□□□媿於前賢先府君擅書□嘗授筆法□□
□□草隸兼優開元天寶之間傾王帛刻琬琰□一□
二妙而已議無優劣以王右軍父子擬焉始□□□□
爲中書舍張□□□□□定□不復以禮□□懷故
□□英□孰非□友□□□□□我吹噓所以□登石
渠再踐西掖□更臺省出□旌旄九遷而碩望弥高三
黜而輕痕不玷寶貴本末信中庸之君子歟　公以建

中三年四月廿五日□以其年十一月葬于東都偃師
縣先塋之左□洎貞元十五年□□□□峯王議之□
安璲爲□府法曹掾璫玫舉進士未第伯仲之存者四
人現嘗以家傳遺文俛叙其志曰史謀藏諸□□墓厥
閟於幽扃□惟世□□□□□未□紀功□□□□□
□□□百代朝□夕殞□□無恨國有干戈之□家有
□□之戚□□未能垂廿年辭將涕從禮以情激則聖
人所謂揚名於後代以顯父母者揚己之美與揚親之
美□孝子也其□先□顧□□寂之請□□□□□□
銘曰

□南有截□□□□中嶠會稽旁浸海浙含風蘊玉浴
日孕月象合粹靈氣生才哲才哲伊何惟　會稽公克
□克亮克孝克忠□□宏謀王謝高風賓探其奧實□
其蹤其一　□□□□□□□直□遮温重威儀抑抑乃
辯姦詔羣兇去惑截謀典刑刀鋸減息內外更踐卑高
稱職績著縑緗愛罄邦國其二　會稽之文代天爲言藻
繪　皇猷恢宏　化□□□變律□澤□宛遂劇淵
□疾如雷奔宣明日月□翊乾坤敷暢大號親親尊尊
草綠兼善鍾張抗論一臺二妙獨耀吾門其三　會稽之
武非謂暴虎建旆鞠旅□綏南土南土兇殘民痛里殫
盜□乘□餘□□□□以□□□誠□亂□謂□戈我
□揮翰翰墨□經人肯輯寧其四　會稽之終翰苑其空
宸展軫悼邦人輟舂措摸遺草景行中庸文雅道
喪誰其□□□周之東天地之中郟洛□□舟車會通
故塋新壟□□□□勒□□德悠悠不窮其五
貞元十五年歲次己卯十一月辛丑朔廿四日□□
建
表姪前河南府參軍張平叔題諱
　河□屈□　吳郡□□□刻字
右彭王傅會稽郡公徐浩碑亡其下截每行止存二

十九字其文河南少尹張式撰書石者據金石錄爲
浩之次子峴字書道勁猶能步趨家法碑稱其歷官
甚詳其爲太子校書集賢殿待詔改韋縣尉拜右拾
遺又授河南府司錄代宗時再兼集賢殿學士皆史
所未載傳稱越州人碑云東海郯人者舉其族望也
又按肅宗子彭王僅薨於肅宗朝子鎮爲常山郡王
無嗣王彭者憲宗子彭王惕受封在大中六年距浩
卒已久唯高祖子彭王元則之曾孫嗣王志暕或其
時尚存而季海爲其傅乎潛研堂金石文跋尾
碑云除襄州刺史加本州防禦使賜金印紫綬及京

師失守云云是浩自襄陽防禦使遇安祿山之難遂從明皇在蜀授尚書右丞新舊唐書旣遺浩趨行在之事舊書則云安祿山反出爲襄陽太守本郡防禦使賜以金紫之服誤以安祿山反在浩爲防禦之前又云肅宗悅其能加兼尚書右丞亦誤以元宗爲肅宗矣碑又言當時以陷賊衣冠正名同惡百辟會議三司定刑其徒三千將寘重典公廷諍三進竟獲減論是浩當時救陷賊官有力與李峴議同此實不朽之事史俱不載何也浩墓在偃師故碑云葬于東都偃師縣先塋之左今移碑至學懼其日久遂致迷失

也實刻類編云彭王傅徐浩碑張式撰次子峴正書并篆額表姪張平叔題諱貞元十五年十一月立在洛今缺峴名墨池編稱徐峴善書工行草石曼卿得其石刻屢稱於人其書信有父風中州金石記

億按碑剥缺不完今依其可見者云浩東海郯人攷唐書浩本傳作越州人地理志郯雖屬越然遙以越概包之郯縣不若此碑爲紀實也碑書其上世有隋杭州錢塘縣令澄之元孫皇朝逸人缺璥之曾孫缺州九隴縣尉贈吏部侍郎師道之孫銀青光祿大夫洛州刺史嶠之之子地里志九隴屬彭州此碑州字上缺字宜作彭碑敘浩歷官有進太子校書集賢殿待詔改韋縣尉尋拜右拾遺傳旣不悉載而下遂云進監察御史裏行辟幽州張守珪幕府歷河陽令以碑證之張守珪陳乞優遂其請進監察御史授河南府司錄轉河陽令則進監察御史在應辟以後而傳書在前又不言授司錄皆史文之疎也碑又敘遷金部員外轉都官郎中缺有嶺南請建精德碑與史爲嶺南選補使合下又敘轉刑部郎兼司農少卿又轉吏部缺幽陵始禍寓縣興師加本州防禦使賜金印紫綬缺拜中書舍人集賢兼尚書右丞封會稽縣開

國缺代宗踐祚缺中書舍人加銀青光祿大夫集賢殿學士別知院事尋遷工部侍郎又拜嶺南道節度觀察等使兼御史大夫云云以較本傳亦詳略互異碑又云始自登朝爲中書令張曲江所器而傳惟云張說稱其才曲江之於燕公並有見知之譽獨載燕公何也碑後題銜表姪前河南府參軍張平叔題諱顧亭林記顏氏家廟碑云今人自述先人行狀而使他人塡諱非古按此則唐人已有是矣 府志引金石攷貞元十五年張式撰次子峴書今碑列峴書者已刋缺偃師金石遺文記

碑後題銜稱表姪前河南府叅軍張平叔題諱新唐書食貨志戶部侍郎張平叔議榷鹽法弊請官糶鹽可以富國李渤傳載度支使張平叔歛天下逋租昌黎集論鹽法事宜狀議張平叔所奏蓋其歷官參之此碑皆可畧見然終爲一討臣而已題諱之古前跋已言之近校潛研堂金石跋尾謂周益公跋初寮王左丞贈曾祖詩末題通直郎田橡塡諱據爲宋人已有之不知唐固有之而錢君未見此碑全本也又麻衣子神字銘有云南陽貢士李珩塡諱碑由字述曾鄉誤二男字述曾遠書文時父已沒矣因於親諱倩人塡之君子之於名終其愼如此浩碑爲亥子峴所書固猶是也授堂金石跋

按此碑張式撰亥子某書并篆額銜名俱泐式附舊唐書張正甫傳云正甫之兄大歷中進士登第式子元夫傑夫徵夫又相繼登科大和中文章之盛世共稱之而不載其守河南少尹碑載浩之高祖澄曾祖口口祖師道隋唐書皆無傳舊唐書浩傳僅稱其父嶠泐之字官至洛州刺史碑於州刺史上泐一字據傳是洛字據偃師金石遺文記作洛字新書傳稱嶠之善書以法授浩而不書其官各有所畧也碑稱師道官益州口口縣尉泐其縣名而偃師遺文則爲九隴二字上文州字上泐一字以爲九隴縣屬彭州宜作彭字此搨益州字甚明唐書地理志彭州濛陽郡垂拱二年析益州置碑似舉其未析之州名也法書要錄載徐浩古蹟記云臣先祖故益州九隴縣尉贈吏部侍郎師道臣先考故洛州刺史贈左常侍嶠之眞行草皆名冠古今無與爲比墨池編稱師道字太眞會稽人少有至行不干仕進裴行儉辟賓幕授九隴尉棄官歸隱及終謚曰文行先生精于翰墨嶠之字惟嶽

純孝積學嘗面誚張易之而佐佑五王迎立中宗歷趙湖洛州刺史正書行書道媚有楷法所載較碑傳加詳而其官洛州洛州諸書互異此搨磨泐不能定其孰是矣通志金石畧書史會要皆稱浩次子峴兩唐書浩傳皆不載其子宰相世系表又無浩一系而碑則云伯仲之存者四人曰璲璿玟璲之上文泐不可見玟之下文曰現當以家傳遺文倪敘其志云云似即書碑之亥子則當作現字與伯仲名同从玉然諸書皆从山作峴亦不能定也兩傳稱浩越州人墨池編稱師道會稽人會稽

屬越州碑則稱東海郯人固是舉其族望然攷之
徐姓以國爲氏伯益之子若木受封于徐氏族畧
云郎今泗州臨淮碑作東海郯人者已不能詳其
緣起至遷居會稽又不知在何代宰相世系表不
著會稽一系惟据誥封會稽郡公可知其居越已
久矣傳稱浩典選部多積貨財又縱其妾干政事
爲時論所貶而碑則云九遷而碩望彌高三黜而
輕痕不汚諛墓之文不足徵大率如此碑立于貞
元十五年十一月廿四日距其建中三年卒葬又
十八年碑云垂廿年者舉成數也廿四日下泐二

字是月辛丑朔則廿四日是甲子也

晉太原王公碑

碑高一丈一寸七分廣四尺四寸二十五行行五十六字正書在蒲州府臨晉縣

追樹十八代祖晉司空河東太守猗氏侯太原王公神
道碑并序

裔孫虢州刺史顔撰

華州刺史□滋篆額

□□□□□韋縱書

始祖無名　道之出也曾孫有國周之宗也夫國有開
必先粤若后稷播種烝人乃粒周之先也積仁成德積
德成聖以□文王周公與天地□□乃繼爲家聖焉周
禮周易與日月俱懸元晉爲家法焉開國德澤之源流
爲國制度之□□俾□□不易萬□□□豈□三十代
中八百季內而□厥後子孫因王顯姓始自四十一代
祖周平王孫赤其父泄未立而卒平王崩赤當嗣爲□
父桓□□廢而自立用赤爲大夫及莊王□□赤遂奔
晉晉用爲并州牧自赤至軀八代代牧并州軀生喬至
文釗十六代□前八□代襲封晉陽侯文釗生叔偶叔
偶生伯□伯□生乇乇河東太守征西大將軍乇生卓
卓字世盛歷魏晉爲河東太守遷司空封猗氏侯夫人

河南裴氏父仲賢任雍州牧卓翁年七十九薨於河東
□屬劉聰石勒亂太原晉陽不遂歸葬葬河東猗氏縣
焉隋于猗氏爲桑泉縣今司空塚墓在縣東南解□城
西□□至今子孫族焉自古太原王也亦猶潤州上元
縣有瑯邪鄉後魏定氏族僉以太原王爲天下首姓故
古今時謂有鼎盖□□□□盖海內□族著姓也　我
卓翁葬河東子孫成族□生將相而太原之望獨不歸
盖河東著姓乎況本枝葬葉金輝玉映洪源長派碧海
清漣□□婚者戚屬□之澄而爲□□絶資蔭者□稅
不暇□而□衆□隸軍府而耳順方免負耗身之耻成

磧右而萬里交釒□次死之峕更接□□之□□□出九
流之外益魏地狹隘迫而使之然也開元中左丞相張
公說越認范陽封燕國公大disk初左相縉叔越認瑯邪
封齊國公□河東□承太原顯望久矣□□□□縉叔齊
公沒之而□□□□如□齊兩公皆明世大賢社稷重
器尚余爲也况中智巳下薄俗者乎又見近代太原房
□□顯姓之祖始自周靈王太子晉瑯邪房譜亦云太
子晉後且晉平公聞周太子生而異使師曠朝周見太
子太子年方十五曠謂太子色赤太子謂曠曰吾後三
年上賓于帝果十八而仙得□□元精□降□□□□賓

則知年未十五巳是神仙矣豈於三年之中而始同凡
有嗣息邪是□爲修□□務神奇祖先競稱太子晉後
□其安歟凡稱太原王者無非周平王之孫赤之後前
巳詳之明矣桑泉房隋奉朝請善翁善之子□□翁官
至開府儀同三司車騎將軍河北道大摠管見隋書墓
今有碑僧曇延育奇表身長八尺見高僧傳蒲州桑泉
人也或有延公讃曰德與天全身與佛半桑泉房幽州
都督元珪翁廣州都督方□翁□□德光時左補闕智
明伯戶部員外郎岳靈叔猗氏房右丞維叔左相縉叔
俱偉文曜世或有□縉叔詩曰人間左相□天下□□

詩人謂□□□□□□□□鄉房安西北庭二節度正見
叔武德冠時如入仕　朝廷□舍或一出官州邑十室
二三通文武舉選僅不以屋有□□□□□□□□□
□□不巳之慶流于無窮也然因官婚或棄鄉族迷失
宗望亦往往而在晉司徒昶翁誠宗人曰若結婚姻如
暴貴無□□□□□□□□□□□□□□代不仕不
學不着客失婚無譜不葬無墳墓不修仁若是□事三
代皆淪小人也戒之愼之房孫顏由進士官□□□除
洛陽令□□□州入大理少卿拜御史中丞出蒲州刺
史常歎　大道久隱澆漓時極今於正經揭道字爲志

於子史揭□□□翼成□□□□□□　□□□□
□□□碑銘聞於朝卓翁塚墓古有碑廟直下宗子四
縣離居每年用□月七日□合來祭干戈動來廢至□
□□□□□其□□□□□□□□□□□□□□□
子孫日失其序顏實永痛力建豐碑有四義焉一歸流
遁者之心二□迷宗者之望三□旌□者之□四□□
□者之□
太原一宗晉代三公堯時世□葬此河東孫謀克著祖
慶所鍾顯魂凛凛遺□□□□
唐貞元十七年□□□□□月□□朔□□□□

口建

按碑爲王顔撰口滋篆額韋縱書王顔兩唐書無傳篆額者滋泐其姓乃袁滋也軒轅鑄鼎原碑號州刺史王顔撰華州刺史袁滋書結銜與此同但彼是書碑此則篆額耳亦可見顔撰而滋書者多也韋縱上結銜五字全泐宰相世系表縱官左金吾衛兵曹參軍盬池靈慶公碑署銜爲將仕郎前試大理評事此所泐者祗五字不知其何官也碑文大意謂太原王氏世皆謂出自周靈王太子晉氏族畧世系表皆同不知太子年十五已是神仙至十八上

賓于帝不應三年之中遂有嗣息今考太原王氏始自周平王孫赤其父泄未立而卒平王崩赤當嗣爲口父桓口口廢而自立用赤爲大夫及莊王時赤遂奔晉晉用爲并州牧自赤至龜八代代牧并州至文釗龔封晉陽侯元孫卓歷魏晉爲河東太守封猗氏侯甕葬河東猗氏隋析猗氏爲桑泉縣今冢墓在縣東南此卽顔之本支所自出也稽之唐書宰相世系表所載太原王氏先世及大房二房子孫無一合者可知其與同時之太原氏族皆不同系矣史記周本紀平王崩太子洩父蚤死立其子林是爲桓王不云洩父又有子赤亦不云林廢赤而自立且太子名洩父與碑之单名泄者不同并州牧晉國未嘗有此官名周莊王時赤奔晉其時曲沃武公方強滅晉侯緡而獻寶器於釐王赤所奔必是曲沃然考之晉國諸臣未有其人碑所載諸人史皆無傳可攷隋書地理志河東郡猗氏縣西魏改曰桑泉後周復焉開皇十六年更置桑泉縣碑云今冢墓在縣東南桑泉縣地自天寶十二年省屬臨晉今臨晉縣屬蒲州府山西通志陵墓卷載晉司空王卓墓在臨晉縣東南二十

里城西村有王顔樹神道碑卽謂此碑今司空冢墓在臨晉縣東南解古城西二里碑曰卓翁塚墓古有碑廟文載邑志而晉紀乘不載司空王卓蓋亦謂王卓無攷矣碑稱猗氏房右丞維叔左相縉叔則兩唐書有傳維縉兄弟稱之爲叔當與顔同系然檢宰相世系表以維縉爲河東王氏系其源不從卓始其流又不及顔之本支皆所未詳要之顔撰此碑自必無誤其追溯源流亦必有據或所傳各有不同未可據他書以疑碑也碑有云左丞相張公説越認范陽左相縉越認瑯邪越認二字殆是

越次而認他族之義乎則認族之說始于此矣然據唐書張說傳稱其先自范陽徙河南更爲洛陽人宰相世系表張氏自後漢世居武陽犍爲其後有諱宇者官北平范陽太守避地居方城迨晉張華二子禕韙禕子孫徙居襄陽韙子孫自河東徙洛陽即說之系也然則說之先世本由范陽徙洛陽與認族者異碑云越認其義究未詳

軒轅鑄鼎原銘

碑高七尺二寸五分廣三尺九寸十三行行廿二字篆書其陰分三截上截釋文廿一行行十二字中截表二十行行廿一字下列官名十五行行九字皆正書在閿鄉縣

軒轅黃帝鑄鼎原碑銘　序

維天爲大惟帝堯則之惟　道爲大

惟　黃帝得之南華□曰　道神鬼

神帝生天生地　黃帝守一□□三墳

以治人之性命廼鑄鼎茲原鼎成上昇得

神帝之道原有爲谷之變銘紀鑄鼎之神

銘曰

道□神帝帝在子人大哉上古　軒轅

君化人以　道鑄鼎自神漢武秦皇

異徒　去　道日遠失德及仁共惟

我□　□德爲隣方始昌運

皇天所親　唐興茲原□常鼎新

銘并序一百三十七字

虢州刺史□原王顔撰

華州刺史兼御史中丞陳郡袁滋書

唐貞元十一年歲次辛□正□□日建

□書

碑陰釋文

惟天爲大惟帝堯則之惟　道爲大惟　黃帝得之南華經曰　道神鬼神帝生天生地　黃帝守一氣衍三墳以治人之性命廼鑄鼎茲原鼎成上昇得神帝之道原有爲谷之變銘紀鑄鼎之神銘曰

道□神帝帝在子人大哉上古　軒轅爲君化人以道鑄鼎自神漢武秦皇仙異徒勤去　道日遠失德及仁恭惟　我唐　□德爲隣方始昌運　皇天所親　唐興茲原名常鼎新

銘并序一百三十七字

虢州刺史太原王顔撰

華州刺史兼御史中丞陳郡袁滋書

唐貞元十□年歲次辛□□月□□朔□日建

右上一列
進□□□表
臣顔言　國家虔奉　道源天下乂安
聖化伏見能事必擧善跡必旌臣所部湖城縣界有
鑄鼎原是　軒轅皇帝鼎成上仙之所□詳史冊縣
有昇仙宮寺具見圖經獨此□原曾無表記徵臣愚
見是千古所遺歷代□循以至□日只有鑄鼎原名
莫知陳跡所在臣今□於原寘高處刻石表之當石
直下更須穿地□費去月廿八日本縣令房朝靜縣
鎮遏將常憲□知官軍將□晏等同於原上選地□

穿穿將四尺得玉石□□是一□□時□□□所□
今作四段有懸珮孔子二其日縣令所由等狀送到
州臣送觀察使使牒却令州司自進臣以此□合有
碑記千古所無臣輒云爲自疑妄動今幸得此珮伏
喜不妄徵臣測度恐是　黃帝上昇之時□□遺
墜之物臣撿笲靈帝記　黃帝去今六千四百三十
年□以天下有道地不藏珍今千尺荒原一穿得寶
且是　□□□物應見
聖明之代徵臣不勝驚喜慶忭之至其玉珮謹以函
盛差朝請□行司兵□軍暢賞隨表奉進伏望頒示

朝廷宣付史館臣顔無任誠惶誠恐頓首頓首謹言
貞元十□年□月十□日□□□□□□□□□□□□
□□□□□□□□□□□
右中一列
錄事參軍裴□
司功參軍張□
湖城縣令房朝靜
弘農縣令李日豐
湖城縣丞□遇
湖城縣尉吳圻

湖城縣尉史謹
鎮遏將守左武衛中郎將常憲
專知官同十將試殿中監杜晏
同勾當官右廂副將守左金吾衛左執戟閻晏
河東裴宣簡書
王雅刻字
右下一列
虢州刺史王顔撰華州刺史袁滋籀書其作銘在貞
元十一季九月至十七季韋諷復書識其後以籀爲
篆蓋古者均謂之篆王秦篆既分始以史籀所書爲

籀也其曰得玉石佩於原上溛地四尺獲之黃帝太
今六千四百二十年謂此上升時小臣遺墜物也此
則恠矣廣川書跋
碑見廣川書跋其字甚劣又寫轅爲轅地爲坨得爲
得氣爲㑹衍爲衍墳爲墳升爲陞秦爲秦皆別字按
从車之字不當爲車地从也不當从宅㑹字不知所
据管子輕重戊虙戲作造六峜以迎陰陽汗簡旡部
有㒳云氣字出淮南王上升記俱似此㑹字疑有譌
謬然不知其正文何若也衍从水不當从彡墳从卉
不當从山从𠬞此字音拱升俗作陞秦从[illegible]不當从[illegible]此秦
字所從又碑云南華經曰寫曰爲目則刊者之誤云失
德乙仁說文乙云古文及秦刻石及如此乙非籀文
而滋以爲籀書觀其餘文字亦未能合籀書之載在
說文者甚多滋作小篆尙多別體安能知籀乎乃劉
昫唐書良吏傳稱袁滋工籀書雅有古法蓋耳食之
言矣碑刻于貞元十七年滋爲華州刺史兼御史中
丞劉昫書稱拜尙書右丞知吏選事出爲華州刺史
兼御史中丞潼關防禦使鎭國軍使在貞元十九年
來年夏不知何也中州金石記
廣川書跋以爲韋諷書今摩滅王顧表云云按史記

封禪書申公曰黃帝采首山銅鑄鼎於荊山下鼎既
成有龍垂胡髯下迎黃帝上騎羣臣後宮上者七十
餘人龍乃上去餘小臣不得上乃悉持龍髯龍髯拔
墮黃帝之弓百姓仰望黃帝既上天乃抱其弓與胡
髯號故後世因名其處曰鼎湖其弓曰烏號銳上地
記云宏農湖縣有軒轅黃帝登仙處元和郡縣志云
湖城縣荊山在縣南卽黃帝鑄鼎之處今閿鄉卽漢
湖縣地故荊山在焉中州金石記
按碑在河南陜州閿鄉縣太平寰宇記閿鄉本漢
湖縣地有閿鄉津云縣三十里因津以名縣唐貞
觀元年縣屬鼎州八年州廢屬虢州其屬陜州則
自宋太平興國二年始也黃帝鑄鼎之所在荊山
舊在湖城縣唐書地理志湖城有覆釜山一名荊
山今在閿鄉縣南三十里河南通志閿鄉縣城東
南一十里有鑄鼎原爲黃帝採首山銅鑄鼎之所
卽此碑所稱鑄鼎原也黃帝鑄鼎之說後世多疑
之襄平李鍇撰尙史黃帝贊曰世傳黃帝實仙去
不死如皇覽古今注世紀諸說芬如而鑄鼎騎龍
且自史遷發之今槩不具載所謂史遷發之者指
封禪書也而五帝本紀但載黃帝獲寶鼎不云鑄

鼎也太史公亦自言百家言黃帝其文不雅馴薦
紳先生難言之則其事本不可信唐時好道歷久
不衰庸臣貢諛遂有表上玉珮之事而立碑以紀
亦可慨已碑銘王顏撰袁滋篆書在碑陽銘詞釋
文王顏進表及虢州官屬題名竝正書在碑陰末
題河東裴宣爲書則廣川書跋謂韋諷復書識其
後者不知所書何文也王顏韋諷裴宣簡兩唐書
俱無傳袁滋爲華州刺史新唐書傳不著何年舊
書傳則在貞元十九年來年夏是二十年也傳稱
十九年韋皐遣西南夷命滋持節充入南詔使來

年夏使還乃出爲華州刺史韋皐傳載十七年吐
蕃北寇靈朔令韋皐出兵自八月至十月大破蕃
兵生擒論莽熱獻于朝德宗本紀獻論莽熱在十
八年正月至十九年五月吐蕃遣使論頰熱入朝
則滋之使南詔當即在此時此碑建立歲月惟廣
川書跋以爲貞元十七年其實碑但存貞元十字
以下竝泐其爲十七年本無明文然据碑陰王顏
進表存十字而泐文在下則又非二十年立矣今
從廣川跋系于十七年滋書篆書金石錄有尚書
省新修記元和八年立滋篆額也韋諷書碑僅見

廣川書跋諷嘗攝閬州錄事參軍少陵有詩送之

李廣業碑

碑高一丈三寸廣四尺九寸四分二十七行行五十四字行書在三原縣

唐故劍州長史贈太僕少卿汝州刺史隴西李公神道
碑銘并序
正議大夫行尚書刑部侍郎上柱國原武縣開國男
□□□□□□□□□□□
朝議郎使持節華州諸軍事守華州刺史□□□
□□□昉襍□□□賜□□魚袋□□□
夫蹈道而不獲乎上育德而不尊其位有之矣在西漢

有東海于公在東漢有□□□□□其□也□範□福
好德□□乃知道者善之□德者福之□茍茂其道豈
其德而福不在乎其身必鍾其後嗣稽之行義質諸聖
□□德於□陳者　李公其人矣公諱廣業字□□隴
西成紀人也惟　我景皇　仕魏八柱國唐國公
公五代祖也若后稷肇封將嗣八百之運□海州刺史
亮惟　我神堯皇帝受　昊穹靈命行敦敘之典
追封鄭王贈司空公高祖也若夫□沒廿方受勾□之
□　皇朝□□□行臺尚書□州牧淮安王神通公曾
祖也若毛畢佐周覇商功參十亂　皇朝左驍衛將軍

淄川郡王孝同公王父也□　皇太后臨朝□朱虛□
祿□之竊威□平□以定國　皇朝雲麾將軍璡公之
烈考也原夫□道元氣之化成也融而爲川澤結而爲
山阜崇功大業之□美也散而爲英雄聚而爲哲賢惟
公　祖曾盛烈昭配　上元儲孕福裕鬱生才彥
□□中庸□□□知□□服膺一善以□□能年踰弱
冠□□□□□　天子有事于　郊丘宗室
陪位國慶覃恩釋褐授寧州參軍□而就列□□□□
後以序遷左威衛□□參軍右金吾衛□曹參軍許州
扶溝縣丞右羽林司階　王府典軍渭州別駕劍州長

史　□□體道冲□□□政□□□□□服□□□□□
□□□□抱關之祿故□□□□百辭自退爲珪組貴胄
山有懋德本仁爲行施之則誠於　□爲忠在親爲
孝□歲丁　雲麾憂□□□節力能□□□□滅性甘
淡□□入無所加洎俯就禮經□裳外釋莅官居處動
思揚名敬慎膚體歸於□□□□鄉里過於刑賞信□
□朋□非久要　公以微言既絕是非莫分春秋經旨
仲尼所志三代之禮家分樑雜淹中之說取杼孔氏故
暢二□□義成一家師法□□情性□□樂道以開元
十八年八月二日終于劍州官舍春秋五十有一以其

年十二月遷祔于京兆府三原縣□原鄉之北原先塋
禮也嗚呼以　公之成德也宜其臻□□登□位而年
屈中壽位窮綱佐仲尼有喪予之歎其在茲乎厥後□
□□□□□□□□□□□□□　□□□□□
□□□□□□□□□□□□□　□□□□□
□□□□□少卿□州刺史嗚呼生得天爵之貴歿有
廟亨之尊盛矣哉闕里之□也　公之元子□□
皇戶部尚書河東朔方六道節度都統□□間秀風雲
毓德當彝卓盜國之際摠齊晉勤　王之師隱如長城
□固盤石次子□□　皇金吾衛大將軍兼□□舍人
□□□□□□□□□□□□□　禁衛玉帳增威宣導

王言彤庭讓德　公之元孫錡即地官之冢嗣也今任
浙江西道都團練觀察處置及諸□鹽鐵轉運等使銀
青光祿大夫檢校禮部尚書使持節潤州諸軍事潤州
刺史兼御史大夫天挺俊哲才爲時生承先王丕構之
□貽燕翼無窮之烈出作藩垣入爲柱石摠摧挽轉輸
之任亘吳楚服箱之封事絕爭承賦皆合徵利澤浹天
下衣食膽□歸□蕭□□□□□□河內□□□□□
惟　皇祖懿德爲代師範琬琰未刻光靈不揚謂雲
遠眘學舊史厤聞前脩故纂□緒業□□銘表其詞曰
憲懿李公稟氣冲清洮廿居厚閑邪性情□仁爲重擯

德無形負之致遠克舉而誠服膺中庸樂□□□□言
□□忠孝□致書□□□□□當味隱霧豹文瑞時麟
圓德猷福履翼子謀孫祉流道廣慶兆高門光光前烈
顯顯後昆于□定國陳類長□于陳伊何□□而盛惟
□□之奕代流慶後之二葉俱登八命官同曳履職
傳戎柄樹善貽遠厥配孔明至德系化蒼穹□禎封表
□□榮耀佳城刻頌貞石將來作程
貞元廿年歲次甲申十一月壬申朔十三日□申建
長史名廣業曾祖淮安王神通父雲麾將軍璲子爲
都統國貞貞子庶人錡也以錡顯故立碑碑立之未

五年而錡用叛僇矣夫一傳而子死事再傳而孫死
叛不亦大徑廷哉碑辭多泐闕不可讀書法極清婉
可翫集古金石諸書俱遺之因志其略弇州山人四部稿
廣業卽孝同之孫爲劒州長史長子國貞爲王元振
所害者亥子若水仕金吾衛大將軍通事舍人功名
俱不顯以國貞子錡貴始樹此碑考之史國貞原名
若幽而附若水于李齊物傳云齊物族弟不言爲國
貞親弟又孝同碑云有子瑱此碑云雲麾將軍璲公
之烈考則廣業家世歷歷可尋至錡以叛遂亡王元
美謂書撰人皆不可考今碑中有云謂雲遠嘗學舊

史云云而前署撰者官刑部侍郎當是鄭雲逵攷雲
逵正與李錡同時撰文亡疑但碑又云上柱國原武
縣開國男雲逵傳不及或史畧之耳書者則誠不可
考書法直是徐浩敵手石墨鐫華
右碑云祖淄川王孝同烈考雲麾將軍璲據孝同碑
云子瑱此云璲豈孝同有二子耶抑璲有二名耶撰
文應是鄭雲逵逵與錡同時以禮部侍郎爲李晟軍
司馬而碑之署撰處隱隱有侍郎字信爲雲逵也陝
西趙子函石墨鐫華及馮孝廉文錫皆云相傳爲徐
浩書觀其筆致頗似會稽此碑楮墨工好波磔未泐

署撰處確然爲雲逵撰并書等字後一行則袁滋篆
額也近搨殘闕過半不可句讀金石錄補
在三原縣北與淄川郡王孝同碑近杜甫贈劒州李
長史廣業詩使君高義驅今古寥落三年坐劒州但
見文翁能化蜀焉知李廣未封侯路經灧澦雙蓬鬢
天入滄浪一釣舟戎馬相逢更何日春風回首仲宣
樓來齋金石刻考略
唐書宗室傳鄭孝王亮仕隋爲海州刺史宗室世系
表則云趙興郡守此碑與傳合碑云神堯皇帝贈亮
司空又稱神通爲海州牧皆新舊史所失載也廣業

父璲表稱左衛將軍而碑稱雲麾將軍亦當以碑爲
正潛研堂金石文跋尾

按碑泐撰書人姓名撰人爲鄭雲逵則文内已有雲逵字可據金石錄補以爲前行是雲逵撰書後行是袁滋篆額今驗其結銜有華州刺史字袁滋官華州刺史一見於軒轅鑄鼎原碑再見於晉太原王公碑一是書碑一是篆額則此碑定爲袁滋篆額無可疑也唐書表傳載李廣業不詳事蹟但云潁州長史而已此碑雖間有缺泐其存者多可讀也廣業之五代祖卽高祖之祖追尊太祖景皇

帝生八子次子昞卽高祖之父第八子亮卽廣業之高祖追封鄭王宗室表謂之大鄭王房自曾祖以下並見於表傳而事蹟多畧碑稱廣業以春秋經旨仲尼所志三代之禮家分糅雜故暢二口口義成一家師法是廣業于春秋禮經皆有著述矣今檢兩唐書經籍藝文禮類無考惟春秋類新書藝文有李氏三傳異同例十三卷注云開元中右威衛錄事參軍失名朱氏經義考亦列此書而未詳撰人之名今据碑則李氏之官與廣業同又廣業卒于開元十八年與所謂開元中者時代亦合疑所稱李氏卽廣業也此書晚出故不爲晉唐書所收而行世不久故晁陳二家亦未著錄也元子亥子碑皆泐其名以表證之國貞若水也兩唐書皆有傳

楚金禪師碑

碑高七尺四寸二分廣四尺一寸八分三十二行行字數不等正書在西安府

唐國師千佛寺多寶塔院故法華楚金禪師碑

紫閣山草堂寺沙門飛錫撰

正議大夫行中書舍人翰林學士柱國東海男賜紫金魚袋吳通微書

潭碧千丈無隱月容松青萬尋莫靜風響夫德充于内而聲聞于天者有以見之於禪師矣禪師法諱楚金程氏之子本廣平郡今爲京兆之盩厔人焉祖宗閥閱存而不論母渤海高氏夜夢諸佛是生禪師眞可謂法王之子者也行素顏玉神和氣清七歲諷花經十八講花義三十搆多寶於千福四十八　帝夢於九重上覩法名下見金字詔朝使問冈不有孚聲沸江海豈唯京轂於是傾玉帛引金繩千梁攢空一塔聳漢廻廊飛閣無不創焉風起而鈴鳴半天珠懸而月生絕頂淸淨眼耳駭奔香花度如恒沙而無所度者有之矣嘗於翠

徵悟眞搿蘿靈趾乃曰此吾廢道之所遂奏兩寺各建
一堵咸以多寶爲名度綸衣在白雲昭其靜也覩夫心
洞琉璃思出常境玉人抒匠僉訝生知呲首所未悟斑
輸所愕覩若烋測浮齒之化髻珠之教風靡千界皆禪
師之力豈止眞丹五天而已哉禪師雲雷發空谷之響
金石吐鏗鏘之音吟詠妙經六千餘遍寶樹之下旁歸
見於分身靈山之上依俙覩於三變心無所得舌流甘
露瑞鳥金碧捿于手中天樂淸冷奏于空際凡諸休應
皆不有之乃曰法本無名焉用彼樹長而不宰其在茲
焉若非法花三昧稟自衡陽正觀一門傳乎台嶺安能

廷爲于之法駕廻 聖主之宸聰承明三入靈道
六宮 后妃長跪於 御筵天花每散而不
著靈宗題額 肅宗賜幡鵠返雲中佳香樓而不
下龍蟠天上挂金刹而常飛玉衣盈箱璽書滿篋寫千
經滴瀝而普露沓 萬乘渙汗之渥澤夔龍貂冕
下 黃道以整襟隱逸高僧入青蓮而抑寂微塵
知識如從百城而至無邊勝士若自千花而來豈榮冠
於一時亦庶幾於佛在也雖林茂鳥歸人高物向澄渟
天地之鏡委曲虛空之姿無來乃來不往而往所作已
訖吾將去乎有夢絲座前迎諸天獻菓舁以乾元二年

七月七日子時右脅薪盡火滅雪顏如在昭乎上生於
安養之國矣享齡六十二法臘三十七 天子憫
焉中使弔焉尋 勅驃騎大將軍朱光輝監護卽
以其年八月十二日法葬于長安城西龍首原法華蘭
若塔之禮也於戲禪師齠年詔度初配龍興中歲觀心
閈闢千福罷玉柄葆天光悟炎宅淸涼爲一乘獨運乃
夢塔從地涌因用摸焉今之所製抑有由矣至若神光
摺耀於其巓聖燈明滅於其下晝普賢則舍利飛筆會
羣釋乃卿雲膽空頂中之血刺爲經王衣裏之珠指呈
醉士當其無有其用不立心境同乎大通彼五色之相

宣我摩尼之何有豁如也縑纊皮革多由損生屬徒衣
布寒加艾納慈至也若乃降龍之鉢解虎之枝蓮花之
衣甘露之飯凡諸法物率多 勅賜不住於相咸
將施焉室不貯於金錢堂每流乎香積澹然閑任爲
天人師允所謂利見於大雄釋門之亞聖者也又
曰吾自知終於六十有二矣爾曹誌之以其言驗其實
宛如 此噫八部增怛萬國同哀有 詔令荼毗遵
天竺故事於是金棺閈香木燒玉兎馴白鵠唳霧咽松
櫝風悽郊衕月飛青天無照爛夜法花弟子當院比丘
慧空法岸浩然等表妹萬善寺上座契黎萬善寺建多

寶塔比丘尼正覺齎敬寺建法華塔比丘尼奔𠮟利等眞白凡數萬人悲化城之不住痛寶所而長往貝葉猶手執指宗通金磬發林誰宣了義以予分座　御榻同習天台爰託斯文鐫之貞石式揚眞古敢不銘云

天上雲飄海中日出如何落照大明奄失蓮花之外别有蓮花寂廓之表又逢寂廓法離去來道無今昨松門一塔兮誰爲寂寞寂而常照死而不亡其謦弼髙兮其德彌彰白鶴雙雙飛香郁郁明月既出更無星宿

建塔國師奉　勑追謚號記　以貞元十三年四月十三日左街功德使開府邠國公竇文場奏千福寺

先師楚金是臣和尚於天寶初爲國建多寶塔置法華道場經今六十餘祀僧等六時禮念經聲不斷以歷

　四朝未蒙旌德伏乞　聖慈特加謚號以廣前修奉　勑宜賜謚曰大圓禪師中書門下准

　勑施行者今合院梵侶敬承　恩旨頂奉修持用資　皇壽將恐代隔時遷貞縱靡固輒刊碑末以紀芳猷邈追鶩嶺之風聿光不朽之跡

貞元廿一年歲在乙酉七月戊辰朔廿五日壬辰建

　廣平宋液摸刻

按賈氏談錄言顔徵爲學士工行草然體近吏中州士大夫效習之謂爲院體此碑淸圓有餘遒勁不足即所謂院本體非耶弇州山人稿

在墨洞魯公多寶塔碑陰岑參有登千福寺楚金禪師法華院詩即此來齋金石刻考略

右楚金禪師碑楚金天寶初建多寶塔置法華道場乾元二年卒貞元十三年以中官竇文場奏勑追謚大圓禪師文場官左街功德使開府邠國公新舊書本傳所未載也唐自貞元四年罷崇元館大學士後復置左右街功德使東都功德使修功德使摠僧尼之籍及功役大率以中官爲之其見于史者吐突承

璀仇士良田令孜楊復恭見於石刻者竇文場梁守謙楊承和皆是也唯復恭稱左右街功德使後題貞元廿一年七月廿五日是歲爲順宗永貞元年以八月改元故碑猶稱貞元也云七歲諷花經十八講花義謂法華經也熠燿即熠燿眞縱即眞蹤潛研堂金石文跋尾

碑載禪師廣平程氏法諱楚金殁以乾元二年七月七日子時具書其諸多靈跡並及恩遇之隆勑驃騎大將軍朱光暉監護舊唐書呂諲傳肅宗即位於靈武諲馳行在內官朱光輝李遵驟薦有才代宗紀收捕越王係及內官朱光輝馬英俊等禁錮之碑中稱

朱光暉者是其人但暉宜從日依碑文爲正碑爲紫閣山草堂寺沙門飛錫撰正議大夫行中書舍人翰林學士上柱國東海男賜紫金魚袋吳通微書通微本傳自壽安縣令入爲金部員外郎召充翰林學士尋改職方郎中知制誥改禮部郎中尋改中書舍人据碑文題銜爲翰林學士時已行中書舍人不應改禮部後始轉此官也又階勲與爵傳亦失載並宜以碑補之　追諡楚金禪師別爲記文附刻碑末文云貞元十三年四月十三日左街功德使開府邠國公竇文場奏千福寺先師楚金是臣和尚云云文場見

舊唐書載文場與霍仙鳴並掌禁軍竇霍之權振於天下而文場自爲左神策軍護軍中尉又累加驃騎大將軍按之碑所記歷官爵勲皆未及也新書本傳同　按堂金石跋

按碑云工人杼匠僉訝生知杼字見集韻同梓木工也又見汗簡古尚書据周書梓材篇疏云梓亦作杼此卽汗簡所引也碑又云屬徒衣布寒加艾納慈至也艾納似可以禦寒者考艾納見廣志云出西國似細艾又有松樹皮上綠衣亦名艾納可以和合諸香燒之能聚其煙青白不散唐宋諸家詞賦多言其香而未有及禦寒者殆唐時吉貝花未盛行中土僧徒不服縑纊皮革用艾納以禦寒此或別是一艾納抑或以艾納之衣中皆不可知碑稱楚金七歲誦花經十八講花義法花三昧眞自衡陽止觀一門傳于台嶺云云蓋其精研法華本于天台智顗之教故稱台宗然於上生安養則又兼習淨土者也

金石萃編卷一百五

賜進士出身　誥授光祿大夫刑部右侍郎加七級王昶撰

唐六十五

張詵夫人樊氏墓誌

石高廣各二尺二十四行行二十四字正書在洛陽

唐故雲麾將軍河南府押衙張府君夫人上黨樊氏墓誌銘并序

大聖善寺沙門至感撰

代之所重曰名人之所寶曰位休禎弈葉昭德延祚其雖張氏乎公諱詵隴右天水人也曾祖元植皇朝盧龍

府折衝祖宏遠甘州司馬父皋正潭州長沙縣尉公即長沙之麗子也幼而貞敏長而嚴毅歷職清貫皆著能綰兵權於湖南摠劇務於河府才當幹蠱京牧爪牙天不慭遺溘先朝露以貞元十年八月廿日終於洛陽永泰里之私第春秋六十九夫人樊氏曹州南華縣丞彥府君之息女蘊德柔明言行端潔習禮笄總而從好俅鳳凰于飛和鳴霄漢彼蒼不祐所天先逝撫訓孤幼孀迴纒哀疚疾遘嬰曰然世化以貞元廿年四月十日終於家第享年五十有子三人長曰岢重次曰岢咸皆幼而敏惠年未弱冠相次夭亡季子岢齊泣血叩踊吊影長踊惟家之艱克紹先烈有女五人長女出家寧刹寺大德法号義性戒律貞明操行高潔弟妹幼稚主家而嚴二女適京兆杜氏及禮而亡三女適天水趙詡四女適安定梁秘五女在室而殞今孤子孤女等哀踊失容擗踴屠裂先遠有日龜筮協宜以永貞元年十月廿日合而窆之雙棺同穴葬於平樂鄉朱陽原禮也栽植松檟以標不朽爰託斯文旌乎厥美詞曰

於戲奄違兮英武雄名遂身殁兮弓劒空夫人淑慎兮相次終哀哀嗣子兮泣蒼穹良辰宅兆兮安壽宮青山黯黯兮何人在白楊蕭蕭兮多悲風

般若波羅蜜多心經眞言

羯諦羯諦　波羅羯諦　波羅僧羯諦　菩提薩婆訶

碑爲沙門所撰因其長女出家寧刹寺或受戒于沙門也唐世重釋氏風俗之無禮如此後有般若波羅心經眞言揭諦作羯諦釋氏之書有音無字固無不可假借爲之云葬於平樂鄉朱陽原亦洛陽古鄉名以好俅爲好逑異文以窆爲窆俗字中州金石記

張君與前誌稱鴻臚少卿者爲一人前誌雙名敬詵此誌單名詵前誌稱馮翊同川人此誌稱隴右天水

人前誌稱左金吾衛大將軍元長府君之孫此誌稱祖定遠甘州司馬前誌稱中散大夫撫州長史崇讓府君之次子此誌稱父潭州長沙縣尉惟書子女及卒之年月符合而張君又非別爲人後者疑不可曉也授堂金石跋

按此碑與前張敬詵碑互勘有同者有不同者其同者如夫人樊氏子三人叔重叔威叔齊女五人長女出家寧刹寺兩碑皆同則張詵卽張敬詵固無疑矣其不同者如前曰馮翊同川人此曰隴右天水人前曰左金吾衛大將軍太常卿元長府君

之孫此曰祖定遠甘州司馬前曰中散大夫撫州長史崇讓府君次子此曰父崇正潭州長沙縣尉前書官曰朝請大夫鴻臚少卿河南尹押衙此曰雲麾將軍河南府押衙前曰貞元十年八月廿三日卒此曰貞元十年八月廿日前曰春秋六十八此曰春秋六十九前曰窆于瀍澗之陽邙山之新塋此曰合葬于平樂鄉朱陽原前曰三女歸王氏此曰三女適天水趙詡兩碑互異如此唐書地理志同川縣屬慶州順化郡隸關內道今屬甘肅慶陽府若馮翊郡馮翊縣屬關內道之同州今屬陝西是馮翊與同川不能併合爲一也天水縣屬秦州隸隴右道今屬甘肅是天水與同川又顯然兩地不相聯屬前碑不書曾祖而書其祖諱元長此則書曾祖而曰諱元植曾祖既諱元植則祖似不應諱元長此互異中之最難揆度者至前云叔重叔威叔齊皆年始能言昂昂逸足此則云叔重叔威相次天亡惟季子叔齊在也前云女五人長從緇次歸杜三歸王兩女尚幼此則云二女適杜氏及禮而亡三女適趙四女適梁五女在室殞蓋事逾十年而人事屢更矣詳玩此碑是爲樊夫人合

葬而刻誌經營出自長女叔齊年幼不能詳具事實皆憑長女記憶述之而撰文者又係沙門其牴牾舛錯無足深論而家門衰落如此女子猶知立石以誌其墓亦可哀也矣

柳宗直等華嚴巖題名

石橫廣一尺八寸高一尺六寸五分十一行每行約十字正書左行

永州刺史馮敘

永州員外司馬柳宗元

永州員外司戶參軍柴察

進士盧鑄禮

進士柳宗直

元和元年三月八日直題

按題名柳宗直柳宗元唐書宰相世系表但有宗元而無宗直柳河東文集有從父弟宗直殯志知宗直爲宗元之從父弟也殯志稱宗直字正夫善操觚牘今題名是宗直書宗直雙名而題名單舉直字他石刻未見宗元初因王叔文韋執誼二人得政引擢禮部員外郎永貞元年憲宗內禪二人貶謫宗元亦貶永州司馬此題在元和元年三月蓋官永州未久也

賈竦謁華嶽廟詩

行字不計正書在華陰縣華嶽廟後周天和碑側

謁華嶽廟詩

賈竦作并書

老栢寒颼颼清祠晝窅窅開門華山北嵐氣沉日夕國家崇明祀五岳盡封冊福我西土巳報君金天籍惟神本貞信以道徵損益無乃惑聰明訛言縱至覡因循作風俗相與成寖溺疲病閭里𠵬錐刀往來客我行歲云暮登殿拜瑤席奠酒徹明靈緒言多感激鬱然展冠冕凜若生矛戟斑駮石色重陰深香煙碧虹梁無燕雀玉座鎮飑蝪肪鼜似有聞依俙疑所覿髫年業文翰弱冠荐屯厄天命幾微茫神遠徒悚惕今來遊上國幸遇陶唐聖正直不吾欺頹言從所適

唐元和元季十月二十八日

姪男宣義郎行華州參軍玫太和六年四月廿六日重修

元和元年十月著作郎河南賈竦謁華岳廟賦五言詩題名太和六年四月其姪男宣義郎行華州參軍事玫修之修之者殆鐫之也詩題北周天和二年趙文淵書万紐于瑾所撰華岳頌之左方頌之陰則開

元八年劉升書咸廙所撰精享昭應碑也其右勒顏眞卿乾元元年題名工每椎拓三面而遺竦詩以是流傳者寡然其詩特醇雅顧圖經未之采焉曝書亭集

竦賈餗兄據宰相表則竦官著作郎也無姪玫名可以補史之缺關中金石記

按賈竦官著作郎而此詩自題不署銜則是未仕時作也竦爲餗之兄餗居相位在文宗朝當元和年官不過員外郎未顯也玩竦詩有云髫年業文翰弱冠荐屯厄今來遊上國幸遇陶唐歷正直不吾欺頹言從所適則顯然是未第而求神佑者此

詩全唐詩未收故無從詳攷

乘廣禪師碑

碑高七尺九寸廣三尺七寸五分二十五行行五十四字正書在萍鄉縣

唐故袁州萍鄉縣楊岐山禪師廣公碑文

朗州司馬員外□□正員劉禹錫篹并書

中山劉申錫篆額

天生人而不能使情欲有節君牧人而不能去威勢以理至有乖天工之降以補其化釋王者之位以遷其人則素王立中區之教懋建大中慈氏起西方之教習登正覺至乎乾坤定位而聖人之道參行□其中亦猶水

火異氣其成味也同德輪轅異象其致遠也同功然則儒以中道御羣生罕言性命故世衰而寖息佛以大悲救諸苦廣啓因業故劫濁而益尊自白馬東來而人知像教佛以始傳而人知心法宏以權實示其攝脩味真實者即清淨以觀□存相好者怖威神而遷善序□□□植□□豈福□□□□鏡業以銷窕□□□□冥昧之閒泯愛緣於死生之際陰助教化摠持□天所□生成之外別有陶冶刑□不及曲爲調柔其方可言其旨不可得而言也惟四海之大羣倫之富必有□其門而會其宗者爲世導師焉禪師諱乘廣其生容州姓張氏□歲尚儒以俎豆爲戲十三慕道遵壞削之儀至衡陽依天柱想公以啓初地至洛陽依菏澤會公以契真乘洪鐘蘊聲扣至斯應陽燧含焰晞之乃明始由見性終得自在常謂機有淺深法無高下今二宗者衆生存頓漸之見說三乘者如來開方便之門名自外得故生今別道由內證則無異同遂以攝化爲心經行不倦懸彼南夐不聞佛經緣是結廬此山心與境寂應念以起教隨方而立因居涉旬而善根者知歸逾周月而滯縛者漸□□月倍日以年倍時瘠□□開荒憬濟草邑中長者泉十方善衆咸發信願大其藩垣法堂四可服宏僧

舍身心恒寂象馬交馳隨其去來皆得利益踰嶺之北涉□□南仰□□□□□有所在此地□盡翕然化俱神歸佛境悲結人世自趺坐而滅至于荼毗三百有六□鬟加長容澤差衰真子號□圍繞薪火□□□如珠璞□數十百焉□□實圓方之形故寂滅以□盡入菩提□位故殊相□地靈□猶鳳毛□□麟角生肉必□以異□知其然於是服勤聞法之上首□甄寂乃率其徒道進圓寂道宏如亮如海等相與抆淚具役建塔于禪堂之右端從衆也初　廣公始生之辰歲在丁巳當　□宗之中元生三十而受具更臘五十□

而終□之夕歲直戊寅當　德宗之後元三月既
望之又十日也後九年其門人還源以爲崇塔以存神
與建銘以垂休皆罪像寄懷不可以闕一□謂予爲習
於文者故跰足千里以誠相攻大懼其先師之德音與
時浸遠且日月中□東川無還颺于金石傳信億刼
彼墮淚之感豈儒家者流專之敬訓斯言銘□眞俗宜
春得眞守　齊□理行□一雅有護持之功化被
于邑之庶寮及里之右族咸能廻向如邦君之志□偕
其爵里名氏列于其陰文曰
如來說法　遍滿大千　得勝義者　強名爲禪　至

道不二　至言無辯　心法東行　肇迷丕變　七葉
無嗣　四魔潛扇　佛衣生塵　□法如線　吾師覺
者　寘極道樞　承受密印　端如貫珠　一室寥寥
高山之隅　爲□□□　百千人俱　襄民蚩蚩
戶有屏渠　攝以方便　家藏仏書　願力既普　度
門斯盛　合爲一乘　散爲萬行　即動求靜　故能
嘗宗　絕□離覺　乃得究竟　生非我樂　死非我
病　現滅者身　常圓者性　本無言說　付囑其誰
莘空無得　後學得之　像□靈塔　跡留□祠
十方□輩　瞻祇□斯

元和二年五月二十七日建
右揚岐山禪師廣公碑廣公者乘廣也古人稱僧曰
某公皆以名下一字故支道林曰林公佛圖澄曰澄
公竺道生曰生公慧遠曰遠公寶誌曰誌公齊已曰
已公宋元人稱僧或名字兼舉若洪覺範妙高峯柏
子庭噩夢堂訢笑隱泐季潭之類亦取名下一字今
世知之者尠矣此文載於劉賓客集以石刻校之不
同者廿餘字皆當以石本爲正乘廣弟子甄叔亦有
塔銘今集本叔作升誤之甚矣碑文之末有時宜春
得眞守齊□似是君字理行第一雅有護持之功化被於

邑之庶寮及里之右族咸能回向如邦君之志故偕
具爵里名字列于其陰凡五十字集本無之當是夢
得編定文集時刪去之耳碑云始生之辰歲在丁巳
當元宗之中元終之夕歲直戊寅當德宗之後元攷
明皇三改元先天開元天寶則開元爲中元也德宗
亦三改元建中興元貞元則貞元爲後元也夢得自
署銜云朗州司馬員外置同正員蓋當時遷謫惡地
不必待缺大率員外置之東坡詩云逐客不妨員外
置正用唐故事潛研堂金石文跋尾
碑爲中山劉禹錫撰及正書碑記年書中元後元他

碑亦希見鳳臺胥燕亭官萍鄉拓得之贈予前著錄
者未及也授堂金石跋
按碑不言禪師春秋若干據云始生之辰歲在丁
巳爲開元五年故云元宗之中元終□之夕歲直
戊寅爲貞元十四年故云德宗之後元以此計之
是春秋八十二也然則三十受具更臘五十二可
據以補碑之泐

韋臯紀功碑

碑高一丈二尺六寸廣七尺一寸
二十九行字數無攷行書在簡州

上闕四川節度　大使檢校　司徒兼中書令上柱國南康

郡王韋臯紀勳碑銘并序
御製
□□奉　勅書
上闕□以陰陽下闕忠賢作弼宣翼賛之力用能致下闕上闕□
則孰下闕柔之略致恢復之勳者焉下闕
上闕祖太宗受下闕握乾符以垂統廓宇宙而貞觀盛德被
於下闕
上闕宗重光克□下闕庭欒大宊清大難佐□□□間生才
賢斯實我□下闕上闕□垂佑□□下闕謀猷技忠義之臣以
□□□鎮乃命左金吾大將軍韋□下闕上闕而有謀□集

□下闕其鎮撫之宜至則宣下闕□□朝旨揚國威仁義服
下闕□足委纖□之□下闕人知國家有安撫之□□□□
□矣雲南昔在漢爲西域郡□□下闕
上闕□龍□大定區夏下闕□來朝獻開元中詔以冢□□
爲雲南王天寶儁州將軍善能□下闕上闕□□西川其孫
□下闕歸內附朕嘉其誠節懿下闕時値搶攘而心不變易
乃□□下闕上闕爲司空而九土以平羿□□□□五教以
敷蕭何漕運不乏而□□□□□□籌帷幄□下闕朕深
惟德化之未遠風□□□□憫此元元以圖無疆之休
□□□□於上闕以一旅之師□一□之□□□□徒外

敉黎庶一時□□下闕□然下闕上闕□□下闕謹財賦以豐其
用故得□□□□□□慾來遠人之貢賦下闕
上闕□□□□□□□下闕□言前事符嚮應□雲南下闕以致
遐邇尊王之下闕
上闕□□□□□下闕□爲純臣輸睬委贄稽顙下闕
上闕□□德以□下闕□則□代之賢忠良之佐□□□□
豈虛也哉昔秦漢或下闕面非□□下闕上闕□□□□下闕□謂
□□臯一心奉國百□□□□□義之恍集邦家之下闕能
制□□上闕復王□□建□下闕□言而理此臯之忠勳斯
下闕檢校司徒兼中□下闕等使宜□上闕□□下闕書蓋詳諸

家誄矣茲所下闕茂勳紀威績刻□下闕□臣共詞曰
上闕□□下闕鴻烈尊主以忠持危以節下闕□時之傑我有
□下闕□□惟□上闕□□□遐□□□下闕及此小康實扶
忠賢撫綏□□□□吾事惟臣□□西□下闕上闕□□□
□□惟一下闕前聞異時同致保族承家下闕苟能建績功
日不朽□□下闕上闕□□下闕□□上闕忠之□□□文武之
全才道□□□實維時傑純誠□於□下闕上闕宜刻金石
用表忠勳□□　股肱下闕上闕□念忠賢存於夢寐□
□□諒當體予下闕

元和三年四月廿五日勒□

碑陰

碑中大字四行共前十三行及後二行皆小字上下殘缺長短字數俱無攷行書

闕□言當道監軍使李仙壽廻奉宣　聖旨及伏
奉　手詔賜臣　御製□闕　華光榮加於望
外藻飾皆以曲成仰瞻　日月之文徒荷　乾坤之
德拜　恩闕□無不照德無不容□物推誠愛人
以禮四門載闢百揆持叙加以天□詞鋒生□闕□諧
於律呂舒詞義叵於典暮雖漢稱五葉魏有三祖抜詞
比義何足等叓□□闕□奉　成規以柔遠豈敢言
功伏　神武以清邊纔將展劾□臣等□□闕□

錄微功俯紆　睿藻恩光照耀於遐邇文□倬軼於
古今臣□慶幸□闕□爲言非臣敢望徊□聽□蹈歸
於　聖主清□難陳□遇於上　闕□集大績
此皆□伏　天威在臣何有又云宣　星風□□
□□□布闕　率伏南詔夙禀　成策得以宣明豈
敢貪天之功以爲微臣□力□□□□闕　脊私又
云一心奉　國百慮□公又云永光史策名臣□□
□□一□闕特　詔皇儲發揮□妙　恩榮
昭彰於四海　文翰輝□於□□闕去造期於盡命
以理戎蠻無□受　恩至深□□□陳之□□□

□□闕

貞元二十年十一月二十日光祿大夫撿挍司□兼
中書□成都尹充劍南西川節度□大使□節度□
□□□□□□□□□□□□□□
鄉元臣上宰道贊衡猷貞諒□彝忠□□闕之才寅亮
中樞懷柔遠俗□□寧息□□闕□列於金石禮亦宜
之鄉將願□心遠闕所謝知
前刺史丁公俛起屋立石　勒碑文惟和至□□其
□　闕　周飾罔不補於前無也朝議郎使持節
巂州諸軍事守巂州刺史闕

碑在資州郡市心居民室下紹興丁巳穴土有碑石太守命工取其石重撤民屋下果有碑錄其文乃御製紀功碑銘并序皇太子書碑面殘缺不全惟碑陰乃開成元年皐從孫珽爲本州守日紀述其文甚全遂復薶之天下輿地碑記

右韋皐紀功碑唐德宗御製太子誦奉敕書計全碑凡千二百言今殘泐所餘僅可辨者四百八十言而已趙明誠金石錄有目無跋此外著錄金石家罕有及之者宋人惟王象之碑目及寶刻類編近人惟來濬金石備攷載之而亦皆不詳象之碑目無年月金石備攷云貞元二十年在簡州寶刻類編年月亦同今觀碑首御製字大書敕書二字差小其筆意亦倘存晉祠萬年諸碑家法順宗時爲太子則是貞元二十年無疑也而碑尾云元和三年四月廿五日勒盍碑之撰書在貞元二十年而立石在元和三年耳此一行年月非順宗書當是立石時仿其書補入者猶之廟堂碑相王旦一行亦補書者也所謂貞元二十年立者恐是文內有貞元二十年語因以爲碑立於其時耳今全文既不可讀而韋皐傳云皐在蜀二十一年皐以貞元初代張延賞爲劍南西川節度使至

貞元末正二十一年則撰碑時皐尚在新唐書云皐大破吐蕃此在貞元十七年八月新唐書有月而無年遂圍維州生擒莽熱獻諸朝帝悅進撿校司徒兼中書令南康郡王帝製紀功碑褒賜之卽此事也翁方綱跋

按此碑陽刻德宗御製文陰刻似係韋皐奏謝表德宗批荅其前刺史丁公倪云云一段後無年月殆卽輿地碑記所謂開成元年皐從孫珽爲本州守紀述之語也德宗文殘泐就所存字攷之碑云命左金吾大將軍韋口泐一字當卽皐也兩唐書皐傳稱興元元年德宗還京徵爲左金吾衞將軍遷大將軍碑云雲南昔在漢爲西域郡顧祖禹方輿紀要曰漢武帝元封二年開西南夷滇王降以其國置益州郡屬益州部後漢增置永昌郡亦屬益州部三國時爲蜀漢地又分益州置交州後主建興二年改益州郡爲建寧又增置興古雲南二郡以南中瀾遠置庲降督于建寧總攝之遂領交州刺史今曲靖府廢味縣是其治處此雲南之緣起也碑云西域郡蓋卽謂益州郡也碑云口來朝獻開元中詔以蒙口口爲雲南王天寶巂州將軍云云方輿紀要曰白虎通戰國時楚莊蹻據滇

號爲莊氏漢武帝立白崖人仁果爲滇王而蹻嗣絶仁果傳十五代爲龍祐那諸葛武侯南征師次白崖立爲酋長賜姓張氏歷十七傳當貞觀世張樂進求以蒙舍酋細農羅強遂遜位爲蒙氏烏蠻別種也永徽四年細農羅遣使入朝上元元年子羅炎晟立太極元年子成羅皮立唐封爲登臺郡王開元二十六年子皮羅閣立以破洱河蠻功乃賂劍南節度王昱求合六詔爲一昱爲請于朝許之賜姓名蒙歸義冊爲雲南王自是益强天寶八載子羅閣鳳立始叛唐取夷州進陷嶲州稱臣吐

蕃僭國號曰大蒙唐書南詔傳略同碑蓋敘其始末而文多泐矣碑云皐之忠勳闕下撿校司徒兼中闕下傳稱貞元元年皐拜撿校戸部尚書兼成都尹御史大夫劍南西川節度使代張延賞皐以雲南蠻衆數十萬與吐蕃和好蕃人入寇必以蠻爲前鋒乃遣判官崔佐時入南詔蠻說令向化以離吐蕃之助佐時至蠻遂相率入朝南蠻自嶲州陷役臣屬吐蕃絶朝貢者二十餘年至是復通五年皐遣大將王有道入蕃界於故嶲州臺登北谷大破吐蕃九年朝廷築鹽州城慮爲吐蕃掩襲詔皐出兵牽維之以功進位檢校右僕射十一年九月加統押近界諸蠻西山八國兼雲南安撫等使十二年二月就加同中書門下平章事十三年收復嶲州城十六年累破吐蕃于黎嶲二州十七年吐蕃北寇靈朔陷麟州德宗遣使至成都令皐出兵深入蕃界皐乃統兵分道自八月至十月大破蕃兵擒獻論莽熱遂加皐撿校司徒兼中書令封南康郡王今碑兼中書令尚存兼中二字而封爵則全泐矣皐之得功在貞元十七年其撰文紀功在二十年其時皐尚官蜀中至勒石在元和三年皐以憲宗爲

太子監國之初得暴疾卒事在永貞元年則立碑在卒後三年矣是碑在嶲州久淪沙土中不顯于世昶族弟晉煜官是州得而出之因搨兩通見貽分其一以贈翁學士方綱存其一具錄如右

孟再榮造像記

石刻記處橫廣一尺五寸六分高九寸六分十行行六字行書在西安府

大唐元和三年歲次戊子七月辛巳朔十二日壬辰淸信弟子大盈庫染坊等使雲麾將軍左監門衛將軍員外置同正員上柱國賜紫金魚袋孟再榮建立

竇叔向碑

碑連額高一丈一寸四分廣四尺二分三十一行行五十二字正書額題唐故左拾遺贈舒州刺史竇府君神道碑十六字篆書在偃師縣

唐故左拾遺內供奉贈使持節舒州諸軍事舒州□□
□□竇□□□□□□
朝議郎侍御史內供奉上護軍□□羊士諤撰
□十一□朝議郎尚書□□□□易直書
有唐左拾遺贈使持節舒州諸軍事舒州刺史□□竇
公□ 夫□□□□□□□□□□□□□□□□□
□□□□□□□□□□□揚郡覆釜山克葬於河南
之偃師□□□□□□稟然□□□□□□□之□□
□□□□□□□□□□□御史中丞□□□□□□
□□□□ 先大夫之□□□□□□□□□□□
□□□□□□□□□□□下闕□□□□□居□陵□
積□□□于瀼□□多□□上下闕□□公□代祖紹左
武衛大將軍改封茌平□高祖善□□□郡守□□
□□□□□□下闕□□□□孝□同昌□□□建節
拖紳□風□□□□□□□□□□□□□□□□□
□下闕□□歲以文□□□秉□□□□□□□□□□
□□□□□□□□□□□下闕□□□游十□□□□
□□□□□□□□□□□□□□□□□□□□下闕

□□陵縣下闕□陌□□□官 祖□□□□□□□□
□□□□□□□□□□下闕□□移鎮□□□□□□
□□□ 詔□□□□□□□□下闕縣□□□書□
□□□□□□□□□□□□□□□□下闕□□□□
魏□□□□□□□□□ □□□□□□□下闕
□□取每歸厚於公□□□既 □□□□□
□□□□□下闕□□□是徵□□拾遺內供奉□□□
□□□□□□下闕□□□謀□□□□□□□風行雍
容 內廷□□□□□□□□□□ □陵□
□□□ □□於□臣出□□二三諫官下闕□移
□□於京□□□ □□□卷□□□□□□□
前□□下闕□人有□□□□ 內供奉□緋魚
袋□南都□□□□□□□下闕汝太君□□□□御□
□□□紫金魚袋次曰群殿中侍御史內□□□□下闕
征□□□門□□爲□ □□人皆 中書令南
□□□□□□給事中下闕女弟孝下闕休□□ □族
德宗□□□ 克念遺賢中丞以□器□
□之姿遇 □□□下闕□□□□□宣室旣
□□見一拜□拾遺□ □□昇侍御史甫
□ 上心□遷膳部□□□□□州刺史

□□□□御史中丞　□□□□□□使其拜吏部
郎中□執邦憲其間當　先朝□□
今上□位國有大慶家廷□光□　□□　天明□
□□第□□□□□□□□□□□其作□於□
□□在□君子謂□□立身慎終追遠□者盡在於中
憲乎銘曰
猗歟□侯宜□諫臣沃心無隱直質而文賡歌柏梁□
□□□□□□□　南薰□□□□□□□□□
□　□化糾繆言責其道屈伸斯人損益盡忠稱職事
光□□令嗣執憲　三朝匪躬易著□□詩

□□□□□□□□□石□啓□□□□□垂□
後昆觀德無窮
元□三年歲次戊子十月己酉朔五日癸丑建
金石錄有此碑金石略有竇易直書左拾遺竇叔向
碑羊士諤撰未詳即此其字摩滅棄在牛王廟作供
几近始移置學宮其文之可辨者云有唐左拾遺贈
使持節舒州諸軍事舒州刺史扶風竇公洎夫人汝
南袁氏繼室贈臨汝太君□元和二年秋八月十七
□□啓殯自丹陽郡襄金山克葬於河南之偃師按
叔向墓在今縣西二十里蔡莊保韓愈撰國子司業

竇牟墓誌銘云葬河南偃師先公尚書之兆次牟即
叔向子也碑又云西河郡公□代祖紹左武衛大將
軍畋封茌平公高祖善衡□慶□郡下闕三十六字茌平烈
考允同昌□司馬又云□夫人有子曰常殿中侍□
□內供奉賜緋魚袋湖南郡團練判□次曰牟下闕又
云繼室□臨汝太君有子曰羣御史中丞賜紫金魚
袋次曰庠殿中侍御史內供奉鎮海下闕曰鞏下闕按宰
相世系表竇武之後有敬遠封西河公居扶風平陵
孫善衡則碑云西河郡公者即敬遠也世系表不載
紹當是敬遠之子于叔向爲四代祖也韓愈竇牟墓

志亦無紹可援碑以補竇氏譜系之缺世系表叔向
祖懷亶洪州都督襲公今碑缺此一代其子曰常曰
牟曰羣曰庠曰鞏俱見劉昫唐書及世系表而官爵
與表傳皆異可以參考易直穆敬時相劉昫唐書有
傳碑稱第十一姪表誤上一格與叔向並列宜改正
羊士諤者柳宗元楊評事集序云泰山人塈池徧稱
其與韓梓材同在越州亦以文翰稱中州金石記
億按碑漫滅又以字畫纖瘦益難辨識近用細灰搨
其上乃粗可讀今所存者質之新唐書世系表竇武
之後又有敬遠封西河公昌黎集竇牟墓誌銘六代祖敬遠常封西河公今

碑河郡公即西河公敬遠也於牟爲六代祖於叔向當爲五代碑代祖上缺一字當作四代下文又有高祖字始於叔向推爲四代則紹非四代也疑缺字仍作五代而西河公於叔向乃六代文公誌竇牟墓或因其家譜狀有六代祖之文遂書以牟爲斷非也紹爲左武衛大將軍改封爲茌平公表既不載紹惟云敬遠孫善衡左衛將軍襲西河公以下兩世並言襲公以碑證之紹既改封茌平則善衡以逮子孫皆當襲茌平且碑書高祖善衡衡字僅存於旁又有郡守字及茌平字缺下乃云考允同昌郡司馬是碑已言

襲茌平矣今表作襲西河又善衡依碑當爲高祖而表亦作曾祖史家謬誤皆此類也叔向始末尚有可見者云疾於權臣歿於京口文集七卷數句下載諸子曰常內供奉賜緋魚袋湖南都團練使常本傳但言杜祐鎮淮南署爲參謀歷朗夔江撫四州刺史次曰牟缺御史賜紫金魚袋傳亦不言爲御史舊唐書但言賜緋其不載爲御史與新書同次曰庠殿中丞侍御史內供奉鎮數字皆全竇牟墓誌庠三佐大府自奉先令爲登州刺史庠本傳終婺州刺史而表云漳登信婺四州刺史舊書惟言澤州不及漳州傳表不同必有一誤詳略較異然於碑所云者皆遺不見錄此史之疎也次曰鞏殘脫無文惟羣名位官閥獨備撰者羊士諤書者第十一姪朝議郎尚書右司員外郎名缺依稀似易直字易直見本傳而表云易直字宗元相穆敬即其人士諤爲羣所引爲御史故於羣稱述頗詳有以也偃師金石遺文記

右左拾遺竇叔向碑第十一姪易直書易直兩字雖磨泐以筆勢求之彷彿可見趙氏金石錄以爲竇公直書公直名不見於宰相世系表疑未可據唐書竇羣傳武元衡輔政薦羣代爲中丞羣引呂溫羊士諤爲御史李吉甫以二人躁險持不下羣怙很反怨吉

甫今按吉甫以元和三年九月戊戌罷相碑立于是年十月癸丑士諤已爲侍御史計其授官必在吉甫未罷之日則吉甫亦未能終持不下也文雖殘闕其所敘世系頗可證唐表之漏據表叔向於善衡當爲曾祖而碑稱高祖善衡又云曾祖元口兖州任城令然則表脫任城一格矣其所述諸子官階與史不盡合史所載者後來敭歷之職此據當時見任而言非有異同也潛研堂金石文跋尾

按撰文者羊士諤兩唐書無傳其詩載全唐詩小傳云士諤泰山人登貞元元年進士第累至宣歙

巡官元和初拜監察御史坐謫李吉甫出爲賁州
刺史此碑結銜侍御史内供奉上護軍正郎元和
初所拜之官也碑文湮沒賴縣令湯毓倬表而出
之毓倬字吉人南皮人領乾隆壬午順天鄉薦爲
予門下士其官偃師也邑中金石竭力蒐羅凡淪
陷沙土者盡拂拭而出適武虛谷億罷官歸同修
縣志盡搨諸碑跋以入志毓倬之功不可沒也因
附識之

諸葛武侯祠堂碑

碑高一丈一尺六寸六分廣五尺七寸二十四行行五十字正書在成都

蜀丞相諸葛武侯祠堂碑

節度掌書記侍御史内供奉賜緋魚袋裴度撰
營田副使撿挍尚書吏部郎中兼成都少尹侍御史
賜紫金魚袋柳公綽書

度嘗讀舊史詳求往据或秉事君之節無開國之才得
立身之道無治人之術四者備矣兼而行之則蜀丞相
諸葛公其人　也公本系　在簡策大名蓋天地不復以云
當漢祚衰陵人心競逐取威定覇者求賢如不及藏器
在身者擇主而後動公是時也躬　耕南陽自　比管樂我
未從虎時稱卧龍詩曰潛雖伏矣亦孔之炤故州平心
與元直神交治乎三覇而許以驅馳一言而定其機勢
於是翼扶劉氏纘承舊服結吳抗魏擁蜀稱漢刑政達
於荒外道化行乎域中誰謂阻深殷爲强國誰謂迷脆
勵爲勁兵則知地無常形人無常性自我而作若金在
鎔故九州之地魏有其七我無其一由僻陋而啓雄圖
出封壃以延大敵財用足而不曰浚我以生干戈動而
不曰殘人以逞其虐定南方也不以力制而取其必服
震疊諸夏也不敢角其勝負而止候其存亡然加於人
也雖死口　而氣　怨德及於人也雖弃業而見思此所謂
精義入神自誠而明者矣若其人存其政舉則四海可

平五服可傾而陳壽之評　未極其能　事崔浩之說又誌
其成功此皆以變詐之略論節制之師以進取之方語
化成之道不其謬歟夫委棄荆州不能遂有三　郡此乃
務　增德以吞宇宙不黷武以爭尋常及出斜谷據武功
令兵屯田爲久駐之計與敵對壘待可勝之期雜乎居
人如適虛邑彼則喪氣我方養威若天假之年則繼大
漢之祀成先主之志不難矣且權傾一國聲震八紘而
上下無異詞始終無愧色苟非運膺　五百　道冠生知曷
以臻於此乎故懷德知人之明者倚杖曰魚之有水仲
達歎人之雄者嗟稱曰天下奇才度每迹其行事度其

遣心願畜短扎以排藝議而文字出鄙日日未果元和
二年冬十月　聖上以西南奥區寖亂餘烈
罷吠未息汚俗未清輟　我股肱爲之父母乃
詔　詔相國臨淮公由秉鈞之重承推轂之寄戎
軒乃降藩服乃理將明　帝道啝落綏懷溥暢仁
風誾闔滋殖府中無留事宇下無棄材人知嚮方我有
餘地則諸葛公在昔之治與　相國當今之政異代
而同塵矣虔謁以肅蒲獲叅嘗記隨　旌旄而爰止
望祠宇而修謁有儀可象以赫厥靈雖徽烈不忘而碑
表未立古者或拳拳一善或師表一城尙流斯文以示
來裔況如仁之歎終古不絕其可闕乎乃刻貞石庶此
都之人存必拜之感云尒
　昔在先主思其疆宇擾攘覊依英雄無驕爰得武侯先
定蜀土道德城池禮義干櫓照物如春化人如神勞而
不怨用之有倫柔服叛落鋪敦渭濱攝跡畏威雜居懷
仁中原旰食不測不克以待何朕允臻其極天未悔禍
公命不果漢祚其亡將星中墮反旗鳴鼓猶走司馬死
而可作當小天下尙父作周阿衡佐商兼齊管晏揔漢
蕭張易代而生易地而理道遇豐約亦皆然矣嗚虖奇
謀山志天過于嗟嚴立咸受讁罰聞之痛之或泣或絕

甘棠勿翦駢邑斯奪䧟是而言殊途共轍本於忠恕孰
不感悅苟非誠懇徒云　䝉結古柏森森遺廟沉沉不痳
䄙祀以迄于今靡不駿奔若有昭臨蜀國之風蜀人之
心錦江清波玉壘峻岑入海際天如公德音
　元和四年歲次己丑二月廿九日建
　　　　　　　　　　　　　鐫字人魯建
　予同四川按察司僉憲濟南王敷萊陽曲銳觀武侯
廟碑論裴中立所作文體純正如甘誓允征不華不
俚柳子寬所書筆法遒勁如正人端士可敬可愛誠
二絕也且子寬在唐元和時與其弟公權皆以善書
名於世口嘗以筆法對穆宗曰心正則筆正筆正則
可法矣穆宗改容悟以爲筆諫子寬爲山南節度使
判納蹈舞支吏曰贓吏犯法法在奸吏壞法法亡詠
舞支者兄弟皆守正不回所以筆法各臻其妙也中
立威望德業比郭子儀以身任天下輕重者三十年
歷事四朝以全德終始豈獨工於文字而已夫噫人
因文而顯文因字而顯然則武侯之功德裴柳之文
字其相與垂於不朽也耶大明宏治十年丁巳仲春
既望巡按四川監察御史藍田欒華跋
碑之來遠矣由唐逮今將盈千載日口闕口間嘗過

讀竊有感焉已而詢訪遂獲的闕補以還其舊庶毀璧復完而覽者無闕闕午孟冬之吉蜀府承奉滕嵩謹識

闕摧殘余蒞茲土表章搼礫之餘整復屓贔之舊竊以中立勳名將相包舉子寬正直伯闕靈永相呵護不似蔫禍烟銷也　皇清康熙十一年三月朔撫蜀中丞羅森識

讀唐碑文瓌麗書端嚴稱雙絕匪溢當時不以文□推裴柳重本也文傳者文重人傳者人亦重彬彬君子哉粵東蔣使膠西宋可發識

右記裴晉公度撰柳尚書公綽書是時在武相元衡幕中三公勳業年位雖小異要之不愧忠武侯者柳於書不得稱名獨米元章謂其勝誠懸碑在成都可七百年矣完好尚如新得非以僻故存邪弇州山人藁

右裴度撰文乃成化中重鐫者有御史榮華跋言子覓此書如端人正士筆法遒勁裴公文首稱秉事君之節者無開國之才得立身之道者無治人之術四者備矣惟武侯有之信如跋所言也蒼潤碑跋

碑有云誰謂阻深殷爲強國誰謂遳脆屬爲勁兵此用左思魏都賦稟質遳脆語廣韻遳七戈切脆也唐書王伾傳形容遳陋金石文字記

成都遭張獻忠之亂金石文字一無存者惟武侯廟碑尚完好蓋武丞相元衡帥蜀時裴柳二公皆在幕中寔元和四年己丑也池北偶談

碑云陳壽崔浩之徒皆以變詐論節制之師以詭取語化成之治謬甚余思考亭朱子猶目武侯爲桀況其他乎金石錄補

孫樵刻諸葛武侯碑陰文曰赤帝子火熾四百年天厭其熱洎獻燼矣武侯獨不憤不顧收死灰於蜀欲噓而再然之艱乎爲力哉是以國稱用武岐雍閒地

不尺闢抑非智不周天意炳炳然也夫以武侯之賢寧靡籌其不可邪蓋激備隆中以天下託不欲曲肱安穀終見女子手將驅馳死備志耶由是聚武侯之所爲殆庶幾矣然跨西南一隅與吳魏抗國提卒數萬綽綽乎去留無我技者是亦善爲兵矣史壽以爲短於應變眞抑武侯哉俾武侯不早入地曹之君臣將奔走固圉之不暇鍾鄧寧能越巖懸兵決勝指取耶是井絡之野與武侯存亡俱矣天殲武侯其不愛劉愈明白矣其姜維何力焉曩蟠南陽時人不與仲參伍洎受社稷寄擅刑賞柄晉心不愧畏人不疑蹟

何意氣明信卓卓也武侯死五百載迄今梁漢之民歌道遺烈廟而祭者如在其愛於民如此而久也獨謂武侯之治比於燕齊彼屠齊城合諸侯在下矣此文既刻於碑陰而無印本傳世明末大盜張獻忠入蜀屠殺之慘亘古未有萬里烟絶侯神人也廟貌得保無恙家大人刺達州予擬遊錦江浣花未果此碑予得之故家宦蜀者而錄孫文於裴本之末來齋金石刻考略

是時元衡以宰相出鎮西川裴度柳公綽皆爲幕僚唐書元衡傳所云開府極一時選者是也柳公綽傳稱武元衡節度俱爲判官尤相引重今案裴公時爲節度掌書記公綽以營田副使兼成都少尹皆非判官特同在帥府耳碑不見於歐趙二錄王象之撰輿地碑目始載之潛研堂金石文跋尾

此碑裴公題銜云侍御史質之本傳遷監察御史論權梗切出爲河南功曹參軍武元衡帥西川表掌節度府書記碑文當作于是時而爲侍御史史亦未詳載碑在前明補刻今所見者已非舊觀用爲可憾耳

文苑英華辨證裴度諸葛亮祠堂碑故州平心與元直神交謂亮與崔州平徐庶友善也而文粹以故爲荆授堂金石跋

按此碑文苑英華唐文粹兩書俱載其文今取以互校如度嘗讀舊史英華作漢史聲震八紘英華作威震倚杖曰魚之有水英華杖作仗文粹亦作仗曰作如異代而同塵矣英華作同澹倘父作周英華作佐周于嗟嚴立英華作平立此英華之與碑異也誰謂蓮脆文粹作誰爲雖死口而無怨文粹作雖從死而無怨據武功文粹作武公而上下無異詞文粹無而字或師表一城文粹作師長終古不絶文粹作不紀鋪敦渭濱文粹作鋪數此文粹之與碑異也標題祠堂碑下兩本皆有銘字故州平心兩本皆作荆州震疊諸夏兩本皆作震懾爲久駐之計兩本爲皆作謀寇亂餘烈兩本皆作餘孽如仁之歎兩本皆作如在必拜之感云尔兩本此下皆有銘曰二字鳴虖奇謀下兩本皆有奮發二字下文口志天遏兩本皆作美智天遏若有昭臨兩本皆作照臨如公德音兩本皆作知公此英華文粹同與碑異也又檢四川通志載此文大率與英華同而別有異者元直神交通志作昭烈神交元德知人之明通志元德亦作昭烈願奮短札通

志作短䄂大抵皆傳寫之訛當以碑爲正也然碑亦有可疑者州平元直顯然是崔州平徐庶矣然三國志諸葛亮傳謂𨐖陵崔州平潁川徐元直與亮友善則不得爲神交且云州平心與元直神交心字之義殊不可曉下文接洎乎三顧許以馳驅是指先主三顧事與州平元直神交語氣亦不貫嗚虖奇謀口志天遏與下文于嗟嚴立咸受譴罰句法一律今碑奇謀下多空兩格若從英華文粹增奮發二字則句法不類似乎銘詞原不必有此二格也乃諮諮相國多一諮字係衍文志願未果

誤書日日未果日日旁註志願二字疑皆是前明補刻時滋譌耳碑云元和二年冬十月支粹作三年據憲宗紀元和二年十月丁卯以門下侍郎平章事武元衡檢校吏部尚書兼門下侍郎平章事成都尹充劍南西川節度使仍封臨淮郡公事與碑合則文粹以爲三年者亦訛也至唐諱治字凡治皆作理此碑銘詞易地而理仍作理字而文云無治人之術直用治字與他碑別

雲居上寺詩刻

石横廣三尺二寸五分高二尺五寸二十七行行十八字十九字不等左行行書

題雲居上寺并序

范陽縣丞吉逾

辛酉歲秋八月僕与節度都巡使王潛口口軒轅偉口口猶子騶駼潛息𥁞同躋攀於此勒四韻於後

詩

到此花宮裏觀身火宅中有爲皆是幻何事不成空晚籟鳴寒谷秋山響暮鐘欲歸林下路新月上前峯

元和四年四月八日范口口

同作　軒轅偉

不著登山屐捫蘿也上躋石梁分鳥道苔逕過雲霓梵

字千花裏秋聲萬籟齊门遊興未盡鐘磬度前溪

同前　騶駼上

石室寂高峯躋攀到此中白雲連晚翠清磬度秋風未悟無生理寧知有想空且歸山下寺更欲問支公

同前　口上

石路多奇迹幽巖藏寶經墓煙千壑裏新月一山明宿鳥知情梵樵人慣獨行爲蹟　歡奉從豈敢學逃口

同前　節度都巡使太常卿上柱國王潛

萬木千峯空鳥喧潺潺水下長川人來石室藏何處一逕歸時帶暮煙

同前　男盅上

文公禪誦處絶頂共登攀日色千峯裏鍾聲萬壑間□
猿吟砌近沙鳥傍溪閑一逕□藤杖行行歇下山

按雲居上寺未詳處所據詩前稱范陽縣丞吉逾
同躋攀于此云云則寺當在范陽矣唐時范陽縣
屬涿州今撿日下舊聞引名勝志云涿州有智度
寺在城東北隅㭊自唐時有舊碑刻其後即雲居
寺俱有石基浮圖疑即此雲居上寺也謂之上寺
者以在智度寺之後也唐時舊碑刻或即指此碑
吉逾諸人之詩全唐詩無一載者因並錄之以見

唐人詩千餘年來淪於草莽爲人所未見者蓋不
勝紀云碑書暮煙作驀煙筆誤也

金石萃編卷一百五終

金石萃編卷一百六

賜進士出身　誥授光祿大夫刑部右侍郎加七級王昶譔

唐六十六

解進墓誌

石廣一尺四寸七分高一尺四寸四分十六行行十六字末行無字正書在孟縣學

大唐故鴈門郡解府君墓誌銘并序

府君諱進字進族茂鴈門派别條分今籍于京兆府鄠
縣八步鄉解村人也　祖諱薺而樂道不仕府君即樂
道之第二子也修短不意去元和四年三月四日疾終
于河南府河陽縣太平鄉樹樓村之私弟春秋六十有

五即以元和五年十一月十一日權厝於私第北二里
原之禮也霜妻李氏偕老願違哀號痛切嗣子忠信次
子少遷次子少恭次子少璘次子少儀次阿小長新婦
曹氏等號天叩地柴毁過禮殆不勝喪宅兆云具禮物
咸備恐墳隴有變故刻頌立名以作末年之記
茫茫蒿里　寂寂松扉　痛君子之長逝没寒泉而不
歸

右唐解府君墓誌銘三十年前於城西五里紫金山
寺前戍樓村河岸側出土爲前歲貢生席雲章購得
移置縣西二十里衡礀村家塾嵌於壁上劉世俊比

因訪獨孤府君碑過見之雲章子志恒因送置縣學文內稱祖諱齊而樂道不仕府君卽樂道之第二子也二語內非祖字爲父字之誤卽而字爲父字之誤當是書時失撿卽如誌內原之二字當作之原亦是顛倒有誤此可見也然其文但誌族姓名字鄉貫先世卒葬歲月葬地妻子顛與王止仲墓銘舉例大指相合且此外別不加贊頌語殊有古人不溢美之意頃見偃師進士武君名億所新得晉關中侯劉府君韜墓誌銘亦似此均足矯後人諛墓過當之習至此誌銘詞之妙殆不可言書迹遒逸之中饒有古拙之

趣俱可愛玩佳物也孟縣志

汝瑚按誌稱樹樓村今尚稱爲戍樓村特以樹爲戍耳盍村鄉之民竟有千餘年不改者此以知故老流傳之說未可厚非而碑刻之徵驗其益孔多也仇汝瑚識

修禪道場碑

碑連額高七尺一寸廣三尺三寸五分二十四行行四十七字正書在天台

台州隋故智者大師修禪道場碑銘并序

右補闕翰林學士梁肅撰

朝散大夫台州刺史上柱國高平徐放書

陳修古篆額

天台山自國淸上登十數里曰佛隴蓋智者大師現身得道之所前佛大教重光之地㮚朝崇之置寺曰修禪及隋建國淸巖修禪之號号爲道場自大師歿一百九十餘載大比丘然公光昭大師之遺訓以啟後學門人比丘法智灑掃大師之舊居以護寶所門人安定梁肅銘勒大師之遺烈以示後世云大師諱智顗字德安姓陳氏頴川人也尊稱智者感應縱迹載在別傳觀夫治世之經非仲尼則三王四代之訓寢而不章出世之道非大師則三乘四教之旨晦而不明昔如來乘一大事因緣菩薩以普門示現自花嚴肇基至靈鷲高會無小

無大同歸佛界及大雄示滅學路派別世既下衰教亦陵遲故龍樹大士病之用道種智制諸外道括十二部經發明宗極微言東流我惠文禪師得之於文字中入不二法門以授南嶽思大師當時教尚蕳密不能廣被而室有諸宗扇惑方夏及大師受之於是開止觀法門其教大略卽身心而指定慧卽言說而詮解脫演善權以鹿苑爲初𨚫一實用法花爲宗合十如十界之妙趣三觀三智之極自發心至于上聖行位昭明無相奪倫然後誕敷契經而會同之煥然氷釋心路不惑窺其教者藏焉修焉盍無入而不自得焉大師之設教也如此

若夫施張體用開闔語默高步海內爲兩朝宗師大明在天光被四表大雲注雨滂施萬物繇是言佛法者以天台爲司南殊塗異論往往退息緣離化滅涅槃茲山是歲隋開皇十七年也夫名者實之賓教者道之門大師涵其實闢其門自言地位示有證入故感而應之應之之事可得而知也若安住法界現爲比丘等覺歟妙覺歟不可得而知也當是時得大師之門者千數得深心者三十有二人纂其言施行於後世者曰章安大師諱灌頂灌頂傳縉雲威禪師禪師傳東陽東陽與縉雲同號時謂小威小威傳左溪朗禪師自縉雲至左溪口

譚珠相付向晦宴息而已左溪門人之上首今湛然大師道高識遠超悟辯達凡祖師所施之教形於章句者必引而申之後來資之以崇德辯惑者不可悉數甞謂肅曰是山之佛隴亦鄒魯之洙泗妙法之耿光先師之遺塵委集于茲自上元寶應之際此邦寇擾緇錫駭散而比丘法智實營守塔廟莊嚴佛土迴向之徒有所依歸緊斯人是賴汝吾徒也盍紀於文言刻諸金石俾千載之下知吾道之所以然小子稽首受命故大師之本迹教門之繼明後裔之住持皆見乎辭其文曰

諸佛出世惟一大事天台教源與佛同意赫赫大師開示奧秘載譚要道安住圓位白日麗天天下文明大師出現國土化賊無生而生生化兩冥薪盡火滅山空道行五世之後間生上德微言在茲德音允塞惟彼法子護持淨域此山有壞此教不極

唐元和六年十一月十二日僧行滿建

按此碑完善文不可辨者僅十餘字今檢天台齊少宗伯名南所撰天台山方外志要載此碑取以互校增注于旁而文全可讀但碑書歲月爲元和六年十一月十二日志要則云元和六年十二月葢誤也碑題台州隋故智者大師修禪道場據志要云陳智顗卽智者大師字德安姓陳氏潁川人寓荊州之華容梁散騎孟陽公起祖第二子年十八投湘州果願寺沙門法緒出家聞天台地記稱有仙宮願息心茲嶺展平生之志時陳大建七年秋九月也初入天台歷遊山水度石梁遇僧懸授國淸之讖南出見佛隴南峯徘徊留意夕宿定光草庵指居銀地卽修禪道場陳主凡三遣使手書勅詔師悉稱疾不赴入隋晉王北面曰大師傳佛法燈宜稱智者開皇十一年在揚州十三年旋鄉十五年下建業十六年重入天台十七年晉王敎

請出至石城謂徒衆曰吾知命在此故不前進跏
趺而逝後仁壽末年忽振錫披衣猶如平昔凡經
七現重降山寺一還佛隴此智者之大略也碑文
撰者梁肅唐書傳肅字敬之一字寬中世居陸渾
建中初中文辭清麗科累授右拾遺母老不赴杜
佑辟淮南掌書記召爲監察御史轉右補闕翰林
學士然碑有門人安定梁肅之語是當從事佛門
奉湛然爲師傳所不及也書者徐放無傳衢州府
志名宦稱放字達夫元和九年爲衢州刺史此碑
當元和六年官台州刺史也篆額者陳修古無攷

碑云天台山自國清上登十數里曰佛隴方外志
要云銀地嶺在天台縣北二十里一名佛隴即定
光示智者處碑云陳朝置寺曰修禪及隋建國清
廢修禪之號號爲道場志要云大慈寺在天台縣
北二十九里舊名修禪陳時爲僧智者建登思修
初定乃定光授金銀地之所定光所居號金地此
號銀地皆以土色言之直寺門莫隅號佛隴智者
第二宴坐處隋創國清更寺爲道場碑云自大師
殁一百九十餘載大比邱然公光昭大師之遺訓
以啟後學門人比邱法智灑掃大師之舊居以護

實所按智者以開皇十七年逝至此立碑之歲爲
元和六年共得二百十五年云一百九十餘載者
當由撰文在元和六年以前也大比邱然者即湛
然姓戚氏世居晉陵荆溪智者之五世孫年二十
從左溪學天寶大歷間朝廷三詔並辭疾不起晚
歸台嶺建中二年示寂于佛隴法智不詳何許人
髫年離俗應法升壇晚歲以逕直之門莫如念佛
後于國清寺兜率臺上晝夜精勤念佛無疾而化
建碑僧行滿南浦人往天台聽荆溪說止觀頓悟
微旨因棲止華頂峯下智者院充茶頭其智者大

師道行方外志要所載與碑合

晉周孝侯碑

碑高七尺三寸五分廣三尺九寸六分二十八行行約五十九字正書在宜興縣

晉故散騎常侍新平廣漢二郡太守尋除楚內史御史
中丞使持節大都督塗中京下諸軍事平西將軍孝侯
周府君之碑

晉平原內史陸機撰

右軍將軍王羲之書

君諱處字子隱義興陽羨人也氏胄曩興煥乎墳典華
宗徃茂蔚其簡書啓三十之洪基源流定鼎運八百之

遠祚枝葉封桐軒盜烈於漢庭蟬冕播於陽羨二南之
價傳不朽而紛敷大護之音聲無微而必顯山高海闊
其在斯焉祖賓少折節早亡吳初名諮議叅軍舉郡上
計轉爲州辟從事别駕步兵校尉光禄大夫廣平太守
父勳少好學舉孝廉吳寧國長督威長史懷安錢唐縣
侯丹陽西部屬國都尉立節校尉拜禆將軍三郡都督
太中大夫臨川預章鄱陽太守晉故散騎常侍新平廣
漢二郡太守封關內侯譽叙揚名臺閣標著風化之美
奏課爲能應徃路謳亭亭孤美灼灼擴劭徇高位於生
前恩垂名於身後遂以卒意不違應期出輔洋洋之風

俯冠來葉巍巍之盛仰繼前賢君乃早孤不宏禮制年
未弱冠旅力絶於天下妙氣挺於人間騎獵無儔時英
式慕縱情寡偶俗弊不欣鄉曲誣其害名改節播其聲
譽遂來吳事余厥弟噓然受誨向道朝聞方厲志而詣
詩書便好學而尋子史文章綺合藻思羅開吳朝州縣
交辟太子洗馬東觀左丞中書右丞五官郎中左右副
史靖恭夙夜恪居官次遷大尚書僕射東觀令太常卿
無難督匡熙庶績　朝廷謐寧使持節大都督塗
中京下諸軍事封章浦亭侯國猶多士君實得賢洋洋
延閣之旁昂藏衮衆之上射猷功猶見顯刺蛟

名乃遠揚忠烈道自克修義節情還求布琳瑯杞梓珪
璧棟梁君著黙語三十篇及風土記并撰吳書於是吳
平入晉王渾登建業宮釃酒既酣乃謂君曰諸人亡國
之餘得無戚乎君對曰漢末分崩三方鼎立魏滅於前
吳亡於後亡國之戚豈惟一人渾乃大慙仕晉稍遷總
統初入拜諮議郎除討虜護軍新平太守撫和戎狄叛
羌歸附雍士美之轉爲廣漢太守郡多滯訟有經三十
年不決者處以詳其枉直一朝決遣以毋年老罷歸尋
除楚內史未之官徵散騎常侍處曰古人辭大不辭小
乃先之楚而郡既經喪亂新舊雜居風俗未一處敦以

教義又撿屍無主及白骨□□收而葬之然以就徵遠
近稱歎及居近侍多所規諷遷御史中丞正繩直筆凡
所糺劾不避寵戚梁王肜違法處深文案之及氐人齊
萬年反朝臣惡其强直皆曰處吳之名將子也忠烈果
毅庶僚振肅英情天逸遠性霞翥陝北西裳遂有二天
之詠荆南虔虐猶摽十部之書尋轉散騎常侍輕車將
軍迴輪出於新平士女揮淚褰帷望於廣漢鷄犬靡喧
振玆威略宣其惠和晉京遥仰部從近欽是時氐賊作
逆有衆七萬屯於梁山　朝廷推賢以君才兼文
武　詔授建威將軍以五千兵奉辭西討忠槩盡

節不顧身命乃賦詩曰去去世事已策馬觀西戎藜藿甘粱黍期之克令終言畢而戰自旦至暮斬首萬計弦絕矢盡播系不救左右勸退處按劍怒曰此是吾効節授命之日何以退爲我爲大臣以身殉國不亦可乎韓信背水之軍未遑得喻工輸縈帶之勢早擬蓮蹤莫不梯山架壑襁負來歸戎士扞其封疆農人展其耕織秋風纔起追戰勇於雷霆春水方生揮㨖同於雲雨立功立事名將名臣者乎元康九年囙疾增加奄捐館舍春秋六十有二　天子以大臣之葬師傅之禮親臨殯壤建武元年冬十一月甲子追贈平西將軍封淸流

亭侯謚曰孝侯禮也賜錢百萬葬地一頃京城地五十畝爲第又賜王家田五頃　詔曰處母年老加以遠人朕每愍念給其醫藥酒米賜以終年以太興二年歲在己卯正月十日葬於義興舊原南瞻荆岳崇峻極之巍我北睇蛟川濬淸流之澄澈娶同郡盛氏有四子靖玘札碩並皆至性純孝過禮喪親墳前之樹染淚先枯庭除之禽聞悲乃下遂作銘曰

周南著美岐山表靈茱繁漢室枝茂晉庭岐岐夫子奇特播名幼有異行廿存風烈早馳問望晚懷耿節頗尚豪俠升名　禁闥拾爵榮勳允歸明哲輝赫大晉封家多故式揚廟略克清　天步海濱旣折江淮亦浜漢水作藩條章斯布俗哥挼曰人謠何暮忠貞作相追蹤絳侯將亭嘉茂遽掩芳猷潛光暘旬返旆吳丘舊關蜼入鄉路宴浮從榮制薹終非蓍遊春墟以綠淸淮自流深沉素幰綠繞朱旒廳堂寂寂黃泉悠悠書方易折冢楬難留鐫玆幽石萬代千秋

唐元和六年歲次辛卯十一月十五日承奉郎守義興縣令陳從諫重樹此碑

前試太常寺協律郎黃口書

瑯琊承仕榮鐫

勾當造廟廿代孫故湖州司士息瑰　副元惜　宗錄同晁　宗典士琳　惟良　與諸宗子同共構造

平原華明素篆額

此碑據舊集抄之中多訛謬文理不接且孝侯旣戰没而云舊疾增加奄捐館舍尤可笑也考常州志此碑尚藏于廟而所載亦是如此當是古碑殘滅後人取斷簡以意補湊之用勒于石遂沿以爲眞耳尚須博考張溥輯陸士衡集

宜興周孝侯墓有古碑一通云晉平原內史陸機撰右軍將軍王羲之書跋尾云唐元和六年歲次辛卯

十一月十五日承奉郎守義興縣令陳從諫重樹此碑後又有一條前試太常寺協律郎黃口書名與書俱模糊而書字微可推當是後人因陸機撰下有空石妄增右軍將軍王羲之書以重其價耳文內初載處事大約與傳同至於臨絕矢誓左右勸退處按劍怒曰此是吾効節授命之日何以退爲我爲大臣以身殉國不亦可乎下忽接韓信背水文差不成句又云莫不梯山架壑襁負來歸云云元康九年因疾增加奄捐館舍春秋六十有二天子以大臣之葬師傅之禮親臨殯壙建武元年冬十一月甲子追贈曰孝

侯禮也賜錢百萬葬地一頃京城地五十畝爲第又賜王家田五頃詔曰處母年老加以遠人朕每愍念其二年月日葬於義興舊原按處以永平七年戰歿贈平西將軍賜錢葬地及給處母醫藥酒米俱如碑云又十五年而元帝稱制追封孝侯建武其年號也時陸平原歿已久矣豈於樹碑之際而爲處後者竄入謚孝侯一句耶然不應以永平之詔移入建武後至所謂梯山架壑奄捐館舍天子以師傅之尊等語又似平原他文錯簡然攷之吳及晉初俱無元康年號不可曉也弇州山人稿

唐人碑多用此眞行體蓋祖聖教序來謂太常協律郎黃某書是也其文亦非平原筆似并陸機撰羲之書俱後人妄增者書畫跋跋

宜興周處碑元美考據極詳余謂碑中有唐元和重樹等語實出黃某所書其人習右軍者後人見似右軍遂加羲之字陸平原文不及謚孝侯事重書刻時或以意增之耳而以身殉國以下元康九年等語錯簡則不可曉豈陳從諫刻後又有刻者亂之耶然不應謬妄至此石墨鐫華

張燮編次陸士衡文集收入此篇謂其中多訛謬文

理不接且孝侯戰没而云舊疾增加奄捐館舍明是不讀史者僞作按此碑本唐人之書故業字晉諱而直書不避其於唐諱則世字三見皆作卋虎字二見一作虎一改作猷基作碁豫作預而塗中亦當作涂中三國志吳主傳作棠邑涂塘以淹北道晉書宣帝紀王凌詐言吳人塞涂水武帝紀瑯邪王伷出涂中海西公紀桓温自山陽及會稽王昱會于涂中孝武紀遣征虜將軍謝石帥舟師屯涂中安帝紀譙王尙之衆潰逃于涂中字並作涂唐人加阝爲滁即今之滁州而碑作塗非也士衡逸少旣不同時晉以前碑

未有署某人書者其文對偶平仄全是唐人可定爲僞作也書梁王肜作彤尤誤　王宏撰曰按史士衡兄弟以惠帝大安二年十月見殺於成都王穎又十四年元帝即晉王位始稱建武元年而碑云建武元年冬十一月甲子追贈平西將軍封淸流亭侯諡曰孝禮也然則已死之士衡又烏知十四年後之事而預爲云云如此耶又處之戰死在元康七年正月癸丑今碑云元康元年捐館亦誤金石文字記

予于庚子之春過宜興謁孝侯廟下訪是碑于徐太守薛薇以此本相贈乃舊搨本剝落無幾顧炎武曰

此碑塗中之名諸書並作涂而碑作塗非是按文選任昉彈曹景宗東關無一戰之勞涂中罕千金之費李善本作塗中通鑑嘉平二年吳王遣軍作堂邑塗塘辨誤云塗塘即涂水今滁州之滁河也滁之作塗蓋已久矣金石錄補

余初得周孝侯碑一本其末云唐元和六年歲次辛卯十一月十五日承奉郎守義興縣令陳從諫重樹前試太常寺協律郎黃□書旣云重樹則舊碑固已毀然豈無搨本流傳於世而諸先生並不論及豈於舊碑搨本皆未之見耶蒼潤軒帖跋此碑題曰晉王右軍行書按重樹碑是正書此曰行書想舊碑本係行書而重樹碑自作正書也繼得行書本於好古之家據云此是舊碑其首晉散騎常侍云云及撰人書人皆與重樹碑同惟平原內史上無晉字亭林先生所疑不諱業字而諱虎世基豫字皆書全文其餘則同重樹碑重樹碑業有書人黃某其非右軍自明若行書本疑亦唐人所爲筆法與聖教序如出一轍當是集右軍書也較重樹碑實爲過之觀妙齋金石考略

按此碑誤謬甚多前賢指摘已盡其爲後人僞撰所不待言然字畫頗工蓋唐人碑版多有集右軍書者皆足資書家摹仿故是碑亦存而不刪

保唐寺燈幢讚

幢高二尺五寸八面每面廣五寸八分各五行行十九字正書在咸寧縣

保唐寺　毗沙門天王燈幢讚并序

徵事郎前試太子通事舍人飛騎尉柳澈字直方篹并書

周天宇環四極明照品類陽和發生者其唯日月齊儀含光結隣滑耀曦暉窈昧煒煌掩翳者其唯燈燭而瓊室昄睞幽夐發輝辯揨纖毫無奪物務燈之爲用其大矣哉則有若白毫相如意珠徹照大千傍覩沙界明冠

雨囉流輝五靈出世之耿光也非獨昭彰暖昧抑亦甫
寶蓮華貨貝紛布以資生靈天莫測人莫辯千載盛事
歸於　我唐於戲道之行也德之修也其或懋建必生
奇偉卓然興之迴拔峩峩其流必大則今之建功立名
位階三事高謝四科文明藻麗者可勝道哉幢之建也
本於　毗沙天王燈之照也興於玉殿霞敞事之源也
肇自平康里蜀之符節掌留務□□別□□闕名□大
曆十一年景辰以宅奏□□□□年甲戌□□從道僧
名覺勝爰於寺宇手素　天王容飾未周報齡將謝
祈感　帝夢　帝□□□儀形聿修紺殿斯立

事詳豐碑幢則敘　天王之鎮保唐也□□□□□
□□扶靈□□儼若覩相形肅金□□□□□□□
□□□□□氣□掌塔瞪注持矛傑立而鬼神□□□
精□□百由旬內爲依爲怙僧藍以之□□□□□之
安寧日月明於外燈燭耀於內同乎□□□□□魄夜
朗無宵晝矣至於興感化允人望祈願必遂幽贊多方
不可遽數其有奉爲昏昭華殿燈明不絶歸信如流則
其爲福也展無壃之休其益筭也紺靈長之壽當寺
內供奉大德了法上座超證寺主靈晙都維那超
元購良工奉珎財求率璽斲而磨之徵雕龍序而贊之

文則陋矣敢揚光烈贊曰
天王垂迹肇興于闐威靈傍洽仰之鈐鍵爰祚　我唐
昭字變現廓土開壃□騰電熛其一
惟王有國惟神有靈教興印度德洽大庭綿□歲紀
天資克成僧藍是託國步爰旌其二
燈幢昭赫邈狀　天王炳靈垂休　帝業其昌
璽殿含耀徘個煒煌慶于闕□祚于保唐其三
元和七秊壬辰夏五月十五日壬申建
典座道堅　直歲義暘

盧宏正毗沙門天王記云毗沙門天王者佛之臂指也左扼吳鉤右持寶塔其旨將以摧羣魔護佛事在開元則元宗圖像于旗章在元和則憲宗交神於夢寐據之則是時正崇奉其教也關中金石記

無垢淨光大陁羅尼咒石刻

石橫廣約二尺零高三寸二分鑿有四關關中刻像每關間字七行或六行行八字九字十字不等正書

咒文不錄
元和七年五月　法界生
天水□

裴耀卿碑

碑高一丈廣四尺五寸二十七行行六十六字隸書

唐故侍中尚書右僕射贈司空文獻公裴公神道碑銘
正議大夫行尚書兵部侍郎上柱國高陽縣開國子
賜紫金魚袋許孟容撰
銀青光祿大夫行尚書工部侍郎上柱國長洲縣開
國男歸登書并篆　缺
地配天而萬有生息賢合聖而百常順序　巨唐六
葉明皇帝登寶位之廿一祀得師文臣侍中文獻公□
□階益□鏡照孟濟陳力　推□昭□□□□□
耀卿字子渙河東聞喜人也伯益裔孫非子周封於秦
至桓公少子鍼去國食采於晉其邑曰𨛗遂爲氏焉自

鍼至□代祖□四葉昭義振□重□□□□□□
□□□景仕周舉秀才富平縣令大王父正隋豐州司
馬蘇州大總管府贊治王父沓　皇朝舉秀才授許州
司戶登　明經高科遷□□郎□□□考守眞□□□
□□□□□□□封尉太常博士詳正學士夏官員外成
寧二州刺史贈戶部尚書公卽尚書府君第三子也初
河東夫人之夢熊羆神□□□□□□□□□□
□□□□□□□□第聖曆中書判入等補麟臺正
字未幾丁尚書府君憂荼蓼之毀禮不能節服除調集
以太夫人有羸老之疾乞闕官□□□□□□□

□□□□□□□□□□翰蒭轉國子主簿詹府丞太
夫人捐館莫□謚米哀擗滅性制終除河南士曹參軍
　睿宗□嘗列宮寮加朝散□□□□□
□□□□□□□□□□□□□□時謂溫雅不雜而
繩墨誠陳也亟轉兵部郎中長安縣令　　轂下塗多
事弁刓弊相習名迫私誤堅貞鮮遂公更張其□□□
□□□□□□□□□□□□□□□□□月政稱神
明時宰有衡初醜正者出濟州刺史累換宣冀二州淸
明愷悌三郡一政物皆饒阜人不宰歎而濟陽信都□
□□□□□□□□□□□□□□□□□□□□除

左庶子仍領崇文館事疾間復拜戶部侍郎尋遷京兆
尹　上曰神都地有歸倉豋□更宜處風化取則
付之於卿公下車而□□□□□□□□□□□□□
□革□澆奪兼并者讓田而市義穿窬椎剽游惰苦竄
莫不耿禁令而却走覩條逕而易業　明皇帝
嘉器任□適每前席以聽□□□□□□□□□□□
□□糶貴將幸活也　上徵救人之術公述
陳王者損上益下宅土中關內之利因奏鼎新漕運以
廣儲廩置河□三門□崖集津倉□□□□□□□
□□□□□□有陘東之積中都有不涸之饋功齊神

化利及億兆逋負之徙征傜之吡追琢貞珉詠謠仁智
今存于道左　　　明皇帝寧勞旌善擢授□□
□□□□□□□□□□□□土天下轉運都使尋遷
侍中加銀青光祿大夫又以千畝五推之禮加金紫光
祿大夫中書令張九齡奏請和鑪鋯欽公以爲□□□
□□□□□□□□□□□□□夷州刺史楊□贓汚
詔下□寵仍杖六十公以爲郡守當父母百城鞭□
實虧撓□敬以流代死　　聖朝之寬典也殘毀□
□□□□□□□□□□□□□□□□□河西隴右
兩道節度公密疏曰嘉運長□趫悍勁勇關於沉深計

慮矜功侮敵恐未百全後果喪師失律大起邊患三者
皆悉□□□□□□□□□□□□□□□□□□□藻
示衡之動由其極齋□□溥博幾□用有藏晦中無
磷淄推功與能癉惡□違皆所以載編簡而成乎表式
洽□聞而播□□□□□□□□□□□□□□□右
僕射　上嘗命畫工寫貞圖于淩煙閣　　手制曰所
謂傳神國之故事自武德至是宰輔一百八十七人登
丞相左右揆其一其□□□□□□□□□□□□□
□□盈□若虛貴而倨卑衣無華祿食不珍異正考
父之益恭晏平仲之矯時蘧瑗之暮夜匪懈孫□之衣

衾不飾取類前志我無媿心□□□□□□□□□□□
□□□□□□□著蔡俱與公結金石之契□□□律
之□王□味𧺆爲牙期也濟川中止孰主大鑪難老不
錫曷云輔善以天寶三載七月十八□□□□□□
□□□□□□□□□□□震悼罷朝贈太子太傅
謚曰文獻以其年十月歸葬絳州稷山縣姑射山之陽
尚書府君塋東四里有子八人遂泛淑綜延□□□
□□□□□□□□□□□□□□□□漢數□□豈
德祖同歟綜皐最知名綜官至吏部郎中皐官至給事
中郎中淑吏部侍郎佶京兆少尹武給事中□諫議□

□□□□□□□□□□□□□□□□□□闕之益
於□詞推麗則之華由不及道嘗踐門闌功德儀刑將
垂芳於不朽發揮鑽仰孰授簡之當仁銘曰
日月貞明洪鈞造物股肱匡戴釁化險隲　於赫明
皇追蹤昔王聿求仁哲俾闢昭光文獻膺時慶胥未□
□□四靈□□□□□□□□□□□□□□□□□
世風流慶存翼子貽孫江海華藻圭璋後昆靈源之上
姑射之下幸府兆域□曹松櫝照燭葳蕤崢嶸豐碑絳
□□□磬稷下闕
元和七年十一月十七日建立

將仕郎守恒王府參軍姜濬摸勒幷刻字

按此碑撰者許孟容結銜云正議大夫行尚書兵部侍郎上柱國高陽縣開國子賜紫金魚袋舊唐書傳孟容字公範京兆長安人元和初遷刑部侍郎尚書右丞四年拜京兆尹賜紫新書不云賜紫改兵部侍郎新書無此官終尚書左丞東都留守其封高陽子兩傳皆無也書者歸登舊傳云登字沖之蘇州吳郡人順宗初以東朝舊恩超拜給事中賜金紫遷工部侍郎官終工部尚書碑結銜工部侍郎與傳同而不書賜金紫至長洲縣開國男則傳所無也

傳又稱登有文學工草隸而不言其能篆書此碑登書并篆額又集古錄載白巖大師懷暉碑亦登篆額是登兼工篆也碑稱耀卿字子渙新傳云字渙之與碑異傳又云絳州稷山人碑云河東聞喜人地理志聞喜與稷山同屬絳州州屬河東道唐時河東道所屬有河東郡碑稱河東是道非郡也碑雖稱其貫曰聞喜而其後歸葬仍在稷山故稷山聞喜碑傳互見也碑叙耀卿先世□□□景大王父正周隋書皆無傳王父眘考守眞新書裴守眞傳云後魏冀州刺史叔業六世孫碑不叙及父眘隋大業中爲淮安舊傳作淮南司戶參軍郡人楊琳田瓚等亂無敢害護送還鄉貞觀中官至鄭令碑不載隋官傳不備書唐官皆互有詳略舊傳又載守眞舉進士應八科新傳作六科累轉乾封郡屬新傳作乾封尉與碑合尋授太常博士天授中爲司府丞出爲汴州司錄新傳作司馬累轉成州刺史徙寧州卒贈戶部尚書舊傳無贈官碑惟詳正學士夏官員外爲兩傳所無餘碑傳皆合碑云公即尚書府君第三子也舊書守眞傳云子子餘次弟巨卿耀卿是耀卿爲第三子與碑合新書耀卿傳云守眞次子與碑異也宰相

世系表載叔業北齊爲南兗州刺史初歸北號南來吳裴事後魏爲豫州刺史叔業第三子簡之簡之之孫景富平令與碑同景子正隋散騎常侍碑不載正子眘字歸厚碑傳俱無南鄭鄭令眘次子守眞字方忠兩傳無邠寧二州刺史與碑傳之作成寧者異守眞長子子餘次巨卿次耀卿是耀卿亦作第三子與碑合碑載耀卿歷官多與兩傳合惟碑稱書判入等補麟臺正字傳作祕書正字爲不同又碑于長安縣令之前先除左庶子領崇文館事右僕射之下爲貌圖于凌煙閣兩傳皆無而傳于拜祕書正字之後

補相王府典籤濟州刺史後歷宣冀州刺史開元
二十年副信安王禕討契丹二十四年累封趙城
侯今碑皆略之或在泐文中不得見也又開元二
十三年破奚契丹後羅卿與李林甫同奏請刊石
勒誦書奏批答見前此碑亦未叙及又碑云轉運都使尋
遷侍中傳則云轉運使無都字又碑叙鼎新漕運
以廣儲廩下文多泐据新傳云置河陰集津三門
倉引天下租繇盟律泝河而西三年積七百萬石
省運費三十萬緡可据以補碑之泐至碑所云逋
負之徒征徭之𣈶追琢貞珉存于道左是當時立

碑頌德政也而今不傳碑云有子八人遂泛淑綜
延餘人皆泐下文又有皇官給事中郎中兩傳惟
載綜及綜子佶世系表則有六人曰遂泛泫綜皐
延與碑互異耀卿以天寶三載十月葬此碑立于
元和七年十一月距其葬又六十九年以臆度之
是其孫佶官國子祭酒工部尚書時所立立碑之
明年佶已卒矣耀卿有孫七人曰睨收彪佶琥武
堪今惟佶武見于碑餘亦泐矣

李輔光碑

石高廣各三尺九寸三十七行
行三十六字正書在咸陽縣

唐故興元元從正議大夫行內侍省內侍知省事上柱
國賜紫金魚袋贈特進左武衛大將軍李公墓誌銘并序
朝議郎行尚書刑部員外郎崔元略譔
宣德郎前晉州司法參軍巨雅書
夫王者統極垂理其外必有英哲宣力股肱其內必有
專良布達心膂以成帝道古今而言君臣相會兼之者
鮮矣厥有　內侍李公可謂會而兼之者也　公監軍
河中以元和十年正月十七日薨于官次行路悽咽元
戎以聞　　皇帝軫悼寵以殊禮褒贈特進左
武衛大將軍品冠　　朝端位崇禁衛　　詔下

之日人不謂僭有以見　公出入中外始終無過之地
矣　公諱輔光字君肅其先京兆涇陽人也曾祖望
皇京兆府華原縣令祖萬靖　皇涇王府長史父
思翌　皇涇州仁賢府左果毅賞緋魚袋　公即果
毅之第三子也質表華茂氣懷恭敏建中歲
德宗御宇時以內臣干國率多縱敗思選賢妙以正
宮掖故　公特以良胄入侍充白身內養俄屬
皇輿巡幸　公于斯時參侍指顧應對皆愜遂賜緑超
授奚官局令勲以元從之号其年又遷掖庭局令興元
初　輦入宮闈　公屢含天憲湞命之日皆

中機要遷內寺伯時有北虜入　覲將以戎馬充
獻數盈累萬　國朝故事每一馬皆酬以數十縑
帛拒之即立爲邊患受之即王府空竭　公承
命爲印納使迎之朔陲諭以信實交領之際虜不敢欺
必以精良□□後充筭省費之挍億兆相懸生靈所資
安危是繫郎　公之於國可謂有大功矣　聖情
歡悅遂有銀章朱紱之賜由是方隅重事咸所委屬嶺
嶠之南漸于海日邕管地偏人狡□□□將有魏溪洞
連結爲盜者僅廿萬衆　王命稽擁逮于周歲隣
道節使咸請進討　德宗皇帝凡曰以吾人

伐吾人剋之非利於是命　公招諭□□□□違臨所
部公乃訊詰疑懼昭示　恩威浹辰之間咸知所
嚮公素練兵機具見腰□□巡視川谷占其要害奏請
於海口置五鎮守扼至今怗然人受其賜獻功未幾又
屬太原軍師李自良薨于鎮監軍使王定遠爲亂兵所
害甲士十萬露刃相守　公馳　命安撫下車乃定
便充監軍使前後三易節制軍府晏如十五年間去由
始至遂　特恩遥授內給事又有金章紫綬之賜
元和初　皇帝踐祚旌寵殊勲復遷內常侍
兼供奉官明年銀夏裨將楊惠琳西蜀副倅劉闢或以

長師薨殁皆恃塞怙險初有邀　君之心終成悖
亂之跡　公密表請發當道步騎誅討功成之日優
詔褒美曰卿志懷嫉惡情切奉公繼遣偏師尅平
二寇雖嘉將師之勤足見監臨之効拜內侍省內侍知
省事中署之貴寵極於此壽因入　覲懇請留侍
乃充鴻臚禮賓使又轉內弓箭庫使曾不累月
皇帝以蒲津重鎮監統務切復除河中監軍兼絳
州銅冶使自元和四年至九年元戎四換交代之際人
心如一斯蓋　公約己廉与士信靜專動和推安便物
之所致也　聖恩表異圖形省閣易簣之日享年

七十有四以其年四月廿五日吉辰遷窆于涇陽縣咸
陽原之阡　詔下所司備鉦鼓笳簫儀衛禮物　中
使監導出于都門榮觀路人寵被幽壤仕君子聞者咸
亦知勸　夫人輔氏邑号扶風郡閫儀端懿母德温淑
如賓之敬見于巹禮有子四人長曰希晏前將仕郎掖
庭局宮教博士次曰仲昇開府儀同三司檢挍太子詹
事兼殿中侍御史充河東節度保寧軍使次曰希暹內
養將仕郎守內侍省內府局丞次曰希昇並皆克奉規
訓志存忠孝懿勲茂績始見其進也門吏晉州司法參
軍巨雅以元略長兄嘗賓于北府以元略又從事中都

供餉　內侍之德將命錄實見託爲誌勒之貞石且無
愧詞銘曰
涇水之涘高原堀起其上新墳葬我將軍將軍之德實
彰家　　國水竭原遷斯文乃傳
右碣在縣東北五十里高陵界王氏圃中完全未減
土人傳先年涇河南岸崩壖水絶流三日是碣適出
銘載水竭原遷驗矣甚奇並記咸陽金石遺文
文稱門吏晉州司法參軍巨雅此輔光爲河中監軍
所除唐時士人而出於內侍之門者蓋不少矣輔光
少選入內而有夫人輔氏子四人唐之宦官有權位

者則得娶婦史之所載高力士娶呂元晤女李輔國
娶元擢女皆奉勅爲之而楊復光至假子數十人又
後漢書劉瑜傳言常侍黃門亦廣娶妻周舉傳言豎
宦之人亦復虛以形埶威侮良家取女閉之至有白
首殁無配偶逆於天心單超傳言四侯轉橫多取良
人美女以爲姬妾則固不始於唐時也　碑內官掖
作官踐阼作祚士君子作仕皆誤虛藏用書蘇許公
碑亦以踐阼作祚字記金石文
碑云輔光爲河中監軍使者蓋監張宏靖軍也巨雅
元略之弟巨雅曾爲晉州司法元略又官于中都故

撰書此志以記功德關中金石記
史稱元略爲京兆尹牧貸錢万七千緡爲御史劾奏
詔三司雜治元略素事宦人崔潭峻頗左右之獄具
削兼秩而已此誌云元略從事中都素餉內侍之德
其曬于宦者可知誌稱太原帥李自良薨于鎭監軍
使王定遠爲亂兵所害甲士十萬露刃相向公馳命
安撫下車乃定使充監軍使前後三易節制軍府宴
如十五年閒去猶始至李自良卒於貞元十一年三
易節制謂李說鄭儋嚴綬也通鑑河東節度使嚴綬
在鎭九年軍政補署一出監軍李輔光綬拱手而已

裴垍具奏其狀請以李鄘代之事在元和四年自貞
元十一年至此正十五年矣然則輔光之去河東亦
在元和四年而是年復除河中監軍也輔光以監軍
兼絳州銅冶使絳州銅冶置使亦史所未載也云自
元和四年至九年元戎四換以史考之蓋王鍔張茂
昭張宏靖趙宗儒也潛研堂金石文跋尾
文云輔光建中歲以良冑入侍充白身內養超授奚
官局令勳以元從之云云云又太原口帥李自良薨
于鎭監軍使王定遠爲亂兵所害云云又除河中監
軍兼絳州銅冶使又有聖恩表異圖形省閣之文舊

唐書宦者傳元和長慶以來高品白身之數四千六百一十八人誌稱輔光充白身內養白身自爲宦豎清資逮元和後號始猥濫而內養之名不見于志惟楊收傳有內養郭全穆此其可證一也食貨志大歷四年第五琦上言請于絳州汾陽銅原兩監增置五鑪鑄錢許之職官志諸鑄錢監絳州三十鑪誌稱輔光兼絳州銅冶使當以鑄錢重其事特設此官蓋權宜爲之不見于史尒史于職官內皆書勲號功臣有圖形戢武閣淩煙閣而內史省諸官獨鈌錄今誌稱勲以元從圖形省閤宦者殊寵于斯極矣又王定遠

見李說傳王定遠欲謀殺說後知事敗走登乾陽樓召其部下將卒多不之應比夜定遠墜城下槎枘傷而不死有詔削奪長流崖州據誌則爲見害于亂兵誌宜得其實輔光有妻輔氏子四人希晏希暹宮內侍省希昇無官惟仲昇官開府儀同三司檢校太子詹事兼殿中侍御充河東節度保寧軍使行次既不從希官又不爲內侍蓋必輔光之勢冒爲閹兒以希規進取者崔元略傳元和十二年遷刑部郎中据此誌在十年署銜員外郎殆以是叙遷也元略以士人爲閹官諛墓諂言與兄從事中都俱飽內侍之德將命錄實且無媿詞攷元畧嘗以諸父事內常侍崔潭峻則其諂附出于結習固不知其言之醜也 授堂金石跋

盧公夫人崔氏墓誌

石高廣二尺一寸五分二十五行行二十五字正書在洛陽

唐故河南府司錄盧公夫人崔氏誌銘

殿中侍御史內供奉竇從直撰

公燮書

元和甲午歲有夫人崔氏粵華宗令人德門賢婦以首秋再旬旬外五日終于東都正俗里之私第享年六十九鳴呼母儀厚德婦道宏訓令問如在誰其嗣之夫人

諱績号尊德性博陵安平人也東漢魏晉廷燿不息迨至本朝宜昌而熾曾大父迺許州司馬王父知愻祕書丞贈國子祭酒父倫 代宗朝以前御史中丞使吐蕃拜尚書左丞殁謚敬公伯曰譚左司郎中伯曰榮右補闕叔曰殷衡州刺史而皆以禮自持用榮爲誡善慶所及夫人益光夫人即敬公之季女也年十有一歸于范陽盧公惟公人倫碩德冠冕良材往踐王畿滯登臺閣器業尤重紀綱洛川貞元己卯先夫人而屈於命夫人晝哭捐軀未忘誓志無違撫育不易慈仁尅己成家樹立餘業過此則修學大悲一切解脫夫人元昆衍

德宗朝以御史大夫觀察宣歙池三州歿謚懿公夫人
與公孝慈以類告終歲月十稔而同同氣之言於斯可
驗矣夫人有男一人女二人女則組紃真訓婉娩承華
結禰從夫榮耀他族男曰從雅頊歲碑名　制有成命
參佐戎律換万戸尉終養不虧十年向晦丁艱筮宅鎬
疚其懷初司錄府君先卜梓栢谷口因而祔焉至是問
從祔于著龜不剋問改祔于著龜襲吉君子曰傳無不
之今則何遠乃歲十月六日奉夫人輤祓啟府君東北
九里合防以虞陵谷順也嗣子謂從直忝懿公顧盼又
備末姻尚戴恩光早詳勲閥託之琬琰貽厥彤人銘曰

夫人之生榮耀勲華鳴環適人慶彼夫家姻族惠懷靡
不稱嗟温玉貞松保厥終始母儀婦道遺範已矣雪涕
鮮原反覆孝子

誌前列殿中侍御史内供奉竇從直撰後列公變書
名而不氏未知其于崔盧何屬也從直見宰相世系
表書官兼殿中侍御史與誌合崔氏曾大父通許州
司馬王父知遜秘書丞贈國子祭酒父倫代宗朝以
前御史中丞使吐蕃拜尚書左丞歿謚敬公案倫附
新唐書子衍傳寶應二年以右庶子使吐蕃虜背約
留二歲執倫至涇州逼爲書約城中降倫不從更囚
邏娑城閲六歲終不屈乃許還遷尚書左丞以疾改
太子賓客卒倫加官爲常衮草制見文苑英華云頊
以昆夷之俗繼好勤誠不忘綏懷喻我文告乃命太中
大夫前守太子右庶子兼御史中丞上護軍賜紫金魚
袋崔倫宣明威惠撫柔西海終能復命亦既序成云
云可銀青光祿大夫行尚書左丞與誌所言拜尚書
左丞合誌言伯曰譚左司郎中仲曰榮右補闕叔曰
殷衡州刺史元昆衍德宗朝以御史大夫觀察宣歙
池三州歿謚懿公衍本傳云遷宣歙池觀察使與誌
合而以御史大夫出任于外史失載衍見舊唐書孝友傳略其謚不

著未若新書之詳又誌稱叔曰殷節傳稱倫弟殷趨向衍所
禀舉送夫人所者也誌夫人書其伯叔及兄金石例
冗濫率附無過斯者非可爲式也投堂金石跋

金石萃編卷一百六終

金石萃編卷一百七

賜進士出身　誥授光祿大夫刑部右侍郎加七級王昶譔

唐六十七

使院石幢記

幢八面各高六尺七寸七分廣九寸
三行行三十八字正書在銅山縣

使院新修石幢記

支度副使檢校司封郎中兼侍御史高瑀撰

節度判□□御史內供奉譚藩書

唐元和十二季九月十二日徐之從事立石紀氏於府
庭之南端初　元□岐公辛卯歲自夏臺帥奉

詔朝于京師　天子當展對百辟卿士登　公
于明庭曰自理朔陲邊風變和氈裘番辟毀祥從教
予嘉于褒文武僉同今之徐方控臨東極淮海閫
越千里遥賴地產堅金俗風用對河山欝盤　我武宜
揚故有鈇鉞印綬之賜　予之戎柄期於光大郡
邑之長司我風教烝人壽夭繫厥二吏故別以符印備
以寮屬　予之耳目期於觀聽大野東原旣豬且
平纖縞草木咸在征賦故皆命使期於營度城一十六
戶一十万兵六十旅予盾戈戟戎車鐵馬洎翔□動植
宜咸領焉　公拜稽首激誠淚　俯仰交感左右動色
讓德不獲改巳而東紅旌大旆發自□□都人縱觀光
騰九衢以功　紹復再統幢節近古無儔是歲十一
月□日至于理所從一至于百千日無一息無一顧盻
忘嚮之　帝命舊府無積衣食贍之則□登武備
其可知矣假財于隣從儉于身戎裝完集將卒驍敢野
夫行謠四郡咸康故以戰則克以祀則福境有□□□
無驚波　有征之師以徐爲則　上多迺茂績
俾位冠于羣帥故有左揆之拜時無□□□乎哉
岐公之德宜在鼎彝矣噫連帥大府今天下三十有
九皆顯才聞人爲佐爲賓誠明中和從事之道也離明

誠中和非從事之道也扶善與能鬼神潛允誰或紿幽
闇□謂神無知故□□同府常恐懼乎不至誠愼乎不
聞用明誠恰神離明誠媿神將此道也奉　我公
省□□□□希名氏之不朽則可轉之石烏足道哉
金紫光祿大夫檢校尙書左僕射使持節徐州諸軍
事兼徐州刺史御史大夫充武寧軍節度□□□度
營田□□□□等州觀察處置等使上柱國襲岐國
公食實封七百五十戶李愬　元和六年十一月四日
上
攝節度副使高瑀　行軍司馬李進賢　攝營田副

使劉元鼎　節度判官譚藩　觀察判□□□寮
支度□□□營田判官何授　郭行餘　節度叅謀
趙季黄　節度掌書記王叅元　張勝□　觀察推
官□□□　張仲舉　攝觀察推官鄭據　節度巡
官閻顔　攝節度巡官獨□□　□□巡官□□
攝支度巡官鄭翺　營田巡官攝支度推官吳植
右使院新修石幢記元和六年十一月四日上舊唐
書憲宗紀元和六年十月以前夏州節度使李愿撿
校兵部尚書徐州刺史充武寧軍節度使史書除授
之日碑紀到任之日故差一月其襲封岐國公新舊

書俱失載其撿校尚書左僕射本傳載於除鳳翔節
度之時不知在武寧時已自尚書遷僕射矣結衔有
食實封而無食邑與苻璘碑同碑稱連帥大府今天
下三十有九而元和二年李吉甫撰元和國計簿總
計天下方鎮凡四十八相去不十年何以異同若此
不可解也記末有一行云大宋皇祐六年甲午歲二
月二日申使乞差兵匠自金銅門外出取到舊使院
碑幢二座於新使院内豎立則當時固以爲舊物而
珍之今距皇祐又七百二十餘年其可寶更當何如
石刻今在徐州此本爲江都汪容甫所贈故歐趙諸

公皆未著録近代嗜金石家亦罕及之潛研堂金石文跋尾
按此碑撰者高踊兩唐書傳稱瑀釋褐右金吾胄
曹叅軍累辟諸府從事歷陳蔡二郡刺史入爲太
僕卿大和初授撿校左散騎常侍許州刺史忠武
節度使三年加撿校工部尚書又加檢校右僕射
六年移授徐州刺史武寧軍節度等使徵爲刑部
尚書拜太子少傅復授檢校右僕射陳許蔡節度
使綜其前後未嘗爲支度副使檢校司封郎中兼
侍御史與碑結衔全不合豈别一高踊而唐書無
傳耶書者譚藩無傳然工書宗顔體與何類齊名

蘇子由欒城集苔子瞻寄宗岐陽十五碑詩所謂
譚藩居顔前何類學顔顔者是也岐國公李愿爲
西平王李晟第四子碑云岐公辛卯歲自夏臺帥
奉詔朝于京師辛卯即元和六年以兩唐書本傳
考之蓋李愿自元和元年八月檢校禮部尚書兼
夏州刺史夏綏銀宥等州節度使至是入朝即出
爲徐州刺史也愿之至徐州在六年十一月而碑
立于十二年九月亦閲六年之久矣傳稱無何有
疾以其弟愬代爲徐帥而不詳何年據舊書李愬
傳明云元和十三年五月移愬爲徐州刺史武寧

軍節度使代其兄愿此碑蓋立于愬未受代之年也文但有序而無銘且建幢而非碑皆與他碑之頌德政者異後列屬官姓名幾二十人而撰書之高踽譚藩仍列其中二人外惟鄭據見全唐詩云滎陽人右龍武軍長史與碑言攝觀察推官者不同餘俱無攷此碑爲嘉定族姪元勲官徐州教授時搨以見寄碑尚完整字亦遒媚可寶也

柳宗元龍城石刻

石殘缺僅存橫廣一尺九寸高八寸三分八行行四字行書在廣西馬平縣

缺城柳神所守驅厲鬼出匕首福四民制九醜

元和十二年　柳宗元

天啟三年龔重得此于柳公井中

羅池北龍城勝地也役者得白石上微辨刻畫云龍城柳神所守驅厲鬼山左首福土氓制九醜余得之不詳其理特欲隱予於斯歟 柳子厚龍城錄

按龍城錄所云與此微有異同僞書不足憑然茲刻實宗元書也 謝啟昆粵西金石畧

按此碣在廣西柳州府馬平縣柳侯祠内馬平爲柳州附郭州在唐天寶初爲龍城郡乾元初復曰柳州寰宇訪碑錄題此碣曰龍城柳碣自歐趙以來皆不見著錄故向無標題而碣文亦秖六句首句城柳上泐一字据天寶舊郡名當爲龍城而因以龍城柳爲碣名也末署元和十二年柳宗元以元和十四年卒此碣在卒前二年昌黎作墓誌銘不詳宗元刺柳之年兩唐書傳皆云元和十年移爲柳州刺史則其刻此碣在到柳州後二年矣昌黎撰羅池廟碑云柳侯嘗與其部將魏忠謝寧歐陽翼飲酒驛亭謂曰吾棄於時而寄於此與若等好也明年吾將死死而爲神後三年爲廟祀我及期而死三年孟秋辛卯侯降于州之後堂云云飲

酒驛亭事在題此碣之明年其窴斥荒癘埋厄感鬱之槩此碣十八字中已畧寓之矣龍城錄託爲役者得白石微辨筆畫云云設爲恍惚之辭謝中丞斥爲僞書不足憑良然

憲超塔銘

石橫廣二尺九寸七分高一尺九寸五分三十行行十九十八字不等行書在淳化縣

興國寺故大德上座號憲超塔銘 并序

京莊嚴寺沙門元應撰并書

上座俗姓太原王氏累廿京兆涇陽人也童子事師年遐受戒報終七十有六僧夏而五十焉業精妙法於大

臘八年試業得度隸名住興國寺也
上座行操寒松戒德霜白道洽羣物而悲敬齊行持念
無虧經聲不輟優曇花之句偈曉夕相仍分陁利之開
敷香風不絶向萬餘徧禀學定於揔持東院纖七業之
蹤爇心燈於巨夜之中明終不絶而忽於今年覺是身
虚憊氣力漸微絶粒罷食唯茶與乳右脅而臥四句如
應將謝矣怒力勤策法乳相親金泉澄及梨園鋪吾之
衣鉢將入常住以爲永業言巳帖然累足而去也門人
子良等號呼慟天空□血灑澗流汨咽庭樹摧枝川原

無色悲風慘然巍峨鳫塔蜿起於西原颼飀松吹金寵
之田即於其年三月七日於興國下莊浄室飛香神顏
不易狀若平生龘爾終矣門人子良等採以荆珉徵搜
哲匠鏤於金石刻之以銘欲使後賢而知今矣詞曰
戒行嚴潔　松篁比貞　秉志堅直　如崐如荆　衣
珠內瑩　獨耀心靈　精持妙法　德冠羣英　四句
絶粒　而亡內逼　諸漏獨除　聖賢不測
唐元和十三年歲次戊戌十月辛亥廿日庚午崇建
金龜鄉臥龍里紀也
門人子弟　上座子良　都維那智誠　子昇　子
昇　子琮　子倫　子英　尼弟子戒盈　童子阿
萬　嫂王鍰　仇元誠　史湊　趙撝
法華邑人　史清　趙杞　房慎疑　牛雲　劉興
韋牧　宗悅　張政　敬鐶等

李光進碑

碑高九尺九寸七分廣四尺一寸七分二十七行行六十八字行書在榆次縣

大唐故朔方靈鹽等軍州節度副大使知節度事管內
支度營田觀察處置押蕃落等使銀青光祿大夫檢校
刑部尚書兼靈州□都督府長□□史大夫安定郡王
□□尚書左僕射李公神道碑銘并序

門下侍郎中書門下平章事令狐楚撰
嗣子季元書
□安定郡王諱光進字耀卿節制靈武之三年歲在乙
未季夏六月寢疾于理所監軍使者驛馬以聞
皇帝遣中貴人賚尺一書與御府醫藥馳往臨視旬
有者八日□□厥命享年五十七矣　制詔
丞相御史罷朝會加賵賻然後以左掾之蜜印畫綬告
于弟焉其年嗣子季元河□衙前兵馬使檢校大子賓
客兼監察御史次曰燧□陳許節度押衙檢校太子賓
客兼監察御史次曰毅元次曰殺元宣義郎行太原府

太原縣尉次曰宗元□曰吉元血泣柴立護裝帷南歸
太原越十一年二月己酉葬　我尚書左僕射安
定王于太原府東四十里孝敬原禮也　公之先
本阿跌氏出於南單于左廂十二姓代有才傑繼爲酋
帥嘗統數千廬落號別部大人貞觀初　大父
賀之率其屬來歸　太宗制受雞田州都督
仍充靈武豐州定塞兵馬使　大父襲之無祿早
廿　先父良臣開府儀同三司雞田州刺史充朔
方先鋒左助兵馬使夫以三葉之忠厚一門之信謹宜
錫祚釐降生畯賢　公形清而視明神全而氣和

猿臂虬鬚山立玉色贈工部尚書李奉國碑　公
之伯姊器　、公於稠人教之騎射付以韜略由是
發迹雲中策名太原始以勇敢從北平王燧戰于蒲次
以愿恭事朗寧王自良鎮於并或典領先偏或訓齊部
伍公家之事無細大戎府之務無重輕豫手風生過目
冰斗禮部尚書隴西公說待以心膂奏兼殿中侍御史
工部尚書滎陽公儋杖爲爪牙表兼御史中丞大司空
嚴公綬擇麾下之才奏兼御史大夫大司徒范公希朝
求軍中之售遷爲撿校左散騎常侍古人云一心可以
事百君於公見之自時而後氣槩昭宣風聲流聞人望

歸厚　天心委重由代州刺史石嶺鎮北兵
馬使代北軍□超遷工部尚書單于大都護振武節度
支度營田觀察押蕃落等使　朝家思所以優寵
尊異于　公者無所愛焉八年秋遷爲秋官政拜
靈州進階至銀青封□于安定賜姓李氏列於
宗籍追命　先君儀同爲工部尚書　先夫
人史氏爲代國太夫人　君臣交感家國儲慶焜
耀充塞有如是耶十三年春不□忠武軍節度等使銀
青光祿大夫撿校司空同中書門下平章事武威郡開
國公光顏旣平淮夷秉圭來　朝蹤　公官伐德善

涕洟見請以表丘壟又會故吏御史任□則條二府政
事上於考功故得鋪陳馨□追琢琬琰云惟　公
□毅直清潔矩莊明不爲物遷能以貞勝忠信之敎自
形於心術孝悌之行每合於天經□昔國太夫人嘗有
霜露之疾　公與今司□左右就養不□冠帶者
累月其□厲門也先惠訓而後武斷清靜之政成愷悌
之化流鰥孤遂安姦盜訖熄貞元中　孝文之心
在宥天下無何李鄭二師相繼物故大司□□公亦用
寬和統三軍轅門武人驕蹇自便及　公之都紀
綱也言詞約而必信號令明而必行堂皇之上聽無譁

大旆之前立無跛范司徒之東討常山也軍旅之事口以名之或塹水以絕其歸居或斷橋以防其口集緊君有命皆我之爲開網竟從於　朝旨改轅無失於戎律其在振武也㦖邊候之不修黠虜挺灾我人離落於是選騎或朔楊威稜於沙磧寇皆愕眙深潛而遠遁矣病公田之不闢豪家射利我庾空竭於是置吏立程懸信賞於表綴農皆鼓舞寒耕而熱耘矣罕羌之豪曰懷榮曰黑口口賊擁跋橫於二口前後握兵者率不能禁　公乃飛語以速其卸開恩而息其意寄聲疾力如取懷中而殺之風清河湟威動朔漠遷之至于靈

武亦猶是也而加之以口仁因之以廉平夫家之儲有恒經井地之征有定制生物滋殖齊人樂康利澤四布淑聲一口時縣官加兵蔡人且三年矣楚方奏薦伎于內庭雅知將欲徵口於朔方濟師于許昌謂腑肝之可見俾手足以相衛　公亦義形于色情發於中或攘臂而言或投袂而起登天綏被童之戮于終歲也翌日而　公疾浹旬而　公病不月而　公薨悲夫信之結於人也深惠之被於物也久闔喪而哭於野者雷動會葬而登於壟者星奔豈止勞面剺心轅春罷市而已嗚呼黑山雖順赤嶺猶虞而耀卿宰木已高壽宮永閟懷忠憤者得不太息而掩涕乎蔡邕撰有道之碑自知無愧范文覩武子之墓可以與歸銘曰

天有風霆是爲威刑國之斧鉞川以征伐明明我后耀武敷文蟜蟜我王砥節邀勳皆在偏禆與道則直洎司経紀其儀不忒一麾出守十乘啓行籓籬單于禰務朔方心與口同政由己出塞上師壯軍中糧實旣宜大忠宜奏膚公西戡畎夷北服山戎慶方來兮任方崇身已滅兮名已空罕山之南汾水東白楊黑栢夕悲風

光進與弟光顏並爲唐名將憲宗平淮西光顏功最高唐書二人並有傳光進碑令狐楚所撰光顏碑李程所撰皆名臣也然歐趙二錄皆無此二碑歐錄所載李光進碑楊炎撰韓秀實書者乃李光弼之弟非光顏兄也趙錄有贈太保李良臣碑則光進之父官止雞田州刺史初無功績以光顏故贈太保與二子同葬一地乃趙氏錄其一而遺其二殊不可解余友朱錫鬯過榆次趙村搨得此碑以副本遺余故得而錄之其良臣光顏碑則已見記中矣金石文字記

按碑云安定郡王諱光進字耀卿年五十七其先河

跌氏出於南單于十二姓貞觀初祖賀內屬父良臣爲雞田州刺史光進以隴西公說榮陽公贈大司空嚴公綬大司徒范公希朝薦云云新唐書有名無字如封安定郡王及其祖父皆在所遺表薦者惟王承宗與范希朝而已檢校工部尚書與碑題刑部尚書異皆當以碑爲正至兼御史爲代州刺史及光顏先娶母死光顏婦籍貲財貯納管鑰光進泣而反之碑亦遺焉子季元燧元穀元綬元吉元夫人史氏以乙未六月薨越十一年葬而無紀元傳云元和四年表薦爲都將俄振武節度遷靈武當薨在元和十年葬

在寶歷元年也金石錄補

光進以元和十年六月卒于鎮十一年二月還葬太原府東四十里孝敬原十三年春弟光顏平淮西入朝請于天子得立碑于墓朱錫鬯云光顏請于朝葬其兄者蓋考之未詳耳碑無建立年月攷宰相表令狐楚以元和十四年七月守中書侍郎同中書門下平章事十五年閏月爲門下侍郎七月罷以楚署銜驗之當在十五年無疑潘次耕題作元和十一年亦誤也傳云年六十五而碑作五十七當以碑爲正光進字耀卿封安定郡王光顏封武成郡開國公皆傳所未載其稱李自良爲朔寧王亦未見于史也文云蔡邕撰有道之碑自知無媿范文觀武子之墓可以與歸范文疑趙文之誤又云贈工部尚書李奉國碧公之伯姊奉國者本傳所云舍利葛旃也潛研堂金石文跋尾

按此碑無建立歲月據撰文者令狐楚結銜爲門下侍郎中書門下平章事證以唐書宰相表是此碑之立在元和十五年閏正月辛亥入相以後七月丁卯罷相以前之事矣然據碑文是元和十三年春光進弟光顏入朝疏請立碑不知何以遲至兩年之後始撰文而立之也碑云越十一年二月

己酉葬乃是元和十一年非謂卒後十一年金石錄補謂葬在寶歷元年者誤也兩唐書光進傳敘事甚僃不如此碑之詳然碑有與傳不同者光進之卒新傳不詳歲月舊傳則云元和十年七月碑云歲在乙未季夏六月寢疾于理所旬有八日口口厥命若是卒于七月碑當有七月字不應僅云旬有八日此旬有八日卽在季夏一月之內則是卒于六月矣碑云享年五十七兩傳皆云六十五此其尤異者也碑云葬于太原府東四十里孝敬原山西通志陵墓卷太保李良臣墓在榆次縣北

十里趙村西李宗閔撰神道碑曰貞元十一年八
月葬于太原府城東南孝敬原子光進令狐楚撰
碑即謂此碑光顔墓李程撰碑亦云葬于太原縣東孝
敬原以輿圖證之榆次縣在太原府城東南元和
郡縣志云去府城五十六里故孝敬原在榆次北
十里與碑言太原府東四十者合也碑云公之先
本阿跌氏出于南單于左廂十二姓貞觀初大父
賀之率其屬來歸太宗制受雞田州都督云云元
和八年秋公遷爲秋官改拜靈州賜姓李氏列于
宗籍舊唐書傳則以賜姓在六年爲異而賜姓爲

光進事則傳與碑同至通志氏族畧云阿跌氏光
姓阿跌部爲雞田都督唐單于都護振武節度使
兼御史大夫阿跌光進元和二年詔賜姓李名光
顔陳許節度使是以賜姓爲二年事既與碑異而
又似以光顔爲即光進所改名則更誤矣碑稱其
父良臣曰先父又曰先君母史氏曰先夫人撰文
人稱他人之父母加先字始見于此碑書我庚空
竭庚作庚是筆誤旬有八日有字下多書者字旁
用黙抹去之其例亦始見此碑

南海神廟碑

裝本高廣行字皆不計
正書碑在廣東南海縣

南海神廣利王廟碑

使持節袁州諸軍事守袁州刺史韓愈撰

使持節循州諸軍事守循州刺史陳諫書

海於天地閒爲物冣鉅自三代聖王莫不祀事考於傳
記而南海神次冣貴在北東西三神河伯之上號爲祝
融天寶中　天子以爲古爵莫貴於公侯故海岳
之祀犧幣之數放而依之所以致崇極於大神今　王
亦爵也而禮海嶽尙循公侯之事虛王儀而不用非致
崇極之意也由是冊尊南海神爲廣利王祝號祭式與
次俱昇因其故廟易而新之在今廣州治之東南海道
八十里扶胥之口黃木之灣常以立夏氣至命廣州刺
史行事祠下事訖驛　聞而刺史常節度五嶺諸
軍仍觀察其郡邑於南方事無所不統地大以遠故常
選用重人既貴而富且不習海事又當祀時海常多大
風將往皆憂感既進觀顧怖悸故常以疾病解而委事
於其副其來已久故明言齋廬上雨旁風無所蓋鄣牲
酒瘠酸取具臨時水陸之品狼籍籩豆薦祼興俯不中
儀式吏滋不供神不顧享盲風怪雨發作無節人蒙其
害元和十二年始　詔用前尙書右丞國子祭酒

魯國孔公爲廣州刺史兼御史大夫以殿南服公正
直方嚴中心樂易祗愼所職治人以明事神以誠內外
單盡不爲表襮至州之明年將夏祝冊自京師至吏以
時告公乃齋祓視冊誓羣有司曰冊有　皇帝名
乃　上所自署其文曰嗣天子某謹遣官某敬祭
某恭且嚴如是敢有不承明日吾將宿廟下以供晨事
明日吏以風雨白不聽於是州府文武吏士凡百數交
謁更諫皆揖而退公遂陞舟風雨少弛櫂夫奏功雲陰
解駮日光穿漏波伏不與省牲之夕載暘載陰將事之
夜天地開除月星明槩五鼓既作牽牛正中公乃盛服

執笏以入即事文武賓屬俯首聽位各執其職牲肥酒
香罇爵靜潔降登有數神具醉飽海之百靈祕怪慌惚
畢出蜿蜿蜒蜒來享飲食闔廟旋艫祥飆送颿旗纛旄
麾飛揚晻藹鐃鼓嘲轟高管噭譟武夫奮棹工師唱和
穹龜長魚踊躍後先乹端坤倪軒豁呈露祀之之歲風
災熄滅人厭魚蟹五穀胥孰明年祀歸又廣廟宮而大
之治其廷壇改作東西兩序齋庖之房百用具修明年
其時公又固往不懈益虔歲仍大和耋艾歌詠始公之
至盡除他名之稅罷衣食於官之可去者四方之使不
以資交以身爲帥燕享有時賞與以節公藏私蓄上下

與足於是免屬州負逋之緡錢廿有四萬米三萬二千
斛賦金之州耗金一歲八百困不能償皆以丐之加西
南守長之俸誅其尤無良不聽令者由是皆自重愼法
人士之落南不能歸者與流徙之胄百廿八族用其才
良而廩其無告者其女子可嫁與之錢財令無失時刑
德並流方地數千里不識盜賊山行海宿不擇處所事
神治人其可謂備至耳矣咸願刻廟石以著厥美而繫
以詩乃作詩曰
南海陰墟祝融之宅即祀于旁帝命南伯吏惰不躬正
自今公明用享錫右我家邦惟明天子惟愼厥使我公

在官神人致喜海濱之陬既足既濡故不均宏俾執事
樞公行勿遲公無遽歸匪我私公神人具依

舊唐書孔戣傳戣授廣州刺史先是準詔禱南海神
多令從事代祠戣每受詔自犯風波而往韓愈在潮
州作詩以美之今此碑後繫以詩者當謂此也然傳
謂在潮州不知其已移守袁州矣唐書禮樂志五岳
四鎭歲一祭各以五郊迎氣日祭之至四瀆則略而
不著祭日今碑稱以立夏氣至命廣州刺史行事祠
下知與嶽鎭同也又稱冊有皇帝名乃上所自署其
文曰嗣天子某謹遣官某致祭志文亦不詳其事此

文集本與石本異者惟海嶽之祝碑以祝作祀祀之
之歲碑以祀作祝又碑題集本作南海神廟碑石本
闕入廣利王三字授堂金石跋

按此碑裴本今取酉耕王氏宋刻昌黎先生文集
本校之文集集注云首有使持節袁州諸軍事守
袁州刺史韓愈撰使持節循州諸軍事守循州刺
史陳諫書并篆額其後云元和十五年十月一日
建今裴本陳諫書下失并篆額三字并失其後年
月一行文內故海岳之祀集本祀作祝故常以疾
病解集本疾病下有爲字故明言齋廬集本作明

宮敬祭某集本某作其米三萬二千斛集本三作
四又補注杺文十九字末句誅其尤無下裴本全
佚今補注一百三字又詩八十字然後文全可讀
也碑立于元和十五年十月兩唐書韓愈傳元和
十四年正月上令中使迎佛骨愈上疏諫憲宗怒
甚貶爲潮州刺史愈至潮陽上表上欲復用愈而
皇甫鏄惡愈狷直請量移一郡乃授袁州刺史然
則昌黎之撰此碑蓋到袁州未久也書者陳諫新
唐書附王伾傳云自河中少尹貶台州司馬終循
州刺史此碑結銜是其所終之官也碑云南海神

次最貴號爲祝融此語本太公金匱見昌黎集注
冊神爲廣利王乃天寶十載事碑云元和十二年
魯國孔公爲廣州刺史至州之明年將夏祝冊自
京師至齋祓視冊云云兩唐書禮志不詳祀嶽鎮
海瀆之儀文獻通考載德宗貞元二年太常卿董
晉奏五嶽四瀆伏準開元禮每年各以五郊迎氣
日祭之其祝版並合御署自上元元年中祠小祠
一切權停自後因循不請御署其祝版欲至饗祭
日所司準程先進取御署附驛發遣勅旨宜依仍
委所司每至時先奏附中使送往据此知御署祝

版事已久停而復行者始自貞元二年檢通考後
附開元禮但詳五嶽四瀆之儀而嶽瀆祝文亦附
其中不見有祭海之文大約海鎮亦準此行之碑
文所謂祝冊自京師至冊有皇帝名上所自署語
與董晉奏合碑云五鼓既作牽牛正中者月令季
春之月旦牽牛中此爲立夏行事之徵碑文前紀
南海祀典後紀刺史孔戣德政末附四言韻語是
詩而非銘故舊唐書孔戣傳云愈在潮州作詩以
美之據文云咸願刻廟石以著厥美是昌黎亦因
衆人之請而作此也戣字君嚴孔子三十四代孫

巢父之從子附巢父傳戣由華州刺史潼關防禦等使入爲大理卿改國子祭酒十二年嶺南節度使崔詠卒三軍請帥上謂裴度曰嘗有上疏論南海進蚶菜者詞甚忠正此人何在度以祭酒孔戣進即日授廣州刺史兼御史大夫嶺南節度使傳所載戣政績大較與碑同蓋即採用此碑也

皇甫湜浯溪詩刻

石横廣一尺九寸八分高一尺七寸七分十二行行十一字正書在祁陽縣

次山有文章可惋只在碎然長於指敘約潔多餘態心語適相應出句多分外於諸作者間拔戟成一隊中行

雖富劇粹美君可盖子昂感遇佳未若君雅裁退之全而神上與千秊對李杜才海翻高下非可槩文於一氣間爲物莫與大先王路不荒豈不仰吾輩石屏立衙衙溪口啼素瀨我思何人知徙倚如有賴

侍御史内供奉皇甫湜書

按此詩欽𣲖三字今檢全唐詩補注于旁標題浯溪石四字而詩首句云次山有文章似係贊美元次山之中興頌也然意無專指惟石屏立衙衙溪口啼素瀨是即指刻中興頌之石屏也此刻與全唐詩不同者二字溪口啼素瀨徙倚如有賴全唐詩啼作揚賴作待當是傳本有別也詩末題曰侍御史内供奉皇甫湜書新唐書傳湜字持正睦州新安人擢進士第爲陸渾尉仕至工部郎中東都留守裴度辟爲判官其官侍御史内供奉傳所不載其書此詩亦無歲月因附元和之末持正在元和時最有文名幾與昌黎相等觀昌黎和其陸渾山火詩其能爲長篇可見然多不見於世惟石刻中有此一詩洵可寶也

朱孝誠碑

碑高八尺廣三尺九寸三分二十八行行五十六字行書在三原縣

唐故忠武軍監軍使雲麾將軍守内常侍員外置同正員賜紫金魚袋上柱國贈雲麾將軍左監門衛將軍朱公神道碑并序

忠武軍節度副使朝議郎檢校尚書職方郎中兼御史中丞上柱國賜紫金魚袋蘇遇撰

翰林待　詔朝議郎行常州司法參軍上柱國曹鄴書并篆額

天垂四星環拱　帝坐降精成象㠯起輔時内則銜奉　絲綸伏勤夙夜外則監護統帥鎮靜邦家宜其榮冠貂蟬名香竹帛公諱孝誠字孝誠京兆三原縣

人也自姬周分姓由小邾建家隱屠肆而名動諸侯居
里閈而勢侔卿相雲愽肆直於漢世然據曜文於吳庭
綿綿不絶廿有榮位皇祖游仙皇孝珍玘竝育德當年
鍾慶于後公弱冠入侍以謹密見親咫尺　天顔
左右皇極克勤專對休有令聞貞元中　德宗新
平寓縣戎臣專閫多不自安任非其人情則莫達使乎
之選　朝廷爲難公時妙年早承　恩渥累
馳馹騎所至風從對敭　王休衆高敏捷果踐要
職官更局丞幹蠱之聲自茲諠大尋加朱紱銀章以旌
能也元和初張伯靖負固敘州嘯聚蠻落公銜　命

於假攝之際撫諭於谿洞之中遂使投戈感　恩
毅衽向化掉三寸舌息數州兵古人所難公有餘裕拜
宮闈令上護軍以寵勞也　先皇深憂漠北虜啟邊
患公密陳嘉謀請城天德許　詔既下仰辦於公量
財揆日躬先板築胡馬不敢南牧漢兵休懐西歸保護
塞垣萬代之利攻心斷臂復覩於今授承議郎內侍省
內謁者監以酬勳也屬元戎授鉞問罪淮西　恩
加朝散大夫內侍省內給事以護許軍公素懷忠果徇
國忘身每竭家財以周軍用時經行陣或被傷痍親自
撫恤問以疾苦布　皇恩於閫外推赤心於腹中

士皆感激人百其勇故能綿歷三歲終始一心克定淮
夷剪除荆棘過合流下郾城功伐彰明　上每嘉
歎遷朝議大夫內常侍旋以內憂請從喪紀　詔命
不許遽令起復是歲李師道遘逆窺竊近郊　憲
宗移司空公光顔鎮守滑臺以行天討兩道全師委公
監撫初入寇境方伺地形爲賊埋伏乘我未備公行從
之騎纔廿人决機方寸之中奮發倉卒之際策馬直進
突其堅鋒左拂右旋所向風靡以少擊衆古昔無儔威
聲益雄士捄爭進收斗門下臨濮皆公之力賊平還鎮
寵　詔繼至加寧遠將軍上柱國破蔡牢落陳許瘡

痍二年之中四更節將公撫新懐舊軍郡怙然既盡禦
衆之方眞得監臨之體享年五十一元和十五年七月
廿日遘疾終于許州之官舍部曲表請歸葬長安有
詔追贈曰故忠武軍監軍使寧遠將軍內侍省內常
侍員外置同正員賜紫金魚袋朱孝誠祗事左右勤勞
歲時言念忠誠常所委用出入內外迭爲監臨廉以居
貞和而得衆將我成命奉以終身憫口云亡是有追口
昇階進秩式慰營魂可贈雲麾將軍左監門衛將軍
王人臨門哀榮備至口抱謙恭之性有適時之才
備著勳勞曾無矜伐每口榮樊夔形于色午恭之口變

謬子之薦賢兼之有也駈馳二紀出入　四朝送
往事居物無橫議方將振翼天漢展步雲衢蒼蒼不仁
摧我貞幹夫人王氏輔佐成家克修婦道中饋有譽偕
老忽乖痛移天之禍盡晝哭之節嗣子富平鎮監軍朝
議郎內侍省掖庭局監作上柱國士倪能襲弓裘善繼
先志明時竝　侍甸服監臨榮曰六姻貴昭
聖世亥子士倫初從筮仕投跡要司皆蒸蒸之心願
申罔極以遇久同　王事倫詳勳績棗田非久陵
谷易遷傳之不朽在乎貞石銜悲紀敘無愧乎詞銘曰
入侍重闈出奉　紫泥星躔往復駟騎東西伯靖

負阻嘯聚五谿宜　我威恩華彼昏迷北難獫狁
侵擾黔黎乃城天德上干雲霓下視虜馬蕩如醯鷄桀
口態盡窺塞無蹊再監滑許滅蔡平齊智勇雙高功名
日躋紫綬金貂　恩寵極兮悲京部曲嗚咽鼓鼙
佳城白日草露萋萋

長慶元年歲次辛丑二月戊辰朔五日壬申建

右朱孝誠碑在三原縣乾隆戊子歲縣人掊土得之
項江寧嚴侍讀冬友遊秦中歸摹以遺予書法流麗
可愛案唐書憲宗紀載伯靖之降不言何人所招致
嚴綬傳則云遣將齎檄開曉羣蠻悉降亦不言所遣
者何人讀此碑乃知孝誠實銜命以行孝誠乃中人
非綬部將亦足以稗史文之闕史稱伯靖溆州蠻碑
作敘富以碑爲正孝誠爲李光顏監軍平淮西破李
師道皆預有功光顏自忠武徙鎮邠寧孝誠仍舊監
忠武軍碑云繼蔡牢落陳許瘡痍二年之中四更節
將撫新懷舊軍郡帖然蓋紀光顏從鎮以後事忠武
軍初領陳許二州元和十二年增領溵州十三年又
增領蔡州故兼舉溵蔡也其云午參之機變謬子之
薦賢此用春秋傳伍參戰國策謬賢事伍參古今人
表作五參說文五从二陰陽在天地間交午也是午
與五同　潛研堂金石文跋尾

文有云元和初張伯靖負固敘州嘯聚蠻落公銜命
于俶擾之際撫諭于谿洞之中者謂六年伯靖冦播
費二州事也以八年爲崔能嚴綬潘孟陽柳公綽等
所破降云元戎授鉞問罪淮西恩加朝散大夫內侍
省內給事以護許軍者謂九年吳元濟自稱知軍事
詔嚴綬李光顏李文通烏重允合軍討之也云是歲
李師道遘逆窺竊近郊憲宗移司空公光顏鎮守滑
臺以行天討兩道全師委公監撫收斗門下臨濮皆
公之力者謂十三年光顏從義成節度使帥陳許兵

攻師道于濮陽拔斗門杜莊二屯事也其爲監軍即
在其時又云出入四朝則其入侍之初猶在代宗時
也關中金石記
朱孝誠以宦者爲忠武監軍薦歷華膴而有妻王氏
有嗣子士俛次子士倫史稱李輔國娶元擢女奉勅
爲之唐內侍之檳其有由也夫碑言問罪淮西以護
許軍攻是時光顏爲陳許帥而孝誠奉命與之左右
益不獨梁守謙一人往撫蔡師也又言李師道窺竊
近郊案本傳師道遣客燒河陰漕院錢三十萬緡米
數萬斛倉百餘區即指其事授堂金石跋

梁守謙功德銘

碑高一丈五寸七分廣五尺三分四十六行行八十八字正書篆額在西安府學

邠國公功德銘并序
右神策軍護軍中尉副使兼右街功德副使雲麾將
軍右監門衛將軍員外置同正員上柱國宏農郡開
國侯食邑一千五百戶　楊承和撰并書
朝議郎權知撫州長史上柱國賜紫金魚袋翰林待
詔陸邳篆額
天竺有聖人焉名之爲佛三身互相應化無所從來百
億同名不知其誰之子德包塵界道冠萬靈有感必通
酬念如響心操慧炬永燭於大千手運慈航泛流於沙
劫晦明不二淨穢兩同正智如如我無所得雖後天地
而有實先天地而亡形莫不究清濁之未然識方圓之
始卒大矣哉若非天下之至精孰能如此夫大德小德
優劣不同賢人聖人取捨各異乃引衆星之表月立萬
象以尊天因喻發揚憑茲外飾有言子貢賢於仲尼者
不知仲尼之聖加口子貢有言阿難相同諸佛者不知
諸佛非相以攝阿難見尺晏之至微知大鵬之至廣覩
秋豪之至短知大椿之至長擬於物即尺晏秋豪擬於
人即阿難子貢雖然近如來之門戶識夫子之皆牆瑚

璉寶瓶異諸凡器金楹玉棟口是常材故佛之侍從者
即迦毗令人拘郙貴族皆辯搖金剎名振鐵圍駈六賊
如衆鳥之避鷹鸇懾四魔若百獸之畏豺武而性海無
底惠峯穿霄善入一乘橫通三輩被精進所縛不捨用
心嘗修之於身去住未決或執如或斷如是故生已之
法隨滅滅已之法隨生常生之所不生常滅之所不滅
能銓二義其唯覺乎覺不自明方明覺也夫有生滅者
是覺之用無生滅者是覺之體即知覺遂滅生生隨覺
滅生滅俱寂其覺亦亡乃指素月於澄溪袪外緣於見
性解出人表堪爲代師儔諸法王則吾豈敢何者孔子

登東山而小魯登泰山而小天下今亦然也如來觀溺
山而小聲聞觀桃山而小菩薩我佛也同彼虛空不染
於幻強立眞假曾未牢固是故說行而無所說行說而
無所行非行非不行非說非不說非法非非法非性非
非性本不生無所滅元不覺無所寂於一不一中悟諸
未悟者於起不起中導諸未道者大矣哉若非天下之
至神又孰能如彼而夜景呈輝化行西土神光啟夢象
教東來思玉毫而口挹鷲峰仰金偈而虔瞻貝葉身已
逝矣空傳結集之書性本存焉如聞在代之說且法以
辯志言以辯心非法無以悟其心非言無以成其志即

言說文字皆解脫相有是經處即見如來今有右街功
德使驃騎大將軍行右武衛上將軍知內侍省事上柱
國邠國公食邑三千戶充右神策軍護軍中尉安定梁
公曰守謙職是　禁營邦家重器居繁不亂兼摠緇黃
讀佛言親釋氏其貞元中公以溫惠爲甲胄淸愼爲戈
矛跡向　彤闈名高　紫闥至元和初授銀璋佐　密
命鼓翼高岫躍鱗淇波飛鳴近　天得志江海五年加
金紫掌　樞機渙汗流心敬爲　膏雨　如絲入耳開
展成綸捧　白日以揚光戴　靑天而翼　化虞事之
極動而可觀至十二年遇蔡人逆我事興　天討未平

干戈在野　天心悉師老矣而誅剪未就乃命公撫
衆觀敵審度遲速乃奉辭伐罪踴躍而行走四牡以宣
暢　鴻休利萬物以車塵相屬彙整戎事董護諸軍與
將帥同其進也一其議也或縱六奇之辯即濤生巨浦
雲出深谿或察五間之情即趙括穿楊楚金伐木若有
神助不謀成心我旗旣張我車亦列均勞逸而義夫爭
死齊賞罰而奮臂爭驅著鋭候時果申長策於是選精
卒張詭道雜旌旆而不嚴部伍差進退而幽敵之心實
爲鋒鋭許餌武口賊果輕襲利吾大軍遂使書掩沙河
葛伯之賊支道合流背渡邵陵之寇全平駭若奔雷勢

同激電似霜飄寒草風卷餘花縱烈火於平蕪走飛泉
於大壑摧枯易折墜瓦難全滅蔡之功十有其七餘賊
保廻曲官軍圍郾城我鼓音方厲武旅方雄擁利柄而
目無全牛執其吭如芻豢悅口摩壘問罪登陴不降梯
樓滿空矢石相接經四十日爐火失耀人無鬪心畏夏
日之赫光懼春冰之易泮乃降仍邀公匹馬視師撫納
疑懼公悅以犯難投誠若歸遂令啟關捧轡而入醜類
或歎或罷相視失色公曰來余與爾言爾本吉人也何
不衛　國家之急成其名而託身於武豹之穴求其噬
奧戶覆族誰與咎耶　皇情極念之故令守謙布

澤潤心宣 化清耳能悅生避禍者當聽之曰 明
明天子清問下人不能勤王爾失遠略爲寇盜所制而
臣節難全犯弧矢之威當剿絕之幾圓首方足莫匪情
靈念其瘡痍實可憫惻然違于戮汝而不赦恭命活汝
而無害能遷其不祥而爲祥吉莫大也變其不幸而爲
幸令莫窮也賊將卒等色轉悲禮逾謹口曰 皇上
聖文紹統神武膺期惟德動天無遠不格祓堯舜之法
服行堯舜之法言所以大文教而九有小康小武功而
天下大理嘗欲戢干櫜親稼穡使人居安各得其壽爾
不方不能安時處順守衛中國而罪喜自結厲階爾祟

卽不得已而興師非樂殺人也況 天德好生容長萬
物是以曲開洗汙旁設自新招示頑夫以明廣大將士
等久遭苛暴翻跡令圖亦謂朽爐重燃枯條再葉國刑
當宥咸賜無辜豁爾憂心以承慶賞降人皆投戈卷旆
匣刃兢兢觸地亟流向 闕蹈舞於是五千叛卒不戮
一人十萬 王師皆服其德從此鯨鯢失浪梟鏡方因
惡鳥巢傾折翼於此 恩波大澍封錫有差乃授公右
監門衛將軍飛 詔追還 喬職如故又掌天地之戶
牖捧造化之關捷勲隨日厚望逐時深公之美也不滅
直以沽名不悠義以犯物動靜無隱發言有章至十三

年 天口聰凝嗟賞重知勞不自伐功不自德遂與戎
印授兵符司 禁旅之右也公積仁成器積器成名卑
牧難踰高光可仰定止足之分動必師心辯榮辱之機
道樞不撓薄嗜慾以守一鄙浮華而處中旺護譚流酌
之不竭伏以元和長慶釋教大興雅叶所歸轉得親近
謹於大興唐寺花嚴院爲 國寫古今翻譯大小乘經
論戒律合五千三百廿七卷公私蘇利不入其門凡是
難得無所愛惜皆求善書者令絕外塵不飲茹浴身至
于精刹焚香而就筆硯擇其力多者以多價酬之少者
去之人不約而自勸也於是染素流光含丹縱彩雲生

墨沼之上花開方絜之中衛索分鑣王羊竝騖各行軌
轍跡不相讓又立經堂一所三間俳佪安住法輪必資
豈敞作制惟永壯我 皇都豈得爲工者不極其妙爲
材者不極其美殊形異狀生於斤斧之中曲直方圓豈
逃繩墨之下於是彩棟霞張雕楹雲布朱扉洞啓縹壁
含光羽族棲於綺窓鱗介遊於藻井脩羅拏下爭捉天
螭之梁藥叉命徒競戴岌峩之拱衆靈翼衛諸天護持
恍惚莫辨其形來往不留其跡又於堂內造轉輪經藏
一所刻石爲雲鑿地而出方生結搆迸口口緣立無數
花幢竊比兜率造百千樓閣同彼化城狀物類本擬容

奪眞鵷鴿若飛而不飛虹螭似走而不走欒櫨櫛比雜
之以琳瑯榱桷駢羅飾之以珠翠夌空五級方開四門
璀錯相輝煥麗交映離婁覘之炫目公輸闚之奇口口
歲古人多有懃色不知來者孰能繼歟於是方表含輪
盧中不滯羣經之府所好必從遊藝者任其卷舒杖德
者恣其探討或超諸垢穢蓮花隨手而開敷或等彼清
涼甘露應心而滴瀝乘之所妙者不論其小大法之所
尙者口口其淺深譬諸江河所汲隨器從流自得不礙
蹤數其外或圖寫龍神鬼物之狀以爲嚴飾或造菩薩
天仙之額周匝其旁白璧成容玉睟高視黃英作相金

口如言設無體之禮貢不佞於屈伸獻無聲之樂終不
煩於音律五色口口亂其目八風無以吹其心守靜樸
以自持執堅中而不磷或虔恭默如或侍坐儼如又於
堂北別立鏡燈朱燄揚輝紅光滿室常生縱巧有符丁
緩之奇蘭膏自芳不假海人之贍幸斯破暗永繼其明
於是羣藝畢衆工歸八龍口軒四王護闥兩害香砌何
塵垢之蒙潤風搖寶鐸流美響之不已公頓首奏曰臣
聞法象莫大乎天地變通莫大乎四時所以萬物生中
不擇於覆載榮枯美惡必備於寒暑雖古先哲王宏天
若德豈同 聖代則而行之伏惟 長慶文武

孝德皇帝陛下典冠四維氣含八極齊日月之至耀光
燭無窮等天地之至仁寰瀛受賜坐超湯禹立並羲軒
駈嶽瀆之精靈馳道德之車馬有典有則無怠無荒法
上元以生成體陰陽以御物動合靈契事膺神符永綏
兆人克顯休命臣猥承 委擢如荷 丘山蕭艾空窺
於 春陽螻蟻每慙於 雲雨脩持口口允奉 穹蒼
上贖 冕旒伏增驚越臣亦知螢光助於兩曜映滄宗
於四溟實不足以添輝亦不足以濟廣然纖美見容知
 大明之及遠涓流必納識渤澥之宏深臣早悟多
藏勇於施捨聞斯必舉所作成集誓嚴持口口上績於

 恩光啓導法涯永資於 德澤 帝曰俞卿以
檀波羅福保于朕躬朕以官惟其人任卿勿貳實千載
之一會何魚水之見稱想卿逢時宏道多慶公荷 寵
之極澍雾如雨又奏曰如來奥旨必藉開張若不言宣
何以廣福臣請得無染沙門貞實等二七人御斯信馬
駕彼白牛直出四關掃諸五翳偕持正念調服其心爲
 國傳經乃至無算 陛下得佛祕印行嵌上乘於
多刼中爲人 父母遂令釋子遵有漏法傳無盡燈滋
貲雨而潤及四海布香雲而膺乎千界口天之下孰不
蒙益受益之利上集 一人伏願 寶曆天齊金輪

嶽固永居億兆之上克承無疆之休　帝悅依奏公
曰克樹有爲期於不朽咯須履述以告將來遂命戎副
右監門衛將軍楊承和文而書之辭曰小子蓬茨劣人
跡度早淺無當時口用之効有僻陋至愚之累　靈波
曲潤幸得充之幾歷星歲繆廁　下風聞可道之言觀
可行之行書紳不暇何以褒稱至如走　光塵俟　嘉
命愚人不敢拒若使陳葺口具　德美愚人不敢當
公不聽又辭曰抑短羽齊九皋之響殊不驚人使弊足
追萬里之跡豈宜及遠雖沖霄有路且力小未任況逐
日無功而敢煩嚮眴　公又不聽是以磨鉛赴　鐏沮

之刲策鈍當　天衛之驅流汗如沃愧顏若丹輙盡
野辭書于瑰碧銘曰
香山之東雪山之北善勝道場迦維之國飯王聖子有
大威德菩薩伏膺龍天仰則總彼十名高談四諦能拔
一毛普現一切阿僧祇劫瞬目所睇微塵刹土疑心所
計無說非默有說非語汲引未終豈厭寒暑入正齊列
三乘竝舉惆悵逝多歲不我與舉足下足群魔愁謗歸
歟歸歟錫彼迷忘儼曇忽折摩尼鑠喪海會無言靈山
多曠猗歟大雄倚靈濟輸上下四維吾道一貫藏諸不
理顯諸不亂託跡光周遺宗炳漢操之卽存捨之卽亡

如來寶印付囑　我唐必正璽典克續頹綱法雨一
潤佛日重光眞諦所歸域中之　大無爲所及宇宙之
外幽宗默識靈機暗會千劫飛輪萬方永賴旣崇其化
　邠國欽承久積吉行發言相摩意馬早縶心猿不升
出彼夢宅如上崗陵不捨有相無相所依不離有作無
作所歸焚舟得濟到岸應稀達人是是塵人非非雲赴
　壽山澤歸　福海會峯永固波瀾不改衆善斯立野
光耀彩樹彼勝因憑茲爽塏順生攝生從俗出俗因機
立化賢愚其欲精廬大敞材力豐足購口口金開堵累
玉大匠誨人必先規矩大巧吾美亦先棟宇墨請揆繩

般求執斧樸斲未已師者如堵千仞之材良工所度十
圍之松備于制作鈿鏤土木海物交錯藻井舒蓮含芳
吐蕚裝嚴寶藏水陸窮珍瓌姿競麗華璞爭新馳光耀
谷浮彩榮濱旣美且良悉得其眞寶樹成行寶堵上聳
善安不拔善高不恐欄楯曲周簷楹接攡蓋若天垂花
如地涌實以方外四門不礙虛以圓內萬法有經金石
絲竹風來可聽玉釜旃檀日照彌馨鏡開八面燈傳一
光夜口素魄晝助紅芒齊明隱顯等鑒行藏膏乎潤久
心直燃長忍鎧常穿四魔不犯智劍常拔三災不怯何
以奉佛刹那散業何以奉　國塡日成劫

長慶二年十二月一日立
天水強瓊摹勒并刻字
此宦者梁守謙造經於興唐寺而護軍中尉楊承和爲銘之書之者也頌宦者功德乃謂淮蔡之功十居其七將令裴李諸公何處生活 石墨鐫華

郯國公者內侍梁守謙也攷之唐史宦者守謙無傳惟憲宗十五年書帝暴崩于太極殿中尉梁守謙王守澄等共立太子殺吐突承璀及澧王惲而韓文公平淮西碑亦載守謙在帝左右嘗命之往撫蔡師入守謙以一宦者而爵至上公此可見憲宗之信任小

人宜其晚節不終卒此宦者之手然則予之錄此蓋將爲天下後世之戒而非徒取其文字也 金薤琳琅

右郯國公功德銘楊承和爲文而書之承和一閹人耳安能工於文辭且書法精妙乃爾殆當時文士遊中官之門者爲之假手也守謙以元和十三年充右軍中尉至大和元年三月始致仕以王守澄代之蓋典禁軍者十年故穆宗文宗之立皆預定策功唐書宦官傳劉克明弑敬宗樞密使王守澄楊承和中尉梁守謙魏從簡與宰相裴度共迎江王發左右神策及六軍飛龍兵討之承和事見于史者惟此爾碑以尺晏爲尺鷃蒭豢爲芻豢皆異文 潛研堂金石文跋尾

韓愈平淮西碑稱守謙出入左右命撫蔡師碑中云蔡人迎戎命公撫衆與之正合守謙于興唐寺寫經爲國祈福故立此頌碑末云天水強瓊摹勒并刻字強瓊亦中人見其妻王夫人墓銘碑額已失文獻通考唐六譯金剛經恒農楊翺集中貴人楊承和集右軍書刻之興唐寺亦應是其時所爲 關中金石記

承和題銜錢少詹事引唐書宦官傳謂承和事見于史者惟此案舊唐書李宗閔傳宗閔因駙馬都尉沈

蟻結託女學士宋若憲及知樞密楊承和二人數稱之于上前後鄭注發沈蟻宋若憲事內官楊承和韋元素沈蟻及若憲姻黨坐貶者十餘人唐書王守澄傳帝疾元和逆罪久不討故以宋申錫爲宰相謀因事除之不克更因其黨鄭注李訓乘其釁於是流楊承和於驩州韋元素象州遣中人劉忠諒追殺元素于武昌承和矢公安賜死是承和結黨坐貶見于史又其一也明都太僕以守謙在唐史宦者無傳惟憲宗紀元和十五年有其姓名又引韓文公平淮西碑載守謙撫蔡一事案舊唐書穆宗紀左右軍中尉馬進潭梁守謙魏宏簡等請立門戟從之文宗紀寶歷

二年敬宗遇害賊蘇佐明等矯制立絳王勾當軍國
事樞密使王守澄中尉梁守謙率禁軍討賊誅絳王
迎上于江邸又狛傳憲宗曰此惟李絳梁守謙知之
時絳承旨翰林守謙掌密命更與碑所載元和初佐
密命合都氏皆失引長安志丹鳳門街東來庭坊有
右衛上將軍致仕梁守謙宅授堂金石跋

李良臣碑

碑高一丈一尺廣四尺三寸二分二十五行行六十六字正書在榆次縣

唐故開府儀同三司鷄田州刺史御史中丞贈太保李
公墓碑

朝請大夫守禮部侍郎上柱國李宗閔撰
儒林郎試果州司馬騎都尉楊正書
庚子歲　嗣天子既即位乃訪於百執
事曰　先皇帝平定海內□與我唐惟
二三臣功孰爲大僉曰邠師司空光顏其尤者也始戰
于□又戰于蜀大戰于蔡終功于齊皆著嘉庸實爲上
將　天子乃召至京師禮之於廷□爲
宰相賜甲第內宴以遣之曰姑復而所異日有事吾與
公圖之居一年燕趙繼亂　天子詔公
以許昌精兵渡河北討未戰而軍罷留鎮于許昌又數
月□□軍反逐其帥立其次將米以請
天子聞之怒又詔公以全軍征之公既拜
勑□以麾下万人晝夜兼行一戰而摧其鋒□傳于城
下賊衆惶駭斬米首以獻汴宋平　朝廷册
功拜公司徒兼侍中師還大饗勞於是百城之長與三
軍之吏皆入賀讚詠功德公泣且曰此乃
天子神靈賢士大夫之力光顏何有也然光顏曾
王父始自北土□于　大朝廿惣部兵爲國
保障　先公太保功烈尤多而皆從事諸侯止於裨
將儲□□祉集光顏弟兄今　先人盛德不彰而光

顏專享其報光顏之罪也何敢言功其軍司馬武功蘇
遇起而言曰公位冠羣后勲在王府明著　先公之
美於後甘於□□可宜得宏達博雅之士以文之乃久
而益傳遂使使請銘於禮部侍郎宗閔宗閔承　命惟
恐辭不敢當伏念數日以爲百吏於宰相皆寮屬也又
何敢讓□視功行狀□□其語曰　太保諱良臣
其先黃帝之子曰昌意封于弱水之北因其夷狄而王
之其後子孫廿廿爲大人號阿跌部遂以爲氏至太保
王父諱賀之雄武而多大略諸□□長爭歸之常思因
事立功以顯名中夏當此時　唐初受

命　太宗文皇帝已卽大位公遂率其
所統南詣靈武請爲內臣　太宗召見
與語奇其材能拜爲銀青光祿大夫鷄田州刺史充定
塞軍使賜車服器用以寵之命築城邑以居始有宫廟
官屬之制而族部滋益大矣□西戎北虜之間□□□
聲卒皇考諱延豐嗣立襲雞田州刺史以功加開府儀
同三司太常□上柱國卒贈工部尚書太保素以寬厚
勇敢爲部下推伏旣襲位每謂其將校曰自吾祖歸國
□　唐厚恩願悉諸君期以上報未幾安祿
山用幽燕勁卒□濟河陷洛而崤函不守

玄宗幸巴蜀　肅宗幸靈武公聞
之慟哭□□□□曰吾平生志業常已布於諸君今
王室多故是吾死節之日諸君能從我乎衆皆感激許
諾乃馳詣　行在　肅宗□之委
以腹心　王師收兩京平劇賊公之功居多
拜開府儀同三司雞田州刺史充朔方先鋒左助兵馬
使事太尉汾陽王汾陽王愛公沉黙多斷軍中之事一
□杏公尋遷御史中丞別職如故以寶應二年七月廿
三日薨於河中□所享年卌有六以貞元十一年八月
葬于太原府城東卌里孝敬原太保少爲阿史那可汗
所重以其□女妻之實生三子長曰光玭爲朔方都將
不幸早夭次曰光進朔方節度使刑部尚書薨贈左僕
射少則　司徒元和中　憲宗章武皇
帝以僕射　司徒□在第一賜姓李氏屬籍于宗正追
命公爲太保夫人史氏爲燕國太夫人銘曰
太保之先蓋出軒轅奄有北狄廿爲大人綿綿千載以
王光祿雄材多斷率衆內屬是時
□帝初有天下實命光祿定居朔野錫之城邑車服旌
旗北制獫狁西當昆夷尚書承業克有威令統部益繁
兵車尤盛是生太保兩有忠孝誓酬國恩以承祖教燕

盜南叛　肅宗西巡僨河陷洛遂援三
秦公聞慟哭悉率騎士馳詣　行在請先致死
　帝用嘉歎俾離禁旅夙夜勤勞在
帝□所　帝收京闕因定
兩河推鋒陷陣公實居多□□□□□□位品秩威
儀俾同三事雖受嘉命未登大臣不□其德乃相後人
僕射繼武勇如熊虎□□桓桓毅茲西土　司徒特盛
爲國上公入持相印出錫彤弓□□□□□□□□
□□□□□□□　帝嘉元侯追命
祖考旣寵尚書遂尊　□□推功建德賜姓命氏

籍于公族同我宗子存殁之榮古今孰比

右唐李良臣碑良臣李光顏之父也碑李宗閔撰文詞爾雅可喜宗閔牛僧孺皆一代奇才而自陷朋黨惜哉金石錄

李光進傳云其先河曲諸部姓阿跌氏貞觀中內屬今以碑證之良臣王父當唐初受命太宗文皇帝已即大位遂率其所統南詣靈武請爲內臣於時方在貞觀初而史以爲中非其實也宰相世系表敘鷄田列爲內地建置刺史之由案碑良臣王父賀之太宗拜爲銀青光祿大夫鷄田州刺史充定塞軍使表宜

稱此爲文然後子孫襲職始有因依良臣父延豐襲雞田州刺史以功加開府儀同三司太常卿上柱國贈工部尚書表既未詳延豐生三子長曰光玭爲朔方都將表亦無文而于良臣下即書光進次光顏是脫其長子不錄蓋于史爲失紀皆宜依碑爲據也永叔作表當本其人之家譜而譜以子孫自敘必不疎漏至此或雞田李氏傳譜已佚永叔但即舊史所錄而存之以備李氏宰相之一宜其有未備也授堂金石跋

按此碑無建立歲月歐公集古錄不收此碑趙氏金石錄目作長慶二年據碑撰文者李宗閔結銜云守禮部侍郎舊唐書宗閔傳稱其權知禮部侍郎在長慶三年冬新傳不載至四年貢舉事畢即權知兵部侍郎矣碑文前敘李光顏戰功自庚子歲起元和十五年歷敘至鎮許昌斬朱首平汴宋冊功拜司徒兼侍中等事舊書李光顏傳長慶四年敬宗即位正拜司徒汴州李㝏逐其帥叛詔光顏率陳許之師討之俄而誅㝏遷太原尹仍于正銜受冊司徒兼侍中然則碑文敘事已及長慶四年則非二年所立明矣惟謂碑立于四年與李宗閔結銜不

合則當是舊宗閔傳有誤也汴州李㝏碑書作岕岕即㝏字與个介相通同側尚書泰誓一介臣大學作一个臣也良臣爲光進之父本姓阿跌氏而碑稱李公是由光進光顏賜姓而追稱之也光進碑已列于前而良臣碑以後刻乃次于後兩碑互勘父子事蹟始詳獨怪元和十三年光顏請立光進碑時何以不連及其父碑至十五年立光進碑時又不并良臣碑同立皆不可曉也

金石萃編卷一百七終

金石萃編卷一百八

賜進士出身　誥授光祿大夫刑部右侍郎加七級王昶譔

唐六十八

修浯溪記

石高四尺九寸廣二尺八寸七分十七行行二十三字正書末有宋皇祐辛卯中冬王□書題名一行十九字篆書在祁陽縣

修浯溪記

襄陽羅洧書

元公再臨道州有嫗伏乱活之恩封部歌吟旁泆□□故去此五十年而俚俗猶知敬慕凡琴堂水齋珎植嘉卉雖欹傾荒翳終樵採不及焉仁聲之感物也如此今年春　公季子友讓以遜敏知治術爲觀察使　袁公所厚用前賓鼎尉假道州長史路出亭下維舟感泣以簡書程責之不遑也乃罄徹資俸託所部祁陽長豆盧□□□□□□□歸喜獲私尚會余亦以　恩例自道州司馬移佐江州帆風檥流相□□□□□□□畢賓鼎竦然曰茲亭刱治之始既銘於巖側矣至於水石之秀賦咏所及則家集存焉然自空閑時餘四紀士林經過篇翰相屬今圩墐移舊手筆亡矣將編於左方用存此亭故事既適相會盍爲志焉余嘉其損約貧寓而能以

章復舊志爲念思有以白之故不得用質俚辭命元和十三年十二月六日江州員外司馬韋詞記

余自朗州刺史以奉法不謹謫佐于道去年五月四日維舟於此負罪奔迫不及題記故於簡餘書之

寶曆元年五月廿三日浯溪山客元友讓建

隴西安政興鐫

復浯溪舊居　浯溪山客元友讓

昔到幾三歲今來鬢已蒼剣苔看篆字薙草覓書堂引客登臺上呼童掃樹旁石渠疎擁水門逕斸叢篁田地潛更主林園盡廢荒悲涼問耆耋壇界指垂楊

按此碑金石錄墨池編二書皆著錄撰記者韋詞書者羅洧兩唐書皆無傳此碑題曰修浯溪記蓋浯溪爲元結所嘗居逾五十年季子友讓官道州長史重到浯溪修其舊居而韋詞記之也唐書元結傳稱結拜道州刺史請免百姓所負租稅及租庸使和市雜物十三萬緡又爲民營舍給田免徭役流亡歸者萬餘即碑所云元公再臨道州有嫗伏乱活之恩封部歌吟去此五十年俚俗猶知敬慕也但傳未嘗有再臨道州之事又不載結有幾子賴此碑知友讓爲季子其長子友直次子友正

並見元次山集中記役刻友讓一詩見全唐詩與此同而題曰復游浯溪此刻題曰復浯溪舊居詳玩詩意云覓書堂云田地更主林園廢荒云壇界指垂楊則是經營復舊之事爲多不止于復游而已詩首云昔到幾三歲今來鬢已蒼可知友讓是時亦五十餘歲矣記云路出亭下維舟感泣殆即唐亭也又稱友讓用前寶鼎尉假道州長史是其歷官也而年月下自署但云浯溪山客殆以此爲自號歟然以自號冠于姓名之上則始見于此

李晟碑

碑連額高一丈四尺二寸廣五尺八寸二分三十四行行六十一字正書篆額在高陵縣本廟

唐故太尉兼中書令西平郡王贈太師李公神道碑銘并序

特進尚司空兼門下侍郎同中書門下平章事充集賢殿大學士上柱國晉國公臣裴度奉　敕撰

朝散大夫守尚書庫部郎中翰林　侍書學士上柱國賜紫金魚袋臣柳公權奉　敕書并篆額

惟天錫成命於

我唐保茲　國祚生此人傑則西平王李公其是乎不然何發暴如風振槁葉哉　君若鼇冠靈山橫流之中一匡而定公諱晟字良器其先隴西人也後徙京兆會祖嵩　皇岷州刺史贈洮州刺史祖思恭

皇洮州刺史贈幽州大都督考欽　皇左金吾衛大將軍隴右節度經略副使贈太子太保代有名跡雄于西土公幼好學學不爲人及讀吕張孫吳之書慨然有經邦濟物之志未弱冠遊秦涼間元侯宿將見者咸器異之乾元初嘗客武都值酋豪以缺守遘亂殺掠平人公與所從十數馳而射之殪其爲魁者餘黨遂遁竄所虜獲積如丘山公一無所取惟椎牛釃酒享士而去邦人感服具以狀以聞特拜左清道率飾以金紫將　朝京

師自獻方略屬裔夷紛擾有土急賢河隴將帥相繼表用歷二府右職所至常以才謀爲其委重累遷至光祿太常卿階爵在第一品涇原四鎮北庭節度都知兵馬使四面都遊弈使懸識虜態周知地形應變不窮有奪有待驤驟庭而蓂展雲出岫而斯飛　代宗徵之以左金吾衛將軍爲神策軍兵馬使屬羌蠻犯蜀

朝廷濟師命公督禁旅絕棧道而往救焉公銜枚過險出賊不意進下堅壁遂誅首惡還授撿校太子賓客且復舊職建中二年田悅以魏叛　德宗極意致討悉起徂征以公爲神策先鋒都知兵馬使加御中丞

與河東河南等道諸軍合擊公濟河而行能以衆整及
破洹水陣解臨洺圍轢魏厲城抵燕通邑其摧鋒劒鋭
皆先羣師而寘力焉遂拜左散騎常侍兼御史大夫厥
功未成閭賊泚肆逆　皇居失守西向慟哭載馳
載驅行及代北授撿校工部尚書充神策行營節度公
提孤軍募散卒拊循訓勵以達　行在値懐光中叛
大駕再遷加撿校右僕射餘如故尋轉左僕射同平章
事兼京兆尹神策軍京畿鄜坊節度觀察等使管內及
商華等州副元帥公固守渭城決平奏壘調食制用先
發我私捐甘攻苦皆自我始每一言一誓聲淚俱發勇

夫義士感而使之蔑不濟矣時自雍而東延于汝洛震
于河汴所在征鎮亂略相從公介巨盜之間使聲援斷
絕立成師之法致號令肅嚴蒐捕十旬指揮一舉乘墉
壑如通道梟獍以清　宮而九市三條無轂肆之驚
無秋毫之犯羽書速告　鑾輅爰歸廓氛祲爲祥
光攄憂憤爲喜氣詩曰允矣君子展也大成斯之謂歟
考古覩今論功稱忠者多矣若至危而安至難而易卓
犖跨邁如公莫儔拜司徒兼中書令俄以凶孽甫寧邊
防猶警岐下任重乃以本官兼鳳翔尹鳳翔隴右節度
觀察等使及四鎮北庭涇原等州副元帥改封西平郡

王加食實封至一千五百戶公名懾戎王政和藩部始
至而生植少安而訓齊逮四載賦輿十倍其初會課入
輔拜太尉中權如故人或謂公勳望已高　寵渥已極
宜從容頤養稍稍退避公曰不然人臣外則盡力內則
盡心若止偷榮孰爲且哲故每承　帷幄之問則言咈
無隱理奪不回大指以東夏可平西陲可復或已行而
事終不顯或未用而身遽不遺以貞元九年八月四日
薨於位春秋六十七　德宗撫几哭於別次自都
邑達關畿無士庶無老幼皆發哀相吊則輟時戢兵安
人之德可謂浹於元元之骨髓矣册贈太師遣賻加等

以其年十二月十六日葬于高陵縣奉正原鄭國夫人
杜氏祔焉自捐寢至安宅皆所司辦護中貴反覆萬情
所奉如不及焉嗚呼以公之靜難扶傾不言所利雖存
殁極位始終殊禮而天意若曰其福享未至故遜延于
後有子曰愿故撿校司空河中節度等使贈司徒五列
雄鎮三爲上公曰聰故光祿寺主簿曰揔故太子中允
贈兵部郎中曰愬左神武軍大將軍兼御史大夫曰憑
故右威衛大將軍兼御史中丞贈洪州都督曰恕故光
祿卿贈右散騎常侍曰憲撿校左散騎常侍嶺南節度
觀察等使兼御史大夫進因貴胄達以善政曰懿故撿

授左僕射同平章事贈太尉克廣前修仍執醜虜曰懿
故渭南縣尉曰聽撿校司徒義成軍節度觀察等使統
戎按俗是以似之曰慭右羽林軍將軍曰愬嵐州刺史
並地勢利用兼而有焉粤大和元年秋七月聽拜疏上
言以公之徽烈則　御製碑文於渭川矣公之風
度則　詔命圖形於雲臺矣唯大其丘隴鬱彼松櫝望
有祁山之象拜無峴首之碑將刊貞石式表幽隧乃命
臣度稱代言時其詞曰
建中季年大盜忽焉　皇輿避狄狩于梁川顧謂
太師汝才汝略將威致討必殄寇虐太師泣奉捐軀誓

衆度其成城可以利用赫矣鋪敦傳于墉垣手搏足踦
如衝如橇一鼓而破一麾而奔掃清　宮闕剷盪妖昏
我師莅止我令行矣都人不知已事方喜飛章告慶飭
駕言旋鴻烈耀古讙聲動天車服之錫河山之誓
九命而俯一心若厲俾侯于岐阜安邊陲藩政旣成袞
職攸宜嶽降帝賚天言詭辭　我后嘉猷我躬何
爲道直氣和勞謙終吉福履所綏未享萬一上天不惠
厚夢遽歸垂裕流光用延　恩暉翼子肥家將壇
台席繼立奇功代傳休績聽與伯仲永懷高蹤請于
朝廷表是丘封　帝曰孝哉胡可不從宣

我祖之丕業繄爾父之嘉庸乃　詔作銘以覩億
齡
太和三年歲次己酉四月庚戌朔六日乙卯建
關西道雍州高陵縣唐西平王李晟墓在縣東南一
十里裴度撰碑柳公權書 太平寰宇記
右唐李晟碑裴度撰碑載西平子十二人願聰總愿
憑愬憲懲懿聽惎慇唐史宰相世系表所書亦同而
新舊史列傳皆云晟有十五子舊史云侗伷皆無祿
蚤世豈以侗等早世故碑不載歟又李名撰李聽碑
云西平有子十六人疑更未名而卒者爾元和姓纂

載西平子十人以碑校之姓纂缺聰總憑懿四人而
伷應二子墓碑舊史皆無之又其倫次差謬亦當以
碑爲正 金石錄
西平忠武王神道碑石刻在高陵縣墓所苔蘚剝蝕
字畫僅存耳然要之含蓄於元秘也是時西平諸子
皆已逝獨太保聽存乞晉公文亦寥落不能發其忠
義戡定之績至于料吐番皆盟事絕不載豈有所諱
耶所記官秩如初拜清道率後以邊將入爲神策都
知兵馬使始加左金吾衛將軍未嘗爲右金吾大將
軍復以神策先鋒討田悅加御史中丞再加御史大

夫左散騎常侍非檢校官所記諸子僅十二人史稱十五人皆當以碑爲正耳聽於其時徒見晉公祿位勳業之盛幾埒西平意其文之足以光顯其先而不知晉公雖非忌者自以爲位宰相績文崇簡要體當如是耳而於西平之元功偉算十不著二三於乎是寧非聽責耶前此韓昌黎柳柳州固無恙也有碑誌以來爲人子者其不作李聽鮮矣吾竊有感故志之弇州山人四部稿

太保聽能求誠懸書爻碑亦可謂有意不朽矣晉公名相也文雖不及韓柳然言之足重過之且亦非不

能文者聽此舉未爲全失若近世其人貪邪又不解摛辭乃徒以官爵高趣之此則又出李聽下數倍者也使李愿若在或尚知乞昌黎文然是時愿已亡矣書畫跋跋

晟在唐功蓋天下可謂偉矣唐書列傳叙其官時與碑不合碑謂晟由左清道率歷三府右職累遷至光祿太常卿傳則云授特進試太常卿碑謂晟爲涇原四鎮北庭節度都知兵馬使代宗徵之以左金吾衛將軍爲神策衛軍兵馬使傳則云以右金吾衛大將軍爲涇原四鎮北庭兵馬使碑謂晟平蜀還授檢校太子賓客而傳不書碑謂建中二年以晟爲神策先鋒都知兵馬使加御史中丞尋拜左散騎常侍兼御史大夫傳則云晟爲神策先鋒加檢校左散騎常侍兼魏府左司馬尋授御史大夫碑謂皇居失守授晟檢校工部尚書充神策行營節度使傳則云詔拜神策行營節度使碑謂太駕再遷加檢校右僕射尋轉左僕射同平章事兼京兆尹神策軍京畿鄜坊節度觀察等使管內及商華等州副元帥復詔晟兼河中晉絳慈隰節度使又兼京畿渭北鄜坊丹延節度招討使又進京畿渭北鄜坊商華兵馬副元帥傳則云

進晟尚書左僕射同中書門下平章事復詔晟兼河中晉絳慈隰節度使又兼京畿渭北鄜坊丹延節度招討使又進京畿渭北鄜坊商華兵馬副元帥碑謂鑾輅爰歸拜司徒兼中書令俄以本官兼鳳翔尹鳳翔隴右節度觀察等使及四鎮北庭涇原等州副元帥改封西平郡王傳則云拜晟司徒兼中書令尋拜鳳翔隴右涇原節度使兼行營副元帥徙王西平郡晟之碑作于當時而史成於後代要當以碑爲是金薤琳瑯

王元美云是時西平諸子皆已逝獨太保聽存乞晉

公文今碑首云奉勅撰書序末云乃命臣度稱代言時似非聽乞也元美豈未讀全文耶石墨鐫華

予舊未見此碑近始見之字雖剝落然一段挺拔不羣之概尚可捫而得也王元美不滿晉公之文謂西平之子皆逝獨太保聽存乞文於晉公然此碑列銜云臣裴度奉敕撰予以爲奉命之作固自有體西平之功赫著人世何可過爲鋪揚不爲人主地元美見不及此矣嘗見蘇子瞻著溫公碑累累數萬言卒來忌者之口溫公竟不能有其碑此千秋之炯鑒也庚子銷夏記

按晟卒于貞元九年碑立于太和之三年相去巳三十七年矣以晟之功蓋天地名震華夷子孫衆多門吏貴盛而卒之日不爲建碑墓上何也新舊史晟子十五人碑則十二非聽之請將勞臣茂續不及二氏之碑充滿于紺宮紫觀乎史云上思晟勳力製紀功碑俾皇太子書之刊石立于東渭橋久巳滅沒而此碑尚存非晟之幸乎所歷官階碑傳卒多不合傳所略者事王忠嗣李抱玉初署三府右職蓋史書其大不錄宜也至贈太師謚忠武爲主恩巨典而碑遺之何耶晉公之文不能風發電掣凛凛有生氣特以誠懸書法爲古今所重故此碑保護至今猶得不仆然歷歲滋久不無剝蝕其波磔漸失矣惜哉金石後錄

碑文簡略不及史傳敘事之詳惟云乾元初客武都値酋豪以鈇守邊亂殺掠平人公與所從十數騎而射之殪其爲魁者餘黨遂遁寇所虜獲積如邱山公一無所取惟椎牛釃酒享士而去邦人具狀以聞特拜左清道率則新舊史俱未之載也晟祖思恭洮州刺史父欽左金吾衛大將軍今南監本汲古閣本唐書世系表云思恭金吾刺史欽左洮州金吾衛大將軍乃轉寫之譌爾碑經後人重開雖間架尚存而神

采頓減如裴晉公署銜當云特進守司空今譌守爲爵俗生不通官制以臆妄改甚可笑也潛研堂金石文跋尾

此近時所搨然字蹟尚不甚模糊唯其間有爲妄男子增益者如具以狀聞聞字上本空一格今本作具以狀以聞既無此文理而次以字全乏端重之容與前後以字無一相同者又唐文宗年號大和本是大小之大今本於大字内增一點作太與碑中所有太字相較其點畧小亦後人妄加也魏明帝與北魏孝文帝年號是太和而文宗則是大和他碑版咸可據宋刻新唐書亦然今人皆一例作太和矣安知不反

執此碑以爲左證乎抱經堂文集

按此碑撰者裴度舊唐書度傳云宮車晏駕謂敬宗迎江王卽文宗立爲天子以功加門下侍郎集賢殿大學士太淸宮使大和四年六月詔特進守司徒兼門下侍郎同中書門下平章事充集賢殿大學士上柱國晉國公此碑立于大和三年四月而結銜已與傳同惟守司徒碑作守司空爲不同據傳則穆宗卽位之初已檢校司空兼充押北山諸蕃使在軍疏論元稹恃寵恣聽穆宗不悅罷度兵權守司徒同平章事充東都留守是度之守司空改

守司徒已六七年碑何以猶稱守司空也書者柳公權兩唐書傳皆言歷穆敬文三朝侍書中禁遷右司郎中累換司封兵部二郎中與碑結銜稱守尚書庫部郎中者亦異碑載晟之曾祖嵩祖思恭考欽兩唐書無傳僅見宰相世系表然舊書李晟傳稱祖思恭父欽代居隴右爲裨將新傳亦云世以武力仕然位不過裨將據世系表與碑皆言上兩世官刺史而欽官左金吾衛大將軍則非可槩以裨將目之矣舊傳載貞元四年詔爲晟立五廟以晟高祖芝贈隴州刺史曾祖嵩贈澤州刺史新書宰相世系表起自曾祖嵩不載高祖芝之碑叙先世亦不從高祖始其曾祖嵩贈洮州非澤州其後亦不載立廟事葢各有詳畧不同也凡受封者先云封某後云改封某碑稱晟改封西平郡王溯其前並未先有封爵稽之兩唐書亦同此必碑傳皆失書初封不然何以遽云改封耶碑自大和元年疏請刊石乃有裴度撰文之命遷延至三年而後建碑卽此一端可見唐自中葉以後朝政漸見廢弛前乎此者朝命夕行未有蹉跎若此者也末署歲次己酉實是大和三年而趙氏金石錄次于二

年今刻本注云案金石文字記作三年葢趙氏當時未撿歲次己酉之語而誤列于二年也

狀嵩高靈勝詩刻

石高二尺八寸七分橫廣三尺九寸五分共二十六行行十九字末後有宋人移置記二行並正書在登封縣中嶽廟

府尹王侍郎雅　制拜　嶽因狀嵩高靈勝寄呈三十韻

朝散大夫守衛尉少卿尉遲汾

雄雄天之中峻極聞維嵩作鎭盛標格出雲爲雨風瑞時物不癘順澤年多豐加高冠四方白武通云中央之嶽獨加高字者何

中央居四方之中可高故曰嵩高祀秩居三公　明朝虔昭報頒
祀歲嚴恭署祝紆　御札詔　賢導
宸東皇皇　三川守譽德清明躬肅徒奉蘭沐竟
夕玉華東星漢耿齋戸松泉寒壽宫具脩諒蠲吉蠲邑
猶葱嶸嵩儀大圭立興俔聲玲瓏挹瓚椒桂馥奏金巖
壑空靈歆若有荅髣髴傳祝工卒事不遑徧勝奇紛四
叢朝霞破林嶂錯落間蒼紅動息形似蟻露黃氣如籠
奔傾千萬狀羣嶽安比崇日月襟袖捧入天道路通冥
搜必殫竭躋覽忘崎嶇踏翠遍諸刹趣緜步難終浮丘
仙袂接謝公屐崖窮龍潭應下瞰九曲當駭容又有九龍潭在

寺側崇崖對口壁口千仞九曲分蓄緘黑不側龍門計東谿三臺有何蹤雄道書云
自嶽廟東北二十里至一山名曰東龍門其東有三臺山昔漢武東巡過此山覩三學仙女遂以爲名焉金
像語奚應仙經云嵩高大巖下有佛圖者妙有大金像在中來語寺僧密公密公時在嵩高寺寺在
嵩脚上聞之欣然披林求索時白霧昏迷失路一往看之郎入山水唯覩一麝香去人三四步側足聚跳一步步
若有所引口久迴顧去十步中忽有青㸑出就視之有自然天池玉人光想融盧元明嵩山記
嶽廟口爲神像有一玉人長五寸玉色甚光潤制作亦佳莫知早晚所造蓋嶽神之像相傳謂明公山中人悉
云嘗失之經一旬乃覩瑤漿与石髓清骨宜遭逢口說嵩山北有大穴中覩二人圍碁
有一杯白飲与墮者飲氣力十倍碁者問願口否墮者云不願碁者曰從此西行天井中多蛟龍但投身入井
自當得出若飢取井物食之墮者如言可半年乃出蜀中間張華華曰此仙館丈夫所飲者玉漿所食者龍穴
石髓況是降神處跡惟申甫同周翰已洽諭伊衡亦期功

誠富東山興須陟中台肅勉促旋騑軒未可戀雲松散
材事郎與期爲十一峯
大和三年六月十日　刻字人薛元
余被　詔禱雨於　岳祠獲是石于圮牆之下遂移
置壁間庶圖傳之永也熙寧丁巳季春日大梁王紳
袞儀
今在中嶽廟壁題云府尹王侍郎準制拜嶽準字作
準金石文字記
立石紀年太和北魏亦有太和今詩内小註稱白虎
通爲白武通虎唐廟諱知爲唐文宗太和年也說嵩

王侍郎者王播以吏部侍郎爲河南尹也韓文公與
祠部陸員外書云有沈杞者張苰者尉遲汾者李紳
者張後餘者李翊者或文或行皆出羣之材也汾遂
以貞元十八年登進士第其文章雖不多見此五言
詩排奡頗近昌黎眞書規橅虞永興尤精妙昌黎亟
賞之不虛矣潛研堂金石文跋尾
詩有注引道書仙經世說等皆出初學記唐之詩人
守此獮祭也未有熙寧丁巳大梁王紳題字云獲是
石于圮牆之下移置壁間汾名見劉昫唐書張仲方
傳云李吉甫卒太常定吉甫謚謚爲恭懿博士尉遲

汾詩爲敬意中州金石記

按題詞則靈勝詩乃王尹撰尉遲汾書金石文字記作尉遲汾撰誤河南府志

碑在中嶽廟峻極門之東角門壁碑自熙寧丁巳大梁王紳移置壁間舊惟嵩陽石刻記作尉遲汾書近府志踵襲其謬且謂金石文字記作尉遲汾撰者誤據詩云皇皇三川守馨德清明躬其意正言王尹惟制拜嶽汾乃寄呈此詞若以尹自撰豈復作此語哉詩後用東山展齒等字皆可證明爲汾所寄無疑而葉氏竟率然至此其他安德不滅裂爲之耶唐石刻

遇稱皇帝皆空三格今詩中三川守又詔賢導寰吏三川守及賢字措語美王尹耳何爲亦空三格耶小註內引白武通云中央之嶽獨加高者何中央居四方之中可高故曰嵩高以余近所見本直無此文惟云中央爲嵩山者言其後大之也乃知近刻爲不全之書其中傳刻佚脫必有爲世所未及見亦不暇補綴者非得是石何由少見古本耶左傳正義云白虎通義因穀梁之文爲之說曰王者諸侯所以田獵何爲苗除害上以其宗廟下以簡集士衆也春謂之田何春歲之本舉本名而言之也夏謂之苗何擇其懷任者也秋謂之蒐何蒐索肥者也冬謂之狩何狩地而取之也四時之田總名爲田何爲田除害也今白虎通義十卷無此語豈亦有逸篇與見困學紀聞 授堂金石跋

處州孔子廟碑

碑連額高七尺廣三尺五寸七分四層第一二層各十八行行九字第三層十七行行九字第四層亦廿七行行八字額題處州重刊孔子廟碑八字並篆書後有嘉靖癸未一行亦篆書在麗水縣

自天子至郡邑守長通得祀而徧天下者唯社稷與孔子爲然而社祭土稷祭穀句龍與棄乃其佐享非其專主又其位所不屋而壇豈如孔子用王者事巍然當座以門人爲配自　天子而下北面跪祭進退誠敬禮如親弟子者句龍棄以功孔子以德固自有次第哉自古多有以

功德得其位者不得常祀句龍棄孔子皆不得位而得常祀然其祀事皆不如孔子之盛所謂生人以來未有如孔子者其賢過於堯舜遠者此其效歟郡邑皆有孔子廟或不能修事雖設博士弟子或役於有司名存實亡失其所業獨處州刺史鄴侯李繁至官能以爲先既新作孔子廟又令工改爲顏回至子夏十人像其餘六十子及後大儒公羊高左丘明孟軻荀況伏生毛公韓生董生高堂生揚雄鄭玄等數十人

圖之壁選博士弟子必皆其人設講堂
教之行禮肄習其中又爲置本錢廩米令
可繼處以守廟成躬率吏及博士弟子入
學行釋菜禮耆老歎嗟其子弟皆興於學
鄴侯尚文其於古記無不貫達故其爲政知
所先後可歌也已乃作詩曰
維此廟學鄴侯所作厥初庳下神不以宇
生師所處亦窘寒暑乃新斯宮神降其獻
講讀有常不誡用勸揭揭元哲有師之尊
羣聖嚴嚴大法以存像圖孔肖咸在斯堂

以瞻以儀俾不惑忘後之君子無廢成美
琢辭碑石以贊攸始
朝議大夫守國子祭酒賜紫金魚袋韓
愈撰
舊碑題元和十五年李使君繁經始
文宣置石大和三年歲次乙酉九月朔
廿五日癸酉敬使君濱建立朝議郎權
知處州軍州事上柱國任迪書隸篆額
皇宋嘉定十七年閏八月初吉朝議大
夫直龍圖閣提舉建康府崇禧觀賜紫
金魚袋陳孔碩重書并題額
朝請郎權發遣處州軍州兼管內勸農
事借緋王寧額重立
皇明嘉靖癸未三月吉旦奉政大夫浙江處州府同知
永嘉王儒校補　陳元亨篆

釋文

自　天子至郡邑守長通得祀而遍天下者唯社稷與
孔子焉然而社祭土稷祭穀句龍與棄乃其佐享非其
專主又其位所不屋而壇豈如孔子用王者事巍然當
坐以門人爲配自　天子而下北面拜跪薦祭進退

誠敬禮如親弟子者句龍棄以功孔子以德固自有次
弟哉自古多有以功德得其位者不得常祀句龍棄孔
子皆不得位而得常祀然其祀事皆無如孔子之盛所
謂生人以來未有如孔子其賢過於堯舜遠者此其效
與郡邑皆有孔子廟或不能修事雖設博士弟子或役
於有司名存實亡失其所業獨處州刺史鄴侯李繁至
官能以爲先既新作孔子廟又命工改爲顏回至子夏
十人象其餘六十子及後大儒公羊高左邱明孟軻荀
況伏生毛公韓生董生高堂生楊雄鄭元等數十人皆
圖之壁選博士弟子必皆其人設講堂教之行禮肄習

其中又爲置本錢廩米令可繼處以守廟成躬率吏及博士弟子入學行釋菜禮耆老歎嗟其子弟皆興於學鄴侯尚文於古記無不貫達故其爲政知所先後可歌也已乃作詩曰

維此廟學鄴侯所作厥初庳下神不以宇先師所處亦窘寒暑乃新斯宫神降其獻講讀有常不誠用勸揭揭先哲有師之尊使聖嚴嚴大法以存象圖孔肖咸在斯堂以瞻以儀俾不或忘後之君子無廢成美琢辭碑石以贊攸始

朝散大夫守國子祭酒賜紫金魚袋韓愈撰

舊碑題元和十三年李使君繁經始碑文及置石大和三年歲次己酉六月朔廿五日癸酉敬使君僚建立朝議郎權知處州司馬上柱國任廸書兼篆額

皇宋嘉定十七年閏八月初吉朝議大夫直龍圖閣提舉建康府崇禧觀賜紫金魚袋陳孔碩重書并題額

朝奉郎權發遣處州軍州兼管内勸農事借緋王夢龍重立

皇明嘉靖癸未春三月吉旦奉政大夫浙江處州府同知長洲王倅校補　陳弍新摹刊

按此碑據金石錄及廣川書跋皆以爲任廸行書而廣川則又云咸通四年刺史王通古重立是此碑最初立者爲敬僚在大和三年重立者爲王通古在咸通四年再重立者爲王夢龍在宋嘉定十七年最後摹刊者爲王倅在明嘉靖二年癸未而書碑則初爲任廸行書後爲陳孔碩篆書最後爲王倅校補即此碑是也歷次重立皆不詳其故大約是斷裂缺遺然自大和三年至咸通四年僅逾三十五年不知因何重立碑題無明文王通古又無傳可攷不知廣川書跋之語有可据否也文爲韓愈撰今取朱酉耕王氏昌黎文集刻本校之其不同者唯社稷與孔子焉然而社祭土集本焉作爲然字屬上句北面拜跪薦祭集本無拜薦二字皆無如孔子之盛集本無作不其賢過於堯舜遠者集本作遠矣顏回集本作顏子設講堂集本上有又爲置三字又爲置本錢廩米集本無又爲二字揭揭先哲集本先哲作元哲以贊攸始集本攸作假又集本題下注云此篇方從石本方者朱子考異序所謂甫田方氏即方崧卿也石本當即敬僚所立者酉耕王氏集本刻于寶慶三年王夢龍

石本刻于嘉定十七年是刻集之時石刻新出甫四年方氏未能据以校韓集則方氏所据者尚是任迪之舊本矣碑與集不同之處雖於文義無大紕繆然細按之則今石本較勝或方氏所見石本有缺泐模糊及剪褾失次之病致互異也昌黎撰文時守國子祭酒据本傳自袁州刺史徵為國子祭酒在元和十五年碑舊題云元和十三年置石大和三年建立是置石在撰文前二年建立在撰文後九年矣碑載鄆侯李鄘新作孔廟十哲皆塑象其餘先賢後儒皆畫壁亦可見當時廟學從祀

之制李鄘為鄆侯泌之子舊書附泌傳但言其累居郡守而力學不倦歷隨州亳州刺史而不及處州据此碑知其官處州在元和十三年也敬僚任迪俱無傳宋時重書之陳孔碩福州侯官人宋史附見其子韡傳稱其為朱子及呂祖謙門人重立石之王夢龍無攷

東郡懷古詩刻

石横廣三尺六寸高二尺三寸三十一行行十三字隸書在滑縣

東郡懷古二首

義成軍節度使銀青光祿大夫檢校戶部尚書兼滑州刺史御史大夫李德裕

王京兆

河水昔將決衝波溢川浮崢嶸金堤下噴薄風雷音投馬灾未弭爲魚歎方深惟公執珪璧誓與身俱沉誠信不虛發神明宜尒臨湍流自此迴咫尺焉能侵逝我守東郡悽然懷所欽雖非識君面自謂知君心意氣苟相合神明無古今登城見遺廟日夕空悲吟

陽給事

宋氏遘江左豺狼滿中州陽君守滑臺終古垂英猷數仞城既毀万夫心莫留跳身入飛鏃免胄臨霜矛畢命

在旗下僵尸横道周義風激河汴壯氣淪山丘嗟尒抱忠烈古來誰與儔就烹感漢榮握節悲陽秋顏子綴清藻鏗然如素璆徘徊望故壘尚想精魂遊

大和四年六月一日題

朱長文墨池編有此詩刻劉昫唐書李德裕傳云大和三年八月召爲兵部侍郎裴度薦以爲相而吏部侍郎李宗閔有中人之助是月拜平章事懼德裕大用九月檢校禮部尚書爲鄭滑節度使今碑以大和四年立其自署云義成軍節度使銀青光祿大夫檢校戶部尚書兼滑州刺史御史大夫正與史合懷古

詩二首亦見全唐詩王京兆名尊漢東郡太守陽給事名贊宋濮陽太守元和郡縣志云白馬縣河侯祠在縣南一里漢王尊爲東郡太守河水盛浸瓠子隄尊臨河不去後人嘉尊壯節因爲立祠今詩云登城見遺廟卽其祠也顏延年有陽給事誄在昭明文選序云永初之末佐守滑臺李善引東郡圖經曰滑臺城相傳云衛靈公所築小城昔滑氏爲壘後人增以爲城甚高峻堅險臨河亦有臺今詩云徘徊望故壘卽其地也河侯祠在今滑縣南一里滑臺當卽縣治

德裕有書名李商隱會昌一品集序稱爲隸法遒媚金石錄亦有德裕隸書平泉草木記山居詩今不傳中州金石記

按李德裕在東郡懷王京兆陽給事詩二首後署大和四年六月一日前結銜据新書本傳太和三年召爲兵部侍郎出爲鄭滑節度使舊書傳三年九月檢校禮部尚書出爲鄭滑節度使以詩結銜考之則德裕是檢校戶部尚書出爲鄭滑節度非兵部侍郎亦非禮部尚書兩傳皆誤而中州金石記以爲正與史合者非也唐書地理志滑州靈昌郡本東郡天寶元年更名此詩題曰東郡是滑州舊名也義成軍卽在滑州本名永平貞元元年所改建中二年增領鄭州興元元年徙治滑州故傳謂之鄭滑也詩第二首陽給事云就哀感漢策全唐詩漢策作漢使餘並同石刻無書人姓名意德裕所自書耶

吳達墓誌

石高廣俱一尺八寸九分二十三行行二十四字正書蓋題大唐故吳府君墓誌銘九字篆書在西安府

唐故奉義郎試洋王府長史濮陽吳府君墓誌銘并序

鄉貢進士寇同

府君諱達字建儒濮陽人也其先与周同姓文王封太伯於吳至武王始大其邑春秋之後與爲盟主及越滅吳子孫奔散或居齊魯閒因爲郡之籍氏焉祖偉皇任虔州虔化縣丞父口晃皇任禹州別駕顯與貳邑克著公清積慶所鍾寔繁鬻嗣　別駕娶　鍾氏而生四子　府君卽其長也弱不好弄長而能賢清白自持有南朝隱之之櫟雄謀獨運得東漢漢公之風歷階奉義郎累試洋王府長史始著籍于豫章晚徙家于京國優游墳典怡性林園脫弃軒蓋之榮趣翫琴樽之樂雖二疏之辭榮四晧之譏祿姬之長史今古何殊不幸以大和四年夏六月有六日遘疾終于勝業里之私第春秋

六十七以其年十月廿日辛酉祔葬于京兆府萬年縣
洪固鄉北韋村烏虖梁木斯壞哲人其萎青烏占窆歲
之期白鶴爲予喪之客夫人扶風郡　萬氏閨門肅睦
無懟斑氏之賢四德不虧豈謝謝姑之德先以寶曆元
年十月廿一日捐館于前里第及今克遵祔禮也　夫
人寶生二男一女長曰仲端次曰仲璵並幼而敏慧有
文武幹材或親衞於　丹墀或繙經於白武追踪光之
莫及痛風樹之不停以其禮經有制空垂志行之文金
石靡刊勒紀陵口之變銘曰
吳氏之先　周室配天　封伯東南　世多其賢　春

秋之後　國始大焉　代著仁德　府君嗣旃　清慎
廉退　吾無間然　秋試王府　道優林泉　積善何
昧　逝于中年　洪固高原　南抱樊川　佳城巍巍
宿草芊芊　鸞鳳茲祔　龜兆叶吉　夜月松風
萬古斯畢

按誌所稱吳達及其祖偉父口見兩唐書俱無傳
誌稱達累試泮王府長史泮王者憲宗子初名寰
後改名怵始王高密進王泮誌又云祔葬于京兆
府萬年縣洪固鄉北韋村長安志洪固鄉在萬年
縣南一十五里管郁四十八舉中丞沅注引路巖
撰渾偘神道碑有胄貴里歐陽詹撰左驍衛將軍
馬實墓誌有延信里司馬村而不及此誌之北韋
村可據此以補長安志之古村名也誌又云夫人
萬氏捐館于前里第捐館二字本史記蘇秦傳奉
陽君捐館舍云云其用之于婦人則始見于此

湘中紀行詩刻

石横廣三尺五寸高二尺二寸二十行行十三字或十二二十四字不等正書左行在祁陽縣

湘中紀行

湘江永州路水碧山举兀古木口口潭陰雲起龍窟峻
屏夾澄澈怪石生口㔯口艦時遷迴輕舠已超忽疾如

奔羽翼清可鑒毛髮寂寞榜漁舟透迤逗商口口行十
月杪猿嘯中夜發楓葉寒始丹菊花冬未歇凝流祭可
口積學浮堪擿口清每驚新幽奇信誇絕稠峯疊玉嵯
峩浪翻殘雪石鷺雨中飛霜鴻雲外別峯迴鴨泝洞巳勞
苔覽凱還愉悅鶴嶺訪胎仙口陽縣白鶴口道士屈志靜得仙處唐音吾亭
仰文哲祁陽唐亭元中丞次山所居州間口漁釣山上多薇蕨無以
佐　雍熙何如養疵拙安人苟有績無已行將口此路
好口口吾其謝羈紲
大和四年十月廿五日口管都防禦觀察處置等使
桂州刺史兼御史大夫李諒過此偶題并領男顧同

登覽

按李諒兩唐書無傳全唐詩有其人小傳稱諒字復言三宰劇邑再爲郡收終京兆尹而不詳所牧何郡所載詩但有蘇州元日郡齋感懷寄越州元相公杭州白舍人詩一首題下注云時長慶四年也而不載此詩詩中缺泐無從校補此詩題曰湘中紀行是官桂州刺史道經永州題此詩於唐亭者合而觀之是諒先于長慶四年守蘇州至此時相距七年而移守桂州所謂再爲郡牧者是已蘇州元日詩句云新知四十九年非是長慶四年年五十也至此則五十六矣有一子名穎諒之可見者祇此

甄叔大師塔銘

碑連額高八尺三寸三分廣三尺九寸十九行行三十三字正書

大唐袁州萍鄉縣楊岐山故甄叔大師塔銘并序

沙門至閑譔

瑯瑘王周古篆額

□岐大師法号甄叔幼而聰敏倜儻不羣心目貝明具大人相觀死生輪上見三聚羣迷猶如雖□處在□□□勝妙欲樂□脩覷無味遂投簪削頂具佛□式求正覺了義抑　大寂禪門一造靈機萬慮都寂乃曰羣靈本源假名爲佛體竭形消而□滅金□朴散而常存性海無風金波自湧心靈絕兆萬象齊照體斯理者不行而遍歷沙界不□而□甚靈化如何背覺反合塵勞於蔭界中妄自囚縶於是形同水月涯跡人天見楊岐山羣峯□□乃曰坤□作鎮造我法城飄發一言千巖響荅松開月殿星布雲廊青嵐色中化出金界一□□□四十餘年滿室金光晝夜常照□□□祿已畢幾感難留元和庚午歲正月十三日忽弃塵區還歸□定門□□□□□□□□□心没悲□海哀聲動山如月隱天

衡羣星失曜大□衆木稍爲香樓用建□坐□舍利七百粒於東峯下建窣堵波巖掟錦章列其前澗撲銀河落其後永光法嗣用鎮山門上足僧有住運者飽飲法乳誓報深恩涉萬重山經三千里來投於我請述斯文將□其心式旌□□銘曰

吾師内外皆明澈　如淨瑠璃含寶□　常□□水灑羣靈　大注禪河未曾竭　獨步楊岐山頂上　建出花□勝仙闕　樓臺壯勢射虛空　魔界輪幢盡摧折　闊浮月隱須弥角　一念收光歸寂滅　長留舍利鎮山河　光透支提照巖□　猶如薝蔔花飛去　枝

上餘香長不歇　無限門人嗅此香　□□□□□□
□
刺史鄭　縣令闕　書碑人僧元幽　當臺缺
唐大和六年歲次壬子四月癸亥朔廿日壬辰
右甄叔大師塔銘甄叔者乘廣之弟子也卒於元和
庚寅正月至大和壬子沙門至閑爲製塔銘相距二
十有三歲矣題稱塔銘而篆額作碑銘篆人爲瑯邪
王周古書碑人則僧元幽也此碑向無著錄者餘姚
邵二雲侍讀爲予言在萍鄉之楊岐山訪之廿年不
得頃澤州胥燕亭訪予吳門燕亭嘗宰萍鄉檢篋中
乘廣甄叔二碑相贈喜海內之有同好也因書數言
識之潛研堂金石文跋尾

阿育王寺常住田碑
碑高一丈三寸廣五尺二寸連後記及詩二十首共三十七行行六十八字行書在鄞縣
大唐越州都督□□縣阿育王寺常住田碑
舊碑是前□趙州判史徐嶠□書
前秘書□正字郎萬齊融撰
順陽范的書并篆額　韓持鐫
我聞語寂滅者本□以不生而菩薩不能去資生立法
談道遙者存之於無待而神人不能亡有待爲順吉□
之降帝農教以耒耜蒼靈之下后稷俾其播種故維摩
之毗耶稽首持鉢借詣於香積□迦之給孤洗足著衣
循乞食於舍衛□知夫食者不獨乎人天農者豈唯乎
政本阿育王靈塔寺者晉義熙元年之所置也昔孔雀
氏宿童子之因果當金人之授記暨鐵輪位□寶塔功
成計鳥道之千里占人寰之一勝夜□鬲跡以飛行神
僧護影而圍繞雖方壇氣象□萌青石之符而員頂光
明未質白雲之狀迨觀音應現而□□利賓虛求以日
□□□涌出儼如多寶之音一爪圓開宛是樓夷之相
神其不滅道在茲乎晉安帝允叶三才成就六度聿圖

蘭若式印招提景行阿育王故以育王靈塔爲稱首徒
觀夫輪奐規矩鉤繩翔製珠軒翠檻延袤中霄玉霤金
池周羅上界環海之下流元氣大地爲衣圍山之上結
太清諸天作蓋信方廣一都之會也左赤岸而千里右
青□□□曲霞標莽蒼幽幽迷鬼谷之祠日刹晶明的
的識文人之館天花未雨宿傳龍界之香地籟無風時
起魚山之梵則知定光諸佛海天台之赤城羅漢羣仙
謠崑崙之盤圃□□□惟神授道乃人□向使□□王
昧巴連之因初微此塔迦葉佛晦閻浮之跡始曠茲山
盡虛明之絕境不可得而思議者也粵寺東十五里塔

墅常住田者宋元嘉二年□□□所立也宋文帝秉籙
□□作娑羅之外護感閣耶子砂礫之供制賜是田粱
武皇握樞臨極爲寶應之下生見阿育王金粟之巢勅
蠲其賦日月盈止既有命以自天陵谷□□□□動其
卯地粱普通□沙門僧緩慈寺之應眞也以發行爲道
場以宜心爲淨土闢純陁艮田之喻遂篤志焉既種既
戒載芟載柞察地道之化成觀天道之時變晤是□□
之□□始以常住名焉次有僧濟上人虛己淨心紬慈
惠業披衣晝其塍埒持戒整其疆畔苗而不秀有恨何
及迨陳隋之季喪亂薦臻農野蕭條鞠爲茂草　我

皇家執大□秉飛龍陟丕上帝之耿命紹復先王之大
業有山棲曠和上道尊人傑德貫大師　中宗孝和
皇帝親降璽書願同金瑩擊鼓而陳其入國造船而捧
其登座故知二乘行道□□朱□四果適時還陞紫□
雖植衆德本作南山之福田種諸善根存東臯之淨業
初湖之左右夾壤二區榛梗始□菑畬粗立僧徒理勝
力未贍農童牧因間私竊種藝和上□蒙俗之貪垢貿
冥期之幽報乃推湖西易壟讓爲閑田□評歸之春稅
就給唯剖湖東十頃復古賜地窮海北漸會山南麓樓
子根盤以東峙富都股引而西注眞陸水膏腴之沃壤

實神靈灌溉之奧區於是奠其畛畷爭其版籍農野罷
侵田畯至喜人到於今稱爲前寺主簡暇二法師僧祇
之龍象也就先疇之畎畝教老農之底績蔵事作製蕘
笠來思者久之歲功未成生涯其盡□□□去荒凉紫
陌之田影壁空存搖落青闈之寺可爲長太息者矣有
惠炬闍梨德業淳修曾統經領道勝之韻生而能言禪
悅之味老而彌篤用能纂其□始高軌可追□□□□
□□□遠与法言沙門俗姓喩氏貞□□□惠心苦節
今屆知墅任垂將十年先是舄鹵未斥塗泥未濬墾稗
辯畬湯于農郊夫其心畫制度目□曲折荷飾舂土壅

纏鏈凸憒□□捷石□溉高湊仰增卑陪薄分熱水□
□達□氣塡掀遊盪而時至餘皮寬緩而不廹終古旱
告浸以汙瀆冬不泝於積雪夏無漿乎小雨由是湖有
□□之号焉當其春鳶司載田事既飭庠孚甲毓萌牙
或薦或蓑實穎實發上農臺而課長贏汶陽之稼如雲
矣及夫寒蟬記時農乃登穀見積聚築場圃爭不遺秉
贏無□□□□□而督收成海陵之倉非衍矣詩云倬
彼碩田歲取十千其是之謂乎百穀既蒸萬供既設滿
以衆香之鉢薰以毗耶之城或異聲問若化菩薩虛高
座以影集時洪鐘而□□□座而坐飯食經行臭若香

風味同甘露遍滿一刧周流十方聞之者得未曾有食
之者咸登正位白衣之會龍國無掘欝金之香綳裟之
集難寺不碎庵羅之末三藏□□□□□之可貴一器
沙□議魋坋之非重資我飯□師之力歟都維那□綜
遊方觀化大□慈誘火耕水耨常有助於上農飛杖浮
杯今載行乎中國上座釋辯疑十城之僧主也□□□
合金枓發其休徵寺主釋惠敏九州之維那也風骨天
成鐵鎮起其靈相咸能以如來之衣衣分如來之座坐
護育王之靈塔顧貧金錢□育王之聖田思摸茗柱弟
子早拔蘭書式典騏驎之閑晚遊蓮跡每叅鵷鴻之林

寶頭盧之下空亟見有能師子舍那私之入寺登謂無
知老人識異博文才非能賦阮公不事曾供香花顧越
有緣遂瞻碑版滿筴多之石室未鄰其籌對輪王之金
地且耕其筆多羅□葉而書偈云
漸儀草味象物紛拏或甲而乙或荫而牙萬殊成類百
寶攸嘉故后稷布其種神農嘗其華其一燧人更進火正
司職教以鼎飪炊之黍稷易茲毛茹成此粒食是之爲
人天是之□皇極其二我聞維摩會語舍利如來大慈甘
露上味又見阿難問是香氣亦有以飲食以之爲佛事
其三若長者主若聲聞人天諸居士地虛空神如聞飯氣
而亦□臻兇□．之□□有待之爲身其四猗與童子供
資砂糗法主大慈冷然虛受伊鐵輪以授記從滅度後
何寶塔之莊嚴得未曾有其五烏道於許人寰在哉鬼神
冥運風雨潛來白雲涌出青□□開□千輪之蓮跡建
百福之花臺其六朱帝下生梁皇外護太稷賜嗟司農獨
賦皋壤聯發潮源灌注既魚□以左右亦犬□而盤□
其七蔔畲平秩蔓笠□思爰疏哱噬是務鋤犁三農□□
万畝新新自膏□而兼倍冽雨露與華滋其八諧茲開士
賞功司過□以犒勤形以肅惰東作方□西成是課始
象耕而鳥耘終牛春而馬蹴其九千箱既積五穀斯分味

蒸甘露□涌香雲孰云菩薩而謂聲聞塼須弥所不能
盡局毗耶之足薰其十藐爾赤松爲田白玉冽伊塔寺神
通付囑信矣育王能生金粟彼鄭國之泥紫如富都之
水緣其十一我來自東經行成趣淨業斯闡善根方樹式紀
因緣匪存章句庶金田與石柱□巍巍以常住

育王寺碑後記

此寺碑記嘗爲窺盜褰壞久無豎立有好事僧惠印
錄其舊文藏於篋笥又與老宿僧明秀志詮寺主僧
志□上座僧揃雲都維那僧巨嵩會議重建其碑焉
余美其樂善會剡越間有隱逸之士曰范絢業文功

書未遇於時常萍泊雲水閒一日扁舟至明余遨以書□添勝境遊觀之一事略紀端由於碑後云大和七年十二月一日明州刺史于季友記

范處士在育王寺書碑因以寄贈

明州刺史于季友

墨妙復辭稚扁舟訪遠公□天書梵□霜月步蓮宮跡寄雙林下名留刧石中遥知松逕望棠葉滿山紅

時在育王寺書石字奉酬　□丞使君寄贈四韻依次用本韻

處士范的上

揖藝荷才雄新詩起　謝公開緘光佛域望景動星宮風雪文章裏書鐫琬琰中將誰比佳句霞綺散成紅

石有□者□□音撫

按阿育王寺在今浙江寧波府鄞縣阿育王山中此碑題大唐越州都督□□縣阿育王寺常住田碑唐書地理志明州餘姚郡開元二十六年採訪使齊澣以越州之鄮縣置則其題此碑時未置明州鄮縣尚屬越州爲都督府所轄也金石錄載此碑題曰育王山常住田碑萬齊融撰范的行書雅雨堂金石錄刻本注云按育王山當作育王寺然阿育王是佛號脫去阿字但云育王誤也浙江通志碑碣卷載此碑注引鄞縣志云范的順陽隱士大和七年刺史于季友邀書齊萬融舊文此碑後有于季友記但稱范的爲剡越閒隱逸之士前題則云順陽范的書并篆額順陽地名無攷前題又云舊碑是前□趙州刺史徐嶠□書前祕書□正字鄮萬齊融撰徐嶠下泐字乃之字也新唐書徐浩傳云浩越州人父嶠之善書舊書亦附浩傳云父嶠無字之官至洛州刺史墨池編云嶠之字惟嶽佐佑五王迎立中宗歷趙湖洛州刺史此碑題趙州刺史其官在迎立中宗之後則爲開元初書矣萬齊融見舊唐書賀知章傳云神龍中知章與越州賀朝萬齊融楊州張若虛邢巨湖州包融俱以吳越之士文詞俊秀名揚於上京朝萬止山陰尉齊融崑山令云云據朝萬二字是以萬字屬上文作賀朝萬也然全唐詩小傳於萬齊融注云考唐人所選國秀搜玉二集俱作萬齊融賀朝則顯然是舊唐書誤也舊傳稱齊融官崑山令碑云祕書□正字鄮當由前爲正字鄮後爲崑山令未可知也浙江通志作齊萬融亦誤刺史于季友兩唐書

于頔傳云頔子季友尚憲宗永昌公主拜駙馬都
尉不言其官明州刺史不知卽此于季友否耶碑
末于季友范的倡和二詩全唐詩俱不載

寂照和上碑

碑高五尺七寸廣二尺九寸三分二十八行每行五十二字正書篆額在咸陽縣

大唐安國寺故　内外臨壇大德寂照和上碑銘并序
宣德郎守秘書省著作郎充集賢殿修撰上柱國段
成式篹
少華山樹谷僧无可書
處士顧元篆額

釋氏徒毗尼者雖不轍乎意地而形骸之外是釭是輻
大宅煽煁羊鹿効駕亦各也視中夏聖人刑自墨數三
千或由性戾將墨而之贖金也將贖而之畫衣慙懼也
以至甃蓻視袷未嘗犯者信生乎耳鄉可約束至顏氏
子也西方聖人設戒二百五十與隄限身口徑出生死
今言法者敎喉舌鏑鎧其人我性鏽戾垢不嘗澡雪近
非延祟或不能孕業人天也言禪者失之理圮漸磴一
念五位不及能者吾見其爲泥人若射箭也至乎哧生
死之流閡身口之歧其在毗尼乎　國初有宣聲
乎毗尼寂寂然將二百年有　照公嗣焉　大德

號寂照字法廣族麗氏京兆興平人　父詮灌鍾府折
衝鎭于咸陽馬跑泉精祠毋竇氏嘗夢禮掌塔旣而有
娠不嗜葷腴及產吮而不啼戀而始誰竇氏日滋善種
福膝顙碩請介處不饇其夫許之塊然若居士之室太
常之齋也雖蚖口于牀將蠚不觸遂同謁捴持寺積禪
師始具五戒　大德隸韰年昉七歲字泰定者佗如
顚日積公異之父卽留爲童俾勤汲煬不難離別初讀
法華經五行俱下次授維摩經俱合論未終執際廈三
百幅衆号聖童遂毀髮焉如匠之度木中若蠹蝎心入
震火卬之其聲虛嘶爲桴則速窗不能久持大厦故鼓

地之桐　大士之種也澗梓之腹　大士之聲也荆氏
之林　大士之用也而况莁琥鐘一鼓殷然大響十四
年西明寺過方等口試得度隸于慈悲寺初肄四分勤
不交睫卽開講於海覺寺著名兩街後弋志於涅槃經
起信論功狀六麁理混四生壞隄濩激宗流于性或有
壘守愓垜利喙三尺一破偈苔蜡革埏乾固毗耶比丘
不足以解疑悔也貞元六年　詔啓無優王寺舍
利因遊鳳翔擅律學者從而響臻　大德俔俔不怠處
衆如表影惟直矣或珥多羅業者口蒲蓟萸者不病而
而鑑壁者粱爪而半月形者悉暫由右門而出也十年

春將夏于清涼山淸涼山㝵殊大士是司鏻長遊之不
誠必有疾雷烈風　大德瓶跰膜拜終日不息見若白
構而衆木散而釭虡乳剥於霓末皒網栂於巇表其光
大而緪直細而螢滴詭狀雲手晉影電凝千變萬化不
可窮極居山雪首者驚曰自有此山未有此相由　大
德行潔誠著也因屨及蔚州入到此山險如楞伽勢如
喬陟榎檜騈植衢柯四布夏籟所及百僧咨色其下楬
車夜千𢊁攣芊芊相傳云普賢地也　大德望麓一禮
五雲觸石越一年之大白復賓于號止法會福慶寺往
來於渭濱鄜爲閒十餘年後教授於隴州稠林槎桍魔

界日壁晴昭義劉公邕在普潤息女出嫁請口　大
德具戒焉元和初豐鎬創鉅咸難跂及至三年於咸陽
魏店立尊勝幢祈彿法界也其年功德使請住安國寺
等移　聖容院俾二望僧主之　錫二時服各𧹞
七人　大德一數也自長慶中實纂末大和初皆
駕幸安國寺　大德導于　前蹕儀形偈荅不隔
旒纊因　詔入內夏于神龍寺大和二年來延唐寺
數乎菩提愢乎禪那洎七年冬季上弦而疾下弦而病
將化之夕異香滿風體可折支其月閏維於寺北原僧
年七十六僧夏五十七道幢于積祖師塔院門人神晏

啓初紀日于幢其詞蔚然矣門人律大德口文其行惟
肖門人契元駕說者也　大德設臬元構心跡規矩若
日出于湯谷至于昆吾是謂正中其徒化之賓賓然不
差淨觸噫　大德之去佛日虞泉矣門人興善寺實相
上人惡俗决疣顧處塵外嗣　師之志以成式腹笥三
藏請詞其德銘曰
汗汗寰流導于港瀞覺路坦夷揄膬其輈燧明厚夜業
白東晷由之不懈一乘其軌惟宣斯述惟寂斯紹偃蓋
樛枉影直其表性若擢筠猳寒聳氷珠數絶貫衣特壞
曆志完海囊爲正法朋隄防意地林猨不騰噌蔿惟嗅

多羅不斷鳴瘢翼慧無明破卵燼其業茀弦厥乘緩馱
絶中流平遲杖滩一雨濯枝嵐飇鼓輪偈古雲碧庭秋
桂丹羣木繩方衆景圭端資糧跰跳長途僅半倏然而
往慧曦皖晚卵樹蟺實柰萎霜苑甚垢斯濘衆縛斯釁
覺源昉醮大宅灾燀迪毫詎昏品蓮詎凋行著高石刼
窮不消
刻　玉冊官李郢刻字
此碑在咸陽西馬跑泉地中武功康子秀先生過而
識之以語土人竪于道傍其后王咸陽移之咸陽城
中寺以碑有安國寺字遂改名其寺爲安國寺按碑

段成式撰僧無可書成式文筆自奇此文爲佛言尤奇無可賈島從弟有詩集傳世其書法出栁誠懸而優孟者子秀名楙太史德涵子也石墨鐫華

碑舊在縣西卅里馬跑泉鎮今移置縣寺堦下夫物之善合往閒未覩碑初出失趺土人以碌䃮承之不相宜移來方慮寺堦下方石刻雲氣宛然以碑合之脗然原趺不知何相遠也遇亦奇矣閩初康牧識而出之土中牧號小山對山子也歐陽金石遺文

唐季惟裴休成式以通釋典稱裴事莊嚴流行猶爲外事則悟佛心印者段一人而已今觀此所爲照公

碑記閎洵博然精微奥義何未數數然也豈專重在戒故于法禪二宗不無軒輊乎乃牟尼一人之身耳道何以三也倘段于所謂一者未能惟耶碑稱顏氏子若戒可崇門則四勿爲一偏之語矣而法禪二物又將屬之誰乎段未免貪多識而不見如來已無可之書固一時習尚石經多此法可知也然此碑則導源二歐掩有河東濤道圓利洵可擅一時之技出諸書僧之上世輕其人因薄其技而不傳余乃爲拈出不徒以愛段文而已也墨林快事

碑文險怪用內典字極彩樊宗師之流亞也有云西方聖人設戒二百五十魏書釋老志爲沙門者初修十誡曰沙彌而終于二百五十則具之成大僧婦人道者曰比丘尼其誡至于五百隨事增數在于防心攝身正口古之僧尼未有不從律戒入者今則以禪悟爲上乘置戒律于不復道矣金石錄補

支云將化之夕異香滿風體可折支按孟子爲長者折枝趙氏注云折枝案摩折手節解罷枝也碑以支爲枝用孟子語寂照俗姓羅氏京兆興平人父詮灌鍾府折衝灌鍾府蓋亦雍州百三十一府之一而史之所佚也寂照卒于大和七年十二月其刻銘之年

月不可攷金石文字記題云開成六年正月攷文宗以開成五年正月崩武宗卽位其明年改元會昌安得云開成六年乎蓋顧氏記憶之誤也潛研堂金石文跋尾

唐安國寺有二一在西京一在東京在西京者爲睿宗龍潛宅以景雲元年九月爲寺卽此是也在東京者爲中宗節愍太子宅神龍二年爲崇恩寺後爲衛國寺亦以景雲元年十二月改名其並得名爲安國者以睿宗本封故也大德以大和七年卒文稱大和二年來延唐寺以會要攷之延唐本名萬善爲會昌六年奏改碑于開成末卽稱延唐是會要云云亦不

甚是矣關中金石記

按此碑撰者段成式舊唐書傳段文昌子成式字柯古以蔭入官爲祕書省校書郎研精苦學祕閣書籍披閱皆遍累遷尚書郎咸通初出爲江州刺史家多書史用以自娛尤深於佛書新唐書則稱其官終太常少卿而皆不載其官著作郎充集賢殿修撰史之畧也段成式詩與溫庭筠李商隱齊名時號三十六體以三人皆行十二也書者僧无可全唐詩小傳稱無可居天仙寺此碑則云少華山樹谷僧其詩有宿安國寺簡公院一首殆卽此

書碑之安國寺也碑書無憂王寺誤作無優薝蔔作瞻葡通用字碑無建立年月據文稱大和七年冬季上弦而疾下弦而病化其月闍維於寺北原計其時歲暮矣此後神晏置幢契元述行實相請銘皆非闍維時所能猝了而大要亦不出來年之事然無可確定附於七年

林放祠記

石已殘裂就搨本計之高四尺一寸八分廣二尺七分七行行廿六字或廿七字不等正書在曲阜縣放城集

唐 林放祠記

原□□□□故□□□□□□□□□□□世道人心之大□□□以□□缺□□□前□也缺孔子賢之□缺而□圭□言一時□奕世之下莫不□闕祀一盲□□□林放□以□□缺正□□□□春□祭□列于洙泗之濱故百代□振人文于不朽也缺□以□杧□其□中□□□民□□□□□缺□□□□人□□缺功□□冂文□□□□至不□可缺先王之□□□缺及士民之□□受其敎化缺□非□然缺七十二□□皆確乎不可缺固宜乎与□缺林放之賢□聖人□□雖泰山□□如□□嗚呼此其所以爲缺

大唐□和□年甲□春□□

按碑文缺泐讀不成句題曰林放祠記文中惟林放字兩見而建祠之由不能詳也林放魯人孔子弟子開元時贈清河伯闕里文獻考載放城集唐大和二年碑卽此碑也碑末年月存和字甲字大和二年戊申歲不應有甲字惟八年爲甲寅當是大和八年而闕里考似誤

落星石記

記二段一段七行行九字一段四行行十一字正書在興平縣

若星石者晉穆帝昇平元年正月丁□□于□西南皇

甫村□□□□爲石至大和□□□□□百九年是年正
月二□五日因移在縣之後□長城陳元錫記
落星石埋没縣東北荒蕪地恐久沈迷移來縣廨
大元至正廿八年□□中旬
郎中崆峒米克明峻德記
右刻在唐大和中陳元錫題名之後石郎晉昇平元
年所隕者也詳見元錫記及晉書本在縣東北田間
克明昇之縣署因有此題石記關中金
按記云落星石晉穆帝昇平元年正月丁□□于
□西南皇甫邨至大和□□□□百九年云云晉

書穆帝紀昇平元年正月丁丑隕石于槐里一此
石刻丁下泐字乃丁丑也槐里縣名卽唐之興平
縣長安志興平縣石星晉穆帝太和年中隕于槐
里以昇平作太和誤矣太和是晉帝奕紀元非穆帝長安志又
云槐里故城在興平縣東南十里此記云西南是
槐里之西南然攷興平縣唐置二十鄉宋存六鄉
管二百四十邨而長安志所載六鄉東南西南皆
無專主鄉名不知皇甫邨當在何鄉古村名亦可
補長安志所未備也自晉穆帝升平元年丁巳歲
至唐文宗大和九年乙卯歲凡四百七十九年而
此記大和下缺四字下有百九年字數不能合所
未詳也

修龍宮寺碑

碑連額高九尺廣四尺六寸二十三行行三十八字正書在嵊縣

唐修龍宮寺碑并序

浙江東道都團練觀察處置等使中散大夫檢校左
散騎□□□□□□□□□□丞賜紫金魚袋李紳
撰
會稽地濱滄海西控長江自 大禹疏鑿了溪人□
宅土而南巖海跡高下猶存則司其水旱泄爲雲雨乃

神龍之鄉爲福之所寺曰龍宮在剡之界靈芝鄉嵊亭
里地形爽塏林嶺依抱刹宇頹毀積有年所自剏置基
三徙而安此地像儀消化鐘磬不揚堵波巳傾法輪莫
轉釋老稱眞持誡茲寺護念常啓願與伽藍而歲月屢
遷物力無及貞元十八載余以進士客于江浙時適天
台與稱眞會遇于剡之陽師言□禪有念今茲果矣顧
謂余曰後當領鎮此道幸願建□龍宮以資福履余以
爲孟浪之詞笑而不答師曰星歲有期愚有冥告臬元
和三年余罷金陵從事河東薛公苹招遊□□師巳卧
病而約言無□大和癸丑歲余自分命洛陽承 詔

以檢挍左騎省廉察于茲歲逾再□而衛真已爲異物
龍宮棟宇將盡命告墳塔因追昔言遂以頭陁僧會真
部領工人將以蕆事余以俸錢三千貫□□監軍使毛
公承泰亦施以月俸俾從事寮吏咸同勝因閭里慕仁
風靡爭施□□之功力雲集清源之蓮宇欝興浹旬而
垣墉四周逾月而棟幹連合煥矣真界昭乎化城擇□
行僧居之以惣寺事因具香饌告誠　法王上以資
我后無疆之祚次以資龍神水府之福以名寺
之功力爲祐靈之顯報一雨之施潤洽必同　佛言
龍王心力所致使七郡山澤城邑万人介福所安騎我

龍德是用迴此法力永資泉宮僧齋護念常爲仰荅余
固不敢以衛真之言自伐俾竭誠以爲人刻石記言于
寺之刹銘曰
滄海之隅會稽巨澤惟禹功力生人始藉土壤山峽濱
海之東溟漲空濶邃秘龍宮貝闕難知珠宮莫測雲雨
交昏深沉不隔聞法必聽依　佛必降豈騰溟海亦
化長江既資勝因爲龍景福節宣風雨以成播育撞鍾
以告三界必聞唯爾龍室昭昭不昏我□□□有僧傳
信斯人已亡斯言不□敬報前志以垂後功建飾儀相
昭明有融普利羣生罔資已□□□□□□□□□

唐大和九年乙卯歲四月廿五日建
勾當造碑石并殿內石長明燈等　下缺

右修龍宮寺碑前題浙江東道都團練觀察處置等
使中散大夫檢校左散騎□□□□□□□□□□
丞賜紫金魚袋李紳撰散騎下葢闕常侍越州刺史
兼御史中丞字也攷唐書李紳傳紳以太子賓客分
司東都大和中李德裕當國擢浙東觀察使碑云大
和癸丑自分命洛陽承詔以檢挍左騎省廉察于茲
所謂分命洛陽者即分司之命也高似孫剡錄既載
此碑又云紳自宣武節度歷左散騎越州刺史似未

達碑文之旨矣紳之帥宣武乃在浙東召還再領分
司之後唐史所載甚明疎寮於史學甚疏道聽塗說
故多舛誤　潛研堂金石文跋尾

金石萃編卷一百八終

金石萃編卷一百九

賜進士出身　誥授光祿大夫刑部右侍郎加七級王昶撰

唐六十九

石刻十二經并五經文字九經字樣

易九石書十石詩十六石周禮十七石儀禮二十石禮記三十三石春秋左傳六十七石公羊傳十七石穀梁傳十六石孝經一石論語七石爾雅五石五經文字九經字樣共十石每石七八附高七八尺廣三四尺不等正書題首隸書在西安府學

周易九卷　王弼注上經下傳共二卷　韓康伯注繫辭說卦共二卷

又王弼略例一卷

經文不錄十二經皆倣此

尚書十三卷　孔氏傳并序

古者伏犧氏之王天下也始畫八卦造書契以代結繩之政由是文籍生焉伏犧神農黃帝之書謂之三墳言大道也少昊顓頊高辛唐虞之書謂之五典言常道也至于夏商周之書雖設教不倫雅誥奧義其歸一揆是故歷代寶之以為大訓八卦之說謂之八索求其義也九州之志謂之九丘丘聚也言九州所有土地所生風氣所宜皆聚此書也春秋左氏傳曰楚左史倚相能讀三墳五典八索九丘卽謂上世帝王遺書也先君孔子生於周末覩史籍之煩文懼覽之者不一遂乃定禮樂明舊章刪詩為三百篇約史記而脩春秋讚易道以黜八索述職方以除九丘討論墳典斷自唐虞以下訖于周芟夷煩亂翦截浮辭舉其宏綱撮其機要足以垂世立教典謨訓誥誓命之文凡百篇所以恢宏至道示人主以軌範也帝王之制坦然明白可舉而行三千之徒並受其義及秦始皇滅先代典籍焚書坑儒天下學士逃難解散我先人用藏其家書于屋壁漢室龍興開設學校旁求儒雅以闡大猷濟南伏生年過九十失其本經口以傳授裁廿餘篇以其上古之書謂之尚書百篇之義世莫得聞至魯共王好治宮室壞孔子舊宅以廣

其居於壁中得先人所藏古文虞夏商周之書及傳論語孝經皆科斗文字王又升孔子堂聞金石絲竹之音乃不壞宅悉以書還孔氏科斗書廢已久時人無能知者以所聞伏生之書考論文義定其可知者為隸古定更以竹簡寫之增多伏生廿五篇伏生又以舜典合於堯典益稷合於皐陶謨盤庚三篇合為一康王之誥合於顧命復出此篇并序凡五十九篇為四十六卷其餘錯亂摩滅弗可復知悉上送官藏之書府以待能者承詔為五十九篇作傳於是遂研精覃思博考經籍採摭羣言以立訓傳約文申義敷暢厥旨庶幾有補於將來

書序序所以爲作者之意昭然義見宜相附近故引之各冠其篇首定五十八篇既畢會國有巫蠱事經籍道息用不復以聞傳之子孫以貽後代若好古博雅君子與我同志亦所不隱也

毛詩廿卷　鄭氏箋

周禮十一卷　鄭氏注

儀禮十七卷　鄭氏注

禮記廿卷　鄭氏注月令一卷李林甫等注

御刪定禮記月令表

集賢院學士尚書左僕射兼右相吏部尚書修國史

上柱國晉國公臣林甫等奉勅注

臣聞昔在唐虞則曆象日月敬授人時降及虞舜則璿樞玉衡以齊七政夏后則更置小正周公則別爲時訓斯皆月令之宗旨也逮夫呂氏纂集舊儀定以孟春日在營室有拘佰檢無適變通不知氣逐閏移節隨斗建洎乎月朔差異日星見殊乃令雩祀愆期百工作沴事資革弊允屬更宜　昭代敬天勤民順時設教是以有皇極之敷言親降聖謨重有刪定乃依杓建爰準攝提舉正於中氣乖期於積閏履端於始不爽候於上元節氣由是合宜刑政以之咸序遂使金木各得其性水火無相奪倫蓋所謂順乎天而應乎人者也乃命集賢院學士尚書左僕射兼右相吏部尚書李林甫門下侍郎陳希烈中書侍郎徐安貞直學士起居舍人劉光謙宣城大司馬齊光乂河南府倉曹參軍陸善經修撰官家令寺丞兼知太史監事史元晏待　制官安定郡別駕梁令瓚等爲之注解臣等虔奉　綸旨極思何有愧無演暢之能謬承載筆之寄義深罕測學淺無能莫副　天心空塵聖意謹上

春秋左氏傳卅卷　杜氏集解并序

春秋者魯史記之名也記事者以事繫日以日繫月以

月繫時以時繫年所以紀遠近別同異也故史之所記必表年以首事年有四時故錯舉以爲所記之名也周禮有史官掌邦國四方之事達四方之志諸侯亦各有國史大事書之於策小事簡牘而已孟子曰楚謂之檮杌晉謂之乘而魯謂之春秋其實一也韓宣子適魯見易象與魯春秋曰周禮盡在魯矣吾乃今知周公之德與周之所以王韓子所見蓋周之舊典禮經也周德既衰官失其守上之人不能使春秋昭明赴告策書諸所記注多違舊章仲尼因魯史策書成文考其眞僞而志其典禮上以遵周公之遺制下以明將來之法其教之

所存文之所害則刊而正之以示勸戒其餘則皆卽用
舊史史有文質辭有詳略不必改也故傳曰其善志又
曰非聖人孰能脩之蓋周公之志仲尼從而明之左丘
明受經於仲尼以爲經者不刊之書也故傳或先經以
始事或後經以終義或依經以辯理或錯經以合異隨
義而發其例之所重舊史遺文略不盡舉非聖人所脩
之要故也身爲國史躬覽載籍必廣紀而備言之其文
緩其旨遠將令學者原始要終尋其枝葉究其所窮優
而柔之使自求之饜而飫之使自趨之若江海之浸膏
澤之潤渙然冰釋怡然理順然後爲得也其發凡以言

例皆經國之常制周公之垂法史書之舊章仲尼從而
修之以成一經之通體其微顯闡幽裁成義類者皆據
舊例而發義指行事以正褒貶諸稱書不書先書故書
不言不稱書曰之類皆所以起新舊發大義謂之變例
然亦有史所不書卽以爲義者也此蓋春秋新意故傳
不言凡曲而暢之也其經無義例因行事而言則傳直
言其歸趣而已非例也故發傳之體有三而爲例之情
有五一曰微而顯文見於此而起義在彼稱族尊君命
舍族尊夫人梁亡城緣陵之類是也二曰志而晦約言
示制推以知例參會不地與謀曰及之類是也三曰婉

而成章曲從義訓以示大順諸所諱辟璧假許田之類
是也四曰盡而不汙直書其事具文見意丹楹刻桷天
王求車齊侯獻捷之類是也五曰懲惡而勸善求名而
亡欲蓋而章書齊豹盜三叛人名之類是也推此五體
以尋經傳觸類而長之附于二百四十二年行事王道
之正人倫之紀備矣或曰春秋以錯文見義若如所論
則經當有事同文異而無其義也先儒所傳皆不其然
荅曰春秋雖以一字爲褒貶然皆須數句以成言非如
八卦之爻可錯綜爲六十四也固當依傳以爲斷古今
言左氏春秋者多矣今其遺文可見者十數家大體轉

相祖述進不成爲錯綜經文以盡其變退不守丘明之
傳於丘明之傳有所不通皆沒而不說而更膚引公羊
穀梁適足自亂預今所以爲異專脩丘明之傳以釋經
經之條貫必出於傳傳之義例摠歸諸凡推變例以正
褒貶簡二傳而去異端蓋丘明之志也其有疑錯則備
論而闕之以俟後賢然劉子駿創通大義賈景伯父子
許惠卿皆先儒之美者也末有潁子嚴者雖淺近亦復
名家故特舉劉賈許潁之違以見同異分經之年與傳
之年相附比其義類各隨而解之名曰經義集解又別
集諸例及地名譜第厤數相與爲部凡四十部十五卷

皆類其異同從而釋之名曰釋例將令學者觀其所聚異同之說釋例詳之也或曰春秋之作左傳及穀梁無明文說者以爲仲尼自衛反魯脩春秋立素王丘明爲素臣言公羊者亦云黜周而王魯危行言孫以辟當時之害故微其文隱其義公羊經止獲麟而左氏經終孔丘卒敢問所安荅曰異乎余所聞仲尼曰文王既沒文不在茲乎此制作之本意也歎曰鳳鳥不至河不出圖吾已矣夫蓋傷時王之政也麟鳳五靈王者之嘉瑞也今麟出非其時虛其應而失其歸此聖人所以爲感也絕筆於獲麟之一句者所感則春秋何始於魯隱公荅

曰周平王東周之始王也隱公讓國之賢君也考乎其時則相接言乎其位則列國本乎其始則周公之祚胤也若平王能祈天永命紹開中興隱公能弘宣祖業光啓王室則西周之美可尋文武之迹不隊是故因其歷數附其行事周之舊以會成王義垂法將來所書之王卽平王也所用之歷卽周正也所稱之公卽魯隱也安在其黜周而王魯乎子曰如有用我者吾其爲東周乎此其義也若夫制作之文所以章往考來情見乎辭言高則旨遠辭約則義微此理之常非隱之也聖人包周身之防既作之後方復隱諱以辟患非所聞也子路欲使門人爲臣孔子以爲欺天而云仲尼素王丘明素臣又非通論也先儒以爲制作三年文成致麟既已妖妄又引經以至仲尼卒亦又近誣據公羊經止獲麟而左氏小邾射不在三叛之數故余以爲感麟而作作起獲麟則文止於所起爲得其實至於反袂拭面稱吾道窮亦無取焉

後序

太康元年三月吳寇始平余自江陵還襄陽解甲休兵乃申杼舊意脩成春秋釋例及經傳集解始訖會汲郡汲縣有發其界內舊冢者大得古書皆簡編科斗文字發冢者不以爲意往往散亂科斗書久廢推尋不能盡通始者藏在祕府余

晚得見之所記大凡七十五卷多雜碎怪妄不可訓知周易及紀年最爲分了周易上下篇與今正同別有陰陽說而無彖象文言繫辭疑於時仲尼造之於魯尚未播之於遠國也其紀年篇起自夏殷周皆三代王事無諸國別也唯特記晉國起自殤叔次文侯昭侯以至曲沃莊伯莊伯之十一年十一月魯隱公之元年正月也皆用夏正建寅之月爲歲首編年相次晉國滅獨記魏事下至魏哀王之廿年蓋魏國之史記也推校哀王廿年大歲在壬戌是周赧王之十六年秦昭王之八年韓襄王之十三年趙武靈王之廿七年楚懷王之

卅年燕昭王之十三年齊湣王之廿五年也上去孔丘卒百八十一歲下去今大康三年五百八十一歲哀王於史記襄王之子惠王之孫也惠王卅六年卒而襄王立立十六年卒而哀王立古書紀年篇惠王卅六年改元從一年始至十六年而稱惠成王卒即惠王也疑史記誤分惠成之世以爲後王年也哀王廿三年乃卒故特不稱謚謂之今王其著書文意大似春秋經推此足見古者國史策書之常也文稱魯隱公邾莊公盟于姑蔑即春秋所書邾儀父未王命故不書爵曰儀父貴之也又稱晉獻公會虞師伐虢滅下陽即春秋所書虞師晉師滅下陽先書虞賄故也又稱周襄王會諸侯于

河陽即春秋所書天王狩于河陽以臣召君不可以訓也諸若此輩甚多略舉數條以明國史皆承告據實而書時事仲尼脩春秋以義而制異文也又稱衛懿公及赤翟戰于洞澤疑洞當爲泂即左傳所謂熒澤也齊國佐來獻玉磬紀公之甗即左傳所謂賓媚人也諸所記多與左傳符同異於公羊穀梁知此二書近世穿鑿非春秋本意審矣雖不皆與史記尚書同然參而求之可以端正學者又別有一卷純集疏左氏傳卜筮事上下次第及其文義皆與左傳同名曰師春師春似是抄集者人名也紀年又稱殷仲壬即位居亳其卿士伊尹仲壬崩伊尹放大甲于桐乃自立也伊尹即位放大甲

七年大甲潛出自桐殺伊尹乃立其子伊陟伊奮命復其父之田宅而中分之左氏傳伊尹放大甲而相之卒無怨色然則大甲雖見放還殺伊尹而猶以其子爲相也此爲大與尚書敘說大甲事乖異不知老叟之伏生或致昏忘將此古書亦當時雜記未足以取審也爲其粗有益於左氏故略記之附集解之末焉

春秋公羊傳十二卷　何休學并序

昔者孔子有云吾志在春秋行在孝經此二學者聖人之極致治世之要務也傳春秋者非一本據亂而作其中多非常異義可怪之論說者疑惑至有倍經任意反

傳違戾者其勢雖問不得不廣是以講誦師言至於百萬猶有不解時加釀嘲辭援引他經失其句讀以無爲有甚可閔笑者不可勝記也是以治古學貴文章者謂之俗儒至使賈逵緣隙奮筆以爲公羊可奪左氏可興恨先師觀聽不決多隨二創此世之餘事斯豈非守文持論敗績失據之過哉余竊悲之久矣往者略依胡毋生條例多得其正故遂隱括使就繩墨焉

春秋穀梁傳十二卷　范甯集解并序

昔周道衰陵乾綱絶紐禮壞樂崩彝倫攸斁弒逆篡盜者國有淫縱破義者比肩是以妖災因釁而作民俗染

化而遷陰陽爲之徵度七曜爲之盈縮川岳爲之崩竭
鬼神爲之疵厲故父子之恩缺則小弁之刺作君臣之
禮廢則桑扈之諷興夫婦之道絶則谷風之篇奏骨肉
之親離則角弓之怨彰君子之路塞則白駒之詩賦天
垂象見吉凶聖作訓紀成敗欲人君戒愼厥行增脩德
政蓋誨爾諄諄聽我藐藐履霜堅冰所由者漸四夷交
侵華戎同貫幽王以暴虐見禍平王以微弱東遷征伐
不由天子之命號令出自權臣之門故兩觀表而臣禮
亡朱干設而君權喪下陵上替僭逼理極天下蕩蕩王
道盡矣孔子覩滄海之橫流迺喟然而歎曰文王既沒

文不在茲乎言文王之道喪興之者在己於是就大師
而正雅頌因魯史而脩春秋列黍離於國風齊王德於
邦君所以明其不能復雅政化不足以被羣后也於時
則接乎隱公故因茲以託始該二儀之化育贊人道之
幽變舉得失以彰黜陟明成敗以著勸誡拯頹綱以繼
三五鼓芳風以扇遊塵一字之褒寵踰華袞之贈片言
之貶辱過市朝之撻德之所助雖賤必申義之所抑雖
貴必屈故附勢匿非者無所逃其罪潛德獨運者無所
隱其名信不易之宏軌百王之通典也先王之道既虧
麟感化而來應因事備而終篇故絶筆於斯年成天下

之事業定天下之邪正莫善於春秋春秋之傳有三而
爲經之旨一臧否不同褒貶殊致蓋九流分而微言隱
異端作而大義乖左氏以鬻拳兵諫爲愛君文公納幣
爲用禮穀梁以衞輒拒父爲尊祖不納子糾爲內惡公
羊以祭仲廢君爲行權妾母稱夫人爲合正以兵諫爲
愛君是人主可得而脅也以納幣爲用禮是居喪可得
而婚也以拒父爲尊祖是爲子可得而叛也以不納子
糾爲內惡是仇讎可得而容也以廢君爲行權是神器
可得而闚也以妾母爲夫人是嫡庶可得而齊也若此
之類傷教害義不可得强通者也凡傳以通經爲主經

以必當爲理夫至當無二而三傳殊說庸得不棄其所
滯擇善而從乎既不俱當則固容俱失若至言幽絶擇
善靡從庸得不並舍以求宗據理以通經乎雖我之所
是理未全當安可以得當之難而自絶於希通哉而漢
興以來瓌望碩儒各信所習是非紛錯準裁靡定故有
父子異同之論石渠分爭之說廢興由於好惡盛衰繼
之辯訥斯蓋非通方之至理誠君子之所歎惜也左氏
豔而富其失也巫穀梁清而婉其失也短公羊辯而裁
其失也俗若能富而不巫清而不短裁而不俗則深於
其道者也故君子之於春秋沒身而已矣升平之末歲

次大梁先君北蕃迴軫頓駕於吳乃帥門生故吏我兄
弟子姪研講六籍次及三傳左氏則有服杜之注公羊
則有何嚴之訓釋穀梁傳者進近十家皆膚淺末學不
經師匠辭理典據既無可觀又引左氏公羊以解此傳
文義違反斯害也已於是乃商略名例敷陳疑滯博示
諸儒同異之說昊天不弔大山其頽匍匐墓次死亡無
日日月逾邁跂及視息乃與二三學士及諸子弟各記
所識并言其意業未及終嚴霜夏墜從弟凋落二子岁
沒天實喪予何痛如之今撰諸子之言各記其姓名名
曰春秋穀梁傳集解

孝經一卷　明皇御注并序
序同石臺孝經已見八十七卷不錄
論語十卷　何晏集解并序
敘曰漢中壘校尉劉向言魯論語廿篇皆孔子弟子記
諸善言也大子大傅夏侯勝前將軍蕭望之丞相韋賢
及子玄成等傳之齊論語廿二篇其廿篇中章句頗多
於魯論瑯邪王卿及膠東庸生昌邑尉王吉皆以教授
故有魯論有齊論魯共王時嘗欲以孔子宅爲宮壞得
古文論語齊論有問王知道多於魯論二篇古論亦無
此二篇分堯曰下章子張問以爲一篇有兩子張凡廿
一篇篇次不與齊魯論同安昌侯張禹本受魯論兼講
齊說善者從之號曰張侯論爲世所貴包氏周氏章句
出焉古論唯博士孔安國爲之訓解而世不傳至順帝
時南郡太守馬融亦爲之訓說漢末大司農鄭玄就魯
論篇章考之齊古爲之注近故司空陳羣太常王肅博
士周生烈皆爲義說前世傳授師說雖有異同不爲訓
解中間爲之訓解至于今多矣所見不同互有得失今
集諸家之善記其姓名有不安者頗爲改易名曰論語
集解光祿大夫關內侯臣孫邕光祿大夫臣鄭沖散騎
常侍中領軍安鄉亭侯臣曹羲侍中臣荀顗尚書駙馬

都尉關內侯臣何晏等上
爾雅三卷　郭璞注并序
夫爾雅者所以通詁訓之指歸敘詩人之興詠揔絶代
之離詞辯同實而殊号者也誠九流之津涉六藝之鈐
鍵學覽者之潭奥摛翰者之華苑也若乃可以博物不
惑多識於鳥獸草木之名者莫近於爾雅爾雅者葢興
於中古隆於漢氏豹鼠既辯其業亦顯英儒贍聞之士
洪筆麗藻之客靡不欽玩躭味爲之義訓璞不揆檮昧
少而習焉沈研鑽極二九載矣雖註者十餘然猶未詳
備並多紛謬有所漏略是以復綴集異聞會稡舊說考

方國之語釆謠俗之志錯綜樊孫傳闕羣言劉其瑕纇
寀其蕭俍事有隱滯援據徵之其所易了闕而不論別爲音圖用袪未寤瓶復擁篲清道企望塵躅者以將來
君子爲亦有涉乎此也

周易二萬四千四百三十七字
尚書二萬七千一百三十四字
毛詩四萬八百四十八字
周禮四萬九千五百一十六字
儀禮五萬七千一百一十一字
禮記九萬八千九百九十四字

春秋左氏傳一十九萬八千九百四十五字
公羊傳四萬四千七百四十八字
穀梁傳四萬二千八十九字
孝經二千□百□十三字
論語一萬六千五百九字
爾雅一萬七百九十一字
五經文字
九經字樣
九經并孝經論語爾雅字樣等都計六十五萬二千
五十二字

開成二年丁巳歲月次于元日維丁亥書石學生前
四門館明經臣艾居晦書石學生前四門館明經臣
陳玠書石學生前文學館明經臣□□□□書石官
將仕郎守潤州句容縣尉臣段絳校勘兼看書上石
官將仕郎守秘書省正字臣柏暠校勘兼看書上石
官將仕郎守四門助教臣陳莊士覆定字體官翰林
待詔朝議郎權知沔王友上柱國賜緋魚袋臣唐元
度校勘官兼專知都勘定經書檢校刊勒上石朝議
郎守國子毛詩博士上柱國臣章師道朝散大夫守
國子司業騎都尉賜緋魚袋臣楊敬之都檢校官銀
青光祿大夫□□□□□□□□□□國子祭酒同
中書門下平章事太清宮使監修國史上柱國滎陽
郡開國公食邑二千戶臣覃

汲郡呂公龍圖領漕陝右之日持適承乏雍學一日
謁公公喟然謂持曰京兆闤闠有唐國子監存焉
其間石經乃開成中鐫刻唐史載文宗時太學勒石
經而鄭覃與周墀等校定九經文字上石及覃以宰
相兼祭酒於是進石壁九經一百六十卷卽今之石
經是已舊在務本坊自天祐中韓建築新城而六經
石本委棄於野至朱梁時劉鄩守長安有幕吏尹玉

羽者白鄭請㺯入城鄭方備岐軍之侵軼謂此非急
務玉羽紿之曰一旦敵兵臨城碎爲矢石亦足以助
賊爲虐鄭然之乃遷置於此卽唐尚書省之西隅也
地雜民居其處窪下霖潦衝注隨立輒仆埋没腐壞
歲久折缺殆非所以尊經而重道予欲徙置於學府
之北牖予且伻圖來視厥旣視圖則命徒役具器用
平其溝塹而基之築其浮虛而實之凡石刻之偃者
仆者悉輦置於其地洗剔塵土補錮殘缺分爲東西
次比而陳列焉明皇注孝經及建學碑則立之於中
央顏褚歐陽徐柳之書下逮偏旁字源之類則分布

於庭之左右俄而如登道山如入東序河圖洛書大
璧琬琰爛然在目而應接或不暇矣先是有興平僧
誕妄惑衆取索無厭大尹劉公希道没入其貲有欲
請於朝以備慈恩浮屠者公卽建言崇飾增廟非古
而興建學校爲急朝廷乃以五百千畀之不費於公
不役於民經始於元祐二年初秋盡孟冬而落成門
序旁啟雙亭中峙廊廡回環不崇不庳誠故都之壯
觀翰墨之淵藪也學者暇日於此游息得之於目而
會之以心固已有超然遐詣之意豈曰小補之哉竊
惟六經天人之道備聖人所以遺天下來世之意盡

在於是自周末至隨千餘載之閒已遭五厄汗簡以
載或焚或脫縑楮魚蠹易腐易裂道雖無窮而器則
有敝惟鑱之金石庶可以久有唐之君相知物之終
始而憂百世之慮深故石經之立殆以此也然以洛
陽蔡邕石經四十六碑觀之其始立也觀視摹寫者
車乘日千餘兩塡塞街陌可謂盛矣及范蔚宗所見
其存者纔十有二枚餘皆毀壞磨滅然後知不得其
人以護持雖金石之固亦難必其可久此呂公所以
爲有功於聖人之經而不可不書也然持書此者豈
特紀其歲月而已哉將使後之君子知古人之用心

而不廢前功庶斯文之有寄云爾元祐五年九月黎持

新移石經記

按六朝以前用分隸今石經皆正書且多用歐虞書
法知其爲唐人書矣禮記首月令尊明皇純字諱尊
憲宗又知其非天寶以前人書矣然則今西安府學
石經乃唐文宗時石經也嘉靖乙卯地震石經倒損
西安府學生員王堯惠等按舊文集其缺字別刻小
石立于碑傍以便摹補又按唐書謂文宗朝石經遵
棄師法不足觀然其用筆雖出衆人不離歐虞褚薛
法恐非今人所及惟王堯惠等補字大爲紕繆今華

下東生文豸家有乙卯以前搨本庶幾稱善焉石墨鐫華
國子學石經今在西安府儒學其末有年月一行題
名十行按舊唐書開成元年正月中書門下奏起居
舍人集賢殿學士周墀監察御史張次宗禮部員外
郎孔温業兵部員外郎集賢殿直學士崔球等同勘
校經典釋文又云令率更令韓泉克詳定石經宮新
唐書亦列墀等四人而碑竝不載 舊唐書文宗紀
石經立後數十年名儒皆不窺之以爲蕪累甚矣愚
初讀而疑之又見新書無貶辭以爲石壁九經雖不
逮古人亦何遽不賢於寺碑冢碣及得其本而詳校

之乃知經中之繆戾非一而劉昫之言不誣也略識
于左 周易君子以裒多益寡裒誤作襃悔吝者言乎
其小疵也言誤作存其孰能與於此哉脱於字周易
繫辭下第八脱下字易窮則變變則通通則久是以
自天祐之吉无不利下多也字力小而任重小誤作
少傷於外者必反其家其誤作於夬必有所遇脱所
字蠱則飭也飭誤作飾豐多故親寡旅也故下多也
字姤遇也姤誤作遘其與今文不同而兩通者終來
有他吉他作它剛健篤實輝光輝作煇君子以治歷
明時歷作歷可與佑神矣佑作祐其受命也如嚮嚮

作響兼三才而兩之三才之道也才皆作材其一字
而前後不同者包蒙包荒包承包羞繫于包桑繫辭下同
包皆作苞包有魚包无魚以杞包瓜包皆作包問以
辨之由辨之不早辨也其明明也明辨晳也辨吉凶
者存乎辭困德之辨也井以辨義辨是與非辨皆作
辯君子以類族辨物剝牀以辨君子以慎辨物居方
復小而辨於物辨皆作辨其旁注者至靜而德方德
下添一也字賁亨小利有攸往利下添一貞字其先
誤而後改者略例筌誤作荃愈誤作喻二无誤作無
者卽其誤改之其標題周易繫辭上第七周易繫辭

第八周易說卦第九皆八分書而周易序卦第十删
易雜卦第十一皆正書雖依古注本附於第九之內
以正書爲别終似未安 尚書乃祖乃父丕乃告我
高后曰作丕刑于朕孫乃父誤作先父孫上多一子
字臣下罔攸稟令令誤作命若藥弗瞑眩藥誤作樂
王乃徇師而誓徇誤作循乃汝世讐世誤作誓太保
乃以庶殷攻位于洛汭攻誤作公用端命于上帝于
誤作予其與今文不同而兩通者敢對揚天子之休
命無之字其旁注者乎有亂臣十人臣字旁注惟婦
言是用是字旁注釋箕子囚封比干墓式商容閭于

下容下各添一之字　詩小戎序國人則矜其車甲甲誤作田舒懮受兮懮誤作憂予尾翛翛翛誤作脩戎車既飭飭誤飾以祈黃耉祈誤作祁涼曰不可涼誤作諒無此疆爾界界誤作介侯疆侯以疆誤作彊其與今文不同而兩通者雝雝鳴鴈雝作雍之死矢靡他他作它不知我者謂我士也驕作不我知二章同和鸞雝雝雝作雍何人斯序故蘇公作是詩以絕之也以作而維塵雝兮雝作雍既匡既敕敕作勑其政不獲政從鄭箋作正尚不愧于屋漏愧作媿于彼西雝肅雝和鳴有來雝雝雝皆作雍屢豐年屢作婁

其先誤後改者抱衾與裯裯誤作稠不瑕有害瑕誤作遐饘餔發發發誤作撥噂沓背憎噂誤作蹲如彼遡風遡誤作愬駉駉牡馬三章牡皆誤作牧皆卽其誤改之云何其盱脫其字添　周禮女史八人史誤作使太宰三曰郊甸之賦郊誤作邦內饔豕盲視而交睫豕誤作施典枲掌布緦縷紵之麻草之物緦誤作絲牛人軍事共其犒牛犒誤作槁司市市司帥賈師而從賈誤作胥肆長掌其戒令令誤作禁鞮鞻氏府一人一誤作八鬯人祭門用瓢齎用誤作明司几筵設莞筵紛純筵誤作席大司樂大磬磬誤作罄王

大食三侑侑誤作宥大師令奏鼓朄鼓誤作瞽大祝四曰禜禜誤作榮司常家各象其號象誤作相凡以神仕者仕誤作士小子史二人二誤作一大司馬旗居卒間居誤作車蚡胡之笴笴誤作笱矢人前弱則俛俛誤作勉其與今文不同而兩通者醫師疕瘍者疕上多一有字野廬氏有相翔者誅之誅上多一則字邦之大師大上多一有字庭氏以救日之弓與救月之矢射之射上多一夜字　儀禮士冠禮捷柶興捷誤作建鄉射禮司射適堂西袒決袒誤作袓楅髤橫而奉之奉誤作拳大夫與士射袒纁襦纁誤作薰

燕禮右祭脯醢脯誤作醢太射儀賓升成拜拜誤作敗坐授瑟乃降授誤作受聘禮賓既將公事復見訝以其摯訝誤作之公食大夫禮陳鼎於碑南南面西上脫一南字覲禮天子賜舍曰伯父脫曰字士喪禮祭服不倒倒誤作到少牢饋食禮如筮日之儀儀誤作禮主婦被錫衣侈袂侈誤作移下同祝延尸延誤作筵有司徹二手執挑匕枋挑誤作桃主婦洗爵于房中脫爵字主婦北面答拜受爵尸降筵受主婦爵以降誤作受尸爵主人降洗爵爵誤作觶下主人實爵竝同王人拜受爵尸拜送脫爵字其與今文不同

而兩通者鄉射禮適左个中亦如之亦作皆燕禮小臣又請媵爵者二大夫媵爵如初大夫下更有大夫二字　禮記御刪定月令在曲禮前月令人乃遷徙徙誤作徒其器閎以奄奄誤作掩檀弓上周公蓋祔祔誤作附王制示弗故生也示誤作亦禮器饗帝於郊而風雨節寒暑時脫節字學記燕辟廢其學辟誤作譬喪大記男子出寢門外脫外字子大夫公子衆士食粥脫衆士二字哀公問如此則國家順矣脫則字坊記民猶薄於孝而厚於慈猶下多有字中庸待其人而後行而誤作然君子之所不可及者脫之字

緇衣有國家者章義擅惡脫家字儒行愼靜而尚寬脫而字大學人之其所親愛而辟焉五辟字皆誤作譬若有一个臣个誤作介其與今文不同而兩通者檀弓上有亡惡乎齊亡作無蔵壹漆之壹作一樂記非聽其鏗鏘而已也鏘作鎗雜記上客立于門西于作於雜記下泄柳之母死泄作世喪大記命婦汜拜衆賓於堂上於作于主人先俟于門外于作於中庸可一言而盡也一作壹問喪祭之宗廟以鬼享之享作饗大學堯舜帥天下以仁二帥字皆作率昏義祖廟既毁教于宗室于作於射義是以諸侯君臣以作

故其先誤而後改者學記教人不盡其材材誤作才故人不耐無樂耐誤作能皆即其誤改之　春秋左傳隱元年且告之悔且誤作具五年僖伯稱疾不從疾誤作侯十年伐戴戴誤作載桓二年故封桓叔于曲沃故誤作政六年楚之羸羸誤作羸以類命爲象類誤作德閔二年從曰撫軍軍誤作國僖三年公子友如齊涖盟涖誤作涖四年歸胙于公脫胙字姬寘諸宮六日宮誤作公公殺其傳杜原款傳誤作傅七年弗可改也已改誤作故十四年公怒止之止誤作上十五年輅秦伯輅誤作轄使郤乞告瑕呂飴甥且

名之且誤作國二十五年昬而傳焉傳誤作傅二十七年責無禮也責誤作青郤縠可縠誤作榖三十一年晉新得諸侯新誤作親東傳于濟傳誤作傅三十三年入險而脫入誤作人爲從者之淹淹誤作流文元年王使毛伯衛來錫公命錫誤作賜享江芊芊誤作芉二年廢六關關誤作闕七年賓文公子焉焉誤作曰十二年大子以夫鍾與郕邽來奔邽誤作封宣二年晉趙盾弑其君夷皋弑誤作殺二年晉侯伐鄭及郔郔誤作延商紂暴虐紂誤作討四年秋公如齊秋誤作利六年離卦誤畫作同人八年殺諸絳市絳

誤作終十二年晉師在敔部之間師誤作帥十五年
吾獲狄土土誤作士十七年盟于卷楚卷誤作巷郤
子其或者欲已亂於齊乎乎誤作平十八年凡自虐
其君曰弑虐上多一內字成二年及齊師戰于新築
師誤作侯且碎左右且誤作旦七年尋蟲牢之盟蟲
誤作蠱十七年楚公子櫜師襲舒庸櫜誤作橐裹十
年子蟜曰蟜誤作矯今伐其師今誤作令十四年士
鞅反反誤作及十七年荀過華臣之門必騁騁誤作
聘十九年而覩不可含含誤作舍所不嗣事于齊者
事誤作是天子令德天誤作夫二十一年欒盈過于

周過上多奔楚二字二十三年郲昇我來奔昇誤作
畀二十五年先夫當之矣夫誤作天井堙木刊堙誤
作煙賦車兵徒卒甲楯之數卒誤作兵二十七年父
子死余矣余誤作餘免餘復攻寗氏餘誤作余二十
八年重邱之盟未可忘也忘誤作志使析歸父告晏
平仲晏誤作宴文子使召之召誤作君慶氏之馬善
驚馬誤作焉武王有亂臣十人脫臣字三十年蔡景
侯為太子般娶于楚娶誤作聚單公子愆期期誤作
旟駟帶追之駟誤作四昭元年今武猶是心也今誤
作令二年齊使上大夫送之送誤作逆三年少姜有

寵而死姜誤作齊知而復從復誤作弗四年恃險與
馬馬誤作焉五年娶於子尾氏娶誤作聚君若驩焉
好逆使臣若誤作苦九年無囿猶可囿誤作宥十三
年隱太子之子廬歸于蔡廬誤作盧十四年楚子使
然丹簡上國之兵於宗邱宗誤作宋二十年余不忍
其詢詢誤作詢取人於萑苻之澤苻誤作符二十一
年心是以感感實生疾感誤作咸二十五年士平上
奔楚士誤作氏邊卬為大司徒卬誤作印二十五年
季公鳥生申申誤作甲二十七年入于堀室堀誤作
堀定元年榮駕鵞駕誤作鴐三年及邾子盟于拔拔

誤作拔八年子姑使溷代子代誤作伐十年駟赤裸
侯犯曰赤誤作亦哀四年盜殺蔡侯申殺誤作弑蔡
昭侯將如吳蔡誤作葬十六年與晉人謀襲鄭晉誤
作為二十三年有不腆先人之產馬馬誤作焉二十
六年四方其訓之訓誤作順其與今文不同而兩通
者宣二年以覩諸朝覩作示哀十六年此事克則為
卿事下有也字其續添者昭二十二年辛丑伐京毀
其西南下添于朝奔郊四字　春秋公羊傳隱元年
何以名字也字上多一不字二年婦人謂嫁曰歸嫁
誤作稼三年曷為或言崩或言薨脫上一或字生毋

相見死毋相哭毋字竝誤作母死毋誤作母死六年
吾與鄭人末有成也末誤作未下同十年宋人蔡人
衛人伐載載誤作戴桓二年日有有則此何以書脫
一有字隱賢而桓賊也賊誤作賤莊十九年此其言
遂何脫其字二十五年求乎陰之道也陰誤作隱三
十二年狄伐邢邢誤作刑僖四年南夷與北狄交誤
作北夷六年此其言圍何圍下多一者字二十六年
乞師者何脫師字三十年歸惡乎元咺也乎誤作于
三十三年百里子與蹇叔子百誤作伯文四年其謂
之逆婦姜于齊何何誤作河宣十五年然後歸爾爾

誤作耳成十五年成公幼幼誤作憂臧宣叔者相也
叔誤作公襄十四年季孫宿會晉士匄宋華閱衛孫
林父鄭公孫蠆莒人邾婁人于戚邾婁人脫人字十
七年春王二月二誤作三十九年爲其驕蹇爲誤作
作或二十九年許人子者必使子也人下脫子字昭
九年其言陳火何脫陳字定元年立煬宫宫誤作公
四年夷狄也而憂中國而誤作其哀四年盜殺蔡侯
申殺誤作弑六年齊國憂及高張來奔高上多一齊
字十四年顏淵死子曰子上多一孔字其與今文不
同而兩通者隱四年隱公曰否作隱曰吾否桓六年

簡車徒也徒作馬㴈乎蔡乎作于十一年祭仲者何
鄭相也相上有之字文六年何以謂之天無是月非
常月也是月下更有是月二字宣六年此非弑君而
何而作如十年未絶於我也於作于十二年是以君
子篤於禮而薄於利下於作于成二年得一貶焉爾
一作壹襄十二年春王正月正作三二十九年爾殺
吾君殺作弑三十一年於是負孝公之周愬天子愬
作訴哀十四年有麏而角者麏作麕其先誤而後改
者桓二年此其目言之何目誤作月閔元年孰弑之
矣使弑子般弑竝誤作殺僖十二年葬陳宣公宣誤

作桓成二年及齊侯戰于鞌侯誤作師昭二十五年
慶子免君於大難矣脫矣字皆卽其誤改之　春秋
穀梁傳隱元年父者何傳也傳誤作傅四年弑而代
之也代誤作伐九年所俠也俠誤作挾莊七年則是
雨說也雨誤作兩下同僖五年天子世子世天下也
誤作士子二十二年春秋三十有四戳脫有字二十
八年晉侯齊師宋師秦師誤作齊侯文二年內大夫
可以會外諸侯脫外字三年王子虎卒誤作壬子宣
八年以譏乎宣也譏誤作饑襄元年晉侯使荀罃來
聘罃誤作嬰二年三年同三年諸侯始失正矣正誤

作王六年立異姓以淄祭祀立上多一非字哀元年
此該之變而道之也該誤作郊六年入者內弗受也
弗誤作不下同其與今文不同而兩通者僖十七年
桓公嘗有存亡繼絶之功脫公字文六年處父主境
上事事上多一之字成五年帥羣臣而曰之前作率
後作帥其先誤而後改者甚多不具載　論語賜也
爾愛其羊爾誤作汝不知其仁仁誤作人子使漆雕
開仕雕誤作彫再斯可矣斯誤作思三人行三上多
一我字必有我師焉有誤作得冉有子貢侃侃如也
有誤作子告夫三子三上多一二字可與言而不與

之言脫之字無求生以害仁仁誤作人吾猶及史之
闕文也脫之字稱諸異邦曰諸誤作謂何德之衰衰
下多一也字其與今文不同而兩通者女得人焉爾
乎爾作耳人潔己以進潔作絜其先脫而後添注者
陽貨篇子曰巧言令色鮮矣仁　爾雅替戾底廢誤
作底厎翩蘇也翩誤作翩皇華也誤作華皇赫兮咺
兮咺誤作烜是刈是濩濩誤作穫木謂之虡木誤作
本何鼓謂之牽牛何誤作河鸅烏鸆鸆誤作鸃孛麻
母孛誤作荸櫰槐大葉而黑作櫰槐。

尾謂之丙尾上添一之字燕白脰烏烏誤作烏楊烏

白鷢楊烏誤鷢鷢烏醜烏誤作烏烏鵲醜烏誤作烏
膺大膺誤作大膺凡經中二十字皆作廿三十字皆
作卅按古詩之文多是四言如于三十里三十維物
皆四言也則當爲三十字史記秦始皇刻石如廿有
六年維廿九年卅有七年則當爲廿字卅字今改經
文而爲廿卅字非矣凡經中虎字皆缺末筆作虍
號虢號彪虒諸字皆同避太祖諱淵字皆缺筆作㴊
娟字亦作婣避高祖諱世字皆缺筆作丗泄作洩紲
作緤棄作弃勤作勩葉作菜渫揲緤媟諜堞偞皆改
從云民字缺筆作巳泯作汦岷作岻泜昬緡痻碈瞥

愍蟁皆改從氏避太宗諱亨字皆作亨避肅宗諱豫
字皆缺筆作豫避代宗諱适字皆缺筆作适避德宗
諱誦字皆缺筆作誦避順宗諱純字皆缺筆作純避
憲宗諱恒字皆缺筆作恒避穆宗諱湛字皆缺筆作
湛甚作甚椹作湛避敬宗諱乃若高宗諱治中宗諱
顯睿宗諱旦元宗諱隆基文宗諱涵皆不缺筆者禮
天子事七廟自肅至敬七宗而高祖太宗創業之君
不祧者也元宗以上則祧廟也故不諱冊府元龜寶歷元年正月太常寺禮院上言元宗廟諱准故事祧遷後不當更諱制可文宗則今上也古者
卒哭乃諱故生不諱左傳文公宣公卷字更濫惡而

成城字皆缺末筆穀梁襄昭定哀四公卷儀禮士昏禮皆然此爲朱梁所補刻考之宋劉從乂黎持二記但言韓建劉鄩石而不言補刻宋建隆三年劉從乂修文宣王廟記言天祐甲子歲太尉許國公爲居守移太學并石經於此甲子歲昭宗遷雒之年許國公者韓建也元祐五年黎持新移石經記則云舊在務本坊自天祐中韓建築新城而石經委棄于野至朱梁時劉鄩守長安從幕吏尹玉羽之請輦入城中置于此地即唐尚書省之西隅也今龍圖呂公領漕陝右以其處窪下命徒置於府學之北墉而建亭焉二說不同朱彝尊曰尹玉羽者京兆長安人以孝行聞劉鄩辟爲保大軍節度推官歷雍汴滑兗從事仕後唐至光祿少卿晉高祖召之辭以老退歸關中嘗著自然經五卷武庫集五十卷其事散見於冊府元龜惜歐陽子不爲立傳而其書亦不傳於世也然成字缺筆其爲梁諱無疑昔人固未嘗徧讀而博考也金石文字記

喬三石作石經記恨獨無孟子謂自開成至今七百年無好事及此者近賈中丞漢復始爲補刻以成完書池北偶談

右唐國子學石刻九經開成二年鄭覃勘定勒石本也新唐書載覃奏起居郎集賢殿學士周墀等四人校定又冊府元龜載文宗命率更令韓泉充詳定官而題名于石者有四門館明經艾居晦陳玠等并覃其十人顧國史所記者題名不書題名書者國史亦不紀不可解也石經文劉昫譏其字乖師法然終勝今監本坊本儲藏家不可不以此插架焉曝書亭集

顧寧人博學多聞考据不苟即石經辨析處一點畫未或輕易放過眞古來善讀書人也惜相去數千里不能縮地就正之金石錄補

按舊唐書文宗本紀及鄭覃傳皆言石壁九經即黎持之記亦然其實九經之外更有孝經論語爾雅凡十二經不止九經也較今之十三經但少孟子其時孟子尚雜諸子中未與大學中庸共列爲四書也然此十二經之外張參之五經文字唐元度之九經字樣與之並行歷五代宋元明迄今載祀九百而此刻一無損失則以呂公置諸學校之故也然漢魏石經

亦在學校不及四五百年殘毀殆盡則以洛陽帝都屢遭大亂長安自唐以後無建都者故反獲保全爾石經攷

王應麟玉海云後唐長興三年二月令國子監校正九經以西京石經本抄寫刻板頒天下此以石經本雕板之始也按舊唐書褚無量傳無量以舊庫內書自高宗代即藏在宮中漸致遺逸奏請繕寫刊校以弘經籍之遺葉夢得石林燕語稱柳玭序訓言其在蜀時嘗閱書肆所鬻字書小學率雕本則唐固有之若九經之有雕板實始後唐詳勘者馬鎬陳觀田敏

也迨周廣順三年六月丁巳判監田敏又上十一經
及爾雅五經文字九經字樣刻板皆四門博士李鶚
書惟公羊前三禮爲郭嵠書至顯德二年又校勘經
典釋文三十卷雕印命張昭田敏詳校石經攷異
太學石壁九經舊唐書謂爲有乖師法誠然但此必
須大有學識之人方能審定修舊書者學識想必不
高而敢爲此言不知於意云何至於顧氏金石文字
記所駮今試逐條攷之每有無誤而妄駮使石經受
其寃誣者又明趙崡石經鐫華云云竊以補字誠爲
紕繆然既别刻小石不與原文相亂則聽之可也予

所得石本乃從現在石上搨出其補字爲别刻小石
與原文不相攙雜尙自顯然顧氏所据乃裝褫成冊
者因裱匠取流俗郵塾中九經本按照前後用後人
所補嵌入裝合輻湊竟如一手搨出者顧氏久客西
安目擊此石乃不加詳核輙疏甚矣如周易君子以
裒多益寡顧云裒誤作褎案石經毛詩小雅常棣原
隰裒矣釋詁裒多也而說文無此字俗本周易作裒
多鄭荀董遇蜀才皆訓取則當作捊古以音近假借
故作褎作裒則非又其孰能與此哉俗本與下有於
字顧遂云脫於字亦非力少而任重古本如此不知

何人改爲力小顧反据俗本駮石經云小誤作少亦
非遘遇也俗本作姤說文女部無姤字在新附卦名
古必作遘石經前已从俗作姤矣於此尙存一古字
而辵部遘字正注遇也與見部覯遇見也相似顧氏
習於俗學不足以知之顧又言有與今文不同而相
通者如終來有它吉云云愚謂毛詩鄘風栢舟之死
矢靡它小雅鶴鳴它山之石石經皆作它古字猶存
顧乃以爲與他可兩通非也大畜煇光顧亦以爲與
輝兩通不知本作煇石經是也作輝則非可與祐神
矣顧又以爲祐可與佑兩通不知說文祐在示部助

也而人部無佑字又部右字下徐鉉曰今俗别作佑
則二字不得相通也又其受命也如嚮顧亦以爲與
響兩通不知說文有嚮字無響字石經作嚮是也尙
書臣下罔攸稟令令訛作命若藥弗瞑眩藥誤作樂
二條皆唐石經爲地震倒損後人補刻之誤而顧謬
以爲唐人之誤太誓中王乃徇師而誓補刻如此顧
云徇誤作循案說文彳部有徇字注行示也引司馬
法斬以徇晉人僞尙書變作徇石經於夏書允征遒
人以木鐸徇于路用之而左傳僖二十八年殺顛頡
以徇於師成二年郤子使速以徇襄十年帶其斷以

衕於軍之類並同漢食貨志亦云衕於路想石經太誓亦必作衕補刻誤作循但說文作衕不作衕此已非是俗乃又變爲狗說文犬部亦無此字新附亦無顧氏指後人補刻作唐人之誤又以其不從俗作狗爲非則謬矣乃汝世讐世誤作誓太保乃以庶殷攻位于洛汭攻誤作公用端命于上帝于誤作予三條皆後人補刻非唐人之誤顧據褎成者妄駮顧氏又據尚書中旁注者三條內一條予有亂臣十人臣字旁注顧意謂卽開成時脫落旁注也畢氏關中金石記以爲謬謂旁注謬也而不能定旁注者爲何人其

意則以爲凡旁注皆非開成舉說甚是愚謂石經襄二十八年傳叔孫穆子曰武王有亂十人此穆子約太誓文非引書故未遭妄人硬攙臣字至昭二十四年劉子謂萇宏曰太誓曰紂有億兆夷人亦有離德余有亂十人同心同德論語予有亂十人則亂字旁添注一臣字其字與太誓旁注者皆偏側夭斜不成筆畫皆後世妄人添注非唐人之舊知者惟陸德明論語釋文云予有亂十人本或作亂臣十人非要之隋唐間僞孔安國尚書杜預左傳盛行下里鄙師見書孔傳云治理之臣昭二十四杜云治臣遂妄添

臣字然德明習聞古義猶直斥其非開成亦仍不用也若添注果出開成何以論語尚書并左傳共四處皆同竟如有意脫落故爲旁添弄此狡獪有是理乎知旁注皆出後世妄徒畢說確甚太誓雖皇甫謐僞造時猶近古古學尚存取左傳綴緝成文決不加臣字自露敗缺且攷襄二十八年疏引鄭元論語注十人謂文母周公太公召公畢公榮公太顛閎夭散宜生南宮适本無臣字故文母無嫌劉原父不通經妄据俗本生疑改文母爲邑姜遂有妄人取唐石經四處皆爲塡補臣字然尚留襄二十八年一罅至明古

義盡廢汲古閣刻五處皆直作亂臣矣以上專就易書兩經除顧氏不誤者不論其餘各條摘出論之石經不誤顧妄駮者半後人補刻之誤謬指爲石經之誤者半此外各經未暇徧攷　皇侃論語疏久亡近始從日本傳至或疑爲僞妄也然亦作亂臣愚則斷其必非皇本之舊卽邢昺疏本臣字昺之時劉侍讀謬說未出昺未必敢遽于正文中直增一字必南宋人增攷周家賢后妃如后稷之母姜原太王之妃太姜王季之妃太任文王之妃太姒見於毛詩者則有大序及周南關雎等篇大雅大明緜思齊皇矣生民

魯頌閟宮篇至邑姜則見於經傳甚少惟昭元年左傳武王邑姜方震太叔夢帝謂己余命而子曰虞將與之唐杜預曰邑姜武王后齊太公之女太叔成王之弟如此而已釋地續攷得晉水源有女郎祠實邑姜廟北齊王晞有賦宋政和五年有姜仲謙謝雨碑如此而已不料竟以此易去文母充十亂中婦人之數此趙宋刱論唐以前未有釋地亦以為十亂之一閻氏之學未能免俗　石經有旁注者有即就其字改之者究不知出何人顧亭林指為晁公武改畢氏引惠棟云晁公武以蜀石經增改愚謂石經在唐末

列太學在務本坊天祐中韓建築新城棄之野外朱粱時劉鄩守長安輦入城置唐尚書省西隅宋龍圖閣學士呂大宗始移府學而建亭焉公武宋南渡後人足迹不至長安彼時因張浚富平之敗此地已入於金公武何由到此而增改其字或蜀廣政中刻石經南宋公武知成都或有所改若西安石經公武斷無改之之事顧惠說皆謬　補刻別刻他石固矣予所得本除周易末尾已殘缺外尚書末云西安府學官葉時榮生員王堯典王汝魁鐫字卜大臣毛詩末云西安府學訓導薛繼愚生員王堯典張尙德鐫其周禮末但云張尙德刊儀禮末云大明萬歷戊子春三月吉補經府學官葉時榮蜀繇州人生員王堯典王汝魁鐫字匠卜大臣禮記末無名左傳末學官生員已漫但見生鄭二字又云卜大慶刊公羊末云咸寧儒學訓導楊于庭陳倉人張尙德刻穀梁孝經論語爾雅皆無名九經字樣長安學訓導王元吉補修生員馬攀龍趙涵云王堯惠其實則堯典非堯惠也舉筆便誤如此　李鼎祚周易集解繫辭不言分章數孔氏正義則言分章自盜之招也以上為第七章此下即接大衍之數五十至再扐而後掛此下即接

天數五至而行鬼神也此下即接乾之策至可與祐神矣此為第八章此下子曰知變化至此之謂也為第九章此下即接天一地二至天九地十此下即接子曰夫易何為者也云云李鼎祚分雖有異而其文之次則無不同開成石經用王弼韓康伯本故分章與正義同而文之次亦皆同予藏有元至正丙戌虞氏務本堂刊周易程朱傳義每卷首並列伊川程頤正叔傳晦庵朱熹元晦本義東萊呂祖謙伯恭音訓者卷九繫辭上盜之招也下即接天一地二至天九地十傳云自天一至地十合在天數五地數五簡編

失其次也本義云此簡本在第十一章之首程子曰宜在此今從之音訓云天一至地十今本在十一章首按前漢律歷志引易曰天一云云天數五云云又程氏張氏並云天一云云合在天數五上又天數五節本義云此簡本在大衍之後今按宜在此攷單行本伊川易傳只有上下經無繫辭別有河南程氏經說第一卷即說繫辭更定錯簡之說在此朱子用之自夫子贊易下至唐代千數百年從未聞繫辭有所謂錯簡者伊川始特剏此論然經說中仍按原次以爲說朱始紛然更之前明通行本皆遵之其實此經文義相承本無錯簡也天一云云在第十章首而朱云十一章首者朱分章與正義異　穀梁定十一年宋公之弟辰及仲佗石彄公子地自陳入於蕭以叛傳宋公之弟未失其弟也石經失去及仲佗石彄十五字宋公之弟辰下直接未失其弟此書石經者筆誤　蛾術編

右國子學石經舊唐書譏其字體乖師法近儒崑山顧氏尤詆之予於癸巳歲取石本校勘再三乃知此經自開成初刻以後幾經後人之手乾符修改一也後梁補闕二也又句旁注字大約北宋人所作三也若明人補刻闕字則別爲一石不與本文相淆而世俗裝潢者欲經文完具乃取明刻剪割聯綴之遂不復別識顧氏所舉石經之失大半出於明刻而援爲口實不知其爲裝潢本所誤也若旁注之字惟易書詩春秋論語有之其尤戾於古者如易觀卦象添曰月不過四字書封比干墓式商容閭墓上閭上俱添之字詩從夏南南下添姬字上入執宮功執下添于字錫山土田錫下添之字山下添川字田下添附庸二字歲其有有下添年字詒孫子詒下添厥字春秋姜與子犯謀下添飲之酒三字玈弓矢千弓下添十玈二字好絕我好我下添同字則是康公絕我好也公下添弃字我下添同字童子言焉子下添何字余狐裘而羔袖余下添猶字若不能猶有鬼神能下添掩字叔虎之母美而不使使下添視寢二字是將行而歸爲子祀行下添乎字其四國當之之下添六物之占四字今子少不颺少下添良字而告子知氏氏下添范氏二字二子之不欲戰也宜宜下添哉字多陵人者皆不在在下添矣字皆淺陋非唐刻之舊或謂晁公武據孟蜀石經增入非也公武撰石經考異在乾道庚寅帥蜀之日其時長安已非宋地公武何

從增改之且公武所舉經文不同者三百二科十二經皆有之而石刻旁注祇有易詩書春秋論語其非公武所作審矣惟春秋六物之占一條與公武所舉適合然孟蜀石本經文即用開成舊本公武作攷異乃以長興國學板本校勘得之而又自言石經固脫錯監本亦難盡從則公武亦非專信監本也予故謂旁添之字必是北宋人依監本增改然監本出於田敏敏經學疏淺又在唐元度之下固難深信矣太平御覽所引經文間與旁添之文相合亦即據當時監本非別有古本也朱梁所刊惟儀禮左氏穀梁三經

間有數段蓋經韓建築城委棄之後輦來城中偶有損失而任意補之非奉朝命故字法醜劣亦無師承所謂自鄶以下無譏者矣乾符修改與初刻本互有得失當分別觀之夫今人得宋槧本尚知寶而愛之此經刻於唐世同時儒者譏其蕪累固所不免越今已及千年世間不復見有唐本而此石巋然獨存乃以繆戾譏之甚矣其惑也　周易十卷與今本異者君子以裒多益寡裒作褎力小而任重小作少雜卦姤遇也姤作遘攷說文無裒字鄭荀諸家易皆作捊取也褎从衣从采采與孚同則褎亦與捊通矣力少而任重章懷注後漢書亦引之今本改爲小則與知小句重出姤字說文亦不載古文易作遘而鄭氏從之王輔嗣改就俗體獨此一字未改此古文之僅存者石經勝于今本正在此等而顧氏皆以爲誤蓄古學之不講久矣略例云筌者所以在魚得魚而忘筌筌字初刻从艸後改从竹按說文無筌字荃蹄之語出莊子外物篇崔譔注荃香艸可以餌魚則从艸者爲正後人不知而妄易之　尚書十三卷弟三弟四弟五弟十一字書似經重刻泰誓予有亂十人亂下旁添臣字春秋襄廿八年武王有亂十人昭廿四年

余有亂十人論語予有亂十人俱有旁添臣字陸元朗論語釋文云本或作亂臣十人者非邢昺始據誤本增入臣字故劉原父有子無臣母之疑唐以前無此說也予謂石刻本增加字皆北宋人所作觀於此益信說文猒訓飽厭訓笮經典多借厭爲猒飽字此經萬年猒于乃德爾雅豫射猒也皆从正體此亦石經勝於今本之一證　毛詩二十卷詩以十篇爲什惟二雅周頌爲然若魯頌止四篇商頌止五篇不能成什故但云駉詁訓傳那詁訓傳相臺岳氏本與石經同今本稱駉之什那之什者誤矣予尾脩脩石刻

作脩脩脩有藃音故中谷有蓷篇與歗叶宋高宗御書石經亦作脩說文本無𦀭字也賈用不售初刻作讐不遐有害初刻作瑕如彼遡風初刻作愬按說文無售遐二字晉人賦云愬流風而獨寫正用詩語此則後來改本不如初刻之善矣涼曰不可涼非諒此用鄭義訓諒爲信無此疆爾界作介此從陸氏釋文顧皆以爲誤亦未深攷爾　周禮十二卷牛人軍事共其犒牛石刻作槁攷說文無犒字小行八若國師徒則令槁襘之注引鄭司農說槁謂犒師也春秋傳使展喜犒師服虔云以師枯槁故饋之飲食然則槁

爲犒之古文也攷工記妢胡之笴注云故書笴爲笱杜子春云當爲笴笱讀爲槀按說文無笴字石刻上半雖殘缺下半从句不从可其爲笱無疑笱與笴字形相似讀笱爲槀聲尤相近也至如大司樂王大食三宥宥與侑通大宰邦甸之賦今本譌爲郊甸凡以神士者今本譌爲仕皆當依石刻正之顧氏轉以石本爲誤殊不可解若地官序官一篇遂師當承遂人之下鄙師贊長鄰長當承遂大夫之下而各自跳行中川下士六人當承川衡之下中川非官名而亦跳行此則書石者之無學劉昫所譏殆爲是歟　儀禮

十七卷士昏禮燕禮二篇皆後梁重刻而燕禮篇尙存元刻五十六行鄉射禮重刻者三之一聘禮重刻者大半此外皆元刻也而書法較之它經稍劣然監本毛本此經多脫文賴有石刻後人得以校補厥功亦偉矣士冠禮啐醴建柶興與士昏禮啐醴建柶興之文同今本建譌爲捷鄉飲酒禮遵者降席席東南面與鄉射禮大夫降席席東南面之文同大夫即遵者也今本脫一席字鄉射禮閽人爲燭於門外與大射之文同今本燭上多大字少牢饋食禮尸受同祭于豆祭與有司徹同祭于豆祭之文同今本受同譌爲

同受此以前後篇參觀之而決其可信者也有司徹主婦洗于房中與少牢主婦洗于房中之文同今本洗下多爵字則與特牲文同予謂少牢有司二篇皆有主婦贊者授爵之文則洗爲洗爵可知特牲無贊者授爵一節故云洗爵此古人文字之密或疑此有脫文者失之矣喪服大夫之妾爲庶子適人者諸書石刻爲下本有君之二字按注云君之庶子女子子也則經文當有此二字大功章云大夫之妾爲君之庶子與此文正同可證君之二字不可省今本皆無之石刻亦已磨改乃知初刻之精審乾符修改幾於

不知而妄作矣　禮記二十卷以御刪定月令弟一
曲禮弟二曲禮下弟三檀弓弟四檀弓下弟五王制
弟六文字與今本異者以相臺岳氏本校之多相合
乃知倦翁正俗之功大也曾子問祭殤不舉今本舉
下有肺字按注云舉肺脊以經文但言舉故以肺脊
實之且肺脊兩物如經文言肺不言脊正義亦當申
明之矣岳本及衛湜集說本皆無此字其爲後人妄
增無疑也喪大記子大夫公子食粥今本公子下有
衆士二字葢因上有子大夫公子衆士皆三日不食
之文相涉而誤按下文士疏食飲水卽衆士也則衆

士不在食粥之內矣學記燕辟廢其學大學人之其
所親愛而辟焉之其所賤惡而辟焉之其所畏敬而
辟焉之其所哀矜而辟焉之其所敖惰而辟焉石刻
辟皆作譬葢用鄭義岳本皆作辟而圈去聲亦依鄭
讀也緇衣章義癉惡今本義作善葢後人依尚書改
之陸氏釋文引皇侃云義善也又云尚書作善可證
古本不爲善矣君奭曰在昔上帝岳本在昔作昔在
石刻亦作在上帝而在字之上有闕文必與岳本同
閒傳柱楣翦屏今本柱作拄拄俗字岳本作柱而圈
上聲用陸德明音得其正矣他如豐耗之耗作秏廢

疾之廢作癈鏗鏘之鏘作鎗一个臣之个作介皆當
以石刻爲正　春秋三十卷內宣公上下俱經後梁
重刻上卷尚存元刻五六行下卷重刻者僅三之一
若僖公篇亦有數段似出後人重刻如僖六年面縛
釋縛之縛皆譌爲縳救譌爲救與他卷全別定公篇
亦似重刻越句踐之句他卷从口此从厶是其證也
然較之後梁刻本則字迹遠勝之矣顧氏於此經所
摘誤字甚多今攷之大率明人所補或係朱梁所刻
非唐本之舊隱十年宋人蔡人衛人伐載此據陸氏
釋文非誤也文元年王使毛伯衛來賜公命經書錫

傳書賜故注有謝賜命之語非誤也宣三年晉侯伐
鄭及延今本作郔說文亦以郔爲鄭地然地名从邑
多由經師增益廩延字亦無邑旁也宣十八年凡自
內虐其君曰弒今本少內字內與外相對成文似不
可省成二年且辟左右石刻且作旦夢必在夜則旦
義爲長昭三年少齊有寵而死今本齊作姜亦石本
得之定元年滎駕鵞今本作鴐鵝字說文無之依正
文當用鳴假借同音則駕亦通也哀二十六年四方
其順之正義云四方諸國皆順從之是古本作順也
今本作訓乃後人依詩文妄改顧氏皆斷以爲誤果

孰誤而孰否乎若石刻之勝于今本而顧所未舉者襄二十九年高子容與宋司徒見知伯今本高上有齊字予謂左氏義例至精一言不可增損此傳子太叔稱鄭以經不書游吉也華定書官不書族故稱宋以別之其餘諸卿已見于經知悼子不書晉太叔文子不書衛高子容何獨書齊乎此後人妄加而失其義者也昭元年趙孟曰夭乎今本夭作天夭與亡相對故云鮮不五稔也昭二十五年吾聞文成之世謂文公成公也史記魯世家漢書五行志皆作文成今本作文武誤矣哀元年宿有妃牆嬪御今本牆爲嬙

說文無嬙字陸德明云嬙本又作廧或作牆漢隸爿旁字或變从广廧與牆實一字也哀二十六年越皋如舌庸二十七年越子使舌庸今本舌作后以國語證之亦當爲舌又如皇戌向戌穿封戌沈尹戌皆从戌从一唯衛公叔戍从戈从人板本往往溷殽非得石本何由決其異同以是知石刻之可貴也　公羊十二卷與今本亦多異同如桓二年隱賢而桓賤也今本賤作賊據注云賤不爲諱則當爲賤也僖廿六年乞者卑辭也今本乞下有師字據疏云乞者至若辭則不當有師字也宣六年此非弒君如何古文如

與而逆當從古爲如也成二年郤克眣魯衛之使今本眣作昳說文有眣無昳當以今本爲長然陸氏釋文音舜又丑乙達結二反从下二音當爲眣从舜音當爲昳石刻蓋據陸初音也襄廿七年攜其妻子而與之盟今本攜爲挈注云挈猶提也按上文已有挈其妻子何氏無注注于此句之下知當爲攜字注中挈字亦攜之譌提攜爲疊韻故轉相訓也襄廿九年爾弒吾君今本弒作殺按下文云爾殺爾兄兄言殺君言弒詞有輕重之別石刻爲長定元年不衰城也今本衰爲蓑說文衰訓雨衣正字蓑俗字亦當从石

刻也惟成十年經無冬十月注云去冬者惡成公今石刻依左穀增入非何注義矣　穀梁十二卷襄公篇爲朱梁重刻成公篇重刻者居其半僖公篇亦似後來重刻却不避城字顧氏謂昭定哀三卷亦朱梁補刻則攷之殊未審矣隱元年貝玉曰含石本與監本同顧氏謂石經作珠玉欲以料刻本之誤豈其然乎定元年此該郊之變而道之也今本脫郊字石刻止存郊之變而四　以字數計之郊上當有該字顧謂該誤爲郊又不然也　論語十卷願車馬衣裘衣下旁注輕字此宋人妄加攷北齊書唐邕傳顯祖嘗

解所服青鼠皮裘賜邕云朕意在車馬衣裘與卿共
斂盎用子路故事是古本無輕字一證也陸氏釋文
於赤之適齊節音衣爲於既反而此衣字無音是陸
本無輕字二證也邢疏云願以己之車馬衣裘與朋
友共乘服是邢本亦無輕字三證也皇氏義疏云車
馬衣裘共乘服而無所憾恨是皇本亦無輕字四證
也今注疏與皇本正文有輕字則後人依通行本增
入非其舊矣無求生以害人今注疏本人作仁而疏
中仍有害人字益明人依朱本校改猶幸改之未盡
以石刻證之益明白矣陽貨篇子曰巧言令色鮮矣

仁九字皇本無之石刻亦無此節宋人增注于旁非
唐本之舊矣至如我三人行必得我師寢不尸居不
容漆雕之爲彫皆據陸氏釋文而顧氏以爲誤何也
孝經一卷與今本無甚異同惟序文庶有補於將
來石刻無於字　爾雅三卷文字與今本異者多勝
於今本如釋詁底底止也釋文底丁禮反底之視反
後人疑其重出輒改底爲廢不知注中替廢連文乃
訓替爲廢非本有廢字也釋言楷柱也今本皆从手
旁按說文楷柱砥古用木故从木非从手也華皇也
今本皇在華上按釋文亦先華後皇釋天四氣和謂
之玉燭今本氣作時李善注文選引此文正作氣也
釋艸孟狼尾今本孟爲孟荷芙渠今本渠爲蕖澤烏
蕵今本蕵爲薞莩麻母今本莩爲荸蒙王女今本王
爲玉釋木味荎著今本味爲菋狄臧槔今本臧爲藏
釋鳥鸒白鷢今本分鸒鳥爲二字皆當依石刻正之潛研堂金石文跋尾

西安府學大成殿後舊爲碑林今稱碑洞經始於宋
元祐庚午龍圖閣學士呂大忠自明迄
本朝屢加葺治余以乾隆壬辰歲政務稍暇進訪古刻
見屋宇傾圮經石及諸碑率棄榛莽瞻顧悚息復議

興修前後堂廡皆鼎新爲旋於土中鏤得舊刻數十
片遂取石經及宋元以前者編排甲乙周以闌楯明
代及近人所刻則汰存其佳者别建三楹以存置其
鐍鑰則有司掌之設法保護以冀垂諸永久壁經貞
石頓復舊觀後有好古者舉而弗替可也關中金石記

鄭覃創立石壁九經舊史詆其蕪累近顧亭林校此
本亦云謬戾非一余嘗按金石文字記輒卽顧氏所
摘誤字少爲推證使世知石經所書其與今異者必
多得之古通義或亦有晉宋舊本非盡可訾也易繫
詞力小而任重顧云小誤作少案儀禮鄉飲酒禮主

人少退注少退少避釋文作小避又少逡巡少亦作
小特牲饋食禮挂于季指注季小也釋文作季少定
十四年傳從我而朝少君釋文云本亦作小君正義
曰少君猶小君也路史少昊幣文作小顥周書亦作
小顥少者小之文古文止用小是也是少小爲古通
用蠱則飭也顧云飭誤作餙案鄭本王肅作餙又姤
遇也顧云姤誤作遘案釋文引薛云古文作遘鄭氏
易同是姤與遘古今字又詩邂遘相遇釋文云遘本
亦作逅逅遘古並通用尚書臣下罔攸稟令顧云令
誤作命案命猶令周禮大司馬犯令陵政注令猶命

也王霸記曰犯令者違命也月令命宰呂氏春秋作
令宰是命令爲古通用王乃徇師而誓顧云狥誤作
循案孔傳狥循也左氏傳文公十年國人弗狥服氏
作循云循順也見御覽引是狥古通作循予有亂臣
十人顧云臣字旁注案注脫文也顧氏云此者蓋因
有亂十人覩爲定本臣字爲後世附益九經古義有是說攷
魏略文帝詔周武稱予有亂臣十人虞在武帝時所
引固若此又云釋箕子囚封比干墓表商容閭顧云
千下干下容下各添一之字案史記引書此文並有
之字是此添注皆非妄人詩戎車既飭顧云飭誤作

餙案呂氏春秋舉難篇舉難爲非則行餙注餙讀曰
飭飭餙音相近葢亦通用字涼曰不可顧云涼誤作
諒案涼彼武王韓詩風俗通並作亮論語君子不亮
作諒書高宗亮陰禮記作諒闇漢五行志作涼陰
字一音而文凡三是涼亮諒皆一字無此疆爾界顧
云界誤作介案漢書地理志界休縣後漢郭太傳太
界休人今並作介薛君章句介界也又以二字通釋
葢字從同故爾書之皆通侯彊侯以顧云彊誤作彊
案說文本作畺古字省又與彊通月令可以美土彊
注土彊強槩之地季夏紀注彊界畔也釋文彊畺也

李翕天井道碑以彊爲彊焉緄碑以彊爲彊衡方碑
以彊爲疆楊孟文石門頌綏億衙彊安平相孫根碑
以壹土彊是彊古並作彊賈誼新書敵彊畔彊天子之事也匡謬正俗皆音爲
彊場之彊然則石經彊作彊依音通之亦是也周禮太宰
三曰郊甸之賦顧云郊誤作邦案他本郊甸亦作邦
甸與石經合又注內明云邦甸二百里疏亦言三曰
邦甸之賦鄭孔所見皆可依司几筵設筦筵紛純顧
云筵誤作席案士虞禮記几席設如初注古文席爲
筵司几筵注筵亦席也鋪陳曰筵藉之曰席然其言
之筵席通矣大射儀賓升就席注今文席爲筵是筵

與席爲古今字又特牲饋食禮厞用筵郭注爾雅引作厞用席文選東京賦注引周禮正作設莞席紛純斁禮疏其席莞席以下亦司几筵文案彼云設莞席紛純等信其古本亦如是也大司樂太師令奏鼓㡔顧云鼓誤作瞽案古今人表瞽作鼓是瞽與鼓亦同用大戴禮瞽夜誦詩注賈誼云瞽史誦詩瞽與鼓聲誤也案此亦瞽字省作鼓耳然儀禮大射儀坐授瑟乃降顧云授誤作受案士昏禮捂授玉玉篇曰捂授也授亦作受特牲饋食禮婦拜受爵注今文授爲受月令授車以級呂覽亦作受是授與受古今通用字士喪禮祭服不倒顧云倒誤作到案呂

氏春秋愛類篇王何其到也注謂惠子言行何其到逆相違背也太元經上次六升于堂顛衣到裳測曰升堂顛到失大衆也事上九到耳順注到耳逆聞也漢書匈奴傳親屬益疎則相殺至到易姓說文云不順忽出也從到子県到首也賈侍中說此斷首到縣縣字到義皆作倒到即倒古從省文禮記月令其器閎以奄顧云奄誤作掩案昭二十七年傳使公子掩餘史記作蓋餘韓非子說林將攻商蓋書又作商掩孟子誅紂伐奄云此奄掩蓋皆字異而義同白虎通引公羊傳亡國之社奄其上今亦作掩淮南子原道

訓注淹讀曰奄漢隸字源郭仲奇碑掩忽徂亡嚴訢碑掩忽摧藏義作奄漢書敘傳掩有東土並作奄是掩奄亦古同用大學人之其所親愛而辟焉顧云五辟字皆誤作譬按鄭注辟猶喻也釋文謂譬喻也鄭氏解正與譬同論語友便辟馬鄭皆讀辟爲譬弓人辟如終紲釋文辟音譬此以音字作正文或亦古字從省也詩豳風正義古者避辟扶亦反譬僻皆同作辟字而借聲爲義此又可舉證若有一个臣顧云个誤作介案釋文个一讀作介尚書作介又釋文云一介耿介一心端慤者又作个公羊傳文公十一年而

况乎我多有之惟一介焉斷斷焉無他技孔光傳授納斷斷之介此即約舉秦誓爲文已作介後漢杜詩傳注引書曰如有一介臣文選注引若有一介臣石經之立在文宗開成二年李善註引作介介當屬古本無疑後徐氏以个列爲俗書云亦不見義無以下筆明堂左右个者明堂旁室也當作介襄三年傳一介行李石經介亦作个介與个二字相易久矣不必執一爲斷春秋左氏傳僖三十一年晉新得諸侯顧云新誤作親案書金縢惟朕小子其親迎鄭注云新迎馬季長本亦訓親爲新詩東山鄭箋親迎周公注

仍訓爲新此舊作親而後人轉釋爲新大學在親民程子亦讀作新是也文元年王使毛伯來錫公命顧云錫誤作賜案覲禮天子賜舍注今文賜作錫書禹貢納錫大龜史記夏本紀作入賜錫土姓錫亦作賜孜司馬遷往孔安國問故所見是紀引賜古文也詩王錫韓侯周禮注引作王賜爾雅釋詁錫賜也易王三錫命禮記亦有三賜之文新唐書高祖本紀熙生天賜舊書賜作錫此益證賜與錫爲古文可並用也宣二年趙盾弑其君夷皐顧云弑誤作殺案殺三傳文類如此悉宜讀如弑釋文于隱四年殺例云弑本

又作殺同音試凡弑君之例皆倣此是也周語晉侯殺宋庠補音殺申志反亦讀爲弑宣十五年晉獲狄土顧云土誤作士案古土字皆作士呂刑有邦有土史記作有士呂覽任地篇后稷曰子能使吾士靖而甽浴士乎高誘曰士當作土世本相土作乘馬汲郡古文同而左氏傳作相土古今人表亦作相土漢碑若文多以土爲士是石經所依者與古同襄十七年所不嗣事於齊者顧云事誤作是案洪範五者來備史記作五事後漢荀爽傳作五韙注韙是也事與是古亦通用襄二十一年欒盈過于周顧云過上多奔

楚二字案别本欒盈出奔楚過于周周西鄙人略之石經所據與别本同又此傳前文姤叔虎之毋美而不使今石經使字下旁添視寢二字賓之論衡引此傳正與此同由此以例奔楚蓋非妄入矣昭二十一年傳毀其西南石經下有子朝奔郊四字顧氏杜解補正又引石經不以爲衍是石經較今文多者亦可據如此三十年單公子愆期顧云期誤作旗案論語巫馬期呂氏春秋作巫馬旗管子小匡弦子期爲理期一作旗二十七年傳兒餘復攻甯氏顧云餘誤作余案隸釋故民吳仲山碑父有余財義作餘余亦古

從省昭二十一年傳心是以感感實生疾顧云感誤作咸案易咸彖詞咸感也從省感卽作咸上文窕則不咸釋文云本或作感咸古文感是上旣云窕則不咸故下云心是以感從咸非誤公羊傳宋人蔡人衛人伐載顧云載誤作戴左氏傳伐戴顧云戴誤作載案左氏傳作戴釋文戴音載穀梁傳同公羊傳釋文載如字本或作戴然則石經亦從或本也周頌載弁俅俅郭氏爾雅註引作戴弁俅俅哀十五年傳景伯負載劉光伯亦作負戴鄭詩箋載猶戴也釋名戴載也其通爲訓義又如此况左傳釋文內正作伐戴載字林亦作戴

是左氏舊本已作載陸氏所引爲不妄石經其亦依
諸此也僖三十年歸惡乎元晅也顧云乎誤作于案
王制類乎上帝宜乎社造乎禰白虎通引乎皆作于
書孝乎惟孝友于兄弟漢石經乎作于與下句比乎
于葢同字耳見黃伯思東觀餘論桓六年傳淫乎蔡乎作于顧
氏又以與今文不同而得兩通是自相戾也文四年
其謂之逆婦姜與齊何顧云何誤作河爾雅何鼓謂之牽牛顧云
何誤作河金石文字記隨龍藏寺碑何人爲河人以爲埋之不可通其誤與此同案漢吳公
碑柰何作柰河唐㺯芘明碑父河力史亦作何力詩
景員維河箋河作何河與何古同用廣雅河何也又

通釋如是三十三年百里子與蹇叔子顧云百誤作
伯案漢書食貨志有仟伯之得師古曰仟謂千錢伯
爲百錢集古錄毛伯敦銘龔伯彝銘伯庶父敦銘伯
俱作百是百亦通作伯宣十五年然後歸爾顧云爾
誤作耳案論語女得人焉爾乎爾漢石經作耳玉篇
引論語亦作耳爾與耳亦兩通論語爾愛其羊顧云
爾誤作汝案皇侃義疏正作汝子使漆雕開仕顧云
雕誤作彫案皇氏作彫又郊特牲丹漆雕幾之美釋
文雕作彫公羊傳注禮天子雕弓詩行葦正義引作
彫荀子宂略篇亦云天子彫弓是雕與彫爲一字再

斯可矣顧云斯誤作思案三國志諸葛恪傳引夫子
曰再思可矣皇氏作再思斯可矣較今本多一字不
知其仁及無求生以害仁顧並云仁誤作人案古之
賢人也古本人亦作仁徐彥云古之賢仁也韓勑造
孔子廟禮器碑人作仁何以守位曰人釋文云桓元
明僧紹作仁栢人道因碑作栢仁二字古同用搨益
新語論語中如曰孝弟也者其爲仁之本與又曰觀
過斯知仁矣又曰井有仁焉竊謂此仁字皆當作人
葢是假借用之此益可爲証三人行顧云三人上多
一我字必有我師焉又云有誤作得案釋文正作我

三人行必得我師焉一本無我字必得本亦作必有
陸氏葢兼此二本收之證以史記孔子世家必得我
師亦以有作得何氏注亦言我三人行皇氏作我三
人行必得我師殆由魏晉閒人相傳是本有是字九經
古義亦云顧氏習俗不考告夫三子顧云三上多二字案皇氏有
二字可與言而不與之言顧云脫之字案皇氏本無
之字何德之衰顧云衰下多也字案莊子人間世云
何如德之衰也漢石經何而德之衰也往者不可閒
也來者猶可追也三句較今本並多也字皇氏本亦
多也字爾雅替戾底廢顧云廢誤作底案釋文正作

底氐翾鬳也顧云翾誤作翢案宋本翾作翢與石經合皇華也顧云誤作華皇案釋文先華後皇孝麻母顧云孝誤作孛案釋文作孛此皆陸氏所收古本信可據依而顧氏惟從監本校勘石經又漫無所旁推宜其以偏證獨斷從而失之也至云凡經中二十字三十字石經皆改經文而爲廿卅字非案漢石經論語卅而立年卅而見惡焉古本經文已如是又考工輪人二十分寸之一謂之枝鄭注云故書十與上二合而爲二十字此尤見石經非無據也顧氏是正文字不爲不審然猶不免小有失而況學顧氏之學者

與書之以誌警也　論語石經字旁注者於貧而樂下注道字史記仲尼弟子列傳不如貧而樂道富而好禮鄭元曰樂謂志於道不以貧爲憂苦也皇侃義疏亦作貧而樂道此古本皆有道字之徵今率從脫文矣舊唐書云石經脫貧而樂道道字使後人因循不改未必非此書之作俑信然哉 授堂金石跋

五經文字序例

易繫辭曰上古結繩以理後代聖人易之以書契百官以理萬人以察蓋取諸夬夬決也王庭孚號決之大者決以書契也逮周禮保氏掌養國子以道教之六書謂象形指事會意形聲轉注假借六者造字之本也雖蟲篆變體古今異文離此六者則爲謬惑矣王者制天下必使車同軌書同文故教人八歲入小學文有疑者則必闕而求之春秋之末保氏教廢無所取正各遂其私故孔子曰吾猶及史之闕文也今亡矣蓋夫子少時人猶有闕疑之問後亡斯道歎其不知而作之也蕭何漢制亦有著法太史試學童諷書九千字乃得爲史以六體試之吏人上書字或不正輒有舉劾皆正史遺文可得焯知者也劉子政父子校中秘書自史籀以下凡十家序爲小學次於六藝之末後漢許叔重收集籀篆古

文諸家之學就隸爲訓注謂之說文時蔡伯喈亦以滅學之後經義分散儒者師門各滯所習傳記交亂訛僞相蒙乃請刊定五經備體刻石立于太學之門外謂之石經學者得以取法焉遭離變難僅有存者後有呂忱又集說文之所漏略著字林五篇以補之今　制國子監置書學博士立說文石經字林之學舉其文義歲登下之亦古之小學也自頃考功禮部課試貢舉務於取人之急許以所習爲通人苟趨便不求當否□□□書猶□□□□□□□殤而無□矣十年夏六月有司以職事之病　上言其狀　詔委國子儒官勘校經本送

尚書省參幸承　詔旨得與二三儒者分經鉤考而共
決之互發字義更相難極又以前古字少後代稍益之
故經典音字多有假借謂若借后爲後辟爲避大爲太知爲智之類經典通用陸
氏釋文自南徂北偏通衆家之學分析音訓特爲詳舉
固當以此正之唯今文尚書改就今字刪定月令依其將進本與釋文音訓頗有不同卒
以所刊書于屋壁雖未如蔡學之精密石經之堅久參
古之士且知所歸至其經典之文六十餘萬既字帶惑
體若雜鶩同物禮經相外爲藏同姓春秋互出葫故同義詩題交錯之類音非一讀若鄉原之
鄉爲鄉取材之材爲哉兩音出於一家而不決其當否學者傳授義有所存離之
若有失合之則難並至當之餘但未發其旁而已猶慮

歲月滋久官曹代易儻復蕪汙失其本眞乃命孝廉生
顏傳經收集疑文互體受法師儒以爲定例凡一百六
十部三千二百三十五字分爲三卷說文體包古今先
得六書之要若古文作明篆文作朙古文作坐篆文作要之類古體經典通行不必改而從篆
有不備者求之字林若桃𣗥逍遙之類說文漏略今得之於字林其或古體
難明衆情驚懵者則以石經之餘比例爲助若宜變爲且晉變爲
晉之類說文宜晉人所難識則以石經遺文宜與晉代之石經湮沒所存者寡通以
經典及釋文相承隷省引而伸之不敢專也若書變爲壽樂變爲
采之類石經湮沒經典及釋文相承作耳近代字樣多依四聲傳寫之後偏
傍漸失今則采說文字林諸部以類相從務於易了不

必舊次自非經典文義之所在雖切於時略不集錄以
明爲經不爲字也其字非常體偏有所合者詳其證據
各以朱字記之俾夫觀省無至多惑大曆十一年六月
七日司業張參序
文刻全書後不錄九經字樣仿此
乾符三年孫毛詩博士自牧以家本重校勘定七月
十八日書　刻字人魚宗會
新加九經字樣壹卷
右國子監奏得覆定石經字體官翰林待詔朝議郎
權知沔王友上柱國賜緋魚袋唐玄度狀准大和柒

年拾貳月伍日敕覆定九經字體者今所詳覆多依
司業張參五經文字爲准其舊字樣歲月將久畫點
參差傳寫相承漸致乖誤今並依字書參詳改就正
訛諸經之中別有疑闕舊字樣未載者古今體異隷
變不同如總據說文卽古體驚俗若依近代文字或
傳寫乖訛今與校勘官同商較是非取其適中纂錄
爲新加九經字樣壹卷或經典相承與字義不同者
具引文以注解今刊削有成請附於五經字樣之末
用證紕誤者其字樣謹隨狀進上謹具如前
中書門下牒國子監牒奉　敕宜依牒至准　敕故牒

開成二年八月十二日牒

工部侍郎平章事陳夷行中書侍郎平章事李石門下侍郎平章事李固言右僕射兼門下侍郎國子祭酒平章事覃檢校司徒平章事劉 使 司徒兼中書令 使

新加九經字樣序

覆定石經字體官朝議郎權知沔王友翰林待 詔

上柱國賜緋魚袋臣唐玄度撰

臣聞秦焚詩書塞人視聽漢興典籍以廣聰明伏以龜鳥之文去聖彌遠點畫訛變遂失本源今 陛下運契黃虞道崇經籍觀人文以成俗念鳥跡之乖方緣是遂

徵臣之上請許於 國學創立石經仍令小臣覆定字體謬當刊校詧盡所知大曆中司業張參撰衆字之謬著爲定體号曰五經文字專典學者實有賴焉臣今參詳頗有條貫傳寫歲久或失舊規今刪補冗漏一以正之又於五經文字本部之中採其疑誤舊未載者撰成新加九經字樣一卷凡七十六部四百廿一文其偏旁上下本部所無者乃纂爲雜辨部以統之若體畫全虧者則引文以證解於雅言執禮誠媿大儒而辨體觀文式遵小學其聲韻謹依開元文字避以反言但紐四聲定其音旨今條目已畢刊削有成願竭愚衷以資後學

當開成丁巳歲序謹上

五經文字三卷凡一百六十部三千二百三十五字大曆十一年國子司業張參以說文字林兼采漢石經著爲定體按劉禹錫國學新修五經壁記曰大歷中名儒張參爲國子司業始詳定五經書於論堂東西廂之壁辨齊魯之音取其宜考古今之文取其正由是諸生之師心曲學偏聽臆說咸束而歸於大同積六十載崩剝汙衊泯然不鮮今天子尚文章尊典籍國學上言遽賜千萬貯祭酒皞博士公肅韋公肅遂以羨贏再新壁書懲前土塗不克以壽乃析堅木負

墉而比之其製如版牘而高廣其平如粉澤而絜滑背施陰關使衆如一附離之際無迹而尋堂皇靚深兩屋相照申命國子能通法書者分章揆日懸其業而繕寫焉此文當作於大和年間自土塗而木版自木版而石壁凡三易矣乃今石刻其末曰乾符三年孫毛詩博士自牧以家本重校勘定當云毛詩博士孫自牧於文乃順七月十八日書刻字人魚宗會其字別體與宋渠所刻相類而本文不然當是開成中所刻其中有磨改數字者意自牧所爲也 九經字樣一卷凡七十六部四百二十一字冊府元龜周太祖廣順三年六

月尚書左丞兼判國子監事田敏獻印板書五經文字九經字樣各二部一百三十策奏曰臣等自長興三年較勘雕印九經書籍經注繁多年代殊邈傳寫紕繆漸失根源臣守官膠庠職司較定旁求援据上備雕鐫幸遇聖朝克終盛事播文德於有截傳世教以無窮謹具陳進是此二書曾有印板而自宋以來學者不言之何也（金石文字記）

唐人以說文字林取士其時去古未遠開元以前未改經文之日（唐書藝文志天寶三載詔集賢學士衛包改古文尚書從今文）篆籀之學童而習之今西安府所存唐睿宗所書景龍觀鐘

猶帶篆分遺法至于宋人其去古益遠而爲說日以鑿矣大歷中張參作五經文字據說文字林刊正謬失甚有功于學者（日知錄）

唐大歷十年有司上言經典不正取舍莫準乃詔儒官校定經本送尚書省并國子司業張參辨齊魯之音考古今之字詳定五經書于論堂東西廂之壁論堂者太學孔子廟西之夏屋也見舒元輿問國學記其初塗之以土而已大和間祭酒齊皞司業韋公肅易之以堅木擇國子通書法者繕寫而懸諸堂禮部郎劉禹錫爲作記當時場屋至發題以試士文苑英

華載有王履貞賦其畧曰置六經于屋壁作羣儒之龜鏡又云一人作則京國儀刑光我廊廟異彼丹青其推詡若此是書自土塗而木版自木版而刊石字已三易恐非參所書矣以予論之唐人多專攻詩賦留心經義者寡參獨奉詔與孝廉生顔傳經取疑文互體鈎考而斷決之爲士子楷式爲功匪淺矣故禹錫記稱爲名儒作史者宜以之入儒林傳而舊史新書俱不及焉按孟浩然集有送張參明經舉覲省詩錢起集有送張參及第還家作而郎官石柱題名參曾入司封員外郎之列蓋參在開元天寶間舉明經

至大歷初佐司封郎尋授國子司業者也今其姓名僅一見于宰相世系表一見于藝文志小學類他不詳焉闕事一也參謂讀書不如寫書度其書法必工故當時壁經羣儒奉爲龜鏡縱不得與儒林之列書家姓氏亦宜載之而書苑書譜書史均未之及闕事二也壁經雖無存然參所定五經文字與唐元度九經字樣同刻石附九經之後歐陽永叔最嗜金石文字其序集古錄云上自周穆王下更秦漢隋唐五代外至四海九州名山大澤窮崖絕谷荒林破冢神山鬼物詭怪所傳莫不皆有乃獨唐所刻石經錄中闕

尾三百九十六篇此獨無有是唐刻石經末叔當日反失于摹搨未免類于昌黎韓子所云掎摭星宿遺羲娥矣闕事三也今諸書皆有雕本獨五經文字九經字樣止有拓本無雕本闕事四也予思漢魏石經既已湮沒惟唐開成本尚存參書幸附刊于石願學者東諸高閣罕有游目者故具書之以告學者云

張司業五經文字始鋟于土繼雕于版歲久傳寫點畫參差於是開成中沔王友朝議郎翰林待詔唐元度依司業舊本參詳改正撰新加九經字樣一卷請附五經文字之末兼請于國學摹立石經今長安所

存石經雖鄭覃輩成之其議實發于元度也王伯厚稱其辯正書文頗有依據蓋自後周廣順中田敏進印版二部後石本之外鏤版更無人矣曝書亭集

唐張參撰五經字樣三卷其石刻至今猶存末書乾符三年毛詩博士孫自牧以家書重校勘定則此刻在僖宗朝明矣乃宋陳振孫書錄解題謂代宗大歷中所刻予嘗疑之今考唐封演聞見錄謂天寶十年有司言經典不正取舍無準詔儒官校定經本送尚書省并國子司業張參共相考驗參遂撰五經字樣書于太學講堂之壁是大歷未嘗刻石之一證也又考劉禹錫國學新修五經壁記云云是大歷未嘗刻石之又一證也不知振孫何據而云然然此經之書壁在大歷十一年上距天寶十年已二十六年矣參即博證廣援何須若是之久意參校定在天寶而書壁則在大歷以中更安史之亂也且書壁未必即出于參參在天寶中已爲司業必無閱二十六年仍守一官之理疑是時參已不在即使猶在書亦未必定出其手蓋特因其較定之經并必欲其親書于壁如漢蔡中郎之所爲也究禹錫之記謂再新壁書而孫自牧乃特記書壁之歲月則此經非出參手書益明

矣羣書疑辨

玉海云大歷十年司業張參纂成五經文字以類相從開成中翰林待詔唐元度加九經字樣補所不載晉開運末祭酒田敏合二者爲一編以考正俗體譌謬後周廣順三年六月田敏進印板九經書五經文字樣各二部一百三十冊宋朝重和元年十一月二十八日言者謂張參唐元度所撰五經文字九經字樣辨證書名頗有依據然其法本取蔡邕石經許氏說文宜重加修定分次部類爲新定五經字樣從之按中興書目五經文字五卷大歷十一年司業張參

撰序曰詔委儒官勘校經本乃命孝廉生顏傳經收
拾疑文互體受法師儒取說文字林蔡邕石經陸德
明釋文爲定例凡一百六十部非經典文義所在皆
不集錄顧氏旣於九經字樣詳加採錄獨於五經文
字考中言之寥略夫二書皆附石經以傳皆有功於
石經且五經文字爲九經字樣之所從出焉獨得闕
故書此補之書錄解題云五經字樣一卷唐沔王友翰林待制唐元度撰補張參之所不載按此與九經字樣爲兩書石經攷異
五經文字三卷唐張參撰里貫未詳自序題大歷十
一年六月七日結銜稱司業蓋代宗時人唐書儒學

傳序稱文宗定五經劖之石張參等是正譌文誤也
考後漢書熹平四年春三月詔諸儒正五經文字刻
石立於太學門外參書立名蓋取諸此凡三千二百
三十五字依偏旁爲百六十部劉禹錫國學新修五
經壁記云大歷中名儒張參爲國子司業始詳定五
經書於講論堂東西廂之壁積六十餘載祭酒皡博
士公肅再新壁書乃析堅木負墉而比之其製如版
牘而高廣背施陰關使衆如一觀此言可以知五經
文字初書於屋壁其後易以木版至開成閒乃易以
石刻也朱彝尊跋云五經文字獨無雕本爲一闕事

考册府元龜稱周顯德二年尚書左丞兼判國子監
事田敏獻印版書五經文字奏稱臣等自長興三年
校勘雕印九經書籍然則此書刻本在印版書甫創
之初已有之特其本不傳耳今馬曰璐新刻版本跋
云舊購宋拓石經中有此因舊樣繕寫雕版於家塾
然曰璐雖稱摹宋拓本今以石刻校之有字畫尚存
而其本改易者又下卷辛部脫去睪字註十九字盩
字併註凡八字今悉依石刻補正俾不失其眞焉
九經字樣一卷唐唐元度撰元度里籍未詳惟據此
書知其開成中官翰林待詔考唐會要稱大和七年

二月敕唐元度覆定石經字體十二月敕於國子監
講論堂兩廊創立石九經元度字樣蓋作於是時凡
四百二十一字依倣五經文字分爲七十六部蓋二
書相輔而行當時卽列石壁九經之後明嘉靖乙卯
地震二書同石經並損闕焉近時馬曰璐得宋拓本
而刊之猶屬完善其閒傳寫失眞及校者意改往往
不免今更依石刻殘碑詳加覆訂各以案語附之下
方五經文字音訓多本陸德明經典釋文或註某反
或註音某元度時避言反字無同音字可註者則云
某平某上就四聲之轉以表其音是又二書義例之

異云四庫全書總目提要

右五經文字三卷國子司業張參撰成於大歷十一年洎開成中始刻于石朱錫鬯謂參姓名僅一見於宰相世系表一見于藝文志予攷唐書李勉傳嘗引李巡張參在幕府後二人卒至宴飲仍設虛位沃饋之又常袞傳袞始當國議增給百官俸時韓滉使度支與袞皆任情輕重滉惡國子司業張參袞惡太子少詹趙碁皆少給之是則史于參事固不止一再見矣吾於勉傳見參之見重友朋又於袞傳見參之不阿貴近參雖無傳未爲不幸也石刻參字下从彡後人妄改從小　右九經字樣前載開成二年八月十二日中書門下牒牒尾列銜者六人曰工部侍郎平章事陳夷行曰中書侍郎平章事李石曰門下侍郎平章事李固言曰右僕射兼門下侍郎國子祭酒平章事覃並與唐書宰相表合鄭覃以僕射不書姓唐宋故事如此曰檢校司徒平章事劉下注使字而不名者劉從諫也攷本傳大和初拜司空六年入朝明年還潞進同中書門下平章事不云檢校司徒而宦官仇士良傳稱澤潞劉從諫上書請清君側士良沮恐進從諫檢校司徒欲弭其言則傳蓋漏此事矣傳

云進司空而三公表無之然是檢校司徒非眞拜也表于檢校官例不書曰司徒兼中書令下注使字姓名俱不書者裴度時爲山南東道節度使也潛研堂金石文跋尾

五經文字及九經字樣自北宋至明未嘗彫版其損闕漫滅處當悉存其舊毋庸臆補近有祁門馬曰璐刻本自謂舊購宋拓石經因依様繕寫彫版於家塾然以石經校之每有字畫尙存而肆意改竄者繆稱宋拓僞蹟顯然孔繼涵刻本又據馬本合諸王堯惡補字以補石經之缺戴氏震稱爲校訂精審然以石經校之仍多字畫尙存而肆意改竄者又其偏旁違戾如目爲目月爲月廿爲卄之類盈萬累千是其踳駁視馬本又難道里計也　九經字樣狀牒結銜顚用俗字自序已後結體謹嚴點畫不苟每以今字寫說文形模不失而異同亦不少說文是木版轉刻固不若石本之可憑也武林趙氏昱嘗得是書舊鈔本凡十九翻有文淵閣鈐記葢明御府物全氏祖望有跋謂是王荊公所定本荊公欲作新經先成字書詳見宋會要案宋會要世所罕見但謝山非漫言者或有然也余攷玉海宋重和元年以張參唐元度所譔

辨正書名頗有依據然其法本取蔡邕石經許氏說
文宜重加修定分次部類爲新定五經字樣從之則
趙氏所得或是重和本然其書經進給發後又不知
歸誰氏今無從借觀可惜也嚴可均唐石經校文

金石萃編卷一百九

金石萃編卷一百十

賜進士出身　誥授光祿大夫刑部右侍郎加七級王昶譔

唐七十

石刻十二經 缺一

按石刻十二經周易九卷尚書十三卷毛詩二十卷周禮十二卷儀禮十七卷禮記二十卷春秋左氏傳三十卷公羊傳十二卷穀梁傳十二卷孝經一卷論語十卷爾雅三卷文宗朝從宰臣鄭覃議刻石國子監今尚在西安府學攷劉禹錫新修五經壁記大歷中名儒張參爲國子司業始詳定五經書于論堂東西廂之壁舊唐書鄭覃傳文宗即位四年覃從容奏曰經籍訛謬博士相沿難爲改正請召宿儒奥學校定六籍準後漢故事勒石于太學永代作則以正其闕從之九年十月覃遷尚書左僕射國子祭酒以本官同平章事時太學勒石經覃奏起居郎周墀水部員外郎崔球監察御史張次宗禮部員外郎溫業當作孔溫業兩書俱附孔巢父傳等校定九經文字旋令上石而文宗紀稱開成二年冬鄭覃進石壁九經一百六十卷是書經之事昉於張參覃因木本難于久遠故奏請刻石創議於

大和四年始事於九年至開成元年方拓成而進之也紀傳皆言九經凡一百六十卷今以諸經卷數合周易略例計之適得百六之數原刻公羊經傳本十二卷後人從漢書藝文志嚮改并閔公與莊公同卷卷止十一王溥唐會要云開成二年進石壁九經一百五十九卷蓋據嚮改本經義攷誤周禮十二卷公羊穀梁十二卷皆爲十卷則又缺六卷益與原數不合矣惟驗石刻實十二經與九經之名不合關中金石記以爲作史者總成數言之是也或謂字樣成于覆定字體之時亦僅稱九經似當時所刊止此其餘皆後來續刻故史文云爾然案字樣中所引易書詩等以證文義之與實不止於九經即張

參文字號稱五經而引證各書亦十二經並見則所謂五經九經者亦括大旨而言況參自序謂經典之文六十餘萬而石經末都計總數云六十五萬二百五十二字則張氏實包十二經爲言使參所書果止五經安得有六十餘萬字之多乎是又足證字樣標目不可拘泥而十二經爲同時所刻無可疑矣大抵古人作書多舉最凡爲定不必一一指實猶熹平石經後漢書止稱五經六經而唐宋人所見拓本乃有溢於六經之外者史氏載筆之體如是非如後世著書之鑿也十二經無孟子

者唐時孟子之書儕於諸子不得列於大小經之數故陸德明經典釋文有老莊而遺孟子此刻亦其例耳　本朝賈三復巡撫陝西時補刻孟子七篇文字疏庸固不待辨且以廁入唐十二經亦未攷當時之制矣石經末有年月弁書石校勘諸臣姓名十八可攷者惟覆定字體官翰林待詔朝議郎權知沔王友上柱國賜緋魚袋臣唐元度及校勘官兼專知都勘定經書檢校刊勒上石朝散大夫守國子司業騎都尉賜緋魚袋臣楊敬之都檢校官銀靑光祿大夫□□□□□□□□國

子祭酒同中書門下平章事太淸宮使監修國史上柱國滎陽郡開國公食邑二千戶臣覃三人覃不稱姓與禮記前表林甫例同開元制僕射題名皆如此新書楊敬之傳敬之元和初屯田戶部二郎中坐李宗閔黨貶連州刺史文宗向儒術以鄭覃兼國子祭酒俄以敬之代據此題敬之于開成初已起爲國子司業故得代覃爲祭酒如新書之言竟似敬之坐貶後即起祭酒矣此可援碑以補史者也唐元度兩唐書皆無傳其名僅見於本紀及藝文志攷沔王名郇憲宗子長慶元年封沔王

唐六典親王府置友一人從五品下蓋是時元度以翰林待詔權居此職其秩尚卑故列於前耳每經之首或刻序文并載傳注姓氏如易稱王弼韓康伯注書稱孔氏傳之類各經皆同惟禮記月令前題御刪定禮記月令集賢院學士尚書左僕射兼右相吏部尚書修國史上柱國晉國公臣林甫注并表一篇具列林甫陳希烈等姓名與新書藝文志所載悉合元宗喜增改古書如尚書易頗爲䟦老子加求於二字史記則升老子於伯夷之上師心自用爲後世所譏至於月令黜竄尤多爲臣

子者所宜諫止而林甫等表至稱唐堯虞舜夏后周公以之獻媚其時諂佞之態概可想見文宗刻石時因循未改故至今猶存竄亂之迹焉攷晁公武郡齋讀書志云蜀石經禮記二十卷首之以月令題云御刪定林甫等注其餘篇第仍舊鄭注六經典論云今禮記之月令私本皆用鄭注監本乃唐明皇刪定李林甫所注端拱中李至判國子監嘗請復古文本以朝廷祭祀儀制等多本唐注故至今不能改則唐刪月令自五代至南宋猶有行之者然晁公武蜀石經考異序又云禮記月令從

唐李林甫改定者監本皆不取公武所據監本不應與樵所見異則樵說未確也疑宋時兩本並行但未盡改正故李至又請復古耳不知何時悉復唐疏舊觀而其書始晦今世所見兩宋槧本則已用鄭注且改曲禮爲首篇矣是刻十二經以校陸氏釋文頗多異同蓋如易書詩三禮三傳多用正義本正義與釋文已有字句不同之處故石刻亦然然正義成於唐初自宋以來絕鮮善本今世所行脩有踳駁惟石刻歷久不易雖經後人鑿改一二而唐時諸經眞面尚存得以致知古本眞可寶

也嘗論經籍流傳數千百年來始則書於竹簡繼復易以紙筆紙筆之後易以雕板其間自蝌蚪而變爲籀篆籀篆而變爲隸楷轉轉寫刻亥豕必多況漢魏以降異學紛爭王肅劉炫之徒非薄前人棼亂舊典加以耑輔造字沿及齊梁天下喪亂南北分門學者家自爲說人自爲師章句日繁而經義益雜至陸德明始就各本同異著經典釋文賈公彥孔穎達諸儒又爲之疏自此羣議稍息而從前謬本間存於世學士大夫喜新厭故猶多尊而信之即注疏定本亦可私意黜竄鄭覃所云博士

相沿雖爲改正者至是始請勒石永爲準則迨至孟蜀趙宋刊刻石經尙承開成之舊則是刻之有功經學政非淺鮮卽其所校經文不從注疏者亦皆有所依據劉史譏其蕪累已非實錄而後儒不復深求古義動言石經之誤豈其然乎昶幼誦諸經於先儒異同之說頗曾究心而章句文字之殊亦必廣爲攷核以博異趣今錄石經輒舉傳注異本見於釋文與夫漢魏載籍所述有資證據者臚陳于此其各經正文互相徵引之處爲學者所習聞者不贅及明監本暨毛氏汲古閣所刊注疏盛

行於時然其中譌字脫文所在皆是特爲校出列于各句之下俾世之從事于此者信知石經異字異句多與古本吻合不可執流俗板刻之謬以料石本也我　朝
高宗純皇帝崇尙經術以唐宋而後久虛刻經之典且石經中尙無孟子今孟子旣列學官宜有定本昭示萬世方集議舉行而大學士公阿桂適奏
世宗時無錫布衣蔣衡曾寫十三經全文進　呈尙貯
內閣
特命總裁分校等官勘定勒石不獨於注疏舊本唐宋五經多所訂正兼與
御纂四經
欽定三禮及　武英殿板十三經亦有互異時總裁彭司空元瑞等撰爲考文提要一書發明校改之由極爲精審而當時急於竣事未及盡從逮我
皇上嘉慶八年司空奏請重修得
旨俞允於是復
命文臣勘詳磨改以臻美善故今太學所立石經與前此摹搨　頒賜諸王大臣者復有不同茲據今石經參校各本其有刊正諸舊本處亦謹記之近世

考據家如萬氏斯同杭氏世駿嚴氏可均等各有專書論斷頗允惟金石文字記掊擊石經甚至而所言不皆確實以是不爲通人所取是編已彙采諸家之說故於此不再申辨若夫石經文字旣多殘帙孔富且鐫勒時看書上石之人更代不一摹刻偶誤或未能免但當擇善而從不可刻意吹求亦毋庸曲爲廻護而後人磨改鑿刻之字仍復是弁參半至明人補字則紕繆已極收藏家往往于裝褫時順文羼入攷古者一時不察遽假以爲原刻轉生異議崑山顧氏秀水朱氏正坐此失寔足

疑誤後來恐著於左庶讀者有所考云

周易上經乾傳子夏分上下二篇無經字今石經作周易上經集古文周易十二篇上經下經上象下象上象下象上繫下繫文言說卦序卦雜卦本各爲篇其取彖象傳附經下自費直始而定於劉向成於鄭康成取文言乾坤二卦附乾坤象傳後始於王弼以繫辭附象傳後改說卦上中作繫辭加傳字以文言十八條附繫辭傳削去象象傳文言之名成於韓康伯李鼎祚擬周易集解於諸傳並用王弼本惟以序卦傳分隸各卦之首加序卦曰三字而說卦傳後復出序卦一篇皆非周易本經至宋呂大防始作周易古經晁說之作錄古周易呂祖謙作古易告離上下經與十翼爲十二 康熙中御纂周易折衷依用其說於是數千年割裂散亂之書始得釐正今石經即從折衷本凡上經一卷下經二卷象上傳象下傳象上傳象下傳各一卷繫辭上傳二卷繫辭下傳一卷文言傳說卦傳序卦傳雜卦傳各一卷唐石經所用乃王弼本以彖象文言諸傳各附卦爻之下并加象曰象曰文言曰諸文故卷首標題如此釋文云第本亦作弟以後諸經凡言本亦作某本又作某字又作某之類皆據釋文本卷中所引非一故發凡於此後不另見 王弼注亦作王輔嗣注今本或無注字

☰☰乾上乾下石本四字小注今石經無之後皆仿此 九三夕惕若厲无咎說文厲作貟 上九亢龍有悔說文亢作忼 保合大和今石經監本毛本大作太 君子以自強不息監本毛本强作強 反復道也復本亦作覆 大人造也劉歆父子造作聚 君子體仁足以長人京房荀爽董遇仁作信 利物足以和義孟喜京荀陸績作利之 不易乎廿李鼎祚無乎字 不成乎名李亦無乎字釋文同云本作不成乎名 閑邪存其誠鄭康成作以存其誠 君子進德脩業今石經脩作修下脩辭脩業並同 可與幾也李作可與言幾也 欲及時也故无咎鄭作及時故无咎 聖人作馬融作起 窮之災也之鄭作志 利貞者性情也鄭作情性 乾始能以美利利天下鄭李作而能 六爻發揮本亦作輝 而況於人乎李無而字 知得而不知喪其唯聖人乎王肅作愚人

坤本又作巛 德合无疆或作壃 文言曰釋文無此句云本或有文言曰者 臣弑其君弑本或作殺 其所由來者漸矣毛本由作繇下句同 由辯之不早辯也辯荀作變 直方大張璠上有易曰二字 陰疑於陽荀虞翻姚信蜀才疑作凝 爲其嫌於无陽也荀虞陸董嫌作嗛鄭作謙九家及李作爲其兼于陽也

曰雷雨之動滿盈荀虞作形 君子以經綸荀鄭姚信黃頴及李並作論釋文同云本亦作綸 初九磐桓古文磐作般馬作槃荀李作盤 六二曰如邅如陸作亶如 乘馬班如鄭作般如 匪寇婚媾馬鄭作冓釋文同云本或作構 六三即鹿无虞鹿王肅作麓 君子幾鄭作機 上六泣血漣如說文漣作𢠹淮南子作連 蒙童蒙求我一本作童蒙來求我 初六以往吝說文作遴 九二苞蒙今石經苞作包後凡苞字並同 六三勿用取女取本又作娶 上九擊蒙馬鄭作繫蒙 需有孚又作有尃 雲上於天王肅作雲在天上 利用恆无咎釋文無无咎二字云本亦有无咎者 九二需于沙鄭作沚 九三致寇至鄭王

肅宼作戎
訟有孚窒馬鄭作咥九二患至掇也鄭作惙也九四安貞不
失也李貞下有吉字上九或錫之鞶帶王肅鞶作槃終朝三褫
之荀鄭虞翟子元褫作拕李同
師初六否臧凶荀陸劉瓛作不臧九二王三錫命鄭作賜命承
天寵也王肅寵作龍六五田有禽徐邈作擒
比六三比之匪人王肅有凶字九五王用三驅鄭虞李作敺
邑人不誡李作戒
小畜九三輿說輻本亦作輹說文李本並同九五有孚攣如子夏
作戀如上九尙德載子夏虞李德作得下同月幾望子夏作近望

履虎尾不咥人亨鄭咥作噬李亨下有利貞二字履帝位而不疚
陸作疾六三眇能視跛能履虞李能並作而下同九四愬愬終
吉馬作虩虩說文同上九視履考祥本亦作詳李同
泰后以財成天地之道荀作裁或初九拔茅茹以其彙
征古文彙作曹鄭董作蕢九二苞荒苞本又作包荒本亦作㐬李同九三象
曰无往不復釋文作无平不陂云一本作无往不復六四翩翩古文作偏
偏釋文作篇篤上六城復于隍古文作皇子夏作堭姚作皇
否君子以儉德辟難虞云儉或作險不可榮以祿榮虞李作營
同人君子以類族辨物辨李作辯九四乘其墉鄭李作庸下同
大有九二大車以載蜀才車作輿虞李作轝九四匪其彭子夏

干寶作旁虞作尫云或爲彭作旁聲字之誤下同明辯晳也晳本又作晢王廙作晰鄭
作遰云讀如明星晢晢陸作逝虞作折監本毛本誤作晳今石經與此同上九自天祐
之虞李作右之下同
謙子夏及鄭作嗛漢書同天道虧盈而益謙馬作毀盈鬼神害盈
而福謙京作富謙君子以裒多益寡鄭荀董蜀才虞李裒作捊玉篇作掊
六五利用侵伐王廙侵作寑上六征邑國釋文作征國云本或作征
邑國
豫而四時不忒京作貣殷薦之上帝殷京作隱薦本又作荐本或作
廌六二介于石古文及鄭介作砎馬作扴六三盱豫悔子夏傳盱作紆
京作汙姚作盱引詩盱日始旦九四由豫馬作猶豫朋盍簪古文簪作貣京蜀才

作撍馬作臧荀作宗虞作戠云舊讀作撍作宗也
隨大亨貞本又作大亨利貞而天下隨時王肅作隨之隨時之
義大矣哉王肅作之時義君子以嚮晦入宴息嚮本又作向王肅作
鄉初九官有渝官蜀才作館
蠱君子以振民育德王肅育作毓
臨六四位當也本或作當位也
觀盥而不薦王又作廢王肅作而觀薦聖人以神道設教李無以字
六二闚觀闚本亦作窺象曰闚觀女貞一本有利字
噬嗑初九屨校滅趾古文作止釋文同云本亦作趾不行也或本作止
不行也六三噬腊肉荀虞李腊作昔九四噬乾胏說文作𩠐子夏荀董

作賻利艱貞吉石本貞下旁注大字後人所加未光也釋文作未光大也云本亦
無大字上九何校滅耳何本亦作荷
賁小利有攸往石本利下旁注貞字亦後人所加君子明庶政明蜀
才作命初九賁其趾一本作止舍車而徒鄭張作舍輿義弗乘
也鄭作不乘六四賁如皤如鄭陸作燔如荀作波如白馬翰如翰亦
作寒六五賁于丘園黄作世于束帛戔戔子夏傳作殘殘
剝初六蔑貞凶蔑荀作滅六三剝之无咎李無之字釋文同云一本
作剝之无咎六四剝牀以膚京作簠上九君子得輿京作德輿
虞萇李作德車下同
復朋來无咎京作崩來反復其道復本又作覆下同初九无祇

悔祇王肅陸作禔九家作紱六三頻復頻本又作嚬鄭作顰上九有災眚
鄭作有裁釋文作灾云又作災
无妄天命不祐馬鄭虞李作右釋文作佑云本又作祐
大畜本又作蓄剛健篤實輝光監本毛本輝作煇能止健虞作健止
云舊讀言能止健誤也李同君子以多識前言往行識劉虞李作志九
二輿說輹輿本或作轝輹或作輻虞李作腹下同九三良馬逐鄭作逐逐
姚云逐逐疾並驅之貌曰閑輿衛鄭虞李陸希作日閑六四童牛之
牿陸云當作角鄭作梏九家虞李作告說文同
頤自求口實觀其自養也監本毛本實誤作食初九觀我朵
頤京作椯閩六二拂經于丘拂子夏作弗玉篇作咈六四虎視眈

眈周禮注視作眂李作眎其欲逐逐子夏傳作攸攸志林云攸當為逐荀作悠悠劉
作跾跾漢書作浟浟
大過本末弱也弱本又作溺下救其弱拯弱並同遯世无悶遯本又作
遁九二枯楊生稊稊鄭作荑
坎習坎京劉作欿本亦作埳以守其國國虞李作邦水洊至京作臻至
干作荐洊六三險且枕鄭向秀險作檢古文枕作沈九家作玷六四樽酒
簋貳鄭作尊酒禮記注同納約自牖納京鄭虞李作內牖陸作誘象曰樽
酒簋貳釋文無貳字云一本更有貳字九五祇既平鄭云祇當為坻京虞李作
禔說文同中未大也虞李作未光大上六寘于叢棘寘子夏作湜劉作示
姚作寔張作置

離鄭李作离百穀草木麗乎土說文麗作麗王肅土作地玉篇作麗乎地九
三日昃之離昃本作仄古文作稷不鼓缶而歌鄭作擊缶則大耋
之嗟凶蜀才李作嗟京作經荀鄭李嗟作差下嗟若同古文及鄭無凶字九四突
如其來如鄭荀虞突作㐬六五出涕沱若荀沱作池一本作沲釋文若作
嗇云古文若皆如此離王公也離鄭王肅作麗上九以正邦也王肅此下
更有獲匪其醜大有功也二句
周易下經咸傳咸取女吉取本亦作娶初六咸其拇拇子夏
作䟫古文荀虞李作母下同六二咸其腓荀作肥九四憧憧往來
京作憧憧上六咸其輔頰舌輔虞作酺頰舌作俠滕口說也滕九家作
乘鄭虞李作媵

恒初六浚恒鄭作濬恒九三或承之羞鄭作咸承上六振恒
張虞李作震恒下同
遯本又作遂又作遁鄭作遂九三係遯係本或作繫古文作系有疾憊也
王肅憊作髮荀作備九四小人否古文作不上九肥遯陸希聲云肥本作飛
大壯九三羸其角古文蜀才羸作累鄭虞作纍王肅作縲張作纍九四壯
于大輿之輹輿虞李作轝輹本又作輻六五喪羊于易陸作場上
六不詳也鄭王肅作不祥
晉孟作齊君子以自昭明德昭鄭虞李作照九四晉如鼫鼠
子夏作碩鼠六五失得勿恤孟荀馬鄭王肅失作矢虞云矢古誓字下同
明夷文王以之鄭荀向作似之下箕子以之同六二明夷夷于左

股九家及李不疊夷字子夏夷于作睇于亦作睇禮記注同馬王肅股作般姚作槃用拯
馬壯拯子夏作抍九三明夷于南狩本亦作守六五箕子之
明夷蜀才作其子劉向云今易箕子作荄茲鄒湛云訓箕為荄詁子為滋漫衍無經不可致詰
以識荀爽
家人九三家人嗃嗃荀作確確劉熇作熇熇婦子嘻嘻張作嬉嬉
陸作喜喜
睽六三其牛掣子夏作契荀作觭劉作觢說文同鄭作㸤虞作觢李同其人
天且劓王肅作臲上九後說之弧本亦作壺京馬鄭王肅翟亦作壺
蹇以正邦也邦荀陸作國君子以反身脩德今石經脩作修初
六宜待也張作宜時也鄭虞李作宜待時也

一解其來復吉乃得中也荀李上有无所往句雷雨作而百果
草木皆甲坼荀馬鄭陸李作宅毛本誤作拆九四解而拇荀虞李作母下
同六五君子維有解荀李維作惟上六公用射隼于高
墉之上虞李墉作庸
損二簋可用享蜀才簋作軌君子以懲忿窒欲懲蜀才作澄釋
文作徵窒鄭劉作懫孟作恎陸作脊欲孟作浴初九已事遄往已本亦作以虞李作
祀下同遄荀作顓六五自上祐也祐本亦作佑
益六三告公用圭王肅作桓圭固有之也李作之矣利用為
依遷國虞李國作邦上九偏辭也偏孟作徧
夬初九壯于前趾荀作止九二惕號惕荀翟作錫九三壯

于頄鄭作頯蜀才作仇九四其行次且本亦作趑趄或作跌跙說文夬作趑
鄭同九五莧陸夬夬莧一本作莞陸蜀才作睦
姤古文鄭作遘勿用取女釋文取作娶云本亦作取下同后以施命誥
四方鄭王肅作詰四方初六繫于金柅子夏作鑈王肅作抳蜀才作尼說文
作檷羸豕孚蹢躅蹢一本作蹢躅本亦作躅古文虞宋衷作暗疑李同九二包
有魚包本亦作庖荀作胞虞作苞九五以杞包瓜包一本作苞子夏虞亦作
苞
萃亨馬鄭陸虞李無亨字致孝享也今石經享作亨聚以正也聚荀作取
用大牲吉九家及李上有利貞二字君子以除戎器除本亦作儲荀作慮
初六一握為笑鄭蜀才傳作一渥六二孚乃利用禴蜀才作躍

劉作𪇪 九五志未光也釋文無志字云一本作志未光也 上六齎咨
涕洟虞李咨作資下同
升鄭作昇 用見大人本或作利見 象曰毛本象誤作彖 君子以順
德順本又作愼師同史徵云何妥作愼得姚作德 積小以高大本或作以成高大李作
同 初六允升說文允作𡘭 六四王用亨于岐山亨李作享下同
象曰王用亨于岐山毛本岐誤作歧
困剛揜也揜本又作掩荀虞李作弇 九二朱紱方來紱鄭作韍 利用
亨祀監本毛本亨作享 六三不祥也九家及李作不詳 九四來徐
徐子夏虞李作荼荼王肅作余余下同 九五劓刖京作劓劊陸王肅作䠱𨇾 利用
祭祀本亦作享祀 上六困于葛藟本又作蘽 于臲卼說文作劓鼿

井羸其瓶蜀才羸作累 汔至亦未繘井未有功也荀李上有无喪无得往來井井二句 九二井谷射鮒荀作耶 六四脩井也今石
經脩作修 上六井收勿幕收荀作𣓀勿干作网
革水火相息說文作熄 上六其文蔚也說文蔚作斐
鼎亨飪也亨本又作享 以享上帝釋文無上帝二字 君子以正
位凝命翟作擬命 九四其形渥虞李形作刑九家京荀鄭虞陸希聲作其刑剭
震來虩虩荀作愬愬 笑言啞啞亦作笑語下同 君子以恐懼脩
省今石經脩作修 六二億本又作噫 躋於九陵躋本又作隮 九四震
遂泥遂荀作隊
艮初六艮其趾荀作止 六二艮其腓本又作肥 不拯其隨

孟京王肅陸作不承釋文同 九三列其夤鄭作䐈荀作腎 厲薰心薰荀作動
云讀爲動虞李作閽 六五言有序虞李作有孚
漸女歸吉也王肅作女歸吉利貞 君子以居賢德善俗王肅作善
風俗 六二鴻漸于磐漢書作般 九三婦孕不育孕荀作乘 利禦
寇虞李作利用禦寇
歸妹所歸妹也本或作所以歸妹也 初九跛能履虞李能作而下能履
能視並同 六三歸妹以須荀陸作嬬 未當也虞李作位未當也 九四
有待而行也一本作有時 六五月幾望荀作既望 上六女承
筐釋文作匡云鄭作筐
豐日中則昃孟作稷 月盈則食或作蝕 初九遇其配主

鄭虞作妃主 雖旬无咎荀作雖均劉昞作鈞 六二豐其蔀鄭薛作菩 日
中見斗孟作主 九三豐其沛本亦作斾子夏作芾鄭干作韋 日中見
沬子夏鄭馬作昧 上六豐其屋說文作寷 闚其无人闃孟作窒姚作
闃 天際翔也孟鄭王肅翔作祥
旅初六旅瑣瑣或作璅璅 六二懷其資本或作懷其資斧 得童
僕貞九家及李童作僮下並同 九四得其資斧各本皆作齊斧 上九其
義焚也一本作宜其焚也 喪牛于易李作喪牛之凶釋文同云本亦作喪牛于
易
巽說文丌篇並作顨 上九喪其資斧資荀虞李作齊
兌麗澤鄭作離澤

渙初六用拯馬壯吉子夏拯作抍虞李吉下有悔亡二字六四渙有丘姚作有近匪夷所思荀作匪弟

節六三則嗟若李作差若下同

中孚豚魚吉黃作遯魚九二吾與爾靡之靡本又作縻孟同陸作䌕京作劓六四月幾望孟荀幾作既京作近今石經望作朢

小過六五已上也上鄭作尙

既濟六二婦喪其茀子夏虞李作髴荀作紱董作髢九三憊也憊陸作備云當爲憊六四繻有衣袽子夏王廙繻作襦薛云古文作繻說文袽作絮京同子夏作茹九五不如西鄰之禴祭古文禴作論

未濟九四震用伐鬼方漢名臣奏震作祗三年有賞于大

國虞李作大邦六五其暉吉也暉字又作輝

周易繫辭上第七本亦作繫辭上王肅作繫辭上傳訖于雜卦皆有傳字本亦有無上字者辭本亦作辭今石經亦作繫辭上傳下傳同韓康伯注釋文作韓伯注云本亦作韓康伯注

天尊地卑本又作埤卑高以陳鄭作已陳是故剛柔相摩本又作磨八卦相盪各本皆作蕩日月運行姚作違行乾知大始王肅作泰始坤作成物虞李作坤化姚同云化當爲作而成位乎其中矣馬王肅李作而易成位繫辭焉而明吉凶虞下有悔吝二字剛柔者晝夜之象也虞作晝夜者剛柔之象易之序也序虞李作象所樂而玩者樂虞李作變玩鄭李作翫而玩其辭鄭李亦作翫下同是以自天祐之虞李作右之存乎其小疵也存各本及今石

經並作言故能彌綸天地之道彌本又作弥天地虞李作天下釋文同云一本作天地俯以察於地理一本察作劉原始反終鄭虞李反作及旁行而不流京作留樂天知命虞作變天範圍天地之道而不過馬王肅張作犯違故君子之道鮮矣鄭李作尟矣藏諸用藏鄭作臧成象之謂乾蜀才成作盛效法之謂坤李作爻法釋文同云馬韓如字蜀才作效以言乎邇釋文作迩云本又作邇其靜也專陸作摶知崇禮卑蜀才虞李作體卑聖人有以見天下之賾京虞李作嘖說文同九家作冊以行其典禮典京作等禮姚作體言天下之至賾鄭虞李作嘖下同而不可惡也荀作亞也言天下之至動而不可亂也九家動作冊鄭作賾云賾當爲動議之而後動陸姚桓元荀柔之議作儀

吾與爾靡之釋文靡作縻云本又作靡京作劘言行君子之樞機禮記注言行作言語者或默或語默字或作嘿苟錯諸地而可矣錯本亦作措慎斯術也以往一本愼作順有功而不德鄭陸蜀才作不置鄭云置當爲德則言語以爲階姚作爲機作易者其知盜乎虞李作爲易者釋文同云本又云作易者致寇至徐或作致戎宋衷云戎誤慢藏誨盜虞作悔盜冶容誨淫鄭陸虞姚王肅李作野容分而爲二以象兩李無而字天一地二天三地四天五地六天七地八天九地十今石經此二十字在天數五節之上漢書同乾之策字亦作筴荀李作冊下並同當期之日期本又作朞萬有一千五百廿各本作二十以後諸經凡廿卅卌等字各本皆分爲兩字引而伸之伸本又作信古文同是

故可與酬酢京作醻可與祐神矣祐荀作侑九家李作右易有
聖人之道四焉明僧紹作君子之道以言者尚其辭釋文云下二句無
以字一本四句皆有以制器者尚其象鄭無者字其受命也如響
各本作嚮其孰能與於此李無其字參伍以變劉歆讀為三五虞李伍作
五遂成天地之文天地一本作天下文陸作爻聖人之所以極
深而研幾也研蜀才作揅幾本或作機天數五地數五五位相
得而各有合天數廿有五地數卅凡天地之數五
十有五此所以成變化而行鬼神也今石經此節在大衍之數
節前漢書同夫易何為者也李作夫易何為而作也夫易開物成
務一本無夫易二字開王肅作闓是故蓍之德圓而神圓本又作員儀禮釋

文作圖六爻之義易以貢京陸虞作工荀作功聖人以此洗心
漢石經作先心京荀虞董張蜀才李並同知以藏往劉作臧往其孰能與此
哉今石經監本毛本作與於此哉古之聰明叡知今石經監本毛本叡作睿以
神明其德夫一本無夫字是故易有大極今石經作太極立成
器以為天下利漢書作立功成器漢紀作立象成器聖人探賾索隱
虞李賾作嘖九家作冊以定天下之吉凶鄭無以字成天下之亹
亹者李作娓娓莫大乎蓍龜鄭李作莫善釋文同云本亦作莫大洛出書
洛王肅作雒自天祐之侯果崔憬虞李祐作右下同又以尚賢也鄭又
虞李作有乾坤其易之蘊耶各本蘊作縕舉而錯之錯本又作措李
同聖人有以見天下之賾崔憬李作嘖本亦作天下之至賾極天

下之賾者存乎卦賾李作嘖化而裁之本又作財之李同默而
成之九家及李無之字釋文同云本或作默而成之周易繫辭第八各本
皆作繫辭下第八後人補字脫下繫辭焉而命之孟作明之貞勝者也
姚作貞稱確然說文確作隺隤然隤孟作退陸董姚作妥像此者也像李
作象聖人之大寶曰位寶孟作保何以守位曰仁釋文作人云王
肅卜伯玉桓元明僧紹作仁古者包犧氏之王天下也包本又作庖陸
虞李同孟京作伏犧字又作羲孟京作戲俯則觀法於地荀作察法作結繩
而為罔罟虞李無罔字釋文同云黃作為罔罟以佃以漁佃本又作田虞李同
漁本又作魚虞李同蓋取諸離虞李作离斲木為耜說文作梠揉木為
耒玉篇揉作楺本或作揉木為之耒易窮則變變則通通則久一本

無變則通句是以自天祐之本亦作佑之李作右之吉无不利也
各本皆無也字刳木為舟九家及李刳作挎釋文同云本又作刳剡木為楫
九家及李剡作掞釋文同云本亦作剡楫本亦作檝致遠以利天下一本無此句
引重致遠以利天下一本無下句重門擊柝說文鄭李作㯳說文
又作㯳以待暴客鄭作虣客掘地為臼虞李作閼地象也者像
也孟京虞董姚李像作象憧憧往來本又作憧憧往者屈也屈虞李作
詘下同來者信也本又作伸也下同以求信也玉篇作伸也龍蛇
之蟄釋文蛇作虵云本又作蛇以存身也釋文作全身云本亦作存身死期
將至陸李作死其釋文同云亦作期公用射隼于高墉之上墉李作庸
不威不懲虞李作徵下同小懲而大誡虞李作戒屨校滅趾釋文

作止云本亦作𣧑 故惡積而不可掩虞李作弇是以身安而國
家可保也國虞作邦知小而謀大小虞李作少力少而任重
今石經監本毛本作力小兩漢書注並與此同鮮不及矣鮮虞李作尠釋文同云本亦作
尟覆公餗馬作覆公粥其形渥形李作刑吉之先見者也漢書
吉下有凶字天地絪縕本又作氤氳說文作壹壼李同男女構精構鄭作覯
詩箋同監本作搆君子脩此三者今石經脩作修乾坤其易之門
耶本又作門戶耶彰往而察來虞李彰作章辨物正言辨干李作辯
損德之脩也今石經脩作修馬作循爲道也屢遷屢虞李作婁初
率其辭虞李率作帥若夫雜物撰德撰鄭作算成天下之亹
亹者荀虞李作娓娓吉事有祥虞李作有詳失其守者其辭屈
侯果及李作辭詘

說卦幽贊於神明而生蓍贊本或作讚參天兩地而倚
數天或作夫者非漢石經兩作网廣韻同倚才倚作奇觀變於陰陽而立卦
一本變下有化字故易六位而成章本又作六畫虞李同日以烜之
釋文烜作晅云本又作𣈶相見乎離離虞崔李作离下並同妙萬物而爲言
者也妙鄭王肅董並作眇毛本作𡡉燥萬物者莫熯乎火熯徐作㷔說文作
同故水火相逮漢書作不相逮釋文同云鄭宋陸王肅王廙無不字坎爲豕
京作盤乾爲瘠馬京荀作柴馬爲木果荀九家此下更有爲龍爲直爲衣爲
言八字坤爲吝嗇吝京作遴爲大輿李作轝其於地也爲黑
荀九家此下有爲牝爲迷爲方爲囊爲裳爲黃爲帛爲漿十六字震爲龍虞干鄭李作駹

鄭云讀爲厖爲旉本又作專鄭虞李同虞云延叔堅說以專爲專大布非也爲蒼筤
竹筤或作𤨒爲萑葦萑各本作萑爲馵足京荀作朱足爲的顙說文
的作馰其於稼也爲反生虞作阪生陸云阪當爲反爲蕃鮮荀九家此
下有爲玉爲鵠爲鼓六字巽爲工鄭作爲墨爲臭王肅作爲香臭其於人也
爲寡髮本又作宣虞李同爲廣顙廣鄭作黃其究爲躁卦荀九家此
下有爲楊爲鸛四字坎爲矯輮一本矯作撟宋衷王廙輮作揉李同京作柔荀作橈爲
弓輪姚作倫爲亟心亟荀作極其於木也爲堅多心荀九家此
下有爲宮爲律爲可爲棟爲叢棘爲狐爲蒺藜爲桎梏十九字離爲乾卦董作幹卦爲
鼈本又作鼈鄭同爲蠃京作螺姚作蠡爲蚌本又作蜯其於木也爲科
上槁科虞李作折槁鄭作槀干作熇荀九家此下有爲牝牛三字艮爲果蓏京作

果墮之字爲閽寺亦作闇字爲指鄭作小指爲狗虞作狗爲黔喙之
屬黔鄭作黚其於木也爲堅多節一本無堅字虞李同荀九家此下有爲鼻
爲虎爲狐六字兌爲羊虞李作羔鄭作陽荀九家此下有爲常爲輔頰五字
序卦屯者物之始生也李物上有萬字物之稺也稺本或作稚
故受之以訟李上經有也字本篇無李本序卦說列各卦之後又見於此前後字句互
有增減故分別記之比必有所畜本亦作蓄故受之以履略例此下有履
者禮也句李同釋文云韓注有或傳寫者誤履而泰然後安鄭姚李無而泰二字
有大者不可以盈鄭注作有大有有大而能謙鄭作嗛豫必
有隨李上經有也字本篇無物大然後可觀李上經有也字本篇無致
飾然後亨李上經作然後本篇作而後故受之以復李上經有也字本篇

無有无妄然後可畜李上經然後上有物字本篇無不可以不久
也李無以字物不可以久居其所鄭李久上有終字居鄭李作於夬必
有過崔李與此同今石經監本毛本作有所遇故受之以姤古文鄭李作遘下並
同故受之以升李下經有也字本篇無困乎上者必反下崔無
者字李下經無本篇有井道不可不革李下經有也字本篇無旅而無
所容李無而字
雜卦臨觀之義李作之怒謙輕而豫怠也怠京作治虞李作怡兌
見而巽伏也鄭作兌說蠱則飾也鄭王肅李與此同今石經監本毛本作飭
也大有衆也衆荀作終豐多故也親寡旅也各本皆無上也字
小人道憂也鄭虞李作道消也

周易略例今石經此卷不錄明象夫動不能制動一本作天
地不能制動故處璇璣璇又作旋璣本又作幾或作幾監本旋作璇故觀象
以斯一本作以彖觀之明爻通變隆墀永歎墀本又作坻同
舟而濟一本作而載故有繼邇而遠至釋文作善通云善又作繼案石
本初制作繼後人唐改作善語成而後有格一本作括明卦適變
通爻本又作明卦通變適爻又一本直云適變通爻遯險尚遠釋文作辟險云本亦
作遯後章同其介不可犯也介本又作分明象故可尋象
以觀意本亦作見意猶蹄者所以在兔字又作菟下同荃者所
以在魚釋文荃作筌云荃蹄事見莊子則僞說茲漫釋文作滋漫辯
位卦不可無六爻無亦作損略例下本或無下字卦略

無所憑也傳文憑作馮云本亦作憑明者不諮於闇諮本亦作資以
所見爲美者也一本作所知則觸藩矣釋文作觸藩洽乃疑
亡也洽本亦作合未[illegible]則明昧本亦作妹又作沫下文同
右周易
尚書序今石經序不錄古者伏犧氏之王天下也伏古作虙犧本
又作羲亦作戲謂之八索本或作素益稷合於皐陶謨皐陶本又作咎
繇盤庚三篇合爲一盤庚本又作般庚其餘錯亂摩滅釋文
摩作磨採摭羣言採本又作采各冠其篇首監本各誤作名傳之
子孫毛本誤作傳子孫孫
虞書馬融鄭康成王肅題曰虞夏書堯典序今石經小序別在經末自此至終篇並同

按馬鄭百篇之序皆總爲一卷惟孔安國以序各冠篇首放勳一作放勛欽明文思
安安漢書作晏晏格于上下說文格作假平章百姓今文作辯章漢
書同黎民於變時雍漢書變作番敬授人時漢書作民時宅嵎
夷說文玉篇嵎作堣尚書攷靈曜作禺銕曰暘谷淮南子作湯谷平秩東作
馬作苹秩漢書及周禮注並作辯秩說文作平豑平秩南訛漢書作南僞宅西
曰昧谷漢書宅西作度西尚書大傳昧谷作柳穀寅餞納日馬作賓𥟵漢書同
平在朔易大傳作便在伏物鳥獸氄毛說文鳥部作褎毛毛部作毴背
三百有六旬有六日說文漢書朞作稘疇咨若子朱啟明玉篇啟作
启囂訟可乎訟馬作庸方鳩僝功說文方鳩作旁逑監本僝作孱有能
俾乂說文漢書作俾嬖方命圮族蜀志作放命釐降二女于嬀

汭國語作嬀內
舜典今文此篇合於堯典無篇首二十八字序虞舜側微玉篇作微曰若
稽古帝舜曰重華協于帝此十二字是姚方興所上孔氏傳本無之濬
哲文明溫恭允塞玄德升聞乃命以位釋文無此十六字云
姚方興本或有烈風雷雨弗迷大傳弗作不舜讓于德弗嗣漢書
作不怡今文作弗怡在璿璣玉衡大傳作旋機肆類于上帝說文作類
禷輯五瑞漢書輯作揖馬同歲二月東巡守或作狩至于岱
宗柴說文作祡修五禮監本毛本修作脩贄本又作摯漢書同說文作𧶠儀禮疏
作雉如西禮馬作如初禮公羊傳注此下有還至岱宗如初禮六字格于藝祖漢書
作禰祖肇十有二州大傳肇作兆濬川漢書作浚川扑作教刑

今文扑作朴惟刑之恤哉今文恤作謐漢書同竄三苗于三危說文
竄作𥨍帝乃殂落說文帝作放勳漢書作放勳乃殂闢四門說文作闢
讓于稷契暨皋陶說文作臯咎繇黎民阻飢今文阻作祖鄭讀祖爲阻
漢書作祖飢五流有宅漢書作有度讓于殳斨暨伯與漢書古今
人表作朱斨柏譽僉曰益哉僉曰馬鄭王並作禹曰教胄子馬作育子說文
同歌永言聲依永漢書永並作詠分北三苗三國志注北作兆
大禹謨今文無此篇徐邈云本虞書總爲一卷序皋陶矢厥謨矢本又作
夭謨字又作謩益稷馬鄭王作棄稷帝德廣運乃聖乃神乃武乃
文呂氏春秋作天子之德廣運乃神乃武乃文俾予從欲以治毛本欲誤作教
夔夔齋慄監本齋作齊禹拜昌言孟子注作善言漢書作讜言

皋陶謨惇叙九族漢書叙作序知人則哲漢書作悊擾而毅
玉篇擾作擾剛而塞說文作寋俊乂在官漢書乂作艾百僚師師
僚本又作寮無教逸欲有邦漢書無作亡教作敖逸作佚邦作國玉篇逸亦作佚
後漢書欲作游一日二日萬幾漢書作機無曠庶官漢書作毋曠天
工人其代之漢書工作功天敘有典馬作五典自我五禮有
庸哉馬作庸哉五五刑五用哉漢書作庸用懋哉懋哉爾雅注懋
作茂漢書注同天明畏馬作明威周禮注同
益稷今文此篇合於皋陶謨隨山刊木漢書刊作栞說文玉篇並同濬畎
澮距川說文作濬く巜歫川又作容畎澮暨稷播奏庶艱食鮮食
艱馬作根漢書同懋遷有無化居懋大傳作貿漢書作楙作會馬作繪周

禮注同藻火粉米藻本又作藻說文作璪粉說文作黺米說文作䊵又作絲徐同絺
繡周禮注絺作希在治忽今文作采政忽漢書作七始詠鄭作在治曶撻以記
之說文撻作䢡敷納以言漢書敷作傳無若丹朱傲漢書無作毋傲
作敖說文朱作絑傲作奡朋淫于家說文朋作堋娶于塗山說文上有禹曰
二字塗作嵞玉篇亦作嵞弼成五服說文弼作弻方施象刑惟明漢書
及白虎通方並作旁笙鏞以間鏞鄭作庸周禮疏同鳥獸蹌蹌說文作牄牄周
禮注同簫韶九成說文簫作箾
禹貢序任土作貢字或作贛至于岳陽岳字又作嶽漢書同島夷
皮服島作鳥漢書同入于河漢書作海濟河惟兗州漢書濟作泲下
濟漯達于濟並同說文兗作沇灉沮會同漢書及周禮注並作雍沮厥草惟繇

說文作𦳊作十有三載馬鄭載作年嵎夷既略今文嵎夷作禺鐵濰
淄其道濰本亦作惟又作維漢書作惟甾海濱廣斥玉篇作廣滷漢書作海瀕
廣瀉厥篚檿絲漢書篚作棐後篚字並同大野既豬漢書作大壄後豬野同
厥土赤埴墳埴鄭作戠羽畎夏翟周禮注畎作甽書翟作狄草木
漸包漸本又作蔪說文同包字或作苞說文同淮夷蠙珠暨魚本亦作淮夷二
水蠙字又作玭達于河說文作菏陽鳥攸居漢書作逌居篠簜既敷
簜或作篛瑤琨篠簜琨馬作瑻漢書同齒革羽毛惟木漢書無惟木二
字島夷卉服漢書作鳥夷厥包橘柚詩箋包作苞沿于江海
沿馬作均鄭作松云松當爲沿漢書作均江海沱潛既道漢書潛作灊下同雲土
夢作乂雲徐作云漢書作雲夢土作艾厥貢羽毛齒革漢書毛作旄杶

榦栝柏杶又作櫄榦本又作幹周禮注作櫄榦礪砥砮丹漢書礪作厲惟
箘簵楛說文簵作簬浮于江沱潛漢本或作潛于漢滎波既豬
說文波作潘馬作播漢書作滎播既都被孟豬漢書孟作盟浮于洛河各本
皆作浮于洛達于河此誤脫和夷底績和字又作龢西傾因桓是來
漢書作是徠弱水既西說文作溺水涇屬渭汭本又作內灃水攸
同漢書作酆水逌同下東會于灃亦作酆厥貢惟球琳琅玕琳鄭作玪道
岍及岐岍字又作汧馬作開至于陪尾漢書作倍尾道弱水本或作溺
水又東至于孟津漢書作盟津至于大伾本又作岯字或作阫岻
山導江漢書岷作崏又東至于澧漢書作醴溢爲滎溢字又作監漢
書作泆又東會于涇漢書會作至四隩既宅玉篇隩作墺百里

賦納總納本又作內三百里納秸服秸本或作稭禮記注作藍漢書作內
粵服
甘誓有扈氏威侮五行漢書作有鄠一作有戶天用勦絕其
命勦馬作巢漢書作剿說文同弗用命戮于社今石經監本弗作不予則
孥戮汝周禮注孥作奴
五子之歌今文無此篇序須于洛汭本又作內以逸豫逸本又作
佾豫本或作予乃盤遊無度盤本或作槃巳可近不可下國語作民
可近也而不可上也關石和鈞國語作龢均雖悔可追雖或作睢
胤征漢書作胤征今文無此篇工執藝事以諫藝本又作蓺俶擾天
紀俶本亦作叔

附錄史記所採虞夏書按司馬遷嘗從孔安國問故史記中采錄尚書皆與
古文也然遷所引多據訓詁以改原文如克明俊
德作能明馴德欽若昊天作敬順昊天之類通部
皆然今不能分注各字句下則具著於此至古文
尙書篇次已爲後人所亂史記所述較今本前後
互置無從分錄各篇故彙錄于虞夏書後使
讀者得考其同異焉以後商書周書並倣此能
明馴德徐廣曰馴古訓字以親九族九族既睦便章百姓
百姓昭明合和萬國乃命羲和敬順昊天數法日
月星辰敬授民時分命羲仲居郁夷曰暘谷索隱云史
記舊本作湯谷敬道日出便程東作日中星鳥以殷中春
其民析鳥獸字微申命羲叔居南交便程南譌敬
致日永星火以正中夏其民因鳥獸希革申命和

仲居西土徐廣曰一無土字曰昧谷徐廣曰一作柳谷索隱曰史記舊本作柳
穀敬道日入便程西成夜中星虛以正中秋其民
夷易鳥獸毛毨申命和叔居北方曰幽都便在伏
物日短星昴以正中冬其民燠鳥獸氄毛歲三百
六十六日以閏月正四時信飭徐廣曰古勑字百官衆功
皆興堯曰誰可順此事放齊曰嗣子丹朱開明堯
曰吁頑凶不用堯又曰誰可者讙兜曰共工旁聚
布功可用堯曰共工善言其用僻似恭漫天不可
堯又曰嗟四嶽湯湯洪水滔天浩浩懷山襄陵下
民其憂有能使治者皆曰鯀可堯曰鯀負命毀族

不可嶽曰异哉試不可用而已堯於是聽嶽用鯀
九歲功用不成堯曰嗟四嶽朕在位七十載汝能
庸命踐朕位嶽應曰鄙德忝帝位堯曰悉舉貴戚
及疏遠隱匿者衆皆言於堯曰有矜在民間曰虞
舜堯曰然朕聞之其何如嶽曰盲者子父頑母嚚
弟傲能和以孝烝烝治不至姦堯曰吾其試哉於
是堯妻之二女觀其德于二女舜飭下二女於嬀
汭如婦禮堯善之乃使舜慎和五典五典能從乃
徧入百官百官時序賓於四門四門穆穆諸侯遠
方賓客皆敬堯使舜入山林川澤暴風雷雨舜行

不迷堯以爲聖召舜曰女謀事至而言可績三年
矣女登帝位舜讓於德不懌正月上日舜受終於
文祖　於是帝堯老命舜攝行天子之政以觀天
命舜乃在璿璣玉衡以齊七政遂類于上帝禋於
六宗望於山川辯於羣神揖五瑞擇吉月日見四
嶽諸牧班瑞歲二月東巡狩至於岱宗祡望秩於
山川遂見東方君長合時月正日同律度量衡脩
五禮五玉三帛二生一死爲摯如五器卒乃復五
月南巡狩八月西巡狩十一月北巡狩皆如初歸
至於祖禰廟用特牛禮五歲一巡狩羣后四朝徧

告以言明試以功車服以庸肇十有二州決川象
以典刑流宥五刑鞭作官刑扑作教刑金作贖刑
眚烖過赦怙終徐廣曰亦作衆賊刑欽哉欽哉惟刑之靜
哉讙兜進言共工堯曰不可而試之工師共工果
淫辟四嶽舉鯀治鴻水堯以爲不可嶽彊請試之
試之而無功故百姓不便三苗在江淮荊州數爲
亂於是舜歸而言於帝請流共工于幽陵以變北
狄徐廣曰燮一作變放讙兜於崇山以變南蠻遷三苗於
三危以變西戎殛鯀於羽山以變東夷四辠而天
下咸服堯立七十年得舜二十年而老令舜攝行

天子之政　堯辟位凡二十八年而崩百姓悲哀如喪父母三年四方莫舉樂以思堯於是舜乃至於文祖謀于四嶽辟四門明通四方耳目命十二牧論帝德行厚德遠佞人則蠻夷率服舜謂四嶽曰有能奮庸美堯之事者使居官相事皆曰伯禹爲司空可美帝功舜曰嗟然禹汝平水土維是勉哉禹拜稽首讓於稷契與皐陶舜曰然往矣舜曰棄黎民始飢汝后稷播時百穀舜曰契百姓不親五品不馴汝爲司徒而敬敷五教在寬舜曰皐陶蠻夷猾夏寇賊姦軌汝作士五刑有服五服三就五流有度五度三居維明能信舜曰誰能馴予上皆曰垂可於是以垂爲共工舜曰誰能馴予上下草木鳥獸皆曰益可於是以益爲朕虞益拜稽首讓于諸臣朱虎熊羆舜曰往矣汝諧遂以朱虎熊羆爲佐舜曰嗟四嶽有能典朕三禮皆曰伯夷可舜曰嗟伯夷以汝爲秩宗夙夜維敬直哉維靜潔伯夷讓夔龍舜曰然以夔爲典樂教穉子直而溫寬而栗剛而毋虐簡而毋傲詩言意謌長言聲依詠律和聲八音能諧毋相奪倫神人以和夔曰於予擊石拊石百獸率舞舜曰龍朕畏忌讒說殄僞

金石萃編卷一百十　唐七十

振驚朕衆徐廣曰一云齊說殄行振驚衆命汝爲納言夙夜出入朕命惟信舜曰嗟女二十有二人敬哉惟時相天事三歲一考功三考絀陟遠近衆功咸興分北三苗　舜年二十以孝聞年三十堯舉之年五十攝行天子事年五十八堯崩年六十一代堯踐帝位踐帝位三十有九年南巡狩崩於蒼梧之野並五帝本紀　當帝堯之時鴻水滔天浩浩懷山襄陵下民其憂堯求能治水者羣臣四嶽皆曰鯀可堯曰鯀爲人負命毀族不可四嶽曰等之未有賢於鯀者願帝試之於是堯聽四嶽用鯀治水九年而水不息功用不成於是帝堯乃求人更得舜舜登用攝行天子之政巡狩行視鯀之治水無狀乃殛鯀於羽山以死天下皆以舜之誅爲是於是舜舉鯀子禹而使續鯀之業堯崩帝舜問四嶽曰有能成美堯之事者使居官皆曰伯禹爲司空可成美堯之功舜曰嗟然命禹女平水土維是勉之禹拜稽首讓於契后稷皐陶舜曰女其往視爾事矣　禹乃遂與益后稷奉帝命命諸侯百姓興人徒以傅土行山表木定高山大川　陸行乘車水行乘船泥行乘橇徐廣曰他書或作絶山行乘檋徐廣曰檋一作橋左準繩右

規矩載四時以開九州通九道陂九澤度九山令益予衆庶稻可種卑溼命后稷予衆庶難得之食食少調有餘相給以均諸侯禹乃行相地宜所有以貢及山川之便利禹行自冀州始冀州既載壺口治梁及岐既修太原至於嶽陽覃懷致功至於衡漳其土白壤賦上上錯田中中常衛既從大陸既爲鳥夷皮服夾右碣石入于海（徐廣曰海一作河）濟河維沇州九河既道雷夏既澤雍沮會同桑土既蠶於是民得下丘居土其土黑墳草繇木條田中下賦貞作十有三年乃同其貢漆絲其篚織文浮于

濟漯通於河海岱維青州嵎夷既略濰淄既道其土白墳海濱廣潟（徐廣曰一作澤又作斥）厥田斥鹵田上下賦中上厥貢鹽絺海物維錯岱畎絲枲鉛松怪石萊夷爲牧其篚酓絲浮於汶通於濟海岱及淮維徐州淮沂其治蒙羽其藝大野既都東原底平其土赤埴墳草木漸包其田上中賦中中貢維土五色羽畎夏狄嶧陽孤桐泗濱浮磬淮夷蠙珠臮魚其篚元纖縞浮于淮泗通于河淮海維揚州彭蠡既都陽鳥所居三江既入震澤致定竹箭既布其草惟夭其木惟喬其土塗泥田下下賦下上上雜

貢金三品瑤琨竹箭齒革羽毛島夷卉服其篚織貝其包橘柚錫貢均江海通淮泗荆及衡陽維荆州江漢朝宗于海九江甚中沱涔已道雲土夢爲治其土塗泥田下中賦上下貢羽旄齒革金三品杶榦栝柏礪砥砮丹維箘簬楛（徐廣曰一作箘足枅杆郎楛也音楛箘足者矢鏃也或以箘足訓釋箘楛乎）三國致貢其名包匭菁茅其篚元纁璣組九江入賜大龜浮於江沱涔於漢踰于雒至於南河荆河維豫州伊雒瀍澗既入於河滎播既都道荷澤被明都其土壤下土墳壚田中上賦雜上中貢漆絲絺紵其篚纖絮錫貢磬錯浮

於雒達於河華陽黑水維梁州汶嶓既蓺沱涔既道蔡蒙旅平和夷底績其土青驪田下上賦下中三錯貢璆鐵銀鏤砮磬熊羆狐貍織皮西傾因桓是來浮于潛踰于沔入于渭亂于河黑水西河維雍州弱水既西涇屬渭汭漆沮既從灃水所同荆岐已旅終南敦物至于鳥鼠原隰底績至于都野三危既度三苗大序其土黃壤田上上賦中下貢璆琳琅玕浮于積石至于龍門西河會于渭汭織皮昆侖析支渠搜西戎即序道九山汧及岐至于荆山踰于河壺口雷首至于太嶽砥柱析城至于

王屋太行常山至于碣石入于海西傾朱圉鳥鼠
至于太華熊耳外方桐柏至于負尾道嶓冢至于
荆山內方至于大別汶山之陽至于衡山過九江
至于敷淺原徐廣曰淺一作滅道九川弱水至於合黎餘
波入于流沙道黑水至于三危入于南海道河積
石至于龍門南至華陰東至砥柱又東至于盟津
東過雒汭至于大邳北過江水至于大陸北播為
九河同為逆河入于海嶓冢道瀁東流為漢又東
為蒼浪之水過三澨入于大別南入于江東匯澤
為彭蠡東為北江入于海汶山道江東別為沱又

東至於醴過九江至于東陵東迆北會于匯東為
中江入于海道沇水東為濟入于河泆為滎東出
陶丘北又東至于荷又東北會于汶又北東入于
海道淮自桐柏東會于泗沂東入于海道渭自鳥
鼠同穴東會于灃又東北至于涇東過漆沮入于
河道雒自熊耳東北會于澗瀍又東會于伊東北
入于河於是九州攸同四奥既居九山栞旅九川
滌原九澤既陂四海會同六府甚修衆土交正致
慎財賦咸則三壤成賦中國賜土姓祗台德先不
距朕行令天子之國以外五百里甸服百里賦納

總二百里納銍三百里納秸服四百里粟五百里
米甸服外五百里侯服百里采二百里任國三百
里諸侯侯服外五百里綏服三百里揆文教二百
里奮武衛綏服外五百里要服三百里夷二百里
蔡要服外五百里荒服三百里蠻二百里流東漸
于海西被于流沙朔南暨聲教訖于四海於是帝
錫禹元圭以告成功於天下天下於是太平治臯
陶作士以理民帝舜朝禹伯夷臯陶相與語帝前
臯陶述其謀曰信其道德謀明輔和禹曰然如何
臯陶曰於慎其身修思長敦序九族衆民高翼近

可遠在已禹拜美言曰然臯陶曰於在知人在安
民禹曰吁皆若是惟帝其難之知人則智能官人
能安民則惠黎民懷之能知能惠何憂乎驩兜何
遷乎有苗何畏乎巧言善色佞人臯陶曰然於亦
行有九德亦言其有德乃言曰始事事寬而栗柔
而立愿而共治而敬擾而毅徐廣曰擾一作柔直而温簡
而廉剛而實彊而義章其有常吉哉日宣三德蚤
夜翊明有家日嚴振敬六德亮釆有國翕受普施
九德咸事俊乂在官百吏肅謹毋教邪淫奇謀非
其人居其官是謂亂天事天討有辠五刑五用哉

吾言厎可行乎禹曰汝言致可績行皋陶曰余未有知思贊道哉帝舜謂禹曰汝亦昌言禹拜曰於予何言予思日孳孳皋陶難禹曰何謂孳孳禹曰鴻水滔天浩浩懷山襄陵下民皆服於水予陸行乘車水行乘舟泥行乘橇山行乘檋行山栞木與益予眾庶稻鮮食以決九川致四海浚畎澮致之川與稷予眾庶難得之食食少調有餘補不足徙居眾民乃定萬國爲治皋陶曰然此而美也禹曰於帝慎乃在位安爾止輔德天下大應清意以昭待上帝命天其重命用休帝曰吁臣哉臣哉臣作

朕股肱耳目予欲左右有民女輔之余欲觀古人之象日月星辰作文繡服色女明之余欲聞六律五聲八音來治滑以出入五言女聽予即辟女匡拂予女無面諛退而謗予敬四輔臣諸眾讒嬖臣君徐廣曰一作吾德誠施皆清矣禹曰然帝即不時布同善惡則毋功帝曰毋若丹朱敖維慢游是好毋水舟行朋淫于家用絕其世予不能順是禹曰予辛壬娶塗山癸甲生啓予不子以故能成水土功輔成五服至于五千里州十二師外薄四海咸建五長各道有功苗頑不即功帝其念哉帝曰道吾德

乃女功序之也皋陶於是敬禹之德令民皆則禹不如言刑從之舜德大明於是夔行樂祖考至羣后相讓鳥獸翔舞簫韶九成鳳皇來儀百獸率舞百官信諧帝用此作歌曰陟天之命維時維幾乃歌曰股肱善哉元首起哉百功喜哉皋陶拜首稽首揚言曰念哉率爲興事慎乃憲敬哉乃更爲歌曰元首明哉股肱良哉庶事康哉舜又歌曰元首叢脞哉股肱惰哉萬事墮哉帝拜曰然往欽哉有扈氏不服啓伐之大戰於甘將戰作甘誓乃召六卿申之啓曰嗟六事之人予誓告女有扈氏威

侮五行怠棄三正天用勦絕其命今予維共行天之罰左不攻于左右不攻于右女不共命御非其馬之政女不共命用命賞于祖不用命僇于社予則帑僇女　帝太康失國昆弟五人須于洛汭作五子之歌　帝中康時羲和湎淫廢時亂日胤往征之作胤征並夏本紀　帝舜命契曰百姓不親五品不訓汝爲司徒而敬敷五教五教在寬殷本紀　帝舜曰棄黎民始飢爾后稷播時百穀周本紀

商書湯誓予則孥戮汝漢書孥作奴　典寶序誼伯仲作誼本或作義

仲虺之誥今文無此篇序仲虺作誥漢書作仲䴡惟生聰明時乂各本皆作惟天生此後人補字誤脫建中于民中本或作忠能自得師者王謂人莫已若者亡荀子云其在仲虺之言曰諸侯自爲得師者王得友者霸得疑者存自爲謀而莫己若者亡覆昏暴字或作虣湯誥今文無此篇罹其凶害罹本亦作離不敢赦今石經不作弗與之勠力今石經監本毛本勠作戮其爾萬方有罪在予一人予一人有罪無以爾萬方國語作余一人有罪無以萬夫萬夫有罪在余一人伊訓今文無此篇惟元祀十有二月乙丑伊尹祠于先王奉嗣王祗見厥祖侯甸羣后咸在三統歷作維太甲元年十有二月乙丑朔伊尹祀于先王誕資有牧方明朕載自亳今石經監本毛本載作哉敷

求哲人本又作喆人太甲上今文上中下三篇並無旁求俊彥俊本亦作畯無越厥命以自覆越本又作粵兹乃不義本亦作誼太甲中修厥身監本毛本修作脩視乃厥祖毛本作烈祖太甲下惟明明先王惟時懋敬厥德各本明明下有后字此補字誤脫咸有一德今文無此篇任官惟賢材毛本作才七廿之廟可以觀德呂氏春秋作五世之廟可以觀怪盤庚上今文合上中下三篇爲一篇序盤庚五遷盤本又作般國語同若顛木之有由櫱本又作枿㽕同說文作㽕櫱又作㽕枿廣韻作㽕枿王播告之修說文播作譒今汝聒聒漢書作懖說文同予亦拙謀說文拙作

䛐若農服田力穡漢書穡作嗇不昬作勞昬本或作暋越其罔有黍稷越本又作粵汝悔身何及漢石經殘字身作命相時憸民說文憸作思漢石經作散人惟求舊器非求舊漢石經無上求字下求字作猷汝無老侮成人漢石經作女毋翕侮成人今石經監本毛本老侮作侮老無弱孤有幼漢石經弱作流邦之臧惟汝衆邦之不臧惟予一人有佚罰國語作國之臧則惟汝衆國之不臧則惟予一人是有佚罰各恭爾事漢石經恭作共度乃口度亦作渡漢石經乃作爾盤庚中誕告用亶其有衆亶馬作單保后胥慼漢石經胥慼作胥高今予將試以汝遷漢石經汝作爾安定厥邦漢石經邦作國汝不憂朕心之攸困漢石經攸上有今字不其或稽漢石經作或迪自怒曷瘳漢石經怒作怨

汝誕勸憂漢石經誕作永汝何生在上漢石經汝作女予丕克羞爾漢石經丕作不高后丕乃崇降罪疾漢石經崇作知汝有戕漢石經作女有近乃祖先父丕乃告我高后曰本又作乃祖乃父監本毛本同作丕刑于朕子孫今石經及各本無子字丕乃崇降弗祥漢石經作興降丕永嗚呼漢石經作於戲汝分猷念以相從漢石經汝分猷作女比猶各設中于乃心漢石經設作翕盤庚下盤庚既遷漢石經作盤無戲怠漢石經作女罔台民懋建大命漢石經懋作勖漢書作茂今予其敷心腹腎腸漢石經予作我夏侯等傳心腹腎腸作優賢揚文選劉淵林注作優賢揚嘉績于朕邦漢石經嘉作穀爾謂朕曷震動萬民以遷漢石經爾上有今字謂作惠震作拚尚皆隱哉漢石經隱作乘予其懋

僩相爾漢石經懋僩作㬎簡
說命上今文上中下三篇並無 序高宗夢得說本又作兌下篇同 使
百工營求諸野得諸傳巖說文作使百工夐求得之傳巖 亮陰三
祀亮本亦作諒漢書作梁闇 以台正于四方台恐德弗類茲顧
弗言國語作以余正四方余恐德之不類茲故不言 朝夕納誨國語作朝夕規諫
若金用汝作礪若濟巨川用汝作舟楫若歲大旱
用汝作霖雨啟乃心沃朕心若藥弗瞑眩厥疾弗
瘳若跣弗視地厥足用傷國語作若金用女作厲若津水用女作舟若天旱用女作霖雨啟乃心沃朕心若藥不瞑眩厥疾不瘳若跣不視地厥足用傷說文瞑眩作眄眩
說命中惟干戈省厥躬省一本作眚 王視不艱今石經及各本

視並作忱 說命下爾交修予今本毛本修作脩下厥修厥德修並同 惟
學遜志周禮注遜志作愻遜 厥德脩罔覺毛本脩作修 旁招俊乂
俊本又作畯 敢對揚天子休命今石經及各本天子下有之字
高宗肜日惟先格王正厥事兩漢書格並作假 天既孚命
正厥德漢石經漢書孚作付
西伯戡黎序殷人乘黎大傳作乘耆 作西伯戡黎伯亦作柏
戡大傳說文並作𢧢玉篇爾雅注作堪 格人元龜漢書格作假 大命不摯
摯本又作蟄說文同按石刻大命下旁注古字後人所加
微子我用沈酗于酒說文酗作酌 越至于今越馬作粵 我其
發出狂鄭作往 吾家耄遜于荒耄字又作旄 吾子顛隮說文

作躋 用乂讎斂讎馬作稠 我興受其敗漢書作退說文同 自靖馬作
自清漢書同
附錄史記所採商書 自契至湯八遷湯始居亳
從先王居作帝誥索隱云一作俈 湯征諸侯葛伯不祀湯
始伐之作湯征 伊尹去湯適夏既醜有夏復歸
于亳入自北門遇女鳩女房作女鳩女房 夏桀
爲虐政淫荒而諸侯昆吾氏爲亂湯乃興師率諸侯
伊尹從湯湯自把鉞以伐昆吾遂伐桀湯曰格汝
衆庶來汝悉聽朕言匪台小子敢行舉亂有夏多
罪予維聞女衆言夏氏有罪予畏上帝不敢不正

今夏多罪天命殛之今女有衆女曰我君不恤我
衆舍我嗇事而割政女其曰有罪其奈何夏王率
止衆力率奪夏國有衆率怠不和曰是日何時喪
予與女皆亡夏德若茲今朕必往爾尚及予一人
致天之罰予其大理女女毋不信朕不食言女不
從誓言予則帑僇女無有攸赦以告令師作湯誓
桀敗於有娀之墟桀犇於鳴條夏師敗績湯遂
伐三㚇俘厥寶玉義伯仲伯作典寶湯既勝夏欲
遷其社不可作夏社伊尹報徐廣曰一云伊尹報政 於是諸
侯必服湯乃踐天子位平定海內湯歸至于泰卷

陶徐廣曰一无此脩字 中罍作誥既絀夏命還亳作湯誥維
三月王自至於東郊告諸侯羣后毋不有功于民
勤力迺事予乃大罰殛女毋予怨曰古禹皋陶久
勞于外其有功乎民民乃有安東爲江北爲濟西
爲河南爲淮四瀆已修萬民乃有居后稷降播農
殖百穀三公咸有功于民故后有立徐廣曰一作上 昔蚩
尤與其大夫作亂百姓帝乃弗予有狀先王言不
可不勉曰不道毋之徐廣曰一作政 在國在國女毋我怨以
佚伊尹作咸有一德咎單作明居 帝太甲既立
三年不明暴虐不遵湯法亂德于是伊尹放之於

桐宮三年伊尹攝行政當國以朝諸侯帝太甲居
桐宮三年悔過自責反善於是伊尹迺迎帝太甲
而授之政帝太甲修德諸侯咸歸殷百姓以寧伊
尹嘉之迺作太甲訓三篇 帝沃丁之時伊尹卒
既葬伊尹於亳咎單遂訓伊尹事作沃丁 帝太
戊立伊陟爲相亳有祥桑穀共生于朝一暮大拱
帝太戊懼問伊陟伊陟曰臣聞妖不勝德帝之政
其有闕與帝其修德太戊從之而祥桑枯死而去
伊陟贊言于巫咸巫咸治王家有成作咸艾作太
戊帝太戊贊伊陟于廟言弗臣伊陟讓作原命

帝仲丁遷于隞河亶甲居相祖乙遷于邢 帝盤
庚之時殷已都河北盤庚渡河南復居成湯之故
居迺五遷無定處殷民咨胥相怨不欲徙盤庚乃
告諭諸侯大臣曰昔高后成湯與爾之先祖俱定
天下法則可修舍而弗勉何以成德乃遂涉河南
治亳行湯之政然後百姓由寧殷道復興諸侯來
朝以其遵成湯之德也 殷復衰百姓思盤庚迺
作盤庚三篇 帝武丁即位思復興殷而未得其
佐三年不言政事決定於冢宰以觀國風武丁夜
夢得聖人名曰說以夢所見視羣臣百吏皆非也

於是迺使百工營求之野得說於傅險中是時說
爲胥靡築於傅險見於武丁武丁曰是也得而與
之語果聖人舉以爲相殷國大治故遂以傅險姓
之號曰傅說帝武丁祭成湯明日有飛雉登鼎耳
而呴武丁懼祖已曰王勿憂先修政事祖已乃訓
王曰惟天監下典厥義降年有永有不永非天夭
民中絕其命民有不若德不聽罪天既附命正厥
德乃曰其柰何嗚呼王嗣敬民罔非天繼常祀毋
禮于弃道 帝武丁崩子帝祖庚立祖巳嘉武丁
之以祥雉爲德立其廟爲高宗遂作高宗肜日及

訓　西伯伐飢國滅之徐廣曰飢一作肌又作耆紂之臣祖伊聞之而咎周恐奔告紂曰天既訖我殷命假人元龜徐廣曰元一作卜無敢知吉非先王不相我後人維王淫虐用自絶故天棄我不有安食不虞知天性不廸率典今我民罔不欲喪曰天曷不降威大命胡不至今王其奈何紂曰我生不有命在天乎祖伊反曰紂不可諫矣並殷本紀　西伯敗耆國徐廣曰一作肌殷之祖伊聞之懼以告帝紂紂曰不有天命乎是何能爲周本紀

周書泰誓上今文上中下三篇並無　惟十有三年或作十有一年後人妄看序文輒改之　惟宮室臺榭本又作謝　泰誓中王乃循師而誓今石經及各本循作徇　厥監惟不遠今石經毛本監作鑒　予有亂十人監本毛本作亂臣十人按石刻亂下旁注臣字後人所加

牧誓序與受戰于牧野說文玉篇牧作坶廣韻云古文尚書作坶　王左杖黃鉞本又作戉　逖矣西土之人爾雅注逖作逷　稱爾戈爾雅注稱作偁　惟婦言用石本言下旁增是字後人所加漢書亦無是字　昏棄厥遺王父母弟不廸漢石經王作任　乃惟四方之多罪逋逃漢石經惟作維漢書作逋逃多罪　以姦宄于商邑漢書作以姦軌于商國　不愆于四伐五伐六伐七伐禮記注不愆作不過　尙桓桓漢書作狟狟說文同　弗迓克奔迓馬鄭作禦

武成序往伐歸獸本或作嘼　執豆籩豆本又作梪　克成厥勲毛本成誤作伐　昭我周王爾雅注昭作釗　封比干墓式商容閭石本墓上閭上旁注之字皆後人所加

洪範我不知其彝倫攸敘孟子注作有序　鯀陻洪水漢書陻作堙玉篇作垔漢石經陻作伊洪作鴻　汨陳其五行漢石經汨作曰　不畀洪範九疇漢書不作弗　彝倫攸斁說文玉篇並作殬　鯀則殛死殛本或作極　敬用五事漢書敬作羞　協用五紀漢書協作叶　乂用六德漢石經乂作艾漢書同　明用稽疑漢書稽作叶說文同　威用六極漢書威作畏　一曰貌本亦作額　從作乂詩箋作艾　無有淫朋漢書作婬朋　無虐煢獨漢書無虐作亡侮　于其無好德鄭無德字　無偏無陂舊本陂作頗案此字元宗所改今石經改正作頗　無有作好說文好作孜　無偏無黨漢石經無作毋漢書作不　于帝其訓馬作其順　六三德漢書無六字　凶于而國漢書凶上有而字　人用側頗僻漢書作辟　曰霽漢書作濟周禮注同　曰蒙曰驛曰克鄭王蒙作雺在曰驛之下周禮注蒙亦作雺驛作圛古文驛作悌漢書作曰圛曰蟊曰剋　曰悔說文作𠧪　凡七卜五監本脫卜字　謀及庶人漢石經庶人作民　庶草蕃廡說文作橆　曰乂時暘若漢書乂作艾暘作陽　曰哲時燠若漢書哲作悊燠作奧　曰豫恒燠若漢書豫作舒燠作奧大傳豫作荼公羊傳注亦作舒　曰蒙大傳作雺漢書作霧

分器序諸侯班宗彝班本又作般

旅獒今文無此篇　序西旅獻獒馬作豪　太保作旅獒監本毛本

太作大西旅厎貢厥獒漢書厎作致大馬非其土產不育
石本原如此後人磨改遂作性爲山九仞字又作刄
金縢序武王有疾馬作有疾不豫王有疾弗豫本又作忬說文作悆
植璧秉圭漢書作戴璧啟籥見書周禮注啟作開下以啟金縢之書同王
其罔害周禮注作無害茲攸俟能念予一人漢書作茲道能念予一人
我之弗辟說文作擘信噫馬作懿惟朕小子其新逆鄭作親逆
馬作親迎盡起而築之築本亦作筑
大誥序作大誥本亦作吿猷大告爾多邦馬鄭王作大誥繇爾多邦
天降割于我家不少馬割作害不作弗讀弗少延爲句有大艱于
西土漢書作我有載于西土知我國有疵漢書作有呰民獻有十

夫大傳獻作儀漢書同遺大投艱于朕躬漢書投作解不卬自恤
說文作卹爾丕克遠省馬作不克天棐忱辭漢書忱辭作諶辭一作天輔誠
辭矧肯構鄭王本此下亦有厥考翼其肯曰予有後弗棄基十二字
微子之命今文無此篇惟稽古崇德象賢漢書惟作正曰篤
不忘篤本又作竺
康誥哉生魄馬作魄說文玉篇作霸周公咸勤乃洪大誥治
一本作周公迺洪大誥治咸咸顯民漢書作畏畏恫瘝乃身漢書瘝作矜
天畏棐忱爾雅注作天威馬作匪諶人有小罪非眚本亦作省罔弗
憝說文弗作不不率大戛漢書作戛聽朕誥汝今石經監本毛本誥作告
酒誥王若曰衛宏賈逵馬鄭王並作成王若曰明大命于妹邦漢書

作沫邦誕惟厥從淫泆于非彝馬作淫佚費泆作逸非作匪厥心
疾很監本毛本很作狠今石經與此同汝劼毖殷獻臣說文無汝字汝
勿佚漢書作女無失盡執拘以歸于周說文拘作抲下有獻字弗蠲
乃事今石經作汝事
梓材馬梓作杍云古作梓字至于屬婦說文玉篇並作嫣婦惟其塗丹
雘說文塗作斁皇天既付中國民付馬作附和懌先後迷民
懌字又作斁
召誥則無遺壽耇漢書壽耇作耇老用顧畏于民碞漢書作喦
予小臣敢以王之讎民百君子讎或作酬王末有成命
毛本末誤作未

洛誥伻來來視予卜休恒吉馬作辯來來示予今王即命
曰一作日音人食反乃汝其悉自教工大傳作學工漢書作學功無若
火始燄燄漢書作庸庸頒朕不暇說文頒作攽汝乃是不蘉
上篇不作弗揚文武烈大傳文武下有之德二字和恒四方民居師
大傳四方上有萬邦二字旁作穆穆迓衡迓馬鄭王作御漢書同公無困
哉漢書作公無困我哉
多士敢弋殷命弋馬作翼漢書同大淫泆有辭泆又作佾馬作屑
時惟天命無違漢石經惟作維無違作元時惟天命漢石經惟作維王
曰多士漢石經多士上有告爾二字爾不啻不有爾土啻徐作翅下同
爾厥有幹有年于茲洛漢石經作雒

無逸君子所其無逸大傳作毋無厥子乃不知稼穡之
艱難漢石經作囏乃逸乃諺既誕漢石經作乃劮乃憲既延否則侮
厥父母漢石經否作不在昔殷王中宗石本原刻如此後人磨改在作昔
在嚴恭寅畏嚴馬作儼天命自度治民祗懼漢石經度作亮治作
以乃或亮陰大傳作梁闇三年不惟各本皆作不言此補字誤刻其
惟不言乃雍說文雍作讙肆高宗之享國五十有九
年漢石經作饗國百年惟耽樂之從漢書之作是文王卑服卑馬作俾
徽柔懿恭漢石經作共懷保小民漢石經作人漢書同小惠鮮鰥
寡漢石經作惠于矜寡漢書同自朝至于日中昃本亦作仄繼自今
嗣王則其無淫于觀于逸于遊于田以萬民惟正

之供漢書作今嗣王其毋淫于酒毋逸于遊田惟正之供漢石經此數句已殘缺惟存酒毋劮
于遊田維七字闕語正作政供作恭無皇曰漢石經皇作兄民無或胥譸張
爲幻譸馬作輈爾雅注作侜說文作民或譸張爲幻此厥不聽人乃訓之
乃變亂先王之正刑漢石經聽作聖無之乃二字先王之三字則皇自
敬德漢石經皇作兄自作曰嗚呼嗣王其監于茲漢石經嗚呼作於戲
無其字
君奭不弔石本原刻如此後人磨改不作弗其終出于不祥終馬作崇
漢石經終作道辟作詳嗚呼漢石經作於戲曰我民罔尤違今石經監本毛
本曰作遏在我後嗣子孫漢書後嗣作嗣事大弗克恭上下漢書
弗作不恭作共遏佚前人光漢書佚作失天命不易天難諶乃

其墜厥命漢書作命不易天應棐諶乃亾隊命石刻原本如此後人磨改脫厥字監本毛
本亦無之我道惟寧王德延道馬作迪故一人有事于四方
漢書作迪一人使四方有若南宮括馬作南君括我則鳴鳥不聞
本或作鳴鳳天休滋至毛本滋作茲罔不率卑今石經及各本作俾
蔡仲之命今文無此篇成王政序作成王政馬作征
將蒲姑序將遷其君於蒲姑馬作薄姑下同
多方不克終日勸于帝之迪馬作之攸亦惟有夏之民
叨懫說文作亦惟有夏氏之民叨懫須暇之子孫鄭暇作夏我乃其大
罰殛之殛本又作極越惟有胥伯小大多正大傳伯作賦正作政
爾罔不克臬馬作劓爾尚不忌于凶德說文作上不惎于凶德無

爾字玉篇廣韻並同
立政常伯漢書作常敀說文同準人漢石經作辟人謀面用丕訓德
漢石經謀上有亂字其在受德暋說文作忞灼見三有俊心說文灼作
焯漢石經俊作畯文王惟克厥宅心漢石經無克字惟作維宅作度以並
受此丕丕基漢石經此作茲基作其嗚呼漢石經作於戲我其克灼
亦厥若各本亦作如此補字之誤予旦已受人之徽言漢石經已作以
受作前徽作微則克宅之漢書作度之國則罔有立政用憸人
憸本又作憸不訓于德漢石經無于字是罔顯在厥世漢石經在作哉
其勿以憸人說文憸作譣無其字以覲文王之耿光漢石經耿作鮮
周官今文無此篇四征弗庭漢書作不廷夙夜不逮馬作不懈

䢅肅慎之命序肅慎來賀馬鄭作息慎漢書注作肅眘王俾榮
伯俾馬作辨
君陳今文無此篇
顧命王不懌馬作釋王乃洮頮水說文頮作沬云古文作頮憑玉
几漢書憑作凭說文同用克達殷集大命漢石經達作通集作就在後
之侗馬作詷說文作夏后之詷爾無以釗冒貢于非幾馬鄭王冒貢作
勖贅茲既受命還漢石經既作即南宮毛漢書古今人表作髦設黼扆
綴衣漢石經扆作衣敷重篾席說文玉篇作布重蔑席陳寶漢書作宲說文
同大輅在賓階面周禮注輅作路下三輅字並同綴輅在阼階面
周禮注作贅路四人綦弁執戈上刃綦馬鄭作騏一人冕執銳

說文作鈗三咤字亦作宅說文玉篇作託馬作詫
康王之誥今文此篇合於顧命序康王既尸天子馬本此上更有成王
崩三字賓稱奉圭兼幣說文作奉介圭王若曰庶邦侯甸男
衛馬鄭本從此以下爲康王之誥
畢命今文無此篇王若曰嗚呼毛本嗚誤作鳴下同正色率下漢書
作正已惟既厥心漢書既作盡
君牙今文無此篇序穆王命君牙或作君雅王若曰嗚呼毛本
嗚誤作鳴亦惟先王之臣今石經與此同監本毛本先王誤作先正追配于
前人漢書配作比
冏命今文無此篇序穆王命伯冏冏字亦作㷗說文作臩嗣先人宅

丕后漢書作居丕位爾無昵于憸人憸本亦作思
呂刑書傳引此篇多作甫刑耄荒耄本亦作薹漢書作眊說文作薹度作刑
大傳作鮮度作刑周禮注作度作祥刑鴟義姦宄義本亦作誼奪攘矯虔
說文廣韻奪作敓爰始淫爲劓刵椓黥說文作刖剠戮黥泯泯棼
棼說文作湎湎紛紛乃命重黎絕地天通國語作重黎實使天地不通
折巳惟刑折馬鄭王作悊漢書同士制百姓于刑之中後漢書士
作爰中作衷今爾罔不由慰日勤日一作日天齊于巳後漢書于
作乎俾我一日馬作矜我後漢書作假我以成三有各本皆作三德此補字之
誤王曰吁來吁馬作于告爾祥刑後漢書爾作汝惟來馬作惟求後漢
書同其審克之後漢書作核之惟貌有稽說文貌作緢上刑適輕

下服下刑適重上服後漢書作上刑挾輕下刑挾重人極于病後漢
書作佞極于痛哀敬折獄大傳作哀矜哲獄報以庶尤說文作訧
文侯之命序平王錫晉文侯秬鬯圭瓚馬無平字錫作賜
父義和義本亦作誼即我御事監本毛本即誤作既今石經與此同嗚呼
克有績予一人石本原刻如此後人磨改脫克字汝克昭乃顯祖
監本毛本昭誤作紹今石經與此同追孝于前文人漢書作聞人汝多脩扞
我于艱說文扞作攼
費誓序東郊不闢石本原刻如此後人磨改闢作開釋文云舊讀皆作開馬本作
闢今石經及各本作闢作費誓說文費作棐周禮禮記兩注並同漢書作肹今惟
淫舍牿牛馬說文無淫舍二字杜乃擭周禮注杜作敜峙乃糗糧

漢書作𢧵𢧵說文同
秦誓則曰未就予忌說文作就惎惎來仡仡勇夫馬作訖訖惟
截截善諞言馬作偏言說文作戔戔巧言俾君子易辭漢書作易怠
如有一介臣介又作个斷斷猗無他技斷斷說文作𩠐𩠐技又作伎毛
本同邦之杌隉說文作阢隉
附錄史記所採周書　十一年十二月戊午師畢
渡盟津諸侯咸會曰孳孳無怠武王乃作太誓告
于衆庶今殷王紂乃用其婦人之言自絕于天毀
壞其三正離逷其王父母弟乃斷棄其先祖之樂
乃爲滛聲用變亂正聲怡說婦人徐廣曰怡一作辭故今

予發維共行天罰勉哉夫子不可再不可三二月
甲子昧爽武王朝至於商郊牧野乃誓武王左杖
黃鉞右秉白旄以麾曰遠矣西土之人武王曰嗟
我有國冢君司徒司馬司空亞旅師氏千夫長百
夫長及庸蜀羌髳微纑彭濮人稱爾戈比爾干立
爾矛予其誓王曰古人有言牝雞無晨牝雞之晨
惟家之索今殷王紂維婦人言是用自棄其先祖
肆祀不答昏棄其家國遺其王父母弟不用乃維
四方之多罪逋逃是崇是長是信是使俾暴虐于
百姓以姦軌於商國今予發維共行天之罰今日

之事不過六步七步乃止齊焉夫子勉哉不過於
四伐五伐六伐七伐乃止齊焉勉哉夫子尚桓桓
如虎如羆如豺如離于商郊不禦克犇以役西土
勉哉夫子爾所不勉其于爾身有戮　其明日除
道修社及商紂宮及期百夫荷罕旗以先驅武王
弟叔振鐸奉陳常車周公旦把大鉞畢公把小鉞
以夾武王散宜生太顛閎夭皆執劒以衛武王既
入立于社南大卒之左右畢從毛叔鄭奉明水衛
康叔封布茲召公奭贊采師尚父牽牲尹佚筴祝
曰殷之末孫季紂殄廢先王明德侮蔑神祇不祀

昏暴商邑百姓其章顯聞于天皇上帝於是武王再
拜稽首曰膺更大命革殷受天明命武王又再拜
稽首乃出封商紂子祿父殷之餘民武王爲殷初
定未集乃使其弟管叔鮮蔡叔度相祿父治殷已
而命召公釋箕子之囚徐廣曰釋一作原命畢公釋百姓
之囚表商容之閭命南宮括散鹿臺之財發鉅橋
之粟以振貧弱萌隸命南宮括史佚展九鼎保玉
徐廣曰保一作寶　命閎夭封比干之墓命宗祝享祀于
軍乃罷兵西歸行狩記政事作武成封諸侯班賜
宗彝作分殷之器物　縱馬于華山之陽放牛於

棫林之虛偃干戈振兵釋旅示天下不復用也武
王已克殷後二年問箕子殷所以亡箕子不忍言
殷惡以存（徐廣曰一作前）亡國宜告武王王亦醜故問以
天道武王病天下未集羣公懼穆卜周公乃祓齋
自爲質欲代武王武王有瘳後而崩太子誦代立是
爲成王　成王少周初定天下周公恐諸侯畔周
公乃攝行政當國管叔蔡叔羣弟疑周公與武庚
作亂畔周周公奉成王命伐誅武庚管叔放蔡叔
以微子開代殷後國於宋頗收殷餘民以封武王
少弟封爲衛康叔晉唐叔得嘉穀獻之成王成王
以歸周公于兵所（徐廣曰歸一作餽）周公受禾東土魯天
子之命初管蔡畔周周公討之三年而畢定故初
作大誥次作微子之命次歸禾次嘉禾次康誥酒
誥梓材　周公行政七年成王長周公反政成王
北面就羣臣之位成王在豐使召公復營洛邑如
武王之意周公復卜申視卒營築居九鼎焉曰此
天下之中四方入貢道里均作召誥洛誥成王既
遷殷遺民周公以王命告作多士無佚召公爲保
周公爲師東伐淮夷殘奄遷其君薄姑成王自奄
歸在宗周作多方既絀殷命襲淮夷歸在豐作周

官　成王既伐東夷息慎來賀王賜榮伯作賄息
慎之命成王將崩懼太子釗之不任乃命召公畢
公率諸侯以相太子而立之成王既崩二公率諸
侯以太子釗見於先王廟申告以文王武王之所
以爲王業之不易務在節儉毋多欲以篤信臨之
作顧命　康王郎位徧告諸侯宣告以文武之業
以申之作康誥　康王命作策畢公分居里成周
郊作畢命　王道衰微穆王閔文武之道缺乃命
伯臩申誡（徐廣曰一作部）太僕國之政作臩命　諸侯有
不睦者甫侯言于王作修刑辟王曰吁來有國有
士告汝祥刑在今爾安百姓何擇非其人何敬非
其刑何居非其宜與兩造具備（徐廣曰造一作遭）師聽五
辭五辭簡信正於五刑五刑不簡正於五罰五罰
不服正於五過五過之疵官獄內獄閱實其罪惟
鈞其過五刑之疑有赦五罰之疑有赦其審克之
簡信有衆惟訊有稽無簡不疑其嚴天威黥辟疑
赦其罰百率（索隱曰舊本亦作選）閱實其罪劓辟疑赦其罰倍灑
（徐廣曰一作五倍曰蓰）閱實其罪臏辟疑赦其罰倍差閱實
其罪宮辟疑赦其罰五（徐廣曰一作六）百率閱實其罪大
辟疑赦其罰千率閱實其罪墨罰之屬千劓罰之

屬千臏罰之屬五百宮罰之屬三百大辟之罰其屬二百五刑之屬三千命曰甫刑（並周本紀） 繆公自茅津渡河封殽中尸爲發喪哭之三日乃誓於軍曰嗟士卒聽無譁余誓告汝古之人謀黃髮番番則無所過以申思不用蹇叔百里傒之謀故作此誓令後世以記余過（秦本紀） 武王克殷二年天下未集武王有疾不豫羣臣懼太公召公乃繆卜（徐廣曰古書穆字多作繆） 周公曰未可以戚我先王周公於是乃自以爲質設三壇周公北面立戴璧秉圭告于大王王季文王史策祝曰惟爾元孫王發勤勞阻疾（徐廣曰阻一作淹） 若爾三王是有負子之責於天以旦代王發之身旦巧能多材多藝能事鬼神乃王發不如旦多材多藝不能事鬼神乃命於帝庭敷佑四方用能定汝子孫于下地四方之民罔不敬畏無墜天之降葆命我先王亦永有所依歸今我其卽命於元龜爾之許我我其以璧與圭歸以俟爾命爾不許我我乃屏璧與圭周公已令史策告大王王季文王欲代武王發於是乃卽三王而卜卜人皆曰吉發書視之信吉周公喜開籥乃見書遇吉周公入賀武王曰王其無害旦新受命三王維長終是圖茲道能念予一人周公藏其策金縢匱中誡守者勿敢言明日武王有瘳其後武王既崩成王少在强葆之中周公恐天下聞武王崩而畔周公乃踐祚代成王攝行政當國管叔及其羣弟流言於國曰周公將不利於成王周公乃告太公望召公奭曰我之所以弗辟而攝行政者恐天下畔周無以告我先王大王王季文王三王之憂勞天下久矣於今而后成成王蚤終成王少將以成周我所以爲之若此於是卒相成王而使其子伯禽代就封於魯 管蔡武庚等果率淮夷而反周公乃奉成王命與師東伐作大誥遂誅管叔殺武庚放蔡叔放殷餘民以封康叔於衛封微子於宋以奉殷祀寧淮夷東土二年而畢定諸侯咸服宗周天降祉福唐叔得禾異母同穎（徐廣曰一作穗） 獻之成王成王命唐叔以餽周公於東土作餽禾周公既受命禾嘉天子命（徐廣曰嘉一作魯） 作嘉禾東土以集周公歸報成王乃爲詩貽王命之曰鴟鴞王亦未敢訓周公（徐廣曰訓一作誚） 成王七年二月乙未王朝步自周至豐使太保召公先之雒相土其三月周公往營成周雒邑卜居焉曰告遂國之成王長能聽政於

是周公乃還政於成王成王臨朝周公之代成王
治南面倍依以朝諸侯及七年後還政成王北面
就臣位匔匔如畏然徐廣曰匔匔一本作㚇㚇也周公恐成
王壯治有所淫佚乃作多士作毋逸毋逸稱爲人
父母爲業至長久子孫驕奢忘之以亡其家爲人
子可不慎乎故昔在殷王中宗嚴恭敬畏天命自
度治民震懼不敢荒寧故中宗饗國七十五年其
在高宗久勞于外爲與小人作其卽位乃有亮闇
三年不言言乃讙不敢荒寧密靖殷國至于小大
無怨故高宗饗國五十五年其在祖甲不義惟王

久爲小人於外知小人之依能保施小民不侮鰥
寡故祖甲饗國三十三年多士稱曰自湯至于帝
乙無不率祀明德帝無不配天者在今後嗣王紂
誕淫厥佚不顧天及民之從也徐廣曰一作敬之也其民皆
可誅周多士文王日中昃不暇食饗國五十年作
此以誡成王成王在豐天下已安周之官政未次
序於是周公作周官官別其宜作立政以便百姓
百姓說周公在豐病將沒曰必葬我成周以明吾
不敢離成王周公既卒成王亦讓葬周公於畢從
文王以明予小子不敢臣周公也周公卒後秋未

穫暴風雷雨禾盡偃大木盡拔周國大恐成王與
大夫朝服以開金縢書王乃得周公所以自以爲
功代武王之說徐廣曰一作簡二公及王乃問史百執事
史百執事曰信有昔周公命我勿敢言成王執書
以泣曰自今後其無繆卜乎昔周公勤勞王家惟
予幼人弗及知今天動威以彰周公之德惟朕小
子其迎我國家禮亦宜之王出郊天乃雨反風禾
盡起二公命國人凡大木所偃盡起而築之歲則
大孰　伯禽卽位之後有管蔡等反也淮夷徐戎
亦並興反於是伯禽率師伐之於肸徐廣曰一作鮮一作獮騶

案尚書作粊作肸誓曰陳爾甲冑無敢不善無敢傷牿
馬牛其風臣妾逋逃勿敢越逐敬徐廣曰一作振復之無
敢寇攘踰牆垣魯人三郊三隧峙爾芻茭糗糧楨
榦無敢不逮我甲戌築而征徐戎無敢不及有大
刑作此肸誓遂平徐戎定魯並魯周公世家　成王既幼
周公攝政當國踐祚召公疑之作君奭君奭不說周
公周公乃稱湯時有尹伊假於皇天在大戊時則有
若伊陟臣扈假于上帝巫咸治王家在祖乙時則
有若巫賢在武丁時則有若甘般率維茲有陳保
又有殷徐廣曰一無此九字於是召公乃說燕召公世家　周公

旦以成王命興師伐殷殺武庚祿父管叔放蔡叔
以武庚殷餘民封康叔爲衛君周公旦懼康叔齒
少乃申告康叔曰必求殷之賢人君子長者問其
先殷所以興所以亾而務愛民告以紂所以亾者
以淫於酒酒之失婦人是用故紂之亂自此始爲
梓材示君子可法則故謂之康誥酒誥梓材以命
之衛康叔世家　紂既立不明淫亂於政微子數諫紂
不聽及祖伊以周西伯昌之修德滅阢阢國懼禍
至以告紂紂曰我生不有命在天乎是何能爲於
是微子度紂終不可諫欲死之及去未能自決乃

問於太師少師曰殷不有治政不治四方我祖遂
陳于上紂沉湎于酒婦人是用亂敗湯德于下殷
既小大好草竊姦軌卿士師師非度皆有罪辜乃
無維獲小民乃並興相爲敵讎今殷其典喪若涉
水無津涯徐廣曰一作涉水無舟航殷遂喪越至于今曰太師
少師我其發出往吾家保于喪徐廣曰一云於是家保今女
無故告予顛躋如之何其太師若曰王子天篤下
菑亡殷國乃毋畏畏不用老長今殷民乃陋淫神
祇之祀徐廣曰一云今殷民侵神犧又一云陋淫侵神祇令誠得治國國
治身死不恨爲死終不得治不如去遂亡　武王

既克殷訪問箕子武王曰於乎維天陰定下民相
和其居我不知其常倫所序箕子對曰在昔鯀陻
鴻水汨陳其五行帝乃震怒不從鴻範九等常倫
所斁徐廣曰一作釋鯀則殛死禹乃嗣興天乃錫禹鴻範
九等常倫所序初一曰五行二曰五事三曰八政
四曰五紀五曰皇極六曰三德七曰稽疑八曰庶
徵九曰嚮用五福畏用六極五行一曰水二曰火
三曰木四曰金五曰土水曰潤下火曰炎上木曰
曲直金曰從革土曰稼穡潤下作鹹炎上作苦曲
直作酸從革作辛稼穡作甘五事一曰貌二曰言

三曰視四曰聽五曰思貌曰恭言曰從視曰明聽
曰聰思曰睿恭作肅從作治明作智聰作謀睿作
聖八政一曰食二曰貨三曰祀四曰司空五曰司
徒六曰司寇七曰賓八曰師五紀一曰歲二曰月
三曰日四曰星辰五曰歷數皇極皇建其有極斂
時五福用傅錫其庶民維時其庶民于女極錫女
保極凡厥庶民毋有淫朋人毋有比德維皇作極
凡厥庶民有猷有爲有守女則念之不協于極不
離于咎皇則受之而安而色曰予所好德女則錫
之福時人斯其維皇之極毋侮鰥寡而畏高明人

之有能有爲使羞其行而國其昌凡厥正人既富
方穀女不能使有好于而家時人斯其辜于其毋
好女雖錫之福其作女用咎毋偏毋頗遵王之義
毋有作好遵王之道毋有作惡遵王之路毋偏毋
黨王道蕩蕩毋黨毋偏王道平平毋反毋側王道
正直會其有極歸其有極曰王極之傳言是夷是
訓于帝其順凡厥庶民極之傳言是順是行以近
天子之光曰天子作民父母以爲天下王三德一
曰正直二曰剛克三曰柔克平康正直彊不友剛
克內友柔克沈漸剛克高明柔克維辟作福維辟

作威維辟玉食臣無有作福作威玉食臣有作福作威
玉食其害于而家凶于而國人用側頗辟民用僭忒稽疑擇建立
卜筮人乃命卜筮曰雨曰濟曰涕曰霧（徐廣曰一作曰濟曰
被）曰克曰貞曰悔凡七卜五占之用二衍貸立時
人爲卜筮三人占則從二人之言女則有大疑謀
及女心謀及卿士謀及庶人謀及卜筮女則從龜
從筮從卿士從庶民從是之謂大同而身其康强
而子孫其逢吉女則從龜從筮從卿士逆庶民逆
吉卿士從龜從筮從女則逆庶民逆吉庶民從龜
從筮從女則逆卿士逆吉女則從龜從筮逆卿士

逆庶民逆作內吉作外凶龜筮共違于人用靜吉
用作凶庶徵曰雨曰暘曰奧曰寒曰風曰時五者
來備各以其序庶草繁廡一極備凶一極亾凶曰
休徵曰肅時雨若曰治時暘若曰知時奧若曰謀
時寒若曰聖時風若曰咎徵曰狂常雨若曰僭常
暘若曰舒常奧若曰急常寒若曰霧常風若王眚
維歲卿士維月師尹維日歲月日時毋易百穀用
成治用明畯民用章家用平康日月歲時既易百
穀用不成治用昏不明畯民用微家用不寧庶民
維星星有好風星有好雨日月之行有冬有夏

月之從星則以風雨五福一曰壽二曰富三曰康
寧四曰攸好德五曰考終命六極一曰凶短折二
曰疾三曰憂四曰貧五曰惡六曰弱（並微子世家）晉
侯獻楚俘於周駟介百乘徒兵千天子使王子虎
命晉侯爲伯賜大輅彤弓矢百玈弓矢千秬鬯一
卣珪瓚虎賁三百人晉侯三辭然後稽首受之周
作晉文侯命王若曰父義和丕顯文武能慎明德
昭登於上布聞在下維時上帝集厥命於文武恤朕
身繼予一人永其在位（晉世家）

右尚書

毛詩周南關雎詁訓傳雎依字且邊佳旁或作鳥詁訓舊本多作故訓今或
作故鄭氏箋本亦作牋關雎序今石經序別在卷末自此至終篇並同風風
也崔靈恩下風字作諷故嗟歎之歎本亦作嘆故正得失正本又作政
莫近於詩今石經於作乎厚人倫厚本或作序下以風刺上刺本
又作刻哀刑政之苛本亦作苛鵲巢騶虞之德騶本亦作騶故
繫之召公本亦作邵公後召南召公皆同毛本繫譔作繫君子好逑本亦作仇
爾雅注同參差荇菜說文作槮差輾轉反側輾本亦作展左右芼
之玉篇芼作覒葛覃本亦作蕈是刈是濩釋文刈作艾云本亦作刈服
之無斁本又作歝卷耳我馬虺隤說文作瘣頹我姑酌彼
金罍說文姑作乃漢書注罍作櫑我姑酌彼兕觥釋文作兕觵云本亦作兕

金石萃編卷一百十　唐七十　十八

觥陟彼砠矣釋文作岨矣云本亦作砠我馬瘏矣瘏本又作屠我僕
痡矣痡本又作鋪云何吁矣爾雅注吁作盱樛木韓詩及馬融作朻木
葛藟纍之藟本亦作櫐纍本又作縈葛藟縈之釋文作帶之云本又作縈說文
作蘂螽斯詵詵兮說文作㜪㜪桃夭桃之夭夭說文作枖
枖又作妖媄廣韻亦作枖枖兔罝釋文兔作菟云本又作兔施于中逵韓詩
薛君章句作中馗芣苢本亦作苡薄言襭之釋文作擷之云一本作襭
漢廣南有喬木喬本亦作橋不可休息釋文云古本皆爾本或作休思
韓詩同江之永矣說文永作羕汝墳序婦人能閔其君
子釋文無婦人二字云一本有遵彼汝墳爾雅注墳作濆惄如調飢釋文
惄作愵云本又作惄韓詩作愵調本又作輖魴魚赬尾釋文赬作頳云說文作䞓又作

赬王室如燬薛君章句作如焜麟之趾釋文作止云本或直云麟止無
之字止本亦作趾
召南鵲巢序德如鳲鳩釋文作尸鳩云本又作鳲百兩御之御本
亦作訝又作迓采蘩本亦作繁草蟲本或作虫趯趯阜螽爾雅注阜
作蟲采蘋序則可以承先祖共祭祀矣共本或作供于
以湘之韓詩湘作鬺有齊季女齊本亦作齋甘棠蔽芾甘
棠韓詩外傳芾作茀勿翦勿伐韓詩翦作剗漢書作箭召伯所茇說文
作废召伯所憩本又作愒勿翦勿拜廣韻作剪勿扒召伯所說
本或作稅又作脫爾雅注作稅行露厭浥行露浥本又作挹何以穿
我屋穿本亦作穿羔羊委蛇委蛇釋文作委蛇云本又作委蛇沈讀作

金石萃編卷一百十　唐七十　十九

委委蛇蛇韓詩作逶迆羔羊之革素絲五緎說文繫傳引羔羊之緎
殷其靁亦作雷摽有梅孟子注摽作莩韓詩梅作楳頃筐塈之
玉篇作傾筐概之小星寔命不同韓詩寔作實江有汜讀詩
記引董氏云石經汜作涎說文廣韻亦作涎野有死麕釋文作麇云本亦作麏又
作麕白茅包之釋文包作苞何彼襛矣韓詩作茙序雖則
王姬亦下嫁於諸侯釋文無則字云一本作雖則王姬車服不繫
其夫繫本或作繼騶虞壹發五豝儀禮注壹作一于嗟乎騶
虞劉芳詩義疏云虞或作吾壹發五豵字又作猣
邶柏舟詁訓傳邶本又作背柏字又作栢如有隱憂韓詩作殷以
敖以遊敖本亦作遨我心匪鑒釋文作監云本又作鑒威儀棣棣

本或作逮逮覯閔既多釋文覯作遘云本或作覯寤辟有摽辟本又作擗說
文作寤辟玉篇作寤擗胡迭而微韓詩迭作臷綠衣俾無訧兮
訧本或作尤燕燕瞻望弗及後漢書注作不及佇立以泣釋文
佇作竚實勞我心實本亦作寔日月序以至困窮之詩
也舊本皆闕俗本或作以至困窮而作是詩也誤報我不述本亦作術薛君章句同
終風序見侮慢而不能正也監本毛本脫而字今石經與此同
終風且暴說文作瀑願言則嚏釋文作疐云本又作嚔又作疐曀曀其
陰韓詩作壇壇擊鼓擊鼓其鏜說文作鼞死生契闊契本亦作
挈于嗟洵兮洵本或作詢韓詩作敻凱風吹彼棘心棘俗作𣗥
雄雉序刺衛宣公也刺俗作剌淫亂不恤國事恤本亦作卹

金石萃編卷一百十　唐七十　六十八

自詒伊戚釋文詒作貽云本亦作詒匏有苦葉深則厲說文作砅
濟盈不濡軌釋文軌音犯今石經監本毛本俱作軌人涉卬否卬本或作
仰毛本誤作卬谷風黽勉同心本亦作僶勉文選注作密勿宴爾昏
昏宴本又作燕湜湜其沚說文作其止不我屑以孟子注作已匍
匐救之家語漢書並作扶服不我能慉董氏曰孫毓王肅詩並作能不我慉說文
亦然昔育恐育鞫釋文作鞫云本亦作鞠我有旨蓄本亦作畜以我
御窮一本御作禦式微序黎侯寓于衛于又作乎胡為乎
中露列女傳作中路旄丘序衛不能脩方伯連率之職
毛本脩作修瑣兮尾兮釋文瑣作璅云依字作瑣流離之子本又作鶹離爾
雅注作流離褎如充耳褎本亦作褏簡兮簡字或作蕳序仕於

泠官泠字亦作伶監本毛本並作伶今石經及左傳疏與此同碩人俁俁韓詩作
扈左手執籥玉篇作龠山有榛本亦作蓁、泉水毖彼泉水
毖韓詩作秘說文作䀣出宿于泲儀禮注宿作縮釋文泲作濟飲餞于
禰韓詩作坭儀禮注劉昌宗本作泥我思肥泉肥字或作淝北門憂
心殷殷本又作慇慇室人交徧讁我孟子注作適我室人交徧
摧我摧或作催韓詩作讙說文亦作催北風雨雪其雱廣韻作霶
靜女靜女其姝說文作袾董氏云隋得江左本作靜女其姬愛而不見
董氏云石經愛作僾搔首踟躕薛君章句作躊躇貽我彤管貽本又作詒
說懌女美說本又作悅洵美且異洵本亦作詢新臺新臺
有泚說文作玼燕婉之求說文作嬿婉玉篇作嬿婉新臺有酒河水

金石萃編卷一百十　唐七十　六十九

浼浼韓詩洒作漼浼浼作浘浘得此戚施說文作䵶䵼
鄘柏舟髧彼兩髦髧本又作优說文作紞彼兩髳不諒人只釋文諒作
亮云本亦作諒實維我特韓詩作我直牆有茨說文作薺中冓之
言冓本又作遘玉篇及漢書注作篝不可詳也韓詩作揚君子偕老
玼兮玼兮本或作瑳兮鬒髮如雲說文作㐱玉之瑱也說文
作瑱揚且之晳也今石經與此同監本揚誤作楊毛本晳誤作晢是紲袢
也說文作褻邦之媛也韓詩媛作援說文作媛兮定之方中序
衛為狄所滅一本作狄人本或作懿公為狄所滅非也升彼虛兮虛本或作
墟終然允臧監本毛本誤作終焉今石經與此同相鼠胡不遄死
史記作何不載馳序閔其宗國顛覆閔一本作愍載馳載

驅字亦作駆大夫跋涉儀禮疏作軷涉許人尤之尤本亦作訧衆穉
且狂釋本又作稚
衛淇奧綠竹猗猗說文綠作菉釋文云竹韓詩作薄石經同有匪君子
匪本又作斐韓詩作邲如琢如磨本又作摩赫兮咺兮韓詩咺作宣說文作
愃綠竹青青本或作菁菁充耳琇瑩會弁如星說文琇作琇會
作𩓰考槃序使賢者退而窮處也監本毛本脫也字今石經與此
同考槃在澗韓詩作在干碩人之薖韓詩作過碩人衣錦
褧衣說文作檾衣列女傳作絅衣譚公維私白虎通作覃公領如蝤蠐
釋文作蠀云本亦作蝤又作齊齒如瓠犀爾雅注作瓠棲螓首蛾眉說文作頵
首巧笑倩兮倩本亦作蒨美目盼兮監本盼誤作盻說于農郊

金石萃編卷一百十　唐七十　廿

說本或作稅翟茀以朝周禮注茀作蔽施罛濊濊說文水部作薉薉大部作
濊濊鱣鮪撥撥石刻原如此後人磨改作發發韓詩作鱍鱍各本皆作發發說文作鮁鮁
庶姜孽孽庶士有朅韓詩孽作钀朅作桀眡各本皆作氓此避諱改
匪我愆期愆字又作僁體無咎言韓詩體作履無食桑葚本又
作椹總角之宴本或作揔角之丱者非信誓旦旦說文作悬悬竹
竿遠父母兄弟今石經作遠兄弟父母淇水滺滺釋文作浟云本亦
作滺檜楫松舟楫本又作檝芄蘭芄本亦作丸芄蘭之支
說文作枝童子佩觿佩或從玉旁者非垂帶悸兮韓詩作萃兮能不
我甲韓詩甲作狎河廣曾不容刀說文作舠伯兮伯兮
朅兮玉篇作偈兮焉得諼草諼本又作萱說文作藼或作蕿韓詩作萱爾雅釋文

作蘐有狐序所以育人民也本或作蕃育者非有狐綏綏
齊詩作久久
王黍離說文作穪悠悠蒼天蒼本亦作倉君子于役雞棲
于塒釋文作時云本亦作塒羊牛下來文選注作牛羊君子陽陽左
執翿說文作翿揚之水揚本或作楊非中谷有蓷序凶
年饑饉釋文饑作飢云本又作饑暵其乾矣說文暵作灘又作灘嘅其嘆
矣嘆本亦作歎暵其脩矣脩本或作蓨條其歗矣歗本又作嘯暵
其濕矣毛本濕作溼兔爰逢此百罹本又作離尚寐無吪
本亦作訛雉離于罦說文作罬逢此百凶文選注作百殃葛藟序
王族刺平王也釋文作桓王云本亦作刺平王崔亦作桓大車毳衣

金石萃編卷一百十　唐七十　廿一

如菼說文作䓦毳衣如璊說文作𤨊有如皦日皦本又作皎丘
中有麻貽我佩玖釋文貽作詒
鄭緇衣敝予又改爲兮敝本又作弊大叔于田序叔
多才而好勇釋文作而勇云本或作而好勇大叔于田今石經無大字釋文
同云本或作大叔于田者誤監本毛本與此同襢裼暴虎襢本又作袒說文作膻叔
馬慢忌釋文慢作嫚云本又作慢清人序高克好利克一作尅
二矛重喬韓詩作鷮河上乎逍遙本又作消搖左旋右抽說文
作搯右羔裘字或作求彼其之子韓詩作彼已舍命不渝韓詩
外傳作不偷遵大路不寁故也一本作故兮後好也亦兩無我魗
兮魏本亦作敵又作敵說文作毄有女同車序大子忽嘗有功

于齊監本毛本大作太顏如舜華說文作蕣華山有扶蘇山
有橋松橋本亦作喬蘀兮序不倡而和也倡本又作唱風
其漂女漂本亦作飄褰裳褰本或作蹇丰衣錦褧衣裳
錦褧裳禮記注褧作絅東門之墠釋文作壇云依字當作墠有踐
家室韓詩踐作靖風雨風雨淒淒毛本誤作凄凄說文作湝湝
子衿本亦作襟序亂廿則學校不脩焉釋文亂世作世亂云本或以世
字在下者誤監本毛本作修子寧不嗣音韓詩作詒音挑兮達兮說文
挑作安出其東門縞衣綦巾說文作綥巾聊樂我員本亦作云
韓詩作魂聊可與娛本亦作虞野有蔓草零露漙兮漙本亦作
團邂逅相遇釋文逅作遘云本亦作逅溱洧溱與洧說文溱作潧

方渙渙兮韓詩作洹洹漢書作灌灌洵訏且樂韓詩洵作恂
齊雞鳴序夙夜警戒警本又作敬還韓詩作嫙序從禽獸
而無厭本或作饜子之還兮齊詩還作營漢書同遭我乎峱之間
兮漢書峱作嶩崔同並驅從兩肩兮肩本亦作豜說文同揖我謂我
儇兮韓詩儇作婘東方之日序刺衰也本或作刺襄公非也東
方之日兮韓詩無兮字南山崔狐綏綏上篇作久久蓺麻
如之何蓺本或作藝衡從其畝衡字亦作橫從韓詩作由甫田序
不脩德而勤諸侯監本毛本脩作修婉兮孌兮說文作嫷兮未
幾見兮一本作見之盧令韓詩作泠盧令令說文作獜獜敝
笱敝本又作弊其魚唯唯韓詩作遺遺載驅薄薄朱鞹玉濤

作韡朱茀垂轡濔濔釋文作爾爾云本亦作濔濔猗嗟猗字或作欹
巧趨蹌兮趨本又作趍猗嗟名兮玉篇名作顯清揚婉兮韓詩
作睕兮舞則選兮韓君章句作纂兮四矢反兮韓詩作變兮
魏葛屨序魏地陿隘陿本或作狹依字應作陜而無德以將之
也石刻原如此後人磨改去也字監本毛本亦無也字摻摻女手韓詩作纖纖說文作
攕攕宛然左辟儀禮疏宛然作若說文作宛如左僻維是褊心漢石經魯詩
維作惟汾沮洳序其君儉以能勤釋文作其君子云一本無子字
園有桃其實之殽本又作肴我歌且謠廣韻作繇不我知
者監本毛本並作不知我者下章做此今石經並與此同其誰知之漢石經魯詩
無其字園有棘俗作棘陟岵序國迫而數侵削本或作國小而

迫數見侵削者誤夙夜無已上慎旃哉漢石經魯詩無作毋上作尙猶
來無死漢石經魯詩無作毋十畝之間桑者閑閑兮釋文作
閒云本亦作閑行與子還兮還本亦作旋伐檀河水清且漣
猗本亦作漪漢石經魯詩作兮不稼不穡漢石經魯詩作嗇胡取禾三
百廛兮廛本亦作壥又作㕓胡瞻爾庭有縣貆兮貆本亦作狟坎
坎伐輪兮漢石經魯詩作欿欿寘之河之漘兮漘本亦作脣河水
清且淪猗說文作漪碩鼠無食我黍漢石經魯詩無作毋三歲
貫女石經魯詩作宦女下同
唐蟋蟀序刺晉僖公也史記作釐侯山有樞本或作蓲漢石
經魯詩同宛其死矣宛本又作苑弗洒弗埽本又作埽弗鼓弗考

菝本或作䈝非何不日鼓瑟漢石經魯詩何作胡　揚之水序沃盛
彊監本毛本作强　素衣朱襮魯詩作朱綃儀禮注作朱宵　云何其憂漢石
經魯詩何作胡　白石粼粼本又作磷磷　椒聊蕃衍盈匊本又作掬
碩大且篤監本毛本碩誤作實　綢繆見此邂逅邂本亦作解逅釋文
作覯云本又作逅韓詩作遘　杕杜杕本或作狄非　其葉菁菁本又作青青
獨行睘睘本亦作煢文選注同　羔裘序不恤其民也恤本
亦作卹　羔裘豹褎釋文作褏云本亦作褎　無衣序美晉武公
也監本毛本美作刺今石經與此同　安且燠兮釋文燠作奧云本又作燠　有
杕之杜序兼其宗族本亦作宗矣　噬肯適我韓詩噬作逝　生
于道周韓詩作道右　采苓人之為言本或作偽言非

秦車鄰本又作轔　寺人之令寺人本或作侍人令韓詩作伶　駟鐵說文
作驖　輶車鸞鑣說文鸞作鑾　載獫歇驕本又作猲獢說文及爾雅注並同
小戎五楘梁輈楘本又作鞪　鋈以觼軜說文鋈作鉃　蒙伐
有苑本或作蒙厥玉篇作蒙厥有苑　虎韔鏤膺韔本亦作暢　竹閉緄縢
閉一作柲儀禮注作柲周禮注作柲　厭厭良人列女傳作愔愔　小戎三章毛本
三誤作二　蒹葭宛在水中央宛本亦作苑　蒹葭淒淒監本毛本
俱作萋萋釋文同云本又作淒淒今石經與此同　道阻且躋本又作隮　終南
序故作是詩以勸戒之也監本毛本無也字今石經有　有條有
梅條本亦作樤　顏如渥丹韓詩作渥沰　有紀有堂紀本亦作屺
晨風　鴥彼晨風監本毛本鴥誤作鴪爾雅注作鴪說文作鴥彼鴥風　隰有樹

檖或作遂說文作隊　無衣脩我戈矛毛本脩作修下並同　與子同
澤說文作同襗　渭陽序文公遭麗姬之難麗本又作驪
權輿不承權輿爾雅注作胡不承權輿
陳東門之枌婆娑其下說文婆作媻　穀旦于差旦本亦作且下
同韓詩差作嗟　越以鬷邁玉篇鬷作𢓭　貽我握椒監本毛本握誤作楃
衡門可以樂飢今石經監本毛本並作樂飢釋文同云樂本又作療沈云舊皆作樂
字逸詩本有作疒下樂以形聲言之殊非其義按韓詩外傳亦作療　東門之池彼
美淑姬釋文作叔姬云本亦作淑　可以漚紵字又作苧　墓門序刺
陳佗也佗本亦作他史記以為厲公　歌以訊之訊本又作誶廣韻作歌以誶
至　防有鵲巢邛有旨苕毛本邛作卭下同　誰侜予美韓詩

作娛　予　邛有旨鷊說文作虉　月出　月出皎兮釋文皎作皦云本又
作皎　佼人僚兮佼字又作姣僚字又作嫽　月出晧兮監本毛本晧作皓　佼
人懰兮釋文懰作劉云本又作懰　舒憂受兮今石經及各本憂皆作懮　株
林從夏南南下旁注姬字後人所加下章倣此　乘我乘駒釋文作乘驕云驕音
駒沈云或作駒字是後人改之皇皇者華篇內同　澤陂有蒲與荷爾雅樊光
注荷作茄　傷如之何魯詩傷作陽　碩大且卷本又作婘　有蒲
菡萏本又作萏欿　碩大且儼本又作㑪說文作嬐　輾轉伏枕輾本又作
展
檜本又作鄶　素冠棘人欒欒兮崔集注棘人作悈人說文欒欒作臠臠
匪風　中心怛兮漢書作惄兮　匪車嘌兮嘌本又作票　溉之釜

鬻潕本又作鬻說文同
曹蜉蝣序昭公國小而迫釋文無昭公二字云一本作昭公國小而迫諂
本此序多無昭公字崔本有未詳其正也衣裳楚楚說文玉篇廣韻並作𪓐𪓐蜉蝣
掘閱說文掘作堀候人序而近小人焉石刻原如此後人磨改作
而好近小人焉後漢書注三國志並無好字釋文及監本毛本有之何戈與祋崔集注祋
作綴禮記注作荷戈與綴薈兮蔚兮說文薈作嬒鳲鳩鳲本亦作尸其
儀一兮崔集注儀作義心如結兮大戴禮如作若其弁伊騏或亦作琪
說文同周禮注作綦下泉浸彼苞稂釋文浸作寖云本又作浸愾我寤
嘆玉篇作嘅我寤歎
豳七月一之日觱發毛本之日誤作日之說文觱發作滭泼二之日

栗烈說文作颲颲四之日舉趾漢書作止蠶月條桑玉篇條作挑
七月鳴鵙孟子注作鴃監本毛本誤作鳴今石經與此同獻豜于公周禮注豜
作肩六月莎雞振羽沈云莎雞舊多作莎今作沙曰為改歲漢書曰作
聿六月食鬱及薁說文薁作蘡七月亨葵及菽本亦作叔七
月食瓜字或加艸作苽九月築場圃場本又作塲黍稷重穋重又
作穜穋本又作稑上入執宮功石本執下旁增於字後人所加也三之日
納于凌陰說文作𣸪陰獻羔祭韭或加艸作韮稱彼兕觥本亦
作觵鴟鴞序公乃為詩以遺王遺本亦作貽迨天之
未陰雨說文迨作隸徹彼桑土韓詩作桑杜予所蓄租釋文蓄作
畜云本亦作蓄予口卒瘏釋文作屠云本又作瘏予羽譙譙本或作燋燋

予維音嘵嘵說文玉篇廣韻並作維予音之嘵嘵東山零雨其濛
說文作霝雨伊威在室伊威並如字或旁加虫者後人增耳蠨蛸在戶說文
蠨作蟰町畽鹿場畽本又作疃鸛鳴于垤鸛本又作雚烝在栗
薪韓詩作蓼薪皇駁其馬爾雅注皇作騜破斧四國是皇齊詩
作是匡又缺我錡字或作奇伐柯取妻如之何取本亦作娶
狼跋字或作拔載疐其尾疐本又作疌說文作躓
小雅四牡四牡騑騑儀禮疏四作駟周道倭遲本又作委遲韓詩薛
君章句作威夷漢書作郁夷嘽嘽駱馬說文玉篇並作痑痑翩翩者鵻本又
作隹皇皇者華駪駪征夫國語作莘莘玉篇作侁侁我馬維駒
本亦作驕周爰咨諏咨本亦作諮常棣韓詩作夫移脊令在原

脊令本亦作即鴒又作鶺鴒况也永歎况或作兄兄非也兄弟鬩于牆本或
作廧外禦其務國語作其侮飲酒之飫韓詩作醧和樂且孺本亦
作孺和樂且湛又作耽伐木許許說文作所所有酒
湑我湑本又作醑坎坎鼓我說文作竷竷蹲蹲舞我本或作墫墫說
文同天保吉蠲為饎韓詩作吉圭儀禮注同大戴禮注作絜蠲禴祠烝
嘗禴本又作礿禮記注同如月之恒本亦作縆說文作亙采薇序西
有昆夷之患本又作混夷北有玁狁之難玁本或作獫狁本亦作允
命將率本亦作帥歲亦莫止莫本或作暮彼爾維何說文爾作薾
出車僕夫況瘁本亦作萃出車彭彭史記車作輿旂旐央
央本亦作英英杕杜有睆其實釋文睆作皖云字从白或作目邊女

心傷止監本女誤作汝今石經與此同檀車幝幝韓詩作緂緂魚麗
序終於逸樂逸本或作佚鱨鯊字亦作魦南有嘉魚序大
平之君子監本毛本大誤作太晚之字釋文今石經與此同烝然罩罩說文
作䍜甘瓠纍之纍本亦作藟翩翩者鵻本亦作隹蓼蕭孔
燕豈弟本亦作愷悌湛露厭厭夜飲韓詩作愔愔彤弓
一朝醻之醻本又作酬菁菁者莪韓詩薛君章句作蓁蓁六
月序常棣廢則君臣缺矣今石經及各本皆作則四牡廢此石本刊誤
爲國之基墜矣釋文監本毛本本墜並作隊白旆央央釋文旆作茷云本又
作旆一曰旆與茷古今字殊爾雅孫炎注作帛旐英英采芑方叔涖止釋文
涖作莅云涖本又作涖約軝錯衡今石經與此同監本毛本軝誤作軝商頌烈祖句仿此

金石萃編卷一百十　唐七十　卅八

八鸞瑲瑲本亦作鎗鎗朱芾斯皇釋文芾作茀云本又作芾或作紱下篇亦
芾同鴥彼飛隼監本毛本鴥誤作駛伐鼓淵淵崔集注作鼘鼘振旅闐
闐說文玉篇作嗔嗔嘽嘽焞焞本又作哼哼漢書作推推車攻東有
甫草韓詩薛君章句作圃草決拾既佽釋文決作抉云本又作決或作抉助
我舉柴說文玉篇作𢸩有聞無聲聞本亦作問吉日既伯既
禱說文作禂麀鹿麌麌說文玉篇作噳噳其祁孔有爾雅某氏注祁作麎
儦儦俟俟本亦作麃麃又作爊爊說文作伾伾俟俟韓詩薛君章句作駓駓騃騃
鴻鴈序至于矜寡矜本又作鰥篇內矜寡並同肅肅其羽本或作翽
翽庭燎序美宣王因以箴之石本原如此後人磨改宣王下增也
字各本同箴各本作箴鸞聲將將本或作鏘鏘庭燎晰晰本又作晢晢

鸞聲噦噦說文作鉞鉞鶴鳴它山之石監本毛本它作他可
以爲錯說文作厝其下維穀釋文今石經並與此同監本毛本穀誤作穀黃鳥篇無
集于穀仿此祈父予王之爪牙玉篇作維王之爪牙靡所底止
監本毛本底作底釋文今石經並與此同白駒勉爾遁思釋文遁作遯云字又
作遁在彼空谷韓詩薛君章句作穹谷毋金玉爾音毋本亦作無
我行其野言采其蓫本又作蓄不思舊姻白虎通思作惟斯
干約之閣閣崔集注作格格周禮注同椓之橐橐本或作柝柝君子
攸芋或作吁如跂斯翼玉篇跂作企如矢斯棘韓詩作斯朸玉篇同
如鳥斯革韓詩作斯翱朱芾斯皇白虎通芾作紼載衣之裼韓詩
作禘之無父母詒罹本又作貽離無羊其角濈濈本又作䎕

金石萃編卷一百十　唐七十　卅九

䎕亦作戢戢或寢或訛韓詩作譌玉篇作吪節南山維石巖巖
本或作巖巖憂心如惔韓詩作炎說文作𤆍天方薦瘥說文作嗟憯莫
懲嗟釋文憯作憯云本或作憯俾民不迷釋文俾作卑云本又作俾瑣瑣姻
婭本或作孆孆昊天不傭韓詩作庸如相醻矣釋文醻作酬云又作醻
正月憂心慘慘本又作燊燊謂山蓋卑本又作庳不敢不
局本又作跼不敢不蹐說文玉篇作不趚胡爲虺蜴字又作蜥說文同
寧或滅之漢書作或滅之褒姒威之威本或作滅屢顧爾僕
釋文屢作婁云又作屢又有嘉殽釋文作肴云本又作殽昏姻孔云本又
作員佌佌彼有屋說文玉篇廣韻並作仳仳蔌蔌方有穀釋文無有
字云本或作方有穀非也韓詩及後漢書並作速速方穀天夭是椓後漢書作夭夭是加

十月之交朔日辛卯左傳疏及漢書日並作月日月告凶漢書
作衛凶山冢崒崩崒本亦作卒胡𢘿莫懲𢘿亦作慘番維司徒
韓詩番作繁豔妻煽方處說文玉篇煽並作傓一本處作熾魯詩作閻妻傓方處
黽勉從事漢書黽勉作密勿讒口囂囂韓詩作嗸嗸漢書同噂沓背
憎說文玉篇噂作僔釋文沓作喈云本又作沓悠悠我里本或作瘇讀詩記引董氏
云顧野王作瘇爾雅注作悝亦孔之痗本又作悔雨無正昊天疾
威監本毛本俱作昊天釋文同云本有作旻天者非也淪胥以鋪韓詩作薰胥以痡齊
詩魯詩淪亦作薰憯憯日瘁今石經監本毛本並作憯憯聽言則荅漢書
荅作對維曰于仕監本毛本並誤作予仕謀猶回遹韓詩
作謀猷回穴文選注作謀猶迴穴渝渝訿訿漢書渝渝作歙歙說文作翕翕伊于

厎監本毛本厎誤作底今石經與此同是用不集韓詩外傳作不就民雖靡
膴韓詩作靡膴小宛孟子注作小菀序大夫刺幽王也今石經與
此同監本毛本並作宣王誤螟蛉有子蜾蠃負之說文蛉作蠕蜾作蝸題
彼脊令本亦作脊鴒無忝爾所生監本毛本無作毋哀我塡寡
韓詩作疹寡宜岸宜獄韓詩岸作犴小弁漢書作小卞鞫爲茂
草釋文監本毛本鞫並作鞠惄焉如擣本或作𢷋韓詩作疛疢如疾首疢又
作疹不離于裏監本毛本離並作罹今石經與此同萑葦淠淠韓詩外傳萑作
萑譬彼舟流譬本亦作辟維足伎伎本亦作跂跂譬彼壞木
說文作瘣木尚或墐之說文墐作殣析薪杝矣釋文監本毛本杝作扡誤
巧言亂如此憮釋文監本毛本幠作憮下同昊天泰憮釋文泰作

大云本或作泰憯始既涵韓詩作既減君子屢盟屢本又作婁匪其
止共本又作恭奕奕寢廟周禮注作寢廟繹繹秩秩大猷說文秩秩作𢧵
𢧵漢書注猷作猶聖人莫之莫一本作謨予忖度之忖本又作寸躍
躍毚兔史記作趯趯韓詩章句同居河之麋本又作湄爾雅注同既微且
尰說文玉篇作瘇何人斯序故蘇公作是詩而絕之也
監本毛本作作是詩以絕之無也字伊誰焉從石本原如此後人磨改爲作云維暴
之云監本毛本維誤作誰不愧于人釋文愧作媿云本或作愧云何盱何下
後人旁增其字今石經及各本並作云何其盱我心易也韓詩作施也巷伯
萋兮斐兮說文萋作緀哆兮侈兮說文多作鉹緝緝翩翩字又
作扁扁說文作咠咠幡幡投畀豺虎豺字或作犲作爲此詩一本作作爲作

詩谷風維山崔嵬又作嵔蓼莪缾之罄矣說文作缾
之窒也飄風發發飄本又作票大東睠言顧之睠本又作眷後
漢書作眷然顧之杼柚其空本又作杼軸佻佻公子本或作窕窕非也韓
詩作嬥嬥有列氿泉氿字又作晷無浸穫薪釋文浸作寖云字又作浸哀
我憚人憚字亦作癉爾雅注同百僚是試僚字又作寮鞙鞙佩璲
鞙字或作琄跂彼織女說文跂作歧東有啓明大戴禮作開明避漢諱
四月秋日淒淒本亦作棲棲百卉具腓玉篇作痱亂離瘼
矣韓詩作亂離斯莫盡瘁以仕瘁本又作萃匪鶉匪鳶鶉字或作鷻說
文作匪鷻匪鳶隰有杞桋本亦作荑北山或不知叫號叫本又作
訆或慘慘劬勞慘字亦作懆或棲遲偃仰釋文作卬云本又作仰

小明僤我不暇僤亦作癉鼓鐘以雅以南以籥不僭後漢書引詩云以雅以南韎任朱離注云毛詩無韎任朱離之文蓋見齊魯之詩也楚茨我蓺黍稷監本毛本蓺作藝祝祭于祊說文祊作鬃獻酬交錯釋文酬作醻云又作酬苾芬孝祀韓詩辟君章句苾作馥神嗜飲食釋文嗜作耆信南山維禹甸之韓詩作敶之畇畇原隰又作眴眴韓詩作營營周禮注同既優既渥說文優作瀀取其血膋說文作膫甫田倬彼甫田韓詩倬作箌或耘或耔釋文耘作芸云本又作耘漢書作或芸或芓黍稷薿薿漢書作儗儗以我齊明齊本亦作齍又作盞田畯至喜畯本又作俊後篇同大田序言矜寡不能自存焉矜字或作鰥以我覃耜爾雅注覃作剡去其螟螣螣字亦作貣或說文作蟘

及其蟊賊蟊本又作蝥秉畀炎火韓詩秉作卜有渰萋萋渰本又作弇漢書作黤韓詩作有弇萋萋興雨祁祁雨本或作雲漢書同監本毛本祁祁作祈祈今石經與此同瞻彼洛矣韎韐有奭白虎通作有赩鞞琫有珌鞞字又作琕琫字又作鞛珌字又作蹕桑扈說文作雇兕觥其觩本或作斛彼交匪敖漢書作匪儌匪儌頍弁序不能宴樂同姓釋文宴作燕云本又作宴庶幾說懌本又作繹實維何期本亦作其先集維霰字又作霓爾雅注作霓樂酒今夕楚詞章句作今昔車舝高山仰止本或作仰之說文作卬止以慰我心韓詩慰作慍本或作尉青蠅營營青蠅止于樊說文作營營青蠅止于楙史記樊作蕃豈弟君子釋文豈弟作愷悌讒人罔極史記作讒言賓之初筵序沈

酒沈字或作耽殽核維旅釋文殽作肴發彼有的釋文作勺云本亦作的威儀反反韓詩作昄昄屢舞僊僊屢本作婁威儀怭怭說文作佖佖側弁之俄說文側作仄屢舞傞傞說文玉篇作姕姕魚藻豈樂飲酒豈本亦作愷采菽本亦作叔又何予之白虎通作與之觱沸檻泉說文作畢沸濫泉平平左右韓詩作便便天子葵之爾雅注作揆之福祿膍之韓詩作肶之角弓騂騂角弓說文作觲觲如食宜饇宜本作儀韓詩同雨雪瀌瀌漢書作麃麃見晛曰消韓詩曰作聿菀柳上帝甚蹈韓詩外傳作慆俾予靖之俾本作卑都人士彼都人士狐裘黃黃其容不改出言有章行歸于周萬民所望齊魯韓三家俱無此章我

不見兮釋文云第二章作不見後三章作弗見一本四章同作不字垂帶而厲釋文帶作帶云本亦作帶禮記注而作如采綠終朝采綠楚詞章句作菉言韔其弓韔本亦作韔薄言觀者韓詩作覩隰桑中心藏之後人唐改藏作臧釋文同白華英英白雲韓詩作泱泱滮池北流說文作淲淲北流浸彼稻田浸字亦作寖嘯歌傷懷釋文嘯作歗云本亦作嘯念子懆懆亦作慘慘視我邁邁韓詩及說文並作怖怖緜蠻止于丘阿監本毛本于並作於今石經與此同瓠葉序雖有牲牢饔餼饔字又作饕漸漸之石漸亦作嶄序役久病於外一本作役人久病人衍字監本毛本並作役久病在外今石經與此同大雅文王陳錫哉周哉本又作載聿脩厥德漢書聿作述無

過爾躬（過或作謌）上天之載（漢書載作縡）大明天難忱斯（說文忱作諶）曰嬪于京（爾雅注曰作聿）任洽之陽（說文洽作郃）俔天之妹（韓詩作磬）俔其會如林（說文會作旝）時維鷹揚（漢書維作推）涼彼武王（涼本亦作諒韓詩作亮漢書同）緜序本由大王也本一（無由字）自土沮漆（齊詩土作杜）古公亶父（本亦作甫）陶復陶穴（說文玉篇復作𥨏）來朝走馬（玉篇作趣馬）周原膴膴（韓詩作腜腜）爰契我龜（契本又作挈）迺疆迺理（疆本亦作壃毛本作彊監）迺召司空（監本毛本迺本作乃今石經與此同）迺召司徒 俾立室家（釋文俾作卑云本亦作俾）其繩則直（繩本或作乘）迺立皋門 皋門有伉 迺立應門 應門將將（禮記注迺並作乃伉本亦作亢韓詩作閌玉篇亦作高門有閌）亦

金石萃編卷一百十　唐七十

不隕厥問（釋文隕作殞）混夷駾矣 維其喙矣（廣韻作昆彖瘵矣說文作犬夷呬矣昆夷駾矣孟子注作昆夷兌矣唯其喙矣）予曰有奔奏（釋文作本奏云本本亦作奔奏本又作走後漢書注作奔走）予曰有禦侮（釋文禦作御云本又作禦）棫樸薪之槱之（釋文槱作熛云字亦作標）奉璋峨峨（本又作俄俄）追琢其章（孟子注追作彫周禮注及玉篇章作璋）勉勉我王（白虎通作亹亹）旱麓（本亦作鹿）豈弟君子（豈本亦作愷又作凱弟亦作悌）瑟彼玉瓚（瑟字又作璱說文同周禮注作郇）民所燎矣（說文作尞矣）莫莫葛藟（字又作蘽）思齊（本亦作齋）神罔時恫（說文作侗）雝雝在宮（釋文作廱廱）古之人無斁（韓詩作無擇）皇矣其正不獲（釋文監本毛本正作政）憎其式廓（釋文作郭云本又作廓）乃眷西顧（眷本又作睠又作眷）其

菑其翳（菑本又作甾爾雅注作椔韓詩翳作殪）攘之剔之（剔字或作鬄又作擿）串夷載路（串一本作患）貊其德音（釋文貊作貉云本無又作貃韓詩作莫）然畔援（玉篇作伴換）以按徂旅（按本又作遏）同爾兄弟（後漢書作弟兄）與爾臨衝（韓詩衝作衝說文衝作幢）執訊連連（訊字又作誶又作誶）攸馘安安（字又作聝）是類是禡（禡本或依說文作禡）崇墉仡仡（說文玉篇作屹屹）靈臺虡業維樅（說文虡作巨）賁鼓維鏞（賁字亦作鼖）鼉鼓逢逢（亦作韸韸）下武廿有哲王（哲本又作悊又作喆）應侯順德（家語淮南子並作慎德）昭茲來許 繩其祖武（後漢書作昭茲來御慎其祖父）文王有聲 遹求厥寧（說文遹作欥）築城伊淢（字又作洫韓詩同）匪棘其欲（釋文棘作亟云或作棘欲作慾云本亦作欲）生

金石萃編卷一百十　唐七十

居不坼不副（說文作不㘺不疈監本毛本坼誤作拆）實覃實訏（覃本或作譚）誕實匍匐（本亦作扶服）克岐克嶷（說文作克嶷）蓺之荏菽（釋文作叔云或作菽）禾役穟穟（說文役作穎）瓜瓞唪唪（說文作菶菶）茀厥豐草（韓詩茀作拂）恆之秬秠（恆本又作亘）或舂或揄（韓詩作抌）（周禮注同說文作舀）釋之叟叟（又作溲溲爾雅注作溞溞爾雅釋文作淅之溞溞）烝之浮浮（說文作烰烰爾雅注同）取羝以軷（釋文羝作牴云字亦作羝）其香始升（香一本作馨）行葦 維葉泥泥（張揖作苨苨）肆筵設席（楚詞章句作設机）嘉殽脾臄（殽玉篇作肴臄字或作醵）敦弓既句（說文作既彀）酌以大斗（斗字又作枓）既醉序告大平也（今石經與此同釋文監本毛本並無告字）永錫祚胤（釋文祚作胙云本又作祚）鳧鷖序大平

之君子監本毛本大作太今石經與此同公尸來止熏熏說文作來燕醺
醺公劉序召康公戒成王也召本亦作邵後皆同迺裹餱
糧餱字或作糇糧本亦作粮陟則在巘釋文作巚云本又作巘乃覯于京
釋文乃作迺既登乃依乃造其曹今石經乃並作迺于豳斯館
白虎通作于邠斯觀取厲取鍛本又作取礪取碬止旅迺密漢書注迺作乃
芮鞫之即韓詩鞫作䩵漢書注作鞫周禮注作汭泦洞酌可以餴饎
又作饋饎卷阿飄風自南釋文作票風云本亦作飄似先公酋矣
爾雅注作嗣先公爾酋矣茀祿爾康矣爾雅注茀作祓無爾字有馮有翼
馮本又作憑令聞令望聞本亦作問民勞憯不畏明說文作朁
憯釋文作慘云本亦作憯柔遠能邇釋文柔作揉云本亦作柔以謹惛怓說文

惛作昏以謹綣綣字或作卷板下民卒癉釋文作僤云本又作癉沈
作癉不實於亶釋文今石經於並作于無然泄泄說文口部作呭言部作
詍詍辭之懌矣釋文懌作釋云本又作懌及爾同寮監本毛本寮作僚釋文同
云字又作寮民之方殿屎說文作唸吚民之多辟釋文作僻敬天
之怒無敢戲豫後漢書敬作畏無作不及爾游衍釋文作羡云本或作
衍蕩其命多辟本又作僻侯作侯祝作本或作詛祝本或作呪非
時無背無側漢書作以亡背亡仄以無陪無卿陪本又作培漢書無並作
亡既愆爾止愆本又作諐式號式呼崔作嘑或一本作或號或呼俾
晝作夜釋文俾作卑云本亦作卑後皆同在夏后之世漢書注世作時國語
作近在夏后之世抑國語作懿靡哲不愚釋文哲作喆云本又作哲亦作悊

訏謨定命謨本亦作莫荒湛于酒漢書湛作沈女雖湛樂從
石本樂下旁注克字後人所加酒埽廷內釋文今石經並與此同監本毛本廷作庭質
爾人民爾雅注作民人白圭之玷說文作刣無言不讎後漢書作不酬
萬民靡不承靡作是一本尚不媿于屋漏釋文監本毛本媿作愧
不僭不賊釋文僭作譖云本亦作僭彼童而角毛本角誤作覺溫溫恭
人釋文恭作共云本亦作恭告之話言說文作詁言誰夙知而莫成
莫本亦作暮誨爾諄諄字又作訰訰禮記注作忳忳匪用為教監本毛本
誤作匪為用教曰喪厥國韓詩曰作聿桑柔倉兄填兮兄本亦作
況旟旐有翩釋文作偏云本亦作翩國步斯頻說文作斯顰靡所
止疑齊詩作止疑逢天僤怒僤本亦作亶亦孔之僾毛本孔誤作恐

荓云不逮荓字又作迸本或作拼好是稼穡稼釋文作家穡本亦作嗇下稼
穡維寶同哀恫中國恫本又作痌自有肺腸肺本又作胏朋友己
譖本又作僭大風有隧爾雅注作泰風反予來赫本亦作嚇雲漢
序遇烖而懼今石經及各本烖作災蘊隆蟲蟲蘊本又作熅韓詩作爞爞
蟲韓詩作烔烔耗斁下土說文斁作殬兢兢業業兢本又作矜矜赫
赫炎炎本或作燄燄旱既大甚玉篇大作太滌滌山川說文玉篇
作蔋蔋如惔如焚後漢書惔作炎焚本又作樊寧俾我遯本亦作遂胡
寧瘨我以旱韓詩瘨作疹方社不莫本亦作暮敬恭明神釋文
作明祀云本或作明神疚哉冢宰疚本或作宄又作究瞻卬昊天卬本亦作
仰云如何里本又作瘇崧高序尹吉甫本又作父王續之

事韓詩作殘以作爾庸本亦作墉以時其粻釋文峙作峙云本又作峙
旣入于謝楚詞章句作于徐採此萬邦採本亦作采烝巳山
納王命納本亦作內不畏彊圉漢書彊作禦我儀圖之釋文儀作儀
義征夫捷捷玉篇作倢倢四牡彭彭說文作騯騯八鸞鏘鏘
釋文作將將云本亦作鏘鏘韓奕篇同韓奕有倬其道韓詩倬作晫淑
旂綏章綏本亦作綏鞹鞃淺幭鞹亦作鞟又作鞹弘鞃本又作鞃纈父儀
之父本亦作甫其殺維何釋文殺作肴云本亦作殽維筍及蒲筍字或作笋
笋韓侯取妻取本亦作娶諸娣從之白虎通諸弟作姪娣麀鹿噳
噳本亦作虞虞有貓有虎貓本又作猫其追其貊說文貊作貉獻其
貔皮貔本亦作豼江漢柜鬯一卣卣本或作攸錫山土田石本

錫下旁注之字山下旁注川字田下旁注附庸二字皆後人所加釋文亦云錫山土田本或作錫之
山川土田附庸者是因魯頌之文妄加也常武赫赫明明赫字又作赫如
震如怒一本如字皆作而鋪敦淮濆韓詩鋪作敷說文作敦彼淮濆仍執
醜虜仍本或作扔緜緜翼翼韓詩緜緜作民民徐方旣來漢書來作來
俫蟾印蠡賊蝨疾釋文蠡作蝨云本又作蠡蟊厥哲婦釋文哲作
喆云本亦作哲下哲夫成城同漢書作悊婦鞫人忮忒說文作鞫人伎忒廣韻忮亦作
伎譖始竟背譖本又作僭召旻維今之疚疚字或作疚
周頌清廟本又作庿序周公旣成洛邑釋文洛作雒云本亦作洛
駿奔走在廟禮記注駿作逡維天之命序大平告文王
也毛本大作太假以溢我說文廣韻作誐以謐我維清維周之

禎釋文作禎云本又作禎崔同天作彼徂矣岐後漢書矣作者昊
天有成命夙夜基命宥密釋文基作其云本亦作基於緝熙單
厥心國語作緝熙亶厥心我將維天其右之右本亦作佑時
邁序巡守告祭柴望也守本或作狩薄言震之韓詩震作振
懷柔百神柔本亦作濡執競鍾歌喤喤漢書說文並作鍠鍠磬
筦將將筦本亦作管將將漢書作鏘鏘說文作[illegible]思文貽我來牟
貽字又作詒牟字或作麰孟子注作麰漢書作貽我釐麰無此疆爾界釋文作介後仿
此臣工維莫之春莫本或作暮噫嘻釋文噫作意云又作噫
駿發爾私釋文駿作浚云本亦作駿振鷺在此無斁韓詩作無射
豐年以洽百禮釋文洽作袷云本或作洽有瞽本或作鼓序而

合乎祖也本或作合乎大祖應田縣鼓周禮禮記兩注並作應朄鞉磬
柷圉敔字亦作敔潛韓詩作涔雝宣哲維人釋文哲作悊云本亦
作哲載見鞗革有鶬本亦作鎗說文玉篇作瑲俾緝熙于純嘏
釋文俾作卑云本又作俾閔予小子嬛嬛在疚嬛嬛崔作煢煢疚本又作
灾說文亦作煢煢在灾敬之一本無之字小毖而毖後患石本
毖下旁注彼字後人所加莫予荓蜂本又作蠭自求辛螫韓詩作赦載
芟序春藉田監本毛本作籍田千耦其耘釋文作芸云本又作耘緜
緜其麃韓詩緜緜作民民說文麃作穮有飶其香飶字又作苾有椒其
馨椒沈作俶良耜序秋報社稷也本或有冬字者非其鑲伊
黍禮記注作餉其鎛斯趙周禮注作斯𨮁以薅荼蓼說文作旣茠荼蓼

饋之栗栗說文作䅥之秩秩　絲衣絲衣其紑說文作素衣載
弁俅俅爾雅注載作觓說文作弁服俅俅　鼐鼎及鼒史記音義作及哉兕
兕觥其觩說文作兕觵其斛釋文同云觵字又作觥斛字一作觩　不吳不敖吳說
文作吳敖本又作傲史記作不虞不驁　桓序桓武志也本或以此句爲注
婁豐年監本毛本婁作屢釋文與此同　般於皇時周白虎通作明周時
周之命釋文此下有於繹思句云毛詩無此句齊魯韓詩有之今毛詩有者衍文也崔集注
本有是採三家之本崔因有故解之
魯頌駉詁訓傳釋文與此同云本或作駉之什者是隨例而加耳商頌亦然今石經
監本毛本並有之什二字　駉駉牡馬牡本或作牧　有驈有皇說文作騜　有
駵有雒本或作駱　以車繹繹崔作驛驛　有駜鼓咽咽本又作鼝

金石萃編卷一百十　唐七十　九十

鼝　歲其有石本有下旁注年字後人所加釋文亦云本或作歲其有矣又作歲其有年者
矣皆衍字也　詒孫子詒下旁注厥字亦後人所加釋文亦云本或作詒厥孫子詒于孫子
皆是矣加也　泮水序頌僖公能修泮宮也釋文泮作頖云本多
作泮　薄采其芹白虎通作其荇　其旂茷茷釋文作伐伐云本又作茷茷　薄
采其茆說文作言采　蟜蟜虎臣釋文作蟜蟜云本又作矯亦作蹻　在泮
獻馘禮記注泮作頖　狄彼東南韓詩狄作鬄　角弓其觩釋文作斛　徒
御無斁釋文作繹云本又作射又作斁或作懌　食我桑黮說文作葚　懷彼
淮夷韓詩憬作獷說文一作㯳一作憬　閟宮無災無害災字又作灾本
亦作烖　黍稷重穋本又作穜稑　俾民稼穡釋文俾作卑云本又作俾下皆
同　實始翦商說文翦作戩　王曰叔父禮記注作王謂　爲周室輔

禮記注作爲周公輔　土田附庸周禮注作土地　戎狄是膺荊舒是懲
史記作戎狄應荊荼是徵　是　泰山巖巖釋文泰作大云本又作泰　遂荒大東
莽魯韓詩荒並作幠爾雅注同　保有鳧繹字又作嶧　淮夷蠻貊字又作貉
商頌那序有正考甫者釋文甫作父云本亦作甫　鞉鼓淵淵說文
作鼗鼓鼝鼝　亦不夷懌釋文作繹云字又作懌　烈祖亦有和羹說文
作和鬻亦作盉羹　八鸞鶬鶬本又作鏘鏘　來假來饗今石經與此同監本
毛本饗作享　玄鳥奄有九有韓詩作九域　帝句　景員維何本或
作河　百祿是何本亦作荷　長發濬哲維商釋文哲作悊云字或作哲
幅隕旣長監本毛本隕誤作幀釋文今石經並與此同　玄王桓撥韓詩作桓
發　率履不越韓詩外傳及漢書履並作禮　爲下國綴旒禮記注作綴郵

金石萃編卷一百十　唐七十　九十一

正義曰引齊魯韓詩也　敷政優優說文作布政憂憂　百祿是遒說文作揫
爲下國駿厖齊詩作駿驪大戴禮作恂蒙荀子作駿蒙　何天之龍大戴禮龍
作寵家語作荷天子之龍　敷奏其勇敷大戴禮作傅釋文同云本亦作敷　百祿是
總本又作緫　武王載旆說文玉篇作坺　則莫我敢曷漢書作遏　苞有
三蘖漢書作三枿廣韻作枹有枿　韋顧既伐漢書作韋鼓　殷武罙
入其阻說文罙作冞　曰商是常石本商下旁注王字後人所加　商邑翼
翼四方之極後漢書作京師翼翼四方是則注云韓詩之文也

右毛詩

金石萃編卷一百十終

金石萃編卷一百十一
賜進士出身　誥授光祿大夫刑部右侍郎加七級王昶譔
唐七十一
石刻十二經跋二
周禮天官冢宰第一（釋文作天官上云本或作冢宰上非餘卷放此）辨方
正位（辨本亦作辯）序官宮正（此以下鄭摠列六十職序于賓注則各於其職）
（前列之）甗人（甗本又作魚亦作數）瘍醫（毛本誤作醫瘍）醢人（醢本又作醓）冪
人（說文作幎人）閽人囿游亦如之（釋文游作斿云本亦作游）女使入
人（各本皆作女史石刻後作史此後人補字之誤）亦夏采（或作菜）大宰之
職三曰邦甸之賦（監本毛本邦誤作郛今石經與此同）四曰家削之

賦（削本又作鄁）四曰羞服之式（羞或作膳）乃縣治象之法于
象魏（監本毛本灋作法以後諸灋字石本與監本毛本皆灋法互見今石經或從書一作灋）
挾日而斂之（挾字又作浹干本作帀）置其傳（石刻原如此後人磨改作輈各
本亦作輈）前期十日（前本或作先）眡滌濯（眡本又作視後皆同）祀大神
示亦如之（示本又作祇）含玉（含本又作唅）則冢宰聽之（毛本冢誤
作家春官冢人倣此）小宰六曰斂弛之聯事（釋文及今石經並與此同）
（監本毛本弛作弛劉本作施）令百官府（毛本誤作府官）各脩乃職（監本毛本
脩作修）宰夫之職（毛本誤不越行）賓賜之飧牽（于本同一本作賓賜
掌其飧牽），宮正與其奇衺之民（衺亦作邪）膳夫羞用百
有廿品（監本脫有字今石經與此同）庖人膳膏臊（說文作鱢）內

饔牛夜鳴則庮（廣韻作䐒）烏皫色而沙鳴（釋文皫作皫云本又作皫）
馬黑脊而般臂（徐本臂作辟）甸師代王受眚裁（監本毛本
眚誤作眚今石經與此同）鷽人辨魚物為鱻薧（本又作槁）
天官冢宰下（釋文作天官下云本亦作天官冢宰下）醫師有兆瘍
者（監本毛本脫有字今石經與此同）食醫犬宜粱（監本毛本誤作梁）
疾醫冬時有嗽上氣疾（嗽本亦作欶）酒正四曰緹齊
（禮記注緹作醍）大祭三貳（監本毛本大誤作太）淩人春始治鑑（鑑本或
作監）醢人醓醢（醓本又作流）昌本麋臡（監本麋誤作麇）芹菹（說文
芹作莛）箈菹（爾雅注作蒠菹）宮人掌王之六寢之脩（本亦作修）
掌次設皇邸（一本作皇羽邸）司裘仲秋（各本皆作中秋）、內

宰禁其奇衺（衺本亦作邪）則賛贊瑤爵亦如之（贊迹經及各本皆不
疊贊字）而生穜稑之種（穜本或作重稑本又作穋）寺人相導其
出入之事（釋文監本毛本導作道）典婦功及內人女功之
事齎（本亦作粢）典枲掌布緦縷紵之麻草之物（按各本綷
皆作緦此刻誤）內司服展衣（廣韻作襢衣）、緣衣（緣或作褖）追師
掌皇后之首服為副編次（玉篇副作[illegible]）
地官司徒序官遂師（各本並不越行）縣正（各本亦不越行下鄙師酇長里
宰鄰長並同）里宰（每里下士二人監本毛本二皆作一）林衡胥十有二人
（毛本二誤作一）每大林麓（本亦作蔍）川衡中川（各本中川以下皆不越行此刻
誤）大司徒之職其植物宜皁物（釋文皁作早云本或作皁）其

動物宜鱗物劉本作麟物其民黑而津一本作瀋其民皙而
瘠監本毛本皙誤作晳其植物宜藂物監本毛本藂作叢以教稼穡
樹藝毛本藝作蓺正日景本或作影非下同不易之地家百晦
釋文作畝云本亦作古晦字七日眚禮監本毛本眚誤作眚釋及今石經並與此同
三日聯兄弟一本聯作聚小司徒以辨其貴賤老幼
癈疾監本毛本癈作廢後同鄉師掌其戒令糾禁毛本戒誤作刑
而賙萬民之囏阨囏古艱字本亦作艱鄉大夫以退各憲
之於其所治之國大詢于衆庶監本作所治國以國字絕句今石經
治下無之字按疏述經云退各憲之於其所治又云國大詢于衆庶而致于朝是當以所治絕句
國字屬下句石本所治之國大五字乃後人所補然以原本缺處計之適五字疑原刻刊誤後知其

非磨去後人又據誤本補之也毛本與此同而以所治之國爲句亦誤黨正壹命
齒于鄉里監本毛本壹誤作一掌其戒禁毛本誤作禁戒族師以
相葬埋本或作薶閭胥凡春秋之祭祀役政喪紀之
數釋文役政作政役比長有辠奇衺辠本亦作罪封人置
其絼本又作紖共其水槀監本毛本作稾鼓人教爲鼓而辨
其聲用毛本辨作辯舞師教皇舞說文皇作䍿牛人共
其槁牛各本槁作犒充人展牲則告牷毛本誤作告牲
地官司徒下載師孟子注作戴師以家邑之田任稍地說文
作鄁地充人皆無過十一各本並作十二此刻誤唯其漆林
之征釋文漆作桼云本又作漆劉本作桼字之變也遺人市有候館候

館有積說文無候字司救而歸于圜土監本毛本于作於
司市以質劑結信考止訟各本考皆作而此後人補字之誤日昃
而市昃本又作昃大刑朴罰各本朴作扑市師胥師賈師而
從按各本皆作市師胥師而從此文譌師爲師又衍胥字賈人邦國碁釋文
作基云本或作碁廛人掌斂市紋布紋本或作次肆長掌
其戒禁監本誤作戒令泉府凡國事之財用取具焉監本
國事誤作事國司門祭祀之牛牲繫焉釋文繫作毄云本又作繫
掌節說文作卩以英蕩輔之今石經蕩作簜釋文監本毛本與此同遂
人以興鋤利甿說文甿作萌以彊予任甿詩箋作以彊予任民釋文
彊監本毛本彊作疆誤及窆陳役釋文窆作窆云本作窆遂師以作役

事監本毛本脫以字庉其委積庉又作庀監本毛本同及窆抱磨釋文
監本毛本並誤作磨委人監本毛本皆不越行誤縣正趨其稼事
釋文趨作趣云本又作趨里宰趨其耕耨毛本耨誤作耕土均監本
毛本皆不越行誤草人凡糞種釋文糞作糞云本亦作糞彊檗用蕡
釋文監本毛本彊並作彊誤檗本又作壁稻人以豬蓄水監本毛本豬作瀦
以涉揚其芟作田監本毛本揚誤作楊今石經與此同誦訓監本毛本
亦不越行誤山虞凡服耜監本毛本耜誤作耜林衡掌巡林
麓之禁釋文麓作禁角人以共財用監本財誤作則司稼
掌均萬民之食而賙其急而平其興掌均以下監本毛本並誤
越行舂人其其齍盛之米齍本亦作粢槁人各本槁皆作稾

釋文與此同
春官宗伯序官天府徒廿人監本毛本作三十人大師眡瞭
三百人府四人史八人胥十有二人徒百有卌人
各本卌作二十今石經無府四人以下十六字按疏亦云眡瞭三百人無府史胥徒石本此十六字
爲後人所補不足據監本毛本並承其誤鎛師儀禮疏鎛作鑮韎師禮記注韎作昧鞻
人監本毛本鞻作鞮誤司巫府二人各本皆作一人此刻誤大宗伯
掌建邦之天神人鬼地示之禮示本或作祇下祇示地示之例皆倣
此下卷亦然以佐王建保邦國佐本或作左以禋燎祀司中
司命槱本又作梄說文祀作禉以禽作六摯本或作贄省牲鑊省本又作
眚後省牲鑊皆同小宗伯兆五帝於四郊說文玉篇兆作垗以

時將瓚果監本毛本果作祼雞人夜嘑旦以嘂百官嘑本
又作呼司尊彝其朝踐用兩獻尊獻本或作犧諸臣之
所酢也石本原如此後人磨改酢作昨下文兩句及司几筵胙席並仿此司几
筵設莞席紛純各本席皆作筵誤右彫几說文彫作雕右漆几
說文漆作髹典瑞公執桓圭玉篇作瑑圭以恤凶荒監本毛本
恤作卹穀圭和難以聘女各本圭下有以字此刻誤脫典命
則下其君之禮二等各本皆作一等此後人補字之誤其士壹命
監本毛本壹作一下其大夫壹命同司服祭社稷五祀則希冕希本
又作絺黹作黹守祧其祧則守祧黝堊之堊本或作惡
世婦比其具此本亦作庀凡王后有操事於婦人監本毛本

操誤作摻今石經與此同
春官宗伯下大司樂大磬各本皆作大磬此補字之誤下舞大磬同禮記
注廣韻並作大韶乃分樂而祀之今石經毛本特作序之此補字之誤監本
亦誤作祀乃奏大蔟監本蔟作簇大蔟爲角毛本大作太九磬之
舞釋文云九磬依字九音大諸書所引皆依字尸出入監本毛本尸作屍釋文同云本
亦作尸王大食三宥釋文監本毛本並作侑今石經與此同樂師趨
以采薺釋文作齊云本又作薺詔來瞽皋舞說文瞽作鼓帥射夫
以弓矢舞監本帥誤作師小胥贊其不敬者贊本或作撰士
特縣釋文特作犆云本亦作特大師令奏瞽朄禮記注及各本瞽並作鼓
此刻誤瞽矇掌播鼗柷敔塤簫管弦歌監本弦誤作絃

磬師凡祭祀監本毛本凡誤作及今石經與此同鍾師納夏釋文作夏
納云本或作納夏齊夏齊或作齋笙師以教祴樂監本毛本祴誤作械
鎛師今石經毛本並作鎛師此補字之誤監本亦誤作鑮韎師掌教韎
樂禮記注作昧師掌教昧樂典庸帥其屬而設筍虡毛本帥誤作師
虡作簴廞筍虡毛本作虡亦誤大卜掌三兆之灋釋文兆作垗云
亦作兆掌三夢之灋釋文夢作㝱云本亦作夢則眡高作龜釋文眡作
視卜師三曰義揚各本皆作義兆此補字之誤華氏釋文作藝
氏云本又作華遂歙其焌契說文歙作翕占夢本又作㝱占六夢
之吉凶說文夢亦作㝱下同二曰噩夢說文作咢㝱四曰寤夢寤本
又作寤說文作㝱大祝四曰禜各本皆作禜此補字之誤一曰稽首

監本毛本禧作譜釋文詞云本又作禧以享右祭祀毛本誤作祭祝付練祥
掌國事毛本祥誤作詳小祝彌裁兵玉篇彌作侎司巫祭
則其匱主說文無則字大史凡辯灋者攷焉監本毛本辨作
辯下辯事者仿此閏月詔王居門終月說文作閏月王居門中終月也
小史辨昭穆昭或作祒馮相氏辯其叙事監本毛本辯作辨叙
作序下以辯四時之叙監本毛本辯亦作辨內史掌王之八枋之灋
釋文枋作柄云本又作枋巾車錫樊纓十有再就監本錫誤作錫下重
翟錫面朱總監本毛本並誤作錫翟車貝面組總有握干賓馬勑皆作幄
輦車組輓釋文輦作連云本作輦大禎監本誤作禎下並同駹車藿蔽
說文作駹車大辟孤乘夏篆說文作夏軗車僕凡師共草車
監本共誤作其司常通帛爲旜說文作旃都宗人掌都祭
祀之禮監本毛本祭作宗則令禱祠釋文禱作禱云本亦作禱家宗
人凡以神士者毛本凡以以下誤越行以猶神鬼示之居爾雅
注猶作猷示作祇
夏官司馬序官卅有五人爲兩監本毛本並脫有字小子史
一人監本一誤作二大僕監本毛本大作太槀人監本毛本槀作藁庾人
徒二十人按石刻各經遇二十三十等字皆作廿卅此文作二十乃後人所補不知原刻
之例耳圉師良馬匹一人駑馬麗
一人各本皆無駑人良馬匹一人七字此後人補字誤衍大司馬放殺其
君則殘之殺字後人所補釋文作弒云本又作殺監本毛本亦作弒軍將執晉

鼓釋文作將軍云本又作軍將鄉遂載物石刻原如此後人磨改遂作家遂以
獮田如蒐之灋監本毛本蒐下衍田字車徒皆行及表乃止
毛本誤作正旗車卒間各本車皆作居此刻誤鼓皆駴本亦作駭帥執
事毛本帥誤作師軍司馬輿司馬各本此二職下皆注闕字按此亦後
人補字誤脫耳司勳惟加田無國正本亦作征量人量其
市朝州涂軍社之所里涂本又作塗射人大夫執雁
監本毛本脫執字祭祀共卵鳥卵劉本作卵
夏官司馬下司士唯賜無常監本毛本唯作惟下諸子唯所用之同
作六軍之事執披各本事皆作士此刻誤隸僕掌五寢之
埽除糞洒之事玉篇作掌五寢之埽除糞埽洒之事弁師諸侯之
繅九就瑉玉三采石本原如此後人磨改繅下增斿字各本亦有斿字瑉本又作
珉玉瑱象邸玉笄瑱本亦作琪司戈盾祭祀授旅賁
殳毛本旅誤作旋下軍旅旅賁並同司弓矢夾弓庾弓釋文云庾師儒
相傳讀庾木或作庾恒矢庳矢監本毛本庳誤作痺今石經釋文並與此同授兵
甲之儀監本毛本甲誤作王今石經與此同道右如齊輚之儀各本
輚皆作車大馭掌馭玉路以祀監本玉誤作王今石經毛本並與此同
校人三阜爲繫釋文作皦云本作繫執朴而從之石本原如此後
人磨改朴作扑各本亦作扑及葬埋之釋文埋作貍一本亦作埋廋人馬
八尺以上爲龍爾雅注以作已龍作駥職方氏東南曰揚
州監本揚誤作楊其浸五湖浸本又作寖漢書亦作寖下並同其浸穎湛

監本穎誤作穎其水滎洛石本原如此後人磨改水作川各本亦作川滎釋文作熒洛監本毛本作雒　其澤藪曰望諸漢書作孟諸　其民二男二女漢書作三文　其澤藪曰大野漢書作泰壄　其浸盧維漢書監本毛本盧作蘆釋文及今石經並與此同　其民二男二女各本皆作三男　其澤藪曰貕養漢書貕作豯　其澤藪曰楊紆漢書楊作揚　其川虖池漢書作滹沱　都司馬以國灋掌其政學釋文政作正

秋官司寇序官禁殺戮下士二人毛本誤作士下　薙氏薙字或作雉　赤犮氏說文犮作魃　小行人司儀行夫監本毛本此三官並不越行誤　大司寇使其屬蹕釋文作趨云本亦作蹕　士師書而縣于門閭各本縣作懸　鄉士辨其獄訟監本毛本辨作辯

協日刑殺釋文作汁日云本亦作協　遂士而誓其戒令監本毛本誤作戒命　訝士客出入則導之各本導皆作道　朝士帥其屬而以鞭呼趨且辟趨本又作趣　邦國期監本毛本作朞釋文與此同　司刺再赦曰老旄釋文作耄云本又作旄　三赦曰惷毛本惷作惷　司盟及其禮儀釋文作禮義　職金旅于上帝則共其金版爾雅注作旅五帝而供金鈑　司厲其奴男子入于罪隸說文罪作辠　女子入于舂槀玉篇作稾毛本誤作槀　犬人用牷物牷本亦作全　掌戮掌斬殺賊諜而搏之玉篇作膊之

秋官司寇下野廬氏有相翔者則誅之監本毛本無則字今石經有之　邦之有大師監本毛本脫有字　蜡氏掌除骴玉篇作胔　庶氏掌毒蠱以攻除掌下禬之嘉草攻之各本皆作掌除毒蠱以攻說禬之嘉草攻之此刻脫上除字說字下衍除字又衍小書掌下二字皆後人補字之誤釋文草作艸云本亦作草　薙氏夏日至而夷之禮記注夷作薙　蝈氏焚牡蘜石本原如此後人磨改作蘜各本亦作蘜　以其煙被之則死凡水蟲無聲石本原如此後人磨改去死字各本亦無死字　庭氏則以救日之弓與救月之矢夜射之監本毛本脫夜字今石經有　銜枚氏禁嘑呼歎鳴於國中者禮記注作掌禁野叫呼歎呼於國中者監本鳴誤作鳴　大行人立當前疾說文疾作執　則詔相諸侯之禮監本脫禮字　小行人凡此五物者監本脫五字

司儀王燕則諸侯毛劉本作耄　客從拜辱于朝釋文從作从云本亦作從　掌客掌四方賓客之牢禮餼獻飲食之等數石本原如此後人磨改牢作牢各本亦作牢　車秉有五籔監本秉誤作乘今石經毛本與此同　皆有饔餼各本皆作饔餼此後人補字誤脫　再問皆脩監本毛本脩作修今石經與此同　醯醢八十罋監本誤作甕　掌訝則戒官脩委積監本毛本脩作修今石經與此同　凡賓客諸侯有卿訝說文訝下有發字　則使人導之監本毛本導作道　都則闕　都士闕　家士闕監本脫此三職

冬官考工記上然後可以為良監本後誤作以　橘踰淮而北為枳廣韻而北作北而　鸜鵒不踰濟釋文作鸜鵒云本又作鸜　搏埴

之工二 監本摶作搏誤釋文與此同下摶埴之工倣此 函鮑韗韋 韗本或作鞸
畫繢鐘筐㡛 五經文字作㡛 陶旊 釋文及今石經旊作旊下旊人瓬陶旊之旊同
㟁於軫四尺 㟁本亦作古密字 則於馬終古登阤也 釋文阤作陁 陁輈人同
輈人欲其眼也 說文眼作輥 則是摶以行石也 監本毛本摶誤作搏今石經與此同後鮑人矢人倣此
不甐於鑿 甐本又作鄰下鮑人不甐同
凡揉牙外不廉而內不挫 說文作燥牙不燥 股欲而
馳不墜 釋文監本毛本墜作隊 輈人軓前十尺 監本軓誤作軌下並同
五分其軫間 毛本閒誤作問 龜蛇四斿 監本毛本蛇作虵後畫繢之事鳥獸蛇倣此
攻金之工 監本毛本誤不越行 鳧氏兩欒謂之
銑 欒本又作鑾 函人鍛不摯 監本毛本鍛誤作鍛今石經與此同 鮑

人 說文作鞄氏 卷而摶之 監本毛本作搏之釋文與此同 韗人謂之
鼖鼓 釋文鼖作賁云本或作鼖又作鼖 㡛氏以涗水漚其絲 釋文無其字
是謂水湅 各本皆作水湅此補字之誤
冬官考工記下玉人天子執冒四寸 說文作執瑁 上公
用龍 說文作駹 伯用將 說文作埒 楖人 楖本或作櫛 雕人 雕本亦作彫
磬氏已下則摩其耑 本或作端 矢人殺矢七
分 釋文殺作㮺 參分其長而殺其一 監本毛本殺作㮺釋文同云本又作殺
前弱則俛 各本皆作俛疑此刻誤 是故夾而搖之 搖本又作搯
欲生而摶 釋文與此同監本毛本摶誤作搏下倣此 旊人 玉篇廣韻旊並作瓬
梓人爲筍虡 釋文筍作簨云本又作筍 以脰鳴者 脰本亦作脰又作脰

于本作脰賈馬作胃劉本作脰監本毛本同 則於磬宜 各本脫則字 出舌[illegible]
絹寸焉 儀禮注絹作絹 廬人矛夷三尋 監本毛本矛夷作夷矛
匠人堂脩二七廣四脩一 監本毛本脩作修 廟門容大扃
七个 說文作鼏七箇 耜廣五寸 說文耜作枱 廣尺深尺謂之
畎 說文作く 廣二尺深二尺謂之遂 釋文遂作隧云本又作遂 廣二
尋深二仞謂之澮 說文作巜 車人半矩謂之宣 本或作㝋
亦作宣 弓人鬻於剢而休於氣 剢本又作膢 馬膠黑白
石本原如此後人磨改黑作赤各本亦作赤 譬如終紲 釋文毛本譬作辟 引如
終紲非弓之利也 監本毛本脫也字今石經有 角不勝幹幹不
勝筋謂之不參均 監本毛本參上並脫不字今石經與此同 筋三侔 本又

又牟亦作桙 漆三㪺 說文作求三斞 其次角有灂而疏 監本毛本脫角字今石經有
右周禮
儀禮士冠禮厥明夕爲期于廟門之外 監本毛本廟作廟案石刻惟士昏禮至于廟門公食大夫禮及廟門喪服爲之築宮廟君歸其宗廟四字作廟餘皆作廟監本毛本惟上文筵于廟門作廟餘皆作廟今石經悉改從廟 各一匴 匴本或作篹 薦脯
醢 薦本又作或作薦非也 以柶祭醴三 毛本誤作二 啐醴建柶 監本毛本誤作捷柶今石經與此同 奠摯見于君 監本毛本于作於 遂以摯見
於鄉大夫鄉先生 今石經鄉大夫作鄉大夫毛本先生誤作見生 吾子將
涖之 監本毛本作莅之今石經與此同 嘉薦亶時 劉昌宗本作古亶字 記

大古冠布監本毛本作太今石經並與此同釋文齊則緇之齊本亦作齋
適子冠於阼適本作嫡又毋追釋文作母追
士昏禮髀不升髀又作脾菹醢四豆監本毛本菹作葅釋文今石經並與
此同大羹湆在爨亦作泰羹被纇黼監本毛本纇誤作穎媵布席于
奧釋文無布字匕者逆退釋文及今石經匕並作朼乃徹于房中釋文
作撤適婦說服于室御受監本毛本誤作授今石經與此同受笄服
脩今石經作段脩釋文同云又作腶監本毛本誤作服此作服傳刻之譌北面拜奠
于席監本奠誤作鄭席于北墉下毛本墉誤作牖記始扱壹祭
監本毛本壹作一今石經與此同某固唯命是聽監本毛本唯作惟今石經與此
同命之曰監本毛本之下有辭字今石經與此同夙夜毋違命監本毋誤

作毋壻授綏姆辭曰未教不足與爲禮也監本毛本脫此節今
石經有之弟稱其兄監本毛本弟下有則字今石經與此同某以得爲外
昏姻之數監本毛本作婚姻未得濯溉于祭祀釋文今石經並作灌
擬某得以爲昏姻之故各本皆作某以得毛本昏亦作婚
士相見禮士相見之禮摯釋文作贄云本又作摯監本毛本大亦作贄以後
贄摯雜出今石經盡一作摯請還摯于將命者監本毛本作還贄於若嘗
爲臣者監本毛本嘗作常今石經與此同殁而後傳言爾雅注作傳命與
衆言言忠信慈祥大戴禮注無忠信二字毋改監本毛本毋誤作母舉
前曳踵釋文作歱
鄉飲酒禮尊兩壺于房戶閒監本壺誤作壺下兩壺同尙左手

齊之齊字或作儕遂授瑟監本毛本遂誤作送乃閒歌魚麗本或作離
下同執觶興盥洗各本皆無盥字此後人補刻誤衍案儀禮全經間有朱梁補刻者又
有明人補字皆多謬誤今分別正之辯卒受者以觶降各本辨皆作辯司正
升立于序端監本毛本誤作席端今石經與此同遵者降席席東南
面監本毛本脫一席字今石經有之則使人授俎各本皆作受俎賓服鄉
服以拜賜今石經無上服字記薦脯五挺本亦作脡脊脅胉
胳肺監本毛本脫胳字進腠釋文作湊云本亦作腠
鄉射禮主人坐取爵于上篚毛本于作於賓席之前西
北面獻賓今石經作賓之席前東南面酢主人釋文酢作醋賓之
席前北面監本誤作不面樂正告于賓監本樂字小書混入上文疏內袒

決遂各本皆作袒決遂此補刻之誤改取一个挾之監本毛本取誤爲作今石
經與此同皆與士爲耦以耦告于大夫曰監本毛本脫以耦二字今
石經與此同某御於子監本毛本於作于相揖退反位監本毛本無退
字今石經有一笴以委十則異之毛本十誤作實司射先反位
監本反誤作及衆賓繼飲射毛本繼誤作既適左个中皆如之監本
毛本皆作亦今石經與此同而后耦揖進毛本后作後樂正東面命
大師監本作命東面賓與大夫坐反奠于其所興監本毛本脫坐
字今石經與此同長受長酬者不拜各本皆作長受醻此稍字之誤記
射自楹間毛本誤作閒遂西取弓矢監本毛本遂誤作送楅髤橫
而拳之監本毛本拳作奉釋文今石經並與此同大夫與士射袒纁襦

監本毛本蘥作籥今石經與此同以翿旌獲毛本翿誤作翿士鹿中翿旌
以獲監本毛本脫此節今石經有之
燕禮兩方壺監本誤作壺下圜壺同司宮筵之于戶西東上
各本之皆作賓此補字之誤小臣設公席于阼階上西鄉本又作鼏
下同賓右北面至再拜毛本右誤作又主人坐奠觚于篚毛本
于誤作與主人盥洗象觚升實之監本毛本誤作賓之下媵爵者洗象觶斤
實之大夫立卒爵不拜實之並仿此西階上坐奠爵拜賓降筵監本毛本
作拜賓賓降筵今石經與此同小臣又請媵爵者二大夫大夫媵
爵如初監本毛本不疊大夫二字今石經與此同大夫皆升就席監本毛本
脫升字今石經與此同采蘩監本作緐大師告于樂正曰監本毛本無于

金石萃編卷一百十一　唐七十一　十五

字今石經與此同主人拜送觶監本毛本並作受觶今石經與此同皆於阼
階上監本毛本於作于閽人爲燭於門外各本作爲大燭詩疏亦有大字
以賜鍾人於門內霤監本毛本作鐘人今石經與此同後凡鐘字仿此
記其牲狗也監本毛本並脫此節今石經有之
大射儀釋文及今石經毛本並與此同監本脫儀字兩方壺監本誤作壺下兩圜
壺兩壺獻酒並仿此冪用錫若絺劉作綌大史在干侯之東北
監本毛本誤作大夫釋文及今石經並作大史反命反命之各本皆作文命之此字發
誤主人卒洗賓揖升監本毛本升上有乃字今石經與此同以酢主
人于西階上釋文作醋酢升觚遂于賓各本皆作升媵觚此補字之誤
受爵于筵前漢石經殘字筵作莚賓奠于薦東各本皆作遂奠此字後人

所補疑誤媵爵爵者退反位各本作媵爵者皆退此補字之誤賓升成
敗各本皆作成拜此補字之誤主人洗觚升實散監本毛本觚誤作酬設
于賓左毛本于作於僕人正徒相大師監本毛本大作太釋文今石經
作大下大史侯于所設中之西大史許諾並同小樂工從之各本皆作小樂正此補字
之誤主人洗升實爵各本皆作實爵此補字之誤南面坐取觶各本
皆作奠觶此補字之誤南面反奠于其所各本皆作南面坐取觶南面反奠于
其所補字誤脫六字遂告于大夫與大夫各本于作曰此補字之誤命去
侯各本皆作侯監本誤作侯此作侯亦補字之誤與司馬正交于階前監本
誤作交與上射降三等監本毛本誤作二等今石經與此同上射於左監本
於誤作與毛本作于今石經與此同司馬師坐乘之卒監本毛本並脫卒字今石

金石萃編卷一百十一　唐七十一　十六

經與此同則降卽位而后告毛本后作後司射東面于大夫監本毛本
之西比耦監本毛本誤作北耦今石經與此同既拾取矢梱之監本毛本
梱誤作梱下梱復同相揖退釋弓矢于次監本毛本退上有還字今石經與此
同司射作射如初監本毛本誤作作揖今石經與此同取公之決拾
于東坫上毛本于作於北一一笴各本皆不重一字此補字誤衍小射
正坐奠笴于物南毛本于作於下小射正以受決拾退奠于坫上仿此笴北
面視算釋文作眂筭云本亦作視北面告于公監本脫告字司射遂
袒執弓監本毛本無遂字今石經與此同退俟于序端毛本俟誤作次僕
人師洗升實觶以授監本毛本實誤作賓今石經與此同小臣正正
辭各本皆不重正字此補字誤衍卒司馬師受虛爵監本毛本皆無師字今石

經與此同司射適階西去扑毛本適誤作釋三耦拾取矢如初
監本毛本三誤作二衆射者繼拾取矢毛本繼誤作既北面視上射
監本毛本視作眡今石經與此同公樂作而后就物毛本后作後賓諸
公卿大夫皆說屨毛本誤作履公荅拜賓反位監本毛本脫賓
字今石經與此同受者如初受酬之禮毛本酬誤作献
聘禮士帥沒其竟毛本帥誤作師司馬執策釋文監本毛本並作筴
未入竟壹肆釋文作一肆賓拇先入受于舍門內監本毛本
于作於夫人使下大夫勞以二竹簋方周禮註作使下夫人勞以
二竹簋方釋文簋作簋云本或作簋監本毛本亦作簋今石經與此同饔被纁裹各本
被皆作被此補字之誤大夫帥至于舘卿至舘各本舘皆作館按舘俗字

後許賓于館及命于館君館之卿館大夫館士館皆後人補字之誤米禾皆廿車監本
毛本誤作一十車賓辟不荅拜監本毛本賓誤作客釋文今石經並與此同侑
攝坐啐醴監本誤作啐酒公問大夫毛本問誤作門其南醢醯說文
醢作盬北面再拜稽首受無擯監本毛本擯作儐下授老幣無擯饔者無
擯此仿北面當楣再拜各本楣皆作楣若食若饗毛本誤作苦饗授
上介幣漢石經授作受若賓死來將命各本來皆作來此補字之誤不享
有獻享本又作饗記問幾月之資周禮注作齎使者受行
日疏述經及監本毛本俱作既受行日此補刻誤脫今石經亦有既字繅三采六等
朱白倉禮記疏及今石經竝朱白倉三字此段經文皆後人補刻不可為據監本毛本倉作
蒼又資幣馬釋文與此同監本毛本資作齎對曰非禮也敢辭監本

毛本辭字小書混入注首今石經與此同復見之以其摯監本毛本之作許今石經
與此同衆介北面蹌焉禮記注作蹡蹡焉私覿愉愉焉釋文作
俞醴尊于東箱監本毛本作廂今石經與此同賓固辭公荅再拜
再應作再此補刻之誤自西門升受各本皆作西階此補刻之誤聘自致
饔各本皆作聘日此補刻之誤無饔者無擯各本皆作儐此補刻之誤君貺
寡君延及二三老拜又拜送監本毛本又拜送節在君貺寡君節前今
石經與此同賓不致主人不拜毛本主誤作王二百四十斗說文
作二十四斤為秉
公食大夫禮不疋釋文食作飲栗階升不拜各本栗上有賓字去
羃於外釋文監本毛本羃皆作冪陳鼎于碑南面監本毛本作碑南南面

宰夫設鉶四于豆西釋文鉶作鈃贊者負東房監本以上文注
中一人二字混入經文贊者之上左擁簠粱監本誤作右擁簠粱毛本誤作左擯簠粱
賓栝手各本皆作捝手西東毋過四列監本毋誤作母無擯各本皆作
儐記出自東房毛本誤作東方鉶芼釋文鉶作鈃羊苦說文作芐
芐鄉擯由下監本擯作賓
覲禮侯氏亦皮弁迎于帷門之外各本皆作帷門此補字之誤
侯氏迎于門外監本毛本于作於天子賜舍伯父各本及後漢書
注伯父上皆有曰字侯氏裨冕釋幣于禰監本裨誤作稗天子非他
各本天子下俱有曰字此補字誤脫坐奠圭監本誤作奠主歸寧乃拜今石經作
乃邦此補字之誤監本毛本沿誤作拜天子乘龍載大旂監本毛本誤作大旆

記几笶于東箱各本笶皆作俟此補字之誤
喪服經傳第十一石本原如此後人磨改去經傳二字監本毛本皆無之釋文亦作喪服經傳第十一斬衰裳衰字又作縗後皆同左本在下毛本誤作左右朝
一哭夕哭而已各本皆作夕一哭補字脫一字飯素食飯今本多作飰字
妾爲君監本毛本誤作謂君終其身慈母各本慈母並作如母此補字之誤
出妻之子爲母期監本毛本作朞大夫之適子爲妻適本又作
嫡孫婦亦如各本皆作亦如之此補刻誤脫持重於大宗者監本毛本
持誤作特嫡子不得後大宗監本毛本子誤作人婦人不能貳尊
也監本毛本貳作二今石經與此同則服齊衰三月也監本毛本脫也字今
石經與此同宗祖之母在各本祖皆作子此補字之誤喪成人者其

未縟各本未皆作文此補字之誤皆爲無服之殤監本毛本脫皆字今石經
與此同以日易月之殤而無服各本而上重出殤字此補字誤脫女
子適人者各本皆作女子子補字脫一子字是嫂亦可謂之母乎
嫂本亦作㛮小功布衰裳牡麻絰即葛五月者監本毛本脫者
字疏述經及今石經並有弟長也弟本亦作娣曾孫之姑各本皆作曾孫父之
姑此補字誤脫壻監本作婿釋文今石經毛本並與此同何以緦報之也監本
毛本緦下有也字今石經無記朋友皆在他邦袒免字或作絻
士喪禮死于適室監本毛本于作於受用篋釋文作篚云本亦作篋今
石經作篋監本毛本亦作篋入坐于牀東毛本誤作堂東即位于西階
下東面監本毛本于誤作如今石經與此同爲垼于西牆下玉篇垼作坄

掩練帛廣終幅毛本廣誤作續皆繶緇絇純釋文及周禮注無絇字今
石經同稻米一豆實於筐毛本於作于櫛於簞監本毛本於誤作用
釋文今石經並與此同膋用組周禮注膋作搶設决麗于擘監本毛本誤作
擘今石經與此同下乃連擘既夕禮結于擘並同參分庭一監本毛本作三分今石經
與此同夏祝鬻餘飯鬻本又作粥冪用疏布冪本又作鼏苴絰
大鬲又作撟四鬄去蹄周禮注四鬄作肆解祭服不到監本毛本並作
𦚰今石經釋文並與此同下君𦚰不到同巾待于阼階下監本待于誤作侍於毛本
于亦作於今石經與此同賓入中庭毛本中誤作出升自阼階丈夫踊
各本皆作丈夫此補字之誤祝反降毛本祝誤作婦君釋采釋文作菜主人
中庭坐坐撫各本上坐字皆作君此補字之誤貳車畢乘監本毛本貳作

二婦先入毛本婦誤作埽卒枇釋匕于鼎毛本卒誤作執如於室
監本毛本於作于右還北面毛本右誤作左執封以示命筮者各本
封皆作卦此補字之誤卜人先奠龜于西塾上監本毛本塾誤作塾今石
經與此同楚焞置于燋各本皆作燋此補字之誤哀子某來日某監本
毛本脫下某字今石經有之還即席毛本還誤作送卜宅如初儀監本毛本
宅作擇
既夕禮監本毛本無禮字釋文及今石經並有夷牀饌于階閒疏述經及
今石經並同釋文夷作侇云本亦作夷監本毛本作侇衆主人東即位監本毛本
並脫主字今石經與此同御者執策立于馬後釋文策作筴主人入
袒各本袒皆作祖此補字之誤碞三釋文碞作寢冪用疏布冪本又作鼏

兩杅監本誤作杅杖笠翣儀禮識誤引釋文作篓公賵玄纁束馬
兩公羊傳注作兩束帛兩馬則捂受之釋文捂作梧從柩東當前束
毛本束誤作車藏苞筲於旁監本苞誤作笣記疾者齊本又作齋後同
外內皆埽監本毛本並作內今石經與此同皆坐持體監本毛本此下有男
女改服一節今石經亦無之主人啼識誤引釋文作諦裏親膚監本毛本裏誤
作褻今石經與此同不說經帶監本說誤作設今石經毛本並與此同聚諸窆
本又作窆監本毛本亦作窆卜曰吉今石經曰作日升降自西階監本毛本
無降字今石經與此同于笮各本于皆作干此補字之誤載蓑笠釋文蓑作蓑
菅筲三釋文菅作管亦張可也監本毛本誤作可張今石經與此同翭矢
一乘識誤引釋文翭上有矢字今石經同

士虞禮簞巾在其東監本毛本誤作簞布今石經與此同祝饗監本誤作
響一人衰絰奉篚哭從尸篚本亦作筐祝命佐食墮祭
周禮注作隋祭尸以醋主人醋本亦作酢記祝佐食降復位
監本毛本脫復字今石經有香合香本又作薌饗監本毛本並誤作響皆如初
曰監本毛本日作曰下亦如初日放此唯主人不哭監本毛本唯誤作帷今石經與
此同尸受振祭監本毛本受作授今石經與此同奠于南方毛本于作於
猶出几席監本誤作凡席拾踊三今石經此下有哭止告事畢賓出七字此補字
誤脫監本毛本亦無之皆承補字之誤搔翦監本搔誤作搔釋文及今石經翦作揃
特牲饋食禮壺禁在東序監本壺誤作壺下視壺濯同豆籩鉶
在東房釋文鉶作鈃下及兩鉶同賓荅再拜監本毛本並誤作賓再荅拜今石經

與此同立于門外東方監本毛本誤作東房今石經與此同立于房中
南面毛本誤作東面卒載加匕于鼎毛本于誤作去及兩鉶鉶芼
設于豆南監本毛本俱不疊鉶字今石經與此同出立于戶西南面
監本毛本脫尸字今石經有摡于醯釋文及今石經並無于字舉骼毛本誤作胳
主婦洗爵于房酌毛本酌誤作親尸卒爵醋酌獻祝監本毛本
醋誤作酢卒復位毛本誤作二位賓佐執爵各本佐皆作左此字疑誤洗獻
衆兄弟監本毛本脫衆字疏述經及今石經並與此同尸祭酒監本毛本脫尸字今
石經有賓立卒觶監本毛本卒誤作于今石經與此同衆賓長自左受
旅監本毛本脫自字今石經有自舉觶者祭卒觶拜長皆荅拜監本
毛本脫此十一字今石經有之各酌于其尊監本毛本誤作尊今石經與此同主

人出立于戶外西面監本毛本誤作戶內今石經與此同記東西
當東榮毛本誤作營纁裏監本毛本裏誤作褻尊兩壺于房中西
墉下今石經墉作牖此字後人所補疑誤監本毛本亦作牖髀脡監本毛本髀作脾今
石經與此同監本脡誤作脡
少牢饋食禮朝服筮尸監本毛本脫服字今石經與此同如筮日
之禮監本毛本作之儀今石經與此同命曰孝孫某來日丁亥用
薦歲事于皇祖伯某監本毛本薦誤作爲今石經與此同肩臂臑膊
骼監本毛本膊作膞誤釋文今石經並作膊後凡膊字皆同惟上利升羊載右胖節膊字石刻亦
誤作膊皆設扃鼏監本毛本鼏作冪今石經與此同主婦被錫詩箋周禮
注並作髲鬄衣移袂釋文移作侈云本又作移今石經與此同監本毛本亦作侈下同

執葵菹蠃醢菹亦作葅又興受贊者敦稷毛本興誤作十祝出

迎尸于廟門之外毛本于作於以授尸坐取簞興監本毛本脫此七字今石經有之祝筵尸各本筵皆作延此字刻誤尸受同祭于豆

祭監本毛本誤作尸同受今石經與此同右兼取肵禮記注作取肵肺摶之

以授尸監本毛本摶誤作搏釋文及今石經並與此同授主婦贊者于房

戶毛本誤作房中洗爵受尸各本受皆作授此補字之誤賓戶西北面

拜送爵監本毛本戶誤作尸今石經與此同主人降立于阼階東監本降作祭毛本作出並誤今石經與此同主人荅壹拜監本毛本壹作一今石經與此

同

有司本或作有司徹今石經與此同監本毛本但有徹字有司徹字又作撤東枋

金石萃編卷一百十一　唐七十一　二十三

監本誤作祊下西枋同肩臂肫骼臑釋文骼作胳云本亦作骼亦右體監本亦誤作載二手執桃匕枋以挹湆各本桃皆作挑此字疑誤尸郤手

授匕枋今石經授作受賓亦覆手以受監本毛本誤作授卒載俎

執俎以降各本執上皆有縮字無俎字此補字之誤監本毛本亦衍俎字賓縮執

俎以降毛本誤作以爵主婦洗于房中監本毛本洗下有爵字今石經與此同

取糗與腶脩腶本又作段今石經與此同監本毛本脩作修下脩字七見毛本皆作修

立于主人席北西面監本毛本誤作面西今石經與此同主人其祭

糗脩監本毛本其誤作其今石經與此同北面荅拜受尸爵降筵各本皆作受爵尸降筵主人降洗觶監本毛本作洗爵今石經與此同下主人實觶酬尸主人實觶尸拜受爵兩觶字監本毛本並誤作爵右取肺擩于醢今石經肺作臚

蹴述經同執爵以興監本毛本俱脫爵字今石經有之宰夫執薦以從

監本毛本薦誤作爵今石經與此同其先生之脀折監本毛本脫其字今石經有之

升獻私人于降階上各本降並作阼此補字之誤受爵酌獻侑

侑拜受三獻北面荅拜監本重衍此十四字爲二十八字受三獻

爵監本毛本脫爵字今石經有酌以醋之監本毛本醋作酢今石經與此同主

人拜受尸拜送監本毛本受下衍爵字今石經與此同若不儐尸監本毛本儐作賓今石經與此同如賓各本皆作儐此補字之誤主人洗爵酢尸

各本皆作酳尸此補字之誤監本亦誤作酳酌授尸監本毛本授誤作受今石經與此同

主人受爵今石經作主婦賓戶西北面荅拜監本毛本戶誤作尸今石經與此同婦人贊者各本此下皆有執棗糗授婦贊者婦贊者十字此補字誤脫肺

金石萃編卷一百十一　唐七十一　二十四

一監本毛本肺上衍祭字今石經與此同洗爵醋于主人毛本于作於賓

兄弟交錯其酬監本酬誤作醋司宮闔牖戶監本毛本牖誤作牗今石經與此同衆賓出毛本出作及誤

右儀禮

禮記御刪定禮記月令第一按石刻以月令移置曲禮之前章句頗有

點竄如孟春之月日出營室昏參中旦尾中則改爲正月之節日在虛昏昴中曉壁中斗建寅位之初各月前數句皆然又加立春雨水驚蟄春分等二十四節於十二月中每孟月其數若干之後加其姓某某其事某某二語而仲季月刪其日某某至其音某其數若干至祭先某諸語以此之類甚多大非禮經之舊自宋以來久經刊定且係元宗一人私見未可據以校正各本今亦不及縷辨惟舉一字句與唐初本同而與各書徵引及呂氏春秋十二月紀淮南子時則訓異者記之備參攷焉正月

其帝太皞釋文監本毛本太作大皞亦作昊監本毛本作皞誤蟄蟲始振淮南子作始振蘇魚上冰淮南作魚上負冰乘青輅呂氏春秋作鸞輅監毛本作鸞路篇內輅字皆同釋文亦作路云本又作輅駕蒼龍淮南駕作乘孟夏孟秋孟冬並同監本毛本蒼作倉下蒼玉同今石經篇內蒼字並作倉載青旂淮南載作建旂作旗孟夏孟秋孟冬並同服蒼玉呂氏作青玉其器疏以達器釋文作器云本又作器玉篇疏作從天子乃齋釋文作齊云本亦作齋卷內倣此監本毛本亦作齊天子親率公卿諸侯大夫監本毛本率並作帥篇內率字並同各本公卿作三公九卿淮南無諸侯二字孟夏孟秋孟冬倣此以迎春於東郊淮南作迎歲後迎夏迎冬並同還乃賞公卿諸侯大夫於朝今石經與此同後漢書注作還返監本毛本作還反孟夏孟秋孟冬並同呂氏無公字下及兆人各本作兆民篇內各本作民者

石刻皆避諱作人無有不當釋文無作毋云本亦作無監本毛本亦作毋篇內無字作毋義者並同宿離不貸呂氏作忒命有司釁龜筴占兆審卦吉凶各本此文俱在孟冬之月命有司作命大史呂氏作命大卜禱祠龜策占兆審卦吉凶淮南作命太祝禱祀神位占龜策審卦兆以察吉凶鴻雁來呂氏淮南並作候雁北篇內鴻雁並同以教導人各本作道民躬耕籍田各本籍田作帝籍呂氏作帝籍田卿諸侯九推呂氏諸侯下有大夫二字掩骼埋胔胔亦作骴呂氏掩作揜埋胔作霾髊淮南及說文引明堂月令並作薶髊字不可從我始呂氏不可下有以字則雨水不時呂氏淮南雨水並作風雨草木早落呂氏作早槁淮南作旱落監本毛本早作蚤篇內早字並同國時有恐呂氏淮南時作乃則人有大疫各本作則其民大疫呂氏無其字飄

風暴雨總至釋文飄作猋云本又作飄監本毛本亦作猋呂氏作疾總呂氏作數二月律中夾鐘釋文作鍾桃始華呂氏淮南作桃李花倉庚鳴倉庚本或加鳥非安萌芽養幼少存諸孤淮南作養幼小存孤獨以通萌芽無肆掠淮南作毋笞掠天子乃率公卿諸侯大夫各本作三公九卿呂氏無大夫二字命人社淮南命作令今石經監本毛本人作民雷乃發聲淮南乃作始天子獻羔開冰各本天子下有乃字獻作鮮淮呂氏作獻玄鳥至之日以太牢祠于高禖說文作元鳥至之日祠于高禖以請子各本作元鳥至之日呂氏祠作祀寢廟必備石本原如此後人磨改必作畢呂氏亦作必以妨農事呂氏作農功各本事上並有之字人多相掠淮南作相殘三月乃告舟備具于天子焉淮南作乃言具于天子天子始乘舟呂氏

天子下有焉字淮南有烏字句者畢出呂氏作生者命有司發倉廩呂氏作發倉窌淮南作發囷倉勉諸侯淮南勉作使萍始生呂氏淮南監本毛本萍作蓱今石經釋文並同鳴鳩拂其羽淮南拂作奮戴勝降于桑戴本亦作戴勝呂氏作任淮南作鵀巡行國邑各本並作術行導達溝瀆開通道路無有障塞各本導作道淮南作導通溝瀆達路除道從國始至境止田獵罝罘羅網畢翳呂氏作田獵罼弋罝罘羅網淮南作田獵畢弋罝罘羅罔餧獸之藥淮南作餧毒無或不良淮南作毋有乃合累牛騰馬呂氏作纍牛淮南作絫牛命國儺呂氏作國人儺今石經監本毛本儺作難篇內儺字並同九門磔攘呂氏作禳釋文作禳云本又作攘山陵不收淮南作不登淫雨早降說文引明堂月令作霖雨四月其性禮其事視各本俱無此二

何惟呂氏孟夏紀有之 蚯蚓出 呂氏作蚯蚓淮南作邱螾 王瓜生 呂氏作王菩
爲赤騮 本亦作騮淮南作乘赤騮 衣朱衣 呂氏作赤衣 食菽與雞 菽本
又作叔各本雞皆作難 其器高以粗 呂氏作觕今石綷毛本作麤 慶賜遂
行無不欣說 呂氏無遂行二字 贊俊傑 呂氏俊作傑七月案篇同 舉長
大 淮南作舉孝弟 靡草死 呂氏作蘼草 繼長增高 淮南作繼修 無有
壞墮 墮又作隳呂氏同淮南作隳壞 無起土功 淮南作毋興 貴賤長幼
如一 呂氏長幼作少長 以給郊廟之服 呂氏作之祭服 四鄙入保
淮南作四鄙 敗其城郭 淮南作敗壞 則蟲蝗爲災 淮南作蠭蝗爲敗監
本毛本作蝗蟲 五月鵙始鳴 監本毛本鵙誤作鳴今石經及釋文並與此同 遊牝
別羣 各本遊作游呂氏淮南作游牝別其羣 則縶騰駒 釋文縶作執云縶本作縶

淮南作執騰駒無則字 班馬政 呂氏作正 處必掩身無躁 呂氏作處必掩
身欲靜毋躁淮南作愼身無躁 止聲色 淮南止作節 節嗜慾 呂氏作退耆慾今石
經監本毛本作偷耆欲 百官靜事無刑 淮南作無經 無用火南方
淮南作禁民無發大 可以升山陵 呂氏淮南升並作登 則雹凍傷穀 呂氏
淮南並作雹霰 則五穀晚熟 淮南作不熟 六月溫風至 各本至上俱有
始字呂氏淮南作涼風始至 蟋蟀居壁 呂氏作居宇淮南作居奧 無或差貸
呂氏作式 黑黃蒼赤 淮南作青黃白黑 無敢詐僞 呂氏作勿敢 以給
郊廟祭祀之服 淮南作以給宗廟之服 以別貴賤等級之度
監本毛本誤作等給 腐草爲螢 釋文作爲熒云本又作螢或作腐草化爲螢者非也玉篇
亦作腐草化爲螢說文廣韻並引明堂月令螢作蠲呂氏淮南並作腐草化爲蚈 土潤溽

暑 釋文溽作辱云本或作溽 可以糞田疇可以美土疆 各本作土疆淮
南作糞田疇以肥土疆 則穀食鮮落 呂氏淮南並作解落 禾稼不熟 淮南
作稼穡不熟 則風寒不時 風寒呂氏作寒氣 鷹隼早鷙 亦作鷙 中
央土其蟲倮 呂氏淮南並作嬴 律中黃鐘之宮 淮南作律中百鐘按
淮南於季夏之月招提指未昏心中旦奎中下郎後其位中央其日戊己至祭先心諸語後乃接家
風始至蟋蟀居奧諸語與月令及呂氏本不同 其器圜以閎 呂氏作以揜 七月
還乃賞軍帥武人於朝 帥本作師淮南作率下將帥並同毛本作還反賞軍
帥武人於廟並誤 選士厲兵 淮南作選卒各本厲皆作厲 順彼遠方 呂氏
順作巡淮南遠作四 命有司納材葦 各本此文俱在季夏之月命有司作命澤人呂
氏作乃命虞人入材葦淮南作令澇人入材葦 修宮室 修淮南作繕 坏垣牆 釋文

監本毛本並作牆垣今石經與此同呂氏作坿牆垣 五穀無實 呂氏作不實 則其
國火災 各本作則國多火災呂氏作則多火災淮南作則冬多火災 八月羣鳥
養羞 淮南作羣鳥翔 養衰老 淮南作長老 行糜粥飲食 淮南作稃鬻
循行犧牲視全具案芻豢瞻肥瘠察物色必比類
量小大視長短 呂氏循作巡淮南作行犧牲案芻豢視肥臞全粹察物色課比類量
小大視少長監本毛本小大誤作大小今石經與此同 上帝其饗 呂氏作享 以達
秋氣 淮南達作御呂氏作禦佐疾以通秋氣 雷乃收聲 呂氏作雷乃始收聲淮南
作雷乃始收今石經監本毛本作雷始收聲 蟄蟲坏戶 呂氏作俯戶淮南作培戶 枉
橈不當 淮南作決獄不當 勸人種麥 各本作勸種麥淮南作勸種宿麥 國
乃有恐 呂氏作國乃有大恐淮南作國有大恐 則其國乃旱 呂氏無乃字

五穀復生淮南復上有皆字九月鴻雁來賓爵入大水爲蛤淮南爵作雀高誘注讀爲賓雀以上句賓字屬下讀呂氏春秋注亦讀爲賓雀菊有黃花釋文菊作鞠云本又作菊監本毛本亦作鞠無不務內呂氏淮南並作務入命有司伐蛟取鼉登龜取黿各本此文俱在季夏之月命有司作命漁師淮南漁師作漁人說文引明堂月令作舫人漢書注作榜人呂氏登龜作升龜豺乃祭獸呂氏乃作則蟄蟲咸俯淮南作俛舉五穀之要呂氏作五種趣入收斂各本俱作趣民趣本又作趨務畜菜淮南作畜采無務字釋文及監本毛本蓄亦作畜各本此二句俱在仲秋之月民多鼽嚏呂氏淮南並作鼽窒邊境不寧今石經監本毛本境作竟篇內境字並同土地分裂毛本地誤作多則煖風來至監本毛本煖作暖八氣解惰呂氏作墮淮南作惰師興不居呂氏作師旅必興淮南作師旅興十月其臭朽本亦作㱙淮南作腐其祀行淮南行作井其器閎以掩各本掩作奄呂氏作宏以弇恤孤寡淮南恤作存阿黨則罪無有掩蔽各本阿黨上有是察二字呂氏作於是察阿上亂法者則罪之無有揜蔽淮南作斷罰刑殺當罪阿上亂法者誅造宮室各本作建都邑穿竇窖呂氏作竇窌各本自可以築城郭至下修囷倉四句俱在仲秋之月閉塞而成冬呂氏無塞坏城郭呂氏坏作坿淮南作修戒門閭戒淮南作警修鍵閉呂氏淮南並作楗備邊境備淮南作修塞蹊徑淮南塞作絕今石經監本毛本蹊作徯飭喪紀辨衣裳審棺椁之薄厚塋丘壟之小大高卑薄厚之度貴賤之等級各本下薄厚皆作厚薄呂氏上作厚薄下作薄厚椁作槨塋作營淮南作飾喪紀審棺槨衣衾之薄厚營丘壟之小大高庳使貴賤卑尊

各有等級監本毛本小大並作大小蹟迹經與此同案度程呂氏及監本毛本案作按今石經與此同功有不當功呂氏作工勞農以休息之呂氏淮南並作勞農夫大飲烝呂氏淮南並作蒸易關市淮南易作理納貨賄呂氏納作入淮南作入貨財四方來集呂氏作來襍遠鄉皆至淮南作遠方則財不匱淮南作財物不匱呂氏作則財物不匱各本自易關市至下百事乃遂九句俱在仲秋之月無令侵削各本令皆作或淮南削作牟乃命有司各本有司作大酋麴蘖必時淮南及監本毛本蘖作蘗湛熾必絜呂氏淮南並作湛饎酒官監之各本酒官作大酋無有差貸呂氏淮南貸作忒各本自乃命大酋至無或差貸十句俱在仲冬之月地氣上泄呂氏淮南並作發泄十一月鶡鳥不鳴各本俱作鶡旦淮南作鳱鴠釋文作曷旦云本亦作鶡地氣且泄今石經及呂氏作且泄監本毛本作沮泄是謂發天地之房淮南房作藏人必疾疫呂氏作民多疾疫又隨以喪淮南又作有蚯蚓結淮南作邱螾馬牛畜獸有放逸者呂氏及今石經監本毛本作放佚淮南作放失有能取蔬食田獵禽獸者呂氏蔬作疏其有相侵奪者呂氏無相字淮南無者字伐木取竹箭各本伐上有則字呂氏作則伐林木處必掩身無躁各本作處必掩身身欲寧呂氏掩作弇淮南寧作靜皆不疊身字禁嗜慾淮南作嗜欲監本毛本作慾安形性淮南此上有寧身體句可以罷官之無事淮南無可以二字呂氏事下有者字去器之無用者淮南無去字則天時雨汁淮南作則其時雨水則蟲螟爲敗各本皆作螟蟲呂氏淮南並與此同水泉咸竭呂氏作減竭人多疥癘呂氏淮南並作民多疾癘十二月鵲

始巢淮南始作加命將帥習射御角力各本命下有天子乃三字在孟
冬之月呂氏淮南習作肄淮南角力下有勁字乃敎田獵各本作天子乃敎於田獵班
馬政呂氏作僕馬命僕夫七騶咸駕各本夫作及淮南作命太僕載
旌旐呂氏旌作旍淮南作載旌授車以級呂氏作與受車以級整設于屏
外淮南作皆正設北面以誓之各本皆無以字呂氏作北嚮以誓之淮南作北嚮以
贊之天子乃厲飾執弓挾矢以獵呂氏作天子乃厲服厲飭執弓操矢
以射淮南作天子乃厲服廣飾執弓操矢以獵各本自天子乃敎於田獵至下祭禽於四方十一句
俱在季秋之月雞始乳淮南作雞呼卵呂氏及今石經監本毛本並作雞乳釋文與此同
水澤腹堅腹本又作複呂氏作復天子親往嘗魚淮南作射魚各本嘗
上有乃字出土牛毛本土誤作地水已入呂氏與此同各本已作以令告人

出五種淮南作令民無告字命農計耦耕各本耕下有事字呂氏作命司農
月窮于紀監本紀誤作幾星回于天呂氏回作迴淮南作周數將幾
終說文玉篇並作僟終廣韻引明堂月令作歲將僟終歲且更始呂氏淮南並作歲將
專其農人各本其作而呂氏作專於農民淮南作令靜農民天子乃與公
卿大夫呂氏無公字共飭國典呂氏無共字淮南飭作飾以待來歲
之宜淮南作嗣歲貢職之數淮南作貢歲無有所私毛本誤作所司
各本自合諸侯制至此八句并在季秋之月介蟲爲妖淮南作蟲四鄰入保
呂氏作四鄰國多固疾淮南作癘疾冰凍消釋一本作消液
曲禮儼若思釋文儼作嚴云本亦作儼立如齊本亦作齋所以定親
疏或作疎不辭費辭本又作詞分爭辯訟石本原如此後人磨改作辨監

本毛本亦作辯涖官行法涖本亦作莅監本毛本法作灋供給鬼神石本原如
此後人磨改供作共釋文同云止本或作供監本毛本亦作供鸚鵡能言釋文作嬰母云
嬰本或作鸚毋本或作鵡猩猩能言釋文作狌狌云本又作猩猩不離禽獸
盧植本作走獸淮南子注同是以聖人作監本毛本誤作是故今石經與此同八
十九十曰耄釋文作旄云本又作老本或作八十曰耋九十曰旄後人妄加之僚
友稱其弟也僚本又作寮食饗不爲槩饗本又作享幼子常
視毋誑釋文作無誑云誑本或作誆摳衣趨隅趨本或作走授立不
跪本又作不危授坐不立授坐本又作俛仰凡爲長者糞之禮
釋文糞作攢云本又作糞席間函丈王肅作函杖去齊尺齊本又作齋先
生書策琴瑟在前釋文策作筴云本又作策毋雷同後漢書注雷作靁

暑毋褰裳釋文褰作騫毛本誤作蹇不同椸枷釋文椸作杝云枷本又作架古
本無此字嫂叔不通問嫂字又作嫂外言不入於梱本又作閫不
相知名釋文無名字云本或作不相知名名衍字耳取妻不取同姓取本
亦作娶下賀取妻同賀取妻者監本毛本取作娶醯醬處內釋文作醯醬云
本又作醯酒漿處右漿字亦作漿監本毛本右誤作內然後辯殽監本毛本
辯作辨下未辯同今石經及釋文並與此同濡肉齒決釋文濡作濡云字亦作濡徹
飯齊以授相者釋文齊作虀云本又作齊笑不至矧本又作哂有憂
者側席而坐漢書注側作仄獻鳥者佛其首釋文佛作拂云本又作佛
獻車馬者執策綏釋文策作筴獻孰食者操醬齊本又作齋
弛弓尙角弛本又作施進矛戟者前其鐓矛本又作鉾鐓本又作錞

頭有瘡則沐石本原如此後人磨改瘡作創各本亦作創身有瘍則浴
瘍本或作痒不問其所費一本作有所費下句放此送葬不辟塗潦
辟本亦作避則載青旌載本亦作戴下並同則載貔貅本亦作貅定猶
與也與本亦作豫左右攘辟本或作避字非也爲其拜而蓌拜
蓌盧本作蹲公羊傳注作爲其拜如蹲拜立視五巂本又作嶲以足蹙路馬
有誅蹙本又作蹴曲禮下凡奉者當心奉本亦作捧行不
舉足釋文無舉字云一本作行不舉足立則磬折垂佩本或作珮非則
辟以疾本又作有疾謹脩其法而審行之毛本脩作修按禮記中脩
字毛本多改爲修凡家造一本作凡家造器器衍字大夫士去國祭器
不踰竟釋文無大夫士三字云一本作大夫士去國下去國踰竟亦然素簚本又作幭

男女相荅拜也一本作不相荅拜皇云後人加不字耳昣於鬼神玉篇
昣作畛告喪曰天王登假爾雅注作登遐司草毛本草作艸五官
致貢曰享釋文作亯天子同姓謂之伯父釋文作天子謂之伯父云
本或有同姓二字衍文天子當依而立依本又作扆其與民言自
稱曰寡人釋文作自謂寡人云一本作自稱士蹌蹌本又作鶬鶬或作鏘鏘
大夫曰攜人釋文作攜自稱於其君曰小童本或作僮使
者自稱曰某釋文作使自稱云本或作使者自稱歲徧本亦作遍豚曰腯
肥腯本亦作豚粱曰薌萁萁字又作其稷曰明粢一本作明粱古本無此句
稻曰嘉蔬釋文作蔬云本又作蔬鹽曰鹹鹺鹹本又作醎君命大
夫與士肄本又作肆凡摯本又作贄椇榛古本又作栗

檀弓微子舍其孫腯而立衍也徐本腯作遁蹟乎其順
也石本原如此後人磨改作頹各本亦作頹非是頹不可以弗識也釋文弗作
不喪三年以爲極亾則弗之忘矣王肅以極字絕句亾作忘句下
讀孫炎依鄭作以而如王分句喪冠不緌本又作綏夏后氏堲周釋文堲作
郎云本又作堲戎事乘翰字又作韓齊斬之情齊本亦作齋衰之字後皆倣
此饘粥之食饘本又作飦布幕本又作幂下同子蓋言子之志
於公乎石本原如此後人磨改蓋作盡監本毛本亦作盡下蓋行倣此君謂我欲
弑君也弑本又作煞徐云字又作殺是以爲恭世子也釋文恭作共云
本亦作恭終無已夫本或作已矣夫馬驚敗績一本無驚字公墜佐
車授綏監本毛本墜作隊細人之愛人也以姑息廣韻作[illegible]息

周公蓋附監本毛本附作祔夫由賜也見我監本毛本由作猶今石經
與此同爲爾哭也來者釋文無哭也二字云一本作爲爾哭也來者使子
貢說驂而賻之釋文脫作稅云本又作脫予鄉者入而哭之鄉本
又作嚮負手曳杖消搖於門釋文曳作抴云亦作曳消搖本又作逍遙哲
人其萎乎家語哲作喆釋文萎作委云本又作萎泰山其頹監本毛本頹作
頹梁木其壞家語此下有則吾將安杖句則與賓主夾之也夾本
又作俠蟻結於四隅蟻又作蛾飯於牖下釋文飯作飰先王制
禮而弗敢過也監本毛本誤作先生下句先王制禮監本亦誤作先生請粥
庶弟之母釋文粥作鬻云本又作粥蘧伯玉從蘧本又作璩舉者出
尸出戶袒今石經與此同監本毛本上戶字作尸卜人師扶右本或無師

字者非也木不成斷各本皆作成斲問喪於夫子乎問或作聞焉得
而弗哭監本毛本弗作勿穀梁傳注作安得而勿哭縣子瑣曰釋文瑣作巢云
依字作瑣毛本誤作項有無惡乎齊各本無並作亾斂首足形監本毛本
首誤作手汏哉叔氏汏本又作大監本毛本並作汏欲人之不得見也
石本原如此後人磨改不作弗各本亦作弗歲壹漆之監本毛本壹作一今石經與此
同爵弁絰紂衣紂本又作緇又作純哭於大廟三日毛本大作太
檀弓下不越疆而弔人疆本又作壃下越疆同蟜固不說
齊衰而入見說本又作稅下同袒免哭踊夫入門右北面
石本原如此後人磨改去北面二字各本亦無之雖吾子儼然在憂服之
中釋文作嚴然云本亦作儼以死者為不可別已本或無已字非殷已

愍本又作敃先王之所以難言也石本原如此後人磨改無以字各本亦作
所難言也謂為俑者不仁毛本誤作不二退人若將墜諸淵釋文
墜作隊云本又作墜監本毛本並作隊噫毋噫本又作意必多曠於禮矣夫
本亦有無夫字者舞斯慍慍斯戚釋文無上句云本或於慍斯戚句上有舞斯慍
一句并注皆衍文陳大宰嚭監本毛本俱作嚭下同其子戌請諡於
君毛本戌作戍有庶子六人毛本子誤作人哆菽飲水釋文菽作叔云
或作菽柳莊漢書作柳壯若疾革本又作亟公肩假漢書作公肩瑕其
毋以嘗巧者乎監本毛本毋誤作毌射之斃一人斃本亦作獘下同
又及謂之本或作又及一人又一人後人妄加耳為揄沈本又作審君有
饋焉釋文作餽焉云本又作饋赴車不載橐韔釋文作韔云本亦作韔使

子貢問之監本毛本作子路家語及文選注今石經並與此同無苛政苛本亦作
苛哀公執摯請見之釋文摯作贄墟墓之間釋文墟作虛云本亦
作墟忠信誠愨之心以涖之釋文涖作莅齊大饑本又作飢黔
敖為食於路漢書作黔敖廣韻作黚熬有弑其父者釋文弑作殺云本又
作弑下臣弑子弑同公瞿然失席瞿本又作懼美哉奐焉奐本亦作煥
仲尼之畜狗死家語作守狗使子貢埋之貢本亦作贛扶服
救之扶服本又作匍匐執女手之卷然卷本又作拳行并植於
晉國不沒其身國語作夫陽子行廉直於晉國不免其身文子其中退
然釋文作追然云本亦作退如不出諸其口監本毛本並脫諸字成人成本
或作郕不亦可乎可或作善

王制大國之君不過九命石本原如此後人磨改脫大國之君四字各本
亦無之遇之塗釋文作涂云本又作塗亦弗故生也監本毛本亦作示今
石經與此同類乎上帝釋文類作禷賜圭瓚圭字又作珪造乎禰
釋文乎作於以訊馘告訊本又作誶諸侯不掩羣釋文掩作揜云本又
作掩草木零落零本又作苓不麛本又作麑用地小大監本毛本誤作
大小疏述經及今石經並與此同視年之豐耗監本毛本作耗今石經與此同國
無九年之蓄釋文作畜喪不貳事毛本誤作貳車今石經與此同祭天
地之牛角繭栗繭字又作蠒庶羞不踰牲毛本踰誤作用關譏
而不征本又作正寒煖燥濕監本毛本濕作溼雕題交趾雕本又作
彫嗜欲不同釋文嗜作耆司徒脩六禮毛本脩作修齊八政

以防淫（防本又作坊）王太子（毛本太作大）西方曰棘（又作棘）凡
執技（本或作伎後同）贏股肱（贏本又作羸）汜與衆共之（汜本又作汎毛本誤作汜）亂名改作（王肅作循名）時日卜筮（毛本誤作不筮）天子齊
戒受諫（齊本亦作齋）有虞氏皇而祭（釋文皇作翌云本又作皇）緇衣
而養老（毛本緇誤作鎬）癈疾（監本毛本癈作廢）將從於諸侯（毛本從誤作徒）
老而無妻者謂之矜（本又作鰥）輕任并（本又作併）班白者
不提挈（監本毛本脫者字毛本斑作班釋文挈作契云本亦作挈）方伯爲朝天
子（毛本朝誤作明）八政（毛本誤作人政）
曾子問祝聲三告曰某之子某（毛本脫告字）從大祝而
告于禰（本又作禰）其虞也先重而後輕（毛本虞誤作處）徹饌而

埽（監本誤作而歸）士則朋友奠（釋文無奠字云一本作士則朋友奠）女氏許
諾而弗敢嫁（監本毛本弗作不）不葬（一本作葬）藏諸祖廟（監本毛本
藏誤作作葬）天子巡守以遷廟主行載于齊車（守本亦作狩齊
本亦作齋下同毛本于作於）諸侯之祭社稷俎豆既陳（毛本誤作及陳）
自菀比至于殯（毛本于作於）曾子問曰父母之喪弗除
可乎（監本毛本並脫之字今石經有）庶子爲大夫其祭也（本或此下有如
之何三字非也）攝主不厭祭（厭本或作厭下皆同）其辭於賓曰（釋文辭作
詞下同）何以祭乎（石本原如此後人磨改作可各本亦作可）喪不祔祭（釋文
祔作附云本或作祔）祭殤不舉（監本毛本舉下有肺字今石經與此同）吾聞諸
老聃云（毛本諸作之）召公謂之曰（召本又作邵下同）

文王世子武王不說冠帶而養（釋文說作稅云本又作脫又作說）
文王一飯亦一飯（釋文一作壹云本亦作一）夢帝與我九齡（釋文
作聆云本或作齡）不能涖阼（釋文涖作莅下同）小樂正學干（監本毛本
樂誤作學）釋奠于其先師（毛本于作於下釋奠于乃退儐于養老幼于東序仿此）
儐于東序（儐本亦作擯）樂所以脩內也（監本毛本脩作修下同）立
大傅（監本毛本大作太下並同）然而衆知父子之道矣（毛本之誤作知）
教之以孝弟睦友子愛（弟又作悌下孝弟皆同）以尖主人（毛本
尖誤作保）諸父守貴宮貴室（釋文無下貴字云本或作守貴宮貴室）至于
賵賻賵含（本又作唅）所以體百姓也（本或作異姓非）遂設三老
五更羣老之席位焉（蔡邕作安）更反登歌淸廟（續漢書注作升）

歌
禮運癈疾者（毛本癈作廢）在執者去（執本亦作勢）吾得坤乾
焉（家語作乾坤）夏則居橧巢（釋文作橧橾云橧本又作增橾本又作巢）以爲
臺榭宮室牖戶（榭本亦作謝毛本牖誤作牖）修其祝嘏（嘏本或作假）
與其先祖（監本毛本與誤作舉今石經與此同）孰其殽（本或作肴）疏布以
冪（本又作羃）籩豆鉶羹（釋文鉶作鈃云本又作鉶）孔子曰嗚呼（釋文作於）
乎刑肅而俗敝（本或作弊）殺以降命（家語殺作郊）禮之序也
（毛本禮誤作體）故君者所明也非明人者也（家語作君者人所則非則
人者也）講信脩睦（毛本脩作修下同後義之脩睦脩義脩禮並仿此）善惡皆
在其心（石本原如此後人磨改善作美各本亦作美）播五行於四時（釋文

作播於五行四時云本亦作播五行於四時以四時爲柄木又作枋毛本誤作爲端故事有守也監本毛本有並作可今石經與此同故鳥不獝釋文作矞周禮注同故獸不狘周禮注作狘家語作而獸不狘瘞繒本又作增故自郊社祖廟山川五祀毛本祖誤作宗而囿人之肌膚之會監本毛本並脫上之字今石經有猶耕而弗種也釋文弗作不云亦作弗下弗穫同故無水旱昆蟲之災釋文作烖民無凶饑妖孽之疾妖又作祅孽又作蠥地出醴泉釋文作澧泉云本又作醴鳳皇麒麟皆在郊棷棷本或作藪皆可俯而闚也釋文闚作窺云本又作闚禮器措則正釋文措作錯云本又作措又作厝衆不匡懼釋文匡作恇聿追來孝毛本追誤作道諸侯膳以犢犢本亦作特琥璜爵琥本

又作虎天子龍袞釋文作卷云本又作袞士廟諱衣纁裳釋文纁作熏云字又作纁天子之冕朱綠藻釋文作繅云本又作璪亦作藻大圭不琢琢字又作瑑犧尊疏布鼏釋文鼏作幎匹士大牢而祭匹士本或作正士管仲鏤簋朱紘毛本誤作朱人澣衣濯冠以朝澣又作浣君子以爲隘矣隘本又作阨不麾蚤釋文麾作摩云本又作麾不樂葆大葆本又作保夏父弗綦逆祀而弗止也釋文弗作不云亦作弗不尊於瓶釋文瓶作鉼有放而不致也致本或作至詔侑武方侑本或作宥不然則已蹙本又作慼必先有事於頖宮頖本或作泮必先有事於惡池惡又作虖齊人將有事於泰山泰本或作大必先有事於配林公羊傳注作蕃林愼之至也釋文愼作順云亦作愼反本脩古監本毛本脩作修

而稾鞂之設稾字又作藁饗帝於郊而風雨寒暑時疏述經及監本毛本風雨下皆有節字今石經與此同大廟之內監本毛本大作太郊特牲次路五就毛本就誤作路三獻爓本又作燖灌用鬯臭灌本或作祼孔子屢歎之釋文屢作婁云本又作屢升自阼階釋文無階字云本又作升自阼階設錫毛本錫誤作鍚三日齊本又作齋朝市之於西方家語作市朝於西方君南鄉於北墉釋文作北牖云本亦作墉薄社北牖薄本又作亳毛本牖作牖誤取財於地監本毛本誤作取材唯立其卒伍各本唯皆作而此文後人補刻之誤氾埽反道氾本亦作汎王被袞以象天釋文袞作卷云本又作袞戴冕璪十有二旒釋文戴作載云本亦作戴饗農及郵表畷禽獸郵本亦作尤字或作郵迎貓釋文作猫云字

又作貓籩豆之薦釋文作藨云又作薦同或作鷹丼毛本亦作藨可食也而不可嗜也釋文監本毛本嗜作耆卷冕路車路本亦作輅丹漆雕幾之美釋文雕作彫云又作雕醯醢之美醯本又作醓冠而敝之可也敝本亦作弊取於異姓取本又作娶執摯以相見釋文摯作贄云本亦作摯厭明婦盥饋一本無婦盥饋三字鬱合鬯鬱字又作鬱明水涚齊釋文涚作說云字又作涚下同

內則左佩紛帨刀礪小觿紛或作帉觿本或作鑴右佩玦捍管遰徐作滯偪本又作幅如事父母釋文無事字云一本作如事父母右佩箴管線纊施縏袠線本又作綫縏字又作縏袠又作帙衿纓綦屨釋文作衿纓云衿本又作紟纓又作纓問衣燠寒燠本又作奧疾痛苛癢

釋文作養云本又作攁少者奉槃奉本或作捧下同柔色以温之温本
又作蘊又作慍廣韻柔作順温作蘊贊字又作贊免薨字又作蒙灑埽室堂灑本
又作洒孺子蚤寢晏起釋文孺作鴻日入而夕慈以旨甘
毛本誤作甘旨長者奉席請何趾釋文作止云本又作趾不敢唾洟
釋文作涕云本又作洟和灰請漱本又作浣衣裳綻裂綻字或作碇裂本又
作列不共湢浴湢本又作偪雖不嗜釋文監本毛本嗜作耆姑與之
釋文與作予姑縱之縱本又作從茝蘭茝本又作芷藏以待之監本
毛本誤作待之重醴稻醴清糟黍醴清糟粱醴清糟周禮注糟
並作清醷醷本又作臆粉酏酏又作餈蝸醢而苽食雉羹苽字又作菰
濡雞醢醬實蓼醢一本作醓次下句同夏宜腒鱐鱐本又作鏽膳膏

腥說文作胜麕脯釋文麕作麐云本又作麇又作麕栭本又作檽柹監本毛本作柿
釋文今石經並與此同柤監本毛本作樝釋文今石經並與此同庶人耆老不
徒食毛本誤作從食膏用薤釋文作韰云俗本多作薤非也今石經毛本並作韰鶉
羹雞羹釋文無上羹字云雞字又本又作鶉羹雞羹作鶉兔居尻監本毛本誤作
尻柤梨曰攢之攢本又作鑽烏皫色而沙鳴釋文皫作麃云本又
作皫馬黑脊而般臂臂本又作髀鹿胃胃字又作腸麤為菹雞釋文
麤作麕按各本菹皆作辟此後人補刻之誤帷絞紟衾冒紟本又作衿八十
齊喪之事弗及也監本毛本喪作衰淳母監本毛本誤作毋釋文及今石
經並與此同下仿此塗皆乾釋文塗作涂云本亦作塗使其湯毋滅鼎釋文
作使湯云一本作使其湯去其餌本或作散下句作餌乾而食之一本無而食之

三字濡炙之舉燋釋文作焦云字又作燋男女不同椸枷釋文椸作
椸云本又作椸不敢縣於夫子之楎椸爾雅注作楎箷年未滿五
十釋文無滿字云本又作年未滿五十晐而名之釋文晐作孩云字又作咳子生
三月之末釋文無子生二字云本作子生三月之末一士之妻自養其
子按石刻原如此後人鑿改士誤作有旬見各本旬下皆有而字此後人補刻誤脫學
書計毛本誤作記衣不帛襦袴襦字又作繻請肄簡諒釋文肄作
肆云本又作肄
玉藻天子玉藻本又作璪大戴禮注同則闔門左扉釋文無門字云
一本作闔門左扉五俎四簋釋文作四簠云本或作簋沐稷而靧粱毛本
沐誤作沭乃屨進飲屨本又作履二爵而言言斯禮已三爵

而油油本亦作由由王肅本作二爵而言句言斯禮句三爵而油無巳及下油字也隱
辟而后屨釋文無后字云一本作而後屨冠而敝之敝本亦作弊細布
冠繢緌本又作綏親沒不髦釋文作旄深衣三袪本或無衣字縫
齊倍要齊本又作齋無說笏說本又作稅下同入大廟說笏非
古也監本作非禮也毛本作無禮也既搢必盥疏述經搢下有笏字韠下纀
二尺各本纀皆作廣此後人補刻之誤紳長制紳本亦作申下同參分帶
下紳居二焉監本毛本二誤作一今石經與此同足如履齊齊本又作齋周
還中規還本亦作旋下同是以非辟之心辟本又作僻士佩瓀
玟而縕組綬瓀徐又作碝玟字又作砇主人自置其醬毛本置誤作致
敵者不在敵本又作適手執業則投之毛本投誤作受圈豚行

釋文豚作豚云木又作㹠齊如流齊本又作齋蹜蹜如也釋文蹜蹜作宿宿云
本或作蹜同朝廷濟濟翔翔翔本又作洋洋色容顛顛字又作巔
立容辨卑毋諂監本毛本毋作無
明堂位天子負斧依本又作扆此周公明堂之位也本或
無周公之字戴弧韣石本原如此後人磨改戴作載各本亦作載薦用玉琖
雕篹釋文雕作彫云本亦作雕爼用梡嶡又作橛下管象武朱干
玉戚石本原如此後人磨改去武字各本亦無之山節藻棁藻本又作繰大
路儀殷路也各本皆無儀字此刻誤衍周人黃馬蕃鬣蕃字又作番
泰有虞氏之尊也釋文泰作大云本亦作泰土鼓蕢桴周禮注作蒯桴
大琴大瑟琴徐本作瑟中琴小瑟毛本小誤作七垂之和鐘釋文

作鍾周之璧翣又作萎夏后氏之四璉釋文作連云本又作槤君
臣未嘗相弒也弒本又作殺
喪服小記齊衰惡笄以終喪齊又作齋婦人稱姓石本原如
此後人磨改稱作書各本亦作書不知姓則書氏一本無知姓二字麻同
皆兼服之疏述經及毛本同皆作葛監本脫此句今石經與此同齊衰三月
毛本誤作三日則哭於宮而后之墓毛本后作後帶澡麻不絕
澡本又作藻一本無麻字釋文無本字云本或作不絕本非也母為長子削杖
監本毛本誤作削長比反哭者皆冠毛本哭誤作器
大傳諸侯及其大祖監本毛本大作太無不贍者贍本又作㑢毛
本作贍五者一物紕繆本或作謬是嫂亦可謂之母乎嫂本

又作嫂絕族無移服移本或作施
少儀君將適他釋文作它云本亦作他排闔說屨於戶內者
一人而已矣說本又作脫不犆弔釋文犆作特云本亦作犆不翣也
翣本又作萎拕諸幦監本毛本拕作拖毋拔來拔王本作拔為喪主
則不肅拜石本原如此後人磨改作手拜各本亦作手其以乘壺酒束
脩一犬毛本脩作修下執脩束脩書脩並同車則說綏釋文說作稅云本又作脫
又作說毋放飯監毛毋上衍同字數噍字又作嚼夏右鰭釋文作鬐尊
者以酌者之左為上尊釋文尊作遵云本又作尊尊壺者面其
鼻說文面作偭衣服在躬而不知其名為罔本亦作冈又作網
其未有燭而有後至者監本毛本而下脫有字今石經與此同則以

牛左肩臂臑折九个臂本亦作辟監本毛本个作箇下七个五个並同則
車不雕幾釋文雕作彫馬不常秣常本亦作嘗
學記教學為先毛本誤作敬學蛾子時術之蛾本或作蟻宵雅
肄三肄本又作肆游其志也釋文游作斿云本亦作游學不躐等也
釋文躐作獵藏焉脩焉毛本脩作修下厭脩不脩並同樂其友而信其
道毛本誤作樂其友道而信其是以雖離師輔而不反也監本毛本
脫也字疏述經及今石經並與此同多其訊訊字又作誶教人不盡其才石本
原如此後人磨改才作材各本亦作材其求之也佛佛本又作拂相觀而善
之謂摩本又作靡燕譬廢其學釋文監本毛本譬作辟善教者使
人繼其志教一本作學始駕馬者反之釋文無馬字云一本作始駕馬

者或源也釋文溯作原云本又作源樂記及干戚羽毛石本原如此後人磨改作旄毛本亦作毛其聲粗以厲史記粗作麤感於物而后動監本毛本后作後史記與此同政以一其行史記一作壹一則無怗懘之音矣史記怗作惉商亂則陂史記作則槌其官壞史記官作臣通倫理者也史記通下有於字非致味也史記作至味朱弦而疏越史記作通越壹倡而三歎廣韻入部壹作一卩部作一唱而三歎感物而動石本原如此後人磨改物上增於字各本亦作感於物性之欲也史記欲作頌不能反躬史記作反己有淫泆作亂之事釋文泆作佚老幼孤獨史記作孤寡合情飾貌者釋文飾作飭云本又作飾屈伸俯仰綴兆舒疾史記屈伸作詘信綴

兆作綴兆識禮樂之文者能述史記作術下述者述作並同欣喜歡愛史記歡作驩樂之宮也史記宮作容中正無邪字又作耶則此所與民同也史記所下有以字治定制禮後漢書治作化其治辯者其禮具史記釋文辯並作辨干戚之舞史記舞作儛孰亨而祀史記孰亨作亨飪而禮制行焉石本原如此後人磨改焉作矣各本亦作矣秋斂冬各本作冬藏後人補刻誤脫藏字敦和率神而從天釋文敦作惇云本亦作敦別宜居鬼而從地史記別作辨卑高已陳史記作高卑地氣上齊史記作隮陰陽相摩本又作磨天地相蕩本或作盪而百物興焉史記作百物化興男女無辨則亂升史記辨作辯升作登故聖人曰禮樂云史記作禮云樂云夔始制樂史記作作樂五

綴時孰監本毛本孰作熟今石經與此同其舞行綴遠史記綴作綴下綴短同大章史記作秦章韶繼也監本毛本韶作紹今石經與此同而獄訟益繁史記作頻壹獻之禮史記壹作一禮者所以綴淫也史記綴作閑夫民有血氣心知之性史記民作人是故志微噍殺之音作史記噍殺作焦衰嘽諧慢易繁文簡節之音作慢本又作優史記嘽諧作嘽緩律小大之稱史記律作類氣衰則生物不遂史記作不育世亂則禮慝而樂淫史記慝作廢流湎以忘本史記涵作沔感條暢之氣史記條暢作滌蕩不留聰明史記作不流於聽明淫樂慝禮史記慝作廢迭相為經史記迭作代廣樂以成其教石本原如此後人磨改去其字各本及疏述經作成其教詩言其志

也一本無言字歌咏其聲也監本毛本咏作詠然後樂器從之史記器作氣小人以聽過本或作以聖過史記作以息過所謂大輅者天子之車也史記輅作路車作輿龍旂九旒釋文作流云本又作旒管乎人情矣史記管作貫禮樂偩天地之情史記偩作順則天地將為昭焉史記昭作紹天地訢合史記訢作欣羽翼奮史記翼作翻鋪筵席史記鋪作布會守拊鼓史記會作合復亂以武史記復作止脩身及家平毛本脩作修進俯退俯俯本又作府姦聲以濫史記作以淫及優侏儒毛本作鹵夫樂者與音相近而不同史記者作之而無妖祥史記妖作祅衛音趨數煩志史記趨作趣齊音敖辟喬志釋文敖作傲云字又作敖喬本亦作驕史記作驁辟

䳸志是以祭祀弗用也史記弗作不所以獻酬醻酢也史記

騶䳸作石磬磬史記作硜下磬以磬並同磬以立辨史記作立別下辨以

同則思將帥之臣帥本又作率漢書注同非聽其鏗鎗而已

也監本毛本鏘作鏘毛本也誤作矣史記及釋文今石經並與此同咏歎之史記咏作

永大公之志也毛本大作太天子夾振之而駟伐家語以上

句以崇二字屬下讀云以崇其天子焉衆夾振之而四伐史記駟亦作四盛威於中國

也史記作盛振威武王克殷反商家語作而反商之政而封黃帝之

後於薊廣韻作鄭使之行商容而復其位家語作使人行商容之舊

以復其位車甲衅而藏之府庫衅字又作釁史記作殺包之以虎

皮史記包作苞名之曰建櫜家語作命之韃櫜而虎賁之士說

劍也史記說作稅所以教諸侯之弟也史記弟作悌致禮以

治躬則莊敬史記作致禮以治躬者也治躬則莊敬躬舉而錯之天下

無難矣錯本亦作措故禮主其減史記減作謙下禮減並同先王恥

其亂史記作惡其亂使其聲足樂而不流使其文足論而

不息史記足樂作足以樂足論作足以論習其俯仰詘伸史記作詘信故

樂者天地之命史記作之齊皆得其儕焉史記作齊矣子贛

見師乙而問焉史記作子貢正直而靜廉而謙者史記作正

直清廉而讓者商之遺聲也史記無此句商人識之史記識作志明

乎商之音者史記音作詩下齊之音同下如隊監本毛本作墜釋文與此同

倨中矩史記倨作居纍纍乎端如貫珠纍本又作累史記作累累乎殷

如貫珠

雜記如於道毛本於誤作其緇布裳帷釋文無布字云本或作緇布裳帷

唯輤爲說於廟門外說本亦作脫下皆同旣薦馬薦馬者哭

踊釋文薦作藨云本又作薦狄稅素沙毛本作紗誤則自附於練祥

監本毛本附作祔緦冠繰纓釋文繰作繆四面有章本或作暲釋文

作啣云本亦作暢枇以桑枇本亦作朼率帶本亦作帶實見間而后

折入毛本間誤作問繐衻爲一衻字又作納公館復館本亦作觀婦

人皆居反間各本皆無反字此後人補刻誤衍含者執璧含本又作唅下

同說文作唅相者入告反命曰孤某須矣釋文無某字云從此盡篇

末皆無某字有者非介立于其左監本毛本其作門今石經與此同子游之

踊馮本或作憑雜記下告者反而后哭監本毛本后作後廬

堊室之中堊字亦作惡視君之母與妻監本毛本與下衍君之二字疏

述經及今石經並與此同歸于賓館監本毛本于作於釋文與此同子不見饗

乎各本皆作大饗乎後人補刻脫大字下句非爲人喪下衍一饗字皆誤三年之喪

祥而從政毛本三誤作二功衰弔本或作大功衰弔庾云有大字者誤不非

釋文作扉云本又作菲廿柳之母死今石經監本毛本作泄柳釋文與此同匠

人執羽葆御柩周禮注作匠人執翿以御柩管仲鏤簋而朱紘

釋文鏤作鏤豚肩不揜豆釋文揜作弇云本亦作揜哀公使孺悲之

孔子學士喪禮釋文孺作孺云本亦作孺一張一弛儀禮釋文一並作壹

宦於大夫者之爲之服也監本毛本宦作官今石經與此同宗人

襯之監本毛本襯作䙝今石經與此同喪大記廢牀牀本或作床字捲衣投于前釋文捲作卷云本又作衮毛本亦作卷主人啼釋文作諦云本又作啼主人馮之踊馮本或作憑說髦說本作稅男女奉尸夷于堂夷本或作侇一本作奉尸于堂男子出寢門見人不哭監本毛本寢門下衍外字疏述經及今石經並與此同弃杖者斷而弃之於隱者釋文弃作棄云本亦作古弃字君設大盤造冰焉大夫設夷盤造冰焉士併瓦盤無冰盤本又作槃儀禮注亦作槃周禮注與此同浴用絺巾絺一本作綌甸人爲垼于西牆下玉篇垼作投挋用巾如它日監本毛本它作他甸人取所徹廟之西北厞薪用爨之厞舊作扉子大夫公子食粥

監本毛本公子下有衆士二字今石經與此同既葬柱楣監本毛本柱作拄釋文與此同主人先候于門外各本候皆作俟此補刻之誤士疾壹問之毛本誤作閒之櫕至于上儀禮注至作置釋文云劉本櫕作挫櫕置于西序監本毛本置誤作至塗不暨于棺儀禮釋文云劉本暨作塈御棺用羽葆一本作御柩君命無譁石本原如此後人磨改無作毋疏述經亦作無祭法夏后氏亦禘黃帝而郊鯀本又作縣雩宗說文作雩禜此五代之祭不變也各本俱作所不變也後人補刻所誤作祭設廟祧壇墠而祭之廟本亦作庿大夫立三廟二壇毛本誤作一壇王爲羣姓立七祀監本毛本誤作七祠今石經與此同能捍大患則祀之釋文捍作扞是故厲山氏之有天下也其子曰農能

殖百穀續漢書引作烈山氏之子曰柱能植百穀禹能脩鯀之功監本毛本脩作修下脩之同顓頊能脩之本或作顓頊脩黃帝之功去民之菑或作災山林川谷丘陵釋文丘作丠云此古丘字祭義春雨露既濡釋文作濡云本亦作濡思其所嗜釋文作耆周還出戶還本亦作旋致愨則著監本毛本愨作慤釋文今石經與此同言夫日本或作言夫忌日夫何慌惚之有乎惚本又作忽如弗勝弗本亦作不退立而不如受命敖也釋文敖作熬錯諸天下釋文錯作措骨肉斃于下斃本亦作獘以爲醴酪齊盛齊本又作齍夫人繅釋文作繰云說文作繅以此爲旋繅字舉而錯之無難矣釋文錯作措云本又作錯涖官不敬釋文涖作莅云本亦作涖裁及於親本又作於身

亨孰羶薌監本孰作熟釋文與此同溥之而橫乎四海溥本亦作敷嘉而弗忘監本毛本嘉作喜今石經與此同而老窮不遺一本作不匱而弟達乎獀狩矣釋文乎作於獀作廋云本亦作獀軍旅什伍毛本作什五所以教諸侯之孝也毛本教誤作敬天子巡守本亦作狩陶陶遂遂本又作燧燧如將復入然毛本誤作弗入然祭統以其齊盛齊本亦作齍下同君子乃齊本又作齋下不齊齊者並同君執鸞刀羞嚌釋文作齊云本亦作嚌獻之屬莫重於祼一本無之屬二字見其脩於廟中也一本脩作徧非上積重而下有凍餒之民也釋文餒作餧監本毛本誤作餒明尊卑之等也釋文等作差云本又作等夫人受尸執足監本毛本受作授春祭曰礿

字又作龥此孝子孝孫之心也毛本此誤作比奔走無射奔又作犇
興舊嗜欲釋文監本毛本嗜作耆知而弗傳釋文作不傳云本亦作弗
經解猶坊止水之所自來也坊本又作防下同則長幼之
序失而爭鬥之獄繁矣漢書失作亂繁作蕃差若豪氂本又作釐
哀公問然後治其雕鏤雕本亦作彫脩其鼎俎本亦無此句
脩其宗廟監本毛本脩作修午其衆以伐有道午王肅作迕求
得當欲毛本得誤作德願聞所以行三言之道毛本言誤作焉弗
愛不親弗敬不正釋文弗敬作不敬云不親不正一本不皆作弗如此國
家順矣監本毛本此下衍則字疏述經及今石經並與此同不能有其身不
能有其身家語二句並作不能成其身寡人惷愚冥煩子志之

金石萃編卷一百十一　唐七十一　二十二

心也家語作寡人且愚冥幸煩子之於心
仲尼燕居女三人者女本又作汝下皆同所以仁昭穆也穆亦
作繆加於身而錯於前錯本又作措官失其體監本毛本誤作其禮
和鸞中采齊本又作薺則有奧阼奧字又作奥昭然若發矇
矣本亦無矣字
孔子閒居凱弟君子凱本又作豈弟本又作悌傾耳而聽之釋文
傾作頃敢問何如斯可謂參天地矣監本毛本參下衍於字今石經
與此同日月無私照釋文作招云本又作照至于湯齊亦作躋嗜
欲將至釋文監本毛本嗜作耆嵩高惟嶽監本毛本惟作維釋文及今石經並
與此同惟周之翰監本毛本惟作維四方于宣毛本誤作四國必先

其令問石本原如此後人磨改問作聞各本亦作令聞弛其文德弛皇作施大
王之德也家語作此文王之德也
坊記富斯驕釋文作喬云本又作驕下同子云貧而好樂毛本作子
曰巳猶得同姓以事其君各本事皆作弒此後人補刻之誤釋文作殺云
本又作弒子云君子辭貴不辭賤自此以下子云本或作子曰至于
已斯亾毛本于作於故君子信讓以涖百姓釋文涖作莅入
告爾君于內女乃順之于外毛本于並作於大誓曰大本亦作
泰巳猶有薄於孝而厚於慈監本毛本無有字今石經與此同示
巳不淫也監本毛本脫民字疏述經今石經並與此同饋獻不及車馬
饋本又作餽欲巳之先事而後祿也毛本祿誤作樂子云君子

金石萃編卷一百十一　唐七十一　二十三

不盡利以遺巳毛本作子曰巳猶淫泆而亂於族釋文作淫
泆云本又作佚
中庸小人之中庸也王肅本作小人之反中庸也中庸其至矣
乎一本作中庸之爲德其至矣乎驅而納諸罟擭陷阱之中阱本或作
穽則拳拳服膺文選注兩引並作服膺拳拳而弗失之矣文選注弗
作不後漢書注兩引並作而不息之矣素隱行怪漢書三國志素並作索玉篇作傃
吾弗爲之矣漢書弗作不遯世不見知而不悔遯本又作遁
君子之道費而隱費本又作拂人猶有所憾本又作感鳶飛
戾天鳶字又作戴譬如行遠釋文監本毛本譬並作辟下同樂爾妻帑
本又作孥視之而弗見毛本視誤作親齊明盛服齊本亦作齋脩其

宗廟監本毛本脩作修後脩身脩道並同所以序昭穆也穆本作繆又所
以逮賤也釋文逮作逯云本又作逮布在方策釋文作筴文選注作冊好
學近乎知漢書作好問後漢書注兩引亦並作問見乎蓍龜一本乎作於
不無物各本皆作不誠無物後人補刻脫誠字可壹言而盡也監本毛本
壹作一其爲物不貳本亦作貳斯昭昭之多昭本亦作炤及其
廣厚監本毛本誤作廣大載華嶽而不重本亦作山嶽黿鼉蛟龍
魚鼈生焉石本原如此後人磨改蛟作鮫監本毛本亦作蛟毛本鼈作鱉釋文並與此同
詩曰唯天之命石本原如此後人磨改唯作惟監本毛本作維今石經作維禮
儀三百漢書及後漢書注並作禮經三百待其人然後行監本毛本然後
作而後今石經與此同是故居上不驕本亦作喬既明且哲徐本作且

知車同軌書同文文選注三引並作書同文車同軌考諸三王而
不謬石本原如此後人磨改謬作繆各本亦作繆譬如天地之無不持
載釋文監本毛本譬並作辟下同爲能聰明叡知監本毛本叡作睿釋文與此同
施及蠻貊釋文作貉云本又作貊爲能經綸天下之大經釋文
作經論云本又作綸衣錦尚絅本又作顈可與入德矣毛本與誤作以君
子所不可及者監本毛本君子下有之字今石經與此同尚不愧于屋
漏愧本又作媿不顯唯德石本原如此後人磨改唯作惟各本亦作惟
表記欲民之無相瀆也石本原如此後人磨改無作毋下無相褻放此不
職之以倦本又作勸則刑戮之民也戮本或作僇皐恤我后
石本原如此後人磨改后作後各本亦作後唯仲山甫舉之石本原如此後人磨

改唯作惟各本亦作惟後德之基唯此文王並放此唯高山仰止本或作仰之俛
焉日有孳孳釋文俛作強云一本作俛本或作俛非也斃而后已斃本又作
獘詩云溫溫恭人監本毛本誤作詩曰疏述經及今石經並與此同詩云
惟鵜在梁監本毛本惟誤作維疏述經及今石經並與此同彼記之子記本
又作己監本記作其故諸侯勤以輔事於天子毛本諸誤作者凱弟
君子凱本亦作愷又作豈弟本又作悌下同樂而無荒石本原如此後人磨改無
作毋各本亦作毋恥費輕實毛本輕誤作怨靖共爾位釋文恭作共云本亦
作恭則謂也謂本亦作語中心藏之石本原如此後人磨改藏作臧各本亦作
藏事君慎始而敬終毛本誤作敬忠得志則慎慮而從之
慎本亦作古眘字亂是用餤徐本餤作鹽信誓旦旦誓本亦作矢牲

牷禮樂齊盛牷本亦作全齊本亦作齍
緇衣則民有遯心遯亦作遁長民者衣服不貳本或作貸狐
裘黃黃徐本作橫橫其儀不忒本或作不忒有國者章義癉
惡監本毛本國下有家字義作善釋文及今石經並與此同靖共爾位共本亦作恭
子上人疑各本俱作子曰上人疑後人補刻脫曰字上帝板板釋文作版版
下民卒癉釋文作亶云本亦作癉毛本卒誤作卒匪其止共皇本共作躬
敬明乃罰毛本明誤作民小人溺於水君子溺於口玉篇君子
句在小人句上廣韻作子休於水小人休於口君可敬不可慢本又作僈大甲
曰監本毛本大作太兌命曰兌本亦作說不可以逭釋文作逭云本又作
逭身必安之毛本必誤作心資冬祁寒監本毛本祁作祈釋文及今石經並

與此同是以生則不可奪志釋文作是故云一本作是以人苟或
言之一本無人字倘可磨也釋文磨作摩昔在上帝監本毛本昔在
作在昔今石經與此同
奔喪先哭于家而后之墓石本原如此後人磨改后作後各本亦作後
既除喪而后問喪監本毛本后作後
問喪水漿不入口三日漿本亦作漿故鄉里爲之糜粥
釋文糜作麋云本亦作糜以鬼饗之監本毛本饗作享今石經與此同稽顙觸
地無容毛本觸誤作拜
服問罪多而刑五罪本或作辠金石經同
間傳居倚廬毛本誤作倚閭不說絰帶釋文說作稅苄翦不納

毛本苄誤作苄釋文今石經並與此同
三年問蹢躅焉蹢本又作躑踟蹰焉釋文踟作踶云字或作踟小者
至於燕雀雀本又作爵若駟之過隙本又作郤加隆焉爾也
一本作加隆爲爾
深衣袷之高下袷本亦作給
投壺間以二矢半一本無以二矢半四字一馬從二馬釋文無此
句云俗本勝者立馬句下有一馬從二馬五字誤遂以奇算告一本此句上更有有
勝者司射五字誤請行觴字或作觴壺去席二矢半監本毛本誤作二尺
半毋憮釋文作憮魯鼓○□○○□□○○半○□○
□監本毛本末□上多一○衍文也今石經與此同

儒行粥粥若無能也徐本作鬻鬻戴仁而行釋文戴作戴云本亦
作戴篳門圭窬廣韻作蓽門閨竇不敢以諂本又作讇竟信其志
家語信作身靜而正之徐本靜作靜麤而翹之麤本作麤又愼靜
倘寬監本毛本靜下有而字儒皆兼此而有之監本毛本皆誤作者儒
有不隕穫於貧賤釋文穫作穫云本又作穫不閔有司閔本亦作愍
大學先脩其身監本毛本脩作修下脩字並同瞻彼淇澳本又作奧本又
作隩如琢如磨釋文作摩云本亦作磨赫兮喧兮喧本亦作烜終不
可諠兮諠或作喧詩云周雖舊邦監本毛本作詩今石經與此同日維
邑所止監本毛本維作惟聽訟吾猶人也釋文作吾聽訟猶人也必
也使無訟乎釋文無作毋人之其所親愛而譬焉釋文監本

毛本譬作辟下四辟字並同
此謂一言僨事釋文僨作賁云本作僨是以
君子有絜矩之道也釋文矩作巨云本亦作矩若有一介臣釋文
監本毛本作一个今石經與此同無他技釋文他作它寔能容之監本毛本
寔作實下同俾不通俾本作卑又畜馬乘後漢書注作畜馬千乘與其
有聚斂之臣詩箋作斂聚
冠義奠摯於君摯本亦作贄
昏義毛本誤作昏禮昏禮者釋文無禮字云一本作昏禮者子承命以迎
本或作子承父命誤壻執鴈入壻本又作聟合巹而酳釋文巹作巹和
於射鄉監本毛本誤作鄉射今石經與此同婦執笲棗栗段脩以見
棗俗作棗誤段本又作腶或作鍛婦以特豚饋一本無婦字后聽內職

監本毛本誤作內治今石經與此同

鄉飲酒義所以致絜也一本作致絜敬也斯君子之所以

免於人禍也監本毛本脫之字祭薦本亦作薦秋之爲言愁也

爾雅注作秋之言揫

射義士以采蘩爲節監本毛本蘩作繁下同貢軍之將詩傳賁作

奔不入其餘皆入一本不入作不得入者非也又使公罔之裘

罔又作罔脩身以俟死者不家語無不字旄期稱道不亂者

不旄本又作耄期本又作旗不亂絕句本或作而不亂而后射於射宮毛本后誤

後求反諸己而已矣監本毛本作反求諸己

燕義莫敢適之義也適本又作敵皆降再拜稽首徐本作䭫

首

聘義北面拜貺釋文作況云本亦作貺致饔餼釋文饔作雍云字又作饔

饗食燕釋文饗作享云本又作饗所以愧厲之也釋文愧作媿云本又作愧

壹食再饗釋文壹作云又作壹一勇敢強有力者而不用之

於禮義戰勝石本原如此後人磨改去者字各本亦無之敢問君子貴

玉而賤碈者碈字亦作瑉垂之如墜釋本監本毛本並作隊

喪服四制門外之治義斷恩公羊傳注作義揜恩不言而事

行者扶而起一本作扶而後起扶或作杖非齊衰之喪齊本又作齋三

年而大祥石本原如此後人磨改去大字各本亦無之知者可以觀其

理焉知本或作智直婦各本皆作貞婦此補刻之誤皆可得而察焉

毛本皆可誤作可以

右禮記

春秋左氏傳序釋文作春秋序云本或題爲春秋左傳序者沈文何以爲釋例序監

本毛本亦作春秋序諸侯亦各有國史毛本亦誤作不大事書之於

策本又作冊亦作筴諸所記注字或作註監本毛本同非聖人孰能

脩之毛本脩作修後凡傳文脩字毛本皆作修渙然冰釋監本毛本冰誤作冰諸

所諱辟本亦作避專脩丘明之傳以釋經毛本脩作修下脩春秋同

譜第譜本又作譜說者以爲仲尼自衛反魯監本毛本脫魯字

危行言孫本亦作遜所感則春秋何始於魯隱公各本所感

下皆有而起固所以爲終也曰然十字按此段皆後人補字故多脫誤附其行事周

之舊各本周上皆有宋字此誤脫

春秋集解終各本皆作春秋經傳集解隱公第一石刻第二卷亦作春秋集解桓公第

二此題乃後人補字之誤服虔本作隱公左氏傳解誼第一不題春秋二字監本毛本作隱第一無傳

公字傳元年故不書爵一本無故字非公命也監本毛本公誤

作君初鄭武公娶於申釋文於作于巖邑也巖本又作嚴他邑

唯命監本毛本他作佗今石經與此同多行不義必自斃本又作弊後漢

書作多行無禮必自及不義不暱說文暱作䵒譏失教謂之鄭策

不言出奔各本教下有也字出下無言字策作志此後人補刻之誤具告之

悔各本具作且此補字之誤豫凶事毛本豫作預公孫滑奔衛監本毛本

奔上有出字取廩延毛本取誤作請

傳二年費庈父勝之監本毛本庈誤作庈釋文今石經並與此同

經三年日有食之食本或作蝕　傳不赴于諸侯監本毛本于作於下于寢于姑毛本亦作於今石經與此同　澗溪沼沚之毛釋文沚作時云本又作沚　蘋蘩薀藻之菜監本毛本蘩作蘩　武氏來求賻毛本求誤作求則　羣臣願奉馮也馮本亦作憑　是弃先君之舉也各本弃皆作棄此字後人所補疑誤　使公子馮出居于鄭監本于作於今石經毛本並與此同　百祿是荷釋文作何云本又作荷　其娣戴嬀監本毛本娣誤作姊弟　納於邪毛本於作于　降而不憾憾而能眕者鮮矣憾本或作感

經四年戊申毛本誤作庚戌今石經與此同　衛州吁弒其君完弒本又作殺　翬帥師史記翬作揮　傳公及宋公遇于清監本毛本作宋人今石經與此同　而請涖於衛監本毛本於作于　石碏使宰獳羊肩石本原如此後人磨改宰上增其字各本亦有之

傳五年公將如棠觀魚者本亦作漁者　鳥獸之肉一本作其肉　僖伯稱侯不從各本侯作疾此補字之誤　蔡陳桓公各本蔡作葬此亦補字之誤　敗燕師于北制毛本誤作制北　敝邑為道本亦作導

傳六年不可鄉邇鄉本又作嚮　芟夷薀崇之說文芟作癹薀作蘊監本毛本亦作蘊釋文今石經並與此同

傳七年告終稱嗣也監本毛本並脫稱字今石經有　歃如忘說文如作而

經九年天王使南季來聘監本毛本誤作天子今石經與此同　傳使勇而無剛者嘗寇而速去之詩箋作使勇而無剛者肆之　先者見獲後必務進石本原如此後人磨改去後字又後旁注後字皆非原本各本亦無之

經十年宋人蔡人衛人伐戴石本原如此後人磨改作載釋文同云字林作戴按漢書注亦作戴

傳十一年工則度之爾雅注作尉之　則願以滕君為請監本滕誤作勝　君謂許不共本亦作供　而請弒之釋文弒作殺　遂與尹氏歸而立其主監本毛本尹誤作鄭今石經與此同　館于寪氏石本原如此後人磨改寪下增氏字各本亦有之　羽父使賊弒公于寪氏監本毛本弒作殺

桓公經元年公卽位周禮注云古文春秋經公卽位為公卽立　傳脩好于鄭毛本脩作修

傳二年大路越席論語注路作輅　粢食不鑿玉篇作糳　錫鸞和鈴毛本錫誤作鍚　以臨照百官監本毛本臨照作照臨今石經與此同　遷九鼎于雒邑後漢書注于作於雒本亦作洛後漢書注同　義士猶或非之後漢書注作猶有薄德　以條之役生大子漢書大作太　命之曰仇漢書命作名下名之曰成師同　其弟以千畝之戰生漢書畝作畮　夫名以制義義以出禮漢書義並作誼　兄其替乎漢書替作廢　晉始亂政桓叔于曲沃各本政作故下有封字此後人補字誤脫　而下無覬覦

服虔作窺覦
傳三年驂絓而止釋文無而字
傳五年高渠彌史記作眛爲魚麗之陳後漢書注麗作儷況敢
陵天子乎監本毛本陵誤作陵仍叔之子弱也石本原如此後人磨改子
下脩來轉二字今石經亦有之監本毛本並無
傳六年季梁在漢書古今人表作季良是以聖王先成民毛本
民誤作名謂其不疾瘯蠡也瘯本又作族齊侯使乞師于鄭
監本毛本脫侯字今石經與此同鄭大子忽監本毛本大作太說文忽作曶公問
名於申繻申繻對曰石本原如此後人磨改不疊申繻二字各本亦無之接
以大牢禮記注接作捷以德命爲象各本德並作類此後人補字之誤

傳八年將失楚師一本無師字
傳九年楚子使鬬廉帥師石本原如此後人磨去子字各本亦無之夾
經十年周諺有之曰石本原如此後人磨改去曰字各本亦無之乃獻
之監本毛本脫之字今石經與此同齊人餼諸侯說文廣韻作齊人來氣
經十有一年公會宋公于夫鍾監本毛本作鐘今石經與此同
傳將與隨絞州蓼本或作鄝且曰虞四邑之至也各本曰皆
作日
傳十二年君子屢盟釋文作婁盟云本又作屢
傳十三年謂其御曰莫敖必敗舉趾高心不固矣
遂見楚子漢書御作馭敖作囂趾作止遂作遂亂次以濟本或作亂次以濟其

水
羅與盧戎兩軍之釋文作廬戎云本或作盧莫敖縊于荒谷
荒本或作荒監本毛本于作於
經十有七年五月丙午監本毛本五月上有夏字今石經與此同傳
以厎日監本毛本厎誤作底弒昭公而立公子亹各本弒皆作殺
莊公經三年紀季以酅入于齊酅本又作攜
傳四年除道梁溠說文除道作修涂
經七年春夫人姜氏會齊侯于防監本毛本春下並衍秋字
經八年齊無知弒其君諸兒各本弒皆作殺傳期戍期本
亦作朞生公孫無知漢書作公子亡知豕人立而啼漢書玉篇並作
㖃墜于車監本毛本墜作隊漢書與此同

傳九年辟于下道辟本亦作避及堂阜而稅之稅本又作說
傳十一年得儁曰克儁本或作俊京師敗敗本或作京師敗績者非
其興也悖焉悖一作勃公子御說之辭也御本或作禦
傳十二年宋萬弒閔公于蒙澤史記閔作湣漢書作愍南宮
萬奔陳南宮萬本或作長萬長衍字也下亦然
傳十四年其氣炎以取之石本原如此後人磨改炎作燄漢書與此同
人無釁焉漢書釁作亹生堵敖史記作杜敖
傳十六年宋故也本或作爲宋故
傳十七年饗齊戍饗本作享
經十八年各本皆作十有八年此補字誤脫秋有蟚本又作蜮傳以

叛國而殺之叛本或作畔遷權於那處那又作明後生子頹釋文監本
傳十九年㽹拳弗納漢書㽹作鬻漢書拳作權
毛本並作頽今石經與此同
傳廿二年春胥命于頭按當作二十一年此補字之誤王巡虢守
本或作狩後放此
經廿有二年監本毛本並脫有字肆大眚監本毛本眚誤作眚釋文及今石經
並與此同陳人殺其公子御寇御本亦作禦傳鳳皇于飛
毛本皇作凰和鳴鏘鏘釋文作將將云本又作鏘鏘並于正卿並于本或
作並為誤
經廿有三年丹桓宮楹說文宮作公傳王有巡守毛本
作狩
經廿有四年刻桓宮桷說文作刻桓公之桷傳御孫諫曰
御本亦作禦女贄不過榛栗棗脩說文贄作摯榛作亲
經廿有七年公會齊侯宋公陳侯鄭伯同盟于幽監本
毛本會上脫公字傳以其立子頹也監本毛本頹作頽今石經與此同後
凡頽字倣此
傳廿八年及大子申生監本毛本大作太大戎狐姬生重
耳毛本重誤作仲鬭御彊御本亦作禦監本毛本彊作疆
傳廿九年凡師有鐘鼓曰伐毛本鐘作鍾
傳卅年鬭穀於菟為令尹漢書穀作穀謀山戎也石本原如

此後人磨改謀下增伐字各本皆無之
經卅有一年齊侯來獻戎捷說文作齊人
經卅有二年子般卒史記般作班傳監其德也監本又作
鑒
閔公漢書閔作愍傳元年宴安酖毒宴本又作晏天所啓矣
石本原如此後人磨改作天啓之矣各本並同
傳二年虢公敗犬戎于渭汭服作渭隊及狄人戰于熒
澤監本毛本熒作滎釋文今石經並與此同初惠公即位也少各本公下皆有
之字此補字誤脫齊侯使公子無虧漢書作無詭晉侯使大子
申生毛本侯誤作人從曰撫國各本皆作撫軍此補字之誤故君之適
嗣適本又作嫡不共是懼共本又作供尨涼冬殺尨涼說文作儱椋
不獲而尨漢書尨作厖不雖盡敵按石刻敵上旁注外字此後人所加衞文
公大布之衣本或作衣大布之衣誤
僖公經元年齊師宋師曹師次于聶北監本毛本曹師並作
曹伯今石經與此同說文聶作嵒齊人以尸歸監本毛本並無尸字今石經與此同
獲莒挐監本毛本並作拏釋文今石經並與此同傳文倣此
傳二年懦而不能強諫懦本又作愞
傳三年公子友如齊涖盟各本皆作涖盟此補字之誤未之絕
也監本毛本並作未絕之也今石經與此同
經四年許男新臣卒毛本臣誤作臧齊人執陳轅濤塗釋文

輮作袁云本多作輮廣韻作爰傳王祭不共本亦作供下同說文亦作供無
以縮酒說文作莤縮昭王南征而不復按石刻兩上剝注沒字亦後人
所加漢水以爲池釋文無水字云本或作漢水以爲池水衍字一薰一蕕
禮記作廟註歸于公各本歸下皆有脺字此補字誤脫姬置諸公各本公皆
作宮此亦補字之誤犬斃說文作獘
傳五年而書本或作而書雲物非也君其脩德而固宗子毛本
脩作修公孫茲如牟娶焉釋文娶作取云本又作娶諸侯盟本或此下
更有于首止三字非一之謂甚監本毛本謂皆作爲今石經與此同諺所謂輔
車相依玉篇輔作酺其愛之也服本其作甚丙之辰漢書作丙子之
辰均服振振漢書及文選注均並作袀鶉公其奔漢書作犇罪虞且

言易也監本毛本且作公
傳七年君若去之以爲成監本毛本並作若君去之今石經與此同鄭
有叔詹史記作瞻
傳八年不祔于姑毛本祔誤作耐
經九年晉侯佹諸卒監本毛本佹作詭釋文今石經並與此同傳且
脩好禮也毛本脩作修釋文與此同丕鄭史記丕作郤令不及魯令本
又作命公謂公孫枝曰史記枝作支
傳十年晉侯改葬共大子共本亦作恭秦伯使泠至報
問毛本泠作冷釋文今石經並與此同
傳十一年晉侯使以丕鄭之亂來告各本皆作丕鄭此補字之

誤受玉惰說文受作執其何繼之有監本毛本其作而漢書與此同愷悌
傳十二年楚人滅黃石本原如此後人磨改夫人字各本亦無之
君子愷釋文作凱云本亦作愷悌本亦作弟
經十有四年季姬及鄫子遇于防使鄫子來朝鄫本
或作繒
經十有五年螽本亦作螽傳晉侯烝於賈君監本毛本於作
于釋文與此同輅秦伯各本輅皆作輅此補字之誤寡人之從晉君而
西也石本原如此後人磨改去晉字各本亦無之登臺而履薪焉履徐本作
屨使以免服衰絰逆釋文免作絻云又作免曰上天降災使
我兩君匪以玉帛相見而以興戎若晉君朝以入

則婢子夕以死夕以入則朝以死唯君裁之乃舍
諸靈臺釋文云此凡四十七字撿古本皆無等杜注亦不得有有是後人加也國召
之各本國皆作自此補字之誤將若君何衆曰將若君何各本皆作
衆曰何爲而可此亦補字之誤羣臣輯睦爾雅注羣臣作百姓各本睦皆作睦此亦補字
之誤之睽三三毛本誤作三三亦無益也監本毛本益誤作盌說文及今石經
並與此同亦無貺也貺本亦作兄其死于高梁之虛監本毛本于作
於蛾析謂慶鄭曰蛾或作蟻釋文析作晳云本或作析
經十有六年隕石于宋五說文隕作𩑶是月本或作是日石刻作月
下旁注也字後人所加六鷁退飛過宋都鷁本或作鶂說文作鶃漢書作六鶂
退甍傳齊徵諸侯戍周監本毛本諸侯下並有而字今石經與此同

傳十七年以爲大子毛本大作太雍巫有寵於衛共姬共本亦作恭
傳十八年而後師于訾婁監本毛本後誤作從今石經與此同
傳十九年宋公使邾文公用鄫子于次睢之社石本原如此後人磨改宋公作宋襄公監本毛本並無襄字今石經有之退脩敎而復伐之釋文作而復伐之云一本作而復伐之伐衍字也
傳廿一年風姓也本或作皆風姓
傳廿二年不設備而禦之釋文禦作御云本或作禦晉大子圉爲質於秦監本毛本大作太戰戰兢兢本或作矜矜蠭蠆有毒蠭本又作蠭俗作蜂公及邾師戰于升陘釋文作登陘云本亦作升陘戎

事不邇女器釋文邇作爾享畢夜出監本毛本享作饗
傳廿三年期期而不至下期字亦作朞淫刑以逞釋文作以呈云本亦作逞生伯儵釋文作儵云本又作儵請待子石刻請上旁注然字此後人所加懷與安毛本與誤作其姜與子犯謀醉而遣之石本謀下曾刻飲之酒三字今石經亦有之各本並無曹共公聞其駢脅說文駢作骿僖負羈之妻監本毛本羈作覊漢書及今石經並與此同廿四年傳負羈羈仿此
傳廿四年將焚公宮而弒晉侯釋文弒作殺云又作弒寺人披請見本又作侍人披女中宿至釋文無至字云一本作女中宿至行者甚衆一本甚作其懼者其衆矣本或作甚衆矣樓嬰監本毛本樓作摟今石經與此同以爲嫡子嫡本亦作適介之推不言祿漢書作介子推

大戴禮作介山子推而執二子本或作而執其二子其衍字也鄂不韡韡監本毛本誤作韓韓使頹叔桃子出狄師桃本或作姚處于氾監本毛本作汜釋文作汜今石經與此同子臧之服釋文作之及云一本作之服天子有事膰焉說文膰作鐇享宋公有加禮也有加絕句一本無也字讀則捴爲一句得罪于母弟之寵子帶今石經弟作氏
傳廿五年王享醴各本享並作饗與之陽樊溫原欑茅之田毛本欑作攢晉於是始啓南陽監本毛本啓誤作起今石經與此同乃降秦師秦師囚公子儀各本不疊秦師二字昔趙衰以壺飧從徑餒而弗食監本毛本飧誤作餐釋文與此同徑劉炫作經
經廿有六年公追齊師至酅釋文作巂云本又作酅傳諸侯

之望曰監本毛本望作朢我敝邑用不敢保聚石本用下旁注是字後人所加夔子不祀祝融與鬻熊漢書鬻作粥而自竄于夔石本原如此後人磨改竄作竄
傳廿七年杞不共也共本亦作恭責無禮也今石經無無字釋文同云本或作責無禮者非郤縠可釋文縠作穀云本又作縠於是伐原以示之信石本是下旁注乎字監本毛本並作於是乎公曰可矣子犯曰石本矣下旁注乎字後人所加各本亦有之
經廿有八年公會晉侯齊侯宋公蔡侯鄭伯陳子莒子邾子秦人于溫監本毛本邾子誤作邾人天王狩于河陽狩本又作守
傳謂楚人不卒戍也監本毛本楚人下並有曰字今石經

與此同子玉使伯棼請戰釋文棼作棼石本此文後人補刻誤也監本毛本亦誤作棼子玉使宛春告於晉侯曰石本原如此後人磨改侯作師各本亦作師乃拘宛春於衛史記拘作囚豈在久乎監本毛本乎誤作矣鄉役之三月鄉本又作嚮說文同命晉侯宥監本毛本作侑今石經與此同玈弓矢千後漢書作玈弓十玈矢千石本弓下旁注十玈二字釋文云玈本或作旅字非也矢千本或作玈弓十玈矢千後人專輒加也奉揚天子之丕顯休命各本皆作休命此補字之誤明神殛之殛本又作極下是糾是殛同俾隊其師釋文俾作卑云本亦作俾及而玄孫監本毛本而作其今石經與此同楚子玉自為瓊弁玉纓說文瓊作璚釋文弁作卞云本又作弁聞君至監本毛本誤作公至今石經與此同振旅愷以入于晉釋文愷作凱鍼莊子為

坐周禮注莊作蹶傳卅年雖然鄭亡各本皆無雖字焉用亡鄭以陪鄰監本毛本陪作倍今石經與此同其其乏困其本亦作供不闕秦焉取之石本不上旁注若字焉上旁注將字此後人所加監本毛本亦有若字焉字疏述經及今石經並無之揚孫監本毛本揚作楊今石經與此同卅三年傳仿此經卅有一年猶三望毛本作朢傳東傅于濟各本傅皆作傳此補字之誤傳卅二年孟子本或作孟兮石本原如此後人磨改子作兮晉人禦師必於殽本又作崤殽有二陵焉毛本有誤作在傳卅三年孟明視淮南子孟作盟西乞術淮南子乞作乙漢書作乞

文公傳元年王使毛伯衛來賜公命監本毛本賜作錫釋文無王使二字云一本作毛伯衛來錫公命一本作王使又一本作天王使蠭目而豺聲蠭本又作蜂覆俾我悖釋文俾作卑云本亦作俾經二年及晉陽處父盟石本原如此後人磨改去陽字各本皆無之大事于大廟周禮注作有大事于太廟傳書士縠本或作書曰晉士縠大事于大廟毛本作太廟宋公子成本或作戌傳三年君子是以知秦穆之為君也各本穆下皆有公字此補字誤脫傳四年臣以為肄業及之也釋文肄作肆云依字作肄諸侯敵王所愾說文作鎎玈弓矢千弓下旁注十玈二字亦後人所加

經五年王使榮叔歸含且賵含本亦作唅傳楚公子燮滅蓼監本毛本並脫公字釋文今石經並與此同蓼字或作鄝傳六年辟獄刑監本毛本作刑獄疏述經及今石經並與此同治舊洿本又作汙與大師賈佗國語作宅仲行釋文作中行云本又作仲道之禮則石本之下旁注以字今石經與此同各本亦有以字何以事夫子石本原如此後人磨改去夫字各本皆有之經七年宋公王臣卒王臣本或作五臣傳寘文公子曰各本皆無曰字此補字誤衍也華御事為司寇釋文御作禦云本又作御則本根無所庇廕矣廕本又作蔭葛藟猶能庇其本根藟本或作櫐舍適嗣不立釋文適作嫡云本又作適先人有奪人之心

本或此下有後人待其反誤得　同官爲寮本又作僚謂之德禮監本毛本德作
經八年公子遂會雒戎盟于暴雒戎本或作伊雒之戎此後人妄取
傳文加耳　傳晉侯使解揚史記作楊漢書作陽曰復致公壻池
之封各本旦皆作且此補字之誤壻俗作婿
經九年秦人來歸僖公成風之隧各本皆作襚此補字之誤
傳執幣傲本又作敖
傳十年命夙駕載燧本又作㸂
經十有一年叔彭生會晉郤缺于承匡叔又作尗本或作叔
仲彭生仲衍字監本毛本亦有仲字今石經與此同匡監本毛本作筐今石經亦與此同　傳

至于錫穴錫本或作鍚監本毛本亦作鍚今石經與此同獲長狄僑如僑本
又作喬史記同搖其喉服本搖作舂司徒皇父帥師禦之釋文作御
之云本亦作禦彤班御皇父充石監本毛本班作斑釋文今石經並與此同國
人弗徇服本作循
傳十二年大子以夫鍾與郕封來奔各本封皆作邽此補字之
誤　主人三辭賓荅曰監本毛本荅誤作客將何侯矣石本原如此後
人竄改矣作焉
傳十三年請東人之能與夫二三有司言者毛本請誤
作謂　繞朝贈之以策釋文作筴云本又作策
經十有四年毛本脫有字　傳子叔姬妃齊昭公妃本亦作

配　齊商人弑舍而讓元釋文弑作殺爾不可使多蓄憾
釋文蓄作畜云本又作蓄憾本又作感　盧戢黎及叔麇誘之今石經黎作犁
監本毛本與此同　三年而盡室以復適莒監本毛本三誤作二
經十有五年秋齊人侵我西鄙監本毛本並脫秋字今石經有
傳一人盟于句鼆本又作冥晉侯宋公衛侯蔡侯陳侯
鄭伯許男曹伯盟于扈監本毛本脫陳侯二字
經十有六年石本年下旁注春字各本亦有之　楚大饑亦作飢　傳
彼驕我怒而後可克本或作可擊　楚子乘馹會師于臨
品監本毛本馹作驛釋文與此同　子越自石溪本又作谿　子貝自仞以
伐庸今俗本貝多作負　夫人乃助之施監本毛本並脫力字今石經有　鱗

矔爲司徒監本毛本矔誤作鑵不能其大夫毛本其誤作具盡以其
寶賜左右而使行監本毛本而誤作以
傳十七年歸生佐寡君之嫡夷釋文嫡作適而從於強
令今石經強作彊
傳十八年歜以扑抶職扑字宜從手作木邊非也蒼舒漢書作倉舒
檮戭說文檮作擣漢書戭作敳伯奮漢書伯作柏下伯虎同季貍漢書作季熊
以至于堯監本毛本于作於今石經與此同　謂之渾敦玉篇作倱伅　以
誣盛德服虔作成德　顓頊氏有不才子監本毛本脫氏字　謂之
檮杌說文作檮柮　謂之饕餮說文作飻　宋武氏之族本或作武穆之
族者後人取下文妄改也

宣公經元年齊人取齊西田各本皆作濟西此補刻之誤按石本此卷
半爲朱梁補刻故譌舛甚多、晉趙穿帥師侵崇釋文作崈云本亦作崇
傳晉不足與也各本与皆作與此亦補刻之誤楚人不亂焉各本亂皆
作禮因晉解楊監本毛本作揚秦急崇必救之本或作崈急秦必救之是
後人改耳
經二年晉趙盾殺其君夷臯各本殺皆作弒漢書與此同傳
鄭公子歸生受命于楚釋文無受字云本或作受命于楚非也馘百
人釋文作馘百云本或作馘百人者人衍字宜其爲禽也釋文無爲字云一本作宜
其爲禽也以其私憾本又作感文馬百駟說文作馮厚斂以彫
牆監本毛本彫並作雕今石經與此同趙盾士季見其手一本作首盛服

將朝盛本或作成其右提彌明知之釋文提作祇云本又作提遂扶
以下扶舊本皆作扶服虔注作跣今杜注本往往有作跣者公嗾夫獒焉嗾服
本作亟獒史記作敖見靈輒餓監本毛本誤作饑下餓人監本亦誤作饑人趙穿
攻靈公於桃園攻本或作弒以示於朝監本毛本亦作視今石經與此
同麗姬之亂監本毛本麗作驪釋文與此同乃宦卿之適子適本又作
嫡趙盾爲旄車之族旄一本作耗
傳三年晉侯伐鄭及延各本皆作郔不逢不若爾雅注作禁禦
不若螭魅罔兩魅本又作魁兩本又作蝄周禮注作螭魅魍魎
經四年利公如齊按利應作秋此補字之誤傳汏輈監本毛本汏作
汰初若敖娶於䢵本又作鄖從其母畜于䢵釋文于作於楚

人謂乳爲穀謂虎爲於菟各本皆作楚人爲乳穀謂虎於菟漢書作楚人
謂乳穀謂虎於檡
傳六年召蘇公逆王后于齊各本皆作召桓公此卷亦有朱梁補刻處
故多誤字
傳七年衛孫桓子來盟毛本孫誤作宋
傳八年殺諸綌市各本皆作絳市此誤有事于大廟各本皆作太廟
傳九年厚賄之監本賄誤作賂通于夏姬各本于作於下以戲于朝毛本
于亦作於巳無效焉釋文效作傚監本毛本作効巳之多辟本又作僻
傳十年諸侯之師戍鄭鄭子家卒毛本脫諸侯之師戍鄭鄭七字
傳十一年楚盟于辰陵楚本或作楚子平板幹釋文作幹云本亦作

榦夏徵舒爲不道弒其君監本毛本弒作殺對曰可哉吾
儕小人監本毛本無對可哉三字今石經與此同
傳十二年鄭人脩城毛本脩作修退三十而許之平各本
三十下皆有里字此文誤脫先穀佐之穀本又作穀鞏朔韓穿爲上
軍監本毛本韓誤作趙今石經與此同楚君討鄭監本毛本作楚軍誤今石經與此同
在師☷☵之臨☷☱毛本☷☵作☷☵☷☱作☷☱皆誤川壅爲澤
壅本又作雍說文作雝故曰律不臧各本不皆作否嬖人伍參欲戰
漢書作五參令尹孫叔敖弗欲監本毛本孫叔誤作叔孫篳路藍縷
史記作篳露藍蔞內官序當其夜一本作其次又何俟石本俟下旁注
焉字此後人所加御下兩馬徐云兩或作緉周禮注亦作緉與魏錡皆命

而往石本皆下旁增彳字亦後人所加二憾往矣釋文憾作感鷄鳴而駕
司禮注鷄作雞屈蕩搏之釋文及監本皆作搏之毛本與此同皆誤也工尹齊
將右拒卒以逐下軍拒本亦作矩屈蕩戶之監本毛本作尸之今
石經與此同晉人或以廣隊不能進說文隊作隧楚人惎之
脫扃說文惎作畀我徂惟求定監本毛本惟作維取其鯨鯢而
封之說文鯨作鱷又何以爲京乎石本京下旁注觀字今石經及監本毛本
亦作京設乎晉師三日穀石本穀上旁注館字此後人所加遂傳於蕭
坊各本皆無城字按此文亦朱梁補刻故城字避諱減筆於是乎卿不書監本
毛本無乎字
經十有四年會齊侯于穀毛本于誤作丁

經十有五年初稅畝漢書作畮國君含垢本或作詬敝邑易
子而食後漢書注敝作弊析骸以爨骸本又作骨必以爲殉釋文
無爲字云本或作必以爲殉爾用而先人之治命監本毛本並無而字今石
經與此同吾獲狄土各本皆作狄士此補字之誤不敬一本作而敬
經十有六年成周宣榭火釋文榭作謝云本又作榭傳禹稱
善人玉篇稱作僩戰戰兢兢本亦作矜矜監本毛本誤作兢兢
傳十七年苗賁皇使見晏桓子國語作苗棼皇庶有鳩乎
石本原如此後人磨改鳩作豸各本同釋文亦作鳩云一本作豸
經十有八年歸父還自晉至笙遂奔齊徐云笙本作檉亦作
朾傳將欲以伐齊監本毛本無將字今石經無欲字凡自內虛

其君曰弑監本毛本脫內字文選注及今石經並有之
成公經二年衛孫良夫帥師及齊侯戰于新築各本
齊侯作齊師此補字之誤取汶陽田石本原如此後人磨改作汶陽之田傳士
陵城三日毛本誤作三百隕子辱矣說文隕作抎次于鞫居石本
原如此後人磨改鞫作鞫各本亦作鞫士燮佐上軍監本毛本佐皆作將今石經與
此同大國朝夕釋憾於敝邑之地釋文憾作感云本又作憾余姑
滅此而朝食監本毛本而下皆有後字今石經無之郤克傷于矢各本
于作於旦辟左右監本毛本旦作且今石經與此同綦母張喪車毛本
毋作母釋文今石經監本並與此同韓厥執縶馬前說文作執馽前遂自徐
關入監本毛本徐作齊今石經與此同可若何毛本何誤作乎若苟有以

藉口監本藉下衍於字司馬司空輿帥候正亞旅監本毛本帥誤
作師今石經與此同晉三子自役弔焉監本毛本三誤作二吾知免矣
一本無知字莫如惠恤其民而善用之監本毛本善下衍其字民
之攸塈毛本誤作暨寧不亦淫從其欲從本亦作縱
傳三年皇戌如楚監本毛本戌作成四年傳同以爲俘馘說文作聝
君爲御人之笑辱也各本御皆作婦
傳五年伯宗辟重辟本又作僻辭以子靈之難一本無之難二
字
傳六年民愁則墊隘說文作墊阸
傳七年囚鄖公鍾儀獻諸晉鄖本又作員此申呂所以

邑也釋文無以字云一本作所以邑也
傳八年夫豈無辟王釋文辟作僻 賴前哲以免也釋文哲作
喆 曰城已惡本或作城已惡矣 唯然故多大國矣唯本或作雖後
人改也
傳九年逆叔姬爲我也釋文無爲字云本或作爲我也爲衍字 穆姜
出于房監本毛本于作於 又賦綠衣之卒章而入綠本又作祿
無棄菅蒯玉篇作蔽 無棄蕉萃後漢書無作不後漢書注蕉作憔 爲將
改立君者爲將本或作僞將也 請脩好結成監本毛本請誤作謂
傳十年晉立大子州蒲以爲君州蒲本亦作州滿 鄭子罕
賂以襄鐘監本毛本鐘作鍾 及寢門而入一本無及字 在肓之

上說文作之下
傳十一年鄭伯之母不聘釋文作娉云本亦作聘 且與伯與
爭政與本亦作與
經十有二年公會晉侯衛侯于瑣澤釋文瑣作璅云依字宜作
瑣 傳交贄往來贄本又作摯 道路無壅監本毛本作壅 明神
殛之殛本又作極 俾隊其師釋文俾作卑云本又作俾 曰云莫矣莫本
亦作暮 於是乎有享宴之禮享以訓共儉享本亦作饗 公
侯于城于本一作扞 吾死無日矣夫本亦無夫字 晉侯及楚
公子罷如晉聘且涖盟毛本涖誤作泣
經十有三年公至自京師監本毛本脫至字 曹伯盧卒于

師釋文盧作廬云本亦作盧 傳是以有動作禮義威儀之則
漢書作禮義動作 能者養之以福漢書作養以之福今石經同 不能者
敗以取禍漢書作既 盡力莫如敦篤漢書敦作惇 其不反乎
漢書作虖 相好勠力同心監本毛本勠作戮後漢書及釋文今石經並與此同 俾
我惠公釋文俾作卑云本亦作俾 蔑我死君石本原如此後人磨改作蔑死我君
各本同釋文云本或以我字在死上非 奸絕我如石本我下旁注同字此後人所加
又欲闕翦我公室監本毛本翦作剪 則是康公絕我好也
石本公下旁注弃字我欽旁注同字皆後人所加 芟夷我農功釋文夷作痍云本亦
作痍 虔劉我邊垂監本毛本垂作陲 復脩舊德監本毛本脩作修今石經與此
同 我寡君是以有令狐之會寡君讀者亦作寡人 而我昏姻

也監本毛本我下有之字今石經與此同 暱就寡人釋文暱作昵 逆晉侯
于新楚逆本又作許 鄭公子班釋文作般云林作班 使公子欣時
逆曹伯之喪徐云欣或作欲
傳十四年晉侯強見孫林父焉釋文強作彊 苦成叔傲
本又作敖 苦成家其亡乎石本成下旁注叔字
傳十五年向帶爲大宰監本毛本帶作帶釋文同云本亦作帶下仿此 今
公室卑而不能正毛本公誤作宮 宋殺其大夫山監本毛本脫其
字
經十有六年剌公子偃釋文剌作刺云依字作剌 傳有勝矣
石本有上旁注晉字此亦後人補字誤加也 民生敦厖各本皆作厖此補字之誤 奸

時以動好本或作干而疲已以還釋文疲作罷云本亦作疲吾不復見子矣一本無復字我若羣臣輯睦石本若下旁注退字亦後人所加釋文輯作集云又作輯以事君多矣石本此下旁注又何求三字亦後人所加范匄趨進匄本亦作丐楚子登巢車說文作轈車陷於淖石本陷上旁注公字潘尫之黨與養由基蹲甲而射之釋文作潘尫之子黨云古本無子字漢書由作游臣對曰好暇石本原如此後人磨改作好以暇各本並同脩陳固列監本毛本脩作修釋文及今石經並與此同晉人楚軍三日穀本或作三日館穀誤也石本日下亦旁注館字君幼本或作君幼弱君唯不遺德刑毛本遺誤作以食使者而後食一本作聲伯而後食諸侯遷于制田毛本于作於又何求石本求下旁注焉字乃許魯平赦季孫

石本赦上旁注而字使立於高國之間毛本於作于國誤作圀不可以再罪奔衛石本奔上旁注遂字後人所加

傳十七年愛我者唯祝我使我速死監本毛本唯作惟國子謫我釋文謫作讁濟洹之水毛本濟誤作齊今衆繁而從之三年矣石本原如此後人磨改之作余各本同反自鄢陵釋文無陵字云一本作自鄢陵在內爲軌本又作宄楚公子橐師襲舒庸滅之監本毛本橐誤作槖釋文今石經並與此同石本橐下旁注師字此後人妄加也

傳十八年辛巳朝于武宮服虔本作辛未其儉孝弟本亦作悌弁糾御戎弁本又作卞以惡曰復入本或作以惡人曰復入孟獻子請於諸侯各本於作于

襄公經二年鄭伯睔卒漢書睔作綸傳鄭師侵宋監本毛本作鄭伯石經與此同今萊人使正輿子賂夙沙衛輿本亦作與季孫於是爲不哲矣一本作爲哲矣不是棄力與言服本棄力作棄功其誰暱我暱本又作昵

傳三年乃盟于彤外監本于作於事君不避難毛本不誤作必

傳四年三夏天子所以享元侯也說文三夏作樊遏渠咨禮爲度咨事爲諏咨難爲謀國語禮作義作才難作事事尨圉漢書作庬圉而用寒浞漢書作韓浞生澆及豷說文澆作敖使澆用師滅斟灌漢書注斟作斗史記作戈各有攸處釋文作攸家云本或作處四鄰震動石本原如此後人磨改震作振各本同敗我狐駘石本原如此後人磨改我下增乎字各本亦有之朱儒是使朱本或作侏

經五年仲孫蔑衛孫林父會吳于善道毛本仲誤作叔

傳言王叔之貳於戎也毛本於作于

傳六年遷萊于郳釋文無萊字云本或作遷萊于郳萊衍字

傳七年今既耕而後卜郊疏述經及監本毛本皆無後字今石經與此同委蛇委蛇石本原如此後人磨改作委委蛇蛇

傳八年童子言焉石本子上旁注何字亦後人所加以待彊者而庇民焉毛本庇誤作庀不皇啓處監本毛本皇作遑今石經與此同亦不使一个行李監本毛本个作介釋文與此同今譬於草木辟本多作譬字

傳九年陳畚揭監本毛本作挶漢書作蕃蓄水潦釋文蓄作畜云本又作蓄

使華臣具正徒漢書具作儻向戌討左監本毛本戌作戍使皇
鄖命校正出馬鄖本亦作員二師命四鄉正敬享監本毛本
命作令今石經與此同祝宗用馬于四墉釋文作牖云本又作墉祀盤
庚于西門之外釋文盤作般云字亦作盤以出內火漢書內作入商
人閔其禍敗之釁漢書禍作毀國亂無象漢書無作亡遇民
之八三三各本皆作三三此刻誤也泰景公使士雃乞師于楚
監本雃誤作雅毛本于作於門于鄟門鄟本亦作專肆眚監本毛本眚誤作售
釋文今石經並與此同無所厎告監本毛本厎誤作底行之期年期本亦作
朞

經十年遂滅偪陽偪本或作逼漢書作福聊人紇抉之以出
門者毛本聊誤作郰狄虒彌建大車之輪漢書作狄斯彌投之以
机釋文作几云本又作机生秦丕茲一本作秦丕茲楚子囊鄭子耳
侵我西鄙監本毛本侵誤作伐今石經與此同師于牛首監本毛本于作於
爾車非禮也石本非上旁注多字此後人所加諸侯之師還陳而
南還本又作環至于陽陵監本毛本于作於王叔陳生與伯輿
爭政輿本又作與篳門閨竇之人閨本亦作圭其能來東厎
乎監本毛本厎誤作底則何謂正矣何或作可誤也
經十有一年同盟于亳城北服虔本作京城北傳己亥
齊大子光監本毛本大作太或間茲命本或作茲盟誤名山大川
石本原如此後人磨改作名川各本同俾失其民俾本又作卑墜命亡氏

釋文監本毛本墜並作隊士魴御之監本毛本御作禦今石經與此同
經十有二年春王三月監本毛本作二月傳師于揚梁
監本毛本揚作楊
傳十三年昔臣習於知伯毛本知作智以沒於地釋文監本
毛本沒作殁唯是春秋窀穸之事說文作窀夕先君于地下奄征
南海毛本征作往不習則增一本無增字脩德而改卜石本脩下
旁注其字後人所加監本毛本脩作修今石經與此同爲用之本或作將爲用之
傳十四年狐貍所居釋文貍作狸云又作貍使大師歌巧言
之卒章毛本大作太公使厚成叔弔于衛厚本或作郈弔于衛本或
作弔于衛侯侯衎字也余狐裘而羔袖石本余下旁注猶字此後人所加袖本又

作褎唁衛侯唁徐作殆仰之如日月釋文仰作卬云本亦作仰畏之如
雷霆霆本又作電匱神乏祀本或作之祀誤也道人以木鐸徇
於路監本毛本於作于以從其淫從本或作縱王室之不壞服本
作褱無忝乃舊監本毛本誤作乃舅
傳十五年邾人伐我北鄙各本皆作南鄙鄭人奪堵狗
之妻釋文作堵苟云本或作狗
經十有六年公會晉侯宋公衛侯鄭伯曹伯莒子
邾子薛伯杞伯小邾子于溴梁監本毛本溴並作湨釋文今石經並
與此同傳及十八年廿二年兩傳皆仿此齊侯伐我北鄙圍成釋文監本毛本
並作郕今石經與此同傳仿此傳孟孺子速徼之孺本又作孺速本亦作邀

以蒋人之朝夕釋憾於敝邑之地釋文憾作感云本又作憾
傳十七年監本毛本誤作十一年爾父爲厲詩箋爾父作其父郰叔
紇釋文郰作鄹以杙抉其傷而死傷一本作瘍國人逐瘈狗
瘈狗入於華臣氏漢書瘈作猘說文作狾犬入華臣氏之門妨於農收
監本毛本誤作農功澤門之晳澤門本或作皐門者誤監本毛本晳誤作晢以辟
燥濕寒暑監本毛本濕作溼晏嬰麤縗斬釋文麤作麄云本又作麤縗作
衰云本又作縗
傳十八年首墜於前各本墜皆作隊而禱曰齊環石本齊下旁注
侯字後人妄加也有班馬之聲爾雅注作駹駹馬之聲乃弛弓而自
後縛之弛本又作施及秦周伐雍門之萩本又作秋左驂迫

金石萃編卷一百十一　唐七十一　十三

還于門中監本毛本門上並有東字今石經無東侵及濰本又作維使揚
豚尹宜監本毛本揚作楊釋文今石經並與此同蔿子馮釋文蔿作遠云本又作蔿
楚師多凍各本皆作涷
傳十九年不可舍各本皆作舍此補字之誤其天下輯睦輯本又作
集作林鐘周禮注作鍾亡之道也石本之下旁注之字後人所加諸子
仲子戎子釋文作中子云亦作仲二子孔亦相親也監本毛本皆作
士子孔今石經與此同司徒孔石本孔上旁注子字亦後人所加穆叔歸曰
監本毛本並脫臨字
傳廿年先君與於踐土之盟石本先君上旁注不字後人所加若
不能猶有鬼神石本能下旁注掩字亦後人所加不來食矣監本矣誤

作也
傳廿一年郗庶其以漆閭丘來奔郗漢書作朱其漢書注作期漆
本或作漆方暑闕地下冰而牀焉重繭衣裘鮮食而寢
說文引盛夏重繭四字叔羆釋文作罷監本誤作熊叔向弗應一本作不應
美而不使石本使下旁注覩寢二字後人所加不仁人間之石本不上旁注
而字亦後人所加欒盈奔楚過於周監本毛本無奔楚二字今石經及疏述經
並有之石本奔上旁注出字亦後人所加周西鄙掠之石本鄙下旁注人字亦後人所
加尤而效之釋文效作傚云或作效識其枚數枚本亦作板
傳廿二年而何敢差池徐本作沱與執燔焉燔本又作膰洩
命重刑釋文洩作泄鄭游販如晉監本毛本誤作鄭游販將歸晉

金石萃編卷一百十一　唐七十一　十四

經廿有三年邾畀我來奔釋文監本毛本畀作畀今石經與此同傳
板隧而殺人今石經板隧作版隊毛本作板隊監本與此同子無解矣監本
毛本解作懈釋文今石經並與此同王鮒使宣子墨縗冒經縗本又作衰
踰隱而待之毛本踰作踰申鮮虞之傳摯本或作中鮮虞之子傳摯
啓牢成御襄罷師牢成一本作罕成張武軍於熒庭釋文作廷
云本亦作庭獲晏氂毛本誤作斄新樽絜之樽本亦作尊漢書注作鐏非
鼠何如監本毛本並誤作鼠何今石經與此同
傳廿四年既沒其言立今俗本皆作其言立於世檢元熙以前本則無於世
二字詩云樂旨君子監本毛本旨作只而謂子浚我以生子
各本皆作生乎此補字之誤寡君是以請罪焉釋文作是以請請罪焉云徐上

諸字音情輔蹀說文作蹀部婁無松柏部說文作附婁本或作樓
傳廿五年孟公綽曰綽徐本作卓男女辨姓釋文辨作辯廿八年
傳同娶不可娶也釋文娶作取據于蒺梨監本毛本梨作藜蔾也
何害發本作蓋又欲弒公以說于晉釋文弒作殺姜氏入于
室石本原如此後人磨改去氏字各本亦無之陪臣干掫有淫者掫本作服
諏今傳本或作諏反墜各本作隊所不與崔慶者有如上帝監本
毛本皆無有如上帝四字釋文同云所不與崔慶者本或此下有有如此盟四字者後人妄加駕
而行出弇石本弇下增注中字後人所加各本亦有之四翣周禮注作四翣子
彊監本毛本作疆今石經與此同下仿此登山以望毛本作望肅以元女
大姬配胡公釋文配作妃云本亦作配以備三恪說文作愙至于莊

金石萃編卷一百十一　唐七十一　廿五

宣監本毛本于作於今石經與此同以馮陵我敝邑監本毛本馮作憑釋文與
此同且昔天子之地一圻監本毛本昔誤作夫量入脩賦釋文脩作
修徒兵毛本作徒卒曰烏呼各本皆作烏乎
傳廿六年專祿以周還石本原如此後人磨改還作旋各本同逆於
門者說文逆作迎領之而已領本又作領說文作頟不能負羈絏
釋文作紲賜之先路三命之服釋文路作輅云本亦作路穿封戌囚
皇頡監本毛本戌作戍下並同秦不其然監本毛本作秦其不然宋向戌
監本毛本作戍後並同使女齊以先歸漢書作汝齊國子賦轡之
柔矣毛本子誤作之子展賦將仲子兮本亦無兮字弃諸堤釋文
堤作隄寺人惠牆伊戾釋文牆作廧云本或作牆按石本原作廧磨改作牆也

縱有共其外共本亦作供下同大子將爲亂毛本自此句以下大子皆
作太子楚伍參與蔡大師子朝友毛本大亦作太其子伍舉
與聲子相善也毛本子誤作予君與大夫不善是也監本毛本
大夫誤作夫人今石經與此同晉楚遇於靡角之谷監本毛本並作晉遇楚於
楚晨壓晉軍而陳釋文壓作厭云本又作壓今又有甚於此石本
此下旁注者字後人所加也椒舉娶於申娶本又作取庶幾赦予監本
毛本作余涉于樂氏監本毛本于作於
經廿有七年冬十有二月乙亥朔監本毛本誤作乙卯疏述經及
今石經並與此同父子死餘矣夏免余復攻甯氏各本皆餘作余
余作餘石刻此文誤倒納我者死釋文納作內云本又作納不鄉衛國而

金石萃編卷一百十一　唐七十一　廿六

坐鄉本亦作嚮宋向戌如陳石本原如此後人磨改去宋字各本亦有之子
木使騶謁諸王監本毛本騶作騶釋文與此同陳孔奐毛本誤作渙其
祝史陳信於鬼神無愧辭釋文愧作媿公孫段賦桑扈
說文段作碫以誣道蔽諸侯服虔王肅董遇並作弊東郭姜以孤
入監本毛本姜誤作羕曰棠无咎无本亦作無監本毛本同必能養吾毛本
必誤作以
傳廿八年齾楞盧中也說文無中字楞秏名也監本毛本秏作
耗今石經與此同下仿此蔡侯其不免乎漢書侯作君乎作虖君使子展
廷勞於東門之外而傲漢書廷作往於作于傲作敖釋文於亦作于下惰傲
傲漢書亦作敖乃其心也漢書乃作迺君小國事大國古本及王肅注

皆無小字漢書釋文並與此同及將得死乎漢書乎亦作虖若不免漢書若上
有君字如是者恒有子禍漢書恒作必禍作旤令吾子來各本令皆
作今此稱字之誤吾將使駟奔問諸晉而以告監本毛本駟作驛釋
文與此同跋涉山川儀禮注跋作軷草舍不為壇各本皆無草字按石本原
無草字磨改如此服虔本壇作墠王肅作壇與此同使析歸父告宴平仲旅宴
當作晏此補字之誤乃使歸慶嗣問之慶嗣本或作慶嗣誤幸而獲在
吳越毛本在誤作其以俎壺投殺人而後死石本原如此後人磨改人
作之羣臣為君故石本故下旁注也字監本毛本並亦作為君故也人必庠各本
皆作弃此文疑誤本或作萃穆子弗說監本毛本弗作不釋文與此同子服惠
伯謂孫叔曰各本皆作叔孫石本此文誤倒故鉏在會故鉏本或作公鉏者

者非武王有亂十人監本毛本亂下並有臣字伯有廷勞於黃崖
本又作涯鄭人弗討監本毛本弗作不以徵過也徵本或作懲誤
經卅有九年閽弒吳子餘祭釋文弒作殺傳季武子
取卞釋文作弁云本又作卞興皆追而予之監本毛本予作與今石經與此祇見疏也祇本
同公曰欲之而言石本言下旁注叛字各本亦有之
又作多晉宋杜本皆作多服虔與此同不皇啓處監本毛本皇作遑今石經與此同
以蕃王室也釋文蕃作藩高子容與宋司徒見知伯各本
高子容上俱有齊字按石本此文是後人磨改漢書亦作齊高子容侈將以其力斃
漢書作斃下斃之同專將及矣今或作後將及矣者非家臣展瑕展王父
為一耦各本皆作展玉父公臣公巫召伯仲顏莊叔為一

耦釋文召作郃使工為之歌周南召南召本或作郃其周之
舊乎史記舊作東險而易行史記險作儉其有陶唐氏之遺
巳乎史記作遺風乎何其憂之遠也石本憂下旁注思字疏述經亦有之監本
毛本脫其字曲而不屈邇而不偪史記屈作詘邇作近美哉猶有
憾釋文作感云本亦作憾見舞韶濩者韶本又作招史記濩作護非禹其
誰能脩之史記作及之見舞韶箾者史記韶作招如天之無
不幬也史記幬作燾齊人立敬仲之曾孫酀薰遇作偃裨諶
曰漢書作卑湛釋文諶亦作湛云本亦作諶不然亡矣石本原如此後人磨改亡上增
將字各本亦作將亡矣
經卅年晉人齊人宋人衛人鄭人曹人莒人邾人

滕人薛人杞人小邾人會于澶淵宋災故石本故下有也
字此後人補刻傳穆叔問王子之為政何如釋文作問王子圍之
為政云一本無為字服虔王肅本同按石本此文亦經後人磨改二月癸未監本毛本
誤作三月今石經與此同吏走問諸朝釋文吏作使云服虔王肅本作吏然則
二萬六千六百有六旬也監本毛本六千作二千單公子愆
旗為靈王御士各本愆旗作愆期烏呼必有此夫監本毛本烏呼
作烏乎釋文作嗚呼云本又作烏乎不殺必為害監本毛本無為字今石經有成
愆奔平時時本又作畤或叫于宋大廟說文作或訆于宋大廟譆
譆出出說文譆作誒誒禮注出出作詘詘鳥鄭子產如鄭涖盟監本
毛本涖誤作蒞大夫敎本亦作徼服本作放就直助疆監本疆誤作彊下疆直放

此四帶追之各本皆作騶帶此刻疑誤與子上盟用兩珪質子河釋文無盟字云一本作與子上盟絕句用兩珪質于河則爲一句楚公子圍殺大司馬薳掩而取其室漢書薳掩作薳奄監本毛本薳作蔿今石經與此同大夫之忠儉者石本原如此後人磨改大夫作大人釋文同云本或作大夫者非傳世一年人生幾何漢書人作民釋文同云本或作民生無幾何今石經亦作民誰能無偷漢書無作偸將安用樹漢書安作焉消竈消徐本作省大誓云大本亦作泰納諸其懷從而取之石本原如此後人磨改從而作而從各本同年鈞擇賢義鈞則卜監本毛本鈞並作均今石經與此同非適嗣監本毛本適作嫡今石經與此同比及葬一本無及字三易縗石本原如此後人磨改作衰釋文作褎云本又作縗亦作衰子產使盡壞其

館之垣館字从食旁或作舍非高其閈閎爾疋注作閑閎寡君使匄請命釋文匄作丐云本又作匄今傳本皆作此丐或作丏字無觀臺榭本亦作謝則恐燥濕之不時毛本濕作溼圬人以時塓館宮室釋文圬作汙云本作圬今銅鞮之宮數里監本毛本鞮誤作鍉釋文與此同而天癘不戒監本毛本癘作厲今石經與此同辟之繹矣釋本又作懌及展輿本又作與弒之乃立釋文作殺之乃立云本或作乃自立者誤印段迋勞于棐林棐本又作斐夭入夕退而遊焉石本原如此後人磨改夕上增朝字各本亦作夭入朝夕其傷實多釋文無實字云一本作其傷實多僑將厭焉厭本又作壓如其面焉玉篇作猶若面焉令尹似君矣俗本作以君將有他志漢書他作它不能終也漢書不作弗令聞長

世閒本亦作問威儀棣棣本又作逮逮昭公經元年莒展輿出奔吳釋文無輿字云一本作莒展輿楚公子比出奔晉監本毛本並脫楚字今石經與此同令尹命大宰伯州犁對曰監本毛本大作太州作氏今石經與此同圍布几筵几本又作机而有所壅塞不行是懼釋文壅作雍云本又作壅是蘼是蓘石本原如此後人磨改蘼作穮各本同說文蓘作蔉子其無憂乎漢書作虖吾代二子愍矣漢書愍作閔雖憂何害漢書作不害子與子家持之持本或作特誤大誓曰漢書大作泰三大夫兆憂憂能無至乎漢書作三大夫兆憂矣能無至乎彊場之邑監本毛本場作埸商有姺邳玉篇作姪子皮賦野有死麕之卒章釋文麕作麏吾與子弁冕端

委釋文無冕字云本亦作弁冕端委子盍亦遠績禹功釋文無功字云本或作亦遠績禹功神怒民叛漢書作畔既而棄甲以見子南棄本或作袁毛本南誤作男及衝說文作衝咨於大叔毛本大作太下大叔大字並仿此趙孟曰亡乎漢書作虖弗能斃也漢書斃作敝趙孟曰夭乎監本毛本誤作天乎今石經與此同漢書亦作天虖鍼聞之國無道而年穀和熟漢書無之字熟作孰翫歲而愒日說文翫又作玩漢書同說文引與此同一引作忨歲而渴日所遇又阨本又作監爲伍陳以相離監本毛本伍作五公子召去疾於齊監本毛本於作于無競惟人監本毛本惟作維方震大叔震本又作娠則水旱癘疫之災周禮注作之不時主不能禦釋文作御云本亦作禦縊而弒之釋文弒作殺厎祿以德

監本毛本底誤作底彊禦已甚監本毛本彊並作疆下同薳啓彊爲大宰
監本毛本彊作疆大作太釋文與此同
傳二年子尾見彊石本彊上旁注子字此後人所加其罪三也石本
原如此後人磨改其作而
傳三年而數於守適本或作嫡下同少齊有寵而死監本毛本
齊作姜今石經與此同早世隕命釋文隕作殞徼福於大公丁公
說文作玎公以備嬪嬙說文嬙作嬙云本又作嬙在縗絰之中釋文縗作
衰云本亦作縗豈唯寡君監本毛本唯作惟今石經與此同而三老凍餒
各本凍皆作凍幸而得免石本原如此磨改作得死各本同授之以策釋文
作筴伯石之汰也各本汰皆作汰二子曰石本二下旁注宣字後人所加余

髮如此種種徐本作董董彼其髮短而心甚長石本短上增刻
雖字後人所加也
傳四年使椒舉如晉求諸侯漢書作湫舉何鄉而不濟
鄉本又作嚮祭寒而藏之本或作祭司寒者非春無淒風監本毛本淒作
淒今石經與此同周武有孟津之誓釋文孟作盟禮吾所未見
者有六焉監本毛本並脫所字今石經與此同皆所以示諸侯汰也
監本毛本汰作汰下並同慶封唯逆命監本毛本唯作惟播於諸侯播字
或作幡禮義不愆何恤於人言後漢書注作禮儀不愆何恤乎人之言
君子作法於涼監本毛本誤作凉偪而無法各本皆作無禮蔵尹
宜咎城鍾離監本蔵作咸毛本作箴釋文今石經並與此同深目而猳喙

釋文猳作豭叔孫爲孟鍾監本毛本作鐘杜洩見釋文洩作泄告之
飢渴監本毛本飢作饑使寘饋于个而退寘本或作奠乙卯卒
監本毛本誤作已卯夫子受命於朝而聘於王監本毛本下於字作于
傳五年以書使杜洩告於殯毛本於作于殺適立庶本適
又作嫡是將行石本行下旁注乎字此後人所加卒以餒死毛本卒誤作足
楚子以屈申爲貳於吳監本毛本申誤作伸晉侯謂女叔齊
曰毛本晉誤作齊楚王汰侈已甚監本毛本汰作汰下同吾亦得志
矣毛本亦誤作以薳啓彊曰監本毛本彊作彊六年傳同設机而不倚
監本机誤作機籍談廣韻籍作藉輔躒釋文躒作櫟云本又作躒越大夫常
壽過帥師會楚子于瑣釋文于作於吳子使其弟蹶由

犒師漢書作厥由若早脩完監本毛本脩作修釋文今石經並與此同薳射
帥繁陽之師各本陽作揚雖易有備各本雖皆作難此補字之誤
傳六年涖之以彊釋文涖作莅而徼幸以成之徼本又作邀
藏爭辟焉漢書藏作臧火如象之漢書如作而宋寺人柳有
寵寺人本又作侍人公使左之各本皆作代此補字之誤禁芻牧采
樵不入田監本毛本采作採釋文今石經並與此同不采蓺毛本作藝不强
匄本或作丐楚辟我衷釋文辟作僻下同徐儀楚聘于楚說文儀作
鄭使薳洩伐徐釋文洩作泄吳人敗其師於房鍾毛本於作
于士匄相士鞅逆諸河匄本或作丐今傳本皆作士匄相士鞅古本士匄或
作王正董遇王肅本同學者皆以士匄是范宣子即士鞅之父不應取其父同姓名人以爲介今傳

本誤也依王正爲是

傳七年普天之下釋文普作溥云今左氏傳本或作普之僕臣臺玉篇作儓奉承以來毛本奉承誤作承奉日我先君共王董遇注無日字何蜀之敢望毛本敢誤作告今夢黃熊入于寢門禮記注熊作能釋文同云亦作熊昔堯殛鯀于羽山殛本又作極其子弗克負荷本亦作何昔鬬有疆場之言毛本場作埸子產立公孫洩釋文作泄則魂魄彊監本作強鶺鴒在原釋文鶺作䳭云本又作即鴒本又作令病不能相禮釋文無相字云本或作病不能相禮佐戴武宣各本左作佐此補字之誤單獻公弃親用羈監本作羇或燕燕居息或憔悴事國石本燕燕下憔悴下並旁注以字後人所加也史朝亦夢康叔謂已

孟縶之足不良弱行漢書作史鼂監本毛本並作弱行今石經與此同嗣吉何建本或作可建

傳八年莫保其性漢書保作信今石經同於是晉侯方築虒祁之宮虒本又作傂俾躬處休釋文俾作卑云本又作俾哀公有廢疾監本毛本癈作廢若何弔也本或作若可弔也孺子長矣孺本亦作孺亦授甲將助之毛本授誤作受又數人告於道毛本於作于臣必致死禮以息楚今石經監本毛本楚下並有國字疏述經與此同虞之廿數未也毛本數誤作文

傳九年王使詹桓伯辭於晉漢書詹作儋豈如弁髦釋文弁作卞云本又作弁以禦螭魅本又作彲而暴蔑宗周監本毛本蔑並作滅

今石經與此同妃以五成漢書作五陳使荀躒佐下軍以說焉躒本又作櫟

傳十年吾是以議之各本皆作譏之此補字之誤先伐諸一本無伐字欒施高彊來奔監本彊作疆毛本作強薀利生孽監本毛本薀作蘊說文今石經並與此同孽釋文作孼曾無義石本義下旁注矣字叔孫婼齊國弱宋華定衛北宮喜鄭罕虎許人曹人莒人邾人滕人薛人杞人小邾人如晉監本毛本脫滕人二字今石經與此同孤斬焉在衰經之中衰本又作縗大夫將若之何毛本若誤作知初元公惡寺人柳寺人又作侍人

經十有一年仲孫貜會邾子盟于祲祥服本無祲字季

孫意如會晉韓起齊國弱宋華亥衛北宮佗鄭罕虎曹人杞人于厥憖國弱賈逵作國酌服本與此同佗釋文作他

傳三月丙申監本毛本誤作五月不可再也毛本誤作討也非祚之也釋文祚作胙云本又作祚夢以其帷幕孟氏之朝釋文無其字云一本作夢以其帷僖子使助薳氏之簉薳本又作蔿簉本又作造宿於薳氏監本毛本於作于單子其將死乎漢書作其死虖無將字不道不共漢書作恭叔向曰漢書向作嚮君無慼容漢書無作亡單成公辛按辛當作卒此補字之誤羈不在內監本毛本羈作羇今石經與此同

傳十二年毀之則朝而堋說文作塴吾軍帥彊禦毛本帥誤作師釋文彊作強曰旰君勤說文作君勞外彊內溫監本毛本彊並作強

今石經與此同楚子狩于州來釋文狩作守云本亦作狩司馬督釋文作𥈮云本亦作督王皮冠秦復陶一本作楚子皮冠執鞭以出鞭或革旁作叓者非也與呂級本又作汲書疏及今石經並作伋篳路藍縷史記路作簬監本毛本藍作籃文今石經並與此同圭以為鍼柲毛本誤作秘今與王言如響本又作嚮是能讀三墳五典八索九丘索本又作素

傳十三年飢者食之各本飢作饑賚人無歸毛本誤作南歸蔡公使須務牟與史猈先入猈本或作簲王㕣夏說文㕣作浴觀從謂子干本或作謂子干曰石本干下旁注曰字後人所加也臣之先佐問卜各本作開卜子毋勤毛本毋誤作母投龜詬天而呼曰詬本又作詢使五人齊而長入拜齊本又作齋棄禮違命毛本違作韋為羇終甘毛本羇作羈苛慝不作苛本或作荷賓須無漢書作賓須亡盟以厎信監本毛本厎誤作底未之或失也毛本之誤作知懷錦奉壺飲冰以蒲伏焉蒲本又作匍伏本又作匐子服湫從又作子服椒樂旨君子監本毛本旨作只今石經與此同令尹子旗請伐吳監本毛本旗作期

傳十四年僞癈疾監本毛本癈作廢簡上國之兵於宋丘各本皆作宗丘此刻疑誤收个特石本原如此後人塗改个作介各本同欲立著丘公之弟庚輿毛本輿作與釋文同云本亦作輿與養氏比而求無厭厭本又作饜乃施邢侯毛本邢誤作刑三數叔魚之惡不為末減曰義也夫服虔讀減為咸下屬為句家語作三數叔魚之罪不為末咸曰義

經十有五年吳子夷末卒史記漢書並作夷昧

傳其在涖事乎釋文涖作莅楚費無極害朝吳之在蔡也史記作費無忌漢書作費亡極以鼓子鳶鞮歸鳶本又作鳶晉荀躒如周釋文荀作荀櫟云本又作躒以文伯宴漢書作燕下並同樽以魯壺樽本或作尊又作罇諸侯皆有以鎮撫王室漢書鎮作塡戎狄之與鄰漢書狄作翟而忘諸乎漢書而作其其反無分乎漢書無作亡闕鞏之甲說文作闕碧以為大政漢書政作正以告叔向漢書作以語叔嚮宴樂以早漢書作燕樂巳早將焉用之漢書焉作安

傳十六年無有不共恪釋文共作恭何黷之有釋文今石經並作黷既成賈矣賈本或作價子齹賦野有蔓草說文齹作䶑孺子善哉釋文孺作儒

傳十七年大史曰監本毛本大作太君不舉辟移時後漢書作天子避位移時鴡鳩氏鴡本又作睢天子失官官學在四夷各本告不疊官字家語注與此同乃警戎備毛本警誤作驚獻俘于文宮監本毛本宮誤作公申須曰漢書須作繻往年吾見之漢書無之字今茲火出而章必火入而伏服虔注本作火出而章必火火入而伏重火則句絶繇云賈氏舊文無重火字在宋衛陳鄭乎石本在上旁注六物之占四字此後人所加陳大皞之虛也漢書大皞作太昊星孛及漢監本毛本誤作天漢

傳十八年壬午大甚本或作火甚登大庭氏之庫以望

之監本毛本庭作廷將有大祥本或作火祥非也鄭人藉稻說文藉作
耤過期三日各本作二日此補字之誤乃毀於而向監本毛本並作鄉釋
文同云本亦作向小國忘守則危禮記注作必危荐爲敝邑不利
毛本荐作薦釋文與此同
傳十九年以持其世而已持如字本或作怙恃之恃非也鄟陽封
人之女奔之監本毛本鄟作鄟釋文今石經並與此同而楚辟陋釋文辟作
僻莒子奔紀鄣監本毛本鄣誤作障已爲嫠婦釋文嫠作嫠云依字作嫠
城上之人亦譟釋文無城字云一本作城上之人亦譟劓氏䜣說文䜣作
懮懼墜宗主監本毛本墜作隊罷勞死轉罷本或作疲石本原如此後人
磨改罷勞作勞罷諺所謂室於怒市於色者石本原如此後人磨改作
怒於室而色於市

經廿年蔡侯廬卒監本毛本廬作盧釋文同云本又作盧傳汏侈
無禮已甚監本毛本汏作汰釋文與此同棠君尚謂其弟員君或作尹
昭臨敝邑今石經昭作照草莽之中毛本草作艸終夕與於燎
一本作終多與於燎郠卑監本毛本並作申今石經與此同余不忍其詢各本
皆作詢此補字之誤釋文云詢本或作詢公說告宴子按當作晏子此亦補字之誤
頤信不愧釋文作媿云本又作愧擯鐘舞女監本毛本鐘作鍾斬刈
目力釋文刈作艾云本又作刈澤之萑蒲舟鮫守之說文作澤之目藻
已責本或作債以享魚肉監本毛本享並作烹釋文今石經並與此同石本享下後
人增刻一非是以洩其過釋文洩作泄周疏釋文作周流云傳本皆作流然此五

句肯相對不應獨作周漢古本有作疏者案注訓周爲密則與疏相對宜爲疏耳若琴瑟
之專壹董遇注專作摶禮記注後漢書壹並作一古若無死監本毛本若並作者
疏述經及今石經並與此同爽鳩氏之樂一本作樂之取人於萑苻
之澤文選注萑苻作藿蒲盡殺之釋文無殺字云本或作盡殺之殺衍字毋從
詭隨釋文毋作無云本又作毋
傳廿一年天王將鑄無射漢書作無射鍾作泠洲鳩曰石本原如
此後人磨改洲作州監本亦作洲泠字或作伶或作冷字非也而鍾音之器也監本
毛本鍾作鐘大者不槬漢書作槬下同窕則不咸漢書作不感石本咸字之
左後人增刻子字誤心是以感感實生疾石本原如此後人磨改感作咸各本
作咸今鍾槬矣今石經鍾作鐘王心弗堪漢書作戡蔡其亡乎漢書

作虖張匄尤之匄本作亦丐豐愆本或作衍宋城舊鄘本或作墉公
子苦雒毛本誤作雒說文釋文今石經並與此同揚徽者公徒也說文徽作
徽公自揚門見之監本毛本揚作揚今石經與此同莊堇爲右莊堇
本或作莊堇父扶伏而擊之扶伏本或作匍匐
經廿有二年冬十月乙酉王子猛卒石本原如此後人磨改去
乙酉二字各本亦無之傳氏平出奔楚各本皆作士平此補字之誤王
子朝漢書作鼂王與賓孟說之漢書作賓猛樊頃子曰與本或作
須字奔于平畤釋文無于字云一本作于平畤下同本或作平壽誤次于皇水經
注皇作崀前城人敗陸渾于社社本或作杜下皆同十有一月乙
酉石本原如此後人磨改去有字各本亦無之毀其西南石本此下注子朝奔郊四

字後人所加也

傳廿三年魯將御我釋文御作禦叔孫旦而立期焉期本又作碁荷鑄劍必弑諸人各本弑皆作試光師右各本師皆作帥此帥字之誤楚大子建之母在郹監本毛本作郹釋文今石經並與此同下仿此

若敖蚡冒釋文蚡作蚠

經廿有四年毛本脫有字杞伯郁釐卒釋文釐作釐云本又作釐

傳余有亂十人監本毛本亂下有臣字石本臣字旁注今石經與此同晉侯使士景伯涖問周故釋文涖作莅嫠不恤其緯釋文嫠作釐云本又作嫠今王室實蠢蠢焉說文作日惷惷焉鉼之罄矣釋文鉼作缾云本又作瓶王子朝用成周之寶沈于河石本原如此後人磨改沈作珪各本同釋文云本或作沈于河漢書作王子鼂以成周之寶圭湛于河王定而獻之本或作王定之

經廿有五年有鸜鵒來巢鸜本又作鴝公孫于齊孫本又作遜

傳昭子賦車轄本又作舝明日宴漢書作讌今茲君與叔孫其皆死乎毛本今誤作令昏媾姻亞本亦作婭故人之能自曲直以赴禮者赴或作從吾聞文成之世監本毛本文成作文武史記漢書文選注今石經並與此同徵褰與襦本又作襦遠哉遙遙漢書作搖搖裯父喪勞監本毛本裯誤作稠今石經與此同宋父以驕監本父誤作公季公鳥娶妻於齊鮑文子生甲毛本作生申季公亥與公思展與公鳥之臣申夜姑相其室夜本或作射又

訴於公甫釋文訴作愬云本又作訴季氏介其雞介本作芥使侍人僚柤告公侍人本亦作寺人公執戈以懼之監本毛本執誤作使盲若洩釋文洩作泄衆怒不可蓄也釋文蓄作畜云本亦作蓄下並同蓄而弗治將薀本亦作蘊陷西北隅以入隅本或作堣勠力壹心監本毛本勠作戮釋文與此同昭子齊於寢齊本又作齋宋元公將爲公故如晉監本作宋公元公衍文且召六卿監本毛本且作旦今石經與此同獲保首領以沒釋文監本毛本沒作歿唯是楄柎所以藉幹者說文作楄部鷸榦私降昵宴說文作暱燕弗敢失墜監本毛本作隊

傳廿六年申豐從女賈史記作汝賈緡一如瑱毛本瑱誤作縝釋文今石經並與此同羣臣不盡力於魯君者監本毛本於作于今石經與此同不知天之弃魯邪監本毛本作耶今石經與此同抑魯君有罪於鬼神毛本於作于下侍於曲棘仿此請息肩於齊監本毛本於亦作于齊子淵捷從成人伐齊師之飲馬於淄者監本於作于洩聲子釋文洩作泄繇朐汰輈朐本又作軥白晳鬒鬚眉甚口釋文鬒作須云本又作鬒必子彊也毛本彊作彊鑋而乘於他車以歸說文鑋作䟴無於字使女寬守闕塞女本亦作汝漢書同闕釋文監本並作闕今石經與此同大子壬弱監本毛本大作太晉師使成公般戍周而還監本毛本脫使字今石經有昔武王克殷服虔王肅作文武克殷以蕃屏周釋文蕃作藩云亦作蕃生穨禍心監本毛本穨作頹秦人

降妖本又作訞侵欲無厭釋文作猒云本又作厭規求無度服王孫規
並作玩貫瀆鬼神說文貫作摜兹不穀震盪播越說文又作蕩
未有攸底監本毛本底作底天道不謟本又作惂監本毛本誤作謟後
廿若少惰本亦作憜工賈不變工賈本亦作商賈
傳廿七年工尹麇服本及監本毛本並作王尹釋文與此同與吳師遇
於窮石本窮下旁注谷字後人所加光伏甲於堀室而享王堀本又作
窟鈹交於匈石本原如此後人磨改作胷各本作胷無極譖郤宛焉
毛本極誤作及或取一秉秆說文作或投一秉稈晉陳之族呼於國
曰釋文於作于烏呼爲無望也各本烏皆作鳴彊場曰駭監本毛本
場作場

傳廿八年晉祁勝與鄔臧通室石本原如此後人磨改鄔作鄡各本
作鄔下鄔大夫仿此邑之多辟釋文作辟云本又作辟無後而天毛本作而
天生伯封漢書作伯叔封貪惏無饜本又作厭忿纇無期纇本又作
類服本同共子之廢其本亦作恭是豺狼之聲也豺本又作犲
安爲楊氏大夫監本毛本楊誤作陽今石經與此同施于孫子毛本于作
於夫今子少不颺石本子下旁注貟字後人所加今女有力於王
室監本毛本力作功其長有後於晉國乎毛本於作于比置三
歎監本毛本置作至釋文今石經並與此同
傳廿九年齊卑君矣毛本誤作齊君卑矣乃以帷裹之監本毛本
帷作幃釋文今石經與此同請相與偕告毛本偕作皆在乾本亦作乾其

大有三三毛本誤作三三其夫三三毛本誤作三三其坤釋文作巛云本
又作坤
傳卅年且徵過也徵本或作懲若好吾邊疆釋文作吾好云一本
作若好吾監本毛本吾誤作吳吾又彊其讎以重怒之監本毛本彊作疆
徐子章禹斷其髮今石經禹作羽若爲三師以肄焉肄本又作
肆
傳卅一年請囚于費以待君之察也監本毛本于作於釋文與
此同趙簡子夢童子贏而轉以歌贏本又作裸
傳卅二年俾我兄弟俾本又作卑蝥賊遠屏毛本賊誤作賤衛
彪傒曰毛本衛誤作魏仞溝洫仞本又作刃書餱糧釋文餱作糇云本又

作餱魯君世從其失從本亦作縱主所知也毛本主誤作王
定公經元年隕霜殺菽釋文作叔云本或作菽按石本原作叔磨改加卄
傳非義也漢書義作誼下同魏子其不免乎漢書作虖山川
鬼神儀禮注作山川神祇凡從君出監本毛本作公出榮駕鵞曰監本
毛本鵞作鵝漢書今石經並與此同
傳二年奪之杖以敲之敲或作茅或作判
經三年仲孫何忌及邾子盟于技各本皆作拔此補字之誤臨
廷闔以缾水沃廷缾本又作瓶莊公卞急而好絜監本毛本
作潔今石經與此同
經四年蔡公孫姓帥師滅沈釋文作公孫生云又作姓傳言

於范宣子曰毛本於作于 嘖有煩言監本嘖誤作幘 以藩屛周
監本毛本蕃作藩釋文今石經並與此同 分魯公以大路大旂釋文路作輅云
本亦作路下皆同 備物典策釋文作筴云本又作冊亦作筴或作䇲 殷民七
族廣韻民作人 饑氏廣韻作飢氏 及圃田之北竟釋文圃作甫云本亦
作圃 宋王臣王本或作壬 伯州犁之孫嚭爲吳大宰以謀
楚監本毛本大作太 直轅冥阸本或作冥隘 鄖公之弟懷將弒
王釋文弒作殺 鑢金初宦於子期氏鑢本又作鑪各本同監本毛本宦誤
作官 越在草莽舊作茅今本多作莽下同 疆場之患也監本毛本場作埸釋
文與此同
傳五年矜無資石本資下旁增也字後人所加各本皆無之 囚闔與罷

石本原如此後人磨改與作與釋文同云又作與監本毛本亦作與 焉能定楚王之
奔隨也石本楚下旁注楚字此後人所加 子西問高厚焉石本厚下旁增
大小二字後人所加 報觀虎之敗也監本毛本作役也今石經與此同
傳六年使彌子瑕追之大戴禮作迷子瑕 定之鞶鑑釋文鞶作
鞶云又作鞶 將以爲之贅釋文無之字 獲潘子臣小惟子惟本
又作帷 天王處于姑蕕又作猶
經七年冬十月毛本脫此三字
經八年陳侯柳卒柳本或作抑 傳子姑使溷伐子各本
伐皆作代此誤 晉師將盟衞侯于鄟澤鄟本亦作膊 及捥石本原如
此後人磨改作腕誤 桓子乍謂林楚石本原如此後人于乍旁增刻卩字各本亦作
作 陽貨說甲如公宮說本又作稅
傳九年余何故舍鐘釋文作鍾 書曰得得器用也各本皆不
重得字 茲陽虎所欲傾覆也釋文傾作頃云本又作傾 仲尼曰毛本
誤作仲氏曰 如驂之靳本或作如驂之有靳非也 皙幘而衣貍製說文
幘作䶦
經十年齊人來歸鄆讙龜陰田說文讙作鄻 傳吾子
何不聞焉毛本吾誤作君 用秕稗也秕又作粃 齊人來歸鄆讙
龜陰之田漢書來作郲 城其西北而守之一本或作城其西北隅
在揚水卒章之四言矣本或作揚之水卒章 侯犯將以郈易
於齊監本毛本於作于今石經與此同 駟赤謂侯犯曰各本皆作駟赤此補

字之誤 侯犯謂駟赤曰監本毛本俱無侯字今石經有之 公子地有
白馬四漢書作駟 公取而朱其尾鬣以與之漢書作予之
傳十二年子僞不知今石經僞作爲釋文同云一本作僞
經十有三年秋晉趙鞅入于晉陽以叛監本毛本脫秋字
傳實鄖氏監本毛本鄖作鄭釋文今石經並與此同
經十有四年而告於知氏曰石本知氏下旁注范氏二字後人所加
天王使石尚來歸脤說文作祳周禮注作蜃 傳夫差使人
立於庭釋文作廷云本又作庭 謀救范中行氏也各本皆無也字 析
成鮒小王桃甲桃本又作姚 從我而朝少君本亦作小君
經十有五年日下昃監本毛本作昃 傳其先亡乎漢書作虖

哀公傳元年去疾莫如盡去疾本又作去惡復禹之績一本作迹日可俟也釋文俟作竢云本又作俟在國天有菑癘本或作天無菑癘親巡孤寡監本毛本巡下俱有其字今石經與此同宿有妃嬙嬪御焉各本牆作嬙釋文同云本又作廧或作牆夫先自敗也已本或作夫差先自敗者非冬十月監本毛本誤作十一月

經二年晉趙鞅帥師及鄭罕達帥師戰于鐵服本罕達下無帥師二字卜戰龜焦說文作𪚴欲擅晉國而滅其君滅或作戕上大夫受縣說文作受郡無入於兆監本毛本於作于今石經與此同鄆無恤御簡子漢書作鄆匕恤斃于車中斃本亦作弊大子復伐之毛本大作太傳傻曰傻又作叟吾伏弢嘔血嘔本又作歐冬

蔡遷于州來監本毛本脫冬字

傳三年巾車脂轄本又作鎋百官百備各本皆作官備此補字之誤道還公宮還本又作環劉氏范氏世為昏姻各本昏皆作婚

經四年盜弒蔡侯申各本弒皆作殺蔡殺其大夫公孫姓公孫霍姓本又作生

傳而殺公孫姓公孫盱監本毛本誤作盱為一昔之期監本昔誤作備

傳五年諸大夫恐其為大子也服本無大字則有疾疢服作疢疹寘羣公子於萊羣或作諸師乎師乎何黨之乎石本之下增注乎字各本亦皆作何黨之乎嬖大夫也監本毛本脫也字民之攸塈監本毛本塈作墍今石經與此同

傳六年作而悔後亦無及也各本皆作作而後悔亦無及也五辭而後許辭本又作辤楚子使問諸周大史監本毛本大作太釋文與此同下倣此楚昭王知大道矣大道本或作天道非嘗獻馬於季孫監本毛本於作于下受命于鮑子同闞止知之國策史記作監止夫孺子何罪釋文孺作孺

經七年公會吳于鄫釋文作繒云一本作鄫

傳不與必疾於我各本疾上皆有棄字此補字誤脫大宰嚭召季康子監本毛本大作太下同羸以為飾羸本又作倮魯擊柝聞於邾柝字又作欜

傳八年曹人詬之不行詬本又作詢執曹伯陽及司城彊以歸監本毛本並無陽字今石經與此同王問於子洩釋文作泄云又作洩

何故使吾水滋吾說文作我廣韻作君滋本又作茲說文廣韻並作茲獲叔子與析朱鉏毛本作鉏誤舍於庚宗監本毛本於作于今石經與此同析骸而爨骸本又作骨四諸樓臺栫之以棘釋文栫作栫云本又作栫

傳九年齊侯使孟公綽辭于吳綽本又作卓之需三三毛本誤作三三

傳十一年二子之不欲戰也宜石本宜下旁注哉字後人所加是謂我不成丈夫也丈夫本或作大夫非禮記注作是謂我非夫公叔務人監本叔務誤作孫務毛本誤作務務我不欲戰而能默本亦作嘿公為與其嬖僮汪錡乘皆死釋文僮作童云本亦作僮殿脯焉服字亦作

鍜展如將右軍監本毛本展誤作辰陳子行命其徒具含玉含本又作哈褽之以纁纁釋文無之字云一本作褽之以元纁纁本亦作黗初晉悼公子憖亡在衛憖一作憗

傳十二年昭公娶于吳釋文娶作取云本亦作娶若可辭也儀禮注辭作辤子贛見大宰嚭監本毛本並無嚭字今石經有之彌作頃丘玉暘嵒戈錫玉暘一本作玉暢

經十有三年許男成卒成本或作城

傳麤則有之麤本又作麁殺其丈夫而囚其婦人丈夫本或作大夫誤

傳十四年侍人禦之釋文禦作御云本亦作禦子我歸帥徒屬攻闈與大門監本毛本並脫帥字公使夫人驟請饗焉監本毛本饗作享

逢澤有介麋焉各本麋皆作麇釋文同云又作麋乃舍之各本皆作舍之此補字之誤孔丘三日齊本又作齋

傳十五年荐伐吳國毛本荐作薦事死如事生石本原如此後人磨改作事死如生監本毛本並有事字今石經無人皆臣人而有背人之心石本而下旁注子字後人所加追孔悝於廁孔悝本又作叔悝

傳十六年逋竄于晉以玉室之故各本晉下復有晉字石本亦旁注晉字後人所加也俾屏余一人以在位漢書余作予煢煢余在疚說文作嬛嬛在疚君其不沒於魯乎漢書沒作歿稱一人漢書作稱予一人許公爲反祏釋文反作返云本亦作反期之子平見之石本期上旁注子字各本亦作子期之子平市南有熊宜僚者本或作熊相宜僚石本熊下亦注相字疑後人所加也後漢書注有相字不泄人言以求媚者去之釋文泄作洩弒王不祥各本弒皆作殺日日以幾監本日日誤作日月幾本或作冀而又掩面以絕民望毛本又誤作父使與國人以攻白公釋文與作輿云一本作與不言將亨各本作烹石本亨下增刻灬字後人所加釋文今石經並與此同下兩亨字倣此此事也克則爲卿監本毛本並無也字今石經有沈諸梁兼二事監本毛本皆無沈字

傳十七年吳子禦之笠澤釋文禦作御下同率賤率本又作帥下同是以克州蓼本又作鄝天命不諂本又作謟令尹有憾於陳憾本又作感沈尹朱曰吉毛本吉誤作言公閉門而請監本毛本閉並作闞今石經與此同宋皇瑗之子麇監本子作于毛本作千並誤而奪

其兄酁般邑以與之監本毛本酁誤作劇釋文與此同後倣此皇瑗奔晉監本毛本瑗誤作緩

傳十八年昆命于元龜釋文無元字云本或依尚書作昆命于元龜

傳廿年親暱之極也釋文暱作昵先主與吳王有質監本毛本先主並誤作先王唯恐君志之不從監本毛本作君之志不從

傳廿三年其可以稱旌繁乎說文繁作緐高無平帥師御之各本皆作高無丕此補字之誤君命瑤非敢耀武也石本瑤下旁注瑤字後人所加監本毛本耀作燿

傳廿四年軍吏令繕將進石本繕下旁注甲字後人所加是躗言也釋文躗作噧此禮也則有石本有下旁注之字後人所加各本無

傳廿五年臣有疾（廣韻作㾓有足疾）君將㱿之（說文作㱿之玉篇作㱿焉）初衛人翦夏丁氏（監本毛本翦皆作剪）少畜於公宮（石本原如此後人磨改去宮字各本亦無之）以鉤越（鉤本或作拘）

傳廿六年叔孫舒帥師會皋如舌庸宋樂茷納衛侯（石本原如此後人磨改舌作后監本毛本亦作后庸國語今石經並與此同廿七年傳仿此）師侵外州（監本毛本師上並衍衛字）掘褚師定子之墓（掘本或作搰玉篇同）大尹興空澤之士千甲（興或作輿非）大尹惑蠱其君而專其利（毛本專誤作患）今君無疾而死（監本毛本今並作令今石經與此同）已爲烏而集於其上（監本毛本烏並作鳥今石經與此同）昔成公孫於陳（孫本亦作遜按石本改刻亦作遜）獻公孫於齊（監本毛本齊上並衍衛字）四方其順之（監本毛本順作訓今石經與此同）四方爲之主（各本皆作四方以爲主按石本之字亦後人磨改）多陵人者皆不在（石本在下旁注矣字亦後人所加）還孟武伯於孟氏之衢（監本毛本孟氏誤作孟武）早下之則可行也（釋文早作皁云一本作早）

後序（毛本無此篇）卽春秋所書天王狩于河陽（釋文狩作守云本亦作狩）

右春秋左氏傳

金石萃編卷一百十一終

金石萃編卷一百十二

賜進士出身誥授光祿大夫刑部右侍郎加三級王昶譔

唐七十二

石刻十二經（殘三）　附五經文九經字樣跋

春秋公羊經傳解詁隱公元年經公及邾婁儀父盟于眜（父本亦作甫今石經眜作昧）傳何以不名（監本毛本無不字）

二年傳昉於此乎（周禮注疏昉並作放）婦人謂嫁曰歸（毛本謂誤作爲）

三年經武氏來求賻（石本原如此後人磨改作武氏子來各本亦俱有子字）

四年傳隱曰吾否（監本毛本誤作隱公曰否）石碏立之（漢石經殘字碏作踖）

五年傳登來之也（禮記注作登戾之）始祭仲子也（漢石經無也字）自陝而東者周公主之自陝而西者召公主之（釋文召作邵禮記注兩引並作自陝以東周公主之自陝以西召公主之）昉於此乎（漢石經昉作放）

六年傳吾與鄭人未有成也（監本毛本未作末漢石經作未有成無也字）

十有一年傳何隱爾弒也（漢石經弒作試下弒同）子不復讐（監本毛本脫子字）以爲不繫乎臣子也（漢石經無以爲二字）

桓公元年經公及鄭伯盟于越（本亦作粵）

二年傳所見異辭所聞異辭所傳聞異辭漢石經有顏氏有所見異辭所聞異與何以書紀災也一條蓋紀嚴顏異同之說與論語後記盡毛包周有無之字同例漢石經後又有廿年顏氏言君出則已入矣又顏氏無伐而不言圍者非取邑之辭也云云亦辨諸本異同附記於此

隱賢而桓賤也監本毛本賤誤作賊今石經與此同

三年傳胥命者何相命也爾雅注作胥盟者何相盟也

經秋七月壬辰朔毛本誤作壬申

四年傳秋曰蒐釋文作廋云本又作搜亦作蒐

五年經螟本亦作蟊

六年傳簡車徒也文選注三引徒並作馬

淫于蔡監本毛本于誤作予

謂莊公也釋文作嚴公云本亦作莊後漢諱莊改爲嚴

八年傳夏曰礿本又作禴

十有一年傳鄭之相也釋文監本毛本並無之字後漢書注與此同

先鄭伯有善于鄶公者監本毛本鄶誤作鄶今石經與此同

而野留周禮注野作鄙

經柔會宋公陳侯蔡叔盟于折一本作祈

十有五年傳祭仲存則存監本毛本則存下衍矣字今石經與此同

莊公元年傳春秋君弑子不言卽位釋文弑作殺下皆同

夫人譖公於齊侯毛本於作乎

搚幹而殺之釋文搚作拹云本又作搚亦作拉玉篇兩引一作拉公幹一作拉公骿

天子嫁女于諸侯監本毛本于誤作乎今石經與此同

六年傳何以致伐毛本誤作致會

七年經夏四月辛卯夜一本無夜字

傳則何以知夜之中監本毛本脫則字今石經與此同

八年傳出曰祠兵詩箋作治兵

九年傳其言取之何監本毛本脫言字今石經與此同

辭殺子糾也監本毛本殺誤作役今石經與此同

十年傳觕者曰侵周禮注觕作粗

十有二年傳惟魯侯耳石本原如此後人磨改惟作唯各本亦作唯

萬臂摋仇牧臂本又作辟

十有四年經單伯會齊侯宋公衛侯鄭伯于鄄本亦作甄

十有七年傳瀸漬也釋文漬作積云本又作漬

廿年傳大瘠也瘠本或作癠一本作漬禮記注亦作漬

痢也玉篇作大痢

廿有二年傳跌也跌本或作佚

廿有三年經祭叔來聘毛本祭誤作蔡今石經釋文監本並與此同

腶脩云乎釋文腶作斷云本又作腶毛本脩誤作脩

廿有五年傳以朱絲營社續漢書注營作縈釋文同云本亦作營

故營之續漢書注作故縈之也

廿有六年經公伐戎今石經公上有春字

廿有七年傳通季子之私行也監本毛本通下有乎字今石經與此同

廿有八年傳曷爲先言槃徵而後言無麥禾監本毛本後言誤作後書今石經與此同

廿有九年傳脩舊也毛本脩作修下脩舊不脩並同

卅年經公及齊侯遇于魯濟毛本脫濟字

卅有二年傳俄而牙弒械成釋文弒作殺下親弒同飲之無

傫氏無本又作巫

閔公第四石本此下增注正書附莊公卷四字元年傳慶父弒之矣釋文弒作殺

二年傳弒也釋文弒作殺下同

僖公第五石本此下增刻小注卷四二字按石刻公羊傳原分十二卷以後諸公首行標題下皆有增注卷尾標題亦悉依增注者磨改皆後人所爲非原本也元年傳救不

言次監本毛本救上衍救邢二字桓公召而縊殺之縊一本作搤

經獲莒挐一本作茹傳然則曷爲不於弒焉貶監本毛本於誤作與釋文弒作殺貶必於其重者監本毛本脫其字今石經與此同

二年傳曷爲城衛滅也石本原如此後人磨改曷爲下增不言二字各本亦皆有之以取亡矣石本原如此後人磨改矣作焉各本亦作焉與垂棘

之璧棘一本作棘虞公抱寶牽馬而至牽本又作掔

四年傳何言喜服楚石本原如此後人磨改言下增乎字各本亦皆有之無

王者則先叛監本毛本無上衍楚字今石經與此同南夷與北夷交

各本作北狄卒怗荆怗一本作貼劉兆同一本作拈監本毛本並作帖釋文九經字様今石經並與此同濤塗之罪奈何石本原如此後人磨改無奈字各本亦無之

君既服南夷矣毛本既誤作能今石經監本並與此同桓公假塗于

陳監本毛本塗作途不脩其師毛本脩作修

七年經小邾婁子來朝毛本邾誤作郱

八年經禘于大廟毛本大作太

九年經晉李克弒其君之子奚齊釋文弒作殺傳同

十有四年經沙鹿崩漢書鹿作麓下同

十有五年經公會齊侯宋公陳侯衛侯鄭伯許男

曹伯盟于牡丘監本毛本丘誤作兵

十有六年本或從此下別爲卷案七志七錄何注止十一卷公羊以閔附莊故也後人以

僖卷大繁分之爾經六鷁退飛過宋都釋文鷁作鶂聞其磌然磌本或作砰

十有七年經冬十有二月監本毛本脫冬字今石經有

十有九年經鄫子會盟于邾婁監本脫盟字毛本誤作鄫人會于邾婁今石經與此同傳其用之社奈何蓋叩其鼻以血社

也周禮注作用之書何蓋叩其鼻以衈社也

廿年傳何以書記災也監本毛本災誤作異今石經與此同

廿有一年傳吾不從子之言以至乎此監本毛本誤作至此乎今石經與此同君雖不言國固子之國也石本原如此後人磨改國下多一國字各本亦重出國字今石經與此同

廿有六年傳乞者何監本毛本乞下衍字今石經與此同師

廿有八年傳故爲是已立石本原如此後人磨改爲作於各本亦皆作於

卅年傳歸惡于元咺也監本毛本于誤作乎

卅有一年傳祭泰山監本毛本泰作大釋文同云本亦作泰下同膚寸

而合玉篇膚作扶

卅有三年傳必於殽之嶔巖嶔又本或作廞匹馬隻輪無

反者隻輪一本又作易輪經取叢釋文作菆

文公二年經晉侯及秦師戰于彭衙本或作牙濟僖公

釋文躋作隮云本又作躋傳譏喪娶也釋文喪作取云本亦作娶

三年傳死而墜也釋文墜作隊

四年傳其謂之逆婦姜于齊河各本皆作何此石本誤刻

六年傳何以謂之天無是月是月非常月也監本毛本

脫是月二字

七年經晉先眜以師奔秦監本毛本眜誤作味釋文今石經並與此同下

仿此傳眜晉大夫使與公盟也眜本又作眛本又作眛監本毛本作

眛今石經與此同經公子遂會伊雒戎盟于暴本又作瀑

九年經楚子使椒來聘椒一本作萩

十年經及蘇子盟于女栗女本亦作汝

十有二年傳惟諓諓善竫言竫本或作諞本作誤河曲疏

矣河千里而一曲也爾雅注作河曲流河千里一曲一直

十有三年經邾婁子蘧篨卒石本原如此與釋文同後人磨改作蘧蒢

監本毛本蘧从艸篨从竹傳周公用白牡監本毛本誤作牲今石經與此同

魯公燾一本作燾經鄭伯會公于斐本又作棐

十有四年傳義實不爾克也毛本爾克誤作克爾滛乎子

叔姬監本毛本乎作于今石經與此同

十有五年傳脅我而歸之監本毛本我誤作物

十有六年傳毀之不如勿居而已矣石本原如此後人磨改毀

上有巳字各本亦作巳毀之

十有七年經冬公子遂如齊監本毛本並脫冬字今石經有之

宣公六年傳此非弒君如何監本毛本如作而有人荷畚

釋文荷作何云本又作荷仡然從乎趙盾而入儀禮注作趍祭從於趙盾躇

階而走躇一本作走說文同靈公有周狗宋本爾雅注作害狗絕其頷

玉篇作頷

八年經公至自會毛本誤作自齊有事于大廟毛本大作太

十年傳未絕于我也監本毛本于作於下句于字毛本亦作於

十有二年傳是以君子篤於禮而薄于利監本毛本于作

於

十有三年經楚子伐鄭石本原如此後人磨改鄭作宋各本亦作宋

十有五年傳乘堙而闚宋城毛本闚作窺莊王曰如何

石本原如此後人磨改作何如各本同子曷爲告之毛本子誤作則而未

能合于中國[毛本于作於]
十有六年經成周宣謝災[監本毛本謝作榭釋文今石經並與此同]
十有八年傳辟其號也[禮記注號上有僞字]
成公二年經曹公子手[一本作午]及齊師戰于鞌[石本原如此後人磨改師作侯各本亦作侯]傳佚獲也[佚一本作失]同時而聘于齊[毛本于誤作與]踊于棓而闚客[閩本又作窺]於是使跛者逆跛者[逆本又作迓禮記注作御下句同]相與踦閭而語[釋文踦作倚]
郤克眹魯衛之使[監本毛本眹誤作昳釋文今石經並與此同]得壹貶焉爾[監本毛本壹誤作一]
四年經鄭伯堅卒[釋文堅作臤云本或作堅]

五年傳河上之山也[監本毛本河作江今石經與此同]
六年經仲孫蔑叔孫僑如率師侵宋[監本毛本脫率師二字今石經有之]
十年經冬十月[監本毛本無冬十月三字今石經有之]
十有一年經晉侯使郤州來聘[州本亦作犨]
十有三年經曹伯廬卒于師[廬本亦作盧]
十有五年傳弑子亦[釋文弑作殺]臧宣叔者相也[監本毛本叔誤作公]經宋世子成[成本或作虎]
十有六年傳成公將會晉厲公[監本毛本脫晉字疏並經及今石經並有晉字]

襄公五年經冬戍陳[監本毛本戍誤作戌傳文及十年經戍鄭虎牢並同]
七年傳何隱爾弑也[釋文弑作殺下同]
十有二年經春王三月[監本毛本誤作正月今石經與此同]
十有五年經晉侯周卒[周本作雕]
十有六年經公會晉侯宋公衛侯鄭伯曹伯莒子邾婁子薛伯杞伯小邾婁子于溴梁[釋文溴作狊云本又作湨監本毛本誤作溴今石經與此同]傳君若贅旒然[贅本又作綴旒本又作流]
十有七年經春王三月[石本原如此後人磨改三作二各本亦作二]
廿有一年傳十有一月庚子孔子生[釋文無十有一月云傳文上有十月庚辰此亦十月也一本作十一月庚子又本無此句]

廿有四年經仲孫羯帥師侵齊[釋文羯作偈云本又作碣亦作羯]
陳鍼宜咎出奔楚[今石經鍼作咸釋文同云本又作鍼]
廿有五年傳傷而反未至乎舍而卒也[毛本反未二字誤倒]
廿有七年傳子苟欲納我[監本毛本脫欲字今石經有之]黜我者非甯氏與孫氏也凡在爾[石本原如此後人磨改去也字各本亦無之]挈其妻子而去之[今石經挈作擕]擕其妻子而與之盟[毛本擕誤作挈]
廿有九年傳近刑人輕死之道也[石本原如此後人磨改輕上增則字各本亦有則字]僚惡得爲君乎[監本毛本惡作焉釋文同云焉本又作惡今石經亦作惡]爾弑吾君[監本毛本弑作殺釋文今石經並與此同]

卅年經楚子使薳頗來聘頗一本作跛傳不見傅母
不下堂母本又作姆
昭公元年經二月取運毛本誤作三月
四年經楚人執徐子監本毛本楚人作楚子今石經與此同
八年經蒐于紅釋文蒐作廋云本亦作蒐
九年傳其言火何各本火上有陳字
十有二年毛本年誤作月經公子整出奔齊整或作慭
十有五年經吳子夷眛卒眛本亦作末
十有九年傳不成于弒也釋文弒作殺下于弒加弒並同
廿年傳何賢乎公子喜時毛本子誤作羊

廿有一年經春王三月監本毛本三誤作二今石經與此同
廿有二年經大蒐于昌姦釋文蒐作廋云本亦作蒐
廿有三年監本毛本脫有字
廿有四年經杞伯鬱釐卒釋文釐作氂云本亦作釐
廿有五年傳昭公將弒季氏釋文弒作殺下同終弒之而
敗焉監本毛本脫之字今石經與此同慶子免君於大難子家駒
曰臣不佞石本原如此後人磨改佞下增矣字各本亦有之昭公於是噭
然而哭說文噭作叫
廿有六年經公會齊侯莒子邾婁子杞伯盟于鄟
陵鄟本亦作專監本毛本誤作剸

卅有一年經季孫意如會晉荀櫟于適歷櫟本又作躒又
作濼葬薛獻公監本毛本薛誤作辥今石經與此同傳訴天子監本毛本
訴作愬釋文同云本亦作訴叔術覺焉曰嘻誠爾國也夫石本原如
此後人磨改誠上增此字各本亦有之
定公元年經晉人執宋仲幾于京師幾本或作機傳不
衰城也衰一或作蓑監本毛本亦作蓑釋文與此同
二年傳主災者兩觀監本毛本主誤作時今石經與此同脩大也
毛本脩作修下脩舊同
三年監本誤作三月
四年經公會劉子晉侯宋公蔡侯衛侯陳子鄭伯

許男曹伯莒子邾婁子頓子胡子滕子薛伯杞伯
小邾婁子齊國夏于召陵侵楚釋文召作邵云本或作召晉士
鞅衛孔圄帥師伐鮮虞虞本或作吳傳用事乎河毛本
事誤作是
八年經葬曹靖公釋文靖作竫云本亦作靖傳睋而鋟其板
鋟本又作鐵本或作鋟誤將殺我于蒲圃圃本又作甫臨南投策而
墜之釋文墜作隊臨南駷馬駷本又作擻欠著于莊門莊本或作
嚴弒不成釋文弒作殺郤反舍于郊釋文郤作卻云本又作却皆說
然息說本又作稅
九年經鄭伯蠆卒毛本脫伯字

十有一年經叔還如鄭莅盟監本毛本莅誤作涖今石經與此同

十有三年經大蒐于比蒲釋文蒐作廋云本又作蒐

十有四年經晉趙陽出奔宋毛本陽誤作鞅釋文今石經監本並與此同

二月辛巳監本毛本二作三今石經與此同於越敗吳于醉李本亦作醉本又作檇

公會齊侯衞侯于堅本又作掔傳熱曰燔本亦作膰又作燔

十有五年傳曼也釋文監本毛本曼並作漫經齊侯衞侯次于籧篨監本毛本籧作蘧釋文今石經並與此同傳日下昗監本毛本作昃

哀公二年經晉趙鞅帥師及鄭軒達帥師戰于栗栗一本作秩

四年經盜弒蔡侯申釋文監本毛本弒並作殺蒲社災賈逵左傳注蒲作薄

五年經城比本又作芘亦作庇

六年經齊國夏及齊高張來奔各本高張上皆無齊字疑此刻誤衍

傳陳乞使人逆陽生于諸其家石本原如此後人磨改逆作迎各本亦皆作迎於是使力士舁巨囊石本原如此後人磨改舁作舉各本亦作舉皆色然而駭色本又作垝又或作危開之則闖然說文作規然

八年經歸邾婁子益于邾婁毛本于誤作子

十有二年經蝝本亦作螽

十有三年經許男戌卒釋文戌作成云本亦作戌盜殺陳夏彄夫夏一本作廉彄一本作嫗

十有四年傳有麕而角者監本毛本麕作麏釋文同云本又作麇亦作麕漢石經及爾雅注今石經並與此同顏淵死孔子曰噫各本皆無孔字

右春秋公羊傳

春秋穀梁傳序弒逆篡盜者國有弒又作殺七曜爲之盈縮釋文曜作燿云本又作曜鬼神爲之疵厲厲又作癘則桑扈之諷興諷又作風增脩德政毛本脩作修拯頹綱以三五頹本又作頽監本毛本亦作頽下太山其頽倣此麟感化而來應麟本又作麐是神器可得而闚也闚本又作窺是嫡庶可得而齊也嫡本又作適據理以通經乎據亦作据瓌望碩儒毛本望作望先君北

蕣迴軫蕣又作蕣昊天不弔昊本又作旻嚴霜夏墜釋文作隊二子之沒沒又作歿

隱公元年傳隱將讓而桓弒之弒又作殺後皆同父猶傳也監本誤作父者何傳也貝玉曰含又作琀今石經作珠玉曰含左傳疏後漢書注並與此同不出竟場竟本或作境下同

二年傳夫人者隱公之妻也石本原如此後人磨改去公字各本亦無公字

三年經曰有食之食本亦作蝕後倣此葬宋繆公繆本亦作穆

四年經衞祝吁弒其君完弒釋舊作殺下同傳故貶也今石經作故貶之也祝吁之挈失嫌也挈本又作契

五年傳隱遜而脩之毛本脩作修

八年傳日入惡入者也監本毛本惡下無入字今石經與此同而祭

泰山之邑也監本毛本脫也字今石經有之

十年經宋人衛人伐載本或作戴

十一年傳考禮脩德毛本脩作修犆言同時也犆本或作特

桓公元年傳桓弟弒兄釋文弒作殺云本亦作弒下同而祭泰山

之邑也釋文泰作大云本亦作泰

二年傳子既死父不忍稱其名臣既死君不忍稱

其名監本毛本脫臣既死君不忍稱其名九字今石經有之桓內弒其君釋文

弒作殺下同以是爲討之鼎也麋氏云討或作紏計數日以賂

金石萃編卷一百十二　唐七十二　十四

監本毛本計誤作討

三年監本毛本誤作二年傳諸毋般申之曰般一本作磐

四年傳秋曰蒐麋氏本又作搜

五年傳蟲災也石本原如此後人磨改蟲上增螽字各本亦有之

六年傳脩教明諭監本毛本脩作修下脩戎事仿此陳侯憙獵釋文

監本毛本憙作喜

九年經曹伯使其世子射姑來朝麋氏本射作亦傳使世

子伉諸侯之禮而來朝伉本又作亢則是放命也監本毛本

放誤作故

十有一年經公會宋公于夫鍾麋氏本鍾作童

十有四年經夏五本或有月者非鄭伯使其弟禦來盟釋文

禦作御云本亦作禦傳天子親耕以共粢盛共一本作供下同曰

甸粟而內之三宮麋氏本三宮作三官夫嘗必有兼甸之事焉

甸一本作佃監本毛本亦作佃今石經與此同

十有七年經公及邾儀父盟于趡監本毛本脫公字今石經有之

傳食既朔也漢書作食二日也

十有八年傳公夫人姜氏遂如齊監本毛本公下有與字以

夫人之伉弗稱數也伉一本作亢君弒賊不討弒又作殺

莊公元年經夫人孫于齊孫本亦作遜傳躬君弒於

齊弒又作殺爲之主者卒之也監本毛本脫主字今石經有之

金石萃編卷一百十二　唐七十二　十五

三年經溺會齊師伐衛監本毛本師誤作侯今石經與此同

四年經夫人姜氏饗齊侯于祝丘饗本又作享

六年經春王三月監本毛本作二月今石經與此同傳以命絕

之也石本原如此後人磨改命上增王字各本亦作王命

七年經夏四月辛卯昔本或作晉傳而曰夜中實著焉

爾石本原如此後人磨改去實字各本亦無之

八年傳善師者不陳詩箋兩引一作善用兵者不陳一作善戰者不陳

十有二年經宋萬弒其君捷左傳正義云穀梁傳捷作接傳宋

萬宋之卑者也卑者以國氏經及其大夫仇牧按宋

萬至以國氏云云傳文也及其句經文也下以尊及卑云云郎及其句之傳文今石經於宋萬弒其

君捷下有及其大夫仇牧六字而以
北何及其大夫仇牧六字爲傳文

十有四年經單伯會齊侯宋公衛侯鄭伯于鄄監本
毛本脫宋公衛侯
四字今石經有之

十有七年傳鄭詹侫人也石本原如此後人磨改
侫人上多鄭之二字各
本並作鄭
之侫人也　使人戍之監本毛本戍
誤作戌下同

十有八年傳不使戎邇於我也邇一本
作介　經有蜚
本亦
作蜮

十有九年傳本或分此以爲下
莊公與閔公同卷　傳其遠之何也監
本
毛本脫之字
今石經有之不以難邇我國也邇本又
作介

廿一年各本作二十有一
年石本脫有字

廿有二年經陳人殺其公子禦寇禦又
作御

廿有三年經曹伯射姑卒射本或
作亦

廿有五年經鼓用牲于社傳鼓禮也用牲非禮也
監本毛本鼓用牲于社五字誤刻在上文日有食
之之下今石經經文日食何下亦有鼓用牲于社
五字而以此處五字爲傳
文與十二年經傳例同

廿有七年經公會杞伯姬于洮洮本或
作桃　傳未嘗有
歃血之盟也玉篇及儀禮釋
文歃並作呫

廿有八年傳言內之無外交也監本毛本
外誤作我

廿有九年監本毛本作二
十九年脫有字

卅年傳燕周之分子也分本或
作介

卅有二年傳以齊終也齊本亦
作齋

閔公元年經公及齊侯盟于洛姑一本作
路姑

二年經夫人姜氏孫于邾孫本或
作遜

僖公元年經齊侯宋師曹師次于聶北石本原如
此後人磨
改齊侯作齊師
各本亦作齊師　傳是向之師也釋文向作嚮
云本又作向

經齊人以歸傳不言以喪歸非以喪歸也監本毛
本齊人
以歸四字誤刻在上
句夫人薨于夷之下　經公會齊侯宋公鄭伯曹
伯邾人于檉檉一本
作朾　公敗邾師于偃偃一本
作堰　傳惡公
子友之紿石本原如此後人磨改
去友字各本亦無之

二年監本毛本
誤作三年

四年傳諸侯死於國不地監本毛本
於作于

八年傳以向之逃歸乞之也釋文向作嚮
云本又作向　經禘
于大廟監本毛本大作太釋
文今石經並與此同

九年經宋公禦說卒禦本亦
作御

十年傳吾若此而入自明則麗姬必死監本毛本
脫吾字明
下重衍一明字
今石經與此同

十有二年經春王三月監本毛本
誤作正月　傳管仲死楚
人伐江石本原如此後人磨改去
人字各本亦作楚伐江

十有四年經沙鹿崩漢書鹿
作麓　傳林屬於山爲鹿漢
書
及後漢書注爲鹿作曰
麓續漢書注作曰鹿　沙山名也漢書山名
作共名

十有五年傳蟲災也石本原如此後人磨改蟲上增蟲字各本亦有之
十有六年經六鷁退飛過宋都監本毛本鷁誤作鶂下傳倣此釋文
今石經並與此同
十有七年傳桓嘗有存亡繼絕之功監本毛本桓下有公字
廿有一年經釋宋公傳外釋不志監本毛本釋宋公三字誤刻在
上句公會諸侯盟于溝之下
廿有二年傳旌亂於上監本毛本脫亂字
廿有三年傳茲父之不葬何也監本毛本脫茲父之三字今石經有
之
廿有五年監本毛本作二十五年脫有字

金石萃編卷一百十二　唐七十二　十八

廿有六年傳使巳以共死其本又作供毛本誤作其
廿有七年經齊侯昭卒昭或作照非
廿有八年經晉侯齊侯宋師秦師及楚人戰于城
濮各本齊侯作齊師按此刻疑誤
卅有三年經晉人及姜戎敗秦于殽石本原如此後人磨改秦
下增師字各本亦作秦師傳百里子百或作伯誤也必於殽之巖唫之
下監本作崟匹馬奇輪無反者石本奇旁增人作倚各本亦並作倚漢書作踦
文公二年經公孫敖會宋公陳侯鄭伯晉士穀盟
于垂歛監本毛本榖作穀釋文同云本又作穀九年經倣此傳內大夫可以
會諸侯監本毛本會下有外字

三年經壬子虎卒各本皆作王子虎按此刻誤也
五年經王使榮叔歸含且賵含釋作唅傳賵以早而
含以晚監本毛本下以字作已
六年傳處父主竟上之事監本毛本脫之字今石經有
七年經宋公王臣卒監本毛本王作壬釋文同云本或作壬臣
八年經公子遂會雒戎盟于暴雒戎本或作伊雒之戎誤公孫
敖如京師不至復監本毛本至下有而字今石經無之
九年經楚子使椒來聘萩或作椒
十年經及蘇子盟于女栗監本毛本誤作粟今石經與此同
十有一年經楚子伐麇毛本誤作麋叔仲彭生會晉郤

金石萃編卷一百十二　唐七十二　十九

缺于承匡石本原如此後人磨改去仲字各本亦無之傳兄弟三人
石本原如此後人磨改兄弟作弟兄各本亦作弟兄佚害中國害本又作宕監本毛本同
身橫九畝漢書作晦
十有四年經公會宋公陳侯衛侯鄭伯許男曹伯
晉趙盾監本毛本許男誤作許伯齊公子商人弒其君舍釋文弒作
殺云本又作弒傳同
宣公元年傳由上致之也毛本由作繇
七年傳來盟者前定也監本毛本脫者字
八年傳以饑乎宣也各本饑皆作譏此刻誤經壬午猶繹
監本毛本此下衍萬入去籥四字楚人滅舒鄝本又作蓼

九年經楚子伐鄭監本毛本楚子作楚人今石經與此同傳亦通于其家監本毛本脫于字今石經有之十年傳齊由以爲兄弟今石經毛本由作繇反之監本毛本誤作友之今石經與此同經饑本或作飢十有一年傳不言及外狄也監本毛本並脫也字今石經有之十有三年經晉殺其大夫先穀一本作穀石刻原如此後人磨改作穀監本同十有五年傳其曰潞子嬰兒賢也今石經曰作日按石刻及監本毛本並誤十有六年經成周宣榭災榭本或作謝

十有七年傳終身不食宣公之食監本毛本終身誤作終日十有八年經邾人戕繒子于繒本或作鄫毛本繒子誤作繪子傳捝殺也捝或作撲經公薨于路寢傳路寢正寢也監本毛本脫傳路寢二字經歸父還自晉傳還者事未畢也監本毛本經文還自晉下誤衍至檉遂奔齊五字是亦奔父也監本毛本亦誤作以成公元年傳季孫行父禿晉郤克眇衛孫良夫跛左傳疏云沈氏引穀梁傳皆行父禿晉郤克跛衛叔良父眇穀梁定本作晉郤克眇衛孫良夫跛蕭同姪子處臺上而笑之毛本同誤作何二年經叔孫僑如僑本亦作喬傳壹戰縣地五百里監本毛本壹作一下諸壹戰壹戰不克並倣此經公及楚人秦人宋人

陳人衛人鄭人齊人曹人邾人薛人繒人盟于蜀監本毛本繒誤作繪五年傳伯尊其無績乎績本或作續經冬十有一月監本毛本脫有字七年經鼷鼠食郊牛角傳不言日急辭也監本毛本經文牛角下誤衍改卜牛鼷鼠又食其角乃免牛十二字觓角而知傷觓或本作筋非十有三年經公至自京師今石經監本毛本並無至字遂會晉侯齊侯宋公衛侯鄭伯曹伯邾人滕人伐秦監本毛本脫齊侯二字今石經有之十有六年傳猶存公也監本毛本存誤作在疏述經及今石經並與此同

存意公亦存焉監本毛本焉誤作也疏述經及今石經並與此同十有八年經晉侯使士匄來聘匄本又作丐襄公元年經晉侯使荀嬰來聘各本嬰皆作罃二年三年經倣此二年經六月庚辰監本毛本作庚寅今石經與此同鄭伯睔卒監本毛本並脫鄭字三年經陳侯使袁僑如如會各本皆作袁僑如會石刻衍一如字按此卷多朱梁補刻非唐原本也傳諸侯始失王矣各本王皆作正石刻誤也按此條亦梁人補刻經公至自會監本毛本誤作自晉六年傳非立異姓以莅祭祀各本皆無非字石刻誤衍也按此條亦梁人補刻

七年經公會晉侯宋公陳侯衛侯曹伯莒子邾子
于鄬本又作鄔鄭伯髡原如會髡本又作郡或作頵
八年經獲蔡公子濕本又作隰毛本作溼釋文與此同
九年經宋災監本毛本灾作災公會晉侯宋公衛侯曹伯
莒子邾子滕子薛伯小邾子齊世子光伐鄭監本毛本
脫杞伯二字
十年傳其曰遂何也監本毛本脫也字
十有二年經莒人伐東鄙圍郃本又作台
十有六年經公會晉侯宋公衛侯鄭伯曹伯莒子
邾子薛伯杞伯小邾子于湨梁監本毛本湨誤作溴

十有七年經宋華臣出奔陳毛本奔作犇
十有八年傳怨接於二也各本二皆作上石刻誤也按此文亦朱梁補刻
非大而足同與監本毛本與誤作焉釋文今石經並與此同
廿有四年傳五穀不升謂之大侵後漢書及玉篇升並作登
廿有五年傳門人射吳子有失創各本失皆作矢石刻誤也此文亦朱梁補刻
廿有九年傳寺人也寺人本又作侍人闇弒吾子餘祭各本
吾作吳石刻誤也此亦梁人補刻
卅年經宋災毛本灾作災下經傳諸灾字並仿此
昭公元年經宋向戌監本毛本誤作戍 三月取鄆監本毛本誤作

二月今石經與此同 晉荀吳帥師敗狄于大原監本毛本大作太釋文今石經並與此同
四年傳爲齊討也監本毛本討誤作封今石經與此同
五年傳以地來也監本毛本以下有其字今石經無之
六年經楚薳罷帥師伐吳監本毛本楚誤作冬
七年傳鄉曰衛齊惡鄉本亦作嚮八年同 君子不奪人名不
奪人名者不奪人親之所名也重其所以來也石本原如此後人磨改去不奪人名者五字所名下無也字今石經監本毛本並用改刻本
入年傳弟兄不得以屬通監本毛本弟兄作兄弟今石經與此同
經陳侯溺卒監本毛本脫侯字 傳流旁握御鞶者不得

入鞶本或作擊 捘禽旅捘本亦作掩 不與楚滅閔之也監本
毛本誤作閔公也
十有一年經楚子虔誘蔡侯般殺之于申虔或作乾
傳一事注平志監本毛本注作註今石經與此同
十有八年經宋衛陳鄭災監本毛本灾作災
十有九年傳羈貫成童羈又作覊不就師傅監本毛本誤作傳
許世子止不知嘗藥監本毛本脫止字
廿年經曹公孫會自夢出奔宋夢本或作蔑 傳衛謂
之輒本亦作縶
廿有一年經宋華亥向寧華定自陳入于宋南里

以叛賈逵左傳注引穀梁南里作南鄆
廿有三年經胡子髡沈子盈滅盈本亦作逞監本毛本此下衍獲陳夏齧四字
廿有五年經有鸜鵒來巢鸜本又作鸛公孫于齊孫本亦作遜下同
廿有七年經楚殺其大夫郄宛釋文郄作郤
卅有一年經季孫意如會晉荀櫟于適歷櫟舊作躒
卅有二年監本毛本誤作二十有二年經衛大叔申毛本大作太釋文監本並與此同
定公元年傳此大夫監本毛本此下衍其字今石經無之傳秋大

雩之爲非正何也監本毛本雩下重衍雩字
四年傳一事而再會監本毛本誤作後而再會今石經與此同挾弓
持矢毛本誤作扶矢
六年經季孫斯仲孫何忌帥師圍鄆監本毛本並脫何字
十有二年傳非國不言圍監本毛本脫不字
十有四年傳熟曰膰本又作燔
十有五年經弋氏卒監本弋誤作戈
哀公元年傳此該郊之變而道之也監本毛本並脫郊字今石經有之故卜免牛也監本毛本誤作故免卜牛也今石經與此同子不志
三月卜郊何也監本毛本志誤作忌今石經與此同

二年經取漷東田傳漷東未盡也監本毛本漷東田下衍及沂西田取漷東田八字
三年傳不繫戚於衛者監本毛本於作于
六年傳入者內不受也監本毛本不作弗今石經與此同下兩不受字並倣此
可以言不受也毛本可誤作何
右春秋穀梁傳
孝經序皆糟粕之餘毛本糟誤作糠庶有補將來監本毛本補下有於字石臺本與此同
開宗明義章仲尼居說文作凥鄭本同汝知之乎釋文汝作女云本或作汝凡本女字皆倣此曾子避席曰釋文避作辟云本或作避參不敏

釋文參作曑無念爾祖釋文無作毋云本亦作無
天子章刑於四海釋文刑作形云本又作刑
卿大夫章然後能守其宗廟本或作庿夙夜匪懈字或作解
庶人章故自天子至於庶人古文分此以下別爲一章
三才章導之以禮樂導本或作道
孝治章故得萬國之懽心釋文懽作歡云字亦作驩祭則鬼享之監本毛本亨作享石臺本與此同後孝親章以鬼亨之倣此
聖治章父子之道天性也古文從此以下別爲一章
廣要道章莫善於悌釋文作弟云本亦作悌敬一人而千萬
人悅毛本而誤作則今石經及石臺本監本並與此同

廣至德章非家至而日見之也呂氏春秋注作而戶見之也愷
悌君子愷本又作豈悌本又作弟
廣揚名章事兄悌本作弟
諫爭章監本毛本爭作諍石臺本與此同是何言與釋文作歟云本今作與
不失其天下石臺本無其字釋文同云本或作不失其天下其衍字耳監本毛本亦有
其字
感應章本今作應感章神明彰矣釋文彰作章云本又作彰
事君章故上下能相親石本原如此後人磨改親下增也字各本同中
心藏之中本亦作忠
喪親章哭不偯說文作不悠言不文本或作閔非此哀感之

情也監本毛本感作戚釋文石臺本並與此同爲之棺椁衣衾而舉之
釋文椁作槨擗踊哭泣擗字亦作擗卜其宅兆而安措之儀體
注措作厝釋文同云字亦作措爲之宗廟以鬼享之又作饗之
右孝經
論語序大子大傅夏侯勝監本毛本大並作太瑯邪王卿琅本
或作瑯皆以教授皇侃本授下有之字按此書久佚不傳近時所得日本國論語集解
義疏題梁皇侃撰經注字句頗與中華舊傳邢昺疏本不同今條其異者記之下稱皇本皆仿此
共王時皇本共作恭古論唯博士孔安國爲之訓解皇本
作訓說至順帝時皇本作之時考之齊古爲之注本又作注之皇
本作以爲之注皆爲義說皇本爲下有之字下不爲訓解同前世傳授師

說皇本授作受今集諸家之善皇本善下有說字
學而不亦說乎皇本說作悅有朋自遠方來有或作友非白虎通
有朋作朋友其爲人也孝弟本或作悌下同皇本及詩孝經正義並作悌孝
弟也者後漢書弟亦作悌鮮矣仁皇本矣下多一有字與朋友交而
不信乎皇本交下有言字傳不習乎鄭康成注云魯讀傳爲專今從古後凡言
魯讀某爲某云云皆鄭注文道千乘之國道本或作導皇本同出則弟弟本
亦作悌皇本同汎愛衆左傳正義汎作氾無友不如己者釋文無作毋云
本亦作無子禽問於子貢曰貢本亦作贛漢石經竷字同抑與之與
漢石經抑作意予異乎人之求之與史記與作也皇本與下有也字亦不
可行也漢石經無可字因不失其親說文繫傳因作姻亦可宗也

孔安國注及皇本宗下並有敬字君子食無求飽儀禮疏作學者食不求飽可
謂好學也已漢石經作好學已矣韓愈李翱論語筆解作好學也矣皇本作好學也已
矣子貢曰皇本作問曰貧而無諂富而無驕史記二句互倒未
若貧而樂史記作不如貧而樂道孔注皇本及文選注亦並作貧而樂道按石刻樂下旁
注道字後人據古本增也如琢如磨釋文磨作摩云一本作磨告諸往而知
來者皇本作來者也不患人之不己知患不知人也釋文無下句人字云本或作患已不知人也俗本妄加字今本患不知人也皇本作不患人之不已知也患已
不知人也
爲政而衆星共之鄭本共作拱孟子注文選注並同道之以政史記
漢書道作導皇本同下道之以德仿此吾十有五而志于學皇本及白虎通

于並作於漢石經作乎六十而耳順筆解云耳當作爾孟懿子問孝文選注作與選問孝我對曰無違漢石經無作毋生事之以禮死葬之以禮祭之以禮孟子章指禮記正義並無祭之以禮句不敬何以別乎漢石經無乎字先生饌鄭本作餕同也不愚皇本不愚下又有也字人焉廋哉人焉廋哉漢石經無下句哉字子貢問君子漢石經貢作贛學而不思則罔本又作罔斯害也已皇本作也已矣誨女知之乎皇本女作汝後凡女字作汝解者皇本皆作汝不知為不知皇本為上有之字子張學干祿史記作問干祿舉直錯諸枉鄭本錯作措後漢書注及詩正義文選注並同則民服後漢書注民作人避諱改爾史記作舉直錯諸枉則枉者直季康子問使民敬忠以勸文選注作使民以敬臨之以莊則

敬皇本作臨民之以莊則民敬舉善而教不能則勸皇本作則民勸書云孝乎惟孝友于兄弟白虎通書云作書曰漢石經皇本孝乎並作孝于釋文同云一本作孝乎施于有政後漢書于作之是亦為政皇本作為政也白虎通後漢書亦並有也字奚其為為政釋文作奚其為為政也云一本無一為字子張問十世可知也一本作可知乎鄭本作可知周因於殷禮所損益漢石經損作損雖百世可知也皇本亦作可知也八佾三家者以雍徹釋文作撤云本或作徹天子穆穆皇本穆穆下有矣字不如諸夏之亡也公羊傳注詩正義文選注並無也字女弗能救與皇本女作汝不嗚呼本或作烏乎曾謂泰山筆解云謂當作焉繪事後素繪本又作繢周禮注文選注並同起予者商也漢石經無者字

寧媚於竈玉篇作寧媚於奧周監於二代漢書一引作二世一引作二代郁郁乎文哉說文繫傳作戫戫子入大廟漢石經及監本毛本大並作太爾愛其羊石本原如此後人磨改爾作女皇本及漢書女皆作汝哀公問社於宰我鄭張包周本及春秋正義社並作主使民戰栗皇本立下有也字管仲之器小哉淮南子作莞仲焉得儉皇本儉下有乎字然則管仲知禮乎皇本然則上有曰字邦君為兩君之好漢石經邦作國孰不知禮皇本禮下有也字子語魯大師樂監本毛本大作太樂其可知也皇本作可知也已從之史記及後漢書注並作縱之以成皇本作以成矣君子之至於斯也皇本也作者吾何以觀之哉漢石經諸篇末缺者尚多惟此篇及陽貨兩篇之後有凡廿六章一條學而篇末一行但存章字餘文皆殘泐盡亦

紀章數也里仁擇不處仁後漢書文選注擇並作宅焉得知皇本作智後凡知字作智解者並同唯仁者能好人監本毛本唯作惟皇本與此同苟志於仁矣無惡也漢石經無也字我未見好仁者惡不仁者漢石經好仁下無者字其為仁矣三國志注矣作也有能一日用其力於仁矣乎皇本仁下有者字我未見力不足者皇本者下有也字蓋有之矣皇本矣作乎人之過也皇本人作民觀過斯知仁矣後漢書仁作人夕死可矣漢石經矣作也無適也鄭本適作敵義之與比皇本比下有也字能以禮讓為國乎何有後漢書兩引並作能以禮讓為國於從政乎何有不患莫己知皇本知下有兩字吾道一以貫之

皇本之下有哉字又敬不違皇本敬下有而字不違遊皇本作不遊遊子
古者言之不出皇本作古之者言之不妄出也君子欲訥於言而
敏於行史記注云訥字多作謫玉篇云訥或作呐
公冶長雖在縲絏之中釋文皇本監本毛本絏並作紲史記作累紲孔本作
縲紲邦有道不廢史記邦作國下句同君子哉若人史記無若人二字
賜也何如史記作賜何人也不知其仁焉用佞石刻原如此後人磨
改仁作人皇本作不知其仁也焉用佞也子使漆彫開仕彫本或作凋監本毛本作
雕史記漢書皇本釋文並與此同漢書又作漆雕啓道不行乘桴浮于海皇本
于作於玉篇無浮字說文作道不行欲之九夷乘桴桴子海其由與皇本由下有也字漢
書注亦作其由也歟孟武伯問子路仁乎史記作季康子問下閒冉求同可

金石萃編卷一百十二　唐七十二　芊

使治其賦也梁武帝晉論賦作傳回也聞一以知十聞本或作問字
非吾與女弗如也釋文女作爾云本或作女三國志注亦作吾與爾不如也宰
予晝寢梁武帝侯白並云晝當作畫字筆解亦云書當爲畫字之誤也舊文作畫字朽
木不可彫也釋文監本毛本彫作雕皇本及詩正義並與此同漢書作朽腐之木不可
彫也糞土之牆糞本或作糞同不可朽也史記漢書皇本朽並作圬釋文同云
本或作朽申棖史記作黨釋文引史記作棠夫子之言性與天道不
可得而聞也皇本也下有已矣二字漢書注同漢書又作不可聞已矣史記作夫子言
天道與性命弗可得聞也已久而敬之皇本敬下有人字山節藻棁本又
作棳何如皇本作何如也崔子弒齊君弒本又作殺魯論崔爲高今從古之
一邦皇本作之至一邦再思可矣監本毛本思並作斯梁國志注與此同皇本作

再思斯可矣邦有道則知文選注作智歸與歸與史記作歸予歸予
不知所以裁之史記不知上有吾字皇本之下有也字孰謂微生高
直國策作尾生高或乞醯焉醯亦作醯子曰巧言令色足恭釋文
無子曰云一本此章有子曰字恐非願車馬衣裘石本衣下旁注輕字後人所加各本
亦衍輕字今石經與此同敝之而無憾皇本敝作弊
雍也古論門此爲弟三篇無乃大簡乎監本毛本大作太釋文與此同哀公
問弟子孰爲好學皇本問下有曰字有顏回者好學文選注兩
引並無好學字今也則亡未聞好學者也上句本或無亡字即連下句讀
曰賜也達皇本作子曰下文曰求也藝上亦有子字則吾必在汶上矣
一本無吾字鄭本無則吾二字史記闕伯牛有疾史記作有惡疾亡之漢書作茂

金石萃編卷一百十二　唐七十二　圭

之命矣夫斯人也而有斯疾也斯人也而有斯疾
也史記作命也夫斯人也而有斯疾命也夫女得人焉耳乎監本毛本耳作爾今
石經及玉篇後漢書注並與此同孔本皇本作焉耳乎哉不有祝鮀之佞漢書鮀作
佗誰能出不由戶皇本戶下有者字文質彬彬說文作份份玉篇兩
引一作彬彬一作份份人之生也直皇本無之字筆解云直當爲惪字之誤曰
仁者先難而後獲石本原如此後人磨改難作勞皇本曰上有子字知者
樂水文選注知作智下文知者動同井有仁焉皇本仁下有者字其從之
也皇本也作與君子博學於文一本無君子字予所否者史記否作
不如有博施於民而能濟衆皇本作如能博施於民而能濟衆者
述而默而識之默俗作嘿德之不脩學之不講聞義不

能從不善不能改（皇本脩下講下徙下改下並有也字）子之燕居（燕皇本作宴後漢書注同）申申如也（漢書注作伸伸）吾不復夢見周公（皇本監本毛本無復字非皇本周公下有也字）遊於藝（皇本監本毛本遊作游）吾未嘗無誨焉（誨魯讀爲悔字今從古）舉一隅（文選注作舉一隅而示之）則不復也（皇本則下有吾字）子於是日哭則不歌（皇本日下有也字）用之則行舍之則藏（後漢書注無兩之字史記舍作捨）唯我與爾（監本毛本唯作惟史記及後漢書文選兩注今石經並與此同）暴虎馮河（馮字亦作憑皇本同）富而可求也（周禮注後漢書注並無也字史記作富貴如可求）雖執鞭之士（鞭或作鞕）吾亦爲之（一本作吾爲之矣）如不可求（皇本求下有者字）齊（本或作齋）子在齊聞韶三月不知肉味（皇本韶下有樂字史記作與齊太史語樂聞韶音學之三月不知肉味）不圖爲樂之至於斯也（王肅本斯作此）吾將問之（一本無將字）曰古之賢人也（皇本曰上有子字鄭本人作仁）又何怨（皇本及左傳正義文選注史記索隱怨下並有乎字）飯疏食（疏本或作蔬皇本同）不義而富且貴（後漢書無且貴二字）加我數年（史記加作假）五十以學易（魯讀易爲亦今從古文選注作可以學易）子所雅言（孔本作雅音筆解同云音今作言字之誤也）女奚不曰（史記作由何不對曰）發憤忘食樂以忘憂（史記二句上多學道不厭誨人不倦二句）不知老之將至云爾（皇本作云也爾）好古敏以求之者也（皇本以上有而字）我三人行（監本毛本無我字今石經皇本釋文穀梁傳注並與此同）必得我師焉（必得一本作必有今石經與此同）以我爲隱乎（皇本隱下有子字）吾無行而不與二

三子者（皇本行上有所字）多聞擇其善者而從之多見而識之（白虎通多聞作吾聞漢書作多見而志之）人絜己以進與其絜也不保其往也（後漢書注作與其進不保其往）我欲仁斯仁至矣（後漢書作我欲仁而仁斯至矣）孔子曰（皇本作孔子對曰）揖巫馬期而進之曰（史記呂氏春秋並作巫馬旗）君取於吳爲同姓（皇本及公羊傳取並作娶釋文同云本今作取）子與人歌而善必使反之而後和之（史記作使人歌善則使復之然後和之）則吾未之有得（皇本得下有也字）正唯弟子不能學也（魯讀正爲誠今從古）子疾病（釋文無病字云一本云子疾病皇本同鄭本無病字）誄曰（周禮注兩引一作讄曰一作誄曰說文作讄）丘之禱久矣（皇本禱下又有之字）奢則不孫（皇本作遜下同兩漢書及後漢書注並作遜）君子坦蕩蕩（魯讀蕩爲湯今從古）子溫而厲（一本子作子曰厲作例皇本作君子案今所見皇本無君字與釋文異）威而不猛（皇本無而字）泰伯泰伯其可謂至德也已矣（漢書泰作太德作惪史記作太伯可謂至德矣）民無得而稱焉（得本亦作德鄭本及後漢書並同）啓予足（說文作跢之足）予可以託六尺之孤（玉篇託作侂）君子人也（釋文無人字云一本作君子人也）使驕且吝（本亦作悋皇本使上有設字）其餘不足觀也已（皇本已下有矣字）不易得也（皇本也下有已字）不謀其政（皇本政下有也字）巍巍乎舜禹之有天下也而不與焉（白虎通漢書並無也字）唯天爲大唯堯則之（筆解及毛本唯並作惟）煥乎其有文章（詩正義及淮南子注煥並作奐）舜有臣五人而天下治

後漢書治作理予有亂十人本或作亂臣十人非監本毛本並作亂臣石刻亂下旁注
臣字後人所加也今石經釋文並與此同才難不其然乎漢書兩引並作材難不其
然與三分天下有其二後漢書及文選注三並作參以服事殷後漢
書兩引以並作猶周之德皇本無之字可謂至德也已後漢書三國志
文選三注並無也已二字菲飲食而致孝乎鬼神惡衣服而致
美乎黻冕卑宮室而盡力乎溝洫史記作薄衣食致孝于鬼神卑
宮室致費于溝減
子罕達巷黨人曰史記黨人下有童子二字毋意毋必毋固毋
我儀禮疏毋作無天之將喪斯文也後漢書注天上有不知二字大宰
知我乎皇本我下有者字有鄙夫問於我皇本問上有來字空空

如也鄭或作悾悾冕衣裳者冕鄭本作弁云魯讀弁爲絻今從古鄉黨篇亦然
雖少必作皇本少下有者字史記作雖童子必變忽焉在後皇本監本毛本
焉並作然今石經及後漢書與此同夫子循循然孟子章指及後漢書注兩引循循並
作恂恂三國志亦作恂恂末由也已史記作蔑繇也已韞匵而藏諸匵本
又作櫝後漢書及文選注四引並作櫝後漢書注又作藴櫝求善賈而沽諸後漢
書注及文選注兩引賈並作價下待賈同玉篇沽作夃漢石經作賈下沽之哉同吾自衛
反魯皇本作反於魯不舍晝夜文選注舍作捨譬如爲山未成一
簣漢書譬作辟簣作匱下雖覆一簣後漢書注亦作匱後生可畏皇本畏下有也字
斯亦不足畏也已皇本作也已矣說而不繹方言注作悅而不懌衣
敝縕袍說文敝作弊釋文同云本今作敝與衣狐貉者立史記貉作狢

然後知松栢之後彫也皇本及史記漢書後漢書注文選注彫並作凋可
與適道未可與立可與立未可與權詩正義三國志注並作可
與適道未可與權筆解亦云正文傳寫錯倒當云可與共學未可與立可與適道未可與權唐
棣之華文選注唐作棠未之思也未或作末者非夫何遠之有皇本
有下有哉字
鄉黨古論以此爲第三篇便便言史記便便作辯辯君召使擯本又作儐亦作
賓史記作儐色勃如也說文兩引一作色孛一作色艴左右手皇本作左右其
手翼如也說文作趩攝齊升堂漢書齊作齋沒階趨進釋文
無進字云一本作沒階趨進誤也禮記注與此同今石經亦無進字鞠躬如也鄭本作鞠
窮下如授魯讀下爲趨今從古紾絺綌紾本又作袗監本毛本作袗皇本作縝釋

文及文選注並與此同必表而出之皇本無之字素衣麑裘儀禮禮記
兩注麑並作麛褻裘長說文作絬衣長狐貉之后以居說文貉作貈去
喪無所不佩佩字或從王旁非齊必有明衣布齊或作齋膾不
厭細膾又作鱠魚餒而肉敗餒本又作餧史記作餧臭惡不食皇本
臭作臰不使勝食氣說文作食既唯酒無量監本唯作惟皇本毛本與
此同沽酒市脯不食漢書作酤酒不食不撤薑食今石經撤作徹雖
疏食菜羹瓜祭必齊如也魯讀瓜爲必今從古皇本疏作蔬瓜作苽鄉
人儺儺魯讀爲獻今從古朝服而立於阼階釋文無階字云本或作於阼階
拜而受之一本或無而之二字必孰而薦之監本毛本孰作熟君賜
生魯讀生爲牲今從古加朝服拖紳拖本或作拕說文作袘監本毛本作拖釋文與

此同雖車馬非祭肉不拜禮記正義作非祭肉雖車馬不拜也居不客
客本或作容皇本監本毛本作容釋文與此同見齊衰者皇本見上有子字見冕
者冕鄭本作弁車中不內顧曾讀車中內顧今從古也曰山梁雌雉
文選注作子曰時哉時哉釋文不重時哉二字云一本作時哉時哉後漢書注亦無重文
子路共之共本又作拱皇本同三嗅而作玉篇嗅作鼿筆解云當爲鳴鳴之鳴
先進皆不及門也皇本門下有者字南容三復白圭史記作容
三復白圭之玷季康子問弟子釋文無季字云一本作季康子鄭本同今也
則亡皇本亡下有未聞好學者五字顏路請子之車以爲之椁皇本
作槨下同才不才史記作材不材吾不徒行皇本不下有可字不可徒
行也皇本作吾以不可徒行天喪予漢書作余非夫人之爲慟而

誰爲皇本爲下有慟字閔子侍側皇本作閔子騫子路行行如也
說文行行作侃侃冉子子貢侃侃如也各本冉子並作冉有說文繫傳作冉
有閒閒如也子樂若由也不得其死然文選注兩引樂並作曰皇本及
漢書注並作子樂曰若由也仍舊貫魯讀仍爲仁今從古由之瑟皇本作由之鼓
瑟子貢問師與商也孰賢皇本問下有曰字賢下有乎子過猶不
及皇本及下有也字而求也爲之聚斂而附益之皇本作附益也
鳴鼓而攻之皇本無而字由也喭尚書正義作諺回也其庶乎
虞翻易注作其庶幾乎而貨殖焉筆解云貨當爲資殖當爲權字之誤也億則
屢中皇本億作憶漢書作意不踐迹說文繫傳踐作衜迹本又作跡三國志注文選
注並同如之何其聞斯行之皇本及白虎通之下並有也字回何敢

死筆解曰死當先字之誤也可謂大臣與釋文臣作恵云古文臣字本今作臣子
曰吾以子爲異之問文選注作孔子對曰子路使子羔爲費
宰家語作子羔釋文引家語作子羔後漢書注使上有將字史記作使子羔爲費郈宰毋吾
以也皇本作無以鄭本作已子路率爾而對曰皇本率作卒攝乎
大國之間漢書乎作虖因之以饑饉鄭本皇本饑作飢可使足
民皇本民下有也字鏗爾舍瑟而作玉篇作捋捨瑟而作爾異乎三
子者之撰鄭本撰作僎亦各言其志也釋文無也字云一本作亦各言
其志也莫春者莫本亦作暮後漢書注文選注並同冠者五六人皇本冠者
上有得字浴乎沂筆解云沿當爲浴字之誤風乎舞雩家語雩下有之下二字
詠而歸鄭本作饋云魯讀饋爲歸今從古夫子喟然歎曰吾與點

也史記作夫子喟爾歎曰吾與蔵也夫子何哂由也皇本夫子作吾子曰
爲國以禮皇本作子曰宗廟會同非諸侯而何宗廟會同本或
作宗廟之事如會同非諸侯而何一本作非諸侯如之何皇本亦有之事如三字而何作如之何
赤也爲之小孰能爲之大皇本小下大下並有相字
顏淵顏淵問仁孟子注作問爲仁克己復禮爲仁皇本克作尅下
同仲弓問仁史記作問政仁者其言也訒字或作仞下同斯謂
之仁已乎皇本斯下有可字已下有矣字史記作斯可謂之仁乎爲之難公羊
傳注作其爲之也難斯謂之君子已乎史記作斯可謂之君子乎皇本作斯可謂
君子已乎皆兄弟也皇本皆下有爲字文選注作皆爲兄弟無也字膚受之愬
兩漢書注並作訴民信之矣皇本民上有令字去兵子貢曰皇本無子

貢二字巳無信不立皇本無作不棘子成漢書及三國志棘並作革皇本
成作城虎豹之鞟說文及皇本作鞹猶犬羊之鞟皇本鞹下有也字
年饑鄭本皇本並作飢盍徹乎周禮注乎作與君孰與足漢書與作予後
漢書孰作誰子張問崇德辨惑本亦作或崇德也皇本無也字愛
之欲其生惡之欲其死皇本生下死下並有也字下既欲其死又欲其生二
句同吾得而食諸史記漢書及皇本吾下有豈字釋文有焉字云吾焉得而食諸本亦
作焉得而食諸今本作吾得而食諸片言可以折獄者魯讀折爲制今從古居
之無倦亦作卷博學於文一本作君子博學於文皇本同子帥以正
皇本以作而儀禮疏同苟子之不欲皇本無之字君子之德風小
人之德草皇本風下草下並有也字漢書同草上之風必偃漢書草作

中皇本上作尚釋文同云本或作上在邦必聞史記漢書邦作國夫達也者
史記無也字皇本同下夫聞也者皇本亦無也字在邦必聞在家必聞史記
作在國及家必聞無攻人之惡皇本無作毋問知皇本作智下問知同舉
直錯諸枉錯或作措鄉也吾見於夫子而問知鄉又作曏皇本
作嚮富哉言乎皇本言上有是字忠告而善道之不可則止
皇本作忠告而以善導之否則止毋自辱焉文選注毋作無
子路無倦釋文無作毋云本今作無舉賢才漢書作材子之迂也鄭本
迂作于奚其正史記作何其正也刑罰不中後漢書作衷則巳無
所錯手足錯本又作措毛本同後漢書作則人無所厝手足故君子名之
必可言也言之必可行也史記作夫君子爲之必可名言之必可行請

學爲圃史記無爲字曰吾不如老圃皇本作子曰襁負其子
釋文襁作繦云又作繈誦詩三百荀子注作學詩三百不能專對漢書作顓
對雖令不從後漢書作不行兄弟也皇本無也字冉有僕皇本作冉
子期月而已可也史記作朞月而已無可也二字又一作朞月而已矣皇本期亦
作朞三年有成後漢書兩引一作三年乃有成功一作三年乃成功善人爲邦
百年史記漢書邦作國冉子退朝筆解作冉有如知爲君之難
也皇本無之字一言而喪邦有諸皇本而下有可以二字文選注作一言可
以喪邦乎唯其言而莫予違也皇本莫上有樂字葉公問政公羊
傳注作問政于孔子無欲速釋文無作毋云本今作無吾黨有直躬者躬鄭
本作弓斯可謂之士矣筆解謂之作以爲宗族稱孝焉筆解稱下

有其字下稱悌同鄉黨稱弟焉弟亦作悌皇本同筆解以此二句承子曰下以行己
有恥使於四方不辱君命十四字承敢問其次曰之下云舊本子曰行己有恥爲上文簡編差失也
硜硜然小人哉孟子注硜硜作悻悻筆解云小當爲之字古文小與之相類傳寫之
誤也何足算也漢書算作選不得中行而與之後漢書作與其不得
中屬無而與之二字不如鄉人之善者好之公羊傳注如作若好作善何
如斯可謂之士矣皇本無之字切切偲偲本又作愢愢兄弟
怡怡皇本怡怡下有如也二字文選注同以不教巳戰後漢書兩引並作不教人
戰無以字
憲問邦有道穀史記邦作國下句同危行言孫皇本孫作遜孟子章句淮
南子注後漢書注並同南宮适本又作括史記同羿善射說文羿作𢏚向

德哉若人史記尙作上君子而不仁者有矣夫筆解云仁當爲
備字之誤也愛之能勿勞乎忠焉能勿誨乎白虎通勿並作無
禪諶草創之鄭本作卑諶漢書作卑湛彼哉彼哉廣韻彼作彼飯疏
食皇本疏作蔬釋文同云本今作疏孟公綽本又作卓不可以爲滕薛
大夫皇本大夫下有也字卞莊子之勇漢書作弁嚴子久要不忘平
生之言文選注作久約人不厭其言皇本言下有也字下其笑其取下亦有也
字齊桓公正而不譎漢書正作法不以兵車公羊疏車下有之力
二字吾其被髮左衽矣文選注衽作袵若匹夫匹婦之爲諒
也石本若上旁注登字後人所加大夫僎本又作撰漢書作選子言衛靈公
之無道也釋文作子曰云一本作子言鄭本同皇本作子曰衛靈公之無道久也奚

而不喪後漢書注而作其仲叔圉治賓客漢書仲作中後漢書注治作主
下二句亦作主祝鮀治宗廟後漢書注鮀作宅則爲之也難後漢書則
下有其字大戴禮注作其後爲之難皇本作則其爲之難陳成子弑簡公弑本又作
殺皇本同下仿此告夫二三子各本無二字皇本與此同下告夫二三子者之三子告
皇本並作二三子之三子告本或作二三子告非也不敢不告也皇本
無也字勿欺也而犯之皇本也作之君子恥其言而過其
行皇本作恥其言之過其行也君子道者三孟子章句作君子之道三子貢
方人方鄭本作謗賜也賢乎哉夫我則不暇皇本作賜也賢乎我
夫哉我則不暇三國志引下句無夫字患其不能也皇本作患己無能也微生
畝漢書作尾生晦丘何爲是栖栖者與釋文無爲是二字云或作某何栖栖

鄭作某何是今作棲何爲是孔子曰非敢爲佞也皇本作孔子對曰公
伯寮愬子路於季孫史記寮作僚說文愬作訴夫子固有惑志
於公伯寮皇本寮下有也字道之將行也與史記無也與二字賢
者辟世三國志注文選注辟皆作避後漢書注作賢者辟代其次辟色呂氏春秋
作辟人晨門曰皇本晨門上有石門二字有荷蕢而過孔氏之門
者荷本又作何漢書同蕢說文作臾後漢書注門者作門首斯已而已矣監本毛本
己亦作已史記作夫而已矣深則厲說文作砅高宗諒陰公羊傳注作諒闇
以聽於冢宰公羊傳注白虎通後漢書並無於字脩己以敬皇本脩作修下
皆倣此幼而不孫弟皇本作遜悌是爲賊皇本賊下有也字以杖
叩其脛筆解叩作扣云扣當作指闕黨童子將命漢書作厥黨童子皇本命

下有矣字
衛靈公問陳於孔子釋文陳作陣云本今作陳史記作問兵陳孔子對
曰筆解無孔子二字未之問也石本原如此後人磨改問作學在陳絕糧
皇本作粮鄭本作粻小人窮斯濫矣說文九經字樣濫並作爁無爲而治
者漢書無作亡其舜也與漢書作其舜虖恭己正南面而已矣
詩箋恭作共雖蠻貊之邦行矣史記邦作國矣作也立則見其參
於前也皇本參下有然字在輿則見其倚於衡也漢書與作車
夫然後行皇本行下有也字則可卷而懷之也石本原如此後人磨
改刪之字各本並作而懷之後漢書作而懷也可與言而不與言各本不與下有
之字皇本與此同無求生以害人各本皆作害仁疏述經及文選注與此同必

先利其器漢書利作厲友其士之仁者皇本者下有也字顏淵
問爲邦文選注作顏回行夏之時後漢書時作正乘殷之輅輅本亦作
路後漢書同人無遠慮皇本人下有而字子曰已矣乎皇本無乎字
好行小慧魯讀慧爲惠今從古皇本亦作惠文選注同君子義以爲質
孝經疏無君子二字釋文同云一本作君子義以爲質鄭本略同羣而不黨楚詞注羣
作朋有一言而可以終身行之者乎皇本無之字文選注無可以二
字勿施於人皇本人下有也字吾之於人也皇本及後漢書並無也字
如有所譽者皇本所作可吾猶及史闕文也各本史下有之字一
今亡已夫漢書及釋文集解今石經毛本已並作矣五經文字序作今亡矣皇本作今則
亡矣夫非道弘人皇本人下有也字不莊以涖之皇本涖作莅下同

未善也鄭本此下有父在觀其志父沒觀其行章君子貞而不諒筆解云諒
當爲讓字誤有教無類漢志無作亡師冕見漢書注作師免與師言
之道與周禮注作相師之道與
季氏且在邦域之中矣邦或作封何以伐爲皇本作何以爲伐也
則將焉用彼相矣漢書焉作安虎兕出於柙皇本無於字下句同
漢書柙作匣釋文同云本今作柙龜玉毀於櫝中漢書及文選注櫝作匵後
世必爲子孫憂釋文無後世二字云本或作後世必爲子孫憂而必爲之
辭皇本必下有更字蓋均無貧漢書無作亡下二句同則修文德以
來之監本毛本修作脩孟子章指作修文德以懷之而謀動干戈於邦內
鄭本作封內不在顓臾或作不在於顓臾而在蕭牆之內也漢石

經殘字後記諸家異文云而在於蕭牆之內盡毛包周無於祿之去公室五世
矣政逮於大夫四世矣漢書注作祿去公室五君矣政逮於大夫四君矣
友便辟後漢書注作便僻友便佞說文作諞佞公羊傳注釋文作諞佞樂佚
遊佚本亦作逸言未及之而言謂之躁魯讀躁爲傲今從古言及
之而不言皇本無而字戒之在得或作德非侮聖人之言漢書
侮作侮生而知之者上也詩正義作天生知之上也見不善如探
湯後漢書大戴禮注見不善並作見惡民無德而稱焉皇本文選注德並作得
民到於今稱之文選注云稱或爲嗣陳亢問於伯魚曰說文作陳
伉不學詩皇本不上有曰字無以言皇本言下有也字聞斯二者
皇本者下有矣字邦君之妻君稱之曰夫人白虎通作國君之妻稱之

曰夫人邦人稱之曰君夫人白虎通兩引邦並作國亦曰君夫
人皇本人下有也字
陽貨歸孔子豚孟子章句儀禮疏歸並作饋鄭本同云魯讀爲歸今從古孔子
時其亡也筆解云時當爲待唯上知與下愚不移皇本唯作惟書
正義作惟上智夫子莞爾而笑釋文莞作莧云本今作莞公山弗擾以
費畔皇本作不擾史記漢書並作不狃夫召我者而豈徒哉如有
用我者吾其爲東周乎鄭本東周作成周佛肸召漢書作茀肸皇
本作胇肸下同不曰堅乎皇本不上有曰字湼而不緇史記筆解文選注緇
並作淄吾豈匏瓜也哉史記吾作我由也女聞六言六蔽
矣乎皇本及文選注無也字女作汝下同居吾語女皇本居上有曰字女爲

周南召南矣乎皇本召作邵下同鍾鼓云乎哉監本毛本鍾作鐘
其猶穿窬之盜也與釋文窬作踰云本又作窬鄉原筆解云孔注內荏曰
內柔佞也古文原類柔而鄉為向後人遂誤內柔為向原可與事君也與哉本或
無哉古之矜也廉魯讀廉為貶今從古古之愚也直今之愚也
詐而已矣後漢書注兩愚字並作狂各本此後皆重出子曰巧言令色鮮矣仁一章皇本
亦無之石刻旁注九字後人所加也惡利口之覆邦家者皇本者作也天
何言哉魯讀天為夫今從古孺悲欲見孔子孺字亦作孺孔子辭
以疾皇本辭下有之字將命者出戶文選注兩引並無戶字期已久
矣期一本作其史記作不已久乎禮必壞史記作必廢樂必崩史記作必壞
食夫稻衣夫錦皇本稻下錦下並有也字於女安乎皇本女作汝下同

女安則為之皇本汝上有曰字天下之通喪也史記作通義予
也有三年之愛於其父母乎漢石經無乎字君子義以為
上史記以作之無君子二字君子有勇而無義為亂小人有勇
而無義為盜史記有作好為作則漢書無義作亡誼誼下皆有則字子貢曰
皇本作貢問曰君子亦有惡乎漢石經無亦字子曰有惡漢石經無
惡字惡居下流而訕上者漢石經無流字惡果敢而窒者魯讀
窒為室今從古賜也亦有惡乎皇本乎作也近之則不孫後漢書三
國志文選三注孫皆作遜遠之則怨皇本怨上有有字年四十而見惡焉
漢石經無而字
微子箕子為之奴陶潛集聖賢羣輔錄無之字殷有三人焉筆解

殷作商三黜文選注作三黜之子未可以去乎後漢書注作可以去矣
何必去父母之邦漢石經邦作國齊人歸女樂鄭本及後漢書文選
兩注歸作饋漢書注作餽何德之衰也各本皆無也字皇本與此同漢石經作何而德
之衰也往者不可諫來者猶可追漢石經皇本諫下追下並有也字史
記諫下有今字追下有也字漢書作往者不可及來者猶可待已而已而今之從
政者殆而魯讀期始已矣今之從政者殆今從古趨而辟之皇本辟作避
不得與之言皇本言下有也字夫執輿者為誰史記夫作彼皇本誰
下有乎字漢石經作夫執車者為誰子曰是也皇本作對曰漢石經無也字曰是
知津矣漢石經無曰字是魯孔丘之徒與釋文作孔子之徒與云一本作
子是本今作孔丘之徒與史記亦作子孔丘之徒與滔滔者史記及孔鄭本並作悠悠者

且而與其從辟人之士也豈若從辟世之士哉漢石
經辟世之辟作避上句闢皇本兩辟字並作避耰而不輟說文耰作櫌漢石經作櫌不輟
子路行以告史記漢石經並無行字夫子憮然曰漢石經無夫字廣韻
云憮然作憮鳥獸不可與同羣皇本羣下有也字三國志注作吾不與鳥獸同
羣吾非斯人之徒而誰與三國志注與下有哉字以杖荷蓧
本又作條又作莜說文玉篇並作莜皇本作蓧植其杖而芸漢石經作置其杖而耘文
選注兩引芸亦作耘君臣之義漢石經作之禮如之何其廢之漢石經廢
下有也字皇本後漢書注並作如之何其可廢也欲絜其身監本毛本絜作潔漢石經
與此同道之不行皇本行下有也字朱張朱鄭作侏不辱其身皇本
身下有者字其斯而已矣漢石經作其斯以乎謂虞仲夷逸漢石經逸

作佚身中清史記身作行廢中權廢鄭作發三飯繚適蔡廣韻線作秦入於河皇本於作于下於漢於海並同播鼗武漢書及釋文鼗作鞉皇本作鞀入於海漢石經於作于君子不施其親釋文施作弛云本今作施筆解云施當為弛則不弃也漢書不下有可字禮記正義作則不相遺棄無求備於一人漢書無作毋仲突仲忽漢書作中突中留季騧廣韻云騧或作瓜子張子張曰士見危致命見得思義後漢書注士作君子文選注作子張問士子曰見危授命見得思義其不可者拒之漢石經皇本拒作距釋文同云距本今作拒下人將拒我如之何其拒人也同是以君子不為也漢書不作弗百工居肆以成其事虞翻易注無百字望之儼然皇本儼或作嚴皇本同則以為厲己也厲鄭讀為賴子游曰漢石經游作斿子夏

之門人小子當洒埽應對進退則可矣監本毛本埽作掃釋文同云今作埽周禮注無小子二字大戴禮注作子張曰子夏之門人洒埽應對進退出入則可也抑末也末或作未非也焉可誣焉漢書誣作憮其唯聖人乎監本毛本唯作惟漢石經與此同漢書作其唯聖人虖吾聞諸夫子漢石經無夫子人未有自致者也漢石經作也者是難能也皇本無能字子貢曰漢石經貢作贛下並同紂之不善皇本善下有也字不如是之甚也漢石經之作其如日月之食焉皇本作蝕也衛公孫朝問於子貢曰史記作陳子禽問子貢曰未墜於地漢石經墜作隧賢者識其大者漢石經及漢書孟子章指識並作志下同譬之宮牆白虎通及皇本之作諸漢石經作辟諸宮牆賜之牆也及肩漢石經牆亦作牆闚見室家之好

漢石經及監本毛本闚作窺皇本釋文與此同夫子之牆數仞皇本夫子上有夫子不得其門而入皇本入下有者字夫子之云皇本無之字丘陵也後漢書注作猶邱陵焉日月也後漢書注及皇本日月上並有如字人雖欲自絕皇本絕下有也字文選注作人雖自絕也夫子之不可及也猶天之不可階而升也後漢書注無兩也字道之斯行皇本道作導綏之斯來漢書作徠堯曰敢昭告于皇皇后帝白虎通兩引一作皇王后帝一作皇天上帝無以萬方漢石經無作毋罪在朕躬漢石經及皇本此句並無罪字脩廢官各本脩作修四方之政行焉漢書及皇本焉並作矣舉逸民天下之民歸心焉漢書後漢書文選三注兩民字俱作人信則民任焉

漢石經及皇本無此句公則說皇本作公則民悅子張問於孔子曰皇本問下有政字古論語此章以下別為一篇擇可勞而勞之皇本擇下有政字儼然人望而畏之公羊傳注釋文儼作嚴云本又作儼不教而殺謂之虐漢書殺作誅猶之與人也筆解云猶當為猶上之出內之吝內本今作納皇本及釋文並同監本毛本亦作納子曰不知命無以為君子也魯論無此章今從古漢書及皇本釋文毛本並作孔子曰無漢書作亾又漢書及後漢書注文選注筆解並無也字

右論語

爾雅序夫爾雅者爾字又作邇雅字亦作疋辯同實而殊号者也監本毛本号作號六藝之鈐鍵鍵字又作楗並多紛謬本或作繆會

粹傷說會本作掄又寧其蕭根寧字作擬又其所易了本亦作潦
輒復擁𢵧清道𢵧字作替又企望塵躅者躅本又作躅
爾雅卷上釋詁第一釋言第二釋訓第三釋親第
四此條總目各本皆無之卷中卷下仿此釋詁第一本詁作故樊光李巡初哉
首基肇祖元胎俶落權輿始也哉亦作裁胎本或作台俶字又作併
林烝天帝皇王后辟公侯君也烝本作蒸又䨲廓宏溥
介純夏幠厖墳嘏丕奕洪誕戎駿假京碩濯訏宇
穹壬路淫甫景廢壯冢簡箌昄晊將業席大也丕字
又作丕訏字本又作盱箌釋文作箌晊本又作至又作胵迄臻極到赴來弔艐
格戾懷摧詹至也格字或作佫資貢錫畀予貺賜也貺本

或作況儀若祥淑鮮省臧嘉令類綝彀攻穀介徽善
也鮮本或作𩵋沈旋云古斯字郭音義云本或作尠非古斯字靖惟漠圖詢度
咨諏究如慮謨猷肇基訪謀也基本或作諆石本初刻漠圖作謨圖
慮謨作慮謀磨改謨爲謨謀爲謨典彝法則刑範矩庸恆律戛職
秩常也範字或作范黃髮齯齒鮐背耇老壽也齯釋文作兒云
本今皆作齯壽釋文作耇云本又作壽紹胤嗣續纂綏績武係繼也
文選注係作系忥謐溢蟄慎貉謐顗頠密寧靜也忥本或作氣
隕磒湮下降墜摽蘦落也釋文及今石經並與此同監本磒誤作殞命
令禧畛祈請謁訊誥告也各本禧作禧後漢書注訊作誶釋文同云本
作訊虧壞圮垝毀也虧字又作虧矢雉引延順薦劉繹尸

旅陳也釋文矢作矢云本作矢戾宋寮官也寮字又作僚績緒采業
服宜貫公事也服本或作服又作𦨈字永羕引延融駿長也
駿本或作畯又作峻犯奢果毅剋捷功肩堪勝也堪字又作戡孫炎本
同亹亹蠠沒孟敦勗釗茂劭勔勉也亹亹字或作亹亹蠠本或作
亹敦文選注作惇茂字又作懋勔字本作僶又作黽鶩務昏暋强也暋或
作㬈監本此下有釋詁下標題一行非台朕賚畀卜陽予也陽字或作暘
肅延誘薦餤晉寅藎進也晉本又作晉藎本又作燼詔亮左右
相導也導本或作道下相導同劼鞏堅篤掔虔膠固也劼或作秸
𠷎孰誰也𠷎本又作𠷎𦅻燮和也𦅻本又作協𢇛悉卒泯忽
滅罄空畢罊殲拔殄盡也卒字又作猝罊本或作罄字苞蕪茂

豐也後漢書注苞作𦼮古本蕪作𣘻揫斂屈收戢蒐裒鳩樓聚也
裒古字作𡊭本或作抔讀文鳩作勼樓釋文作摟云本或作樓非詩疏作婁寁駿肅亟
遄速也寁本或作疌亟字又作急㮣阬阬滕徵隍漮虛也㮣本或作㮣
漮字又作㪚郭云本或作荒某本或有荒字廣韻作㱠洋觀裒衆那多也那本
或作𣃽流差柬擇也柬文選注作簡痡瘏虺頹玄黃劬勞咎
顇瘽瘉鰥戮癙癵痒疷疵閔逐疚痗瘥痱㾮瘵
瘼瘠病也顇字或作悴瘽字亦作懃疷本作疧釋文瘠下又有瘼字今經注無此字恙
寫悝盱繇慘恤罹憂也盱本或作忏倫勩邛敕勤愉庸
癉勞也勩字或作勚亦作肄邛監本訛作卬釋文及今石經毛本並與此同敕本又作飭癉
本或作癉勞來彊事謂翦篲勤也來本又作勑或作賚篲本又作彗石本彊

字後人磨改作强各本同禋祀祠蒸嘗禴祭也嘗字又作甞禴字又作礿頭
竢替戾底止徯待也竢字又作俟亦作杘替毛本作皆底或作底非也監本毛
本誤作底惇亶祜篤掔仍肶埤竺腹厚也惇字又作惇仍本或作扔
肶本或作脾竺字又作篤話猷載行訛言也猷字亦从犭訛字又作此亦作譌
遘逢遇遻也遻字又作忤監瞻臨涖頫相視也監字又作鑑頫又
監本毛本訛作頫釋文及今石經並與此同訖徽妥懷安按替戾底底
尼定曷遏止也監本毛本底誤作底釋文及今石經並與此同豫射猒也
射字又作斁猒監本毛本作厭弛易也謝嶠本弛作施酬酢侑報也侑本或作
宥毗劉暴樂也毗樊本作庇恭本又作爆樂本又作爍舍人本作爆爍覭髳
茀離也說文茀作弗蠱諂貳疑也諂或作謟楨翰儀幹也釋文
翰作榦云本又作幹又作翰彊界邊衛圉垂也釋文彊作壃云字又作疆經典
作驅假借字昌敵彊應丁當也應本或作譍嗟咨蹉也蹉本或作
𠊳閑狎串貫習也釋文貫作慣云本又作貫又作遦揮盝歇涸竭
也釋文竭作渴云本或作竭挋拭刷清也刷字又作㕞饁饟饋也饋本
或作餽廞熙興也禮記疏廞熙作興喜廢稅赦舍也廢字亦作癈捷
遟懸休苦㰟齂呬息也𢗗各本作㥘懸本或作愒本作快又作嘳契
滅殄絕也契字又作挈𥢟秭算數也算字又作筭艾歷覛胥
相也覛字又作脈文選注作脈背相覛也乂亂靖神弗淈治也乂字又作
斁亦作刈淈某氏作屈馘穧獲也馘本又作聝穧本或作齋俾拼抨使也
抨字又作伻儴仍因也儴樊本作攘烈枿餘也枿本或作櫱又作不迓

迓也釋文迓作訝云又作迓卽尼也尼本亦作昵邇幾暱近也文選
注暱作昵貉嘆安定也嘆本亦作莫卒猷假輟已也卒又作碎下並
同求酋在卒就終也釋文求作逑云又作求就或作㱙又作㚇終釋文作𣨎云
本又作終崩薨無祿卒殂落殪死也殂本又作徂落釋文作殂云本又作
落
釋言第二宣徇徧也徇本又作侚樊本作狥馹遽傳也釋文馹作
馹郭音義云本或作遽格懷來也釋文來作徠云本今作來眕底致也監本
毛本底誤作底律遹述也詩疏律作聿遹作曰俞畣然也畣一本作荅敖
憮傲也監本毛本憮誤作憮釋文及今石經並與此同幼鞠稚也郭音一義云鞠
作稺釋文監本毛本稚並作穉㨔褊急也㨔本或作極又作亟貿賈市也貿字
又作貿屛陋隱也屛字又作屏荐原再也舍人本原作𨻰憮敉撫
也毛本敉誤作敉臞脙瘠也臞字又作癯桄頻充也桄孫作光屢暱
亟也釋文屢作婁云本又作屢爽忒也忒或作貸饋餾稔也饋字又作餴稔
字又作錐鞫究窮也鞫字作鞠又㽅矜鹹苦也釋文矜作矝云本又作矜
流覃也覃本又作潭字競逐彊也釋文彊作强云本又作強禦圉禁也
禦本或作御黼黻彰也黼黻字或作䋣紱蓋割裂也舍人本蓋作害邕
支載也邕字又作擁諈諉累也累本又作纍字亦作絫庇庥廕也
庥字又作休舍人作茠廕字亦作蔭祺祥也舍人某氏及詩疏祺並作禎兆域也
兆本又作垗替廢也毛本替作普下同淩慄也淩樊作凌慄慼也慼字
又作戚偁舉也文選注偁作稱坎律銓也坎字又作欿彊槀也槀字

又作𢡟彊後人磨改作强宛肆也各本宛作宛𡨥幽也𤈦或作陸𤼵厲也𤼵本作𤼵奘駔也駔沈旋集注本作醬孫奘二本並作將且而無奘駔沈集衆本合爲一字舫洀也舫奘本作坊洀字或作游奘本作㳅洵龕也龕字或作含本今作龕是則也說文是作徥偲聲也偲字又作㴲怒飢也怒本又作惄𦅻介也李孫顧野王舍人本並云𦅻羅也介別也號謼也謼又作呼逜竊也孫本逜字作午莊子釋文作迕忤也逜題也逜字作定又猷肯可也肯或作古肎字玉篇同葵騅也葵字又作葒騅詩疏作騅𥺸餐也釋文餐作𩛩云本又作餐渝變也舍人作孺渝夷悅也釋文夷作倈云本又作夾戎相也戎本作㭜或孺厲也釋文孺作孺云本今作孺熾盛也釋文作熾也云本作盛柢本也周禮注柢作邸𦵏閒也舍人本𦵏作跳遜遯也遯字又作遁作遂孫作遁又𨃰蹈

金石萃編卷一百十二　唐七十二　卅三

也釋文蔡作蔽云字亦作弊又作蔡虹潰也虹顏作訌李本作降䜭膠也䜭字又作䜭愧慙也愧本亦作媿莊子釋文作作逡退也文選注逡作䟴握具握李本作𪑵詩疏作屋閱恨也監本閱誤作閱恨孫作很㦓鼂也晏本亦作壞楕柱也監本毛本楕柱作揩柱今石經及說文廣韻並與此同𧗳鉄也衛監本作蕭毛本作帝並誤跳刖也跳本亦作刖塊堛也塊本作出開闔也闔本亦作辟袍襺也襺本亦作蔏障昣也障亦作郭𦑔蘇也翳釋文監本毛本並作翳蘙字又作翳芼搴也郭音義云本又作毛搴逼迫也過本又作偪華皇也監本毛本誤作皇華也今石經及釋文並與此同

釋訓第三

條條秩秩智也舍人本條條作攸攸兢兢憴憴戒也釋文憴憴作繩繩云本或作憴憴晏晏溫溫柔也後漢書注作晏晏溫和也

惴惴憢憢懼也憢憢本又作嘵嘵洸洸赳赳武也舍人本洸洸作僙潢藐藐增增衆也顧舍人本藐藐並作雄雄烝烝遂遂作也釋文烝烝作蒸蒸云本今作烝烝委委佗佗美也委委諸儒本並作禕禕佗佗本或作宅宅後人磨改作佗釋文監本毛本並同舍人引詩作禕禕它它怟怟惕惕愛也毛本怟怟誤作柢柢偁偁格格擧也偁偁本亦作稱稱丕丕簡簡大也丕丕本或作丕丕存存萌萌在也萌萌字或作蔄蔄玉篇亦作蔄蔄懋懋慔慔勉也慔慔亦作慕慕赫赫躍躍迅也舍人本赫赫作奭奭樊本躍躍作坎坎壿壿喜也壿壿本或作蹲蹲夢夢訰訰亂也訰訰或作諄諄爆爆邈邈悶也爆爆本作暴暴邈邈舍人本作藐藐儚儚洄洄惛也儚儚字或作儚儚音義云洄洄本或作惛說文作䛖䛖𧨏𧨏版版盪盪

金石萃編卷一百十二　唐七十二　卅三

僻也盪盪李作蕩蕩釋文同云本或作盪盪爞爞炎炎薰也釋文薰作熏云本亦作燻或作薰仇仇敖敖傲也敖敖本又作謷謷又作嚻嚻李舍人同傲也李舍人作毀也佌佌瑣瑣小也瑣瑣亦作瑣瑣痯痯瘐瘐病也痯本瘐今作㾬殷殷惸惸忉忉慱慱欽欽京京忡忡愵愵怲怲弈弈𢡟也殷殷釋文作慇慇云本今作殷殷慱慱本或作煢煢後漢書注引愵怛憂也昀昀田也昀昀本或作昫昫畟畟耜也畟畟字或作稷稷烰烰烝也釋文作蒸也云本今作烝俅俅服也俅俅本亦作絿絿鍠鍠樂也釋文鍠鍠作諻諻云又作鍠鍠穰穰福也釋文穰穰作禳云本今作穰穰雝雝喈喈民協服也雝雝本或作雍雍又作廱廱佻佻契契愈遐急也愈本或作偷宴宴粲粲尼居息也釋文宴宴作燕燕云字又作宴宴哀

哀悽悽懷報德也悽悽郭本或作萋萋倏倏慧慧罹禍毒也
樊本倏倏作攸攸晏晏旦旦悔爽忒也旦旦本或作悬悬皋皋琄
琄刺素食也樊本皋皋作浩浩懽懽愮愮憂無告也懽懽釋文
作瀖瀖云本或作懽懽愮愮本或作搖搖樊本作遙遙又作恍恍佻佻速速蹙蹙惟
逑鞫也逑亦作求甹夆掣曳也掣本或作摩不俟不來也說文
俟作竢釋文同云本今作俟字來本或作倈逨每有雖也莊子釋文作每雖也饎酒
食也李舍人本饎作𩞄如琢如磨自修也琢本或作瑑非也瑟兮
僩兮恂慄也僩本或作撊赫兮烜兮威儀也監本毛本烜作亘釋
文與此同云本今並作咺字既微且尰骭瘍為微腫足為尰尰本或作
瘇骭郭作扦是刈是穫鑊煮之也刈釋文作乂云本亦作刈監本毛本穫鑊

並作鑊釋文亦作鑊煮云又作穫履帝武敏武迹也敏拇也舍人本敏
作畮云古者姜嫄履天帝之迹於畎畮之中而生后稷襢裼肉袒也袒本或作祖
馮河徒涉也馮字又作憑籧篨口柔也籧本或作蘧辟拊心
也辟字宜作擗監本毛本並作擗殿屎呻也殿屎或作欲吹又作㱓脲幬謂之
帳幬本或作㡜侜張誑也侜本或作倜凡曲者為罶罶本或作罾毛本
為誤作謂
釋親第四甗孫之子為來孫釋文作徠孫云本亦作來宗族監本
毛本此行標題與下冊黨妻黨婚姻四條並誤在經前女子謂兄之妻為嫂
釋文作嫂云本今作嫂夫之兄為兄公釋文作伀云本今作公兩壻相
謂為亞又作婭

釋宮第五西南隅謂之奧本或作隩東南隅謂之窔本或
作𡨙又作窔舍人作窔漢書注作窔玉篇作宦楣謂之梁楣或作椙落時謂之
戹本或作戹垝謂之坫垝本又作庋牆謂之墉墉或作鏞鏝謂之
杇鏝本或作槾又作墁椹謂之榩椹本或作砧榩本亦作虔雞棲於弋為
榤釋文作榤又作棲棲作栖云下同傳謂之突突本又作揬其上楹謂之梲
釋文作棳云本或作梲閞謂之槉閞本亦作弁栭謂之楶本或作榕舊本作
皆作節說文亦作格檐謂之樀郭又作樀兩階間謂之鄉本又作嚮廣韻
作嚮宮中之門謂之闈後漢書注作宮中小門所以止扉謂之
閎本亦作閤宮中衖謂之壼釋文作壼云本或作壺廟中路謂之
唐釋文作隚云本今作唐堂途謂之陳周禮注途作涂二達謂之岐

旁岐釋文作歧樊本作歧九達謂之逵本或作馗室中謂之時玉篇
作時陝而脩曲曰樓陝俗作狹或作狎字毛本脩作修
釋器第六木豆謂之豆本又作梪瓦豆謂之登本又作鐙說文
繫傳同盎謂之缶左傳疏盎作甖康瓠謂之甈李本康作光斪斸
謂之定斪本或作拘非斸本或作钃定或作錠斫謂之鐯字又作楮斛謂
之疀文劇作𨄊釋文作鍤云或作𨄊文選注作鍬謂之鍤嫠婦之笱謂之
罶嫠亦作釐罿謂之罬字又作算槮謂之涔槮爾雅舊文並詩傳並米旁作
參爾雅木旁作米郭因改米久木李舍人並作槮兔罟謂之罝兔文作莬麋罟
謂之罞本或作茅彘罟謂之羉本或作罠大罛謂之業釋文作𦊓
云本或作業衣統謂之視梳本又作統黼領謂之襮領釋文作衿云

本又作領衣眥謂之襟釋文及今石經並與此同監本毛本眥誤作背扱衽謂之襭說文作扱謂之擷衣蔽前謂之襜釋文作䙝云本或作襜、婦人之褘謂之縭褘釋文作幃云本或作褘又作𦁜縭本或作褵轡首謂之革首本或作古轡字摶者謂之糷釋文作爤魚曰斮之李本作之作冰脂也孫本冰作凝肉謂之羹又作臛有骨者謂之臡本又作腝澱謂之垽玉篇作沂款足者謂之鬲款本或作𣢾䰝謂之鬵鬵本或作甑餅金謂之鈑本亦作版周禮注同象謂之鵠本亦作鷂犀謂之剒本或作厝木謂之剫玉篇作椃金謂之鏤字又作鎪骨謂之切本或作齺周禮注作珠謂之切璆琳玉也璆本或作球簡謂之畢李本作篳滅謂之點李本作沾孫本作玷璧大六寸謂之宣本或作瑄廣韻及漢書注並作瑄再染謂之赬周禮注作䞓竿謂之箷李本作簃革中絕謂之辨玉篇廣韻並作辮鏤鋑也釋文鋑作鋟云字又作鏤

釋樂第七大篪謂之沂篪字又作䶵沂或作𥮏又作䈜大塤謂之嘂塤本或作壎嘂本或作叫大簫謂之言本或作管小者謂之筊本或作笅字小者謂之箹監本毛本誤作節大籥謂之產釋文作籥云字又作產其中謂之仲或作𥮢同徒吹謂之和吹本或作歈徒擊鼓謂之咢本作鄂徒鼓鍾謂之修釋文作修云本作脩字監本毛本同徒鼓磬謂之寋本或作蹇字同或作搴字非大鼗謂之麻鼗本或作鞉。

釋天第八四氣和謂之玉燭今石經及孫本文選注疏述釋並與此同

監本毛本作四時夏為長嬴本或作贏今石經同四時和為通正謂之景風文選注作四氣和為景星甘雨時降論衡作甘露穀不熟為饑本亦作飢又作古餓字周禮注同饑監本毛本作飢下仍饑同蔬不熟為饉周禮注疏作蔬果不熟為荒周禮注作疏穀皆不熟則曰大荒仍饑為荐李本作薦字太歲在甲曰閼逢大本今作太下仿此今石經與此同監本毛本並作太史記歷書閼逢作焉逢在乙曰旃蒙歷書作端蒙在丙曰柔兆歷書作游兆徐廣曰一作游桃在丁曰強圉強本或作彊字歷書作彊梧在戊曰著雍著本或作祝字雍釋文作䧢云字又作雝本或作黎字歷書作徒維在己曰屠維歷書作祝犂在庚曰上章歷書作商橫在辛曰重光歷書作昭陽在壬曰玄黓歷書作橫艾在癸曰昭陽歷書作尚

章在卯曰單閼孫本作蟬焉淮南子作單遏在巳曰大荒落歷書作大芒落天官書作大荒駱在未曰協洽歷書作汁洽在申曰涒灘本或作攤禮器碑作涒歎在酉曰作噩本或作咢歷書及淮南志並作作鄂漢書作作詻在戌曰閹茂歷書作淹茂淮南子漢書並作掩茂在丑曰赤奮若歷書作汭漢在丙曰修本亦作脩三月為寎本或作寎廣韻同五月為皋或作高十月為陽本或作暘南風謂之凱風釋文作颽云又作凱北風謂之涼風涼本或作古涼字焚輪謂之頹焚釋文作棼云本或作焚監本毛本頹作頹釋文同云本或作隤風雨火為庉本或作炖風而雨土為霾釋文作霾云本作䨪天氣下地不應曰雺或作霧地氣發天不應曰霧本亦作霿螮蝀謂之雩螮本或作蝃蝀蜺為

挈貳蜺釋文作霓云本或作蜺挈本或作契雨霓爲霄雪霓本或作霰霸析
木謂之津左傳疏無謂字營室謂之定釋文作題云本或作定營室
東壁也釋文作東辟云本又作壁大梁昴也昴本或作昴濁謂之畢
濁本作噣咮謂之柳咮本或作喙何鼓謂之牽牛石本原如此後人磨
改何作河今石經及釋文監本毛本竝同原刻彗星爲欃槍釋文彗作篲云本今作彗
奔星爲彴約玉篇作彴約夏祭曰礿本或作禴祭地曰瘞薶
後漢書作埋祭山曰庪縣庪本或作庋又作攱周禮注作痃釋又祭也
繹本或作襗夏曰復胙釋文作昨云本又作祚亦作胙各本無此何宵田爲
獠或作燎纁帛縿本或作襳又作縿褫彡下同注旄首曰旌本又作旍
旌旂本又作旗

釋地第九濟河間曰兗州濟本又作泲下同秦有楊陓陓本或
作紆非也續漢書注作楊紆楚有雲夢本或作蒙齊有海隅本或作嵎廣韻
作澞燕有昭余祁孫本作底鄭有圃田圃本或作圃周有焦護
釋文作穫云又作護中陵朱滕釋文作縢云又作滕北陵西隃史記集解作俞
梁莫大於湨梁釋文及今石經毛本竝與此同監本湨誤作溴有醫無閭
之珣玗琪焉李本醫作毉監本毛本玗誤作玕西方之美者續漢書注
作西南有昆侖虛之璆琳琅玕焉釋文琅作瑯云又作琅有幽
都之筋角焉筋本或作筯字非其名謂之鰈本或作鰨南方有
比翼鳥焉本或作比翌又作翼又作狨與邛邛岠虛比邛邛本或作蛩
蛩釋文岠虛作駏驉云駏本或作岠又作狟驉本或作虛又作䖙爲邛邛岠虛齧

甘草齧本或作嚙其名謂之蟨監本誤作蹷今石經釋文毛本竝與此同中
有枳首蛇焉枳本或作棲監本毛本作軹今石經及釋文竝與此同郊外謂
之牧李本牧作田字牧外謂之野本或作埜古字下溼曰隰溼俗作濕
隰釋文作隰云本或作濕廣平曰原高平曰陸左傳注作廣平曰陸陂者
曰阪陂又作坡田一歲曰菑本或作甾三歲曰畬本或作畭西至
於邠國邠本或作豳字說文玉篇作汃觚竹觚本又作孤北戶後漢書注作北
土西至日所入爲大蒙監本大作太
釋丘第十如乘者乘丘釋文乘作椉云本作乘水潦所止泥
丘泥依字作尼又作坭廣韻作跜當途梧丘今石經與此同監本毛本當作堂釋文途
作涂云字又作途水出其前消丘消本或作湑水出其左營丘

禮記疏史記集解竝作水出其前左曰營邱邐迤沙丘釋文迤作迆云字或作迤史記
集解邐迤作迤邐右陵泰丘史記集解作太邱如畝畝丘釋文畝作畞云
本或作畝望厓洒而高岸厓字又作涯隩隈本或作澳濆外爲隈
今石經及李本釋文詩疏竝作鞫左傳疏及監本毛本與此同爲谷者溦溦本又作湄
釋山第十一一成坯或作伾釋文尚書正義水經注竝同後漢書注作岯銳
而高嶠史記正義作橋卑而大扈釋文作扈云或作扈小山岌大山
峘說文岌作岋崒者厜㕒本或作厜又作㟧㠑山如堂者密又作
㟝重甗隒本或作嵰大山宮小山霍山海經注宮作繞水經注作大山曰
宮小山曰霍小山別大山鮮或作嶰文選注作嶰多小石磝字或作磽
多大石礐字或作确又作嚳又作埆山上有水埒字或作浖石戴土

謂之崔嵬戴本或作㦸下同陵夾水瀆本又作虞

釋水第十二沃泉懸出懸出下出也釋文及今石經監本毛本

懸並作縣氿泉穴出後漢書注作汎泉仄出也仄本亦作側汄漢書注後漢書

注並作側過辨回川過本或作濄回又作洄歸異出同流肥水經注流

作曰瀵出大尾下水經注引呂忱云爾雅異出同流爲瀵尾字或作泥屁水醮

曰厬雝字或作濉厬字又作㶇說文作氿水曰河出爲灉字又作灉水經注史

記正義並作河有灉汶爲瀾水經注作闢過爲洵過又作濄或作過汝爲

濆水經注史記集解並作汝有濆衆爾雅本濆亦作涓河水清且瀾漪瀾釋文作

瀾云李依詩作漣漪本又作猗直波爲徑釋文作俓云字或作徑水草交爲

湄本或作溜瀸瀓瀿四字深則厲本或作濿繇膝以下爲揭膝字又作

鄉下同綍縭維之紼本或作綍又作紱紼縭也縭本或作縭天子造

舟造或作舟大夫方舟方或作舫士特舟特又作犆小洲曰陼字又

作渚本或直云小洲曰渚說文亦作渚小陼曰沚本或作洔小沚曰坻本或

作坻本又作泜河出崑崙虛色白虛本又作墟大史釋文作太史云本今

作大鉤盤釋文作般云本又作盤李本作般

釋草第十三草亦作艸茖山葱本又作蔥葝山䪥葝字又作剄廣韻作

茈齍本又作蒸椵木槿監本椵誤作椵釋文及今石經毛本並與此同槿釋文作菫云或作

槿櫬木槿櫬本作藽又术山薊朮本或作茉葥王蔧說文葥作蒲廣

葥葥作葥蕁作蕁菉王芻本又作蒣蒿菣本亦作藍薦黍蓬孫李本薦作藨

孟狼尾玉篇及今石經並與此同監本毛本孟誤作孟瓠棲瓣舍人本瓠作瓠茹

蘆茅蒐茹字亦作蒘石本藘字後人磨改作藘各本同果贏之實栝樓本或

作苦蔞鷊綬鷊又作鶂戎叔謂之荏菽叔釋文作尗云本亦作菽蘾烏

蓲釋文及今石經毛本並與此同監本蓲誤作蓲藱懷羊監本毛本藱誤作蘬釋文與此

同葖蘆萉後漢書注作菔簜竹簜本或作蕩莕接余莕本亦作荇說文作

莕接說文及顏氏家訓作萎余本或作荼非熒委萎釋文委作妥云本亦作委竹萹

蓄竹本又作筑葴寒漿釋文寒作蹇云本今作寒薢茩芵茪芵本亦作決茪

釋文作光云本或作茪芍鳧茈本又作蔗蘱薡董本或作蕫蕛苵蕛本又作

稊虋赤苗虋本亦作虋臺夫須臺字又作薹須釋文作蕦云本今作須攀

藅攀本亦作攀藅本又作罰莔貝母監本蔄誤作莔荍蚍衃本或作芣又作蚽

蕇亭歷字或作葶䕻薜庚草庚字或作蕨蔜蕿蘐蔜釋文作敷云本今

作蔜蕿字或作蘐離南活莌離釋文作蘺云本今作離莌字或作蘢須葑蓯

釋文須作蕦云本今作須莤蔓于蔓或作曼柱夫搖車柱本或作拄蘄茝

蘪蕪釋文蘪作麋云本今作蘪茨蒺蔾茨或作薋監本毛本蔾作蔾釋文與此同蕁

菸藩菸字或作芫蕍蕮本又作舄莞苻蘺莞本或作蓶蘺本或作離荷芙

渠本又作蕖釋文今石經與此同廣韻及監本毛本並作蕖其葉蕸字或作蕸衆家並無

此句惟郭有然就郭本或復脫此一句亦並闕蕸其華菡萏釋文作萏云字又作菡本

今作苕其根藕字亦作蕅其中的或作菂蕡枲實蕡本或作蕢監本毛

本枲作枲非菲葸菜葸本又作息蕢赤莧莧字亦作䓍蘠蘼虋冬

蘼又作䕷虋本皆作門亦作蘴字苹蓱監本毛本苹誤作苹釋文及今石經並與此同蓱釋

文作萍云本或作蓱藬牛蘈藬本又作蘈藚牛脣釋文作蓐云本今作脣連

巽䴵字亦作䴵澤烏薞釋文及今石經並與此同監本毛本薞誤作虆傳擿目
石本原如此後人改搆作橫各本同磨菱蕨擛淩釋文作蔢云字又作蔆本今作菱大
菊蘧麥蘧字或作蘧麥麥亦作麦蘜治蘠蘜字或作菊蘠廣韻作檣唐蒙女
蘿釋文唐作云本今作唐蓎戎葵釋文戎作茙云本今作戎蘱盜庚本又作蘱
莩麻母字本又作字說文作芓釋文今石經並與此同監本毛本莩誤作莩倚商活
脫倚舍人作猗商釋文作蔏云本今作商脫字又作莌蘵黃蒢蘵字又作職藒車
芞輿本多無車字輿字或作藇惟郭謝及舍人本同衆家並作蒢蔠葵蘩露蔠釋
文作終云本亦作蔠今作終蒤委葉蒤釋文作荼云字亦作蒤委字或作萎鉤藈
姑藈本或作睽姑釋文作菰云本今作姑望椉車椉本又作乘車釋文作居云本亦作
車困衱袶本今作袶擭烏階各本作攫擭杜土鹵釋文作鹵云本又作
鹵眛蔽各本眛皆作眛監本誤作蘇㮨本作蘇蔽麥中馗菌舍人本馗作鳩釋文
菌作菌云本今作菌茈小葉茈字又作茦䔧堅中䔧字又作蓮簢筡中
簢字或作憨仲無笐本又作亢釋文今石經並與此同釋文作笐䈰箭萌釋文
箭作箭云本今作箭素華軌鬷素又作素綦月爾釋文綦作藄云字亦作藄姚
莖涂薺釋文涂作蒤云本今作涂蒙王女今石經及廣韻並與此同監本毛本誤作
王女藗牡茅釋文藗作蔌云本又作藗蕨鼈字亦作鼈蘩由胡釋文蘩作蘩云
字今作繁茋杜榮茋字亦作芪杜舍人作牡的薂釋文的作菂云本今作的薂字又作
敫葽繞蕀蒬蕀釋文作棘云字或作蕀茦刺字又作剌又作刺蕭萩監本
毛本誤作荻今石經釋文並與此同薚海藻本亦作藻長楚銚芅釋文長作萇云
本今作長銚字或作銚芅字亦作弋芣苢馬舄苢字亦作苡舄釋文作蒠云本今作舄

芁東蠡芁本亦作芃葿蘪舌釋文蘪作蘪云本或作蘪其萌蘿本或作蘿
非蕍芛葟華榮葟本亦作皇卷施草拔心不死施或作葹釋文
今石經並與此同監本毛本誤作旆葯芨字又作芰攫橐含今石經釋文並與此同監本
本攫作攗毛本作攗並誤不榮而實者謂之秀衆家並無不字郭雖不注而音
義引不榮之物證之則郭本有不字
釋木第十四稻山榎舍人本又作檟椵柂今石經釋文並與此同監本毛
本椵誤作椴柀煔字或作杉椋即來釋文作椋云本今作來栵栭釋文作檽
云字又作樆柚條柚或作櫾條字又作櫾楥柜柳柳又作柳味莖著監本
毛本味作味釋文同云本今作味莖舍人本作柢著舍人本作都樊本作居蘠莖蘠本或作
藘狄臧槔貢綦監本毛本臧誤作藏廣韻及釋文今石經並與此同舍人本槔作皋
樊本作䊆朹檕梅朹廣韻作杬又作杬檕本又作繫樊本作橘朻者聊釋文今石
經並與此同監本毛本朻誤作料魄榽橀本亦作醯棆無疵本又作械諸慮
山櫐慮字又作攄櫐字或作虆下同欇虎櫐欇本又作聶又作虆杬魚毒杬本
又作芫監本毛本誤作杭釋文今石經並與此同檓大椒檓監本誤作檓椒字又作茮
無姑其實夷舍人本作鉄休無實李休又作林痤椄慮李廣韻
作挫接櫨李又作座椄慮李監本毛本亦作座接慮李駁赤李駁字亦作駮棗壺
棗壺或作楂邊要棗要字或作櫻楊徹齊棗徹本或作撤煮填棗
填本或作瑱蹶洩苦棗蹶本亦作躐廣韻同洩釋文作泄還味稔棗稔又
作荵監本誤作稔今石經作稔樸枹者樸字又作樸謂櫬采薪舍人引上櫬楷
來合此句以謂字作稾守宮槐葉晝聶宵炕樊本作抗玉篇作炕大而

皷椒釋文皷作樧云字或作檄今本作皷梂赤棟又作楝灌木叢木釋灌文作貝云字又作灌叢本或作叢杝遒木魁瘣遒又作遒棫白桵本或作棱棃山樆棃字亦作梨樆本亦作離非桑辨有甚梔辨各本皆作辨甚本或作椹檄樸心釋文樸作樸云本今作樸詩疏作樸檄心棧木干木樊本干作杆釋文今石經並與此同監本毛本作子誤木自獘柛獘字又作斃詩疏同立死椔釋文作當續漢注詩疏並作菑蔽者翳詩疏蔽作斃下句曰料本又作樛如竹箭曰苞本或作枹觀州木監本毛本觀作枧釋文同云枧本今作觀椒樧醜菉釋文椒作菉云本今作椒棗李曰疐之疐亦作疐樝棃曰鑽之樝字亦作查木族生為灌釋文作欑云或作灌

釋蟲第十五蟲本亦作虫螜天螻廣韻螜作螜螾衘入耳衘本

又作竊蠽茅蜩釋文作蠽云本今作蠽茅本或作蠽蜓蚞螇螰蚞本或作沐非諸慮奚相慮本或作蠦舍人本作奚蜉蝣渠略蝣本又作螏略或作蟧蛂蟥蛢蟥本或作黃蠸輿父守瓜父字或作釜蝚蛖螻蛖或作騩非不蜩王蚥監本作父蛄䗐強蛘監本毛本蛄作蛄蛘本或作羊不過蠮螉過本或作蝸蛓蟿螂蛆蛓字亦作蠛蟿字亦作秘毛本作蟿廣韻及釋文監本並與此同蟋蟀蛬蟋本或作蟋蟀本或作蟋說文同阜螽蠜阜本或作蟲螽本或作蠜下並同草螽負蠜釋文負作蝜云字或作負蜤螽蜙蝑蝑本又作蜤蜙釋文作蟴云字亦作蟴蟿螽螇蚸蚸或作蚸廣韻作蟿監本毛本並作蚸土螽蠰谿蠰字又作蠰誤螼蚓蜸蚕廣韻釋文並與此同監本毛本作蜸誤莫貈蟷蜋蛑莫本或作蟆貈本又作貉下同蟷監本毛本誤作蟷釋文今石經並與此同

虰蛵負勞釋文作蛵云本今作勞螺蛅蟴螺字又作蟔玉篇作蟔蛅字或作蟔蟠鼠負蟠字或作蟔負本亦作蝜又作婦亦作婦蟼羅蛾本又作蛾螒天雞釋文螒作翰傅負版字亦作蝂蛶蟡何本或作蚵蠪朾螘朾本又作打虰次蟗鼅鼄鼅鼄鼄蝥蟗本或作蟊監本上鼅字誤作鼅土蠭本又作蠭字又作蜂蟦蠐螬蠐本又作齊蛜威委黍蛜本今作伊威委黍三字今爾雅木旁或並加虫監本毛本蛜作蛜釋文今石經並與此同蠨蛸長踦蠨或作蕭監本毛本並作蠨釋文今石經並與此同踦字从足虫旁作者非蠖蚇蠖蚇亦作尺果蠃蒲盧果本又作蜾又作螺蠃監本毛本作蠃釋文今石經並與此同熒火即炤釋文作螢火云本今作熒密肌繼英繼字又作蠿蚅烏蠋烏釋文作蝎云本又作烏王蛈蜴監本毛本王誤作玉䗞由樗繭釋文䗞作䗞云本今作䗞翥醜罅

釋文作蟥云本今作蠭玉篇作蜂蠭醜螸亦作蝓施作蝓食葉蟘釋文作蟘云字又作蟘又作蟘監本毛本並作蟘食節賊釋文作蠈云本今作賊食根蟊本亦作蛑後漢書注作蝥

釋魚第十六魚字又作臭鮎舍人本無此字鱧字或作又作蠡鯊鮀鯊本又作魦鮂黑鰦莊子釋文鮂作鰌魾大鱯文選注魾作鮍鰝大鰕監本誤作鰕釋文今石經毛本並與此同鯤是鱁是本或作鯷鱁本或作逐非鱦小魚作鱦本或鮥鮛鮪釋文鮛作叔鮤鱴刀字亦作劒鱊鮬鱖鯞鱖本亦作蹶鯞本或作帚魚有力者鰴字或作鰴魵鰕字亦作蝦鮅鱒廣韻作鱓科斗活東科字或作蝌舍人本活東作顆東鼁䵹蟾諸鼁今石經從說文作鼁諸釋文作蟾云本今作諸蜌螷本今作螷釋文作螷云蚌含漿本蚌

或作蛬蠪三足能蠪字作鱉又鼀三足賁鼀字作鼀又鼁小者
蝢本又作函蠠小者蜌衆家皆作羅本仰者謝衆家作射本前弇諸
果衆家作裹左倪不類倪亦作睨下同本有貝居陸贆字亦作猋小者
蟦釋文作蟦字又作蟦云貽貝貽本作胎又餘貾黃白文釋文貾作蚳云
字或作貾餘泉白黃文泉本作蟓或蟦小而橢蟦本或作賫又作蟦
蟦蠑螈蜥蜴蠑本作榮或蜥蜴蝘蜓蜥字或作蜴螣螣蛇螣字又作
朕監本毛本作騰騰字又作騰又作騰蝮虺博三寸蝮釋文作蝮云字亦作蝮虺釋
文作虫云本今作虺
釋鳥第十七隹其鳺鴀隹如字旁或加鳥非也鳺鴀本亦作夫不鳲鳩
鴶鵴鴶字又作鴶鴡鳩王鴡鴡本又作雎鵅鵋鵙鵋本亦作忌鵙釋文

作鶨云木亦作鶨下鶨老同本今作鶨鶻鵃鵃本亦軏作冤鶂鶃鶃字亦作鷊
鳽鵁鶄鵁本亦作交鶄本又作鶄輿鵛鶩輿釋文作輿鵛本作徑鶩作鶩鶩本亦作鶾
天鸙鸙本又作鸙鷽山鵲釋文作鸒云本亦作鷽鷣負雀負字或作鵤
桃蟲鷦其雌鴱雌字或作鴟又作鵡廣韻同鶠鳳其雌皇皇本亦作凰
鶺鴒雝渠鶺釋文作鶺渠字或作鶏鷽斯鵯鶋斯本多無斯字案是詩人叶句
之言後人因將添此字也而俗本遂斯旁作鳥甚謬鶋本或作居燕白脰烏燕字或加
鳥旁者非鳥監本誤作鳥旁各本並與此同鴽鴾母鴾字或作牟舍人本作無母密肌
繫英釋文作繫肌繫云本今作繫英本今作英燕燕鳦鳦本或作乙鴟鴞鸋鴂
鴂作鴂或狂茅鴟狂本或作狅茅本或作鶜鶹劉疾劉字或作留生噣
雉字或作鷻爰居雜縣爰本亦作鶢縣本作懸字亦作鶢居本或作鶋春鳸鳻鶥

本亦作分遵鵖鴔戴鵀鵀本亦作鵀鶬澤虞虞本或作鸆鵜鶘其雄
鵲牝庳監本毛本庳作痺釋文今石經並與此同鴗頭鵁頭字或作投本或作鵁
雀老鴱鴱本又作莧鴱本亦作胡云字或作鶖鶿鳥作鶿釋文狂鸇鳥
釋文狂作鸇云本今作夢晨風鸇晨本或作鷐鸇白鷢釋文
今石經並與此同監本毛本作鷽字誤作鶍鳥二字鶂蠶母蠶字或作鶂鷉須鸁
作鵛鶪字或鼯鼠夷由鼯或作鵛字或作鶪由倉庚商庚四字本或作皆
加鳥鵠鶼比翼釋文作鶼字或作鵖鴂云跂本今作枝鷹鶆鳩釋鶆
文作來云鶼鶼比翼作鶼或作鶼兼家鸑春鉏釋文作鶆云字又作鉏
字或作鶼鉏秩秩海雉秩本又作秩失鸐山雉釋文作翟云本又作鸐鶾雉
鶾雉鶾字又作鶾伊洛而南素質五采皆備成章曰翬

監本毛本采作彩釋文及今石經並與此同下句彷此南方曰翯本或作鶴鶴
鸀鳥鸀玉篇作鸀本亦作鸀或作鵴字亦作躅鸀釋文今石經並與此同監
本毛本鸀誤作鸀下鳶烏醜鳶字亦作鳶監本誤作鳥
文鸀伯勞也鶪字或作鵙作鳶鳥鷹隼醜鷹字或作鷹隼本或作鶽鳧鴈醜其足蹼釋文作蹼又作蹼云烏鵲
醜監本毛本誤作鸞今石經與此同作鳥亢鳥嚨玉篇作吭亢鳥少美長醜
爲鷚鷚本亦作鶔詩釋文作鷚少美而長醜爲鷚
釋獸第十八其跡躔跡字或作蹟又作速其跡速釋文作速云本又作
速麕牡麌麕本又作麛亦作麕麌一作麌其子麆麆本亦作麛絕有力豣
廣鼠作豜兔子嬔兔字又作娩嬔釋文云本或作嬎絕有力欣欣本或作豜
貆豶釋文豶作豶云本今作豶豨豨貆者貆貆本或作貆下同豕生三豵周禮

注作貘所寢楷舊本多作猾帛字非四豴皆白豥釋文豴作𤠛云本今作猗
虎竊毛謂之虦貓虦字作虥又虪黑虎釋文虪作儵云本今作虪貀
無前足貀本作豽又鼳鼠身長須而賊鼳本多作臭監本毛本誤作鼳
釋文今石經並與此同後鼠屬鼳鼠仿此廣韻無而賊二字其子狗本或作豿絕有
力麙本或作㺔貍子隸衆家作肆又作肆舍人本作隸貈子貆貈本作貉貆周
禮蹤作貒其子豰本又作㲉貔父麛足釋文麛作麋云本或作麛貙獌似
貍獌本亦作貓麠大麃麠本或作麌麐大麕麐本或作麌監本麕亦作麕誤
猰貐類貙猰字亦作猰或作貐字或作窳狻麑字又作猊驨如馬驨本
作驨麐麕身牛尾麐本又作麟猶如麂舍人本猶作獼貄修毫貄本
又作肆亦作肆修毛本作修釋文與此同毫本或作豪貙似貍廣韻作貍兕似牛
兕本又作光彙毛刺彙本或作猬又作蝟亦作𧸘狒狒如人狒字又作䰪或
作禺說文作䰪䰪貍狐貒貈醜其足蹯說文作狐狸貉醜其足蹞雜蒙
頌猱狀猱本或作獿猱蝯善援釋文蝯作猨云本或作蝯貜父善顧
貜字亦作玃說文同麔麚短項說文麔作豭蜼卬鼻而短尾卬監本毛
本誤作卬廣韻作仰時善乘領乘本或作乘猩猩小而好啼釋文作嗁
云又作啼寓屬舍人本寓作㝢周禮注作禺鼢鼠字亦作蚡鼸鼠鼸字或作鼸
麋鹿曰齸齸字或作嗌鳥曰嗅監本毛本誤作臭今石經及釋文蜀石經並與此同
釋畜第十九駮如馬倨牙食虎豹倨字亦作居騉蹄趼
善陞甗騉漢書注作昆蹄字或作蹏趼本或作研漢書注同監本或作升漢書注同絕
有力駥本亦作戎膝上皆白惟馵膝字又作厀前足皆白騱

舍人本作騱後足皆白翑舍人本作狗驪馬白腹騵騵字或作驈
尾白駺本多作狼白達素懸釋文監本毛本並作縣回毛在膺宜
乘釋文作乘云字又作乘在肘後減陽減本或作駭在背闋廣本或
作驤騋牝驪牡孫注改上騋牝為牡讀與郭異駵白駁黃白騜監本兩白
字並誤作曰駵馬黃脊騝本或作騫驪馬黃脊騽說文騽作驔今爾雅
本亦有作驔者青驪驎驒釋文驎作𩥒云本或作驎青驪繁鬣騥本又作柔
白馬黑鬣駱釋文引樊孫本作黑馬白髦舍人本同衆家本並作髦詩白馬
黑脣駩孫本作犉云與牛同稱本或作騂一目白瞷釋文作瞷云本又作瞯
二目白魚本又作䰻犣牛犣本或作鬣字犑牛釋文今石經並與此同監本毛
本犑誤作犑皆踊觢字或作挈黑脣犉釋文作犉云字亦作犉黑眥牰

本或作夒體長牬廣韻作牬羊牡羒又作羒犬生三猣毛本誤作猣
蜀子維字或作餘馬八尺為駥釋文作戎云本亦作駥後漢書注作龍羊
六尺為羬本亦作麙雞三尺為鶤字或作鵾今石經此後有標題六畜二字
按左傳疏兩見並云爾雅於馬牛羊豕犬雞之後題云六畜今驗石刻此處甚分明實無此題蓋刻
石時己不從唐初舊本矣

右爾雅

又按唐石經後附刻張參五經文字三卷唐元度九經字樣一卷與唐藝文志所載同考劉禹錫修五經壁記云張參詳定五經文字書于論堂東西廂之壁自是諸生之師心曲學偏聽臆說咸束而

歸於大同參自序云幸承詔旨與二三儒者分經鉤考而共決之卒以所刊書于屋壁至其經典之文六十餘萬至當之餘但朱發其旁而已猶慮歲月滋久官曹代易儻復燕汙失其本真乃命孝廉生顏傳經收集疑文互體受法師儒以爲定例凡一百六十部三千二百三十五字分爲三卷則參所刊定五經文字既書于壁慮其歲久泯没因撮其要領撰成此書非謂此書卽五經文字也石刻首題五經文字序例得之自元度稱其書略去二字而藝文志竟題爲五經文字三卷後代率仍其

目實則非也又參序作於大歷十一年而文云□□□書猶□□□□□□□蕩而無□□十年夏六月有司以職事之病上言其狀詔委國子儒官校經本送尚書省參幸承詔旨得於二三儒者分經鉤考而共決之云云此十年謂天寶十載也封演聞見錄云天寶十年有司言經典不正取舍無準詔儒官校定經本送尚書省并令國子司業張參共相考驗政與碑合石本十年之上矣字己泐其半而明人補字乃于無下缺處改爲貞觀補字自□□□書以下其十七字改爲轍有所書猶未闕文正體竟癈蕩而無貞觀皆訛謬不成文理經

義攷遂謂石刻十年之上增貞觀二字疑石本非唐人之舊甚亦誤讀補字與石經連綴之本耳不然參于大歷中爲國子監司業距貞觀十年已及一百四十年安得有幸承詔旨之語且當時看書上石屢易儒臣豈有書石之人於國家紀元詔旨顛倒錯繆如此而無一人能爲審定者是又不待辨而知之者也是書分別部居詳考說文字林石經隸變經典相承同異以類分別爬羅剔抉使讀者開卷瞭如以視顏氏干祿字書尤爲精確覃等校定石經點畫偏旁多有根據參書非無功矣其

書成於大歷中而開成以前並未聞有刻石之事驗石本筆迹與九經字樣無殊當亦與石經同時所刻末有乾符三年參孫自牧并刻字人題名四行則又僖宗時自牧重校勘定所題其中如參字改叅之類皆自牧手筆斧鑿之迹甚明亦非刻於乾符中也今故類列于此九經字樣者覆定字體官唐玄度撰以補張書所略條例仍依張書之舊故題曰新加九經字樣惟減百六十部爲七十六部又爲雜辨部附于其末因補遺字少不能各出子目減省繁冗創爲此例此變通之得其宜者也

又此書注音每以四聲之轉爲準與張書音某某某反之例亦異元度自序云其聲韻謹依開元文字避以反言但紐四聲定其音旨則元宗以後反字已宜諱言因變而用此藝文志有元宗開元文字音義三十卷卽元度所云開元文字者也其書久佚不傳孫奭孟子音義中嘗引其說觀此書亦可以知其大槪實韻書之創見者顧自四聲既分不能音各一字卽求之轉聲亦揔難于適當則反切之用豈可盡廢後世鄉曲之士昧于聲韻兎園册子輙作音某云云使人易曉卒致音讀乖謬未

始非此書作之俑也通考經籍考載九經字樣一卷引崇文總目唐元度撰又五經字樣一卷引陳氏曰唐元度撰當爲一書歧出五經卽九經之誤然玉海又有新定五經字樣之語與通攷所載正同陳氏所見其卽重修本故有五經之目耶但陳氏云往宰南城得此書乃古京本五代開運丙午所刻遂爲家藏經籍之最古者開運本卽田敏所進則又非重和中重修者宋史田敏傳稱敏所校九經頗以獨見自任如改尚書爾雅諸條世頗非之或此書標目亦敏所妄改歟疑未能明也宋元以來二書並無刻本近揚州馬君曰璐曲阜孔君繼涵始摹石本並雕於木然繕校粗率頗多以意竄改處與原本有虎賁中郎之别學者不可不知也

金石萃編卷一百十三

賜進士出身 誥授光祿大夫禮部右侍郎加七級王昶譔

唐七十三

馮宿碑

碑連額高一丈八寸廣四尺三寸三分四十一行行八十三字正書篆額在西安府

大唐故銀青光祿大夫檢校禮部尚書使持節梓州諸軍事兼梓州刺史御史大夫充劒南東川節度副大使知節度事管內觀察處置靜戎軍等使上柱國長樂縣開國公食邑一千五百戶贈吏部尚書馮公神道碑銘并序

銀青光祿大夫守兵部尚書充 皇太子侍讀兼判太常卿事上柱國晉陽縣開國子食邑五百戶王起撰

翰林學士朝議大夫守諫議大夫知 制誥上柱國河東縣開國男食邑三百戶賜紫金魚袋柳公權書并篆額

惟唐開成元年歲在執徐十二月三日檢校禮部尚書東川節度使長樂公享年七十薨于位 天子不視朝一日贈以天官之秩是月 公之喪歸于西都比來也梓潼之人如亡顧復其至也京師之人咸嗟殄瘁其親戚踊于中唐而隣里感其朋友慟于外寢而搢紳弔咸以 公孝友忠信清廉正直寬仁偉度可以翰當世弼諧遠謩可以經大邦而位不充量才屈於筭斯所以感人深矣其明年五月克葬于京兆萬年縣崇道鄉白鹿原從先人塋禮也既葬其孤纍然泣血以 公勳伐德善之狀請被於文而刻此石云 公諱宿字拱之冀州長樂人漢光祿勳奉世廿五代孫也自光祿勳立功於漢其下十四葉立國王燕是謂昭□皇帝其下七葉生五代祖周烏氏侯諱早惠□隋爲□州司戶 皇朝爲婺州長山令長山生高祖 皇婺州紀曹掾

諱文儉紀曹生曾祖茂才高第栝州松陽令諱道儀松陽生大父文林郎宋王府記室叅軍贈禮部員外郎諱嗣員外生先府君南昌令新安郡長史贈尚書左僕射諱子華咸以茂德光耿史諫僕射天寶中 明皇以四子列學官時與計偕一鳴上第藏器不耀以孝節聞享年八十累贈尚書左僕射先妣彭城劉氏 皇成都府叅軍沔之女嬪則母範惟家之肥累贈彭城郡太夫人 公卽僕射之元子也奇偉倜儻與人誠直言無詭隨行不苟合望之也長戟森於武庫卽之也大珪植於墳田卯歲侍僕射府君廬于員外府君之墓左

有靈芝產于埏隧白兎擾于松檟僕射惡其顯異抑而
不言識者咸謂純孝殊祥又重之以陰德其門必大也
弱冠以工文碩學稱年廿六舉進士是時明有司郎兵
部侍郎陸公贄其人也又應宏詞科試百步穿揚葉賦
雖□勢奪而其文至今諷之後生以爲楷已而有志於
四方歷東諸侯爲彭門僕射張公建封所器異因表爲
試太常寺奉禮郎充節度□官張公傑邁簡達尊賢禮
能幕府始建羣彥翹首與　公同昇者李藩韓愈之□
皆諸侯之選及　公曳裾之後有置醴之遇其書檄奏
記　公皆專焉及張公寢疾　公常出入卧內獻□戎

事一軍感其□明追其犨落也武夫感義閭里懷慕蚩
蚩洶洶無師乃亂□其子愔稱留後焉未　王命
也先是李師古之叛也其將李淯以徐方效順至是師
古將伐有邑且復故地公內則發訓叛徒明利害之鄉
外則移檄敵人□逆順之理卒能寢師古之謀遏徐方
之亂衛監戎於鋒刃之上□闔境於磔裂之勢　公□
力□而終身杜□不言定徐之功議者高其不伐及
　德宗以愔得衆因而善之表　公爲留後判
官試金吾衛兵曹　公以危邦是戒倚門方切乞歸江
左以奉色養已而起飾潛章請□□樞授大理評事徐

之軍吏罰　公之去羣□　公職者害　公之能也合
爲他誣貶泉州司戶　公得喪不形以詩書自娛歲餘
移□州司戶太夫人終堂殯慕柴毀阽於滅性㫄復常
從事浙右徵拜憲府監察歷太常博士凡爲八家定□
皆□善□惡不吐不茹時人偉其文而與其直遷虞部
員外郎丁先府君艱欒棘在疚哀禮皆極既祥除都官
員外郎　憲宗時吳元濟以淮西叛　詔相
國裴公東征於是妙選廷臣爲幕中□由是□　公爲
彰義軍節度判官於是有朱紱銀章之錫淮西平疇勞
報功拜比部郎中爲持權者所忌會韓文公愈以京師

迎佛骨上疏切諫忌　公者因　上之怒也
誣　公實爲之出刺歙州先是中書舍人缺僉謂　公
之述作動合謨訓　綸言之任旦夕待遷及一麾出守
羣情大駭　公則神怡氣暢視辭若成此則老氏之齊
寵辱令尹之無慍喜也在歙周歲鋤兼并活矜寡有穰
袴誰嗣之謠徵拜□部郎中遷□部郎中知　制誥時
問罪河朔書命疊委　公應□神速不能自休詞理典
奧文采煥逸大凡六百餘章爲染翰者程準
　大子以深州刺史□元□納忠効順　詔除襄州節
度使時重圍不□未□之□□江漢一游舟車四會人

盧□沸施綦由之□思文武全德姑□其□
上曰侍臣有魁岸奇表珥貂蟬者爲誰丞相以
公對　上曰峴南留務斯人可矣爰命金
印紫綬宫相憲丞倅□以□□之□車則率族□□
里□□□□冀日□□□　詔□歸□□□或頒借□
□上□一年或追送君□有逾百里其遺愛在去有如
此者卽日拜中書舍人妄爲飛語□中□改爲太常□
□□□遷散騎常侍□□□□直□□之士
□□□□□試第其上下得人之□□爲至公遷華
州刺史以州名犯先公諱固讓不拜復□□加集賢殿

學士□□□□□同之阻　命於□□也王□興□□□
□□□□□□□□□□□□□□以□□□□□
□□□□之臣有才者宜撫之擇使數輩□□之事
公以食君之祿危事不□急國之□□□盡心
遂□□政□□□屬虐暑霖雨泥行谷宿□□險阻
□□□□□□□□□不言□由是出入□□□□□
□危者安之□者勇之棣城□□　公□□助其□□
事國有如此者矣三川浩穰尹正斯□時□之□□
公□理反□□必信賞必罰寛人急吏□□著無□兼
并□必□□□□□部曲□□□□□有□爲□

吏□□□□□□於杖下□□□□□□□□□□
□禁止再□報政行工部侍郎加□□□□□□□
□□□□□□曹郎議□□　公以□路□以誅□
□□□□□之□□□以爲得□□□□□□□□
□　□□□後　勑五十□□百□□□□□□□兵
部侍郎進爵爲公會衆□□□□□□　上□□
□□之忠重推轂之□□撿挍禮部尚書使持節梓州
諸軍事兼梓州刺史御史大夫□□□□□□節度副
大使知節度事管內觀察處置靜戎軍□□□□□公
□節□臨甃□□紀外□□□內□□呲推赤心於三

軍之腹而□郡以土六□□□禮樂修明苛□用去□
□□□□□人□□□□□□□□□□□□□□
□□□□□□□□□□□□□□□□□□國人
□□心太和初□師□□南□入殺挺子□□大掠而
□　公以善□不□□□□□隨則無惠安必□□
□□□□□□□□□□□□□□□□□□□□
□□□□□□□□□□□□□□□□□上問之
曰守土之臣當如是乎豈□山鎮一方亦可波及他□
詔用□□□□巫之□□□□□　公□□□□□
□□□□□□□□□□□□□□□□□□□□

□□□□□□□□　□□□□□□嘗一旦天
貺十万錢於我家故鄉八兮爲孝馮家吾今壽登□□
位列方面陰德之□其可誣乎□□□□□□□□□
□□□□□□□□□□□□□□□□□□□□□
□□□□□□□□□□□□□□□□□重□家□
□□□□□□□□□□□□□□□□□□□□□
□□之以□□□曰命之短長天□□□之□□□
□□吾不□也□□□□□□□□□□□□□□□
□□□□□□□□□□□□□□□□□□□□□
□□□□□□□□□□□□□□□□□□□□天
不表其□□□□□□□□貞百以下七行漫漶不可摹

馮尚書碑今在陝西省下秦人王宏度酷嗜古墨余問如此妙跡近在省會何以不多見搨本王云碑已剥蝕不可復搨每搨碑石輙欲滴流余亦爲之憮然惕用觕扫誠懸馮尚書碑亞於廟堂碑庚子銷夏記

右碑自授華州刺史以父諱不拜徙左散騎常侍兼集賢殿學士而後皆殘泐其幸有者證之新舊二史多異如碑云婺州長樂人史云婺州東陽人豈宿之始祀漢光祿勳奉世立功于燕奉世之後文儉爲婺州禮曹掾遂家東陽耶文儉者宿之高祖也五代祖惠大父道儀皆史所遺碑云年廿六舉進士爲兵部侍郎陸贄門人拜比部郎中時爲持權者忌以韓愈切諫迎佛骨表誣宿實爲之出爲劍州刺史舊書與碑同至碑題所謂梓州刺史及劍南東川副大使知節度事郎舊書亦未之詳也宿拜河南尹時洛苑使姚文壽縱部下侵欺百姓吏不敢捕宿于大會日遇而杖之死新史倘不之載其闕畧亦云多矣子三人圖陶韜皆登進士揚歷淸顯新史止錄圖何也序之首云開成元年十二月三日宿薨于東川以明年五月歸葬于京兆萬年崇道鄉白鹿原之先塋則馮氏雖家婺州以宿之貴祖父俱葬咸陽其子孫或有存

者豐碑巨碣磨滅殆盡矣金石錄補

觀韓昌黎與馮宿論文書時值唐文之衰馮公獨能力進乎古爲昌黎所推許生無愧秩宗之官死而柳公權爲之書碑今又列於泮宮馮公亦足以不朽矣第碑移竟失墓所惜哉來齋金石刻考畧

宿字拱之爲審之從兄也官終吏部尚書卒謚曰懿起字舉之終太尉卒謚曰文關中金石記

唐制諸王拜節度大使者皆留京師以副大使知節度事者寔正節度也碑稱充劍南東川節度副大使知節度事而新舊史但稱節度使者蓋以此舊史本

傳云韓愈論佛骨時宰疑宿草疏出爲歙州刺史新史疑其未必然而刪之然碑云公爲比部郎中爲持權者所忌會韓文公愈上疏切諫佛骨忌公者誣公寔爲之出刺歙州則固有此事矣昌黎之文自後世論之固非宿所能及在當時則猶夫人爾况出于忌者之口亦何所不至哉史稱婺州東陽人而碑云冀州長樂人蓋舉其族望然唐時冀州固無長樂縣劉知幾所譏諒哉潛研堂金石文跋尾

碑後文磨鉵殆盡今獨前文存者尚可辨案碑云宿冀州長樂人而新唐書本傳則稱婺州東陽人金石

續錄謂宜以碑爲正攷馮氏之所自出惟杜陵長樂二望碑因以宿爲長樂北史馮跋傳亦云代本出長樂宿北燕裔也今碑著其始望是也唐碑刻如池州刺史馮仁碑云長樂馮文王之允與此碑同則碑信非無據然驗其實宿之占籍當在婺州今文內所載乞歸江左以奉色養當時自宿祖父並居東陽又宜依新書爲是此固當兩存之不宜有所偏廢也張建封既殁宿以書說武俊使表建封子愔爲留後新唐書云宿而碑獨記德宗以愔得衆聞而善之則愔之得請亦不盡出自武俊碑載宿卯歲侍僕射府君廬於員外府之墓左則宿與父子華並守墓矣而傳文惟言子華廬親墓有靈芝白兎蓋史畧也新唐書牛元翼從節山南東道爲王庭湊所圍以宿總留事碑云天子以深州刺史牛元翼納忠效順詔除襄州節度時重圍不解未克之官下丞相以公對上曰峴南留務斯人可矣文較史爲悉又碑載開成元年十二月長樂公薨下又明年克葬云云碑之建立約亦在是時矣至碑又云其親戚號于中唐金石續錄云唐似是堂字案詩中唐有甓傳堂塗也尔疋釋宮廟中路謂之唐此郎碑依用所自後漢書延篤傳少從潁

川唐谿典司馬彪續漢書作堂谿典堂與唐亦古通用字何爲疑哉授堂金石跋

按此碑撰文者王起兩唐書傳起爲播弟字舉之大和七年由河中尹入爲兵部尚書八年檢校右僕射襄州刺史九年就加銀青光祿大夫文宗好文起僻于嗜學轉兵部尚書以莊恪太子登儲欲令儒者授經乃兼太子侍讀判太常卿碑結銜與傳同碑無建立年月以莊恪太子傳證之大和六年立爲皇太子開成三年詔宮臣詣崇明門謁朔望侍讀偶日入對起之兼太子侍讀當在是時則

碑立于開成二年亦一證也又据書碑之柳公權
結銜翰林學士守諫議大夫知制誥穆之本傳亦
在三年以前則又二年立碑之證也碑云開成元
年歲在執徐者是年爲丙辰歲也云克葬于京兆
萬年縣崇道鄉白鹿原元和郡縣志白鹿原在萬
年縣東二十里長安志云在萬年縣東南二十里
然崇道鄉名兩志所無也碑云公諱宿字棋之舊傳
無新傳作棋之漢光祿勳奉世廿五代孫自光祿勳立功
於漢其下十四葉立國王燕是謂昭□皇帝漢書
馮奉世傳昭帝末西河屬國胡伊酋畔奉世輒持

節將兵追擊代爲右將軍典屬國數歲爲光祿勳
晉書載記馮跋字文起以太元二十年僭稱天王
於昌黎不徙舊號即國曰燕建元曰太元立十一
年入宋至元嘉七年卒又見魏書海夷傳語亦畧
同又据十三代孫馮元德撰昌黎馮王新廟碑稱
王諱熙伯祖諱跋建國北燕傳位于昭成皇帝諱
宏即王之烈祖也然則此碑所稱昭□皇帝者即
昭成帝馮宏也碑云五代祖諱早惠隋爲□州司
戶皇朝爲婺州長山令長山即金華縣在漢爲烏
傷縣地後漢改爲長山歷代相因据唐書地理志

武德八年省長山縣入于金華縣屬婺州東陽郡
則早惠爲令尚在武德八年以前也此下高祖文
儉曾祖道儀大父嗣兩唐書俱無傳府君子華兩
書附宿傳亦但載其廬墓有靈芝白兎之祥與碑合
而不書其官南昌令新安郡長史此下碑敘宿事
云年廿六舉進士是時明有司郎兵部侍郎陸公
贄其人也舊書陸贄傳德宗貞元七年正拜兵部
侍郎知貢舉據昌黎文集與祠部陸員外書云往者陸相公司貢士考文章甚詳愈時亦幸在得中云云孫汝聽注曰貞元八年陸贄知舉賈稜等二十三人登第公與焉則是陸贄之知貢舉在貞元八年
選士數年之內居臺省清近者十餘人

蓋以贄所舉號爲得人列贄門下者以爲榮故碑
特書之也碑又書應宏詞科試百步穿楊葉賦其
文至今諷之而兩傳不載昌黎集有與馮宿論文
書云辱示初筮賦實有意思但力爲之古人不難
到云云則宿之賦固爲昌黎所稱矣碑云彭門僕
射張公建封表爲試太常寺奉禮郎充節度判官
張公幕府始建羣彥翹首與公同昇者李藩韓愈
之徒皆諸侯之選云云宿傳但云徐州節度張建
封辟爲掌書記而不詳其餘唐書韓愈傳亦但云
徐州張建封請爲其賓位檢昌黎文集有徐泗豪

三州節度掌書記廳壁記云南陽公鎮徐州歷十一年而掌書記三人曰高陽許孟容曰京兆杜兼曰隴西李博而不及宿然張建封開幕府禮賢下士八才衆多不勝悉數則宿與昌黎同登進士同在幕府碑傳參攷自可徵信可知昌黎與宿相聚日久交情更深是以與宿論文極爲推挹而佛骨諫疏宜乎忌者誣爲出于宿手矣碑稱宿試金吾衛兵曹授大理評事兩傳皆不載而傳有從浙東觀察使賈全府辟碑亦不載碑于貶泉州司戶後云歲餘移□州司戶渤州名太夫人喪復常從事浙

右徵拜憲府監察傳皆畧之出刺欽州後徵拜□部郎中遷□部郎中知制誥泐二字以傳攷之乃刑部兵部也傳云太和二年拜河南尹在行工部侍郎之前而碑泐不見宿嘗有詩酬白樂天劉夢得云共稱洛邑難其選何幸天書用不才即此時作也碑雖泐尙存虐暑溽雨泥行谷宿三川浩穰尹正斯□信賞必罰寛人急吏等䍥二百言皆尹河南時事也碑于行工部侍郎之後有□□後勅五十卷据傳則修格後勅三十卷碑傳三五互異舊書經籍志不著錄新書藝文志有云太和格後勅四十卷格後勅五十卷注云初前大理丞謝登纂凡六十卷詔刑部詳定去其繁複太和七年上而不云馮宿同修以時攷之即碑所云格後勅五十卷也碑云兵部侍郎進爵爲公則必有初封縣侯之語而碑已泐于前舊傳不載新傳云累封長樂縣公亦不詳其初封也檢校禮部尙書之下碑有梓州刺史結銜四十餘字傳但以東川節度使一語括之此下舊傳已畢新傳則畧敘完城郭增兵械修利防庸等事而碑文全泐矣碑有云嘗一且天助十万錢于我家故鄉人號爲孝馮家吾今

壽登□□位列方面陰德之□其可誣乎天助十萬錢兩傳俱不載宿卒年七十則壽登下是七十也孝馮家三字見新書宿傳云父子華廬親墓有靈芝白兎號孝馮家又見鄴中記云馮肅宿字之誤字拱之婺州人廬親墓有靈芝白兎之瑞一時號曰孝馮家而皆不及天助十萬錢之事碑巳敘靈芝白兎於前而末乃述十萬錢事爲孝馮家之緣起惜碑上下文泐無從得其詳矣

大泉寺新三門記

碑高六尺三寸廣三尺四寸三分二十二行首行三十六字餘皆三十七字行書篆額在句容縣

大唐潤州句容縣大泉寺新三門記并序
鄉貢進士姚暮撰
當寺沙門齊操書
句曲之東寔曰崙峯居峯之陽厥生大泉寺因泉而題
焉後劉宋開明二年有邑令顏繼祖捨宅稜寺南去泉
五里而遙年代窱遠碑記埋沒粗所詳者乃顏氏十三
代孫今寺之惠誠也大和初監寺僧惠明與寺僧道琳
等見三門破壞乃言於衆曰此教東流設象爲法牢落
如是瞻仰何依乃請今寺主僧常誼昔旅于是者勠力
誓心慕緣折化如響斯應人咸歸之遠近趍走投施委

積筭財度費功用果足乃革舊制恢新謀延袤縱廣中
闕無改自大和庚戌至于癸丑凡七年厥功告成崇軒
峨峨三閤其門飛簷翼張丹栱霞煥矧兹寺以重崗疊
嶺冞入崖谷行樹蓊翠煙蘿掌密雲收霧卷宛若仙闕
俾得道者同指歸於覺路由徑者詎深着於迷途非我
師之志誠其孰能逮於此今天下學佛道者多宗旨於
五臺靈聖蹤跡往往而在如吾嶽之依於　丘門也誼
本鄭人冠歲因往遊焉遂剃髮於五臺金閣寺元和再
歲乃於潤州龍興寺依年具戒振錫經行見色相之皆
空識衣珠之無價又六年始到江南初止於近寺蘭若

其明春又之嶺南詣禪訪道酌水步雲心契如期不遠
千里十一年還至兹寺初寺每有僧俗大會五千餘衆
號曰龍華常患錡釜之器不同於用物有所闕人多告
勞誼乃發願鑄一大鑊求布金之長者得鎔範之良工
歸依一念之間成就堅牢之質漫落有用碩大無朋使
天人畢會於龍花香積普沾於法味由此故也寺衆僉
曰誼實有力於寺者并宿習德本洽諸善緣豈能誘掖
羣心終成喜捨大和初歲乃聞諸府邑請隸名焉繇是
三門荐興功致一貫則誼之行業前術推可鏡矣人有
語余於師爲文者誼因錄所事請識門焉寺之備新記

詳矣辭曰
寺之興　大泉是生　觱沸猶在　既溫且靈　寺之
移　顏氏之基　宋室舊邑　栾對離離　寺之終
誼實是工　大鼎渠渠　三門崇崇　煙霞棟梁　松
桂香風　周迴巖壑　警迷其鍾　文若于石　播之
無窮
開成三年歲次戊午十一月乙卯廿六日庚辰立
西河郡欒興慶鐫并記
勾當功德主寺主僧常誼
按此碑沙門齊操書不云篆額即盛時泰元牘記

載此碑亦不云有額據潛研堂跋稱額中泉字篆从日从水是有額而此本失搨也跋稱潤州句容縣新唐書地理志句容縣注云武德三年以句容延陵二縣置茅州七年州廢隸蔣州九年隸潤州乾元元年屬昇州舊書地理志寶應元年昇州廢屬潤州據舊書則寶應元年後不復再屬昇州據新書則乾元元年後不復改屬潤州今此碑立于開成三年而句容屬潤州則舊書爲有據也碑云句曲之東實曰崙峯江寧府志句容縣有崙山在縣東北五十里東連駒驪山四十二福地也金陵

志唐崙宗時開者伍達靈在此山得道去云云此碑稱崙峯或即崙山也碑文此下載峯之陽有大泉寺因泉而題劉宋時有邑令顔繼祖捨宅爲顔氏十三代孫又稱大泉寺僧俗大會五千餘衆號曰龍華寺僧常詢鑄一大鑊香積普沾大和初歲隸名府邑由是三門𦱿興功致一貫云云今細檢江南通志江寧府志凡山水寺觀古蹟名宦方外各門無一語載及者竟無從考證矣大抵句容縣之大泉寺荒廢已久此碑復淪落草莽修志秉者不及搜採金石以致紀載滿略如此蓋金石文字有裨于輿圖考索者爲功不細而修志秉筆者往往土苴棄之則亦無可如何矣碑本肅陋稱劉宋有開明之號書募緣作慕緣又大和庚戌至癸丑凡四年作七年又如稱孔門爲邱門謬誤纍見蓋撰者姚薯雖進士而出于鄉貢不離乎鄉者也

苻璘碑

碑高一丈廣四尺五寸三分三十一行行六十二字正書在富平縣學

唐故輔國大將軍行左神策軍將軍知軍事撿校右散騎常侍兼御史大夫義陽郡王食實封二百戶贈越州都督刑部尚書苻公神道碑銘并序

銀青光祿大夫守中書侍郎同中書門下平章事充集賢殿大學士上柱國襄武縣開國侯食邑一千戶李宗閔撰

翰林學士承　旨兼□侍書朝議大夫守尚書工部侍郎知　制誥上柱國河東縣開國男食邑三百戶賜紫金魚袋柳公權書并篆額

公諱璘字元亮其先琅耶人曾祖諱□嬀州刺史大父諱暉游擊將軍顗王府左□事典軍贈青州刺史烈考諱令奇昭義軍節度副使試太常卿開府儀同三司琅耶郡公□□部尚書左僕射公實僕射長子初公與先

公俱爲前神將會前亂同奔於潞潞帥薛嵩署爲軍副
嵩卒其地分移隸于魏魏帥田承嗣知公父子有材畧
各以左右職處之承嗣死子悅代爲帥悅與李納輩隣
封通謀不軌引兵寇□東攻磁邢　天子命并
師馬燧潞師李抱眞督□軍合討之戰於洹水悅軍大
敗王師進逼魏城時公與先公在重圍中悅賊虐日□
衆心離拆先公密語□□□□□□十九年閱事多矣不
能遠引古自安□以還亂臣賊子甚衆于今有噍類遺
種者乎今悅叛亂有狀覆滅無日吾豈能以黃耇之歲
陷赤族之誅□汝部下□□□□騎勁卒若捨吾爲質率

屬歸降不唯□□心□足斷賊臂全家侚國吾死無恨
可不務乎公泣曰悅忍人也某苟脫去將不利於大人
奈方寸何先公曰不□□□□師四合吾與汝猶几上肉
待俎醢耳且汝不去能全吾乎是父子俱死於逆地汝
從吾吾死不朽汝不從吾吾亦死吾目不瞑死一也而
逆順禍福相去万里□何疑焉公俯伏不能對時燧知
公才畧勇敢使閒以禍福諭公與先公之言略同繇是
公計遂決乃使家竪濳逼其□燧因遣公犀帶以示要
約公於是率所部銳師降燧由是寇始弱而王師益壯
燧既納公署爲軍副以　聞詔授特進試太子詹事

兼御史中丞封義陽郡王實封百戶既而悅引責先公
先公讓曰公逆親背主亡在旦夕某教子効順殺身成
仁□之死□愈於公遠矣又何責焉悅大怒躍起先公
從容不撓視死如歸獲所之禍遂延於家屬俄　公仰
天搏膺□□□絕泣血忍死竟終先公之志焉燧□就
撫勉復列上其事　德宗皇帝嘉而悼之　詔
公起復加左散騎常侍兼御史大夫賜晉陽第一□□
縣□五十□追贈先公戶部尚書貞元元年李懷光寇
蒲反　詔燧以河東之師討之公爲燧腹心之將將
五千先濟河與西師合勢據要同收長春宮降徐庭光

懷光平加賞封□戶二年西蕃寇邊攻逼鹽夏公□偏
師擊虜解圍而還三年從燧入　覲擢拜輔國大將
軍行左神策軍將軍知軍事復賜壽恭里第一所藍田
田十□□□貞元初　德宗之幸梁還也懲神策
軍兵□將輕緩急非有益乃蒐卒謀帥以公充選時謂
得人禁暴戢姦　上心倚賴□年丁鄧國太夫
人憂起復本職初先公之羅魏禍也太夫人潛匿以免
及悅死　詔迎于魏加號鄧國夫人賜宴於
別殿以示　寵異上又思先公之忠烈再贈
尚書左僕射公之弟琳授撿校太子賓客瑯琊郡公瑤

授沂州別駕瑯琊縣男皆号開府分領禁職賞與公同
忠勞也公居環衛凡十二年　上知其忠勤謹
重方將大用不幸寢疾以貞元十四年七月廿四日終
於靖恭里賜第享年六十有五贈越州都督其年黃鍾
月庚申日葬於京兆富平之薄臺從先僕射之兆也夫
人長樂馮氏封長樂郡夫人先公而歿至是祔焉有子
四人曰濟曰□曰□曰澤澈前爲邠寧節度使後爲河
東節度使太原尹北都留守撿校兵部尚書御史大夫
瑯琊郡開國侯食邑一千戸襲實封一百戸
今上元年再贈公刑部尚書贈夫人長樂郡太夫人從

子貴也按國典官至三品墓得立碑又按□葬令諸追
贈官品得同正經曰立身揚名以顯父母孝之終也禮
云銘者論譔其祖先德善功烈慶賞名聲明著後代所
以崇孝也順也今符氏作率舊章碑于墓不亦宜乎今
瑯琊侯論譔先德銘于碑其可闕乎矧僕射之忠若彼
尚書之順如此舉而書之可以勸天下之爲人臣人父
者瑯琊公之顯揚又如此附而贊之可以勸天下之爲
人子人孫者將欲觿前烈垂後嗣俾永永有光重爲銘
云
國步將蔡必有忠傑家聲將作必有孝節烈烈符氏世

生才哲惟公先公越在叛戎相將度勢禍將及宗幹逆
杖順天誘其衷捐軀以義教子以忠遂秉大節密授於
公惟公桓桓千夫之雄達情稟令號泣旻穹天啟其初
神贊其終克繼先志卒成後功　天子嘉之
寵命有融乃膺任用乃著勳庸出領王師掃蕩關東入
統環衛肅清　禁中再加眞食大啟土封彝印珥貂焜
燿厥躬噫　寵非不隆秩非不崇不將不帥人望□
充善□慶流生瑯琊侯念祖顯父厥德聿修授鉞邠郊
移旆并州西壃北門克壯其猷文承詩禮武襲弓裘三
葉濟美時無與儔蒸蒸瑯琊揚名報恩告第　三命

賁靈九原　澤覃窀穸銘煥璵璠旣肥其家又大其門
貽燕之謀垂裕後昆褒榮之　渥自葉流根韙乎哉神
嶽有基靈河有源古人云非此父不生此子非此祖不
生此孫誠哉是言誠哉是言
中書省□□□官昭武校尉守京兆周城府折衝
柱國鄧建和鐫字
右唐符璘碑按唐書列傳璘姓符而碑作苻以姓氏
書考之琅邪符氏出于魯頃公之孫公雅爲秦符節
令因以爲氏而武都苻氏出于有扈之後爲啟所滅
犇西戎代爲氏酋本姓蒲至苻堅以背有文改焉今

此碑以璘爲苻氏又云其先瑯邪人皆不可知然按璘與弟瑶皆封邑于琅邪豈書碑者誤以苻爲符其家出於武吏不知是正乎金石錄
金石錄云題中書侍郎同平章事李宗閔撰宗閔大和七年爲此官　宋王楙野客叢書曰苻堅其先本姓蒲其祖以讖文改爲苻符融其先魯頃公孫仕秦爲符璽郎以符爲氏故苻堅之姓從草符融之姓從竹二姓固自不同而唐義陽郡王苻璘碑合從竹而書作苻而苻堅之苻又有書從竹者皆失於不契勘耳余考漢碑隸書率以竹爲艹少有從竹者如符節

字皆然今前漢書符瑞多從艹魏晉以下眞書碑亦有書符節爲苻御者蓋古者皆通用故耳此又不可不知顏元孫干祿字書曰從草者爲姓從竹者爲印亦未之察也符融之符獨非姓乎金石文字記
碑云公諱璘字元亮沂州臨沂人傳云瑯琊人蓋傳舉其郡而碑舉其州與縣也碑云璘在田悅軍中并州帥馬燧以犀帶遺公爲約而傳畧之傳云璘與父令奇嚙臂別而碑不載豈作史者欲形其父子之忠義而粉飾之也耶金石後錄
璘父令奇見唐書忠義傳碑所述與史多同璘兄弟三人同降弟琳檢校太子賓客琅琊郡公瑶忻州別駕琅琊縣男史皆失書其名令奇加贈左僕射璘加贈刑部尚書史亦失書璘子澈累官邠寧河東節度使檢校兵部尚書位甚顯而本傳不書何也潛研堂金石文跋尾
今額上並無字蹟應是勒碑時未及之也或謂後人磨去者非關中金石記
碑字亦有殘脱然繹其文皆可句璘初爲田悅將後以去逆効順屢從征著有功伐粲新唐書璘附其父令奇傳後事多不備攷田悅傳悅以苻璘爲腹心馬

燧傳悅使苻璘李瑶衛還淄青殘兵璘等亦降今碑所稱燧知公才略開以禍福公計遂决乃使家豎潛通其誠燧因遺公犀帶以示要約公於是率所部下鉄是其事也傳又言李懷光反河中賊將徐廷光守長春宮城燧諭廷光云云以碑證之璘亦同收長春宮降徐廷光而本傳惟錄先濟河與西師合而已璘之歸國由其父决計及璘降而父仍留賊營遂爲賊所害延於家屬其死忠之報宜福流其子也授堂金石跋
按此碑無建立歲月惟憑撰書人結銜考定之金石錄云碑題中書侍郎同平章事李宗閔撰金石

文字記云宗閔大和七年爲此官則碑文當爲大和七年撰矣新唐書宗閔傳拜罷無年月舊傳則云大和七年德裕作相六月罷宗閔知政事檢校禮部尚書同平章事興元尹山南西道節度使德裕秉政羣邪不悅文宗乃復召宗閔于興元爲中書侍郎平章事進封襄武侯食邑千戶此金石錄所云大和七年爲此官者是也及考之宰相表大和七年六月乙亥宗閔檢校禮部尚書平章事興元節度使八年十月庚寅李宗閔守中書侍郎同平章事則其再入政府乃八年事碑文宜以八年

撰也又攷之書篆者柳公權結銜云翰林學士承旨兼侍書朝議大夫守尚書工部侍郎知制誥兩唐書公權傳皆云穆宗即位拜右拾遺充翰林侍書學士累遷司封兵部二郎中宏文館學士文宗復召侍書遷諫議大夫俄改中書舍人充翰林書詔學士開成三年轉工部侍郎傳稱諫議大夫碑作朝議不同据此則碑書于開成三年建立亦當在是年矣持璘事蹟兩唐書俱入忠義傳舊書璘有專傳而附其父令奇于後新書則令奇有專傳而附璘于後兩傳皆詳于令奇而畧于璘其貞元元年以後璘從

馬燧收長春宮降徐庭光平李懷光解靈夏圍擢拜輔國神策將軍復賜田宅加贈令奇尚書左僕射璘弟琳瑤授官封爵皆兩傳所無者兩次賜田碑皆有泐字以新傳證之初賜祁縣田五十頃與碑合再賜藍田田四十頃碑于藍田田下有十字則當是十幾頃非四十頃也碑云公居環衛凡十二年新傳云十三年据碑璘以貞元三年拜輔國神策以十四年卒是居環衛正十二年傳誤也自貞元十四年卒後至開成三年距四十年之久而後立碑亦云遲矣碑有今上元年再贈公刑部尚

書之語文宗大和紀元之後稱元年者卽開成則所稱今上仍是文宗然則此碑之立於開成三年可確信也

元奘塔銘

石高三尺四寸五分廣六尺八寸四分七十六行行四十二字行書在西安府

大

唐三藏大遍覺法師塔銘并序

朝議郎檢校尚書屯田郎中使持節洺州諸軍事守洺州刺史兼侍御史上柱國賜緋魚袋劉軻撰

安國寺內供奉講論沙門建初書

歲丁巳開成紀元之明年有具壽沙門曰令撿自上京

抵洛師以縹囊盛三藏遺文傳記訪余柴門于行修里且曰聞夫子斧藻羣言舊矣詎直專聲於班馬能不爲釋氏董狐耶抑豈不聞貞觀初慈恩三藏之事乎敢矢厥來旨云　三藏事跡載國史及慈恩傳今塔在長安城南三十里初　高宗塔于白鹿原後徙於此　中宗製影贊謚大遍覺　肅宗賜塔額曰興教因爲興教寺寺在少陵原之陽年歲寖遠塔無主寺無僧荒涼殘委游者傷目長慶初有納衣僧曇景始葺之大和二年安國寺三教談論大德內供奉賜紫義林修三藏忌齋于寺齋衆方食見塔上有光圓如覆鏡道俗異之林乃

上聞乃與兩街三學人共修身塔兼譔一石於塔至三年修畢林乃化遺言於門人令撿曰尔必求文士銘之撿泣奉遺教豈以銘爲請非法寶之家嫡誰何至此乎輙三讓不可乃略而銘之　三藏諱玄奘俗陳姓河南緱氏人曾父欽後魏上黨太守祖康北齊國子博士父惠英長八尺美鬚眉魁岸沉厚號通儒時人方漢郭林宗有子四人奘其季也年十三依兄捷出家於洛陽隋季失御乃從　高祖神堯於晉陽俄又入蜀學攝論毘曇於基暹二法師武德五年受具於成都精究篇□□學成實於趙州深學俱舍於長安岳於是西經前來者

無不貫綜矣初中國學者多以實相性空通冒羣說俾豕象蹄筌往往失魚兎於得意之路至於星羅碁布五法三性析秋毫以矢名相界地生彙各有攸處曾未暇也大遍覺乃興言曰佛理圓極片言支說未足師决固是經來未盡吾當求所未聞俾跛眇兒覩履必使解行如函蓋始可爲具人矣且法顯智嚴何人也猶能孤遊天竺而我安能坐致耶初三藏之生母氏夢法師白衣西去母曰何去曰求法貞觀三年忽夢海中蘇迷盧山遶凌波而入乃見石蓮波外承足山險不可上試踴身騰踔飈然颷擧升中四望廓徹無際覺而自占曰我西

行决矣至京州都督李大亮防禁持切逼法師還京法師乃宵遁渡瓠蘆河出玉門經莫賀延磧艱難險阻仆而復起者何止百十耶自尔涉流沙次伊吾高昌王麴文泰遣貴臣以駝馬迓法師於白力城王與太妃及統師大臣等尊以師禮王親跪於座側俾法師躡履而上資贈甚厚送至葉護可汗衙又以廿四封書遍屈支等廿四國獻花緍五百疋於可汗稱法師是以弟欲求大法於婆羅門國願可汗憐師如憐奴其所歷諸國爲其王禮重多此類也自爾支提梵刹神奇靈跡往往而有法師皆攄誠盡敬耳目所得孕成多聞與夫世稱博物

者何相萬耶詳載如傳唯至中印度那爛陁寺等遣下
座廿人明詳儀注者引叅正法藏卽戒賢法師也既入
謁肘膝著地鳴足已然後起法藏訊所從來曰自支那
欲依師學瑜伽論法藏聞則涕泗曰解我三年前夢金
人之說佇尔久矣遂館於幼日王院覺賢房第四重閣
日供擔步羅葉一百廿枚大人米等稱是其尊敬如此
法師既名流五印三學之士仰之如天故大乘師號法
師為摩訶天小乘師號解脫天乃白大法藏請畱之法
師曰師等豈不欲支那之人開佛慧眼耶不數日東印
度王拘摩迎法師戒日王聞法師在拘摩處遣使謂拘

摩曰急送支那僧來拘摩曰我頭可得僧不可得戒日
神武雄勇名震諸國乃怒曰爾言頭可得可將頭來拘
摩懼乃嚴爲軍二萬舡三萬與法師同泝殑伽河桒行
宮于河北拘摩自迎戒日于河南戒日曰支那何不來
拘摩曰大王可屈就王既見法師接足盡敬且曰弟子
聞支那國有秦王破陣樂乃問秦王是何人法師盛談
太宗應天順人事王曰不如此何以爲支那主因令
法師出制惡見論然小乘外道未卽摧伏請於曲女城
集五印沙門婆羅門等兼十八國王觀支那法師之論
凡十八日無敢當其鋒者戒日知法師無畱意厚以為

馬薰裝餞法師又以素疊印書使達官送法師所經諸
國令兵衛達漢境法師却次于闐因高昌商胡入朝附
表奏自西域還　太宗特降天使迎勞仍制于闐等道
送法師令燉煌迎於流沙鄯鄯迎於沮沫時　帝在洛
陽　勅西京畱守梁國公元齡偹有司迎待是日宿于
漕上十九年春三月景子畱守自漕奉迎於都亭有司
頒諸寺帳輿花幡送經於宏福翌日大會於朱雀街之
南陳列法師於西域所得經像舍利等其梵文凡五百
廿夾六百五十七部以廿馬負而至自朱雀至宏福十
餘里傾都士女夾道鱗次若人非人曾不知幾俱胝矣

壬辰法師謁　文武聖皇帝於洛陽宮二月己亥對於
儀鸞殿因廣問雪嶺已西諸國風俗法師皆偹陳所歷
若指諸掌　太宗大悅謂趙公無忌曰昔苻堅稱口安
為神器今法師出之更遠時　帝將征遼法師請於嵩
之少林翻譯　太宗曰師西去後朕爲　穆太后於西
京造宏福寺寺有禪院可就翻譯三月己巳徙宏福夏
五月丁卯法師方開貝葉廿年秋七月法師進新譯經
論仍請製經序并進奉　勅撰西域記十二卷　太宗
美法師風儀又有公輔才俾法師褫緇禍襲金紫法師
因以五義褒揚聖德乞不奪其志遂問瑜伽十七地義

太宗謂侍臣曰朕觀佛經猶瞻天望海法師能於異域得是深法非唯法師願力亦朕與公等宿殖所會及三藏聖教序成　神筆自寫　太宗居慶福殿百寮陪位坐法師命宏文館學士上官儀對羣寮讀之廿二年夏六月　天皇大帝居春宮又製述聖記及菩薩藏經後序　太宗因問功德何最法師對以度人自隋季天下祠宇殘毀緇伍殆絕　太宗自此　勅天下諸州寺宜各度五人宏福寺度五十人戊申　皇太子宣令請法師爲慈恩上座仍造翻經院備儀禮自宏福迎法師　太宗與皇太子後宮等於安福門執香爐目而送之

至寺門　勅趙公英中書令褚引入於殿內奏九部樂破陣舞及百戲於庭而還廿三年夏四月法師隨　駕於翠微宮談賞終日　太宗前席攘袂曰恨相逢已晚翌日　太宗崩於含風殿　高宗即位法師還慈恩專務翻譯永徽三年春三月法師於寺端門之陽造石浮圖　高宗恐功大難成令改用甎塔有七級凡一百八十尺層層中心皆有舍利冬十月　中宮方娠請法師加祐既誕神光滿院則　中宗孝和皇帝也請號爲佛光王受三歸服袈裟度七人請法師爲王剃髮及滿月法師進金字般若心經及道具等顯慶二年春二月

駕幸洛陽法師與佛光王發於　駕前既到館於積翠宮終譯發智婆沙法師早喪所天因　扈從還訪故里得張氏姊問塋壠已平矣乃捧遺柩改葬於西原　高宗勅所司公給備喪禮盡飾終之道洛下道俗赴者萬餘人釋氏榮之三年正月　駕還西京　勅法師徙居西明寺　高宗以法師　先朝所重禮敬彌厚中使旁午朝臣慰問及錫賚無虛日法師隨得隨散中國重於般若前代雖翻譯猶未備衆請翻焉法師以功大恐難就乃請于玉華宮翻譯四年十月法師如玉華館於肅成院五年春正月一日始翻梵本總廿萬偈法師汲汲

然常恐不得卒業每屬譯徒必當人百其心至龍朔三年方絕筆法師翻般若後精力衰耗謂門人曰吾所事畢矣吾瞑目後可以蘧篨爲親身物門人雨泣且曰和上何遽發此言法師曰吾知之矣麟德元年春正月八日門人靈覺夢一大浮圖倒法師曰此吾滅度之兆遂命嘉尚法師具錄所翻經論合七十四部總一千三百卌八卷又造俱胝畫像彌勒像各一千幀又造素像十俱胝供養悲敬二田各萬人燒百千燈贖數萬生乃與寺衆辭三稱慈尊願生內眷至二月五日夜弟子光□問云和尚決定得生彌勒內衆否頷云得生俄而去春

秋六十九矣初　高宗聞法師疾作　御醫相望於道
及坊州奏至　帝哀慟爲之罷　朝三日　勅坊州刺
史竇師倫令官給葬事又　勅宜聽京城僧尼送至塔
所門人奉柩於慈恩翻經堂道俗奔赴者日盈千萬以
四月十四日葬於滻東京畿五百里内送者百餘萬人
至總章二年四月八日有　勅徙於樊川北原僞　聖
情也法師長七尺眉目若畫直視不顧端嚴若神自大
教東流翻譯之盛未有如法師者雖騰蘭澄什康會竺
護之流無等級以寄言其彬彬郁郁已布唐梵新經矣
自示疾至於昇神奇應不可殫紀蓋莫詳位次非上地

其孰能如此乎文曰
三藏之生本乘願來入自聖胎出於鳳堆大業之季龍
潛於并孺子謁　帝與兄偕行　神堯奇之晉果度之
不爲人臣必爲人師師法未足自洛徂蜀學無常師鳥
必擇木跡窮夷夏更討身毒寺入爛陁師遇尸羅王逢
戒日論得瑜伽瑜伽師地藏教泉府蝟蝶名數翻抽聖
緒我握其樞赤幡仍竪名高曲女歸我　眞主主當
文皇臣當蔡粲天下眞觀佛氏以光光光三藏是護是
付付得其人經論彬彬梵語華言胡漢相宜台臣筆受
御脥前席積翠飛花恩光奕奕　太宗序教　天皇述

聖揚於王庭百辟洗詠三藏懸喜靈祇介祉賤彼滕什
口無此事我功成矣我名遂矣脫屣玉華昇神睹史發
棺開殮天香馥馥地位孰分神人是卜巾南地高樊川
氣濟修塔者誰林公是督門人令撿實尸其事銘勒塔
旁撿眞法子
開成四年五月十六日濕蝌沙門令撿修建
廣平宋宏度刻字
元奘久居西域廣釋佛言唐太宗極尊崇之據史卒
於顯慶六年即龍朔元年銘則云卒於麟德元年之
二月史云年五十六銘云年六十九先葬滻東後移

徙樊川北原即少陵原文宗開成四年劉軻譔文僧
建初書行草秀勁有法而文亦粗能言師事俱可存
也　石墨鐫華
元奘法師始出塞凉州都督李大亮留之不聽去且
奏聞邊臣之風紀禀然高祖勅放行崎嶇西域十七
載得番經六百五十七部而還詔譯於慈恩寺再譯
於洛中自佛法入中國至是始大行於世也按唐書
法師從天竺東歸婆羅門國王尸羅逸多遣使隨入
朝貞觀二十年命長史王元策往慰之將師仁爲副
未至尸羅逸多死其臣阿羅那順自立發兵拒元策

元策時從騎纔數十戰不勝皆沒時吐番以向主親
中國元策挺身奔吐番西鄙檄召隣國兵吐番泥
婆羅皆將騎士以來二十一年五月元策部分之攻
和羅城三日破之婆羅那順委國走合散兵復陣師
仁破擒之獲其妃王子萬二千人雜畜三萬降城五
百八十獻俘告廟法師且親見之矣天竺居葱嶺南
去長安萬里自古未有使至其國者法師以取經爲
其王敬信其臣阿羅那順悖逆遂以召戎至於君臣
係累萬里爲俘中國之威靈於佛法何有哉今阿羅
那順刻石肖像於唐太宗昭陵列諸番君長十四石

金石萃編卷一百十三　唐七十三　三十五

人之末侍立北闕背刻曰婆羅門帝那伏帝國王阿
羅那順云來齋金石刻考畧
塔銘稱曾祖爲曾父潘昂霄金石例所未聞也碑載
永徽三年春三月造甎塔七級事其下卽云冬十月
中宮方娠請法師加祐既誕神光滿院則中宗孝和
皇帝也請號爲佛光王受三歸服袈裟度七人請法
師爲王剃髮按中宗以顯慶元年十一月生若永徽
三年則其時武氏未爲后不得云中宮矣碑蓋失書
其生之年爾潛研堂金石文跋尾
舊唐書本傳云師洛州偃師人此云緱氏人未知孰

是所稱東印度王拘摩者卽尸鳩摩也戒日王者則
中印度尸羅逸多也坊州刺史竇師倫倫史作綸關中
金石記

基公塔銘

石高二尺二寸五分橫廣三尺四寸五分共四十一行行二十三字行書在咸寧縣

大慈恩寺大法師基公塔銘并序

朝散大夫檢校太子左庶子使持節金州諸軍事守
金州刺史兼御史中丞輕車都尉賜紫金魚袋李宏
慶撰

安國寺内供奉講論大德建初書

金石萃編卷一百十三　唐七十三　三十六

按吏部李侍郎乂碣文法師以　皇唐永淳元年仲冬
壬寅日卒於慈恩寺翻譯院有生五十一歲也後十日
陪葬於樊川元奘法師塔亦起塔焉塔有院大和二年
二月五日異時門人安國寺三教大德賜紫法師義林
見先師舊塔摧圮遂唱其首率東西街僧之右者奏發
舊塔起新塔功未半而疾作會其徒千人盡出常所服
玩洎向來貸斂金帛命高足僧令撿與卒其事明年七
月十三日令撿奉行師言啟其故塔得全軀依西國法
焚而瘞之其上起塔焉又明年十月賫行狀請宏慶撰
其銘予熟聞師之本末不能牢讓師姓尉遲諱基字窺

道其先朔州人累世以功名致爵祿先考宗松州都督
伯父鄂國公　國初有大勳力玄道身長六尺五寸性
敏悟能屬文尤善於句讀凡經史皆一覽無遺三藏法
師玄奘者多聞第一見玄道頗加踈敬曰若得斯人傳
授釋教則流行不竭矣因請於鄂公鄂公感其言奏報
天子許之時年一十七既脫儒服披緇衣伏膺奘公
未幾而冰寒於水矣以師先有儒學詞藻　詔講譯佛
經論卌餘部草疏義一百本大行於時謂之慈恩疏其
餘崇飾佛像日持經戒瑞光感應者不可勝數嗟乎玄
道其家世在朔漠宜以茹毛飲血鬬爭煞戮背義妄信

爲事今慕浮屠教苦節希聖深入其奥与夫鄂公佐聖
立國公成身退出于其類爲一代賢人實稟閒氣習俗
不能染也明矣退爲銘曰
佳城之南兮面南山　玄奘法師兮葬其間　基公既
歿兮陪其後甲子一百亍四十九碣文稼入亍本寺中
曇景取信亍田舍翁義林高足　曰令撿親承師言亍
精誠感試具春錙亍發玄堂全身不朽兮滿異香銘誌
分明亍是玄道茵白骨鮮亍無銷耗瑞雲甘雨兮晝濛
濛神祇悉牢兮羅壽宫依教茶毗兮得舍利金瓶盛之
亍埋厚地建塔其上兮高巍巍銘勒貞石兮無媿辭深
谷爲岸亍田爲瀛此道寂然亍感則靈
左街僧録勝業寺沙門體虛　前安國上座沙門智
峯　右街僧録法海寺賜紫雲端
安國寺上座内供奉内外臨壇大德方璘
寺主内供奉灌頂　都維那内供奉懷津　院主曇
景
同勾當僧懷眞　德循　惠皐　惠章
興教寺上座惠温　寺主超顔　都維那全契
僧道榮　僧道恩　僧瓊播　義方　巡官宋元義
開成四年五月十六日講論沙門令撿修建

基公者尉遲敬德之從子也度爲僧譯經于慈恩寺
卒于永淳中大和閒始建塔李宏慶銘之書者亦建
初　石墨鐫華
奎基法師尉遲敬德之子年十八有絶力毎出以三
車自隨一載醇酒精饌一載女樂十餘人一載兵器
而自與壯士錦袍花帽以騎從遇所欲留處縱飲至
醉擁女樂遍幸之而後與壯士運弓挺槊持剌自快
率以爲常元奘法師自西域取經同欲立賢首宗旨
而難其塲授者一日請于唐文皇曰大唐國中能承
我法嗣者尉遲子耳帝命敬德令依奘剃落奘爲開

示數語卽盡棄其習而精研宗乘今相宗諸秘奧皆
其所披析也然性廓落不知有戒律饑則恣食飽則
躺壓而已一日行脚買牛肉啖之而挂其餘于錫端
至一刹乃宣律師所住也留三宿别去宣律平日受
天供不御人間食至是天供三日不至奎師行復來
宣師曰日來爲粗行者腥穢所觸耶天人曰不然我
輩臣責小聖耳兩日闖本刹有大乘菩薩四洲大力
神王色欲界主咸在擁護故不敢唐突今幸其行始
得展敬也宣律爲之三歎久之曰我不能也而奉律
益嚴此段話記海上老僧號休如者與予夜談于龍井不知所據出藏何函何典爾時但覺雄邁歷

落之氣可以壯人膽骨故特追而著之 紫桃軒雜綴
基公尉遲氏苾鄂公從子元奘請之而後披剃者鄂
公晚節學延年效方士之所爲宜其陷是子于緇流
也碑首按吏部李侍郎乂碣文乂唐書有傳爲吏部
時請謁不行時人語曰李下無蹊徑風斯向矣銘題
基缺書下字凡兩見又不缺或以行書可權爲之耶
按堂金石跋

道士邢□等題名

石横廣一尺六寸七分高一尺八分七行行約五字隸書在錢塘縣吳山青衣洞

大唐開成五年六月十八日□□□□岳道士邢□□
錢唐縣令錢華記道士諸葛鑒元書

按杭州府志職官卷錢塘令錢華開成元年任据
此題名則開成五年尚爲令也題名泐字厲鶚癸
辛雜志云關古泉洪旁有開成元年南嶽道士邢
令闓錢塘縣令錢華題名道士諸葛鑑元鐫之石
上據石刻則錢華是記諸葛鑒元書之且是五年
非元年癸辛雜志有小訛也而邢令闓之名則可
補石刻之泐題名所在癸辛雜志云在關古泉洪
旁武林石刻記云在青衣洞書吳山青衣洞有石
洪石洪中有泉卽青衣泉也宋韓侂胄於此建閱

古堂因更名閱古泉語見四朝聞見錄諸葛鑑元
善八分書見書史會要

李光顔碑

碑高九尺九寸五分廣四尺九寸五分二十九行行六十字正書在榆次縣

唐故河東節度觀察處置等使開府儀同三司守司徒
兼侍中太原尹北都留守贈太尉李公神道碑并序
河東節度觀察處置等使金紫光禄大夫檢校吏部
尚書同中書門下平章事兼太原尹北都留守上柱
國彭原郡開國公食邑一千戸李程撰
夏綏銀宥等州觀察□官登仕郎監察御史裏行雲

騎尉郭虔書
□□大厦者實先榱棟利涉巨川者必具舟楫在
憲宗時淮夷阻　命歷選將師大輿師戎始以
忠武軍節度使李公首膺注　意之選終成殄寇
之効策勲行賞公實居多故幅員千里盡成内地男女
万戸不爲匪人任土之貢歲入　王府推其致之
𨚗所自矣公諱光顔字光遠其先出軒轅因部爲姓号
阿□氏陰山貴種奕代勲華公生於將門早奉成訓忠
孝兩大文武全才學劍既成耽書不倦爰自裨將則有
盛名早與其兄靈武節度使光進其初同在戎府司徒

馬公鎭理河東置之戲下嘗所器異默而志之因間謂
公曰尔有□□終當光大但吾不得見其時耳授以所
執劍杖亦吕虔佩刀之義也其後手挈偏師以合羣師
討揚惠琳於夏臺破劉闢於西蜀由是雄名赫赫冠曜
諸軍矣夫章述盛烈襃表元臣略其細而舉其大蓋春
秋之旨也挹洪流者豈覩濫觴仰層臺者不言累土如
至奉　國盡忠在家惟孝信著朋友愛均弟兄慈惠
以牧人恩威以撫士官修其業吏不敢欺章章焉著於
公論矣其在許昌也則慎固封略繕完兵甲居安不敢
忘戰臨敵而未嘗隳農是以農戰交務偶俱無闕有若

晉公師次學校是修祭遵軍中俎豆不廢得非刃有餘
地才可兼人者乎鄆人不龔命□討叛遂有義成之拜
公以所統者許師所處者東郡疏陳利害遂復其舊焉
連下諸城而齊寇殲殄旋師未幾移鎭邠土塞邊隳而
遏戎隧也會　穆宗踐祚寵綏勲賢以本官同中
書門下平章事復遷岐下寄重股肱幽鎭擾灾輔車爲
□詢于羣議非公莫能促召不俟駕而至再總忠武之
師兼魏博行營節度使方將盡敵復　命以報
渥恩屬　聖皇軫好生之念下班師之令公乃還
鎭休馬息人湰郊遂師李岕怙亂　帝用震怒俾

公問罪朝受　命而暮即戎遂入其封軍聲大振叛
者恐懼悉銳而來未及成列公用奇擊敗旗靡轍亂投
戈弃甲追奔逐北如火燎原衆殺首惡遂納其帥微公
之力則不及此進檢校司徒兼侍中策元勲而勸列鎭
也其後秉圭入　覲請代歸　朝伏奏靑蒲瀝誠
至懇　上以許人佇望勉諭再三俾□旋止衆庶
相賀或抃或歌雜然歡呼勢不可遏其得人也如此之
深復歷半紀績用大就司徒爲眞依前同平章事獎殊
勞而銘景鍾矣曁歲戀　闕誠切拜章聿來
上以太原公之故里晝錦而往孰不榮之拜河東節度

使北都留守太原尹公發跡并部人皆懷之及公之來如渴者得飲寒者挾纊陶陶焉熙熙焉自不知其所以然也吏不枝而□自息軍不刑而令無犯無小無大各附所安則公之才之量曷可涯也於戲邦國將瘁陰陽遘灾浹辰之□□魄俱逝享年六十有五寶曆二年九月三日薨于位并人罷市　天子撤懸廢
朝三日悼宗臣也册贈太尉明年二月廿二日葬于太原縣孝敬原夫人隴西縣太君阿史那氏祔焉禮也嗣子吕元鄜坊丹延等州節度觀察處置等使檢校戶部尚書兼御史大夫上柱國次子扶元守左龍武軍□將

軍知軍事兼御史中丞次繼元前行太常寺主簿次誠元守朔州司馬兼監察御史次建元前河東節度右都押衙檢校國子祭酒兼殿中侍御史次興元前守衛王友兼監察御史次榮元守右羽林軍統軍檢校左散騎常侍兼御史大夫次奉元前行太原府清源縣丞次播元前河東節度押衙左門□兵馬使兼監察御史次安元右軍先鋒兵馬使守右驍衛將軍咸以義方各勤職業或乘旄於戎閫或翊衛於　禁營或連榮於
朝班或接武於宥護皆有令稱不隕家聲以程忝公深知脩懿休烈豐碑見託□敢讓辭相國晉公文者宗匠書公盛績永誌豐堂琬琰之詞傳於衆□故今之甄述得以略焉其辭曰

四時運行歲功聿成羣雄經□王度乃貞於赫太尉五世間生周之方邵漢之韓彭智叶蓍蔡心爲權衡撓之不濁澄之益清孝乎其親友于其兄六踐台席□□□□□若□國□□長□□□□□□□□蒼生瞻戴
天子倚愛發跡并部知名當代危自我安否自我泰忠無我先功莫我大羣山蒼蒼□水湯湯□□□□□握□□內□吏心外靖戎疆俗既庶富人方樂康神理冥冥天道茫茫不臻期頤孰謂延長泉扃一掩千

載傳芳

開成五年八月十四日建

汝南翟文翽刻字

序云相國晉公之文書公盛績永誌元堂今之甄述得以略焉光顏之傳視其兄加詳功烈偉矣碑之所述其大凡耳雖有裴晉公文不應若是之略但傳云年六十六而碑則六十五　金石錄補

右李光顏碑李程撰文甚簡略蓋有裴度之誌詳之則碑文可以從簡古人作文不相蹈襲雖宅人之文亦必回避如此據碑文與本傳光顏未嘗節橫海軍

而宰相表云長慶四年橫海節度使李光顏守司徒亦誤潛研堂金石文跋尾

按此碑撰者李程書者郭虔兩唐書無郭虔傳李程全唐詩有其人小傳稱其在翰苑日過八磚乃至時號八磚學士此碑李程結銜以舊唐書傳考之封彭原郡公在敬宗即位之初其官河東節度檢校吏部尚書同中書門下平章事兼太原尹北都留守俱寶歷傳誤作寶應二年事唐書宰相表在寶歷二年九月惟吏部表傳作兵部爲不同光顏以寶歷二年九月三日薨舊唐書敬宗紀作九月戊寅薨是月丁丑朔戊寅是二日明年二月廿二日葬則李程之撰文正在薨後葬前而碑立於開成五年是葬後十五年也揄次縣李氏有三碑光顏父良臣兄光進二碑已見前舊唐書地理志范陽節度使臨制奚契丹統經畧威武清夷靜塞恒陽北平高陽唐興橫海等九軍橫海軍在滄州城是橫海乃九軍之一而總隸於范陽節度使不云別置節度也方鎮表則云貞元三年置橫海軍節度使領滄景二州治滄州光顏傳載長慶二年討王庭湊命兼深州行營諸軍節度使又以滄景德棣等州俾之兼管是滄州在兼管之內其本職是深州行營也或當時深州行營駐兵滄州兼領橫海是以宰相表有光顏橫海軍節度使守司徒之語而志傳及碑文俱畧之耳舊書敬宗紀寶歷二年四月戊戌朔橫海軍節度使李全畧卒此爲橫海軍置節度之證

馬恒郝氏二夫人墓誌

石高廣皆一尺六寸十七行行二十一字行書在永濟縣

唐貝州永濟縣故馬公郝氏二夫人墓誌銘并序

公諱恒父諱超其先扶風郡人也昔馬融注解累代欽崇風後嗣因官徙居甘陵郡乃祖乃父遂爲永濟縣人焉公以禮爲度以德爲車衣著篇章飲食經藉謝家鮑氏羞當章句之流恥也文學之列金石爲節松竹表貞亂代遯名庸君隱跡懷寶不仕韞道迷邦於是通德互門仁者爲里嗚呼天不慭神莫見祐元和七年七月廿一日寢疾終於沙丘方私弟也享年卌十時也日月無光雲天慘色閭巷遏密行路傷嗟攉殯縣西一里先夫人松蘿靡託蔦蘿無依結誓指於栢舟空淚流於斑竹以開成六年正月十三日与二夫人遷葬於故塋礼也仲子□□盡□以竭家資因爲遷祔懿孝改易朝□爲紀

平生志貞松筠表節堅勁金石潔白冰雪□遍乾坤光

連子孫輝赫三代榮慶一門道普□字名彰四海天何
奄禍於幽魂骨肉永閉於長夜何時再覩明昏
按墓銘舉例謂婦人從夫合葬不書某氏徐氏讀禮
通攷辨之謂金石文字記有垂拱四年澤王府主簿
梁府君并夫人唐氏墓誌銘大中十二年滎陽鄭府
君夫人博陵崔氏合祔墓誌銘今得此碑更足以證
梨洲之說未確而篆額止墓誌銘三字下別刊祔志
二小字尤爲例之創者攷恒名不見于唐世載籍而
誌中述其死後輒以日月無光雲天慘色閭巷過客
行路傷嗟及道□□字名彰四海等語加之頗失載

筆之實又如亂代逃名庸君隱跡懷寶不仕韞道述
邪云云語多冐時更乖文體此必當時不學無術者
所爲故字畫草率且多脫誤之字如恥也文學之列
句誤也字三行累代欽崇風句七行天不慭句十三
行恐麦字疑陵改易句末行銘詞云何時再覩明昏六
字不與上叶並有脫字上石時蓋已如此故漢人立
碑貴有察書之人也錢侗跋

重修大像寺記

碑高六尺六寸七分廣三尺六寸三十一行行六十字行書在隴州

重修大像寺記

□□沙門義叶書
大和乙卯歲　宸衷親付之右地　潁川郡陳公爲左神策將軍以其誅
暴息乱　公上酬天造忠奉
國恩內戢三軍外安百姓擁二州之地霧卷波澄寧
　萬乘之心雲銷煙滅冀恢廓乎至道寔匡贊
　我有唐至開成戊午歲　公因覩地無遺利農則有
秋遂　謁靈元以告清慎拜大像以請鴻福方歎鳩鴿
巢頂荊棘掩砌廊宇霖漏樓殿欹傾寺無居僧爰詰耆
舊曰頃者莊田典賣於鄉里林木摧毀於樵童賴　□
□□□□□□□舊地出清俸以收贖因茲請僧重

復其業然耕耘菑穫未有倫次焉　尚書乃命僧藏乂
爲赴知己者時不歷二祀裝慈尊以金□飾□殿以丹
雘而衆事云畢至於儲蓄車乘与生生之具兼頃畝年
代並錄之於寺記碑陰以示隣里鄉黨爲免侵棄不朽
之驗凡百君子敬而□之　　管莊大小共柒所
都管地摠伍拾叁頃伍拾陸畝叁角荒熟并柴浪等
捌頃叁拾捌畝半坡側荒　肆拾伍頃壹拾捌畝□
□熟　□□瓦屋壹拾貳間　草舍貳拾間　果園壹
所東市善和坊店舍共六間半並瓦風伯莊荒熟共壹
拾一頃伍拾畝東常烈西澗南歐陽北王歸□□山

第一垙連東莊居一段柒拾叁畝半東溝西道南自
至北寺墻一段連西莊居一頃貳拾叁畝東道西張用
南北自至一段貳畝東南自至西軍田北闕一段□畝
東自至西道南軍田北博耳俊　第二垙地一段一十
八畝東張㢸西張讓南邊昇北河　地一段九畝西河
南河東張進讓北張進讓　一段貳頃貳
拾肆畝東道西官田南北陌一段一頃東博耳憲莊西
道南阡北陌一段十四畝東薛烏暉西符義南北道三
垙一段四十畝東西符義南阡北陌一段十二畝東南
大女西北道一段十二畝東道西自至南馬寬北張德

成一段八十伍畝東符義西道南阡北陌四垙一段二
頃一十六畝東道西杜華南阡北陌一段九十五畝東
道西韓進玉南阡北陌五垙一段一頃一十四畝東渠
西杜元最南阡北陌一段三十畝東張德成西鍾兒南
杜華北道一段四十五畝東道西廣聖寺南阡北陌六
垙一段二十五畝東北阿趙西河南阡一段七十五畝
半東鍾興西阿趙南阡北陌信義村一段二十一畝東
張江西南道北堎七垙一段三十畝東鍾進通西晉三
娘南堎北陌一段十二畝東楊清西比富悅南阡北陌
一段三十畝連莊居東董稱西河南阡北□一段二十

三畝連部落莊居東南河西至德寺地北道王杜村一
段三十五畝東嶠西道南荀華北陌一段二畝東北道
西官田南堎一段十六畝東王進平西安寧南道北闕
一段八畝東安寧西南北道一段四十五畝東符義西
盧曆南堎北道一段二十畝東北王進平西堎南阡野
仁城一段一頃七十畝東自至西古城南□□□□
一段八十畝東張德成西自至南符義北古城寺東北
荒一段三頃一十二畝東溝西施身坑南安敬忠北堎
寺墻北一段荒一頃□□□□□□□□□□
□□□南熟一段三十二畝東堎西道南張德成北竇

志成槐樹谷北坡一段七十畝東道西邠王南張岸北
堎一段南坡□□□□□□□□□□□□□
一段二頃一十二畝東道西澗南王翰北溝永壽鄉莊
一段一頃三十二畝東道西澗南劉英北官田一段一
十八□□□□□□□□□□□□□□□□
□□□北垙一段六十畝東道西水南自至北竇操
一段四畝東西南道北自至三陽鄉白藍平□地一□
□□□□□□□□□□一段二十畝當谷東
西堎南水北自至一段五十畝東道西楊江南領北泉
一段四十畝東北水西南楊珪一段一十畝□□□□

□□□□□□□□□□□□□□□楊珪南北水一段二十畝東北水西楊珪南馬恭一段一十畝東西南楊珪北道一段聖明谷二十畝東道西楊珪南□□□□□□□□□□東西楊珪南水北楊江一段一十五畝東北自至西楊江南泉一段一十七畝東南北道西楊江一段三十五畝東堎西南北道一段□□□柴浪東西北水南李海一段三十五畝張家坡里仁鄉界東南北荒西道一段一十二畝排山西坡東西堎南北荒一段高九谷并柴浪九十畝東北封日榮西道南馬恭一段五十畝東堎西嶺道南嶺脚北封日榮一段二十畝東北溝

西嶺上道南馬恭　胡桃谷連莊地東至脊驢谷北嶺近北至閃電嶺及波羅嶺西至澗近北至神堰嶺南至脊驢谷口東西道北至張英內至侯漸興及泥谷四至內管熟地七段餘並荒坡柴浪

使請都撿挍修造上都淨住寺內供奉大德沙門藏□　都維那義寀　前寺住元誼典座惟劍　直歲懷章　沙門從龍

會昌元年伍月拾日記　秦鍔刻字

按大像寺今陝西通志隴州寺觀已不載蓋頹廢久矣碑云乙卯歲是大和九年戊午歲是開成三年碑載潁川郡陳公爲左神策將軍而不詳其名碑前刻寺記後刻庄地果園頃畝四至而記乃云頃畝年代並錄于寺記碑陰者何也所記園地數惟幾頃幾十幾畝至半而止不似後世有釐毫絲忽細數也地有荒熟則並載之地之段落曰垙曰堎地之四至曰南阡北陌垙字見廣韻垙陌也字書無堎字疑俗書或與棱陵通用也阡陌二字舊說不同說文云　南北爲阡史記秦本紀開阡陌注引風俗通曰南北曰阡東西曰陌河東以東西爲阡南北爲陌朱子曰陌之爲言百也遂洫從而

徑涂亦從則遂間百畝洫間百夫而徑涂爲陌阡之爲言千也溝澮衡而畛道亦衡則溝間千畝澮間千夫而畛道爲阡阡陌之名由此而得字典曰按陸機答張士然詩迴渠繞曲陌通波扶直阡此以南北爲阡柳宗元田家詩蓐食徇所務驅車向東阡此以東西爲阡也據此碑則云南阡北陌以阡陌分屬南北而東西不與焉要之阡陌亦無定義皆田間涂畛之名而已碑書四至之例近他人者著他人姓名近本寺地則曰自至亦槩見也內有云東鍾進通西晉三娘晉姓見廣韻唐叔虞之

後以晉爲氏魏有晉鄙然絶無一人登史傳者此
晉三娘獨得列于碑碣以傳何其幸也寺中僧職
有典座又有直歲始見于此

元秘塔碑

碑高一丈五寸廣五尺一寸二十八行行五十四字正書在西安府學

唐故左街僧錄內供奉三教談論引　駕大德安國寺
上座賜紫大達法師元秘塔碑銘并序
江南西道都團練觀察處置等使朝散大夫兼御史
中丞上柱國賜紫金魚袋裴休撰
正議大夫守右散騎常侍充集賢殿學士兼判院事
上柱國賜紫金魚袋柳公權書并篆額
元秘塔者大法師端甫□骨之所歸也於戲爲丈夫者
在家則張仁義禮樂輔　天子以扶世導俗
出家則運慈悲定慧佐　如來以闡教利生捨此□
以爲丈夫也背此無以爲達道也　和尚其出家之雄
乎天水趙氏世爲秦人初母張夫人夢梵僧謂曰當生
貴子卽出囊中舍利使吞之□誕所夢僧白晝入其室
摩其頂曰必當大弘法教言訖而滅既成人高顙深目
大頤方口長六尺五寸其音如鐘夫將欲荷　如來之
菩提□生靈之耳目固必有殊祥奇表歟始十歲依崇

福寺道悟禪師爲沙彌十七正度爲比丘隸安國寺具
威儀於西明寺照律師稟持犯於崇□□昇律師傳唯
識大義於安國寺素法師通涅槃大旨於福林寺崟法
師復夢梵僧以舍利滿琉璃器使吞之且曰三藏大教
盡貯汝腹矣□□經律論無敵於天下囊括川注逢源
會委滔滔然莫能濟其畔岸矣夫將欲伐株杌於情田
雨甘露於法種者固必有勇智宏辯歟無何□文殊於
清涼衆聖皆現演大經於太原傾都畢會
德宗皇帝聞其名徵之一見大悅常出入　禁中與儒
道議論賜紫方袍歲時錫施異於他等復　詔侍　皇
太子於東朝　順宗皇帝深仰其風親之若
昆弟相與臥起　恩禮特隆　憲宗皇帝數
幸其寺待之若賓友常承　顧問注納偏厚而　和尚
符彩超邁詞理響捷迎合　上旨皆契眞乘雖造
次應對未嘗不以闡揚爲務繇是　天子益
知　佛爲大聖人其教有大不思議事當是時　朝廷
方削平區夏縛吳斡蜀瀦蔡蕩鄆而　天子
端拱無事　詔和□□緇屬迎　眞骨於靈山開法場
於　秘殿爲人請福　親奉香燈既而刑不殘兵
不黷赤子無愁聲蒼海無驚浪蓋參用眞宗以毗□□

政之明効也夫將欲顯大不思議之道輔大有爲之君
固必有冥符靈契歟掌 內殿法儀錄左街僧事以標
表淨衆者凡一十年講涅□□識經論處當仁傳授宗
主以開誘道俗者凡一百六十座運三密於瑜伽契無
生於悉地日持諸部十餘万遍指淨土爲息肩之地嚴
金□□報法之恩前後供施數十百万悉以崇飾殿宇
窮極雕繪而方丈居床靜慮自得貴臣盛族皆所依慕
豪俠工賈莫不瞻嚮薦金寶以致誠□端嚴而禮足曰
有千數不可殫書而 和尚即衆生以觀 佛離四相
以修善心下 如地坦無丘陵王公輿臺皆以誠接議者

以爲成就常□輕行者雖 和尚而已夫將欲駕橫海
之大航拯迷途於彼岸者固必有奇功妙道歟以開成
元年六月一日西向右脅而滅當暑而尊容□生竟夕
而異香猶鬱其年七月六日遷於長樂之南原遺命荼
毗得舍利三百餘粒方熾而神光月皎既燼而靈骨珠
圓賜謚曰大達塔曰靈祕俗壽六十七僧臘卌八門弟
子比丘比丘尼約千餘輩或講論玄言或紀綱大寺脩
禪秉律分作人師五十其徒皆爲達者於戲 和尚□
出家之雄乎不然何至德殊祥如此其盛也承襲弟子
義均自政正言等克荷先業虔守遺風大懼徽猷有時

堙沒而今 閤門使劉公法□敢深道契弥固亦以爲
請願播清塵休嘗遊其藩備其事隨喜讚歎蓋無愧辭
銘曰
賢劫千佛第四能仁哀我生靈出經破塵教網高張孰
辯孰分 有大法師如從親聞經律論藏戒定慧學深
淺同源先後相覺異宗偏義孰正孰駮 有大法師爲
作霜雹趣眞則滯涉俗則流象狂猿輕鉤檻莫收柅制
刀斷尚生瘡疣 有大法師絕念而遊 巨唐啟
運 大雄垂教千載冥符三乘迭耀 寵重恩
顧顯闡讚導 有大法師逢時感召空門正闢法宇方

開崢嶸棟梁一旦而摧水月鏡像無心去來徒令後學
瞻仰徘徊
會昌元年十二月廿八日建
刻玉冊官邵建和并弟建初鐫
元祕塔銘裴觀察休撰又十二年休始以鹽鐵使入
相所著楞嚴義解諸所參會妙入元宗出彼法中居
士長者之流邪弇州山人藁
元祕塔故是誠懸極矜練之作此本與余所藏正同
皆是有明內庫宋本除斷缺外鋒鍔纖毫不失今石
在關中雖猶如故然亦已甚頹矣碑文裴休所作休

於禪理最深此獨修陳大達恩遇文亦方幅尠義味

而唐文粹收之殊不可曉盧舟題跋

大達憲宗時奉詔與迎佛骨之僧正言是其弟子中跋

記金石

右大達法師元祕塔碑裴休撰其署銜稱山南西道

都團練觀察處置等使攷唐書方鎮表建中元年升

山南西道觀察使爲節度使嗣後無降爲團練使事

蓋史文有脫漏爾休傳不載觀察山南西道一節亦

略也潛研堂金石文跋尾

按此碑世多搨本下截每行磨滅二字雖舊搨者

多同其餘則皆完好也碑題左街僧錄新唐書百

官志貞元四年置左右街大功德使總僧尼之籍

法師蓋充此職也撰者裴休舊唐書傳稱其善爲

文長于書翰自成筆法家世奉佛休尤深于釋典

太原鳳翔近名山多僧寺視事之隙遊踐山林與

義學僧講求佛理云云新書略同其歷官則舊傳但云

會昌中自尚書郎歷典數郡新傳但云歷諸府辟

署入爲監察御史更內外任此碑結銜云江南西

道都團練觀察處置等使朝散大夫兼御史中丞

皆兩傳所畧也潛研跋云方鎮表建中元年升山

南西道觀察使爲節度使嗣後無降爲團練使事

疑史有脫漏蓋以休結銜爲山南西道也此碑搨

本南字上一字大半已泐然左旁下存點右旁下

存短畫諦視之確是江字之下半非山字宋米芾

書史云江南廬山多裴休題寺塔諸額皆眞率可

愛是可爲江南西道之確據矣書篆者柳公權結

銜云充集賢殿學士兼判院事新書傳作知院事

百官志集賢殿書院開元十三年置初制宰相知

院事常侍副知院事又置判院一人元和四年始

以學士年高者判院事是知院與判院品秩不同

立碑之時公權年已逾七十宜乎判院而傳作知

院疑傳訛也傳又稱公權嘗書京兆西明寺金剛

經有鍾王歐虞褚陸諸家法當時大臣家碑誌非

其書人以子孫爲不孝然則大達之門弟子亦以

得公權書爲孝耶碑但稱大達天水趙氏世爲秦

人而不詳其諱閤門使劉公亦不著其名皆文之

畧也書大頤方口頤作頥別體字

薛行周題名

摩崖横廣六尺七寸高一尺四寸二十行行三字左行篆書在所眞縣

河東薛行周　長安秦徐與　遊太末洞

進士張虔曾有歟會昌二年二月十六日
同遊玉示巖忱磊落辯士曾攜孟八麗
君四禪禮謁僧道與眞曾書

釋文

河東薛行周　邑宂夫徐奐　進士朱忱　進士張虔曾

有歟會昌二年二月十六日同遊玉礻巖忱　磊落辯

士曾攜孟八麗君四禪　禮謁僧道與眞曾書

唐處士包公夫人墓誌銘并序

石高一尺三寸五分廣一尺四寸十五行行十八字正書在仁和趙氏

處士包公夫人墓誌

夫人姓張其淸河人也　皇父諱隣夫人生有姸姿長終言行包君前娶義陽朱夫人而生四子不幸朱夫人中年下世及終喪親迎□夫人爲繼室敬愛均乎長幼周旋廣備親疎撫育前男恩逾己子嗚呼夫人行年六十有六以會昌三年十月九日奄終錢唐縣方興鄉之私第包君以再傷奪體追悼何心盡禮居喪卜時將葬前男女哀慕無容以其年癸亥十二月十二日丙申葬于履泰鄉之高原禮也恐陵谷以變更託斯文之□誌

曰

噫夫人兮　倏□流年　□□□兮　寂寞荒原　慘霜□□悠悠夜泉　未□□□　□於此焉

右處士包公夫人墓誌海寧陳仲魚所貽云頃歲杭人掊土得之文字尚可辨攷咸淳臨安志錢唐縣十三鄉有履泰南鄉履泰北鄉而未見方興之名蓋宋時諸縣鄉里之名多有更易不皆沿唐之舊也包君名字不見於誌今杭城南有包家山潛氏臨安志已載之是包亦杭之舊族矣其書銘作詺則它碑所未有潛研堂金石文跋尾

按此誌爲趙君晉齋所揭贈晉齋自言得于錢塘西溪山中据誌稱葬于履泰鄉咸淳臨安志錢塘

鄉名履泰分南北二鄉南鄉管里三曰放馬曰臙脂曰黃妃北鄉管里六曰黃山石塘埽帚西堰師姑青枝又欽賢鄉管里六曰涇山西溪韓家蓧弄東木上步若此誌石得從西溪則葬處當在欽賢鄉矣細撿杭州府志所載武林西溪諸山所在核其鄉名大抵欽賢與履泰中間只隔靈隱一山山南爲履泰山北爲欽賢履泰鄉以有履泰將軍廟得名廟在靈隱山之南似乎此誌得之于西堰青芝一路而晉齋以爲西溪者約畧之詞也太平寰宇記稱錢塘鄉里舊有二十五鄉今一十一鄉此是錢

氏初納上以後之語所謂舊有者必是唐時鄉里誌中所謂方輿鄉當即在舊有二十五鄉數內至宋初已失傳矣銘曰作詺曰詺字見廣韻彌正切訓爲詺目增韻云辨別物名皆與銘墓義別詺字之見于史文者字典引新唐書于志寧傳有之云昔陶宏景以神農經合雜家別錄註詺之舊唐書傳無此語今檢汲古閣本新唐書于傳詺直作銘字與字典所引不合蓋字典所據係善本唐書毛刻各史頗有妄改之病此其一斑也此誌以詺爲銘或詺本與名通猶解進墓誌刻須立名以名爲銘之例耳誌又云恩遍已子遍當作過哀墓無容墓當作慕又其淸河人也其字下當有先字皆脫誤也誌有包君之稱文非處士所自作而不著撰書人姓名且文中亦不敘包君名字事實皆疎也

王文幹墓誌

石高廣俱二尺五寸三十八行行三十字至三十二字不等正書在西安府

大唐故中大夫行內侍省內給事員外置同正員上柱國賜緋魚袋王公墓誌銘并序

通直郎試大理評事趙造撰

鄉貢進士蕭壁書

公諱文幹字强之其先即秦將翦公之洪䕃也自時厥後子孫衆多文能出衆武蘊異略智則善慮其將義乃下筆成龍功業居高名施於後秦覇天下斯皆王氏之力也遂使高秋朗月瀚海澄波諸族難儔家世雄盛皇朝中散大夫內侍省內侍賜紫金魚袋奉　詔和蕃使兼安西北庭使諱奉忠公之曾王父也德重名高倚見義立西戎斂跡不敢東闚北狄戢羣不敢南牧內侍省內侍賜紫金魚袋內弓箭庫使奉天定難　南朝元從功臣諱英進公之祖王父也義勇冠時見危致命親承　聖旨獨步　中朝右神策軍散副將雲麾將軍試殿中監奉天定難隨　駕南朝元從功臣諱臣端公之烈考也功高位下命不待時慶流有徵果有令子榮高處厚德抱雄圖公即雲麾將軍第三子也　憲宗践阼時公年始童舞入趍　紫闥出踐　丹墀敷奏詳明譽爲俊彥遂拜供奉官恪居官次務謹去奢臨事無渝爲官不昧斯乃冲天逸翰出淵喬松錫以朱紱之榮帶以銀璋之命改梨園判官奉八音之禮專五菓之名藝就日新功勤益著遷鷄坊使翦拂珍禽在闘自我羽翼奇特利用絕羣每蘊能名誰之與匹轉宣和殿使誡離寒暑日往月來每候　鑾輿程剋無失金石磨而不磷

璧玉琢而弥堅改軍器監判官專任武庫眞體有程𣃁
符必時實謂戎備藝遷左神策軍宴設使庖廚有節饔
飧無遺脩饌必善於精華宴飲賓懃其醉飽鎮幕敵晼
坊島遂留拜同官鎮監軍地居畿甸鎮壓要衝路接塞
垣命之監理虬龍豈與蚯蚓爲伍鸞鳳難可枳棘長栖
時當用才併之密侍依前充供奉官使於四方善能專
對利於一事因不克堪未幾息車改栽接使公繫園樹
菓殖地生苗供億猶勤庶事無闕有司惜才戀德公乃
布義行仁開成五年　詔遣充新羅使拜辞　龍
闕指日首途巨海洪波浩浩萬里一葦濟渉不越五旬

如烏斯飛届于東國王事斯畢迴檣累程潮退反風征
帆阻駐未達本　國恐懼在舟夜耿耿而罔爲魂營
營而至曙嗚呼險阻艱難備嘗之矣及其不測妖怪覺
生波濤滉瀁而滔天雲藪變而蔽日介副相失舟檝差池
毒惡相仍疾從此起扶侍歸　國寢膳稍徵藥石無
功奄至殂謝享年五十有三會昌四年歲在甲子夏四
月賁生五葉日終于京兆萬年廣化里私第雖違三月
之期終遂九原之禮是歲冬十月十五日葬于鳳城東
龍首原禮也嗟乎命之不偶李廣豈遂於封侯臬在官
門士衡終闇於數鵩公婚于滎陽鄭氏克諧琴瑟相敬

如賓有子三人男曰義仙義立女適齊郡史氏孤子銜
恤茹荼哀號罔極恐田成碧海谷變爲陵片石未鐫防
墓何辯用憑不朽之石以誌永存之詞銘曰
猗嗟大夫短折不祿歷事五朝白珪三覆賈誼促齡士
衡歎鵩許國一心居家可理善則稱君過則稱己君臣
道合如魚如水嫉惡如讎見善必遷愛如冬日畏若夏
天臨官廉平無黨無偏奉命出使汎海東夷洪流滉瀁
陽烏攸危大波汩起天地變移王事斯畢車騎辞迴臨
達本國魑魅爲災幽魂何往遊岱不來聯綿經歲四體
轉衰辞恩處順闔門銜悲吾將安仰哲人其萎羨玉永

沉寶劒斯析聖心哀慟孤子泣血禍祚長存恩光無歇
按誌敘自曾祖祖父及文幹之身蓋四世爲内官
矣王父上又加祖字翔見于此唐書百官志閑廐
使押五坊以供時狩一曰鵰坊二曰鶻坊三曰鷂
坊四曰鷹坊五曰狗坊而無雞坊誌云遷雞坊使
翦拂珍禽在闕自我是鬬雞之職也又云未幾息
車改栽接使唐六典尚寢局掌燕寢進御之次敘
總司設司輿司苑司燈四司之官屬司苑掌園苑
種植蔬菓之事是栽接使即司苑所掌皆可廣唐
書六典所未備也又云開成五年詔遣充新羅使

迴檣累程潮退反風恐懼在舟疾從此起云云舊
唐書新羅傳開成四年又遣使朝貢以下無文新
書傳載開成五年鴻臚寺籍質子及學生歲滿者
一百五人皆還之不云遣使据誌所云恐是命文
幹護送還國而史畧之也誌云有子三人而下文
只義仙義立其一殆即適史氏之女也

尹府君朱夫人墓誌

石橫廣一尺五寸高一尺四寸二十行行十九字至二十五字不等正書在孟縣

唐故尹府君朱氏夫人墓誌銘并序

曾□祖從家狀官告墜失不敘　府君諱澄其先望在

天水貫居秦州後子孫分散各處一方今權居孟州即
爲河陽縣人也　公爲人端耿量雅恬和与人結交千
金不易一言道合嗎馬不追遠近欽風花城共羨奈何
積善無慶天降其禍去開成四年告終于私第春秋六
十有七　夫人朱氏即世廣陵郡人也笄年秦晉疋配
歸于尹氏之門婦道禮儀不虧晨夕之孝接事舅姑能
善能柔和睦六親鄉閭傳禮奈何大運將至卧疾連綿
千方無効万藥無徵啓託聖賢其疾不愈□會昌四年
十月十九日終于私室春秋六十有三男女七人長子
廟諱慶新婦王氏次子廟諱禮新婦戴氏次子廟諱簡新婦賈
氏次子廟諱雅新婦王氏小子廟諱穀未婚長女十四娘夫
張氏十五娘歸閻氏嗣子等非法不行非禮不動□□
焉有丈夫之志兒女等叫天泣血五內分崩稱家有無
將□葬事卜得會昌四年十一月十八日葬于孟州河
陽縣安樂鄉□□村禮也恐年代□遠陵谷有遷刊石
爲文乃申銘曰

嗟乎尹君　生爲哲人　言無過失　花城共聞　千
金交結　恩義長存　招賢納士　禮法芳新　嗟乎
尹君　沒爲異人　嗣子擇地　安居神魂　千秋万
載　□□子孫

右尹君妻朱氏墓誌銘其序稱權居孟州即爲河陽
縣人及記葬地亦然按河陽升爲孟州係會昌三年
此會昌四年正其初升之後故有是稱也此石係十
年前從縣城內鑿井所出居人以爲擣布石縣學生
薛清輔買得之雖其中有俗字如嗎塩之類然可因
序中所記葬處以知此城地在唐時之爲安樂鄉塢
坎村則亦初非毫無所益也孟縣志

周文遂墓誌

石高廣俱一尺四寸十五行行約二十字正書在海寧州

唐故汝南周君墓誌銘并序

君諱文遂字道從祖諱嵒先父諱通君即通之長子也幼讀儒書長而習禮弱冠之歲咸譽所知內孝親姻外穆僚友不能苦濫於琴酒乃綰職於監司三五年間榮譽可弊何期未申公表奄卒壯年嗚呼霜劍摧鋒鳴琴絕軫春秋卅有五大中二年三月十五日終于天長之私館也以其年十月廿九日祔于先祖妣王夫人列域以爲窀穸禮也娶宏楊氏恭孝內諧譽案從禮一子三歲名曰小君令弟二八曰文遇文造悼鴒原而遽絕誰濟急難桐荆榦摧鴈行何續敢忘兄友銘誌弟恭固請長詞用彰後紀者焉　銘曰

嗚呼周君廿命奚促三十五歲禍來衝福手劍摧鋒身口口玉欲濟舟傾風前失燭一旦歸冥百齡何贖千歲之中再生王國

按此誌不獨缺撰書人即周氏里望周文遂所歷何官皆不敘及但云綰職監司終于天長私館而已可謂疎畧甚矣書多別字外穆僚友穆當作睦咸譽所知譽案從禮譽當作舉又娶宏農楊氏脫農氏內孝親姻可言孝姻何以言內孝耶不能苦濫于琴酒苦濫二字不解此于上卅府君誌大抵皆鄉里無識者所爲其措辭皆不可爲典要無

肅宗誥祇以其爲唐蹟附錄於此

周公祠靈泉記

碑連額高九尺二寸八分廣三尺二寸二十四行行五十五字額題潤德泉記四字並正書在岐山縣

鳳翔府岐山縣鳳栖鄉周公祠靈泉口并　題奏狀及勅批答

當府岐山縣鳳栖鄉周公祠舊有泉水枯竭多季去十月口七日忽口大風其泉五處一時湧出各深一尺已來又有七處見出臣差府叅軍郭鍔專就泉所撿驗得狀謹具泉水面方圓深淺分寸

五處泉面各方圓四尺已下各深一尺已來

七處小泉水面各方圓一尺已下各深三寸已來

右臣得縣鎮狀報有此靈泉差官勘覆事皆諳實詢諸故老傳訪里門咸稱此泉出必時泰歲豐者臣伏以周公口人爰正禮樂勤勞周室克佐成王載在詩書揚于風雅宜乎神用不測澤流無窮伏惟　　陛下叶德坤乾侔功造化節宣四序綏懷萬方由是地理呈祥靈泉感應名標上善運屬和平不然何巳涸之泉因風復有此蓋彰於　　聖德發自神功事出尋常義同圖諜豈特撓之不濁乃鑒妍蚩積以成川方勞舟檝也臣才非周邵時偶成康荷　　恩渥而莫効涓塵

覲　休徵而空增喜躍謹具奏　聞伏請宣
付史官以光典冊無任歡賀悃欵之至其圖一面謹隨
狀奉進謹錄奏　聞謹奏
中書門下奏鳳翔觀察使奏當府岐山縣周公祠湧
泉出
右伏以川竭既爲時否泉生必表　政成況近
靈祠寔彰　聖德因風湧出當　風化
之所資口地澄淸誠地經之載理近者栢樹復榮於
李觀蒙泉亦發於　神州考其祥經皆合
理代臣等商量望付史館書爲國華謹具如前奉十

二月八日
勑宜賜名潤德泉仍付所司
答詔
勑崔珙省所奏當府周公祠舊有泉水枯竭十口中因
風泉水五處一時湧出又有七處見出并畫圖進上口
具悉朕聞致理之代地出醴泉蓋以澤可濟時德推上
善徵諸傳記寔爲休祥朕以虛庸敢膺靈貺披口見瑞
省表增懸豈惟菲德致之亦卿循良所感臨軒嘉歎至
于再三今賜名潤德泉想宜知悉冬寒卿比平安好遣
書指不多及

謝賜　手詔表
右臣伏蒙　聖恩以臣當府所奏周公祠靈泉湧
出畫圖　進上示臣　手詔并賜名潤德泉者
紫泥緘啓　鴻澤光臨因　聖德以感通
詔徵臣而襃奬捧戴無措兢惶失圖臣伏以　若
有至德及於山川神降休祥見於祠宇功宜潤下道叶
流謙臣所以披圖按諜考往校今明　靈化之式敷
彰　皇猷之無遠冀光　帝典用表祥經臣忝
守邦獲逢　理代不合蒙蔽輒具奏　聞豈謂俯迴
天聽乃賜嘉名特降綸言垂於不朽與日月而明並豈

金石之能移臣見令刻石紀年置之泉側爲一時摽異
俾百代共觀無任屏營感抃之至謹奉狀陳謝以
聞謹奏
大中二年十一月廿日鳳翔隴州節度觀察處置等
使銀青光祿大夫撿校尚書右僕射兼鳳翔尹御史
大夫安平郡開國公食邑二千戶臣崔珙狀奏
周公祠靈泉湧出大五小七凡十二處觀察崔珙奏
狀勒石事在大中間石前刻奏狀中間宣宗批答后
刻珙謝表文詞宛至有盛世風書亦遒健有法且其
敘列大似漢人碑例而遜其古質耳如此等碑宋以

后恐不能得也石墨鐫華

鳳翔府岐山縣鳳棲鄉周公祠舊有泉水久竭大中間泉忽湧出崔觀察珙奏狀亦水旱恒事耳宣宗手詔褒嘉猶見下霽而史尚以無復仁恩察察爲明短之今世何可得也碑勒奏及手詔謝表筆氣蕭散有褚河南意後書年月及銜復似柳如出兩手金石史

新唐書珙傳宣宗立以太子賓客分司東都起爲鳳翔節度使正在大中初年珙具奏靈泉之日何爲削其封郡食邑舊書所載與碑同金石錄補

蘇東坡云周公廟在岐山西北七八里廟後百許步有泉依山湧冽異常國史所謂潤德泉世亂則竭者也其名潤德者大中初因崔珙之奏而賜名也崔珙狀奏珙爲鳳翔節度使而中書門下奏内但稱觀察使者節度之職雖視觀察爲重然非軍旅之事陳奏止稱觀察唐人章奏之式多如此也潛研堂金石文跋尾

按陝西通志鳳翔府岐山縣周公廟有三一在縣西郭街北一在縣西北十五里鳳凰山麓一在岐山廟後舊有泉久竭唐德宗宣宗之訛大中間忽有五泉一時湧出賜名潤德泉卽此碑所載是也然通志但云五泉而不及七泉亦畧也泉湧于十月口七日則狀進奉勑當在十一月八日奉勑之後崔珙表謝在十一月二十日今云奉十二月八日勑宜賜名潤德泉此十二月是十一月之訛也泉久竭復出且因大風而湧不可謂非祥異乃兩唐書紀傳及五行志皆不載

陸君夫人孫氏墓誌

石高一尺三寸五分廣一尺五寸十七行行十九字正書在富陽縣

唐陸君故夫人富春孫氏墓誌銘并序

夫人吳大　皇帝十九代孫德之女也令淑有聞名傳四德笄年歸于陸氏君名瑛有子三二男一女長男譽

誠次曰麼諮並未有所娶女則初笄之歲未有所歸夫人以大中四年遇疾百藥無徵口靈爽死卽是歲仲夏月三日而終春秋五十有七男女號踊泣漣攀咽親戚悲噫日月逾邁龜筮叶從於其年季秋月末旬八日而安厝富陽縣西廿里上黃山墓然而祇塋則南登極峭北達長衢東西卽富春孫氏之山矣口慮年月將湮故列埇記其誌銘　銘曰

穆穆夫人　名傳四德　染疾不愈　殁歸泉路　蒼芒山谷　冥冥九泉　恐年月曰　誌銘列埇

唐大中四年九月廿八日記此行字體特大

按此誌杭州府志金石所未收誌云安厝富陽縣西廿里上黃山墓又云祖墓則南登極峭北達長衢東西即富春孫氏之山矣檢杭州府志山川卷富陽縣無上黃山名其在縣西二十里者但有一靈巖山而已惟縣南一十五里有陽平山太平寰宇記引地理志云吳武烈孫氏之所居也其祖種瓜于此有二仙人示其葬地即此太平御覽又作陽城山爲孫氏所葬處今玩誌文富春孫氏之山或即指此其云上黃山者或係當時土名而南與西之別十五里與廿里之不同則又記載之小異也附識以備攷

金石萃編卷一百十三終

金石萃編卷一百十四

賜進士出身誥授光祿大夫刑部右侍郎加七級王昶譔

唐七十四

勅內莊宅使牒

石横廣四尺四寸五分高二尺二寸八分二十五行行十四字正書在西安府學元祕塔碑陰

勅內莊宅使牒

萬年縣滻川鄉陳村安國寺金經□壹所計估價錢壹伯叁拾捌貫伍伯壹□文

舍叁拾玖間　雜樹共肆拾玖根　地壹□畝玖分

莊居東道并菜園　西李殊和　南龍道　北至道

牒前件莊准　勅出賣勘案內□正詞狀請買價錢准數納訖其莊□　巡交割分付仍帖買人知任便爲主　□要有迴改一任貨賣者奉　使判　□者准判牒知任爲凖據者故牒

判官內僕局承彭□

副使內府局令賜緋□□劉行宣

使兼鴻臚禮賓等使特進知□□田紹宗

其價錢并入門悉是僧正言衣□　出並不忓同學門徒親情等事其正詞郎　□俗名從大中三年四月一日創造堂內　□德壹拾叁事并綵畫兩壁及塼

座　口綵赤白兼上安鴟尾修贖經藏等　口陛
伯貫文內壹伯貫文外施餘並口　自出又修塔及
碑堂北院塼堦隔口　等計當錢貳伯貫文並是僧
正言口
又院內祖婆父并同學等口　壹所
大中五年正月十五日承襲　記
同學淨真　同學常益　正信
俗弟子李自遷　高行　方
右牒題云敕內莊宅使牒按萬年爲京兆府畿縣長
安志萬年有洪固龍首少陵白鹿薄陵東陵苑東七

鄉而無滻川鄉安國寺在皇城外朱雀街東第一坊
爲睿宗藩邸舊宅景雲元年立爲寺以所封安國爲
名原屬萬年治內此牒係安國寺僧正言出價承買
後列俗弟子姓名若今之市券也當時十六宅各有
莊地以內官主之所謂莊宅使也金石錄補
右勑內莊宅使牒一通牒尾列銜者曰判官內僕局
丞彭口曰副使內府局令賜緋口口口行宣曰使兼
鴻臚禮賓等使特進知口口口田紹宗攷唐書百官
志內府局令正八品下內僕局丞正九品下皆屬內
侍省而內莊宅使之名則百官志無之蓋唐自中葉
以後內侍用事所設曹局緐多史家不能悉載宋史
職官志唐設內諸司使悉擬尚書省如京倉部也莊
宅屯田也皇城司門也禮賓主客也雖名品可效而
事任不同王旦語然宋以如京莊宅爲武臣敘遷之銜
與唐制又異矣牒後述僧正言出錢瓶造堂內綵畫
兩壁修贖經藏諸事凡九行大中五年正月十五日
記金石文字記以爲六年四月者誤也此文刻于大
達法師塔碑之陰正言卽大達之弟子也塔銘柳書
行世而碑陰推拓者少予近始購得之潛研堂金石文跋尾
按文云不忓同學忓音干說文長箋云忓有迂進

之意故从干此與說文訓極也之義别新唐書萬
壽公主傳無忓時事正與此同後人直作干字矣
碑稱同從師出家者爲同學俗家爲俗弟子皆始
見此碑至院內祖婆父其稱謂不可曉長安志滻
水在萬年縣東北流四十里入渭碑稱滻川鄉陳
村此鄉必以滻水所經得名長安志已不載此鄉
則當在唐時四十五鄉之內畢制府長安志注歷
引諸碑所載古鄉名村名而不及此亦可以廣所
未備也
比邱尼正言疏

石橫廣四尺八寸六分高一尺六寸十八行行十二字正書與前勅牒同刻元祕塔碑陰

比丘尼正言疏

正言自小入道謬烈緇倫陪行伍今緣身嬰風疾恐僧務多有故用悞用三寶　聖言所有罪障不敢覆藏消滅有少許䞋利充衆僧外請將自出錢買得廢安所在萬年縣滻川鄉并先庄并院內家具什物兼庄內若外若輕若重並囑授

內供奉報聖寺三教談論首座

製賜紫大德兼當寺主有手下弟子李自遷並付庄悉是自出錢物買得盡不忓諸同學等事並皆無答

分今　法師爲主一捨永捨生死羈維和上耆宿大德徒明謹疏

大中六年四月廿五日疾病比丘正言疏

公

宏

法遷　正信

直歲賀遷

按此與勅牒連類而及牒是官頒者此疏是正言自立者爲永捨寺中之𧶘據李自遷俗家也不曰俗弟子而曰手下弟子當是皈依正言者文云少許䞋利䞋音襯廣韻與嚫同嚫施也玉篇䞋錢也皆與此䞋利同義碑書謬烈緇倫烈當作列

杜順和尚行記

碑高四尺四寸七分廣二尺八寸二分二十一行行二十七二十八字不等行書在西安府

大唐花巖寺杜順和尚行記

鄉貢進士杜殷撰

朝議郎試左武衞長史上柱國董景仁書

釋垂範忍辱爲戒空寂爲體求而非真智而可識不遠□□□之□□□□□雪山　我佛嘗其論道㬥㬥白馬金字闕于　巨唐粤以有京兆人者堯之苗裔土

等　國南門外村里箸□繼□□餝躬馨香內外逮三千餘祀俄扇雩西方之盛降茲　吾師師□□□邁人表未登十歲綴集同年生艸一基而以敷足嶷然旋此大乘□□□□□□聯善男子善女人無問大小奔而趍而虔心諦聽一演而倬衆闡道□□□□舞之忘親愛而自脊復次□機運巧指事成績洞然尚有祥瑞連縈□□□□力硉硉其異不一寔可繁詞弱冠　師之兄有軍旅之患欲赴跪而啓父兮母兮厥而嫠去允斯所命被甲鎧江汪孰戈慷慨遍至魚麗勝而多捷卓尔哉出群隱而靡究慈恵霑濡一師之卒渠百結　師補綴爲

渠有各酷笞刑　師受笞焉負薪爨火汲水燃之渠置
濯　師之躬焉渠役烽火遊外　師之當焉昔　魏禪
師師主也異日倍□之日臨流未濟杖之功登嶺有去
虎之妙状負來婦人有一子求之□□睞擲□□□中
而復見胡甸反乃是宿根深債歷縣側因睹畋獵化養□
□盛與□□□士交會因勵承勵而息心歸依　師之
門人動意尋五臺靈境欲覺□菩薩給五銖道糧乃失
師事今有秦人王元順承家穆穆文武潤身在世有
濟拔之惠效　丰懷歲寒之心殷　師之裔孫也已履
儒迹心□□岸每躭儒典之暇劇趣真心　師之堅寔

非翰墨之能鎸大中六年□月二十四日記
鎸玉冊官邵建初刻字　院主僧談□

此唐碣也字頗可收乃其文義晦澁破碎全不成說使此和尚空有行記之石千年在世與草木同腐耶何益矣乃知言之不文行之不遠使再不得此字更消滅久矣墨林快事

按神僧傳法順姓杜氏雍州萬年人碑云京兆人與傳合僧冠以姓與裴大智碑相似而朱長文碑帖者又有華嚴寺法順大師碑許康佐書此碑今在長安縣開佛寺中金石錄補

王圻續文獻通考法順姓杜氏萬年人爲隋文帝所重月給俸供之有病者對之危坐少卽愈生而聾者與言卽聰啞者與語卽能言狂顛者使人領往向之禪定少選卽拜謝而去又嘗臨溪侍者懼不可濟順牽同涉水卽斷流其神迹類如此太宗素敬之嘗引入宮禁妃主戚里諸貴奉之如天佛集華嚴法界觀門弟子智嚴尊者傳其教關中金石記

碑記杜順云京兆人堯之苗裔生于國之南門外村後又序師代兄從軍及爲兄補甲受笞負薪爨火諸苦行若忘身以濟于衆者又稱擲于急流中而復見見字旁註胡甸反惟孔紓墓誌銘出將字旁注去聲

他金石刻所希聞授堂金石跋

按杜順和尚者姓杜名法順唐初時人故撰記之杜殷是其裔孫也記稱京兆人者堯之苗裔通志氏族略杜氏亦曰唐杜氏帝堯之後爲陶唐氏裔孫成王遷唐氏于杜是爲杜伯今永興長安縣南十里有下杜有杜伯冢在焉碑書于作雩字書未有以雩爲于者此殆意爲增加猶乎字之加虍作虖也生陟一基當是一碁

姚婆墓誌

石高廣俱一尺二寸八分十四行行十五字至十八字不等正書在滎澤縣

唐姚婆墓誌

范陽盧鄯幼女姚婆年八歲生而穎悟聦而秀妙纔能言而知孝道纔能行而服規繩纔能誦而諷女儀纔能持而秉鍼組動有理致婉而聽順衣服飲食生知禮讓先意承志不學而能常期長成必有操行芳譽流于親戚之間何啚玉樹先秋蕣華早落敏而不壽痛可言耶以大中六年十月三日歿于襄州官舍以明年七月十三日葬于鄭州滎澤縣廣武原祔　丱祖贈給事中府君之　松檟兾冥冥之內魂而知歸以其封樹不廣懼年代未遠而丘壠夷平聊刋片石以敘其年月与事實兾千載之後不至湮沉耳唐大中七年七月十三日前撿校禮部員外郎盧鄯記

右盧鄯幼女姚婆墓誌禮十六至十九爲長殤十二至十五爲中殤八歲至十一爲下殤七歲已下爲無服之殤下殤女子於法可以無誌然韓退之爲女挐銘壙世莫以爲非者父之于子不忍其遽湮没而欲有所托以永其傳亦人之恒情乎覽自唐以來達官貴人豐碑大書不久而湮没者何限而姚婆一弱女越千載後乃得傳姓名於士大夫之口事之有幸有不幸若此者可勝道哉潛研堂金石文跋尾

高元裕碑

碑連額高一丈一尺四寸廣四尺一寸三十三行行七十九字止書額題大唐故吏部尚書贈尚書右僕射渤海高公神道碑二十字篆書在洛陽

大唐銀青光祿大夫□吏部尚書上柱國渤海縣開國男食邑三百戶贈尚書右僕射下闕

□□□□□　□朝散大夫□□□□□□□□

□□上□□□□闕國□食邑三百戶賜紫金魚袋□□□

金紫光祿大夫左散騎常侍上柱國□□□□國公

食邑□□戶□□□書

公諱□裕字景圭六代祖申國公諱士廉　皇朝□□中尚書右僕射有仁儉之□□文□□□□□□□□□□□□□□□□□□□□□□□在陶唐氏□□□□□以隱德起爲周文王師者号爲太公望始受封於呂子孫世仕於齊□世孫公子□□孫□與管敬仲倶爲齊上卿合□倭有功□□□□□□□□□□□廿七世孫淇後□□爲渤海太守因家焉高氏故書□□□□□平□□□後魏□□錄尚書事生岳北齊侍中封清河王生敬德開府儀同三司改封□安王

申公□□□之令□□□□□□□□□□皇朝
□州長□□□之行□□　曾祖諱□□州餘杭
令贈尚書戶部員外郎　大父諱虒秘書省著作
郎贈右□□大夫　皇考諱□太原少尹兼御史
中丞□□□□□□□□□□之少子也幼而穎
悟及長魁岸秀發弱冠博學工文擢進士上第調補秘
書省正字佐山南西道荆南二鎭爲掌書記轉試協律
郎大理評事攝監察御史入拜真御史轉右□□□□
侍御史□□□□豪舉□拜司勳員外郎轉吏部員
外郎　公之佐山南西道也節度使崔公從以清

明藻鑒推重簪紹泊　公抗揖上席雅望蓋洽及
登御史府好爲犖犖事自荆涉□□□□□□□
□□急宣居常權秣在櫪厩吏多□□□條制爭□
□客□呵□導者必恐遽恇廹授以驛馬不敢問積習
爲獘刺史不能治有道士趙歸真者長慶初用黃老秘
言得恩倖□□旁□□言□恠在驛□□□□自給時
公方　徵入遇歸真於途連叱之謂曰汝妄人耳
天子置驛馬俾尔鼠輩疾驅耶且黃冠驛馳用何條
制顧左右牽□之歸真沮撓不敢仰視　□□□
□以□□□□□歸真□□□□闡者憚焉　公

之爲杜國也當寶曆初　天子年少新卽位
事多決於內戚豎　朝頗嘖旬朔大臣罕得　□謁
公上疏指斥極言□□中外之□以鎭□□□□
□　公□□□之倨然　公之爲吏部郎也
精□簡峻肯徒□蕺若踐刀戟未竟南曹事會與銓長
以公事爭短長剛憤不能下請急□□□□道除
左司□□遷□□□中書舍人　公之爲諫議
也屬　朝廷多故李訓鄭注貽禍□亂欲先立威定
事　公察其必變錢以勁□□其頭角章疏□上
文宗知而不能用及爲中書舍人逆注益用

事注初以藥道進至是□然以才望自居會注遷秩□
□□□□□揚其□□□狀注方倚　恩白大患
不能堪遂出　公爲□州刺史注敗復入爲諫大
夫兼充　侍講學士尋兼太子賓客
文宗重儒術尊奉講席　公發揮敎化之本依經
傳納　上傾心焉□□□□□□蹉□
□爲□□□護之授□　公□□通經支雅任職
而操刺□濟素重　朝廷　上復欲□之未
幾擢拜御史中丞兼金章紫綬之錫　公正色立
朝百吏震肅□若□□□□□下□□僚吏率多

□□□葬體□不蔦濟辦□倪甚威邪朋自遠班行相
顧聳動屏息議者以爲風憲振職自元和以來惟
公爲稱首進尚書右丞改京兆尹未幾授左散騎常
侍遷兵部侍郎轉尙書左丞知吏部尙書銓事會
恭僖皇太后陵寢有日充禮儀使　公爲
左右轄也郎吏籍公岸谷之峻皆旣□□□事迎理
及銓綜衡鏡之務抉奸與善如見肝膈猾吏□□□□
□□□勿又□□竄□記□爲防□□迷視聽　公
指摘□病是非立辯摽爲成憲迄今藉焉不拔一人九
流式□尋改宣歙池□□□使兼□□□□入拜吏

部尚書　□□□□懿□□□□□□□□□
□□□□□爲□□使□事遷檢校吏部尚書山
南西道節度觀察等使　公友睦清約車服飲食比
寒士而□□吏□奉公□□汲汲如嗜慾居一室凝塵
積机濟如也於宛陵□二郡理於漢南□八郡化孳用
□□□□□□□興利除害刋爲故實在漢南奏免□
內積年逋租七千八百餘万貫節用而已公私□□百
姓□□之初　公自　侍講爲御史中丞
文宗久□□□□□□内舉毋兄少遜
上嘉納而遂其志少遜果能□二帝三王之業發明

□□　上益敬重□□□者咸謂　公以
誠事君者也愛□不忘舉其親舉親不忘存其義眉壽
景福□□□歸　公爲□州之五歲慨然有懸車之
念累章陳懇故復有□□□□之□郎日渡江將休于
□□行□志□大中四年夏六月廿日次于鄧無疾暴
薨于南陽縣之官舍享年七十六　上聞撫
机震悼廢　朝□日□□□□□□年十一月十日
歸葬于□南府□□縣□□□之南原以李夫人合窆從
祔于　□府君之兆次□□　公前娶隴西李□吉州刺
史宣之女也再娶京兆韋氏鄭國公孝寬七代孫□□

□□□□□□　先考司徒府君□□祖廟□
□□國太夫人□氏陰教修備及　公貴□□□□
□服□□□□哀榮之禮渥縟矣□子□一人曰璩李
出也進士擢第試祕書省校書□文行□□□□□
記曰有大德者必得其祿其位其名其壽□　公始
終可謂全□□銘曰
烈山之□□□太古□□□□□□□□□□□□
功錫姓申公嗣興□□佐命□□□□赫□□秀令降□
公生□□□□爲□師□爲廿資□□□闕□
□二□行茂□□□高綜貫霜□迴□□□□□□

□□政嚴官□□競嘂□我敦德義時□□□□□□
□□□□□大美□味□□□□□□□妄□□
□□□□ 闕 我堅豸□大方□□以□□□ 禁林
寄侍講席陪升因經納誨承 問□能輔道□□□□
闕□□以□□□□□ □□□□□□□□
□□□□□□□□□ □□多□□□□□

大中七年十月立蕭鄴撰柳公權正書篆額在洛陽

碑缺撰人名据金石錄書之篆額甚工而無人名碑稱元裕曾祖迴大父彪皇考集銜名皆與宰相世系表合惟世系表誤彪作虎劉昫唐書有高元裕傳亦

正作彪知碑是也碑載元裕官爵事實亦較史詳備云贈尚書右僕射劉昫書亦未及舉云歸葬于河南府伊闕縣白沙之南原今碑在縣南三官凹田間是其墓也中州金石記

碑過漫漶書撰人名氏尤缺蝕惟字體類柳誠懸今士人猶指爲河東書也案此碑稱元裕命氏世居之始與宰相世系表合但元裕九世祖翻表載爲後魏侍御中散孝宣公碑作太尉錄尚書事翻生岳表載爲北齊太保清河昭武王碑作侍中清河王岳生勵表載字敬德隋洮州刺史樂安侯碑直云敬德不言其名勵似亦以字行者而歷官則爲開府儀同三司攺封樂安王又碑載蒲州長史已不見其名以表證之當爲峻於元裕爲高祖其下載廻杭州餘杭令贈尚書戶部員外郎彪秘書省著作郎贈右諫議大夫集太原少尹兼御史中丞並與表相符其少有異者碑言著作郎表云佐郎父諱集表作焦字形之似偶涉誤也元裕所歷官碑自其初擢進士上第調補秘書省正字佐山南西道荆南二鎮爲掌書記轉試協律郎大理評事攝監察御史入爲眞御史右補闕復爲侍御史擢拜司勳員外郎轉吏部員外郎又除左

司缺二字遷諫議大夫中書舍人又出爲缺州刺史復入爲諫議大夫兼充侍講學士尋兼太子賓客擢拜御史中丞遷尚書右丞攺京兆尹授左散騎常侍遷兵部侍郎尚書左丞吏部尚書充禮儀使尋攺宣歙池觀察使入拜吏部尚書又遷檢校吏部尚書山南缺道節度觀察等使盖其詳如此而新書本傳惟云累辟節度府以右補闕召俄換侍御史內供奉擢諫議大夫進中書舍人復授諫議大夫翰林侍講學士兼賓客進御史中丞攝尚書左丞領吏部選出爲宣歙觀察使入授吏部尚書拜山南東道節度使于其

歷官甚未悉書也（授堂金石跋）

按元裕初名允中碑與兩唐書傳皆不載惟宰相世系表有之此碑敘先世有與他碑不同者首行諱字之下即敘六代祖士廉下乃敘其受姓之始源于太公望下又敘六代祖以上諸世而後及于曾祖以下其特提六代祖于前不知何義也碑云六代祖申國公諱士廉舊唐書高儉傳云儉字士廉新傳云以字顯世系表則云宗儉字士廉與碑傳俱不同其封申國公惟舊傳有之乃貞觀十二年事新傳不載其官終開府儀同三司同中書門

下三品而碑不書特書尚書右僕射者新傳稱士廉三世居此官世榮其貴（此齊書清河王岳傳題祖時岳兼尚書左僕射）（隋書高勱傳歷遷侍中尚書右僕射）故碑亦特書之碑云太公望子孫世仕于齊□世孫公子□□孫□與管敬仲俱爲齊上卿世系表云太公六世孫文公赤生公子高孫傒爲齊上卿與管仲合諸侯有功桓公命傒以王父字爲氏食采于盧謚曰敬仲是敬仲爲高傒之謚非管仲字碑云管敬仲者譌也碑云廿七世孫洪後□□□爲渤海太守因家焉據世系表洪之官渤海在後漢時也碑云後魏□□錄尚書

事生岳世系表云岳父飜字飛雀後魏侍御中散孝宣公舊唐書高儉傳曾祖飛雀（似以字行）後魏贈太尉北齊書岳傳亦云父飜魏朝贈太尉皆不載其官錄尚書事北齊書傳岳字洪略齊高祖從父弟也武定六年除侍中太尉天保初進封清河郡王五年加太保（世系表亦有之）而碑略焉碑云岳生敬德開府儀同三司改封□安王隋書高勱傳勱字敬德齊太尉清河王岳子七歲襲爵清河王十四爲青州刺史歷右衛將軍領軍大將軍祠部尚書開府儀同三司改封樂安王高祖時累拜洮州刺史舊

唐書高儉傳云父勱字敬德與隋書之諱勱者不同餘俱同隋傳（世系表亦同）碑蓋以字行而官亦從略敬德之子即士廉士廉第三子真行官左驍衛將軍真行次子峻官殿中丞蒲州長史碑皆不書峻之子迥餘杭令即曾祖迥之子虎（世系表作彪）祕書省著作郎（表作著作佐郎）即大父虎之子集（表誤作焦）太原少尹兼御史中丞即皇考集生四子允恭少逸元裕允誠碑云元裕爲集少子據表是第三子元裕之歷官與事蹟兩傳舉其大槩不及此碑之詳其官山南西道節度觀察等使兩傳俱作山南東道其封

爵兩傳俱作渤海郡公碑文渤不見而標題則云
渤海縣男爲不同其贈尚書右僕射標題有之文
亦不見傳則惟新書有之舊從略也碑稱公之佐
山南西道也節度使崔公從以清明藻鑒推重辟
組洎公抗揖上席雅望益洽新書崔從傳憲宗朝
從爲山南西道節度使碑載道士趙歸眞驛馳事
兩書無攷其官中書舍人日鄭注以藥道進會注
遷秩揚其狀注不能堪出公爲□州刺史舊書鄭
注傳注始以藥術游長安本姓魚冒姓鄭氏時號
魚鄭用事時人目之爲水族大和八年九月注進

藥方一卷文宗召對賜錦綵九年八月遷工部尚
書充翰林侍講學士元裕草制詞在此時也元裕
傳云草注制詞言注以醫藥奉君親注怒送宗閔
乃貶之出爲閬州刺史元裕兄少逸傳稱元裕爲
中丞少逸爲諫議大夫代元裕爲侍講學士兄弟
迭處禁密時人榮之據碑則少逸之官侍講由于
元裕之內舉碑所謂愛君不忘舉其親舉親不忘
存其義者是也碑云公前娶隴西李氏吉州刺史
宣之女李宣兩唐書無傳再娶京兆韋氏鄭國公
孝寬七代孫周書傳韋叔裕字孝寬少以字行故

碑直作孝寬天和五年進爵鄖國公與碑之作鄭
國者異碑云子一人曰璩表但稱其相懿宗傳稱
其大中朝由內外制歷丞郎碑則云試祕書省校
書郎

方山證明功德記

石高一尺八寸五分廣八尺七寸正書在長清縣靈巖寺

修方山證明功德記

鄉貢進士牟瑨撰

此山前面有石龕龕有石像從彌勒佛并侍衛菩薩至
神獸等計九軀案寺記云唐初有一童兒名善子十歲

巳下自相魏間來於此山捨身決求無上正眞之理□
稽首□四禮遂墮未及半虛五雲封之西去其音樂□
□天風錯□畢寺緇白無不瞻聽乃鑿此山成龕立像
旋之曰證明功德暨乎會昌五年毀去佛□天下大同
凡有額寺五千餘所蘭若三万餘所麗名僧尼廿六万
七百餘人所奉驅除略無遺子惟此龕佛像儼□微有
薰殘大中五年奉　旨許於舊蹤再啓精舍寺主僧
從惠聞於州縣起立此寺有杭州鹽官縣人俗子儒俗
姓董氏不遠江湖訪尋名跡至六年五月七日得度既
果前言□□懇誠金彩裝飾方山證明功德兼□□□

神及師子各二隻□金采色手功價□□□五十貫文
施主二百餘人□□一鐫姓名□□左其山龜在寺之
艮直上可四里下思人□井以□殿星端旁聣　滄溟
有同蓬島□龜石□有泉不□來源從細竇湍□石盆
□□□□□□□而已玉液金漿莫得□其甘美□□香
山□□質乎香爲子儒公明山巒之□□□固嶶石之
像長牢莫賢劫盡而同盡自□□外胡可傾移哉
大唐大中八年四月八日鐫記以上凡二十七行後列施錢姓氏三十五行不具錄
寺主僧從惠大中五年奉　皇恩遠降許令

添飾舊基先度僧□□主持□月廿八日經長清縣陳
狀四月十三日□□□□□□來□六月廿日□□
□度獨□□□□□□祀□心□後□□北臨聖堂
□是此等□□□□□□一景界夜至三更先見二僧
一僧面西而立一僧面東而□□□□亡妣人身著□
□□□□□□□□□先□□□集隨□而□□
□□□□去來□□有五□四□□赤□大袖□衣頭
上冠笄□執笏中有一女身□□□□□□□□頭
□雙鬟手中執□□老□□去□□□□□餘□忽
然不見明□□至齊州□□□□此□祥瑞□□七月廿

八日呈上　刺使劉將軍遂喚入見問其由八月一日
得度九月一日入□□□□侚住會□□節度使□□
□□侍□□官□□□□□□□□□□□□□□□□
□□上聞　明勅所□□宜依□
大中八年四月廿日記以上十六行在後段
長清王澄登　證明上實珠元祐三年戊辰孟夏初
八日
蘇永叔李行父庚祐之游文從左讀
永叔曾遊
潁水李顧子先廬山李憲秉夷丁巳二月十日同遊

齊幕仲績臣邑尉韓清彥同登焦伯祥後至丙子仲
春十四記以上五段施刻唐記之上
案新唐書武宗本紀會昌五年八月壬午大毀佛寺
復僧尼爲民不言毀有額寺至五千餘所蘭若至三
萬餘所驅僧尼至廿六萬七百餘人皆史略也大中
五年奉旨許於舊蹤再啓精舍亦史所未及山左金石志

下邳郡林夫人墓誌

石連額高三尺二寸廣二尺四寸餘二十六行行二十八字正書篆額在闕□

有唐故下邳郡林氏夫人墓誌并序
河南褚符撰

夫人林氏其先下邳郡人也曾祖□皇任廣州參軍祖
景□□任潮州長史父□□□□□□□□□□
□□□□□鄉里咸謂□高□□□□□□
夫人則　府君之仲女也未笄而柔和氷潔既鬟
惟□□蘭馥由親族□□黨□□以□□也□□□而
閨中□於窩春孫氏子以□□□□□作□□婦□□媒
□□□□□□□□□　夫人□得以□□□□得□
配闕而闕慈□仁□繩闕也□糸闕與闕三人長曰□
□娠闕以闕
□墳峨峨□山之旁懿德美行不隨□□高山有□雕

琢無妨□□□□□之□□□□□□□陵谷改張此石
若出斯文□昌

定慧禪師碑

碑高八尺八寸廣四尺二寸三十六行行六十五字正書篆額在鄠縣

唐故圭峯定慧禪師傳法碑并序

金紫光祿大夫守中書侍郎兼戶部尚書同中書門
下平章事充集賢殿大學士裴休撰并書
金紫光祿大夫守工部尚書上柱國河東郡開國公
食邑二千戶柳公權篆額

圭峯禪師號宗密姓何氏果州西充縣人　釋迦如
來三十九代法孫也　釋迦如來在世八十年爲無
量人天聲聞菩薩說五戒八戒大小乘戒四諦十二緣
起六波羅密四無量心三明六通三十七品十力四無
畏十八不共法世諦第一義諦無量諸解脫三昧惣持
門菩提涅槃常住法性莊嚴佛土成就衆生度天人教
菩薩一切妙道可謂廣大周密廓法界於無疆徹性海
於無際權實頓漸無遺事矣宓後獨以法眼付大迦葉
令祖祖相傳別行於世非私於迦葉而外人天聲聞菩
薩也顧此法衆生之本源諸佛之所證超一切理離一
切相不可以言語智識有無隱顯推求而得但心心相

印印印相契使自證知光明受用而已自迦葉至達摩
凡二十八世達摩傳可可傳璨璨傳信信傳忍爲五祖
又傳融爲牛頭宗忍傳能爲六祖又傳秀爲北宗能傳
會爲荷澤宗荷澤於宗爲七祖又傳讓讓傳馬馬於其
法爲江西宗荷澤傳磁州如如傳荊南張張傳遂州圓
又傳東京照圓傳　大師大師於荷澤爲五世於達摩
爲十一世於迦葉爲三十八世其法宗之系也如此
大師本豪家少通儒書欲干世以活生靈偶謁遂州遂
州未與語退遊徒中見其儼然若思而無念朗然若照
而無覺欣然慕之遂削染教受道成乃謁荊南荊南曰

傳教人也當盛於　帝都復謁東京照照曰菩薩
人也誰能識之後謁上都花嚴觀觀曰　毗盧花藏
能隨我遊者其汝乎初在蜀因齋次受經得圓覺十三
章深遊義趣遂傳圓覺在漢上因病僧付花嚴句義未
嘗聽受遂講花嚴自後乃著圓覺花嚴及湼槃金剛起
信唯識盂蘭法界觀行願經等疏抄及法義類例礼懺
脩證圖傳纂略又集諸宗禪言爲禪藏捴而叙之并酬
荅書偈議論等凡九十餘卷皆本一心而貫諸法顯真
體而融事理超群有於對待冥物我而獨運矣議者以
大師不守禪行而廣講經論遊名邑大都以興建爲

務乃爲多聞之所役乎豈聲利之所未忘乎嘻議者焉
知大道之所趣哉夫一心者万法之捴也分而爲戒定
慧開而爲六度散而爲万行万行未嘗非一心一心未
嘗違万行禪者六度之一耳何能捴諸法哉且　如
來以法眼付迦葉不以法行故自心而證者爲法隨願
而起者爲行未必常同也然則一心者万法之所生而
不屬於万法得之者則於法自在矣見之者則於教無
礙矣本非法不可以法說本非教不可以教傳豈可以
軌跡而尋哉自迦葉至富那奢凡十祖皆羅漢所度亦
羅漢馬鳴龍樹提婆天親始開摩訶衍著論釋經摧滅

外道爲菩薩唱首而尊者闍夜獨以戒力爲威神尊者
摩羅獨以苦行爲道跡其他諸祖或廣行法教或專心
禪寂或蟬蛻而去或火化而滅或攀樹以示終或受害
而償債是乃法必同而行不必同也且循轍跡者非善
行守規墨者非善巧不迅疾無以爲大牛不超過無以
爲大士故　大師之爲道也以知見爲妙門寂淨爲正
味慈忍爲甲盾慧斷爲劍矛破內魔之高壘陷外賊之
堅陣鎮撫邪雜解釋縲籠遇窮子則叱而使歸其家見
貧女則訶而使照其室窮子不歸貧女不富　吾師耻
之三乘不興四分不振　吾師耻之忠孝不並化荷擔

不勝任　吾師耻之避名滯相匿我增慢　吾師耻之
及遑遑於濟拔汲汲於開誘不以一行自高不以一德
自聳人有依歸者不俟請則往矣有求益者不俟憤則
啓矣雖童幼不簡於敬接雖驁佷不怠於叩勵其以闡
教度生助　國家之化也如此故親　大師之法者貪
則施暴則斂剛則隨戾則順昏則開墮則奮自榮者慊
自堅者化徇私者公溺情者義凡士俗有捨其家與妻
子同入其法分寺而居者有變活業絕血食持戒法起
家爲近住者有出而脩政理以救疾苦爲道者有退而
奉父母以豐供養爲行者其餘憧憧而來欣欣而去揚

袂而至寶腹而歸所在甚衆不可以紀真　如来
付囑之菩薩衆生不請之良友其四依之人乎其十地
之人乎吾不識其境界庭宇之廣狹深淺矣議者又爲
知大道之所趣哉　大師以建中元年生於世元和二
年印心於圓和尚又受具於拯律師大和二年　慶成
節徵入　內殿問法要賜紫方袍爲大德尋請歸
山會昌元年正月六日坐滅於興福塔院儼然如生容
貌益悅七日而後遷於函而自證之力可知矣其月二
十二日道俗等奉全身于圭峯二月十三日茶毗初得
舍利數十粒明白潤大後門人泣而求諸煨中必得而
歸今悉斂而藏于石室其無緣之慈可知矣俗歲六十
二僧臘三十四遺戒深明形質不可以久駐而真靈永
劫以長存乃知化者無常存者是我死後舉施蟲犬焚
其骨而散之勿墓勿塔勿悲慕以亂禪觀每清明上山
必講道七日而後去其餘住持法行皆有儀則違者非
我弟子今　皇帝再闡真宗追謚定慧禪師
青蓮之塔則塔不可以不建石不可以不斵且使其教
自爲一宗而學者有所摽仰也門人達者甚衆皆明
如来知見而善說法要或嚴穴而息念或都會而
傳教或斷臂以酬德或白衣以淪跡其餘一祇而悟道

終身而守護者僧尼四衆數千百人得其氏族道行可
傳於後者紀於別傳休與　大師於法爲昆仲於
義爲交友於恩爲善知識於教爲內外護故得詳而叙
之他人則不詳銘曰
如来知見大事因緣祖祖相承燈燈相燃兮光並照顯
說密傳摧邪破魔證聖證賢漸之者入頓之者全執紹
孰與圭峯在爲甚大慈悲不捨周旋以引以翼恐迷恐
顛直示心宗傍羅義筌廣收遠取無弃無捐金湯魔城
梯杭情田銷竭芟伐大道坦然功高覺場會盛法筵不
染而住淤泥青蓮性無去来運有推遷順世而歎衆生
可憐風號晩野□□夜□□□而去溺者誰前巖崖荆
榛阻絕危懸輕錫而過踣者誰肩不有極慈孰能後先
吾師何霧後建橋船法指一靈徒餘三千無負法恩
永以乾乾
□□□□□□□□□府兼右街功德使驃騎大將軍
行內侍省內謁者監□□□□□□食邑三千戸王
元宥施碑石大中七年正月十五日兼　奏請塔額
謚号當日下闕
大中九年十月十三日建　鐫玉冊官邵建初刻字
右圭峯禪師碑唐相裴休撰并書其文辭事跡無足

採而其字法世所重也故錄之云集古錄

圭峯禪師宗密法門龍象第以多所游講著述一時不能無疑于達摩慧能之宗旨而裴丞相休獨能知之然至累千言而爲之辨則亦贊矣自心而證者爲法隨願而起者爲行行有殊法則一即四語已盡之是時柳誠懸以書名天下僅以之篆額而自書文者欲有效于密也書法亦清勁蕭灑大得率更筆意裴能知密爲四依十地人其自待當亦不遠而沒後爲于闐王子書姓名于背豈猶未能離輪迴耶抑亦所謂隨願而現者也記于此俟耆宿質之弇州山人稿

柳書名噪一時覩公美固在鴈行裴傳綜教相通徹祖心手書藏經五百函序諸疏論固是宰官禪那其父中明肅越州觀察使又建龍興大佛殿先是越州沙門曇彥同許詢造塔未就詢亡彥師可百二十歲猶存岳陽王將撫越彥曰元度來也時詢亡已三十餘年弟子疑其耄忽岳陽果至以誌公密示先造彥彥遙召曰許元度來何暮昔日浮圖今如故岳陽曰弟子蕭詧何呼許元度彥曰未達宿命拉入室席地以三昧力加被岳陽忽悟前身造塔事宛若目前因重新二塔聚以殿事請彥曰吾緣力未[illegible]二百年後以待非衣刻石記之及裴至期憩不爽遂爲建殿觀此則裴公再世皈依宿因故碑能爲其家言復無稍諱何也金石史

金禮部尚書趙秉文自號閒閒遊草堂寺詩五首寺僧刻之石首篇云下馬來尋題壁字拂塵先讀草堂碑平生最愛圭峯老惟有裴公無媿辭五詩可頌字尤佳來齋金石刻考略

右圭峯碑在西安府西南八十里草堂寺後東向金石圖

自迦葉至達摩廿八世達摩傳可可傳璨璨傳信信傳忍忍爲五祖忍傳能爲六祖可即慧可信即道信忍即宏忍宏忍與道信并居蘄州雙峰山東山寺故謂其法爲東山法門贊寧高僧傳稱宏忍七歲至雙峰道信密付法衣號爲東山法門者是也六祖本住寶林寺後刺史辛據命出大梵寺辭往雙峰曹侯溪故六祖時亦稱爲雙峰和尚所謂曹溪宗者是也宏忍既傳能爲南宗又傳秀爲北宗其弟又各以其師爲六祖秀之弟子普寂爲七祖王縉大證禪師碑敘達摩歷傳及大通大通傳大照大通即秀大照即寂也後能宗衰而秀宗盛惟會以能門高弟直入東都與

北宗相抗獨孤及三祖碑所謂曹溪頓門孤行嶺南秀公師弟兩京法主三帝門師帝王分坐后妃臨席惟荷澤會公致普寂之門盈而復虛能祖宗風于斯不振者以此秀宗盛于開元會乃復于天寶至貞元十二年勅以會爲七祖北宗自是遂無所聞矣會亦稱神會如卽法如如之弟子爲惟忠惟忠卽荆南張也文又云師初謁遂州繼謁荆南謁東京後謁華嚴觀觀卽澄觀唐時所稱清涼國師我

朝雍正十二年特封妙正眞乘禪師者也師本不識觀後遣人持書以門人禮通之觀答書有云伯牙絶弦仲尼傾蓋契乎不面而傳意猶吾心其自作圓覺經論序有云叨沐猶吾之納謬當眞子之印者卽指其事文裴休撰其圓覺經論書前亦有休序傳次師事與此略同關中金石記

右圭峰定慧禪師傳法碑禪宗自神秀慧能分南北二支而曹溪之教但行於嶺外迨荷澤會公說法西京而南宗始盛荷澤傳磁州如如傳荆南張張傳遂州圓圓傳宗密密又得上都澄觀師華嚴疏而好之遂兼通禪教爲人天師所著禪源諸詮集起信論起信論鈔原人論圓覺經大小疏鈔具載唐書藝文志卽圭峰也碑敘六祖之傳惟荷澤江西二宗而不及青原蓋其時青原之學尚未大行厥後曹洞雲門法眼出乃尊青原與南嶽竝而祧荷澤爲旁支緇流之盛衰亦有數焉其云萬行未嘗非一心一心未嘗違萬行與濂溪一實萬分是萬爲一之說頗相似潛研堂金石文跋尾

舊唐書裴休本傳累轉中書侍郎兼禮部尚書而不載充集賢殿大學士按之此碑兼禮部當爲兼戸部至於傳載十年罷相是年冬進階金紫光祿大夫致碑之建立當大中九年已書此階然則史文繫於十年冬者誤也休嗜浮屠講求其說演法附著數萬言習歌唄以爲樂新唐書本傳文今碑稱定慧所著經旨書偈議論皆謂本一心而貫諸法顯眞體而融事理其推演禪趣亦云至矣碑書号不從虎避諱故也史稱休書楷遒媚有體法覩此碑信然授堂金石跋

案末行有府兼右街功德使驃騎大將軍行右驍衞上將軍知內侍省事上柱國施碑石三十字與第三十五行重出疑是複刻者

韋袒自爲墓誌

石高二尺廣二尺一寸二十七行行二十六字正書在孟縣

唐故朝議郎檢校尚書戸部郎中兼襄州別駕上柱國
韓昶自爲墓誌銘并序
昌黎韓昶字□之傳在國史生徐之符離小名曰符幼
而就學性寡言笑不爲兒戲不能□記書至年長不能
通誦得三五百字爲同學所笑至六七歲未解把筆書
字即是性好文字出言成文不同他人所爲張籍奇之
爲授詩時年十餘歲日通一卷籍大奇之試授諸童皆
不及之能以所聞曲問其義籍往往不能荅受詩未通
兩三卷便自爲詩及年十一二樊宗師大奇之宗師文
學爲人之師文體與常人不同昶讀慕之一旦爲文宗

師大奇其文中字或出於經史之外樊讀不能通稍長
愛進士及第見進士所爲之文與樊不同遂改體就之
欲中其彙年至二十五及第釋褐　柳公公綽鎭
邠辟之試驪文館校書郎　相國竇公易直辟爲襄
州從事校書如前旋除高陵尉集賢殿校理又遷度支
監察拜左拾遺好直言一日上疏或過二三文字之體
與官同異　文宗皇帝大用其言不通人事
氣直不樂者或終年不與之語固與俗乖不得官
相國牛公僧孺鎭襄陽以殿中加支使旋拜秘書省著
作郎遷國子博士因久寄襄陽以祿　養爲便除別

駕檢校禮部郎中　丁艱服除再授襄陽別駕檢校
戸部郎中大中九年六月三日寢疾八日終于任年五
十七其年十二月十五日葬孟州河陽縣尹村娶
京兆韋放女有男五人曰緯前復州叅軍次曰綰曰緄
曰綺曰紈舉進士女四人曰茱曰谿曰璫曰著在室
　曾祖叡素朝散大夫桂州長史　祖仲卿秘
書省秘書郎贈尚書左僕射　父愈吏部侍郎贈
禮部尚書謚曰文公銘曰
噫韓子　噫韓子　世以昧昧爲賢而白黑分
衆以委委爲道而曲直辨　生有志而卒不能

豈命也夫　豈命也夫　孤子□書并篆
劉昫唐書韓愈傳云子昶亦登進士第此昶自述其
爲張籍樊宗師所賞及爲柳公綽牛僧孺辟薦終于
襄陽別駕檢校戸部郎中也昶之孤陋至以金根車
爲金銀車爲時所譏碑中自云其文中字或出經史
之外樊讀不能通其謬甚矣又云稍長愛進士及第
見進士所爲之文與樊不同遂改就從之欲中其彙
年二十五及第豈唐時制舉之文已與著作家不同
邪碑刻三代名銜及後有孤子□書丹篆□其字漫
滅似是緄字云葬孟州河陽縣尹郵者今孟縣城西

五十里蘇家莊卽古尹鄉莊南土山有塋周圍數里
其東南有冢甚高餘諸冢稍卑俗呼尹丞相墳萬歷
間盜掘一小墓得石棄荆棘中樵夫負去將爲砧或
告于官驗之乃昶墓志也遂封其墓而置其石于韓
愈祠壁中近人劉青黎述喬鵬鳳說如此因作孟縣
韓文公墓考謂大塋卽愈墓也中州金石記
韓君誌舊傳爲盜發出之土中向置文公祠某年郡
守移于府城賴馮魚山纂役夫韋同偉還舊所亦一
快也誌文云唐故昌黎韓昶字有之傳在國史生徐
之符離小名曰符韓文考異符讀書城南詩樊注云

符公之子又公墓誌及登科記公子曰昶登進士第
在長慶四年此云符則疑爲昶之小字今證以此誌
小名曰符又知符因地取名其自爲昶墓蓋不可沒
如此誌云張籍奇之爲授詩時年十餘歲日通一卷
文公贈張籍詩所云試將詩義授如以肉貫串又呂
令吐所記解摘了瑟僩瑟與陽合當爲五百家注所
未及然則金石之裨益豈小補哉誌又云受詩未過
兩三卷便自爲詩年十一二樊宗師大奇之攷東野
集喜符郎詩有天縱于此益徵昶不獨爲孟生所奇
矣而舊說謂公子不慧如李紱尚書故寔及韋詢所

錄劉賓客佳話錄則多忌者之誣也文出之韓君自
撰其敘事簡質信不負其家學故余悉著之以示來
者勿爲君口實也授堂金石跋
右韓昶自爲墓誌銘四旁鐫鏤花紋石既堅厚完好
書亦工楷可觀按縣牘略云誌石於前明萬歷年間
自孟縣北二十里蘇村卽古尹村韓王壠前出土當
時韓文公裔孫得之藏於家至於　國朝雍正四年
河南巡撫田文鏡以孟縣卽古河陽地爲韓文公故
里因飭府縣查取後裔入　告請襲五經博士其
時裔孫韓法祖以其七代以下宗圖呈閱并稱戶編

儒籍世耕祀田官支祭麥更有家藏別駕此誌石刻
可據經田撫核實　題奏後經部議以引例失當
未得准行至乾隆元年文公裔孫韓法祖再行呈請
照周程張朱之例懇准襲五經博士經巡撫富某批
飭府縣及學官再行核覆皆以家藏誌石可據申報
遂得再　奏仰蒙
聖恩俞允
欽賜世襲五經博士奕葉昭垂光於今古誠千載一時
之遭際也謹按韓文公新唐書以爲鄧州南陽人至
朱文公始以爲河內之南陽而更引董逌說謂公爲

河內之河陽人又引公自言歸河陽省墳墓及女挐
壙銘所云歸骨於河南之河陽及張籍祭公詩所謂
舊塋盟津北者以辨之其論韙矣然朱文公此考未
又云然則南陽之爲河內修武無可疑者是朱文公
或以公所謂墳墓者爲在修武矣是以後人作修武
志者皆載韓文公爲修武人與作昌黎縣志者據舊
書載公爲昌黎人其說皆堅持而不下而不意千載
之下此誌適出於孟縣尹村韓氏祖塋之前因以知
韓公所謂往河陽省墳墓者確在此地而公之爲唐
河陽縣人今孟縣地灼然無疑卽朱文公之考亦得

此誌出而更以補其未逮蓋修武與孟縣實近使非
有誌石出於孟縣則謂公爲修武人亦已得其十之
七八不似新書謂爲鄧州南陽人者去而千里也然
究未若河陽之爲的兹則公之祖墓因此誌而得其
實而公之爲河陽人又因祖墓而得其實是實皆因
此誌而得也然其石雖出而未大顯於世至　本朝
重道崇儒正學昌明之日而公之裔孫乃得抱其石
而上邀
殊恩而埀麻千載則此誌之出其所關豈特尋常之末
而已哉石今在城南內韓文公祠堂壁間雖稍有損

剜然所謂葬孟州河陽縣尹村者其蹟固灼然共見
云　又按此誌爲別爲次子緒書其名正當石損處
揭觀幾不可辨幸石在左近就日細審乃辨得之九
足快也再洪興祖所作韓文公年譜謂公之孫袞字
獻之咸通七年狀元及第者蓋卽此誌所載緒之弟
緄當以袞緄音同而後易其字體耳（孟縣志）
按此石題曰韓昶自爲墓誌銘而文中卒葬月日
皆具殆預爲文于前而卒後孤子書石時增敘卒
葬月日也誌于名某字某之下有傳在國史四字
昶位不甚顯又無大事功國史未必爲立傳卽或

有傳安能自知之而預書于誌銘之首且于上下
文氣亦不貫注顯係其子增入之語也誌云生徐
之符離小名曰符元和郡縣志符離本秦舊縣漢
屬沛縣（漢書地理志沛郡領縣三十七符離莽曰符合）高齊時屬睢南郡
開皇三年罷符離縣屬徐州爾雅曰莞苻離也以
地多此草故名（按此則符當从艸今从竹）太平寰宇記元和四
年正月以徐州符離之地南臨汴河有埇橋爲舳
艫之會乃以符離蘄州併泗州虹縣三邑立宿州
大和四年正月宿州廢三縣各還本州七年復置
卽虹縣之地後復移理符離據此則符離縣元和

以後隷宿州以前正屬徐州也韓昶卒于大中九年年五十七推其生在貞元十五年新唐書韓愈傳汴軍亂乃依武寧軍節度使張建封建封辟府推官舊書張建封傳貞元四年以建封爲徐州刺史在彭城十年軍州稱理復又禮賢下士無賢不肖遊其門者皆禮遇之天下名士嚮風延頸其往如歸文人如許孟容韓愈諸公皆爲之從事十六年建封卒則是十五年昌黎尚在徐州而昶生也誌云至六七歲未解把筆書字把筆猶言握筆也把筆二字始見于此昌黎集石鼎聯句詩序又謂劉曰把筆來吾與汝就之此別是一義與誌不同又云張籍奇之爲授詩時年十餘歲能以所聞曲問其義籍往往不能答年十一二樊宗師大奇之昶一旦爲文其文中字樊讀不能通云云蓋張樊二子爲昌黎所稱故韓昶並舉之以自譽其詩文也然如文苑英華唐音統籤之類皆不見其詩文則其佚久矣誌云年至二十五及第釋褐栁公綽鎮邠辟之舊書公綽傳寶歷二年授公綽邠寧慶節度使昶年二十五爲長慶三年明年居父喪故其就邠辟在釋褐後三年也誌云相國寶公易直辟爲襄州從事舊書易直傳大和二年

十月易直罷相檢校左僕射平章事襄州刺史是又在就邠辟之後二年也誌云相國牛公僧孺鎮襄陽以殿中加支使舊書僧孺傳開成四年八月檢校司空兼平章事襄州刺史山南東道節度使是又在辟從事之後十二年矣誌云久寄襄陽以祿養爲便除別駕檢校禮部郎中丁艱服除再授襄陽別駕所謂祿養者養母也丁艱亦是母喪誌特未晰言耳誌云娶京兆韋放女放無傳惟世系表韋氏南皮公房光乘之孫儇之次子放富郎其入而無官位也末云曾祖叡素祖仲卿父愈云云敘先世于誌文之末亦一例也世系表載叡素仲卿官與誌同兩書愈傳不載叡素而于仲卿則新傳云爲武昌令舊傳云無名位皆與誌不同

霍夫人墓誌

石高廣俱三尺二寸三分三十行行三十餘字至四十一字不等行書在孟縣

唐故劉氏太原縣君霍夫人墓誌銘并序

朝散大夫前守彭王府諮議叅軍上柱國周遇撰

天地之大德曰生剛柔之質曰性盛衰相攻存亡凌替理達希夷之旨竟歸終撫之原至若生有令淑而顯茂則紀述而銘焉有唐故銀青光祿大夫行內侍省內

寺伯致仕彭城郡開國劉公夫人霍氏世系文之詔也
當周之興封建子弟因而氏焉其後代變時移今爲京
兆居人也皇父晟將仕郎守家令寺藏署丞公孝嚴資
身恪勤蒞事歷官祑而益著勤瘁之名奉　春儲
而出納之功無慽幸以慶鍾德門是生愛女　夫人
卽丞公之長女也　夫人㓜聞詩禮早肅端姿齋潔
持心温柔飾性霜松比操寒竹孤貞閨門悅憚之儀晨
昏　問安之禮皆生之矣榛栗告備將移他族遂適
彭城公百兩之後一與之齊嚴奉舅姑敬恭戚族
服澣濯之衣儉而達禮遵婉娩之教婦道日新飾其德

而不飾其容嚴其家而不嚴其身名同　夫貴德与
家崇寵錫降封太原華邑　昔公謂曰我以代傳鍾
鼎門蔭蟬聯　先開府㐮左廣之權　吾令
弟銑右護之師朱紫赫弈掾芻鱗敷者四人而恭忠於
國孝於家學大戴禮諷毛氏詩堅白自持秋毫無隱㓛
備史冊銘在景彞戒滿盈而慕冲謙弃軒冕而好疎逸
㓛与名皆全矣而思內則雍穆吾心至矣　夫人結褵
作配卅三年履正居中其道益彰洎浙右歸　闕杲移
星歲頓攝乖冝寖成沉痾　夫人侍執湯藥饍奉飲
膳所舉者無不親嘗不顧寒暄不離座隅日月迭居近

于二載　夫人自此憂恙亦已成疾　先常侍奄從
冥逝祭祀蒸嘗不失如在之敬至於卜遠之日疾將兢
枕諸孤曰違裕若是豈在力任　夫人曰吾逝生死
同塵何愛身命一閇泉壤永爲終天但無虧於節義豈
望苟自偷安踴哭而往畢遂其志尓來日遘綿惙針醫
不減遘至弥留以大中九年十一月十八日終于米庭
里之私第享年五十七嗚呼人之所貴者福与壽積善
旣昧於徵應隟光難駐其虆楹靑春路遥白日將謝粧
樓儼設玉匣漸見其塵封轊影忽飛夜臺已知其息處
有子三人嗣曰復禮威遠軍監軍使行內侍省內僕局

丞賜緋魚袋仲曰全禮內侍省內府局丞充內養季曰
伸禮皆才聞五美學贍三冬孝敬承家忠貞藴志惚戎
而理遵約法專對而辯注懸河自鍾艱疚茹毒銜哀泣
血絕漿囘顧晨夕因心之孝莫報其勞務思　蓼之
情徒悲於風樹以明年正月廿九日祔葬于萬年縣龍
首鄉　先常侍塋西禮也遇奉　命述叙敬爲銘曰
夫人懿德　藴其明識　端姿潔朗　惠質柔直　工
術內範　容無外飾　玉鏡孤光　珵琚潤色　問名
成禮　作合君子　四德道隆　九族稱美　門崇昴
列　㓛高嶽峙　澤及莘封　輝光靑史　雲路碧落

霜折瓊枝　其往如慕　其返如疑　龍首之堤
滻川之湄　魂遊九原　與　公同歸
誌文過爲溢美無實可紀惟以其書夫人之夫官行
內侍省內侍伯有子三人其長復禮威遠將軍監軍
使行內侍省內僕局丞仲全禮內侍省內府局丞充
內養皆與百官志合而充內養不見志文又父子三
人官同一　內侍省必以宦者取婦而假子並領此局
任耳誌文云霍文之韶也韶即昭字轉訛授堂金石跋
按誌書世字避諱作廿珉字避諱作玴至其父晟
而加以皇字自稱其弟曰吾令弟皆謬也皆生之

矣之當作知蓮裕若是裕當作豫皆誤字

鄭渴夫人崔氏合祔墓誌

石高二尺五寸廣二尺四寸五分二十六行行二十六字正書在濬縣

唐故滎陽鄭府君　夫人博陵崔氏合祔墓誌銘并序
給事郎試太常寺奉禮郎攝衛州司法參軍秦貫譔
鄭之先自周皇封舅之邸回而氏焉別派五流深源一
至是以滎陽之望得爲首稱其下公侯接武台衡結迹
雕軒𩌏軸之榮羽蓋朱轓之盛由晉史記迄于　唐
春秋實鄭氏爲衣冠之泉藪也　高祖世斌　皇
左司郎中磁隰二州刺史新鄭縣開國男食邑三百戶
曾祖頲嘉　皇新都長水縣令襲封新鄭縣開國男
祖有常　皇吏部常選襲爵新鄭縣開國男　烈考
琛賢　皇衛州昌樂朝城革縣令　府君諱遇字
皇試太常寺協律郎文業著於當時禮義飾於脩行少
有倜儻之志長膺傀奇之名不苟譽以求容每親仁以
竭愛爲中外摸範爲友朋宗師樂善孜孜不慍知鮮量
涵江瀆氣合風雲今之古人雖上士神不優德配壽胡
羞先　夫人之亡蓋世一霜也享年六十　夫人
博陵崔氏令門淸族慶餘承善四德兼脩六親雍和仁
讓得於天真慈惠立於素尙母儀內則動靜可師禮行

詩風進止成法雖婕好女史大家經教承之於鉉習推
之於行源者亦異代殊人其歸一也未亡之歎孀嫠杳
然玉沒何先蕙獨遷至以大中九年正月十七日病終
於淇隩之私第享年七十有六以大中十二年二月廿
七日合祔於　先塋之側其鄉里原隰之号載於舊記
此闕而不書女一人適范陽盧損之嗣子六人長曰項
攝汲縣丞知縣事早亡次曰珮早亡次曰　琏次曰玘次
曰璿次曰琬或繼以遺芳克修至行銜哀茹毒追攀罔
極將營護　窆泣告於業文者爲之銘云
仕門雙美兮令德咸芳　甲族齊盛兮英華克彰　允

文武兮書勳名揚　祖儀度兮閫門譽長　珠沉玉没兮人誰靡傷　桂殞蘭凋兮口泣摧香　垂衔名兮允謂不亡　傳盛事兮多載弥光　聽悲風兮松韻速崗刻貞石兮永志幽堂

此即今世所傳崔鸞鸞者也年七十六有子六人與鄭合葬此銘得之魏縣土中足辨會眞記之誣而志墓之功於是爲不細矣金石文字記

按墓誌爲唐衡州司法參軍秦貫撰載古文品外錄陳眉公云得之𥝠人廢塚間且爲會眞記辨誣夫名姓偶合誣之固不可辨之亦枝指也新鄭縣志

碑云高祖世斌皇左司郎中慈隰二州刺史新鄭縣開國男曾祖元嘉皇新鄭長水縣令襲封新鄭縣開國男按宰相世系表鄭氏有世斌左司郎中子元嘉長水令頗與碑合碑下云祖有常烈考探賢府君諱恒子曰瓊曰瑾曰玘曰璩曰琬此世系表所無世系又有恒爲守忠之子在前數十格不知何故又云鄭之先周皇封舅之地且至以皇爲王貞環奇之名以褒爲壞大謬郎後人僞爲之亦必有舊文可據何爲若此又一碑文字悉同府君諱恒恒字作遇恐後人得鄭遇碑改爲鄭恒以衒世者二碑俱在濬縣曠園

雜志云鄭恒暨夫人崔氏合葬墓在淇水之西北五十里成化閒淇水横溢土崩石出秦給事貫所譔志銘在焉犁人得之鸞諸崔氏爲中亭香案石久之尋得其家有胥吏名吉者識之遂白於縣令邢某置之邑治或傳此志銘又于康熙初年崔氏見夢于臨清州守守徃學宫自穢土中清出据此則碑不識何時移至濬縣臨清之說尤屬傳譌不足信也中州金石記

金石萃編卷一百十五

賜進士出身　誥授光祿大夫刑部右侍郎加七級王昶譔

唐七十五

郎官石柱題名

柱七面高一丈二寸周圍廣九尺三寸每面各四截每截十行至二十一行行字數三十餘至四十餘不等正書在西安府學

吏部郎中

鄭元敏　牛方裕　劉□□　李廿規　張鋭□

甘神符　温彥博　胡　演　趙宏智　楊　纂

薛　述　李孝元　宇文節　長孫祥　劉祥道

蕭孝頲　于立政　陸敦信　趙仁本　裴明禮

王　儼　崔行功　獨孤元愷　温無隱　于敏同

裴　晧　韋　憬　□□□　魏元同　楊宏武

鄭元縠　李德顒　張希□　陳□方　王元壽

韋萬石　秦相如　劉應道　劉齊禮　元知敬

顏敬仲　崔文仲　□□□　□□□　□□□

□□□　王友方　□　□　高光□　路元□

王遺恕　張行禕　孟元忠　董敬元　張詢故

王方慶　□　仲　□　□　□　□

□　□　高□思　□□□　李　琩

李志遠　紀先知　皇甫知常　孫彥高　顧　琮

□　□　□　崔□□　□□□

□　□　盧懷慎　岑　羲　楊降禮

鄭納言　韋　播　辛廣嗣　蕭　璿　韋　□

□　韋　抗　沈□□　李問政　崔　□

□□□　裴藏曜　李朝隱　馮　□　崔　璩

張敬忠　慕容珣　趙昇卿　李元□　鄭齊嬰

靳　□　楊　□　薛兼金　張　昶　褚　璆

杜　暹　楊□□　蕭　識　員嘉靜　袁仁敬

徐元之　陳希烈　張　洸　崔　□　鄭少微

崔希逸　皇甫翼　盧　旬　元彥沖　張　□

裴敦復　劉日政　李彭年　宋　詢　李　憕

苗晉卿　班景倩　韋　陟　徐　惲　李朝□

孫　逖　李　昂　韋　述　張季明　趙安貞

鄭　昉　楊仲昌　王　燾　李　麟　楊慎餘

李　暐　源　洧　鄭　審　李　伉　王　維

韋之晉　李　□　崔　奇　韋　侗　崔　灌

李季卿　蔣　渙　薛　邕　畢　宏　閻伯璵

韋　䎽　蕭　直　崔　翰　盧　允　張重光

賀若察　崔　器　庾　準　韋少遊　王延昌

韋湜 趙縱 韋元曾 韋謂 裴綜
房□偃 杜亞 盧杞 李承 齊頁
李竦 盧翰 趙贊 劉從一 郭雄
崔造 殷亮 苗丕 韋夏卿 柳冕
李玕 趙宗儒 劉執經 楊□□ 崔澱
崔仲儒 韋執誼 李□□ 鄭利用 房式
杜兼 竇羣 柳公綽 李潘 崔芃
張惟素 皇甫鎛 張賈 李□ □公□
韋□□ □ □盧 □ 盧逢 韋宏景
崔植 陳諷 崔□ 于敖 陳仲師

盧元輔 嚴公衡 嚴休復 高允□ 殷台
崔 □ □ □ 孔敏行
崔戎 高銖 □□□ □ □ 王袞
李石 孫簡 盧鈞 張諷 薛膺
崔□ 薛□ □ □宏宣 趙□齡
□ □ 崔□□ □ □ □
崔球 盧龜 崔□ 柳仲□
吏部員外郎
裴元本 王約 潘求仁 趙宏智 裴希仁
甘神符 宇文節 李公淹 封良客 韋璲

韋叔謙 長孫祥 裴孝源 裴希仁 崔元觀
于立政 蕭孝顗 裴雅珪 辛茂將 崔行功
姜□ 元懷簡 裴公緯 趙仁本 韓同慶
于敏同 梁行儀 王德真 魏元同 姜元乂
劉祥道 李同福 裴大方 胡元範 房正則
梁仁義 李同福 姜杲 裴大方 張仁緯
裴思義 韋萬石 姜元昇 劉處約 張詢古
蘇味道 韋志仁 辛希業 高光復 李志遠
劉奐道 章希業 樂思晦 李玉道 裴咸
杜承志 蕭志忠 崔湜 張栖貞 司馬鍠

杜承志 杜知謙 李崇基 宋璟 皇甫知常
岑羲 李傑 畢構 魏先冲 李尚隱
蘇詵 鄧茂林 盧懷慎 李希仲 崔日用
盧從愿 楊滔 房光庭 崔湜 裴漼
崔元同 陳希烈 張鈞 宋鼎 李朝隱
張庭珪 裴漼 倪若水 崔位 魏恬
褚璆 柳澤 杜暹 楊軌臣 徐元之
朱渭輔 楊降禮 徐惲 源洧 席建侯
劉宅相 韋洽 元彥冲 李憕 李彭年
源元緯 馬光淑 苗晉卿 盧怡 張秀明

楊仲昌 李𨺓 李楢鈞 鄭嵒 盧巽
裴遵慶 蔣渙 庾光先 崔寓 李寘
李涓 崔倫 崔翰 鄭炅之 韋之晉
盧僎 薛邑 韋少遊 裴覇 崔蘄
元特 王崟 韓浞 王佐 盧虛舟
賀若察 韋元曾 畢宏 杜亞 裴敞
王崟 元把 崔祐甫 令狐峘 韋元
王定 鄭叔則 崔儒 劉灣 蔣鍊
殷亮 李舟 劉太眞 王銷 苗丕
裴綜 鄭珣瑜 于結 呂渭 盧挺

于□ 盧邁 劉執經 柳冕 李元素
韋夏卿 裴佶 楊於陵 鄭儋 李鄘
竇陟 王仲舒 張宏靖 裴次元 劉公濟
常仲儒 李齊 柳公綽 孟簡 韋貫之
皇甫鑄 韋糯 李建 崔從 韋宏景
王涯 崔郾 陳仲師 楊嗣復 席夔
盧士玫 李宗閔 殷台 崔琯 王璠
鄭肅 羅讓 崔戎 王中伯 楊虞卿
李續 宇文鼎 敬昕 李丕 高元裕
劉寬夫 陳夷行 崔龜從 裴袞 劉端夫

李敷 崔璪 柳璟 裴鍇 孔溫業
張文規 崔□ 周敬復 崔球 韋行貫
李行方 陳湘 韋絢 韋慤 李訥
盧簡求 崔眈 崔愼由 錢知進 崔□
盧罕 杜牧 馮圖 杜審□ 趙櫓
鄭路 皇甫□ 李朋 皇甫珪 獨孤雲
鄭從讜 裴衡 盧鍼 崔瑑 于德晦
□□□ □□□ □仁裕 崔□□ □備人
□□ □□ 薛□ 高湘 于瓌
楊眞 崔蓮 崔厚 崔瀆

司封郎中
楊思謙
豆盧欽望
徐堅 李彥□
姚奕 蔣挺
程休 韋之□
令狐峘 張戡
韓日華 裴次元
鄭涵 羅讓
裴誤 張鷟

盧㑊
盧告 馮頵
崔濳 徐仁嗣
度支員外郎
崔□□ 李□□ 韋萬石 崔神基 裴□□
路元□ 皇甫文亮 崔□□ 李元同 楊□
杜從□ 張慶 崔□ 唐紹 唐□
鄭勉 魏景倩 崔 崔 夏侯銛
苗晉卿 韋恒 楊 王鋈 樊晃
袁□登 王廷昌 李猗 嚴郢 □

蘇端 包珽 崔 韋少華
楊儞 李衡 張 李 張季□
房晋 元□□ 李□ 李素 董溪
王□□ □ 高重 李續 盧貞
陸
司勲郎中
狄孝□ 獨孤珉 裴□□ 楊纂 羊諧
薛述 竇孝鼎 宇文節 杜文□ 薛述
鄧素 鄭知年 王儼 王仁□ 鄭楢
鄭元□ 韋同慶 張松壽 李崇德 元知敬

謝祐 王厥 劉應道 路元叡 李範丘
岑曼倩 歐陽通 裴思義 李元慶 □懷敬
李至遠 張敬之 樊忱 楊元政 戴師倩
祝欽明 楊承裕 趙誼 田貞松 李元恭
楊柂本 張循憲 □嶠 崔日用 劉闓一
韋瑗 傅黄中 李元瓘 李崇敏 齊處仲
張敬忠 呂絢 唐曉 王瑨 辛替否
劉晃 吉渾 韓朝宗 盧翘 張珣
劉月致 蕭華 李知柔 盧重元 元元辭
姜昂 韋虛舟 張寂 郭愼微 裴士淹

韋咸 崔圓 蔡希寂 盧允 薛邑
盧濟 劉單 李收 韋鍔 庾準
邢說 王、紞 董晉 丘爲 韋禎
劉滋 韓章 路季登 鄭南史 崔彧
嚴霆 權德輿 李直方 李□ 崔恭
盧公憲 韋頔 陳諷 李正封 沈傳師
路隋 崔護 李虞仲 侯繼 孔敏行
王袞 高鍇 權璩 韋瓘 唐扶
崔龜從 崔日□ 高少逸 畦洿 紇干泉
盧懿 敬晫 劉濛 韋愽 周復

崔黠　崔璿　楊發　尒朱抗　李潘
蔣□　薛蒙　孔温裕　王渢　任憲
裴紳、鄭洎　孟球　杜蔚　張復珪
趙隱　牛叢　吉鄘　侯備　崔朗
薛逢　張濳　崔厚　嚴都　□□
□範　趙蒙　李輝　蘇藴　季迢
魏管　盧綌　崔庾　盧坚　鄭軌
李輝　鈌　杜庭堅　鈌
李　鈌
何敬之　鈌　薛　鈌

李　鈌
許敬□　鈌
司勳員外郎
杜□□　楊□本　郭知□　齊景日　王德志
劉祥道　王儼　王仁瞻　楊□　王□旦
李問政　韓瞻　李日高　許圉師　李乂
麻察　衛幾道　張敬忠　韓同慶　李□□
崔行成　齊澣　魏元同　鮑承慶　劉應道
薛自勸　李訥　源行守　袁仁敬　徐元之
裴大方　綦相如　斛律貽慶　鄭行實　王瑨

封崇正、薛偘偘　孟允忠　胡元範　王德志
裴瑾之　吉渾　李知柔　赫連梵　斑景倩
平貞眘　李擢　李彭年　鄭南金　王豫
韓大壽　李志遠　李承嘉　裴錫　蕭褷
李元恭　李恒一　馮光嗣　元晾　盧萬碩
嚴杲　程鎮之　崔論　楊慎餘　張寂
鄭璲　周利貞　杜確　吳道師　李堅
鄭審　王光輔　蔡希寂　王光大　薛兼金
王璵　蘇瞻　蕭嵩　李畬　裴元質
田崇壁、蕭璿　李謹度　裴諝　李行正

韋肇　韋曾　崔希喬　韋晉　員嘉靜
張九齡　徐向　崔祐甫　程昌絺　蕭誠
王琇　元彥冲　宋遙　盧僎　王從敬
盧象　鄭□　李嘉佑　孫成　蔣將明
楊獻　梁涉　李岫　唐堯臣　裴春卿
皇甫琳　朱巨川　竇申　李休□　崔譚
畢炕　劉滋　苗粲　裴導慶　韋元甫
能季武　韋多成　源少良　崔圓　李楫
韋叔將　沈東美　陸據　崔顥　李揆
裴綜、鮮于叔明　楊綰　辛昇之　裴儆

楊炎 杜位 許登 韋亢 獨孤愐
于頔 張鎰 錢起 孔述睿 殷亮
鄭叔矩 李竦 劉太眞 蕭惟素 衛次公
李舜 裴樞 鄭利用 李元素 邢肅
裴莅 鄭絪 李程 張仲素 趙宗儒
薛存誠 盧公憲 李□ 盧士牧 蔣武
于敖 杜元穎 李正封 席夔 王起
路隋 李肇 趙元亮 李紳 崔鄲
王申伯 姚向 孫簡 馮葯 李宏慶
楊漢公 竇鞏 高元裕 盧簡辭 裴衮

崔龜從 裴識 韋礎 鄭涯 丁居晦
李中敏 黎埴 崔璀 崔干 庾簡休
崔鉉 陳□ 崔璵 崔駢 韋琮
崔黯 周復 裴寅 杜審權 楊發
盧平 杜牧 韋澳 趙櫓 趙滂
李遠 崔鈞 李瀞 苗恪 庾道蔚
韋用晦 鄭樞 王渢 皇甫珪 裴衡
牛叢 楊□ 張復珪 楊知遠 杜蔚
穆仁裕 苗紳 源重 薛廷望 獨孤霖
高湜 鄭碣 崔殷夢 盧顓 趙蒙

崔厚 李嶽 楊希古 李昭 楊仁瞻
蘇粹 李□ 李渙 杜高休 盧渥
李瀆 路綱 李遒 鄭逸 薛邁
周承矩 韋□ 鄭就 鄭勸規 李晃
蔣□ 崔昭符 崔序 姚荊 張□
蔣□ 崔凝 鄭昌圖
孝功郎中
皇甫昪度 缺 □ □ 于孝□
□ □ □長 □ □ □
韋素立 趙宏□ 崔知機 楊思謙 缺

□ 崔起 韋□ 李懷□ 王元壽
朱延慶 武志元 李思諒 楊德裔 劉處約
高 缺 房元基 韋敏 □守眞
魏克己 裴炎之 崔神福 李晉客 敬暉
李嗣眞 皇甫知常 缺 □ □
竇珣 盧齊卿 崔琮 崔宣道 宋庭瑜
竇崇嘉 王齊休 房光庭 缺 □
崔希喬 鄭永 鄭浦 杜令昭 杜惟孝
蕭晟 李元祐 鄭長裕 崔翹 缺
□ 戴休延 薛□□ 崔諒 李堰

馮用之　李崿　王禾　裴從　盧簡金
房寳　缺　□　王□　□崇□
陸□　郭□　杜枚　趙□　孫成
□抗　趙聿　龐晉　李收　王□
缺　□　□　陳諫　裴甚
蕭□　鄭權　李諒　□弁　元宗簡
談峯　稻耆　韓皐　趙宗□　缺
□宏度　李仍叔　吳敬元　趙眞齡　陸問禮
鄭魴　崔瑝　崔璠、邢翥　鄭涵
李德裕　缺　□　□　李

□邁　□□　畢誠　胡德章　李俅
崔鄖　錢方義　李蟥　盧言　魏扶
缺　□　□　□　□
□　□　康僚　皇甫鎬　樊驤
高殷　韋岫　孫朿　崔璙　李蔚
缺　李景□
倉部員外郎
王□□　□□□　李□□　王□　高□
王仁瞻　□　□　□　□
□　薛志勵　蕭志遠　謝祐　夏□

□□格　輔元　陳崇□　□　□志遠
□□　李□　□文顯　高□　吳道師
王師順　聞知微　柳儒　馮光嗣　王齊□
韋糸　宋庭□　何□　韋□心　陳思滿
趙脊徵　張懷□　袁仁敬　吳太元　錢元敬
梁獻　張景明　劉彤　李元祐　陳惠滿
能□□　李□□　李昂　韋伯陽　鄭昉
裴藏暉　戴休琁　崔諤　趙良器　鄒元昌
張瑄　楊萬石　鄭章　崔鎮　張□
鄭粤　李皆　解賁　李高聿　鄭炅之

裴從　徐炅　崔復　皇甫鉌　鄭叔華
杜良輔　孫循　□□　梁乘　權自□
皇甫衡　徐液　楊□　韋□　長孫鑄
張惣　盧安　李速　崔供佚　趙玗
皇甫□　蕭存　李玗　王　閻濟美
王武陵　崔酆　孟簡　崔淸　皇甫鎛
張寔　齊哭　陳諷　張士陵　張□方
于□　蘇宏　薛存慶　曹慶　李景儉
范季睦　崔鄯　李宗何　宇文鼎　盧鈞
韋瓘　王會　韓壽　裴充　崔璐

李欵　韋充　韋損　趙從約　薛重
楊曾士　馬曙　李行恭　羅劭權　李遵遵
崔黨　盧近思　郭圓　張琮　郭圃
李詠　李蹟　魏鐬　裴思猷　褚薦□
□□　甯鴻　李洮　張斯干　□
皇甫煒　盧肇　劉允章　令狐纁　李禰
樊□　張昷士　呂□　杜□符　李琢
賈璠　鄭棨　王鐐　柳告　崔殿
李鉅　陳蕘觚　盧朋龜　□　□　張　□
戶部郎中

□□□　□義恕　□山甫　□□□　□□□
□　□　□　崔　鄭□□
欒世□　盧承慶　裴元本　高季通　封
□　□　□　□　□
□　□　□　□　□
□　□　□　□　梁行儀
□　□　□　□　□
□　□　□　□　□
路□□　劉國□　韋泰眞　盧德師　薛克搆
王智方　姚珽　□　□　□

□　□　□　□　唐從心
李嘉□　□錫　申屠錫　劉如玉　宇文敞
李綰　封思業　裴惓　溫眘微　吳道師
劉守□　□　□　□　□　趙□□　李無言
韋虛心　蔡秦客　梁務儉　張大安　張光輔
李同福　鄧元挺　蹇味道　韋□元　劉延祐
于思言　劉綦　段嗣元　石暑　孫元亨
唐奉一　房穎叔　韋瓊之　李思古　楊玉
紀處訥　路恒　趙履溫　狄光嗣　張昭令
李琇　韋維　柳儒　崔琳　嚴方嶷

魏奉古　李察　李邕　裴覲　司馬銓
張如珪　褚璆　王昱　獨孤册　張敬輿
張季瑀　裴卓　郭潾　梁昇卿　楊志先
鄭少微　李元祐　韋拯　班景倩　徐惲
裴令臣　李朝弼　陽伯成　劉彥回　張奇
梁涉　王壽　鄭昉　魏方進　韋伯祥
韋處州　劉同昇　李常　鄭昭　王鉷
楊玘　張震　盧弈　李伉　張傳濟
吉溫　王銲　陳澗　崔諷　王翊
劉暹　呂延之　崔諷　張惟一　李齊運

李季卿 崔□ 李□ 崔浩 王延昌
來球 張叅 杜濟 杜艮輔 于傾
郤說 李洞清 李規 許登 崔鼎
徐演 王縝 平昺 衛密 □
□ □ □艮俌 益損 李巽
盧雲 竇彧 常脩 盧佁 王紹
崔從質 魏宏簡 韋武 張式 李元素
□□ □□ 于皐謩 潘孟陽 鄭敬
張正甫 崔清 李巨 陸渥 李應
崔植 武儒衡 陸亘 劉遵古 羊士諤

□□ □ □ 韋處厚
崔護 王源中 王正雅 宋申錫 韋詞
王彥威 盧周仁 李固言 李石 盧貞
王質 □ 楊漢公 裴詡 楊敬之
賈宗直 裴識 韋力仁 姚合 韋紓
□鷙 鄭賞 崔瓚 盧言 潘存實
韋厚叔 趙 盧 李敬方 李繼
崔騈 杜憓 李福 崔璵 路綰
鄭紂 韋有翼 賈洵直 鄭薰 苗愔
崔卓 溫璋 韓□ 盧□ □賓

趙格 趙滂 韋宙 崔家 李肯
楊假 任憲 孟穆 蕭峴 曹汾
孟球 馮緘 鄭確 侯恩 張道符
□□ 崔□□ 牛叢 李植 楊知至
王龜 竇紃 許瓘 楊輅 崔璞
裴璩 劉允章 韋條 杜無逸 鄭碣
王緘 高□ 盧深 鄭□ 李礪
□秘 韋蟾 楊希古 庾崇 馮巖
柳陟 李晦 韋保乂 楊希古 □□
□□ 盧紹 豆盧瑑 劉蛻 崔彥融

楊知退 李節 鄭諴 李磎 張裕
周慎辭 鄭殷 李燭 張无逸 □□
□□ □□□ 李岍 李遐 李□□
鄭頊 李毅 崔鄰 孫緯
戶部員外郎
趙義綱 皇甫曖 封元素 劉翁勃 李友益
韋嗛 元傺 李素立 原蜺玉 劉燕客
王玥 任行褒 許行本 樊元□ 劉慶道
裴行儉 崔禮庭 鄭元毅 朱延慶 崔知悌
韋惲 姜元乂 劉道 辛義感 蕭志遠

邢順 崔元敬 辛宗敏 劉尚客 元令表
張約 鄭仁恭 鄧元挺 魏克己 裴免
王貞 張昌期 狄光嗣 薛克備 張光輔
宋授 董敬元 張巨源 孫尚客 鄭元敬
盧執元 侯師仁 劉穆之 劉延祐 房昶
蔣之 劉守敬 張行則 王先輝 蘭嗣忠
穆恕 鄭訥言 韋維 張錫 薛昭旦
蕭庭 孫彥高 鄭仙官 蘇詵 楊温玉
韋延直 李邕 王易從 賀知章 劉希逸
孟慶 盧元裕 獨孤郁 長孫虔 徐有功

韋光同 劉叔 賀遂陟 楊瑒 班景倩
韋宗嚴 沈萬石 張昭命 韓朝宗 嚴挺之
李茂 李義伸 田幹之 韋利涉 楊伯成
李問 董琬 盧諭 王鉷 韋迴
史昂 韋弼 裴子餘 寇玼 王昌
張正齊 嚴杲 呂太一 李巖 鄭永
竇楚 崔懷嶷 張敬輿 竇紹 楊宗
韋卓 楊玘 裴博濟 程烈 封希顔
王垂 吉温 李彭年 裴系 李常
崔平 杜昱 韓賞 呂延之 李進

宋之字 蕭隱之 徐鍔 王晦 王岳靈
張仁寶 李麟 路齊暉 高益 宇文審
張栖佶 王光大 韋夏有 苗丕 房由
杜元說 田灣 杜亞 何昌裕 李珝
周允顔 楊晉 范惀 寇鍰 王渾
裴炎鍊 李鈛 李彥超 王翊 徐閈
王遺賞 李融 鄧元挺 竇彧 裴陟
房光直 穆寧 任侗 盧侶 劉迥
裴友安 崔稱 崔溉 袁滁 潘孟陽
周履逢 崔融 裴迺 獨孤邁 田南鶡

辛元褒 呂温 張賈 王纁 裴澈
鄭鄉 盧常師 裴郁 竇公衡 裴撿
薛將隨 李適 王潤 于頎 王崟
宋之胄 路士則 韋睦 韋頌 賈全
李牟 裴向 崔鄲 盧坦 李夷簡
王壹 張正甫 盧逢 李宗衡 李應
張楚 陳岵 崔谿 趙元亮 楊潛
裴詞 姚向 崔戎 崔栯 鄭逌
司馬質 張洪 李石 馮審 嚴謩
鄭鑫 李景信 姚合 杜忱 姚康

盧元中 房直溫 李羣 李元臯 崔翃
裴鏻 陳商 韋行貫 潘存實 柳仲郢
周復 郭勤 李行方 白敏中 韋慇
鄭薰 邢羣 盧簡求 路綰 崔慎由
鄭嵎 裴坦 畢誠 溫璋 趙櫓
趙滂 崔珦 趙格 李元 裴處權
權審 韋退之 薛誠 李鄴 盧潘
崔璪 崔隋 鄭彥宏 于德晦 李景溫
崔瑄 丁居立 崔蕘 楊知至 陽塈
崔彥昭 盧鉟 權慎微 張禹謨 楊戴

崔朗 杜無逸 王絨 裴虔餘 任宇
李嶽 陳琉 薛遠 李韶 薛調
韋保乂 裴質 裴宏 蕭𡨴 鄭綦
楊思立 張顏 鄭紹業 張同 崔寓
鄭就 韋顏 盧莊 鄭綮 孔綸□
韋昭度 張禕 盧頊 魏潛 盧自牧
獨孤損 李凝庶 王鸞 王保 陸威
韋承貽 崔汀
度支郎中
韋慶儉 皇甫文高 □ ，賀德明 高祐

袁郇 士義惣 史令卿 裴思莊 高履行
王仁表 杜文紀 張知謇 王 鄭文表
裴孝源 裴公緯 楊宏文 崔思約 元大士
李太冲 張宏濟 李安期 虞昶 孔仲思
田 鄭欽文 高正業 崔元譽 劉慶道
裴昭 唐嘉會 李守一 溫瑜 闞元通
崔神基 錢元敬 宋 尉大亮 孔惠元
蘇瓌 周悰 楊再思 張元觀 魏詢
崔□嗣 鄭從簡 薛會 劉希逸 源光譽
董 韋銑 劉穆之 高嵊 馬元淑

王景 杜元志 王詢 賀蘭務溫 王易從
孔立言 李撝 杜佑 房由 □
劉昂 裴眺 李少康 魏啓心 崔尚
李朏 呂周 王佶 李舒 司馬垂
張曉 崔芃 鄭 李逢年 李光烈
崔同 韋損 源休 崔漪 董晉
褚長孺 許鳴謙 王澣 裴乾貞 □
夏侯審 周渭 鄭膺甫 徐復 張正甫
錢徽 李纘 鄭羣 段文昌 元稹
高宏簡 □ 崔公信 王長文 裴詡

令狐定　王孟堅　杜寶符　苗愔　李敬方
薛褒　蕭憲　口　杜昉　馮袞
崔罕　楊師復　張權　任憲　薛于
崔鐔　趙璘　王龜　李平　竇璠
陳　口　張禓　曹鄴　李近仁
林滋　高辯　張无逸　裴徹　李羽
歸仁紹　杜致美
祠部員外郎
李叔具　盧文浛　裴宜機　宋義琛　蕭仁思
張宏濟　李思遠　柳言思　梁寶意　李思諒

許偉　陳義方　魏叔琬　楊守訥　李範丘
鄭元儆　王守真　高梁客　袁利貞　元令臣
周琮　閻叔子　薛頲　陳昭景　薛稷
裴懷古　韋翼　楊降禮　劉守悌　鄭休遠
李渴　康庭之　李恒　李察　崔沔
杜成　陳惠滿　蕭昺　張昶　姚弈
鄭長裕　竇從之　梁昇卿　裴朏　鄭巖
馬光淑　趙賓　高遷　裴春卿　張楚
盧僎　裴稹　陳光　李舒　司馬垂
李成式　盧鉉　張允　盧景　豆盧友

楊日休　元載　韋少遊　樊晃　徐儀
辛昇之　韓浞　薛據　陸易　岑參
張鎰　王統　田南口　趙薰　褚長孺
韋敎　錢起　元仲武　王役己　庾何
房由　房說　陸贄　竇申　趙計
李聽希　于公異　崔漑　李鄘　丘丹
薛展　韋成季　陸叅　裴泰　田灣
周仲孫　穆賞　辛秘　裴汶　徐放
錢徽　劉公輿　李諒　段文昌　尉遲汾
豆盧署　斑肅　李虞仲　王彥威　馮定

張又新　吳思　蕭睦　嚴澗　李衢
蘇滌　錢可復　陸洿　韋諶　庾簡休
薛元龜　張口物　封敖　張忱　竇洵直
路綰　崔瑤　李騭　杜宣猷　韋尚敬
崔鈞　任憲　薛汧　張彥遠　趙璘
高綽　宇文鐐　崔甾言　令狐緘　劉瑱
薛廷傑　楊知退　崔鄘　盧口　蘇粹
張顏　馮巖　楊範　陳翬　薛洿
崔潼　韋顏　韋璉　蕭虞　崔道紀
李峭　鄭頎　盧藴　王愔　鄭峻

金部郎中
長孫揲　牛方裕　袁異度　于孝辯　唐　曉
李　緈　王德表　崔知機　殷令名　柳子房
李仲寂　劉公彥　竇　暉　韋師貫　王文齊
李同福　獨孤璡　裴重暉　蕭志遠　崔元敬
路勵行　韋　敏　韋德恭　張統師　崔神基
侯知一　傅神童　劉守敬　楊守節　盧師立
杜從則　柳秀誠　梁　晧　盧萬石　趙承恩
竇懷貞　韋嗣蕎　侯令德　韋奉先　張思義
姜　晞　程行諶　衛守直　薛　紘　裴藏耀

周徽道　蔡泰客　薛　曦　魏　恬　陸景融
韋　口　蕭　誠　劉體微　鄭　繇　裴　眺
鄭　愿　鄭楚客　姜　虔　劉　繹　李　峘
郭慎微　李彥允　張　萱　郭　粵　第五琦
賈　絳　盧　允　李　華　鄭　璲　崔　禕
鄭叔華　杜良輔　崔　浩　裴季通　王　邑
臧　郢　楊　晉　崔夷甫　盧　杞　柳　建
杜黄裳　杜　佑　樊　澤　路季登　王　遘
李上公　元季方　李　玗　韋　頌　韋　顥
史　令　韓　皐　裴　通　盧元輔　段平仲

蕭　曾　許季同　陳　諷　韋審規　樊宗師
裴　誼　楊　渭　蘇　宏　丘　紓　蕭　澣
張公儒　劉茂復　蕭　倣　李　續　鄭　澥
趙眞齡　殷　澗　紇千泉　盧宏止　李　拭
王　含　孫　範　張　周　陸　紹　韋　傳
羅劭權　鄭　漳　劉　潼　高宏簡　崔　荆
杜宣猷　李景素　韋退之　張傑夫　崔　隋
穆棲梧　李　口　趙　璘　崔　惲　李　湯
鄭　畋　鄭　繁　李　磵　任　結　令狐纁
羅　洙　崔彥回　吕　熀　裴延魯　林　滋

李　涪　口　亞　口　口　王　慥　盧　鄴
王　葆
金部員外郎
鄭通諒　尹文憲　秦叔惲　杜　超　王　昕
張　珪　殷令名　李太冲　裴行儉　韋　暉
楊知本　李伯符　獨孤璡　房正則　裴克諧
唐不占　趙崇嗣　夏侯亮　齊　璿　王宏之
徐　昭　游　祥　盧師丘　宇文有意　楊博物
紀先知　田貞松　李幾道　李仙意　李元恭
魏嗣萬　李　頻　趙金穀　崔先意　何敬之

紀全經 衛守直 劉庭璥 杜元志 李守直
齊澣 魏恬 陸遺逸 陸景融 盧廙
袁仁敬 宋珣 杜令昭 薛縑 鄭長裕
鄭少微 馮紹烈 李庭誨 孔昚言 姜昂
夏侯銛 馬元直 馮光嗣 張利貞 呂周
鄭昭 張琡 盧諭 陽潤 徐浩
王元瑾 馮用之 張漸 吳伋 邊承斐
盧允 沈震 盧簡金 姚沛 李澥
崔禕 裴皐 張之緒 裴覇 趙縱
裴冀 陳少遊 李昂 杜良輔 王孚

韋衮 屈無易 鄭岑 崔縱 崔審
韋士模 吳郁 王緯 袁高 李舟
高參 侯嶠 吳通微 竇參 獨孤良器
趙計 蕭存 韋顥 蕭曾 鄭敬
顏頵 陸則 許季同 崔從 元宗簡
張植 段鈞 崔瑨 路異 路羣
段文通 蕭澣 李孝嗣 史備 呂錥
李顧行 崔元式 李武 陸暢 杜愷
趙棁 韓益 陳元錫 李敬方 李播
李峁孫 李宏休 馬曙 馮韜 韋同靖

段覺 李潏 張特 馮緘 陳翰
于德晦 盧頵 孟球 李儆 鄭延休
王氷 趙隱 嚴郜 李邈 崔厚
張乂思 裴德符 敬栯 趙秘 羅洙
楊範 源蔚 張无逸 張讜 竇□
李□彝 杜致美 周禹
倉部郎中
杜起 高季通 李行詮 □ 裴世湑
賀若鑒義 唐奉義 韋福奘 蘇會昌 李方義 重出
費宏覘 李鳳起 董敬元 □言 韋慶基

裴宏獻 李友益 盧承基 獨孤元愷 杜績
郝處俊 蘇良嗣 張振 薛紘 李
王文濟 盧外師 高秕行 劉元象 唐之奇
魏叔麟 獨孤元同 雲宏暕 王叔偲 李憕
徐峻 □□ 于復業 郭元振 李頎
李光進 魏昭 李冏 郭奇 韋彌
張宗潔 薛紘 姚驥 韋損 □右
賀遂陟 李仲康 鄭懷隱 徐立之 崔瑨
張列 李植 呂向 皇甫彬 雍維良
苗粲 盧雲 □ 楊休烈 薛羽

獨孤允 張巡 姚沛 庾準 崔令欽
丘爲 薛愆 趙漣 王後己 班肅
崔戭 □ 何 高郢 任侗 閻濟美
周仲孫 裴蒞 盧汀 陸洹 吳士矩
白居易 崔珙 張籍 姚宏慶 蕭□
鄭復 張又新 嚴澗 高少逸 楊倞
蕭儹 張嗣慶 柳仲郢 王績 韋博
崔豸 盧頲 裴思□ 鄭澡 鄭茂休
張鐸 張湑 楊知退 任繕 薛能
楊思立 蘇蘊 崔福 王慥 張譙

裴穀 鄭□ 周承矩 陳聳
主客員外郎
楊宏業 丁貴寧 辛世良 趙德言 韓瑗
溫無隱 郭義 □謙 李安斯 崔行功
于敏同 崔知悌 薛元嶠 崔萬石 韋正己
韓處約 韋志仁 崔崇業 元知默 盧獻
李思一 祖元穎 崔敬仲 王思善 王元覽
李居士 獨孤守忠 周子敬 沈務本 孫佺
陳思齊 元希聲 孟溫禮 美晞 韋抗
韋元旦 崔璿 賀蘭務溫 蘇晉 崔安儼

路愉 王上客 赫連鍇 崔珪 鄭懷隱
鄭溥 張季瑀 韋陟 李詢甫 魏季隨
張介 雍惟良 王璿 鄭昉 甘暉
韋仇兼瓊 韓休 柳元寂 李植 房琯
趙廣微 韋幼成 李珝 敬諲 賀蘭進明
任瑗 楊宗 獨孤允 吳象之 崔同
李逢年 竇彥金 裴薦 王佐 李承義
趙煁 楊頔 崔漪 盧象 歸崇敬
董晉 陸海 蔣將明 鄭晧 王遂
褚堅 袁高 崔儆 李萼 沈房

蕭遇 李崟 韓佾 裴佶 李彝
夏侯審 崔邠 仲子陵 陳歸 劉伯芻
李藩 馬宇 李絳 陸潤 張諗
李正辭 韓衢 吳士矩 元輿 裴墉
韋公素 白行簡 權璩 韋曾 韋力仁
崔周 裴識 王迺 蕭傑 張正暮
劉三復 顏從覽 王績 崔渠 李擢
劉潼 張毅夫 李當 胡德章 韓賓
裴誠 崔珦 蔣偕 宋球 裴紳
張彥遠 韓乂 張道符 薛廷望 夏侯曈

皇甫偉　庾崇□　崔鋋　高錫望　曹鄴
韋岫　蘇蘊　李退嗣　賈翁　蕭説
崔衡　鄭蕘　李紃□　盧自牧
裴頲　韋承貽　趙鎰（此下一面皆無可辨識）
左司郎中
缺　裴方產　段機　劉翁勃　王儼
缺　李守約　李守一　崔行功　崔承福
李思順　缺　侯味虛　張知泰　李守敬
徐有功　房昶　趙誼　陸餘慶　缺
閻脩止　夏侯崐　韋珍　孔仲思　馮思邕

唐紹　魏奉古　李誠□　竇從之
張敬輿　夏侯宜　韋叔昂　高昇　鄭倩之
韋佀詳　□　劉彥回　韋元素　楊愼餘
韋虛舟　張具瞻　崔譚　陳□　蕭晉用
楊恂　鄭□　裴□　姚□□　裴諧
林琨　韋寂　張齊明　蔣將明　盧慧
□　呂頌　李巽　奚陟　陸淳
宇文邈　李元素　韋成季　苗粲　呂元膺
□　劉遵古　韋審規　樊宗師　殷台
豆盧署　獨孤朗　鄭肅　趙元亮　□□裕

鄭居中　李讓夷　何眈　李師稷　崔復本
高少逸　崔瑨　□□　鄭亞　崔駢
崔璵　薛廷□　路綰　韋慱　柳□
裴寅　盧耽　□□之　李蟥　鄭彥宏
□□　鄭彥宏　薛廷望　李緘　崔璩
張鐸　李□　李晦　李繪　李瞻
李嶽　崔寓　孫徽　王鐐　李燭
張无逸　夏侯□
左司員外郎
顧琮　侯味虛　唐奉一　戴師倩　宇文全志

元紹　鄭從簡　桓彥範　殷祚　楊元叔
韋元□　李乂　李行言　張思義　元懷景
李禺　魏奉古　裴藏曜　黃守禮　薛晞
柳渙　王旭　柳澤　宋宣遠　張涗
韋□　張均　劉昂　高庭芝　杜損
斑景倩　李朝弼　韋洽　韋恒　張倚
姜昂　趙安貞　楊仲昌　李知止　張震
畢炕　李成式　程休　祁順之　崔渙
李審　任瑗　孟匡朝　盧播　趙良弼
韋有方　王□　姚高栩　盧虛舟　王崟

庾準 成賁 鄭寶 李仲雲 崔寬
蔣鍊 庾何 王燾 崔造 趙匡
房說·姚南仲 鄭餘慶 張式 盧羣
盧從 薛貢 楊憑 韋成季 李直方
李藩 韋彭壽 裴汶 張正甫 韋纁
李正辭 韋審規 殷台 崔琯 獨孤朗
李行脩 李宏慶 孔敏行 宇文鼎 吳思
李道樞 劉寬夫 鄭居中 何晀 姚康
劉端夫 李款 裴夷直 趙祝 薛褒
李行方 封敖 蔣伸 鄭泳 柳喜

李富 裴坦 鄭路 崔巖 韋旭
楊知溫 李慤 崔璆 皇甫煥 盧緘
鄭確 盧告 崔錫言 張顥 盧鉦
孫瑝 崔朗 鄭繁 裴瓚 李琨
劉承雍 盧望 李繪 杜眞符 鄭棨
杜廷堅 唐嶠 □□ 張裕 裴墠
鄭珣 孫緯 狄歸昌 此下六行磨滅莫辨祇就末四人可識者書之
趙匡
張倚
張說

元懷景
司封郎中
缺 崔寶德 韋挺 元務眞 韋季武
劉本立 榮九思 閻立本 蕭孝顗 缺
□恒 李崇□ 楊思正 賈敦實 郭應宗
韋萬石 蘇良嗣 李思□ 缺 □壽
胡元範 盧楷 劉奇 王美暢 李嶠
苗神福 張元一 趙誼 趙宏敏 裴懷古
缺 □□□ 田幹之 李湛 孟知禮
李獻 崔元童 王丘 慕容珣 □□從

鄭溫琦 缺 朱□ 張均 韋陟
宋詢 裴系 徐鍔 陳據露 李□
鄭昭 劉光謙 楊元章 缺 李□
顏允□ 張楚金 裴儆 崔浩 林琨
趙昂 竇林 王圓 郭□ 王縝
缺 □□ 韋予 李叔度 徐岱
盧侶 蕭迥 陳京 韋丹 崔□
韋成季 缺 □□ 張惟素 裴度
錢□ 徐晦 張仲素 李泐 薛存慶
陳中師 嚴休復 張士階 缺 王中伯

王彦威 蘇景□ 盧載 敬 昕 盧商
楊漢公 裴虬貞 裴泰章 丁居□ 缺
□□ 張 逃 崔 鉉 □ 㴁 張□□
李 □ 裴 □ 羅劭權 □ □ 裴 寅
□ 缺 □ □ □
□ 缺 □ 皇甫□ 鄭茂休
張復珪 張□符 王 □ 缺
□ 崔□□ 李昌嗣 崔 缺
□ □ 鄭□業 □ 缺
□ 王 □ 缺

司封員外郎
蕭 嵗 李壽德 竇孝鼎 李友益 崔餘慶
崔 璲 楊思謙 王崇基 韋義元 柳言忠
李思遠 王德眞 路勵言 楊思正 李同福
陳義方 獨孤道節 李範丘 郭待舉 崔同業
杜易簡 柳行滿 崔懸黎 司馬玄象 裴思義
盧 損 張詢古 雲宏善 樂思誨 王遵恕
張同和 孫元亨 盧光乘 朱前疑 張元一
沈尒福 王仙齡 韋瓊之 于季子 徐 堅
張彦超 楊 嶠 皇甫□瓊 岑 獻 韋 玢

韋 璲 蕭元嘉 劉令植 高 謙 慕容珣
韓 休 鄭溫琦 王執言 崔 琮 崔 翹
楊 □ □ 徐 峻 韋利涉
裴令臣 宋 渾 蕭 諒 李知正 薛江童
蔣 洌 郭 納 裴士淹 □ □
□ □ 程 休 裴 袞 閻伯輿
韋少遊 元 持 劉貽之 韋元曾 李國鈞
李 昂 邢 □ 李 □ 薛 頎 元 挹
李洞清 □□卿 王 翱 李 浮 殷 高
蔣 鎮 崔 縱 謝良輔 鄭南史 □

□ □ 鄭 儋 鄭 元 李 衆
韋 兕 陸 震 封 亮 呂 溫 李逢吉
張正甫 裴 度 蕭 □ 武 □
□ 劉 □ 蔣 防 楊汝士
柳公權 王 會 陳夷行 崔復本 裴泰章
□ □ □ □ 盧
韋 絢 魏 扶 崔 眈 馮 韜 錢知進
裴 寅 韓 □ 鄭裔□ 蔣 □
□ □ □ □ 楊 廏
李 植 趙 隱 李 漳 高 湘 □□□

崔□□□□□

□□ 張讀□ 鄭虓 徐仁嗣

□□征 鄭餕 鄭穀（此下無可辨識）

左司郎中

缺 □復 王遺恕 李元素 缺

薛□ 楊□昭 缺 王□ 李迪

缺 杜元志 高名 王

薛洽

缺 王儼 缺 元大士 孫處約

缺 王方慶 缺 賈大隱 □文偉

缺 于 缺 李迥 缺

皇甫璀 □銳 缺 郤 缺

王光庭 王丘 楊□ 缺 裴敬□

李彭年 缺 □袞 王□ 李□

褚□□ 王收 缺 王仲□ 缺

裴均 缺 李洿 張次宗 裴

缺 王□ 鄭延休 馮顓 缺

蘇沖 趙臣 缺

大中十二年十一月十二日書□□石柱記

左司郎中唐技

尚書省郎官石記序陳九言撰張頗書記自開元二十九年郎官石名氏爲此序張顛草書見於世者其縱放奇怪近世未有而此序獨楷字精勁嚴重出于自然如動容周旋中禮非强爲者書一藝耳至于極者迺能如此其楷字蓋罕見于世則此序猶爲可貴也（古今法書苑）

按唐制二十四司以尚書左右丞領之左右司爲之副此皆左丞之屬也題名不及左丞者自五品以下也十二司各百餘人後題大中十二年十一月書鐫上石柱故自唐初迄宣宗諸名臣多在焉唐諸司

官名或改或復或省或復置今不書所改者從舊制也書者不知爲何人筆法出歐陽率更兼衣輿河南雖骨力不逮而法度森然（石墨鐫華）

今在西安府儒學按宋張舜民畫墁錄曰長安今府宇即唐尚書省也府院即吏部也府錄廳前石幢即郎官題名石也不知何年移此（金石文字記）

唐尚書省郎官石柱題名吳郡張長史旭撰記京兆許左丞孟容撰後序記出旭正書後序劉補闕寬夫隸書也二篇别勒于碑而題名錄于柱自貞元後則令史續書故工拙大小不齊爲唐制尚書省都堂居

中東有吏部戶部禮部三行行四司左司統之西有兵部刑部工部三行行四司右司統之各掌十二司事舉正稽違省署符目定其程限吏分設司封司勳考功戶分設度支金部倉部禮分設祠部膳部主客兵分設職方駕部庫部刑分設都官比部司門工分設屯田虞部水部諸司均有壁記詳其改充遷轉之歲月而石柱第注姓名而已康熙戊子予始購得郎官題名三紙字已漫漶眼昏莫辨會桐城方生來自京師訪予梅會里坐曝書亭鐙以界尺審視之姓名可識察者三千一百餘人别錄諸格紙而同里曹生

復以所搨本贈予因言柱在西安府儒學孔子廟庭之右上有古柏覆之竊思六部既分左右則當時立石必東西各一今右司暨兵刑工三部所屬郎官題名無一人者是左存而右已失也若禮部四司闕郎中考功膳部闕員外郎殆由椎拓者遺失爾方生名世舉字扶南曹生名曰瑛字仲經俱受業予之門曝書亭集

右郎官題名石柱八面如幢式自左司訖膳部皆先郎中次員外郎姓名按唐宋之制六部皆隸尚書有吏戶禮居左兵刑工居右其叙遷則以吏兵爲前行戶刑爲中行禮工爲後行毎部各領四司司名與部同者爲頭司餘爲子司二十四司之外别有左右司各置郎中員外郎皆稱郎官此柱所刻則左司及左十二曹也歐趙所載張長史書石柱記有文無題名蓋别是一碑久已不存此柱雖有殘闕亦僅十之一二合之御史臺題名一代清流姓名畧備未必非攷史之一助也潛研堂金石文跋尾

金石萃編卷一百十六

賜進士出身誥授光祿大夫刑部右侍郎加七級王昶譔

唐七十六

郎官石柱題名考

吏部郎中（唐六典吏部尚書郎中二人從五品上龍朔二年改吏部郎中爲司業大夫咸亨光宅神龍並隨曹改復郎中一人掌考天下文吏之班秩品命一人掌小選舊唐書職官志吏部郎中二員從五品上龍朔爲司列大夫咸亨光宅並隨曹改也新唐書百官志吏部郎中正五品上武德五年改選部曰吏部龍朔元年改吏部曰司列光宅元年改吏部曰天官天寶十一載改吏部曰文部至德二載復舊 按新唐書從五品誤作正五品唐六典司列誤作司業）

鄭元敏（兩書無傳下同） 牛方裕 劉□□ 李廿規（廿即世字） 張銳□ 甘神符 溫彥博（兩書有傳未任） 胡演（兩書無傳下同） 趙宏智（兩傳未任） 楊纂（兩傳字續鄉華陰人高祖初擢考功郎中未任此官） 薛遞（兩書無傳下同） 李孝元 宇文節 長孫祥 劉祥道（新傳字同壽觀城人顯慶中任） 蕭孝顗（兩書無傳下同） 于立政 陸敦信（兩書附陸象明傳未任） 趙仁本（舊傳河南人未任） 裴明禮（兩書無傳） 崔行功（兩傳井陘人高宗時任） 獨孤元愷（兩書無傳） 溫無隱（傳附大雅傳大雅子未任） 于敏同（兩書無傳下同） 裴晧 韋憬 魏元同（兩傳字和鼓城人上元間任） 楊宏武（兩傳永徽中任） 鄭元㻑（兩書無傳下同） 李德穎 張希□ 陳□方 王元壽 韋萬石（兩書附韋提傳） （兩書附崔□傳上元中任） 秦相如（兩書無傳） 劉應道（兩書無傳宰相世系表任此官） 劉齊禮（兩書無傳下同） 元知敬 顏敬仲 崔文仲 王友方 高光

□ 路元□（當是元叡宰相世系表叡吏部郎中） 王遺恕（兩書無傳下同） 張行禕 孟元忠 董敬元 張詢故 王方慶（舊傳永淳中出太子舍人累遷太僕少卿不言任郎官） □仲高 □思（兩書無傳下同） 李琯 李志遠 紀先知 皇甫知常 孫彥高 顧琮（兩書附令狐德棻傳長安中爲天官侍郎未任此官） 崔□□ 盧懷慎（兩傳滑州人舊傳神龍前任吏部員外郎未任此官） 岑羲（兩傳字伯華長安中擢天官員外郎未任此官） 楊降禮（兩書無傳下同） 鄭納言 韋播 辛廣嗣 蕭璿 韋□ 韋抗（兩書附安石傳景雲前任） 沈□ □ 李問政（兩書無傳下同） 崔□ 裴藏曜 李朝隱（新傳字光國三原人中宗時由聞喜令遷侍御史吏部員外未任此官） 馮□ 崔璩（兩書附元暐傳俱未任） 張敬忠（新書附仁愿傳開元初自監察御史遷） 慕容珣（兩書無傳下同） 趙昇卿 李元□ 鄭齊嬰 靳□ 楊□ 薛兼金 張昶 褚璆（新書附遂良傳遂良曾孫先天中遷侍御史拜禮部員外郎未任此官宰相世系表任與碑同） 杜暹（兩傳字□□濮陽人未任） 楊□□ 蕭識（兩書無傳下同） 員嘉靜 袁仁敬 徐元之 陳希烈（兩書有傳未任） 張況（兩書無傳） 崔□ 鄭少微（舊書附徐彥伯傳彥伯祖長裕之弟爲中書舍人刑部侍郎未任此官） 崔希逸（兩書無傳下同） 皇甫翼 盧旬 元彥沖 張□ 裴敦復 劉日政 李彭年（舊傳開元中歷考功員外郎新傳歷遷中書舍人吏部侍郎未任此官） 宋詢（兩書無傳） 李憕（舊傳開元中遷監察御史任） 苗晉卿（舊傳開元二十三年由員外郎遷任） 班景倩（兩書附璟傳璟從子未任） 韋陟（兩傳字殷卿安石子舊傳歷洛陽令任） 徐惲（兩書無傳） 李朝□ 孫逖（舊傳開元二十一年由太原從事入爲考功員外郎未任此官） 李昂（兩書無傳見全唐

詩小傳開元中考功員外郎未任此官　韋述舊傳開元十八年由起居舍人轉屯田員外職方吏部二郎中　張季

明兩書無傳　趙安貞新傳父成弟官給事中未任此官　鄭昉兩書無傳　楊仲昌新傳字蔓

丞累官由工部令任　王燾新書附珪傳歷給事中未任此官　李麟舊傳天寶元年由吏部員外郎遷　楊

愼餘兩書無傳下同　李暐　源洧新書附乾曜傳光裕子大寶中歷給事中未任此官　鄭

審兩書無傳下同　李伉　王維舊傳開元九年進士歷庫部郎中丹喪服闋任　韋

之晉兩書無傳下同　李□　崔寄　韋侗　崔灌

李季卿　蔣渙　薛邕　畢宏新書附穆傳未任　閻

伯璵兩書無傳下同　韋覃　蕭直　崔翰　盧允

張重光　賀若察　崔器舊傳天寶十三年由京兆府司錄轉都官員外郎未任此官　一

庾準舊傳王鉷引爲職方郎中未任此官　韋少遊兩書無傳下同　王延昌　韓

金石萃編卷一百十六　唐七十六　三

滉舊傳字太冲休子大歷中由員外郎任　趙縱兩書無傳下同　韋元曾　韋

諤兩傳俱系子位至給事中未任此官　裴綜兩書無傳　房□　偃　杜亞舊傳字次公京

兆人永泰末爲山劍副元帥判官使還任　盧杞舊傳由刑部員外郎金部吏部二郎中　李承舊傳由考功郎

中兼江州刺史徵任　齊　頁兩書無傳下同　李竦　盧翰　趙

贊　劉從一舊傳建中末晉王爲元帥還任　郭雄兩書無傳　崔造舊傳字元宰安

平人德宗嗣京師徵任　殷亮新傳附踐猷傳踐猷孫終給事中未任此官　苗丕兩書無傳　韋

夏卿舊傳字云客杜陵人大歷中由長安令改吏部員外郎轉任　柳冕兩傳貞元六年任　李玗

兩書無傳　趙宗儒舊傳貞元六年遷考功郎中丹憂終喪任此官　劉執經兩書無傳宰相世系表字長儒任與碑同

楊□□　崔澱兩書無傳下同　崔仲儒　韋執誼新傳德宗時任

李□□　鄭利用兩書無傳　房式兩傳俱附琯傳舊傳琯姪新傳琯族孫舊傳由吏部南安撫

使除兵部郎中再除此官新傳由蜀州刺史除　杜兼新傳元和初由刑部郎中遷　竇羣舊傳字丹列平

陵人德宗即位由山南東道節度副使名入任　柳公綽舊傳字起之華原人貞元中與裴度同爲劍南節度判官名入任此官度以詩

餞別有兩人同日拜征西今日君先奉詔之句　李濟舊傳字叔翰趙郡人元和初由吏部員外郎遷　崔芃

兩書無傳下同　張惟素　皇甫鏄兩傳貞元中由吏部員外郎遷　張賈兩書無傳下同

李□　□公□　韋□□　盧□　盧逢

韋宏景舊傳元和中由左司郎中改任　崔植兩傳字公修祐甫嗣子歷濟要爲給事中未任此官　陳

諷兩書無傳　崔□　于敖舊傳字蹈中長慶四年由南州刺史任　陳仲師

兩書無傳　盧元輔舊傳杞子德宗時由刺史徵　嚴公衡兩書無傳下同　嚴休復

高允□　殷台　崔　孔敏行舊書附述睿傳字至之長慶中由集賢殿

學士遷　崔戎舊傳由殿中侍御史任　高銖舊傳穆宗即位由員外郎遷　王袞

金石萃編卷一百十六　唐七十六　四

兩書無傳　李石新傳字中玉襄邑恭王五世孫文宗時擢工部郎中舊傳大和五年改刑部兵部郎中未任此官　孫

簡新傳字樞中元和初進士由左司郎中遷　盧鈞新傳由監察御史遷　張諷兩書無傳　薛

膺新書附李傳字子賢鼎人大和初爲右補闕內供奉未任此官　崔□　薛□　□宏

宣　趙□齡　崔□□　崔球舊書附珙傳珙弟字叔休會昌中爲鳳翔節度判官入朝

爲尚書郎不云任此官　盧龜兩書無傳　崔□　柳仲□

吏部員外郎　唐六典吏部員外郎二人從六品上兩唐書同六典又云員外郎一人掌選院謂之南曹一人掌曹務凡當曹之事無巨細皆與郎中分掌焉

裴元本兩書無傳下同　王約　潘求仁　趙宏智兩見兩傳未任

裴希仁兩書無傳下同　甘神符再見　宇文節再見　李公淹

封良客　韋璲　韋叔謙　長孫祥再見　裴孝源

裴希仁再見 崔元覿 于立政再見 蕭孝顗再見 裴
雅珪 辛茂將 崔行功再見兩傳未任 姜□ 元懷簡
兩書無傳下同 裴公緯 趙仁本再見兩傳書仕 韓同慶兩書無傳下同 于
敏同再見 梁行儀 王德眞 魏元同再見兩傳未任 姜元
乂兩書無傳 劉祥道再見新傳未任 李同福兩書無傳下同 裴大方 胡
元範 房正則 梁仁義 李同福再見 姜杲
裴大方再見 張仁禕 裴思義 韋萬石再見兩傳未任 姜
元昇兩書無傳下同 劉處約 張詢古 蘇味道兩傳未任 韋志
仁兩書無傳下同 辛希業 高光復 李志遠再見 劉夷道
章希業 樂思晦 李至道 裴咸 杜承志

金石萃編卷一百十六 唐七十六 五

蕭志忠兩傳無志忠有至忠舊傳至忠德言曾孫神龍初任 崔瑳兩書無傳下同 張栖貞
司馬鍠舊書附劉禕傳洛州溫人神龍中卒于黃門侍郎未任此官 杜承志再見 杜知
謙 李崇基 宋璟兩傳未任 皇甫知常再見兩書無傳 岑羲再見
兩傳長安中任 李傑兩傳本名務光舉明經任 畢構兩傳神龍初累遷中書舍人未任此官 魏
先沖舊書無傳 李尚隱新傳元宗時由定州司馬轉任 蘇詵兩書附瓌傳瓌子字延言歷右司郎中給
事中未任此官 鄧茂林兩書無傳 盧懷愼再見舊傳開元前任 李希仲兩書無傳 崔
日用兩傳神龍中由□□□遷任□部侍郎未任此官 盧從愿兩傳舉制科拜右拾遺睿宗立拜吏部侍郎未任此官 楊
涓舊書附李仁傳叔柔子開元中官至吏部侍郎未任此官 房光庭兩書無傳 崔湜新傳字澄瀾舉
進士累至□□選考功員外郎未任此官 裴瀅兩書無傳下同 崔元同 陳希烈再見
兩傳未任 張鈞兩書無傳下同 宋鼎 李朝隱再見新傳中宗時任 張庭

珪兩傳廷珪應制舉長安中累遷監察御史景龍末爲中書舍人未任此官 裴漼舊傳初應大禮科累遷監察御史三遷中
書舍人未任此官 倪若水舊書附良吏傳開元初歷遷中書舍人尚書右丞未任此官 崔位兩書無傳 魏
恬新書附元同傳元同子字安禮以進士爲御史中丞開元中至穎王傅未任此官 褚璆再見新傳未任 柳
澤舊書附亨傳□□□爲右率府鎧曹參軍擢拜監察御史累遷太子右庶子未任此官 杜暹再見兩傳未任
揚執臣兩書無傳下同 徐元之再見 朱渭輔 楊降禮再見
徐惲再見 源洧再見新傳未任 席建侯兩書無傳 劉宅相兩書無傳
宰相世系表任吏部郎中不言員外 韋洽兩書無傳下同 元彥沖再見 李憕再見
兩傳未任 李彭年再見兩傳未任 源元緯兩書無傳下同 馬光淑 苗晉
卿再見舊傳由萬年縣尉遷侍御史歷度支兵吏部三員外郎 盧怡兩書無傳下同 張秀明
楊仲昌再見新傳未任 李麟再見舊傳開元二十二年轉殿中侍御史歷戶部考功吏部三員外郎 李

金石萃編卷一百十六 唐七十六 六

栖筠新傳字貞一超入舉進士累擢殿中侍御史三遷任 鄭審再見兩書無傳 盧僎新書附□□□
傳開元時自聞喜尉爲集賢學士終此官 裴遵慶舊傳少以吏幹調□人由司門員外遷 蔣渙再見兩書無傳
庾光先新傳附敬休傳敬休叔祖官終吏部侍郎未任此官 崔寓兩書無傳下同 李廙
李洧兩書有洧附正已傳正已從父兄署徐州刺史未任此官疑碑所載別一人 崔倫舊書附衍傳衍父由進士累任
崔翰再見舊書無傳下同 鄭炅之 韋之晉再見 盧僎再見兩傳
新傳任 薛邕再見舊書無傳下同 韋少遊再見 裴冕兩書無傳宰相世系表與兩同
崔禕兩書無傳下同 元特 王鎣 韓混再見舊傳累遷
兩傳郎考功吏部三員外郎 王佐兩書無傳下同 盧虛舟 賀若察再見 韋
元曾 畢宏兩傳未任 杜亞再見舊傳至德初由河西節度從事入朝歷工戶兵吏四員外郎
裴儆兩書無傳下同 王鎣再見 元挹 崔祐甫舊傳字貽孫由

起居舍人司勳員外郎遷 令狐峘舊傳德棻玄孫大曆八年由刑部員外郎判吏部南曹事 韋元兩書無傳下同
王定 鄭叔則 崔儒兩書無傳宰相世系表任戶部郎中未任此官 劉
灣兩書無傳 蔣鍊舊書附蔣乂傳乂兄義興人受朱泚僞職未任此官 殷亮再見新傳未任
李舟兩書無傳 劉太眞舊傳天寶末進士大曆中淮南掌書記徵拜起居郎歷司勳郎中 王
銷新書附方翼傳方翼孫寓子大曆中歷右補闕殿中侍御史未任此官 苗不再見兩書無傳下同 裴綜再見
鄭珣瑜 于結 呂渭舊傳字君載河中人由舒州刺史遷 盧挺
兩書無傳 于□ 盧濟兩書無傳 劉執經再見兩書無傳 柳
寬再見兩傳未任 李元素新傳附敬元傳敬元弟延祚初由汝州任遷鳳閣侍郎未任此官兩傳又一元素爲作由侍御史遷給
事中亦未任此官碑載未詳何人 韋夏卿再見舊傳由長安令改任 裴佶新書附耀卿傳耀卿孫第進士由藍田尉
歷遷諫議大夫未任此官 楊於陵舊傳字達夫弘農人貞元八年由考功員外郎遷 鄭儋兩書無傳 李

鄘兩傳字建侯邕從孫德宗時由殿中侍御史遷 奚陟兩傳字殷卿亳州人由金部員外郎遷 王仲
舒新傳元和初由荊南節度從事召任 張宏靖舊書附延賞傳延賞子字元理德宗時由禮部員外郎遷兵部郎中未任此官
裴次元兩書無傳下同 劉公濟 常仲儒 李蕃 柳公
綽再見兩傳由侍御史遷 孟簡舊傳字幾道平昌人由倉部員外郎遷司封郎中未任此官碑於司封亦不載 韋
貫之兩傳附元和中由禮部員外郎改任 皇甫鎛再見兩傳貞元中由殿中侍御史遷 韋纁舊傳附貫之傳
貫之弟舊傳太常少卿未任此官 李建舊書附遜傳遜弟元和中由殿中侍御史遷兵部郎中未任此官 崔從
新書附融傳融曾孫由殿中侍御史遷 韋宏景再見舊傳元和中由司門員外郎轉 王涯舊傳字廣津太原人元和
五年由虢州司馬內擢 崔鄘舊書附郇傳郇弟歷刑部員外郎因憂釋服任再遷左司郎中碑于左司不載全唐詩傳中進士補集賢
校書郎累遷吏部員外郎與碑同 陳中師兩書無傳 楊嗣復舊傳於陵子元和十年累遷刑部員外郎改禮部再遷兵
部郎中未任此官 席夔舊唐書席豫傳無名全唐詩傳貞元十二年登詞及第不言其歷官 盧士玫舊傳山東右族

始任輯職轉郎中碑於吏部郎中未見 李宗閔兩傳字損之宗室由監察御史爲禮部員外郎遷駕部郎中未任此官 殷
台再見兩書無傳 崔琯新書附珙傳珙兄舉進士賢良方正辟諸使府入朝歷此任 王璠舊書傳字魯玉
長慶中累遷員外郎不言吏部 鄭肅舊傳元和三年進士歷佐使府太和初入朝爲尚書郎不言吏部 羅讓
舊書有傳字景宣珦子由殿中侍御史歷尚書郎不言吏部 崔戎再見兩傳未任 王申伯兩書無傳
楊虞卿舊傳字師皋宏農人長慶四年由禮部員外郎改任 李續兩書無傳下同 宇文鼎
敬昕 李珏舊傳字待價趙郡人穆宗初由右拾遺遷 高元裕舊傳本名允中太和初爲侍御
史以遷左司郎中未任此官碑于左司亦未見 劉寬夫新書附伯芻傳伯芻子寶歷中爲監察御史未任此官 陳夷
行兩傳大和五年由司封員外遷吏部郎中未任此官碑于司封員外吏部郎中均未見 崔龜從舊傳云大和二年由太常博士
累轉考功司勳郎中未任此官 裴袞兩書無傳 劉端夫舊書附遁傳遁次孫寬夫弟爲太常博士不言爲此官宰
相世系表官右衞尉 李款新書附李中敏傳長慶初進士爲侍御史後歷倉部員外郎未任此官 崔璪舊書附珙

傳珙弟以成初爲吏部郎中不言爲員外 柳璟新書附芳傳芳孫寶歷初進士由監察御史遷任 裴鐇兩書無傳
孔溫業新書附巢父傳巢父從子戣之子大中時爲吏部侍郎未任此官 張文規新書附嘉貞傳嘉貞曾孫宏靖
子由溫令累轉 崔□ 周敬復兩書無傳 崔球再見舊傳未晰 韋行
貫兩書無傳下同 李行方 陳湘 韋絢 韋愨
李訥新書附遜傳進士第累遷中書舍人未任此官 盧簡求舊書附簡辭傳簡辭弟由忠武從事使入爲此官
崔眈兩書無傳 崔愼由舊傳字敬止武城人元和初任 錢知進兩書無傳下同 崔
□ 盧罕 杜牧兩書附佑傳佑孫舊傳由司勳員外郎轉任 馮圖
新書附衎傳衎子字昌之中進士宏辭科大中時終戶部侍郎未任此官 杜審□ 趙橹兩書無傳下同
鄭路 皇甫□ 李朋 皇甫珪 獨孤雲
鄭從讜舊書附餘慶傳餘慶孫瀚子字正求會昌二年進士第歷尚書郎不言任此官 裴衡兩書無傳下同

盧緘 崔琢 于德晦 □仁裕 崔□ 门
□備人 薛□ 高湘 新書附鉞傳鉞弟鍇之子進士第歷長安令右諫議大夫未任此官
于瓌 兩書無傳下同 楊貞 崔瑾 崔厚 崔
濆 舊書附珙傳珙弟球子大中末進士登第未任
司封郎中 唐六典吏部尚書其屬有四二曰司封郎中一人從五品上員外郎一人從六品上掌邦
之封爵武德初爲主爵郎中龍朔二年改爲司封大夫
咸亨元年復故光宅元年改爲司封郎中神龍元年復
故開元二十四年復
爲司封兩唐書同
楊思謙 兩書無傳 崔盧欽望 兩傳萬年人則天時累遷司賓卿未任此官 徐堅 舊書附齊聃傳齊聃子累
遷司封員外不云任郎中 李彥□ 姚奕 新書附崇傳崇子由太子舍人爲濮陽太守未任此官 蔣
挺 兩書無傳 晉休 新書附元德秀傳德秀門弟子字士美廣平人不言其歷官 韋之□

金石萃編卷一百六 唐七十六 九

令狐峘 再見新書大曆中由刑部員外郎遷 張蔵 兩書無傳下同 韓日華 裴次
元 再見 鄭涵 兩書附餘慶傳餘慶子本名涵避文宗諱改瀚長慶中任 羅讓 再見兩書
裴誤 兩書無傳下同 張鷺 盧眭 盧告 新書附循吏盧宏宣傳宏宣
子字子有進士第終給事中未任此官 馮顓 舊書附宿傳宿弟定之子進士第咸通中歷任臺省不言爲此官 崔
澹 舊書附崔珙傳珙弟璵子大中十三年進士累遷吏部員外郎未任此官 徐仁嗣 兩書無傳
度支員外郎 唐六典戶部尚書屬有四二曰度支郎中一人從五品員外一人從六品掌司支度
國用租賦少多之數物產豐約之宜水陸道路之利自
漢魏以來告度支尚書領度支郎武德三年加中字龍
朔二年改爲司度大夫咸亨元年復故兩唐
書同惟從五品從六品俱有上字以下俱同
崔□□ 李□□ 韋萬石 三見兩傳未任 崔神基 新舊書附義元傳義元子長
壽中爲司賓卿中宗朝爲大理卿未任此官 裴□□ 路元□ 崔甫文亮 兩書無傳 崔

□□ 李元同 兩書無傳宰相世系表任興尉同 楊□ 杜從□ 張
慶 兩書無傳 崔□ 唐紹 新書附臨傳臨孫神龍中由左臺侍御史任 唐
□ 鄭勉 兩書無傳下同 魏景倩 崔 崔
夏侯銛 苗晉卿 二見兩書有傳由侍御史遷任 韋恒 新書附思謙傳思謙孫開元初由碭山令擢殿
中侍御史累遷給事中未任此官 楊 王崟 三見兩書無傳下同 樊晃 袁
□盈 王延昌 再見 李猗 嚴郢 新傳字叔敖華陰人代宗初由江陵判官
召爲監察御史累任此官 蘇端 兩書無傳下同 包斑 崔
韋少華 楊俌 李衡 新書附劉晏傳晏所辟用掌財利歷戶部侍郎未任此官
張 李 張季□ 房署 兩書無傳下同 元
□□ 李□ 李素 董溪 新書附晉傳晉子字惟深由萬年令擢度支郎

金石萃編卷一百六 唐七十六 十

中不言爲員外 王□□ 高重 新書附儉傳儉五世孫字文明明經中第累司門郎中未任此官 李
績 再見兩書無傳下同 盧貞 陸
司勳郎中 唐六典吏部尚書其屬有四三曰司勳郎中一人員外郎二人掌邦國官人之勳級武德
初爲司勳郎中龍朔元年改爲司
勳大夫咸亨二年復故兩唐書同
狄孝□ 獨孤琨 兩書無傳 裴□□ 楊纂 再見兩傳未任 辛
諤 兩書無傳 薛逑 再見兩書無傳下同 竇孝鼎 宇文節 三見 杜
文□ 薛逑 三見兩書無傳下同 鄧素 郎知年 王儼
王仁□ 鄭植 鄭元□ 韋同慶 張松壽
李崇德 元知敬 再見 謝祐 王歐 劉應
道 再見 路元叡 兩書無傳宰相世系表勳吏二部郎中 李範邱 兩書無傳下同 岑景倩

歐陽通兩書附詢傳詢子儀鳳中累遷中書舍人未任此官　裴思義再見兩書無傳下同　李元慶
口懷敬　李至遠新書附秦立傳秦立孫高宗時歷司勳吏部員外郎未任此官　張敬之
兩書無傳下同　焚　忱　楊元政兩書無傳宰相世系表任此官同　戴師倩兩書無傳
祝欽明新傳拜著作郎遷太子率更令不言爲郎官　楊承裕兩書無傳下同　趙　諠
田貞松　李元恭　楊祈本　張循憲　口　嶠
崔日用兩見兩傳未任　劉間一兩書無傳下同　韋　瑗　傅黃中
李元琡　李崇敏　齊處仲　張敬忠再見新書未任　呂
炯兩書無傳　唐　曉兩書無傳宰相世系表任此官同　王　瑨新書附方慶傳方慶子由中書舍人至秘書少
監不言爲郎官　辛替否新傳字協時景龍中爲左拾遺不言爲郎官　劉　晃新書附仁軌傳仁軌孫濬子開
元中爲給事中未任此官　吉　渾兩書無傳　韓朝宗新書附思復傳思復子睿宗朝歷左拾遺未任此官　盧

金石萃編卷一百十六　唐七十六　十二

翹兩書無傳　張　珣兩書無傳宰相世系表任吏部郎中未任司勳　劉日政再見兩書無傳
蕭　華舊書附嵩傳新書附璿傳皆言大曆末轉兵部侍郎不言任郎官　李知柔兩書無傳下同　盧重
元　元元禕　美　昂兩書無傳宰相世系表任此官同　韋虛舟舊書附湊傳虛心弟自御
史累遷工部郎中改任　張　寂兩書無傳宰相世系表任此官同　郭慎微兩書無傳下同　裴士淹
韋　咸　崔　圓舊傳開元中由處爲會昌丞累遷司勳員外郎未任郎中　蔡希寂兩書
無傳下同　盧　允再見　薛　邑三見　盧　游　劉　單
李　收　薛　鍔　庾　準再見舊傳未任　邵　說兩唐書俱授長安令秘書少
監不言爲郎官　王　紞兩書無傳　董　晉舊傳大歷中李涵使回紇爲判官庾遂遷任　邱
爲兩書無傳下同　韋　禎　劉　滋舊傳字公茂由司勳員外郎遷　韓　章兩書無傳
路季登舊書附嚴傳嚴祖大歷六年進士由諸侯府升朝爲尚書郎不言任此官　鄭南史兩書無傳下同

崔　彧　殷　霆　權德輿兩傳德宗時由江西觀察判官徵爲太常博士遷左補闕貞元九年
自司農少卿遷戶部侍郎未任郎官　李真方兩書無傳下同　李　系　崔　恭　盧
公亮　韋　顗舊書附見素傳見素孫由萬年尉歷御史補闕尚書郎未任此官　陳　諷再見兩書無傳
下同　李正封　沈傳師舊傳擢進士登制科由司門員外郎翰林學士遷任　路　隋舊書傳
作隨穆宗朝任由司勳員外郎遷任　崔　護兩書無傳　李虞仲舊傳元和初進士第由太常博士兵部員外遷
侯　繼兩書無傳　孔敏行再見舊傳長慶中由左司員外郎遷　王　袞再見兩書無傳
高　鍇舊書傳元和九年進士第由吏部員外遷任禪子吏部未見　權　璩新書附德輿傳德輿子字大圭元和初進士歷
監察御史爲中書舍人不言爲郎官　韋　瓘新書附夏卿傳字茂宏進士第累中書舍人未任此官　唐　扶新書附偵
傳□□保文之子字雲翔歷屯田郎中未任此官　崔龜從再見舊傳由考功郎中史館修撰遷　崔曰口
高少逸舊書長慶末爲侍御史累遷左司郎中未任此官　陸　洿兩書無傳下同　紇干泉

金石萃編卷一百十六　唐七十六　十三

盧　懿　敬　皞新書附晦傳晦兄第進士官右散騎常侍不言任郎官　劉　濛新書附晏傳晏
子字仁澤舉進士累官度支郎中未任此官　韋　博新傳字大業萬年人開成中由河東節度判官進主客郎中未任此官
周　復兩書無傳　崔　贖兩書附寧傳寧弟寬之孫字直卿開成初爲監察御史擢尚書郎不言司勳　崔
璪新書附義元傳義元孫神慶子開元中光祿卿不言任此官　楊　發舊書附收傳收兄字至之大和四年進士第累
遷禮部郎中大中三年改左司郎中未任此官　尒朱抗兩書無傳下同　李　潘　蔣口
薛　蒙兩書無傳全唐詩傳云考功郎未任此官　孔溫裕新書附巢父傳巢父從子戣之子仕爲天平節度使未任
此官　王　渢兩書無傳下同　任　憲　裴　紳　鄭　洎
孟　球　杜　蔚　張復珪　趙　隱舊傳大中三年進士第累遷郡守尚
書郎未任此官　牛　叢新書附僧孺傳僧孺子字表齡宣宗時以司勳員外郎爲睦州刺史不言任郎中　吉　鄘
兩書無傳下同　侯　備　崔　朗　薛　途　張　滔　崔

厚再見 嚴都口 範 趙 蒙 李 緷
蘇 蘊 李 迢 魏 管 盧 紹 崔 庾
盧 望 鄭 軌 李 輝再見 杜庭堅 李
何敬之 薛 李 許敬口
司勳員外郎詳見前
杜口口 楊口本 郭知口 齊景日兩書無傳下同 王德
志 劉祥道三見新傳未任 王 儼再見舊書無傳下同 王仁瞻 楊
口 王口旦 李問政再見 韓 瞻 李日高 許
圉師新書附紹傳紹子進士第累遷給事中不言任此官 李 乂新傳長安三年擢監察御史景龍初遷中書舍人未任此官
齊 察兩書無傳下同 衛幾道 張敬忠三見新書未任 韓同慶

再見兩書無傳宰相世系表任與碑同 李口口 崔行成兩書無傳 齊 澣兩傳開元初爲
給事中中書舍人未任此官 魏元同三見兩傳未任 鮑承慶兩書無傳下同 劉應道
三見 薛自勸 李 諷再見新傳未任 源行守兩書無傳下同 袁仁
敬再見 徐元之三見 裴大方三見 燕相如再見 斛律聦
慶 鄭行實 王 瑨再見新傳未任 封崇正兩書無傳下同 薛倨
倨 孟允忠舊書附文苑知貞傳利貞兄孫開元中爲殿中侍御不言爲此官 胡元範再見兩書無傳下同
王德志再見 裴瑾之 吉 渾再見 李知柔再見 赫
連芃 斑景倩再見兩傳未任 平貞昚兩書無傳下同 李 擢 李
彭年三見附傳未任 鄭南金兩書無傳下同 王 豫 韓大壽兩書無傳宰相
世系表任吏部郎中未任此官 李志遠三見兩書無傳下同 李承嘉 裴 錫 蕭

權 李元恭再見 李恒一 馮光嗣 元 暕
盧萬頃 嚴 杲 程鎮之 崔 諭舊書附仁師傳仁師孫液之子天寶
中自謀陽令遷 楊慎餘再見兩書無傳下同 張 寂再見 鄭 璲 周利
貞兩書酷吏傳神龍初擢累侍御史出爲嘉州司馬不言任郎官 杜 確兩書無傳下同 吳道師
李 堅 鄭 脩三見 王光輔 蔡希寂再見 王光
大兩書無傳宰相世系表任敷郎中未任員外 薛兼金再見兩書無傳 王 璵新書有附王璵父爲方翼
子璟上言歷官一爲方慶六世孫 蘇 瞻兩書無傳 蕭 嵩兩傳開元初擢
肅宗世六卷太常卿不言爲郎官
中書舍人遷宋州刺史卒自任郎官 李 峇新書附素立傳素立孫擢監察御史累轉刺子司業未任此官 裴
元 碊兩書無傳下同 田崇璧 蕭 璿 李謹度 裴 咢
擬甚學字 李行正 韋 肇新書附貫之傳貫之父大歷中爲中書舍人累除吏部侍郎未任此官 韋

倚兩書無傳下同 崔希高 龔 晉 員嘉靜再見 張九
齡兩傳開元初遷任左補闕 徐 尚兩書無傳 崔茹甫再見舊傳由起居舍人遷 程昌緒
兩書無傳 蕭 誠兩書無傳宰相世系表任與碑同 王 琇兩書無傳下同 元彥沖三見
光 述 盧 僎三見新傳未任 王從敬兩書無傳 盧 象兩書無傳
全唐詩錄傳字盈川汶水人開元中爲左拾遺左補闕歷任 鄭 口 李嘉佑兩書無傳 孫 成
舊書附文苑敦傳敦子字思退由屯田員外郎遷 蔣將明舊書附父傳父累遷至左司郎中未任此官 楊 獻
兩書無傳下同 梁 涉 李 岫舊書附林甫傳林甫子爲將作監未任此官 唐堯臣
兩書無傳下同 裴春卿 皇甫琳 朱巨川兩書無傳見秀身建中三年遷守中書舍人不言郎官
衡 申兩書附參傳參族子累遷京兆少尹給事中未爲郎官 李休口 崔 譚兩書無傳
畢 炕新書附構傳構子天寶末爲廣平太守不言任郎官 劉 滋再見舊傳由屯田員外遷 苗

祭（兩書無傳下同） 裴尊慶 韋元甫（舊傳大曆初官尚書右丞未任此官） 能季武（兩書無傳下同） 韋多成 源少良（舊書附源[illegible]傳宰相世系表任黃禮同） 崔圓（再見新舊傳由會昌令遷） 李楫（兩書無傳下同） 韋叔將 沈東美 陸據（舊書文苑傳舉進士從事書戰任） 崔顥（舊傳文苑傳登進士第任） 李揆（舊傳開元末舉進士由起居郎遷任） 裴綜（兩書三見兩書無傳下同） 鮮于叔明 楊綰（舊傳肅宗即位拜起居舍人知制誥遷任） 辛昇之（兩書無傳下同） 裴儆（再見） 楊炎（兩傳拜起居舍人丁憂服闋任） 杜位（兩書無傳宰相世系表任考功郎中未任此官） 許登（兩書無傳下同） 韋冗 獨孤愐（兩書無傳宰相世系表任左司郎中未任此官） 于頔（舊傳遷司門員外郎歷長安令駕部郎中未任此官） 張鎰（舊傳由殿中侍御史歷屯田祠部右司員外母憂免喪除任） 錢起（新書附盧綸傳吳興人天寶中進士終考功郎中不言任此官碑于考功亦未見） 孔述睿（兩書隱逸傳山陰人代宗時以太常寺協律郎徵轉國子博士遷任） 殷亮（三見新傳未任） 鄭叔矩（兩書無傳下同） 李竦（再見） 劉太眞（再見兩傳未任） 張惟素（再見兩書無傳） 衛次公（舊傳字從周河東人順宗初由左補闕轉任） 李絳（舊傳元和中由主客員外郎轉任） 裴樞（舊書附裴遵慶傳遵慶曾孫中和初檢校司封郎中歷兵吏二員外郎未任此官） 鄭利用（再見兩書無傳） 李元素（再見兩傳未任許見前） 邢肅（兩書無傳下同） 裴莒 鄭絪（舊傳大曆中進士第由翰林轉任） 李程（新書宗室宰相傳擢進士由翰林學士遷任） 張仲素（兩書無傳） 趙宗儒（再見兩傳未任） 薛存誠（舊傳字資明進士第元和中由起居郎遷任） 盧公憲（再見兩書無傳） 李口 盧士玫（再見舊傳未任） 蔣武（兩書無傳） 于敖（再見舊書元和中由金部員外遷） 杜元穎（新書附如晦傳如晦五世孫憲宗時由翰林學士遷任） 李正封（再見兩書無傳） 席聶（再見詳前） 王起（舊書附播傳播弟字舉之貞元十四年進士第由起居郎遷任） 路隋（再見兩傳憲宗時由起居郎遷任） 李肇（兩書無傳下同） 趙元亮 李紳

金石萃編卷一百十六　唐七十六　十五

（舊傳元和初進士[illegible]長慶元年由右補闕改任） 崔鄲（兩書俱附邠傳邠弟進士第新傳歷刑部郎中舊傳三遷考功郎中俱未任此官） 王申伯（再見兩書無傳下同） 姚向 孫簡（再見新傳由[illegible]南幕府遷左司郎中未任司勳） 馮葯（兩書無傳下同） 李宏慶 楊漢公（兩傳大和八年進士第由戶部郎中遷司封未任此官） 竇鞏（舊書附羣傳羣弟字友封元和二年進士第由侍御史歷任） 高元裕（再見兩傳未任） 盧簡辭（舊傳字子策綸子由侍御史轉考功員外郎遷郎中未任此官） 裴袞（再見兩書無傳） 崔龜從（三見舊傳未任） 裴識（兩書附度傳度子舊傳以蔭授官襲晉國公新傳廕補京兆參軍與大理少卿皆未任此官） 韋璠（兩書無傳下同） 鄭涯 丁居晦 李中敏（兩傳大和六年爲司門員外郎以病告[illegible]年任） 黎埴（兩書無傳） 崔瓘（兩傳博陵人累遷吉州刺史未任此官） 崔于（兩書無傳） 庾簡休（新書附敬休傳敬休弟官至工部侍郎不言爲郎官） 崔鉉（舊書附元略傳元略子由荊南賓佐任） [illegible]口 崔璵（舊書附珙傳珙弟字朗士開成末累遷禮部員外郎會昌初以考功郎中知制誥未任此官）

金石萃編卷一百十六　唐七十六　十六

崔駢（兩書無傳） 韋琮（新傳字禮玉進士第遷殿中侍御史累戶部侍郎未任此官） 崔鄲（再見詳前） 周復（再見兩書無傳） 裴寅（兩書附遵慶傳遵慶孫累官御史大夫未任此官） 杜審權（舊傳元穎弟元絳子大中初由左補闕遷任） 楊發（再見兩傳未任） 盧罕（再見兩書無傳） 杜牧（再見新舊傳由出牧黃池睦三郡遷任） 韋澳（兩書俱附貫之傳貫之子擢考功員外郎未任此官） 趙櫓（再見兩書無傳下同） 趙滂 李遠 崔鈞 李潘（再見） 苗恪 庾道蔚 韋用晦 鄭樞 王渢（再見） 皇甫珪（再見） 裴衡（再見） 牛叢（再見新傳宣宗時由諫員任） 楊口 張復珪（再見兩書無傳下同） 楊知遠 杜蔚（再見） 穆仁裕 苗紳 源重 薛廷望 獨孤霖 高湜（兩書附鉞傳鉞子字澄之咸通十二年爲禮部侍郎未任此官） 鄭碣（兩書無傳下同） 崔殷

婁盧顗 趙蒙再見 崔厚三見 李嶽
楊希古 李昭 楊仁贍 蘇粹 李□
李渙 杜高休 盧湜 李瀆 路綱
李迢 鄭逸 薛邁 周承矩 韋□
鄭就 鄭勤規 李晃 蔣□ 崔昭符
崔序 姚蒯 張□ 蔣□ 崔凝
鄭昌圖
考功郎中 唐六典吏部尚書其屬有四四曰考功郎中一人員外郎一人郎中掌內外文武官吏之考課員外郎掌天下貢舉之職至開元二十四年專令禮部侍郎一人知貢舉考功郎中龍朔二年改爲司績大夫咸亨元年復故兩唐書同

皇甫异度兩書無傳下同 于孝□ □□長 韋素立 趙宏
□ 崔知機 湯思謙再見 崔起 韋□ 李懷
□ 王元壽再見 朱延度 武志元 李思諒
湯德裔 劉處約再見 高 房元基 韋敏
□守眞 魏克己 裴炎之兩傳附裴漼傳漼父歷倉部郎中未任此官 崔神
福兩書無傳下同 李胥容 敬暉新書附桓彥範傳暉歷初爲衛州刺史遷夏官侍郎未任郎官
李嗣眞舊書傳調露中爲始平令徵拜司禮丞永昌中拜右御史中丞未任此官 皇甫知常三見兩書無傳下同 竇
珣 盧齊卿兩傳長安初爲雍州參軍開元初爲幽州刺史未任此官 崔琮兩書無傳下同 崔宣
道 宋庭瑜舊書列女傳庭瑜先天中自司農少卿左遷涪州別駕不言爲郎官 竇崇嘉兩書無傳下同
王遊休 房光庭 崔希喬再見 鄭冰 鄭浦

杜令昭 杜惟孝 蕭炅 李元祐 鄭長裕
舊書附徐慶傳徐慶祖官至國子司業未任此官 崔翹兩書無傳下同 戴休延 薛□□
崔諒 李峘兩書無傳舊書見李峴傳有云江淮都統李峘未任此官 馮用之兩書無傳
李嶨兩書附林甫傳林甫子官司儲郎中未任此官又一李嶨新書附卓行元德秀傳德秀門弟子南華令盧州刺史當是別一人
王介兩書無傳下同 裴從 盧簡金 房容 王
□□崇□ 陸□ 郭□ 杜牧三見舊傳由湖
州刺史入拜 趙□ 孫成再見兩傳未任 □抗 趙聿
兩書無傳下同 龐晉 李收再見 王□ 陳諫新書
附王叔文傳叔文死友不言其歷官 裴甚 董□ 鄭權舊傳德宗時由行軍司馬入朝
爲倉部郎中未任此官 李諒兩書無傳下同 □弁 元宗簡 談

皋 柏耆新傳穆宗時由起居舍人轉兵部郎中未任考功 韓皋舊書附滉傳滉子字仲聞由考功員
外郎丁憂免喪任 趙宗□疑是宗儒舊書傳貞元六年任 □宏度 李仍叔兩書無傳下同
奚敬元 趙眞齡 陸問禮 鄭魴 崔瑝
崔瑨舊書附珙傳珙弟開成中累遷刑部郎中未任此官 邢羣兩書無傳 鄭涵再見兩書無傳
母憂除服任 李德裕舊書傳字文饒吉甫子長慶元年由屯田員外郎轉任 李□ 邁
畢諴舊書傳字存之構弟栩之曾孫大和中進士歷戶部駕部員外倉部職方郎中未任考功 胡德章兩書無傳下同
李俅 崔鄲 錢方義新書附徽傳起孫徽子終太子賓客未任此官 李
瞻兩書無傳下同 盧言 魏扶 康僚 皇甫鎬
樊驤 高殷 韋岫新書附丹傳丹子宙弟自酒州刺史擢福建觀察使未任此官
孫瑀兩書無傳下同 崔琮 李蔚舊書傳大中七年以員外郎知臺雜不言任此官

李景□

倉部員外郎唐六典戶部尚書其屬有四四曰倉部郎中二人員外郎二人舊唐書職官志郎中員外之職掌判天下倉儲受納租稅出給祿廩之事龍朔改郎中爲司庾大夫咸亨復新書同 按舊書志郎中二員員外郎一員新書志郎中員外郎各一人俱與六典異

王□□ 李□□ 王□ 高□ 王仁贍再見

兩書無傳下同 薛志鳳 蕭志遠 謝 祐再見 夏□

格輔元新書附格文本傳擢明經累遷殿中侍御史歷御史中丞不言任郎官 陳崇□ □志遠

李□ □文顒 高□ 吳道師再見兩書無傳下同 王

師願 閻知微 柳 儒 馮光嗣再見 王齊□

韋 系 宋庭□ 何□ 韋□心 陳惠滿

金石萃編卷一百十六 唐七十六 九

趙晉微 張懷□ 袁仁敬三見 吳太元 錢元敬

梁 獻 張景明 劉 彤 李元祐再見 陳惠

滿再見 能□□ 李□□ 李 昂再見詳前 韋伯陽兩書

無傳下同 鄭 昉再見 裴藏暐 戴休琁 崔 譚再見

趙良器兩書無傳全唐詩傳官兵部員外不言任倉部 鄔元昌兩書無傳下同 張 瑄

楊萬石 鄭 章 崔 鎮 張□ 鄭 礜

李 憺 解 賁 李高聿 鄭炅之再見 裴 從

再見 徐 炅 崔 復 皇甫銛 鄭叔華 杜良

輔 琢 宿 舊書附宗傳字代宗朝歷刑部郎中未任此官 梁 乘兩書無傳下同 權自

□ 皇甫衛 徐 嶺 楊□ 韋□ 長孫

鑄 張 惣 盧 安 李 速 崔供 佚 趙

玕 皇甫□ 蕭存□ 李 玕再見 王 闓

濟美兩傳第進士歷刺史入爲秘書監不言任郎官 王武陵兩書無傳全唐詩傳字晦伯太原人官尚書郎不言任倉部

崔 鄆兩書無傳 孟 簡再見舊傳由宏辭科累遷任 崔 清兩書無傳惟新書忠義高

沐傳中有與清抗節作賦李文會特爲沐黨殺因似非即此人 皇甫鎛三見兩傳未任 張 寔兩書無傳下同

齊 爽 陳 諷三見 張士陵 張□方 于

□ 蘇 宏 薛存慶新書附珏傳珏子字嗣德進士第歷御史尚書郎不言任此官 曹

慶兩書無傳下同 李景儉 范季睦 崔 鄯兩書但附郗傳元和中爲監察御史累

拜左金吾衛大將軍未任此官 李宗何兩書無傳下同 宇文鼎再見 盧 鈞再見

兩傳未任 韋 瓘再見新傳未任 王 會兩書無傳下同 韓 琦 裴

金石萃編卷一百十六 唐七十六 十

充 崔 瑶再見詳前 李 款再見新傳長慶初進士出侍御史任 韋 充兩書無傳下同

韋 損 趙從約 薛 重 楊魯士 馬 曙

李行恭 羅劭權 李 遵 崔 鞏 盧近思

郭 圓兩書無傳全唐詩傳會昌中爲李回官從事檢校司門員外郎未任此官 張 琮兩書無傳下同

郭 圍 李 詠 李 蠙再見 魏 鐇 裴思猷

褚 鷹 席 鴻 李 洮 張斯干 皇甫煒

盧 肇兩書無傳全唐詩傳字子發袁州人會昌三年登第由著作郎遷任 劉允章舊書附迺傳迺曾孫寬夫子登

進士累官至翰林學士承旨未嘗任此官 令狐纁兩書無傳下同 李 僩 樊□

張 昱 士 呂 杜□符 李 球 竇 璠

鄭 棨舊傳進士第由監察殿中任 王 鐐新書附鐸傳鐸從弟累官汝州刺史不言爲郎官 柳

告兩書無傳下同 崔 殷 李 鉅 陳義範 盧朋龜
戶部郎中唐六典戶部尚書其屬有四一曰戶部郎中
二人員外郎二人初爲郎中貞觀二十三年
改爲戶部明慶爲度支龍朔爲司元大夫咸亨復其員
外郎初爲民部員外郎貞觀後改戶部郎中員外郎掌
領天下州縣戶口之事舊唐書職官志戶部郎中員外
之職掌分理戶口井田之事新書志掌戶口土田賦役
貢獻蠲免優復
姻婚繼嗣之事
口義惣 口山甫 崔 鄭口口 樂世口
盧承慶兩傳貞觀初由秦州參軍擢考功員外郎不任此官 裴元木再見兩書無傳下同 高季通
封 梁行儀再見 路口口 劉國口 韋秦眞
盧德師 薛克搆新書附循吏大鼎傳大鼎子未盛初任 王智方兩書無傳下同
姚 珽 唐從心 李嘉口 口 錫 中居錫

劉如玉 宇文敞 李 縚新書附義琛傳義琛子官相人令未任此官宰相世系表任吏部郎
中亦未任戶部 封思業兩書無傳下同 裴 惓 溫脊微 吳道師
二見 劉守口 趙口口 李無言 韋虛心兩書附隣傳累遷大理丞
侍御史景龍中遷御史中丞未任此官 蔡秦客兩書無傳下同 梁務儉 張大安兩書附公
謹傳公謹子上元中歷太子庶子同中書門下三品未任此官 張光輔舊書附豆盧欽望傳累遷司農少卿文昌右丞未任此官
李同福三見兩書無傳 鄧元挺舊傳由願郎令累授中書舍人不言爲郎官 騫味道兩書無傳
韋口元 劉延祐傳書附允之傳允之弟之子舉進士歷右司郎中未任此官 于思言
兩書無傳下同 劉 基 段嗣元 石 晷 孫元亨 盾
奉一 房穎叔 韋瓊之 李思古 楊 玉 絕
處訥兩傳神龍中由太府卿拜侍中不言任郎官 路 恒兩書無傳下同 趙履溫 狄

光嗣新書附仁傑傳仁傑子聖歷初爲司府丞由仁傑薦任地官員外郎不言郎中宰相世系表任與碑同 張昭令兩書無
傳下同 李 琇 韋 維新書附湊傳由內江令遷任 柳 儒再見兩書無傳
崔 琳新書附義元傳義元孫神慶子由中書舍人累遷太子少保未任此官 嚴方嶷舊書附挺之傳挺之叔父景龍中任
魏奉古兩書無傳下同 李 察 李 邕兩傳開元三年由含城丞擢爲任 裴
觀兩書無傳下同 司馬銓 張如珪 褚 璆再見新傳未任 王
昱兩書無傳下同 獨孤冊 張敬輿 張季瑞 裴 卓
郭 濟 梁昇卿 楊志先 鄭少微再見舊傳未任 李
元祐三見兩書無傳下同 韋 拯 班景倩三見兩傳未任 徐 惲三見兩書無傳下同
裴令臣 李朝弼 陽伯成 劉彥回 張 奇
梁 涉再見 王 壽新書附見君奐傳君奐父拜少府監疑不當是別一人 鄭 昉

再見兩書無傳下同 魏方進 韋伯祥 韋虛舟再見舊書傳舉孝廉自御史任 劉
同昇兩書無傳下同 李 常 鄭 昭 王 鉷舊書傳天寶二年由戶部員外郎遷任
楊 玘兩書無傳下同 張 震 盧 奕舊書忠義傳天寶初由鄠縣令擢兵部郎中未
任此官 李 伉再見兩書無傳 張博濟新書附李林甫傳林甫壻任此官 吉 溫兩書
皓舊傳天寶中由京兆府士曹任 王 銲兩書無傳下同 陳 澗 崔 渢 王
翊舊書附翃傳翃兄乾元中累官京兆少尹不言爲郎官 劉 暹新書附晏傳晏兄爲汾州刺史遷中丞名爲御史大夫未任此官
呂延之兩書無傳下同 崔 諷再見 張惟一 李齊運舊書傳由江淮都
陳縣府兆傳工部郎中未任此官 李季卿再見兩書無傳下同 崔口 李口 崔
浩 王延昌 來 球 張 參兩書無傳五經文字序稱大歷十一年國子司
業臣張參開元天寶間舉明經大歷初任司封郎未言任戶部碑于司封亦未見 杜 濟 杜亘輔

于頎舊傳由鳳翔少尹遷度支郎中未任此官 邵說再見詩前 李洞淸兩書無傳宰相
世系表兵部郎中與此異 李規兩書無傳下同 許登再見 崔鼎 徐
演 王績 平曷 衛密 □頁輔 益
損 李巽兩傳字令叔趙州人由臺省累左司郎中未任此官 盧雲兩書無傳下同 竇
或 常 魯 盧佋 王紹舊傳貞元中由倉部員外郎遷 崔
從質兩書無傳下同 魏宏簡 韋武新書附挺傳擢賢良異等遷長安丞德宗時除殿中侍御史未任此官
張式舊書附正甫傳正甫兄大曆中進士登第未任此官 李元素再見兩傳未任詩見前 于皋
謩兩書無傳 潘孟陽兩傳由殿中侍御史累至兵部郎中未任此官 鄭敬兩書無傳 張正
甫舊傳字踐方南陽人由侍御史知雜事遷任 崔淸再見詩前 李巨兩書無傳宰相世系表任司勳
員外郎未任此官 陸澧兩書無傳全唐詩傳貞元元年進士第官給事中不言任郎官 李應兩書無傳

崔植再見兩書未任 武儒衡舊書附元衡傳元衡從父弟字庭碩累遷任 陸亘舊傳
由鄭州刺史入任此官 劉遵古兩書無傳 羊士諤兩書無傳全唐詩小傳泰山人貞元元年進士第累至宣歙巡
官元和初拜監察御史不言任郎官 韋處厚兩傳字德載萬年人由開州刺史入拜此官 崔護再見兩書無傳
王源中新書附盧簡求傳字正蒙權進士第由左補闕遷任 王正雅舊傳元和中由萬年縣令遷任
宋申錫舊傳文宗即位由禮部員外郎遷任 韋詞舊傳有韋辭疑即詞長慶初擢戶部員外轉刑部郎中出爲京西北和糴
使尋任此官 王彥威舊傳穆宗初累轉司封員外郎新傳累擢司封郎中皆不言戶部 盧周仁兩書無傳
李固言新傳字仲樞趙人進士甲科由祭府累任 李石再見兩傳未任 盧貞再見兩書無傳
王質舊傳字華卿文中子通五世孫由興元節度副使遷任 楊漢公再見舊傳由興元從事遷任
裴訥兩書無傳 楊敬之新書附楊憑傳憑弟凝之子元和初進士第由屯田郎中遷任 竇宗直
兩書無傳 裴識再見兩傳未任 韋力仁兩書無傳 姚合新書附崇傳崇曾孫元和中進

士由武功尉遷監察御史未任此官 韋紓兩書無傳下同 張鷺再見 鄭賞
崔瑨再見舊傳未任 盧言再見兩書無傳下同 潘存實 韋厚叔
趙 盧□ 李敬方 李繼 崔駢再見
杜總 李福新書附李石傳石弟字能之大和中第進士由監察御史遷任 崔璵
再見兩傳未任 路紹兩書無傳下同 鄭冠 韋有異 竇洵直
鄭薰新傳進士第累遷考功郎中未任此官 苗愔兩書無傳下同 崔卓 溫
璋兩書附逆臣傳以蔭入仕歷三郡刺史新傳擢侍御史歷安康宋三州刺史皆不言郎中 韓□ 盧
□□ 賓 趙格兩書無傳下同 趙滂再見 韋
宙新書附丹傳丹子由侍御史三遷度支郎中累拜吏部郎中未任此官 崔銖兩書無傳下同 李荀
楊假舊書附收傳收兄字仁之進士第轉侍御史由司封郎中知雜事未任此官 任憲再見兩書無傳下同

孟穆 蕭峴 曹汾新書附確傳確弟以忠武節度入爲戶部侍郎不言任郎官 張
孟球再見舊書無傳下同 馮緘 鄭確 侯恩 張
道符 崔□□ 牛叢三見新傳未任 李植新書附逢吉傳逢吉從弟子逢
吉無子以植嗣不言其歷官 楊知至兩書無傳 王龜兩書附播傳播弟起之子字大年舊傳遷侍御史尙書郎
新傳擢屯田員外郎皆不言戶部 竇紃兩書無傳下同 許瓘 楊輅 崔
璞 裴璩 劉允章再見舊傳未任 韋條兩書無傳下同 杜
無逸 鄭碣再見 王緘 高□ 盧深
鄭□ 李磵再見 □祕 韋蟾舊書附表微傳表微子進士第
咸通末爲尙書左丞未任此官 楊希古兩書無傳下同 、庾崇 馮嚴舊書附循傳循
弟定之子進士第咸通中歷任臺省不言任此官 柳陟兩書無傳下同 李晦 韋保乂

楊希古再見 盧絡 豆盧瑑新書附劉鄴傳字希真河南人舊傳河東人大中十三年
進士咸通末由吳部員外郎轉任 劉蛻兩書無傳下同 崔彥融 楊知退新書附楊虞卿傳再
中書事郎中歷任 鄭 李節兩書無傳下同 鄭誠 李磎新書附鄘傳鄘孫拭子字
■大中末由吳遷任 張裕兩書無傳下同 周慎辭 鄭殷 李
燭 張无逸 李峭 李邈 李□□ 鄭
■ 李毅 崔 鄴 孫緯
戶部員外郎詳見前
趙義綱兩書無傳下同 皇甫愛慶再見 封元素 劉翁勃 李
友益 韋暕 元 悰 李素立兩傳武德中授侍御史不言任此官 原
崐玉兩書無傳下同 劉燕客 王 明 任行褒 許行本

樊元□ 劉慶道 裴行儉新傳字守約聞喜人麟德二年擢累安西都護改爲司文少卿未任此官
崔禮庭兩書無傳下同 鄭元紛再見 李延慶 崔知悌新書 新
■溫傳知溫兄官至中書侍郎不言爲此官 韋 惲兩書無傳下同 姜元乂 劉 道
辛義感 蕭志遠再見 宋之順 崔元敬 辛宗
斂 劉尚客 元令表 張仁約 鄭仁恭 鄧元
挺再見新書 魏克己兩書無傳下同 裴 奐 張栖貞再見 張昌
期 狄光嗣再見新傳由司府丞遷任 薛克備兩書無傳下同 張光轉 杜
元揆兩書無傳宰相世系表任天官員外郎未任此官侍子吏部亦未見 董敬元再見兩書無傳下同 張巨源
孫尚客 鄭元敬 周允元新書附豆盧欽望傳由右肅政御史中丞拜檢校鳳閣侍郎不言任郎官
侯師仁兩書無傳下同 劉穆之 劉珽祐 房 昶 裴

炎之再見兩傳未任 劉守敬兩書無傳下同 張行則 王先輝 藺
嗣忠 王遺恕再見 鄭訥言 韋 維再見新傳由內江令遷戶部郎
中不言官員外 張 錫新書附文瓘傳文瓘兄文琮子久視初爲鳳閣侍郎未任此官 薛昭旦兩書無傳下同
一房光庭再見 孫彥高再見 鄭仙官 蘇 詵兩見兩傳未任
楊溫玉兩書無傳下同 裴友直 李 邕再見兩傳由侍御史改任 王易從
兩書無傳 賀知章兩傳登聖初擢進士累遷太常博士不言爲郎官 劉希逸兩書無傳下同 周履
慶 盧元裕 獨孤邠 長孫處仁 徐有功舊傳則天時出司刑丞累
轉秋官員外郎轉郎中未任戶部 辛元同兩書無傳宰相世系表任興州司 劉 叔兩書無傳下同 賀
遂陟 楊 瑒舊傳開元初由殿中侍御史遷侍御史未任此官 班景倩四見兩傳未任 鄭
嚴兩書無傳下同 沈萬石 張昭命 韓朝宗再見新傳未任 嚴

挺之兩傳舉進士開元中爲考功員外郎未任此官 蔣將茂兩書無傳 李義仲新書附白藥傳言藥子安
期以孫官中書舍人未任此官 田幹之兩書無傳下同 韋利涉 楊伯成 宋
之問兩傳景龍中由鴻臚主簿擢任 董 琬兩書無傳 盧 諭兩書無傳宰相世系表任此部員外
郎未任此官 王 鉷再見舊傳開元二十九年由監察御史遷任 韋 迥兩書無傳下同 李
昂三見 韋 弼 裴子餘新書附守真傳守真曾孫由明堂尉舉景龍中爲左臺監察御史未任此官
寇 玼兩書無傳下同 王 昌 王 蕘新書附瑾傳瑾孫歷給事中未任此官
嚴 杲再見兩書無傳下同 呂太一 李 巖新書附素立傳素立孫至遠之從弟從遠子中宗時遷兵
部郎中未任此官 鄭 汞再見兩書無傳下同 張 楚 崔懷嶷 張敬輿
再見 竇 紹 楊 宗 裴 卓再見 楊 玘再見
裴博濟 程 烈 封希顏 司馬垂 吉 溫再見兩傳

侯擇戶部郎中不言員外　李彭年四見兩傳未任　裴系兩書無傳下同　李常再見
鄭不　杜昱　韓賞　呂延之再見　李
進　邢宇新書附卓行元德秀傳德秀門弟子字紹宗河間人不言其歷官　蕭隱之兩書無傳下同
徐鍔　王晦　王岳靈　張賞　李麟三見
舊傳開元二十二年由殿中侍御史任　路齊暉兩書無傳下同　高詧　宇文嵒
王佶兩書無傳宰相世系表任祠部郎中未任此官　王光大再見宰相世系表亦未任　韋夏
有兩書無傳下同　苗丕三見　房由　宋說　田灣
杜亞三見兩書有傳　何昌裕兩書無傳下同　李翊　盧執顏
楊晉　范倫新書附杜正倫傳正父未任此官　寇鍰兩書無傳下同　王
渾蔣　鍊舊書無傳新書有鍊云與弟鎮並受禾洪儀獵恐是別一人　李鉞兩書無傳下同

金石萃編卷一百十六　唐七十六　毛

李彥超　王翊再見兩書無傳　徐閑兩書無傳　穆賞舊書附穆寧傳寧第四子不
其官　李融兩書無傳　邵元挺三見兩書無傳　竇或再見兩書無傳下同　裴
防　蕭直再見　穆寧舊書有傳寶應初由侍御史遷任　任侗兩書無傳下同
盧倍　劉迥兩書附子元傳子元之子舊傳除官諫議大夫給事中新傳第進士歷殿中侍御史皆未任此官
韋延安兩書無傳下同　崔稱　崔溉再見　袁滁
潘孟陽再見兩傳未任　孟逢兩書無傳　崔融舊傳聖歷二年除著作郎四年遷鳳閣舍人未
任此官　裴通兩書無傳下同　獨孤邁　田南鷗　韋光裹
呂溫舊書附呂渭傳順宗即位使吐蕃還由侍御史遷任　張賈再見兩書無傳下同　王績再見
裴徹　韋宗卿　盧常師　裴郁　竇公衡
裴損　李隨　李適新書文藝傳字子至萬年人舉進士武后時修三教珠英書成遷著

王潤兩書無傳　于頎再見舊傳未任　王崟四見兩書無傳下同　李
胄　路士則　韋睦　韋頌　賈全　史
牟　裴向新舊書附裴遵慶傳遵慶子德宗時由渭南令擢任　崔鄲再見兩書無傳　盧
坦舊傳由京兆少尹遷庫部員外郎新傳累遷刑部郎中未任此官　李夷簡新舊書宗室宰相傳字易之德宗時進士第遷監察御
史未任此官　張正壹再見兩書無傳　張正甫再見舊傳由殿中侍御史遷　盧逢兩書
無傳宰相世系表任戶部郎中未任此官　李宗衡兩書無傳下同　李應再見　竇楚
陳岵　崔韶　趙元亮再見　楊潛　韋
詞再見舊傳辭長慶初任　姚向再見兩書無傳　崔戎舊傳字可大累拜吏部郎中尋為東西兩川宣
慰使還拜給事中未任此官　崔祐兩書無傳下同　鄭逌　王質再見舊傳未任
張洪兩書無傳　李石三見兩傳未任　馮審舊書附宿傳宿從弟貞元十二年進士第

金石萃編卷一百十六　唐七十六　夫

由監察御史累遷兵部郎中未任此官　殷譽兩書無傳　崔蠡兩書附崔寧傳寧弟密孫大和初爲侍御史三遷
戶部郎中不言任員外　李景信兩書無傳　姚合再見新傳未任倉唐書附傳任遷碑同　杜忱
兩書無傳下同　姚康　盧元中　房直溫　李羣　李
元皐新書附訓傳訓弟不詳其歷官　崔瑕兩書無傳下同　裴鍇　陳商
韋行貫再見　潘存實再見　柳仲郢舊書附公綽傳公綽子元和十三年進士第會
昌中三遷吏部郎中未任此官　周復三見兩書無傳下同　郭勤　李行方再見
白敏中舊書附居易傳居易從父弟長慶初進士第會昌初由殿中侍御史遷　韋慤再見兩書無傳　鄭
薰再見新傳未任　邢羣兩書無傳　盧簡求再見舊傳未任　路綰再見
郾兩書無傳　崔慎由再見舊傳未任　鄭禺　裴坦新傳字知進由楚州刺史遷職方郎中
未任　畢誠再見舊傳由磁州刺史徵任　溫璋再見兩書無傳　趙櫓三見兩書無傳下同

趙滂三見 崔珣 趙格 李元 裴處
權 權審 韋退之 薛誠 李鄴兩書無傳全唐詩傳
言郎 盧潘兩書無傳下同 崔璙再見 崔陪 鄭彥宏
于德晦再見 李景溫新書附景讓傳景讓弟字德己死福建觀察華州刺史未任郎官 崔
瑄兩書無傳下同 丁居立 崔蕘兩書附鄭傳鄭弟蕘之曾孫蕘子大中二年進士官至尚書郎不言
任此官 楊知至再見兩書無傳下同 陽塾 崔彥昭舊傳咸通初累遷兵部員外郎轉郎中不
言任君郎 盧鉟兩書無傳下同 權愼微 張禹謨 楊戴
崔朗 杜無逸再見 王緘再見 裴慶餘 任
宇 李炊再見 陳琉 薛遠 李韶 薛
調 楊思立 張顏 鄭紹業 張同 崔

萬再見寓同寓 韋保乂再見 裴質 裴宏 蕭
鄰 鄭蒸 鄭就再見 韋顏 盧莊 鄭
縣再見舊傳由監察殿中倉部員外任 孔綸口 韋昭度舊傳字正紀京兆人乾符中累遷尚書郎不言
任此官 張禧兩書無傳下同 盧頔 魏滔 盧自牧
獨孤損 李凝庶 王鸞 王深 陸威
韋承貽 崔汀
度支郎中說見前
韋慶儉兩書無傳下同 皇甫文高 竇德明舊書外戚傳太穆順聖皇后兄之孫武德初拜考功
郎中未任此官 高祐兩書無傳 袁朗舊書文苑傳由陳附入齊武德初授齊王文學祠部郎中不言為此官
士義愍兩書無傳下同 史令卿 裴思莊 高履行舊書附士廉傳士廉子貞

觀初歷祠部郎中未任此官 王仁表兩書無傳宰相世系表任祠部郎中未任此官 杜文紀兩書無傳
張知謇新傳調露時監察御史歷十一州刺史未任此官 王 鄭文表兩書無傳下同
裴孝源 裴公緯 楊宏文 崔思約 元大上
李太沖新書附知本傳知本父孝端之族弟不詳其歷官 張宏濟兩書無傳 李安期兩書
附百藥傳百藥子貞觀初累除主客員外郎未任此官 虞昶新書附世南傳世南子終工部侍郎不言任此官 孔仲
思兩書無傳下同 田 鄭欽文 高正業 崔元譽
劉慶道 裴昭 唐嘉會 李守一新書附敬元傳敬元子官郎令不言任此官
溫 瑜兩書無傳宰相世系表任祠部郎中未任度支 閻元通兩書無傳 崔神基再見
新傳未任 錢元敬再見兩書無傳下同 宋 尉大亮 孔惠元新書
附穎達傳穎達孫志子由司業擢累太子諭德未任此官 蘇瓌新傳神龍初由同州刺史入為尚書右丞未任此官 周

悰兩書無傳 楊再思兩傳由元武尉累擢天官員外郎未任此官 張元觀兩書無傳下同 魏
詢 崔口峒 鄭從簡 薛會 劉希逸再見
源光譽新書無光譽有光裕未敘謂館一人 童 韋銑兩書無傳下同 劉穆
之再見 高嵊 馮元淑兩書附元常傳元常從父弟由縣令終祠部郎中未任此官 王
景兩書無傳 杜元志兩書無傳宰相世系表考功郎中未任此官碑於考功亦未見 王詢兩書
無傳下同 留務滋 王易從再見 孔立言兩書無傳宰相世系表任祠部郎中不言任度支
李 撝兩書無傳 杜佑舊傳由水陸轉運使改任 房 由兩書無傳下同 劉
昇 表 眺 李少康 魏啟心 崔 尚 李
融再見 ○呂 周 王 佶再見兩書無傳宰相世系表未任 李 舒兩書
無傳下同 司馬垂再見 張 曉新書附巡傳巡兄從監察御史未任此官 崔 芃再見

兩書無傳下同 鄭 李逢年 李光烈 崔 同 韋
損再見 源 休舊傳臨漳人京兆尹光輿子出溱州刺史入爲主客郎中未任度支 崔 淛兩書無傳
董 晉再見舊傳由主客員外郎遷祠部郎中未任此官 褚長孺兩書無傳下同 許鳴謙
王 燧 裴乾貞 夏侯審新書附盧綸傳大歷十才子之一官侍御史不言任郎官
周 渭兩書無傳下同 鄭膺甫 徐 復 張正甫三見舊傳未任
錢 徽舊傳起子貞元進士從事戎幕三遷祠部員外郎六年轉郎中八年改司封郎中未任此官 李 纘兩書
無傳下同 鄭 羣 段文昌舊傳由補闕改祠部員外郎轉祠部郎中未任此官 元 稹舊傳
字微之孫宗將由膳部員外郎轉祠部郎中未任此官 高宏簡兩書無傳下同 崔公信 王 長
文 裴 詡 令狐定兩書附楚傳楚弟字履常舊傳進士第大和九年累遷至職方員外郎新傳大和末
爲駕部郎中皆不言任此官 王孟堅兩書無傳下同 杜寶符 苗 愔再見

李敬方再見 薛 褒 蕭 憲 杜 陟 馮 袞
舊書附宿傳宿弟定之子進士第咸通中歷任臺省不言此官 崔 罕兩書無傳下同 楊師復 張
權 任 憲三見 薛 干 崔 鐸 趙 璘
王 鉟再見兩傳未任 李 平兩書無傳下同 竇 堦再見 陳
張 裼 曹 鄴兩書無傳全唐詩傳字業之桂州人大中進士第由太常博士遷祠部郎中未任此官 李
近仁兩書無傳 林 滋兩書無傳全唐詩傳字後象閩人會昌三年進士官終金部郎中未任此官 高
澣兩書無傳下同 張光逸再見 裴 徵 李 羽 歸仁紹
杜致美

祠部員外郎唐六典禮部尚書其屬有四二曰祠部郎中一人員外郎一人掌祠祀享祭天文漏刻國忌廟諱卜筮醫藥道佛之事龍朔二年改郎中爲司禋大夫咸亨復兩唐書同

李叔良兩書無傳下同 盧文洽 裴宣機新書附矩傳矩子高宗時官至太子左庶子未任此官
尒朱義深兩書無傳下同 蕭仁思 張宏濟再見 李思遠
柳言思 梁寶意 李思諒再見 許 偉 陳義方
魏叔琬新書徵傳有其名徵第二子不言其歷官 楊守訥兩書無傳下同 李範邱再見
鄭元皦 王守真 高梁客 袁利貞新書附朗傳朗從祖弟高宗時太常博
士擢任 元令臣兩書無傳下同 周 琮 閻叔子 薛 巍
陳昭景 薛 稷新書附收傳字嗣通道衡曾孫進士第累遷禮部郎中未任此官 裴懷古
舊傳聖歷中自突厥監軍還任 韋 顗兩書無傳下同 楊降禮三見 劉守悌
鄭休遠 李 冐新書附知本傳知本弟知隱之孫官至太常少卿未任此官 康庭之兩書
無傳下同 李 恒 李 察再見 崔 沔舊傳長安人則天時由左補闕遷任

金石萃編卷一百十六 唐七十六

杜 咸新書附正倫傳正倫兄孫顯名不言任此官 陳惠滿三見舊書無傳下同 蕭 嵩
張 昶再見 姚 奕再見新傳未任 鄭長裕再見舊傳未任 竇從之
兩書無傳下同 梁昇卿再見 裴 朓再見 鄭 巖再見 馬 光
淑再見 趙 賓 高 遷 裴春卿再見 張 楚再見
盧 僎四見新傳未任 裴 稹新書附行儉傳子光庭開元末任 陳 光新書
附子昂傳子昂子終商州刺史不言任郎官 李 舒再見舊書無傳下同 司馬垂三見 李 成
式 盧 鉉舊書附酷吏吉溫傳官御史未任此官 張 允兩書無傳下同 盧 霸
豆盧友 楊日休 元 載舊附傳肅宗朝任徽任全唐詩傳歷度支郎中傳言度支未見
韋少遊三見舊書無傳下同 樊 晃 徐 儀 辛昇之再見
韓 滉三見舊書 薛 據兩書無傳全唐詩傳寶鼎人開元十九年登第官水部郎中未任此官 陸

易（兩書無傳）岑　參（兩書無傳全唐詩小傳天寶三載進士右補闕歷起居郎代宗時爲庫部郎未任此官）張
鎰（再見兩書傳由屯田員外遷）王　紞（兩書無傳下同）田南口　趙　薰　褚
長孺（再見）韋　敘　錢　起（再見新傳未任）元仲武（兩書無傳下同）
王後已　庾　何（新書附敬休傳敬休爸兵部郎中不言任此官）房　由（再見兩書無傳下同）
房　說　陸　贄（舊傳德宗時由監察御史翰林學士轉任）竇　申（再見兩傳未任）趙
計（兩書無傳下同）李聽肴　于公異（舊傳進士第貞元中任）崔　溉（三見）
（兩書無傳）李　鄘（再見兩傳由吏部員外遷郎中未任此官）邱一丹（兩書無傳全唐詩載其[illegible]韋皋[illegible]貞元六年檢校戶部）
（自外郎永侍御史未任此官）薛　展（兩書無傳下同）韋成季　陸　黍　裴
泰　田　灣（再見）周仲孫　穆　賞（再見詳前）辛　秘
（舊傳貞元中登五經開元禮科由太常博士遷任）裴　汶（兩書無傳）徐　放（兩書無傳全唐詩傳字達夫元和九年爲

衢州刺史不言任郎官）錢　徽（再見詳前）劉公輿（兩書無傳下同）李　諒（再見）
段文昌（再見舊傳元和中由祠部遷任）尉遲汾（兩書無傳下同）豆盧署　班
肅　李虞仲（再見舊傳寶歷中由司勳郎中轉兵部郎中未任此官）王彥威（再見舊書未任）馮
定（舊書附宿傳宿弟貞元中進士由太常博士轉任）張又新（新傳字孔昭薦子由補闕轉任）吳　思
（兩書無傳下同）蕭　聽　殷　澗　李　衢　蘇　滌　錢
可復（舊傳徵子累官[illegible]部郎中大和九年檢校兵部郎中未任此官）陸　滂（再見兩書無傳下同）韋　諶
庾簡休（再見詳前）薛元龜（兩書無傳）張口物　封　敖（新傳元和中進
士第爲令累官初以左司員外郎召爲翰林學士不言任祠部）張　忱（兩書無傳下同）竇洵直（再見）路
緒（三見）崔　瑤（再見詳前）李　隲（兩書無傳下同）杜宣猷　韋
尚敬　崔　鈞（再見）任　憲（四見）薛　浻　張彥

遠（兩書無傳宰相世系表任與碑同）趙　璘（再見兩書無傳下同）高　緯　宇文錄
崔傷言　令狐緘　劉　頊　薛廷傑　楊知退（再見）
（舊傳未任）崔　鄘（兩書無傳下同）盧　卞　蘇　粹　張　顏（再見）
馮　巖（再見詳前）楊　範（新書附虞卿傳虞卿弟漢公子但云仕亦顯不著官名）陳　蠙
（兩書無傳下同）薛　洿　崔　潼　韋　顏（再見）韋　璉
蕭　禀（新書附瑀傳字富侯咸通三年第進士遷尚書郎不言祠部）崔道紀（兩書無傳下同）李
峭　鄭　頎　盧　蘊　王　愔　鄭　峻
金部郎中　唐六典戶部尚書其屬有四三曰金部郎中一人員外郎一人掌庫藏出納之節金寶財
貨之用權衡度量之制龍朔改郎中爲司珍大夫咸亨復兩唐書同
長孫操（新書附無忌傳無忌從父弟字元節祖祥署全書參軍）牛方裕（再見兩書無傳下同）袁異度

于孝辯　唐　曉（再見）李　縡　王德表　崔　知
機（再見）殷令名　柳子房　李仲寂　劉公彥　竇
暉　韋師貫　王文濟　李同福（四見）獨孤璉
裴重暉　蕭志遠（三見）崔元敬（再見）路勵行　韋
破　韋德恭　張統師（新書附儒學蕭德言傳官博士未任此官宰相世系表任與碑同）崔　神
基（再見兩書無傳下同）侯知一　傳神童　劉守敬（再見）楊守節
盧師立　杜從則　柳秀誠　梁　晧　盧萬石
（疑同萬頃）趙承恩　曾懷貞（兩傳由清河令舉能中舉進左御史大夫不言爲郎官）韋嗣萬
（兩書無傳下同）侯令德　韋奉先　張思義　姜　晞（舊書附[illegible]傳）
（孫行本子開元初左散騎常侍不言爲郎官）程行諶（兩書無傳下同）衛守直　薛　紘

裴燕耀 周敏道 蔡秦客再見 薛曦 魏
恬由見新傳未任 陸景融新書附元方傳元方子由新鄭令累遷工部尚書不言任郎官 韋口
蕭識兩書無傳下同 劉體微 鄭紘 裴眺三見 鄭
愿 鄭楚客 姜虔 劉繹 李峘再見詳前
郭虛微再見兩書無傳下同 李彥允 張萱 郭曇 第五
琦新傳元宗時由司虞員外郎河南等五道支度使遷任 竇紹再見兩書無傳下同 盧允三見
李華 鄭璲再見 崔褘再見 鄭叔華 杜艮
輔再見 崔浩再見詳前 裴季通兩書無傳下同 王邕 嚴
郢再見新傳未任 楊晉再見兩書無傳下同 崔夷甫 盧杞再見詳前 柳
建兩書無傳 杜黃裳新傳貞元末拜太子賓客遷太常卿未任此官 杜佑再見舊傳由工部郎中遷

樊 澤舊傳由御史中丞遷任 路季登再見詳前 王遘兩書無傳下同 李
上公 元季方新書附萬頃傳萬頃曾孫由度支員外郎遷任 李玕三見兩書無傳下同 韋
頌 韋顥 史牟再見 韓臯再見舊傳未任 裴
通再見 盧元輔再見兩傳未任舊傳初由左拾遺遷左司員外郎碑亦無 段平仲舊傳除屯田膳部二員外
累拜右司郎中未任此官 蕭晉兩書無傳 許季同新書附孟容傳孟容弟由長安令遷兵部郎中未任金部
陳 諷四見兩書無傳下同 韋審規 樊宗師新書附澤傳澤子字紹述元和中由著作佐郎歷任
裴 誼兩書無傳下同 楊潛再見 蘇宏 邱紓 蕭
澣 張公儒 劉茂復 蕭俶舊書附俛傳俛弟以蔭授官大和中累遷至河陰
南少尹未任此官 李續三見兩書無傳下同 鄭澥 趙眞齡再見 嚴
澗再見 紇干泉再見 盧宏止新傳宏止舊傳作宏正元和末進士第由侍御史三遷兵部郎中未

任此官 李拭新書附鄘傳鄘子歷仕宗正卿未任此官 王含兩書無傳 孫範新書
附遜傳遜曾孫簡弟官緒青節度使不言任郎官 張固兩書無傳下同 陸紹 韋博
再見新傳未任 羅劭權再見兩書無傳下同 鄭漳 劉潼新書附晏傳晏兄暹孫字子固
進士第累遷駕部郎中未任此官 高宏簡再見兩書無傳下同 崔荆 杜宣猷再見
李景素 韋退之再見 張傑夫 崔脩再見 穆栖
梧 李口 趙璘三見 崔惲 李湯新書附李宗閔
傳宗閔弟宗冉之子累官京兆尹未任此官 鄭畋舊傳咸通九年由翰林學士轉戶部郎中未任此官 鄭繁
兩書無傳下同 李磵三見 汪結 令狐纁再見 羅洙
崔彥回 呂燒 裴延魯 林滋再見兩書無傳全唐詩僅言終此任
李浩兩書無傳下同 口亞 王樾 盧鄴 王

葆
金部員外郎詳見前
鄭通諒兩書無傳下同 尹文憲 秦叔惲 杜超 王
昕 張珪 殷令名再見 李太沖再見詳前 裴行儉再見
兩傳未任 韋惲兩書無傳下同 權知本 李伯符 獨孤璡再見
房正則再見 裴克諾 唐不占 趙崇嗣 夏侯
竟 齊濬 王宏之 徐昭 游祥 盧師
邱 宇文有意 楊傳物 紀先知再見 田貞松再見
李幾通 李仙童 李元恭三見 魏嗣萬 李頫
趙金穀 崔先意 何孜之再 乜全堅 衛了

直再見 劉庭璥 杜元志再見 李守直 齊澣再見
兩傳杏 魏 恬三見新傳未任 陸遺逸兩書無傳 陸景融再見諱 盧
廙兩書無傳下同 袁仁敬四見 宋珣 杜令昭再見 薛
縑兩書無傳宰相世系表任與碑同 鄭長裕再見兩書無傳 鄭少微三見舊傳未任 馮紹
烈兩書無傳下同 李庭誨 孔晉言 姜昂再見 夏侯銛
再見 馬元直 馮光嗣三見 張利貞 呂周再見
鄭昭再見 張瑕 盧諭再見 陽潤 徐
浩舊傳字季海越州人由太子司議郎遷任 王元瑾兩書無傳下同 馮用之再見 張
漸新書附蘇珦子晉傳後云張仲之之子不言任此官 吳伋兩書無傳下同 邊承斐 盧
允四見 沈震 盧簡金再見 姚沛 李澥

崔禕三見 裴皐 張之緒 裴霸再見 趙
縱 裴冀 陳少遊舊傳寶應元年由師度判官擢任 李昂四見兩書無傳下同
杜良輔三見 王字 韋寂 屈無易 鄭岑
崔縱 崔甯 韋士模 吳郁 王緯
袁高兩傳字公頤進士第代宗初累官給事中御史中丞不言任郎官 李舟兩書無傳下同 高
粲 侯嶠 吳通微新書附竇參傳云通元弟舊書附通元傳云通元兄建中四年自壽安縣令擢任
竇參舊傳由殿中侍御史改任 獨孤良器兩書無傳全唐詩傳貞元中官右司郎中不云任此官 趙
許再見兩書無傳 蕭存新書附蕭穎士傳穎士子字伯誠建中初由殿中侍御史四遷比部郎中未言任此官 韋覬
肖見兩書無傳下同 蕭曾再見 鄭敬 顏頻 陸則兩書
無傳宰相世系表由杭州刺史任左司郎中未任此官 許季同再見新傳未任 崔從再見新傳未任

元宗簡兩書無傳下同 張植 段鈞 崔琯再見兩傳未任
路異兩書無傳 路羣兩書附嚴傳嚴父新傳咸通初官屯田員外郎舊傳穆宗初加兵部郎中皆未任此官 一
段文通兩書無傳下同 蕭○澣再見 李孝嗣 史備 呂
鎛 李顧行 崔元式 李武 陸暢新書附彖皐傳
字達夫皐所厚禮不言其歷官 杜慥兩書無傳下同 趙棿 韓益兩書無傳宰相
世系表任與碑同 陳元錫兩書無傳下同 李敬方三見 李播兩書有李播附淳風傳淳
風父什附高唐尉別一人全唐詩傳李播元和進士第以郎中典蘄州未言任此官 李貽孫兩書無傳下同 李宏休
馬曙再見 馮韜 韋同靖 段覺 李
潘三見 張特 馮緘再見 陳瀚 于德晦三見
盧頲 孟球三見 李儆 鄭延休 王

氷 趙隱再見書傳未任 嚴都再見兩書無傳下同 李遷 崔
厚四見 張又思 裴德符 敬相 趙秘 羅
洙再見 楊範再見諱 源蔚兩書無傳下同 張无逸三見
張譙 竇□ 李辶彝 杜致美再見 周禹
倉部郎中前說見
杜超再見兩書無傳下同 高季通 李行詮 裴世清 賀若孝
義 唐奉義 韋福英 蘇會昌 李方義重書按元刻云重書今
錦以前未見兩書亦無傳 費宏規兩書無傳下同 李鳳起 董敬元三見 □
言 韋慶基 裴宏獻 李友益再見 盧承基
獨孤元愷再見 杜續兩書無傳宰相世系表任主客郎中未任倉部 郝處俊兩傳安陸人貞

觀中進士舉由太子司議郎五遷吏部侍郎不言任郎官　蘇良嗣兩書附世長傳世長子高宗時遷周王府司馬荊州長史未任郎官
張　振兩書無傳下同　薛　紘再見　李　　王文濟再見
盧外師　高純行舊書附士廉傳士廉第三子不言郎官　劉元象兩書無傳下同　唐
之奇　魏叔麟　獨孤元同　雲宏曠　王叔偲　李
燈三見兩傳未任　徐　峻兩書無傳下同　于復業　郭元振　李
頲再見　李光進舊傳王統中授代州刺史新傳歷前後軍牙門將兼御史大夫均未任此官　魏
昭舊書無傳　李　禺再見新傳未任　郭　奇兩書無傳下同　韋　銘再見
張宗潔　薛　紘三見　姚　贖　韋　損三見　口
右　賀遂陟再見　李仲康　鄭懷隱　徐立之　崔
瑨三見舊傳未任　張　洌兩書無傳　李　植再見詳前　呂　向新傳開元中由

金石萃編卷一百十六　唐七十六　三十九

起居舍人遷主客郎中未任倉部　皇甫彬兩書無傳下同　雍維良　苗　粲再見
盧　雲再見　楊休烈　薛　羽　獨孤允　張　巡
兩傳由員源令授主客郎中兼御史中丞不言為倉部　姚　沭再見兩書無傳　庾　準三見舊傳未任
崔令欽兩書無傳下同　邱　為再見　薛　愻　趙　璉　王
後己再見　班　肅再見　崔　蔇　口　何　高　郢
舊傳字公楚舉進士為姚解掌書記徵拜主客員外郎遷刑部郎中未任此官　任　侗兩書無傳下同　閻濟美
質詳前　周仲孫再見兩書無傳　裴　蒞再見詳前　盧　汀　陸
湮再見詳前　吳士矩新書附涔傳涔兄微之子開成初為江西觀察使不言為郎官　白居易新傳元和中由
忠州刺史入為司門員外郎以主客郎中知制誥不言任倉部　崔　珙兩傳珙子琯弟以書判拔萃高等大和初累官泗州刺史入為
太府卿未任此官　張　藉舊傳由水部員外郎轉主客郎中新傳歷主客郎中皆不言為倉部　姚宏慶兩書無傳下同

蕭　口　鄭　復　張又新再見新傳由汀州刺史遷刑部郎中未任此官　嚴
澗三見兩書無傳　高少逸再見舊傳未任　楊　倞兩書無傳下同　蕭　僨
張嗣慶　柳仲郢再見舊傳未任　王　績兩書無傳　韋　傅三見
新舊傳未任　崔　家再見兩書無傳下同　盧　頊　裴思口　鄭　涨
鄭茂休舊書附餘慶傳餘慶孫澣子本名茂諶避國諱改茂休開成二年進士第累遷兵部員外郎吏部郎中未任此官　張
鐸兩書無傳下同　張　濬再見　楊知退三見舊傳未任　任　纘兩書無傳
薛　能兩書無傳新書文藝傳序有其人不言歷官全唐詩傳字太拙汾州人會昌六年進士第咸通中遷主客度支刑部郎中不言任此官
楊思立兩書無傳下同　蘇　蘊再見　崔　楄　王　燧再見
張　譙再見　裴　穀　鄭　口　周承矩再見　陳
翟再見

金石萃編卷一百十六　唐七十六　四十

主客員外郎唐六典禮部尚書其屬有四四曰主客郎中一人員外郎一人掌二王後及諸蕃朝
考之事龍朔二年改郎中為司蕃大夫咸亨復兩唐書同
楊宏業兩書無傳下同　丁貴寧　辛世良　趙德言兩書無傳宰相世系表任
與傳同　韓　瑗新傳字伯玉父仲良穎川縣公貞觀中以兵部侍郎襲爵未任郎官疑別一人　溫無隱舊書
附大雅傳大雅子官至工部侍郎不言任郎官　郭　義兩書無傳下同　口　謙　李安斯
崔行功三見兩傳未任　于敏同三見兩書無傳　崔知悌再見新傳未任　薛
元搗兩書無傳下同　崔萬石　韋正己　韓處約　韋志仁
崔崇業　元知默　盧　獻　李思一　融元禎
崔敬仲　王思善　王元覽　李居士　獨孤守忠
周子徹　沈務本　孫　佺新舊書附處約傳處約子延和初為羽林將軍幽州都督未任郎官

陳思齊兩書無傳下同 元希聲 孟溫禮 姜晞再見詳前 韋
抗再見兩傳未任 韋元旦新書附文藝李適傳萬年人進士第由亥藝尉名任 崔璿兩書無傳下同 崔安
賀蘭務溫再見 蘇晉兩書附珦傳珦子先天中累遷中書舍人出爲泗州刺史未任郎官
儼兩書無傳下同 路愉 王上客 赫連欽若 崔珪新書
附裴元傳裴元孫神慶子琳弟開元時官太子詹事未任此官 鄭懷隱兩書無傳下同 鄭溥 張
季瑀 韋陟再見兩傳未任 李詢甫兩書無傳下同 魏季隨 張
尒 雍惟良再見 王璿 鄭昉三見 甘暉
章仇兼瓊兩書無傳濟寧州有章仇府君碑兼瓊結銜爲益州大都督府長史持節劍南節度使又李白答杜秀才詩章仇尚書倒屣迎
兼瓊又歷官尚書省郎官此皆無攷 韓休兩傳元宗時由左補闕判主爵員外郎歷遷中書舍人不言任此官 柳元
叔兩書無傳 李植再見詳前 房琯舊傳天寶元年由濟源縣令擢任 趙廣微兩書

金石萃編卷一百十六 唐七十六 四十一

無傳下同 韋幼成 李珝 敬 誣兩書無傳宰相世系表任與殖同 賀蘭進
明兩書無傳惟見張巡傳祿山亂御史大夫賀蘭進明代嗣虢王巨爲河南節度使守臨淮又全唐詩傳云開元廿六年進士餘與張巡傳同俱不言任郎
官 任瑗兩書無傳下同 楊宗 獨孤允再見 吳象之
崔同 李逢年 竇彥金 裴薦 王佐
再見 李承義 趙甚 楊頔 崔漪再見 盧
象再見兩書無傳全唐詩傳由末州司戶貶所起任 歸崇敬舊傳由潤州長史遷任 董晉三見
兩書無傳侍御史遷任 陸海兩書無傳 蔣將明再見舊傳未任 鄭晧兩書無傳 王
遂兩傳遂鄭州刺史太府卿不言爲郎官 褚望兩書無傳 袁高再見詳前 崔
儆兩書無傳下同 李蕚 沈房 蕭遇 李崟
韓佾 裴佶再見新傳未任 李彝兩書無傳 夏侯審再見詳前

崔邠舊傳字處仁武城人貞元中以兵部員外郎知制誥未任此官 仲子陵新書附儒學啖助傳蜀人舉賢良方正擢
太常博士終司門員外郎不言任此官 陳歸兩書無傳 劉伯芻兩傳迺子字素芝由右補闕遷任 李
藩再見舊傳由秘書郎遷任 馬宇兩書無傳 李絳再見舊傳元和中由翰林學士改任 陸
潤兩書無傳下同 張諗 李正辭 韓衛 吳士矩
再見詳前 元輿兩書無傳下同 裴墉 韋公素 白行簡兩書
附居易傳居易弟字知退貞元中進士第由左拾遺遷任 權璩再見詳前 韋會再見兩書無傳下同 韋
力仁再見 崔同再見 裴識三見兩傳未任 王遒兩書無傳
蕭傑舊書附俛傳俛弟字豪士元和十二年進士第由侍御史遷任 張正謩兩書無傳 劉三復
新書劉鄴傳鄴父會昌時擢刑部侍郎未任此官 顏從覽兩書無傳下同 王續再見 崔
渠 李權 劉潼再見新傳未任 張毅夫舊書附正甫傳登進士第位至戶部侍郎

金石萃編卷一百十六 唐七十六 四十二

未任此官 李當兩書無傳下同 胡德章再見 韓賓 裴誠
崔珣再見 蔣偕新書附父傳父子由補闕轉主客郎中未任員外 宋球兩書
無傳下同 裴紳再見 張彥遠再見 韓乂 張道符再見
薛廷望再見 夏侯曈 皇甫煒 庾崇口 崔
鋋 高錫望 曹鄴再見兩書無傳全唐詩傳未任 韋岫再見新書未任
蘇蘊三見兩書無傳下同 李延嗣 賈餗 蕭說 崔
衡 鄭蕘 李紃 盧自牧再見 裴顗 韋
承貽再見 趙龜
左司郎中唐六典尚書都省其屬有左司郎中一人右司郎中一人並從五品上龍朔二年改爲左
右承務咸亨元年復舊唐書職官志尚書都省其屬有
左右丞各一員左右司郎中各一員左司郎中副左丞

所管諸司事省署鈔目勘稽失知省内宿直
之事若右司郎中闕則併行之新書略同
裴方產兩書無傳下同　段　機　劉翁勃再見　王　儼三見
李守約　李守一再見新傳未任　崔行功四見兩傳未任　崔承福兩書
無傳下同　李思順　侯味虛　張知泰舊書附知謩傳通天中爲洛州司馬尋爲夏官地官
侍郎未任此官　李守敬兩書無傳　徐有功再見舊傳則天時由除名復起任　房　昶再見
兩書無傳下同　趙　誼　陸餘慶新書附元方傳元方從父武后時由鳳閣舍人降任　閻脊止
兩書無傳下同　夏侯崐　韋　珍　孔仲思再見　馮思邕
唐　紹再見新傳未任　魏奉古再見兩書無傳下同　李　誠　竇從之
張敬輿　夏侯宜　韋叔昂　高　昇　鄭倩之
韋伯詳　劉彥回　韋元素再見　楊慎餘三見　韋虛

舟三見舊傳由司勳郎中任　張具瞻兩書無傳下同　崔　諤三見　陳　□
蕭晉用　楊　恂　鄭　□　裴　□　姚　□
裴　諝舊傳代宗時由河東道租庸鹽鐵使拜任　林　琨兩書無傳下同　韋　寂再見
張齊明　蔣將明三見舊傳附遐任　盧　甚舊傳作甚云書無甚字疑甚誤甚附金州刺史召任
呂　頌兩書無傳　李　巽再見兩傳由司農少卿拜任　竇　防再見兩傳由太子司議郎歷金部吏部員
外郎未任此官碑于金部未見　陸　淳兩書無傳下同　宇文邈　李元素四見詳前
韋成季再見兩書無傳下同　苗　粲三見　呂元膺舊傳由右司員外郎出爲蘄州刺史元和初徵
拜右司郎中不云左司　劉遵古再見兩書無傳下同　韋審規　樊宗師再見新傳未任
殷　台兩書無傳下同　豆盧署再見　獨孤朗舊書附郁傳郁弟長慶中由漳州刺史入爲左
司員外郎未任郎中　鄭　肅再見詳前　趙元亮三見兩書無傳下同　□□裕　鄭居

中　李讓夷舊傳大和三年由職方員外郎遷任　何　眈兩書無傳下同　李師稷
崔復本　高少逸三見舊傳長慶末由侍御史遷任　崔　瑨四見舊傳未任　鄭
亞舊書附畋傳畋父字子佐會昌中爲監察御史累遷刑部郎中未任此官　崔　駢三見兩書無傳　崔　璵三見
兩傳未任　薛廷□　路　綰四見兩書無傳　韋　博四見新傳未任　柳
□　裴　寅再見兩傳未任　盧　耽兩書無傳下同　□□之　李
蠙三見　鄭彥宏再見　鄭彥宏三見　薛廷望三見　李
緘新書附抱玉傳抱玉從父弟抱真之子官殿中侍御史未任此官　崔　璩再見兩書無傳下同　張　鐸再見
李　□　李　晦再見　李　繪　李　聽　李
嶽三見　崔　寓三見　孫　徽舊書附遜傳遜元孫進士第不言歷官　王　鐐
再見新傳未任　李　燭再見兩書無傳下同　張元逸四見　夏侯□

左司員外郎唐六典左司員外郎一人右司員外郎一人並從六品上天后永昌元年置神龍元
年省二年又置其職務與郎中分掌舊唐書職官志左
右司郎中員外郎各掌副十有二司之事以舉正稽違
省署符目焉
新書略同
顧　琮再見六典注永昌元年自侍御史除兩傳未任　侯味虛再見兩書無傳下同　唐奉一再見
戴師倩再見　宇文全志　元　紹　鄭從簡　桓彥
範兩傳以門蔭補官由監察御史遷殿中侍御史不言任郎官　殷　祚兩書無傳下同　楊元叔　韋
元□　李　乂再見新傳未任　李行言兩書無傳下同　張思義再見
元懷景六典注元懷景以洛州司戶遷兵部郎此元懷景兩書無傳　李　禹三見新傳未任　魏奉古
三見兩書無傳下同　裴藏曜當即藏耀再見　黃守禮　薛　晞　柳　渙
舊書附亨傳亨孫開元初爲中書舍人未任此官　王　旭舊書附酷吏傳開元五年由衢州刺史遷左司郎中不言員外碑于員外亦未見

柳　澤再見舊傳未任　宋宣遠兩書無傳下同　張　涗再見　韋
口　張　均新書附說傳自太子通事舍人累遷主爵郎中未任此官　劉　昂三見兩書無傳下同　高
庭芝　杜　損　班景倩五見兩傳未任　李朝紛兩書無傳下同　韋
洽　韋　恒再見新傳未任　張　倚兩書無傳下同　姜　昂三見
趙安貞再見新傳未任　楊仲昌三見新傳未任　李知止兩書無傳下同　張
震　畢　炕再見舊書　李成式再見兩書無傳　程　休再見新書未任　祁
願之兩書無傳　崔　渙舊書附傳遷司門員外郎未任此官　李　峇兩書無傳下同　任
瑗再見　孟匡朝　盧　播兩書無傳宰相世系表任戶部郎中未任此官　趙冥
弼兩書無傳下同　韋有方　王　姚喬栁　盧虛舟再見
王　銎五見　庾　準四見舊傳未任　成　賁兩書無傳下同　鄭

竇　李仲雲　崔　寬兩書附崔寧傳寬弟寧鎮蜀寬守成都不言爲郎官疑別一人　蔣　鍊
覽再見舊書　庾　何再見新傳詳前　王　蕭兩書無傳　崔　造再見未奉中任　趙
匡新書附循學孝助傳助門人字伯循河東人歷洋州刺史未任此官　房　說再見兩書無傳　姚南仲
舊傳附殷中侍御史遷任　鄭餘慶舊傳字居業榮陽人大歷中進士貞元初出殿中侍御史任　張　式舊書
附王甫傳正甫兄大歷中進士第不言歷官　盧　羣舊傳貞元中由侍御史累轉　盧　從兩書無傳下同
薛　貢　楊　憑舊傳字虛受宏農人舉進士由起居舍人遷任　韋成季三見兩書無傳
下同　李直方　李　藩三見舊傳出主客員外換任　韋彭壽兩書無傳下同
裴　汶再見　張正甫四見舊傳未任　韋　纁再見舊傳未任　李正辭
再見兩書無傳下同　韋審規再見　殷　台再見　崔　琯三見兩傳未任　獨
孤　朗再見舊傳由澧州刺史任　李行脩兩書無傳下同　李宏慶再見　孔敏行

三見舊傳寶應中由起居郎改　宇文鼎三見兩書無傳下同　吳　思再見　李道樞
劉寬夫再見新傳未任　鄭居中再見兩書無傳下同　何　昕再見　姚　康
再見　劉端夫再見舊傳未任　李　款三見新傳未任　裴夷直新書附張孝忠傳孝忠孫
官吏部員外郎遷中書舍人未任此官　趙　祝再見兩書無傳下同　薛　褒再見　李行方
三見　封　敖再見兩書有傳　蔣　伸新書附父乂傳乂子字大直擢進士由右補闕遷禮部郎中未言任此官
鄭　涑兩書無傳下同　柳　喜　李　當再見　裴　坦再見新傳未任
鄭　路再見舊書無傳下同　崔　巖　韋　旭　楊知溫　李
懿三見　崔　璪三見　皇甫煥　盧　紘再見　鄭　確
再見　盧　告再見新傳未任　崔芻言再見兩書無傳下同　張　贖　盧
鉦　孫　瑝　崔　朗再見　鄭　繁再見　裴　瓚

李　琨新書附宗閔傳宗閔子擢進士不言歷官　劉承雍兩書無傳下同　盧　望　李
繪再見　杜貞符　鄭　棊　杜廷堅　唐　嶠
張　裕　裴　瑊　鄭　珣　徐　緯再見　狄歸昌
趙　匡再見新傳未任　張　倚再見兩書無傳下同　張　涗三見　元懷景再見
司封郎中已見前
崔寶德兩書無傳　韋　挺兩傳萬年人太宗在東宮自起家遷所任　元務真兩書無傳
韋季武新書附從祖傳叔祖兄由中任　劉本立兩書無傳下同　榮九思　閻立
本兩書附立德傳立德弟顯慶中累遷將作大匠代立德爲工部尚書不言任郎官　蕭孝頤兩書無傳下同　□　恒
李崇□　楊思正　賈敦實兩書附循吏敦頤傳敦頤弟貞觀中爲饒陽令咸亨元年轉洛
州長史　盧晉　郭應宇兩書無傳　韋萬石四見兩傳未任　蘇良嗣已見前　李

思□ □ 壽 胡元範三見兩書無傳下同 盧 楷 劉 奇
新書附政會傳政會次子長壽中爲天官侍郎未任此官 王美暢兩書無傳 李 嶠新傳進士第由長安尉授監察
御史累遷給事中未任此官 苗神福兩書無傳下同 張元一 趙 誼再見
趙宏敏 裴懷古再見舊傳由祠部員外郎轉任 田幹之再見 李 湛
新書附多祚傳多祚子文別有湛者義府子字與宗皆不言歷郎官此湛疑別一人 孟知禮兩書無傳下同 李 獻
崔元童 王 邱兩傳開元初由考功員外郎二遷紫微舍人不言任此官 慕容珣再見
□□從 鄭溫琦 朱□ 張 均再見新傳自太子通事舍人遷
韋 陟三見兩傳未任 宋 詢再見兩書無傳下同 裴 系再見 徐
鍔再見 陳振鷺 李 禾 鄭 昭三見 劉光謙
楊元章 李□ 顏允□ 張楚金兩書附道源傳舊作道源族子新作族孫

金石萃編卷百十六 唐七十六 卌七

舉貢進士累遷刑部侍郎未任此官 裴 儆兩書無傳 崔 浩再見詳訓 林 琨再見兩書無傳下同
趙 昂 竇 林 王 圓 郭 □ 王 縝
三見 韋 子 李叔度 徐 岱舊傳字處仁嘉興人貞元初由水部郎中改任
盧 偘再見兩書無傳下同 蕭 遇再見 陳 京新傳進士第遷累太常博士德宗時自考功員
外再遷給事中未任此官 韋 丹新傳字文明萬年人順宗時新羅國君死以舍人拜此官往弔
韋成季四見兩書無傳下同 張惟素三見 裴 度舊傳元和六年由司封員外郎轉任 錢
□ 徐 晦舊傳由殿中侍御史爲尚書郎不言司封 張仲素再見兩書無傳下同 李
汭 薛存慶再見詳訓 陳中師再見兩書無傳下同 嚴休復再見 張 士
階 王申伯三見 王彥威三見新傳累遷任 蘇景□ 盧 載
兩書無傳 敬 昕新書附晦傳晦兄第進士爲河陽節度使不言任郎官 盧 商兩書無傳 楊 漢

公三見舊傳大和七年由戶部郎中遷任 裴乾貞再見兩書無傳下同 裴泰章 丁居□
張 述 崔 鉉再見新傳未任 □ 晦 張□□ 李
□ 裴 言 羅劭權三見兩書無傳 裴 寅三見兩傳未任 皇
甫□ 鄭茂休再見舊傳未任 張復珪三見兩書無傳下同 張□符 王
崔□□ 李昌嗣 崔 鄭□業
司封員外郎前已見
蕭 悊兩書無傳下同 李壽德 竇孝鼎再見 李友益三見
崔餘慶兩書附敦禮傳官定襄都督府司馬累至兵部尚書未任此官 崔 瑑兩書無傳下同 楊思
謙三見 王崇基 韋義元 柳言忠 李思遠再見
王德眞再見 路勵言 楊思正再見 李同福四見 陳

金石萃編卷一百十六 唐七十六 卌八

義方再見 獨孤道節 李範邱三見 郭侍舉 崔同業
杜易簡兩傳舊言從見咸亨中由殿中侍御史累轉考功員外郎未任司封 柳行滿兩書無傳下同 崔
懸黎 司馬希象 裴思義三見 盧 揖再見 張詢古
再見 雲宏善 樂思誨 王遺怨三見 張同和 孫
元亨再見 盧光乘 朱前疑 張元一 沈介福
王仙齡 韋瓊之 于季子兩書無傳全唐詩傳咸亨中進士則天時任此官 徐
堅再見舊傳則天時修三教珠英咸遷任 張彥超兩書無傳下同 楊 嶠 皇甫□瓊
岑 獻 韋 玢 韋 瑗 蕭元嘉 劉令植
高 豫 慕容珣三見 韓 休再見兩傳元宗時由補闕判任 鄭溫
琦再見兩書無傳下同 王執言 崔 琮 崔 翹再見 楊

徐峻 韋利涉 裴令臣 宋渾兩書附璟傳璟第三子璧諫議大夫平原太守御史中丞東京採訪使未任郎官 蕭諒兩書無傳下同 李知正 薛江童
蔣列舊書附蔣乂傳有其名蘇父官尚書左丞不言任此官 郭納兩書無傳下同 裴士淹再見 程休三見新傳未任 裴袞三見兩書無傳下同 閻伯璵 韋少遊三見 元持再見 劉禹之 韋元曾 李國鈞
李昂五見 邢□ 李□ 薛頎 元挹再見 李洞清再見 □□卿 王翺 李抒 殷
高蔣 鎮舊傳天寶末由左拾遺遷任 崔縱新書附元暐傳元暐曾孫渙子由藍田令官金部郎中未任此官 謝良輔兩書無傳下同 鄭南史再見 鄭儋 鄭
元舊傳舉進士第累遷御史中丞未任此官 李衆兩書無傳 韋況舊書附韋陟傳陟爲安石子斌斌子況傳中不載

陸震兩書無傳下同 封亮 呂温再見舊傳元和三年由戶部員外郎轉任
李逢吉舊傳進士第累改侍御史爲工部員外郎元和四年拜禮部郎中轉右司未任此官 張正甫再見舊傳由戶部員外郎轉
裴度舊傳元和六年由起居舍人遷 蕭□ 武 劉
蔣防兩書無傳 楊汝士舊書附虞卿傳虞卿弟漢公從兄子由戶部員外遷職方郎中未任此官 柳
公權兩傳附公綽傳公綽弟字誠懸元和初進士由右拾遺侍書學士遷任 王會再見兩書無傳 陳夷
行舊傳大和四年由起居郎轉任 崔復本兩書無傳下同 裴泰章再見 盧
韋絢再見 魏扶再見 崔耽再見 馮韜再見
錢知進再見 裴寅兩見傳未任 韓□ 鄭裔□
蔣 楊嚴舊書附收傳收弟字凝之會昌四年進士咸通中累遷吏部員外轉郎中未任此官 李
植四見兩書無傳 趙隱三見舊傳未任 李潼兩書無傳 高湘舊書附釴傳釴弟鍇之子進士第自員外郎知制誥不言官司封 崔 張讀□ 鄭 就三見兩書無傳下同
徐仁嗣再見 □□征 鄭殷 鄭穀新書附敢傳敢家政撫給事中至侍郎不言任郎官
左司郎中前已見
□復 王遺恕四見兩書無傳 李元素再見舊新 韋□ 楊
□昭 王□ 李迥兩書無傳下同 杜元志三見 高
名 王 韋洽再見 王儼四見 元大士再見
孫處約兩傳貞觀中爲齊王祐記室擢中書舍人不言任郎官 王方慶再見舊新 賈大隱新書附儒學張士衡傳公彥子儀鳳中爲太常博士不言爲郎官 □文偉 于 李迥
兩書無傳下同 皇甫瓘 □ 鋭 郤 王光庭 王

邱再見兩傳未任 楊□ 裴敬□ 李彭年五見兩傳未任 □
袞 王□ 李□ 褚□□ 王收兩書無傳
王仲□ 裴均新書附行儉傳行儉元孫遷吏部郎中未任此官 李褒兩書無傳 張
次宗新書附嘉貞傳嘉貞曾孫宏靖子開成初爲起居舍人改國子博士遷考功員外郎未任此官 裴 王
鄭延休兩書無傳 馮 顓再見舊新 蘇 沖兩書無傳 趙
匡三見新傳未任

尚書省郎官石記序

朝散大夫行右司員外郎陳九言撰

吳郡張旭書

夫上天垂象北極著於文昌先王建邦南宫列爲會

府六官既辯四方是則大總其綱小持其要禮樂刑政於是乎達而王道備矣聖上至德光被睿謀廣運提天象以祐生人躬無爲以風天下三台淳曜百辟承寧動必有成舉無遺策年和俗厚千載一時而猶搜擇茂異網羅俊逸野罄蘭芳林殫松秀盡在於周行矣夫尚書郎廿四司凡六十一人上應星緯中比神仙咸擅國華以成臺妙修詞致天一之議伏奏爲朝廷之容信杞梓之藪澤衣冠之領袖眞朝榮初拜或省美中遷昇降年名各書廳壁訛誤多矣摠載闕如非所以傳故實示不朽者矣今諸公六聯同事三

署並時排金門轢華鸞鷺踦鳳翔肩隨武接而不因僉謀補其闕典其於義也無乃太簡乎左司郎中楊公愼餘於是合淸論創新規徵追琢之良工伐口藍之美石刊刻爲記建於都省之南榮斷自開元廿九年咸列名于次且往者不可及來者不可遺非賞自我蓋取隨時疏位以序昭其度也豐約從宜昭其儉也俾夫金石長固英華靡絶不編疏闕口口自然成表未識馬卿之賦已辯同時不其偉歟

開元廿九年歲次辛巳十月戊寅朔二日己卯建

長史郎官壁記世無别本唯王奉常敬美有之陳仲醇摹以寄余知學幸必自眞人也藍其巳帖跋

按郎官石刻有前記有後序有題名前記爲陳九言撰張旭正書曝書亭集誤爲張旭撰書後序爲許孟容撰劉寬夫隸書皆别勒于碑題名不著書人刻于石柱記序立于都省廳壁題名石柱立于左右丞廳記序碑石久亡戲鴻堂帖但得舊搨前記重摹上石董跋已云世無别本惟王奉常家有之則搨本之存亦罕矣今所存題名祗左丞一柱搨亦不全存者祗七面内多泐字計其姓名可見者凡三千一百九十二人除去姓名不全者二百七十七人

其全者有二千九百十五人内姓名再見者五百四十七人三見者一百四十八人四見者二十六人五見者六人通其重見者七百十九人蓋一人兼歷别司則前後複出亦有在本司再任而複載者其姓名之在新舊兩唐書有傳者攷其歷官與碑合否又參以唐書宰相世系表及全唐詩小傳補兩書所未備凡有可攷者得五百七十六人餘一千六百廿四人則無攷矣大率兩傳語略多書其人最後之官故碑載歷官往往不見於傳然亦有傳載歷某郎而碑反不見者亦有傳載官某司而

碑反在別司者又有傳載官郎中而碑反在員外者諸如此類或皆傳有紀載之訛也今悉詳註於姓名之下無可攷者闕之所存搨本七面綜其官名若郎中員外全者曰吏部曰司封曰度支曰司勳曰倉部曰戶部曰金部曰左司若考功主客但有郎中而無員外若祠部但有員外而無郎中若司封左司郎中皆兩見參錯若此碑立于大中十二年所題姓名亦當終于是時溯其始則有在武德貞觀年者亦有起於高宗則天時者其各司所載人數多寡不齊其中最多者戶部員外有三百

十二人郎中亦二百六十四人其次則吏部郎中員外俱二百餘人其餘率不過百餘人計自唐初以至大中立柱幾及二百四十年而各司姓名祇此可知當時亦未全載也據前記斷斷自開元廿九年始往者不可及來者不可遺今題名則開元以前皆已追書當由大中立柱之年追攷開元以前之有姓名可紀者裒集之故與前記之語不合所謂別是一碑者確矣攷諸司遷擢之制在京或由侍御史在外或由縣令或由掌書記內擢先員外而後郎中其由郎中升遷或給事中或中書舍

人知制誥或外任刺史此遷轉之大凡也唐之設官以郎官爲清要一代名卿賢相未有不洊歷郎官者此所攷雖祇五百餘人而已可得其槩矣檢全唐詩有鄭谷者袁州人光啟三年擢第歷都官郎中嘗作中臺五題詩其一石柱郎謂此題名也詩云暴亂免遺折森羅賢達名末郎何所取叨繼外門榮自注云外祖在南宮七轉名曹鐫記皆在谷之爲都官郎中當在昭宗時距立柱已四十年其時正當四方兵戈俶擾之時而石柱無恙其都官鐫記皆在是其亡在唐以後矣今此碑著錄家

不多見即著錄者皆不加詳攷則但存其姓名殊無裨于考訂之用也茲編雖未能詳備然可以廣史傳所不載而稽其異同則亦未爲無補云前記雖不與石柱同列然爲題名之緣起因附錄其文陳九言兩書無傳張旭則兩傳但稱其善草書此記正書徑寸餘歐公稱其真楷可愛而歷代名畫記又言其小楷樂毅虞褚之流則其工書非沾沾一體者矣傳不言其歷官是無官位者故記但署其貫吳郡

金石萃編卷一百十六終

金石萃編卷一百十七

賜進士出身　誥授光祿大夫刑部右侍郎加七級王昶譔

唐七十七

湯華墓誌

石橫廣二尺一寸五分高一尺五寸四分二十三行字數十九或十七至二十一不等正書在鄞縣

唐故福州候官縣丞湯府君墓誌銘并序

鄉貢進士林珽述

湯有大德於天下載之如日仰之如春其後也君諱華字知新曾祖備祖賓考嵒皆簪組相繼官烈當時頗有功於國以載於諸諜此略而不書公幼兟墳藉將欲振

於時立大來之器以　晨昏是切仕不擇祿釋褐衡州叅軍珪璋美璞州縣艮才記室之芳秩罷猶在再調授福州候官丞□惣咸□場人不告勞征賦皆集□馴雉之化致象雷之聲謀而有方簡以莅事授亮而庶務皆決正色而羣吏瞻風公之器用未盡騰遠秩滿寓居南方以□風有殊瘴癘所染沉痼旣搆天壽不遐以大中十一年六月五日終于嶺中連江邑之客第春秋五十八道路巳慟風雲助悲先殭殯于竹林原夫人瑯琊郡王氏故衡陽縣明宰之女以禮節奉君子以慈和訓閨門咸形影之未亡歎梧桐之半死望故鄉以泣血泛滄溟以護喪逢首逝波沒身徇義艱險不憚旌旐之□今古罕及男二人長曰宗鉉次曰宗鎬女五人咸匍匐□地哀號訴天以日月有時窀穸斯議以大中十二年十一月廿八日歸葬于明州鄮縣龍山鄉江上里庚向之原禮也銘曰

脩兮短兮胡可知　聖兮賢兮莫能窺　器未展兮誠足悲　□□有限兮溟如絲　哭丹旐兮一家隨　風九原兮滿松枝

按湯華兩唐書無傳誌不詳華之里居據後云歸葬于明州鄮縣則當是明州人也唐書地理志鄮

縣開元二十六年以前屬越州以後新置明州鄮縣屬焉其官候官丞其卒在連江客第並福州屬邑誌云先殭殯于竹林原殭字見集韻音卒殘敗也與下文殯字不合疑為權字之訛誌又云泛滄溟以護喪蓬首誌訛逢首逝波沒身徇義艱險不憚云云是浮海護喪而歸也又云葬于龍山鄉江上里庚向之原葬用某向是今堪輿家羅經之術始見于此

柱國告石刻

裝本高廣行字皆不計正書

將仕郎權知幽州艮鄉縣主簿范隋
右可柱國
勑朝散大夫尚書水部郎中穆栖梧等渙汗鴻恩必乘
其雷雨饋寘爵賞用振其簪纓以尒等列我盛朝累霑
霈澤各有勞効許其叙錄行慶策勲於是乎在可依前
件
咸通二年六月十一日
檢校司徒兼中書令使
中書侍郎兼工部尚書平章事臣杜審權宣奉
駕部郎中知制誥臣王鐸行

奉　勑如右　到奉行
咸通二年六月十二日
檢校司徒兼侍中使
右僕射兼門下侍郎平章事悰
給事中渢
告將仕郎前權知幽州艮鄉縣主簿柱國范隋奉　勑
如右符到奉行
主事吳兗
員外郎
令史楊鴻
書令史

咸通二年六月　日下
右六世祖所受懿宗告也先世文書自經喪亂十亡
八九此書獨存於三百年干戈之後子孫保之當何
如耶紹興三年八月朔裝褙于廣州官舍右朝奉郎
權發遣廣東路轉運判官正國謹書
右子儀六世祖柱國告以其時考之檢校司徒兼中
書令使者白敏中以是官爲鳳翔節度使也左僕射
兼門下侍郎平章事悰者杜悰也以檢校司徒出使
有崔鉉鎮襄陽令狐綯使河中而兼侍中則未之考
焉當俟博雅君子紹興己巳三月晦日頴川曾幾書

按唐書百官志官吏勲級凡十有二轉爲上柱國
視正二品十有一轉爲柱國視從二品此告范隋
以艮鄉縣主簿而告曰可柱國不知其勞効居何
等也勑首云水部郎中穆栖梧等當時同奉此勑
而叙錄者不知凡若干人范隋特其一耳勑奉于
咸通二年六月其時朝廷無事本紀不載有行慶
策勲之特典不知勑所謂渙汗鴻恩必乘雷雨者
果何事也告中列銜檢校司徒兼中書令使曾幾
云是白敏中以是官爲鳳翔節度使稽之宰相表
及兩書白敏中傳皆同又中書侍郎兼工部尚書

平章事杜審權宰相表乃咸通元年九月所加而舊傳云懿宗即位名拜吏部尚書新傳云懿宗立進同中書門下平章事再遷門下侍郎各不同王鐸爲駕部郎中知制誥兩傳同又檢校司徒兼侍中使曾幾云以檢校司徒出使有崔鉉鎭襄陽令狐綯使河中而兼侍中則未之考焉崔鉉傳宣宗時檢校司空咸通初徙山南東道荆南二鎭未嘗檢校司徒兼侍中則非崔鉉明矣令狐綯舊傳大中十三年罷相檢校司空同中書門下平章事河中晉絳等節度使咸通二年改汴州刺史宣武軍

節度使亦未嘗檢校司徒惟新傳云未幾檢校司徒爲河中節度徙宣武而未嘗兼侍中則非令狐綯亦明矣惟白敏中舊傳云懿宗即位徵拜司徒門下侍郎平章事復輔政尋加侍中（新傳及表皆不云加侍中）新傳云南蠻擾邊乃出爲鳳翔節度使兩傳參攷則司徒兼侍中而出使者仍是白敏中也右僕射兼門下侍郎平章事悰者曾幾云杜悰也但表及悰傳俱作左僕射與碑異

福田寺三門記

碑本高廣行字皆不計行書在寧都縣

唐虔州寧都縣福田寺三門記

鄉貢進士楊知新述

夫立有爲之績卽無爲也始于毫髮旋㬥成大因泛性起入法空海蕩蕩而稱焉莫曰搆梵剎貯像生□巍巍如星中月發輝晦悋且教西騰出鎭中國自姬垂代迄

今聖朝頗□□紀經歷戡滌瑕穢更彌取鍛清流甚者黜奉禁儀如農夫之望歲洎乎　我上發極鴻□西化天下熾焉且福田寺者粱天鑒年中之建號比雖暫墜前蹤今進后跡有洛山離塵禪□師之門人性常早傳師印致遠深旨目睹董荷數异浮槃斗藪塵機得

獲三昧寒灰毳縷不昧馨羞善引三車皆徒盡悟發栩臺榭似節從弦悟卽色而空達有作而無作於茲寺造長廊三十餘間又建彌勒院未經重序朱軒素壁周迴旣成三門未立誰能爲扶若彿斯人荏苒甲子同辭啓尊目布邑沸騰艾稚咸訴闔寺僧徒與檀越話議毀廊白師納來心頃刻之間千里早應車騎爭至繒紈上服異器名珍將投起阜遂傭市材礎擇良工日縣其績可分二秋工人告畢峩峩然且門闢三道梵典彰然劫終如來以禦邪祲今飾殊常卽師之新意簷綴珠網龍腐栱之聯飛瓦作翠鴛接清風之迅翼丹楹刻桷藻暈閒

扉地甃瑠璃四垂金鐸挂風箏而動韻㝠律呂與天籟
之齊音鳴鏗琤摐響震非非之想且德化遐分狀秋天
之朗人思仰睟豈異大鑒之化行夙夜讚揚聲走寰瀛
之外遂邑之信士迨乎前績窅想歲更寒暑遷迭若弗
籌錄湮没其由今畫厇畧使深於代厥有徒衆僧之佳
号及一境檀那師今咸列姓字於虹梁之上知新學尘
詞荒蕪乎不拔利之不利俟時而進有命爲文迺持筆
書之將刻於石咸通壬午之三年九月十有一日記
南嶽李少鴻書并篆兼鐫
前寺主僧會增
寺主僧從約
上座僧德賓
都維那僧惟貞
都勾當立碑僧惠圓

按雩都縣唐書地理志屬江南西道虔州南康郡
福田寺今謂之明覺寺江西通志明覺寺在贛州
府雩都縣西門外即福田舊在大昌村梁天監中
建唐開元遷今所碑云天鑒建號鑒監通用也而
開元遷今所碑未叙及碑云斗藪塵機斗藪與抖
藪抖擻通用揚子方言東齊曰鋪頒猶秦晉言抖
藪也郭璞注謂抖藪舉索物也集韻亦云抖擻舉
索物也碑云僧之佳號及一境檀那師咸列姓字
于虹梁之上此即後世題梁之所昉記作于咸通
三年壬午然云咸通壬午之三年則倒置而冗矣

龍華寺窣堵波塔銘

石高一尺六寸五分廣一尺九寸五分
二十二行行十八字正書在咸陽縣

窣堵波塔銘并序
布衣高墉述并書
夫性本聰敏執心謙沖推善讓人曾不自伐事鄉
鄉曲欽承理家道而家道篤睦者厥有周文王毛

裔國汭國祟之昆季也仁孝並舉義讓克修雖古高柴
田真難可將比焉　祖立職轅門妙閑弓矢正直在己
匡救邦家吾　君賞其勲勞延及後嗣　父敬承先祀
相紹無差上令下從罔墜基緒書曰功加于時德垂後
裔斯之謂歟暇日昆季議曰　阿翁遺意保厥孫謀
衣食粗充心思上報既而上下協睦同望勝因乃召匠
選石施功琢彫磨礱既就崇窣堵波是日功終立于營
所其地則北覩撗山南鄰畢陌東西逾遠故号洪川意
望將此勝因資及　七代先靈并亡兄姊妹等願神
識不昧得覩眞容弥勒佛前親承　聖旨現存孫息

眷屬等福樂無窮壽等青山福同滄海願法界衆生普
霑此福乃爲銘曰
天雖高兮尺寸可知地雖原兮里數可期海水深兮毛
滯記之大地廣兮微塵无遺烏兎交兮四時有盡立窣
堵兮福布无涯
時咸通五年歲次甲申八月乙卯朔廿六日庚辰建
立
右窣堵波塔銘布衣高墉述并書案釋元應一切經
音義云寶塔諸經論中或作藪斗波或作塔婆或云
兜婆或言偷婆或言蘇偷婆或言脂帝浮都亦言支

提浮圖皆譌略也正言窣覩波此譯云廟或云方墳
此義翻也案元應以窣覩波爲正此又作堵譯音元
無定字也窣堵波與塔即非二物此題云窣堵波塔
重複無當㕘唐人不知梵義者爲之耳予嘗謂古無
塔字惟葛洪字苑有之云佛堂也音它合反（見一切經音義）
塔元應所述諸文斗也兜也帝也覩也皆與荅聲相
近釋教初入中國塔婆字本當爲荅後人增加土旁
而稚川承之其音爲他合切者又即偷婆之轉聲也
潛研堂金石文跋尾
按碑云周文王毛公苗裔通志氏族略毛氏周文
王之子毛伯明之所封世爲周卿士食采于毛子
孫因以爲氏又云漢有毛公治詩趙人也此碑所
稱毛公即謂毛伯明泛言公耳碑叙國洵國崇之
祖父不著其諱祖立職稹門（立職當是列職）妙閑弓矢是
武職也而不詳何官云父敬承先祀相紹無差是
無官者矣碑云其地則北視橫山南瞻畢陌太平
寰宇記畢原亦謂之畢陌長安志畢原在咸陽縣
北三輔故事曰文王武王周公皆葬畢陌南北闕
中記曰高陵北有畢原陌元和郡縣志畢原無山
川陂湖亦謂之畢陌陝西通志咸陽縣寺觀無龍

華寺所謂窣堵波者已無攷矣碑云福樂無窮福
樂二字剏見下云壽等青山福同滄海亦後世善
頌之詞所昉也銘云毛滯記之毛滯二字見地藏
經云一毛一滯一塵一沙盖毛同毫滯同滴也

後魏昌黎馮王新廟碑

碑連額高四尺五寸廣二尺四寸五分二十四行行三十二字正書額題後魏昌黎馮王新廟碑九字篆書在偃師縣西三十里鋪北

後魏洛州刺史侍中兼太師昌黎馮王新廟碑
十二代孫鄉貢進士廲德述
弟進士廲虔篆額

弟進士䴥錫書
王諱熙字晉國冀州長樂人也伯祖諱跋建國北燕傳
位於昭成皇帝諱䴥郎　王之烈祖也魏太武帝滅
北燕徙其家屬於代　王以帝者子孫遂爻婚於魏
室魏文成帝納　王妹爲后即文明太后是也
王尙博陵長公主以敦愼博愛歷事三朝累拜冠軍將
軍侍中中書監太傅太師之任進爵昌黎王及魏孝文
帝即位前後取　王三女其二爲后一爲昭儀文明
太后臨朝　王以師傅之重寵極禁臺內不自安求
外任爲洛州刺史侍中太師如故洛陽經永嘉大亂之

後宮寺毀廢　王爲政仁恕而酷信釋教凡出俸祿
於諸州鎭建佛圖精舍合七十二處今之廟地舊建北
邙寺乃其一也今佛圖基址尙存其寺碑文中書侍郎
賈元壽所製孝文每登寺讀碑佳歎不已後徵歸代遇
疾而薨屬遷居洛京遽詔有司爲辦喪事公主先薨命
開其墓併二柩俱向伊洛是太子赴代迎吊將葬贈假
黃鉞侍中督十州諸軍事大司馬太尉冀州刺史加黃
屋左纛備九錫前後羽葆鼓吹有司奏謚曰武孝文爲
撰誌銘縗服親臨墓所以前魏書備載其事但不言封
樹之處及廟立之由墓與廟當不相遠也其廟豈州人

思　王之德衆所建乎不然寺沙門所置也至今爲
洛北之望祀年代寖遠雖牲牢日享而室壁陊頹大中
六年六月洛之豪族孟州長史焦宗美特捨家財大新
厥宇兵衛儼列廟貌益崇愚別墅寄溫谷川東走十里
直　王之廟每見遠近里社坎鼓歘管以趍之及問
　王之名位爵邑皆失其傳乃乘暇謁拜碑版堙滅
莫識何從退尋家諜考於魏史是知郎愚之　十二
代祖也伏念甘棠勿翦郤德實思若非積化深洽民心
即何能五百年之後而血祀不絕乎恐盛烈沉翳無復
彰明不敢多文遂斵石重紀

大唐咸通八年歲次丁亥十一月壬子九日甲辰刻
十二代孫䴥鍈　䴥睍　䴥範　䴥賢　䴥靜并
前八人同建立
孫璋鐫

按廟碑爲馮熙十二代孫元德等八人斵石重紀以
好事者搨摹不及石幸得完好其文序列馮熙事跡
並依魏書然攷熙本傳熙長樂信都人今碑則云冀
州長樂人元德所述葢以唐地里爲據非其實也又
碑言洛陽經永嘉大亂之後宮寺毀廢質之傳文洛
陽雖經破亂而舊三字石經宛然猶在熙與常伯夫

相繼爲州廢毀分用大至頹落則石經敗没熙實爲首倡而碑惟以永嘉之亂歸於兵火焚棄嗚呼此豈足以益厥愆與傳載熙爲政不能仁厚而信佛法碑反言爲政仁恕其過爲曲諱尤不可掩者余故備著之以見子孫溢美之詞非其實也偃師金石遺文記

右碑大略云王之名位爵邑皆失其傳碑板埋藏莫識何從退尋家牒攷於魏史知卽愚之十二代祖是則神之名字本無可攷特出於元德董之傳會耳熙以外戚貴盛本無才能其在洛取人子女爲奴婢有容色者幸之爲妾號爲貪縱營塔寺多在高山秀阜

傷殺人牛有沙門勸止之熙曰成就後人唯見佛圖焉知殺人牛也此其爲政豈有功德及人而能廟食百世者馮若之名不傳後代要當疑而闕之若執此誣妄之詞以爲左證非勸善之義矣碑末題十一月壬子九日甲辰尤爲舛謬若壬子爲月朔日則九日是庚申非甲辰若甲辰是月之九日則朔日當是丙申且壬子在甲辰之後不應倒置若此攷温公通鑑目錄推是歲十一月果是丙申朔可據以正碑之誤潛研堂金石文跋尾

按偃師縣志有寺有廟皆稱馮王寺在北邙山洛陽伽藍記北邙山上有馮王寺北史馮熙傳北芒寺碑文中書侍郎賈元壽詞孝文頻登北芒寺親讀碑文稱爲佳作云云今碑亦有此語碑又云今之廟地舊建北邙寺是北邙寺乃馮熙所建佛圖精舍七十二處之一而其後乃建馮王廟也縣志云廟在縣之義井舖俗曰馬王廟卽北魏平等寺也寺重修于北齊太宰馮翊王高潤土人誤稱馮翊爲馮異遂呼爲馮王廟又去兩點旁曰馬王廟是馬王爲馮王之訛而此馮王是指馮翊與馮熙之稱馮王者別且廟是平等寺基與馮熙建北邙

寺基者又別碑云熙卒孝文爲撰誌銘魏書備載其事但不言封樹之處及廟立之由墓與廟當不相遠也稽之偃師縣志載馮熙墓在縣西三十里舊志在鳳凰山上劉家坡保內今有碑人以爲馮異非也熙三世后戚以功封昌黎王爲洛州刺史有功德于民故廟祀之是馮王廟在馮熙墓前墓在鳳凰山與邙山相近此廟正卽北芒寺基與平等寺之爲馮王廟誤以馮翊爲馮異者別据志語則偃師人不獨誤以馮翊之馮王爲馮異且誤以馮熙墓亦爲馮異矣碑云王諱熙字晉國北史傳同魏書作晉昌

昌冀州長樂人魏書北史傳皆作長樂信都人葢
冀州在漢爲信都國在魏晉爲長樂國後魏齊周
皆爲冀州長樂郡治信都縣故冀州長樂與長樂
信都異而同也唐書地理志但有冀州信都郡信
都縣之名而無長樂偃師金石遺文記謂爲元德
所述以唐地理爲據者亦未然也碑所叙熙事大
都本之魏書北史故語多與兩傳合碑云愚別墅
寄温谷川東走十里直王之廟檢偃師縣志山川
卷內無温谷川之名惟有鄩水一名鄩谷水在縣
東北十一里一曰温泉活地志温泉即鄩谿出洛

州鞏縣西南四十里明一統志鄩谿其源有二俱
在邙山之麓似即碑所謂温谷川也碑書墅作壄
別墅字其自稱曰愚亦始見于此末云歲次丁亥
十一月壬子九日甲辰據碑壬子無朔字則壬子
非朔也唐碑曾有書月建而不書朔者丁亥歲十
一月是建壬子也

劉遵禮墓誌

石高廣俱三尺九寸二分四十行行四十字正書
葢題唐故彭城劉公墓誌銘九字篆書在西安府

唐故內莊宅使銀靑光祿大夫行內侍省內侍員外置
同正員上柱國彭城縣開國子食邑五百戶賜紫金魚
袋驍左監門衛大將軍劉公墓誌銘并
翰林承　旨學士將仕郎守尚書戶部侍郎知　制
誥賜紫金魚袋劉瞻撰
中散大夫前左金吾衛長史兼監察御史崔䒷書并
篆葢
公諱遵禮字魯卿帝堯垂裔實分受姓之初隆漢教興
更表昌宗之盛靈源弥遠瑞慶斯長史不絕書代稱其
德　曾祖諱英皇任游擊將軍守左武衛翊府中郎將
韜鈐奥術倜儻奇材運阨當年位不及量傳伯有後累
生　英賢烈祖諱宏規皇任左神策軍護軍中尉特進

行左武衛上將軍知內侍省事贈開府儀同三司楊州
大都督沛國公佐佑　累朝出入貴仕文經武略茂績
嘉庸著者山河勲銘金石　訓傳令嗣慶集　德
門郎今　開府儀同三司內侍監致仕徐國公名行
深也公即　開府第五子穎悟於齠齓温克於
童蒙孝敬自稟於生知忠恪允符於夙習爰當妙齒即
履宦途以寶曆二年入仕重位要權爭用爲寮寀貞鴻
漸之勢俟麟角之成雍容令圖遜讓美秩開成五年方
賜緑授將仕郎掖庭局宫教博士充宣徽庫家地寄務
般遂清材稱舉止有裕階資漸登會昌元年授登仕郎

四年設承務郎常在 禁闈日奉 宸晨皆貴游之
子弟爲顯仕之梯媒清切無倫親近少比特加命服仍
領大醫六年賜服銀朱加供奉官轉徵仕郎內僕局令
充監醫官院使親承 顧問莫厚於宣徽榮耀服章無
加於紫綬其年六月授宣義郎改充宣徽北院使十
月賜紫金魚袋階秩表仕進之績爵邑列 恩寵之
榮既屬上材因降 優命大中二年授朝散大夫彭城
縣開國子食邑五百戶寄侍右遷樞軸備選邊防經制
才略所先公論咸推 帝命惟允五年改充宣徽
南院使尋兼充京西京北制置堡戍使壇場設備令古

重難俾無奔突之虞用致煙塵之息凡所更作大叶機
宜與能疇勞換職進秩其年使迴改大盈庫使旋授宮
闈局令夫良弓勁矢武衛戎裝器号魚文名掩繁弱帑
藏之貯 進御是須多資峻嚴以綰要重七年改內弓
箭庫使又以上田甲第職務吏繁 禁省之中号爲難
理苟非利刃寧懲劇權八年改內莊宅使出護戎機實
爲重寄受歷試之選膺貞律之求爰以周通遂命推擇
九年改兗海監軍使共綏武旅旁協帥臣儻非其材亦
罕濟用雅聞懿績更莅徐藩十二年改鄆州監軍使出
入之宜勞逸是繫履踐之美重沓爲優十三年赴 闕

明年授營幕使其年再領弓箭庫使咸通元年十二月
轉掖庭令雲驂洼產驥子龍孫當星馳電逸之場列中
皂內閑之籍寶鞭玉勒足蹀首驤繫於伯樂之知懸在
伏波之式鑒精事重匪易其人三年遂授內飛龍使休
聲益暢 睿渥弥敷進於崇班示以懋賞四年授
內侍省內侍地控西陲任當戎事思得妙略冀絕邊虞
五年改邠寧監軍外展殊勳內鉠要務人思舊政
主洽新恩七年復拜內莊宅使 顧遇益隆兢謹愈
至將申大用先 命崇階八年授銀青光祿大夫嗚呼
得君逢時材長數促性命之際賢哲莫窮咸通九年孟

夏遘疾 優旨許歸就醫藥鍼砭無及湯劑徒施莫逢
西域之靈香遽歎東流之逝水以其年六月十四日薨
於來庭里私第享年五十三八月五日 詔贈左監門
衛大將軍竊惟 開府以仁誼承 家用忠貞事
主德齊嵩華量廣滄溟便蕃顯榮洋溢功業掌鈞軸則
弥縫 大政綰戎務則訓齊全師勤以奉公寬而濟衆
書于史冊播在 朝庭故得朱紫盈門輝光滿目 公
之仲季時少比倫並以出人之材各奉趨庭之訓優秩
佳職後弟前兄而 公不享遐齡豈神之孤衆望也是
以 開府惋惜稱極悲懷 夫人咸陽縣君田氏四

德咸臻六姻共仰婦道克順母儀聿修有子四人長曰
重易給事郎內侍省內府局丞次曰重允宣徽庫家登
仕郎內侍省奚官局丞又其次曰重益曰重則並已賜
綠皆以孝愛由己明敏居心在公處私克守　訓範以
似以績家肥國華今則喪過乎哀毁焉在疚宅兆旣卜
日月有時十一月八日銜哀奉　喪窆于萬年縣崇義
鄉滻川西原禮也佳城永閟　昭代長違生也有涯
前距百齡纔及半死如可作後游九原當與歸瞻叨職
　內廷特承　宗顧刊刻期於不朽敘述罔以無私銘
曰

積德之孫　大勳之嗣　允文允武　有材有位　旣
遇明時　將膺寵寄　樞機之任　咫尺而至
命不副才　期而奭遂　崇崇德門　侁侁令子　垂
裕後昆　流千萬祀
　鐫玉冊官邵建初刻
誌近出土完具無缺劉君諱遵禮字魯卿自筮仕至
終沒皆兼使職撰文者劉瞻新唐書有傳云劉瑑執
政薦為翰林學士拜中書舍人進承旨出為河東節
度使咸通十一年以中書侍郎同中書門下平章事
宰相世系表作咸通十年今誌瞻題銜翰林學士承旨守尚書戶
部侍郎與世系表合而守尚書戶部侍郎傳未之及
得此則詳略足備也書方勁似柳誠懸授堂金石跋
按碑云開成五年方賜綠六年賜服銀朱重益重
則並已賜綠唐書車服志唐初服色之制一命以
黃再命以黑三命以纁四命以綠五命以紫腰帶
之制五品以上服小科綾羅色用朱飾以金六品
七品服用綠飾以銀文獻通考引畢仲衍中書備
對冕服條下袴褶注云紫緋綠各從本服所謂紫
緋綠即後來之公服而非祭服朝服也唐制衣服
之色可攷者祇此碑稱賜綠大約是賜四命之綠

而云銀朱者似即前李輔光朱孝誠等碑所謂朱
紱銀章之賜其等蓋亞於金紫銀青者也然銀朱
二字連用祇見此碑

曲阜文宣王廟記

碑連額高五尺九寸五分廣三尺七分二十六行行四十四字額題新修廟記四字並正書在曲阜孔廟

新修曲阜縣　文宣王廟記
　攝鄆曹濮等州館驛巡官鄉貢進士賈防撰
皇帝御寓之十年歲在己丑　夫子三十九代孫
魯國公節鎮汶陽之三載秋霜共凜冬日均和里閭無
桴鼓之聲耆艾有袴襦之詠道已淸矣政已成矣於是

贍故鄉以供僩想　廟貌而悄悵乃謂傑佐目伊
予　聖祖寔男儒宗英靈始謝於衰周德教方隆
於大漢爰因舊宅是樹　鑾祠粤自　國朝屢加崇
飾文榱繡桷雖藻繪之功日往月來頗有傾摧之勢
故老動淒涼之思諸生興嗟嘆之音今忝鎮東平幸迹
鄉里雖無由展敬而敢忘修營既而飛章　上陳請以
私俸資飾由是命工庀事飾舊加新浹旬之間其功乃
就門連歸德先分數仞之形殿接靈光重見獨存之狀
　睟容穆若更表温恭列侍儼然如將請益丹楹對聳
還疑夢奠之時素壁□標宛是藏書之後槐影疎而市

曉杳枝墻而壇孤不假大夫幽蘭自滿無煩太守剗草
全除稷門之舊業俄興闕里之清風再起既可以傳芳
萬古亦可以作範一時且開闢以來霸王之道言其德
也莫踰於湯武語其功也無尚於桓文墳土未乾而丘
壠已平子孫縱存而蒸嘗卷絶　夫子無尺寸之
地微一旅之衆修仁義者取爲規矩肆強梁者莫不欽
崇生有厄於棲遑殁居尊於南面而樵蘇莫採廟貌長
存道德相承簪紱不絶則　夫子之道既可彰於
積善　曾公之德寔無愧於聿修防目覩　靈蹤躬
尋　盛績仰　聖姿而如在欸　休烈而攀佮承

命紀功讓不獲已刻諸貞石深愧非才謹記
請修兗州曲阜縣文宣王廟
右鄆曹濮等州觀察使孔温裕奏伏以禮樂儒學教
化根本百王取則千古傳風國朝飾闡文明遵尚祀
典不違古制大振皇猷今曲阜縣乃魯國故都文宣
廟即素王舊宅興儒之地孕聖之邦所宜廟宇精嚴
禮物具舉近者以兗州頻年災歉都廢修營徒瞻數
仞之牆纔識兩楹之位雖春秋無闕於釋奠而揖讓
頗柔於彝章遂使金石之音靡聞於盻響俎豆之設
寄列於荒蕪聖域儒門豈宜堙墜臣忝爲遠裔叨領

重藩思尺家鄉拘限戎鎮望闕里而無由展敬瞻廟
貌而有願與功臣今差人賫持料錢就兗州擬廟宇
傾毀處悉令修葺皆自支費不擾州縣所□獲遂幽
懇克申私誠伏緣兗州非臣本界須有申奏伏乞
　天恩允臣所請無任悃迫屏營之至謹具如前
中書門下　牒鄆曹濮觀察使
牒奉
　　勅鄒魯故鄉俎豆遺教文武之道未墜
於地温裕雖持戎律宛有家風屬兵車之方殷飾丘
門以齡教牆新數仞廟設兩楹盡出私財不煩公用
緯有餘裕益見器能已賜嘉獎餘宜依仍付所司牒

至准　勑故牒

咸通十年九月廿八日牒

咸通十一年三月十日建

碑側

咸通十年九月十四日鄆州勾當重修廟院同散將

畢叔建

四十六代孫宗亮晉湖名宗翰俱策進士第嘗與謁

祖聖莚志其時皇祐五年六月日宗翰題

温裕孔子三十九代孫能以私俸奏請葺廟宜蒙嘉奬矣碑賈防撰文聊略未稱書者無名氏而亦有顔清臣柳誠懸遺意不作惡札石墨鐫華

案孔温裕奏請修廟事在咸通十年九月廿八日勑牒准行至十一年三月始建此碑兩側先有咸通十年九月畢叔題名何邪温裕附舊唐書父戣傳位京兆天平軍節度使又見孔紓墓誌載父温裕節制天平軍徵拜司戎貳卿今碑述温裕自云忝鎮東平唐書地里志鄆州貞元四年曰東平大和四年曰天平史就現名書之徵其實碑以舊名書之存其跡義皆可通也碑側四十六代孫宗亮宗翰題名宗翰乃道輔之次子宋史附道輔傳但云登進士第以此碑攷之當是皇祐五年也山左金石志

按新唐書孔温裕傳大中四年官補闕時党項爲邊患發兵討之連歲無功温裕上疏切諫帝怒貶柳州司馬累遷尚書左丞天平軍節度使鄆曹濮等州觀察使傳不載其爵魯國公碑不詳其官尚書左丞皆可取以互證也碑側四十六代孫宗亮宗翰題名宋史附道輔傳稱宗翰登第後知仙源縣爲治有條理今碑不言知縣事殆題碑之時猶未到官也宗亮先以慶歷五年知仙源縣事八年孔彥輔代之皆碑所未詳及者碑云槐影疎而市

晚杏枝暗而壇孤唐宋諸碑從未有及槐杏者惟見此碑今曲阜孔廟詩禮堂庭中有唐槐一本枯槎一片皮木架之槐之右有大杏樹一本二樹皆可千年物或即碑所云也奏狀云金石之音雜鬧於朌蠁碑借作盼響牒勑云飾卯門以宏教蓋即孔門此二字已見大泉寺新三門記此勑亦云然當時習用之語也

孔紓墓誌

石高廣皆三尺二寸六分三十九行行四十字正書在棠澤縣

唐故左拾遺魯國孔府君墓誌銘并序

鎮海軍節度掌書記將仕郎殿中侍御史內供奉賜
緋魚袋鄭仁表撰并書
咸通十五年三月　侍講學士右僕射太常孔公
以疾辭　內署職其元子左拾遺養疾亦病逾二旬
太常公疾少間　拾遺疾亦間又旬日
太常公薨　拾遺哭無時後七十六日亦終嗚
呼求諸古未聞也仁表與　拾遺同歲爲東府鄉
薦策第不中等再罷去明年偕宴於東堂宴之日
博陵崔公蕘出紫微直觀風廿棠下表爲支使投蓋
閣書　拾遺始及第乞假拜慶新進士得意歸去

多不伏拘束假限往往闕試不悉集貢曹久未畢公事
故地遠迨二千里例不給告時　僕射太常公節
制天平軍以是勤不得請　拾遺曰人之多言必
以我爲宴安訖春不宴年少乘喜氣赤春頭竟不對狎
客持一盃酒人以爲難闕試日都堂中揖別同年徑出
青門外經所爲從事州入院判案十日東去府適罷賢
諸侯爭走燕鷹馳弓旌竟不能致　徵爲渭南尉直巖
文館久之會大學士出將　去羣竟不就　僕射太
常公罷鎮居洛中　拾遺伏安　定省不嘗言仕
宦旋以萬年尉復怙文職無西笑意　僕射徵拜

司戎貳卿　拾遺由　侍行乃赴職越一月今許
昌太傅相國襄陽公爲河中奏署觀察判官假監察御
史故事赤尉從相府得朱紱殿中　公昆仲間有
未至者求褭行官不改服色人人美譚之俄轉節度判
官從知之道皎然明白和而不柔守而通內盡匡補而
外若不知　相君待之異禮俄拜左拾遺內供奉嗚
呼止於是何也春秋始卅三矣惜哉　公至性自生
知雖欲全其禮傳於後闕強忍抑不能俯就始得疾不
言於人因哺哭若絕左右始知有病旬　甚矣旬　卧塋室
中不復進饘餌疾益亟方肯歸常所居舍悉名骨肉迨

僕使唯言　僕射公葬時事指揮制度必以古禮
戒誨約束委曲備悉左右皆泣　公曰吾平生無
纖小不是事天報我甚厚使亟得歸　侍地下尔盡
賀而返以泣耶吾自遂性不能無傷生全大孝送終設
祀宜從儉約無以金銀織華爲殉無以不時之服爲殮
吾幼苦學尤嗜左氏傳所習本多自讎理宜置吾左右
友人鄭休範多知我所執守相視若親弟兄我亦常以
所爲悉道之請以誌我彼不能文必盡其實言竟撫弟
妹若將千百里爲别者覩妻子若將一兩夕不面者而
怡然其容如有失而復得已而終嗚呼其喜歸　侍

乎　公謝世之月餘日前與二季處闈室中忽援毫書
廿八字於室內東扆之上若隱語而加韻焉曰許下無
言棄少年震而不雨月當弦風濤湄逆艅艎沒從此無
舟濟大川初玉季載考其義莫究指歸旣痛絕手足若
洸然而悟曰許無言是午字今歲在午也震不雨是辰
字其哀瘵至甚移歸皖就醫是辰日及　奄然之日驗
於官醫是上弦日又應月當弦之讖也吁似有所潛受
於冥昧間何懸知之若是也憶於洛陽里第始相與定
交　公曰何以契我余曰死患難先祿位託孤寄
命同休共慼此義交也見善相勉也見利相遠也言之

而必行守之而必固一旦離此則攻而絕之使處世爲
匪人殺身無怨言斯益友也余將與吾子契之自是過
必相攻善必相激相成如恐失相畏若臨敵雖朝夕共
行止人不以爲朋比亦君子之能賢善誘也嗚呼
公之文之學之精明道行如雷聲日光無耳目者則
不知也　公之訃始聞人人如有亡碩生鉅賢心
死氣脫道之不行也天何心焉　公諱紓字持卿
曾司寇四十代孫繼繼承承世濟不墜間生傑出
磊落相望　曾祖岑父皇任祕書省著作佐郎贈
司空　祖戣皇任禮部尚書致仕贈司徒　父溫

裕皇任撿挍右僕射兼太常卿充翰林　侍講學士冊
贈司空　皇妣河東薛氏族大而顯先　司
空公廿八年卽世　公娶京兆韋氏山東甲家　公約
也有二子男曰鐵婢始十歲甚肖似憶與
生子命名必如兄弟愚之子曰後魯他日鐵婢當以還
魯字之易云積善之家必有餘慶善之教必關於道儒
釋釋固無嗣　皇家　公家道儒之餘慶也
公又賢而無祿其後益大以昌女少於男銘曰
嗟嗟　夫君　嗟嗟　夫君　孔聖遺塵　顏
回後身　高高者天　幽幽者神　幽幽不見

高高不聞　不見不聞　又何足以云云
右左拾遺孔紓墓誌紓曾祖岑父贈司空祖戣贈司
徒父溫裕檢校右僕射兼太常卿充翰林侍講學士
贈司空皆史所未載紓字持卿而宰相世系表作持
卿刻本之訛也紓嘗爲左拾遺有子小字鐵婢表亦
不載紓未沒前月餘書二十八字於東扆上若隱語
者唐人小說未有及此事者僖宗以咸通十四年七
月卽位至明年十一月始改元乾符故咸通得有十
五年也潛研堂金石文跋尾
碑中出將下傍注去聲二字金石表有其例又云公

謝世忽援毫書廿八字其事甚奇異紓爲左拾遺而
稱公孔融稱康成爲鄭公漢書亦多稱人爲公是相
重之詞近人作碑志執非三公不得公之論嫌其太
拘也韓愈撰有王議大夫尚書左丞孔戣墓志銘云
葬公於河南河陰廣武原先公僕射墓之左是紓數
世皆葬于此撰人鄭仁表滎陽人有贈妓僊哥及洛
眞詩又有經過滄浪峽長亭走筆題句俱見全唐詩
中州金石記

誌爲鄭仁表撰書仁表附舊唐書鄭肅傳云仁表擢
第後從杜審權趙騭爲華州河中掌書記入爲起居

郞以此誌推之尚帶殿中侍御史內供奉及誌後叙
孔紓囑友人鄭休範爲誌休範郞仁表字也史並缺
書誌載仁表自叙與孔君同歲爲東府鄉薦策第不
中等罷去明年宴于□室宴之日博陵崔公蕘出紫
薇直觀風甘棠下蕘本傳拜中書舍人後出爲陝州
觀察使郞記云觀風甘棠下也又叙新進士得意歸
去多不伏拘束假限往往闕試不悉集貢曹久未畢
公事故地遠道一千里例不給口假唐摭言載唐一
代進士之制未錄及此也又載故事赤尉從相府得
朱紱殿中此縣尉得侍御史之由史志並缺錄誌內

出將句旁注去聲始知有病旁注句字甚矣旁注句
字昔金石例所無授堂金石跋

按此碑撰書者鄭仁表書譜不列其名兩唐書皆
附見鄭肅傳肅之次子新傳稱其累擢起居郞舊
傳稱其擢第後從杜審權趙隱爲華州河中掌書
記入爲起居郞誌結銜云鎭海軍節度掌書記將
仕郞殿中侍御史百官志起居郞從六品上節度
使掌書記一人未詳品數將仕郞從九品下殿中
侍御史從七品下蓋仁表撰誌之年階從九品下
官從七品下而充掌書記其入爲起居郞則升階

從六品上矣舊書杜審權傳咸通十一年制授檢
校司徒同平章事河中尹充河中晉絳節度觀察
等使趙騭附見趙隱傳隱弟騭咸通七年拜禮部
侍郞御史中丞累遷華州刺史潼關防禦鎭國軍
等使皆在咸通十一年以前之事至誌所結銜爲
兩傳所不書鎭海軍節度掌書記不詳爲何人所
辟方鎭表鎭海軍隸浙江西道始置于元和二年
其後屢經廢置至咸通十一年廢而復置仁表之
掌書記在鎭海軍初復之時蓋由河中而遷也據
宰相表十五年二月癸丑趙隱檢校兵部尚書鎭

海軍節度使仁表當爲趙隱所辟矣仁表字休範
兩傳不書而全唐詩有之孔紓則兩書皆無傳誌
云公娶京兆韋氏山東淸甲家也淸甲二字未詳
紓只一子鐵犫而云二子者女亦爲子也此誌撰
者自稱或余或愚不一葢漸有不署其名者矣

魏公先廟碑

碑上下殘缺現存者高五尺五寸五分廣四尺三寸六分三十六行字數無考正書

上缺判戸部事上柱國賜紫金魚袋魏公先廟碑銘并序
上缺國博陵縣開國子食邑五百戸賜紫金魚袋崔
璵篹

上缺柱國河東郡開國公食邑二千戸柳公權書并
篆額
上缺特進侍中贈太尉鄭國文貞公魏氏在貞□立家
廟于長安昌樂里後二百卌五年有來□□缺歲既協
于　帝道化光洽前此　詔贈先□□□侍御史□
君爲吏部侍郎先夫人南陽□□□缺姓曰吾惟聖訓
祭器不假宗廟爲先今吾□□德慙前人而□位卿相
歲時尚祭寢轶然崇祀□□缺廟而新之則流光歸
列祖雖然吾非違禮必稽于有司□□太常順考禮令
酌損前文□勲勞□□缺考公於是鑄端虛中列上感

疚既獲　俞命□□□□□□□□□書綵時日□工興
事陶瓴築□堅□□缺物宿設助祭夜鼓四通公祇祓
夙興纓冠鳴玉入進于位賓親就□祝史贊導虔奉
祖考鄭公□□□□缺郎府君諱𢎞□神主笫升于室
室上□□以　祖考妣鄭國夫人□東裴氏皇考妣河
東裴氏王考妣□］缺□之事旣成而退他日使門吏
左補闕鄭愚□謂璵曰其滌慮虔思□教以移忠竭忠
以致位因位以□□□缺詳求能敵子之重託者宜莫
如子璵聞命震悚卽走相君之門固辭不獲歸次其世
胄德行官業垂承烈休□缺文侯能斷聖門人而不好

古樂故風頽而不得□五伯至無忌不□□而封信陵
與齊趙楚公子相矜奮□□缺派緒滋廣因自別爲西
祖曁諸戎盜華晉鼎淩□□□□還世仕□□顚丘四
世之孫曰釣樹勲捍難爲□□缺懷忠亂朝直封諍政
侵轢紆倖不容於時出長屯留□無慍色或有□詞致
謁者方激發㤪吒志氣𢠸厲□□缺屬時濁昏勛勲西
東懷奇含耀濡足□晦竟逢　大晨助　日□□
龍攄鳳鳴爲祥輔昌□　我缺□見國書爲臣
克配於　國享爲祖不遷於家祀雖童子婦人亦□□
□□□□□□府君諱□琬祗訓缺□濬於世次爲

顯考以　相國位猶滯於三品室未備數尚□孝思司
業□潁州府君是爲第□室缺□之跡□□□□□宜
氿歸第三室河西府君天資恢□抱器卓邁□無不通
而以先德實嘗□□□□□□缺司成師儒道光教
源益□□□□殘躪狼藉牛空於槁耕無以力乃用古
□□□□犂作爲區□歲大有□確秉□□缺積慮洽
聞業履無忝命塞不□□□蔽罪無頗邑長褒申剛中
特操前無□□□□是舉出爲□□猗氏令人咸爲□
缺於時爲邑南陽當希烈猖獗之餘邑□□機難□□
中□□立德無方而□□□□蘊之華藻當時賢□迩

聽風□□缺長有爲中貴人干政者違言交肆
□□□□　名拜大理司直□□□□□小大時當性
不苟合□□當官□缺四室郎吏部府君渾粹秀發識
洞元□□□□□□□□□□北四廿無□□□□沒
振謂天道□□　相□永之□缺遷始以大理評事兼
監察換殿中侍缺鄭公忘勞大伐爲缺可朝聞夕拜疏
視□缺文宗益欲寘於側郎□缺終始一德命求昆裔
規肖前人以缺上書草充謚囊匱使好事者得之皆缺
索將勇□整易干城之不材者蚤缺故會昌中權倖惡
忌擠之外郡間□缺材以成之厥後縣歷祀葉爲他人

□□缺征兼領邦憲開歲進防公台仍專缺中被衮朝
天乂嘗故廟奉時□□□缺之舊宅永與里肇卜貞
觀缺猗猗後爲右補闕至公恭守□缺□爰操肇□
皇□廟端□□缺銘石於麗牲其忝夷之志歟缺
□居第孝祠不敢□爲袞職舊宮□　缺孔昭厥緒益
遙人爵或替缺□綏嘏錫□□□□考私丁□報缺
魏還祖居旌直　恩購缺
缺□闢躬潔䄉羞俎折缺
缺□□□□□
缺□□□□□　□南□□

缺　□□□□□□□□□
缺□猶在□□言之□□
缺右史入　侍未嘗不□之
缺　□□□□□□
缺征繕是圖□□□府大體
缺□
缺□維忠與孝可謂大備
右碑石裂爲五其四石可次序末十行文不接續故
附于後王濤記
按此碑殘缺標題但存判戸部事上柱國賜紫金

魚袋魏公先廟碑考其文則鄭國公魏徵之廟而判戶部事不知何人唐書宰相世系表徵之子孫中未有判戶部事者兩唐書徵之後惟五世孫謩相宣宗傳甚詳而其子亦不言判戶部事然魏公先廟始建爲祀鄭公而重修則爲祀謩碑云鄭國文貞公魏氏在貞觀立家廟於長安昌樂里檢長安志昌樂坊在京城朱雀街東第二街有太子太師鄭國魏徵家廟大中中來孫謩爲相再新舊廟以元成爲封祖元成者鄭公之字也則似廟爲謩所重修謩之新廟在大中中則碑亦當立于大中

年然以碑文證之文云貞觀立家廟後二百卅五年又云顯考相國位猶滯于三品宰未備數顯考相國即謂謩也謩官平章事在大中十年其卒在十二年廟之始建不知在貞觀何年據鄭公卒于貞觀十六年即以是年爲始至二百卅五年爲僖宗乾符三年則長安志以爲大中中新廟者未覈也碑文撰者崔璵結銜存博陵縣開國子璵傳載封博陵子在大中七年碑書鄭公爲祖考其下云皇考妣王考妣玩其文稱祖考妣者始封之祖也皇考妣者曾祖考妣也王考妣者祖考妣也其後所叙世次頗詳而文多缺泐不得見其全矣碑不能確定其歲月姑附咸通之末

謁昇仙太子廟詩刻

石橫廣二尺九寸六分高二尺廿五行行十七字正書在偃師縣南緱山下仙君觀

謁昇仙太子廟

在昔靈王子吹笙遡泬寥六宮攀不住三島互相招亡國原陵古賓天歲月遙無蹤窺海曲有廟訪山椒石帳龍蚍拱雲樓彩翠銷露壇裝琬響真像寫松喬珠館青童宴琳宮阿母朝氣輿仙女侍天馬吏兵調湘妓紅絲瑟秦郎白管簫西城邀綽約南嶽命嬌嬈句曲觴金洞

天台嘯石橋曉花珠弄蘂春茹玉生苗二景神光秘三元寶籙饒霧垂鴉翅髮氷束虎章腰鶴馭爭卸箭龍旭各獻綃衣從星渚浣丹就日宮燒物外花常滿人間葉自凋望臺悲漢戾闕水笑梁昭古殿香殘灺荒堦柳長條幾曾期七日無復降重霄嵩嶺迴天漢伊瀾入海潮何由得真訣使我珮環飄

余大中八年爲前渭南縣尉閑居伊洛常好娛遊春夏之交獨登嵩少路由緱嶺謁　昇仙太子廟雲霞之志於斯浩然遂搆詩一章用申疑慕今者謬塵樞務已及四年忽覩　成庶大夫奏牋請以

龕元廟李尊師配住賓天觀則知維嚴靈宇　儼像重新輒寫舊詩寄　王公請標題於廟內乾符四年閏二月三日開府儀同三司行門下侍郎兼兵部尚書平章事監修國史鄭畋記

朱長文墨池編有此詩詩爲五排字似石經體後有字云余大中八年爲前渭南縣尉又自署云開府儀同三司行門下侍郎兼兵部尚書平章事監修國史按劉昫唐書鄭畋傳云畋字台文滎陽人也以書判拔萃授渭南尉又云乾符四年遷吏部侍郎尋降制曰可本官同平章事僖宗上尊號禮畢進授中書侍

郎進階特進轉門下侍郎兼禮部尚書集賢殿大學士顛與碑合惟史誤兵部爲禮部當以石刻正之傳又稱畋文學優深器量宏恕美風儀神采如玉尤能賦詩與人結交榮悴如一然則當益貴其詞翰矣中州金石記

按鄭畋詩一首附記云余大中八年爲前渭南縣尉閒居伊洛常好娛遊按新唐書畋本傳以書判拔萃擢渭南尉父喪免宣宗時白敏中令狐綯繼當國惡怨德裕其賓客並廢斥故畋不調幾十年然則畋自謂閒居伊洛蓋由此也又云今者謬塵樞務已及四年宰相表乾符元年鄭畋爲兵部侍郎翰林學士承旨計此時標題之歲正在四年與史悉合畋崎嶇危難忠以濟主故得其詩記尤可喜也畋名殘其半然推證悉顯據而金石攷謂無姓名豈未見末幅耶詩在昔靈王子刊本在作有三山互相招刊本互作去縣志誤作却曉花珠弄藥刊本曉作晚龍妃各獻綃刊本妃誤作紀各作合說嵩妃誤作飛物外花長滿刊本長作嘗嵩嶺緪天漢刊本緪作連今悉依石本爲正偃師金石遺文記

按鄭畋詩後記云余大中八年爲前渭南縣尉舊唐書傳畋年十八登進士第二十二又以書判拔

萃科授渭南尉則其作尉時年僅二十二矣以畋之卒年攷之舊傳云中和三年薨年五十九新傳云卒年六十三若從新傳年六十三則生于長慶元年當大中元年作尉時年三十四即從舊傳作五十九其作尉時年亦三十皆與年二十二之語不合又記後結銜云乾符四年閏二月三日開府儀同三司行門下侍郎兼兵部尚書平章事監修國史宰相表乾符二年六月鄭畋爲門下侍郎四年正月兼兵部尚書與碑合而兩傳則各不同舊傳云乾符四年遷吏部侍郎同平章事僖宗上尊

號禮畢進加中書侍郎進階特進轉門下侍郎兼
禮部尚書集賢殿大學士上尊號事舊傳宗紀不
載新紀則在乾符元年十一月新傳云僖宗立以
兵部侍郎進同中書門下平章事再遷門下侍郎
無四年兼兵部尚書之事並紀傳碑表互異若此
不能定其孰是也

武安君白公廟記

裘本高廣行字俱不計正書在咸陽縣

唐宜徽修造使雅　勅重□秦將武安君白公廟記
竊以武安君威靈振古術略超時播千載之英風當六

雄之鯨敵廟貌雖存於近縣曾　聖上思舊已甚於荒
凉念道蹤□□□令當司見肯葺存□美不泯歲時寂
寞□□創甁嚴整偉尓　□跡感發　宸聽剏
纔施堂宇光粲興功□畢禋祀備周刊石貞珉用資不
朽其所添置物色具列於後
舍大小共五十二間並□□□堂三間五架　覆墻三
間　三面行牆舍卅五間　獨閣門屋一□　南行眺
子舍一十間　蓋頂木帳一所并堂前面沙子三間及
散博□□並創置
武安君捏塑重修裝飾及創置輦一頭并紫衣一□四
事□銅　腰帶魚袋并□裙襴一副生銅香爐一枚
木合一具
夫人捏塑重修裝飾及創置繡衣一幅四事并朝花
侍從二人捏塑並重修裝飾壁畫武安君及夫人并侍
從兩面音樂引隊軍將鞍馬等並重修飾　南面創
畫土番蠻奴各一人□堂門外捏塑軍將二人□畫捉
生官健及戟架弓箭器械並創置南廊下石押□影并
□□並重修畫堂兩面栽竹各一藂并□創置□西水
巷道創置零星門并鐵鎗八株舊有□□十三株新栽
廟內柏樹九十一株□

乾符五年歲次戊戌十二月一日記
監修承旨文林郎行內侍省掖□局丞員外置同正
員上柱國張師厚
使太中大夫行內侍省內侍員外置同正員上柱國
賜紫金魚袋田獻銖

廟在今咸陽東古杜郵起修刻獨有將略耳亦祀至
今何也壁間記唐乾符五年重修事正書道勁亦有
歐法知唐世官牒無不作佳書也記中所列添置物
色有眺子舍一十間沙子三間輦一頭石押衙影等
皆不可曉石墨鐫華

李克用題名

石高四尺四寸廣二尺四寸九行行十九字正書在曲陽縣北岳廟

河東節度使檢校太保同中書門下平章事隴西郡王
李克用以幽鎮侵擾中山領蕃漢步騎五十萬衆親來
救援與易定　司空同申　祈禱翌日過常山問罪時
中和五年二月廿一日克用記

易定節度使檢校司空王處存看題

至三月十七日以幽州請就和斷遂却班師再謁睟容
兼申　　賽謝便取飛狐路却歸河東廿一日克用
重記

天會十二年七月六日尚書都官員外郎知曲陽縣
事高君陳摸刊

按舊唐書云時天子播越中原大亂幽州節度使李
可舉鎮州節度使王鎔以河朔三鎮休戚事同惟易
定二郡爲朝廷所有乃同議攻處存以分其地又云
幽鎮兩籓兵甲强盛易定於其間疲於侵寇賴與太
原姻好每爲之援卽其事也又按宋沈括筆談云嶽
祠在曲陽祠中多唐人故碑殿前一亭中有李克用
題名則知此字乃當時所刻或毀於靖康之兵火而
金人重刻之今石也然克用將門之子何能工於筆

法乃爾豈亦如宣和書譜謂後梁太祖批荅賀表當
是筆吏所書之類與金石文字記

曲陽縣北嶽廟有唐李克用題名一百二十八字文
稱中和五年二月者卽光啓元年攷僖宗以是年二
月至鳳翔三月還京改元之詔猶未下也克用與義
成節度使王處存同破黃巢以功封隴西郡王而盧
龍節度使李可舉成德節度使王鎔惡處存約共滅
之分其地通鑑載克用遣將康君立救之而碑文則
云領蕃漢步騎五十萬衆親來救援與通鑑異又云
至三月幽州請就和斷遂班師取飛狐路却歸河東
則又史所不及載者當唐之季籓鎮連兵境上各事
爭鬬職方不錄其地朝廷號令所及僅河西山南嶺
南劒南十數州上下不交以至于無邦生斯世者其
聞見已不能悉眞況百世之下寧免傳聞異詞哉惟
金石之文久而未湮往往出風霜兵火之餘可以補
舊史之闕此好古之士窮搜于荒厓破冢之間而不
憚也克用本武人未嘗以知書名而碑文楷書端勁
詞亦簡質可誦英雄之不可量如是夫嗚呼益以見
金石之文爲可寶也曝書亭集

知曲陽縣孫君陛陞於縣北安天廟掘地得唐中和

五年碑一按舊唐書中和五年三月丙辰朔丁卯車駕至京師己巳御宣政殿大赦改元是三月之十四日已改光啓曲陽去京師遠故未知耳又克用親授處存與通鑑遣將康君立事異疑舊亭集謂可補舊史之闕然克用史無太保之稱處存以檢校司空遣大將張公慶率勁兵三千合諸軍滅賊巢于泰山以功檢校司徒事在救中山前則救中山時不宜仍稱司空又金史百官志六部尚書皆有員外郎而無尚書都官員外縣有令判縣事而無知縣事皆事之待考者拓拔集

右河東節度使李克用題名沈存中筆談載其文云太原河東節度使李克用親領步騎五十万問罪幽陵回師自飛狐路卽歸鴈門雖檃括其詞然以石刻校之殊未盡合蓋存中記憶偶誤爾唐書沙陀傳光啓元年郎中和五年幽州李可舉鎭州王景崇言易定故燕趙境請取分之於是可舉攻易州下之景崇攻無極易定節度使王處存請救于克用克用自將救無極敗鎭人攻馬頭固新城鎭兵走處存復取易州此克用題名卽自將救處存時也克用以二月廿一日與處存同禱嶽廟至三月十七日以幽州請和班師復謁廟賽謝然則克用之破鎭兵當在二月之末三月之初矣通鑑于是年三月書克用遣將康君立救處存又于五月書克用自將救無極敗成德兵皆未得其眞沙陀傳稱進檢校太傅而此作檢校太保亦當以石刻爲正潛研堂金石文跋尾

晉王題名攷新唐書李茂勳傳中和末太原李克用始强大與定州王處存厚相結可舉惡其窺山東爲已患云云乃遣票將李全忠率衆六萬圍易州鎔以兵攻無極處存求援太原克用自將赴之今以題名推數中和五年二月以後卽改元光啓故史云中和

末史又云克用自將赴之亦與此親來救援合惟通鑑謂遣將康君立救處存或克用爲主帥以君立佐之遂以異文也與左傳正義云僖二十三年晉侯親自敗狄而郤缺爲將或十六年楚子親戰鄢陵而子反爲主類如此者不可更僕數故例舉以見其非誤也題名下小字天會十二年一行則此題至金已重刻然不知原刻何以見毁也授堂金石跋

按中和五年李克用與王處存同禱于嶽廟克用題記而處存看題看題二字獨見于此

撫州寶應寺鐘款

鐘不知高幾許其中一層上闊一丈六寸下闊一丈
一尺五寸五分界爲八區内四區區又界作四棱以
問之其第一區九行其八行刻記每行字數十四十
六十五不等第二區四棱無字第三區另刻宋淳化
年陀羅尼十五行行二十四二十五二十六字不等
餘第四第六兩區皆四棱七行第五區十一行第七
區五行第八區四棱八行皆書官銜及助
緣人名字數自十八至三十不等正書

節度討擊使兼監察御史朱袞并書

維唐大順元年歲次庚戌拾月癸未朔拾叠日癸巳撫
州寶應寺募衆緣於洪州南冶鑄銅鍾壹口重叁阡斤
上爲　國王大臣當府　司空郡王　尚書
次及州縣文武官寮將士軍人什方信男信女師僧父
母然願國界安寧法輪常轉有識含靈同霑此福永充

供養
金紫光祿大夫撿校工部尚書使持節撫州諸軍事
口撫州刺史兼御史大夫上柱國危全諷 以上第一區
攝洪州别駕銀青光祿大夫撿校國子祭酒兼御史
大夫上柱國危亘
軍事判官將仕郎試太常寺恊律郎孫可璠
攝長史銀青光祿大夫撿校太子賓客雲麾將軍試
殿中監兼御史中丞朱口立
攝司馬兼御史中丞周璵　攝録事參軍李知中酋
節度先鋒兵馬使充都押衙銀青光祿大夫撿校國

子祭酒兼御史中丞曾可徒
押衙充右直將兼侍御史曾宏立
押衙充左直將兼侍御史陳玗
押衙充右廂都虞候兼侍御史丘盈
押衙充左廂都虞候兼侍御史李宜
押衙充衙官將兼侍御史丘総
押衙充衙官將兼侍御史謝君注 以上第五區
軍事衙推攝臨川縣令將仕郎試太常寺奉禮口黃
口
節度左押衙銀青光祿大夫撿校國子祭酒兼御史

中丞危蕘
助緣押衙兼侍御史吳奏　押衙兼侍御史吳蕘
押衙曾口　押衙許懷　押衙謝口福　押衙湯倹
押衙李耿　押衙徐殷　押衙席湘　押衙廉貢
押衙姚扶
孔目院助緣子録事蕭恭　口押衙黃緒　糧料官
傳口 以上第六區
衙直官王搆　表奏官胥元藻郭玩黃謀黃口
口口口衙口孔目官口口　口
節度討擊使軍事押衙知修造將黃遵

押衙充孔目官兼監察御史劉濆
押衙兼監察御史黃肇以上第七區
前鄂岳館驛巡官朝議郎試大理評事黃涉　前商
州上洛縣令蘇口
攝功曹參軍夏侯徵　前潭州長沙縣丞黃名
女弟子吳氏　蕭氏
助緣　盧玭　曾儁　金孜　鄭遇　饒璠　王闓
傅恭　劉勍　鄭口　饒意　許縱　虞瓌　查
京　許遠　李謝　熊立　謝展　張遵　范運
鄒矩　劉意　鄒約　舒慶　周智　楊珠　胡成

何咨　章玩　王存　毛法修　彭贇　宗奭以上第四區
監寺大德僧有章　法主律大德僧知夢
尊宿大德僧惠修　道滿　令交　藏主僧敬撰都
推口僧懷闓
寺主僧知遠　上座僧元暢　助緣僧行哲　景璋
頭陀僧德口
勾當鑄鍾僧敬倫　都料節度散將桂宏師　節度
子將胡璋鎬
徒衆僧元珦　師達　行求　雲宣　靈口　師徹
知儼　口口龜
了源　軌顒　旹一　守言　可遷　元暉　雲寶
師口　口口
敬儒　從本　令口　敬遷　德昭　師怛
道成　宏愿以上第八區
口聖觀自在菩薩甘露陁羅尼呪不錄
淳化元年歲在庚寅十二月　寶應寺觀音院行持
水陸法事惣持大德敬口記以上第三區
　　　　　　　　　　　　　　　延福鎸
右撫州寶應寺鐘文其云當府司空者鎭南軍節度

使鍾傳也郡主尚書者撫州刺史危全諷也列名者
百餘人首一行云金紫光祿大夫檢校工部尚書使
持節撫州諸軍事守撫州刺史兼御史大夫上柱國
危全諷攷全諷以中和二年壬寅歲據撫州至梁開
平三年己巳爲楊氏所併在州二十八年唐五代二
史僅附見鍾傳傳其檢校工部尚書亦可裨二史之
闕潛研堂金石文跋尾

金石萃編卷一百十七終

賜進士出身　誥授光祿大夫刑部右侍郎加七級王昶譔

唐七十八

萬壽寺記

石高二尺二寸八分廣一尺二寸八分十五行行二十九字正書在歧州

大唐萬壽寺記

刺史柳玭撰

漢長安城本秦離宮也高帝七年長樂宮成自櫟陽徙都之惠帝覩其窄狹乃發長安六百里內男女十四萬六千人及諸侯王列侯徙隷二萬人城長安成賜民爵戶一級長安城方三十里內地九百七十三頃八街九陌九市周回六十五里十二城門皆有侯蕭望之爲東門侯東有三門一宣平門外郭東都門一清明門外郭東平門一霸城門外郭青門霸城門外一里許有萬壽寺爲萬壽寺本梁太尉吳王蕭岑宅隋開皇四年文帝爲沙門曇延立爲延興寺東院莒公蕭琮之堂隋亡捨入寺　神龍中中宗爲永泰公主追福改爲永泰寺大中六年請改名僧寺五所化度寺改爲崇福寺永泰寺改爲萬壽寺溫國寺改爲崇聖寺經行寺改爲龍興寺奉恩寺改爲興福寺而寺各異其額也然萬壽一寺

宣帝親書賜額命官造理殿宇廊廡方丈山門共一百九十七間左右院林二所香地二頃六十餘畝石佛一尊娑羅樹六株勑度一百二十僧受牒免差入寺焚修祝延聖壽後淨貪住持能守淸規迥出於衆惧寺年久莫識其端請余爲記俾後人有所據云

景福元年八月一日

按記爲刺史柳玭撰新唐書柳玭傳玭仲郢第四子官至御史大夫昭宗欲倚以相中官譖玭煩碎非廊廟器乃止坐事貶瀘州刺史卒則其撰此碑距卒年不遠矣碑但署刺史而不言瀘州者何也記云漢長安城本秦離宮也高帝七年長樂宮成自櫟陽徙都之漢書高帝紀七年二月至長安蕭何治未央宮立東闕北闕前殿武庫大倉上自櫟陽徙都長安未央宮碑作長樂宮者本史記譌也記又云惠帝覩其窄狹發長安男女城長安云云語亦見漢書惠帝紀五年春正月復發長安六百里內男女十四萬五千人城長安三十日罷碑不言三十日罷而以五千作六千則異也長安志秦孝公始都咸陽及幷天下置內史以領關中項籍滅秦分其地爲三封章邯爲雍王都廢邱司馬欣

爲卷三都櫟陽董翳爲翟王都高奴高祖五年在
洛陽從婁敬說始都之此語又與漢書小異又據
西京雜記曰未央宮周匝二十二里九十五步街
道周四十七里潘岳關中記未央宮周旋三十一
里街道十七里諸說又與碑不同碑稱霸城門外
一里許有萬壽寺檢陝西通志載此寺語與碑同
而云寺有劉批撰記誤以柳玭作劉批也碑又云
改僧寺名化度寺改崇福寺溫國寺改崇聖寺經
行寺改龍興寺奉恩寺改興福寺今通志所載洪
福寺舊在西關貞觀間太宗爲穆王后追福立爲

宏福寺神龍間改爲興福寺溫國寺在城南四十
里隋名實際寺開元十五年改爲溫國寺不云改崇聖寺
頒政坊龍興寺貞觀五年太子承乾立寺不云經改名
崇福寺在城東北五十里宣義里則天后建時[illegible]
經多于寺不云化度寺改此所載不知即碑所稱各寺否
也碑云萬壽一寺宣帝親幸賜額此宣帝謂宣宗
也

憫忠寺重藏舍利記

石橫廣四尺高二尺一分四十一行行二十一
字至二十三字不等正書在順天府憫忠寺

重藏舍利記

□街內殿講論兼應　制大德沙門南叙述
僧知常書
兹舍利者昔隋文帝潛龍日有梵僧自印土至授舍利
一瓶曰此釋迦佛遺形耳櫃越可爲主洎登寶位年號
開皇至廿年改仁壽至仁壽二年壬戌正月勑天下六
州一百處□舍利塔時幽州節制竇抗創造五層大𣏌
塔飾以金碧爲舍利於其下至　大唐文宗皇帝大
和八年甲寅經二百卅三年天火焚塔迹後五六年門
武皇廻□釋教至　宣宗初登寶位歲在丙寅
勑修廢藍將興眘□得石函於故基下時　旌𤏲綫

河公暁示人天專令供施遷藏於憫忠寺多寶塔下復
經卅三載中和□年歲在壬寅又值火災延憫忠寺樓
臺俱燼旋遇　燕□陶汰空侶不朞年
隴西令公大王大庇生靈巨崇像設捨己祿俸造觀音
閣橫壯妙麗逾於舊貫寺僧復嚴陳力化導塑觀音像
當景福壬子年僉欲遷舍利於閣內乃陳辭上瀆
請發封壤　上許之卽是年六月徒侶雲萃各竭其
誠塵壒曜靈香坌人手未淹食頃俄逢巨函縫印香泥
記鐫貞石繇是撤其蓋發其緘舍利光芒異香郁裂會
錄狀捧金函詣子東門上獻　旌幢中權後營皆

澡□沐心通宵瞻禮重脊覩施復還本寺顯示城隍道
俗□黃金瓶如麸麥量內藏一粒仁壽舍利也二粒在
塔□內又二粒在小金合子內又九十粒如銀粟狀在
琉璃餅內玉環二髮七綵金銅棺槨異香釵釧等今又
有二粒舍利光彩甚瑩在銀結絛琉璃餅內即故臨壇
大德明鑒乎昔隨身供養臨終授弟子栖忍今同收函
內別夫眶日久歿遺形倘留爲福人天堅固不壞幸遇
　王臣信重正法興隆同於寶坊載祀金骨而今
而後何年更逢匪獨人心澆醨抑亦時侵末法重閟于
此觀音像前谷變陵摧猶憑刊石記曰

大燕城內　地東南隅　有憫忠寺　門臨康衢　中
有寶閣　橫雲叢虛　閣有巨像　觀音聖軀　當象
之前　緘于舍利　外石函封　內金函閟　塡以異
香　雜以珎器　用記歲年　景福壬子
　　　　　　　　　　葬舍利僧復嚴
景福元年十二月十八日記僧守因鐫
寺衆僧等
□□□濬　念誦大德義䆐　律大德公弁　律大
德宏紹　僧宗楚　僧鴻徹　僧行信　僧行昫
僧□泰　僧元之　僧元爽　僧思賢　□□□
僧慶賛　僧公信　僧可誠　僧□□
上座僧般裕　都維那僧□誠

舍利塔一燔於大和八年一燼於中和二年至是僧
復嚴葬舍利於憫忠寺觀音像前碑中所云隴西令
公大王者李匡威也匡威欲遷舍利於閣內至拜疏
於朝請發封瘞詔可而後行當時崇重法寶如是金石
文字記

右唐景福元年僧復嚴葬舍利于憫忠寺是歲李克
用王處存合兵攻王鎔李匡威救之有詔和解河東
及鎮定幽四鎮碑稱欲遷舍利于閣內陳辭請發封

瘞上許之蓋匡威方恃燕薊勁旅有雄天下意宜有
請無不許者碑文侈陳發緘時舍利光芒異香郁烈
外石函封內金函閟其崇奉像敎至矣迨明年匡威
復出師救鎔其弟匡儔據軍府自稱留後匡威進退
無所之鎔迎于鎮登城西大悲浮圖頼望流涕未幾
以圖鎔見殺今匡威所建之閣遺跡已不可問其碑
僅存已踣佛脚僧工拽而出之搨以藏諸笥曝書亭集
右碑題云唐重藏舍利記按此即前會昌六年重藏
之舍利而遷于閣內也閣舍利爲高僧荼毘後所遺
光彩熒耀其質如石祟頼未先大夫觀阿育王舍利

其色微黃大如小豆容皆稱賀益舍利神異各𧰼其
人之福量而爲之大小紅白無一定之形色先見亦
至阿育王寺觀舍利色微暈而卒于亂中先大夫年
八十有六無病預知時至坐而遷化亦足見其神異
已金石錄補

碑云隴西令公大王者朱錫𢀸以爲李匡威以予攷
之匡威之立在光啓二年八月歲在丙午而碑稱中
和二年歲在壬寅值火災延憫忠寺樓臺俱燼又云
不朞年隴西令公大王舍俸造觀音閣則造閣之時
匡威尚未建節所云令公者當是李可舉耳唐書藩

鎮傳載可舉所授官甚略其稱令公而封王爵史未
之及也可舉以光啓元年乙巳被殺李全忠代之明
年全忠卒子匡威爲留後距壬寅已四年餘矣不當
云未朞年也碑于大唐文宗及武皇及宣宗及上皆
空二格其云旌麾請河公者張仲武也亦空二格書
之獨于隴西令公跳行書之當時河朔之俗知有節
使不知有天子久矣其云大燕者沿安史之僭稱也
潛研堂金石文跋尾

吳承泌墓誌

拓本石高廣行字告不計行書在咸寧縣

大唐故內樞密使特進左領軍衛上將軍知內侍省事
上國柱濮陽郡□□侯食邑一千戶食實封一百戶吳
公墓誌并序
翰林學士朝議郎守尚書司封郎中知　制誥柱國
賜紫金魚袋裴廷裕撰
翰林待詔朝散大夫檢校右散騎常侍守蜀□傳□
御史大夫柱國賜紫金魚袋□□書
昔周文以聖德受命太伯以□仁□王錫封于吳因國
□氏公□□泌字希白即裔孫也曾祖□□贈金紫光
祿大夫內給事祖德□□□□□□上將軍□□□

宣□□朝□□特異出則綰兵符而臨巨鎮入則□□
□以□□□　□宗皇帝將奉□丞□□公時
爲弓箭庫使送□□□□□居□□□□□□□
□□細之恃皆叅□□□□金□贈朝散大夫內侍省內
侍□公則□子之□□□王□□□天仙河中府軍車
次河北傳檄諸道□□□□之歲頽悟過人□始□經□
□□成□□□□足用□□乃□於書淫百氏九降
□遇□□□破曹劉之堅□□光未仕流無不□博而
又□高作賦納□□之□甚高名學□王右軍妙傳其
法受□□處士□□其師□韓□府□擇賓□□□□

口庾元口之招殿浩曰鎮西之辟袁宏千載論交一口
口美乎口口口昇之口口　口口皇帝以鄉瑕
之封嵩口遺利命口公以本官充解口口口口口口
口如夏日洞察秋毫每口口嵩之口口口口之藏潔
白無玷課冣有聞搜考句口口口黥史青口赤仄充於
口衡以叨賜　口解口口口使口屬口河失守盜
賊驚奔口口口口口口口口金根去口口三口口口公
則以口口口口口中人口度淸口秘口夜眞風塵外物超
庭口期口口國遂與易定節度使王處存同天子蒙塵
之口責官司口口口口口口口口兵一万屯東渭橋口口

公奔赴　行口口奏奉　先口口其忠口錫
金章依前充口縣摧稅使口口口口榮書口口口
口口伍口口公復歸　朝闕後改充南詔禮口副使
以口不行中和三年充許蔡通和口口口下齊之口口
優方口集事畋口之大正衆不克前院彬彬自堀復章
綬爭口疑地未辨口証　朝廷口之口口金口
先帝幸口口口口搜訪口能召口口公充西口方口
口口口切口夫樂林園之趣馬相如彈口之地揚執
戟草廨之亭自有高情寧口口爵　帝口口口請便
充口川宣口使不口　闕者數歲　聖上虔

承　大寶振起頽口臨口口口口口口口口壅爭加內寺
伯判內侍省內給事綜領省務領袖廷臣張口則口博
晉章黃瓊則練達故事加內侍充學士使口徐口口口
口口口口口口口口口口口口口通才光膺是口絲綸夜出
得口講陳口鳥會口口不宴口改宣徽北院使守右監
門衛將軍濮陽郡開國伯食邑七百戶口口口口口
氏不口口口口口口宥口地非所願也口讓者再三
上許不奪素志方拜口口口口口口口二年改口
樞密使加特進左領軍衛上將軍知內侍省事濮陽郡
開國侯食邑一千戶食實封一百戶口口公素懷遠口

常切致　君大用口辰納忠不一其他抚制口務口
絹百司口口口書口口口口乾寧二年春正月二十日
薨于口水年四十五　君命也冬十月一日
上　示中書門口許口口公昭雪十一月二十日
于京兆府萬口縣滻川鄉北姚村禮口長男修口次男
修皆南遷未復小男修口口口口公之季知象猶子如
已以書寓門口請銘于裴廷裕時爲口口口口口口
論思之地校馬口草之司口口口公以精識下闕
泗磬豊鍾　其聲不聱　鸞翮鳳翼　其口
口口　公之哲學　公之好文　果於盛日

口咗　明君　一言闕百闕道闕是忠骨
藏之下泉　口祐　家國闕下
翰林待詔正口大夫檢校右散騎常侍闕
御史大夫柱國賜紫金魚袋董褒

按吳承泌是內官兩唐書無傳撰人裴廷裕僅見全唐詩小傳云廷裕字膺餘昭宗時翰林學士左散騎常侍後貶湖南卒而不詳其里貫其詩有蜀中登第荅李搆云何勞問我成都事又高捲絳紗楊氏宅自註云時主文寓楊子巷則是蜀人也其歷官惟翰林學士與此誌結銜合餘俱互異也書

者不見其姓名寰宇訪碑錄謂是閻湘書當必有據也誌云遂與易定節度使王處存同天子蒙塵之口口兵一万屯東渭橋云云此是中和元年四月事舊書王處存傳涇原行軍唐宏夫敗賊將林言尚讓軍垂勝進偪京師處存自渭北親選驍卒五千皆以白繻爲號夜入京城即其事也誌云後改充南詔禮口副使以口不行新書南詔傳中和元年遣使者來迎公主帝以方議車服爲解後二年又遣布燮楊奇肱來迎詔檢校國子祭酒張譙爲禮會五禮使徐雲虔副之亦即此事也疑誌所泐字乃禮會副使以疾不行因別遣徐雲虔也中和三年充許蔡通和口昭宗本紀是年十一月蔡賊秦宗權圍許州十二月詔河東李克用赴援時蔡州秦宗權許州周岌構兵故昭宗遣使通和也誌云葬于滻川鄉北姚村此古村名可補長安志所未備

賜錢鏐鐵劵

鐫鐵嵌金文二十六行行十四字正書在臨海縣

維乾寧四年歲次丁巳八月甲辰朔四日丁未皇帝若曰咨爾鎮海鎮東等軍節度浙江東西等道觀察處置營田招討等使兼兩浙鹽鐵制置發運等使開府儀同

三司檢校太尉兼中書令使持節潤越等州諸軍事兼潤越等州刺史上柱國彭城郡王食邑五千戸食實封壹百戸錢鏐朕聞銘鄧隲之勳言垂漢典載孔悝之德事美魯經則知褒德策勳古今一致頃者董昌僭僞爲昏鏡水狂謀惡貫滌染齊人而爾披攘兇渠盪定江表忠以衛　社稷惠以福生靈其機也氛祲清其化也疲羸泰拯於粵於塗炭之上師無私焉保錢塘成金湯之固政有經矣志奬王室績冠侯藩溢於旂常流在丹素雖鍾繇刋五熟之釜竇憲勒燕然之山未足顧功抑

有異數是用錫其金板申以誓詞長河有作帶之期泰華有如拳之日維我念功之旨永將延祚子孫使卿長襲寵榮克保富貴卿恕九死子孫三死或犯常刑有司不得加責承我信誓往維欽哉宜付史館頒示天下

中書侍郎兼戶部尚書平章事臣崔胤宣奉

附謝表

恩旨賜臣金書鐵券一道臣恕九死子孫三死者出于睿眷形此綸言錄臣以縣髮之勞錫臣以山河之誓鏤金作字指日成文震動神祇飛揚肝膽伏念臣爰從筮仕逮及秉麾每自揣量是何叨忝所以行如

履薄動若持盈惟憂福過禍生敢忘慎初護末豈期此志上感宸聰憂臣以處極多危慮臣以防微不至遂開聖澤永保私門屈以常刑宥其必死雖君親屬念皆云必恕必容而臣子為心豈敢傷慈傷愛謹當日慎一日戒子戒孫不敢因此而累恩不敢秉此而賈禍聖主萬歲愚臣一心臣鏐誠惶誠恐稽首頓首

游按唐昭宗乾寧四年遣中使焦楚鍠賜吳越武肅王鐵券以八月壬子至國是歲武肅始兼領鎮東節鉞出師大敗淮南兵十八營定婺睦蘇湖等州而鐵券適至蓋其國始盛時也及忠懿王入廟以其先王所藏玉冊鐵券置之祖廟不以自隨淳化元年杭州守臣以鐵券竹冊玉冊并詔誥等悉上之于朝時忠懿王已薨太宗皇帝復以冊券賜王之子安僖王惟濬安僖王薨券歸文僖公惟演文僖公薨券傳仲子覇州防禦使晦覇州侍仁宗皇帝燕閒帝問先世所賜鐵券欲見之覇州并三朝御書以進帝為親識御書之末復賜焉文僖之孫開府公景臻尚秦魯國大長公主游年十二三時嘗侍先太夫人得謁見大公主鐵券實藏卧內狀如筩瓦今七十餘年乃得見錄本于武肅諸孫標家後十字蓋文僖手書游家舊藏

文僖書帖亦有押字皆與此同武勝軍節度使印則文僖尹洛時所領鄧州節鉞也放翁文集

吾鄉錢叔琛氏贊乃武肅王之諸孫也其家在郡城外東北隅亭臺沼沚聯絡映帶猶是先朝賜第與余相友善嘗出示所藏鐵券形宛如瓦高尺餘濶二尺許券詞黃金商嵌一角有斧痕蓋至元丙子天兵南下時其家人竊負以逃而死于難券亦莫知所在越再丙子漁者偶網得之乃在黃岩州南地名澤庫深水內漁意寶物試以斧擊之則鐵焉因棄諸幽一邨學究與漁鄰頗聞賜券之說買以鐵價然二人皆不

悟其字乃金也有報于叔琛之兄者用十斛穀易得靑瓊復還誠爲異事時余就錄券詞一通叔琛又出武肅當日謝表稿併錄之昨晚檢閱經笥偶得于故紙中轉首巳三十餘年矣人生能幾何哉漫志于此

按史唐僖宗乾符五年王仙芝餘黨曹師雄寇掠二浙杭州募兵使石鏡都將董昌等以討之臨安人錢鏐以驍勇事昌爲兵馬使中和元年昌爲杭州刺史光啓二年昌謂鏐曰汝能取越州吾以杭投汝鏐攻克之昌遂徙越以鏐知杭州事三年昌爲越州觀察使鏐爲杭州刺史昭宗景福元年爲威勝軍防禦使

二年爲鎭海節度使乾寧二年昌僭號鏐遺書曰與其闗門作天子與九族百姓俱陷塗炭豈若開門作節度使終身富貴邪昌不聽鏐以狀聞削奪昌官爵委鏐討之三年昌伏誅鏐令吏民上表請兼領浙東朝廷不得巳以爲鎭海鎭東節度使改威勝曰鎭海天復二年進爵越王天祐元年更封吳王梁太祖開平九年以爲吳越王乾化二年加尙父末帝貞明二年以爲諸邑兵馬元帥二年以爲天下兵馬元帥龍德三年以爲吳越王鏐始建國儀衞名稱多如天子之制惟不改元置百官有丞相侍郎客省等使唐明宗天成四年削鏐官爵初鏐嘗遣安重誨書詞禮甚倨及朝廷遣奉使烏昭遇韓玫使鏐還玫奏昭遇見鏐稱臣拜舞重誨奏賜昭遇死鏐以太師致仕自餘官爵皆削之長興二年鏐卒鏐寢疾出印鑰授子元瓘曰子孫善事中國勿以易姓廢事大之禮卒年八十一史稱乾寧三年秋九月以鏐爲鎭海鎭東節度使而券詞乃四年秋八月何邪史稱儀衞名稱如天子之制惟不改元程大昌演繁露云寶正六年歲在辛卯見封落星石刱書辛卯乃唐明宗長興二年寶大元年羅隱新城縣記云癸未歲癸未乃唐莊宗同

光元年以此知吳越雖稟中原正朔旣長興同光年號與其寶正寶大同歲而名不同知吳越自嘗改元審矣又僧文瑩湘山野錄云唐昭宗以錢武肅王平董昌拜爲鎭海鎭東節度使中書令賜鐵券羅隱爲譔謝表述莊宗入洛又遣使貢奉懇請玉冊金券有司定議非天子不得用後竟賜之鏐即以節鉞授其子元瓘自稱吳越國王名其居曰殿官屬悉稱臣又于衣錦軍大建玉冊金券詔書三樓遣使冊東夷諸國封拜其君長幾極其勢與向之謝表所陳慮極防微累恩貫禍之誡殊相戾矣禪月貫休嘗以詩投之

有滿堂花醉三千客一劒霜寒十四州之句鏐愛其
詩遣客吏諭之曰教和尙改十四爲四十方與見休
性褊介謂吏曰州亦難添詩亦不改然閑雲野隺何
天而不飛邪遂飄然入蜀鏐後果爲安重誨奏削王
爵以太師致仕重誨死明宗乃復鏐爵位錢受鐵吳
越備史鐵券考鐵券之制其形如瓦方廣約一尺五
寸許𦿞鎔鐵而成又鏤金其上者也唐昭宗乾寧四
年八月遣使焦楚鍠賫券以賜彭城郡王鏐券文三
百三十三字晶光閃爍天語温純櫝而藏之家廣久
矣宋太宗淳化元年杭州守臣以前券及竹册玉册

各三副詔誥百餘函進呈詔賜還忠懿王嗣子惟濬
收貯比仁宗登極霸州防禦使晦侍燕閒及鐵券進
呈錄本及先朝御書元豐四年特令朝奉大夫權知
開封府事藻進呈鐵券仍降付本家永傳後裔宋末
元兵破台城沉之深水中者五十六年至順二年漁
人獲而售之宗人世珪家國朝洪武二年太祖大封
功臣下禮官議鐵券制學士危素奏唐和陵時賜武
肅鐵券見在上遣使卽家訪焉世珪子尙德奉詔券
及五王遺像以進上御外朝與宣國公李善長等觀
之賜宴中書省命鏤木爲式給還券像二十一年孫

克邦以大臣薦赴闕吏部引見因以錢氏納土至今
子孫尙存諭北方歸降者已見東宮殿下亦問到今
幾代除授江西建昌府知府二十三年卒于官都察
院查勘任內稅糧鈔剳到京子汝賢供係吳越王嫡
派有鐵券爲照本院官引見嘗聖旨着孩子齎前來
遂於奉天殿丹陛前欽奉玉音云五代時天下大亂
各據偏方爾祖能使兩浙之民不識兵革到宋朝來
知道宋太祖是箇眞主便將土地歸附券與你保守
田產家財都給還一時縉紳士夫爭爲詩文贈送歸
台州卽今藏於宗子鳳墀家雖券文稍有剝落而千

百年故物世守弗墜云陶宗儀輟耕錄
吳越武肅王錢鏐唐昭宗乾寧四年賜鐵券其事史
載頗詳宋末兵亂券沒水凡五十六年爲漁者所獲
其十四世孫世珪始購得之時元至順二年推券之
失當是景炎元年也明洪武二年上將封勳勞之臣
遣使者訪其家尙德賫券及五王像來詣闕下上特
御朝與羣臣共觀命工仿其制不盡肖上乃還券禮
遣東歸其後台州亂其二十五世孫琛負櫝匿山中
乃免辛卯四月予遊台州與顧子赤方得共觀券券
字金色燭然因沒水久後半多剝蝕獨首行朔字爲

明高皇帝引佩刀剔去以觀刻畫之深淺者世守垂八百年失而復得豈非鬼物護持之力哉陶說鐵券詩序

謹按鐵券之制其形如瓦長一尺八寸三分濶一尺一寸厚一分五釐重一百三十二兩文三百三十三字其書皆外狹中寬晶光閃鑠詞語溫純忠懿王入朝詔賜藏之汴京昭化坊賜第神宗時駙馬都尉景尚主宗器屬焉券遂安于都尉之第靖康元年金人入寇詔公主子榮國公忱奉母出居于江南以券行因避地湖湘間紹興元年還台高宗遂即台城崇和門內賜公主第由是券世藏於台之美德坊德祐二

年丙子元兵南下破台時其家人竊負以逃莫知所在迨至順二年辛未漁者偶網得之宗子叔琛之兄世珪用十斛穀易得之明太祖洪武二年其十五世孫尚德字允一號存齋天台人元末官青田教諭寶寶藏之尚德者即世珪子也奉詔以進陛辭日命還券像劉基宋濂王禕等咸贈以詩永樂五年正月差行人曹閏馳驛至台十七世孫廣西叅政汝性同行人奉券進呈覽畢以禮敦遣藏于宗子鳳墀家前後數百年中其間或顯或晦皆若先靈式憑台郡邑志俱以是券爲古蹟名南少時即嘗觀表忠譜畧知始末今幸恭逢

聖駕南巡其裔孫嘉禾尚書陳羣率台族子遴等進呈

御製歌詩垂訓萬古是券遭遇夫豈鼎彝敦卣徒以世遠得名者所可比並也哉齊召南鐵券攷

唐昭宗賜吳越王錢鏐鐵券計三百三十二字字畫全者一百四十七第十四行社稷自起一行書之第十九行未足頎功諸書皆作顯功此字尚宜審也鏐景福二年拜潤州刺史故云潤越等州十國春秋輟耕錄諸書作閩越者誤也陶宗儀又謂鏐拜鎮海鎮東節度使在乾寧三年九月而以券詞四年八月爲

疑然鏐拜爵後至次年始賜券自是兩事無足疑者鏐之稱天寶元年在唐天祐五年戊辰而輟耕錄亦未之詳考也翁方綱跋

舊唐書昭宗紀乾寧四年九月癸酉朔制以鎮海軍節度使錢鏐爲鎮海軍節度浙江東西道觀察處置等使杭州越州刺史上柱國吳王攷其時鏐實兼鎮海鎮東兩鎮而紀祗書鎮海軍所領者潤州刺史而紀書杭州皆其脫誤潛研堂金石文跋尾

王審知德政碑

碑高一丈六尺九寸廣七尺三十三行行八十一字正書在閩縣

大唐威武軍節度福建管内觀察處置三司發運等使
特進撿挍太保同中書門下平章事使持節都督福州
諸軍事兼福州刺史上柱口瑯琊郡王食邑口口戸食
實封壹伯戸王審知
德政碑銘并序
銀青光禄大夫行尚書禮部侍郎上柱國臣于兢奉
勅撰
粤自範金合土之制雲師火紀之名禹别九州堯咨四
岳莫不柬求良輔㕍濟兆人彰克勤克儉之能垂可久
可大之業嗣太叔寬猛之政循仲尼富庶之言既茂勳

勞宜標篆刻公名審知姓王氏瑯琊人也其胙土命氏
疏源演派代濟其美史不絶書後以大祖䖍禄光州固
家于是郡焉曾祖友 贈光禄卿王父藴玉 贈秘書
少監父恁 贈光州刺史繼贈太尉公即太尉之季子
也初公兄潮志尚謙恭譽藹鄉曲善於和衆士多歸之
福建節度使陳巖既嚮其名又以所屬泉州求牧乃遣
禮而請之及到任頗著嘉聲後巖在軍病甚不能視事
軍士等懼無統御皆願有所依從泉牧遂以郡委於仲
弟審邽而與公皆赴至則積惡者屏去爲善者獲安因
詔授節度使累加撿挍右僕射於是剗其訛弊蠲其
章條三軍無譁萬姓有奉乾寧三年僕射遘疾且付公
以戎旅仍具表 奏尋加刑部尚書威武軍留後
俄授金紫光禄大夫右僕射本軍節度使公器局端雅
識理融明稟嵩嶠之眞精得圯橋之妙畧及膺
帝命寵陟齋壇細柳連營旌旗動色蒲盧莅政草樹逢
春一年而足食足兵再歲而知禮知義方隅之内仰止
攸同 纍以運屬艱虞人罹昏墊農夫釋耒工女下機公
既統藩垣勵精爲理强者抑而弱者撫老者安而少者
懷使之以時齊之以禮故得汚萊盡闢雞犬相聞時和
年豐家給人足版圖既倍井賦孔殷慮以由庚取之盡

徹夫逃職之道庶責爲先九丘爰序於厥苞伍伯是徵
於縮酒雖甸服之近江漢之中或遇阻艱亦絶輸賦唯
公益堅尊奬愼守規程松栢後凋風雨如晦地征旁午
天庫充盈共仰勤劬咸知匡戴常以學校之設是爲敎
化之源乃令誘掖童蒙興行敬讓幼已佩於師訓長皆
賓於國庠俊造相望廉秀特盛閩 川以南地惟設險人
尚爭雄或因饑饉荐臻或以剗剥爲苦萑蒲易聚巢穴
難探公感之以恩綏之以德且曰吏實爲虐爾復何辜
示以寬仁㑹之柔服遂數十年之氛祲遽致廓清一千
里之封壃旋覩昭泰張綱以 單車入蜀虞詡用繇縷擒

新以古況今彼猶慚愧爰自天寶艱難之後經費寔繁
聚斂之臣名額滋廣節山鴆利任土庀財峻設隄防頗
聞駟騎洎鹽烽燧仍患崎嶇三司之職務空存四海之
輸蹄鮮至公按其程課令以權衡盡叶舊規尤彰宏業
而又奉大雄之教崇上善之因象法重興道師如在虹
梁雕栱重新忉利之宮鈿軸牙籤更演毗尼之藏而又
盛興寶塔多捨淨財日麗飛甍霞攢綵檻頳甃迴向遠
迩歸依用俾群緣皆同妙果佛齊國雖同臨照靡襲冠
裳舟車罕通蹤賷因獻口者亦踰滄海來集鴻臚此乃
公示以中孚致其內附雖云異類亦慕華風凭土

龍媒寧獨稱於往史條支雀卵諒可繼於前聞自燎熾
西秦煙飛東觀曾壁之遺編莫抹周陵之墜簡寧存亟
命訪尋精於繕寫遠貢劉歆之閣不假陳農之求次第
鐵題森羅卷軸夫四隣其守甚當偃草之期七德方修
必假禦衝之備是以恢張制度固護[illegible]扃程功而莫匪
子來作事而適當農隙立崇墉之百雉表巨屏於一方
縣邑湯池曾何足數折筋樂帶固不可遷未若暫勞致
逸永逸兵戈薦起帑庾多虛凡列土壇悉重征稅商旅
以之而壅滯工賈以之而殫貧公則盡去繁苛縱其交
易開誠鄽市匪絕往來衡麓舟鮫皆除守禦故得填郊

溢郭擊轂摩肩覽敦廉讓之風驟覩樂康之俗閩越之
境江海通津帆檣蕩漾以隨波篙楫崩騰而激水途經
巨浸山號黃崎怪石驚濤覆舟害物公乃具馨香黍稷
薦祝神祇有感必通其應如響祭罷一夕震雷暴雨若
有冥助達旦則移其艱險別注平流雖晝鷁爭馳而長
鯨弭浪遠近聞而異之　優詔褒飾仍以公之德
化所及賜名其水為甘棠港神曰顯靈侯與夫召神人
以鞭石驅力士以鑿山不同年而語矣於戲辨貞金於
大冶認勁草於疾風不有良田誰康澤國爰就加平章
事檢校右僕射如故審懋相印手握兵符益壯軍聲弥

新　殊寵又改光祿大夫檢校司空轉特進檢校
司徒然而物議與詞功厚賞薄以為爵祿未稱疇庸於
是異姓分封仍加井邑轉檢校太保瑯琊郡王食邑四
千戶食實封壹伯戶公之仲兄審邽自守泉郡一紀于
茲黎馬皆調疲人盡泰公性惟雍睦氣稟溫和韻契塤
篪政侔魯衛可謂高明輝映超絕一時者也公以
天下兵馬元帥太尉中書令梁王勲格穹昊德服華
夷奉大國之歡盟為列藩之表率今節度都押衙程贇
及軍州將吏百姓耆老等久懷化育願紀功庸列狀
上聞請議刊勒　元帥梁王以公如河普著

口石情堅累貢表章顯陳保證 朝廷冀璽誘勸
特示褒揚將建龜趺合徵鴻藻兢謬居清列曾乏雄文
頭歲嘗詠皇華往宣 宸旨已於視聽親飲徽猷
今之執簡濡毫得以研精覃思備陳懿績實無愧詞乃
作銘曰
日月麗天 舟檝濟川 內外克乂 股肱惟賢 淮
水長清 綠嶺方寧 慶隨祚遠 材為時生 伯氏
雄特 泉人仰德 求瘼斯勤 頒條有則 冠軍被
疾 付以師律 政教翕張 士庶寧謐 懿彼閩越
師實英傑 地列周封 心馳魏闕 聖澤汪洋

元戎啓行 有典有則 爲龍爲光 高懸秦鏡
理道自靜 比屋懷仁 連營稟令 航海梯山 貢
奉循環 務其輸委 無憚險艱 周征之術 公田
什一 約以有程 守而勿失 輕傜薄賦 謳歌載
路 高掩龔黃 遐追邵杜 鄉挍皆遊 童蒙來求
雅道靡靡 儒風優優 惟虺吹毒 久依山谷
岡恣陸梁 竟欣柔服 法寶梵宇 勝因所主 祟
搆斯精 福慶攸聚 佛齊之國 綏之以德 架浪
自東 驟山拱北 墜簡遺編 譜寫精研 麟臺蠹
口 武觀森然 舂䭔其勤 雉堞連雲 永制不敵

用壯我軍 闢議不稅 水陸無滯 遐迩懷來
商旅相繼 黃崎之勞 神改驚濤 役靈祗力 保
千万艘 劉騶荀龍 塤箎雍雍 惟邦惟翰 以俟
以公 元帥梁王 武步龍驤 挺彼七德 削平四
方 公能事大 推心斯在 風雨無踰 歲寒不改
殊勳茂績 盡瘁宣力 國之丹青 邦之柱石
位冠台鼎 任隆兵柄 重以徽章 寵分異姓 優
詔銘功 万古英風 貞珉是勒 垂之無窮
天祐三年丙寅歲閏十二月一日准 勅建
將仕郎前守京兆府鄠縣尉直弘文館王倜書口口

按碑有缺字吳任臣十國春秋載此文今据以增
注撰文者于兢書者王倜皆無攷碑云公名審知
姓王氏瑯琊人也後以大祖就祿光州因家于是
郡焉而五代史皆云王審知字信通光州固始人
十國春秋云五代祖曄爲固始令民愛其仁留之
因家焉然則碑云大祖者即五代祖曄也碑云兄
潮士多歸之福建節度使陳巖請牧泉州巖病軍
士無統御泉牧遂以郡委于仲弟審邽而與公皆
赴云云歟五代史王審知傳稱唐末羣盜起壽州
人王緒攻陷固始緒聞潮兄弟材勇召置軍中以

潮爲軍校薛史云時潮爲縣佐緒署爲軍政是時蔡州秦宗權募士益兵以緒爲光州刺史召其兵會擊黃巢緒遲留不行宗權發兵攻緒緒率衆南奔自南康入臨汀陷漳浦緒性猜忌潮頗自懼說其前鋒將擒緒推潮爲主薛史云緒衆求帥乃刑牲歃血爲盟植劍于前祝曰拜此劍動者爲將至潮拜劍躍于地衆以爲神異即奉潮爲帥時泉州刺史廖彥若貪暴潮略地至其境耆老留之潮圍彥若逾年克之光啓二年福建觀察使陳巖表潮泉州刺史景福元年巖卒薛史作大順中巖卒其壻范暉自稱留後潮遣審知攻暉破之唐即以潮爲福建觀察使以審知爲副使十

國春秋云王緒取光州時潮爲縣佐史與弟審邽審知以材氣知名邑人號曰三龍緒署潮爲軍正主廪庾緒南奔陷漳浦初以糧少故兼道馳約軍中曰以老孺從者斬潮與二弟時奉母行緒切責潮欲斬其母潮等請先母死會諸將士皆爲請遂舍之有術士望軍氣言軍中當有暴興者緒益猜忌前鋒將擒緒推潮爲主潮乃除地剚劍祝曰拜而劍三動者我以爲主至審知劍躍于地衆以爲神皆拜之審知讓潮自爲副餘與兩史同此審知與兄入閩之緣起也碑云乾寧三年僕射遘疾付公以

戎旅仍具表奏尋加刑部尚書云云僕射者潮也十國春秋從通鑑作四年冬潮有疾十二月丁未潮薨與碑差一年十國春秋又云天祐元年夏四月唐遣右拾遺翁承贊加審知檢校太保封瑯邪王食邑四千戸食實封一百戸碑載此語無年月又云是歲建報恩定光多寶塔于福州天祐二年夏四月王藏佛經于壽山凡五百四十一函總五千四十八卷三年七月鑄金銅佛像高丈有六尺鑄菩薩像二高丈有三尺即碑所云奉大雄之教崇上善之因虹梁雕栱重新忉利之宮錙軸牙籤更演毗

尼之藏盛興寶塔多捨淨財日麗飛甍霞攢彩檻者是也又云海上黃崎波濤爲阻審知禱于海神一夕風雨雷震擊開爲港封其神曰靈顯侯原注一作顯應侯碑載此事大略相同惟靈顯侯作顯靈侯爲異十國春秋又云天祐二年築南北夾城謂之南北月城合大城而爲三周二十六里四千八百丈即碑所云恢張制度固護基扃立崇墉之百雉表巨屏于一方者是也十國春秋又云是時命管内軍州搜寫遺書以上即碑云亟命訪辨精于繕寫遣貢劉歆之略不假陳農之求次第籤題森羅卷

軸者是也十國春秋又云佛齊諸國來賓卽碑云佛齊國舟車罕通賝賮罔獻亦踰滄海來集鴻臚者是也佛齊卽三佛齊南唐書及兩五代史皆不載惟宋史云三佛齊南蠻別種與占城爲鄰其王號詹卑人多蒲姓可知在唐時未通職貢王審知又係僭僞之國故其來賓不列史傳也十國春秋又云唐以梁王全忠奏賜王建祠福州勒功於石卽謂此碑也梁王全忠卽碑所謂天下兵馬元帥太尉中書梁王是時昭宗遇弒哀帝嗣位本紀書天祐三年閏十二月己酉朔福建百姓僧道詣闕

請爲節度使王審知立德政碑從之是時朝廷命令多出梁王秉筆者倘存大體故本紀特書哀宗之從碑文特書梁王之請其實皆具文也然玩碑文但頌功德不及祠祀之事則十國春秋所謂建祠福州者又不知何所本也碑文書檢校太保標題作撿校他碑未見撰人于兢稱臣書者王倜不稱臣蓋書非奉勅也

尔朱遂墓碣

碣高廣俱一尺七寸五分二十五行行二十四字正書在郃陽縣

唐故銀青光祿大夫撿校太子賓客兼監察御史柱國河南尔朱府君墓碣并銘

廣平程彥矩撰

府君其先河南郡人也曾祖祐任主客郎中祖澤同州韓城令厥考弁歷左金吾引駕仗押衙銀青光祿大夫撿校太子賓客俱積德行貧緣車服　府君諱遂字正道少倜儻有氣不謹小節雖家藏巨萬視之篾然輕玉帛若糞土重然諾不顧千金議者曰斯亦豪傑人耳初職繫懷州軍事押衙後改授山南東道節度散兵馬使始銀青光祿大夫撿校太子賓客兼監察御史由山南授東都留守押衙其階與撿校官□監察仍舊勳加

柱國以　府君之用心磊落蔚有才智覩其□必可捍難□敵揣其義必可赴湯蹈火則其位殆不稱□□□□然□□□度有規將擴第渚宮豈止於榱桷宏壯亹棟膠□□□□□□□云□□結峻宇以疎氣鑿巨沼以潴流□樹森羅□□□□□□郡內□絕罔有□比世居馮翊慈親在焉　□□□□□□□遂不克迎養同氣八人更迭定省悉著行□□□□十四□□□公事閑運計司輓運之勞咸稱幹監每休□□□□屬□□□□閒有愛睦如也里巷益多　府君之□□以仰止□□□□□未嘗不應人由是歸嗟乎未及下壽以其年五

月六日□□□卒于江陵府無覺里私第享年卌有九
娶河南□□□□男一人春耶六歲歲女相相六歲歲
用當年十一月□□□□叶歸葬同州澄城縣武安鄉
永平營親第遂□□□□□特以哀命見請銘于貞石
文曰
彼蒼者天禍福茫然欲問其緣杳漠無言俄□□□□
有後先積善何爲報應元元孰云有後□□□□□
慶迟在□他年

府君名逵字正道云云號年殘泐不可得朱家河本
名大谷河世傳爾朱之後改爲朱氏居于河濱因建
逵廟刱此碣于廟內近世陜人某作彼縣志卽以此
爲廟碑誤矣關中金石記

右介朱逵墓碣廣平程彥矩撰攷其歷官始爲懷州
軍事押衙攺授山南東道節度散兵馬使攺東都畱
守押衙洪容齋續筆云唐自肅代以後賞人以官爵
久而浸濫下至州郡胥吏軍班校伍一命便帶銀青
光祿大夫階殆與無官者等明宗長興二年詔不得
薦銀靑階爲州縣官賤之至矣此介朱逵正以軍校
而帶銀青階者也逵卒於江陵府無覺里私第覺卽
覺字
歸葬同州澄城縣武安鄉碣已損一角有年月而不
得其紀年大約在中葉以後矣江寧嚴侍讀道甫遊
秦中搨以見貽云石在郃陽縣西卅里朱家河自來
收金石家所未見也潛研堂金石文跋尾

真空塔銘殘石
石後殘缺僅存前六行高一尺五寸廣五寸五分每行十七字正書
唐崇業寺故大德禪師尼眞空塔銘并序
禪師諱眞空俗姓申氏馮翊郡朝邑人也植性明悟天
姿卓越六度□□稟自髫年□戒深仁行諸早歲旣而
□□宿善童子出家訪道□□与波□而無異練心下闕

大德禪師碑額
額高一尺五寸九分廣一尺二寸五分九字作三行正書在咸寧縣薦福寺
皇唐三階大德禪師碑
此不知何碑之額今存寺中碑猶存半截却無一字
可見關中金石記

長樂鏡銘
徑七寸八分銘三十三字篆書
湅沿銅華清而明以之鏡因宜文章
延年益壽去不羊與天無極而日月光
兴居樂
湅治銅華清而明以之爲鏡因宜文章延年益壽去不

羊與天无極而日月之光長樂

水星鏡銘

徑九寸五分銘二十字篆書

永保命水銀是陰精百鍊得爲鏡八卦壽象備衛神

永保命水銀星陰精百鍊得爲鏡八卦壽象備衛神

水光鏡銘

徑六寸五分銘二十字正書

玉匣邪開菤輕灰拭夜塵光如一片水影照兩邊人

寫衣鏡銘

徑六寸銘三十二字正書

絶照覽心圓運鳳面蔵寶匣□□掩掛玉臺而影見鑒羅綺于後庭寫衣簪乎前□

元卿鏡銘

徑三寸八分銘二十六字篆書藏余家

日初升月初盈纖翳不生肖兹蒨形是日嬰寧堂乎太清元卿

日初升月初盈纖翳不生肖兹蒨形是日嬰寧堂乎太清元卿

青鸞鏡銘

徑三寸八分銘二十八字正書藏余家

月樣團圓水漾清好將香閣伴閑身青鸞不用羞孤影開匣當如見故人

按山左金石志跋此銘謂首句清字與身人同韻補段若膺四聲音均表所未備然七言律絶起句晚唐五代多有借韻者且真文庚青自古間有通用顧氏寧人毛氏大可於唐韻正及古今通韻史已詳載之不足異也

金石萃編卷一百十九

勳進士出身　誥授光祿大夫刑部右侍郎加七級王昶譔

五代一　梁

匡國節度使馮行襲德政碑

碑甚殘缺高廣俱無考其前文失下截僅存二十七行行止四十六字後文失上截僅存三十行行約五十六字正書在許州

□林學士奉　□□□工部侍郎□　制下缺

上缺字不可紀後仿此九五山川□□□之□□□□□風水下缺

字不可紀後仿此聖□神武雪五老□壘□□負鼎之缺

懿□□□□□耿賈政邁黃韓□若匡國□□度陳許

汝□□州缺食菜□□□□氏雖系出長樂□家遷

□當世緒紛綸□□□飛□相缺而平□□正色以威

嚴先郎□應於□□□媛□□猛獸□□□□□□

□□□□□□□□□石羽林缺江漢氣貫斗牛騰夌

追千里之蹤嬌傲貿四方之心□□□□□□□□

□□□翁知功名缺吐□□□有孫喜者聚徒數

千人□□莫過將□□□□□□□□□大驚怖無

可奈何公乃白缺於南□□□□軍吏迎謁公在側擊

之□□□□□□□□□□□□□□□之盡□□□

兵□□□□□臣缺咸秦山山□□崢嶸繚□□臨

□□□□□□□□□□□□□□□難前孝子迎□面□進

缺郡以□□□□□□□□□□□□□□□□□列

□□者缺閑閑歲收租□□□□□□□□□□□倍

兵強食□□□□□□□□□□□□□□□□□□

□□□□才誓缺鼓旗之令南山霧□□觀豹□之文

西陸□清始見鷹揚之缺又二行全缺洛邑古蹲四戰之地今

□□□□□粵自艱難久罹瘡痏□□無□□□□□

□□□□□冠儉□去缺者雖大必去便於□者雖□

□作嘗□□□□□政□要□□□□□□□□□□

□□□□□不□□□□其律缺觀焉先是□猾□襃

□□□虐□□□□□□□□□□二万衆□□□

□□□□□□□□□□□□□□□□缺叛郡邑常

虞其蹂躪□□□□□□□密連□□□□□□□□

□□□□□□□□□大兵誠其堰缺盡伏其神男□

□□□其情僞□□□□□□□□□□□□□□□□

□□□□量罔欺於圭□□薪芻缺韓浩屯□之□

刹□腴盡在梗槃□□□□朩□□□匪遠□□□

□□□□□□□□□□王乃□□而缺而□許□□

□獨□若遐僻之地□乃□□□課民□□□□□

□□□□□□□□□□之缺夜以□驍□館□□

□宿□□□□□□□□□□□□□□□□□□□縣
界內曾缺母疾病割股奉養□□□痛願□□□□□
□□□□□□□□□□□□□□□載揚孝治之缺之
問俗觀風阜財逃職焉可得稱□□□□□□□□□□
□□□□□□□□闕智缺菜絳飫之□虛不缺以上前文
後文前十五六行全缺從缺介遂鎮華陽缺□□□□□缺秖稻
莫□棗缺之容□武下缺又二行全缺上□□許名區易舫與
□景□□何□□□□□□□□□□□□□□□□□
□□□□□□□□□□□□□□□襟帶□鄭轄
車缺之來時不有更張何期俾乂□□賢□□□□□

□□公□□節度□□□□□□□□□□□□□□□
□□□□□本尋源提綱振領害於缺食者民之命
也不可以不勤其□稽兵者□□器也□□以□肅其
號令□□□□□□□□□□□□□□□□□□□□
刑□□吾□之矣爾第缺懦者歡悅□□頭悟剛斷□
□□者又□□□素□□命□□□□冬聚舊□□
□□□□□□□□□□□□□□□□□□□□炙來
而復缺艱□□□□之威龔遂去□□之患□□□囘
倦蕩折咸歸□□民寬□□□□□□□□□□□□□
夜□□□□□□□□□□□恤惟刑缺麻麥之宜

治彼□□□□□□推□□堤之□□悳功自□□□
□□□□□□□□仰稽前□□瞰遺蹤□□祖□□
之謀味缺果應於牧人滯穗□□□□□□寡婦□年
內□□四千三百□□□□□□□□□□□□□□
□□□□奏□連□□□□□□地而缺咸知□物之
方向者公□□軍衙□□□□再□□□□□覘模
颰□□□門□□□□□□□□□□□□雄廣畟甃
□□□□□色路缺類忽有鳥鵲羣萃啄食無□□
□□□□□□□東□□□孤勦瘁南□□□□□吞
螟□□□□□□□□□□□□郝□□□□□□□

縣百缺年□縣麥秀兩岐□□□□□□覩□□□長
祉縣□□一莖四穗□□□□不□□□□□□□□
□□□□□之□蹈□□仁□□不足令缺鉤距運籌
史□□□□□□□平仗鉞稜威謝□□□□方□□
□□□□□□□□□□□□□□藝軍□講學馬上
注書揮□□立覘飛缺飯帳下之屏渠□□皆威吮癰
樓中之□首蛾眉□□□□闔□□□組□譚董□
□□□燀□□之□□常□□□□□□偃草功著分
缺
缺高飛將□　□洞鑿姝　輸□□章　刃□□□

□鞢入仕　勇敵万□　□□□□　□□當路　□
□風生　桓桓虎□　智□□彊　缺　送昏掾　剱斬
頭觜　帝念馮公　忠□□□　朝稱□□　左提右
□　□□□□　□□瑞節　望塵肯悅　公至若何
缺　類赤眉　□同白額　乃芟乃夷　乃梟乃磔
外戶不□　下民□□　□□□□　□食爲天　□
誠書□　□□□用　耒耜接肘　缺　保豐穰　取之
盡徵　巨告旣去　繖慝皆除　須宣□□　愼恤刑
書　□□□□　囹圄常虛　□係薄□　政叶□虛
老□□懷　缺　□交映　朱扉洞開　□優㝵□

□燕臺　惠洽□畀　□飛九陔　□□□□　和氣
充塞　麥秀兩歧　禽呑□膝　□□□□　缺　人頌
德
缺　八月甲午朔十八日辛亥建
朝議大夫前光祿□卿上柱國李巖懿書
將仕郎守　缺
碑字摩滅可辨者云有孫喜者聚徒數千又云軍吏
迎謁公在側擧之其事具薛居正五代史列傳云僞
宗在蜀有賊首孫喜者聚徒數千人欲入武當刺史
呂曄惶駭無策署行襲伏勇士于江南乘小舟送喜
謂喜曰郡人得賈牧衆心歸矣但緣兵民多懼擄略
若駐軍江北領肘腋以赴之某前導以慰安士民可
立定也喜然之旣渡江軍吏迎謁伏甲奮起行襲擊
喜仆地仗劍斬之卽其事也又云忽有烏鵲羣萃豕
食無□又云年□縣麥秀兩岐薛史云境內有大蝗
尋有羣烏啄食不爲害民或艱食必有穭穀出于隴
畝亦其事也撰碑人殘缺惟前一行存翰林學士奉
數字薛史云遷匡國軍節度使在許三年上供外別
追助軍羨糧二十萬石及太祖郊禮行襲請入覲貢
獻巨萬恩詔褒厚尋詔翰林學士杜曉撰德政碑以

賜之則此正其德政碑曉所撰也碑應建于天祐中
今僅存八月甲午朔十八日辛亥建云云而已舊惟
見篆額在州治前民舍中人稱長樂王德政碑頭屬
知州李君煒掘土出因移置學宫　中州金石記
碑殘剝前列翰林學士奉旨及工部侍郎案翰林學
士者卽杜曉也歐史梁紀開平三年春正月辛卯有
事於南郊後書九月翰林學士充承旨工部侍郎杜
曉同中書門下平章事據是則碑之賜立有工部侍
郎字必當正月後及曉九月前未轉戶部時矣傳紀
並言承旨碑作奉旨以避梁祖嫌名故也又題朝議

大夫前光祿□卿上柱國缺李宏懿書體勢規步率更深入其奧然當時不聞以書名何哉行襲傳薛史云武當人歐史云均州人証之碑所書家遷武當世緒紛綸是薛史據其遷時占籍言之而唐書僖宗紀光啓元年四月武當賊馮行襲陷均州逐其刺史呂煜並與碑稱武當合矣然則歐史爲非實也授堂金石跋

鎭東軍牆隍廟記

碑連額高六尺一寸廣三尺九寸二分共大小字二十五行大字行十九字小字前十行行三十八字後八行行四十字正書在紹興府臥龍山

重修牆隍神廟兼奏　進封崇福侯記

若夫冥陽其理之覩人神相賛之道傳於史冊今昔同符切以浙東地号奧區古之越國當舟車輻湊之會是江湖衝要之津自隋末移築子牆□遷公署據卧龍之高昇雉堞穹崇對鏡水之淸波風煙爽朗緬惟深固宜叶冥扶　故唐右衛將軍惣胥龐公諱玉頃握圭符首臨戎政披榛建府吐哺綏民仁施則冬日均和威肅則秋霜布令屬牆愛戴黔庶謳謠爭而罷市興嗟餘芳不泯衆情追仰其立嚴祠鎭百雉之尚衛宰軍民之禍福嚴堂隆邃儀衛精嚴式修如在之儀仰託儲靈之廕往載豐生劉氏妖起羅平予躬稟　睿謀恭行　天討數年擐甲兩復越牆皆資勝壍之功以戡平之業特爲重增儀像嚴潔牲牢迩來四野無塵重門罷柝丁卯歲揚旌東渡巡撫軍民躬冀椒漿目睹靈像每暢吳風越俗其歌道泰人安昔爲兩鎭之疆今作一家之慶遂馳牋表請降封崇所冀　明恩与漢牧齊標美稱其奏謚對聳等棠　天澤果賜允俞須崇福之嘉名昇五等之尊爵其所奉

勑命具列如左

勑鎭東軍牆隍神龐玉前朝名將剸郡良材傾困剖竹之辰實有披榛之績勵修府署綏緝吏民豈獨遺愛在

人抑亦垂名終古況錢鏐任隆三鎭功顯十臣能求福而不回致效靈而必應願加懿号以表冥符宜旌厥業之功用顯優隆之澤宜賜号崇福侯仍付所司牒至准

勑者

噫乎人惟神祐神實人依爰自始建金湯肅陳祠宇寔兹中壘三百來年雖享非馨未登列爵今則值予佐

國連統藩維啓吳越之雙封爲東南之盟主況遇

金行應籙　梁德克昌道既泰於

君臣澤遂加於幽顯獲申奏薦遽降　徽章今則

象軸煥新　龍綸遠至表勳名於万代昭靈威

於千秋固當永荷　皇私長垂幽贊保我藩宣
之地遐清灾沴之源共泰斯民父安吾土烜矣赫矣永
作輝華今當吳越雙封一王理事亦仗土地陰隲冥力
護持神既助今日之光榮予亦報幽靈之煥耀但慮炎
涼改易星歲徂遷不記修崇莫源事始聊刊貞石以示
後來時大梁開平二年歲在武辰　月　啓　聖匡
運同德功臣淮南鎮海鎮東等軍節度使撿挍太師守
侍中兼中書令吳越王鏐記

此碑以城爲牆以戊爲武按舊唐書哀帝紀天祐二
年七月辛巳勅全忠請鑄河中晉絳諸縣印縣名內

有城字並落下如密鄭絳蒲例單名爲文九月己巳
勅武成王廟宜改爲武明王十月癸丑勅改成德軍
曰武順管內稾城縣曰稾平信都曰堯都欒城曰欒
氏阜城曰漢阜臨城曰房子避全忠祖父名也（全忠祖信父誠）
十一月甲申勅改潞州潞城縣曰潞子黎城曰黎
亭又勅改河南告成縣曰陽邑蔡州褒城縣曰苞孚
同州韓城縣曰韓元絳州翼城縣曰澮川鄆州鄆城
縣曰萬安慈州文成縣曰屈邑澤州晉城縣曰高都
陽城縣曰濩澤安州應城縣曰應陽洪州豐城縣曰
吳高又按五代史滑州唐故曰義成軍以避梁王父

諱故曰武順又册府元龜開平元年五月甲午改城
門郎爲門局郎曾子固跋韓公井記襄州南楚故城
有昭王井故城今謂之故牆郎鄀也山梁太祖父名
城避之然則城者誠之嫌名也册府元龜言帝曾祖
諱茂琳開平元年六月癸卯司天監上言請改日辰
內戊字爲武從之然則戊者茂之嫌名也（容齋續筆謂戊類成字故改之者非）
然戊本音茂不知何以爲武音而鄭樵謂十
辰十二日皆爲假借甲本戈乙本魚腸丙本魚尾丁
本蠆尾戊本武已本几又不知其說何所本也又如
後漢執金吾丞武榮碑云天降雄彥資才卓茂仰高

鑽堅允文允武則并茂字亦讀爲武其來久矣（唐白居易詩有木名櫻桃得地早滋茂與露去任頤妒樹賦爲韻　金石文字記）
按碑前載表奏次列敕旨最後記文乃吳越武肅
王錢鏐所作城隍廟神舊祀唐右衛將軍總管龐
玉益玉都督越州有善政士人立廟奉爲城隍至
是鏐又具表請降崇封五代會要云開平二元年封
鎮東軍神祠爲崇福侯從吳越請者是也李陽冰
縉雲縣城隍廟碑云城隍神祀典無之吳越有此
風俗是城隍神雖未得列于祀典而建祠立廟之
事所在皆有此碑云爭而羅市興嗟餘芳不泯衆

情追卹其立處祠郎于罷玉身後其事當在唐初又記云爰自始建金湯肅陳祠宇奠茲中壘三百年來雖享非馨未登列爵則前此鎮東軍城隍亦祀典所無陽冰之言爲不誣矣玉京兆涇陽人堅四世祖新唐書附堅傳稱玉事隋爲監門直閤李密據洛口玉以關中銳兵屬王世充擊之百戰不衂世充歸東都秦王東徇洛玉率萬騎降高祖以隋臣禮之玉魁梧有力明軍法久宿衛習知朝廷制度帝顧諸將多不閑儀檢故授玉領軍武衛二大將軍使衆觀以爲模楷出爲梁州總管巴山獠

叛玉梟其首餘黨四奔屬縣獠與反者州里親戚爲賊游說言不可窮躡玉不聽下令曰穀熟吾盡收以饋軍非盡賊吾不反聞者懼相謂曰軍不止吾穀盡且餓死乃其入賊營與所親相結斬渠長以降衆遂潰徙越州都督召爲監門大將軍太宗以耆厚令主東宮兵蹕者不怠小大之務無不親及卒帝爲廢朝贈幽州都督工部尚書史載玉歷官行事如此碑紀土人立祠之由但叙其在越州時事

重修北岳廟碑

碑上截缺僅存高九尺六寸五分廣四尺六寸二十七行字數無考行書在曲陽縣

重修北岳廟碑

觀察巡官朝請郎檢挍尚書禮部員外郎兼侍御史賜緋魚袋劉端奉　命撰

定州文學王知新書

缺 明覆載以稱功浩淼百川峻嶒五嶽顯陰陽而自異呈動靜以爲徵莫不隱靈祇彰聖化欲見而非見示威而不威福善禍淫有今古無差之理聰明正直豈鴻纖偏照 缺 妙難窮之跡蘊幽微罕測之基昭然憮然皆矣大矣駈至道而牢籠萬彙啓範圍而埏埴羣倫敬之

遠之寒暑不忒于四序恭也禮也扎瘥口適於千門況 缺 還當夏氏之興且特修王母之祠未盡善也迫致高禖之祭胡可比焉豈若恒岳靈峯 安天疊廟鎮撫兗分之所轄寧禹別之方口氣勻鋪壯口 缺 勢巍巍藏雲龍而均風雨如生肅肅將魚水而睦君臣遠迩垂恩公私布惠解濟黔黎之苦能蠲 皇闕之憂魑魅亡魂奸回縮脰怖盤挐口黃鉞逃粉碎 缺 春秋祇若興五侯懇薦於蘋蘩粢稷非馨雖於懷德備腏咸有但以依人伏又河朔名區海西樂土雖寡魚鹽之利尤多耕織之資密迩并燕絕六狄七戎之口交居趙魏招 缺

一境是諸華之則三軍爲百代之規整頓朝綱獨立功
臣之貴平除國難孤標耴亂之勲況　大唐二十
餘帝乾坤三百年間社稷龍魚數見□□頻生聲振缺
萬方之禮樂無雙堯舜芳猷既叅差於竊比商周政柄
徒飋颸於揚名宇宙昇平煙塵帖泰況　宸恩於草
木鍾　睿澤於㦖發勵以尖味□□輕漂舟檝缺
　玉輅東西豈爲春蒐之故銀鈎南北唯論秋獮之因
荏苒九州依俙六國運偶二三之變時遭百六之艱伏
以缺　歸於神授英通盡出於天生昴宿光茲契
叶　賢王之瑞金精照灼潛苻　霸主之徵

執禮宏仁廉刑薄儉偏沐　恰顔之昵□遵難犯
之威缺　彰形彰於冰壺不意小嵗　酉心大節賽
桓文之令望超周邵之嘉音謀始要終理煩去惑啟潔
三秋之月泓澄万頃之陂而又世襲缺　五孝從
五帝而至如今加以武庫規繩儒門綱紀著述五兵之
粲研精万卷之書稼穡偏知但見啓期之樂刑罰獨斷
旋除庶女之風惻隱肥家忠貞活國勲缺　大展謨謀深
行理治每設補天之術恒修縮地之方出是訪沉淪求
疾瘼崇佛理重神明廢置傾藍捨就增修之命傾頹廨
宇俱嘗造化之功□撩廟以天實缺　洎乎舜𦉥頻移秦

正朔改將新舊而分坊抽方彼此而曰古今屬以山㚖
欵傾丹楹朽腐只取於素來基址特與於此際規模遂
命押衙充都□修造使檢校工缺　俻搆藉磬竭於心匠
椎臻至於忠勤百役子來三時農隟遊擴莞於巽木佺
柱石於幽巘杞梓鴛椽瑚琍鴛瓦想楚宮之枉設誇漢
殿以虛詞斤斧奇能再偶缺　長巖千千似稟銜枚之命
驌驦万万疑聞鸋鸞之聲禱壽要津神祇會府闔莞亘
瑶林之茂銀扉衡朱檻而開未既十旬其肅一旅勞而
不怨告厥成功實爲陰缺　嶝凌空展梯□□莫逢清波
忽泛浮梁棟以旋來鼎鼎坤元踊一攢之勝槩明明星

紀聯百雉之清虛佛土裝嚴猶虧鳳髓蓬瀛景致只欠
鼇頭豊省亡機疾缺　北討南征盡□□神之助人安俗
阜深懣　陰德之功而又巨夏多艱中原盡蠢大
屬久離於四表太平永在於三州　缺絶
□圖貽厥孫謀宏宣　祖業社稷類金湯之固山
河齊日月之榮端貢笈微人食無末客少琢磨於焉學
深□□於斯文謬歷煙霞媿缺　異披砂□□拾芥有濡
毫而稽顙無香桂以甘心進恩盡忠將育之　缺
琉蕪糞□　寵命叙虛襟而寧極修實錄以何窮但
以斲如誠非作者雖乖雅頌輙縱賡歌

缺國泰寗口年豊一人肅敬八表欽崇諸神際會閫境
和同公私雅孝左右純忠威降巨禮力制羣戎寶裝廟
宇山是屏風一其精專建造巧竭靈徵高攢缺翳日光暉
龍拏虛噴師從兵圍前壇後苑左驂右騑尊卑森森去
就依依俄俄興木鐸待整脊璣二其匡時舟楫問代公侯洪
橋架海皓月當秋恢廓至道以缺巍巍清廟岌岌危樓
家財已俸制置增修行藏賞錄今古難儔三其名超八凱
鑒若三辰忠貞輔國禮樂親隣始終霸道左右賢臣一
方受煦万物逢春缺奉命文不驚人微書盛事永載貞
珉

缺同三司撿校太師兼中書令使持節定州諸軍事
上柱國北平王食邑五千戶食實封五百戶王處直
缺歲在丙子十月癸未朔口口日建
口藉王允刻字

右重修北嶽廟碑列端撰王知新書已失其半年月
僅存歲在丙子數字諸家收藏僅列唐碑中郎亭林
亦未深考也案碑記王處直修廟事而文云大唐二
十餘帝乾坤三百年間則已非唐時可知也撿五代
史雜傳王處直爲唐金吾大將軍領興元節度使宗
善子義武軍節度處存之弟也乾寧二年處存卒于
鎮三軍推處存子郜爲留後處直爲後院中軍都知
兵馬使光化三年梁兵攻定州郜遣處直率兵拒之
兵敗入城逐郜亂兵推處直爲留後梁兵圍之遂絕
晉而事梁梁太祖表處直義武軍節度使累封太原
王太祖卽位封處直北平王其後梁兵攻王鎔鎔求
救于晉處直亦遣人至晉願絕梁以自效晉兵救鎔
處直以兵五千從破梁軍于柏鄉其後晉北破燕南
取魏博與梁戰河上十餘年處直未嘗不以兵從又
案梁太祖本紀光化三年進攻定州王郜奔于晉其
將王處直以定州降開平四年北平王王處直叛附

于晉是碑處直列銜已稱北平王歲次丙子應爲梁
末帝貞明二年無疑又以五代史考之處直已於開
平四年附晉通鑑稱唐之亡也惟河東鳳翔淮南稱
天祐則此碑所紀必天祐十三年又無疑矣銜中撿
校太師兼中書令使持節定州諸軍事食邑五千戶
等歐史不書似亦未見此碑也竹崦盦金石目錄

贈太尉葛從周神道碑

碑高八尺七寸八分廣四尺二寸三十八行行約七十字行書在偃師縣

梁故招義軍節度口口口口口口置等使開府儀同
三司撿校太師兼侍中守潞州大都督府長史口口口

□□□□□□□□□□□□葛公神道碑銘并序
銀青光祿大夫禮部尚書權知貢舉□上柱國臣薛
廷珪奉　勅撰
翰林待　詔中大夫撿校刑部尚書□左□□衛大
將軍□□□□□□□□□□□□□臣張瓊奉
勅書
□議郎守殿中□□□奉御□□□□□徽奉　勅
篆額
□□包犧設教畫卦□□□□□□□弧矢於焉利
用□□二□□□□蓋殷周之前將相其柄洎秦漢

之後文武殊途至若綱紀彝倫範圍庶品闡揚至理崇
樹鴻猷則用武之□□□獨濟若夫撥亂反正□□□
□□衛□□敕濟王□則□□□□□□諸至於大
義至公開物舉務感召和氣庇育羣生其揆一也夫物
窮則變否極則通時雖類於循環事□□合□□雖
虎□□□□□□□□而□□□□理□□□□□□
□□□方勘定遂生翦起韓彭扶丕□以凌霄翼真人
而御極風雲之會影響無殊　□□□□□之
期□□□□　□帝應□□□□□□□□□□
□□□□豕於大田斷術馳於廣陌則有故昭義軍節

度澤潞等州觀察處置等使開府儀同三司撿校太師
兼□□□潞州大都□□□□□□□□□□□□□
□□□□□□□□□□□爲公諱從周字通美其先
濮州鄄縣秦丘里人也禮也曾祖阮祖遇賢父簡贈兵
部尚書惟公世方管晏豬接神仙貿山□□□□□
□□□□□□□□□□□□□□□□□□□□□
□□勵越石著鞭之志生知韜略時合孫吳韋弦淡爾
而酌中文武居然而兼備素業雖觀於大輅壯圖潛□
□□□□□□□□□□□□□□□□□□□□□
□□□□□□□□□□以騰驤鵰鶚在天而□□□

家刑國讜文兆忠孝之名原始要終血字表公侯之分
寔爲天縱□□□□□□自　太祖□□□□□
□□□□□□□□□□□□□□□□□之鋒於是
附　鳳攀　龍驤名委質伐蔡之役戰酣
　太祖皇帝□□□之幾時□□□□公奮□□□
□□□□□□□□□□□□□□□□□□□谷之
叟輪不返而又青兗三寨鯨鯢萬人剿滅無遺輜重皆
弃甲約面縛而授首□唐魄□□□□□□赤□□□
□濮□□□□□□□□□□□□□□□□□□□
□□□□□齊山僵尸蔽野以功□撿□□部尚書時

溺復結全師碭山下寨康村接戰全軍□□□□□□
□□□返又轉撿挍刑部尙□□□□□□□□□□
□□□□□□□□□□□□□遍上黨蕃戎喪膽□
□□□□改授懷州剌史屢立殊勳繼膺賞典又假吏
部尙□□彔遷□□□州剌□□□□□□使□□□
□□□□□□□□□□□□□□□□□□□□□
落落領二千騎□□□□□馬步二千殺戮殆盡生擒
落落奪馬三千又殺蕃□□汙□□□□自□□□
□□□□□□□□□□□□□□□□□□□□□
□□□□□□後彝授節旄假□□□□昭義兩

使兩務蕃軍周揚五之衆結寨連營去□□□□□□
□□□□□□□俄而□□□□□□□□□□□□
□□□□□□□□□□□□□□而身先幽滄克□
□□□□乃授宣義軍行軍司馬俄代丁會入潞州俘
數□□□□□□□□□□□□□□□□□□□□
□□□□□□□□□□□□□□□□□□□□□
□下凡經入日納□□□□□加撿挍司徒又入井陘
攻討并部降李洪範巳□□□□□□兼加徐州□□
□氏□□□□□□□□□□□□□□□□□□□
□□□□□□□□□致力□□□□□□□□□中

遘沉痾於邊上明年青齊之衆復陷兖州□□□戎揖
軀濟難　太□□□□□□□□□□□□□□
□□□□□□□□□□□□□□□□□□□□□
□□□□□加太子太師食邑二千戶　□□之
念勳勞乃聰疾恙爰降優禮□□□□□□□□□□
□□□□□□□旌須之□□□□□剔竪□□□山
[illegible]冥□□□□□□□代求之有也俄而美疾滋深醫
[illegible][illegible]爲天□□遺人之云亡恨狠□之□尙存指馬□
□□□□□□□□□□□□□江淹之筆□□□□
□□□□□□勒□□□□郎以□□□□十月三日

歸葬于偃師縣亳邑鄉林南里之別駕賵賻贈哈
君恩□□□□□□□□□□□□□□尉有子五
人□□□□□□□□□夫撿挍□部尙書□□□□
將軍同正不仕次曰彥勳金紫光祿大夫撿挍兵部尙
書前守洪州別駕不□次□□□□□□□□□□□
□尙書刑部員□□□□□□□□□□□□□□□
□□□□□尙書守左驍衛將軍次曰彥浦殿前受盲
銀青光祿大夫撿挍太子賓客藁□□□□□□□□
□□□□□□□克□□□□□□□□□□□□□
□□□□□□□□□□□英飛龍使充西京都監銀

青光祿大夫撿挍尚書左僕射守左武衛將軍□□□
□□□□□□□□□□□□□□□□□□□
□□孔循□□□□□□□□□□□司徒左威衛
上將軍運榮　貫戚迭照閫門玉鏡臺前匪獨惟
於□□□□□□□□□□□□□□□□□□
□□□□□□□兼□□□□□□□□□□禮
以竭情臨襄事而銜恤始終部分董灼一時斯又見天
□昭荅之重沓也　皇帝臨軒輟悼撤□廢朝□
□□□□□□□□□□□□
伊昔皇唐運終百六兵革□□□□□□□□□□□

□□□□□□□□□□□其一□□　我梁　授
天明命間生材傑克靖災眚武德孔昭和□□□□□
□□□□□□其二□□□□□□□□□□□□
□戢馳馬逸士失銜勒下車築之傷面克敵其三青兖三
寨鯨□□□□□□□□□□□□□□□□□
□□□□□□□其四凡茲大勳傑出十亂炳若丹青著
於史傳□外畏威□□□□□□□□其五□□
□□□□□□□增□□□飛蝗越境猛獸遁
去軍食衲服盈羨廂庾其六統衆出師寬猛相濟□□
□□□照□□□□□□□□□□□□□□其七

悠悠丹旐軋軋轜車万人之敵六尺之軀皆如石火去
似隙駒□□□□誰其問諸其八□□□□□□秋露
如珠灑君□□平生氣豪命世功夫金瘡猶在脽肉永
枯其九邙山之隅□□之裔許國壯心磨天逸勢威聲□
□昏衢迢遞長辭魏闕永謝明世其十
貞明二年歲次丙子十一月壬子朔十二日丁卯建
鐫字沈□
從周歐史有傳其檢校太師兼侍中則史未之載昭
義者潞州軍號也唐季潞爲河東所有不在朱梁管
內從周以疾致仕遙授節度令食其俸于家非眞節

度也宋世節鎭在家支俸之例實昉于此周德威少
字陽五此碑作揚五文云歸葬于偃師縣亳邑鄉黃
叔璥中州金石表所載偃師碑甚夥而獨遺此吾友
武君虛谷始搨以遺予文雖殘損猶足爲攷史之助
于思容齊乘謂茌平縣有五代葛從周墓土人名曰
葛塊讀是碑始知土俗相傳之誤潛研堂金石文跋尾
碑字可辨者皆與薛居正五代史不甚異疑薛據此
碑而爲傳按之歐陽修史所載甚與碑異此碑奉勅
書撰隊無冒列功狀是歐陽史爲失實也歐陽史所
載歷官晉秩亦多疏略賴有此証之碑云偃師縣亭

邑鄉今之淮廟郝鄉古西亳湯都也（中州金石記）

按葛太尉殘碑余乙巳二月始過其墓碑石舊爲雨風激射間有存者惟下二尺餘埋於土中尚完好急爲萴剔出之碑內題云故昭義軍節度澤潞等州觀察處置等使開府儀同三司檢校太師下缺數字其所載歷官晉秩皆與傳略同五代史從周濮州鄄城人今碑云鄄縣當時載筆者爲梁太祖父嫌名避之據禮不諱嫌名而唐之諸帝與其士大夫競相規易至其末季尚欲持是區區虛崇無益之數褻以籠制宜悍跋扈如温之至無賴者又豈遽爲之動與史言

從周從太祖攻蔡州太祖墜馬從周扶太祖復騎與敵步鬬傷面身被數瘡攻此碑伐蔡之役戰酣云云文缺證以銘詞所謂戰酣馬逸上失銜勒下車策之傷面克敵碑既悉與傳符而從周功績初已可見如此又本書晉王怒自將擊從周從周雖大敗而梁兵擒其子落落送於魏斬之（羅紹威傳梁兵擒晉王子落落送於魏宏信斬之與此同）此碑竟云馬步二千殺戮殆盡生擒落落奪馬三千則從周竟未大敗矣落落亦屬自擒而歐陽乃歸之梁兵反覆推之知史誣也碑奉勅書撰從周子孫斷無敢於冒列功狀虛誑溢美以耀從世者歐陽或得之舊聞而從周戰績幾於湮没不彰非是碑後世其孰從而知之碑後文又有入井陘攻討并部降李洪範傳亦失載從周爲宣義行軍司馬傳書於既敗燕兵之後依碑又在代丁會之前叅錯乖迕並宜依碑爲據至所書末帝卽位拜昭義軍節度使封陳留郡王食其俸於家卒贈太尉從周嘗致仕日已居偃師未聞再召用及後卒也亦當居於偃師而碑云以十月十三日歸葬於偃師縣亳邑鄉然則從周又非終没於家者錄之其亦俟考也從周曾祖父阮祖遇賢父簡贈兵部尚書從周諸子碑銜可見者次曰彥

勳次曰彥浦史並略不書獨余爲暴出之使幸有聞而碑亦於從周祖父列名獨不爲少蝕殆亦有待於後人與（偃師金石遺文記）

碑紀從周戰功有云落落領二千騎（缺）馬步二千殺戮殆盡生擒落落奪馬三千歐史本傳書晉王怒自將擊從周從周雖大敗而梁兵擒其子落落送于魏斬之予向跋此深以見歐史之誤今案舊唐書羅宏信傳太原怒舉兵攻魏營于觀音門外汴將葛從周援之屯于洹水李克用之子落落將爲鐵林軍使爲從周所擒唐書宏信傳從周爲鬬賓每克用兵至輒

出精卒薄戰必捷克用踰洹西北挑戰從周大破之
禽其子落落乃引去舊五代史從周傳乾寧三年五
月并帥以大軍侵魏遣其子落落帥二千騎屯洹水
從周以馬步二千人擊之殺戮殆盡擒落落于陣并
帥號泣而去紹威傳太祖遣葛從周援之戰于洹水
擒克用男落落以獻太祖令送于宏信斬之晉軍乃
還推斯數証舉足以見永叔曲說非信史矣授堂金石跋
按從周薛歐二史皆有傳惟薛史與碑多合具見
諸家跋中碑有云鞏約面縛而授首□唐魄□□
□□據舊史傳兖州齊克讓軍於任城從周敗之

擒其將呂全眞淄人不受制復興之戰獲其驍將
鞏約會青州以步騎萬餘人列三寨於金嶺以扼
要害從周與朱珍大殲其衆擒其將楊昭範五人
而還至大梁不解甲徑至板橋擊蔡賊破盧瑭寨
瑭自溺而死碑下句似謂盧瑭魄喪自溺與上鞏
約面縛爲對瑭字作唐與史微異傳又稱李罕之
引并人圍張全于河陽從周率兵赴援大破并軍
殺蕃漢二萬人解河陽之圍以功表授撿挍工部
尚書碑云□□齊山僵尸蔽野以功□撿□□部
尚書正敘此事葢以功授撿挍工部尚書也碑文

爲薛廷珪奉敕撰攷舊唐書薛逢傳子廷珪中和
中進士第光化中官刑部吏部二侍郎權知禮部
貢舉拜尚書左丞入梁至禮部尚書舊五代史廷
珪本傳又云唐莊宗平定河南以廷珪年老除太
子少師致仕同光三年九月卒今碑題禮部尚書
權知貢舉□上柱國正與傳合新唐書稱廷珪光
化中累尚書左丞朱全忠兼四鎭廷珪以官告使
見全忠卒不肯加禮其入梁以後歷官皆略不載
似廷珪以唐臣終者賴有此碑足見舊書有據古
人碑志諸文於卒葬之處每書禮也以見其舉喪

行事無悖于禮是碑敘其先世爲濮州人亦加禮
也二字殊無意義廷珪爲當時能文之士不應乖
謬乃爾疑書丹者筆誤或刻上鉤摹舛錯所致也

剌史折嗣祚碑

碑高九尺廣三尺七寸前面已缺僅存二十八行正書字數剝泐無可考在府谷縣

上闕人爲之受命瑞彰搖彩欻濆所以降神昔周文王
有大明嗣太王季　紺諱華雲中人也永西伯之苗裔
大魏之後宇文之剖緒以金拔　龠自武德中　詔
府谷鎭遏使不改善政永　子孫寵錄之榮　能不
施勞於民不代善於己慷慨　以魏孝文皇帝廿七代

之孫也世襲家聲勳庸不　昔　先王之顧命　巨唐
之芳葉爰因忠烈爲唐鹽隴西氏焉所謂　若作席上
琳瑯人間柱石鹽梅麴櫱　不謂臨危致命不顧其死
見義有勇無懾於　㒸式義方　不可奪也　可稱也
不以私誣義罔以虛眩貞守金石　爲府谷鎮　持戎
醜壃境之內民無雜居杜烽戍之虞　尚書兼御史大
夫考績　庶政增以厥貢良驥可千乘與部族歸權竇
之地黔黎有豊年之詠　昔先王求校嗣祚也以前
乾符歷數　元兇　不敢以懸河之　辯無不對當
進賢任重爲黎先行　欲移勳列爵未足稱　吾懷何
如　其德不同馳驛　於雲口之然將明命於　王覲
之與然日虜延深邃口口危　雖黎中利刃　當今晉
王感　公有大忠才　王室有大　駕爲　溪上氏
口祖廢之禮也而乃衣錦桑榆顯榮也　先世　聖唐
之端派子子孫孫引無替之道也俾乎徽見金　行勳
業惟新敷五教以在寬闡六條而弥政稼穡有通歧之
詠庶民無聚斂之怨　公下車之日觀人多　弊褰帷
撫問愛如己育遂乃布駈鷄之善牧馬之政聆風稲化
繼至　累降名綬加口陰功　冈効口盡山岳其年冬末
有二日享齡五十終祿於麟郡焉窆　永有　爲州

之礜　祖宣子郭依　有子五人長曰從　軍使次曰
軍使次曰從遠勤合楷模　府州副使次曰從依
攝麟州司馬檢校尚書祭酒兼御史中丞次曰從　祖
塋之左右授機應苻契運叶瑞來儀清風朗月孤高不
羣口無擇言哲中尤哲賢中又賢巖谷歸神嵔巍𡽜𡾊
玉石俱焚　嗚呼哀哉　封樹諸子泣

文云有子五人三曰從遠從遠即從阮以後唐莊宗
鎮太原時領府州刺史文內又有當今晉王感公有
大忠云云則是碑梁時所建也　文云大魏之苗裔
字文之别緒又云爰因忠烈爲唐裔隴西氏子克行
碑云折出河西折屈五代史從阮父嗣倫與此異圖

金石記
按碑殘缺無年月諱字可見但據文中有昔先王
求校嗣祚之語知折君名嗣祚耳凡碑敘事皆稱
爲公此語直言嗣祚蓋承先王爲言明尊君也嗣
祚有子五人次曰從遠五代史有折從阮　云從
阮字可久本名從遠避漢高祖諱名故改　字即
此人也傳稱父嗣倫爲麟州刺史今作嗣　與史
異然云享齡五十終祿於麟郡是嗣祚終　州刺
史與傳合即嗣倫無疑矣舊史從阮傳唐　宗初

有河朔之代兆諸郡屢爲邊患起從阮爲河
東牙將領府州副使同光中始授府州刺史碑稱
從阮動合楷模鉄府府州副使又云當今晉王感
公有大忠於王室是碑之立當在同光改元以前
故尙稱晉王耳碑叙嗣祚世系行事頗詳而剝蝕
過甚無從據以補史惜哉

唐

重修法門寺塔廟記

碑高七尺一寸八分廣三尺八寸三十行行五十二字至五十四字不等正書在扶風縣

大唐秦王重修　法門寺塔廟記

朝請大夫守尙書禮部郎中柱國賜紫金魚袋薛昌
序撰
承　旨王仁恭書
夫　大聖示其不滅證以無生燃慧炬以燭幽泛慈航
而拯溺在三千界分八万門誘捨愛河勸離苦海香山
月殿長侍睟容鷲嶺龍宮府開半偈与消塵劫令出昏
衢按役魏誌阿育王役使鬼神於閻浮提造八万四千
塔華夏之中有五　秦國岐山得其一焉又按神
州三寶感通錄華夏有塔一十九所岐陽　聖
跡復藏其中朝觀光相夕覩聖燈究異草之西來驗
靈蹤之所止供盈香積鑪馥旃檀面太白而千
疊雲屏枕淸渭而一條翠帶而又　文皇遷寢
殿而修花塔冀拔羣迷天后開明堂而俟
眞身庶康万衆編於史冊傳以古今粤自有周洎乎大
漢至于晉魏口及齊梁附文則誓志焚修　我唐
則　累朝迴向莫不歸依　聖教恭敬
眞宗慕善行於阿育王結慈緣於金龍子嘉
徵迭變靈應無窮或顯鶴飛翔不離於塔宇或卿雲搖
曳靡捨於金繩分　舍利於五十三州增福田於
千万億祀間生芝草頻現雨花眞形試火而火不焚因

其吳主　寳塔居水而水不近彰自葡門禮懺
者沈痾自痊聽虔者宿殃皆滅　金僊入夢白馬
戒途傳經既口於西天演法俄流於中土今則
王天潢稟異　帝奭承榮立　鴻猷於
多難之秋彰　盛烈於阽危之際徧數歷代會
無兩人增美　儲闈傳芳　玉諜將
中興於　十九葉　大業於三百年
竭力　邦家推誠　君父身先万敵屢掃
攙搶血戰中原兩收宮闕故得諸侯景仰八表風隨當
口踮於山河郎　龍騰於區宇

朝萬國而無慙伯禹叶五星而不讓高皇惡殺好生泣
辜罪己然而早欽大□風尚□門捨□□□□□□□
□□禪林之嚴牓天復元年施相輪塔心樣柱方一條
天復十二年以舊寺主寶眞大師賜紫沙門鈞
□□□□□□□□□□□□□□爰命大師遶塔
移覆塔舍二十八間至十三年迄契至誠果諧
靈感迅雷驟起大雨□□□□□□□□□□□□□
□□□□□□吹沙涌出寶塔化成金像移山拔海
未足稱奇　聖力神功咸驚不測天復十四年
□□□□□□□□□□十八間及兩　天

王兩鋪及塑四十二尊賢聖菩薩及畫西天二十□祖
兼廻傳法記及諸功德皆彩繪畢天復十七年□□□
□□□并□造八面鈫鈫塔內外塑畫功德八龍王天
復十九年至二十年恭造護藍糟舍四百餘間及梵塔
庭兩廊講□□□及□□□□堦天復十九年二十年
四月八日遣功德使特進守左衛上將軍上柱國隴西
縣開國伯食邑七百戶李繼潛僧錄明□大師賜紫沙
門彥文首座普勝大師賜紫沙門寡辭宣奉綵言敷傳
聖恐兩件施梵夾金剛經一万卷蓋自　王晝夜
精勤　躬親繕寫不墜祇園之教普傳貝葉之文

塔前侯旋十方僧衆受持兼香油蠟燭相繼路歧至天
復二十年庚辰至壬午歲修塔上層綠琉璃甎瓦窮華
極麗盡妙磬能斧斤不輟於斯須繩墨無虧於分寸法
雲廣布　佛日高懸不殊兜率天中靡異菩提樹
下悟其實相了彼眞空金□巍巍福護於鳳鳴之境神
光熠爚照臨於鷲首之郊必使玉毫長新　瑤
圖永煥紹　高祖　太宗之丕構邁三皇五帝之
□猷　王子天孫光承　運祚　大君
聖后罔墜花香□修寺主安遠大師賜紫沙門紹
恩戒行圓明精持堅慇稟先師之遺訓成　大國之

良因放鶴峯中降龍□下護珠內察世垢莫侵虔奉
宸嚴退禪勝果希傳永永爰刻磷磷昌序藝愧彩
毫詞非黃絹謬承　睿旨俾抒斯文殊匪研精難
逃蕪鄙天祐十九年歲次壬午二月壬子朔二十六日
丁丑記
玉冊官孫福鐫字

碑稱天祐十九年是時唐亡已久李茂貞尚稱唐年
號又二年而莊宗取梁茂貞稱臣又一年而茂貞死
戰爭之時得作此佛事者以梁晉搆兵茂貞偷安故
也按傳茂貞先稱岐王莊宗改封秦王據碑則已先

稱秦王矣碑王仁恭書亦精勁有法石墨鐫華

通鑑後唐莊宗同光二年封岐王李茂貞爲秦王今此碑天祐十九年建而其文稱巳秦王則在同光之前二年矣蓋必茂貞所自稱又史言茂貞奉天祐年號此碑之末亦書天祐十九年而篇中歷述前事則竝以天復紀年至天復二十年止亦與史不合金石文字記

文云秦王者李茂貞也金石文字記据通鑑後唐同光二年封岐王李茂貞爲秦王此文在同光之前以爲必茂貞所自稱以予攷之殊不然舊唐書昭帝本紀景福二年十一月制以鳳翔節度使李茂貞守中書令進封秦王蓋茂貞之稱秦王自此始茂貞自岐王封秦王故云進封其後天復三年除茂貞檢校太師守中書令史仍稱秦王不云岐王也通鑑同光二年進岐王爵爲秦王考異云茂貞改封秦王薛史無的確年月實錄同光元年巳稱秦王茂貞遣使賀收復自後皆稱秦王至二年辛巳制秦王李茂貞可封秦王豈有秦王封秦王之理必是至是時始自岐王封秦王也据此則莊宗實錄本書秦王温公以意改之耳茂貞唐之舊藩與河東均附屬籍稱兄弟行至

是始稱臣於莊宗故因其舊封授之錫以册命實錄所載本不誤通鑑改之失其寔矣五代史茂貞傳書封岐王于昭宗幸華之後通鑑則書于天復元年不知茂貞封岐王乃在景福元年以前舊唐書景福元年以故王李茂貞爲興元尹山南西道節度等使傳又稱梁祖卽位茂貞稱岐王開府置官屬又稱茂貞聞莊宗入洛乃上表稱臣遣其子入朝改封秦王詔書不名不知茂貞在昭宗之世稱秦王巳久矣岐者一州之名秦者大國之號茂貞巳受命建國曰秦必不舍秦而仍稱岐此夫人而能知者也通鑑稱唐之亡也惟河東鳳翔淮南稱天祐西川稱天復年號此碑叙述前事俱用天復紀年至二十年止碑末乃書天祐十九年與史不合五季土宇瓜分各帝其國紀元之令朝更暮改史家得予傳聞不若碑碣之可信當全忠刼昭宗遷洛改元天祐河東西川謂天祐非唐號不可稱仍稱天復岐介蜀之間與梁爲深讐必仍以天復紀年及唐既亡河東改稱天祐西川仍稱天復茂貞與西川爲鄰亦必仍稱天復也久之晉日盛彊滅梁之形巳久茂貞乃改稱天祐以自同于晉此事之想當然者惜乎史文缺漏賴有此碑立于當日可證紀元之異同此金石

文字之有功于史學也寺在鳳翔之岐山縣唐憲宗元和十三年功德使上言鳳翔法門寺有護國眞身塔塔內有釋迦牟尼佛指骨一節上遣中使帥僧衆迎之者卽此塔也潛研堂金石文跋尾

天祐十九年卽梁主瑱之龍德二年也秦王卽李茂貞唐亡梁稱帝改元開平日茂貞與李克用並襲天祐蜀王建稱天復七年以明年改元武成吳楊渥稱天祐十五年以明年改元武義並是也茂貞據有鳳翔等二十州于梁主瑱貞明乙亥丙子之間鳳翔爲蜀所克史不言復爲茂貞所有據碑可見其脫誤碑

又稱天復十二年十九年二十年天復之十二年卽天祐九年其十九二十年則天祐十六十七兩年也是茂貞稱天復天祐號年之限克用專稱天祐茂貞兼用天復天祐此其所異者也茂貞本姓宋僖宗賜姓爲李氏或云茂貞封秦王在同光初天祐十九年不得有是稱案天祐十九年卽梁亡之年明年則爲同光元年也豈茂貞自稱爲秦王莊宗因是封之耶蓋不獨武都楊盛不改義熙年號比志于陶靖節矣關中金石記

茂貞本姓宋僖宗賜姓李氏記所稱天黃稟異帝裔承榮蓊指其事法門寺見韓愈傳云鳳翔法門寺有護國眞身塔此所重修塔意卽其遺跡與記稱天祐十九年歲次壬午前又以天復紀年至二十年參差無統唐之正朔亡矣歷代紀元彙攷于梁開平元年書岐王天祐四年證之此碑仍稱自天復元年及十二十三十四十九廿年皆以天復紀號是當梁之纂唐未嘗以天祐紀推其謀蓋沿于通鑑謂唐之亡惟河東鳳翔淮南稱天祐也授堂金石跋

重修定晉禪院碑

碑高九尺八寸廣四尺九寸五分三十六行行七十二字正書在武安縣

磁州武安縣定晉山重修古定晉禪院千佛邑碑

邢州開元下缺

原夫佛理志大意微有德而風靡三皇無位而臣乎八
表化跡隱顯利用投機□□□□□□□□□□□□
□□□□□□□□□□□□□□□□□□□□□
□□□□□□□□□宣戒善日用日新道證無生不
的不莫有相不憚於理執空恐滯於魔昔在千人志居
中□□苟□□□□□□□□□□□□□□□□□
□□□□□□□□□□□□□□□□□□也生知
畢福□白猛列出家志氣異於常徒頓捨親孤然山峪

暑風寒雪已辯春秋葉落花生方知冬夏紀□□□□
□□□□□□□□□□□□□□□□□□□
□□□□□東魏黃初三年高歡常所造也又雜集
異記云魏時有大乘僧不知生族諸天降食以供其齋
忽夜夢二豎凭□□□□□□□□□□□□□
□□□□□俗服於山石邊有大橺樹本堅枝密
其僧將法衣往樹欲掛其樹忽爾開而隻之儼然掩合
神力弥縫乃婚嫌長於二子後一十二年卻至樹邊樹
開而□□□□□□□□□□□有虎闘菴前
師乃以手約杖駈而告耳伏後之人因其樹号橺禪師

之寺焉又改爲定晉禪院禪室山巖雅高雅遂龍池虎
穴左之右之上至天宮下窮於地獄乃爲師之□□道
清以考此凡志求□□蹤撥度古基持與蓋造從大唐
同光元年歲次癸未七月起功至天成元年歲次丙戌
九月院成法堂僧堂廚庫□屋並在巖巒之下禪棚石
室佛紀□像安於峭壁之中木秀山巍巔□□□□會
□獸尚畔成羣洞□祥風泉源細水花芳艷翠香逐雲
濃散雨龍寒飛霜石冷幽閑異境大聖所居古跡金田
遂重修昔日禪定石室一所□寒無蹤忽然自開收
得道具數件乃是橺禪□僧所用之物也有單梯一條

巉高百□倚於巖下莫知年載有坐禪棚一所出於峻
壁之中下去地一十五丈於同光三年九月十□特然
修換材木皆新棚上有阿彌陁佛一尊聖僧一坐倚子
一隻蓋一項道清覩此聖事乃生枯意馬苦楚心猿又
罄勤忠焚香發願別化千人之邑同修一劫之緣蓋造
高樓安排佛像茲願已集碑紀徵功所住山中素無青
石求之莫有於天成二年歲次丁亥七月二日有二龍
闘於寺前峪內雷訇電躍水溢滿穿現出青石一條長
一丈七尺琢之如珉磨之瑩然龜頭贔屓皆獲足矣建
茲福事際會　明朝立□之功上歸

　皇化君聖臣賢之代民康鼓腹之年牧敷謳而樂
乎哉風雨時而禮何有三郡　潛龍之地九州一
統之時　帝孟堯風皇宗舜海金枝黃鉞掌
鉅鎮之山河　帝子親王秉邢臺之旌節□
□樂業豐稔田疇民義於　君君賢於德罰
惡勸善刑法無差舉直退私人滋壽富　皇天后
上翼助山河湮毀困窮皆霑霈澤浩浩　九圍之
道民無德而稱滔滔六合　禹無間然矣
　滏陽西面古跡重興雲嶺巖前金園再建巍峨突
兀插霄漢以廷廷聳峻峻嶒掩蓮宮之鬱鬱橺禪解闕

之虎窠穴仍多賢良造化之基器用不少凡施功力晴
叶神聰永彼元規如掌聖助無私善事衆慕如歸利物
深緣易爲成就千門万户自捨家財伐木窮山人心不
憚有邑首都維那三人次維那十人悟身若幻生務生
□共構良因廿相勉導逐處鄉邑次立維那舉其万法
之門結會千人之數各有名氏鑴之碑餘甚衆家邦善
諸善則鄉□稟命動靜咸宜化名信心從風集事繼于
佛之大行踵百福之遐功克荷僧徒捐情聖業筠篁志
氣山岳心田重義輕金守公奉　法歲寒如一運
順始終建碑勒名以彰成事邑主沙門□□□心化利

上報　皇恩錄彼聖蹤請叙文也沙門
宗仁僧門無藝儕教荒疎自度鉛刀難鑴寶玉豈將瓦
礫連布瓊瑶頻番雅命堅令撰修覓之既難貲錄前志
彼之　□□□□□所冀殊禎絶瑞万代長存
巨福良因千年不泯更顯前事章勾頌焉　日月遞
照　乾覆坤維　四時列序　万彙咸宜　去彼取此
昭德寒違　天地之心　聖人則□　□□□□
東魏仁君　一匡天下　八表咸賓　樹碑是敬　悟
法情忻　金田刱造　資葦勤勤二化緣有盡　聖道
多門　或隱或顯　有去有存　留眞設像　資福濟

□□□□□　福利彼□二一僧堅操　二利俱陳
深山守道　古寺求眞　心猿息慮　苦節於身
嚴飭作伴　虎豹爲隣　四　三業障重　六賊爲親　勸
修十善　遠劫良□　□□□□　□出沉輪　巨善
邑會　日用日新　五
大唐天成四年歲次己丑九月九日建
竭忠建策興復功臣安國軍節度使邢洺磁等州觀
察處置使金紫光祿大夫檢校司徒使持節邢州諸
軍事守邢州刺史兼御史大夫上柱下缺
安國軍節度行軍司馬金紫光祿大夫檢校尚書左

僕射兼御史大夫上柱國李從信
安國軍節度副使銀青光祿大夫檢校工部尚書下缺
金紫光祿大夫檢校工部尚書守磁州刺史兼御□
□上柱國安□
安國軍節度押衙充三州諸軍馬步使銀下缺
□紫光祿大夫檢校司徒前守河東左右廂步軍指
揮使二州都招扠使澶州防禦使楊劉鎭馬步軍都
指揮使瓦橋關指揮使瀛下缺
安國軍節度判官朝議郎檢校尚書金部員外郎賜
紫金魚袋李瓊

邢洺磁等州觀察判官朝議郎檢校下缺
節度掌書記將仕郎試大理評事兼察御史張琲
節度押衙知客銀青光祿大夫撿校工部尚書兼御
史大夫柱國杜□
□州軍事判官將仕郎試大理評事徐處凝
登仕郎守磁州錄事叅軍劉鑾丘
朝散大夫□磁州武定縣令試下缺
□□□□□□當武安鎮務馬賓
節度押衙前守武安鎮使銀青光祿大夫撿校工部
尚書兼御史下缺

□□□□□□左忠順指揮使銀青光祿大夫撿校
工部尚書兼御史大夫柱國馮□
□義軍節度押下缺
□□□□□□□□轉受捉生指揮使銀青光祿大
夫撿校太子賓客殿中侍御柱國下缺
□□□□□□□□使銀青光祿大夫撿校左散騎
常侍兼殿中侍御上柱國下缺
□□□□□□□□兵馬使銀青大夫撿校太子
賓客監察柱國張□
□□□□□□□□銀青光祿大夫撿校工部尚書

兼御史大夫下缺

重修古定晉禪院千佛邑碑天成四年九月立釋道沛撰俗名透影碑下半毀損有云東魏黃初三年高歡帝所造也以曹魏年號爲元魏未審何以謬誤至此又云雜集異記云云按太平御覽引談藪曰北齊高祖多殺戮有稠禪師者以業行著稱云云豈即其人與中山經云虎首之山多苴椆椐郭璞注椆未詳也說文椆木也而見于此終不知何木中州金石記

碑下截已斷缺中言定晉禪院以同光元年七月起功至天成元年九月落成又言收得道具數件乃是

椆禪師□儈所用之物有單梯一條坐禪棚一所椅子一隻蓋一頂案陔餘業攷引丁晉公談錄實儀雕起花椅子二以備右丞及太夫人同坐王銍默記李後主入宋後徐鉉見李取椅子相待以爲始自宋初不知後唐時已有此坐具矣授堂金石跋

按碑前半稍有剝落不可盡讀有云東魏黃初三年高歡帝所造也黃初乃魏文帝年號東魏亦無以黃初紀元者釋藏之書所紀事蹟往往得諸傳聞故舛謬頗衆碑又引雜集異記云云檢唐書藝文志雜家類有集異記三卷薛用弱撰用弱字中

勝長慶中光州刺史碑所引疑即此書碑後半詳記修造始末繼以銘詞年月後題名者二十人首行稱竭忠建策興復功臣安國軍節度使邢洺磁等州觀察處置使金紫光祿大夫撿挍司徒使持節邢州諸軍事守邢州刺史兼御史大夫上柱下闕其名已缺以史攷之乃符存審也舊史存審傳天祐九年以功遥領邢洺磁團練使十三年二月劉鄩自莘悉衆來襲我魏州存審以大軍躡其後戰於故元城大敗汴人從收澶衛磁洺等州秋邢州閻寶降授存審安國軍節度使邢洺磁等州觀察

使其歷官皆與碑合是年十月授存審檢校太傅橫海軍節度使兼領魏博馬步軍都指揮使明年就加平章事以後歷官內外蕃漢馬步搃管又以功加檢校太傅兼侍中又以本官充幽州盧龍節度使同光初加開府儀同三司檢校太師中書令碑皆不及則知所載銜名皆在天祐十三年以前碑立于天成四年九月而云同光元年起功至天成元年院成同光元年距天祐十三年尚隔七年蓋其時創議修建地方達官已與聞其事至院成立碑方追題其姓氏不書現官者從其剏耳又存審傳稱同光初賜號忠烈扶天啓運功臣碑題竭忠建策興復功臣則亦天祐中先賜之號足補兩史所略存審之後題名可見者李從信李頊徐處凝劉宏邱馬賓五人皆無史傳可攷餘十四人或僅存其姓或并姓名俱蝕爲可惜也

賜長興萬壽禪院牒

石高四尺廣三尺十行行十字十一字不等正書在鳳翔府

中書門下　牒鳳翔觀察使

興元節度使張虔釗奏薦青峯禪院乞賜院額

牒奉

勑宜賜長興萬壽禪院爲額

牒至准

勑故牒

長興三年九月三日　牒

門下侍郎平章事李

右僕射兼門下侍郎平章事

按是牒頒于長興三年九月刻朱鳳翔府停廢寺院牒之下載張虔釗遼州人舊五代史本傳云長興中爲山南西道節度使兼西面馬部軍都部署碑稱興元節度使則虔釗奏薦青峯禪院乞賜院

額卽在長興初矣末題門下侍郎平章事李者李愚也愚以是年八月丙寅由宰臣爲門下侍郎同平章事監修國史見明宗本紀

張希崇華嶽題名

題名四行字數不等正書左行在華嶽廟

張希崇下闕春歸闕時清泰二年歲次乙未十月二十三日囬謁　清廟乃留是題

按是題在崔伯恭題名之右首行張希崇以下殘闕舊史希崇傳云希崇少通左氏春秋復癖於吟咏天祐中依劉守光爲裨將後隸周德威麾下守

平州爲案巴堅所略詢希崇知爲儒人因授元帥府判官後遷盧龍軍行軍司馬繼改蕃漢都提舉使天成初爲平州節度使等以管內生口二萬餘南歸唐明宗嘉之授汝州防禦使歷二年遷靈州兩使留後告諭邊士廣務屯田歲餘軍食大濟璽書褒之因正授旄節清泰中希崇猒其雜俗頻表請覲詔許之云云此刻稱歸闕時清泰二年十月囬謁清廟乃留是題必由靈州歸闕時所題也

贈張繼祚勑

碑高五尺八寸廣三尺六寸九行行九字行書在偃師縣

勑張繼祚朕以故齊王昇推德望備著勳庸久綏河洛之人再造凋瘵之地遍兼近鎮咸播休聲存旣著於山河沒宜刊於金石今差翰林待詔張璡宣賜神道碑銘便令書石故茲示諭想宜知悉春暄汝□□否

按碑石舊有拓本近埋淤土中始命役夫出之已斷爲二矣全義守河南三十年史稱其披荆棘勸耕殖躬載酒食勞民畎畝之間築南北二城以居之數年人物完盛民甚頼之今勑所云久綏河洛再造凋瘵信非誣也勑以賜全義子繼祚葢宣示神道碑銘而通志遂以碑額卽爲繼祚故具錄以正訛偃師金石遺文記

金石萃編卷一百二十

賜進士出身　誥授光祿大夫刑部右侍郎加七級王昶譔

五代二　晉

贈太傅羅周敬墓誌銘

碑高三尺五分廣二尺九寸四分四十五行行四十四字正書在洛陽縣

晉故竭誠匡定保乂功臣特進檢校太保右金吾衛上
將軍兼御史大夫上柱國長沙郡開國公食邑一千八
百戶食實封一百戶贈太傅羅公墓誌銘并序
朝請大夫行起居郎充史館修撰柱國殷鵬撰并書
夫天地肅物松柏猶或後凋郊藪呈芳芝蘭焉能長秀

故老氏有必摧之歎仲尼興不實之悲梁木伍而榮棟
傾嚴霜重而祥瑞去物之有矣可得喻焉　公諱
周敬字尚素其先顓頊之裔也封於羅以國爲氏地連
長沙因家焉　公卽長沙之後也　曾祖讓皇檢
校司空累贈太師封南陽王娶宋氏封越國太夫人
祖諱應信皇天雄軍節度使檢校太師兼中書令長沙
王累贈守太師累封趙王謚曰莊肅娶趙國夫人呂氏
先薨又娶吳國夫人王氏爲時之瑞命世而生倜儻不
群英雄自許有唐之末大盜助興鎮守一方廓清千里
上則忠於　社稷下則施及子孫　烈考諱紹威

皇天雄軍節度使守太師兼中書令鄴王贈守尚書令
謚曰貞莊　天地鍾秀山河孕靈下筆則泉湧其文橫
戈則雷震其武惠惟及物明可照姦曠古已來罕有其
比　貞莊有子四人長廷規天雄軍節度副大使檢校
太傅駙馬都尉少薨贈侍中次周翰義成軍節度使檢
校太傅駙馬都尉亦少薨贈侍中次周嚳前保大軍行
軍司馬檢校兵部郎中兼御史大夫柱國賜紫金魚袋
早歷通班繼爲上介緯有器業可奉箕裘公卽貞莊公
第三子也性稟淳和生知禮樂早失天蔭幼奉母儀
秦國夫人劉氏卽故兗州節度使太師公之第三女也

肅雍無比柔順有聞示以愛慈加之訓導遂令諸子悉
著美名時　梁乾化初　公之次兄方鎮南燕　公時
年九歲　秦國夫人歸寧於　兗州太師之宅遂命侍
行至　闕下梁口主宣召入內對敭　明庭進退有度
上甚器重之遂授檢校尚書禮部員外郎仍賜紫金
魚袋自此恒在　宮禁出入扈從　乘輿與　皇親無
間侍立　晁旒多備顧問無非辯對深恰　宸衷上
尤奇之其年秋七月歸南燕甲戌秋七月　公之次兄
薨於滑州之公府上聞訃奏乃謂近臣曰羅氏大勳之
後宜賞延遂命公權知滑州軍州事檢校禮部尚書冬

十月上表乞入　覲十一月至　京師朝謝畢翌日有
制授宣義軍節度使檢挍尚書右僕射年方十歲位冠
五侯甘羅佩印之初未爲少達王儉登壇之日已是老
成十二月至自京師乙亥春三月鄴中搆乱河上屯兵
況處要衝屬兹征伐事無巨細　公必躬親道路有頌
聲軍民無撓政丙子春二月移鎮許田加檢挍尚書左
僕射是歲　公年始十二作事可法好謀而成政絕煩
苛人臻富壽忽下徵黃之詔俄諧會尸之期戊寅秋七
月朝于京師有　詔尚主公拜表數四辭不獲免遂授
檢挍司空守殿中監駙馬都尉壬午冬十月出降普安

公主傅粉何郎晨趍月殿吹蕭秦女夜渡星橋一時之
盛事難儔千古之淸風盡在癸未春三月除光祿卿冬
十月　唐莊宗收復梁園中興唐祚屬當郊祀無失職
司遂封開國侯加食邑三百戶至　明宗纂紹之初除
右金吾衛大將軍充街使秋九月轉左金吾衛大將軍
充街使執金在彤庭之前佩玉向丹墀之上仕宦之貴
無出於斯上以　公久居環衛之班頗著警巡之効至
戊子二月有制授匡國軍節度使加檢挍司徒仍賜耀
忠匡定保節功臣下車之後布政惟新福星爰照於左
馮暖律又來於沙苑庚寅夏四月上以圜丘禮畢慶澤

溥行就加檢挍太保仍降　璽書其年冬十一月朝于
京師除左監門衛上將軍九月轉左領衛上將軍辛卯
夏六月轉左武衛上將軍癸巳五月除左羽林統軍甲
午春加特進階封開國公食邑二百戶改賜竭誠匡定
保乂功臣丙申九月　唐廢主以汴師北征命公以所
部禁旅巡警夷門公英斷不回至仁有勇當危疑之際
立鎮靜之功逡郊之民于今受賜　今皇帝并門鳳舉
洛水龍飛力顛推崇首來入覲上嘉其懿効旌彼殊庸
遂除右金吾上將軍夌我出揔藩宣入居嚴衛外則作
疲民之藥石內則爲　天子之爪牙文武兩班踐楊將

遍物禁太盛古之有言壽年未高染疾不起以天福二
年七月二十七日薨於汴州道德坊之私第享年三十
有三嗚呼皇天莫問徒云輔德之言大夜何長其有殲
良之歎　上聞所奏惻怛哀慟輟視朝兩日厚加賵幣
贈太傅　君臣之義終始克全公以己丑歲五月　梁
普安公主薨於同州後再娶東海郡徐氏夫人即故東
川節度使太師弟五女也蕙質蘭姿懿德令範孰念孤
鸞之歎自傷黃鵠之歌　公有姪延□見任閑廄副使
即魏博□大將軍侍中之子也朴玉其儀渾金其器度
評□□相貌□□□□□人□□□　公亦三子四女

長子延賞守太子舍人次延緒次延宗皆稟庭訓悉紹家聲龍駒鳳鶵得非天性良金瑞玉自是國楨終天懷風樹之悲踣地有蓼莪之痛長女適郝氏次適裴氏二女方幼諸子皆譜安公主之出也　公主靜惟閑雅動有規儀休聲首冠於　皇□　淑德克彰於婦道帝王之女無以過焉　公性不好弄幼善屬文嚴毅而至和溫恭而難犯言惟合道動不違仁張充一變之年已功成名遂□□□□之日乃善始令終以丁酉歲冬十月六日安葬於洛陽縣之原禮也孤子延賞等泣告鵬曰

　公之履行爲衆所知　公之勳庸歷代罕比若非故

舊孰能縷陳鵬列親表之間受　顧命尤最難避狂簡輙勒貞珉序不盡言乃爲　銘曰

積慶之門　挺生奇傑　入覲堯庭　出持漢節
十乘啓行　万夫觀政　宵旰無憂　袴襦入詠
英華發外　淸明在躬　惟忠惟孝　立事立功
滑臺去思　壁田來暮　藹然休光　綽有餘裕
擿纁文翰　傅粉容儀　承顔紫禁　飛步丹墀
門盛七葉　祿逾万石　外冠時英　內光帝戚
歷事累朝　荐逢多難　動有成功　舉無遺筭
秋敗芳蘭　地埋良玉　山雲晚愁　林風夜尖
王孫一去兮不復還　陵園草色兮秋黃春綠

洛陽縣　淸封鄉　積閏村

誌石出土當庚戌歲七月洛水北溢沖激崖岸墓陷於水惟石爲土人移置僅存予案誌文稱周敬曾祖讓皇檢校司空累贈太師封南陽王薛史失其名歐史亦不著其官階祖宏信皇天雄軍節度使檢校太師兼中書令長沙王累贈守太師累封趙王謚曰莊肅薛史載宏信累官至檢校太尉封臨淸王歐史僅書爲節度使新唐書宏信傳徙臨淸郡王又追封北平王誌言紹威有子四人長廷規次周翰次周允書官竝較史爲詳然周翰史載爲宣義軍節

度使誌稱爲義成職方攷滑在梁稱宣義唐改爲義成周翰官於梁而誌以唐代遷易之鎭名書之於事爲失實次卽周敬字尚素初授檢校尚書禮部員外郞仍賜紫金魚袋權知滑州軍州事檢校禮部尚書尋授宣義軍節度檢校尚書右僕射薛史所云命爲兩使留後尋正授旄鉞正指其事而檢校尚書右僕射則無此文又移鎭許田加檢校尚書左僕射又授檢校司空守殿中監駙馬都尉薛史授祕書監與殿中監文亦小異入唐當莊宗時封開國侯加食邑三百戶明宗除右金吾大將軍充街使遂轉左充使如故授匡國軍節度使加檢校

司徒仍賜耀忠匡定保節功臣加檢校太保除左監門衛上將軍轉左領門衛上將軍轉左武衛上將軍入晉除右金吾上將軍薛史載莊宗即位歷左右金吾大將軍据誌文則莊宗但封侯加邑明宗始除右金吾又轉左耳周敬在梁移鎮許田史言忠武此亦唐改軍號而史以加於梁臣蓋錯紀也史載長興中入爲左監門衛上將軍四遷諸衛上將軍當以始除及入晉凡四遷而功臣賜號史不及之周敬兄弟四人竟脫周允不錄皆宜依誌文爲据誌前列朝請大夫行起居郎充史館修撰柱國殷鵬撰并書薛史鵬

字大舉大名人爲右拾遺歷左補闕考功員外郎充史館修撰與此題合其階勳失書也又[illegible]周敬之葬在洛陽清封鄉積潤村今誌石所出直石嘴之西數十步蓋於墓地猶可攷而五代塚聚之名亦以附傳於後金石豈惟補史闕文哉授堂金石跋

按碑文共二千餘字皆明白可誦周敬薛史有傳碑稱周敬曾祖讓祖宏信父紹威兩唐書皆有宏信傳薛歐兩史皆有紹威傳其書官與碑詳略具著授堂跋中惟謚曰貞莊薛史所無歐史作貞壯又徵與耳碑叙周敬于梁時代周翰權知滑州軍州事至末帝末除光祿鄕與史多合歐史紹威傳稱周敬唐莊宗時爲金吾大將軍明宗以爲匡國軍節度使罷爲上將軍薛史稱莊宗即位歷左右金吾大將軍明宗即位授同州節度使加檢校太保長興中入爲左監門上將軍四遷諸衛上將軍碑則云癸未十月莊宗封開國侯加食邑三百戶明宗初除右金吾衛大將軍充街使九月轉左戊子二月授匡國軍節度使加檢校司徒仍賜耀忠匡定保節功臣庚寅夏四月加檢校太保十一月除左監門衛上將軍九月轉左領衛上將軍辛卯

六月又轉左武衛上將軍癸巳五月除左羽林統軍甲午春加特進階封開國公食邑二百戶改賜竭誠匡定保乂功臣入晉除右金吾上將軍是周敬封侯加邑在莊宗時而其除右金吾轉左皆明宗時事其授匡國軍節度使亦在明宗即位後二年加檢校太保除左監門衛上將軍則又長興元年之事皆史氏紀載之外至長興四年以後及入晉歷官史亦未之詳也碑又云以天福二年薨享年三十有三史則云年三十二按周敬以梁末帝乾化初從母秦國夫人至闕下始授檢校尚書禮

部員外郎時年九歲明年代周翰節制滑臺時年
正十歲與史傳合則至天福二年實三十三歲兩
史皆誤歐史又云周敬娶末帝女曰晉安公主薛
史作晉安公主以碑證之則舊史是也五代會要
載梁少帝公主長壽春次壽昌獨無晉安封號何
歟碑敘所葬地但云洛陽之原而碑末別書洛陽
縣清封鄉積潤村一行向來碑刻未見此例然河
南通志陵墓類河南府下失載羅周敬墓正當據
碑俾後人知其所在補之可見書碑不得遺略矣

溪州銅柱記

記八面高六尺八寸四分面廣六寸五分
四十二行行五十七字正書在辰州府

天策上將軍江南諸道都統楚王希範
金紫光祿大夫檢校兵部尚書使持節溪州諸軍事
溪州刺史兼御史大夫上柱国長沙縣開國伯食邑
九伯戶五溪口團練使彭 下有押字不可識
天策府學士江南諸道都統掌書記通議大夫檢校
尚書左僕射兼御史大夫上柱國賜紫金魚袋李宏
皐撰
粵以天福五年歲在庚子夏五月 楚王召天策
府學士李宏皐謂曰 我烈祖昭靈王漢建武十
八年平徵側於龍編樹銅柱於象浦其銘曰金人汗出
鐵馬蹄堅子孫相連九九百年是知吾 祖宗之
慶胤緒綿遠則九九百年之運昌于南夏者乎今五溪
初寧羣帥內附古者天子銘德諸侯計功大夫稱伐必
有刊勒垂諸簡編將立標題式昭恩信敢繼 前
烈爲吾紀焉宏皐承 教濡毫載敘厥事盍聞牂
牱接境盤瓠遺風因六子以分居入五溪而聚族上古
以之要服中古漸爾羈縻洎師号精夫相名姎氏漢則
宋均置吏稍靜溪山唐則楊思興師遂開辰錦迩來豪
右時恣陸梁去就在心否臧由己溪州彭士愁世傳郡

印家總州兵布惠立威識恩知勸故能歷三四代長千
萬夫非德教之所加豈簡書而可畏亦無辜於大國亦
不虞於小民多自生知因而善處無何忽承間隙俄至
動搖 我王每示 含宏嘗加姑息漸爲邊
患深入郊圻剽掠耕桑侵暴辰澧疆吏告逼郡人失寧
非萌作孽之心偶昧戢兵之法焉知縱火果至自焚時
晉天子肇創 丕基 倚注
雄德以 文皇帝之徽号繼 武穆王之令
謨 冊命 我王開天策府 天人降
止備物在庭方振 聲明又當昭泰袞言僻陋可

俟綏懷而邊鄙上言各請効命　王乃以靜江軍
指揮使劉勍率諸部將付以偏師鉦鼓之聲震動谿谷
彼乃弃州保嶮結寨憑高唯有鳥飛謂無人到而劉勍
虔遵　廟算密運神機跨壑披崖臨危下瞰梯衝
旣合水泉無汲引之門樵採莫通儲糧乏轉輸之路固
甘衿甲豈暇投戈彭師暠爲父輪誠束身納欵
我王愍其通變爰降　招携崇侯感德以歸周孟
獲畏威而事蜀　王曰古者叛而伐之服而柔之
不奪其財不貪其土前王典故後代蓍龜吾伐叛懷柔
敢無師古奪財貪地實所不爲乃依前奏授彭士愁溪

州刺史就加檢挍太保諸子將吏咸復職員　錫
賚有差俾安其土仍頒廩粟大賑貧民乃遷州城下于
平岸溪之將佐銜　恩向　化請立柱以誓焉
於戲　王者之師貴謀賤戰兵不染鍔士無告勞
肅清五溪震讋百越底平疆理保乂　邦家尒宜
無擾耕桒無焚廬舍無害樵牧無阻川塗勿矜濺瀨飛
湍勿恃懸崖絕壁荷君親之厚施我不徵求感
天地之至仁尒懷寧撫荷達誠誓是聽神祇垂于子孫
庇尒族類鐵碑可立敢忘賢哲之蹤銅柱堪銘願奉
祖宗之德宏阜仰遵　王命謹作頌焉其詞

曰
昭靈鑄柱垂英烈手執干戈征百越我王鑄柱庇黔黎
指畫風雷開五溪五溪之險不足恃我旅爭登若平地
五溪之衆不足憑我師輕蹈如春冰溪人畏威仍感惠
納質歸明求立誓誓山川兮告鬼神保子孫兮千萬春
推誠奉節宏義功臣天策府都尉武安軍節度副使
判內外諸司事永州團練使光祿大夫檢校太傅使
持節永州諸軍事行永州刺史兼御史大夫上柱國
扶風縣開國侯食邑一千戶馬希廣奉　教監臨鑄
造

天福五年正月十九日溪州刺史彭士愁與五姓歸
明衆具件狀飲血求誓　楚王略其詞鐫于柱
之一隅
右據狀溪州靜邊都自古已來代無違背天福四年
九月蒙　王庭發軍收討不順之人當都願將
本管諸團百姓軍人及父祖本分田場土產歸明王
化當州大鄉三亭兩縣苦無稅課歸順之後請祇依
舊額供輸不許管界團保軍人百姓乱入諸州四界
劫掠詃盜逃走戶人凡是王庭差綱收買溪貨并都
幕採伐土產不許輒有庇占其五姓主首州縣職掌

有罪本都申　上科懲如別無罪名請不降官
軍攻討若有違誓約甘請准前差發大軍誅伐一心
歸順　王化永事　明庭上對三十三天
明神下將宣祇爲證者　王曰尔能恭順我無
科傜本州賦租自爲供贍本都兵士亦不抽差永無
金革之虞克保耕桒之業皇天后土山川鬼神吾之
推誠可以　元鑒
大晉天福五年歲次庚子七月甲子朔十八日辛巳
鑄八月甲午朔九日壬寅鐫十二月壬辰朔二十日
辛亥立

靜邊都指揮使金紫光祿大夫檢校太保使持節溪
州諸軍事守溪州刺史兼御史大夫上柱國隴西縣
開國男食邑三百戶彭士愁
武安軍節度左押衙金紫光祿大夫檢校司徒前溪
州諸軍事守溪州刺史兼御史大夫上柱國彭師佐
武安軍節度左押衙前砂井鎮遏使三井都管使銀
青光祿大夫檢校尚書左僕射兼御史大夫上柱國
龔明之
武安軍節度左押衙銀青光祿大夫檢校尚書左僕
射兼御史大夫上柱國田宏贇

武安軍節度衙前兵馬使前溪州左廂都押衙銀青
光祿大夫檢校太子賓客兼御史大夫上柱國向宗
彥
武安軍同節度副使攝溪州司馬銀青光祿大夫檢
校左散騎常侍兼御史大夫上柱國覃彥仙
武安軍節度副將充溪州知後官銀青光祿大夫檢
校國子祭酒兼御史大夫上柱國朱彥臨
武安軍節度左押衙□都指揮使知使防邊營金紫
光祿大夫檢校司徒前溪州諸軍事守溪州刺史兼
御史大夫上柱國彭允珸

武安軍節度左押衙金紫光祿大夫檢校司徒前溪
州諸軍事守溪州刺史兼御史大夫上柱國田倖暉
武安軍節度左押衙充溪州副使銀青光祿大夫檢
校尚書左僕射守溪州三亭縣令兼御史大夫上柱
國彭師佫
武安軍節度左押衙左義勝第三都都將銀青光祿
大夫檢校刑部尚書前守富州別駕兼御史大夫上
柱國彭師杲
武安軍節度同十將前溪州左廂都虞候銀青光祿
大夫檢校太子賓客兼監察御史上柱國龔貴

武安軍同節度副使前攝大鄉縣令銀青光祿大夫
撿校左散騎常侍兼御史大夫上柱國覃彦富
武安軍節度左押衙充靜冦都指揮使金紫光祿大
夫撿校司徒前溪州諸軍事守溪州刺史兼御史大
夫上柱國田宏祐
武安軍節度左押衙　砂井鎮遏使銀青光祿大夫
撿校尙書左僕射兼御史大夫上柱國彭師樝
武安軍節度左押衙充金澗里指揮使銀青光祿大
夫撿校尙書左僕射兼御史大夫上柱國覃彦勝
武安軍節度討擊副使左歸義第三都都將銀青光

祿大夫撿校左散騎常侍兼御史大夫上柱國彭師
晃
前溪州大鄉縣令將仕郎試大理評事兼監察御史
賜緋魚袋彭允臻
武安軍節度攝押衙充靜冦都副兵馬使銀青光祿
大夫撿校右散騎常侍兼御史大夫上柱國田思道
銀青光祿大夫撿校國子祭酒知溶州軍州事兼監
察御史武騎尉彭□□以下題名皆羼入文字中故附列于後
知獎州軍州事彭君庸
知忠彭州軍州事彭文綰

知南州軍州事彭光勇
知州彭文儻
團練彭如逕
前三亭縣令彭如喜
三亭縣令彭文雅
都監彭文威
溪州都監彭如興
溶州都監彭仕明
統軍使彭如武
都揮指使彭文仙

知萬州軍州事田彦存
高州巡撿使彭如聰
巡撿使彭如品
十洞彭如憲
統軍彭仕進
排軍指揮使陳文綰
巡撿朱繼顒
教練使屈思
靜邊都指揮使彭文勝
溪州軍事推官辛白

湘州羅文贍
史軍羅万能
巡撿羅万貴
錄事叅軍廖保詡
水南都指揮使羅文彦
金唐縣田成祐
教練使彭進
溪州知州彭君善
鈐轄覃万寅
五都彭如亮

五溪巡撿使知向化州彭如會
知保靜州軍州事彭光戢
知來化州軍州事彭允會
知咸化州軍州事覃文綰
團練向行仙
古州覃万貴
五溪都招安巡撿使田思滿
左衙龔貴朋
知永州軍州事彭君昌
溪利巡撿使知武寧州軍州事彭□□

知富州軍州事覃文勇
知謂州軍州事覃允贇
知州朱進通
知州苻彦貴
鈐轄彭如權
鈐轄覃文見
知州田彦勝
通判田彦强
知州田思超
施酉知州彭允師

銅柱高壹丈貳尺內入地陸尺重伍阡斤并石蓮花
臺及下有石頼
維天福元年十一月十五日移到至十六日竪立記
此行在第一行復溪州銅柱記之下宋人題字

馬希範晉天福中授江南諸道都統又加天策上將軍谿州洞蠻彭士愁寇辰澧二州希範討平之士愁以五州乞盟乃銘于銅柱希範自言漢伏波將軍援之後故鑄銅柱以繼之舊五代史

銅柱在會溪城晉天福五年溪州刺史彭士愁納土求盟楚王馬希範請于朝以立之學士李皋爲之銘

五代史謂之彭士然者字之訛也當以銅柱銘爲正
天下輿地碑記
溪州銅柱重五千斤并石蓮花臺予按陸游南唐書
謂彭師暠不知其世家希萼與弟希崇爭國希萼敗
見執希崇避殺兄名於是命師暠幽希萼於衡山使
甘心焉師暠歎曰爾後欲使我弑君耶吾豈爲是哉
至衡山與廖偃護視甚謹遂築行府奉希萼爲衡山
王請命金陵元宗爲出師定楚亂希萼遂入朝偃師
暠俱從行馬令南唐書云希崇遣彭師暠廖偃囚希
萼於衡山師暠奉希萼爲衡山王臣於南唐十國春

秋云希萼入府視事吳宏彭師暠見希萼皆釋不殺
賜希廣死彭師暠葬之瀏陽門外師暠疑卽師杲也
然則彭氏雖溪蠻乃馬氏之忠臣與周行逢據湖南
時有謠云滿天太保滿地司空覩此碑所書益自馬
氏時已然矣 池北偶談
右銅柱記楚王馬希範與溪州刺史彭士愁立誓范
金爲柱命掌書記天策府學士李宏皋作記柱高一
丈二尺入地六尺重五千斤環以石蓮花臺在今辰
州溪蠻境上去府治百餘里以是罕有摹拓本流傳
于世卽好古如翟趙曾洪諸家亦未之著錄也予年

三十讀歐陽子五代史愛其文辭及覽觀司馬公通
鑑編年叙事反詳于國史之紀傳心竊未安因與鍾
秀才淵映約分注歐陽子書既而予從雲中轉客太
原訪沙陀北漢故蹟殘碑斷碣摩挲抄撮淵映亦多
所攷證不幸客死于燕遺稾盡失從此予無相助者
興轉闌珊矣康熙戊午崑山葉徵士奕苞相聚京師
語及金石文自言家有銅柱記拓本乃託其鄭致其
錄記文審定楚世家之誤 溪州銅柱記卷還葉氏
求之三十年不得歲在己丑七月忽獲之西吳書估
舟中文字完好出于意表檢視曩時跋尾于宏皋本

本末未之詳乃命裝潢手作册綴舊題于前續書其
末馬希範之喪天策府都尉希廣其同母弟武陵帥
希萼其庶兄宏皋主立希廣而大校張少敵憂之謂
曰希萼次長負氣必不爲都尉下且與九溪蠻通好
若不得立勢將引蠻軍爲亂幸熟思之宏皋不從少
敵遂辭去希廣立未幾希萼果以武陵反合九洞溪
蠻分路齊進遂至長沙縊希廣于郊外而支解宏皋
此事歐陽子亦略而不書溪州靜邊都向化立誓狀
具于天福五年正月記撰于是年五月柱鑄于七月
字鐫于八月立于十二月宋天禧元年十一月移竪

今所曝書亭集

希範馬殷子也殷由梁而唐而晉奄有南夏希範以次襲爵楚王唐廢帝淸泰三年賜弓矢冠劍晉高祖天福四年加天策上將軍開府如殷故事溪州卽今湖廣永順軍民府西接牂牁兩林南通桂林象郡五溪諸蠻彭氏最大史稱希範遣劉勍劉全明以步卒五千攻彭士然士然遣子師暠降于勍乃立銅柱爲表命學士李皐記之按碑曰士愁而非士然曰宏臯而非皐曰師杲而非師暠有勍而無全明史云南寧莫彥殊都雲尹懷昌牂牁張萬濬率其本部其三十

七州附于希範合彭氏爲四而碑云五姓歸明碑中具彭氏誓詞及希範答語後列彭氏子姓從臣之名字殊醜惡以其與史互異錄之吳任臣十國春秋云通鑑作彭仕愁五代史作彭仕然而以此銅柱作仕然爲可信予所得拓本爲士愁字畫顯著爲無可疑未知志伊所見又與予異何也 金石錄補

銅柱記李宏臯撰宏臯卽馬希範依其父殷所置學士十八人之一也宏臯史皆作臯避宣祖諱刪之舊五代史希範傳晉天福中授江南諸道都統又加天策上將軍溪州洞蠻彭士愁寇辰澧二州希範討平之士愁以五州乞盟乃銘于銅柱希範自言漢伏波將軍援之後故鑄銅柱以繼之 歐史溪州刺史彭士然率錦獎諸蠻攻澧州希範遣劉勍劉全明等以步卒五千擊之士然大敗勍等攻溪州士然走獎州遣其子師暠率諸蠻酋降于勍溪州西接牂牁兩林南通桂林象郡希範乃立銅柱爲表命學士李皐銘之 今記文稱我烈祖昭靈王漢建武十八年平徵側于龍編樹銅柱于象浦是其事也記文吳任臣十國春秋全見宏臯傳案記文五溪初寧傳作初輯式昭恩信傳作或昭恩德載叙厥事傳作概載厥事益闢牂牁接境盤瓠遺風因六子以分居入五溪而聚族傳作牂牁接境五溪遺風指師號精夫傳作師號滑服漢則宋均

置吏稍靜溪山唐則楊思興師遂開辰錦傳作宋均甫肇靖溪山楊興師遂開展境溪州彭士愁傳作彭士然故能歷三四代長千萬夫傳歷作立千作百亦不虐于小民記亦作必剽掠耕桑傳剽作擾肇創丕基傳肇作大方振聲明傳明作名各講劾命傳作各効命土付以偏師傳付作士結寨爲高傳寨作阻固甘矜甲豈暇投戈傳脫豈暇投戈惟作因甘矜恤彭師杲作暠崇侯感德以歸周傳作崇虎虢加檢校太保傳無虢字庇乎甿毗傳作居乎荷君親之厚施傳作厚德垂于子孫傳于作予敢忘賢哲之蹤傳敢作

可我王鑄柱庇黔黎傳我王作誕今五溪之衆不足
馮傳馮作平溪人畏威仍感惠傳作思納貢納質歸
明求立誓傳作棄污歸口求立誓案任臣依記文爲
傳蓋未收銅柱元文所据名山記及廖道南楚紀或
近方志所載是以脫謬至此也記後勒誓詞與彭氏
官屬銜名任臣亦未收　案題名中馬希廣彭師杲
二人並見歐史希廣字德丕希範同母弟師杲郎士
愁子史以愁爲然杲爲暠非也十國春秋廢王世家
書希廣當文昭王時不著其官師杲傳官亦畧証之
此碑題銜皆足補遺又州名獎州忠彭州南州高州

湘州向化州保静州來化州感化州古州謂州縣名
如金唐官制其職事者大理評事録事參軍知軍州
事別駕鈐轄團練都監巡檢司馬左義勝第三都都
將左歸義第三都都將静遏都指揮使副兵馬使静
邊都指揮使節度副將知後官知使防遏營節度衙
前兵馬使節度左押衙溪州左廂都押衙左廂都虞
候金澗里指揮使砂井鎮遏使三井都管使巡檢使
排軍指揮使教練使討擊副使都招安巡檢使統軍
使同十將知軍州諸名地里表百官表未收授堂金石跋
按五代馬氏王楚時彭士愁引錦溪州蠻入寇在

天福四年八月及其子師杲納印請降在五年正
月銅柱之立卽當是時此事正史所書頗畧薛史
及通鑑僅較歐史爲詳然此記文共千餘字又誓
狀二百餘字於搆亂歸化始末斑斑可見其中如
士愁作士然師杲作師暠李宏臯作李宏皆足以
正諸史之誤詳前人跋中吳任臣撰十國春秋據
名山記及廖道南楚記得有銅柱記文錄入李宏
臯傳實則未見拓本故所載譌漏頗多且以彭士
然銅柱亦作仕然斷從歐史而辨通鑑之誤不知
記文愁字顯然正與薛氏史合是非倒置殊未然

也是刻前後題名者七十四人彭氏適居其半惟
士愁師杲二人稍可攷見餘皆不得而知矣記述
希範之言曰我烈祖昭靈王漢建武十八年平徵
側于龍編樹銅柱于象浦昭靈王卽漢伏波將軍
馬援也希範自以爲援後故因伏波故事仿鑄銅
柱耳後漢書及通鑑皆不載鑄柱之事據寰宇記
嶺南道九德縣古越裳國後漢遣馬融討林邑蠻
自交阯循海隅隨山刋木開陸路至日南郡又南
行四百餘里至林邑國又南行二千餘里有西屠
夷國援至其國鑄二銅柱於象林日南界與屠夷

分境以紀漢德之盛後漢書但云緣海而進隨山刊道千餘里而已即西南夷傳亦未之詳也此記并載銅柱銘金人汗出四語尤足以裨史鑑之鉠再攷唐武德初諸蠻歸附始置巫錦溪富敘等州旋置麻陽縣錦州大姓彭氏舒氏向氏因彭氏處以上下溪及保靖等州至楚衡陽王時彭師杲以錦溪獎三州歸附立銅柱於下溪州爲界在今辰州府西北一百十里至宋建隆三年慕容延釗平湖湘知溪州彭允殊偕前溪州刺史田宏斌（郎題名中田宏贇）等列狀歸順乾德五年溪酋彭允足入朝授

濮州牢城都指揮使以其據險持兩端因置內地羈之景德三年辰州蠻攻下溪州刺史彭儒猛擊走之溪州刺史彭文慶率溪峒蠻來朝大中祥符六年辰州溪峒都指揮使彭進武數寇邊降詔招諭進武詣吏請罪復勞之天禧元年辰州都巡檢使李守元攻白霧團斬蠻級降其酋三百人而彭儒猛叛知辰州錢絳等斬降千餘人儒猛亡執其子仕漢歸京師未幾儒猛降詔至明灘歃血盟而遣之授仕漢殿直處之西京後遁歸引羣蠻爲亂儒猛以聞詔嘉其忠天聖七年下溪州刺史彭仕

端使其弟仕義貢方物明道初仕端死命仕義爲刺史仕義有子師寶景祐中知忠順州後以罪絕其貢自咸平後始聽二十州納貢歲有常賜蠻人以爲利有罪則絕之後師寶數自訴請知上溪州皇祐二年始從之朝貢如故寶元二年辰州猺獠三千欵附彭仕義邀擊之有其地自號如意大王補置官屬將爲亂其子師寶携妻至辰訴父不法知辰州宋守信率兵深入仕義遁其官軍戰死者十六七守信坐貶蠻遂數寇邊吏不能制朝廷道吏諭許改過裁省五六七州貢奉久之仕義仍歸

所掠兵丁率蠻七百歃血就降即辰州界喏溪據守其姪師晏攻殺之納誓表於朝歸喏溪地并獻皮白洞地界詔以爲下溪州刺史熙寧初湖北提刑趙鼎言蠻衆欲內附辰州辰州布衣張翹亦上書請先招下富峽二州敗餘州皆可郡縣詔下知辰州府商度請如翹言因遣章惇爲察訪河北經制諸蠻事以石鑑爲湖北鈐轄兼知辰州助惇經制乃置羈縻州三十六而下溪州大彭氏居之時江北提點刑獄李平招納彭師晏誓下州峒諸蠻各以其地歸版籍詔修築下溪城并置砦於茶灘

南岸名曰黔安戍以兵隸辰州出租賦如漢民遣
師晏茁闕授京東州都監彭氏於五代後反覆不
靖如此至元初下溪州彭萬潛改其州爲永順軍
民安撫司及明嘉靖中苗大叛永順宣慰彭宗舜
保靖宣慰彭藎臣尚助官兵征討悉士愁之後至
今猶爲土司焉蠻人極重銅柱故太平興國七年
詔辰州不得移馬氏銅柱而　本朝辰州府知府
王某以銅柱立千有餘年其文可攷今各尚土司
不遵前約妄搆難端或焚廬舍或擾耕桑或掠人
民或行竊盜並非其祖歸命定盟垂示永久之意

請將墨搨記文飭示各土司官苗俾各如約遵行
永安邊土督撫從之具著辰州府志蓋是記之重
於蠻陬又如此百餘年來尚蠻反側不時屢有鈔
掠致勞軍旅故詳載其始末以告大吏之善爲撫
馭者嶺表錄稱伏波銅柱舊有刺史韋公幹刺愛
州其柱在境公幹利其財欲椎鎔之土人不知援
所鑄以爲神物訴于都督都督移書辱之公幹乃
止然則援鑄之柱久已不顯而五季所鑄猶能使
苗民懾服金石傳流蓋非偶然而官知府者尚知
拓文示衆其視公幹賢不肖相去何如也記文乃遷州城

于平岸溪之下作乃遷州城下于平岸溪之類名都指揮使彭文仙作都押指使皆鑄造時錯誤

義成軍節度使贈太保史匡翰碑

碑高一丈七寸二分廣五尺四寸二十八行行七十字上截殘缺正書在太原

上缺功臣義成軍節度□濮等州觀察處置管內河隄等
使起復冠軍大將軍右金吾衛大將軍員外置尚正員
撿校司徒兼御史大夫駙馬都尉上□□□□□□
□缺贈太保史公神道碑銘并序
朝議郎尚書虞部員外郎知　制誥臣陶穀奉　勑
撰
待　詔朝散大夫太府卿賜紫金魚袋臣闞光遠奉

勑書
上缺輔蜀望帝之洪苗楚倚相之脈纍迨于戰國世爲史
官周崇江漢之祠巳疏王爵漢重金張之族遂寵侯封
令望不衰奇才間出長江激浪下嶓冢以方舟寶劒騰
晶發□□□□□積善所宜於有後享富貴者累朝大
勳不可以中微啓茅土者數世事詳圖諜功備鼎彝大
王父諱懷清皇任安慶九府都督王父諱敬思皇任安
慶九府都督顯考諱建□□□□□□兼九府都督贈
太保　公卽太保長子也分太白之精稟峒山之英矣
爲儒之老一經拜神姝而學五兵懷皷鼙之心行有餘

力蘊飛箝之辨似不能言天祐中王室寖□□□□□
□陸之龍虵竟鬬生郊之戎馬成羣跱　□
宗已合樂□將啚義舉定玉帳一匡之略提金壇百勝
之師戰於兩河决平多壘以　公人才地望宜副須條
起家□□□□□□代州副使以勞加銀青光祿大夫
撿挍太子賓客兼監察御史改遼州副使兼領九府都
督同光初　　莊皇受命梁祚告終騏驎鬬於
東陵熒惑入於南斗頁□□□□□□雖曰一家横戈
而猛士守方未安四鄙將寧邊徼特委警巡以九府都
督充嵐憲朔等州都遊弈使解職授天雄軍牢城都指

揮使遷撿挍刑部尚書兼御史大夫上柱□□□□□
□恩遽降時議爲輕遥領百城仍兼九府轉撿挍戶部
尚書溏州刺史未幾改天雄軍步軍都指揮使刺史如
故明年遷侍衛彰聖馬軍都指揮使兼九府都督
□□□□□也八□大定萬國來朝將實憲於騎
軍已平敵國牧寇恂於河內俾惠一方授撿挍司空檖
州刺史政成轉控鶴　都指揮使加金紫階兼和州刺史
駙馬都尉虎賁三百□□□□□□魏闕九重護門闕
於清禁圃田待理漢殿掄材功臣旌佐國之名出牧奉
專城之寄渤海守布解繩之政化洽下車淮陰侯有授

鉞之才只齊推轂謀於艮師屬在舊勳□□□□□
鷹揚之勞軾前熊伏寧淹豹變之期壽壇峻而金鼓嚴
麻案宣而油幢出漢壘接平陽之第禹河連沁水之封
控梁苑之西郊殷乎威望撫國僑之遺俗韡有政聲當
四□□□□□命之爲伯加食邑通前五百戶方司
外禦俄迫內艱居喪爰疚於塊苫有司不避於金革
　大君有命難違纛士之恩開國承家遂奉壘
穣之制授起復冠軍□□□□吾衛大將軍員外置
同正員依前充節度使列旌旗於衛幕再勵分憂位風
雨於梁山難勝永慕海運方遠峯摧若何遺封章而不

忘戴君對符印而猶思擇帥三陽莫辯□□□□□之
鉞六合至寬無處問迴生之草嗇輅傭異才之歎仲尼
興有命之言名不遂而功不成生何足貴令其終而善
其始歿且奚寃以天福七年三月十六日寢疾薨于鎮
享年四十□□□□□八罷市年光似箭訝天道於喪
弓日遞高舂輟時情於相杵有　詔贈太保喪葬
之儀並從加等越明年太歲在癸卯孟夏四月二十有
三日庚午歸葬于北京太原□□□□□也銘旌前導
鹵簿分行何須陶氏牛眠方爲吉地不待滕公馬立白
得佳城載惟積慶之家須及莫京之輿尚

魯國大長公主車服有容賔殺帝之歸妹穠華□□□
□□之王姬半枯旋歎於未亡一慟代門於晝哭風飄
寶匣猶成别鶴之悲塵暗粧臺永結孤鸞之恨嗣子四
人長曰彦容宫苑使湊州刺史次曰彦澄彦琪並西頭
供奉官幼□□□□□州别駕以于公之陰騭門合容
車以鄧氏之舊親家宜藏𥡴寵既隆於弈世榮豈讓於
重侯近朝以來莫之比也嚮以　公之忠肅恭懿宣慈
惠和求福冈囘見義有勇秉□□□□□違招延無間
於後生不積財而□務藏書不憂家而唯思報國求諸
將彦我無□焉宜乎享大年躋極品上擊九萬里直聳

一千尋而陽報無徵天賦有限極公侯伯子男□□□
□□□生而無成守溫良恭儉讓之言得以謂殁而不
朽將傳來裔期播徽音合從魯國之褒方盡延陵之美
臣才非日地職在□□仰　　□□□□功聞□
家□之□德虔遵　　睿育强綴斯文屬詞而
徒繁揄揚序事而多慙漏□鞠躬抒思再拜銘勳將招
岱岳之魂輙効楚詞之意銘曰
□□□□□惠且貞淨　　明君兮信而誠藏
渠書於周廟□征戰於漢營年既謝兮時正來河方誓
兮山告頹謌陰騭而已矣歎陽報而哀哉□□□□
□□□　　帝鄉　丹旐悠悠兮下山陽隔
兩鄉之明月陟千里之宏壟龜告吉兮蓍言臧年惟利
兮日其良縈蔓草於原上揭豊碑於路旁　缺□兆鵠且
白兮來翔傳千□兮萬代播蘭杜之芬芳
天福八年歲次癸卯六月丁未朔十四日
　　　□威揚琱鐫字

史駙馬臣翰墓在太原縣東北三十里黃陵村墓碑
深陷于地村民語予土不可搰搰之尺則更深尺予
强令搰之以畚去土至一尋龜趺始露驗之則喻學
士穀所撰文也辭多駢儷其先後歷官詳矣然史稱

其歷鄭州刺史而碑不書何歟又傳美其好讀書尤
喜春秋三傳與學者講論不倦碑辭亦云懷鼓篋之
心行有餘力藴飛箝之辨似不能言不積財而但富
藏書不憂家而惟思報國求諸時彦罕有倫焉則與
史傳合矣曝書亭集
匡翰石敬塘之壻也尙魯國大長公主而不見于史
大王父懐清王父敬思父建闕皆任九府都督翰以
駙馬歷官通顯並無功績可紀穹碑巨碣止署官階
而已金石錄補
石碑文尙完好惟每行之首損去五字匡翰建瑭之

長子也碑於建字下空文以避晉諱而建瑭父敬思獨不避蓋當時著令止避下一字也建瑭死贈太保其祖懷清任安慶九府都督皆五代史所不載而敬思爲九府都督亦當有安慶字史省文爾朱錫鬯云史稱歷鄭州刺史而碑不書按五代史本云鄭州防禦使不云刺史此朱氏記憶之誤予讀碑文有云圖田待理漢殿掄才功臣旌佐國之名出守奉專城之寄又云齋壇竣而金鼓嚴麻案宣而油幢出控梁苑之西郊殷乎戚望撫國僑之遺俗綽有政聲蓋匡翰由鄭州防禦使拜義成節度而鄭州元在義成軍管

內碑固未嘗不書也陶穀之文排比鋪張頗爲親切而閻光遠書法圓美五季石刻如此者亦罕矣潛研堂金石文跋尾

按匡翰建瑭之子薛史有傳歐史附建瑭傳是碑所載匡翰歷官行事頗詳惟首行功臣之上是當時賜號碑既缺蝕而史亦未及卒莫知其何號也碑叙歷官多與薛史合惟匡翰由天雄軍牢城都指揮使遷檢校刑部兼御史大夫上柱國及起復冠軍□□□□吾衛大將軍員外置同正員傳所不載而其授檢校司徒以下諸職鄭州防禦使遷義成軍節度滑濮等州觀察處置管內河隄等使丁母憂起復本鎮碑未及傳述爲異耳至歐史則僅云歷天雄軍步軍都指揮使彰聖馬軍都指揮使事晉爲懷和二州刺史鄭州防禦使義成軍節度使不及薛史之詳也碑于梁唐晉三朝除授各官皆歷歷叙出而自檢校司徒以下諸職但以漢壘接平陽之第禹河連泌水之封云云括之似與通篇文例不合況後文有云依前充節度使而前此實未見節度使字樣當是撰碑時偶爾脫漏不必曲爲之說也匡翰尚晉國大長公主歐史以

爲高祖之女薛史以爲高祖之妹碑云車服有容實殷帝之歸妹穠華□□□□之王姬亦未能定其孰是攷高祖本紀天福七年帝崩年五十一徐無黨注云五十二而匡翰之卒亦在是年年已四十公主之齒當與匡翰相若疑從舊史爲長五代會要晉公主不載魯國公主可據此以補其缺而金石錄補乃云匡翰尚主不見於史何其踈歟碑爲陶穀奉勑撰書丹者閻光遠宋史穀傳稱在晉時以李崧和凝奏爲著作郎集賢校理改監察御史遷虞部員外郎知制誥碑題朝議郎尚書虞

部員外郎知制誥臣陶穀正其時所居之官穀傳
又云晉祖廢翰林學士兼掌內外制詞目繁委穀
言多委愜爲當時最今讀碑文叙事有體華實該
備宋史之言爲不誣矣

移文宣王廟記

碑高四尺五寸廣二尺九寸七分二十七行
每行十八字至二十字不等行書在大荔縣

勾官楊思進書
清泰中道初領鎮之時徧謁　廟之際再拜
宣聖久立荒祠後臨街而地位窮前逼城而日光少羊
腸藩而來者衆豕負塗而去者多雨信納汙風知送臭

顧以鑑爲弟子忝作公侯得富貴而因詩書擁旌旄而
輕俎豆何以爲漢相何以見魯人遂申　如在之誠別卜
惟新之所乃移於通衢之北在馮翊縣之西蘊筮相從
官吏相合不煩隧正不擾里胥不妨農不害物畚鍤者
楨榦者斧斤者繪者一無闕垣墉棟宇楱桷階序門屏
一無闕自山龍已降至絺繡一無闕河目海口堯頭舜
項之相亦依然其文也布在四方其教也傳於万代依
其教者順而正違其教者逆而邪德与天地齊明与日
月等昔賢云自生人已來未有如
夫子者也非此心此口而可稱讚時以拙於爲政昧於

立功民未蘇而責躬　廟纔成而赴
闕別離七縣倏忽十年今又此來固非所望手持龍節
顯奉　新恩目覩
象環虔瞻舊制於漆沮之地有洙泗之風念伯魚之學
時可知家法想祖龍之焚處自鑒皇圖今逢下武之時
無失上丁之節公卿慜睦侯伯皆忠將戢干戈永安
宗社文武之道邦家之基其分
宵旰之憂同保車書之運老夫之幸明神所知謹以崇
儒移廟之懇紀於公門南之左時開運三年正月十五
日記

守正宏德保邦致理功臣匡國軍節度管內觀察處
置等使開府儀同三司撿校太師兼侍中使持節同
諸軍事行同州刺史上柱國秦國公食邑八千五百
戶食實封一千二百戶馮道

按碑馮道撰記其再鎮同州時移建文宣王廟始
末僅四百餘字文云清泰中道初領鎮之時徧謁
廟之際又云民未蘇而責躬廟纔成而赴闕別離
七縣倏忽十年今又此來固非所望攷舊史道本
傳云唐末帝嗣位以道爲山陵使禮畢出鎮同州
[illegible]入爲司空又晉少帝即位出道同州節度使

歲餘移鎮南陽歐史作移鎮威勝據碑所稱移建孔廟適當是時而其移鎮南陽當在開運三年正月以後自清泰二年乙未至開運三年丙午中隔十載所謂別離七縣倏忽十年也陶岳五代史補載道鎮同州有酒務吏乞以家財修夫子廟道以狀付判官恭詳其事判官素滑稽因以一絕書判後云槲棘森森繞杏壇儒官高貴盡偷安若教酒務修夫子覺我慚惶也大難道覽之有愧色因出俸重創之今碑文自敘移廟之事其言似出至誠且云避爲弟子忝作公侯得富貴而因詩書旌旄而輕

俎豆何以爲漢相何以見魯人云云詞甚悱惻自非有激而爲此舉者酒務出財判官滑稽之說恐未必確抑道既出俸重修欲雪前慚故作此誠敬語耶碑末題銜稱守正宏德保邦致理功臣匡國軍節度管內觀察處置等使開府儀同三司檢校太師兼侍中使持節同州諸軍事行同州刺史上柱國秦國公食邑八千五百戶食實封一千二百戶自匡國軍節度使外歐史皆略不載薛史述其長樂老自敘一篇所記生平仕履甚詳云特進開府儀同三司再授匡國軍節度同州管內觀察處置等使檢校太師兼侍中再封秦國公上柱國守正崇德保邦致理功臣皆與碑合惟宏德作崇德彼此不同疑傳寫之誤當據碑正之

金石萃編卷一百二十終

金石萃編卷一百二十一

賜進士出身 誥授光祿大夫刑部右侍郎加七級王昶撰

五代三 漢

景福寺重修思道和尚塔銘

碑高二尺一寸廣二尺三寸二十六行行二十六字至三十三字不等正書左行

陝府夏縣景福寺故思道和尚重修塔銘并序

左街講論大德守澄撰

將仕郎試秘書省正字崔虛己書

竊以理智凝然眞空清淨三常妙用十号圓明點惠燭於昏衢起慈心於苦海宛親普攝凡聖齊收五乘既貫

於羣生三藏統包於教理宏張覺路大啟靈門金文演解脫之音玉偈讚無爲之法人天共仰道俗同遵咸知生死之源頗喻無爲之本卽我和尚俗姓師瑯琊氏生丱角出家二十成道夏縣人和尚道高安遠德邁琳生爲植越之福田作如來之法眼深達了義久證菩提自然變易之身曠刼超凡之德同塵不染悲濟有情現大神通無妨自在山中採木風雨送來寺內看經龍神護助崢嶸鹿苑巍峩鷲峯一方之瑞色長新四野之風光景麗名聞寰宇譽滿 帝都去□德二年十二月二日示滅其時也祥雲貫日天樂橫空異香遍於蓮宮甘露盈於衆木靈禽噪樹異獸啼嵒悲風飄凡聖之衣血淚洒人天之目盡歎無生無滅皆嗟有去有來門徒弟子哀慟難攀如喪考妣空深歲月幾歷星霜寶塔隳殘無人再葺比丘志德出家當寺學業諸方持念法華經聽習中觀論覩師遺跡遂發志誠勸化羣賢重興祖塔一言道合盡自迴心擺脫塵機同親盛事捨財而三事體空施物而三輪清淨非上智無以發深誠非哲人無以崇斯善日月昏而復朗林巒變而再榮可以添川境之殊祥可以壯法門之嘉瑞平觀禹國坐眺鹽池千株之寒柏侵雲万嶺之嵐峯掛月幾多英信歸心玉石之堅

數縣良能懇意給孤之行殊因告滿郢伎休工異靈聖之照明顯神祇之鑒祐況守澄也謬爲釋子深昧儒功因閑暇於禪關偶苦辛於螢牖披書積學雖無閱市之名揣摭成文粗有奪袍之志今則既承懇□難議堅辭遂罄荒蕪聊爲記述誠有慚於漏落實無偺於徽猷乃敘銘曰

先師聖德 神通自然 逈超三界 而出四禪 慈悲願廣 覆蔭鄉川 恒爲燈燭 永作舟船 重修寶塔 勢聳雲烟 如山不動 似海深囦 恩霑沙界 福利人天 遐邇歸依 万歲千年

乾祐二年正月二日建

景福寺重建思道和尚塔衆邑人記

碑高一尺四寸廣一尺五寸二十二行行字數不等正書

大漢陝州夏縣陽公鄉景福寺重建故思道和尚塔衆
邑人記
承務郎前守夏縣主簿權知縣事張廷煦　將仕郎守
夏縣主簿朱光軺　隨使右教使充夏縣鎮遏使鞏信
銀青光祿大夫前衛州司馬吳光權　將仕郎試大
理評事薛延希　前定州司馬康守信　將仕郎試秘
書省校書郎吳□□

修塔邑維那頭趙宏進副維那趙宏遇都維那布衣三
命王文通南吳村維那謝景瑭李項程彥暉張行實張
逢侯溫張仁遇呂彥柔薛溫楊思厚曹延客許思厚王
溫吳仁謙吳仁緒張延義趙思柔陳稹王思溫吳洪武
牛行思韓彥球紐延遇張思益牛贇楊思蘊周溫馬延
昭史延客張思厚曹延客張逢張思柔蘇詮李彥暉張
延福劉溫劉文遇王敬思郭瓊郭逵郭彥溫裴彥柔尉
延客郭思柔衛思溫張知柔馮澄張思玫趙彥暉李賓
呂項張審楊延義楊訓李志成張重遇張普進楊文銳
張鬻尉思進傅審朱逵張柔王禮趙遷王彥瑭介行恭
張暉楊行周楊暉張彥暉張重張儒呂溫張景厚劉瑭
劉思厚馮行實馮暉牛重遷張遇張宏進楊溫陳祚常
延徽李行存陳敬思呂敬思陳延福張雅王彥溫劉達
張仁客曹遇劉彥溫孫葢孫延支賈文瑞張文禮韓鬻
史延遜趙延福藥彥恩
邑外施主閻詮等五十人女弟子武氏崔氏李氏薛氏
陳氏謝氏李氏張氏孫漸能牛暉
修塔都料張紹榮　弟知遠　鐫字馬延義　畫人張
宏信
寺主右街講經大德守嚴　左街講論大德守澄　塔

院主重辯　匡因　僧詞超　修塔主業法華經僧志
德

乾祐二年歲次己酉正月乙巳朔二日丙午建

周

羅漢□陁羅尼幢

幢八面每面高五尺二寸五分廣七寸二分八行行六十八九七十字不等正書在修武縣

佛頂尊勝陁羅尼經　經呪不錄下倣此

伏以景儒等生居塵網長在牢籠汨没愛河豈有涯
□□身是幻假四大以成刑悟性空時莫不憑善道
如電露似石火而難停若□□坊衆□等

不悟以去逞津樑無
准景儒等自口年前遂見當院精藍寶地是皈依作
福之田結口善緣乃爲衆會名羅漢邑口景儒等遂
又不改善果貞誠年五十敬造尊勝陁羅尼經幢一
尊奉供
　圓就所修上善功德各各口備早立勝緣已
倏他歲畧述其宗不可具載奉爲　國皇萬口歲帝
祚遐昌文武官寮常居祿位口祈口坊長幼永保清
貞過去先亡俱登清淨之境一切時口沾口利口口
口口口口口口口口口口口口口口口

特廣順三年歲次癸丑十二月丁未朔二日戊申口
立羅漢邑衆壹拾陸人維那田景儒口口口　邑錄
事谷口　邑人張口　邑人王全德　邑人李口口
　邑人口口　邑人口口　邑人張口　邑人口口
　本師和尚智明　殁故院主僧紹口　院主僧口
口　寄住僧口口　小師口口　匠人馮口　邑人
劉口口口口　邑人馮　思　邑人張口　邑人賈
口　邑人口口　邑人口口　邑人口口　同學僧
紹宗　口口口口

虎邱陁羅尼經幢

幢高五尺二分八面每面廣七寸七分各八行行五十八字正書在吳縣

佛頂陀羅尼經
佛說大佛頂陁羅尼
　下元甲子顯德五載龍集戊午日躔南斗高陽許氏
建

右幢在吾郡之虎邱一小石柱立于劒池之東千人石水灘上鐫佛像兩層爲蓋按吳越于丁卯開鎮雖有寶正天寶寶大等號而奉周正朔故此幢稱顯德也然不直書大周而云下元甲子豈非有碍于國主而隱之也吾郡古碑甚少雖虎邱爲日涉之地而失

于摹拓庚申閏八月征閩簮旗官兵北上軸艫橫江予自東洞庭山歸問道登千人座適大水跣足至幢下病後目眊不能仰視兒子汝濟從游拂苔蘚錄建幢年月姓氏見者莫不目笑之而予之迂癖爲難療矣金石錄補

五代之際蘇州在吳越錢氏管內吳越奉周正朔故以顯德紀年實吳越忠懿王嗣位之十一年也予二十年前寓居吳門偏游伽藍古刹訪唐以前石刻皆無有此幢建於吳越有國時楷書猶有唐人筆法雖無書人姓名亦甚寶愛攷王象之輿地碑目未載此

幢近人修虎邱志亦遺之虎邱近在郭外游人日肩摩其側莫有過而問者椎拓著錄自予始其書蹕爲蹕與王居士塔銘蕭思亮墓誌銘纙作纚同 潛研堂金石文跋尾

廣慈禪院殘牒

碑上下殘缺高二尺七寸廣二尺六寸五分南截書行數字數無攷行書在咸寧縣

牒永興軍

上缺院使判永興軍事袁□□

上缺香城禪院僧道淸住持

上缺禪院爲名牒至准

上缺順三年八月 日牒

上缺□李

上缺□

上缺令

使帖□下缺

右准

勅令如前所爲當府下缺

道淸住持宜賜廣慈禪下缺

事須俻錄帖本院切准

勅命指揮勒牌縣掛者□下缺

九月三日

判官張

副使□□

宣徽南院使判軍府事袁

天福四年二月二十日買得安□界菜市南壁上尊勳□壹所准作價錢肆□缺□如後北至官街東至草場南至通城巷西至太廟院

賣宅人殿前承旨薛勳年二十五 同賣宅人弟□下缺同賣宅人母吳氏年五十八 保人前內侍省內常下缺保人銀青光祿大夫檢校工部尙書康□庄

宅牙下缺

按碑殘缺第四行順上一字不可見牒尾署銜有宣徽南院使判軍府事袁者袁義也義於廣順二年十月由宣徽南院使權知永興軍府事見舊史周太祖紀此碑後列天福四年賣宅人姓氏天福爲晉高祖建元蓋刻碑時追書其事猶顯德二年永興軍牒附書廣順二年重修水磨寺僧名也

衛州刺史郭進屏盜碑

碑高九尺六寸廣四尺五寸三十九行行六十三五六字不等行書在汲縣

大唐推誠翊戴功臣金紫光祿大夫檢校司徒使持節

衛州諸軍事衛州刺史兼御史大夫上柱國太原縣開
國男食邑三百戸郭公屏□□□
朝請大夫行右補闕柱國臣杜韡奉　勅撰
翰林待　詔登仕郎守司農寺丞臣孫崇望奉
勅書
臣聞　宣宗知民間之事則曰其理者其臣惟良
唐太宗爲天下之君且云刺史乃我當自擇是
知雖　皇王□統馭□□□□□□子之□□
□于土有美有惡難將一馬同歸或隆或污實頼九□
相遠失人則苛政踰於猛虎得士則善吏□□良□可

不慎乎可不重乎　皇帝纂丕圖臨万有以授
受難乎遠以理治急乎才漸行　日月之□輾成
古道終扇陰陽之炭銷盡兵鋒一日□承□曰衛州士
庶列狀以　闕述去盜之由稱守臣之美宜乎旌
其長□其□命之刋勒□其□光乃　勅朝請大
夫行右補闕柱國臣杜韡□乃銘之臣虔奉　□
□□□□□□□□□式□□固□仁者安人斯其
至矣盜亦有道其可尙乎矧乃抱奇□之□□昴蔵之
□奮迅於平陂綿亘於數□誠大丈夫號□太守□□
□□□□□□回□□竹□□□□□□□□□□□

□□卦豈同亡□□□□□鞶經□契犇奉之事□□
汾陽公其人也公名進□州□□人也　皇
帝即位之年自登而牧衛維彼商墟□□□□任俠自
尙剛壯相沿□□□而□疾成風橫綠波而流惡不盡
公至止未幾□□而思且□□求中靜乎內而勸乎外
□身率下儉于己而便于人未有澄其沙而水之不清
去其□而木之不茂先之以力制次之以德攻化俗于
斯何盜之有公集□地□□于天府一度量□□□謹
出納□間審重輕之數拔規求之□塞□□之源□□
□先去其□廩之□平夫馬寒則毛縮魚勞則尾赬物

之生也豈有異哉公能□□□□□之附盐□□羊之
□□□□□□得不謂先去其杼軸之盜乎□之□邑
□乃有經□苻令則削煩省督責則息費得不謂先去
其簿書之盜乎□□於日中貨來於天下韲羊遮至不
韋未歸法前□□通同抑有司之侵利得不謂先去其
閭閻之盜乎公入臨事以自懲貪吏因時而變態於是
乎卜要衝之所布□諭之文既革面以□□或洗心而
何晩俄乃付之逮□□以刑章夏虫適性以疑氷夜蛾
舞空而赴火或巢摧而梟散或穴□以兎犇難沿波之
時因討源而是切且拔茅之後恐連茹以羅多迴思傾

望之徒□設并容之術□□化之勉之撫之安之曰爾
胡不盜天時地利以耕鑿超衣食之源爾胡不盜毛羣
介蟲以捕獵求山澤之産或剖石採玉或披沙汰金取
之不爲貪得之不爲竊□□□□梁上偷生草中始務
匿藏終貽勤絶明巾□平休拘趙禮之兄盡滌非非不
問展禽之弟於是衆相謂曰嫉惡如讎公於　國
□視民若子私於我□聞其美言何□酬於布帛服其
異政何以荅於袴襦由是□其□知其禁強梁者遷善
返側者銷憂弃戟捐矛邨問農耕之早晩帯牛佩犢遂
勤稼穡之艱難□所謂□乎內而勸乎外儉於己而便

於人者也自然山□□□□清里閈藏若思之投劒誰
預客舡陶士衡之駐車不言官柳室家相慶上下咸和
爾乃□□□□□□集醯酸而蚋至肉亶□□□適
橥士而長謠登春臺而嘗□可以□乎孟可以召乎江
山下火而爲賁丘園雲上天而□需酒食政既成矣樊
□至矣　公神□□□□沉□□□□□□□□□
□見風雲之氣洞達□機命□而□藉時而□蛟龍遇
水□□□山鵬鷃乘□□□　□刺于坊磁又遷于
□登衛□□之才聲華迭□□□□□錸轉見晶熒樂至
九□益聞精越□編青史□紀□□□□□赴竜子□

□源流□爾□卿賜三公　□□千載交輝美矣
盛矣論者曰□之藏用在乎　□□□□□□猛於
□□自□熊之後善□□民垂畏愛於□門流忠孝於
昭代闕庭稱□風俗自新□□　周有亂
臣繇使備多君子　皇帝下□書□□□□□
□□□必□傚側帽之□□□効墊巾之□其則不遠
見賢思齊引而伸之則□知矣紀太□而有□□明府
以居多未若當鈴閣之前於□門之□□之琬琰傳之
子孫臣幸□近□會□□□□鏤□而見請□□瓦以
非工謬承　聖主之恩用播賢臣之美凝神握管

空成科斗之書拭目披文不稱□□之□強抽秘思謹
作銘云
□□□□　□□□□　連珠有爛　合璧無□　固
本維何　在民者矣　其理□□　擇人而已　倬彼
郭侯　系我成周　□□□李　事異□劉　鄉曲□
□　□煙□擊　劒引□□　弓開霹靂　皷隨晝角
□逐朱輪　誰□□□　自樂行春　始刺于坊
今牧于衛　□海便宜　□川煩碎　方圓並□　畏
愛齊□　□□□□　盜散雈蒲　帝王兮念功
□兮愛賜　徂山兮□□　□蓮兮鼠䖍　□之兮二

天　勒之兮八字　剖竹兮有光　操觚兮無媿
顯德二年歲次乙卯五月戊辰朔十一日戊寅題
碑今在衛輝府治郭進爲衛州刺史羣盜屏跡世宗
勅右補闕杜韡序其事金石文字記
宋史郭進傳云周廣順二年秋遷登州刺史會羣盜
攻劫居民進率鎮兵平之郡內清肅民吏千餘人詣
闕請立屏盜碑許之顯德初移衛州衛逰洺間多亾
命者以汲郡依山帶河易爲出沒伺間椎剽吏捕之
輙遁去故累歲不能絕其黨類進備知其情狀因設
計發擿之數月間剪滅無餘郡民又請立碑記其事

即此碑也据史則登州宜亦有屏盜碑未之見也中州金石記
碑多剜缺予撮其事迹盜由衛州士庶列狀以聞逓
去盜之由稱守臣之美上可其奏命之刋勒乃勅杜
韡序而銘之郭進見東都事畧進仕周改登州刺史
郡多寇盜進悉爲翦除吏民願紀其事命近臣撰文
賜之改刺衛州河朔盜匿汲郡山間者稍衆聞出攘
奪久不能滅進往攻剿絕之民以安居於是郡民又
請立碑紀其事改洺州團練使有善政郡民又請立
碑詔左拾遺鄭起爲文以賜宋史本傳同　此碑所云士庶
列狀以聞正與相符又碑云初刺乎坊磁又遷於淄
登衛今東都事畧及宋史惟言由登刺衛而前此之
爲坊磁淄三州皆不詳也碑首題大周推誠翊戴功
臣金紫光祿大夫檢校司徒使持節衛州諸軍事衛
州刺史兼御史大夫上柱國太原縣開國男食邑三
百戶亦史所未詳碑待詔登仕郎守司農寺丞孫崇
望書字爲行體金石文字記以爲正書亦誣授堂金石跋

永興軍牒

碑高三尺二寸五分廣一尺四寸二十三行行十五字不等行書在西安府

中書門下　牒永興軍

永興軍中除見有勅額巳存留寺院外
勅遞勘到在城應管無勅額□有名額及近置寺院其
計伍拾肆處內肆拾壹□□停廢外餘有壹拾叁處無
勅額從來□□院建置年深准宣分□到係指揮事
開元寺　勝果寺　太□尼院　西臺尼院　□□禪
院　□玉護國禪院　資聖禪院　淸涼建福禪院
經塔院　上□院
巳□壹拾□□宜令依舊□□
□□院　泗州院　文殊院
□□處□並令准勅停廢

牒奉

勑宜令各依前項指揮牒至准

勑故牒

顯德二年七月三十日牒

中書侍郎平章事景

中書侍郎兼禮部尚書平章事王

守司空兼門下侍郎平章事

守司徒兼門下侍郎平章事

寺東北四里已來　常住水磨壹勳廣順二年院主

僧　修

寺稻田兩頃水磨一勳亦充常住供養

按牒須於顯德二年七月蓋顯德初詔并天下寺觀有敕額者存無敕額者停廢見後大鄉山寺碑此牒所列應存者十處應廢者十處皆就永興軍言之然長安志惟載開元淸涼二寺知其餘八處宋時亦不存矣後題中書侍郎平章事景中書侍郎兼禮部尚書平章事王者景範王溥也是時兩人正居此職與史皆合

廣慈禪院記

碑上下皆缺連額現存高四尺一寸三分廣二尺八寸二分二十五行字數無攷額僅存敕賜廣□字並正書在咸寧縣

大周廣慈禪院記

節度掌書記朝議郎試大理司直劉從乂撰

原夫了無相之因乃歸寂然兒有爲之教即示莊嚴攝□闕生浮想於是□無相而詮眞諦以有爲而誘鈍根嗟乎劫□闕動地但漲情□□負究而不能堙苦海之波驥有術而不能闕以指迷津而□彼岸開惠日而破昏衢未廣度於能仁應機說闕隨業化緣貿□□難信之疑立像法相沿之理不有開士孰匡□□闕故思遠禪師之經始也　禪師本王氏子回中人也道姓

元通□闕調象馬能降懺□之情體化蒲蘆壺作如來之種微言殆絕景行彌高知□闕無階駕眞乘而長往詳僧傳則於是乎在秘佛官則可得而言　禪闕化南昌教□□□時洪州廉使侍中彭城公請住香城禪院□□二紀有志四方乃振錫浮江□徒登路念三輔五陵之豪族想現天矩地□□□思□鷲峯遂歸闕松柄未揮歸依者摘裳連袂而來擅施者接足駕肩而至感優曇闕之貝綠莫不童子摽花神人獻仕競施布金之地□投果壁之錢闕材朽宅之類基聳構正殿中蹲而□起長廊四注以雲舒蟠螭納闕□苗於藻井

攴稲儚亂耋抵攢羅達法堂以悟空設眞教以陶智闕
定市經行之地以豫遊無里閈之囂塵□□泉之爽氣
聿成佛闕我皇祖在宥之二載也　太尉袁公罷
侍　闕玉節亥宗結社潛懷出俗之心靈運居官
巳熟生天之業拜封闕□□旋以斯題遂
刱賜號廣慈禪院以廣□蒸闕等苦節擒霜高名蹈世
精進而身田自潤住持而眼界常空闕□而下舊欲於
實利思勒貞珉託敍美於非才庶傳芳於不闕存攄實
之辭時歲在單閼月旅季秋記
闕僧道清□維那僧道遂　典座僧道□　供養主
僧師□
顯德二年十月十□日建立
安彥闕

中書侍郎景範碑
碑下截殘缺高一丈四尺廣六尺一寸三十一行字數無考正書在鄒平縣
大周故銀青光祿大夫中書侍郎同中書門下平章事
上柱國晉陽縣開國伯食邑三百戶贈侍中景公神道
碑銘并序
翰林學士朝議郎尚書水部員外郎知制誥柱國
賜緋魚　臣扈載奉　勅撰
翰林待詔制議郎守司農寺丞臣孫崇望奉　勅
書
帝軒轅乘土德之運其臣曰象龍祝融能辨方域以制
區夏帝嬀氏禪陶唐之基其臣曰伯夷后夔能典禮樂
以和人神上古佐命之道□□□□□焉三政闕典闕
史寖盛彌綸輔翊代有其人皆金策丹書絢績功業悉
其訓誓而爲墳典形其美流而爲歌頌陋篆籀之質略
我則禍之以□□□□□之淪朽我則鏤之以貞珉銘
以紀功碑以誌行千載之下粲然可觀者其惟神道之
表乎故中書侍郎平章事景公諱範□□□□　皇朝

元佐顯德二祀冬十一月薨於淄川郡之私第
天子廢視朝軫殲善之令制贈侍中遣使贈賻飾終之
典優而厚□□詔詞臣□文□紀盛矣□□孔俚奚
畀不出廟門杜預豐碑空沈漢水姑自矜於名氏誠未
顯於邦家與夫輝煌帝恩導揚休烈□□□□
□□□□者可同日而語也□□□□□□綸言直而
敘之用丕顯　我大君之命臣聞景氏之先出於
芊姓從楚王於夢澤差□侍臣書漢□於雲臺丹推名
將讚美吾□□□□□生偉人雖凋之輔長山之下
淄濟爲川地勝氣清惟公故里夫嘉遁絕世高臥於是

者足以□顯氣而爲□□□□□□□□□生於是者足以
□□□而爲世傑故公之先由烈考太僕府君之上曰
王父賓大王父閏皆貞晦不仕介享天爵而巢許□□
□□□□□□□□□□□仲日篆公□□□□世
□□韋登相位而中甫之祥著矣昔者聖人之教天下
也本之以仁義制之以經籍是謂人文是謂人□□□
□□□以□開物成務者□□□□所於此□□以公
輔之位必由稽古升廊廟之才必以經術顯而公以明
經擢第於春官氏則賢哲之□□□□□爲吏於清
陽□□□□□□□□□掾於高密郡秩滿而□

授范縣令大鵬之翼鎩北溟以未舒蟄雷之聲殷南山
而不起然則□□□□□□于之□□□□□
□□□□□□□通人之才變而應則方圓之量不
能局故公之佐縣政也人謂其勤且潔矣典刑書也人
謂其□□□□□□□邑修□以□□□□□□□
□使□政□而從之者則人謂其賢且能矣粵若日月
之彩得天而大明風雲之期遇屯而勃起□□□□□
□□□□□播紛□擴□□□□□□我大
尉聖神恭肅文武孝皇帝建大功於漢室爲北藩於魏
邦初筵既開得賢斯盛於是我公□□□□□□□

□而□臣之□□□□□□□□□龍飛在天躬載耀
靈至於霄極之□　皇業肇建制以公爲秋官郎
進階至朝散大夫而□□□□□□□□萬□□□
□□□□□□□□之樞惟聖人執左契臨萬邦經
久制大命日政之機國之大柄總於樞務者可謂重矣
而公□□□□□□□□忠而賢□□□□□□□
□□□公爲左司郎中充樞密直學士尋轉諫議大
夫充職　今皇帝嗣位之始登用舊臣而并人乘我
大喪擁衆南寇親征之寒迅若奔雷分命大臣保釐□
□□□□□於公仍拜貳卿□□□□□□□□□

振帝代張黃鉞自旄壇壘寬而皆盡參旗河鼓導濟蹕
以言旋大岐既巳平九服又巳定□□□□時惟輔臣
而公冒言可□□□□□□□□□聖謨碩望可
以鎮澆俗爰立之命　帝心允孚六府肇脩兵
賦充大邦之調用□□□□□□公自立不回信而有守
□□□□□□□哉大運逢時洪鈞在手資忠
孝於　君父享富貴之崇高而盡悴之勞因
成恙疾封章屢上優詔褒稱懇解利權□專□
□□□□□以列卿歸第懸車故鄉嗟風樹之忽驚
訴昊天兮何極見星而往夕露方多泣血以居晨裝屢

絕哀與性盤臥疾而終享年五十有二□□□□□□□
□觀夫公之行事則其道也淳而粹充充焉無能稱其
言也直而肆謇謇焉無所忌耿介以自安勁直以自□
故其仕也□一命之卑□三□□□□□無悔吝古
人之操何以尚也秉筆者得無愧於詞矣許國夫人李
氏嗣子太廟齋郎儼信等□□□戴□光□□丞奮翼
翼賢人□□□□□□□□子事終之禮佳城閉日
長楸等雲勒銘垂休以示千古其詞曰
長山蒼蒼淄水湯湯哲人之生逢時會昌哲人之逝魂
遊舊鄉□高山兮峩峩逝水兮驚波□而□死□□□
□□□□□□□□□□□□□山有頹坂水
有高岸人何世而弗新善有名兮獨遠猗歟公兮時用
丕顯
顯德三年歲次丙辰十二月己未朔越十日戊辰□

鄒平縣南五里有景相公墓通鑑五代周顯德元年
七月癸巳以樞密院直學士工部侍郎長山景範爲
中書侍郎同平章事此地唐時屬長山也景氏之裔
自洪武年間有兩舉人今亦尚有諸生不能記其祖
矣不知何年謬傳爲晉之景延廣而邑志載之以後
山東通志等書襲舛承譌無不以爲延廣墓後有令

於此者謂延廣于晉爲誤國之臣遂至咎其後人而
毀其祠昔年邑之士大夫頗有能知五代間事以爲
非是予至其邑有諸生二人來稱景氏之孫請問其
祖因取通鑑及五代史世宗紀示之又示以景延廣
傳曰延廣字航川陝州人也乃謝而去及寫碑文以
來其文爲翰林學士朝議郎尚書水部員外郎知制
誥柱國扈載撰雖剝落者五之一其曰故中書侍郎
平章事景公諱範字甚明白且生封上柱國晉陽縣
開國伯殁贈侍中其文有曰我大周聖神恭肅文武
孝皇帝建大功于漢室爲北藩于魏郡又曰今皇帝
嗣位登用舊臣又曰冬十一月薨於淄川郡之私第
其末曰顯德三年歲次丙辰十二月己未朔越十日
戊申因嘆近日士人之不學以本邑之人書本邑之
事而猶不可信以明白易見之碑而不之觀以子孫
而不識其先人推之天下郡邑之志如此者多矣
又按通鑑顯德二年八月丁未中書侍郎同平章事
景範罷判三司尋以父憂罷政事今碑文有云以列
卿歸第懸車故鄉嗟風樹之忽譬訴昊天兮何極則
是罷官歸里而後遭父喪與史不同顧炎武山東考古錄
鄒平縣西南五六里有小山曰相公山山前有景相

公墓墓上有碑雖闕文尚可讀近于奕正作天下金
石志亦未之載（池北偶談）
案舊五代史景範傳云官爲立碑卽此是也碑載故
中書侍郎平章事景公諱範又載上柱國晉陽縣開
國伯及贈侍中字後載今皇帝嗣位登用舊臣及以
列卿歸第懸車故鄉嗟風樹之忽驚字又載冬十一
月薨于淄川郡之私第（下缺）周太祖紀廣順三年春三
月以左司郎中充樞密直學士景範爲左諫議大夫
充職世宗紀顯德元年七月癸巳以樞密院學士工
部侍郎景範爲中書侍郎平章事碑謂登用舊臣蓋

範當太祖時已爲諫議矣碑言晉陽縣開國伯冊府
元龜載世宗卽位七月制詔範爲晉陽縣開國男當
依碑作伯又碑言以列卿歸第案本傳云範理繁治
劇非其所長雖志心盡瘁終無稱職之譽世宗知之
因其有疾乃罷司計尋以父喪罷相東歸並與碑相
符（授堂金石跋）
按碑今在鄒平縣印臺山左其地別有小阜因範
墓所在遂呼爲景相公山土人向誤景相公爲景
延廣山東攷古錄辨之以爲志乘之誤今檢程素
期所修鄒平縣志則已改爲景範墓并載邑人成

和徵之言曰嘗讀五代史故周中書平章事景公
範卽吾邑城南景家莊景氏之先人有墓在城西
南五里許相公山側山以公得名也公生平履歷
詳載墓碑碑原刻公諱範前輩作縣志乃譌爲景
延廣考之通志及王元美龔勵妻景氏志並吾邑
都御史仁軒張公作儒學記率皆從譌亦二公相
去年代未遠同姓同官故致魚亥其後裔多朴魯
知考縣志而不知據墓碑家廟中復刻石爲誌亦
譌之甚矣此說正與顧氏相同竊謂範仕後周雖
無大節表見而薛史本傳稱其爲人厚重剛正無

所撓屈較之延廣營私誤國者殆不可同日語乃
數百年以來流俗傳譌茫無別白使範地下有知
亦當含忿所幸墓碑尚存儒者得攷而辨之而邑
志亦從而訂正蓋碑碣流傳有補于世道人心如
此歐史不爲範立傳薛史傳見于永樂大典者寥
寥數語此外別無可攷僅賴墓碑得見大概然碑
下截已殘蝕不完存字甚少亦不能定其每行若
干字向汪明經跡從他處錄得全文闕者十纔二
三以之旁注碑文闕處知全碑實每行五十八字
而景公生平出處略可攷見矣景氏本齊景公之

後見廣韻戰國時楚有屈景昭三大姓碑云景氏
之先出於芊氏則其後也碑又敘先世云從楚王
於夢澤差□侍臣畫漢□於璽臺丹推名將景丹
後漢書有傳景差見史記屈原傳贊與宋玉唐勒
同時皆以辭賦稱揚子法言吾子篇及漢書古今
人表皆作景瑳史記索隱云作差者字省徐衮鄒
三家無音是讀如字攷李商隱宋玉詩黃庭堅答
任仲微詩景差與家花同叶是讀爲初牙切碑書
作差當亦讀本音也碑又云公之先自烈考太僕
府君之上曰王父賓大王父閏史並不載惟世宗

紀稱顯德元年八月丁巳以戶部郎中致仕景初
爲太僕卿致仕宰臣景範之父則太僕府君名初
本任戶部郎中以子貴加太僕卿故碑但稱其加
贈之官也傳云世宗北征命爲東京副留守車駕
迴自河東世宗以艱于國用乃以範爲中書侍郎
平章事判三司因其有疾乃罷司計尋以父喪罷
相東歸順德三年冬以疾卒于鄉里優詔贈侍中
碑則云公以明經擢第春官爲淸陽吏高密掾授
茌縣令周初以公爲秋曹郎進階至朝散大夫左
司郎中充樞密直學士尋轉諫議大夫皆史所略

可據碑補之也又世宗紀顯德元年正月壬辰太
祖崩丙申帝卽位二月潞州奏河東劉崇與契丹
大將軍楊衮舉兵南指河東賊將張暉率前鋒自
團栢谷入寇帝召群臣議親征嗣於三月癸未詔
車駕取今月十一日親征卽碑所云并人乘我大
喪擁衆南寇親征之舉迅若奔雷而云分命大臣
保釐（闕七字）於公仍拜貳卿卽傳載命爲東京副留
守也是時帝以樞密使鄭仁誨爲東京留守因命
範爲之副冊府元龜載世宗制詞所謂戎輅親征
皇都是守賛勳賢於留府副徵發於行營者是矣

山東攷古錄據碑歸里而遭父喪與通鑑以父憂
罷政事之語不同今玩碑云盡瘁之勞因成恙疢
封章疊上優詔褒稱聽解利權□專（闕七字）以列卿
歸第縣車故鄉嗟風樹之忽驚訴昊天兮何極見
星而往夕露方多泣血以居晨漿屢絕云云知範
初以告疾歸第但罷判三司將欲縣車適嗟風樹
然後見星而往罷相東歸與通鑑及薛史語正合
顧氏以爲不同非也碑末年月一行越十日戊辰
顧釋作戊申亦誤是碑扈載奉敕撰兩史載傳云
載游相國寺作碧鮮賦題壁世宗遣小黃門就壁

錄之覽而稱善因拜水部員外郎知制誥遷翰林
學士賜緋而載已病不能謝居百餘日乃力疾入
直學士院世宗憐之賜告還第碑題翰林學士朝
議郎尚書水部員外郎知制誥柱國賜緋魚袋臣
扈載當爲力疾入直時所撰也書碑者孫楚望題
翰林待詔朝議郎守司農寺丞與郭進屏盜碑同
惟朝議郎彼作登仕郎爲異耳楚望書頗雅飭而
賞鑑家無道其名者亦賴兩碑知之

大岯山寺准敕不停廢記

碑高六尺七寸五分廣三尺四寸十六行行三十四字其末行三十七字後又小字六行並正書在濬縣

黎陽大岯山寺准　敕不停廢記

節度掌書記馬去非撰

大岯山者上摩乾象下壓坤牛左巨浸而右太行誠爲壯觀南夷門而北大魏最擅繁華遐重昔人能擬勝境以茲山之足爲佛足矣以茲山之頂爲佛頂焉寺內有缺口碑銘載相續日月儼三十二相亦四五百年首蔟連珠肩假合璧或孤鴻夜至移雁塔而自口方六出朝飛拔雪山而歸此處神功捧護巨靈指手以難開佛力昭彰秦后着鞭而不動傍臨迥漢顯超岸於當時俯瞰危峯類投崖於今日不待龍吟深谷我有法雨而濟陳根何須虎嘯幽巖我有惠風而吹昏垢滔施殊福溥及群生雖日用不知且人何以鄙　今皇帝君臨區宇子視黎元慮一夫不耕天下有飢者一婦不織天下有寒者向乃頒行天命條貫僧居有　敕額者存無　敕額者廢非輕釋氏用誡游民勞哲后以去華使空王之保大茲寺也詢諸耆老唯曰大岯蓋前古之寺名非近年之　敕額如斯敢列胡免廢停我主公都尉指命僧徒纂錄銘記閱其狀跡頗歷光陰遽爲奏陳邦獲仍舊寺主僧從超住持最久焚香甚精初議毀除猶有白髭之歎及聞存惜爲刊黃絹之辭去非碑謝溲鷄文慚吐鳳既高僧之固請乃下筆以直書

厥紀厥由終無革故時大周顯德五年

大周顯德五年歲次戊午大周顯德六年歲次已未

七月末日寅時建立

前黎陽發運使銀青光祿大夫撿挍工部尚書兼御史大夫上柱國孫郃

大岯山寺主業行願經大德賜紫老從　小師僧志
僧進　僧珠　僧懿　僧眞　僧通　僧美　僧
義　口口　住僧萬均

前儒林郎試大理評事守令兼監察御史賜緋魚袋

孫昭□
前承務郎中主簿王守正
前坊州軍事判官將仕郎□大理評事王□
前義成軍隨使押衙□鎮遏使□□王□
鎮將陳緯
將仕郎試大理司直□□□□□□□令兼殿中侍
御史郎光□
登仕郎□□□□□□□□祚
前□青州別駕知稅侯紹□
義成軍隨使押衙□□稅王繼勳
水軍指揮使銀青光祿大夫撿挍太子賓客兼上柱

國□□□
三司押衙□□州倉張琪
三司押衙□□州倉□□
德軍押衙倉專官劉□　□奴張素　楊□
王琪　李貞
□軍押衙倉□□□□□□□□□蔡□
都料匠人李柔
勑文附刻碑首十二行行七字後列院主名二行共十四行
□□□□□□析到在州及□城有　勑及無勑勑并

年深寺院共肆伯陸拾叁所內叁所舊有　勑茲年
深失墜文牒□指揮者黎陽縣大伾山寺胙城縣契
心禪院在州東城內□□□□巳上叁所宜並令依舊
住持者
大佛院主□□□察小師□□
□□院主左街傳經大□□□
碑上爲勑下爲記云大伾山者上摩乾象下壓坤牛
左巨浸而右大行以黎山爲大伾亦承唐以來相傳
之誤石記　中州金

按衛輝府志大伾山在濬縣東南二里山高四十
丈周圍五里禹貢導河至于大伾卽此一名黎陽
山又名青壇山碑云茲寺也詢諸耆老惟曰大伾
而首題黎陽大伾山寺蓋已誤合黎陽大伾爲一
矣舊史周世宗紀顯德二年四月詔諸道州府縣
鎮村坊應有勑額寺院一切仍舊其無勑額者並
抑停廢是歲諸道供到帳籍所存寺院凡二千六
百九十四所廢寺院凡三萬三百三十六碑所云
須行大命條貫僧居者卽此事也據碑蓋大伾山
寺向無勑額賴王公都尉之請得不停廢寺僧因
刻此碑並勒勑文於上耳所謂王公都尉者亦不

知爲何人也記末時大周顯德五年六字當是撰文之年次行紀立石年月而云大周顯德五年又云大周顯德六年殆出寺僧手筆石刻中所僅見者

金石萃編卷一百二十二

賜進士出身　誥授光祿大夫刑部右侍郎加七級王昶譔

五代四

吳 以下十國附

大安寺鐵香爐款識

鑪未詳其高大若干尺共六層上一層三面有字北面十四行行十字至十四字西南面七行東南面十一行行十字或十一二字第二層惟南面有字三十六行第三層足下有二人名第四層無字第五層蓮花瓣上遍著王字又東北面有人名二行下一層八面皆人名今逐一依次注明如左在南昌府

維吳大和五年歲次癸巳七月乙亥朔十五日己丑鑄
此香爐重一万二千斤於大安寺大殿永充供養上爲
國王□□府尊令□□縣□□官寮三吳百姓師僧父

母□方□□法界有□四恩三有同沾福利
都勾當□□鑄香爐□師立
都維□僧美琮
上座僧□暉
寺主□□□
□□僧　緣遂
監寺□□德　□香□□僧□願
明□　□　□　□□　□□　楊彥思
□　□　□　□□　□□恩　劉　詮　楊
徐□　□　□　楊　胥　楊鄴□

從　金□
□　□威　□□弟子□□□
虔
右上一層北面
檀越主郝育六王
證因僧智元
唐延格　朱彥瑫　吴少乾　余一娘
郭可瑗　習拯　朱衔女　習衔娘
呂從寶　羅十六娘　袁十娘　熊超
戴十三娘　施太　周宏傑　趙從

黄祐　張五娘　施超　涂從　徐十一娘
李從　藍敬韓　胡二娘　徐疎　周雅
楊理　徐璠　李進　王彥思
章章　吴暉　陶曾頌　曾師德
右上一層東南面
同用工胡德蕭道□丁從富等造大殿上用釘二万
□與香爐上共綠化得鐵及錢收買共計用鐵一千
四伯斤打造上殿使用並足永充供養
都勾當釘□師立
右上一層西南面

賈彥琮　李三娘　賈宏□　共捨鐵三百
楊権　丘五□　朱延浩　丘□　陳彥益
李　劉彥宏　蔡　鄭宗本　宋
趙文　熊超　□　魏宗　朱景約
魏榮　周榮　劉賓教　第進　王昌如
劉可□　□□□　俞華　□□福　□承□
□　□　楊延□　□　□　劉　□　□　暉
金師□　□□□　□　□　□□□　□　□
□　□　□　三妻□一娘　□彥□　杜□
鄭彥言　張安瑫　鄔太　李訓福　李厚

周本　連道成　弟子吴靖如妻陳二娘
張延珪　羅□　丁知進　杜珠　盧福
李延福　冷□　趙再榮　進　呂仲
劉彥超
右第二層南面
劉臣
□　□　□
右第三層
□者王師□
冷漢琮　李□

右第五層東北面荷花瓣上

□□□ 謹錄□□捨鐵□□□□如□

錢□□ 劉 □

□□□ 田 □ □ 倪可知 □

□ □ □ 袁

□ 李□□ □彥□ □ 黃 □

□ □ □

□ 珪 □元□ □ 超 李 □

□ □ □ □ □□女

□□□ 鄭□□ □仁□ 黃 □ □ □

右下層北面

吳彥 韋六□ □□□ □ 趙 言

權 王彥□

曹 敏 祁 □ □ □ 李 □ 張□□

□三娘 二娘 金 娘 魏四娘 唐 郭

□妙□ 汪 杲 □ 張五娘 雷三□

□ □ □□□

□□作

閔公錫 馬 曙 □ □

□ □ □ □ □□恩 丁 □

□□娘 徐延壽 庚 □ □ 火 庚 卅

閔□彥

□敏十六 孫十六娘 □ □ 丁□三娘

右下層東北面

孫廿娘 王□諮 殷彥暉

汪 超 丘六十娘 □ 浩 顧承蘊 □□娘

□一娘 □ 賓 陶 影 熊彥卿 龔

□謙益 □□娘 劉 □ 何敬新 熊

右下層東面

周 訓 祝 遇 王□□ □師 簡 劉 □

董□□ 楊 □ □ 魏 □ □十□娘

劉彥輝 朱 禾 張五十娘 王 □ 鍾一娘

何君武 馬四十娘 李十一娘 □ 崇 羅六十娘

潘從靄 潘 厚十娘 呂一□

藍敬詳 □ 李彥思 □ 黃從約

□ □ 徐彥徽 □ □ 徐延亭 張

習 □ 朱 □ 裔娘 甯十二□ 王十五娘

以下闕九行

右下層東南面

萬師□ 仇郷□ □□娘 姚□□ 鄭□□

魏師□ □ 和五□ □ □
□勾當□□□ 都□□□□
右下層南面
□看□ □ □ □ □ □
以下闕九行
周 □ 胡
勸首楊□ 李進□ □ □ □
□宏進 □ □二娘
徐□□ □□娘
□良玉 □ 馬

勸首□楊 □ □□□ □ □ 福
龔 王 □ 謹 □ 名 張延福
□ □ 蔣全忄□□ 趙 訁 曾 □
□ 超 魏師□ □ □ 萬令 □□僧
□ □ □□世 □娘子
右下層西南面
勸首□□ □□ 劉□□ 劉□ □ 進
陳□□ □
劉首張彥□ 房□□ 胡彥徐 コ
コ □ 李 □ 阝□□ 徐超

陳彥□ □□□
勸首□ □ □□□ □□□ □ □
周 □ 胡思□ □
勸首□□佐 王 □ 楊 漆 □ □
□ □ 曹延□ □ 和
勸首□ □ □ □□□
勸首楊□□ □ □ 李可復 吳 □
□永□ □ □ □ □處□ □□□
□ □ □
勸首□□□ 周 彥 劉 □ □ □

李□□ 劉 □ 「
右下層西北面

曹生曰瑚好集金石文字從上元燈市購得鐵香鑪識十紙以示余文稱吳太和五年歲次癸巳七月己丑鑄此香鑪收買鐵伙錢打造計重一万二千斤安大安寺大殿上爲國王吳王府尊令公十方萬姓永充供養證因僧智元鑄鑪匠工師立所云國王吳主者唐亡十二年吳猶不改天祐年號至楊行密次子隆演乃始建元第四子溥雖御文明殿卽帝位國人猶稱曰王而以王代帝也府尊令公者太和三年以

中書令徐知誥爲金陵尹也十國之主率多佞佛楊
氏所有二十九州往往鑄金刋石若昇之興化院江
之開福院安國寺均有鐘鐘有銘見于王象之碑目
若大安有寺金陵梵剎志不載然銘既有拓本則兹
器尚存無疑題名百人中有金一娘段二娘雷三娘
魏四娘張五娘孫六娘金七娘戴十三娘丑六十娘
雜之都勾當工人姓名中混冠衣丁由輞何也曝書亭集
按鐘在南昌府大安寺江西通志寺在省城北有
鐵香鑪高六尺許識云吳赤烏元年造其鑪不知
亡於何代今寺中惟此鐘巋然尚存而志獨不載

何旭志稱大安寺初名東寺晉時有西域僧安世
高本安息王太子遜位來止於此遂名大安寺唐
武德間改爲宣明寺大中間又改普濟寺明初重
建復今額鑪造於楊溥大和五年欵云於大安寺
大殿永充供養或吳時即復大安之名矣

龍壽院光化大師碑銘

碑連額高五尺八寸廣三尺一寸五分二十行行五十字正書在南昌府

洪州雲蓋山龍壽院　光化大師寶錄碑銘
前守武昌縣尉歐陽熙述
北海郡漆茂成書

大師俗姓劉氏法諱懷溢本無諸倚郭閩縣人也郎
　巨唐相國彭城劉公瞻之次子也童年慕道不習
儒宗時屬亂之歲厥父携同詣　京師固辭非往漸
登九歲俄自發心弃捐俗務投立磨山普賢院杜廊師
門下求爲弟子彫　侍巾瓶禪師立性孤僻抱直嚴難
求許昇堂不容入室且堅苦節每勵勞形涉歷年華經
逾炎冷身齊槁木心類寒灰一自入山久淹出谷十年
精口午夜志疲　師長念及功慰知爲志器于年十
九方與落髮披　緇束法衣遣求和合恭承　嚴旨高
別林泉星夜登途望風取路逕山獨步峻嶺孤征時往

日來俄之中嶽會善寺瑠璃壇欣逢法侶　莿啓霜
壇大扇律風高懸戒月夙緣諸偶義善冥符不上牛車
便探衣寶併三衣而爲一納弃五事而整一盂松下塚
間行頭陀行雖行是行叅問匯宗遍歷遐方訪尋知識
無道場不登古德有請皆過　宗師其奈不奏翺機情
源操寒如渠聚土狀棘當衢須議芟薙終期火抉而乃
直拋衡嶽專懿灊溪函杖而誓扣鑿關摳衣而立融堦
霄　禮源和尚一覩奇特許厠門墻久而彌方漸昇
堂室況乎居猶學地道未傳通仍於與時侍立左右和
尚演于法頌云五鶏山中古佛堂毗盧晝夜放圓光大

師幾聆妙說頓入清凉悟卽刹那迷流沙劫一言契合
万慮俱亡豁若雲開皎同月朗既除疑滯不慕遊方遣
韻傳燈嗣何宗稱曰曹溪六祖付法讓大師讓大師授
馬祖馬祖傳百丈百丈分黄蘗黄蘗之林際得林際寄
旨者唯灌溪焉入灌溪室續焰挑燈者謙卽　雲蓋
大師矣　大師然以慧天月白覺海波清真燈未燭於
祖堂雷振停開於蟄戶維廣明初之　上都值黄戎
犯闕　僖宗皇帝駕幸三峯暫避狂徒　勅選十員
禪律經論詩賦文章大德駕前供奉　和尚禪宗一位
也　勅賜福田禪師止三峯再賜大自在禪師爾後狼

煙息爇草孽停爭時屬太平寰宇寧靜光宅四海慶洽
万邦特歎　睿毫更于歲号爲光化元年實謂山呼海
蹈舜日堯雲百辟稱慶於龍廷三寶咸歡於　帝澤悉
銜雨露咸被沾濡　和尚特　光化大師仍賴　命服
禪袍改爲椹色　簡詔迴錫　皇恩旋闢海晏河清
遠播民舒物泰鑾駕將迴於万乘寶位却復於九重
帝績丕昌龜圖鼇負　皇帝昇于大內慶叶千鑾金
鷄纔樹於瑱玕瑞遲霧流於遐邇遂抽　御槧揮當玉
扆之前衮發金言綴向霜牋之上遂改光化爲天復元
年當年秋上表乞養疾以歸南剎　天顏而出北既遥

鳳闕堅駐龍沙山二年時有　唐鎮南軍節度使中
書令南平王鍾公作鎮乘時虔襟扣寂位崇列土心仰
靈門一禮慈悲三申延請洪鍾須扣難藏衆耳之音幽
谷傳聲已播多人之口　和尚弗能違命遂許宣揚
志出池隍深奇水石　府主鍾公捐清俸鬻白源立
山雲口爲稱伐材構院奏額龍壽彰名既畢莊嚴遂陳
延請開堂演法垂手度人蟻聚禪徒蜂來道侶於茲三
十餘載問法千万數人於　吳大和六年甲午歲杪夏
十一日示疾松堂迨于中秋二十八日夜子時歸真丈
室俗齡八十八僧臘六十七當年冬十月二十口日移

龕瘞于真塔去院法堂東北隅二十步之外初終覩覲
靈樹豊碑事集一時彌慌永古上足小師充院主道歸
典座小師道環維那僧紹微直歲小師道聰堂中上座
僧照照徒衆僧師蕩等並禪河舟楫柰菀芝蘭咸佇分
燈續開餘室慮以　先師歲華迢遠莫紀芳猷故鑴貞
珉命爲斯記愬儒宗後孤學菲微材恨囘侍於　指南
嗟未親於　文室恭承　來命合掌虔誠頂想
慈悲敢爲銘曰
開士垂儀　覺皇真子　洞究臨微　達乎志理　不
受毫釐　寧容彼此　法嗣灌溪　燈分林際　水上

呈靴　長安駿驥　挾梳京師　皈崇明帝　師號紫衣　僖宗恩賜　處世界兮　如把虛空　若蓮華兮眞不著水　故演慈悲　强云出世　南平鍾公虔迎駐止　群生緣盡　化終巳矣　出没難拘　浮沉自在　月隱靈天　龍潛覺海　師示來兮　混四生中　師歸去兮　超三界外　勞生戀兮　謾自悲傷　若蟬蛻兮　有何憎愛

吳天祚二年歲次丙申七月丁亥朔二十七日壬子立　侍者僧神達　住持院主僧道歸

太原王文通刻字

按碑前題前守武昌縣尉歐陽熙述北海郡滎茂成書兩人名無可攷熙文甚繁冗然敘事無次用筆艱澀幾於辭不達意茂成書亦庸劣半皆委巷俗體大類工匠所爲書撰如出一手宜其不傳也碑稱大師俗姓劉氏巨唐相國彭城劉公瞻之次子劉瞻字幾之其先彭城人後徙桂陽大和初擢第四年又登博學宏詞科累官戶部侍郎翰林學士同平章事加中書侍郎兼刑部尚書集賢殿大學士十一年以上疏請釋醫官韓宗召等忤帝意罷相位見兩唐書本傳碑云遊襲傳燈嗣何宗禰云云攷南岳懷讓得法於曹溪六祖讓傳道一卽馬祖一傳懷海卽百丈海傳希運卽黃蘗希傳義元卽林際元傳志閑卽灌溪碑敘世系與傳燈錄續文獻通攷諸書悉合惟書臨濟作林際爲異耳碑又云維廣明初之上都值黃戎犯闕僖宗皇帝駕幸三峯暫避狂徒勅遊十員禪律經論詩賦文章大德駕前供奉攷黃巢冠京師帝夜趨駱谷事在廣明元年十二月卽所謂黃戎犯闕駕幸三峯而云敕選駕前供奉十員通鑑及本紀皆未之及也洪州本漢豫章郡唐武德五年置州至南唐交

泰元年始改南昌故是時猶稱洪州耳碑云有唐鎭南軍節度使中書令南平王鍾公者鍾傳也新唐書鍾傳傳洪州高安人僖宗時拜鎭南軍節度使中書令爵南平郡王與碑符碑首行標題光化大師空四格文中遇大師和尚字又空一格或空二格而巨唐空三格僖宗皇帝皆空二格府主鍾公亦空二格益足見書碑者不學無術自亂其例也

南唐

謙公安公構造殘碑記

石已斷上下俱失去僅存高三尺三寸廣三尺二寸八分三十行字數無考正書

晉水齊雲山末釋缺

缺虎踞小之則鳳峙鸞翔皆崇以　佛宮盡立缺形尚

在靈泉泅湧灌千頃之田園異樹婆娑口缺生草茅漸

没　國家祈禱口贍瓦礫之場缺四民樂矣五教

隆焉咸謌堯舜之風盡詠禹湯缺人多舉意則有檀鄉

衆戸同連歎狀其諧　府門缺口崇作今來之金地仍

口　威嚴怙隊差遝公幹主缺　上人之謂歟　謙大

德道行清高心懷澹寂雄經口缺副僉諸巳斯主𥿄公

卿仰慕緇素傾聽　安口上人神缺無意遊行精舍御

藍有心建立於是　師長委之匠搆缺口緣言諭逐分

注題口斂資金留易材木將其巧匠召以缺口構爰從

保大三年起首迄于四載興功變此口口成斯蓮缺口

栟向夕陽而似哈雲霞當朝旦而如㴸霧露　口口

日缺口之猿聲響亮泉池寫漢時時之月色晶明疑從

口口口移口缺自諸住止逈以精勤廣召信人深嚴

佛事修生口口福善結缺口奠委元由之事須礱貞石

以鏤　清名契恩內典口虛莫口缺詣以蕭宮畿申攀

口之儀便沐　周隆之禮尋番　口口弗可口缺乃爲

銘曰

大哉皇覺廣應人天教敷妙旨法口口龘化口缺然不

傾各變形質爲石堅貞四方祈雨八表揚名口口宋代

有此缺唐昇元歲末保大惟新地欲興發果得其人安

公竭口謙德擴身告其缺

缺李口李琛李勤李宙李賓李瓌李寵李珏李從口

陳口陳口陳暉李口口口口侯程唐口唐缺惲彭令

安杜彥徽李彥暉彭偉孟誠李口楊澄潘居實張宏

陳進李惲李口口誠陳緒栢口呂威俞缺規張紹朱

德戴惲沈琮耿實耿信耿言耿𥙿耿遇耿瑕耿昉許

邦謝會張五娘張五娘陳二娘易六娘李十娘缺張

忠韋𥿄嚴二娘張十五娘戴五娘張八娘殷四娘吳

口娘曄口娘張口娘會首口口口口焦可焦侃焦霸

缺呂二娘葛三娘會首劉五娘吳奉匡度于洪姚審

匡暉吳威丁鍔陳惲口章吳口吳惲陳口口口口口

口張大娘吳口娘陳缺口口詮易駢易詡駱匡鸞許

四娘焦十娘會首成晧成口成侃宋敬宋口宋泰成

口口口口口娘會首馮詮缺口倪洪嚴三娘會首龔

大娘李宏奭李師炬李師宥王十二娘徐大娘朱大

娘成大娘口二娘孟大娘戴大缺倚畢容呂暉孔䧟

呂佐賈强欒眞葛四娘魏七娘會首李延修李福李

安李處德李□缺衛贊紀紹紀誨劉四娘會首魏遠
朱十娘衛大娘嚴八娘周□娘會首王容王瑕王寮
會首萬二娘缺
缺泰正之月二十八日慶懺畢建立
寺主僧德謙　勾當僧智安　都料儁
碑已碎裂僅存中間一段有云保大三年起首迄於
四載與功又云昇元歲末保大惟新知其爲南唐碑
也予初見碑中有宋代字疑爲宋初刻及讀元僧伯
元所撰記云寺建於宋營陽王義符景平元年始悟
碑云宋代乃追敘之詞謂劉宋非趙宋也觀碑又匡

字竝未迴避其爲南唐石刻無疑碑載會首姓名有
嚴二娘張十六娘夏八娘戴五娘張八娘嚴四娘吳
四娘薛六娘等錯列于男子之中與大安寺鐵香爐
題名正同使秀水朱氏見之又當議爲丁口無別矣
潛研堂金石文跋尾

大明寺殘碑

石高一尺六寸廣一尺八寸七分二十四行行約二十六字正書

唐東都江都府江都下缺
界曰娑婆捌名賢善釋□□□□□□□□□□□
□□□□晉儒風大扇文勳闔中之□□□□□
□□□□□□□□□□紫文皆蔓玉武盡□金爲□
□□□□□□□□□□□□□□□書堂師之高□
也師有弟諱道□□□□□□□□□□□□□□拔
師龍與市瓶執事苦心幹節諷誦□□□□□□□□
□□□□爾後住寺法雲緇徒覺觀名場上國位極□
□□□□□□□□□當其第一補以科名□錄奏
闇□□□崇□□□□□□□□□衣孟好行惠施甲
晨光啟□□飢民□□□□屢□□□□□□□之功
師捨壹伯伍拾萬金於寺西南隅主公症□國□□□
□□□作窀窆之所剔昏夜月春來而松櫝飃飈□□

□日□起□□□□□晨鐘夜角課誦無閑漏永更闌
心□十利□□□濟□□□□月比高墻塹緇門笙篁
柱礎師孫五人義□義修義澄義□義□節操氷霜終
而復始師之法嚮也化無有盡穢境潛拋俗年九十有
□不寧迴入禪扉凭於机案止於申後淨土粟圓俄爾
緣終□□異□□於茲山源掩門人心摧徒衆同悲增
信共泣人神是以表旌方□□師之終也方陳刻石用
記紀綱奉命直書□爲銘曰
出俗愛纏永拋業緣不住□宅便弃遐綿旋歸舊址詣
住法雲院號大悲止今有文吳祖建寺遷名稱平癸閏

金闕請在大明性便布施不顧衣盂未省愛憎豐盈四衞有爲不住遅速何苦故立往生圖畱今古浮圖巧妙地久天長稜層顯㠖崢嶸難量

唐保大七年歲次己酉四月廿一日記

按大明寺碑近因修寺得于土中前半已蝕訣銘文俏完好可誦前書唐東都府江都縣後書保大七年歲次己酉四月廿一日攷寶祐志云大明寺爲古栖靈寺在縣北五里以其在隋宮西故又名西寺寺有浮圖九級卽大觀圖經所載隋仁壽元年詔海內立塔三十所之一又高僧傳云會昌三

年欲滅敎法劉隱之夢見是塔東渡海後塔遂燬于火然碑銘云吳祖建寺選名秤平奏聞金闕請在大明又云浮圖巧妙地久天長則楊行密時寺曾易名秤平而自保大七年上距會昌三年一百六年中塔蓋已復建矣唐初以江都郡爲南兗州一攺爲邗州再攺爲揚州推南道至行密僭位吳王都揚州始號江都府南唐徙都金陵置東都于揚州而揚州爲江都府如故江都縣名亦不攺碑題江都府江都縣正與史合至碑文駢體字迹雅潤可喜頗似香積寺碑云

龍興寺鐘欵識

欵識凡兩層四區區高二尺六寸五分廣二尺二寸五分共第一區十五行行二十二至二十三字共第二區止三行鑄鐘人姓名第三區刻此鐘云云六行行十二字下層亦四區横廣三尺高六十五分三十行行八字正書在南昌府

安邊忠武切臣宣猛將軍前守池州刺史池州團練使寧化軍節度副使在城馬步都軍使知楊州軍府事武信軍節度使鎮海軍節度使寧國軍節度使建武軍節度使守左神衞軍統軍本軍都軍使國城都城修開城濠都檢校使武昌軍節度使兼管屯使靜江軍節度使知南都畱守檢校太尉兼侍中南昌尹開國侯食邑一

千戸林仁肇捨俸錢重鑄龍興寺銅鐘一口永充供養觀夫善人宏願佑氏畢功算簇高懸捕牢迭應無開始息奪震響於春雷羣動初驚墜碓聲於曉鼓結界之地布金之園設此堅牢同爲壯觀伏願上窮碧落歷淨方而聽必咸歡下徹泥犂遍業趣而聞皆離苦綱類聞此俱曉羽鱗然後軍庶之間城隍之外與耳俱登於善道正心長叶於妙因　宗社興隆　　皇王福履以止仁肇身宮克固祿位恒延保眷屬之利貞踐歲華而安吉所有信心衆士福利同增仗此良因永爲不朽時唐乾德五年太歲丁卯二月庚申朔二十五日甲申

記
勾當鑄鐘講經論僧文機僧惠徵臨壇僧洪節
左街首座申報左右街僧錄司公事長講經論大德
賜紫洪義
鑄鐘匠人王忠王昭王洪郭德
此鐘是先南平大王捨於保大十一年內因外莚火
入寺燒損今來 爾守林侍中奉 闕自捨俸料
錢催匠人重鑄過得聲相圓滿願先南平 鍾大王
同霑福利
□□□□□□□□□□□□乾德五年南唐南昌尹

林仁肇捨鑄中更兵火寺以焚毀惟鐘獨存普□浴
室尊聖諸院相紹□葺因得中建鐘樓逮乾道八年
歲當壬辰府郎寺舊基刱造仰山二王行祠鐘適在
南夾牆中朝暮叩擊聲不遠聞守端竊念佛垂教法
設大聲音發悟品類功德無量况此寶鐘餘二百年
不可使□默不彰遂發己財得一百緡又率諸檀信
叶助餘力相地爽塏徙建樓宇於普賢院之左以□
舊鐘曾不閱月復振鴻音普願四方上下凡在聽聞
沉□幽□獲解脫□□□滯悉得警省□□□□□□
□□□□
院僧守端謹識

右龍興寺鐘銘在南昌府城內百花洲西鐘樓蓋林
仁肇在南昌所鑄結銜并叙前所歷官與他刻異陸
氏南唐書本傳但云爲潤州節度使徙鄂州又徙南
都留守而已鎮海軍潤州也武昌軍鄂州也寧國軍
宣州也建武軍揚州也皆在南唐管內若武信軍之
爲遂州靜江軍之爲桂州則非江南所有意者遥借
其名以寵勳臣乎或曾別置鎮於境內而史失載乎
寧化軍則史傳別無可攷意亦李氏所置也潛研堂金石文跋尾

林仁肇南唐偉人馬陸書皆有傳歐文忠五代史僅
于李景世家載其浮橋一戰案南唐自周顯德以後
彊守日蹙景謀遷都于洪州建南都至宋建隆二年
留太子從嘉監國遂遷南都旣而悔之六月景卒煜
復嗣位于金陵文云知南都留守南昌尹皆與史合
又有國城都城修開城濠都捴按使諸衙則肇實與
營建之役也紀元稱唐乾德五年實宋太祖八年違
命侯之七年南唐以顯德後削僞號奉正朔是時煜
雖歸命而仁肇猶屬守土之臣故徐楚金周處廟碑
稱唐乾德四年王秉文小篆于文書題大唐庚申一

時習尙不獨此文爲然宋帝寬大之量守臣惓戀之思皆可想已書體遒紹永興不作孫崇望白崇矩輩濫觴所宜亟錄也竹崦盦金石目錄

按龍興寺本晉禪居寺唐神龍間改名隆興後黃蘗山希運禪師居此鐘重一萬六十四斤高七尺圍一丈四尺八寸有奇文在一面銘居上截之左其右亦有文云此鍾是先南平大王捨又云今來留守林侍中奉聞自捨俸料錢雇匠人重鑄又云願先南平鍾大王同霑福利南平大王卽前光化大師碑所稱有唐鎭南節度使中書令南平王鍾

公按鍾傳見新唐書列傳五代史雜傳舊五代史附杜洪傳僖宗朝由撫州刺史擢江西團練使俄拜鎭南軍節度使檢校大保中書令爵潁川郡王又徙南平天祐三年卒碁寺鐘本傳所捨後燬于保大十一年閏十二年留守林仁肇復鑄之故銘謂之重鑄重鑄之後五年仁肇卽以疑見誅又三年而南唐亦亡所謂福利者安在哉新唐書傳傳又云傳凡出軍攻戰必禱佛祠積餅餌爲犀象高數丈覩此鐘及五代史補載上藍和尙事光化碑位崇列土心仰元門一禮慈悲三申延請諸語其佞佛之心槪可想見知新書之言非誣矣仁肇事實具詳馬令陸游南唐書本傳其故居在今南昌府治東南宋太平興國中卽其地作新建縣署距鐘樓不遠也銘下一截亦有文內有況此寶鍾餘二百年及仰山語葢以中更兵火鐘在南夾牆中宋僧守端建樓於普賢寺左徙鐘其上樓以乾道十年建而刻文卽在十年仰山爲希運三傳弟子或曾居是寺故及之歟此二段字漫漶不可辨搨者多遺之并著於此銘中以止仁肇止疑至字之譌鐍類鬭此鐍疑畜字之譌功臣作切蒲半作蒱

皆別體字

本業寺記

碑連額高四尺五分廣二尺五寸三分二十行行三十四字正書篆額在上元縣

僧契廉撰

東山任德鈞書

夫以星池布彩扶烈宿於鱗穹鵠樹收光運眞風於像教遠則摩騰入漢近乃達磨來梁傳三乘一性之宗古今恆不指見智無生之忍人我自除所以佛依法住法假人譯道本無心卽心悟道未證斯理體解如然喧寂之居故非常导依　王水土事佛餅盂設戒防身藏

名遠悳勉修三業不止六塵禀奉四儀方歸八正其本
業寺者梁天鑒九年有釋淨口捨宅爲寺累代廢興石
像既存鄉人崇信凡經亢潦衆聚祈求唯奉　圀而
事家實遵堯而慕舜其民戚戚其化堂堂既偶　主
上垂衣裳中舉首山河秀實日月光輪遐迩奔趍車航
輻湊三教齊興於　聖代一乘别紀於　明朝非頻嫈
王而再出如何非須達多而重生弗口於保大五年有
上元縣近寺衆多樞信口義開寧兩鄉周俊周裼等雲
集口冏奏請開善寺僧令安歸寺整葺修掌　先元
宗皇帝御批奉　功德使齊王首承省司給牒重賜開

基再修此寺江月沉而猶出塞雁去而還來唯酬
帝祚之恩永感　乘時之德爾後召募四方樞信共剙
御藍紺殿光鮮晨夜之香燈馥郁青龍遞遷寒暄之蒼
翠聯翩寺主安上人俗姓口當門人事開善出家順義
六年　武皇戒品習筵經論罷好虚閑擬易高蹤應
來衆請伺居名跡獨質勁勞執火拾薪猶希弟子有上
足門人道新道昇道通道暹道圓等相次出家口承旨
訓如子奉親及至經業該通昇元受具甘露之香豐灌
頂如來之戒制持心藏日銜恩口山揮國師貧之義恭
勤無疲侍膳之心始終曷已次教化造得正堂厨庫其

有廊屋僧堂必口圓就良時已偶星宇重興東接文圃
昔是　儲君之主西連蔣嶠今兹　簫帝之蹤幾百年而
金梵泠音流傳佛事一千載之　龍圖闡化普遍　皇
恩願戈鋋無討伐之心願稼穡有豐登之序九功樂業
三界同安長開十善之門共續五天之教金言可顯磐
石恒堅名籍有圖遺蹤莫朽年移事往紀德難勝繼踵
宏揚刻鐫銘石謹記　時唐乾德五年歲次丁卯七月
十九日建　鍾廓刊字

右本業寺碑僧契撫撰東山任德筠書石已中斷而
文義猶連屬可讀李氏三世好文學金陵又其都會

之地石刻見於陳思所錄者甚夥今惟存此爾寺在
麒麟門外以僻左人蹟罕到嚴公子子進募工搨數
本以其一遺予其書梁天監爲鑒輻湊爲輻蔣嶠爲
蔣山聹也闕作闕恩作息皆它碑所未有潛研堂金石文跋尾

按本業寺在江寧府麒麟門外此碑立于乾德五
年七月前題僧契撫撰東山任德筠書二行撫字
任字石本已泐明周暉金陵瑣事稱此碑契撫撰
任德筠書蓋當時所見如此兩人名不見志乘瑣
事但云德筠前蜀人其字號亦不詳也攷許嵩建
康實錄云本業寺梁天監九年建碑云本業寺者

梁天監九年有釋淨口捨宅爲寺其說正同碑多
别體字皆研販所未舉者如年作年再作再翠作
翠虛作虛之類至既偶聖主頁時巳偶以偶爲遇
寒宣之蒼翠聯環以宣爲暄又皆借用字

前蜀

停空鏡銘 徑一尺銘三十二字篆書

鍊形神冶瑩質良工如珠出匣似月停空當眉寫翠對臉傳紅綺窗繡幌俱涵影中

鍊形神冶瑩質良工如珠出匣佀月亭空當眉寫翠對
臉傳紅綺窗繡幌俱涵影中

余購得一鏡縱横俱三寸餘色淳黑如漆鈕亦不甚
潤背作忘憂花兼四旁古錦文中有銘三十二字銘
曰煉形神冶瑩質良工如珠出匣似月停空當眉寫
翠對臉傳紅綺窗繡幌俱含影中形神兩字半爲土
蝕結字極奇古韞藉微帶八分對字臉字創體尤詭
語亦娟娟深秀的爲徐庾手筆非唐諸家所逮魏晉
碑板灰冷烟飛寒山片石空闕其語即今六代風流
不盡如王謝堂前燕者賴此一照子猶可想像百分
一耳吹景集

學齋佔畢載鳳州有道赤山景德中軍人入一洞穴
中有石鏡臺一鏡圓五寸背鑄水族迴環有銘三十
二字云煉形神冶瑩質良工當眉寫翠對臉傳紅如
珠出匣似月停空綺窗繡幌俱涵影中方取鏡聞洞
後有風雨聲此鏡萬歷中膠州趙氏自汴京得之海
鹽翁完璧自爲記按張君房麗情集載王蜀時天雄
軍節度使王承休妻嚴氏有美色王衍愛幸之賜以
粧鏡其銘同 按此銘又見博古圖丹鉛錄特傳作
傳字不合臉字從目幌字作横頗協篆體池北偶談

右鏡徑五寸鼻鈕內作海馬葡萄外正書銘三十二
字按此鏡與學齋佔畢及太平廣記鳳州道跡山郭
家崖景德二年軍人楊起所得之鏡銘詞并同惟易
幌爲晃涵爲含與博古圖所載瑩質第二鏡但末句
俱照秦宮爲稍異耳吳江陸繩購于濟南山左金石志

按是鏡銘詞具載十國春秋前蜀王承休傳後主
東巡以賜承休妻者吹影編以爲六朝鏡丹鉛摠
錄墨林快事以爲唐鏡皆攷之未審耳向日所見
有徑七寸餘者又有正書者銘詞皆與此同惟其
中花紋諸品各異蓋鑄造時模範不一也此鏡得

自關中古澤可愛字迹亦極秀媚銘詞工麗旖旎
酷似徐庾之文稱爲香奩清玩史稱後主頗知學
問能爲淫靡之辭是銘當眉對臉諸語詞甚褻昵
足與艷情詩相配其後主自製者歟前蜀金石流
傳絶少此銘可備一種且其事亦足垂鑒戒云

後蜀

毛詩石經殘本

裱本高廣尺寸行字多寡皆不計正書

經文起鵲巢之子于歸百兩御之訖二子乘舟願言思
子不瑕不害毛傳鄭箋起爵位故以興焉訖有何不可

而不去乎全文不錄今取經序傳箋之與明北監本注疏有異者條列于後
鵲巢維鳩居之箋鳲鳩因鵲成巢而居之監本作而居有之
論猶國君夫人來嫁監本無論字百兩御之傳送迎之車
皆百乘監本作送御箋是子如鳲鳩之子監本是下無子字
采蘩序箋其祭祀者監本其作奉于沼于沚傳于於也沼
沚也監本無也字此下凡傳箋中也字監本無者皆仿此無關文義故不備錄公侯夫人
執蘩采以助祭祀監本采作菜箋同又祭下無祀字夙夜在公箋早
夜在於公事監本無於公二字禮記曰今本無曰字被之祁祁薄
言還歸傳舒遲貌也監本無貌字言事有儀監本作去事箋夫
人釋祭服而去其髲髢監本無其字無褻倦之失監本褻作罷

草蟲序注卿大夫之妻待禮而行隨從君子也監本此序
無箋此三句乃經文首章首二句之傳喓喓草蟲趯趯阜螽傳趯趯跳
躍也監本無跳字阜螽蠜螽也監本作蠜也無螽字箋草蟲鳴而阜
螽躍而從之監本鳴下無而字猶男女嫁時監本作嘉時未見君
子憂心忡忡傳猶有歸宗之義監本無猶字箋謂在塗之
時也監本無之字在塗之時監本無之時二字亦既覯止箋既覯
謂已婚禮也監本婚作昏後凡婚字皆仿此下無禮字言采其蕨箋猶今
之行嫁者監本猶下有已字行下無嫁字
采蘋序注全用箋語此下凡序注皆仿此十有五年而笄監本無年字今
既嫁而爲大夫妻監本無而字能循其所爲女子之時監本

無所字所學可觀之事監本作所觀于以采蘋南澗之濱于
以采藻于彼行潦傳蘋大萍也監本作大蓱沈曰蘋浮曰
藻監本傳無此六字惟篇首序下引陸氏經典釋文韓詩云沈者曰蘋浮者曰藻箋芼之以
蘋藻監本作芼用蘋藻此祭祭女所出祖也監本祭字不重婦人行
尚柔順監本婦人下有之字維筐及筥于以湘之傳員曰筥監本鉼
員作圓湘烹也監本烹作亨下箋亦同箋是鉶羹之芼也監本作鉶
宗室牖下傳宗室太宗之廟也監本作大宗箋此祭禮雖
君使有司爲之監本無禮字誰其尸之有齊季女傳必先
醴之於宗室監本醴作禮下箋云非禮也父醴之二醴字並同箋主婦設羹
者監本無婦字祭禮主婦設羹教成祭之監本祭禮作祭事祭之作之祭

更使季女者成婦禮監本成下有其字其齊盛蓋以黍稷監本
作粢盛
甘棠序注食菜於召監本菜作采後封於燕監本於作于召伯
所茇箋茇草舍也監本此四字是傳非箋重煩勞百姓監本重上有不
字國人被其德而說其化監本無而字
行露序注此殷之末世卋監本作世此避唐諱欽筆後凡世字皆仿此豈不
夙夜箋夙夜早暮也監本無夜暮二字謂道中心之露太多
監本無心字太作大故不早早行耳監本無早早二字彊暴之男監本彊暴
上有今字仲春行事必以昏昕之時監本無仲春之時四字誰謂女
無家何以速我獄傳獄訟也監本作埆也箋云汝汝彊暴

金石萃編卷一百三十二　五代四　三十

之男變異也監本汝作女後凡汝皆仿此作女物有相似而不同者
監本無者字物有與事有似而非者監本物下無有字士師當審
也監本士師下有所字室家不足箋云幣可以備也監本無以字室
家之道不足謂不以媒妁之言監本無之道不以四字不知六
禮之來監本作不和何以穿我墉傳視墉之穿監本墉作牆推
其物類監本無物字亦不女從傳不女從監本無女字
羔羊素絲五紽傳古者素絲以黃裘不失其制監本黃作
英退食自公委蛇委蛇箋於公謂正直順於事也監本
於公下有從字故可自得公食也監本無公食二字羔羊之縫傳言
縫殺之大之與小監本無之與二字得其殺也監本作得其制無也字

殷其靁傳殷殷靁聲也監本不重殷字靁作雷下凡傳箋靁皆作雷箋又
喻其在外監本外下有也字名南之大夫監本無之字猶雷之殷
殷然而發聲於南山之陽也監本無之而南也四字何斯違斯
莫敢或遑傳何何此君子也監本不重何字箋所命之四方
監本無四字無敢或閑暇之時監本無之字振振君子歸哉歸
哉箋爲君使功業未成監本無業字歸哉歸哉者監本無者字
在南山之下箋云下謂山足下也監本無下也二字
摽有梅其實七兮箋謂女年二十監本無年字求我庶士
迨其吉兮箋嫁者衆士也監本嫁者下有之字衆士下無也字善時謂
女年二十雖夏末太大衰也監本無女末二字摽有梅其實

金石萃編卷一百三十二　五代四　三十一

三兮箋此夏向晚梅之墮落若多在者餘三也監本向作
鄉墮作隋若作差也作耳迨及今兮監本及作其頃筐塈之箋謂夏之
已晚以頃筐取之於地也監本夏下之字脫下以字末也字俱無迨其
謂之傳則不待禮會而行之監本行之下有者字所以蕃育人
民也監本作人民此避唐諱缺筆後凡民字皆仿此不待禮會而行監本而行下有
之者二字時雖不備監本時下有禮字相奔亦不禁也監本無亦也二字
小星序注謂禮有貴賤監本有作命嘒彼小星三五在東
傳嘒微貌也監本作微貌無也字則列宿更見之監本無之二字則寔
命不同箋不敢當夕監本無敢字維參與昴傳昴留也監本
作留也箋亦同箋猶諸妾雖賤與夫人亦進御於君也監本無此

二語抱衾與裯寔命不猶傳裯單被也監本作禪被箋以待
進御之序也監本無也字不若亦言尊卑異數也監本無數字
江有汜序嫡亦自悔者也監本無者字序注而不得心望
也監本作心望之江有汜傳江水決而復入爲汜監本無江水而三字
箋然而並流似嫡媵宜俱行之監本而作得無之字之子于歸
監本無于字三章同箋云之子是子謂嫡也監本之子下有是子也三字江
有渚傳水岐成曰渚監本作水岐成渚無曰字箋江水流而渚水
畱監本渚下無水字使巳獨畱而不行監本無而字其後也處箋
嫡亦悔過自止監本無亦字江有沱傳沱江水之别者監本
無水字箋岻山導江監本作岷山此避唐諱改岷從氏其嘯也歌箋嘯

者蹙口而出聲也監本無者也二字嫡有所思而說爲之監本
無說字以自解說之也監本無之字
野有死麕序注無禮謂不由媒妁鴈幣不至劫脅以
成婚謂紂時之廿也監本無禮下有者字謂作爲脅作脅婚作昏無時字廿作世無
也字野有死麕白茅包之傳羣畋之所獲監本畋作田無所字箋
裹野中者所分麕肉監本野中下有田字吉士誘之傳誘導也
監本作道也下箋同箋欲吉士使媒人導成之監本無欲字野有死
鹿白茅純束箋及野若有死鹿監本無若字非獨麕肉也
監本無肉字純讀爲屯也監本爲作如無也字舒而脫脫兮傳脫脫
舒貌也監本作舒遲箋又疾時彊暴之男相劫脅也監本疾時

下有無禮二字脅作脅無感我帨兮箋奔走節則動其佩飾也
帨音稅也監本奔走上有箋云二字下有失字節下無則字帨音稅也四字全無
何彼襛矣序以成肅雍之德也監本雍作雝下並同注給總監本
給作緫何彼襛矣唐棣之華傳襛由戎戎也監本由作猶箋
王姬往乘之車監本無之字車下有也字言嫁時始乘車監本言下有其
字則巳敬和矣監本無矣字維絲伊緡監本緡作緍此避唐諱改昬從昏傳
同箋何以爲之子乎監本無子字以絲爲之綸監本作之爲以
善道相求之監本無之字
騶虞序則人倫既正監本無則字一發五豝監本作壹發下章同箋
君則一發而翼五豝監本則作射五豝下有者字戰禽獸之命也

監本無也字于嗟乎騶虞箋于嗟者美也監本作美之也一發五
豝箋豕生三歲曰豝監本無歲字
柏舟序仁而不遇監本作仁人不遇注近小人則賢者見侵
害監本近小人上有君字汎彼柏舟亦汎其流傳亦汎汎其流不
以濟渡也監本作亦汎汎其流重汎字箋舟濟渡物監本濟作載物下有者字
今不見用監本無見字與羣小並列監本作而與羣小人並列耿耿不
寐傳由儆儆也監本由作猶箋言仁人既不遇監本無言字以
遨以遊監本遨作敖傳同我心匪鑒傳鑒所以察形也監本察作
察此缺筆避孟知祥諱箋同後仿此箋我心匪如是鑒也監本匪作非無也字
亦有兄弟不可以據箋以爲是也希耳監本也作者責之

不以兄弟之道監本無不字逢彼之怒傳彼之兄弟監本作彼
彼兄弟我心匪石箋言己心至堅平監本至作志威儀棣棣
傳各有威儀爾監本爾作耳箋言德備而不遇監本言下有己字
憂心悄悄慍于羣小傳慍怒也監本作怒也箋云悄悄憂
也監本無此四字羣衆小人在君側也監本羣下有小字也作者寤辟有
摽傳摽亦拊心貌監本無亦字日居月諸箋君道常明如
月監本作如日而有虧盈監本而下有月字今君失道而任用小
人監本無用字臣下專恣監本臣下作大臣如匪澣衣箋衣之不
澣則潰亂垢辱監本作衣之不澣則憒辱
綠衣序注綠當爲褖監本有故作褖三字今轉作綠監本無今字綠

兮衣兮綠衣黃裏箋綠兮衣兮者監本綠作褖下綠衣次之今綠衣反
以黃爲裏綠皆作褖諸侯夫人祭服爲之下監本無爲字女所治兮
箋亦喻其亂嫡妾之禮也監本無其也二字我思古人箋我
思此定尊卑監本此下有人字故心善之監本無故字末有也字絺兮
綌兮淒其以風箋絺綌所以當暑服也監本無服也二字喻
失所也監本喻下有其字我思古人實獲我心箋妻妾貴賤
有序也監本作各有次序也
燕燕序注莊姜遠送于野監本送下有之字燕燕于飛差池
其羽傳燕燕乙也監本乙作鳦燕之將飛監本作于飛箋于往
也監本無此三字遠送于野傳遠送過禮也監本無也字野郊外

也監本作郊外曰野箋乃至於野監本野下有者字舒己之憤盡己
之情監本無兩之字頡之頏之傳飛上曰頡飛下曰頏監本兩飛
字下皆有而字箋頡之與戴嬀監本頡之作頡頏遠送于南傳陳□
衛南陳下闕一字監本云陳在衛南也實勞我也監本作實勞我心此似筆誤我實
是也監本無此三字本經典釋文語非毛傳其心塞淵監本作淵此避唐諱缺筆作淵
同傳仲氏戴嬀字也監本無氏字箋任者以恩深相親信
也監本無深字孝友睦姻任恤也監本姻作婣
日月序以至困窮而作是詩也監本無而作是三字日居月諸
箋以治國之常道也監本之作者逝不古處箋甚爲其初
時也監本爲作違寧不我顧箋云云寧猶曾也複云字衍監本無

是其所以不能定貌也監本貌作完逝不相好傳不及我
以恩相好也監本無恩字寧不我報傳我盡婦道而不得
相報監本無我相二字父兮母兮畜我不卒箋親之如母監本
親上有又字乃及養遇我而不終也監本無而字報我不述箋
不循者不循禮也監本作不述不循禮也
終風序見侮慢而不能正也監本脫而字唐石經與此同終風且
暴顧我則笑傳笑侮慢也監本作侮之也箋云既竸日風矣
監本竸作竟而又有暴疾之風監本無有字末無之風二字喻州吁之
不爲監本作不爲不善如終日風之無休息監本無日字休息作休止而其
閒又甚惡監本作又有甚惡視莊姜則反笑也監本作笑之是無

敬之甚也監本敬下有心字末無也字 中心是悼箋云悼傷也監本
悼下有者字無傷也二字 傷其如是然而已監本而已下有不能得而止之六字 惠
然肯來箋云惠順也監本無此三字 不欲見其謔也監本其下有戲
字 終風且曀不日有曀箋既競日風監本競作竟 且復曀
不見日監本日下有矣字 而又曀也監本也作者 喻州吁之闇亂
甚也監本無之字 願言則嚏箋我則嚏矣監本矣作也 此古之
遺言也監本言作語
擊鼓序注將兵伐鄭先告陳與宋監本無兵字 宋殤公之
卽位監本位下有也字 弊邑以賦監本弊作敝 則衛國之願監本願下
有也字 伐鄭在魯隱公四年也監本無公也二字 踴躍用兵傳

使衆踴躍用兵也監本衆下有皆字 箋謂始治兵也監本作謂治兵
時也 土國城漕箋或修土功於國或修治漕城監本修土功修
作役治作理 從孫子仲平陳與宋傳從孫子仲監本無從字 公
孫文仲也監本公孫上有謂字 平陳與宋也監本無也字 箋子仲字
也監本無子也 平陳與宋監本與作於 弊邑以賦監本弊作敝 不我
以歸憂心有忡箋不與我歸者監本者作期 豫憂也監本也作
之 爰居爰處爰喪其馬傳有亡其馬監本馬下有者字 箋今
於何居也監本也作乎 于林之下箋當於林下監本作當於山林之
下 軍行必依山川監本山川作山林 死生契闊與子成說箋生
也死也監本作死也生也 我與子成說愛之恩監本成下有相字 志

在相救者監本作志在相存救也 不我活兮傳不我生活也監本
不下有與字 箋軍事弃其伍約監本弃作棄棄字從世此避唐諱改作弃後棄字皆
仿此下無伍字 離散而相遠監本無而字 于嗟洵兮不我信兮傳
信亟也監本作極也 箋嗟其弃洵監本作嘆其棄約
凱風序注成孝子自責之意也監本成下有言字 凱風自南
傳凱風樂夏之長養也監本無凱風二字末無也字 箋云凱風喻
寬仁之母也監本凱風上有興者以三字 棘心夭夭母氏劬勞傳
夭夭盛貌也劬勞病苦監本貌下無也字苦下有也字 箋夭夭喻七
子監本夭夭下有以字 吹彼棘薪傳棘薪言其盛就監本作言其成就者
母氏聖善我無令人箋母乃有叡智之善德監本智作知

我七子無善人而能報之監本無而字 故母氏不安我室
監本無氏字 故去嫁也監本故作欲 在浚之下傳言有益於浚
人也監本無人也二字 載好其音箋興辭令順也監本興下有其字
雄雉序故作是詩也監本無故也二字 洩洩其羽監本洩洩作泄泄避
唐諱改傳同 我之懷矣自詒伊阻箋繫由是也監本由作猶 君
子行如是監本子作之 我安在其朝而不去監本無在字 下上
其音箋喻宣公小大其聲監本喻作興 展矣君子箋訴於
君也監本作愬於君子也 瞻彼日月箋視日月之行監本無視字 迭
往而迭來監本無而字 百爾君子不知德行箋可謂爲有
德行而君子監本作可謂爲德行事君 或有所遺監本無此四字 女怨之

故問此監本作女怨故問此焉
匏有苦葉監本葉作葉中從世避唐諱作葉下傳箋同傳匏謂之匏葉苦
監本作匏謂之瓠瓠葉苦箋匏葉苦監本匏作瓠謂八月之時時陰陽
交始可婚禮監本時字不重交字下有會字可字下有以爲二字深則厲淺則
揭傳由帶以上爲厲監本由上有謂字上字下有也字無爲厲二字由膝以
下爲揭監本無此六字揭者揭衣也監本作揭褰衣也淺則揭以男
女之際監本以作矣屬上句箋既以深涉記時監本作深淺喻男女
才性監本男女下有之字爲之求妃偶監本偶作耦有瀰濟盈傳水
人之所難也監本水上有深字箋喻犯禮深矣監本矣作也濟盈
不濡軌雉鳴求其牡傳連禮義不由於道監本連作違於作其

金石萃編卷一百二十二　五代四　三十八

由雉鳴而求其牡矣監本由作猶鳴下有而字箋渡深水者必濡
軌監本濡下有其字雌鳴反求其牡監本雌作雄雝雝鳴鴈旭日
始旦監本雍雍作雝雝傳同傳旭日白始出監本無白字大昕之時
也監本大字上有謂字末無也字似婦人之從夫監本無之字故昏禮用
鴈監本鴈作焉迨冰未泮箋謂正月中以前監本無謂字末有也字
二月中可以昏監本無中字末有矣字招招舟子人涉卬否傳
舟人之子主濟渡者也監本無之子二字箋舟人子號名當
濟渡者監本舟人下有之字當下無濟字由媒人之會男女之無夫
家者監本由作猶男女下無之字使爲配匹也監本使下有之字配作妃而我
獨否之監本無而之二字人涉卬否卬須我友傳我猶待之

而不涉監本猶作獨貞女不行已知之監本無已知之三字
谷風序注新昏新爲昏禮監本作新昏者新所與爲昏禮習習谷風
傳習習和舒之貌也監本無之也二字室家成則繼嗣生監本
則作而黽勉同心傳言黽勉思與君子同心也監本黽勉下有
者字非夫婦之所宜也監本無所也二字采葑采菲無以下體
箋然而根莖有美時監本根上有其字下無莖字采之者不可以
根莖惡之時并弃葉也監本無莖之二字弃下有其字喻夫婦禮義
合監本夫婦下有以字顏色親監本顏色下有相字弃其相與室家之道
也監本無室家二字道作理末無也字行道遲遲中心有違傳遲遲舒
行貌也離也監本貌下無也字有違字箋云違猶徘徊也監本無違猶二

金石萃編卷一百二十二　五代四　三十九

字俳佪作徘徊下同不遠伊邇箋不能遠唯近耳監本唯作維誰謂
荼苦箋而君子遇於己薄之苦毒監本無遇薄二字以比方
之監本無以字燕爾新昏監本燕作宴傳同經下同涇以渭濁箋涇水
有渭監本水下有以字特正貌也監本特作持無也字己之持心監本作持
正因取以自喻也監本也作焉不我屑以箋當家之室也
監本作當室家也無逝我梁監本無作毋下同箋同遑恤我後箋皇暇
也監本皇作遑後世所生子孫監本孫下有也字方之舟之箋方
柎也監本柎作泭何有何亡黽勉求之箋亡求有之監本無之
字凡民有喪箋凡民有凶禍之事監本凡字下有於字況我於
君子之家事難易監本難易下有乎字不以我能慉監本無以字箋

君子不能以見驕樂我監本見作恩賈用不售箋我脩婦
道以事之監本以作而如賣物不售者也監本物下有之字無者也二字
昔育恐鞫監本鞫作鞠上有育字箋昔我幼穉時恐至老窮匱
監本穉下有之字至下有長字無所避也監本避作辟既生既育箋既有
其財業監本無其字末有矣字又既長老監本末有矣字言惡之甚也
監本之作己我有旨蓄傳銳美也監本銳作旨以我御窮箋言
君子亦但以我禦窮苦之時監本無言字禦作御有洸有潰箋
而無溫潤之色監本無而字不念昔者箋不念往者年穉
監本作往昔年穉
式微胡為乎泥中傳泥中衛下邑也監本無下字

旄丘序注今稱伯者監本作今日旄丘之葛兮何誕之節
兮傳如葛延蔓相連也監本作如葛之蔓延相連及也箋土氣暖監本
暖作緩何多日也箋可以來而不來監本無以字汝曰數何
一多監本作女曰數何其多也何其處也必有與也箋我君何以
處此乎監本處下有於字必以衛有仁義之道故監本故下有也字
責衛今不行仁義也監本無也字必有以也傳必以功德
也監本作必以有功德必以衛有功德也監本德下有故字又責衛今
不務功德監本末有也字匪車不東箋汝非無戎車乎監本無作
有流離之子傳流離鳥名也監本無名字始於愉樂監本於作
而褎如充耳箋無所聞知如人之耳聾監本知字十有也字無如
字
簡兮序仕於泠官監本泠作伶注同方將萬舞傳用之於宗
廟山川監本無於字箋萬舞干舞監本作干羽下有也字在前上處
箋周禮太胥監本作大胥以待教諸子監本教作致舍菜合舞
也監本菜作采無也字碩人俁俁傳碩大德也監本碩下有人字有力
如虎傳有文章也監本無也字成於遠監本末有也字赫如渥赭
傳祭有畀煇監本畀作畁箋碩人顏色赫然監本顏作容
泉水靡日不思箋無一日不思也監本作我無日不思聊與之
謀箋聊且畧之辭也監本畧作略下同末無也字飲餞于禰箋通
衛之道所經監本通作適遄臻于衛箋疾至於衛而反監本

反作返我思肥泉傳所歸異於肥泉監本於作為思須與漕
箋故又思也監本作思之
出門監本作北門此蓋筆誤出自北門傳背明向陰也監本向作鄉末
無也字謂之何哉箋謂人事君無二志監本作詩人我入自
外箋我從外入監本外下有而字
北風北風其涼箋使民散亂去也監本無去也二字惠而好
我箋性仁愛人監本無人字其虛其邪箋其政威儀監本作其
故今皆以為急刻之行也監本也作矣莫赤匪狐莫黑匪
烏箋猶今之君臣相承為惡則如一監本無之則二字
靜女序注遺我以彤管之法監本法作遺後皆仿此愛而不見

傳言志往而行止(監本作行 箋亦仿此)正貽我彤管傳女史書
日月(監本書下有其字)則以之金環退之(監本以下無之字)悅懌女
美(監本作說懌)箋云悅懌(監本作說懌)女史以之說懌(監本作說釋)
自牧歸荑傳茅之所生也(監本作始)所箋茅潔白之物也
(監本潔作絜後仿此)可以共祭祀也(監本共作供末無也字)
新臺鴻則離之箋鴻乃鳥而反離焉(監本而作也)
二子乘舟序傳二子伋也壽也(監本作伋壽也)宣公爲伋取
於齊齊女而美(監本齊字不重)汎汎然迅疾而不礙危也(監本
無危字)中心養養傳養養愁憂(監本愁作然)不瑕不害(監本作不
瑕有害)箋我念思此二子之事(監本作思念)

偽蜀孟昶有國其相毋昭裔刻孝經論語爾雅周易
尚書周禮毛詩儀禮禮記左傳凡十經于石其書丹
則張德釗楊鈞張紹文孫逢吉朋吉周德貞也石凡
千數盡依太和舊本歷八年乃成公穀則有宋田元
均所刻古文尚書則晁公武所補也胡元質宗愈作
堂以貯之名石經堂在府學(成都記)
蜀石經周易後書廣政十四年歲次辛亥五月二十
日公羊傳後書大宋皇祐元年歲次己丑九月辛卯
朔十五日乙巳工畢偽蜀相毋昭裔取唐太和本刻
石於成都學宮與後唐板本不無小異乾道中晁公

武恭校二本取經文不同者三百二科著石經考異
亦刻於石張㚟又校注文同異爲石經注文考異四
十卷(通考)
鴻都石經自鄴遷雍遂茫昧于人間唐太和中復刻
十二經立石國學後唐長興中詔國子博士田敏與
其僚校諸經鏤之板故今世太學之傳獨此二本爾
按趙清獻公成都記偽蜀相毋昭裔捐俸金取九經
琢石於學宮依太和舊本令張德釗書皇祐中田元
均補刻公羊穀梁二傳然後十二經始全至宣和間
席升獻又刻孟子參焉今考之孝經論語爾雅廣政

甲辰歲張德釗書周易辛亥歲楊鈞孫逢吉書尚書
周德貞書周禮孫朋吉書毛詩禮記儀禮張紹文書
左氏傳不誌何人書而祥字闕其畫亦必爲蜀人所
書然則蜀人之立石蓋十經其書者不獨德釗而能
盡用太和本固已可嘉凡歷八年其石千數昭裔獨
辦之尤偉然也公武異時守三榮嘗對國子監所摹
長興板本讀之其差誤蓋多矣昔議者謂太和石本
校寫非精時人弗之許而世以長興板本爲便國初
遂頒布天下收向日民間寫本不用然有訛舛無由
參校判知其謬猶以爲官既刊定難於獨改由是而

觀石經固脫錯而監本亦難盡從公武至少城冀暑一再易節暇日因命學官讎校之石本周易說卦乾健也以下有韓康伯注略例有邢璹注禮記月令從唐李林甫改定者監本皆不取外周易經文不同者五科尚書十科毛詩四十七科周禮四十二科儀禮三十一科禮記三十二科春秋左氏傳四十六科公羊傳二十一科穀梁傳一十三科孝經四科論語八科爾雅五科孟子二十七科其傳注不同者尤多不可勝紀獨計經文猶三百二科迹其文理雖石本多誤然如尚書禹貢篇夢土作乂毛詩日月篇以至困

窮而仕是詩也左氏傳昭公十七年六物之占在宋衛陳鄭乎論語述而篇舉一隅示之衛靈公篇敬其事而後食其祿之類未知孰是先儒有改尚書無頗爲無陂改春秋郭公爲郭亡者世皆譏之此不取決之以臆姑兩存焉亦鐫諸樂石附于經後不誣方將必有能考而正之者晁公武石經考異序

孟蜀所刻石經其書淵世民三字皆闕畫蓋避唐高祖太宗諱也洪邁容齋隨筆

呂陶曰五代之亂疆宇割裂孟氏有劍南百度草創猶能取易書詩春秋禮記周禮刻於石以資學者國朝皇祐中樞密直學士京兆田公加意文治將以儀禮公羊穀梁傳所謂九經者備焉　席益記略曰蜀儒文章冠天下其學校之盛漢稱石室禮殿近世則石壁九經今皆存焉廣政七年其相毋昭裔按雍都舊本九經命平泉令張德釗書而刻諸石本朝因禮殿以祀孔子爲官其旁置學官弟子講習傳授故蜀附尚書右丞胡公宗愈作堂於殿之東南隅以貯石經蓋自東漢興平元年歲在甲戌始作禮殿逮我宋紹興六年丙辰歷年六百七十有三其間僞蜀刻石經之歲是爲晉開運甲辰至是一百九十有三年

趙希弁曰石經毛詩二十卷經注一十四萬六千七百四十字將仕郎試秘書省校書郎張紹文書蓋孟昶時所鐫　曾宏父曰益郡石經肇於孟蜀廣政悉選士大夫善書者模丹入石七年甲辰孝經論語爾雅先成時晉出帝改元開運至十四年辛亥周易繼之實周太祖廣順元年詩書三禮不書歲月逮春秋三傳則皇祐元年九月訖工時我宋有天下已九十九年矣通蜀廣政元年肇始之日凡一百一十二祺成之若是其艱又七十五年宣和五年癸卯益帥席貢始湊鐫孟子運判彭慥繼其成凡十三卷乾道六

年庚寅三月旦東里晁公武又鐫古文尚書暨諸經
考略洪文敏公邁謂孟蜀所鐫字體精謹有正觀遺
風續補經傳殊不逮前已上皆經義考所引
諸刻今皆不存所存者孔門七十二子像石經禮記
有數段在合州賓館中曹學佺四川名勝志
毋昭裔河中龍門人蜀左僕射以太子太師致仕常
按雍都舊本九經命張德釗書之刻石於成都學官
孫逢吉成都人廣政中累官國子毛詩博士校定石
經分刻蜀中逢吉與句中正之功尤多吳任臣十國春秋
宋人所稱引皆以蜀石經為証並不及唐陝本石經

其故有二一則唐石經無注蜀石經有注故從其詳
者一則南渡後唐石經阻于陝不至江左故當時學
官頒行之本皆蜀石經不知五百年以來蜀石經何
以澌滅殆盡予留心搜訪二十餘年仁和趙徵士谷
林始得其毛詩二卷自周南至衛風耳如以朝饑為
輖饑蒸異文也唐石經雖非故物然近來顧先生亭
林考證之至詳世頗知留心者而蜀本則絕無矣程
克齋議蜀石經謂其春秋以甲午為申午以癸卯為
葵卯然其書既多自不無舛錯要之有足資考證者
惜乎所見止此鮚埼亭集

按蜀石經始刻於廣政七年迄南宋乾道年經凡
十三毛詩其一也詩經本二十卷此二南邶風祇
二卷据卷末題第一經二千八百六字注五千四
百七十一字第二經二千二此數疑誤今計連卷首標題及各篇章句
總數共大字二千九十五字注五千九百九十三字合二卷經
注共一萬六千二百七十二字今此本佚卷一之
前半周南起至召南鵲巢首章鄭箋之半止祇存卷一之後半及卷
二共存經注一萬二千五百四十一字是佚者三
千七百三十一字矣鵲巢注鄭箋起於爵位故以
興焉今本鄭箋云鵲之作巢冬至架之至春乃成

猶國君積行累功故以興焉是此上箋無爵位二
字此二字攙用序語也石刻皆正書經文大字徑
六七分毛傳鄭箋小字雙行分注於各篇章句中
間每注文三字占大字二格凡注祇取毛傳鄭箋
並不兼及孔疏及陸氏釋文凡傳不加傳字箋則
有箋云二字凡篇首先載小序下用鄭箋作注惟草
蟲篇鄭氏無箋用經文首章首二句之傳提行別起或接小序空一格寫經文
傳箋章句連貫不復離析篇末大字題云某篇幾
章章幾句或在本篇經注之下空一格或別起行上空一格卷首首行題
毛詩卷第二空一格毛詩國風空一格鄭氏箋次行云

邶柏舟詁訓傳第三並大字又次寫柏舟序注据卷二如此卷一雖佚想亦同也卷末章句一行之次即題云毛詩卷第一大字下小字雙行云經若干字注若干字卷二亦同別無號年歲月書刻姓氏題識書法精謹與唐石經相埒現在摹本依爽本式每行十四字共高尺許未見石本不能確定也石久散佚拓本流傳者僅見此本卷二首有小木印長一寸五分寬一寸正書四行云此書義助於浙江杭州府武林門外廣仁義學永遠爲有志之士公讀者凡廿八字首一行祇一敬字皆朱色廣仁義學者黃同知易之父諱樹穀號松石其家在杭州武林門外東馬塍之北前明少參貞父先生故第松石即所居闢廣仁義學聚羣書其中四方來學者供其閱誦其書率爲海內交游諸藏書家所助凡卷冊薄小者用此印卷帙厚者用墨色長印大書廣仁義學四字斜鈐於全部板心折縫處使人不能竊取松石歿後義學既廢長子庭季子易餬口四方塾中藏書無人主守皆散佚矣此本嘗於乾隆壬戌臘月之望從廣仁義學攜至城中趙氏小山堂主人谷林招集厲樊榭丁龍泓全謝

山諸人共觀賦詩題跋並見各人本集据谷林詩自注云此本僅存二南邶風則在當時首卷本全故厲詩全跋皆舉調饑作輖饑爲異文正在卷一之前半今不可見不知佚於何時也此本新從吳中摹得武林王溥家藏拓本溥字容大家於湖墅與松石居鄰近蓋松石歿後遺書散失此本歸于其家也但原本二卷全跋趙詩注皆言存二南邶風而諸詩則趙云千刼灰餘祇一卷厲云孟蜀石經僅一卷丁云一卷毛詩出鐫勒皆作一卷者詩家約畧之詞非確數也諸詩但以輖饑爲典實不及其餘是未暇細檢之故宋晁公武石經考異許經文不同者毛詩有四十七科序但舉日月篇以至困窮而作是詩也一條玉海載張貞校注文同異爲石經注文考異四十卷而未詳詩經注文之異者有若干卷全謝山跋引程克齋語亦但舉春秋二條不及詩經今惟取家塾中舊藏明北監注疏本所刊行者以校此本互異之處甚多已條列於前更撮舉其大者重申論之經文之異者摽有梅篇迨及今兮監本及作其上章迨其吉兮下章迨其謂之皆作其不應此章獨作及江有汜篇之

子于歸監本無于字三章並同此無他義祇以桃
夭鵲巢等篇皆作之子于歸此處亦依例增之柏
舟篇以遨以遊監本遨作敖說文敖遊也本作敖
陸氏釋文敖亦作遨是此本與釋文同矣燕燕篇
實勞我心監本作實勞我心心與南叶韻萬無作
也之理此以心也字形相近傳寫致譌谷風篇燕
爾新昏監本燕作宴集韻燕與宴通安也息也無
逝我梁無發我笱兩無字監本皆作毋是亦通用
字不以我能慉監本無以字此與下反以我為讎
句法相類玩箋意則此句衍以字昔育恐鞫監本

鞫上有育字此句兩育字昔育之育稚也育鞫之
育長老也下文既生既育箋云育謂長老也即與
此育鞫之育同義此句箋云昔幼稚之時恐至長
老窮匱若無此育字則至長老義無著矣是脫育
字也鞫監本作鞠鞫鞠二字皆訓為窮爾雅釋言
鞫究窮也書盤庚爾惟自鞠自苦傳鞠窮也二字
可通用北門篇作出門此因經文出自北門致此
筆誤靜女篇悅懌女美監本作說懌陸氏釋文云
說本又作悅毛王上音悅下音亦鄭說音始悅反
懌作釋始亦反則鄭氏本作說此引箋而作悅懌

誤也二子乘舟篇不瑕不害監本作有害玩箋元
有何不可而不去正與有害之義合此作不者誤
也凡此皆經文之異也序之異者日月篇以至困
窮而作是詩也監本無而作是三字此句晁氏已
言其異陸氏釋文云舊本皆爾俗本誤此有而作
是三字是仍俗本之誤矣終風篇見侮慢而不能
正也監本無而字唐石經本有而字此與唐同則
今本脫也簡兮篇仕於泠官今本泠作伶唐石經
本作泠陸氏釋文云泠音零字從水亦作伶此與
唐同則監本乃亦作之本矣凡此皆序之異也傳

之異者草蟲篇阜螽蠜螽也監本作蠜也無螽字
爾雅釋蟲蟲螽蠜下無螽字是此本衍文采蘋篇
蘋大蓱也監本作大萍說文云蘋本作薲大蓱也
此作大蓱者本之說文爾雅釋草苹蓱其大者蘋
注總謂水中浮蓱則監本作大萍者本之爾雅皆
非無據也下文沈曰蘋浮曰藻監本傳無此六字
据陸氏釋文引韓詩云沈者曰蘋浮者曰藻則此
六字以釋文攙入毛傳矣宗室太宗之廟也監本
作大宗大夫士不得有太宗廟箋云宗子主此祭
禮正指大宗此本譌也古之將嫁女者必先禮之

于宗室監本醴作禮按正義明言今毛傳作禮儀之禮者司儀注云上於下曰禮故聘禮用醴酒禮賓作禮儀之禮定本禮作醴今此本直作醴是與定本同而非毛傳之舊矣行露篇獄埆也監本云埆也經文此章速獄下章速訟明獄訟是二事不得云獄訟也周禮地官有獄訟者注爭罪曰獄爭財曰訟又爲獄訟兩事之證孔氏正義引鄭云獄者埆也囚證於角核之處集韻埆字下引詩行露注獄埆也可見唐宋所行之傳皆作埆則此作訟者譌矣正字通又謂埆爲獄周制無此名說文埍

訓女牢埆卽埍之譌按說文云埍徒隸所居也一曰女牢則以埆爲埍之譌說亦有據附識之小星篇昴畱也監本作罶也罶但訓魚笱未嘗與畱通用五音集韻云昴星别名史記索隱畱卽卯也毛傳亦以酉爲卯正謂此也孔氏正義引元命苞云昴六星昴之爲言畱言物成就繫畱是也則作畱者爲是此葢以罶畱同音力久切致譌裯單被監本作襌被單與襌其音既同又說文襌衣不重也單者複之對也單與襌義亦相通此因是致異江有汜篇水岐成曰渚監本作水歧成渚岐不成字

當作岐同歧字曰卽成字之意似係衍文皆傳寫之譌匏有苦葉篇匏謂之匏監本作匏謂之瓠此本顯然筆誤又由帶以上爲厲由膝以下爲揭監本但云謂由帶以上也無由膝以下爲揭六字孔氏正義曰今定本如此爾雅釋水云以衣涉水爲厲由膝以上爲涉由帶以上爲厲孫炎曰爾雅引此詩因揭在下自人體以上釋之故先揭次涉次厲也傳依此經先後故引爾雅不次然傳不引爾雅由膝以下爲揭者畧耳可知唐時定本原無此六字此必蜀人因正義以傳爲畧而增之也凡此

皆傳之異也箋之異者甘棠篇茇草舍也監本此四字是傳非箋此誤攙入者行露篇夙夜早暮也監本但云夙早也無夜暮二字下文行事必以昏昕正與早暮合則或是監本脫也周禮仲春行事必以昏昕之時監本無仲春之時四字又行事必以昏昕六字本儀禮非周禮此本疑譌維參與昴箋猶諸妾雖賤與夫人亦進御於君也監本無此二句按上章三五在東箋巳云猶諸妾隨夫人以次序進御於君也則此章似可不必複出此本疑衍野有死麕篇劫脅以成婚監本脅作脅此字改

從刀從貝字書不收王彥超修文宣王廟記建隆三年立碑中有貨字蓋是五代宋初所行之俗體也奔走飾則動其佩飾也監本作奔走失節動其佩飾也二語是箋此脫箋云二字下云帨音稅也四字監本無非箋非疏并非釋文此誤衍也騶虞篇君則一發監本則作射此本傳譌豕生三歲曰豵監本無歲字爾雅釋獸豕生三豵二豕一特本無歲字此誤衍柏舟篇悄悄憂也監本無此四字傳有云悄悄憂貌此似誤以傳爲箋君道常明如月而有虧盈監本如月作如日虧盈上有月字君道不可言如月虧盈正言月此本脫誤顯然燕燕篇實是也監本無此三字本陸氏釋文語此以釋文攙入箋觀此可知釋文之夾入傳箋五代已然不自宋始矣日月篇是其所以不能定貌也監本貌作完定貌無此文理完卽莊姜之子載嬀所生孔氏正義引左傳石碏諫曰將立州吁乃定之矣杜預云完雖爲莊姜子然太子之位未定是完不爲太子也卽此箋所云不能定完也推其故完字形近皃此又寫皃爲貌也終風篇惠順也監本無此三字或監本脫谷風篇方柎也監本柎作泭說

文云編木以渡曰泭爾雅釋言舫泭也樊光本作柎此之作柎是其所本也泉水篇聊且畧之辭也監本畧作略字書無畧字此是專字譌凡此皆箋之異也其餘無關義理者不復深論晁氏石經考異稱左傳祥字闕筆知爲蜀人書洪氏容齋隨筆稱其書淵世民三字皆闕畫爲避唐高祖太宗諱今左傳未見此本又無祥字惟淵世民三字皆闕畫與洪氏合然不第此也如棄字中從世改作弃泄泄從世改作洩洩葉字中從世改作𦯠孟蜀時唐諱可不避蓋皆從開成本之原文又察字闕筆作𡫜是避孟昶曾祖諱據五代史昶父知祥知祥祖察父道今察字闕筆而道字不避卷中用道字者甚多十國春秋高祖本紀考道注云蜀檮杌作虔今不諱道字或者先名道後改名虔蜀檮杌似有可據歟又凡避諱字皆闕一畫此察字闕三畫猶唐石經儀禮有朱梁補刻者避梁祖諱成皆作𢦏校勘刻石由蜀相毋昭裔兩五代史皆不書其事且春秋三傳至宋皇祐元年始訖工宜乎歐公及見之而集古錄亦不載毋昭裔附見宋史西蜀世家毋守素傳昭裔乃守素之父但事蹟無多惟

十國春秋有傳頗詳載刻石經之事至書詩經者
張紹文十國春秋無傳讀書附志僅稱其官別無
可攷校定上石者有孫逢吉爲國子毛詩博士而
謁殉竟至如許今蜀石無存拓本字不多見而此
本僅存亦未經人深考爰詳校同異而論列之

南漢

西鐵塔銘

塔四面刻銘各七行行八字至十字不等外一行宮名文皆同其上下皆有佛號正書在番禺縣

盧迦那佛此東上面

釋迦佛此東下面

玉清宮使德□□□□宮使開府儀同三□□內侍監
□□國龔□□同女弟子□□□□□□□以大寶六年
□□□亥五月壬子朔□□□□□□鑄造□□
入緣弟子內給事都監韶州梁□鄧以上東面

盧舍那佛此南上面

弥　佛此南下面

玉清宮使德陵使□□宮使□府儀同三□□內侍□
□□國□□□同女弟子□□三十二□以大寶□□
歲次癸□五月壬子朔□□□□辰鑄造□□□□
入緣弟子內給事都監韶州梁延鄧以上南面

毗□□佛此北上面

藥師佛此北下面

玉清宮使德陵使龍□宮使開府儀同三司□內侍監
上柱國龔□□同女弟子□氏三十二□以大寶六年
歲次□亥五月壬子朔十七日□辰鑄造永□□□
入緣弟子內給事都監□州梁延鄧以上北面

□□佛此西上面

弥勒佛此西下面

玉清宮使德陵使龍德宮使開府儀同三司行內侍監
上柱國龔澄樞同女弟子鄧氏三十二娘以大寶六年
歲次癸亥五月壬子朔十七日戊辰鑄造永充供養

入緣弟子內□□□□□□□□延鄧
□弟子劉軍□以上西面

歲在壬申重游嶺表改歲正月南海陳元孝飯予光
孝寺南漢之興王寺也寺僧導主客詣劉鋹所鑄鐵
塔所在見二塔並立一巋中修短不齊一作記一題
名始悟蒙府拓本合二爲一記之不詳元孝詒予南
漢主劉龑葬番禺縣治東二十里北亭明崇禎丙子
秋九月穴中有雞鳴土人發其墓隧道崇丈尺深三
尺有金像十二一冕而坐一笄而坐殆馬后也各侍

十人疑是諸子又學士十八以白金鎔鑄其他珍異物甚夥有碑一具書翰林學士知制誥正議大夫尚書右丞上紫金傛臣盧應奉勅撰文曰維大有十五年歲次壬寅四月甲寅朔念四日丁丑高祖天皇大帝崩于正寢越光天元年五月癸未朔十四日丙申遷神于康陵禮也云云予方注五代史褒年健忘遂牽連書于前册亡友仁和吳志伊撰十國春秋盧應更作膺謂李龔為工部侍郎大有中加太尉中宗時拜中書侍郎同平章事銜名不合惜其已逝未得此異聞也曝書亭集

右龔澄樞造鐵塔記塔在廣州光孝寺文凡七行世所傳者惟西一面文乾隆甲午夏益都李文藻素伯諦觀東南北三面鐵繡中隱現有字募人錐出搨之文皆與西面同而每行字數有多寡蓋非一笵也素伯又為文記塔之形製云塔自石趺以上高丈有九尺六寸石趺四重刻獅獸鐵趺四重一作瓦櫓形二作龍戲五珠縮其地廉外為四人首戴第三重如鼎屬狀三重亦刻花紋四重周作蓮花四面各濶四尺六寸為瓣九中瓣刻文於上自蓮花瓣以上凡七層以次而狹皆鑄佛像最上濶不過二尺又上為蓮花頂每層大佛一眾小佛環之每面七層計二百五十佛四之則千佛矣下二層佛旁有字梯而覘之第一層東曰釋迦佛西曰彌勒佛南曰彌陀佛北曰藥師佛藥師佛者釋家謂之功德佛其造塔者自況乎第二層東盧遮那佛南盧舍那佛西牟尼佛北毗舍浮佛它佛名皆刻佛左而此獨刻佛右塔頂似有字勢甚危不可梯也潛研堂金石文跋尾

按十國春秋南漢世家龔澄樞傳云廣州南海人事高祖為內供奉官累遷內給事中宗襲位以林延遇薦累官至上將軍左龍虎軍觀軍容內太師

是塔所署官階悉與傳合澄樞由宦官致位通顯與女巫樊胡子內外作奸後主惑之卒以亡國可為深慨謝中丞啓昆粵西金石略載蒼梧縣感報寺銅鍾亦南漢乾和十六年行內侍吳懷恩所鑄其題銜皆吳任臣所未及惜不得見其拓本然五季宦官之禍莫甚於南漢可想見矣大寶六年宋太祖建隆四年也

東鐵塔記

塔西面刻記八行行十字至十二字餘五面或二行或三行行或十五六字至二十餘字不等皆列沙門官銜正書

大漢皇帝以大寶十年丁□歲勅有司用烏金鑄造□
十佛寶塔壹所七層并相□蓮花座高二丈二尺保龍
□有慶祈鳳壓無疆萬方咸□於清平八表永承於交
泰然後善資三有福被四恩以四□乾德節設齋慶讚
謹記此西面
□□□□□□□□□□□□□□□□□□使秀
□□□□□□□□□□□□□□宮□□□□□
□點檢□□□□將軍行□□□□□□□□□□
開國伯食邑七百戶□□此南面西角
教中大法師內□□監□□□□□□□大夫撿按

工部尚書□法□師沙□□□此南面東角
□中大□□□□□□□□□□缺□撿按
□部尚書□□□□門□□□此東面南角
教中大法師內供奉講經首座金紫□□□夫撿按
工部尚書寶法大師沙門臣□□此北面東角
內殿大僧錄教中大法師金紫光祿□□撿按工部
尚書曉眞大師法門臣道□此北面西角
鐵墖建自大寶十年凡七層合相輪蓮花座祟二丈
有二尺觀其列名皆宦者也當其時鋹又範銅爲已
像并肖諸子列于天慶觀而今已亡之蓋金石刻之
傳于世金之用博故其鏁也易以予所見自唐以來
惟景雲觀法性寺二鐘銘及是墖記而已若晉祠鐵
人鑄自宋建中靖國年則其文在胸突出難以摹搨
蓋欵識不同發前人之舊矣曝書亭集
廣州光孝寺有二鐵塔其在東院者以黃金塗之南
漢主劉鋹所造寺西院又有千佛鐵塔兩塔高大略
相等東塔較高朱竹垞謂見二塔並立一屋中修短
不齊一作記一題名始悟曩時拓本合二爲一記之
不詳疑未得其實也又謂其列名皆宦者今觀其列
名皆沙門監造而宦者惟龔澄樞一人且其塔乃澄

樞自造又在鋹所造之前亦不得合爲一也　又按
竹垞書鐵塔銘後記劉龑塚碑事與王文簡皇華紀
聞所載頗有錯互余甲申秋將出都時錢辛楣學士
首以此託爲攷訂比抵粵訪諸官吏與士人問其所
謂北亭者在番禺城東二十里許而劉龑之塚與碑
則竟無知者蓋二先生亦皆非得自親睹所以傳寫
或有訛失即如竹垞所記係先天元年而文簡則疑
先天無五年而所据載者乃作五年廣東新語亦作元年又盧
應下文簡所記是初字廣東新語所記是勑字與無
奉字而竹垞所記則多一奉字安知初字非即勅字

之誤乎竹垞稱陳元孝語予云云則是竹垞既得自口傳而元孝復出自記憶無怪乎王朱兩先生之傳聞異詞矣翁方綱粵東金石略

右造千佛寶塔記在光孝寺之東院寺僧以灰塡其文而塗金于外謂之金塔記在塔之西面凡八行其北面西隅題名二行東隅題名二行南面東隅題名二行西隅題名三行東面南隅題名二行西面兩隅及東面之北隅皆無刻文予所藏者李素伯手搨之本視他家特爲完善寺之西院有龔澄樞所造鐵塔先於此塔四年亦非奉勅所造朱錫鬯謂劉鋹所鑄

二塔竝立一屋中一作記一題名者誤也此塔題名六人惟所謂宮使者似是內侍之職餘皆沙門爾朱以爲皆宦者亦誤潘研堂金石文跋尾

吳越

金塗塔記

塔高七寸四面面廣三寸平列佛像四層寫數共一十有三下一層像七中間一層像三上一層兩邊各一其最上一層四隅各一統四面計之其像五十有二其塔下四面一面無字兩面僅各一保字惟一面保字上有字四行一行四字三行行五字正書

吳越國王錢弘俶敬造八万四千寶塔乙卯歲記

寺塔之建吳越武肅王倍于九國按咸淳臨安志九廂西壁諸縣境中一王所建已盈八十八所合一十六四州悉數之且不能舉其目矣當日嘗於宮中冶息金爲瓦繪梵夾故事塗之以金合以成塔鄱陽姜堯章得其一版乃如來舍身相陽款周晉仙文璞賦長歌紀其事有云錢王本自英雄人白蓮花現國王身蛇鄉虎落狗䑕朕何如錦袍玉帶稱功臣考羅平僭號王遣董昌書曰與其閉門作天子九族塗炭不若開門作節度終身富貴無憂晉仙即演其辭使聞者足戒此詩人之善於取材者已鄉人蔣爾齡亦得一版作放下屠刀立地成佛相以施城東白蓮寺僧吾

友周青士所目擊曾以語余及余歸田則爾齡青士皆逝詢之寺僧堅不肯承眞跡不可復覩遂書其事附錄晉仙詩蓋此瓦未爍好古君子或一遇焉曝書亭集

右吳越國王造塔記文云吳越國王錢宏俶敬造八万四千寶塔乙卯歲記即周晉仙所謂金塗塔也晉仙詩云錢王納土歸京師流落多在西湖寺納土本忠懿王事惟詩中太師尚父尚書令一語偶誤蓋忠懿未嘗有尚父之稱也竹垞檢討直以爲武肅王造由於未見拓本故爾宋史吳越世家忠懿單名俶蓋避宋諱去上一字塔造於乙卯歲在宋受禪之前周

無所避也 潛研堂金石文跋尾

五代吳越國王錢宏俶金塗塔自四角至底高今營造尺四寸二分據表忠譜圖上有塔頂高二寸相輪七級除四角亦與塔身同高三寸故彼圖統計高六寸也以今天平等之重三十五兩塔分四面第一面佛像坐左右各一人前有二虎佛作割肉飼虎狀按周文璞詩言飢鷹餓虎紛相向釋德清記言前則尸毘王割肉飼鷹救鴿此數版內皆無鷹鴿像此一面與張芑堂金石契所載八字編號者無少異此面之內鑄楷字云吳越國王錢宏俶敬造八萬四千寶塔

乙卯歲記十九字下別有一保字編號第二面一佛坐右旁二人一立一坐左旁二人立持杵此面之內無文字第三面一佛曲膝俯首一人持刃加其首一人承其下一人掎其後後有寶樹一株此當是月光王捐舍寶首事此面之內有保字編號第四面佛立像左右各一人前有二虎佛作割肉飼虎狀此面內亦有保字編號四面下層皆有佛像三龕鐙形二上層其出四角角三稜稜上外八面面一經剛持杵像內成四面面一佛坐像其上頂平禿據表忠譜尙有相輪七級今拆去也塔底四角有銅汁黏合故世有

散成十片者考錢宏俶字文德武肅王鏐之孫元瓘之子佐之弟薛居正五代史漢乾祐元年胡進思廢琮迎俶立之是爲戊申歲茲塔造於乙卯爲俶嗣立之八年周之顯德二年也俶造塔云八萬四千者南史云阿育王塔卽鐵輪王王閻浮提一天下佛滅度後一日一夜役鬼神造八萬四千塔此卽其一又雜阿含經曰阿育王問大布施於諸比邱尊者云欲于一日一念之中起八萬四千寶塔一時俱成又談苑載錢鏐說曰釋伽眞身舍利塔見於明州鄞縣阿育王所造八萬四千而此震旦得十九之一也太宗命

取舍利禁中度寶寺地造浮屠十一級以藏舍利據此三說則俶所造不過剌取梵典成語且以闡發先志未必當時實有此數此塔與南宋江堯章所藏及釋德清所記之二塔不同亦與周青士所見之一版作放下屠刀立地成佛者不合當別是一塔矣此塔完好工緻宏俶名字顯然一望知爲忠懿之物使朱竹垞見此必無武肅之誤乾隆五十七年海寧陳騎尉廣寧以贈安徽巡撫朱石君師師於次年寄至京師命元攷之如右 阮元跋

右金塗塔卽朱氏曝書亭集所載錢武肅王金塗塔

是也按錢氏表忠譜塔高六寸重三十五兩陰有文吳越國王錢宏俶敬造八萬四千寶塔乙卯歲記凡一十九字下有一保字外畫象作飢鷹餓虎狀今燕昌觀於桐鄉金鄂巖比部家題識畫象與表忠譜俱同惟保字今所見作八字按紹定閒程珌龍山勝相寺記吳越忠懿王用五金鑄十萬寶塔以五百遣使頒日本據此則武肅未聞鑄塔而竹垞以爲武肅王何邪云八萬四千者水經注阿育王欲破塔作八萬四千寶塔蓋佛家言三千大千者奇數之極八萬四千者耦數之極耳又按慈山記則表忠譜與今所見

僅塔之一面近日山陰陳默齋得一座四面畫像俱全及吳越國王一十九字又一保字與前八所記大畧相同葢知武肅未嘗鑄塔也竹垞之說殆承周青士之訛耳張燕昌金石契

右吳越忠懿王金塗塔向藏吾鄉壽量寺中作香爐供奉後爲徐竹濤所得余以定武蘭亭及青藤道人畫卷易之高今工部尺四寸三分上有項作浮圖七級狀已缺中欵有吳越國王錢宏俶敬造八萬四千寶塔乙卯歲記十九字凡四行考歐史宏俶爲武肅孫乙卯歲當是周顯德二年其塔多埋土中宋時姜白石得其一周文璞爲作歌紀之程嘉燧破山寺志曹勛松隱集周質朵山堂集及錢氏表忠譜載塔本末甚詳朱竹垞靜志居詩話以塔爲武肅王物殊誤一云宏俶納土後造此塔八萬四千報趙氏不殺恩亦謬攷錢氏納土在宋太平興國三年戊寅歲如在納土後則乙卯歲當是眞宗之大中祥符八年時俶卒已久安得復有造塔事耶陳廣寧跋

按錢宏俶鑄塔之事不書於史嘉泰會稽志稱紹興初善法院掊地得金塗銅塔是南宋時始見於世後姜夔曾獲其一以示周文璞爲賦長歌紀之

其詩存方泉集中程嘉燧破山寺志又云中憲大夫顧玉柱墓在寺東今遷於墓門東偏營墓時掘得吳越錢忠懿王所造阿育王銅塔今尊藏寺中據釋德清記亦與今所見不同葢當時鑄造不一其製故流傳於後形狀各異如此此本拓自海寧陳氏其畫像已詳諸家跋中昶驗其文前面與範復泰表忠譜所圖適合當是一範所出惟譜所圖塔頂尚有相輪七級是塔無之則已缺損矣乾隆中陳氏以塔遺今相國大興朱公公獮進諸內府人閒傳拓日少此本尤寶貴也

北漢

天龍寺千佛樓碑

碑高八尺八寸三分廣四尺一寸五分二十五行行六十七至七十二字不等正書在太原縣

口漢英武皇帝新建天龍寺千佛樓之碑銘并序

推誠佐命保祚功臣特進守尚書左僕射兼中書侍郎平章事上柱國隴西郡開國公食邑三千戶臣李惲奉　勅撰

帝宅之西五里而遠羣山邃谷延袤縈擁北自乾坎南距申酉蒼崖峭壁怪石靈泉薜蘿陰乳竇以夏寒黎桂鬱晴暘而冬綠潤灡清泚自激輕音蔓草芃茸本無毒

螫洞穴窈窕煙嵐間虧隔雲聞雞犬之聲度嶺接樵蘇之徑大哉氣道斗極崆峒帶多武之鄉地劃參墟晉野樂深思之俗況乎刑政之經不紊霸王之器具存紀都邑即天下之浩穰養士馬即域中之精勇往者北齊啓國後魏興邦雖未臻偃伯之稱且咸正事天之位時或倦重城之宴處遥面勝之良游各營避暑之宫用憩鳴鑾之駕亦猶秦之阿旁晉之虒祁楚之章華漢之未央古基摧搆往往存焉年齡寖遥率多改作蓋以翼翼都會豪右富民因舊圖新增制惟錯於是乎金人塔廟老氏宫觀星布於巖石矣懿哉坤維之上一舍之遥羣木

陰翳奇峯峭口上有平址東西僅五十步北倚石壁有彌勒閣內設石像侍立對峙容旨溫口其鎸磨之巧代不能及昔　睿宗皇帝再加添飾功用宛然次東有池水甚潔澄湛凝碧覩之恐聳國人儼其堂宇偶以神位每角亢方中雷雨未施即雩禱成萃矣馴嶺西下口口約三百步有高寺榜曰天龍故易義云夫龍者潛即勿用飛即在天命口之名固其宜矣　今英武皇帝應千齡之運居九重之尊比自舞象執經齒胄學優於庠序問安視膳口口口口於延閣動叶咨詢行符典則負對日之辯似不能言口秤象之智果而勿伐肅

肅煌煌然偉量知幾深不可測立德在閭平之右承家繼文武之基自非通濟艱亡孝安　宗社孰能與於此乎天會中　睿宗皇帝以道口口口口口口口口口口出閤受撿校司徒歸義府都督時年尚幼冲躬親官次寡辭敏德務簡刑清吏不敢欺府無留事嘗以公退休暇与叔季諸王方駕接軒禮謁精藍一歲之中口口口數　上獨口東序塑觀音像一堂其內幡花幰蓋供飾之用靡不嚴潔於茲日新每具齋禱罔不乾乾惕惕潛發明誠所志者延鴻祚於邦家弭裁氛於區宇因心愛敬不忘斯須口口甚嘉羣論歸美攸

是罷解公府特恩加檢校太保授右金吾衛大將軍充
大內都點檢貞幹服勤中外嚴勅宣威敬事動叶
聖謨及　皇帝踐祚加□□太師行太原
尹階勲爵邑悉稱公台兼領侍衛親軍事未幾值倉卒
之變震駭非常　上獨執雄斷入平內難時戊辰
秋九月嗣昇　宸極立定傾危赫然大□垂裕終
古自是□□潔念恒切歸依每届良晨必親　行
幸至壬申年十二月二十二日　詔有司於大殿
後正面造重樓五間兼遣良治鑄賢劫自　拘留孫
如來已降鐵佛千尊□範金寫像□□容光相圖明等
無差别如是勻分龕室各安上級時　詔宣徽北
院使永清軍節度使檢校太保范超自始監修應期成
就基砌柱礎廣檻飛甍丹彩相望□□□□巍乎窻扉
下瞰於雲端棟宇勃興於地表金鑪曉炷惟聞薝蔔之
香玉磬晨鳴不假蓮花之漏議者曰樹超世之果圖不
朽之功必依惟睿之謀宜享終天之祿豈比夫望祭□
□□□□禱之宮駕鶊瑤池徒縱盤游之樂者哉
上御宇之八年乙亥歲　天贊□□義敦天
性禮叶彝章洎春末夏初累飛詔示必以備物典冊將
加徽號洪名　□□君親之恩敬修迎受
之禮至夏六月十六日果降貴近昭宣□容舞於正殿
□□　英武皇帝兼頒　龍衣玉帶駟馬鞹
鞍别賜神旗皷吹殊私異將□□□□□衆心悅隨奉
后稱慶寶函金簡揚命舜命禹之書馭朽持盈盡爲子
爲臣之敬禮之大者帝載無窮先是　英武皇帝
以分歲攝提建月青風□□□□□昇寒氣將退嚴整
儀衛親率公卿駕蒼虬之騤騤衣赭袍之熠熠雲韶寅
導和樂□□□□曲之居撰届初禪之境臣幸陪
天仗親奉　德音既成□福□□□□□
之祜遷茲承　詔俾誌勝緣將紀　洪猷潛
思秘祝所冀龍華會上側聆善誓之言星宿劫中偏覩
青蓮之相徵心有待謹作銘云
覺皇遐興大教垂世成位有期懷空相繼大哉賢劫千
佛重光六度万行軌躅相望浩劫迢遥一念可攝勿謂
難逢聲塵相接惟彼陶唐上列黍墟莓莓沃野煌煌帝
居天啓亨會神輸瑞圖英武定難后來其蘇聖人有作
撫寧邦域治民事天允釐度績金像玉樓伊帝之力普
濟蒼生永尊皇極
廣運二年歲次乙亥八月庚子朔二十二日
翰林書令史劉守淸書

翰林書令史王廷譽篆額

右天龍寺千佛樓碑李惲奉勑撰劉守清書王廷譽篆額惲以宰相奉勑撰文列名碑文之前守清廷譽則列名於碑末年月一行之下不稱臣亦不云奉勑微之也吳任臣十國春秋載此碑頗多闕文今得石本校之可識者尚廿許字外誤者又數字始歎博聞之家又以審核爲難爾 潛研堂金石文跋尾

按碑前題推誠佐命保祚功臣特進守尚書左僕射兼中書侍郎平章事上柱國隴西郡開國公食邑三千戸臣李惲奉敕撰末題翰林書令史劉守清書翰林書令史王廷譽篆額十國春秋北漢李惲傳惲字孟深汴州陽武人乾祐初第進士歷仕睿宗父子文詞駢麗見推流輩英武帝時天龍寺千佛樓成詔惲撰碑銘而命翰林令劉守清王廷譽勒文於石一時無不嘆絶即此碑也傳載惲歷官多與碑符惟劉守清王廷譽二人碑稱翰林書令史而傳但作翰林令爲與撿十國百官表北漢有翰林令史不應傳中單稱翰林令當由傳刻脫去史字耳碑立於廣運二年乙亥八月廣運爲劉繼元僞號乙亥爲宋太祖開寶八年五代史北漢世家云劉承鈞改乾祐十年曰天會元年承鈞立十三年卒繼恩立九月侯覇榮等殺之迎立繼元改元曰廣運孜通鑑周世宗顯德四年丁巳北漢大赦改元天會顯德七年庚申恭帝禪宋是爲太祖建隆元年則天會十三年乃開寶二年己巳是年繼元即改廣運則廣運二年當爲庚午歲矣與碑所題歲次乙亥者不合十國春秋深論五代史之誤其編漢年則書睿宗乾祐九年改明年爲天會元年又十二年睿宗殂少帝英武帝並不改元至十七年始改明年爲廣運元年以甲子計之二

年適當乙亥歲吳氏并引楊夢申所撰定王劉繼顒碑末署廣運元年歲次甲戌亦與此碑吻合然則歐史之誤顯然吳氏得據諸碑正之金石之有功於史政非淺也

堅牢塔記

碑連額高五尺四寸五分廣三尺七寸二十一行行二十七字正書題崇妙保聖堅牢塔記八字篆書在侯官縣石塔寺

□□崇妙保聖堅牢塔記

中散大□□□書□□柱國賜紫金魚袋　林同額

奉　□撰

右街神光寺文章應　制繁慧大師賜紫臣僧

奉　詔書

夫古之塔者肖見童聚沙授記闍諸金偃子鬼神碎寶成
功歸被鐵輪王今之塔也非寶非沙彌堅彌大鏊鞭來
之巨石狀湧出之浮圖是故人但有心物亦無體心以
不貪爲戒寶卽同沙體以不磷爲名石還勝寶我當今
睿文□□□聖元德隆道大孝皇帝君臨城內　佛在
王中雖日惚　萬機且　躬行十善嘗曰植福
靡因乎地賦命弗自乎天猶吾　基搆之肯承亦我
梯梁之風設而今而役念茲在茲□□三年歲次辛丑
冬十一月　上視朔之暇顧謂南面城中西來山左

林縈薈蔚䓗滿國以馨香草偃苾蒻占度年之蒼翠可
安之窣堵鎮此高岡是月八日峻址環開貞姿斥合層
一至九樣獨無雙豎　年　月㠯工告成凡一十六
門七十二所并隨層隱出諸佛形像共六十二軀繇是
影籠千室猶趙潤礎之隅勢人重霄已戴補天之色壯
矣哉壽嶽因之永固他山爲之一空設使王曰毗沙幾
應不動臺稱壘土比則非牢　作之者莫與爭功目
之者自然生善臣叨承一出綍俾屬受辛嚪八面之貞
明相高　□□舉一隅之磨琢咍類微才將何
確論宏規虛忝堅令善誌却於文罷特地魂驚甚不容
猾讓洪儒彫鐫翠琰唯深幸矣敢直言之永隆　年歲
次　月　日記
神光寺長講兩經三論大德賜紫臣文於篆
□□□□□卜勸鐫
□□□□□□□□□□□大孝皇□王㦤之

按此碑在侯官縣南澗寺東石塔寺今寺沒于民
居塔猶存也福建通志云唐貞元十四年德宗誕
節觀察使柳冕以石爲塔塔祝賜名無垢淨光塔
晉天福二年閩王曦重修刻石題曰崇妙保聖堅
牢塔記嵌於塔上時閩已僭號記中有詔勅年號

等字俱爲後人削去末尚有永隆年月及王曦等
字通志之言如此今据碑文中間有謚號一行泐
三字證以十國春秋乃王曦之謚曰睿文廣武明
聖元德隆道大孝皇帝也下有三年歲次辛丑而
泐其上兩字以十國春秋紀元表攷之正永隆三
年也文云王曰毘沙擊應不動臺稱壘土比則非
牢此卽命名堅牢之義也文又云南面城中西來
山左可安之窣堵鎮此高岡是月八日峻址環開
貞姿斥合玩此文義當由新建不似修舊且並無
一語述及舊塔與通志所謂卽無垢淨元塔者未

合末行題大孝皇□王曦之六孝上㫁三字似即
王曦之謚號皇下泐帝字王曦之下不知泐幾字
据歐五代史曦乃王審知之少子初名延羲既立
更名曦名與碑同薛史云更名羲昖不从十國春秋名同
薛史而以爲太祖即審知第二十八子其立碑之年
在晉爲天福六年通志作二年者亦誤文既用謚
號又斥曦名似係後人追記者

金石萃編卷一百二十三

賜進士出身誥授光祿大夫刑部右侍郎加七級王昶譔

宋一

鳳翔府停廢寺院牒

碑高二尺七寸廣二尺分上中下三截上十七行行十一十三十四字不等中十二行皆書法名丁刻長興萬壽禪院牒行書

中書門下 牒鳳翔府

准顯德二年五月七日勅文應天下僧尼寺院除已指
揮存留外其餘並行停廢毁坼者牒奉
勅訪聞諸處多有山門皆是靈境古跡之地亦在停廢
之數宜令指揮其逐處山寺如未經毁坼者並與存留
如山下有屬山寺下院亦與依此指揮仍具存留去處
屋宇佛事數目聞奏其州縣軍鎮城郭村坊經停廢寺
院一依元
勅處分牒至准
勅故牒

建隆元年二月十二日牒

右僕射兼中書侍郎平章事

司空兼門下侍郎平章事

司徒兼侍中

山門兄弟法名凡二十六名不具錄
按碑刻長興萬壽禪院牒陝西通志鳳翔府寺觀無長興萬壽禪院名故興廢無攷牒載准顯德二年五月七日勅文應天下僧尼寺院除巳指揮存留外其餘並行停廢毀拆者此勅舊五代史載之最詳是月戊辰朔七日乃甲戌也通鑑載天下寺院非勅額者悉廢之禁私度僧尼凡欲出家者必俟祖父母父母伯叔之命禁僧俗捨身斷手足煉指挂燈帶鉗之類幻惑流俗者諸條皆本之舊史所載勅文勅文又載諸道供到帳籍所存寺院凡二千六百九十四所云云即此碑所謂除巳指揮存留者也長興萬壽禪院巳在停廢數内至是年復行存留是以刻此牒也年月後三行但有結銜而無姓名以太祖本紀攷之右僕射兼中書侍郎平章事爲魏仁浦司空兼門下侍郎平章事爲王溥司徒兼侍中爲范質也

慶唐宫延生觀勅

石高廣均二尺七寸二十行行十九字正書

聖旨事　大唐貞觀拾柒年正月十五日太極殿早朝
欽奉　太宗文武高皇帝聖旨詔行天下朕始即位二女首放宫女六千中有賢妃哲后悟黜宫庭願跡出家修道眞素正古元風地方官司依實表奏　朕准該部請旨修理勅封護持便宜寺因德陽殿欽奉　睿宗皇帝聖旨惟我　皇姑帰道昇騰朕委中書平章王允中賫領内庫金帛前詣修道之跡大建聖容殿御製碑文琢造　太祖太宗高宗中宗睿宗元宗亽玉像眞祠飛白慶唐宫延生觀並爲額女道每員名袍一領御賜白米伍伯碩帛一千疋田土一十頃以供修補永充齋食乞免科率庶懇志於焚修敢有擲行他議以遣御筆欽此欽遵本月十五日節該欽奉　太后太皇后聖旨

詔行天下道庵宫觀有奉　老子帝王聖容処都是我家　皇上祖宗社稷主凡諸王駙馬家族文武寺官豪軍富民似前更改欺占者悉照秦國公斬
聖旨着禮部重刊榜文通行天下知道欽此欽遵
大宋建隆二年八月十五日
知宫提點呂道口立石

按此碑語多鄙猥無論其他即唐太宗初謚文武聖皇帝後增謚文武大聖大廣孝皇帝此碑乃稱爲太宗文武高皇帝宋杜太后以六月甲午崩此碑紀八月十五日而文云本月十五日欽奉太后

太皇后聖旨云云其謬顯然又文內有云節准該
部請旨以違御筆欽此欽遵聖旨著禮部重刊椅
文欽此欽遵等語頗不類宋初人製作疑是後世
村庸道流所僞託姑錄存備攷

太一宮記

碑高六尺六寸二分廣三尺一寸二十九行行六十四字正書篆額

華山陳搏撰

鄉貢進士宋復書

鄉貢進士陳義篆額

渾淪未剖含濵涬於太虛之中元卦纔分布妙化於無

方之外清濁昇降天地由分列宿朗而日月明四時行而陰陽化信乎仙山靈嶽福地洞天莫不由精英之所聚口秀之所變故國家封崇旌顯以表其神異焉終南山太一宮者卽太一降臨之地也因其受封故得而名焉于古雍之東南玉案之西北東接藍水福地西連太白洞天左有千齡觀右有萬年宮澹鎬兩間杜陵之首山水秀絕靈跡環遶寔萬古神仙之宅也自漢室元封初武帝所建也帝一夕焚香於別殿忽覺滿庭輝朗神仙浮空帝惕然潛聽曰將中秋日太一靈君降于終南山與國爲福當建宮殿以俟奉安語已寂無所聞帝恭默誠謝待旦詔下有司問太一靈君何聖號也奏披道藏三洞秘典迺九天無量三昧太一靈君也居三境上元之上在九陽天中之天爲萬化之根元作九天之祖母統三界女眞定周天風雨江海神龍河瀆主宰一切水仙莫不隸焉其諸太一居衆辰之首萬曜之先列星宮爲天皇之上相照寰海作至聖之尊神司人倫善惡統嶽瀆靈官年豐歲儉旱澇災傷無不總焉或經游分野臨照邦家感道德而降休祥應荒淫而生災沴故國家應運修崇精誠嚴奉以資皇基永固帝業昌隆武帝由是勑下起宮於此奉安三昧太一靈君并十神太一

至朔武帝鑾輿躬臨清衷虔禱果如神告忽然山川震動簫鼓鳴空雲鶴蕩逸天花散墜于宮南巨谷間摧峯裂岫萬仞絕壁下化成池沼紺波雲動水色霞輝谷之西北數峯巍聳上現樓臺金碧爛光紫烟帝悖然敬謝尋封其山曰太一池曰澄源修太一靈君祠於池之側祠成其化宮失矣惟神沼存焉遂分上下宮皆錫羽流焚修于光熙中奉勑重加完整詔三洞法司梁謀主其宮事法師道業高邁德行崇顯內守眞寂外專肅恭每奉徵命祈晴禱雨卻厲儲祥無不感應至太興元年戊寅歲上昇晉元帝聞而異之道中使就山設醮天人縣

封靈君祠爲金華洞天并上下宮額悉皆御書及謚法師爲昇靈天師以發輝至道旌顯靈風俾萬世修真之士知仙可學而得焉茲後三元五臘八節四時請福祈恩壤壤如市逮隋開皇中興崇尤盛繼有道士楊景通住持景通真渾淪仙客高道奇人也善胎息辟穀煉氣出神咒水飛符役使六丁召龍致雨救旱蘇危即有歲時至唐高祖始定天下聞而驚喜曰太一者五福之主萬乘敬仰之庭真人賢聖間世而出寔天下太平之兆也遣中貴降手詔修崇殿宇一槩鼎新選戒潔道流三十員以奉香火及賜土田遶宮周廣五十餘里以爲齋

給之費於景龍三年上元日楊景通升堂鳴鼓召門弟子曰吾將朝元始上帝汝輩修真無令自惰人身一失永刼不復俄有瑞雲覆地鸞鶴翔天金童玉女迎師浮空冉冉而去異香清氣餘月不歇師于真觀間已三百歲矣時中宗皇帝聞而倍加稱嘆賦不得夙授真教北面以師禮事之御撰讚文遣上卿降香及勑修澄源閣於池之北搆昇仙堂於下宮至開元中玄宗皇帝鑾駕詣宮登壇虔禱頃忽祥風異香爛霞輕靄獨覆壇上中有神仙隱隱而見天衣羽服鶴駕霓旌帝拜首俯伏請問國之休咎仙一一垂諭少選雲色高舉鶴駕遊天上稽首祈謝以仙語書其冊自爲鸞鶴篇即修駕鶴軒於宮之西北隅帝親文其碑以彰神異鑾輿歸國頒宣中使繼踵不絕自僖宗皇帝入蜀之後兵火數至道流潛遁宮宇燬滅所賜常住悉爲泉有存惟兩宮基址尊像而已其諸盛事廢失之盡上宮傳呼爲澄源夫人之廟下宮爲太一之觀其澄源者即當時所封池閣之名也夫人者乃太一靈君也蓋歲月浸久後人不知其源相習之訛嗟乎靈宮真府半爲樵叟之家仙圃芝田盡作荒榛之野修崇廢久靈迹仍存風雨順時尚爲民福至役晉相國桑中令出鎮古雍下車之始歲旱之甚稼穡枯槁民不望

生公親詣山恭誠懇禱即日應祈雨勢霶霈隨時霑足遐邇歡呼仕民均慶公欣然嘆曰神聖靈感其速也如此遽奏朝廷支省錢重修殿宇復置道士住持精專完飾嚴潔焚修奉國家請福祈禳爲兆民除災却沴寔寰中之聖槩海內之靈宮謹叙故實與記云耳

大宋建隆三年歲次壬戌正月一日住持焚修上清三景太洞法師崇靈太師賜紫道士王若海立石

大宋政和元年歲次辛卯庚寅朔十日己亥太一觀主兼管句太一湫事賜紫道士王希美重立石

前觀主監觀道士劉希文　副觀主道士皇甫希旦

尚座兼殿主道士秘希孟　監齋道士尹希元
化主道士降清堅
前興國觀主道士范希聖　前殿主道士楊希微
三清觀主道士敬司道　庫主道士趙遵道　典客
道士馮清補　掌籍道士鄭清遵　表白道士嚴道
光　前殿主直歲道士張淵希

按此碑題曰華山陳搏捘鄉貢進士宋復書鄉貢進士陳義篆額文多夸誕事無可徵似非希夷手筆恐亦道流所託也宋復陳義名不見於書譜陝西通志長安縣有元君廟在縣北三十里馮黨里

創自唐代又古壇廟有泰一壇元光二年從亳人謬忌奏立於長安城東南郊禮樂志武帝祀太一甘泉在京西北云云而別無所謂太一宮者按亳人謬忌奏祠太一事見史記封禪書事在武帝立之十八年是年爲元朔六年非元封亦非元光通志與碑皆不合通志又載咸寧縣有太乙元君行宮在東關鮑坡坊舊有廟在太乙谷士民以其去城甚遠不便祈祝故建行宮未知創自何代云云亦非碑所稱太一宮碑云後晉相國桑中令謂桑維翰也新舊五代史維翰傳均不載其鎭雍時歲早禱雨之事蓋皆荒遠難稽矣後題道士王希美重立石云政和元年歲次辛卯庚寅朔十日己亥而不書何月宋史徽宗紀是年月皆不書朔稽遼史朔考是年十月庚寅朔也後道士題名者有曰秘希孟曰降清堅秘降二姓不多見

重修文宣王廟記

碑高六尺二寸五分廣二尺三寸四分文二十五行行四十八字行書篆額在西安府學

觀察判官朝散大夫檢校尚書工部員外郎兼殿中
侍御史劉從乂撰
上闕　昭吉書并篆額

昔在先王法龜圖而畫卦降于中古效鳥蹟而成文吉凶生而爻象興仁義起□□□□□□所以察鬼神之情狀窮天地之變通考往知來鉤深索隱則物無遁形矣是知典墳者所以復父子之孝慈正君臣□□法立言垂範與士作程則人知所措矣非規矩則不能定方圓之用非準繩則不能質曲直之疑憲章開八政之源名教擧五常之器必由是也何其盛□故得國有庠鄉有校黨有序家有塾雖設教不倫其歸一揆嘗乎貞筠勁挺假□羽以滋深美璞珍奇成球璜而益貴然後□　仲尼之道揭而行之与日月以俱懸

仲尼之德推而廣之與江河而同潤輔相
皇王之大業天縱多能弥綸宇宙之全功日彰聖績其
於遺風餘烈賁古輝今□□復書昔唐之季也大盜尋
戈摧臣竊命地維絶紐八鑾遷爲於東周天邑成墟三
輔悉奔於南雍天祐甲子歲太尉許國□公時爲居守
纔務葺脩遂移太學并石經於此露徃霜來彫牆半圮
塵封蘚駁塑像全隳屬吾道之有歸見斯文之不墜
我太師令公稟　嶽秀川靈之英桀負
虎眉犀額之雄標張　智勇以經邦立誠明而
馭下鳴鍾沸鼓辛勤討伐之勲攬轡登車慷慨澄清之

志　皇帝嗣統之明年也念漢五陵之豪族粱
驁輕浮秦四塞之要衝推埋剽掠將袪故態每念難材
闖外牙璋方思宿將閔中管鑰荐委　通賢一角來
而上應玉繩九苞鳴而動諧金奏仰分　憂寄旁奉
政條揚惠而民懷發姧而吏懾巾明獄訟引决如神勸
課耕桑服勤務本令出而隨如注壑化行而速若置郵
加以鈴閤曉開劇談名理琖筵夜合高會英儒一日因
謁靈祠頓詣宥佐曰厚祿高官咸稱弟子隤垣壞宇孰
念　宗師豈□□務通方不資於國耶致功成
利無益於民耶觀風吏斂袵而對曰昔者　仲尼
生於周之末世事於魯之亂邦長幼失宜冠昬亡序彜
是刪詩書而定禮樂贊易象而修春秋扶世導民勞形
役智卑棲下位則席不暇温歷騁諸侯則車無停轡斥
于齊而逐于宋厄于衛而困于陳每屈己以救時欲化
風而成俗昭王厚禮固輕千社之封匊寸祿乎靈公奇
待不顧万鍾之粟匊東脩乎孟軻所謂生人已來未有
如夫子者也功如是德如是豈無益於民乎豈無資於
國乎　我太師令公取製度之規以增黌舍量經
營之費遂出俸財霞張夢奠之楹粉耀藏書之辟增華
奐麗眩目驚心青瑣丹粱見廊廡軒墀之潔藻扃黼帳

有豆籩皮幣之儀莫不賦采揮毫叅靈運思堯身禹狀
□神凜凜以如生月角山庭畫像莘莘而在列介珪華
衮享王爵於高封八纛三牲遵國章於常祀工徒告畢
廟貌斯嚴英旄□□之賢瞻之如市揖讓周旋之教靡
君從風里閭焜燿於搢紳文雅闡揚於洙泗從乂功虧
摛藻才類編苫敘美圖芳俾刊貞珉□□謀拙强抑庸
音時大宋建隆三年八月二十五日記
推誠奉義翊戴功臣永興軍節度管內觀察處置等
使特進檢校太師兼中書令行京兆尹上柱國瑯琊
郡開國公食邑四千五百戶食實封一千三百戶王

彥超

安仁祚刻字

宋史文苑傳有劉從義善爲文章嘗纘長安碑文爲遺風集者當卽其人關中金石記

按此碑乃宋初王彥超鎭永興軍重修文宣王廟劉從乂爲文以紀其事也永興軍京兆府卽今之西安府宋史王彥超傳彥超字德昇東都事略大名臨淸人周顯德中官京兆尹永興軍節度六年移鎭鳳翔宋初加兼中書令代還未幾復以爲永興軍節度此碑之立卽其時也碑末題彥超結銜首曰推誠奉義翊戴功臣文獻通考載功臣號始於唐德宗宋朝因之宰相初加六字餘臣初加四字其次並加兩字彥超官檢校太師兼中書令與宰相同體碑載功臣號六字當是初加也但通考所載賜中書樞密院臣僚功臣號凡十一而以此碑六字校之只翊戴二字相合其推誠奉義四字並通考所不載豈通考遺漏耶撰文者劉從乂史無從乂而有從義或是一人然史附文苑鄭起傳與穎贄董淳張翼譚用之張之翰並列贊淳並詳其官從義但稱其多藏書纘長安碑文爲遺風集二十卷

下云餘皆官不達則從義之有官明矣而不詳何官據此碑是以工部員外郎兼殿中侍御史爲觀察判官也彥超官兼觀察處置等使從乂似卽爲其屬官故得撰文記修廟之事書篆者但存昭吉之名而闕其姓無從考矣碑云天祐甲子歲太尉許國□公時爲居守纔務葺修遂移太學并石經於此據元祐五年黎持石經記石經舊在務本坊自天祐中韓建築新城而六經石本委棄於野至朱梁時劉鄩守長安有幕吏尹玉羽白鄩請輦入城乃遷置於此卽唐尚書省之西隅也陝西通志載西安府城天祐元年匡國軍節度使韓建改築約其制謂之新城是築新城者韓建也天祐元年歲在甲子兩五代史皆言建仕唐昭宗朝光化元年封許國公皆與碑合則碑所闕許國之姓乃韓字也至黎持所記建築城時經石委棄于野劉鄩始輦入城而碑則云韓公居守遂移石經彼此互異兩五代史劉鄩傳又不載移石經事黎說之是否不能定也舊韓建傳稱建以天復元年表爲許州節度使昭宗東遷以建爲佑國軍節度使京兆尹至天祐元年改靑州節度使而陝西通志稱建

爲匡國軍節度使匡國即許州梁時始有此軍名
陝志固誤且舍京兆尹而追稱前官陝志尤誤也
彦超鎮永興史不書其政績賴此碑紀之甚詳而
於修廟事則陝志學校門亦略而不載金石之有
裨於掌故者類如此文中以脅爲脅僅見蜀石經
字書不收蓋當時之俗體也

重修開元寺行廊功德碑 并序

碑高八尺六寸四分廣四尺三寸三十八行行六十七字正書篆額在咸寧縣

觀察判官朝散大夫撿挍尚書工部員外郎兼殿中
侍御史劉從乂撰
前攝彰義軍節度巡官袁正己書并篆額

詳夫元氣分形寥廓俄成於幻境大明引曜運行莫息
於流光六根滋嗜慾之萌口化窘榮枯之制究成住壞
空之理得見聞知覺之心想乎百億須彌不出死生之
口三千口土未離煩惱之端則知實際常存眞空不壞
一塵一刼等壽量以難窮非女非男思了囙之難解掐
無生示生之域歸無滅言滅之鄉窮數知來鳳靈不能
考禪天之數運情口變龍機不能測惠地之情於戲愛
浪瀰空昏衢淼日　　无上覺皇之旨設彌能
仁有緣群類之心藏諸頓諾觜回物起還之見㧾化人
不倦之慈决性海之本源塞口山之支徑廣導四依之
渠大開八正之門劉其靈跡相退法輪不退月氏音支使
者初傳石室之經疏勒國王遠奉金襴之貢發揮聖道
遂質疑心覩佛日之載隆扇靈風而益遠昔唐之季也
四維幅裂九鼎毛輕長庚飄月以騰芒大盜尋戈而移
國帝車薄狩夜逐流螢民屋俱焚林巢歸鸞銀闕綺都
之壯麗坐變丘墟螺宮鴈塔之精嚴僅餘煨燼天祐甲
子歲華州連帥許國韓公建遷爲居守重務域民旣香
刹之新崇列寶坊之舊号閱今存之院額皆昔廢之寺
名當其製度攉輿經營草創時移事改烏雀喧於壞簷

風雲雨還檐無枝於荒砌　　今皇帝開階立
極御辯登　　皇握上帝之靈符晚先王之寶命錄
緜白撿出膺榮河紫蓋黃旗爵爲嘉氣五方述職八表
同文百神趍　　駕象之塵四塞守輪龍之約氷天
月竆咸輦責以来　　庭衢室總街每翹旌而
舉善庶人不讓多士以寧禹會塗山思朝萬國湯典景
亳將顯七名明年　　太師中書令瑯琊王公
言自岐陽入趍　　魏闕欲彰能而讓位先議賞以
疇庸　　旌旃守方俾鎮咸秦之地丹書著誓
永傳　　帶礪之勲　　嚋茆再臨室家相慶

我公玉麟膺瑞金虎儲精　壯氣
雄風早負人中之勇　高牙暢轂屢揚閫外
之權綏撫而　識洞機先藁灼而　名
居寶下　忠昶孝道獨曠緹緗　偉度冲襟
旁吞江漢聲挹　車致化口刃皆盈導民而引義
正身詢事而推恩廣下去暢政蠹民之弊嘗昔禱今穆
之謠里巷相懽姧豪屏跡林騎期於過侈防巧詐於深
文接畛連疇污萊盡闢充倘塞隧貨賈咸臻昔者獻月
捷以告功翼天飛而佐命徐城旣陷　漢節遄加
言念平陽寶隣弁玉邊鄙有蕩搖之懼壃埸疲侵軼之

勞仰奉　帝俞遂膺朝選屬雲中塞候罷警高烽
河內咽喉方求口將拔攢梁攖橋之勇長　攡旄
仗鉞之恩領蒲坂之山河移壁田之屏翰察俗於剪鶉
之野　頒條於鳴鳳之郊入境咸蘇從風率化而
又荐臨舊治益燠　殊恩耀焯　數朝便蕃
八鎮　養堂侍膳獨耀班衣　台衮鳴環首親
　文陛所居郎化所去見思奉晏子之一心脩淨
名之十行立勳勞於討伐屢積　恩封享富
貴於崇高潛明福報居常則怡情法樂抑寂禪樞再臨
北斗之城每結東林之社政成事簡潛會冥符越有文

慧大師賜紫嗣麟淨行出塵口名跨世念滅而心隨境
滅圓通而眼入大通夙明三報之眞緣共讓十方之達
識登峯造極仰之弥高振塑澄瀾挹之無際潔操而金
渾暎月孤貞而玉筍當秋比西竺之七賢巍堪把袂方
北山之二聖聊可差肩廻藁脩漸信之疑調攏狭難馴
之性大師以赤縣神州之故地黃圖帝里之舊都每願
聳激道心闡揚法教靖嵩之遊京口士庶遠迎支遁之
入吳輿高位延接主事等虔伸膜拜勤請住持許奉輿
脩力行講化昇蜂臺而演秘揮象扇以談經施財則霧
集行檀馳辯則雷驚蟄戶一音斯暢千里不違其有樊

鄭豪華金張意氣皆願焚身作供刲血灑塵羅綺榭之
瓌材咸充法宇綴瓊廚之豐膳並作齋羞於是慕匠庀
徒計功蕆事採丹粱於嶀谷礲碧礎於崑崚不周歲而
僉若化成不勞人而盡驚神速長廊廻合峻宇崢嶸飛
甍抗翼以排虛鏤棨含葩而布藻增華崇麗散彩交輝
煒煒煌煌望之則形離而勢合燐燐亂亂察之則魂驚
而魄悚遂於四廊及講堂諸壁晝高僧計四百五十尊
然後訪彩筆於蕪城傍影壖於奈苑得長康之妙手邁
麦僑之奇工會稽從尚於沈謝廬岳墳軒於宗炳遂按
寶唱僧錄道宣僧傳武昌石磔不自他求蜀郡鉛華咸

能自致含毫酌妙浣腸塗掌之流賦彩傳神白足青眸
之士殊姿異相如歸七菜之巖寶餝珎裝竟列千花之
幈已而悉知悉見若天若人袨服靚粧繼日而擠裳連
袂鮮車怒馬凌晨而結轍齊驅非上士不能勤行非
賢侯不能諦信恢張溢美仰助　雍熙
終夜有聲似聽魚山之梵繁雲上覆遠聞龍界之香覩
之者輻湊千祥礼之者冰銷萬咎慈心所化盡歸不二
之門願力所持可舉大千之界邑人等以
我公推誠布慧服義酬恩留邵伯之棠者不足稱多立
欒公之社者未爲盡善願於梵刹乞寫眞容漢閣議功

已盡耿弇之像□州好德爭圖陳寔之儀盡四體之妍
媸加三毛於俊識無於邪廊諸壁盡邑人別樹豐碑紀
其名氏僧正崇法大師賜紫宗著圖飾聚學震旦馳名
六入既除萬緣俱寂髻珠心印密奉嚴持犀枕貂裘不
違檀施僧判顯教大師賜紫希廣多聞增智屢照無疲
執惠劍以降魔觸虛舟而不怒籌盈室内已成過去之
因芥落針頭更待未來之果邑人等或　賢侯慕
府豫棊琦席之賓或上將爪牙楚鍔燕弧之士或七貴
伐冰之胄或五陵藏鏹之家或柞塞戍邊或蒲珪宰邑
並皆聿成勝事共締良因從乂也學謝詼通才非濬發

講中軍之小品莫剖精微依　上相之初筵
虛塵　厚遇謬承見託勉述斯文贊弥勒之眞容
合歸傳亮銘釋迦之畫像遠媿隱侯永貴□林用刊翠
琰乃爲銘曰
大雄示現故号能仁三祇鍊行百福嚴身位登正覺刼
等微塵難窮壽量迴拔沉淪其一四攝心運六通力迦
維妙典娑婆靈跡闡解脫門繁慈悲宅道濟羣生化周
含識其二昭宗之季大盜挻灾鶉郊聚撥鳳闕飛灰都
城谷變幕府洞開招提乍建法侶方來其三年祀既深棟
梁摧朽越有高德善行慈誘驟翕俗耳作師子吼來集

萬善去離三垢其四或珠含月智刃飛霜其功不伐其道
弥光廣化檀施脩崇寶坊畫徵顧凱材搜豫章其五琱
□排鴛鴦瓦密刻桷高□飛簷嬌翠布藻垂文增華崇
飾翠扉凝煙丹楹浮日其六衆香爲地諸寶成宮覺身常
樂眞相自空菡萏出泥蘑蔔逆風法于無礙神化難窮
其七僧寫五天廊成千步棹舉迷津榛披覺路白黑千衆
人天八部遠近歸依高低仰慕其八象王獻果龍女持花
聲傳鷲部教類耆闍蓮開定水穀變燋牙功隨願力福
等河沙其九於鑠　賢侯荐承　聖寄不忘付囑共成勝
利貞石是刊芳猷不墜再動吼嵐長存此地其十

建隆四年七月十七日建立
推誠奉義翊戴功臣永興軍節度管內觀察處置等
使特進撿校太師兼中書令行京兆尹上柱國瑯琊
郡開國公食邑四千五百戸食實封一千三百戸王
彥超
都料安宏　　姪仁福刻字
按此碑以建隆四年七月十七日立是年十一月
甲子改元乾德七月尚是建隆四年也王彥超及
撰文之劉從乂結銜與重修文宣王廟記同事逾
一年官位不改書篆者袁正己書史會要稱正己
汝南人善書而不詳其官位此碑結銜可補所未
備矣陝西通志載開元寺在咸寧縣治西唐開元
二十八年正月二十八日元宗於延慶殿與勝光
師論佛恩德乃令天下州府各置開元寺一所此
其一也宋建隆四年中書令瑯琊王彥超及僧嗣
麟重修侍御史劉從義記卽謂此碑也据碑文寺
已燬于唐末天祐甲子許國韓公先已重建至是
乃增建四廊壁畫高僧四百五十尊卽所謂行廊
功德也高僧者似卽五百羅漢之緣起本皆僧嗣
麟資力而歸美於節帥故多頌太師王公之功績

碑書虎號字皆闕筆尚沿唐諱之傳篆匠作慕匠
似係筆誤慕字作廌凡二處通用字也
陁羅尼經幢三種
佛頂尊勝陁羅尼經幢
幢高五尺二寸八面每面廣七寸三分各
八行後一面九行行字六十餘不等正書
經文不錄
開元寺新修佛頂尊勝陁羅尼經幢記
鄉貢進士黃麟撰
蓋聞法輪常轉無罣㝵於虛空聖力難量運慈悲於口
界念之則口口億劫口之則獲福無邊而闕先覺者賢
乎闕心田者鮮矣粵有信士王瓌瑯琊人也身雖凡俗
醮慕聖因早悟真空志歸元寂修銀鈴金口敬爲貫花
節蔬食麻衣供勤禪葉今者鑿捜匠管闕歡喜奉行各
願扶持共圓功德旁求郢匠遠市佗山不累月磨礱越
浹辰鐫刻斯典也來因波利遠涉流沙傳西天梵文譯
東土唐語救善住不沉七返出離利永託三天書闕
皇帝履星御極懷斗當陽銅刁罷振連營鐵馬休征遠
塞華夷四裔車書一同願一切含生並同霑上善功成
翠聳勢立香山背依講堂前臨佛殿端嚴寶相秋月滿
闕烏栩兔跂事往人非聊叙微猷紀于貞石

時乾德元年歲次癸亥三月十八日甲午建
會首王瓌并書 下行有僧正景鋭等名不具錄
上鐫 尊勝陁羅尼
幢高一尺六寸六分六面每面廣六寸各五行惟第四第六兩面均四行行十七字至二十一字不等正書
咒不錄
大宋開寶七年歲次甲戌閏十月乙巳朔二十九日
癸酉建立
預修石外記
京兆府開元寺慈恩院講律臨壇大德賜紫□□俗年

六十六僧臘四十六俗姓杜郎是進和尚之弟□□□
□内受戒度人僧尼弟子三千餘人弗錄也
小師智□　師姪法義　師姪法永　院主師姪法
通

佛頂尊勝陁羅尼經幢
幢高四尺八寸八面每面廣七寸四分各七行行六十四字正書
經文不錄
淳化肆年歲次癸巳八月丙辰朔十八日
開元寺釋迦院揔修佛頂尊勝陁羅尼經幢子壹座
下行院主等僧名不錄

正定府龍興寺鑄銅像記
碑高五尺一寸五分廣二尺九寸二十八行行五十二字正書
眞定府龍興寺鑄金銅像菩薩并蓋大悲寶閣序
伏自　太祖皇帝鴻基剏立道合乾坤致四海以歸
降使八方之貢獻西□□浙界府淮南盡以稱臣梯抗
進奉唯有太原一境未順明朝　太祖皇帝至開寶
二年歲次己巳三月　駕親征晉地領一十万之軍
至於太原城下安營下寨水浸攻城前後六十餘日並
未獲聖捷至閏五月內　大駕巡境梭邊至眞定府
歇駕第三日遂問朝臣在此何人久在衙府近臣

奏曰今有在衙孔目官紀裔見久在衙勾當　皇帝
宣喚到紀裔遂問言先在此處金銅大悲菩薩今在何
處紀裔奏曰今在城西郭外大悲寺內見在　皇帝
宣下諸寺院主首三綱紫衣大德來日於城西大悲寺
內接駕於齋時前後　大駕親臨於閣前下馬上殿
燒香　宣問大師大德菩薩畢竟是銅是塑菩薩有
一人大師法名可儔奏曰元是銅菩薩值契丹犯界燒
却大悲閣鎔却菩薩胷臆已上自後城中□□再修却
自後又奉　世宗皇帝天下毀銅像嚴鑄於錢又薦
起菩薩上面取却下面銅自後城中檀郍又補塑却今

来全是涅菩口　皇帝曰朕憶得先皇顯德年中
世宗納近臣之議以爲奄有封略不過千里所謂租廚
不豐邊備校貫屢空於軍實筭口莫濟於時口於是詔
天下毁銅像鑄以爲錢貨利用以資帑財金人其萎梁
木斯壞化身從革通有無於市征國府流形豈執着於
我相千人聚万人口見成功不毁雖卜讜以出財
皇帝執議以不迴洎像壞之際於蓮花之中有字曰遇
顯卽毁遇宋卽興無乃前定之數乎物不以脩廢必授
之以興復時不可以術否必授之以降昌我國家應乎
天順乎人革有周之正朔造　皇帝之基業今爲菩

口口於口外與大德移菩薩在郭内得也是時可儔大
師越班奏曰臣嘗相傳聞　觀音菩薩揀得此一方
之地應是於此地有緣　帝言郭内踏逐寬大寺舍
別鑄一尊金銅像觀音大悲菩薩尋時差三道殿頭一
道入龍興寺量度田地寬狹遂喚畫匠特第畫地圖一
道入開元寺一道入永泰寺亦畫地圖三寺並將　進
呈　宣下於龍興寺内嵌虚寬大別鑄金銅像蓋大悲
閣於後五月内　駕却歸帝闕並無消息龍興寺寅
夜於菜園内常放赤光一道時人皆見寺僧遂請喚陰
陽官占此言道地下必有銅物極多前後三年口絶後

至開寶四年六月内天降雲雨於五臺山北舊河下拓
欄約及千餘條於頰龍河内一條大木前面攔住見在
河内未敢般取口口口具表文奏直詔　天庭　皇
帝覽表龍顔大悦五臺山文殊菩薩送下木植来與鎮
府大悲菩薩蓋閣也尋時　宣下一道使臣口口眞定
府般取河内木植於龍興寺下納　宣頭一道差軍器
庫使劉審瓊監脩菩薩差衞州刺史兵馬鈐轄慕容得
業監脩菩薩通判軍府事范德明監脩閣像奉　宣鑄
錢監内差李延福王延光脩鑄大悲菩薩差八作司十
將徐謙蓋大悲閣差當府教練使郭延福雄勝指揮負

寮王大將甯能曹司鄭乂天埸燒瑠璃瓦瓴匠人鄭延
勲等監脩鑄蓋閣至開寶四年七月二十日下手脩鑄
大悲菩薩諸節度軍州差取到下軍三千人工役於閣
下基北坼却九間講堂堀地掇基至於黄泉用一重礓
礫一重土石一重石炭一重土至於地平留六尺深海
子自方四十尺海子内栽七條熟鐵柱每一條鐵柱七
條鐵筒合就上面用鐵䌈七條鐵柱皆如此海子内生
鐵鑄滿六尺用大木於鐵柱於胎上塑立大悲菩薩形
像先塑蓮花臺上面安脚足至頭頂舉高七十三尺四
十一臂寶相容降蟾之弥[illegible]而之[illegible]第三度畫相儀

進呈方得圓滿第一度先鑄蓮臺座第二度鑄至脚膝
已下第三度至臍輪第四度鑄至胸臆已下第五度至
腋已下第六度至肩膊第七度鑄至頭項上下七接鑄
就所有四十二臂並是鑄銅筒子用雕木爲手上面用
布裹一重漆一重布方始用金箔貼成相儀千手千眼
具足四十二臂周圓相好端嚴威容自在尋聲救苦衆
生以三業歸依菩薩以六通垂濟　帝乃傾心崇建
四衆懇切歸依並願當來同登樂果講經論僧惠演知
雖不愍聊序脩鑄之因顯示後人用貫通於耳目　大
宋乾德元年歲次五月八日記

按畿輔通志隆興寺在正定府治東一名龍興寺
又名大佛寺隋開皇六年建初爲龍藏寺宋開寶
四年於寺北重建後有大悲閣內鑄銅佛像高與
閣等宋太祖曾幸之即此碑所載是也碑紀鑄像
之由云開寶二年三月太祖親征晉地閏五月內
大駕至眞定府幸大悲寺遂於龍興寺鑄金銅像
蓋大悲閣宋史太祖紀開寶二年二月伐北漢戊
午詔親征甲子發京師三月戊戌駕傅太原城下
四月戊辰幸城西上生院閏五月壬子班師壬戌
駕還戊辰駐蹕於鎭州六月丙子朔發鎭州鎭州
即眞定府也紀不書幸大悲寺事鑄像建閣事亦
不載然碑亦但云幸大悲寺不云幸龍興寺此通
志誤也眞定府在宋初本名鎭州至慶歷八年始
置眞定府此碑乾德元年立而即有至眞定府歟
駕之語何耶碑載契丹犯界燒大悲閣鎔菩薩胷
臆已上檢遼史太宗紀會同九年晉出帝開運三年十一
月戊子朔進圍鎭州燒閣鎔像之事或即在是時通鑑及契丹國志皆不載圍鎭州事惟舊五代史晉少帝紀是月北面行營招討使杜威行次五強聞契丹入寇會張彥澤自鎭定至言契丹可破之狀于是大軍西趨鎭州則遼太宗之圍鎭州亦在是時
碑又載周世宗毀銅像鑄錢事兩五代史世

宗紀皆不詳歐史但言顯德二年九月丙寅朔頒
銅禁薛史亦但言詔禁天下銅器始議立監鑄錢
而於食貨志亦不詳毀像事惟温公通鑑詳言之
云帝以縣官久不鑄錢而民間多銷錢爲器皿及
佛像錢益少九月丙寅朔敕始立監采銅鑄錢民
間銅器佛像五十日內悉令輸官給其直上謂侍
臣曰卿輩勿以毀像爲疑吾聞佛在利人雖頭目
猶捨以布施若朕身可以濟民亦非所惜也馬氏
採此語入之錢幣考可見温公通鑑徵引之博歐
薛兩史所不及也此碑更加以神奇之說謂毀像

之時於蓮花之中有字曰遐顥仰毀遐米仰典無
乃前定之數乎其詞未免過於夸誕矣文殊寺僧
惠演撰鄙俗不足論末題大宋乾德元年歲次五
月八日有歲次而無干支其疎可見至書梯航之
航作抗勝捷之勝作聖皆別字琉璃瓦瓴字書無
瓴字集韻有瓮字與盆同不可施于殿閣者瓴字
或瓴字之訛爾雅釋宮瓴甋謂之甓也其云五臺
山北衙樹下枋欄枋說文云木可作車欄集韻云
大木也又云修鑄大悲菩薩差八作司十將徐謙
八作司之官見宋史職官志將作監有東西八作

司掌京城內外繕修之事至八作司之有十將則
史所未詳

重修中岳廟記

碑高四尺九寸廣二尺六寸七分二十一行行三十七字行書篆額在登封縣中岳廟峻極門左

鄉貢進士駱文蔚謹撰并書
傳經講論沙門守鉴篆額

恭聞聰明正直者神於是乎封五岳命四瀆以主天地
之柄溫良恭儉者人於是乎位三公侯萬戶以序君臣
之政神之靈𩃬宥風雨應其候人之正士農工商樂其
生是知神正則福善人賞則逆神旣感應以相符在影
響而斯契　嵩岳廟者名高祀典位冠中央南汝
川而北洛川地封靈鎮左太室而右少室天設神宮
國家祭享之外　留守禱祈之暇每至清明
届候娟景方濃千里非遥萬人斯集歌樂震野幣帛盈
庭陸海之珍咸聚於此或曰非禮然事涉餘論且理亦
存焉使人畏其神則暗室之中有所思也使人畏其法
則康莊之內有所懼也若畏其神懼其法成政之道亦
在兹乎其如所獻不可勝紀雖云廟用未曰精專歷政
□□□莫厭事不有明略無由立功　留守侍中
稟岳之英得河之靈許　國忠貞施政肅清於是

奉
　君之餘愛民之暇乃偵斯邑備聆厥由一日
命寮佐曰食　君之祿豈徒然哉今欲務本成政
如斯可乎四座咸曰善於是選彼公人監之於廟未逾
朞月所獻寶貨幣帛充溢廊廡仍令掌綰哉侯修崇乃
差軍將孫蘊札度又差登封鎮將郭武等曰以示早親
左右聽吾指蹤擇彼杍人臻其必萅雜用二十三處行
廊一百餘間莫不飾以丹青繪之部從栽松植木去故
就新不可一一盡紀俄而吏不敢欺告厥成功仍聽民
歌歷敢弗録歌曰　時之泰兮　聖人功
政之清兮　君子風觀廟宇兮嚴潔類

明緒兮修崇足使謁者生肅然之禮祭者敦如在之
恭則　明神　貴人感應之兆信不虛耳文
蔚蕪篁無能編苫自許徒寄　化風之內幸窺修
飾之功是罄蕪詞直書盛事慮年代以杳邈勒貞珉而
斯在時乾德二年八月十五日記
廟丞前攝邢州宅平縣令將仕郎試大理評事劉仁
矩
朝散大夫行廟令兼監察御史裴陟
河南府押衙同監修王仁遇
隨　使押衙銀青光祿大夫撿校國子祭酒兼御史

大夫驍騎尉登封鎮遏使監修郭武
廟子唐令珣　鐫字人莫仁美
碑立化三門外庭乾德爲趙宋初年去唐未遠此書
雖似稍拙然瘦朴有骨略似歐陽率更說嵩
記監修者郭武同監修者王仁遇而武所歷官有云
登封鎮遏使據宋史職官志未詳是文或當時亦權
設也與劉仁矩既列銜試大理評事又題曰廟丞監
察御史裴陟亦書行廟令禮志詔嶽瀆并東海廟各
以本縣令兼廟令尉兼廟丞專管祠事然則二人皆
非縣令尉矣而亦兼此職當由宋初崇飾祠廟特任

若是也碑左側皇祐三年六月四日王珣琇題名一
右側景祐二年六月二日張顗題名一珣琇所謂被
命祀土王者也顗亦言准詔祀事禮志土王日祀中
嶽嵩山於河南府題悉與志符授堂金石三跋

金石萃編卷一百二十四

賜進士出身誥授光祿大夫刑部右侍郎加七級王昶譔

宋二

夢英篆書千字文

碑高一丈廣四尺三寸四分二十五行行四十字篆書古文額在西安府學

千字文

勅負外散騎侍郎周興嗣次韻

南岳講華嚴法界觀賜紫沙門夢瑛篆并古文題額

前攝涇州節度巡官袁正已隸書

文不錄

大宋乾德三年十二月二十八日立

推誠奉義翊戴功臣永興軍節度管內觀察處置等使特進檢校太尉同中書門下二品行京兆尹上柱國濮陽郡開國公食邑二千七百戶食實封八百戶吳廷祚建

武口郡安仁和刊

右梁周興嗣次韻千文宋釋夢英以篆體書之宋以前釋氏之徒以書名者多矣而以篆古名始見於英也東里續集

瑛書全學李監未似孫敖而袁正己隸書方勁有歐法與陰符經同非嘉祐以後人所及也石墨鐫華

夢英篆書千文勒石關中乾德三年節度使吳廷祚所立也其陰有陶學士穀書之序以爲史籀歿而蔡邕作陽冰死而夢英生推崇如此鮚埼亭集

右千字文宋僧夢英書他碑皆作英獨此作瑛千文他本皆云指薪修祜獨此作修祜英公自負書家同時獨推一郭忠恕獨不聞江南有二徐在耶予謂英公特長于書法耳未通字學也此及偏旁二碑皆步趨當塗尚不失六書槩度至所作十八體便墮惡道金石存

案宋敏求春明退朝錄云唐太宗時始有同中書門下三品其時中書令侍中皆正三品大歷中並升爲二品晉天福五年升中書門下平章事爲正二品國初樞密吳廷祚以父諱璋加同中書門下二品用升品也以此碑證之良然曾子固隆平集吳廷祚傳云宋興加中書門下三品宋史亦同皆傳寫之誤潛研堂金石文跋尾

夢英以篆法自名而體多閒架筆趨便易不若少溫之安詳端雅也且多繆體字如甯字應從由而作甴往字應從㞷而作徃閏字應從王中畫近上爲帝王字而作閠

三畫正均乃金玉字嚴字應從厂而作嚴匡字應從圭而作匡
頓字應從屯而作頓嫡字應從啇而作嫡出字應從
屮而作出克字應作克而作克列字應作列而作列
殿字應作殿而作殿丞字應作丞而作丞穀字應作
穀而作穀敎字應作敎而作敎觴字應作觴而作觴
𣅀字應作𣅀而作𣅀盟字應從血而作皿或省或增
或改變皆非正體又古無藏字只用臧古無崑字只
用昆古無潔字只用絜古無邈字只用藐古無懸字
只用縣古無塗字只用涂古無貽字只用詒古無妙
字實用玅古無悅字實用說此亦竝用俗字揆其故

蓋因玉出昆岡昆池碣石女慕貞絜紈扇員絜等字
本重疊故也又逍遙古只用消搖藝古用埶此竟作
逍遙與藝律呂調陽本爲律召隨智永唐歐褚所書
皆然今則作呂更徵謬陋矣英書已傳數百年不能
免後人之譏如此撅管者可不知所取法耶關中金石記
按墨池編稱夢英書史會要云號卧雲叟衡州人效十八體
書尤工玉箸嘗至大梁太宗召之簾前易紫服去
遊中南山此碑爲京兆尹吳廷祚刻石正夢英遊
中南時也碑已題夢英爲賜紫沙門則召見賜紫
者乃太祖墨池編作太宗者恐誤夢英詩碑宋溫舒贈詩有云十
九形庭賜紫衣則英公賜紫在十九歲矣廷祚之賜功臣號與丁彥超
同其同中書門下二品東都事略亦與碑同不獨
春明退朝錄爲然宋史廷祚傳廷祚字慶之并州
太原人建隆三年鎭秦州乾德二年來朝改鎭京
兆其刻此碑爲涖鎭之次年傳稱其好學聚書萬
餘卷尤崇奉釋氏觀其刻此碑可信史言不虛

京兆府重修清京建福禪院記

碑連額高六尺四分廣三尺一寸六分二十九行行五十字行書額題重修建福禪院之記八字篆書在西安府

鄉貢進士司馬壽撰

廣願大師賜紫沙門道雍書并篆額

詳夫古皇遠降眞諦潛興恒星斂色以資祥麗日騰精
而示化禪河作頤教開不二之門雪嶺才登德服大千
之界指月喻月示人分幻化之身非空卽空體物究死
生之理爰開萬法是立三乘曇花云謝於西方貝葉是
流於東夏法藹朝漢述像教以開基達摩遊吳立性宗
而設化潛口利用廣度口口戒珠蘊照乘之光心印著
範金之色遠塵離垢守一物以長靈背僞歸眞悟三空
而自口如窮法要須味禪宗俾執者以逍遙渙如冰釋
遣愚夫而頓悟豁若天開四虵失貪愛之情五蘊證色

空之理其於像設亦假維口如無方便之門奚集孤高之口息心達本巢棟宇以資身割愛辭親賴梵修而證果如崇大事須屬　高人即有　故院主和尚賜紫居進矣　和尚本荊門人俗博陵氏幼而悟道共詳天縱之功長乃忝禪寔得生知之妙爲倩田而万頃遠若蒼梧澄定水以千尋潛如彭蠡爰懷實性即達巨眞不去不来巳了涅槃之旨非法非相早窮解脫之源向覺岸以孤行守元機而卓立雖然了悟猶慕口尋須屬　襄宗朝中乾寧年內特携虎錫遠訪鷄邠侍　寶智禪師遊逍遥廢寺是羅什譯經之所

乃宗畨造踵之園眘卜依口欲希營構諮　龍庭而口射蒙　鳳詔以允從尋准　絲綸便謀興建南連遠嶠盡爲常住之口北口長河悉是伽藍之地開封壇而益遠建塔廟以增雄寬顯上游蔚爲　靈境如遊聚落尚闕依歸方懷擇地之情口感布金之兆於大梁開平中即有　京兆府觀察判官天水正郎上申　使府特給　公文捨隙地於明街崇福田於釋氏即爲禪院便議經營稍除燥濕之虞漸起招提之像長廊廣口方成締搆之功刻桷雕楹未假裝飾之力尋屬　和尚疾縈二豎身謝口桐崇口遐覆口

口功太樹衰如毫之績悲如弃井痛口崩榛逝後以釋子口口俗門多事鴛鴦死隆㟼增蕭索之蹤鴨鴿軒來莫假因緣之力口口塡壍以日繫時王生之詠靈光堪增悄口丁令之歸口口是可潛然尋値口德初年世宗御宇忽行釐革欲議廢停蒙　本府以飛牋奏皇闕而准舊房廊漸壞雖貽口口口池樹猶存且口雍門之謝不有所廢其何以興將崇必葺之功須仗當仁之者即有　院主僧淸紹逍遥寺主僧淸範終崇主大德賜紫終廣維那僧口操等寬親等觀物我俱亡挺智刃以千星蘊道情而若水輕財重禮天資棟

槪之心發譽揚名自樂盤桓之典乃願遺口口起口謀共崇大壯之功各設中孚之信乃定吉日旋擇良功蓋口口以增華貴暫勞而永逸紅樓再建宛如蜃吐之形紺殿重修屹若鳳口之勢僧堂氷潔唯易舊以口新客位風口亦去奢而即儉香厨巨肅朱戶精微全資慕善之內得契無爲之口日新月故究繕葺以非勞事畢功成壯因緣而永固所願口資　聖口口金石以長堅口贊　台慈等松椿而永茂次及飛走中及賢愚共承三梵之緣同出六塵之境菴蘿園內口與寶蓋之功口勸院中即契龍花之會法眷終本終祀臣美終

隱匡秘并同勾當僧志海淨業等早□雉尾澄悟繩□
或入室以探元或棲□而得趣□鶩白鹿盡爲　明
代之禎祥翠栢寒松並是空門之梁棟齊與上願稱就
殊因永貽荷檐之名長履眞如之境　施主張景□
賀敬璠張彥謙□諸公私助緣等情□長者　□志慕
□□各分潤屋之資共助肯堂之力香焚膏蕭令朝而
已結艮緣果證菩提他日而□□覺道既□善事宜勒
貞珉濤也智不周身才非濟物□□途之□□□□東
西窮法海之波瀾莫詳深淺旣辱旁求之請□揚□□
之名搦管囑文大有慚色時

大宋乾德四年二月十五日記
同學法眷濤智賜紫□德慧□□□移□悟眞移□
匡□匡秀
按此碑爲沙門道瓊書道瓊名不見於書譜司馬
濤文亦繁蕪末題同學法眷僧名同學法眷之稱
㨿見於此

三體陰符經

碑高六尺廣三尺六寸二分二十一行行二十字

黃帝陰符經
郭忠恕三體書
經文不錄
大宋乾德四年四月十三日建
安祚勒字

右陰符經郭忠恕書篆法自唐李陽冰後未有臻於
斯者近時頗有學者曾未得其髣髴也實錄言忠恕
死時甚怪豈亦異人乎其楷書尤精也集古錄
忠恕篆筆幾與徐鉉埒而尤以工小楷名晝入妙品
仕宋爲國子主簿用酒狂得罪貶能自卜死日或云
仙去不死也陰符最爲唐人所重褚河南前後奉敕
書至累百卷中亦多精語是老子以下鬼谷以上人
作但非黃帝書耳忠恕旣謫仙人宜其有會屢書之
而不足也弇州山人稿

此忠恕三體陰符經以小篆爲則而二者翼之蓋古
文者篆之所自始而八分者篆所以化而爲楷之路
也必見古文然後知字之本形而千變萬化總由此
出見小篆然後知字之正體而後俗俚之譌凡不從
此生者皆不可以字見八分然後知今之楷法卽古
毫不相似而一一可尋其源流而歸其祖禰先生之
心亦苦矣非以誇博好異而已矣此刻爲宋初是時
字學未沬而二徐與先生又力振古法自夢英以下

無取矣墨林快事

此刻唐懷惲禪師碑之陰三體者以篆爲正而以古隸分注于下也蠶字本從朁從䖵而省爲𧕎最謬者則列字之作㸚耳其所用古文多無所本宋史稱忠恕有古文尚書并釋行世今其所作汗簡中採錄甚多字體亦正俗參半乃博覽之家非求精之學也篆體既變少監舊法又加之筆畫謬戾何以示後關中金石記

篆書千字文序

文刻夢英篆書千文碑陰二十一行行三十五字正書

前攝忠武軍節度巡官皇甫儼奉　命書

在昔政弊結繩變生畫卦觀科斗之取象自鳥蹟之椎輪六法陳而大篆興八體分而異端起旦上下而指事仰日月以象形理既會元文亦隨變崩雲垂露窮萬化以通神鳳舞龍驤闢千門而企　聖雖學徒甚衆而能者蓋稀有　僧夢瑛荆楚之開士也本其鄉黨青草連洞庭之波詢其名位紫稻惹田衣之色幼探內典志在於法觀旁通外學行在於篆書皆以世之下字言無二者禪師智永遺蹟斯在遂服膺肆業自我作式易銀鉤爲玉筯代隸字以古文工隨歲深名因藝顯聚弃筆以成塚顧臨池而盡墨史籀沒而蔡邕作陽冰死而　夢瑛生則代不乏賢諒非虛語　聖朝丁卯歲　瑛公來自咸鎬觀光　象魏袖所業千文惠然見貺且曰　今太尉相國濮陽公建節關中表率西夏挈瓶飛錫時棲賓館隱几函杖屢親講席俾勒斯文用傳不朽以穀三署交官　七朝掌誥請陳事實用紀碑陰撫絃難昧於希聲擫管聊書於小序庶使陳倉獵碣同瞻拂刼之衣汲塚芳編不化焚書之火時仲春十日翰林學士承　旨刑部尚書知　制誥判吏部流內銓事陶穀於　東京序

大宋乾德五年九月二十八日立

推誠奉義翊戴功臣永興軍節度管內觀察處置等使特進撿校太尉同中書門下二品行京兆尹上柱國濮陽郡開國公食邑二千七百戶食實封八百戶吳廷祚建

武威郡安仁裕刊字

英公于篆書獨推李監而陶承旨穀此序亦云陽冰死而夢瑛生其然乎序書出皇甫儼手可謂升李更之堂者石墨鐫華

按太祖紀乾德五年十一月癸卯改元開寶此碑

以九月二十八日立故仍稱乾德五年文爲夢英
千文序千文刻于正面此序即刻于其陰千文以
乾德三年刻陶穀撰序在丁卯仲春爲乾德四年
而刻以五年蓋非一時之事也序末與千文同列
吳廷祚銜名史載廷祚以乾德二年改鎮京兆開
寶四年來朝遇疾卒其在京兆八年之久矣宋史
陶穀傳太祖將受禪未有禪文穀出諸懷中以進
太祖甚薄之此序乃自述其三署交官七朝掌誥
誇以爲榮甚矣其鄙也傳又稱穀諸子佛老咸所
總覽宜其爲英公作此序也函丈作函杖全謝山

云出禮記王子雍本

摩利支天等經

碑高五尺五寸廣二尺六寸三分作五截上二截皆二十行下皆二十六行行十一字或十字不等正書 在西安府學

汝南袁正已書

佛說摩利支天經　京兆府國子監

神王女抄多摩尼莫說　梁代失譯

經文不錄

安仁祚刻字

助緣樊有永　弟有遂

前攝節度推官劉知訥施石

李奉珪畫像

乾德六年十月十五日施主徐知舜建

其經永在監內留傳

黃帝陰符經　京兆府國子監

經文不錄

武威安仁祚刊字

助緣樊有永　弟有遂

翟守素畫像

前攝節度推官劉知訥施石

乾德六年十一月九日施主王處訥建

此碑首摩利支天經前作佛像次黃帝陰符經前作
黃帝問道廣成子像書俱不惡書者爲汝南袁正己
亦能習歐陽率更法者因以見宋初諸人猶步趨唐
矩也 石墨鐫華

袁正已所書摩利支天及陰符經立於乾德在京兆
國學以太學刻二教之經不必論宋初文字徐以篆
夢英以雜體袁正已以楷皆得郭忠恕之一端而此
袁得意之作古淡閑雅尚有李氏之遺風焉蔡襄稍
爲變調繼以蘇黃各出新意陵夷至於顛老古法埽

地盡矣余於宋初猶有取焉爾墨林快事

按摩利支天經并咒今大藏盡字號內凡有四種一曰大摩里支菩薩經四卷宋明教大師天息災譯一曰末利支提婆華鬘經一卷唐沙門大廣智不空譯一曰摩利支天陀羅尼咒經一卷失譯人名開元釋教錄附梁錄葢摩里支末利支與摩利支音近而有異文耳此經一卷亦大廣智不空譯而此碑但署鈔說者二人云梁代失譯不署不空譯之名豈不空譯本宋初未傳於世耶此經與陰符經同刻一碑皆袁正已書畫像則李奉珪與翟守素二人分列于經首今大藏每經卷首必有佛像此其權輿也

張仲荀抄高僧傳序

碑連額高六尺一寸二分廣三尺四寸十七行行二十四字行書篆額在西安府

翰林學士中書舍人知制誥陶穀撰

南嶽宣義大師賜紫夢英書

遷客郭忠恕篆額

浮啚氏之教其來久矣自昔金人入夢白馬來朝像法聿興奇才閒出僧會東下吳俗從風羅什西來秦人被化圖澄馳名於趙國恵遠傳法於廬山自迩已還厥徒孔熾宏道者指白蓮而結社求法者度雪嶺以尋經至於浮杯飛錫之流黃眼赤髭之士論堪揮麈講必雨花示現則吐膽成頌布施則投身飼虎戒珠月滿慧劍霜明五蘊皆空諸漏已盡去聖逾遠其道日彰盛事芳蹤不可備載清河公好古博雅君子也以為桒門行跡非在九流一物不知未能無耻乃徧閱茲傳至于載三畧彼浮華撮其機要分為十卷以類相從子覽而異之嚮張公之才美作事可法得無旨乎孔氏以德行政事言語文學為四科昇堂者顏閔而已達磨寶誌之輩亦釋門之領袖甚有可觀夫童子聚蟻之仁乃德行乎祖師傳燈之要乃政事乎道安弥天之論乃言語乎湯休碧

雲之句乃文學乎立其教則有殊歸其理則無異稽乎用意豈徒為一書哉起予者商不敢無述

僧義省助緣

安文璨鐫

紹元大師施石

袁允忠　房仁瑱　張仁遂於長安共建

湯休碧雲之句乃文通語也謂之釋氏之文學可乎陶學士文與法門之書葫蘆者英大師書亦筆冢之盜枯骨者不足辱吾書意也弇州山人續稿

英公以正書爲得行筆非所長也篆蓋者乃郭忠恕郭小字篆文習見之此漸大而尤有典則八字元爲兩行行間甚闊余手自裝潢聯作一幅墨林快事

按高僧傳今所存者會稽嘉祥寺釋慧皎撰凡十四卷其見於隋經籍志者爲齊釋僧祐撰亦十四卷然慧皎序謂沙門僧祐撰三藏記止有三十餘僧所無甚衆慧皎因是增廣爲二百五十七人又傍出附見者二百餘人則僧祐本與慧皎合矣別有續高僧傳四十卷唐釋道宣撰始于梁初終唐貞觀正傳三百三十一人附見一百六十人此二

書今皆現存大藏中此碑陶穀撰序不甚明晰不知張仲荀所鈔者慧皎本乎抑道宣本乎其書十卷久已不傳惟存此序蓋當時刊板之法未甚流行全書刊石爲難祇刻一序以明大義猶夢英不書說文全部而但存部首刊石傳世之意也張仲荀無傳可考碑無年月據撰者陶穀書者夢英則皆在宋太祖時而篆額之郭忠恕題曰還客宋史忠恕傳建隆初被酒與御史競於朝堂坐貶爲乾州司戶參軍又擅離貶所削籍配靈武其後流落不復求仕進多遊岐雍京洛間至太宗即位始召赴闕授國子監主簿則其篆碑額亦在太祖朝遊雍岐之時故署爲還客也

新修唐高祖廟碑

碑高一丈二尺六寸廣四尺九寸二十五行行五十九字至六十四字不等行書額題大宋新修唐高祖皇帝廟之碑十二字篆書

大宋新修唐高祖神堯皇帝廟碑銘并序

朝請大夫行尚書左司員外郎知制誥權判昭文館充史館修撰判館事柱國賜紫金魚袋臣扈□奉

□□

翰林待 詔朝議大夫太子洗馬同正臣張仁愿奉

勅書

昔者洪水懷山下民方剳墊之者禹也有夏多罪天命殛之順之者湯也紂爲不道毒痛四海伐之者武也隋失□馭塗炭六合代之者唐也雖□干戈揖讓步驟不同至於應天順人爲民除暴其義一也唐之高祖曰神堯大聖大光孝皇帝姓李氏諱淵寔天之英寔地之靈體曦舒之至明禀融結之元精應符□而出順時運而生體貌多奇乃軒皇之瑞表寬仁大度卽漢祖之英風故舉義黎堆堯起唐侯之比也陳師渭曲武指商郊之類也□□建□□之號以表至公尊太上之□以存

大義然後受九錫之備物口三口之盛躡閶闔御樞莫
之與京若夫氛雾翳天晞之者杲日黔黎塗地拯之者
聖人隋自大業末年羣盜蜂起大則跨州連郡竊帝國
王小則斬木揭竿攻城剽邑茫茫九土盡爲麋鹿之場
擾擾羣生俱充蛇豕之餌亂離瘼矣爲之何哉
帝時以英武之姿逢板蕩之世思欲救兆民之平
難拯六合之横流濡口不辭晉衣而起加以寬厚容物
則賢者爲之伐謀明恕愛人則勇者爲之决戰豪傑因
之而景附億兆由之而欣戴故得活口黎於焚燎易愁
怨爲謳謌口合羣心終陟元后自肇有書契緜歷載祀

撥亂濟時之主創業闢統之君如　帝之比
者幾何人哉　我應天廣運聖文神武明道
至德仁孝皇帝名輝　帝籙口踪　王猷順元
識以　口飛聲　鴻基而嶽峙　油雲
在上羣生欽　下濟之恩　瑞日升中六合
仰　無私之照窮夏禹莫山之蹟盡口四口罄周
官經野之籍咸輸九貢頌聲斯作瑞牒爭陳日月爲之
貞明河洛以之開輿然猶若稽遂古緬慕口芳訪墜典
於石渠感受口於　口口以　帝昔膺
土運奄有瑶圖洎谷變以陵遷遂光沉而藏歇剏自唐

祚將季纂何挻祓一抔會盜於漢陵三月幾焚於驪岫
我皇帝恩延歷代　澤漏重泉惜魏帝
之銅臺空存舊趾嗟茂陵之玉盌口出人閒乃
命授以規模修其圯陊仍頒　寵詔就建靈祠因
獻陵之下宫據畢原之故地鳩工蔵事不日而成觀其
正殿中蹲景福靈光之比也迴廊口聳未央建章之類
也其像塑也飾之以金碧丹青其服御也賁之以藻火
粉米良工盡妙能事咸臻及大匠之告成　命詞
臣以紀事微口口口　口口乃再拜稽首口言
曰昔　唐高祖鑿乾搆象戴育含靈括地開

階重垂大統故能使一十九葉克口於鴻圖三百餘年
口守其清廟彼乃得之口口口　今我后儀
天立極稽古蹈人蒼璧黄琮虔謹　圜丘
之祀金口玉撿將行岱嶽之封　皇業聿興人口
口口此乃得之於後也口知前聖　後聖不謀而
同以古以今相去何遠詩曰雖其有之是以似之又曰
高山仰止景行行止其是之謂焉宜乎　德音是
隆祀典惟豐仍口豐碑以示來世敢遵睿旨虔杼斯銘
銘曰
唐昔受命　奄有神器　高祖膺　肇基文陛　重

煕累洽　綿三百祀　宋今應運　澤流厚地　伊
我后握圖　文經武緯　垂裕儲休　卜三十世
二聖兮相望平聲　諒於湯兮有光　念高山之蕪
沒　嗟舜野之荒凉　乃捧原廟　隆其楝樑　乃潔
明祀　脩以蕭薌　□□如□　靈祇允臧　敢載言
而紀績　期地久兮天長
開寶六年歲次癸酉七月□子朔二十一日□日建

新修周武王廟碑

碑高九尺一寸廣四尺八五寸二十四行行五十五字行書

大宋新修周武王廟碑銘并序

翰林學士朝議大夫行尚書兵部員外郎知　制誥
上柱國賜紫金魚袋臣盧多遜奉　勅撰
翰林待　詔中散大夫行太僕寺丞柱國臣孫崇望
奉　勅書
古者聖人體乾坤樹道德功濟天下法施生民歷代咸
欲稱其名美其事或樂章以歌之或畫像以讚之亦以
爲宣揚前烈敦厚王化其有濟黔首倒懸之命成域中
太平之績盛德鴻業垂光典墳傳萬代而不朽者其惟
周武王乎甞觀樂音大武將闋其歌云於皇武王無競
維烈又觀畫讚黄初舊文其詞云桓桓武王救世濟民
皆謂蹈美發揚道德歷彼千祀往聞虛詞曾未若崇一
時之典章振列聖之耿光訪陵寢以奉之析户人以守
之乃建祠廟乃崇祀典先王不能有其制前代未能行
其事出自我
應天廣運聖文神武明道至德仁
孝皇帝冠絶古今之
聖德也將以事實刊於貞
珉乃　命微臣對敭休烈謹再拜而稱曰伊昔皇風
肇興西土磻溪協德時雨降而山川出雲孟津會盟天
機發而龍蛇起陸既而威加四海化成天下武王之德
可得言焉若乃戎車虎賁右旄左鉞赤烏上屋表天命
也白魚入舟象人事也仗大義而平定任純誠而臨御

旋賢人而示來者所以表商容之閭重烈士而悼云亡
所以封比干之墓先濟民而後圖國用所以散鹿臺之
財輕積聚而重達物情所以發鉅橋之粟暴斂殘毒自
我而息遂致群心翕然□□斯應海内黎庶捨塗炭而
登春臺寰中歌謡釋豐鄗而見白日及乎敦治本澄化
源封五帝之後嗣削五虐之弊政命周公旦營成周而
卜洛命太公望授賜履而封齊分治西陝委邵伯之共
功保釐東郊有畢公之繼德宇内由是安泰民風所以
和暢豈直休牛歸馬但美於偃兵保大定功空歌於成
德者哉揚積世之大業成後嗣之丕基生民已來鮮能

踰者　我皇所以覽虎觀之史籍披職方之圖誌
鄠邑故地淨其舊陵因　命守臣躬往省視乃曰陵
寢如故而荒榛之路弗禁於樵採廟宇甚陋而牲牢之
奠無聞於俎饌上言至止　帝曰吁哉以爲廢脩
寢園無以褒聖王之德教守無人戶無以奉古陵之封
植既而封植有所守奉有戶非嚴肅於廟貌何崇重於
瞻仰於是下　明詔命有司擲楠杞梓梁其材公
輸匠石規其制將作圖畫以承式　宸扆臨觀而
命使廷臣受　詔輶車載馳揆程鳩功不日而就徙觀
其殿宇巍巍丹楹赤墀瑤軒藻井金階寶砌廻廊環周
彫甍對飛朱欄綺疏交錯光耀何修奉之所至而輪奐
之若是則知武王以大聖之德恩濟於人民　我
皇以不刊之典光揚於祭饗使彼功不昧而　我德踰
盛太牢致奠極崇重也二時行禮立典制也嗚呼天本
無親惟有德而能親之神非常饗惟克誠而能饗之足
使陰助　景福而明垂令典豈止犧象元酒江文通稱
薦德之辭簠簋香萁陳叔達□□□之作徵諸舊籍謹
爲銘云
卜世其昌卜年其長以德嗣德天鍾武王景祚無疆神
智無方以聖觀聖時惟　我皇褒盛德□□起追遺風

而載揚曰武成於周書兮其功未彰歌下武於周頌兮
其道未光不若因　我朝崇廟饗億萬祀與國史而同
芳

開寶六年歲次癸酉十月辛巳朔十五日乙未建

宋修周武王廟碑盧多遜撰孫崇望行書亦開寶六
年建蓋與唐太宗廟同時修葺者廟近王陵今廢圮
碑不知何時移咸陽城中（石墨鐫華）

右碑行書可觀有宋立于本廟在縣北一里今失其
址碑見存于今廟中夫有宋于文武成康俱于境中
建廟與碑今止存此碑與康王碑而文成不可考矣
噫四聖王陵寢俱在而廟貌頹圮非闕典而何（咸陽金石遺文）

宋史禮志太祖命李昉盧多遜王祐扈蒙等分撰嶽
瀆祠及歷代帝王碑遣翰林待詔孫崇望等分詣諸
廟書于石此其一也文稱應天廣運聖文神武明道
至德仁孝皇帝攷東都事略載開寶元年八月戊辰
羣臣上尊號與此正同宋史本紀聖文作大聖誤史
又移上尊號于十一月恐亦誤（潛研堂金石文跋尾）

崇望書宋時謂之院體蓋用集聖教序筆意而加豐
潤者趙崡謂出于吳通微恐未必然（關中金石記）

新修唐太宗廟碑
碑高八尺廣四尺二十
三行行五十字行書
大宋新修唐太宗廟碑銘并序
朝散大夫行殿中侍御史分判度支公事柱國臣李
瑩奉　勑撰
翰林待　詔中散大夫行太僕寺丞柱國臣孫崇望
奉　勑書
乾綱裂地維絶國風歇王澤竭天命聖智挈其雄傑於
是補其裂綱其絶續其歇益其竭三才區別以更始萬
物陶鈞而煥發東西南北張再造之乾坤春夏秋冬皎

重新之日月功有如是之大者臣見之于　唐太
宗文皇帝者哉煩以暴隋失國蒸民無象內則猕金珮
玉縱虺蜴於賢良外則弭節橫戈恣豺狼於郡縣顧下
民由我而曷訴指上帝何知而可欺惟惡乃常謂善無
益五行四序錯亂之道疇依九州八荒焚溺之灾孰救
文皇帝泄彼怒氣發爲義聲迅雷出地蟄以
而啓戶應龍御天陰靄謂之作氣厚其禮所以歸多士
虛其懷所以結群心黎庶由是樂推英雋於焉貫附君
臣之分斯定天人之機交發霧雲廐南指逐鹿之徒不廻
神兵西出剪鷄之郊甫定然后芟建德誅世充降李密
遂薛舉曰不暇給寔繁有徒暨乎奸僭平河洛宅偏雅
集禮樂興禮明恪居恭默勤政擇皐夔伊吕之具以調
陰陽求龔黄卓鄧之才以敷教化於是五刑恤五教寬
六宗秩六府完桀紂威虐之政不日而革堯舜清淨之
理朞年而旋夫如是孰不謂帝道之煇焯王業之艱難
者焉既而和氣凝浇風變在天成象景星高而甘露零
任地班形芝草植而騶虞見倉廩實而禍亂不作俎豆
修而祭祀不絶于以傳十八葉垂三百年享國稱孤由
帝而有　今皇帝以文武迭用寧中外以刑德交
舉綏賢愚化孚萬邦歲偹一紀迩者臨便殿顧台臣乃

曰功蔽生民一時而可配天地迹流信史万古而若揭
日月者前代聖王之德歟豈可使蕪没陵園湮沉黍稷
苟盛典以弗舉俾後代以何觀於是給豊財募奇匠啓
舊基所以極衣冠之儀搆新廟所以正祭祀之期旋聞
列藩咸訖不績揚此能事屬于　盛朝仍分詞臣
各誌年譜微臣偪僂承命征忪省躬執簡登朝言直方
慙於任座揮毫撫石思遲空類於馬卿將何無愧之辭
仰紀非常之美但遵　睿旨因得直書庶明乎信
陵有護冢之恩比憐列國比干有封墓之賜但念忠臣
將求其倫曷足稱伴而已哉謹爲銘曰

天地既否　雲雷蓮屯　平此多難　鍾于大君　大
君肇興　大義斯作　雲出山川　奥開河洛　河洛
既宅　華夷以康　曾如是者　太宗文皇　文皇未
起兮四維如燬　文皇既位兮八荒如砥　文皇之迹
兮炳如丹青　文皇之功兮配于天地　今我后念前
王　修盛禮　陵廟載嚴　衣冠式備　仍命鴻筆一
克揚能事　非獨以耀豐恩　煇永世　抑亦使深爲
谷兮　高爲陵　英烈之聲不墜美矣

開寶六年歲次癸酉十月辛巳朔十五日乙未建

新修光武皇帝廟碑

碑高一丈一尺六寸廣五尺六寸十九行行四十五字行書

大宋新修後漢光武皇帝廟碑銘并序

太中大夫行右補闕內供奉柱國臣蘇德祥奉
勑撰
翰林待詔中散大夫行太僕寺丞柱國臣孫崇望
奉　勑書

祭法曰能禦大災能捍大患方得在祀典祭義曰宮室
既修牆屋既設所以交神明惟　後漢起南陽靜
諸夏康濟於一時惟　大宋舉墜典秩無文煇映
於千古是知祠祀其來尚矣沿革成禮可得言焉昔者
漢運中缺新室不道九縣飆起三精霧塞劉聖公以繡
緇之衣憑凌冠蓋劉盆子擁赤眉之衆竊弄干戈跨州
連郡蜂飛蝟起　光武皇帝攘臂一呼群心四附
夫昆陽之戰克平百万之敵拔邯鄲之壘遂應四七之
符築鄗邑之壇于以援天命定洛陽之都于以順人心
若乃起於民間始無尺寸之土乘乎帝位終爲夷夏之
君復能日愼一日安不忘危□□覽機權日昃乃罷或
躬閱經史夜分乃寐保全功臣而奉朝請進用文吏而
責時務易凶歲爲豐年變亂代爲治□□國二百載傳
位十二帝則前之言禦大災捍大患　光武之道

諒無媿焉　應天廣運聖文神武明道至德
仁孝皇帝端居九五之位交泰億兆之民　德威四
方擒僭僞之君者二歲周一紀□郊祀之禮者三而猶
避　興化之鴻名讓　成功之懿号若朽索
之御六馬不捨　戒懷理大國如烹小鮮自然均化
剏前古未行之禮旌歷代有道之君於是下　明詔
命有司陵寢除荆榛之穢廟貌極籩豆之潔則前之言
修宮室設牆屋　我皇之旨俟其偉歟美哉
新廟既已成能事亦已畢爰覃　睿旨俾建豐碑臣
猥以虛孱亦忝撰述敢揚　茂實謹作銘云

開闢已來　聖帝明王多矣　粤若無位而興　無兵
而起　自民間兮爲天子　而能掃蕩煙塵　混同文
軌　保功臣之令名　進文吏而致治　有始有終者
惟光武皇帝而已　光武既沒兮餘荒陵　我皇制
禮兮崇明祀　巨殿巋立　長廊對峙　籩豆撫其蠲
潔　圭木窮其壯麗　貞石勒銘　庶幾乎天長地久
知　我皇之旨
開寶六年歲次癸酉　月　朔　日　建

新修嵩嶽廟碑

碑高一丈三尺二寸廣五尺二寸二十五行行六十四字行書在登封縣

大宋新修嵩嶽中天王廟碑銘并序

翰林學士朝議大夫行尚書兵部員外郎知　制誥
上柱國賜紫金魚袋臣盧多遜奉　勅撰
翰林待　詔中散大夫行太僕寺丞柱國臣孫崇望
奉　勅書
廣雅稱山大而高者嵩也詩人謂峻極于天者嶽也名
義昭著布在文籍齊德泰華而獨峙乎中方俯視河洛
而助成其秀氣惟　神是宅炳靈孔昭以太史璇
璣察乾文知其協星辰之定域以陽城土圭測日景知
其居天地之正中萬山四顧而來向峭壁高聳而直立
太室少室左右之勢通朝陽夕陽東西之分正神仙秘
洞府則浮丘子晉隱別館於巖巒帝王會衆神則秦皇
漢武著古跡於壇廟盼觀歷代厥有祭法播在典故垂
諸禮文四篇六甄崇其儀制一禱三祀著爲彝章
我應天廣運聖文神武明道至德仁孝皇帝平
一六合澄清四海精誠貫於白日德教加于百姓
凝旒顧問侍臣預對謂天設神府陰主人事者
何也曰　嶽神也地迩王畿位正中土者何也曰
嵩高也嵩高何神也曰　中天王也中天之封何
代也曰唐睿宗天寶五載也　帝曰吁我其

念哉嘗聞　天垂元鑒　神助陰隲合道則
福之反是則禍之　神以我爲有道之君故祈禱
應　神以我爲求理之代故風雨調　神以
我有愛民之心故稼穡豐穰　神以我有惠物之
志故煙塵掃盪我今虔意思有報者夫祀事恒典也何
以加焉封爵舊制也無以增焉將欲隆萬人之瞻仰莫
若嚴繢塑必欲垂永世之崇重莫若闢廟貌乃　命
盡輪奐之美先列於畫圖又　命擇貞幹之臣就護
其力役厥功告畢有司上言復　命勒銘貞珉以譔
紀録盛矣哉　聖人之德冠古無倫以乾覆坤載

爲楷模申之以周物以堯步舜趨爲軌蹈益之以綏豐
猶能不以運祚自大而　讓德於　元功不以
治平自高而　推謝於　神貺不以豐登開托
驕其　志每　志務乎允恭不以禍祀竊莊邀其
福欲福臻於黎庶修建既備瞻奉有所牲牢蠲潔甌俎
羅列使四望之禮煥赫於典章叙彼歲月垂諸碑碣俾
百王之道無借於法則矣如是則何言　執大珪
登泰壇柴燎一舉而　天神下降者信矣則知
嶽神奉　上天以安物因　我皇而昭應
惟仁是助潛契　寬恕之德惟明是贊默協和平之

道是故　言必從祈必應泰吾國安吾民者豈徒然
哉蓋人神交感之若是也上古稱以符風雨易之以宮
室後世謂既勤樸斲惟其塗丹雘本以祇肅漸崇壯麗
以至左平右城著爲禮容範金合土窮其華飾先王或
留心祠禱崇奉虛誕望仙作宮遂極土木之費夢蚍立
時大設廟堂之饗雖祀在方冊而無所取法今之建嶽
廟奉　嶽神大增其華而不在奢侈曲盡其美而
曾無勞役嚴殿宇崇門垣雕梁彩棟連甍接廡迴軒洞
達瞻之肅然有以見　我皇稽古守正爲民崇祀
之心形容於斯廟也不假採策知　神有延洪之

貺不俟瞻虛知　我有承久之法然而冠古立制
敷祐垂德不有譔錄其何宣著微臣職備禁署目覩盛
事奉　命叙述文不逮意豈獨使四海一統漢臣傳
華嶽之碑百堵九成周史頌終南之廟敢用實錄而爲
銘云
惟天保民　在乎歲功　惟聖治民　暢乎時風　奉
天助聖兮感而遂通　昭昭嶽神兮鎭于寰中　備物
有秩兮祀事是崇　所以古禮之垂文兮五嶽視三公
惟民戴君　尊乎寶位　惟神祐君　伸乎大義
愛民奉神兮潔誠以祭　皇皇聖王兮重彼明祀　昭
以靈貺兮顯乎嘉瑞　所以漢帝之告功兮嵩山呼萬
歲　覩三公兮表崇重於　嶽神　呼萬歲兮告延洪於
聖人　天地之中兮嵩高磷磷　寰海一統兮景福無
垠　我之盛德兮超彼前聞　我之祈福兮在于生民
豈比夫獻壽之聲兮摽漢史而徒云

開寶六年歲次癸酉十二月辛巳朔日建
右嵩嶽中天王廟碑盧崖州撰有唐李袞荷之風孫
崇望蓋以書待詔者運筆固圓熟毋乃通微院體之
遺耶　弇州山人四部稾
開寶六年重修中嶽廟碑盧多遜之筆而孫崇望書

之者也中州金石之文白棐井叔漸搜出而子所見者得之范侍郎天一閣二百年前搨本古香古歡更爲希有（鮚埼亭集）

宰輔編年錄開寶六年九月己巳盧多遜參知政事多遜自翰林學士兵部員外郎遷中書舍人除此與周武王廟碑一立於十月一立於十二月猶稱翰林學士尚書兵部員外郎者撰文時猶未執政也（潛研堂金石文跋尾）

崇垩書郭進屏盜碑甚瘦勁此又以圖勝王世貞指爲吳通微院體之遺予觀宋初人書尚有唐人風格不似後來逞姿作勢致臨書者未盡其長先受其弊（中州金石記）

新修商中宗廟碑

碑高一丈四尺六寸廣六尺四寸五分二十一行行五十四字或五十六五十三字不等行書

大宋新修商帝中宗廟碑銘（并序）

宣德郎右拾遺臣梁周翰奉　勑撰

翰林待　詔朝請郎太子率更寺主簿臣司徒儼奉

勑書

眇覿上古逖聽前王尊盧栗陸之代興燧人有巢之更王皇猷允塞五帝步而同驅盛德光亨三王驟而並軌言至治者乃稱其茂烈語聖嗣者必本其鴻源雖子孫垂裕而克昌亦昏明繼世而迭有載籍具在可得而言案商本紀　帝太戊升二十一代之孫　帝雍己之弟司徒事夏佐治水而有功天乙勤商厄諸侯而受命惟　帝克大紹宗之業生知皇王之道臨下有赫在上不驕休光炳然燁燿耀世　皇家有天下之十五載　王塗無外　帝理有光文德誕敷遠人來格　武功大定凶族咸劉　惠澤霈于黎元和氣煦于昆蟄恢禹迹之遐理復　中州之故封蠻貊之疕歲紀職方之籍象胥之譯時踐槀街之庭加以天下大寧海內如砥陰陽水旱罕值於天災山川鬼神必助於　聖作郊丘備物之祀祖考孝思之誠三陛　柴壇覲奠蒼璧帝王之能事畢舉邦國之墜典畢脩爵鄰侯之孫興廢見乎厚德封黃帝之後繼絕表於至仁居一焉　皇帝若曰歷代　帝王各膺曆數雖殊其於先蹈正朔被於中原雖年祀寖遐而園寢尚在蹂踐口焚穿窬者往焉陵土皆坏樵蘇者弗禁朕載用震悼登忘寤興有陵墓之處宜令並禁樵採仍各建祠廟一所務盡宏壯光靈貴於萬古　皇明照於

九幽粤以開寶辛未歲經始以壬申歲畢功事越非常
功存不朽太牢之饗遂軼於中祠二簋之誠必更乎椶
禮至于豆甑之器祝史之辭率非舊章皆用新典當使
泯然之俗紛若之巫禱請天將有豚蹄之愧誼譁神
宇益知銅鼓之非將鑴貞珉以觀永代臣仰承
睿旨實寡英辭採舊史以披文但瞻陳迹染柔毫而敘
事終玷清芬拜手颺言謹作銘曰
司徒佐禹　聖謨有裕　成湯勤商　王業云昌　祖
宗昭顯　子孫蕃衍　盛德聿興　靈猷允升　世去
千古　陵荒無主　廟貌不陳　禱祀何人　皇鑒昭

晰　興廢繼絕　陵樹無樵　德音孔昭　乃興大搆
以資靈祐　端拱嚮明　凜然如生　載披青簡
帝文炳煥　桑穀生朝　旦暮雅高　脩己禳慝　妖
不勝德　君道允常　休有烈光　禮文載秩　宣揚
茂實　碑於廟門　終古其存
開寶七年歲次甲戌四月己卯朔十六日甲午建
按新修帝王嶽瀆廟碑凡六通一曰唐高祖神堯
皇帝廟一曰周武王廟一曰唐太宗廟一曰後漢
光武皇帝廟一曰嵩嶽中天王廟一曰商帝中宗
廟前五通皆開寶六年立末一通七年立修廟立

碑事太祖本紀不書惟見於宋史禮志云在廣南
平後而不著何年按平廣南乃開寶四年二月事
則修廟立碑之命在四年以後六年以前矣文獻
通考載乾德四年詔合三十八帝陵寢禁樵採廟
貌設牲牷開寶三年河南鳳翔京兆耀州言自周
至唐凡二十七陵並經唐末兵亂開發詔具棺槨
以葬長吏致祭以上所載皆未詳晰不知當時立
碑者止于二十七陵抑合三十八帝今所見之碑
拓止此五帝一嶽其餘蓋不可知矣六碑文皆通
脫無須考辨撰文人唐高祖廟爲扈□洮其名郎

扈蒙也周武王廟嵩嶽廟皆盧多遜唐太宗廟爲
李瑩光武廟爲蘇德祥商中宗廟爲梁周翰書碑
人唐高祖廟爲張仁愿商中宗廟爲司徒儼餘四
碑皆孫崇望宋史扈蒙傳蒙字日用幽州安次人
由中書舍人遷翰林學士坐黜爲太子左贊善大
夫稍遷左補闕乾德六年復知制誥充史館修撰
而不載其行尚書左司員外郎東都事略與碑同
史似誤以左司員外郎爲左補闕也盧多遜傳多
遜懷州河內人乾德三年加兵部郎中六年加史
館修撰開寶四年命爲翰林學士六年遷中書舍

人參知政事碑無史館修撰兵部郎中作兵部員外郎宋史宰輔表六年九月己巳盧多遜自翰林學士兵部員外遷中書舍人參知政事則傳作兵部郎中者誤也碑建於十月十五日而結銜不署參政者撰文當在九月以前也李瑩蘇德祥俱無傳瑩見宋史太祖紀開寶七年五月戊申朝殿中侍御史李瑩坐受南唐餽遺責授左贊善大夫梁周翰傳周翰字元褒鄭州管城人開寶二年遷右拾遺改左補闕兼知大理正事碑惟載宣德郎右拾遺而已張仁愿孫崇望司徒儼俱無傳石墨鐫華稱宋修唐憲宗廟碑張仁愿書又載周康王廟碑黄遜浮撰孫崇望書今憲宗康王二碑未見而周武王漢光武唐太宗中天王諸碑石墨鐫華俱未之及殆諸碑在明時未顯耶

金石萃編卷一百二十四終

金石萃編卷一百二十五

賜進士出身　誥授光祿大夫刑部右侍郎加七級王昶譔

宋三

重修龍興寺東塔記

碑高五尺五寸廣三尺文二十六行行四十六字正書在同州

若夫致情自逸聖人生博奕之談驗性迷方諸祖散指月之諭是以珠沉於海俾冈象之忘機補竅於身使混沌之返口則必逍遥委化復歸何有之鄉清淨居真共安無過之地何須窮泰極侈恣嗜慾於心胷入聖從凡昧修行於眼耳唯釋氏之教興於曠刼金剛三昧爲法界之歸依玉毫六通作人天之瞻仰灑醍醐以霈潤澤則無不舒蘇震法樂而激聲教則俱聞踴躍是故衆魔既伏列仙共歡得樹神之精勤感輪王之迴向擎拳合掌悟法相之皆空落髮披緇學菩提之無上其過去未來之因果龍藏名言備矣此何足以稱揚覺皇受波旬之請而入涅槃雖化身强焚而金質自永舍利之寶散入支那同州龍興寺東塔是其一也截翠嶽於半天影太陽於中道隨氏之將興祥兆見焉金陵電滅浮喜氣於東南火運炎空龍祥光於中夏夾輔王室方嚴承相之尊纂成帝功菟塞神尼之讖隨文因以所居宅是爲

此寺自後紅樓翠殿高危上入於雲霄寶鐸珠輪光彩傍侵於河洛然則年代深遠功績漸隳瓦墜梁傾欹風摧而雨敗物存基在但日往而月來不有否也其何泰乎有恒農楊氏名繼宗乃左馮一長者也金玉其貞冰霜勵己干以非道有難犯之容動以觀時多不平之色以布施修崇爲己任以謙和儉約爲身謀人倫之中不可多得以爲芝蘭在佩不如戒定之香諂呂成交爭似聲聞之果其是院之西又有長興萬壽院其住院僧前僧正法諱智峯師号嚴靜章服剡焉秋袍自擁夏臘甚高羅什傅通識五天之儀範道安講唱明三界之因緣

萬二千五百衆咸願登門一切十恒河沙亦將共貫恒農與之爲道侶而甚容亦猶昔之蓮花社也高秋八月演摩詰之靈談宴坐一時味如來之眞語許檀郙爲布施奉內財以供佛用精進爲焚修依法身而潔己居一日乃謂峯上人言曰東院眞身舍利塔嬰頹缺漏久矣此不爲修如之何有能興者師欣然贊成其事於是集工人籌度之鳩衆材聚丹雘無曉無夜經營架構于時郎日而就約其費用將百萬計雲煙乍歛若漢月之再中星月共臨疑天樞之獨立非夫有大力量有大志願豈能成此殊常之功德哉先是此寺鍾樓斜朽凋壞及

峯上人院西殿并中尊列侍並隨室時興塑以之寖久中間縱有貼補亦罕能全功恒農一旦皆以家財呼匠巧取材用及金翠瓦甋之屬並附益修飾之十分之數弘縫其七八焉信矣夫世尊之感應長者之護持非獨聞於往昔也阿育王之志氣功滿行修給孤園之清涼法興教立遂使淸信上士盡生降伏之心慷慨衆生頓換柔和之性其誘化補報也如此　府主違帥太師鍾一千年之　亨運應五百載之間生衛　社惠民恤刑欽政覩匈奴如草芥舞陽侯之橫行驅樓蘭若狐狸傳孙子之深入方持虎節顯鎭侯藩帳中號令之嚴秋

風偃草門下平章之　命禁殿宣麻　通愍隴右公朱研益丹玉焚須冷宰衡餘慶自高定國之門聖祖沖元必握眞人之籙　觀風譙郡夏侯公威稜有執如松栢之貿雪霜忠信罔愆比春秋之應日月此際且登於蓮幕匪朝卽列於　冀階瘖道與時來時與賢會　元戎物望多憐共治之榮調御音容不爽付鴆之意恒農以功願既畢乃率以文之岵也德行無取文學甚虛進未能輔相　帝王立萬年之運祚退不能交朋巢許傲列嶽之風雲而猶勞役風塵俳佪州縣賦憇鷃鵡肯爲席上之珍雨助蛟龍口是池中之物强援

鄙拙用以紀云

大宋開寶八年乙亥歲四月辛巳朔二十九日辛未建

寺建自隋而重修于宋開寶之末檀那楊繼宗也碑內有云府主連帥太師者有曰通總隴右公者有曰觀風譙郡夏侯公者皆不可攷作碑者名岵而不言其姓亦無從知之書者并無姓名書法瘦更方整有之道逸不如也（石墨鐫華）

右龍興寺碑字畫完好文稱府主連帥太師又云門下平章之命禁殿宣麻攷之宋史則馮繼業時爲定國軍節度使史不云檢校太師及加中書門下平章事也宋初沿五代之制藩鎮之權尚重繼業在周已歷節鎮名位久顯常以三公使相之號不足爲異然本傳竟不一書未免失之太畧繼業在同州吏民嘗爲立遺愛碑今不復傳矣（潛研堂金石文跋尾）

按同州龍興寺有二一在州西北隋開皇年建一在州正西陝西通志不言建于何代但云明洪武嘉靖中重修宋有重修龍興寺塔碑以此碑攷之則亦建于隋文帝時也碑云隋文因以所居宅爲此寺隋書高祖紀皇妣吕氏以大統七年六月癸

丑生高祖於馮翊般若寺紫氣充庭有尼來自河東謂皇妣曰此兒所從來甚異不可於俗間處之尼將高祖舍於別館躬自撫養而不言別館所在馮翊正同州首邑據此碑知龍興寺爲隋文帝居宅矣然據陝西通志又云州治東金塔寺右有興國寺隋文帝龍潛處唐改隆興寺尉遲恭建是又以興國寺爲隋文居宅而改建爲寺又在唐時其非即龍興寺明矣恐通志未確當以碑爲據也碑載院西有長興萬壽院則今已無考宋史馮繼業傳繼業字嗣宗大名人開寶二年拜靖難軍節度使三年改鎮定國軍太平興國初來朝是碑載府主連帥太師信即馮繼業建碑之八年尚在鎮也（定國同州軍名）末題開寶八年乙亥歲四月辛巳朔二十九日辛未建由辛未上推至朔不應是辛巳據遼史朔考四月是癸卯朔方與辛未合碑誤也

福州重修忠懿王廟碑

（碑連額高一丈四尺七寸廣七尺一寸四十七行行八十四字正書額題重修忠懿王廟碑銘八字篆書）

（在福州府）

重修故威武軍節度福建管內觀察處置兼三司發運等使開府儀同三司檢校太師守中書令福州大都督

府長史上柱國閩王食邑一萬五千戶食實封一千戶
謚忠懿王廟碑
福州刺史彭城錢昱撰
若夫非常之人必有非常之事者衆所聞矣其或功及
於國道濟于民生居土茅没饗廟食者求諸前史罕有
其倫是以黃石立祠甚回遺跡沔陽致祭實表舊功故
聖人之制也法施於民則祀之以勞定國則祀之荀無
所稱實曰誣祭唯　忠懿王非誣祭歟　公名
審知字詳卿姓王氏本瑯瑘人秦將翦三十四代孫高
祖曄唐貞元中爲光州定城宰有善政以及民因遷家

于是郡遂世爲固始人矣曾祖友贈光祿卿王父蘊玉
贈祕書少監父恁累贈至太尉光州刺史十圍巨木始
從厚地以盤根九曲洪河本自仙源而折派岩匪降神
之氣豈生命世之才　公即　太尉之季子
也　公形質魁秀機辯明敏負英雄之氣者必相
交友學韜鈐之略者咸詢智謀懸知五典之書暗合萬
人之敵遠近伏其義勇隣里推其孝悌嘗有善相者詣
公之門視其昆弟三人曰富壽皆一體也而季
當位極人臣自是　公轄負之務遇陸岵興悲在
原鶺念恭事孟仲兄嚴若父焉秉將末辯綱全殊皂毛風
落磨牙吮血中原正苦於傷殘脫未裂裳四海盡疲於
征戰　公蓄慷慨之氣負縱橫之才每或撫髀暗
驚彎弧自誓曰大丈夫不能安民濟物豈勞虛生乎於
是以俟時待價之口抱拯溺救焚之志豪俠相許寢食
不忘雖大鵬未飛已具垂天之勢而神馬一躍終同追
電之蹤屬王緒者憑巢寇之戈矛盜崔丘之土宇違言
得志遂啓無猒但思於弱吐强吞豈顧其幸災樂禍曰
乃大掠部屬旁口口口復收士民以廣隊伍於是
公之昆季咸預焉及秦宗權竊弄五兵遍侵四境緒
內乏嬰城之計外無善隣之助遂率衆以作竄欲避地

而偷安玉石俱焚孰能分別豺狼當路無匪縱衡孛篠
章懦怯之中偶番禺殘害之後凡經藩翰靡或枝梧自
潮陽抵漳浦百姓畏其塗炭五馬避其鋒刃豈知兵忌
不戢人愼無恒毋蒲騷者終至敗亡好草竊者焉能長
久動蓄自疑之志本乖同義之心適當軍衆不賓遂爲
部下所害　公素敦誠信果涉艱危旣負出羣之
才仍諳撫士之術且兵不可以無主將不可以失人衆
遂推　公而立之　公居下惟謙事長必順
雖輿情之有屬在公論以不忘乃曰予早事二兄嘗若
嚴訓豈有弟爲大將兄居其下乎遂奉長兄潮以帥其

衆仍獲清源爲所理之地　公由是惡道途之多
梗擯　貢賦之不通實欲致理一方克平羣盜外
惟征繕中則經營運籌之勝負預知攬轡之澄清可待
大順冬□□□□□廉察遽亡兵馬使范暉奪符印以自
尊奉緘題而不遜恣行誅戮罔事綏懷人旣類於倒懸
時台當於逆取　公比絲觀釁因得徵辭遂舉勤
王之師以申弔民之義躬事戈甲身臨矢石一
年而圍□□□□年而堅壁遂陷范暉扁舟欲遁疎網
難逃遂爲海人梟首以獻　公旣殲元惡乃布優
恩凡日務從悉令宥過用仁信以馭下行慈惠以恤民

骨未浹旬已聞致理百姓愛之如父母三軍畏之如神
明又能成功不居讓德無愧遂迎長兄潮遷理是郡復
請仲兄邽迭居舊邦　武肅王表率諸侯蕩平大
憝吳越盡歸於賜履江淮咸奉於專征以其能務忠勤
遂求薦擢遂　奏授本道廉察及泉州符印借命
爲鎮　朝庭以寰海挻災久勞我武東南靜亂獲
庇吾氏俾提旄鉞之權□□裕襦之惠遂升本州爲威
武軍授潮節度觀察處置等使仍以　公爲節度
副使奬勳績也洎元昆殂謝衆庶歸依　公乃恭
受遺言式俟　朝命明年春　帝恩遠降人

欲是從初授　公撿授刑部尚書威武軍節度兵
馬副大使將委十連之任猶居貳職之勞一之日訓習
驍雄二之日蘇息疲瘵用心數月善政聞　天於
是進端揆之資正元戎之位齋壇高築軍幕大開分閫
詩屏翰之權握從□鼓鼙之任未幾顯居使相特錫戶
封方隆推轂之寄又藉秉鈞之力當多難未弭聊同指
髀之相須及具瞻有歸實賴股肱之迭用式資補袞俾
重褰帷天復元年載正　乾綱重光　帝座
言念七閩之地□待八柱之功特須渥恩用越倫等賜
武庫戟十二枝列于私門非恒例也自是日鍾百祿歲

奉九遷　公致　君愈勤述職無怠萬里輸
貢川陸不繫其賖一心　尊戴風雨不改其志
昭皇累嘉忠節別錫異數欲酬懋德豈限彝章天
祐元年夏四月封琅琊郡王食實封一百戶爵屬龍蛇
起陸戎馬生郊人心未猒於有唐天命已歸於新室
公知微不爽居牆罔欺　梁祖之卽位也纔
傾作解之恩繼舉疇庸之典三公手拜萬戶連封呂尚
帝卿之尊官榮旣極子儀中令之貴考限微同爵復進
封閩王加福州大都督府長史迨　莊宗之建王
業也神州克復寓縣咸寧欲敦柔遠之心先下念功之

詔遂增井賦仍改功臣式覃　北闕之恩用倚南
門之寄　方推拱　極冀効安邊惟治民
素屬於憂勤而得疾遽從於綿篤百靈無効五福克全
以同光三年十二月十二日薨於正寢享年六十有四
朝庭素欽盡節俄覽遺文旣增愁老之悲豈愜
飾終之典册贈尚書令謚曰忠懿禮也　公生當
離亂之運出値艱難之秋剗據一方蓄養百姓得深溝
高壘之固有被堅執鋭之衆聯水陸之產通南北之商
鑄銅于蜀山積粟於洛口者不足言其富也連臨淄之
袂揮洍河之筆者不足言其庶也至若外含大度內用

小心愼刑旣極於精詳舉事悉從於簡略犯則不赦令
比秋霜之嚴恩本無私惠如冬日之暖民惟道化吏以
法繩此可以稱善爲政矣言皆必中行罔自欺非正辭
不入於聰非公事不宣於口居常無聲色之樂平生以
禮義自守念十家之產者躬行節儉懷五子之歌者心
誠荒唐每當爍石之威未嘗操扇纔屬鳴雞之候早見
嚴裝以德報恩遠踰萬里至誠感物動契百神此可以
稱善立身矣興崇儒道好尚文藝建學校以訓誨設廚
饌以供給于時兵革之後庠序皆亡獨振古風變更舊
俗豈須齊魯之變自成洙泗之鄉此得以稱善教化矣

懷尊賢之志豁愛客之道四方名士萬里咸來至有蓬
瀛謫仙鴛鸞儔侶或因官而忘返者或假途而憯去者
盡赴築金之禮皆歸彎璹之行其餘草澤搜羅車負荷
過者故不可勝紀此得以稱善招納矣尊天事地奉道
享神無非克誠足以監德然而素欽釋典大闡法門衆
善皆臻何德不報無漏上智必勸散布於諸方有作良
因伽藍遍滿於樂國鍊飾山之堅固鑄丈六化身鎔麗
水之光輝寫五千秘藏事非爲己願乃庇民此得以稱
善求福矣功惟理亂志在盡忠安不忘危常爲恃險之
誡小當事大罔違奧國之道以至覆盂數郡高枕三邊

雖昆彭致霸之儔未能繼踵在他變自尊之患故不同
風此得以稱善守位矣且天惟佑德民本懷仁
公享富貴者三十年傳冊封者四五世遺愛銘于人口
忠節書于國史臣子之盛不亦大乎逮自陵谷變遷箕
裘廢墜寂寞闕以時之薦凄涼同丕祀之悲仕農王商
慕舊歧以如在濆汙蘋藻望遺廟以不存丙午歲
我師愷悌闔境向　化遇　今大元帥吳越國
王位鍾駿紐運偶負圖當保大定功之初行興滅繼絕
之義旣克寧於民庶恩咸若於鬼神每念閩川所歸本
由　王氏而盛雖子孫異代已同蕪燼之傷而春

秋二時宜陳籩豆之禮遂命以　公舊第爲
忠懿王廟仍叅常祀之數　霸主愛修於廢
祭藩侯遂立於叢祠行馬戟枝尚存故物豚肩樽酒早
薦惟馨𣪠　山庭月角之容立偕老子飛之像庭
廡未周於工積槐檀旋改於光陰舊迋難辨已絕羅含
之蘭菊重門長閉但多仲蔚之蓬蒿既乖與祭之儀殊
闕致誠之所大宋開寶七年秋九月大元帥吳越國王
以時和歲豐家給人足俾答禰祉之祐遂申咸秩之典
凡曰祠廟毀廢並出錢帛修完乃命衙直將躬授人工
旁搜材植補遺基而皆備易舊物以咸新曾未逾時已

聞告畢吝儉得以中度規制得以合禮朱軒粉壁隨曉
霽以生光修竹喬松向寒霜而吐色逞曹筆則陰兵欲
動闘郢工則神馬欠嘶部從悉周精靈如在矧以故鄉
將吏開幕賓寮當其草昧干戈屢經勞苦洎自樹立基
構盡享崇高乃塑都押衙建州刺史孟威等二十六人
以配饗焉斯廟也前瞰清游右連淨刹一路自無於塵
雜四隣皆屬於幽奇曉霧纔開先露列𢛳之岫疎鍾雖
近不驚繞樹之禽　公昔也嘗遊宴於斯今也復
祠祭于此始易宅而爲廟矧將廢而能興苟非陰德不
衰令名未朽又豈能身歿之後有如此之盛乎吳叨居

是藩獲畢斯事仰　嘉猷之未遠聽　遺愛
以長新爰述短才庶存實錄燕然叙事雖有謝於孟堅
峴首感人亦未多於叔子乃爲銘曰
極天曰嶽　惟嶽有神　蓄是英氣　生爲異人　干
霄利劒　瑞世祥麟　爰當季運　實庇蒸民　其一
唐德將衰　羣雄欲出　陰霧垂地　祆氛蔽日　犲
豕猖獗　雚蒲縱逸　苟非偉才　焉濟王室　其二
權爲巨盜　緒亦朋姦　欲亂中夏　首僭光山　誰
謂英傑　同罹險艱　終則竄跡　能無厚顏　其三
爰率部民　同徂萬里　緒爲衆惡　公得衆美　回

戮兇人　遂奉君子　立功著名　自此而始　其四
漳浦既寧　清源復平　遂以政事　授于難兄　孝
實志性　謙惟直誠　靜乃揖讓　亂則經營　其五
憤彼閩川　樹茲裨將　苛虐漸篤　政刑俱喪　銳
旅大驅　凱歌連唱　克定一方　式諧衆望　其六
始叅貳職　已播殊勳　屏翰之美　朝廷備聞　迨
居重鎮　繼事明君　盡忠竭節　松茂蘭薰　其七
偃仰大藩　麾麻五郡　雖曰功庸　亦由時運　二
柄齊舉　七德兼訓　令子令孫　當年振奮　其八
眞王重望　上相淸規　陵谷雖變　馨香不衰　俯

緣甲第　遂立嚴祠　年禩屢易　籩豆或虧 其九
霸主推恩　良時有待 舊廟 克新　遺蹤不改　奐
介金碧　儼然神彩　靈貺芳名　千秋如在 其十
大宋開寶九年三月二十五日立
福閩縣丞將仕郎試太子校書林操書
口口口知李文質篆額　　封擊使林口鐫字

按此碑今在福州府城東慶成寺側忠懿王廟中文凡三千二百餘字泐不可辨者四十四字今從十國春秋所載碑文與此互校增補旁注二十六字文爲錢昱撰林操書李文質篆額操與文質皆

無攷宋史吳越錢氏世家昱字就之忠獻王佐之長子佐薨昱尚幼國人立倧後俶嗣國授昱秀州刺史太祖受禪俶遣昱入貢俶得福州命昱守之開寶九年二月俶入朝三月歸國此碑即建於是時吳越之得福州始于晉開運三年十月忠獻王時遣將余安救福州破唐兵李達舉所部歸附自是慶命使守福州至乾德五年忠懿王以叔元璹知州事元璹卒至開寶七年以從子昱爲刺史案夾城開城河因而修閩忠懿王廟且立是碑閩忠懿王者王審知也碑云公名審知字詳卿兩五代史皆作字信通碑云高祖曄唐貞元中爲光州定城宰唐書王潮審知兄傳云五代祖曄爲固始令碑云屬王緒者復收士民以廣隊伍公之昆季咸預焉及秦宗權遍侵四境緒率衆自潮陽抵漳浦遂爲部下所害唐書潮傳次南安劉行全不自安與左右數十人伏叢翳狙縛緒以徇薛五代史王審知傳有賊帥王緒者自稱將軍陷固始縣審知兄潮時爲縣佐通鑑亦作縣佐新唐書歐五代史皆作縣史九國志作縣佐史十國春秋從之緒署爲軍正蔡賊秦宗權以緒爲光州刺史尋遣兵攻之緒率衆渡江自南康轉至閩中入臨汀

自稱刺史緒多疑忌潮與豪首數輩共殺緒歐五代史則云緒前鋒將選壯士數十人伏篁竹間伺緒至躍出擒之囚之軍中緒後自殺碑云衆遂推公而立之公曰予早事兄豈有弟爲大將兄居其下乎遂奉長兄潮以帥其衆仍獲清源爲所理之地唐書潮傳衆推行全爲將軍辭曰我不及潮請以爲主潮除地剸劍祝曰拜而劍三動者我以爲主至審知劍躍于地衆以爲神皆拜之審知讓潮自爲副薛史云潮拜劍躍于地衆以爲神異即奉潮爲帥歐史云緒已見廢前鋒將曰生我者潮也

乃推潮爲主碑云大順冬廉察遣亡兵爲使范暉奪符印以自尊公遂舉勤王之師范暉扁舟欲遁遂爲海人梟首以獻唐書潮傳初黃巢將竊有福州王師不能下建人陳巖率衆拔之自領州巖卒其壻范暉擁兵自稱留後潮乃遣從弟彥復將兵審知監之攻福州暉亡入海追斬之薛史云唐光啓二年福建觀察使陳巖表潮爲泉州刺史大順中巖卒通鑑作大順二年子壻范暉十國春秋引林仁志王氏啓運圖作妻弟自稱留後潮遣審知將兵攻之踰年城中食盡乃斬暉而降歐史云景福元年巖卒其壻范暉自稱

留後潮遣審知攻暉審知親督士卒攻破之暉見殺碑云公旣殲元惡成功不居遂迎長兄潮遷理是郡復請仲兄邽迭居舊邦武肅王奏授本道廉察及泉州符印偕命焉朝庭升本州爲威武軍授潮節度觀察處置等使仍以公爲節度副使洎元昆殂謝明年春十國春秋云光化元年春三月己丑帝授公檢校刑部尙書威武軍節度兵馬副大使進端揆之資正元戎之位顯居使相特錫戶封天祐元年夏四月封瑯琊郡王實封一百戶按唐于競撰德政碑云潮附公以戎旅仍具表奏尋加刑部尙書威武軍留後俄授金紫光祿大夫右僕射本軍節度使又改光祿大夫檢校司空轉特進檢校司徒又轉檢校太保琅邪郡王食邑四千戶食實封一百戶唐書潮傳昭宗假潮福建等州團練使俄遷觀察使乾寧中寵福州爲威武軍卽拜潮節度使檢校尙書左僕射卒潮病以審知權節度讓審邽不許詔審知檢校刑部尙書節度觀察留後朱全忠薦爲節度使同中書門下平章事天祐初進琅邪郡王薛史云潮盡有閩嶺五州之地表其事昭宗因建威武軍于福州十國春秋作乾寧三年九月以潮爲節度福建管內觀察使審知爲副潮寢疾命審知知軍府事潮薨審知以讓其兄審邽審知自稱福建留後表于朝廷唐

末爲威武軍節度福建觀察使累遷檢校太保封琅邪郡王歐史云唐以潮爲福建觀察使潮以審知爲副使乾寧四年潮卒審知代立唐以福州爲武威軍拜審知節度使累遷同中書門下平章事封瑯邪王碑云梁祖之卽位也十國春秋作開平三年五代會要作四年進封閩王加福州大都督府長史迨莊宗之建王業也遂增井賦仍改功臣按據此似當有功臣之號今碑題及諸史皆未見同光三年十二月十二日薨贈尙書令謚曰忠懿薛史云梁朝開國累加中書令封閩王同光元年卒歐史與碑同十國春秋云同光三年五月

唐加王檢校太師守中書令同光三年十二月辛
未薨原注任臣按通鑑目錄上一月庚寅朔則十二月當爲庚申朔辛未正十二日也福州志作五月五日卒是日罷節事相沿至今郡人猶用初四日爲節此志誤也王以乾寧四年丁巳嗣威武節度使至同光三年乙酉薨實在位二十九以年九國志舊五代史皆以爲元年辛者非也
上皆碑文之與諸史詳畧互異者有如此碑文云
丙午歲我師恤隣闔境向化遇大元帥吳越國王
命以公舊第爲忠懿王廟丙午爲晉開運三年吳
越錢氏志十四州錄錢忠錢瀚纂輯文載後晉開運三年
冬十月閩大亂李達乞師于忠獻王王命都監使
水邱昭券等將兵水陸救福州戊戌王又遣將余

安自海道救福州大破唐兵入福州李達舉所部
歸附即碑所云我師恤隣闔境向化也今大元帥
吳越國王者謂忠懿王錢俶也下云塑山庭月角疑是日角之訛
之容謂王像也立偕老于飛之像謂王夫
人像也遥曹筆則陰兵欲動是畫兵將也闕郢工
則神馬欠嘶是塑神馬也都押衙建川刺史孟威
等二十六人配饗檢福建通志誤作 十六人孟
威則無考通志又云歷代以來迎春日郡守遣祭
取此碑下土爲春牛萬歷二十八年裔孫王一騰
等請有司清復舊址發帑重建適轉運副使臨海

王亮亦王裔孫力襄厥成然則王氏之世澤不爲
不永矣

常清靜等經碑

碑高五尺二寸廣二尺八寸作四截書每截二十七行行十三字正書

始平麗仁顯書
白廷璨畫像
畫像
太平興國五年二月二十一日
太上老君常清靜經經文不錄下倣此
太上昇元消災護命經

大宋太平興國五年庚辰歲閏三月十五日建
太上天尊說生天得道經
大宋太平興國五年歲次庚辰閏三月二十一日建
此行篆書

此碑首清淨經次消災護命經次生天得道經書者
始平麗仁顯全習皇甫碑法虬健絕倫證之唐人名
書中殆不可復辨但經首乃作菩薩畫像何也石墨鐫華

按此碑刻道家三經首有畫像下題道士黃元之
等十一人名後一行云太平興國五年二月二十
一日次刻太上老君常清靜經末刻紀首楚有永

等三十七人名內一行云永在宣聖廟建立道經
而列于廟學其意葢欲託宣聖以傳久遠也次刻
太上昇元護命經題太平興國五年閏三月十五
日建次刻太上天尊說生天得道經題太平興國
五年閏三月二十一日建獨此行是篆書餘皆正
書刻非一時然僅兩月而成亦云敏矣

上清太平宮碑

碑連額高一丈二尺四寸廣五尺二寸二十九行行六十字行書額正書在盩厔縣

重刊終南山上清太平宮碑銘 并序

正奉大夫行給事中直學士院上柱國賜紫金魚袋

臣徐鉉奉 勅撰
翰林待 詔正奉大夫太府少卿同正柱國臣張振
奉 勅書

臣聞鴻荒代序太極流形二儀肇判而猶通萬類交馳
而未别巢居血飲孰知王者之尊物魅神姦尚作生民
之患於是聖人繼統大化宏開畫八卦而序四時奠五
山而分九服衣裳軒冕采章之制以庸動植飛沉性命
之宜必遂高卑既位幽顯既分蒸嘗雩禜致其恭宗祝
史巫紀其秩猶或觀其道而設教依於人而後行通其
變而不窮感於物而遂動未始有極無得而名其或數
偶三災德如二季民懷慈術帝念噂沓必有靈符允歸
興運易著與能之旨傳稱觀政之徵史遷之論至哉左
氏之書著矣 我國家受天之命如日之昇御六氣而
平泰階麗大明而照萬國清亂略於百王之季返淳風
於遂古之初天瑞呈祥羣靈受職粤 御㝢之元祀有
神降于鳳翔府盩厔縣之望仙鄉其象不形其言可
紀葢 翊帝之佐命禺強之官聯眞位叅於 紫微靈
職分於井鉞其稱述則濡颸之興吉其敷演則禳禬之
嚴科教義之深也則孝友姻睦之行興焉威力之大也
則魍魎魑魅之害除矣由是秦雍之地尸而祝之

太祖神德皇帝聖智淵深 睿謀默識纘之明德待
以不祈方且奉 天時而荅靈心握元符而齊七政故
得 皇猷允塞庶績其凝舞兩階而四輿來同正九伐
而庶邦承式得遺珠於象罔叶吉夢於華胥乃知靈告
之不誣 駿命之如響豈止五車兩騎來爲牧野之祥
赤帝素靈出表芒碭之應而已哉 今皇帝千年
應運 二聖繼明俠 大業而惟新浸 深仁
而累洽如周王之翼翼若夏后之孜孜 聖作無
方先幾靡測雲門大濩綜六代之韶聲稷下淹中采百
家之精義酌而不竭者衢樽之味仰之彌高者 垂象

之文　王澤旣流頌聲無數而復念深徯　后義切勤民　睿眷春㢋　皇威雷擊大禹會諸侯之地盡入隄封宣王逐獫狁之鄕率從稽服舉無遺策役不踰時聊存尉候之官已戢櫜鞬之器　邦國之盛也如此珍符之至也如彼深惟肸蠁益驗昭明而豐報未嚴壽宮不度非所以光敷景貺垂示方來者也夫肅肅祇祇爲政之要元元本本致理之端恭神之命受於天天之造始於道是用歸誠衆妙訪制昭臺申畫羽鄕肇崇仙館緬惟　虛皇之眞境參以　聖寰之嘉名　詔立上淸太平宮於所降之地尔其星壇玉井邑

峙金城終南峻極鎭其前渭水淸深紀其後鮮原麗迤接漢皇訪道之臺佳氣欝葱對闕令修眞之宅物皆茂遂風雨罔愆人盡淳和舟輿不用瞻新宮之爲狀也崇墉縹野絳闕陵空秘殿雲高俯軒櫺而轉旼修廊繩直步櫩宇而中疲極丹靑黼藻之工窮銑鋈璧璫之飾玉几正御寶壇在庭　帝座既嚴衆眞畢饗鹿巾霞帔之士霓旌絳節之儀空歌洞章揚其音紫烟素雲散其彩飈欻之馭縹眇於太虛氤氳之氣充被於羣有至矣哉　元后之德與天地合　眞人之應將嵩壽并亦何必定郊鄗以卜年禪岱宗而探策者也夫

金石之刻雅頌之興所以示民不佻永啓厥後兆乎尊道貴德廣淸淨之風窮神知化超言象之表是宜告於太史刷在名山爰　命下臣式揚　丕烈其銘曰

上天之載　無臭無聲　忽怳有象　絪縕化成　寄以神理　發爲昭明　惟德是輔　惟皇作程　赫矣元后　悠哉遂古　咸有靈貺　式昭天祚　龜出淸洛　鳳臨元扈　赤字與堯　玉書授禹　降及商亳逮于郊岐　天之所啓　神亦格思　牲玉有秩馨香孔儀　奕奕宗祀　子孫保之　道德不衰　質文不復　俗限楚夏　運遷水木　疇歎陵夷　民嗟

條蠹　必有眞人　膺圖受籙　皇哉帝宋　大拯橫流　出自蒼震　類玆九疇　垂衣卷領　端拱凝旒永口建福　式叶人謀　有煒明靈　降從元極　藉致帝之命　口政之德　用薦忠信　寧惟黍稷　誕陋蕙闥　帳非甲乙　運隆二聖　慶洽重光　誕敷一德　奄有八荒　將文載郁　我武惟揚　通幽受職　聯字儲祥　乃眷琛符　本乎至道　肇建仙館是彰元造　前望中南　旁瞻豐鎬　泱泱平原崇崇新廟　端闈特立　秘殿宏開　九華之室　方丈之臺　平窺列岫　直寫昭回　空峒口尔　姑射

遼哉　聖靡不通　道無不在　靈場既穆　祀典無
改　福不憖黎　格于四海　用刻貞珉　永垂千載

太平興國五年歲次庚辰四月癸酉朔九日辛巳建

按上清太平宮今名太平興國觀陝西通志在盩厔縣東三十里終南鎮宋太宗以年號名宮今俗呼爲樣宮碑建於太平興國五年撰者徐鉉書者張振宋史徐鉉傳鉉字鼎臣廣陵人仕江南歷吏部尚書及隨煜入覲太祖命爲太子率更令太平興國初直學士院加給事中官位與碑合張振無攷碑云我國家御歷之元祀有神降于鳳翔府盩

厔縣之望仙鄉盩厔縣後唐隸京兆府晉隸鳳翔府宋因之玉海云國初有神降于盩厔民張守眞家守眞爲道士即所居創北帝宮太宗嗣位眞君降言有忠孝加福愛民治國之語詔于終南山下築宮凡二年宮成宮中有通明殿題曰上清太平宮如眞君預言祀神之夕上望拜興國六年十一月壬戌封神爲翊聖將軍祥符七年加號翊聖保德眞君凡眞君所降語帝命王欽若編爲三卷上作序名曰眞君傳此碑建時蓋猶未封將軍之號也陝西通志又載此宮有太祖神御之殿檢宋史禮志神御殿太祖七無上清太平宮太宗七一曰鳳翔上清太平宮是通志作太祖者誤也蘇文忠年譜嘉祐六年辛丑年二十六授大理評事鳳翔府簽判七年壬寅官於鳳翔詩集載壬寅二月有詔令郡吏分往屬縣減決囚禁自十三日受命出府至寶雞虢郿盩厔四縣既畢事因朝謁太平宮而宿於南谿谿堂詩有云先帝膺符命行宮畫晃旒自注云十七日寒食自盩厔東南行二十餘里朝謁太平宮二聖御容此所謂二聖者据禮志又載眞宗聖御之殿十有四其一鳳翔太平宮蓋謂

太宗眞宗二聖亦非謂太祖也碑末云四月癸酉朔九日辛巳建宋紀四月不書朔五月書癸卯朔据遼史朔考是歲正月丙子朔宋紀同二月乙巳朔三月甲戌朔閏月甲辰朔四月甲戌朔五月癸卯朔六月癸酉朔七月癸卯朔若依碑四月作癸酉朔則是年四五六月連三次大盡矣似未必然然此是奉勅撰書之碑不敢謂不足據而又不能遽碑以疑遼史之有誤姑識以俟攷

扶風夫子廟堂記

碑高五尺一寸八分廣三尺二寸四分
十九行行二十字不等正書在扶風縣

唐駕部郎中程浩撰
南岳講華嚴經法界觀文章字學宣義大師賜紫夢
英書幷篆額
文見前不錄
此記刊石元在湖州臨安縣夢英嘗愛斯文見其格高
才大言婉思逸眞可以發揚　夫子之聖德然以文
章近代道理多虧亾實取華弃本逐末前賢直述後輩
誰知　程氏清詞光掩星辰韻諧金石員可重也今
轉輸二君子好奇尙異見請重書慮此雄文久而湮泐
冀流傳於終古重建立於鎬京今上石畢功特爲之後
序時壬午歲六月廿五日重建　安文璨刊字

承奉郎守太子右贊善大夫陝府西南路諸州水陸
計度同轉運賜緋魚袋祖吉
通直郎行左補闕陝府西南路諸州水陸計度轉運
副使賜緋魚袋趙載
朝散大夫行殿中侍御史通判永興軍府事師頏
朝散大夫行尙書考功員外郎權知永興軍府事柱
國李準
右夫子廟堂記唐駕部郎中程浩撰宋宣義大師夢
英書世多喜誦此文而夢英書法一本柳誠懸然骨
氣意度皆弱不能及也東里續集
扶風縣夫子廟碑首云天地吾知其至廣也云云作
者唐大歷二年丁未駕部郎中程浩碑尙在扶風縣
令傳爲皮日休誤矣皮在僖宗廣明年與大歷相去
年代殊遠不知何以錯誤如此此碑書法淸勁仍多
古字地作墬三作弎道作衜子作㜽光作灮唐作啺
天作兲善作譱遊作逰曹作𣍘升庵外集
按碑文爲程浩撰相傳爲皮日休而碑作程浩豈日
休代浩作歟攷日休文藪無此文則當從碑余竊謂
代作之說宜有之旣代作之作則已集中自不必載
耳觀妙齋金石攷略

按此文爲唐駕部郎中程浩撰釋夢英正書篆額
文全篇已載本書九十五卷全文五百四十餘字
彼碑存者祇七十一字已取唐文粹所載增注於
彼卷矣此碑所存祇半篇計二百四十六字亾其
後半而所存之文閒有與彼卷增減互異之處今
全文不錄惟摘記其不同者天地吾知其至廣以
其無不覆載彼卷知下無其字廣下有也字無下
有所字下四句仿此測明以尺圭彼明作景偉夫夫子
彼作偉哉家國用和彼作用肥道不可榮其有物

彼不作木筌作詮我先師夫子聖人也彼於聖人上重夫子二字古之帝聖者曰堯古之君明者曰禹二句彼作帝之聖者曰堯王之聖者曰禹師之聖者曰夫子三句用之而昌捨之而亡彼而皆作者昔否於宗周今泰於皇宋彼無宗皇二字不然何耀衮而裳垂旒而王者矣彼不然下有者字耀作被珠作旒矣作哉此下彼有扶風古縣也云云半篇此全闕後夢英記重建原委其湖州歸安之誤及考證之處前跋已詳茲不贅但文佚其半而記內不言及缺失之由何也夢英書此碑似亦在

遊中南山時距其書千文又十七年此碑題名作英前作瑛不同而文章字學宣義大師八字則前碑所無者太宗即位二年改名炅故賜號不避義字末題重建歲月曰壬午歲六月蓋太平興國七年也後列同轉運祖吉轉運副使趙轍權知永興軍李準三人銜名宋史俱無傳陝西通志名宦亦不載夢英記但言轉輸二君子而銜乃有三人者知軍尊于轉運不可略也

兗州文宣王廟碑

碑連額高一丈四尺五寸廣五尺二十九行行七十二字行書篆額在曲阜孔廟

大宋重修兗州文宣王廟碑銘并序

起復翰林學士朝散大夫尚書都官郎中知　制誥柱國賜紫金魚袋臣呂蒙正奉　勑撰

翰林待　詔朝散大夫少府監丞臣白崇矩奉　勑書并篆額

聖人之興也能成天下之務能通天下之志然亦不能免窮通否泰之數是故有其位則聖人之道泰無其位則聖人之道否大哉夫堯舜禹湯其有位之聖人乎我先師夫子其無位之聖人歟昔者大道既隱真風漸澆有爲之跡雖彰禪代之風未替繇是堯舜禹湯苞至聖之德有其位故德澤及於兆民逮乎周室衰微諸侯强盛干戈靡戢黔首疇依繇是仲尼有至聖之德無其位所以道屈於季孟嗚呼夫子以天生之德智足以周乎萬物道足以濟於天下而棲遑列國卒不見用得非其道至大而天下莫能容乎復乃當時之生民不幸乎向使有其位用其道又何止夾谷之會沮彼齊侯兩觀之下誅其正卯墳羊辨土木之祇楛矢驗蠻夷之貢必將恢聖人之道功濟乎宇宙澤及於黎庶矣奚一中都宰大司寇可伸其聖道哉噫夫文王沒而斯文未喪時命屯而吾道不行可爲長太息矣洎乎河圖不出鳳鳥云

衰爰困蔡以厄陳遂自衛以返魯于是刪詩書讚易象
因史記作春秋大旨尊王者而黜霸道威亂臣而懼賊
子然後損益三代之禮樂褒貶百王之善惡蕪而穢者
芟而夷之紊而亂者綱而紀之建末俗之郛郭垂萬祀
之楷則遂使君臣父子咸知揖讓之儀貴賤親疎皆識
尊卑之數功均造物德被生人昭昭焉蕩蕩焉與日月
高懸天變不朽者夫子之道乎故曰自生民以來未有
如夫子者也非夫道尊德貴惟幾不測孰能與於此乎
故天下奉其教尊其像祠廟相望者豈徒然哉自唐季
而下晉漢以還中原俶擾寓縣分裂四郊多壘搆爲戰

鬭之場五岳飛塵競以干戈爲務周雖經營四方日不
暇給故我素王之道將墜於地光闡儒風屬在　　昌
運我　　應運統天睿文英武大聖至明廣孝皇帝
纘寶位也以徇齊之德兼睿哲之明總攬英雄之心苞
括夷夏之地　　皇明有赫　　聖政日新解網
泣辜示至仁於天下獲亡取亂浩大器於域中彼浙右
之土疏眞王制留而聽　　命伐幷汾之堅壘兒壁倒
戈而係頸戎車一駕掃千里之祆氛　　泰壇再陟展
三代之縟禮拯亂則弔伐非所以佳兵也懲惡則止殺
甚所以遵法也然後修禮以檢民跡播樂以和民心禮

修樂舉刑清俗阜猶日愼一日　　躬決萬機近甸
絕畋遊之娛後庭無遊宴之溺遂得羣生壽域但樂於
天時萬彙熙熙不知乎　　帝力信可以高視千古躪
轢百王謂皇道旣以平華戎又以寧尔乃　　凝神太
素　　端拱穆清闡希夷之風詮眞如之理間則披皇
墳而稽帝典覽　　睿藻以抒　　宸章
哲王之能事備矣　　太平之鴻業成矣居一日乃
御便殿謂侍臣曰朕嗣位以來咸秩無文遍修羣祀
金丹之列刹崇矣神仙之靈宇修矣惟魯之夫子廟堂
未加□葺闕孰甚焉況像設庳而不度堂廡陋而毀頹

觸目荒涼剝蝕勿剪階序有妨於函丈屋壁不可以藏
書旣非大壯之規但有巋然之勢傾圮者久民何所觀
　上乃鼎新規革舊制遣使星而蕆事募梓匠以僝
功經之營之厥功告就觀夫繚垣雲矗飛簷翼張重門
呀其洞開層闕聳其特起綺疏瞰野朱檻凌虛耽耽之
邃宇來風巘巘之雕甍拂漢迴廊複殿一變惟新升其
堂則蓬矢蘬藪昭其度也登其筵則豆籩簠簋潔其器
也春秋二仲上丁佳辰牢醴在庭金石在列侁侁衆賢
以配以侑凜然生氣瞻之如在時或龜山雨霽岱嶽雲
斂則重櫨疊拱丹青晃日月之光龍桷雲楣金碧燦烟

賫之色輸奂之制振古莫儔營繕之功于今爲盛繇是
公卿庶尹鴻儒碩生相與而言曰凡　明君之作
事也不爲無益害有益必乃除千古之患興萬世之利
然後納華夷於軌物致黔首於仁壽夫子無位立教化
人以文行忠信敦俗以冠婚喪祭爲民立防與世垂範
是以上達　君下至民用之則昌不用則亡
我后膺千年而出震奄六合以爲家一之日二之日訪
蒸黎之疾苦三之日四之日辨官材之淑慝尒乃脩武
備崇文教輕傜薄賦興廢繼絶于是崆我先師嚴其廟
像棟宇宏壯僅罕倫比遂使槐市杏壇之子覩蔽簷以

知歸褒衣博帶之儒識橫經之有所矧乃不蠹民財不
耗民力時以農隙人以悅使向謂興萬世之利者斯之
謂歟與夫秦修阿方晲矜土木之麗楚築章華但營耳
目之玩可同年而語耶將勒貞珉合貸鴻筆臣詞慙體
要學謝大成　彤庭猥廁於英翹內署謬司於綸誥
頌　聖君之德業雖効游楊仰夫子之文章誠慙
狂簡恭承　睿旨謹枵銘曰
周室衰微兮諸侯擅權　啓道有蕩兮禮樂缺然
神降尼丘兮德鍾于天　挺生夫子兮喪亂之年
秀帝堯之姿兮類子產之肩　乜聖人之德兮禀生知
之賢　删詩定禮兮乱誅絶惡　智冥造化兮功被陶
甄　下學上達兮仁命罕言　將聖多能兮名事正焉
道比四瀆兮日月高懸　仰之彌高兮鑽之彌堅
歷聘諸國兮陳蔡之間　時不用兮吾道迍邅　麟見
非應兮反袂漣漣　梁木其壞兮歎彼逝川　王爵疏
封兮袞冕聯翩　百世嗣襲兮慶及賞延　明明　我
后兮化洽無邊　崇彼廟貌兮其功曲全　高門有閌
兮虛堂八筵　吉日釋菜兮陳彼豆籩　雕莞畫棋兮
旦暮含煙　海日一照兮金翠相鮮　帝將東封兮求
福上穹　千乘萬騎兮轟轟闐闐　謁我新廟兮周覽

踊躍　肆覲羣后兮岱宗之前
太平興國八年歲次癸未十月癸未朔十六日戊戌
建　鐫字寋厚
碑陰
內品同監修阮懷俊
殿直同監修樊繼源
內品同監修裴從訓
高品監修東岳并文宣王廟夏侯忠
泰寧軍節度使特進撿校太傅孫承祐
宣德郎右補闕直史館權知軍府事賜緋魚袋石熙

古
承奉郎守秘書省著作郎通判軍府事王仲華
管內觀察判官朝奉大夫撿挍尚書水部員外郎兼
監察御史柱國賜紫金魚袋康文鐸
觀察支使朝散大夫試大理評事兼監察御史鞠光登
節度推官徵事郎試大理司直乘輔
四十四代孫左贊善大夫襲封文宣公宜　母弟著
作郎監礶貨䝉　母弟晃　母弟勗
凡從
行臺公

林廟之行者具有數而莫拜之禮亦各有差自參議
總領詳議鄉貫姓名已誌諸石維省掾屬吏當刑刻
之其歲月在參議題名下故不復云仁傑書
省掾
東平王文　孟謙　古渠趙瑀　柯亭董英　陽
平飲琪
屬吏
柯亭李滋　曹南吳欽　東平王恕　呂松　漳
川王鼎　葵丘劉信　絃歌王祐
王磐等題記七行行六字行書左行

永年王磐陳郡徐世隆嶧山顏從傑渾水劉郁自東
原來恭謁
先聖廟庭因奠
贊林壬寅歲秋九月廿有八日
孫天益等題記三行行十一字行書
歷下孫天益上谷信世昌從
行臺公再祀
林廟歲己酉立秋日謹題
楊奐等題記八行行七字行書
壬子春三月甲辰十六日庚戌奉天楊奐上谷劉詡

盧龍韓文獻任城張鐸彭城王明遠梁□張宇陳郡
王元慶古汴敦敏祗謁
賈起等題記五行行十一字九字不等行書
歲在壬子九月十一日早□天宇澄霽東原賈起□
聖庭敬謁
廟林謹誌其來彭城王明遠從行
溫惠洞等題記五行行十八字正書左行
歲甲寅夏四月八日恭謁
聖廟拜于
林墓金源道人溫惠洞遼陽幹勒堅金城史周渫陽

程知柔同來男六九學生東平徐炎從行浚都趙晉
敬題
劉憲淵詩十一行行十一字十字十九字不等正書
拜謁
至聖文宣王廟留題
七十逡巡席靡安周流列國始旋轅發明
癸理見經旨整頓人倫蕩亂源比德唐虞賢更遠齊
仁覆載衛彌尊
君王師範渾無報世世榮封裕後昆
丙辰仲冬朔蓬山劉憲淵拜手稽首上

提領曲阜縣事東平呂仁命工刋委差白濤從行
匠石杜溫
馬惟能等題記四行行十二字十字九字不等正書
中統二年冬十月二十有三日提控監修林廟官馬
惟能廟學教授王庭珍監修官孟福同來祗謁祠下
呂文穆廷試第一後爲賢相此文殊弱不稱白崇矩
書大似孫崇望而遜其圓逸二人皆以書待詔者見
一時所尚如此石墨鐫華
宋史孔宜傳太平興國八年詔修曲阜孔子廟宜貢
方物爲謝詔褒之其詔載曲阜縣志云素王之教歷
代所宗當予治定之初特展修崇之典汝襲封闕里
就列周行虔備貢輪慶茲輪奐省閱嘉奬不忘于懷
碑陰題字十一段惟末段有中統二年紀號餘皆無
年月間有干支大率是金元間人題名上層第一段
省掾屬吏從行臺公謁林廟題名第二段壬寅歲王
磐徐世隆等題名第三段歲己酉孫天益等從行臺
公再祀林廟題名所稱行臺公者即東平路行軍萬
戶嚴實也壬寅乃元太宗崩後六皇后稱制之初己
酉則元定宗崩後之次年據雲峰山題名己酉七月
大行臺謁嶽祠從行者東平參議王玉汝及張昉李

滋杜仁傑孟謙題記者徐世隆此碑初謁林廟不書
年月再祀林廟亦在己酉立秋與謁嶽祠同時事矣山左金石志
按此碑乃太宗太平興國八年新修曲阜孔廟落
成勅呂蒙正撰文白崇矩書篆立石廟門宋史列
傳呂蒙正字聖功河南人太平興國二年擢進士
第一歷官著作郎直史館加左拾遺五年拜左補
闕知制誥父卒起復遷都官郎中入爲翰林學士
碑題起復以後官與傳合白崇矩無傳碑陰題四
十四代孫左贊善大夫襲封文宣公宜母弟著作

郎監榷貨憲母弟晁母弟勗文獻通考載太平興
國三年詔孔宜可授太子右贊善大夫襲封文宣
公蓋至是襲封已六年惟右贊善碑作左爲異宋
史孔宜傳宜字不疑舉進士不第乾德中詣闕上
書述其家世詔以爲曲阜主簿歷官南康軍代還
獻文賦數十篇太宗覽而嘉之召見問以孔子世
嗣因下詔曰素王之道百代所崇傳祚襲封抑存
典則文宣王四十四代孫司農寺丞宜服勤素業
砥礪廉隅承歷官聯洽聞政績聖人之後世德不
衰俾登朝倫以光儒胄可太子右贊善大夫亦作右與
碑異襲封文宣公復其家太平興國八年詔修曲阜
孔子廟宜貢方物爲謝詔褒之遷殿中丞次曰憲
太平興國二年進士及第官工部員外郎知浚儀
縣次曰晁碑作晃應城主簿次曰勗雍熙中進士及
第碑題聖裔見於史傳者如是宋史禮志載太宗
即位之八年泰山父老千餘人詣闕請東封帝謙
讓未遑厚賜以遣之明年宰臣宋琪率文武官僧
道耆壽三上表以請乃詔以十一月二十一日有
事于泰山既而乾元文明二殿災詔停封禪此碑
建于八年十月而銘詞已有帝將東封苟求福上

元云云似已允羣臣之請不待明年矣碑陰載內
品高品等姓名宋史職官志內侍省宋初有內中
高品班院泰寧節度使泰寧軍本兗州見宋史地
理志節度使孫承祐史附吳越世家杭州錢塘人
錢俶納其姊爲妃太平興國中俶來朝盡獻其地
從承祐泰寧軍節度使餘人俱無攷碑陰又有仁
傑書云凡從行臺公林廟之行自叅議總領詳議
鄉貫姓名已誌諸石云云仁傑爲杜仁傑行臺公
爲嚴實皆元初人山左金石志已詳惟所云叅議
等已誌諸石今此石未見

上清太平宮鐘記

裴本高廣行字皆不詳正書

朝奉郎尚書駕部□□□□□制誥柱國賜緋魚
袋臣王化基奉 勅撰
翰林待 詔將仕郎守將□□□□□書院祗候
賜緋魚袋臣趙縡奉 勅書

粤自氣初別類物已流行統萬彙以强名道其大也誘
羣生而示化教以行之大既無隅惟體元而象立行雖
有約因假物以信彰庶洞達於觀聞俾咸遵於警策崇
以列眞之宇用集靈仙助其抑寂之音必資利器器之

上、者鐘實存爲而彗日月遞行鐘司其□陰陽啓閉鐘
體其宜猶圭表之節晰明若震雷之權號令節不差則
□□秩權不紊則歲功成爰則象以播形期導人而敷
致使聲聞於羣動與響應以知歸則勤行之流聲始而
善作□誘之者聲終而惡悛信無刑之章程眞善閒之
關鍵其爲用也詎可誣焉然而道云未行物亦拘否或
因羅於□□乃徃適於殊途待徵來復之言必偶會昌
之運　皇上富有瀛海端居穆清法虛無以用心貴
慈儉以爲寶□屬文垂教言皆合於靈機作事庇民動
悉符於天意每希□以凝想欲躋時於太和謂專靜守

邦必先於專動謂無爲御世必肇於有爲庶幾一致於
理平觸類咸資於　聖作爰是啓　帝王之盛業
建　開拓之嘉謀或伸義於懷柔或推功於吊伐乃
舞干而來遠裔亦提劍以征不庭則東南負海之邦旋
聞請吏□勇近甸之地親係降王指多壘以剷平俾萬
邦而率服然後奉祖宗而嚴禋配豐稼穡以潔粢盛振
久墜之闕文舉曠行之大典屢升泰畤一祀青壇恭贄
三牲報本所以伸大禮親耕千畞勸農所以推至誠復
念治國大端樹人爲本徵將相取材之地在孝廉敦古
之流於是籠羅英翹弼自邇品平衡一設誠靡失於重

輕懸鑑洞開固不私於妍醜得人之盛振古未聞斯乃
成戎祀之功盡賢能之選舉其大者而無虛歲矣以其
司牧蒸黎邦家重柄郡國至廣賦輿寔繁以長物親民
受慘舒之寄以庶官釐務有利病之權每愼簡於乃僚
俾勵精而求理凡在推擇悉關　聖心恒運發中
之才以成宇內之計斯乃用人熙績而無虛月矣加以
求衣未明負扆南面慮德刑之未正恐恩信之未孚體
民間情通天下壅每臨軒而決滯恒旰食以忘勞斯乃
勤政孜孜而無虛日矣夫以聖神之理運化無窮體用
則顯諸仁濟功則至於道道啓寘感元符　上心表

惟德以動天乃降神於右地建壽宮而雲龕儼元像以
星陳賜號太平示清淨以寧也尊名翊聖知皇天輔德
也其宮宇規模之盛神靈肹蠁之徵具載豐碑不煩覼
述爰命道士張守眞主張其事本宮器用惟鐘闕焉道
士張守眞詢彼傳聞得諸耆舊昔李茂貞竊據之時嘗
移古道宮樓觀鐘於天柱山懸挂僅已百載幾無聞焉
用聲不同然非啞而猶啞設器本當雖弗虛而若虛必
待　盛時始彰靈跡驗其鐘右則誌記昭然起雲鶴
之形列天仙之狀神異之物於斯識焉感通之徵茲又
明矣道士張守眞具以上請於太平興國五年閏三月

三日　詔移是鐘歸於本宮□所謂道有汚隆跡惟隱顯道汚則隱在唐季道隆則顯於我朝宛契珍符事歸　聖運大矣六齊之制巍然九□□□層樓特建於新規猛簴重懸於舊物伏獸之形菌蠢畏鯨之響訇訇揚颬助威則天地皷橐震𠥼生動則雷□□□魑魅以之遁形愚聾以之抉聵使昏明不惑動靜叶宜動則警俗沉迷靜則與時休息足以彰明元覡啓迪□□庶符尊道之朝來助不言之教臣恭承　睿旨俾志前聞媿屬思以榛蕪但凝神於恍惚器仍舊貫如還赤水之珠文用紀年遂刊他山之石時皇宋耕藉之元年七月九日記

上清太平宮主崇譽大師賜紫張守眞

長安忠善居士黃德用刊

副宮楊志振模

按上清太平宮興建緣起已詳前碑此碑爲王化基趙偉奉勅撰書宋史列傳王化基字永圖鎮定人太平興國二年舉進士爲大理評事通判常州遷太子右贊善大夫知嵐州改淮南節度判官入爲著作郎遷右拾遺召試知制誥此碑結銜中渺六字而存者曰朝奉郎尙書膳部則傳未嘗爲膳部官也趙偉銜亦文云昔李茂貞竊據之時嘗移古道宮樓觀鐘於天柱山懸掛道士張守眞具以上請太平興國五年閏三月三日詔移是鐘歸于本宮然則此鐘從天柱山移來矣陝西通志不載天柱山卽樓觀之有鐘亦未述及歐五代史雜傳梁太祖卽位諸侯之彊者皆相次稱帝獨茂貞但稱岐王開府置官屬視朝出入擬天子而已有地二十州云云此卽李茂貞竊據之事也碑末不紀號而曰皇宋耕藉之元年宋史太宗紀端拱元年春正月乙亥親耕藉田還御丹鳳樓大赦改元則碑建於端拱元年七月在移鐘後九年矣

新譯三藏聖教序

碑高六尺八寸三分廣四尺五寸二十行行四十字隸書篆額在西安府

大宋新譯三藏聖教序

應運統天睿文英武大聖至明廣孝皇帝製

永興軍太壹山開利寺沙門臣雲勝書并篆額

大矣哉我佛之教也化導羣迷闡揚宗性廣博宏辯英彥莫能究其旨精　微妙說　庸愚豈可度其源義理幽隱眞空莫測苞括萬象譬喻無垠綜灋網之紀綱演無際之正教拔四生於苦海　譯三藏之秘言天地變化乎陰

陽日月盈虧乎寒暑大則說諸善惡細則比於恒沙含
識萬端弗可盡 逃若 窺像瀘如影隨形離六情以長存
歷千 劫 而可久須彌納藏於芥子如來坦蕩於無邊達
磨西來瀘傳東 土宣 揚妙理順從指歸彼岸菩提愛河
生滅用 行 於五濁惡趣拯溺於三業注中經垂世以難
窮道無私而永 泰 雪山貝葉若銀臺之耀歯歲月煙蘿
起香界之自遠巍巍罕側杳杳難名所以道貫十聖德
被三賢至道 超於 乾元衆妙生乎太易摠綠形類毀鑿
昏明絕彼是非開茲蒙昧有西域瀘師天息災等常持
四忍早悟 三 乘 翻 貝葉之眞詮續人天之聖教芳猷重

磨遐偶昌時潤五聲於文章暢四始於風律堂堂容止
穆穆輝華 曠劫而 晉塾橐明闡門昭顯軌範而彌光妙
法淨界騰音利益有情俱登覺岸無成障礙救諸疲羸
冥賒慈悲 浩汗 物表柔伏貪佷啓滌昏愚演小乘聲聞
合其儀論大乘正覺立其性含靈悟而蒙福藏教缺而
重興幻 化迷途火 宅淡喻雖設其教不知者多善念生
而無量潛臻惡業興而隨緣皆墮調御四衆積行十方
澍華雨於 金輪 護恒沙於玉闕有頂之風不可壞無際
之水弗能漂澄寂湛然圓明清 淨 之智慧性空無染妄
想解脫之 因 緣可以離煩惱於心田可以得清涼於宇

宙朕懃 非傳學釋典微闡豈敢序文以示來者如蘭螢
燭火不足比之於曦日將徵蠡量海未能窮盡於淡國
者哉

端拱元年歲次戊□□月甲寅朔七□庚申建

推□□□□臣涪州管內觀察使檢校太保知永興
軍府事兼提轄五州兵士公事柴禹錫

起居舍人陝西轉運使□□□□□中丞陝西轉運
副使鄭文寶

宮儀使永興等州兵馬駐泊都監王審鈞

殿中丞陝西轉運提點刑獄□□□□□侯高班

內品提點酒稅方保言

殿中丞通判軍府事王扶

供奉官兵馬監押吳元範

殿直同監押□□□□□度行軍司馬水丘隆

觀察判官臧恕

觀察支使崔憲

節度推官趙湘立石

李邈題銜

西域僧天息災譯三藏太宗爲序雲勝書天息災無
元裝師之奇異太宗無唐文皇之雄才雲勝無懷仁

之手腕叉無王逸少之殘蠹斷楮足供其補綴時代既非不能超乘而上矣后之爲不朽者難哉石墨鐫華

右新譯三藏聖教序太宗御製蓋爲西域僧天息災等譯經而作攷宋史雍熙二年十月丙午以天竺僧天息災施護法天並爲朝請大夫試鴻臚少卿蓋獎其譯經之勞也碑爲沙門雲勝書後列涪州觀察使知永興軍府事柴禹錫等名則李邈所書然隸法却如出一手宋史鄭文寶傳授陝西轉運副使内侍方保吉出使陝右頗恣横且言文寶與陳堯叟交游爲薦其弟堯佐驛命辯對上書自明太宗察其事坐保吉罪厚賜文寶而遣之此碑有祗候高班即班字内品提點酒稅方保言次文寶之後豈即其人乎吉言字形相近當是轉寫之譌禹錫官撿按太保史亦失書潛研堂金石文跋尾

按今大藏盡字號有佛說大摩里支菩薩經四卷題曰宋西天三藏朝散大夫試鴻臚少卿明教大師天息災譯卷首即冠以此序天息災所譯經甚多幾與姚秦鳩摩羅什唐元奘相埒衔舉一經以冠此序序蓋不爲一經作也當時既以此序冠於經首又別鐫石爲此碑碑文泐者三十五字今取大藏經首所刻增注完全惟末行年月泐二字遂名結銜共泐二十字經本所無無從增補然年月所泐尚有可攷端拱元年爲戊子歲是年甲寅朔爲十月則爲戊子十月字也碑刻於戊子十月而太宗製序賜天竺三藏法師天息災則佛祖通載繫于戊寅年蓋太平興國三年也王圻續文獻通考誤繫于元年譯經院置于太平興國七年六月丙子見宋史太宗本紀佛祖通載云是年詔立譯經傳法院于東京如唐故事宰輔爲譯經潤文設官分職西天中印土惹爛陀羅國密林寺天息災與法天施護譯經帝製前序按此疑有傳誤今大藏所載及佛祖通載實只一序並非賜天息災之外別製前序也法天施護亦各有賜號據大藏所載法天爲西天中印度摩伽羅國三藏宏教佛智大師施護爲西天北印度烏塡曩國三藏傳法大師帝釋宮寺賜紫沙門並未嘗賜朝散大夫試鴻臚少卿此似宋史本紀訛也據大藏同時別有法賢惟淨法護三人皆稱朝散大夫試鴻臚少卿宋紀不載此三人而誤以法天施護牽連書之耳碑序前題太宗尊號曰應運統天睿文英武大聖至

明廣孝皇帝据宋紀是太平興國六年所上則立
碑時宜有此題若製序時未上此號也年月後列
銜名九人宋史列傳柴禹錫字元圭大名人官與
碑合惟不載提轄及功臣號與撿技太保耳鄭文
寶字仲賢太平興國八年登進士第累官殿中丞
授陝西轉運副使而不言其爲起居舍人王審鈞
以下無攷水邱復姓見王氏續通考而不詳其郡
望立石者趙洲傳載字巨源華州人進士甲科歷
彰武永興昭武三軍節度推官

鎮州龍興寺鑄像修閣碑

碑高一丈三尺九寸廣五尺二寸二十七行行八十五字行書在正定府

大宋重修鑄鎮州龍興寺大悲像并閣碑銘并序
朝奉郎尚書兵部員外口知　制誥柱國賜緋魚袋
臣田錫奉　勑撰
翰林待　詔將仕郎口少府口主簿　御書院祗候
賜緋魚袋臣吳郢奉　勑書并篆額
國家改元曰端拱之年有司下鎮陽之奏以大悲銅像
鎔範既久高閣楷廬絺構已就琢佗山之石蘄請好詞
以銘鏤秋七月　天子視朔于明堂之日
王言如綸乃命詞臣俾濡染摭實之文叙修口廢興之
事臣再拜稽首惶恐祗肅以爲刻貞石垂不朽揚
聖朝崇建之本末視後人耳目之聽信苟非鴻儒碩
生有大手筆空門實相達口心觀則安能抽秘思荅
明詔徒以末學膚淺昧道荒忽聊叙萬分之一也
夫體感而通能救諸苦謂之大慈大悲乎應變無方能
現諸相謂之千手千眼乎然眞性本空不生亦不滅寘
數前定有廢口有興周顯德中　世宗納近臣之
議以爲奄有封畧不過千里所調租庸不豐邊備技貫
屢空於軍實筭口莫濟於時須於是詔天下毀銅像鼓
鑄以爲錢貨利用以資幣財金人其萎梁木其壞化身

從革通有無於市征圜府流口豈執著於我相而惟鎮
之邦惟鎮之民萬人聚千人計惜成功口見毀冀上意
以中輟雖卜式出財以有助而寶皇執議以不迴眞像
壞之際於蓮葉之中有字曰遇顯卽毀無乃前定之數
乎物不可以終壞必授之以興復時不可以終否必授
之以隆昌　我國家應乎天順口人革有周
之正朔造　皇宋之基業南取越西平蜀崇道教
與佛法無文咸秩隳儀重興乾德中乃命重鑄大悲之
像于是邦也虞衡伐木司爟用火法陰陽以爲炭口天
地以成鑪豈萬物之銅萬靈之肅悊　帝力以神

速因匠哲而功倍既而鎔成滿月之容如冠輕霞昇于
顯口青蓮爲目天花飾躬四十二髀金色曨曨七十三
口寶相穹隆仰之彌口瞻之益恭洎搆以摩雲之閣如
裼蓬壺倚於遼廓口口旋題風淸寶鐸十口三襲危梁
亞躍重階複道飛棟電燿夕月瑩其藻繪朝霞飾其丹
䨼有周之毁也既如彼　　我宋之興也復如此
　今皇帝嗣鴻業凝　　睿圖運應千齡
道超三古成湯克己稱其德也謂濟聖廣淵帝堯爲心
稱其道也日聰明口思用七德講五口口口禮義德刑
爲戰器疆四海宇萬方而以動植黎元躋壽域豆籩有

踐祀　烈祖於上應金石成文謁先師於太學列儒臣
以侍講祀先農以躬耕禮容彬彬　　帝儀穆穆六
服肇辟罔不率口四夷左衽罔不口口延虎觀以議偃
兵葥鵜林以侯檢玉包匭迹菁茅之職公車獻封禪之
書豈不由德動天天道順星辰軌道風雨咸若來㳙師
俘罽主辟蟒出黃河淸天且弗違況於人乎佛猶其依
況於鬼神乎越太平興國之七年秋仲口月粵有口[illegible]
其名瓊法祗受　　宣旨專主佛閣焚修勤恪住持
敎化以爲像之設也口閣之成也宜周之以廊宇嚴之
以門闥於是經之營之七年于兹化輿口鳩衆財人心

口財用備土木其楚班倕斯至始揆日以悅使俄有時
而告成長廊翼舒迴㡖口其于拄重門洞啓壯麗豁然
四達然瓊法有如是勤如是化也是緣如是功乎噫民
有餘財方能施佛財衆有美利方能修福利引而伸之
夫所寶者慈與儉所修者禮與樂叙彝倫建皇極生民
所以獲福者中國　　聖人之敎也所去者貪嗔
癡所修者戒定慧諸天由修福生諸趣由造罪人超無
生證無漏者四方釋氏之敎也然非　　明聖在上
則像法[illegible]依非富庶在下則塔廟不立今公帑有羨財
國廩有餘積可以營佛事創梵宮不害民不妨農農亦

有餘口民亦有經產可以捨淨財結善緣聞鐘磬之音
則隨喜之心生覩慈悲之相則口口口起口花由是
獻金幣由是臻讚　　睿澤如東溟之深祝
聖壽若南山之固其應如響獲福無量也臣文非潤色
職在司言祗　　詔傍徨命筆數四以爲文不迨意
意不迨理理不達於眞諦文不稱於　　王命江淹
才盡寧摛五色之毫相如思遲徒奉　　九重之旨
銘曰
吾皇御宇　運膺下武　金玉王度　爲佛法主　易
不云　聖人作而萬物覩　禮有中庸　易有變通

筌蹄至理　與佛　同臣所謂　王澤流而三寳方崇
天生蒸民　樹之司□□□　帝力　謂衣食自足
所以歸依佛歸依法　而獲天人之福　佛度衆生
攝以慈悲　莫測神化　以感應無遺　所以不可
量不可思　而爲□人之師　範金成象之容　瞻仰
雲中　傍雙列於□　□嚴厥功　上棟下宇之制
岌業空際　高侍出於樓臺　彤鏤其麗　若士若
庶　至菩薩前　稽首發願　結其因緣　無遠無近
覩菩薩相　膜拜展禮　除其罪障　其毀也無乃
示有周□□　其□也□以彰　皇宋其昌　詔下創

立　聖謨洋洋　功成磊落　福善穰穰　□鎮之邦
在冀之方　全趙封圻以畫野　恒山鬱盤以連崗
慈爲雲兮敷蔭　慧爲日兮揚光　祐我　聖皇
寳祚□□
端拱二年歲次己丑正月癸未朔十五日丁酉建立
李思順李嶼李繼元鐫字
按龍興寺鑄大悲像建大悲閣皆乾德元年事已
詳前碑此碑則以主閣僧瓊法於太平興國七年
建廊宇殿門工竣上聞乃勅田錫吳郢撰書立石
以紀田錫宋史傳稱字表聖嘉州洪雅人太平興

國三年進士八年由知睦州轉起居舍人判登聞
鼓院知制誥加兵部員外郎吳郢無傳郁州山人
藁有吳郢真宗時人大相國寺碑銘咸平四年宋
白撰吳郢書并篆額而不載此碑未知即此吳郢
否御書院祗候不見于宋史職官志及馬氏通考
以臆度之即翰林供奉之類無專員也

潭州鐵塔柱文
裝本高廣行字皆不計
正書在長沙府鐵佛寺

潭州鐵塔觀世音陀羅尼
上生三皈依發願文

南無兜率天宮慈氏如來應正等覺願與含識速奉慈
顔
南無兜率天宮慈氏如來應正等覺所居內衆願捨命
已得生其中
南無兜率天宮慈氏如來應正等覺願隨彌勒下閻浮
提龍華三會先得授記
往生內院真言咒不錄
潭州管內觀察□官李思明發心鑄寫於塔普願一切
有□同生慈氏內院
進士董蘊書

開福禪寺傳法沙門道崧鐫經
所有上件功德願國泰民安風調雨順法界含靈俱登
彼岸
宋淳化元年庚寅歲　　李昇鐫字

陀羅尼經寺僧鑄之率用石幢今其存者遍天下而頹損斷仆往往爲好事所收予獨以其釋氏言棄之不錄也甲辰冬在長沙得此經文其製用鐵柱鐫勒長八尺餘各有稜觚外覆有磚塔甃其善自護惜如此嗚呼三代鼎彝之文流傳及諸後世皆銘于金刻故雖其沈没發見終不可知然銘勒獨恃石爲全今

陶鑄之工日趨簡易吾儕與役者亦漫不知所事焉而釋氏之徒能重其師之說獨欲見諸久遠如是杜者是可異也夫授堂金石三跋

按鐵塔今在長沙府鐵佛寺宋時謂之潭州潭州志唐開元時衡岳降神舍鐵造佛兼以鑄塔乾隆四十年梁中丞階平國治修寺工畢次及塔除舊甓得塔柱如幢貫塔中高丈有四尺圍尺有八寸上刻三段依發願文南無兜率天宮慈氏如來云云次刻往生內院眞言後題云潭州管內觀察口官泐一字當是推官李思明發心鐫寫於塔普願一切有情同生慈氏內院次刻千臂千眼觀世音菩薩陀羅尼大身眞言進士董護書僧曰道崧工曰李昇淳化元年鐫計字七百六十有奇臬使梁君好循敦書揭以見遺屬作詩題其後按兜率天宮者法念經云若持不殺不盜不邪婬不妄語兩舌惡口綺語得生兜率陀天陀羅尼者宋僧無畏傳夫三藏之義者內爲戒定慧外爲經律論以陀羅尼總攝之也陀羅尼是菩薩速疾之詮解脫吉祥之海三世諸佛生於此門慧照所傳一燈而已又佛頂心經觀世音菩薩說此陀羅尼已天雨寶花繽紛

而下云云此卽所謂觀世音陀羅尼也夫往生內院卽往生淨土淨土者各處佛國皆有之故楞嚴有想多情少必生天上又有一切淨土隨意往生之語大勢至五十二菩薩亦稱念佛三昧而不專指西方此文言慈氏居住兜率天宮而慈氏說法有內院外院之分是亦淨土也外院遇劫時爲水火風三災所到內院則三災所不到是以修上生者必歸之白文公詩有海山不是吾歸處歸卽要歸兜率天謂此也

拜文宣王廟記

碑連額高五尺九寸廣二尺八寸五分十三行行二十八字隸書篆額在曲阜孔廟

拜文宣王廟記

給事中撰

行陳州長史彭裒書

給事中徐休復承　聖君之命禱　神嶽之

靈迴轅載途思近　我先聖之邑縣是陳薄奠拜

　明祠褰回廟庭歎想增積何者昔以總角之歲

曾佩韘以來斯今當艾服之秊乃乘軺而再至嚮向非

服　我先聖之道學　我先師之文則曷以

脫紅塵上清漢要金拖紫入玉陛而侍　殊旒者

哉謂前叅左諫議大夫充樞密直學士久任三司戶部使今休復家藏　先

聖之書室供　先師之像敘以今生之行更求後

代之因而願子子孫孫長遵於聖教生生世世不離於

儒門者誠所禱也惟　王至明神聽如在

旹大宋淳化二秊三月十五日記

朝奉郎守太子左贊善大夫知兗州軍府事賜緋魚

袋常顯信建立

石作白昴鐫

按此碑徐休復撰彭裒隸書記前一行但云給事

中撰不署姓名亦始見也宋史傳稱休復字廣初

濮州鄄城人太平興國初舉進士解褐大理評事

出爲通判薦授太子右贊善大夫累遷比部郎中

充樞密直學士賜金紫端拱初加左諫議大夫召

爲戶部使淳化元年遷給事中連知青潞二州休

復先上言以父母葬青社願得領州事因詣邸

墋遂至青州傳載其歷官如此此碑立于淳化二

年四月十五日正其未至青州以前所記也文云

承聖君之命禱神嶽之靈宋紀淳化二年三月巳

巳以歲蝗旱禱雨弗應手詔宰相呂蒙正等朕將

自焚以答天譴翌日而雨蝗盡死而不書遣官徧

禱嶽瀆之事據此文休復似係禱雨泰山迴轅而

拜孔廟也又昔以總角之歲曾佩韘以來斯此即

傳所謂父母葬青社者必是其父曾官青州道

經曲阜休復從行其時尚幼也要金拖紫與傳中

賜金紫合諫議樞密戶部之官注於記內亦碑文

之始格而注內不言知青州是未有此命也文筆

鄙猥書亦醜拙姑錄存之不足深論

西京白馬寺記

碑高一丈四尺廣五尺八寸二十行行五十五至五十七字行書在洛陽

大宋重修西京白馬寺記

翰林學士承　旨朝請大夫中書舍人上柱國賜紫
金魚袋蘇易簡奉
翰林兌待　詔朝奉郎秘書丞同正兼　御書院□
候賜□□□□□文□□
東周舊壤　西洛名都景氣澄清風物奇秀長源渺
渺元龜負書之川平郊依依白馬馱經之地考其由爲
中國招提之始語其要居　兩京縈會之間歷累
朝而久彰禎符僞　昌運而薦陳靈貺不有興葺
孚昭德音　法天崇道皇帝端拱北辰委襲南面
步攝提而重張歲紀把鈎陳而再紉乾綱實異俗於葉

街納生民於壽域尚或採元象外訪道瓌㟙　恭
己虛依法嬀汭無爲之化　凝神靜想憶靈山授
記之言　省鴻名崇十號之至王畢　皇居竣
三休之妙觀坐致華胥之境平登安養之方慈雲遠覆
於冰天法浪遐滋於桂水東踰滇海揚帆須貝葉之書
西泊流沙刻石紀金剛之座　勒行之能事著矣
陰騭之元功大矣居一日詔近臣曰　朕
嘗採賾造化窮研載籍祀彼河海猶分其先後譬諸水
木尙本其根源覩夫像教斯來眞誠下濟誠由彼摩騰
竺法蘭二法師者揚龍圖之末緒越葱嶺之修程百千

億佛始演其性宗四十二章初宣其洛義則何必伯陽
道德止留關令之家尙和典墳傳自侯生之口而已哉
瞻彼維洛靈蹤尙存未旌勝緣良謂闕典時爲單閼直
歲句芒馭辰龍昇雖燿於雲壇兎魄罕離於畢宿胸於
黔首未興雲漢之謠軫彼　皇情已共桑林之禱
命中使以馳驛竭仁祠而致誠　爰勤上還靈應
如響當獨繭羊鼓舞但聞闕里之言力士沾濡惟紀開
元之代乃命鼎新偉搆寅奉莊嚴採文石於他山下梵
林於鑿谷靡憚聘督繩之妙騁奐掌置臯之司闢蓮宮
而洞開列紺殿而對峙圖八十種之尊相安二大師之

法筵靈骨宛如可驗來儀於竺國金容穆若猶疑夢現
於漢庭天風高而寶鐸鏘洋瑞霞散而雕拱耀赫周之
以綵珂浮柱飾之以法鼓勝幡遊含何殊之風光無外
日城旁映洛陽之城闕更類天宮時則郟鄏遊客轂輳
遺俗或黃髮鮐背之老或元髫稚齒之童途謠巷歌相
与而謂曰　吾皇帝之稽古務本也爲蒼生而祈
福致金儀而降靈遂使權輿聖教之津將墜而復決經
始福田之所已圮而更興未覩　將巡瑞塔至幸
竹聰建圭立極綸姬公洛食之符　檢玉升中越
孝武山呼之瑞臣生逢　堯禹巘符嚴徐自廷

闡苑之勝遊祖得楞伽之真趣爰承　詔旨命
紀歲時雖黍没荒蕪欲繼金聲而莫及然勒銘琰□期
將火德以彌新□□□
□□□□□□禩四月八日記
翟文　臣□　張□□刻
碑其磨滅斷爲二截有云缺駄經之地□其由□中
國招提之始按洛陽伽藍記云白馬寺漢明帝所立
也佛入中國之始寺在西陽門外三里御道南帝夢
金人長六項皆日月光明胡神號曰佛遣使向西域
求之乃得經像焉時白馬負經而來因以爲名故碑

亦云也碑年月殘缺惟存禩四月八日及前有翰林
學士承旨朝請大夫中書舍人上柱國賜紫金中缺
簡奉勅下缺云云知爲蘇易簡也中州金石攷云只
存上截今予所得有下截云易簡入爲右拾遺知制
誥除翰林學士淳化中充承旨見東都事畧本傳則
此碑爲淳化時立中州金石記
按此碑文幾八百字而泐其半賴河南通志河南
府白馬寺條下全載此文今取以互校旁注補足
碑泐其歲月志亦不載據文攷之文云法天崇道
皇帝宋史太宗紀端拱二年十二月辛酉羣臣上
尊號曰法天崇道文武皇帝詔去文武二字然上
尊號雖在是年而受尊號改元在淳化元年正月
戊寅朔是年庚寅歲碑下云步攝提而重張歲紀
攝提者寅也謂月日重合於歲紀也又云時屬單
閼直歲勾芒馭辰龍星雖耀于雩壇兎魄罕離于
畢宿單閼卯也淳化二年辛卯歲是年三月蝗旱
禱雨史雖不載禱于嶽瀆據碑云命中使以馳驛
謁仁祠而致誠是遣官禱于嵩嶽也觀此益信前碑徐休復爲
禱雨泰山之證白馬寺因禱雨有應遂命新葺而蘇易簡
奉勅撰文建立此碑以紀歲月然則此碑可信爲

淳化二年立也碑紀白馬寺興建之始因及摩騰
竺法蘭按高僧傳攝摩騰一名迦釋摩騰本中天竺人漢
永平中明皇帝遣郎中蔡愔博士弟子秦景等使
往天竺尋訪佛法愔等於彼遇見摩騰乃要還漢
地至乎雒邑明帝於城西門外立精舍以處之漢
地有沙門之始也騰譯四十二章一卷勑緘在蘭
臺石室騰所住處今雒陽城西雍門外白馬寺是
也竺法蘭亦中天竺人蔡愔旣至彼國蘭與摩騰
相隨而來旣達雒陽與騰同止愔於西域獲經即
爲翻譯所謂十地斷結佛本生法海藏佛本行四

十二章等五部移都冠亂四部失本不傳江左唯
四十二章經今見在漢地見存諸經唯此爲始也

四皓廟碑

碑高六尺廣三尺文三十一行行五十一字隸書額題四皓廟碑四字篆書在商州

大元重立四皓廟碑

宋王禹偁撰

奉訓大夫集賢直學士兼國子司業蕭𣂏□□書丹
并篆額

易稱知進退存亾而不失其正者其唯聖人乎先生避
秦知亾也安劉知存也應孝惠之聘知進也拒高祖之

命知退也四者備矣而正在其中先生非聖向孰爲聖
乎若其秦亂而不避則焚書坑儒高斯之流也漢危而
不出則素隱行怪巢由之徒也應高祖之命則溺其冠
而騎其項矣拒孝惠之聘則功不立而名不稱矣引而
伸之先生可謂全德者矣嘗試論之曰古稱周公聖人
也賴伯禽教孺子居攝六年明辟未復而召公不說于
內三叔流言于外盛德大業幾墜于地吁扶幼君秉大
政之難也有如是哉觀乎戚姬之嬖如意之寵以妾竝
后以孽代宗本根一搖社稷將墜謂扶蘇之喪邦胡亥
之亾國可翹足而待也何止𤇾靈之不祀抑亦黔首之

罹禍豈無留侯陳八難罷六國則可議主嬖則以水而
投石也豈無曲逆諫強楚解長平則可言立嫡則圜鑿
而方枘也先生一出而助之一言而定之漢庭公卿皆
出下而能錙銖鍾鼎桎梏衣冠安萬乘而不有其功抗
匹夫而不食其祿自非至人達識孰能與于此乎向使
先生定漢嗣爲漢臣報惠議功必在平勃之右當以左
輔右弼前疑後丞而處之居是昔也以四鉅賢事一少
帝挾震主之威負不賞之功又何止流言不說之事哉
欲望其茹紫芝卧商嶺其可得乎是知先生之出非獨
謀漢也實將救時也先生之退非獨全身也亦將矯世

也危而蘐之丞宴安于獨善可謂救乎昔矣定而去之
不乘時以聚祿可謂矯乎世矣用是警民猶有建桓立
順之徒矣嗚呼世之爲人臣議廢立者可勝道哉或因
定策而專國或因援立而無君戕弑兇殘何莫由此其
後猶天于莽卓盜國于曹馬移徙龜鼎易于奕棊纍纍
簡編可爲太息是以先生危則助之安則去之其來也
至公于萬民其往也無私于一身斯所謂知進退存亡
而不失其正者千古四賢而已或曰周公相成王攝天
子功成治定制禮作樂號爲先聖歷代仰之豈先生之
道過于周公乎愚曰周公秉文武之業知王化可興故

轎之以行道焉先生當暴秦之後知霸道終雜故去之以遠害焉周公聖人之用者先生聖人之晦者但出異而迹殊耳非所謂過乎周公者也辛卯歲予坐事解制誥職翌日有商於二使之命下車拜廟西山之側退立廊廡古碑在焉自唐御史大夫贊皇李公而下作者若干人因歷覽之美則美矣叙先生之道似有未盡就館濡筆申之以碑斯文也豈直歌鴻飛狀鵠髮而已哉實欲使立朝廷爲臣子而挾幼冲圖富貴者聞而知懼亦春秋誅亂臣賊子之旨也其辭曰

猗歟先生　時行則行　高眠商嶺　逃難秦坑　知

秦之痡　亾于子嬰　知漢之祚　存于惠盈　一言悟主　萬邦以貞　不有其功　不食其祿　遠害全身　矯世厲俗　清泉洗耳　紫芝充腹　獵犬自烹　冥鴻不復　矯矯高節　悠悠後來　漢之戾園　肯之愍懷　江充厚誣　賈后雄猜　先生不生　孰爲來哉　昏亂之世　廢立不已　操欺孤兒　莽抱孺子　成旣自我　權亦歸己　先生不生　大事去矣　蒼野莪莪　祠荒薜蘿　遺像斯在　惠音可歌　淸風凜凜　素髮皤皤　永懷貞遁　刻石山阿

大悳九年歲次乙巳十一月吉□重立石

承事郎安西路同知商州事□□□

奉訓大夫新除商州知州兼管本州諸軍奥魯勸農事謝梧□

□德郎安西路商州知州兼管本州諸軍奥魯勸農事□銓

□騎校尉安西路商州達魯花赤兼管本州諸軍奥魯勸農事□□

按此碑王禹偁撰文稱辛卯歲坐事解制誥職奉商於二使之命下車拜廟歷覽古碑申以斯文宋史傳禹偁字元之濟州鉅野人端拱二年拜左司

諫知制誥未幾判大理寺廬州妖尼道安誣訟徐鉉道安當反坐有詔勿治禹偁抗疏雪鉉請論道安罪坐貶商州團練副使即碑所謂坐事解制誥職奉使商於也商於者即商鞅所封之地秦置商邑漢置商縣隋改商洛縣屬上洛郡唐置商州縣屬焉宋因之二使者副使也二與貳同傳又稱禹偁官商州歲餘即移解州四年召拜左正言此文稱辛卯歲使商州下車拜廟辛卯是太宗淳化二年端拱本無四年史文蓋脫淳化字也據傳推之此文當作於淳化二年拜廟之時矣商州四皓廟

有二一在州東七十里商洛鎮一在州東金雞原陝西通志載此廟有唐柳宗元宋王禹偁撰碑而不言禹偁碑何年所刻此碑末題大德九年重立石必是宋時先已立碑不知毀于何年也金雞原有山曰高車山太平寰宇記高車山上有四皓碑及祠皆漢惠帝所立高后使張良以駟馬高車迎四皓於此故名然則祠中有漢碑矣此碑則云退立廟廡古碑在焉有唐御史大夫贊皇李公而下作者若干人是禹偁所見有多碑而所謂古碑者不知即寰宇記所稱漢惠帝所立之碑否耶今就

廟中搨得者僅此大德重立之禹偁一碑其餘不惟漢碑無攷即柳子厚李贊皇之碑亦不見矣傳稱禹偁九歲能文所著有小畜集二十卷承明集十卷奏議十卷詩三卷今存于四庫全書者祇名小畜集三十卷與晁陳二家所載同蓋據平陽趙氏影宋刻本然其集行世不廣而此碑又舊刻無傳因就大德所刻錄存之文泐者六十餘字昶家舊藏小畜集鈔本取以校補書者蕭䤹元史儒林傳字惟斗奉元人讀書南山者三十年大德十一年以前累授集賢直學士國子司業改集賢侍讀

學士皆不赴此碑題直學士司業兩官雖不赴仍用以系銜也然傳獨不及其工篆隸書即書譜亦不列其傳可知此碑傳搨者少䤹爲有元一代名儒不可不存其蹟則此碑尤宜亟錄也末著商州守土官四人其曰安西路者元史地理志中統三年立陝西四川行省治京兆至元十六年改京兆爲安西路總管府商州屬焉其曰奥魯勸農者百官志散府達魯花赤一員知府或府尹一員領勸農奥魯與路同諸州惟有達魯花赤與知州同秩不云領勸農奥魯據此碑則知州亦兼管諸軍奥魯勸農事蓋史志畧也

金石萃編卷一百二十六

賜進士出身　誥授光祿大夫刑部右侍郎加七級王昶譔

宋四

贈夢英詩碑

碑高九尺廣四尺二寸四分作六截書各三十三行字數十四至十六不等正書

贈夢英大師詩

盧岳僧正縈書

寄贈夢英大師

翰林學士承旨刑部尚書知制誥判吏部流內詮事

陶穀上

是箇碑文念得全聰明靈性自天然離吳別楚三千里
入洛遊梁二十年負藝已聞喧世界高眠長見卧雲烟
相逢與我情何厚問佛方知宿有緣

紀贈夢英大師

工部尚書致仕楊昭儉上

紀贈歌詩數百人序師多藝各求新未言篆隸飛龍鳳
且說風騷感鬼神琴有古聲清耳目鵠無凡態惹埃塵
英公所學還如此不錯承恩近　紫宸

懷贈夢英大師

樞密直學士朝請大夫上柱國賜紫金魚袋趙逢上

林巒影裏有清賢與我相知二十年書札愛工精玉筯
利名抛捨住金田吟容賈島稱詩匠辭許劉靈作酒仙
別後近聞栖華岳乱雲應得恣情眠

吟贈夢英大師

翰林學士中書舍人知制誥王著上

到處聞人乞篆蹤學來年久有深功墨池闕類湘江水
筆塚高齊太華峯金錫罷飛新解虎鐵盂收掌舊降龍
知師吟戀煙村景不肯迴頭望　九重

吟贈南岳宣義大師英公

中大夫行右補闕內供奉柱國蘇德祥上

學就書闈在道林幾年辛苦用身心　九霄雨露酬知
早百首風騷立意深青白野雲閑裏卧古今碑碣醉中
尋因何負此多般藝可惜教師鬢雪侵

贈夢英大師

領國軍節度使趙文度上

攜節何日別長沙鳳篆功夫世所嘉秦嶺夜吟殘海月
章臺春講雨天花淨銷遠貯湘潭水片衲晴披岳面霞
聖主有恩酬絕藝簾前師號紫袈裟

贈夢英大師

護國軍節度使撿校太師守中書令行河中尹郭從

義上

雲水僧來說我師換鵞書札轉高奇揮毫傳下千年字

貞石曾留幾處碑混俗市鄽人莫測和光蹤跡鶴應知

蓮花結社須容我不似陶潛愛酒巵

寄宣義英公

侍御史賜紫金魚袋何承裕上

書札精奇已換鵞仍聞依舊卧煙蘿詩成萬首猶嫌少

酒飲千鍾不怕多鄉寺夜開雲夢月石房寒鏁洞庭波

知師收拾南歸去爲憶漁人唱楚歌

送夢英大師

翰林侍讀學士尚書兵部侍郎兼祕書監楊徽之上

獨攜缾錫欲春殘深入終南路屈盤萬象幽蹤吟裏見

一心圓寂定中觀翠微寺在杉松老紫閣峯高水石寒

莫凭危欄臨北望滿城煙草是長安

寄宣義大師英公

左諫議大夫范杲狂筆

西遊久不得師書覩物相思感篆圖情厚未忘蓮社約

分深偏伴橘洲居青雲作陣宜長卧白酒資吟莫破除

見說近來揮彩筆字皆飛動有功夫

寄英公大師

尚書主客員外郎直集賢院李建中

往歲瀟湘一相見詩成野逸筆狂顛近聞歸住長安寺

松老書窻又幾年

紀贈宣義大師夢英

中散大夫守太僕少卿柱國賜紫金魚袋張洎上

幾憶湯師役夢魂醉吟想在落花村背塵事見詩常說

出格詩曾子細論書信寄憑雖有路笑談重約恨無門

今來鬢雪應多也莫惜頻頻近酒罇

送英公大師歸終南

特進太子太保致仕吕端上

衡岳煙蘿紫閣雲名高湖外晚遊秦清詞古學儒生業

圓笠方袍釋子身竹杖拄歸山裏寺篆書留與世間人

我疑簪組成羇絆空仰吾師去路塵

寄贈宣義大師

太中大夫行尚書兵部郎中上柱國賜紫金魚袋賈

玭

篆寫千文邁古今感陶丞旨撰碑陰　兩朝雨露書中

得滿篋詩章物外尋衡岳水雲長挂夢　帝城煙月不

開心西遊去後無消息想共陳摶一處吟

贈英公大師

中大夫撿校禮部尙書守太常卿致仕上柱國賜紫
金魚袋李鑄上
僧門奇士有英公篆隸高能世莫窮五色彩毫傳夢寐
三乘真諦達虛空賜衣深染函關上寵號光呼奈苑中
幸對風情添逸趣好陪清話在蓮宮
吟贈宣義大師英公
翰林學士朝奉大夫尙書刑部郎中知制誥史館修
撰賜紫金魚袋師頏上
禪得元機筆得精孤雲光彩甚分明毫端落紙堪爲寶
海內無人不重名山約終歸雙履在髭因凉剃一刀輕
何妨換取羣鵞了却與迷徒指化城
奉贈宣義大師英公
朝奉大夫左諫議大夫騎都尉賜紫金魚袋李若拙
上
昔歲高名動　九重衡山別後碧雲空紫袍親受　龍
墀上白足頻登虎殿中小篆每輕秦相法隸書猶鄙晉
臣功多才多藝如師少當世羣賢盡嚮風
狂吟八韻送英公暫歸故鄉遷殯二親
翰林學士承旨尙書吏部侍郎宋白上
十八般書四海傳長安話別已多年今來帝里重相見

轉覺師心更自然下筆入神皆得法出言成句盡通禪
花時乘輿先行樂月夜忘機靜坐禪到處僧俗爭識面
滿朝英俊贈佳篇長沙母葬彰純孝八水人思有善緣
衡岳醉投秋雨寺漢江吟渡夕陽船前期指在春三月
迴首東風好著鞭
吟貽宣義大師英上人
正奉大夫給事中參知政事賈黃中
金僊了便是師師高道寧容世網羈浩浩心田龍可擾
飄飄行止鶴應知塵機擺落超三界古篆沉研冠一時
莫恠伊余苦珍重白蓮花社有心期
喜英公大師相訪
給事中參知政事趙昌言上
僧中何事最聞名筆札高奇是夢英十八家書垂墨妙
一千年　聖遇文明未將六籍重刊石（余惜國家未明師筆如唐朝刊
六經於石壁）已駕三車到化城此日勞師相枉訪豁然衿抱
慰平生
贈英公大師
左拾遺鄭起上
玉殿承　恩四十年水雲心已悟南禪李斯篆字功何
妙賈島詩章學太顚節在幾嗟無虎鬪鉢腥長笑有龍

眠聞今未老休慵塑剩把書蹤石上鐫

淸洛喜英公大師相訪

中散大夫給事中知河南府兼留守司事上柱國賜

紫金魚袋許仲宣

方袍紫染出　彤庭久在林泉養性靈無事撓心長見

醉有名傳世不曾醒多年別我頭先白此日逢師眼倍

青記得　上都相會否夜飛杯篆老君經

寄懷英公大師淸交

侍御史知雜事柱國賜紫金魚袋馬去非上

雲隱秋鴆水隱魚相思難得恣休書遙聞養性栖蓮岳

不肯攜筇入　帝都金殿聖緣應未斷玉堂知己漸凋

踈何人曾得陪高論頭戴神羊馬大夫

奉揚英公大師詩匠

朝請大夫尚書司門郎中韓溥上

悟解眞空始壯年兩朝供奉近爐烟故鄉夢斷三湘遠

應制詩高四海傳晴望野雲生紫閣夜吟蘭燭滴花牋

應愁　內殿徵書至恐向東林負昔緣

寄贈終南英公上人

左諫議大夫知江陵府臧丙上

是箇人言好性靈鎬京碑記念千斤五言出格爲詩匠

百盞長杯應酒星曾把篆求身上紫幾將金買面前青

多聞國士相尋訪莫把松門晝夜扃

特吟詩二首送英公大師

禮部侍郎參知政事蘇易簡上

乘舟南去唯尋酒上馬西行只詠詩醒醉去留皆遂意

如斯方信是男兒

其二

祝融峯上曾傳衲太一山前舊結廬兩地逍遥已三紀

爭教肯在　帝城居

貽英公大師

尚食使昭州刺史知鳳翔府王承衍上

文章篆籀久傳芳厭志禪門道愈光豊鎬有心營寶刹

瀟湘無意卧雲房陶情早著詩千首混俗何妨酒百觴

若許宋雷重結社願持香火學　空王

喜宣義大師英公相訪

康州刺史知同州軍州事陳文顥上

三事　天衣兩字師長安風月更誰知閑騎劣馬尋碑

去醉卧荒廬出寺遲辭贍不容誇夫子與闕兼許吐魚

見在焉假道來看我正値嚴冬大雪時

贈英公大師

太子中允知洛陽縣事穎贄
鐵峨象管少年時幾賦蓬前祝壽詩三殿荷恩卿相
看　兩朝承寵　帝王知尋窮太華高佺異念盡長安
內外俾可惜篆文今絶筆李陽冰後只吾師
再逢英公有感
朝散大夫前宗正承兼國子書學博士郭忠恕
伊余行止任飄蓬與世乖違不可容青眼交知長憶念
白雲蹤跡又相逢風騷共會名何盛篆隸同勤法轉功
口口美師超彼岸琉璃鉢裏看降龍
書英公大師挂錫太華
希夷先生陳摶上
昭喜蓮峯作近隣撥開雲霧見師頻有時問箇艱難字
便沐周旋說與人唐李監應留後跡漢蔡邕想是前身
摧嗟羅趣無徒弟筆法收藏在渭濱
贈英公上人
左拾遺知耀州軍州事上柱國賜緋金魚袋宋溫舒
粹鍾衡所誕吾師十九　彤廷賜紫衣青簡篆文窮妙
絶碧雲詩句入元微降龍鉢裏無塵染迴鴈峯前有夢
歸他日好同蓮社約逃賍禪生兩忘機
咸平元年正月三日建

賜紫義省　僧留全　普嚴　守志
范守信　蘭皐　李𤇆　孟旼　石日新　王遇
安懷玉　孟仁曉　張鈞　彭永　陳瀹同建
武威安文祭弟文晟刊字　巨延嗣
勾當國子監人鄧德誠
贈英公詩者三十餘人陶穀宋白蘇易簡郭忠恕諸
人皆在其中而備諸惡道無一首合作宋初人口語
如此無論初盛何可令許渾見之書手出盧岳僧正
蒙得誠懸法以英公廟堂碑觀是其相知之深者故
欲有効于英耳詩中書劉伶作劉靈石墨鐫華
英師好名僧也然好名而秖以書自分亦其技小矣
宋初人固無大佳詩乃業欲傳之石以成勝緣奈何
草草如是英書自可然託名正蒙豈亦自醜其好名
之心太猛邪書既可託之正蒙則詩即託之諸名士
亦未可知也今但取其字諸他可勿論墨林快事
贈夢英大師詩共三十二人陶穀楊昭儉趙逢王著
蘇德祥趙文度郭從義何承裕楊徽之范杲李建中
張泊呂端賈玭李鍇師頡李若拙宋白賈黃中趙昌
言鄭起許仲宣馬去非韓溥藏丙蘇易簡王承衎陳
文顯穎贄郭忠恕陳摶宋溫舒叙次官職往往與史

傳合唯李若拙范杲臧丙爲左諫議大夫鄭起爲左拾遺史並作右爲非耳又楊徽之不及爲翰林侍讀學士亦其脫略攷薛作咸平元年刻石而史載徽之以二年爲兵部侍郎兼秘書監師頏以三年爲翰林學士呂端以太子太保致仕亦在眞宗立後一二年並在石刻後者疑碑追刻歲月實非元年所製也碑書諸人官職皆舉其後且顯者故有不合耳詩並言某人上或無上字唯范杲作狂筆言甚粗鄙不足法也夢英一沙門耳其傾動朝士不必皆如詩所云云或好事者依托爲之以張大其教耶然非所攷矣諸

詩亦俱無可觀王著題云翰林學士中書舍人知制誥當是單州人以開寶二年卒無書名與太宗府爲侍書者是兩人 關中金石記

按此碑刻於咸平元年正月而贈詩者三十二人名在宋初閒有及於眞宗時者以宋史本傳考之陶穀入宋初累加刑部戶部二尚書開寶三年卒碑不書戶部則詩爲開寶初作也楊昭儉字仲寶長安人開寶六年以工部尚書致仕太宗卽位加禮部尚書太平興國三年卒碑不書禮部則詩爲開寶末作也趙逢字常夫懷戎人乾德二年充樞密直學士加左諫議大夫 碑作朝請 出知閬州還遷給事中開寶八年卒碑不書給事中則詩作於知閬州以前也王著字成象單父人乾德三年知制誥六年加集賢院修撰 碑作翰林學士 太平興國初拜中書舍人充史館修撰 碑無此官 未幾知開封府以病請告月餘卒碑不書知開封府則詩作於太平興國初也蘇德祥無傳趙文度漁陽人歷仕後唐北漢太祖開寶二年親征晉陽文度請降授安國軍節度徙華州又徙耀州七年卒碑稱鎭國軍節度卽華州則詩爲徙耀州以前作也郭從義其先沙陀部

人父紹古事後唐賜姓李晉天福初復姓郭從義歷仕後唐晉漢周至宋初加守中書令乾德二年又爲河中尹護國軍節度開寶二年改左金吾衞上將軍逾年請老致仕四年卒碑不書在金吾衞則詩爲開寶二年以前作也 宋詩紀事載此詩千年字作千年事人莫測作人莫識並誤 何承裕晉天福末進士宋開寶三年自涇陽令入爲監察御史後歷侍御史累知忠萬商三州太平興國中卒碑不書知州則詩爲開寶中作也楊徽之字仲猷浦城人太平興國初命編文苑英華歷遷刑兵二部郎中累遷給事中眞宗卽

位拜工部侍郎兼秘書監咸平初加禮部二年春改兵部仍兼秘書監是秋特置翰林侍讀學士命爲之明年卒此碑結銜與傳咸平二年墜官合則詩當作於是時也（宋詩紀事不載此詩）范杲質兒子字師回宗城人太宗朝官史館修撰時賈黃中李沆參知政事杲進致書求爲學士太宗惡其躁競改右諫議大夫（碑作左諫議）知濠州復名爲史館修撰碑不書知濠州則詩爲淳化二年賈李參政時作也李建中字得中其先京兆人避地入蜀蜀平建中入宋太平興國八年進士累官集賢院出爲兩浙轉運

副使再遷主客員外郎景德中累判太府寺大中祥符五年卒碑不書太府寺則詩爲景德以前作也（宋詩紀事不載此詩）宗和書譜又稱建中善篆草隸八分宜其與英公善也張洎全椒人仕南唐掌樞務歸朝拜太子中允端拱初判考功未幾遷太僕少卿拜右諫議大夫（碑作中散大夫）判大理寺累給事中參知政事至道二年卒碑不書判大理寺則詩作於至道元年官參政以前也（宋詩紀事不載此詩）呂端字易直安次人眞宗立累加右僕射監修國史明年夏被疾十月以太子太保罷在告三百日卒碑題特進太

子太保致仕則詩作於咸平元年在告三百日之時也賈玭史附賈黃中傳黃中南皮人父玭字仲寶晉天福三年進士宋初爲刑部郎中終水部員外郎知浚儀縣年七十卒與碑結銜不合未知即一人否也李鑄史無傳師頏字霄遠（傳作師頏與字霄遠不合當是史誤）內黃人眞宗時以刑部郎中知制誥兼史館修撰咸平三年召入翰林爲學士五年卒碑題銜與傳合則詩作於咸平三年也李若拙字藏用萬年人累兵部郎官充史館修撰知制誥咸平初被疾改右（碑作左）諫議大夫四年卒碑惟諫議與傳合

而騎都尉則傳無之此詩當作於咸平初也宋白字太素大名人（宋詩紀事作開封人）至道初爲翰林學士承旨二年遷戶部侍郎眞宗即位改吏部侍郎咸平四年拜禮部尚書以兵部致仕碑不書尚書則詩爲眞宗即位初作也（宋詩紀事不載此詩）賈黃中字媧民南皮人淳化二年秋與李沆並拜給事中參知政事四年冬與沆並罷明年知襄州碑不書知襄州則詩作於淳化二年也（宋詩紀事不載此詩）趙昌言字仲謨孝義人淳化四年自知大名府召拜給事中參知政事五年八月出爲川陝都部署碑仍書參政則詩

作於淳化四年也鄭起字孟隆周廣順初官尉氏
主簿范質薦爲右拾遺恭帝初遷殿中侍御史太
祖初出爲河西令蜀平當徙遠官起不欲往乃炙
烙其足卒碑不書宋官而尚用周末之左（史作右）拾
遺未詳何故據傳則詩當作於乾德二年平蜀之
前矣許仲宣字希槃青州人太平興國八年由吏
部郎中爲左諫議（碑作中散）大夫雍熙四年出知廣州
未上移知江陵府俄改河南府端拱中遷給事中
淳化元年卒則詩作於端拱中也馬去非無傳韓
溥長安人唐相休之裔孫開寶三年官監察御史

累轉司門郎中淳化二年被病辭職則詩作於淳
化二年以前也臧丙字夢壽大名人淳化二年拜
右（碑作左）諫議大夫出知江陵府歲餘疾卒則詩作
於淳化二年也蘇易簡字太簡銅山人太宗朝遷
給事中參知政事明年以禮部侍郎出知鄧州移
陳州至道二年卒碑不書知鄧州則詩作於至道
元年四月罷參政之時也（宋詩紀事不載此詩）工承衎字希
悅爾琦子家洛陽咸平中遷知延代幷三州改尚
食使鳳翔張齊病命承衎代之徙涇州大中祥符
二年知壽州卒碑但書尚食使知鳳翔則詩作於

咸平中也陳文顥漳泉陳氏洪進之子太祖時隨
洪進歸朝授房州刺史換康州端拱初出知同州
咸平初知耀州碑不書耀州則詩爲端拱初作也
穎摯史附鄭起傳稱其拔萃登科至太子中允傳
不著何年亦不書知洛陽縣郭忠恕建隆初貶官
其後流落多遊岐雍京雒間碑結銜是周時舊官
宣和畫譜稱其作篆隸喜畫樓觀臺榭嘗與陳摶
會于華山則詩當作於太祖時矣（宋詩紀事不載此詩）陳摶
字圖南眞源人居華山四十餘年太平興國九年
來朝賜號希夷先生端拱二年卒則詩當作於端

拱前也（宋詩紀事不載此詩）宋溫舒史附宋湜傳湜父溫故
之弟長安人進士官至職方員外郎嘗典耀州湜
侍行代作牋奏溫舒曰此兒眞國器恨吾兒不及
見也湜太平興國五年進士則溫舒作此詩在太
宗以前矣以上皆從史傳考其作詩之年約略如
此夢英史無傳墨池編石墨鐫華二書祗稱其工
書不言其遊中南以後卒于何年諸公贈詩大率
英公赴召之年及辭赴中南以後或過從酬倡或
遠寄懷想積幾閱歲正蒙袁書而刻于石上距宋
初已四十餘年不知其時英公尚在否也詩錯雜

無次不以年載官位爲先後詩中往往稱英公嚕酒能詩不知何以無一篇流傳于世也碑書宋白詩到處僧俗爭識面句中不諧疑俗字誤戚丙詩鎸京碑記念千斤集韻云斤乃斫字之省斫碑材也詩用千斤正言碑材宋詩紀事誤改爲聽其稱謂之别者如馬去非稱英公爲情交韓溥稱英公爲詩匠而徒弟之稱則見於陳摶詩詩稱英公無徒弟則立碑之賜紫義省等不知何寺之僧何人之徒也

昭應縣文宣王廟碑

碑連額高六尺四寸廣四尺四寸四分二十行行四十四字隸書隸額在臨潼縣

口口口口口文宣王廟碑文

將仕郎守京兆府昭應縣主簿王口撰

鄉貢進士蕭資書并題額

由國口至郡縣有孔子廟自　天子至庶人歲時奉其祀醴餼器具豈嚴潔修盡有儀式歷世傳承不敢慢其事誠以生民以來有至德者未有如孔子故也咸平紀號之元季　詔以太子中口趙公莅是邑公之始至也以民之不知教以訓以治日無暇時明年春政既成民既知勸乘間問孔子廟而往拜焉既而覩其像貌圯刹稿宇不完歲時之祀固缺如也返則名邑中進士明經之好事者坐而謂曰余常念先師孔子爲陪臣于周亭王爵於唐其爲道也其爲教也載之於經傳之于世自周迄今絶而復興久而愈尊雖夷蠻戎狄之不可化者尚聞之而爲善良也矧中夏之俗乎世之冠儒冠服儒服文行可列於四科者皆先師異代之弟子也豈有服儒服爲弟子而奉其師反不若服緇黃之弟子有觀寺之崇享獻之豐潔邪且是邑有先師廟余長是邑而使其廟將日毁祀不時修余與爾將何事也得非讀其書而忘其道歟爲其弟子而不奉其師歟繇是坐

者感奮承命再拜謝而退一日口相與募邑中吏民之有識者得五十萬錢亟市瓦木庀工徒撤舊而新之然以故廟之址足邑之南逼側蕪穢口口口口口之所乃就邑之北選良地筮吉日而遷焉越式百日而其功集公遂率僚屬暨邑中吏民行釋奠之禮堂之上惟十哲口于左右十哲而下諸賢咸圖于壁堂之後復構式堂曰講書堂俾邑中之學者得以游矣於是命佐吏口勒辭於石置于廟側辭曰

返魯之教今古是則民胥樂胥無有僭忒我公之來服孔之化問廟之所往拜堂下既拜而奠既奠而暇愍厥

毀摧歎嗟不已乃遷斯廟乃新斯堂神安攸居民郎而
康七十弟子三千門徒從公之政一如中都
大宋咸平弍季八月弍日建
鄉貢進士王口信
將仕郎守太子中口知縣事趙格
將仕郎守縣尉徐口
將仕郎守殿中丞通判軍府事騎都尉借緋劉克勤
正奉大夫口口口口侍郎知軍府事上柱國賜紫金
魚袋天水縣開國伯食邑九百戶趙昌言
武威安璨刻字

按昭應縣大中祥符八年改臨潼縣屬永興軍路京兆府宋史趙昌言傳眞宗即位遷兵部侍郎知陝州未幾移知永興軍三年召入兼御史中丞此碑立于二年 正昌言知軍時也陝西通志臨潼縣學舊在縣城北宋咸平中知縣趙格改建主簿王漢有記即謂此碑也然碑云故廟之址居邑之南逼側蕪穢乃就邑之北擇良地筮吉日而遷焉則是自南而遷于北志載未晰且以趙格爲趙格亦訛撰記者主簿王漢碑泐其名賴志補之

梁顥李易直題名

石横廣一尺餘高七寸五分八行行九字左行末行鐵正書

宋咸平三年誅口部叛卒王均之踰月右司諫知制
誥梁顥審刑院詳議官秘書丞李易直奉　命安撫巴
峽路口華陰同謁

宋史梁顥本傳是年冬王均平命顥爲峽路安撫使題稱右司諫知制誥梁顥傳不及爲右司諫者略也通鑑長編命翰林學士王欽若知制誥梁顥分爲西川及峽路安撫使國子博士李及南秘書丞李易直副之所至錄問繫囚自死罪以下得第降之上諭欽若等曰朕以觀省風俗尤難其人數日思之無易卿等

各宜宣布德澤使遠方知朕勤卹之意關中金石記

按宋史眞宗紀咸平三年正月益州軍變害鈐轄符昭壽逐知州牛冕等推都虞候王均爲首作亂十月己丑雷有終追斬王均于富順監俘其黨六千餘人長編作六十餘人丙寅以翰林學士王欽若知制誥梁顥分爲川峽安撫使題名部字上泐一字據史乃益字也題名言誅王均之踰月而紀乃奉遣書于十月據長編李易直爲副而紀不及者略之也咸平四年三月始分川峽爲益利梓夔四州爲四路此時尚爲川峽兩路益東西兩川及巴峽也

梁顥與王欽若同日受命爲安撫而題名不及欽
若與李及甫者及甫自副欽若而行而欽若又自
赴川路殆行不同程也

保寧寺鐘款

款高四尺四寸八分周圍八面共寬一丈二尺六分每面作三截中截無字餘皆三行上二字下四字正書在興平縣保寧寺

皇　千　王　秋　府　歲　萬　口
長福　陳美　李口　輔溫　焦詮　王順　王諷
李祚　程寬　張重　陳稠
大宋國咸平三年十二月十八日奉　勅鑄鐘　京
兆府興平縣保寧寺鍾頭洛室院主僧知遵　小師
善欽善明　表白崇廣殿直知縣事元朗宗　內品
監酒稅陳紹遷　主簿王湛　鎮將穆贊　副鎮趙
朗　押司王坦　維那頭趙遐許得一張超王順

款內稱府主者知京兆府事者也內品者內侍官也所謂把門內品後苑內品是也鎮將及副鎮則鎮砦官耳關中金石記

按款云皇千主秋府歲萬口應讀云皇帝萬歲府主千秋蓋款文錯置也年月一行云大宋國大宋下加國字始見于此陝西通志保寧寺在興平縣西街而與建不詳鍾亦未及

高紳韓見素等題名

石裂爲三合之橫廣一尺九寸高一尺五寸七行行六字七八字不等左行隸書

口口口口史館知華州高紳秋祭謁廟與刑口口外郎
口仕韓見素賓幕劉繼元同游咸平口口口口口廿一日
弱翰　　袁直捧硯

高紳等題名

石橫廣八寸高五寸五分八行行六字七字不等正書

右司諫直史館知華州高紳　尚書戶部員外口直史
館曾致堯　陝西轉運副使太常博士李易口
咸平四年閏十二月十五日記

西嶽廟乳香記

碑高六尺四寸廣二尺七寸四分二十一行行五十四字正書在華嶽廟

勅賜西嶽乳香記
將仕郎守尚書刑部員外口口仕騎都尉賜緋魚袋
韓見素撰
華山口知通書
鄉貢進士董泊篆額
竊若太極剖判非三才無以孕百神之口口氣周流非
五行不能倸万物之秀是則五行於三才百神一氣万

物無所不在矣故在天爲五星在地爲五嶽在人爲五
藏在物爲五色□□聲教亦無所不備矣有逆順生煞
消息盈虛之理得其道者聖功生焉神明出焉百姓日
用而不知故君子之道鮮矣夫五嶽者自融結之□與
五行之氣並生焉故其神也命五帝以封之其祭也秩
三公以視之其靈也惟聰明正直以司之　天子
歲以四立之日名於王□□□之常禮也以至國家似
有水旱災癘之祟爲民而薦誠者亦非時而請謝焉
　西嶽金天氏蓋其一也世人有以不忠不孝不廉
不□□仁不義堆愆積咎架肩疊跡而來淫祀以求福

禍者宜其請禍也何福之有乎神終不以一爵庶肴易
其福善禍淫之道也苟有抱忠孝□□挾仁義而來
祭者雖蹟汚行潦必享之其所享者誠也孔子曰吾不
與祭如不祭又曰吾祭則受福其誠之謂乎唯是
　國家每□□祭繼日晨香則必歆而福焉何哉以其
既誠且明不爲已而爲民無玷於聰明正直之職也先
是五嶽諸殿逐日所焚之香自來因循官□□給擎自
右司諫直史館高君紳於至道中任荊湖轉運日見南
嶽司天王廟逐日諸殿晨薦之香只採山中樹根燒爇
遂特發奏章乞□□香燃略曰　陛下欲

普天備祀故五嶽是尊萬姓欲四序祈恩故明神是仰
其於香火尤爲薦誠闕而未行何以爲禮伏乞
　聖慈特降勅命許於南嶽諸殿逐日共破乳香一
兩復慮泰山等四嶽有似此未破香處亦乞特降指揮
自是　勅下華州勘□西嶽合銷乳香聞奏時主
廟官令神祝等慢神如一遂共分析本廟一十一處合
銷乳香半兩匪唯儉不中禮抑亦盜在其中蓋不焚則
有□焚之則不足也神靈感通若有所召未數歲高君
自荊湖歸覲典是郡點檢本廟諸殿所焚之香全然闕
少奏復添之戒勵既嚴焚爲尤盡□享唯馨之德人恭

如在之容　巍巍聖朝實受其福人有謂高曰今
五嶽百神日受芬馥皆公之力也答云　君上之
賜也又曰□公言　君何由而知之曰臣下之職
也是知高君之所任也不獨惠於民亦將及於神不獨
益於　君亦將及於身君有是臣何□而不拾何
闕而不補矣高公以見素懸車嶽下遺累神封託紀歲
時貴無養飾命但直敘賜香之由致祭於禮以警之欲
使後之思乳香者□慢神之過効淫祀者知請禍之非
言者無罪聞者戒之時咸平六年九月十五日記
觀察推官承直郎試大理評事丁□周　節度推官

將仕郎試秘書省校書郎韓翔　左班殿直兵馬監
押兼在城巡檢李承信　給事郎守國子博士監酒
務輕車□尉賜緋魚袋張瓘　朝請郎守太子中舍
通判軍州事騎都尉借緋薛龜從　宣德郎守右司
諫直史館知華州□□事輕車都尉賜緋魚袋借紫
高紳
　鐫字人姚玉
高紳轉運荆湖奏請勅賜南岳焚香而四岳并及之
據碑南岳諸殿曰破乳香一兩西岳諸殿共十一處
乃曰破半兩古人焚香其儉如此且所焚乳香非今
香也碑正書亦有柳誠懸筆意石墨鐫華

後題名內有宣德郎守右司諫直史館知華州軍州
事輕車都尉高紳江少虞皇朝事實類苑曰紳江東
人善篆文與李無惑同時齊名關中金石記
按乳香廣志謂之乳頭香生南海是波斯松樹脂
包紫赤如櫻桃透明者爲上宋史太祖紀乾德元
年十二月泉州陳洪進遣使貢白金千兩世家作萬兩
乳香茶藥皆萬計蓋當時以乳香爲難得之物也
香譜載曹務光禮趙州用盆焚乳頭香此亦禮神
物用乳香之一證其謂之乳頭者本草云薰陸即
乳香爲其垂滴如乳頭也

鳳翔府萬壽禪院記
碑高六尺五寸七分廣三尺三寸十八行行三十六字正書在岐山縣
大宋鳳翔府青峯山萬壽禪院記
起復朝奉大夫右諫議大夫知軍府事安定縣開國
伯食邑七百戶食實封叁百戶賜紫金魚袋梁鼎譔
并篆額
廬岳沙門正蒙書
右扶風郡北盤岐山南據秦嶺地之形勝甲於關輔秦
嶺之南蜀山北走音奏突胥磨霓磅礴萬里至是崪然若
犇而駐其秀絕者曰青峯山涵碧孕翠畜靈積粹崔嵬

迥漢四峭如削故自山麓緣危蹬陟猿徑殆將百里至
于是峯人跡負絕窅若物外中有洞穴深莫知其際舊
傳阿羅漢隱息于此然自昔未嘗有精藍天其或者必
俟開士而后與焉同光初有釋傳楚者本陳倉人幼抱
高志辭親隸道奄有頓法遂荒智地景行大迦葉悟即
心即佛之旨乃曰昔人普詣百城叅契妙理我雖懸解
豈廢軌則故南之嶺外東適江表振錫法會印可知識
僅逾一紀長興末旋自吳會奡于故里將爲人天開示
大法時　清泰主潛隱斯地爲重法故奉禪師若
師傳禪師遽請結茅茲峯以爲禪誦宴坐之所繇是經

營締構棟宇大備巍巍梵剎不日成之四方游學歸之
與山谷曹谿相侔清泰中以舊恩降璽書勞問賜命服
及彰勝大師之号禪師授而弗有嵩賢首語文殊言一
切無礙人一道出生死禪師所傳正得是法直指本心
更無佗要故言下解脫者不可勝紀化事云畢示寂適
去即晉天福二年秋八月二十有二日也禪師上足曰
清兗善繼先志亦師子吼兗復去世其法季曰清悅嗣
之悅終兗之門人曰義成繼主其事自肇建禪宇于今
七十有三載矣而未暇刻石識其盛烈嘗慮年祀寖遠
後之人無以知所由來會予奉　詔假守是邦而

僧成條其狀願爲之記且曰將俾斯文與是山俱隆汚
謹弗敢讓而爲之實錄云時景德二年歲在乙巳正月
十五日甲子書　　安璨鐫字

按陝西通志青峯山在岐山縣南一百五十里峯
巒蒼翠接寶鷄界青峯寺在岐山縣南一百五十
里青峯山上紀載寥寥祇此一二語而已而於山
之形勝寺之興建無一語及之豈嘗作志時此碑
未之見耶志不言青峯寺創萬壽禪寺以碑虔之
要即一寺而兩額也碑云清泰主潛隱斯地奉禪
師若師傅禪師遽請結茅茲峯由是經營締構棟
宇大備兩五代史皆載後唐廢帝李從珂明宗長
興三年由西京留守爲鳳翔節度使寺之初建卽
在是年所稱禪師爲釋傳楚薛史稱帝常日諷佛
書輕財好施陝西通志又載胡僧阿闍黎住鳳翔
末帝甚重之清泰元年遣官往名其奉佛重僧如
此宜其爲禪師建此寺也寺初建名萬壽不知何
年直請之青峯碑建於景德二年自建寺至此正
七十三年與碑言合禪師以晉天福二年示寂一
傳清兗再傳清悅三傳義成請梁鼎撰記者卽其
人宋史傳鼎字凝正華陽人景德初知鳳翔府三
年卒鼎好學工篆籀八分此碑額卽其所篆文亦
簡淨有法書者正蒙卽書夢英詩碑者也

麗奎築三籙壇題記

石殘缺橫廣一尺七寸五分高一尺
十二行字數八字至十四不等正書

□宋景德二季冬　天王降靈寶三籙壇　式于四嶽
勑鳳翔郡□□營築於廟殿之前今□□□之鎮自十月
孟旬承　□施至十一月五日畢□表于□因刊闕石
以紀厥事之□
□仕郎試芸閣吏守主簿麗奎題
□仕郎守下邽縣主簿木令脩監

口作監丞守廟令揚瓊道士賈口
口仕郎守太子洗馬知縣事許孝恭
口仲卿祭嶽廟題記
石横廣二尺二寸高九寸九行行六字正書
宋景德二載口月二十四日口秋太常博士口華州軍
州口仲卿奉　勑虔祭　靈廟再宿而迴時賓從同游
用紀于石
勑修文宣王廟牒
石連額高六尺六寸四分廣二尺六寸二分十五行行三十三字正書篆額
中書門下　牒京東轉運司

資政殿大學士尚書六部侍郎知通進銀臺司兼門下
封駮事王欽若奏諸道州府軍監文宣王廟多是摧塌
及其中修蓋完葺者被勾當事官員使臣口射作磨勘
司推勘院伏以化俗之方儒術為本訓民之道庠序居
先況傑出生人垂範經籍百王取法歷代攸宗苟廟貌
之不嚴即典章而何貴恭以　睿明繼統禮樂方興
咸秩無文徧走羣望豈可泮宫遺烈教父靈祠頗闕修
崇久成口業仍令講誦之地或為置對之司混捶撻於
絃歌亂桎梏於籩豆殊非尚德有類戲儒方大振於素
風望俯頒於明制欲乞特降　勑命指揮令諸道州
府軍監文宣王廟摧毀處量破倉庫頭子錢修葺仍令
曉示今後不得占射充磨勘司推勘院及不得令使臣
官員等在廟内居口所貴時文載耀學校彌光克彰鼓
篋之聲用洽舞雩之理候勑旨　牒奉
勑宜令逐路轉運司遍指揮轄下州府軍監依王欽若
所奏施行口至准
勑故牒
景德三年二月十六日牒
刑部侍郎參知政事馮拯　尚書左丞參知政事
王旦

按此碑刻於景德三年二月十六日宋史王欽若
傳景德初欽若以工部侍郎參知政事判天雄軍
踰年河北轉運司及還罷為刑部侍郎資政殿學
士歲中改兵部升大學士知通進銀臺司兼門下
封駮事宰輔表則判天雄軍在景德元年九月乙
亥還朝在二年正月甲寅罷為資政在四月癸卯
自資政遷尚書左丞在三年二月己亥是月甲戌
朔己亥在廿六日立碑時尚未為左丞故碑不書
馮拯傳景德中為參知政事再遷兵部侍郎宰輔
表但書景德二年四月癸卯馮拯自工部侍郎參

書樞密院事除參知政事不言其遷兵部侍郎此碑云刑部侍郎則表傳皆無王旦傳咸平三年同知樞密院事踰年以工部侍郎參知政事景德二年加尚書左丞三年拜工部尚書同中書門下平章事宰輔表王旦參政在咸平四年三月辛卯加左丞不書至三年則云二月戊戌自左丞參政同平章事戊戌是二月廿五日亦在立碑之後碑故尚是左丞參政也碑云摧破虜量破倉庫頭子錢修葺文獻通考云開寶六年詔諸倉場受納所收頭子錢一半納官一半公用令監司與知州通判

同支使頭子錢納官始於此止齋陳氏曰是歲令川峽人戸兩稅以上輸納錢帛每貫收七文每疋收十文絲綿一兩茶一斤秤草一束各一文頭子錢數始見於此馬端臨曰謹按咸平三年十月三司權判孫冕等奏天下諸夏秋稅斛斗收倉耗例並夏秋稅斛斗疋帛諸收物色等收頭子錢遍令檢尋不見元定宣勅又按後唐天成二年戸部奏苗子一布袋令納錢八文三文倉司喫食補襯長興元年見錢每貫七文秤草每束一文盤纏其所收與開寶數同則頭子舊有之至此稍條約之耳

據此則頭子錢乃諸道州府軍監所抽取于民納之倉庫以充公用者也

金石萃編卷一百二十六終

金石萃編卷一百二十七

賜進士出身誥授光祿大夫刑部右侍郎加七級王昶譔

宋五

謝天書述功德銘

碑凡五巨石合成一碑並高九尺第一石廣三尺第二石廣二尺五寸第三石廣五尺三寸第四石廣四尺五寸第五石廣三尺文共五十四行行二十八字正書額高三尺五寸廣五尺題曰登泰山謝天書述二聖功德之銘十三字篆書在泰安府城南門外東南隅岸東偏北向

御製御書并篆額

登　泰山謝　天書述　二聖功德銘

朕聞一匱宇而恢德教安品物而致昇平此邦家之大業也考茂典而薦至誠登　喬嶽而荅　純錫此王者之昭事也結繩已往茫茫而莫知方冊所存章章而可辨因不開先流福累洽儲休長發其祥永錫尓類故能禋祀　上帝肆覲群后追八九之遐躅洎億兆之歡心是以武王勤獨夫集大統而成王以之東巡高帝平三猾戡天祿而武帝以之上封粵以五代陵夷四方分裂嗷嗷九域顒影而求存嚮嚮萬民籲天而仰訴不有　神武多難何以戡不有　文明至治何以復恭惟　太祖啓運立極英武聖文神德睿功大孝皇帝積慶自始受命無疆歷試于艱難終陟于　元

后　威靈震疊　睿澤汪翔無往不賓有來斯應濟民於塗炭登物於春臺俾乂萬邦成湯之甚盛咸宣九德文王之有聲　啟運于前垂裕於後　太宗至仁應道神功聖德文武大明廣孝皇帝洪基載紹景貺誕膺如　日之昇燭于率土如　天之廣覆于羣生人文化成神道設教尊賢尚德下武後刑金石之音　明靈是格玉帛之禮蠻貊來同書軌畢臻典彞無闕　上靈降鑒虞舜之温恭庶民不知唐堯之於變　重熙之盛冠絕于古先　增高之文已頒乎　成命遐巡其事　謙莫大焉肆予冲人獲守丕構其德不類其志不明弗克嗣興冈識攸濟屬以陽春届節　靈文錫慶曰是濟河耆老鄒魯諸生啟予以　神休邀予以　封祀不遠千里來至闕庭朕惕然而莫甯彼確乎而莫止俄而王公藩牧卿士列校獻封者五上伏閤者萬餘以爲　景命惟新珍符紛委不可辭者　天意不可拒者羣心　天意苟違何以謂之順道羣心苟鬱何以謂之從人是宜登　介丘成　大禮敦諭雖至勤請彌固竊念乾坤垂祐　宗祏儲祉導揚嘉氣僕洽小康唯大疆場以寧干戈以息風雨以順稼穡以登無震無驚既庶既

富旹　天之賜也豈朕之功歟雖則　告成功紀
嶽躊非涼德之克堪也然而序　圖籙荅　殊禎
非眇躬之敢讓也　天孫日觀　梁甫仙閭五嶽
之宗萬物之始　升中燔柴舊章斯在繼承　先
志懿範遵已定之經祇事　圜丘　嚴配肅因心
之孝於是詔輔臣以經畫命群儒而講習給祠祀者罔
有不至供朕身者無必求豐故　玉幣犧牲朕之所
勤也羽儀服御朕之所簡也精意篤志夙興夕惕誠明
洞達　顯應遝彰自　天垂恩正真親臨於雲馭
奉　符行事予育敢怠於政經粤以暮秋之初恭饗

清廟告以陟配孟冬之吉虔登　岱宗伸乎對
越奉　寶籙於座左升　祖宗以並侑禮之正也
孝之始也乃禪　社首厥制咸若于時　天神畢
降　地祇畢登　肹蠁可期奠獻如蜆其薦也雖
懋乎明德其感也實在乎至誠亦復溯鄷宫之前闢遵
甘泉之受計百辟委珮五等奉璋肆眚施仁舉善勸治
稽考制度採摭風謡文物聲明所以揚　二聖之洪
烈歡娛慶賜所以慰百姓之來思蕃乂　兩儀之純
嘏　七廟之餘慶邦家之盛美蒸黎之介福豈予寡
昧所可致焉惟當廓寐夤畏夙夜惕厲不自滿假不自

逸豫寵綏庶國茂育群倫以荅　穹昊之眷命焉勒
銘山阿用垂永世銘曰
節彼　岱嶽巍然東方　庶物伊始　靈感其彰
自昔受命　反始　穹蒼　燔柴于此　七十六
王　顧惟寡薄　恭嗣洪猷　乾乾慄慄　雖休勿休
元符昭錫　餘慶遐流　群情所迫　盛明爰修
前王丕顯　是日告成　伊予沖眇　無德而名　永
懷眷佑　祗荅　景靈　聿崇　嚴祀　用達
精誠　殊祥疊委　寓縣奔馳　禮無違者　神實格
思　藏封石畢　刻字山嵎　蒸民永泰　繁祉常垂

大中祥符元年十月二十七日　御書院奉　勅摹勒刻石
帝既侈言天書之妄復爲太山之封而作此銘述太
祖太宗以及其身語多浮夸文亦拖沓正書僅能方
正無少鉤磔想帝亦不能辦此或王旦輩爲之潤色
而尹熙古之流握管耳碑方廣幾埒開元太山銘字
減小不能強半而文筆手腕則不啻若泰山之于鄒
嶧矣　石墨鐫華
祥符天書述以頌太祖太宗之功德其眞書絶佳予
得之豐城學士萬卷樓是石刻元文貞公遺山親登
岱宗顧未及見予得見之幸矣取以配唐開元太山

石本誰曰不宜鮚埼亭集
右碑錢辛楣少詹云宋史禮志載玉冊玉牒文而未
及此銘略之也碑陰明巡按吳從憲題篆書泰陰碑
三字俗呼爲陰字碑聶劍光泰山道里記云是碑有
二一勒山下所謂陰字碑也一勒山上在唐磨厓碑
之東字徑二寸明嘉靖間俗吏鄞人汪坦大書題名
又汝南人翟濤題名及書德星巖三字並鑱蓋于上
每行毀三四十字不等尙有字句可讀篆額登泰山
謝天書述二聖功德之銘十三字完好如初文獻通
考王欽若言唐高宗元宗二碑之東石壁南向平峭

欲即厓成碑以勒聖製上曰朕之功德固無所紀若
須撰述不過謝上天敷佑敘祖宗盛美爾命勒石北
向以答天眷元好問東遊略記云嶽頂封禪壇下有
唐宋磨厓據此則眞宗述功德銘先經磨勒岱嶽後
又立碑城南也乃後人第知有城南之碑不復知有
岱頂之碑矣山左金石記
右碑在城南郊原上五石合成製若屏障以圜臺在
山頂故字從北面取對越之義山頂磨厓一碑已爲
諸人題名鑱毀過半字大小與山下碑同而行數有
不同又按東軒筆錄云呂升卿爲京東察訪游泰山

題名于眞宗御製封禪碑之陽刊刻搨本傳于四方
後二年升卿判國子監會蔡禧爲御史言其題名事
以爲大不恭遂罷升卿判監據此則眞宗之爲是銘
先經磨勒岱嶽又立碑城南也明矣金聚泰山志
按眞宗封禪泰山刻石有五此其一也餘四碑並見後此
文刻石有二其一磨崖在岱頂德星巖明嘉靖鄞
人汪坦大書東安邵鳴岐等題名一則又汝南人
翟濤奉當事僚友同遊引漢陳荀諸賢之聚太史
以德星奏一事自爲題記復書德星巖三大字眞
宗銘文大半鑱毀今不錄此碑文與磨崖全同泐

者三字今據泰安縣志所載補之碑北向屬泰山
之陰故陰題泰陰碑三字以訛傳訛遂謂之陰字
碑矣碑文述事大致與宋史禮志所載皆同至太
祖謚號稽之禮志正與此同而太祖本紀卷末乃
云大中祥符元年加上尊謚曰啓運立極英武睿
文神德聖功至明大孝皇帝按此乃天禧元年正
月九日所加非大中祥符元年紀誤也封禪之事
當太宗即位之八年已詔十一月二十一日有事
于泰山後以乾元文明二殿災詔復停止碑故云
太宗皇帝已類成命遂巡其事謙莫大焉眞宗封

禪之事成于天書天書之事源于雪澶淵受盟之恥宋史王旦傳云帝幸祕閣驟問杜鎬曰古所謂河出圖洛出書果何事耶鎬應之曰此聖人以神道設教耳帝繇此意決是天書之事實成于神道設教一語也此碑乃云太宗皇帝人文化成神道設教尊賢尚德下武後刑若以神道設教爲太宗之所欲行者亦善于文飾矣碑立于大中祥符元年十月二十七日是月戊子朔二十七日爲甲寅乃封禪禮畢發奉符之日也後四碑皆刻于二年據玉海載祥符二年五月戊午出泰山謝天書述二聖功德銘玉女像記示輔臣十月丙午以御製泰山銘贊賜丁謂等九軸因請以御製泰山銘及九天司命天齊王周文憲王文宣武成王贊於朝堂宣示百官召近臣就三司觀之帝曰此但記一時事何足宣示宰臣王旦等固請從之十一月壬子朔泰山太平頂磨崖刊聖製畢據此則碑以二年五月撰成十一月刻成其題元年十月二十七日者追用禮成之日也禮志載闕臺奉祀官並于山上刻名今未見

元聖文宣王贊

碑高八尺四寸五分廣四尺一寸三分分兩截上贊下詔皆十六行贊行十八字詔行二十三字行書在曲阜孔廟

元聖文宣王贊并序

御製

若夫撿玉　介丘迴輿闕里緬懷於　先聖躬謁於嚴祠以爲易俗化民既仰師於彝訓崇儒尊道冝益峻於徽章增薦崇名聿陳明祀思形容於盛德爰刻鏤於斯文贊曰

立言不朽垂教無疆昭然令德偉哉素王人倫之表帝道之綱厥功實茂其用允臧升中既畢盛典載揚洪名有赫懿範彌彰

加號詔

王者順考□□懋建大猷崇两術以化民昭宣教本總百王而致理丕變人文方啓迪於素風思舉揚於鴻烈先聖文宣王道膺上聖體自生知以天縱之多能實人倫之先覺元功侔於簡易景鑠配乎貞明惟列辟以尊崇爲億載之師表肆朕寡昧欽承命曆嘗不遵守彝訓保乂中區屬以祇若　□符告成喬岳觀風廣魯之地飭駕數仞之墻躬謁遺祠緬懷遐躅仰明靈之如在肅奠獻以惟寅是用徵簡策之文昭□獻之德聿舉追

崇之禮庶伸嚴奉之心備物典章𠭊之□□誕告多士
昭示朕懷宜追謚曰　玄聖文宣王祝文特進署仍
令所司擇日備禮冊命并修飾祠廟祭器□廟內制度
或未合典禮並令改正給近便五戶以奉塋域□差官
以太牢致祭故茲詔示想宜知悉
大中祥符元年十月二十四日東封禮畢十一月一
日　車駕幸曲阜縣謁奠　先聖文宣王命刑部尚
書溫仲舒等分奠七十二弟先儒禮畢幸孔林是日
詔先聖加號　玄聖文宣王　御製贊又　詔吏
部尚書張齊賢等次日以太牢致祭詔兗公顏子進

封兗國公十哲閔子已下進封公曾子已下進封侯
先儒左丘明已下追封伯五年八月廿二日奉　敕
諸道州府軍監各於　玄聖文宣王廟刻　御製贊
并詔十一月　日奉　敕改謚曰　至聖文宣王
此眞宗東封還過曲阜奠孔子而作碑二方上刻御
製贊下刻加號詔眞行書無名氏疑亦書院待詔尹
熙古輩爲之雖不離院體而亦有聖教遺意據碑奉
勅諸道府州監各于文宣王廟刻贊并詔不止曲阜
余所收乃曲阜碑蓋他處易燬而孔林獨存耳 石墨鐫華
秦至無道而創封禪儒人排之未達于天人之故也

天地之秀孔子未生散于山川孔子既出鍾于泰嶽
是以自秦之後沿漢及唐未有不登封太山而降禮
曲阜者載在史冊非如七十二君之荒忽也故不知
者謂因尊岱而及孔子不知造物之意尊孔子而本
于孔子之所由生也卽以祥符之主詐爲天書以誣
上帝況于嶽神而于孔子獨爲抑志躬贊躬書下及
弟子此其心亦有一綫之明者然惟知中國之有泰
山可借以雄于外夷而不知孔子之大聖又泰山所
藉以爲重者使能充此一念向慕之誠旁求孔子之
徒盡行孔子之道則天清地平山川奠而尚何契丹

之可畏哉泛舉舊章而不知根本要領之所在跡其
所行尙遠遜于漢唐之季宜其卒不能洒其恥也贊
或假手潤色字必其所勉爲皆不必以章布之法繩
之矣 墨林快事
宋史禮志是年十一月幸曲阜備禮謁廟本紀加謚
孔子爲元聖文宣王遣官祭以太牢給便近十戶奉
塋廟 關中金石記
按玉海先是詔有司撿討漢唐褒崇宣聖故事欲
追謚爲帝或言宣父周之陪臣周止稱王不當加
帝號故第增美名春秋孔圖曰孔子母感黑帝而

生故曰元聖莊子曰恬淡元聖素王之道遂取以
爲稱二年五月戊午以御製御書元聖文宣王讚
示輔臣六月丙午詔刻于石壁石壁者卽碑也曲
阜縣志云碑凡五版中卽此碑其旁則羣臣分贊
碑陰有幸魯封詔手勑題名明宏治十二年燬嘉
靖十五年重書於石然則此是重摹之本末題一
段連及五年改謚至聖當是後人所加其元聖之
謚乃元年十一月四日下詔而碑題一日者蓋以
謁廟之日爲製贊之日也

封祀壇頌碑

碑連額高一丈二尺二寸三分廣六尺五分四十四行行一百字行書額題大宋封祀壇頌六字篆書在泰安府城東南四里

大宋封祀壇頌

大晉儀衛使 封禪大禮使推忠協謀同德佐理功
臣金紫光祿大夫中書侍郎兼刑部尚書同中書門
下平章事集賢殿大學士監修國史上柱國太原郡
開國公食邑四千七百戸食實封貳千壹伯戸臣王
旦奉 勑撰
翰林待 詔朝散大夫國子博士同正騎都尉臣裴
瑀奉 勑書并篆額

臣聞天地之文著明含章炳煥於庶物禮樂之用象功
崇德昭格于至神 王者宣淳耀之烈建中
和之極於是錫 天瑞出坤珍覺悟於
蒸民鮮不登泰山□梁父幸崇於明祀蓋天地之文闕
下民何以法象焉禮樂之用廢後世何以祖述焉是知
勒皇績騰茂實交三神之歡著一王之法述符命繼昭
夏申乎大報示於無窮極典章之備物真帝王之盛節
者也粤自遂初始造書契增高益厚載九皇之德朴略
而難名時邁省方垂六經之文紬繹而可舉沿襲之規
寖廣巡狩之儀□□五載際於虞典一紀因乎周制斯

以彰善癉惡□民設教者矣爾後道非下濟德異升聞
或緘秘祝之辭或黜諸儒之議先治兵而釋旅乃肆□
□□□順□□□□行殊爲民祈福之意光武紀號
□石藏于故封開元陳□□玉牒之不秘典章斯在風
烈可觀□□難行禮從茲絕洎四方之假擾屬五代之
陵夷但恣尋戈不遑罍器俎豆之事掃地將盡塗炭之
俗籲天無辜陰隲下民誕□□□□□□□□□
□□□□□聖光啓丕運 皇宋三
葉在□天下五十載矣 太祖啓運立極英武聖
文神德睿功大孝皇帝之創鴻業也名膺帝籙迎契天

飛微軌道之降鄗牧野之誓以帝軒之神武□漢□□
□□□□□□□□踹陟元后集大勳望風而海外駿奔
端扆而天下寧宴　太宗至仁應道神功聖德文
武大明廣孝皇帝之恢寶圖也天縱多能體膺上聖徇
齊濬哲居質以成德文明中正開物以成務凝神□□
□道□□度筞賢良率土致覆盂之安丕基成磐石之
固　崇文廣武儀天尊道寶應章感聖明仁孝皇
帝聖道日躋大明繼照尹京邑也神明之政四方是則
踐承華也元良之德萬國以貞圖□□理訟□咸格遵
顧命而主神器極孺慕而纂　宗祊守□□□

□□□　冠於百王熙庶政叙彝倫智周於萬物□爵出
祿褒德念功若臨照之代明法雲雷之作解繼志述事
樹經久之規弛禁省官布寬大之令□張文理存視學
於上庠振舉武經□□□□近甸厚時風而敦世教訓
戎昭而數軍實閱者邊吏致告時巡□□□□□□□
徼森□揚天聲秉武節惇□□□□民繼好一介交聘
靡宣金革之威六師不陣還於衽席之上綏帶壹哺而
式和民則彀弓□刃而止嚴武備於是修墜典緝遺文
命秩宗講三王之禮訓奉常考六代之樂渴讜議則下
肩袞□詔□□□則申□□□□□□獄訟申飭理官、

簡孚而用平刑□□而行輕典敦叙公族立建戚藩犬
牙之制是崇麟趾之詠斯洽設獮狩之禮止於從時修
宴射之儀于以觀德勞身焦思有　文飾之憂勤革履弋
綈邁漢文之恭儉卜　郊丘之位案歷七　陵□□
極之□□久廢之禮　易脂澤而哀慟入石室而涕演至
性感於人神馨德格於上下紫宸議政勵精于日昃金
華侍講不寐於宵分校正蘭臺之書增建石渠之閣規
模廢於麗正典籍備於宣明深味道腴以資治本帝堯
稽古虞舜好問以聲身而爲律度執規矩以忠□□百
姓爲□推恩而逮下萬方有罪引咎而在予德教被於

無垠皇明燭於有截兵偃刑措道茂化醇百嘉阜昌庶
萌樂育獨運陶甄之上丕闡鴻均之祚訪空峒之道採
康衢之謠夷夏大和天人交感必彰嘉應以表靈通門
踹承天節臨獻歲真官奉其　丕□告以先期秘檢
煥於　璽文□于淸旭受釐宣室躬□丹書錫無疆
之休諭大中之理繇是覃如春之澤易紀年之號且斯
文未作伏羲氏觀象以畫八卦有神馬負圖之瑞洪水
方割夏后氏底績以導百川受元夷使者之命比□相
慶異代同符□眉□□之珉謳謠于外鴻筆麗藻之彥
頌美於內於是東土耆艾闕里諸生連袂而來抗章以

請洎思皇之士卽序之戎蕃嶽大臣緇黃衆品伏閤叩
首請封禪者無虛日矣僉以爲祥瑞雜沓　天意也
中外傾矚人事也徉徊越嶲朱崖象郡之地俱入於提
封□□□東鯀江□鄗黍之類悉從於丘貢矣羣情悃
愊式佇於慶成　上帝顧懷不可以謙抑書上者至
于五　上不得已而俞之誕告庶邦載形明詔將
以奉揚　先烈非謂告厥成功申命輔弼之臣諭
以簡易之道經始勿亟無擾于民且山爲嶽鎮之宗地
□□禮之國周孔垂教乃始封載誕之邦陰陽相代是
育粹炳靈之府當傴工之際蔵事之初明誠以孚

靈鑒先答應龍有蜿蜒而下垂醴泉無源瀵沸而
自涌芝含三秀市地而羅生日麗九華得天而絢采鱗
介之細草木之微□異効奇紛綸疊委而□遊心粹清
凝思纂牝乃因華胥之夢再覩姑射之神告以　玉書
降於神房之麓著之黃素得於季夏之初撰日奉迎備
禮祗若爰疇咨於封祀固膺合於　宵旦亟命有
司草定之大典採摭清議討論舊章卽事用希其禮多闕
酌義訓以革正參制度以折衷古文遡禮之廢記議郎
博士之未達上資覽洞析於精微無望清光悉臻於
盤旋稽卜涓日掌故奏儀申必告之誠躬祠　清廟

以旣盈之月有事介丘先齋紫宸載止禁籞屏翳韶之
備樂以極靜專却太官之常膳以御菲薄清蹕式道雲
會畢□□□蹕之啟行奉　天書以先路備設儀衛
增置官屬極恭肅而尊　天貺也采章之盛葆縟原
隰武衛之雄震疊區寓八方述職萬旅騰裝讓塗而行
外廬不閉奔走會同之際端肅而無譁膚發栗烈之時
融和而可愛民絕札瘥之患物有蕃廡之詠供帳不移
而□儲供不戒而備歷東郡之屬邑抵澶淵之□□軍
國異名修文事而有武備土誦夾侍掌方志而道地圖
風伯清塵招搖參乘周覽臨濮少留汶陽戒擇庶官申

嚴執事靖恭爾位恪謹攸司羽衛具陳乘輿乃出垂翠
緌而鳴寒玉載璵□而擬雲罕天□景從禁旅前驅八
神齊奔萬物咸覩卿雲待族仙禽成侶俯法從而交蔭
覽德輝而翔舞□光下燭抱珥騰芒觀雲式贍奏牘稠
至溢簡編而不可載考圖諜而未始聞下詔肅祇禁望
而告至儲精積潔淵默而齋居祀前一日未質明備法
駕至於山趾更衣於帷殿　上乃乘輕輿陟絕巘躋日
觀出天門築圜臺於山上度地宜而循古制也升山之
前夕曾雲蔚興嚴飆暴起遠暱振野而未已有司失職
而是憂洎　寶籙先登華蓋徐至焚輪止息寥泬

淸齋若胚渾之初判狀羣靈之先置辛亥祀
昊天上帝設　天書位於左次登歌樂作奉迎
就位顯奉　符而錯事也　二聖嚴配定位側
向以申恭事表繼志而奉　天也亞獻終獻作之
樂章以爲禮節一其儀而申昭事也祝史正辭祕刻勿
用黎元蒙福孚佑是祈克其已而厚勤卹也袞冕俯僂
金石鏗越捧珪幣奠犧象絡金繩而斯舉飛紫燎而上
達舒遲登禮陟降盡恭明德之馨至誠之感苾芬以薦
肹蠁如答通帝鄉之岑寂接雲漢之昭回協氣上浮纖
羅不動神策錫靈長之祚日御奏殊尤之瑞垂紳委珮

蹈舞齋室之前嵩抃山呼響震層霄之外山下設壇四
成如圜丘之制乃命茂親以承大祭崇□□□以斯□
潔粢豐盛而在列萬靈咸秩四隩來同　九宮貴
神實司水旱吾民是依動繄懍舒厥職尤重命築壇於
山下封祀壇東率禮吉蠲詔大僚以尸其事壬子祀
地祇於社首百司承戒愼之至也三獻盡
誠禮無違者翌日　朝覲壇覲羣后輯五瑞千品成
列萬國胥洎契華韶夏以徧作傑侏兜離而次設風行
赦令雷動歡聲祝網之仁普霑蔘蕭之澤遐被大明之
照徧燭於蔀家崇朝之潤周濟于天下昭示　聖

作以志　元封日星炳其天章鸞龍奮其仙翰感
祚德之　靈覬遂　光表之鴻猷金玉其相與典
墳而並鶩神靈是保揭日月以長新復有道濟生民名
在祀典功德兼茂跡用尤著者煥乎　睿文侍形
贊□刊於翠珉昭厥方來而乃祀嵩嶽之靈幸列真之
宇俾加賁飾用極褒崇眷老帥合歙之私勞□推□復
之惠命方納貢採詩觀風聘有道而肖高年平權衡而
考制度官克用乂黜幽之典靡行化洽可封歸厚之民
咸若惸嫠依恤幽隱咸達乃　翠華之旋軫臨曲阜
之故墟升講肆之堂屈順風之拜徘徊設奠眷想遺風

襃　聖之禮有加卹後之恩彌渥既經□□□載□□
□□邦周公旦啓真王之封太公望進昭烈之號咸建
廟貌領於祠官按節迴鑾獻閱表墓徧走羣望罔不遺
靈河濟之區海岱之壤南暨淮漢北際常趙梯航萬國
冠帶諸酋四遠雲來千里星屬聽清蹕□□□□容得
隋仁壽之□□□□□事扶老□□□□□六龍
迴御七萃解嚴太史授辰近臣奉祀藏俯神之金匱上
加謚之寶冊畢歸格藝祖之禮親饗　太官考
攸至策勳之典惠綏列辟盡　聖人之能事成天
下之壯觀前□所紀纔十二□□儀斯展僅三百載□

□□□□□□天命□□□□□實惟其時　烈祖
造新邦臻大定經制而未遑　神宗求至理
致升平業成而中罷遺茲景鑠屬在　欽明丕顯
詒謀奉成　先□□□大猷永□□名□□　昭
姓考瑞□大統也勒石垂□昭茂功也人神以和　禮□
□備盛德也　□□宅位　祖考嚴配大孝
也報本　穹昊歸功　宗祏謙尊而從衆欲
禮畢而受徽稱克讓之風高視于前古矣下尺一之詔
嚴禁止之□□□行葦靡□□□好生之德□□於羣
心矣服純衣而在□御□□□數□□□別滌□□致美

黻冕藏乘輿服御之物罷周廬次舍之制則惟新禮器
增飾壇壝故　翼翼之心精意以享有典有則必
躬必親寅恭天至也既如彼　蒼蒼之意惟德□
□□□事□□□□瑞報況神速也□□此宜乎擁鴻
休介繁祉後天而老象日之升垂萬葉之耿光
爲百王之稱首者也臣位冠台衡親逢旦暮承上公之
之相　盛德之事與夫茂陵草遺忠之奏周南典
留滯之歎非可同年而語矣矧又恭膺□□□□□□□
當□述茲所以紹帝皇之墳素表金石之篆刻嗣丕
天之大律□□世之鴻範者也寡薄平之經術無

燕許之才筆大懼稿昧不能發揮徒躑躅於燥吻實僶
俛而寫　詔廣謌舜德曷繼於皐陶紀頌漢巡有
媿於亭伯貽之來裔以闡丕□其辭曰
增高益厚　王者上儀　制禮作樂　莫大於斯　應
運接統　垂鴻逆釐　茲事禮大　惟聖難之　岱宗
炳靈　巖巖峻峙　和鑾響絕　牲瑄禮弛　缺其神
懽　邈踰星紀　乃聖挺生　乘時斯起　惟宋肇興
受天顧諟　盡黜苛政　式叙彝倫　以洗汙俗
乃吊匪民　革其不諱　被以至仁　威靈有赫　執
跡易遵　與民更始　其命惟新　寶纍日隆　神武

不測　厥角獻琛　水讋陸□　惠澤滂流　皐歡允
塞　陰隲下民　懋建皇極　照被六幽　化行蠻貊
累盛重光　乾乾翼翼　展義省方　觀風燿德
偃伯靈臺　濟民壽域　寶興增重　永協大同　禎
符荐錫　告厥成功　諭乎至理　廸彼僊風　保邦
清淨　錫祚□□　化洽無外　道惟大中　百度以
貞　六符斯正　傾輸羣心　稱述瑞命　僉議勒封
以期升佑　休烈日彰　神篆天授　徇民從欲
展采告成　屬車時邁　法從天行　濟濟鵷序　巘
巘鸞聲　星言汶上　雲會岱亭　穹崇絕巘　峉嶪

圓臺　躬陟上封　聿申昭事　祖考來格　禮樂昭
脩　感以至誠　享其精意　欽謂歸功　謙謙益至
嚴配克誠　蒸蒸不匱　柔祇昭報　盛祀聿修
二儀訢合　百神懷柔　帝容載穆　靈貺殊尤　肆
覲輯瑞　端委凝旒　萬國以朝　四夷接武　行慶
之仁兮敦洽　蓼蕭之澤兮周溥　茂遂群生　浸漬
萬寓　慶集丕圖　風還邃古　騰茂飛英　超三邁
五　赫赫顯號　穰穰鴻禧　百祿是荷　萬壽無期
遂及黎庶　永洽淳熙　法昊穹兮剛健不息　踵
黄軒兮清淨無為　自天之錫　百世承之

大中祥符二年七月十五日立

右碑文所紀禮節始末多與宋史禮志合惟王旦傳不載太原郡開國公其天書儀衛使傳作天書儀仗使為不同也文中升講肆之堂通作肆案禮玉藻肆束及帶注云肆讀為肄蓋二字形聲相近故易致誤也縣志云碑陰尚有題名拓者遺之　山左金石志

按泰山志封祀禮本行于嶽頂真宗命名曰太平頂而御書刻石即在唐磨崖之東此下三壇碑文皆從祀大臣奉勅所撰故各就其壇之所在以紀述鉅典其地寬平不致勞費人力也泰安縣志唐高宗築封禪壇於泰山南四里許名其壇曰舞鶴臺宋真宗東封築封祀壇即在舞鶴臺東碑文下截漫漶者自數字以至十餘字然大段尚可讀也泰安縣志又稱封祀壇頌碑陰列題名今未見稽之禮志本不言此壇碑陰有題名

社首壇頌碑

碑高八尺一寸五分廣三尺六寸五分五十一行行一百十一字額題大宋禪社首壇之頌八字並正書　在泰安府高里山神祠之東

禪社首壇頌　并序

天書儀衛副使封禪禮儀經度制置等使推忠協謀

佐理功臣金紫光祿大夫禮部尚書知樞密院事修國史上柱國太原郡開國公食邑三千五百戶食實封一千四百戶臣王欽若奉　勅撰

涒灘御歲應鍾旅月　國家建號之四十九祺

皇帝紹統之十有二載燔柴喬嶽成禮於勑封廻蹕方丘薦誠於厚載人神交感祚祉來宜爰命下臣式揚嘉頌粤自聖明御極寰宇太和民知教而措刑俗致理而偃武熙熙庶彙如陟於春臺陽陽庶心若臨於秋駕翳德上遊　乾文下垂方純嘏以誕膺故至神而合發見於乙夜同日星之揭耀告以先期若寒暑之

不忒履端之月戚魄之辰晝漏初傳朝暾未耀似蒼龍
之內闕覩黃素之奇文豈必元龜負圖而出洛何須赤
雀銜書以及豐　　　　上沖屬內增寅恭外積克勤精
意仰荅　　　靈心感應冥符祺祥不絶雲成五色表
嘉瑞於太平星見離方薦殊徵於萬壽由是袤前王之
令躅秩祀典之無文思大饗於季秋用昭告於
上帝咨爾之詔將戒於有司徯予之謡爰興於東土鄒
魯之士海岱之民竭乃一心若律呂之相召來於千里
如符契之不愆述盛禮於元封獻露章於魏闕以爲有
唐之季天步艱難朱梁已還寓縣離析蒸黎塗炭兵甲

日尋爲絲紊仁義之談鈇鉞肆虔劉之患　　　上天
悔禍肇啓於昌期百姓與能勃興於　　　明主
　太祖啓運立極英武聖文神德聖功大孝皇帝炎靈
應統緣錯膺圖奉唐侯之固辭避陽城而罔獲克安九
服成不陣之功祗事百靈受無疆之福　　　太宗至
仁應道神功聖德文武大明廣孝皇帝大明繼世至德
在人文告以懷柔武威而震讋憲章號令俯洽於殊方
文物聲明仰踰於往古　　　崇文廣武儀天尊道寶應
章感聖明仁孝皇帝稟粹二儀鍾靈五運紹成基於累
盛荷景貺於重熙通於神明錫類之孝格于上下廣覆

之仁若乃弋綈爲衮書囊爲帳恭儉之至也泣辜于市
扇暍于塗慈惠之隆也仄席掄才反支受訟聽政之勤也
齋居議刑弛懸決獄慎罰之深也至若恭默思道勵翼
求賢振恤惸嫠諮詢讜直脩徽五典昭明百官禮無大
而不揚情無小而不達道彌高而思彌下業愈盛而志
愈徽故得鳥獸可窺水火不奪萬民以治五教在寬
　天降之祥物安其所所謂集靈黃之景祐攬步驟
之上儀者也夫登岱宗禪梁甫對越天地嚴配
祖宗撰玉以禮神刻石而紀號千八百后其道皆同七
十六君其蹟可視矧夫盛德大業巍乎若斯天瑞人謀

昭然如彼誠宜荅三靈之祐順九域之心考時日於靈
官詢制度於宗伯肆覲羣后懷柔百神蒼璧以祀天黝
犢以祭地發惟新之大號受不已之庬褫豈獨一方區
區之誠實亦六合鬱嚮之望　　　上於是臨決坐而
延見命謁者而喻旨嘉其將順之心示以惕厲之意以
爲禎祥申錫但荷於洪休封禪告成難居於盛美故當
徐議無復過談莫不瞻珠旒伏文石期於得請然後口
從克讓之詔雖行敦執之言益固於是鈞衡之元輔帷
幄之碩儒三臺之具臣五營之列校郡國之上計庠序
之橫經斑白繈黃之儔椎結文身之衆相與集闕闕趨

鈎陳逖庶民後后之談叙歷代不刊之訓且曰天高地
下大禮生其中君令臣行百度遵其治罔蹈道而無福
罔失政而無口道莫大於奉明神政莫隆於興茂典故
遂古而下方冊所標未有長發真源永孚休命盛數在
已美利及人而不宗祀　　昊穹昭配祖禰奉符東
岱展采仙閭者也而况巡狩之文毛舉於虞典登封之
義褒括於周詩六經著其讜言百王以爲盛則衰世思
之而罔克治世避之而不能口口武階文其讓也正世
祖廟宗其修也宜陛下高遵羲農俯視舜禹　　天
鑒厥德赤伏之符既膺后來其蘇東人之忿方積觀民

展義今也其時錯事增高辭之豈獲雖復輿情可却宸
慮難迴其如　　三神之景命何　　二聖之盛
烈何優詔不許者四封章固請者五於是口　　睿
穹之顧諟俯黔首之勤求俯而從之蓋不獲已乃頒明
命戒有司曰自天之休旣鍾于　　列聖累洽之慶
復屬于冲人若乃登名山朝萬國雖盛德之事其何以
當而率土之情復無以拒蓋將申於大報敢云告厥成
功咨爾有位之臣暨于廝役之者犧牲玉帛禮於神則
極其口口幹斿常奉於吾則從其儉委樞近之佐以先
置帘授其成謀聚文儒之士以撰儀洞稽平僭制其令

也至當故下無以干其工也不繁故衆思自勵德音一
發民望如春誠感上通神心若契至乎聖賢之祖述禮
樂之沿襲或有舊史失傳精義莫續羣臣極慮靡究其
端　　睿旨發口口盡其理凡所刊正二十餘條於
是奉常遵爲彝訓又若秘牒有一信冊有六燔瘞俯口
追琢難成將以貞珉代乎溫玉雖復有司固請俞詔勉
從在乎宸心惕然罔措果於內府訪得其真蓋往日之
所營僅朞月而乃就取之琢刻用於神祇克集厥功靡
愆于素足以見　　先聖有開口口　　吾君善
繼之孝也且夫　　天之臨也不貳　　天之鑒

也至明聽之口聲吉凶見乎象數而降命善惡基乎人
盛德之興巍巍乎其莫逃鴻休之至紛紛乎其無窮當
夫揆日有期鳩工在始地不愛寶吐素液以流甘龍飛
在天騰卿雲而絢彩神葩焜燿挺秀而朝數瑞氣口口
揚輝而晨映眈目鷙獸匿蹟空山螫手毒蟲潛形蟄戶
在井之鮒粲百鍊以成鱗繞樹之禽凝六出而挺質沃
日漲海旣遏其驚波航葦巨河復遵其故道九穗兩岐
之秀四犢一角之奇或駢實而共枝或先秋而告稔班
虎袤丈之繭靈雲共蔕之瓜騶鶴翠䍁聰笙鏞而自若
慈烏獨口口畬鋪而有常瀼瀼沆瀣以如飴趯趯明視

而呈素中天之月露煥發之重輪曲沼之泉瀅相鮮之
顥色一封使者告慶交馳六藝書生頌美載路蓋已無
得而踰也矧又甚於斯焉昔者五老告期但聞一至兩
騎受職豈復重來未有眷佑彌昭殊休再際巍然岱嶽
容邇岩泉頌　　繇字之文述　　若元之意於
是備時乘之駕迎　　寶命之符是月大雨霽靄密
雲葱鬱潤甫田而雖洽治馳道以方勤及乎端謀爰來
乘輿將出則煩陰並散杲曜徐昇紫氣覆於離宮白雲
映乎廣殿時億之福豈易測乎於萬斯年必可保也矚
言南域舊産靈茅方志雖存郡人罕識及大詔書採擷

者老營求絕世之珍故蕃殖而久廢不貢之責方寤寐
以爲憂遽生三脊之奇用資五天之籍夷吾曩記斯實
同符開元舊文諒多愧色既而協良日薦虔誠寅奉
靈文祇見　　祖廟謝會昌之純錫告配侑之
崇名于時人集八方塵飛九陌齋明之夕凘雨以清皇
衢祼鬯之辰裔雲以覆世宰非煙燭野瑞口流空肅肅
金飆襲星罕而徐轉翩翩玉羽匿河口而羣嬉
二后在天降鑒於至治百世觀德協變於無垠猶謂斯
禮不行其來已久雖感薦於闕典慮未盡於至誠乃復
屈黃屋之崇高習泰壇之薦享恭畏之色罔異於奉祠

闕疑之文並從於折衷官師贊勵神鑒益歆既而令旦
戒辰鳴鑾遵路百工承式七萃啓行八校止齊閭蕭蕭
之鳴馬九斿時動見習習之祥風鼓吹不喧卒出蹕則
金石咸寢肇自　　聖謀至若念封禮之方陳矜嚴
是務慮有司之弗給簡易爲先乃損屬車別省鸞駕虛
大輅以安　　祕籙見奉　　天之誠御步輦以
出國都形愛民之志遵豐咸抃接壤歡謠四望則衣袂
成帷中塗則壺漿若市豈資諫箒已罷乎從畋何待討
論動歸乎至蹟葷茹咸卻誠玉食以齋心草木不傷法
蒲車而育物若乃次舍所設非薄攸安棟宇之基未嘗

改作閈閎之勢罔或增新惟盤幕以環周或正口而躬
處頒祇之庭在邇接神之冊儲靈馮夜漏之未央視榮
光之欻見瑞踰沈璧祥協起口至乃命庶官走羣望專
卬后土別祀九宫禮瀆海之諸神覽射牛之列祚所謂
闡皇猷於聲宇昭上德於億年者也斃夫屈廣魯臨岱
宗庶民奉迎罔不奔繇東后來覲廡有後其八表之民
駿奔競至求名之寶櫛比咸臻壇壝以陳簠簋以具申
誠於百執必信而必誠昭感乎萬靈有嚴而有翼越以
孟冬之月庚戌之朝望秦之高峯眛爽而陟比黃之大
典亥日而修其或俯詹巖危歷虛人之勞也乃降坐

焉及乎款雲封望齋室想神之在也亦躧步焉徒御纖
登罔逢乎驟雨羽衛成列俄息乎終風乎視太虛下觀
旭景靜將地接動與天偕澄宸慮以杳冥望法象而髣
髴於是被龘衮搢大圭神六變而來思色三獻而彌厲
侑以　宗祖禖乎天經　丹書載陳表饗休
於　上帝玉牒不祕示無私於下民而又饗彼羣
神于茲山下犨圜丘之式伸徧祀之心謹晷度以合時
望煙燎而交影衣冠在列笙磬同音是夕也天門之巔
士虞截渴甘醴忽湧無源自澄侊侊奉宸飲之而不竭
日觀之上人莫能升明神斯臨有儀可象濟濟在列覩

之而相目此又感召之章灼休嘉之殊尤也翌日禮
　皇祇禪社首方澤之形泰折廣樂之音八成象其
色則黃牲昭乎絜則醲酒岳鎮海瀆靡不格思壝衍鄆
暖罔不咸在眷乃　坤元之德配乎柔克之尊生
植羣倫包函方夏廣大博厚所以養材流謙居貞於焉
載物伸茲大報在乎至虔肅若奠獻之儀祇率
穹昊之制勤恭勵翼盛典由是無違雜遝紛綸柔靈以
之薦祉清蹕將至倏振鸞飆冕服纔升俄爲霽景權火
之影邈在雲霄登歌之聲散於坰野唯誠明而是竭忘
陟降之爲勞於是昭仁心從物性悲夏所貢羽毛之衆

莫不出於苑囿放之郊原次復詔秩宗修勤禮三帛二
牲執贄以見右賢左戚辨等而居麗冠蒼佩者充庭魚
甲貝胄者列侍　宸顏穆若安可望其清輝能事
巍乎徒得觀於洪烈既而布大令均渥恩禮高年修隆
典幽蟄咸振寃網並蠲霈慶賜而春行覃徽鑠而日麗
宋詩察俗遠協於夏書納賈觀民式遵於王制興廉舉
孝崇德報功鰥寡惸獨之流罔不咸恤律度量衡之法
由是得中復除之恩浹於四極酺醵之惠際於九圍當
其御郡樓宴鄉老有在沼之介族附游童之衣褵色奪
金英狀微榆莢壽蓋踰於千載祥實冠於四靈昔者聞

韶而鳳來拊石而獸舞言其善應豈復殊塗罷萊蕪之
鐵官貰龜陰之壙土襁負相屬蓄畬盡開至於邈想古
賢緬懷神道增文憲昭烈之稱謂伸仁聖炳靈之封崇
以爲列上清而監觀者眞仙故加保生廣生之號育民
材而利用者疊嶂故修靈巖廣禪之祠惠洽於人雖小
不捨新玉女之像是也福流於物雖大必營創會眞之
宮是也猶且枉星旄降玉軑幸闕里祀孔堂瑰聳之刊
載揚芬德壐綬之薦用益徽名祓飾廟廷增修禮器出
幣帛以賜宗黨頒經史以聚學徒下自諸生咸膺其進
爵上暨先正靡荷其追封好賢之心周於百世尊儒之

道形於萬方豈止序門人以陪祠躅齊畔而給役也昔
天寶以治平在運崇五廟之洪名大中以恢復成功加
二宗之尊謚而　皇上孝思不匱至德潛符展禮
太宮歸尊偉號始以寶冊親授三公拜手而遣
肅祗之至也復以蕭薌躬謝　六室洊溒而進追
慕之積也足以薦　乾坤之祐增　宗祐之
美慰　昊天罔極之感伸明發不寐之懷旣而王
公協辭夷夏同志遵順美之前訓增可久之徽稱始固
守而不從旋曲成而俯受懿夫法乾剛而覆下是謂儀
天用龘黙以居中故爲尊道叶吉而圖書開奥寶應攸

昭上封而河嶽效祥章感斯著典禮備舉簡冊載光軒
曰徇齊彼何尙也湯云甚武茲豈遠而猶復紀
錫符之辰建章慶之節郡國清醮以荅於明威士庶縱
遊用樂乎神遡生成則禁乎屠宰隱惻則止乎刑辟古
今之盛節彌矣皇王之休聲備矣臣學乎舊史偶乎昌
辰敢商榷於前修竢揄揚於景鑠竊再拜而言曰在昔
帝嬀其臣有五夏興於禹商始於卨宗周建邦本於后
稷有唐命氏肇於庭堅而伯益旣典朕虞亦佐禹績秦
德不競天祿未窮故我　聖朝集茲大統宜乎比
隆於三代垂裕於萬齡者焉洪惟　陛下纂承寶

圖建用皇極含道德之甘實具慈儉之馨香煦然發榮
可得而述昔者河流載湛里社方鳴別緯集於降婁三
統在乎單閼暨夫再歲果誕　眞人蓋奎爲魯分
之星乃司文物泰寔兗州之鎭爰主發生豈非運屬
文明化符生育法從臨於洙泗祀典修於云亭之
應乎此蓋受命之殊貺也御辨之初維藩之域綠龜薦
瑞元輔矢謨以爲至柔者毛至剛者介今則以至柔之
物附至剛之姿天何言哉民胥效矣必將武事休偃文
德懷柔是時也戈甲方馳封疆尙聳旣而玉帛繼好書
軌大同罷尉候之官成鍵櫜之治此又嗣統之丕祥也

夫感人心而致和平莫先於孝與王道而致雅頌無尙
於仁昔者圭瑞震方辭官臣之常禮則成帝之避馳道
也宅憂倚廬終三年之通制則高宗之在諒闇也按元
辰之蠶行哭而朝陵則顯宗之伸永慕也覽後庭之籍
動容而出嬪則文皇之召至和也寬一戚附重之刑制
三流惟輕之典則高帝之約法也升北辰魄寶之座創
先蠶壽星之祭則孝文之重祀也修前代之園寢訪功
臣之子孫則武王下車之事也絕番禺之藥矢毁尙方
之獵具成湯祝網之心也再駕戎輅則周宣之治兵也
三郊吉土則虞舜之肆類也順時令閱車徒因三時之

閑習五申之法神武之用也臨便座幸上庠敎藝以掄
材談經以興學時文之化也蓬閣聳飛牙籤雲蠹寶南
風之聖作聚東壁之羣書聿修之美也親視籟虡躬聽
笙竽新甲令以募工師製升歌以詠韶謂述作之大也
絶域之民留滯未返惻然軫慮豐給而遣仁及於懷土
也司貨之吏掊克爲能渙乎出令寬政爲先道濟於溥
天也紀祥符之寶曆元狩之故事也新儀衛之庶僚太
微之彝制也明照於前古覩其失而不揚德之盛也辭
高於往代有其善而不伐謙之至也孝德著矣仁聲洽
矣積是純懿發爲茂功則巨禮之行殊禎之應由

天意也非人力也粤復兩漢而來建都於雍五嶽之
地皆在於東居異於辯方方理且殊於師古今
國家宅梁宋之域當 穹壤之中禮得其宜事歸
於正故可以仰遵五典高繼九皇抑又嬴秦上登僅至
中路 天有所不佑也漢武祕祝不示羣臣道有
所未廣也光武欲其速成將黛封於玉檢力有所未豐
也高宗顯兹巨典接神以椒房禮有所不肅也肅宗建
議在初輔臣殊志出爵伊始庶尹興言人有所未允也
若乃篤 天祐迓神釐遠邇協心上下交泰唯精
唯一盡善盡美未若今日之備也又不以功成而自大

治定而自矜炳 乾文號神嶽仰懷 天貺
不敢以忘邊俯述世功用歸乎德美此實歷代之所未
有 上聖之所獨臻也下臣不佞恭獻頌云
惟 天佑 聖惟 聖奉 天寶
命隆兮惟 辟治民惟民戴 辟萬國同兮
祖武 宗文重規疊矩建大中兮奉
符錯事登封降禪告成功兮報丶本反始爲民
祈福示至公兮 洪猷盛德高視古昔垂無窮兮
右碑文王欽若撰文系銜皆與宋史本傳合惟封太
原郡開國公傳未載也封祀朝覲諸碑皆有書人姓

名此碑獨無而書體甚精整其中訛字如弋綈作弋
綈蓍璧禎祥作禎詳咸蒐厥典咸作感平視太虛平
作乎煥乎天經煥作禳覲禮作勤禮璽綴作璽綏恢
復作恢復宗祏作宗祏簨簴作簨虡東壁作東璧倒
然作測然天祐作天祐皆是又辯方方理句似亦有
訛錢辛楣少詹云文稱滑灥御歲應鐘旅月國家建
號之四十九禩皇帝紹統之十有二載眞宗以至道
三年丁酉即位至大中祥符元年戊申實十二歲上
距太祖建隆元年庚申蓋四十九歲矣又云履端之
月戊魄之辰仰蒼龍之內闕覩黃素之奇文謂是年

正月三日天書降左承天門也又云巍然岱嶽窈窕
毖泉須綠字之文述蒼龍之意謂六月乙未天書再
降于醴泉北也又云升北辰魁寶之座創先蠶壽星
之祭案本傳欽若嘗請置先蠶并壽星祠升天皇北
極帝坐于郊壇第一龕故述其事于碑刻也元又案
此碑別無年月惟涒灘御歲歷鐘旅月一語為大中
祥符元年舉行封禪之期而立碑要與三壇同時故
並列焉山左金石志
按碑在高里山神祠東角門泰安縣志高里山在
縣西南三里社首山在高里山左二山相聯顧炎

武考古錄云宋真宗大中祥符元年十月壬子禪
社首今高里山之左有小山其高可四五丈志云
即社首山在嶽旁諸山中最卑小不知古人何取
於此意者封於高欲其近天禪於下欲其近地且
山卑而附嶽址便於將事初陟高山之後不欲更
勞民力耶又攷高里山神祠本名亭禪山漢武帝
太初元年禪高里即此其後因蒿里之歌訛稱蒿
里好事者從而附會建十王殿於高里社首之間
廟中有元明重修碑皆不能詳其創建蓋由來亦
久矣據此則高里社首兩山本相近行禮在社首

而立碑在高里者取其有神祠可依託也宋史禮
志詔王旦撰封祀壇頌王欽若撰社首壇頌陳堯
叟撰朝覲壇頌圜臺承祀官並於山上刻名封祀
九宮社首壇奉祀官並於社首頌碑陰刻名扈從
升朝官及內殿崇班軍校領刺史以上與蕃夷酋
長並於朝覲頌碑陰刻名是社首朝覲二碑皆有
碑陰刻名也今攷縣志惟稱封祀壇頌碑陰列題
名餘二碑皆不言有碑陰也又攷縣志稱三壇序
頌皆儷體各洋洋數千言蓋時尚楊億體裁其文
率多鋪張繁麗而殘缺者什三四故未錄今驗此

碑儷體文約五千字但殘缺者只十二字餘俱完
整可錄也文云權火之影邈在雲霄朝覲壇碑云
權火高舉宋史禮志山下壇設權火蓋皆本於後
漢郊祀志云上宿郊見通權火即爟火通用字也
周禮夏官司爟注杜子春云爟為私火元謂爟讀
如予若觀火之觀今燕俗名湯熱為觀則爟火謂
熱火與

封禪朝覲壇頌碑

碑連額高一丈一尺廣四尺四寸文三十八行行五
十四字行書額題大宋封禪朝覲壇頌八字篆書在
泰安府城
南里許

大宋封禪朝覲壇頌并序
封禪鹵簿使推忠協謀佐理功臣金紫光祿大夫行
尙書左丞知樞密院事修國史兼羣牧制置使上柱
國潁川郡開國公食邑二千三百戶食實封捌伯戶
臣陳堯叟奉 下闕
翰林待 詔朝散大夫國子博士同正騎都尉臣尹
熙古奉 勅書并篆額
臣聞配侑尊嚴王者所以敦其孝也朝宗覲遇
聖人所以明其禮也又若因名山而遂封燠 先業而
跡著踵七十二君之遐武永萬八千歲之丕□□輯五

玉壇賓諸侯巍巍煌煌事之大者非命夫通博之士繹
蓬□□□之學庑□□□□重九經之思又安可藻潤
功德流播 徽懿臣顓蒙寡聞黜淺無取稟 詔
滌慮拜手而颺言曰 宋受 天命帝
六合子萬姓以 聖繼聖垂五十載穡神道而設
教感民生之歸厚 烈祖 神考耀武振德
磬乾維而張宇盡坤倪而畫野夷暴剗壘黜僭盪僞懷
生胥□滋液 嚳化 上帝降鑒昌大洪緒
崇文廣武儀天尊道寶應章感聖明仁孝皇帝
之御天下也 三葉嗣統重离繼明恭敏而克仁徇

齊而允廸靑宮主鬯承天序而寅畏黃屋正位奉
先志而夕惕若乃敦乎要道刑于率土始則謹色養□
□饋□□□□□□□孝之至也郊丘者三謁精□
□□獻朝 □□者一鬱悽感於霜露祀之大也
六御宸陛精較□□振滯淹於韋布辭通潛於巖穴文
教之隆也 再駕革輅觀省朔野貞師律以威亮□戎
人以禮樂武經之著□□□□□□□□□□□車
內□□實情達幽仄欽恤之深也 體鑿功之藏用爲
而勿有推赤心而與物坦然無間誠明之廣也友于天
族敦乎敎也惠綏耆年勉夫養也斲雕復朴必始于宮

室劭農禁□率先乎稼穡昭夫儉也黃□一□□□□
□□□劭編□□室務得□而□謹乎授也六職交乂
百揆時序猶復仿古無怠論學彌益遜覽乎九皇之道
畢講乎三代之訓□厖黎獻勤恁方轂 蒸蒸之德旣
格于神明生生之仁終達于鼉卵太初遂布於景氣靈
臺邃優於師節混一文□勅載壇場□□□□□易戰
□措兵者也於是河海夷晏巖廊穆宣 瑩鑒覽□宅
夷 操斗極而播憲□天常立民經淸淨之鄉御乃六
氣之辯富壽之域隆乎三登之祥四隩納誠五緯遵軌
日星薦祉而訢合草木效靈而始見千品萬類乃綸□

□□□冲□□□□□□□□□天意若曰振古絕德曼無
與讓軼世靈契允宜□荅繇是真介來儀　寶命
申錫抒三篇淵默之訓　啓萬禩綿長之光普天磬世
靡不欣戴惟　蒼旻登日之祐乃　□□垂鴻之
慶□烏之祥祇載其異雨□□睨何□□□□□□□
自天之祕實獲御邦之緼于是洙泗諸生緇蒙耋彥發
詠歎於庠塾□謳吟於衢路揚裳連襼波屬鱗萃既而
宰衡幃幄之輔熊羆羔雁之列迨于千夫長百夫長黃
冠緇衣台背兒齒相與不約而信不謀而同伏覩□□
□□□□□□封□□□□　陛下系纂　聖統

光闡丕業立隆以爲極執契而司會□斯成矣□□平
矣□□和矣昆蟲草木罔不孚矣所宜鋪鴻藻而熙帝
載飛英蕤而振絕禮遵　昊天之成命獻東魯之
徯　后觀風□□□之業展□□□侯之□允謂□德
□□錫符奉符以行事謦欬之請不爲進越　皇
帝虔鞏敦諭四讓不獲既而垂旒深念前席而言曰惟
　我二聖付以大寶海內海外烝土烝治□
懷　錫羨之慶丕冒詒翼之效一變□□朕何有焉
又敢欽介□□告□功□□□揚耿光奉遺懿宜景鑠
報嘉瑞斯事□體乃朕之志且夫無懷已降夷吾所記

迨建武之儀開元之制綿蕝草具宜刱其靡無煩民無
黷　神恭朕之禮罔憚菲薄奉　神之容姑務豐大
□□有□□錫厥職繇是□□□□□□□□□□
□之說紬漢室優游之議順以創制聞嘉言於既往修
紹丕典顯空文之無謂既歷古而肄習乃折衷於
睿聖輔臣先事而祗命崇嶽騁日而薦瑞醴泉出湧神
龍倏見靈芝三秀而絡野嘉穀合穎而充畝星弁□液
忽恍□□□□□□□□□□寥泬之書再降既告
廟而成禮□□□□□戒告卿雲先後而觸布遼鶴翩
翻而旅集　鑾輅益重坤珍愈出月孟冬日辛卯

　皇帝乃闢宸居清康衢儼　金輿總衡之御肅
寢兕弥龍之制都人山立而辰抃□□□□□□□神
撿先路眞士前道九葩之蓋敲參廓以徘徊十極之音
含正始而容與俄而常伯陪乘大丙弭節千官扈蹕而
星拱九龍効駕而飈舉萬騎雜沓洶洶兮海運九旂繽
紛烈烈兮雲布歷河沂滎光湛乎百丈靈嶽趾愛□□
乎四聱猛士髮□□□廟髦轇轕而瀰隰周廬徹道植
鍛懸甒既□闢齋宮之靖冥滌清衷於蜕漫雲罕儼路
鉤陳榑壑奉　寶符而先置儼　宸仗而延屬大
風示異當□石而遽止寒谷應感將裂腐而俄煥倏忽之

變陰陽不測　皇帝於是登喬嶽陟天□□玉輦
步巖際俯曜靈於泐𣶂觀衆山之培塿崇臺冠空而蜿
蜒翠旋周阿而捷獵辛亥昒爽卽事靈闕登
太祖以配　天奉　太宗而侑饗大圓
軒縣寓澄爽列宿照爛於浮景盛禮登降於□□□
□□□□□□□□音諧而大樂六變百神降而醴酒
三獻蕭□□用權火高舉圭璧之序嚴紫霄而有容金
石之文凝絳烟而無際秩泉靈而在下命羣官而分饗
備物之盛實列萬國　錫年之祥乃過億世旣卽次
而僚幣旋復□而撿玉盼璽□□□□□□□于鴻明

之報白雲起封始氛氳於膚寸神光□礉實炳蔚而五
色翌日廻鳴鑾禪　社首禮遂畢於登降誠乃格
于上下復本反始二儀之氣始和執圭奉璋肆覲之禮
攸舉且夫壇壝三成蓋大□小之制侯氏□□□
君勞臣□□□□□□次掌舍設梐司儀辯等卓馬具
禮始晅館而穆穆俄䖍旂而濟濟　皇帝乃登淸
壇躋雲芝之負斧扆明章施臚句□□而交達琛賮述職
而□平九儀櫛比兼寓譽至航海告傳圭之符毛□慶
于昌之瑞魏□□□□宮隆□□□虎之□□□□業
鶵竿岢施籥歌以詠德佾舞而象事禮憲備成訖無遺

者旣而王公庶尹岳牧羣長胥進而言曰夫祚德者
天合符者聖　陛下以大業鉅封對越
景命區域竦化人祇恊慶禮物具八方之產祀□□
千□□盛□何山郭□□□獻海鰈之充貢哉　父
天母地之孝于以之備君臨子事之義於是乎盡洋洋
乎蕩蕩乎民無得而稱焉謹伏壇□上千萬壽　帝
曰异□豆籩靜嘉器之文也牲牷肥腯祭之餚也非朕
所以請　上帝於下民之意也□朕□薦薦于□
□□神之□享于惟馨庶乎盡物肴義用鉅納□□旨
無以異矣又曰諮爾有方之衆明聽予誥先王克謹

天戒臣人克有常憲肆朕祗畏荷□　況施爾其愼
厥終一乃心弼予夙夜之治□□元元之命罔忽厥□
□遠于戾□□□□□九垓□暘□□旣禮止而樂闋遽
雷作而雨霈渙汗兮大號□休兮茂典宜孚聿空囹犴
斯弛執熱者濯居窮者遂在逸者復處幽者賁員首方
足悉巳□□蠕動翾飛冈不翾跂逖辟禽於空濶遂珍
獸於遐□集百靈而受職與□□而更始所謂□□□
□景福雲行雨施不崇朝而徧天下者也觀之明日撫
奏章□先占太常陳詩而觀俗典禮同律而考度正班
爵之上下閱市器之良竊勵守屏以□□章教條而咸

轝旣而振　皇儀而施軔訪儒宮而□□浸仁澤
於遺□合凱□於下闕歡聲□溢　□□載揚嘉氣變
葱擁　宸輿兮歸格榮勳飫至需□樂胥　昭德
垂休邈乎無極　皇帝於是敷脊藻紀盛闕始則
推　□□□純錫終則讓　祖宗之顯烈義畫
增麗堯文濬發□□天經而昭布表日□而高揚至于
□□□之□□□祀典之淸芬上則敎尊於世次而功
施於民形褒譏而流永增徽稱而益振煥乎　宸製
鏤之內琱□闕與而咸秩垂聖範而□□□□哉懷庭
之道曠而復礙　盤維之基亘而弥遠□乎人

和年登而神降□吉倪寬所謂帝王之盛節抑亦曰天
下之壯觀　聖作物睹不其然乎太史臣曰
圭□有聖明而不宣布有司之過也臣虔奉
咫尺案侍□□□□□□揚厲竊謂萬一雖不足究宣
駿德光大隆業益□□□尊名□辭炳灼於無窮□
□□□□□□謹爲頌曰
於穆我宋　受天明命　烈祖造邦　神宗繼聖　靈
旗指麾　洪基保定　神敎誕敷　民德丕正　明明
我后　集慶□□　稽古立訓　惟儉是宜　羣方允
迪　庶彙緝熙　天縱至聖　日用焉知　上□降鑒

□□□□□　雙船恭□　六□□□　周伯□□
老人効靈　乾符坤珍　溢于祥經　上德不德　謙
而益光　虔奉祖考　肅祗靈黃　天廸其德　盛靈
洪長　眞介存乇　元符屢彰　濟濟多士　嵩嵩蒸
民　塡衢溢郛　集于紫宸　□啓伊□　武功至仁
□□伊何　□□□□　□讓不獲　爵章□□
□命有位　蕆事岱宗　虞巡効駕　周邁宣風　八
極四海　雲蒸霞從　巖巖魯詹　高軼乾宇　旣祓
旣登　以禋以旅　二聖克配　三辰散處　六變成
文　□靈□□　蒼璧靈酒　□□齊栗　肹蠁禋燎

飄飄鍾律　翌日降□　皇祇是出　允猶翕河
百神咸秩　禪之明日　乃嚴壇壝　于是肆覲　岱
以陳儀　梐枑載列　筍簴依施　儼爾珪組　翼乎
熊羆　王公庶尹　再拜稽首　囂□□□　上千萬
壽　□曰欽哉　一德斯懋　元首股肱　惟爾佐佑
慶澤遂敷　宥民赦獄　渙汗涵濡　滋液滲漉
洗滌頗纇　發揮亭毒　施及夭胎　罔不生育　乃
程律度　乃齊日時　升擢方穀　懲艾不祗　凡百
有位　以悅以□　大禮克舉　□□□□　□乎哉
登靈封兮報　靈功　禪厚地兮薦　淸衷　揭方

明兮車服以庸　覃慶澤兮哭綱遂空口　聖宋之光
宅兮與黃比崇宜乎金聲之玉振之萬斯年兮無窮
大中祥符二年七月十五日立
按泰安縣志云舞鶴臺東爲封祀壇宋眞宗所築封
祀壇西爲朝覲壇宋眞宗東封羣臣朝覲地今改爲
山川壇陳堯叟碑卽在壇側堯叟官階與宋史本傳
同獨未載潁川郡開國公書碑者尹熙古其官與書
封祀壇碑裴瑀相同書法亦似出一手可異也山左金石
志

天貺殿碑
碑高一丈二寸廣四尺五寸文三十二行行八十一
字行書額題大宋天貺殿碑六字篆書在泰安縣岱
廟
大宋天貺殿碑銘并序
翰林學士中大夫行尚書兵部員外郎知　制誥同
修　國史判史館事柱國南陽郡開國侯食邑一千
一百戶賜紫金魚袋臣楊億奉　勅撰
翰林待　詔朝奉大夫國子監博士同正騎都尉臣
尹熙古奉　勅書并篆額
臣聞　霽天之覆物也陰騭而無私　上帝之臨
下也高明而有赫倬昭回而成體其聽孔卑杳寂寞以
希聲厥應如響故周書紀其輔德義易載其益謙百祿
咸宜于以隆其永命庶徵時若于以降乎嘉生斯皆自
我民而聰明表其道之貞觀者也至乃秉陽而健垂象
於日星得一以清成章於雲漢東壁列位主圖書之祕
文魄寶淪精極河洛之命紀蓋乾之緼至賾矣天之文
有爛矣眇覿太古鋪觀往諜三五之世德化醇茂故伏
犧受龍圖以作八卦軒轅得龜篆以朝萬靈放勳獲玉
泥靑繩之文帝舜膺赤文綠錯之瑞夏商以降績用昭
明故大禹夢蒼水之符帝乙拜靈玉之字西伯之赤雀
止戶武王之白魚入舟皆盛烈通於神祇茂勳格於穹

厚錫是奇物譎詭以効質珍圖炳煥以告休宜純禧而
奮景炎形寶訓而示靈眷斯固殊尤絕迹曠千載而罕
逢倬異倜儻爲百祥之稱首不然者又何以運契於中
和之極兆發乎至治之期雜霸已還寂寥而無紀合符
之盛啓迪而必先者哉　崇文廣武儀天尊道寶
應章感聖明仁孝皇帝陛下之御天下十有二載也纂
二聖之丕基攀八紘之鴻緒中口
底定庶邦協和玉燭陽明珠躔軌道頌聲載路協氣橫
流百工惟時五兵不試仁風衍於無外　洪化馳而若
神品物茂遂而由儀羣黎富庶而知敎徽纆之刑幾措

弦誦之聲相聞人自謂於羲皇家悉爲於鄒魯行葦勿
踐忠厚之性成天綱弥踈寬大之德著淳源載復洽具
畢張　皇上方端居穆清之中獨運陶甄之表執
粹精而思道宅清明而在躬極深研幾淵默雷震揚蕤
絢景煇光日新固已　濬哲之懿升聞憯怛之愛敎洽
金玉其度追琢而惟精雲日之表就望而無極當其
愛景長至陰魄下弦斗城覯深虎闈窅𥨍　建章萬戶
管籥之有嚴衛尉千屯譏何而載肅銀漢左界玉繩西
傾挈壺之漏屢移　膝席之對云罷方將　凝神於蠖
濩寧體於清閟靜慮合於希微　嘉應通於肸蠁俯及

乙夜闐乎嚴扃煥發靈光燦若白晝乃有　真靈降於
霄極臚語示乎休徵將求衣而趨對忽乘飈而滅迹
　天子於是申以齋戒致其精明爰乃獻歲發
春之初祇受　大中祥符之錫九賓宿設　親拜於廣
庭八神前驅奉申於黃道寘之恭館藏於東序乃復
肆眚於縣寓易號於初元惠賚浹於五管爵秩加於羣
后均合飲之澤以侚齒推給復之典以貴農　皇明
誕敷純嘏均被繇是徇東人之勤請考乾封之舊章將
以　陟介丘禪社首奉符而行事刻號以告成揚
　二聖之休光爲天下之壯觀列城除道有司議

儀龜筴告猶雲氣呈瑞宜象物之咸若　徯我后以來
蘇　三神眷懷萬邦和會而靈心昭答　響應杳察以
爲庶人彝常猶畢星之好雨羣小多辟或夏蟲之疑冰
雖況施之殊倫輿情之成□猶復先甲而申告以儆于
　清衷方將應期而紹至以彰乎絕瑞惟元年仲夏
既望之後夕　上復夢神人諭以諄諄之意期以
來月錫符於　泰山於是濬發　德音申儆執事有依
類託寓之異當疾置飛馳以聞粵勸鍾紀銘鑄渾叶度
肇自初吉以及生明惟茲巖巖之峯荐發穰穰之瑞祥
光夜燭成十煇之姿卿靄朝躋結九葩之狀是月之六

日也粵有梓匠晨詣靈液亭給斤斸之役草露方湛人
迹罕至忽得　黃素於灌莽之上其文有　皇
帝崇孝育民壽曆遐歲之言周章震駭魂思飛越亟以
白引進使曹利用宣政使李神福郎共捧持以詣封禪
經度制置使臣欽若臣安仁緘滕載嚴騎置來獻
　皇上周旋欽翼夙夜齋明醇粹內充典章兼舉
命鄜廟之元宰暨左右之信臣分授使前奉導　靈貺
馹傳云至詔蹕出迎羽衛星陳官師景從弁冕端委親
拜受于苑中　肅闢秘文復徧示于羣下先是陰雲待
族大雨濯枝霑泥治道之是艱霑服瘢禮之爲懼是日

也懸寓澄霽佳氣鬱葱杲杲之馭上騰光華在旦藂叢
之姿迭媚紛郁垂文五弦之風載薰九光之霞成綺神
人胥悅戩穀來同剡乃綿蕝之儀素已草具　翠葆之
駕乃先啓行旣脩物以吉蠲俾有司而翊衛載以威輅
入于　應門星旄先驅金奏並作　天子方復弭
鸞旗而稅龍馭撫璿案而坐帷宮穆穆皇皇以俟夫
元符之至也□而步自閶闔率先羣司納之殊庭是
爲　祕寶且復討論前載追求遺範煇景下燭秦旣作
畤珍瑞云獲漢亦起宮其後因軌迹而增崇建名稱而
不朽者非可以悉數也乃　詔會郡申飭攸司爰就

靈區茂建清宇授規於哲匠董役以廷臣楙勗前施暨
塗成備法大壯而取象會不日以克成直寢門□□之
庭鎮阿閣神房之麓雲封崛起迥對於軒楹泉流刻清
載環於階墄祗若　天貺表以徽名旣而愼擇靈辰揭
之題榜乃有靈鶴集于雕甍清唳引之墜羽而去斯又
九皐之仙質千歲之純精挺胎化之姿告　壽昌之
兆者也及　親封泥檢載揚標燎降自陰道　禪
于方丘會朝明堂肆覲東后　靈澤及于四海神化馳
于六幽　天子乃撫節盤桓憑軾游豫周爰博覽
以届于兹　贍堂構以改容臨清流而發歎金爐失火

修潛德以升聞羽蓋清塵彰健行之不息　旋軫飮至
天成地平因時計功金相玉振且以爲古之哲后褒紀
瑞命方牘所述踵武可徵至若甘露黃龍標於年曆芝
房朱雁播於樂章或作繪以彰施或緝經以論著皆所
以昭荅貺降垂示方來爰　詔下臣頌兹　徽烈恭惟
　紫書祕諜荐錫于　玉晨福應之大者也
靈宮眞宇列峙于峒野　制作之盛者也非有遷
雄之博物通達崔蔡之發揮清麗鄒枚之論辨曹王之
氣質又曷能敷陳　景鑠述宣鴻明著之金石
之刻流乎億萬之祀如臣膚淺豈能演暢拜　命之

下燥吻惟勤頌歎游揚雖豁於素藴博約溫潤寧企於
前修伏紙怔忪□□□□銘曰
太始權輿　邃古之初　結繩而治　斯文闕如　三
五迭興　受命合符　河洛開奧　乃出圖書　岐周
發祥　鳳止高岡　火流於屋　魚躍於航　靈眷諄
諄　赤文煌煌　金策之賜　剪殷啓疆　卯刀之讖
□□□□　祕圖寶契　曠絕靡常　惟皇建極
與天合德　有開必先　神休叵測　清夜戒期　聖
容斯覿　旭日朝躋　眞符云獲　節彼崇巘　天帝
之孫　刺經定議　發祉閟□　泉流迸涌　和景晏

溫　□元申錫　明靈有赫　雲篆騰晶　冰紈襞積
殊類響荅　奇懸山沓　樵蒸禮成　蓼蕭慶洽
遂宇翚飛　揭榜雕楣　建茲顯號　式昭鴻禧　□
□□□　翠帽揚□　福應之盛　焯光在茲　魯邦
奕奕　泰觀巍巍　封雲薈蔚　浪井漣漪　巋然宏
構　永鎮方祇
大中祥符二年十一月十七日
案大中祥符元年六月天書復降於泰山醴泉北乃
迎置含芳園十月辛卯帝發京師以玉輅載天書先
道凡十七日至泰山遂舉封禪之禮此碑專紀其事

文極工麗書碑者尹熙古大中祥符六年天齊仁聖
帝碑亦熙古書惟彼碑系銜進階朝散大夫守司農
少卿上騎都尉與此碑朝奉大夫國子博士騎都尉
不同也碑立于大中祥符二年十一月葢在封禪禮
成天貺殿竣工之後矣山左金石志
按此碑在岱廟內西北臺泰安縣志岱廟有三分
上中下此碑在城內西北隅之岱廟是爲下廟碑
旣立此則當時天貺殿亦必建於此而志無明文
豈即所謂竣極殿耶竣極殿名見縣志　自謝天書至此凡
五碑皆紀眞宗東封典禮而磨崖刻文及三壇立

碑皆仿唐開元舊制然開元惟磨崖尙傳于世餘
三壇碑皆佚其文之存于泰安志者亦惟封祀朝
覲兩碑社首之頌無攷矣此宋壇碑文皆完善可
讀而世罕傳文惟近時山左金石志與金太守棨
新纂泰山志皆據拓本全錄之稽之五禮通考但
載開元銘而不及眞宗之諸碑葢由宋人碑版椎
拓者少碑又散處泰安之僻境非登岱之通涂故
不盛傳耳此五碑詞華理富多者五千餘字少者
亦幾二千字鉅製宏篇可徵北宋人文之盛至其
事之荒誕禮之繁縟皆佞倖者爲之不足深論楊

億善爲文著作繁富遺佚已久今傳世者僅武夷
新集二十卷而檢集中不載此文賴有此碑以存
以此知金石之有功于前哲非淺也
永興軍文宣王廟大門記
碑高七尺六寸廣三尺七寸六分二十二行行四十四字正書篆額在西安府學
大宋永興軍新修　元聖文宣王廟大門記
朝奉郎尙書比部員外郎知　制誥知軍府兼管內
勸農使上輕車都尉賜紫金魚袋孫僅撰
朝奉郎尙書屯田員外郎通判軍府兼管內勸農渠
河事上騎都尉賜緋魚袋冉宗閔書

左班殿直監軍資庫張格篆額
孔子之道屈於三代之末伸於千古之下故其生也位
□□□没也爵極王者王者之居自有制度不壯不麗
則偪下甚矣是軍古京邑也斯廟古國學也自浚郊建
都降□□府百司之盛空餘壞垣三輔之雄宛若列郡
然而故地雖易舊名尚存是以民到于今或以監名呼
之丁未歲冬僅奉　命出守至止之翌日舉行故
事首趍牆仞次年上丁釋奠□奉蘋藻環視乎内殆非
前聞石壁外周就異乎藏書之所晉碑中立又殊乎麗
牲之具至於齋戒之室講習之堂□□之器三者交闕

加之閈閎不峻闌閣俯近隘類晏宅陋同顔巷因退思
曰文舉相北海旌康成之門衡孝若遊猷□頌曼倩之
祠字況　儒宫先覺　聖域元龜百代所宗万民取
則雖未能更諸爽塏極乎輪奐□可坐視其卑庳而不
爲之改張者耶乃審制度以造俎豆由是祭器列焉乃
闢囂塵以嚴啓閉由是重門闢焉□□□袤以建廳事
由是洗心者肅焉鮮顧者萃焉巍巍乎高眈眈乎深俾
及門者趍庭者昇堂者入室者攝齊□□□得步驟
修愸於其外進退周旋於其内信可以移四教於風俗
被六藝於人倫混涇渭於洙泗之流變□□□□□之

地功既畢會　國家采詩書之義草　封禪之儀
既檢玉於介丘□□□□　闕里寅奉祀典順考禮
文因開元之舊封增　顯聖之新號徽名允洽盛
德惟新儻門閭未崇則牌□□□□□幽贊有闕必
先不然何繕完修飾迎合　天意之如此昔魯恭王闢
金石之韻舊宅載存鍾□□□□□□尺壁斯觀較
之今日寧後古人考室有期正辭無愧庶浚之觀者知
元后之勃興吾道守臣之誕□　詔條豈獨
教春秋家流謹下缺
大中祥符二□□□已酉六月甲申朔十一日甲子

立　安文璨刻字
陝府西諸州水陸計度轉運使兼本路勸農使下缺
陝府西諸州水陸計度轉運使兼本路勸下缺
銀青光祿大夫撿挍尚書左僕射使持缺部署騎都
尉鴈門郡開國侯食邑一千六百戸下缺
上缺德郎試大理評事兼監祭御史范巽
上缺監押兼在城巡撿馬守欽
上缺候兵馬都監兼在城巡撿張延招
觀察推官承奉郎試大理評事王獻可
節度推官承奉郎試大理評事楊舒

碑側正書三行

大名史公奕王官麻邦寧被檄遊京兆同觀石經泰
和五年春三十五日博陵崔選繼至

宋史禮志是年以國諱改元聖文宣王爲至聖文宣
王五月通封十哲爲公七十二弟子爲侯先儒爲伯

關中金石記

按此碑大中祥符二年六月立撰文者知軍府事孫僅宋史附孫何傳僅字鄰幾何弟汝陽人咸平元年進士景德初累官同知審官院知永興軍大中祥符元年加比部員外郎代還知審刑院此碑

結銜與傳合不書何年代還據碑則二年尚在永興也書者冉宗閔無傳永興軍爲唐之京兆府文宣王廟卽國子監舊址碑故云故地雖易舊名尚存民到于今或以監名呼之軍之有學始于景祐二年范雍知軍時所立此時祇有廟也碑云丁未歲冬僅奉命出守丁未爲景德四年碑又云因閒元之舊封增元聖之新號此是大中祥符元年十一月事是時封禪同蹕幸闕里因加封元聖至五年十二月改謚至聖宋史禮志謂以國諱改謚按宋代歷世無諱元者或因是時加號北嶽爲安天元聖而改之也碑側三行金章宗時題名內云泰和五年春三十五日春三下脫月字

晉國大長公主設醮題記

在乳香記左側高品李知常題記之下十行行十九字至二十三字不等正書

皇宋大中祥符二年歲次己酉十月□□朔二十九日
庚戌入內內侍省內侍高班張永和奉　宣爲　晉
國大長公主祈福特詣　西岳廟請道士二七人悟
真大師賈得升張德昇□□子□□□劉德孚
楊善□楊善宗□知□武子□李知章王□□□文生
修建消災靈□道場□□□□□□大醮壹座

金石萃編卷一百二十七　宋五

至十一月三日罷散又至四日　晉國大長公主自
□銀二鋌別建　靈寶道場三晝夜亦設大醮壹座
□刊石爲誌
十一月八日題記

大長公主卽延慶公主下嫁石保吉以淳化元年改封卽以是年十二月甍逝悟真大師賈得升陳希夷弟子文內又有張德□應是張德昇見羅房報祀記

關中金石記

按宋史公主傳太祖六女長曰魏國次卽公主初封延慶下嫁石保吉太宗卽位封許國淳化元年

政晉國眞宗初進長公主大中祥符二年進大長公主是年十二月辛巳朔日薨逝此碑始因公主病劇遣内侍張永和設醮西嶽有此題記也設醮在十月二十九日庚戌上泝其朔日干支以庚戌推之是壬午也自庚戌下至薨逝僅一月耳公主薨于大中祥符二年關中金石記云淳化元年改封卽以是年十二月薨逝者誤也公主爲眞宗之姑薨年不知其幾薨之明年石保吉亦卒年五十七則公主之年約略相當矣是時石保吉官鎭安軍節度方在鎭所詔歸視主及薨眞宗爲之罷承天節上壽及明年元旦朝會而此時則因病設醮

恩禮之隆蔑以加矣

沙門靜己書偈碑

碑高六尺八寸廣三尺三寸五分十八行行三十六字行書在西安府學

口口口口禪師偈

勅謚口口禪師述

長安沙門靜己書

僧省中篆額

偈文不錄

大中祥符三年正月一日保福禪院主僧義遠建

助緣進士劉蒙　進士段腴　王利　田德元

勾當國子監人鄧德誠　僧口口

持法華經僧審凝　勝業院主僧口口

安文晟刋

此與鈔高僧傳序碑并在西安府學俗并呼鈔高僧傳余觀之乃某禪師所述偈語非上乘而書出僧靜己行草甚類英大師疑二碑同時建靜己英之徒也石墨鐫華

此刻唐栖先塋記後額已失禪師泐其名關中金石記

金石萃編卷一百二十八

賜進士出身　誥授光祿大夫刑部右侍郎加七級王昶撰

宋六

華嶽題名八十六段

李濬題名 石横廣一尺五分高九寸四行行八字正書

權密直學士知秦州李濬於大中祥符三年二月二日赴任經口口謁下缺

按李濬為李超之子宋史附潘美傳李超者冀州信都人為禁卒常從潘美軍中主刑刀美好乘怒殺人超每濟緩之美怒解輒得釋以是全者甚衆

人謂其有陰德子濬字德淵中進士景德初累判吏部銓權樞密直學士尋知開封遷右司郎中出知秦州暴疾卒濬與李宗諤同歲同月後一日生其卒也亦後一日衆以為異據李宗諤傳宗諤以大中祥符五年五月卒年四十九則濬之卒年月與春秋若干皆有可攷而知此題在大中祥符三年二月是其官秦州蓋兩年餘也

韓國長公主設醮題記 在乳香記右側上截七行行十四字至十七字不等正書

大中祥符三年歲在庚戌三月庚辰朔七日丙戌入內內侍省內侍高班張懷則奉　宣為　韓國長公主消災祈福於西岳廟請道士二七人修建靈寶道場三晝夜散日設五岳謝恩大醮一座口刊于石口記雲臺觀悟真大師賈得升題

宋史本傳楊國大長公主至道三年封宣慈長公主咸平五年進魯國下嫁柴宗慶歷徙韓魏徐福四國仁宗立進鄧國大長公主以眞宗本紀攷之封韓國後應是衛國非魏國也本紀是年閏二月帝幸第視疾即指此事案太宗七女惟此歷封韓國為長公主若雍國大長公主亦改封韓非此 關中金石記

按宋史公主傳太宗七女第四女即公主蓋眞宗之妹也眞宗紀大中祥符三年閏二月戊寅幸韓國長公主第視疾是月辛亥朔戊寅為廿八日而張懷則奉宣詣西嶽廟修建道場消災祈福在三月七日計其行程數日則奉宣啟行與視疾同時事也祈禱後逾月即愈仍差張懷則赴西嶽禱謝記文見下

韓國長公主禱謝題記 在乳香記右側中段作兩截書上設醮記八行下人名四行字數各不等正書

入內內侍省內侍高班張懷則為　韓國長公主疾愈

丞
命再來禱謝
嶽靈請道士二七人開啟靈寶道場三晝夜散日設
清醮壹座行事禮畢而退時大中祥符三年四月□八
日

悟眞大師買得升題記
勾當人員二人
通引官周實
右都押衙李元吉
虞候傅□

宋垂遠等題名 在拱極觀碑右側下截五行行二十四字左行隸書後張緯題三字行書
庚戌歲季秋月廿日閤門祇候宋垂遠奉
命提點 京西刑獄公事 詔旨給假迎侍 北堂
與弟秘省正字寧遠知邑棘丞師仲宰知京兆昭應縣
張緯進士麗房同告謁
靈祠 張緯題

按宋史傳宋璫字寶臣華州渭南人長子明遠次子柔遠三子垂遠關中金石記誤作次子據此題有弟寧遠史所不載此題云庚戌季秋提點京西刑獄公事庚戌爲大中祥符三年京西轉分南北兩路後併爲一路南路所屬爲襄陽府鄧隨金房均郢唐七州光化一軍北路所屬爲河南潁昌淮寧順昌四府鄭滑孟蔡汝五州信陽一軍垂遠家于渭南請假省母則於北路爲近也垂遠父璫傳稱卒于淳化四年年六十一至此年距璫之卒又十八年度其母年幾八十矣稱母爲北堂始見於此

麗房等題名 在拱極觀碑右側上截作兩層書上四行字已磨泐疑爲詩行書下題名八行行五字正書
獨尊
□天門

□□□渭浪渾
□此瑞彩閒雲奔
三班奉□□□奉 命排□并修建 行宮大中祥符
三年季秋二十有五日與進士麗房同謁 清廟

李懷□設醮題名 石變缺橫廣一尺二寸十行行僅存六字
缺 內侍省 缺 殿頭李懷□ 缺 宣將祀汾陰 缺 軍民祈福
於
西嶽廟內□拜 缺 啟道場七晝夜 缺 設醮一座至丁 缺
禮畢次日東行 缺 闕專刊石銘
□齋悟眞

按此題記泐其年月據記有將祀汾陰四字宋史禮志真宗東封又明年以羣臣請詔許四年春祀汾陰后土此云將祀則在三年矣

李自正題名 在張舜民題名之左三行行五字六字不等左行正書

嶽神册帝之明年孟春望寓居李自正題

按此題無年月但云嶽神册帝之明年西嶽加封金天順聖帝係大中祥符五年事則此爲六年所題也

張懷彬等題名 在述聖頌碑額述字之下七行行十一字十二字不等正書

天書九載孟春十日入內供奉張懷彬道場於岳祠入

內高班孫可久投龍於倦谷偶會入內高品李懷凝自洫原承受解秩歸 闕時與知縣大理寺丞張綽同焚香于

金天順聖帝致誠而退孫題

按天書九載即大中祥符九年

王懷珪設醮記 石高一尺廣八寸八行行十二字左行正書

大中祥符九年六月□□日入內侍省內侍高品王懷珪奉 宣於 嶽廟 真君觀道場□七晝夜罷散日設醮一座續□ 勅差太府少卿蔡汝賁□□祝版祭告同會于 □祠

大理寺丞知縣事張綽書

長安普濟廣教大師澄遠

李知常設醮題記 在孔香記左側上截六行行十五字正書

大中祥符□年六月十四日

入內內侍省內侍高品李知常奉

宣賫□□恭詣 金天王廟及

真君□二處請道士二七人悟真大師賈得升等□建靈寶道場三晝夜散日設醮各□□共七百二十分刊石爲記

許文德題名 石高六寸五分廣五寸三行行九字正書

□□兼兵馬監押

將仕郎守縣尉許文德天禧三年十月二日題

送御書奉神述碑記 石高一尺三寸廣九寸八行行八字九字十一字不等行書

□□管勾部送

御製御書奉

神述碑石竟片赴

西嶽廟殿上西畔於天禧四年十月二十七日巳後午前丙時竪立訖故記之

入內內侍省內侍殿頭鄧保□

文有云巳後午前丙時竪立所稱丙時卽二十四路

法也其法出之淮南子天文訓子午卯酉爲二繩丑寅辰巳未申戌亥爲四鉤東北爲報德之維西南爲背陽之維東南爲常羊之維西北爲蹏通之維所謂四維者乾巽坤艮四路也故下又有斗指子則冬至指癸則小寒指丑則大寒指報德之維則立春指寅則雨水指甲則驚蟄指卯則春分指乙則清明指辰則穀雨指常羊之維而立夏指巳則小滿指丙則芒種指午則夏至指丁則小暑指未則大暑指背陽之維而立秋指申則處暑指庚則白露指酉則秋分指辛則寒露指戌則霜降指號通之維而立冬指亥則

小雪指壬則大雪等說道家傳黃帝宅經多有其法世蓋襲用之而不知其出於淮南矣又云神迹碑一斥玉篇有斥字云平也又有廳字云客廚此蓋以斥爲廳案廳事之所爲廳古無斥廳二字是卽用聽字矣關中金石記

按春明退朝錄載大中祥符四年車駕次華陰上見岳神數里迎謁召問老巫阿馬婆對如上所見上加敬禮詔封爲金天王仍上自書製碑文以寵異之其碑高五十餘尺濶丈餘厚四五尺天下碑莫及也其餘刻扈從太子王公以下百官名氏製作壯麗巧無倫比焉卽此記所謂管勾部送御製御書奉神迹碑石壹斥之事也斥乃斫字之省見集韻語已詳夢英詩碑關中金石記謂以斥爲廳非也奉神迹碑製作壯麗惜搨本未見而所刻扈從太子王公百官名氏皆無從攷證

眞宗御製詩殘字 碑已斷裂僅存二塊一高一尺九寸廣一尺八寸兩截書上七行下六行每行二三字至四五字不等一高一尺八寸廣一尺四行字數無攷行書

缺□一首賜　勅丁□缺

缺□映遠空今　紛陰□缺

缺□神功如披　紆宸翰缺

缺中督有鑿　厚載缺

缺□覲積鬱　□缺

缺同輿聊　□缺

缺祀

缺□篇□□□□□

缺□□親祠□缺

缺□缺

按宋詩紀事搜採眞宗詩得七首而此詩未見則亦以殘缺過甚不能錄存也詩有紛陰同輿覲祠

等字知爲祀汾陰以後賜從臣之作附以俟攷又
攷玉海大中祥符四年四月丁未作西祀還京歌
有寬仁育羣生虔恭格大寶之語賜近臣和庚戌
三司使丁謂等請以汾陰路聖製歌詩命大臣書
立石此詩前序殘泐之中有勅丁二字或即勅丁
謂等之文姑附識之

李昭通等華嶽殘詩 在拱隂觀碑左側上下皆泐共八行字數無攷行書

□□□□□□學士使于汾陰缺
□□□□□是行各賦小詩以刻貞缺
嶽神□□作鳴□□耳揖香 膠莫缺

□□□□□撿昭壤而今已 樂壇缺
方聽齊代說天地同 和自缺
□□縣□□□慈慈預有期　李昭通森 森松稻藍□
鎮巨鎮金方缺
□□□祀奉惟馨 共二 五丁危仞倚晴空襟帶關河地塞
雄嶋彈和缺
□□□□□□□□汾陰星駕嶽廟謁琴峯削出三峯
如筆□須知缺

按此詩亦殘缺僅見李昭通姓名宋史傳有李昭
慶爲繼隆子李昭遜爲繼和子並處耘孫而獨無
昭通宋詩紀事亦無攷詩可讀者三句其全篇當
是七律前有序云各賦小詩則非一人作也序有
汾陰嶽神等字亦從祀汾陰而謁嶽神者

錢若水等觀稼謁廟殘題 石高八寸廣六寸四行行六字左行正書

□□□錢若水
寺丞直史館陳
承 命觀稼□
闕同謁斯廟

按史傳錢若水字澹成一字長卿河南新安人眞
宗即位累加工部侍郎充集賢院學士判院事修

太宗實錄累知開封府又還巡撫陝西緣邊諸郡
此題觀稼謁廟殆即巡撫陝西時事而眞宗紀不
詳巡撫爲何年題名又無年月可系姑附於眞宗
之末

段徽明設醮記 石高一尺五分廣七寸七行行十字至十八字不等左行正書

乾興元年二月十五日奉
宣差入內內侍省內侍高品段徽明往慶成軍□寧宮
太寧廟各開啓道場七晝夜罷散日□□赴西嶽廟并
眞君觀各開啓道場三晝夜各設清醮一座已上
□帝謝三月一日

御椄禮畢却迴赴闕書□

題云奉宣差入內內侍省內侍高品段微明往慶成軍太寧宮太寧廟開啓道場慶成軍即河中府榮河縣以大中祥符中陞爲軍太寧宮即后土祠禮志曰大中祥符四年改奉祗曰太寧宮石刻宮名泐一字知爲大字闕中金石記

按真宗紀乾興元年二月甲寅帝不豫冐劇禱于山川神祇是月庚子朔甲寅正十五日也段微明奉宣當是因不豫而致禱者

范雍華嶽題名 石高一尺一寸廣四寸五分四行行九字十字不等正書

陝西轉運使尚書兵部員外郎賜紫金魚袋范雍乾興壬戌歲四月七日 恭謁 嶽祠

題云陝西轉運使尚書兵部員外郎賜紫金魚袋以傳考之嘗由京東轉運副使歷河北轉運使及陝西也史不及兵部員外郎是其缺略闕中金石記

按宋史傳敘范雍歷官不詳號年東都事略則云天禧中爲京東河北轉運使徙京西路入爲三司戶部副使擢龍圖閣待制陝西都轉運使召還又以爲安撫使其轉運陝西不詳何年計自天禧中至此閱三四年約畧與此題名合其官兵部員外郎則東都事畧亦失書又詳檢史傳雍之官陝西前後凡三次其初轉運在京東河北之後其次爲都轉運在入爲三司度支之後其後安撫環原在勾當三班院之後此題名乃在初次轉運時並東都事畧失書也

上官沖等題名 在周約題名之左四行字數不等左行正書

乾興元年五月初六日三班奉職上官沖鄉進士周慎從躬謁 □祠

范雍再謁祠題名 石高一尺一寸廣五寸五分四行行十字十三字不等正書

雍去年題名在後

今歲自三司度支副使遷此官復爲本路轉運使再謁靈祠天聖癸亥九月十四日

題云今歲自三司度支副使遷此官復爲本路轉運使以傳合之蓋由陝西轉運使入爲三司戶部副使又徙度支以尚書工部郎中爲龍圖閣待制陝西都轉運使耳闕中金石記

按此即范雍第二次赴官陝西所題史傳及東都事畧皆作都轉運使題名無都字癸亥是天聖元年

劉巨川題名 在張承構題名之下共四行行十三字正書

中散大夫尚書虞部郎中劉巨川近自□南郡首授代
歸闕經由　靈宇恭謁　聖容時大宋天聖三年四月
十□日

宋漢臣題名 石横廣一尺三寸高一尺一寸十一行行十二字左行正書

壬戌歲乙巳月庚子朔辛亥日漢臣自永興軍知鄠縣
奉　敕就移州判嘉州専禱　靈祠西去赴任太子中
舍□臣進士□□□同行從□甲子歲丁□月解罷至
乙□歲戊□月赴　闕當歲壬午月壬午朔丁酉日奉
敕同判華州於乙酉月庚戌朔辛亥日祭禱　靈嶽殿
中丞宋漢臣題

文稱壬戌歲乙巳月又稱甲子歲丁丑月又稱乙丑歲戊寅月又稱當歲壬午月乙酉月壬戌當是乾興元年甲子爲天聖二年乙丑則三年也攷文安公牡丹詩爲漢臣所刻是漢臣其時人 關中金石記

按此題年月日皆用干支而不言數今以遼史朔考考之壬戌是眞宗乾興元年乙巳爲四月辛亥是十二日也甲子爲仁宗天聖二年丁□月者二月建丁卯也 關中金石記誤云丁丑 乙□歲戊□月者天聖三年乙丑正月建戊寅也壬午月壬午朔丁酉日者五月十六日也乙酉月庚戌朔辛亥日者八月二日也謂天聖三年正月解罷三年五月赴闕五月同判華州八月祭禱靈嶽也宋漢臣無傳

杜詵等題名 石横廣二尺五分高一尺一寸六行行五字八字不等左行正書

奉禮郎杜詵光禄主簿蘇舜欽將作主簿司馬旦京兆
掌書記趙諴京兆戶曹張復大廟 下缺

按題名五人無年月可系五人中惟蘇舜欽有傳舜欽字子美易簡孫初以父任補太廟齋郎調滎陽縣尉玉清昭應宮災詣登聞鼓院上疏尋舉進士改光禄寺主簿玉清昭應宮災乃天聖七年六月事姑附此題於天聖後

陳執中題名 題名刻在韓賁告華嶽碑下截右旁共三行行十八字正書

陳執中自天章閣待　制□龍圖閣直學士知永興軍
府景祐四年太歲丁丑十月五日齋謁
嶽帝之祠謹誌

執中宋人所謚爲榮靈者乃其書則不俗也其碑之前右方下又有元豐乙丑王子文題名 金石文字記

宋史本傳執中字昭譽明道中安撫京東進天章閣待制使還知應天府徙江寧府再遷工部郎中改龍圖閣直學士知永興軍案此所云與史傳合 關中金石記

趙名殘石 石横廣一尺三寸高五寸五分五行行四字左行正書

口仲揣　口謁　金天帝祠　口元二年三月

又

進士鄭博

按紀號元字泐上一字當是寶元

王堯臣藍元用等題名 石横廣一尺高九寸九行行九字左行正書

翰林學士龍圖閣學士睢陽王堯口口死使英州團練

使內侍副都知大梁藍元用被　詔綏撫涇原慶曆壬

午仲冬五日恭謁　金天帝祠

翰林王口經畫西事國子監口口口口殿直藍有方

侍

題云被詔綏撫涇原又云經畫西事以史攷之卽王堯臣也堯臣以翰林學士知審官院陝西用兵爲體量安撫使韓琦徙秦州范仲淹徙耀州堯臣言二人不當置之散地又薦种世衡狄青有將帥才慶歷二年九月趙元昊自鎮戎軍原州入寇乘勝掠平涼關中震恐仁宗思其言復以琦仲淹爲招討使使堯臣再撫涇原其所論沿邊城砦設險阨要賊徑通屬及備禦輕重之策動關利害故史節載其文以仁宗本紀攷之是年十月甲寅有遣使安撫涇原路之文而不著姓氏夫堯臣能識韓范於既敗之後擧种狄於未用之先所見已爲卓然又經略西兵朝廷多從其計至以疏請諸事付之各鎮用取爲法是堯臣之出爲當時重有關係之人本紀反略之宋史之採摭失當於此可見 關中金石記

葉清臣等題名 在罹雖題名石幢第五六兩面各三行行二十字

翰林侍讀學士尚書戸部郎中知永興軍府事本路安撫使兵馬都部署吳興郡侯葉清臣慶曆丁亥秋赴官便道恭款　神祠明年四月蒙　恩召還再經宇下于時通判永興軍府劉紀駐泊都監王仲平管勾機宜幹鐸知涇陽縣施邈同州觀察推官李孚佑從行

按宋史傳清臣字道卿蘇州長洲人天聖二年進士第擢起居舍人龍圖閣學士權三司使公事出知江寧府踰年入翰林爲學士父憂服除宰相陳執中素不悅之卽除翰林侍讀學士知邠州改澶州進尚書戸部郎中知青州徙知永興軍歿三白渠溉田踰六千頃會河決商湖北道艱食復以爲翰林學士權三司使此題慶歷丁亥秋赴官嶽祠明年四月蒙恩召還再經宇下則此題在慶歷八年戊子陳執中入相始于慶歷五年至皇祐元年八月罷是慶歷七八兩年正執中當國之時也赴

官在七年之秋召還在八年之夏其官永興僅踰半年而淩㮣觀田有惠于民如此史傳未嘗斷載年月不覩此題不知其勤民之𢇁也因表出之

王榮題名二題名俱在唐李貽孫題名之右各一行字數不等正書

廟令王榮慶歷七年八月十四日題

進士張孔孫謁

施昌言題記石連額座高一尺六寸廣九寸五行行八字隸書

慶歷七年姝脩

西嶽祠成十月十弍日天章閣待制知華州事施昌言

恭伸 謁祀

按陝西通志不載是年修廟事昌言字正臣通州靜海人傳稱其由三司度支副使除天章閣待制河北轉運副使降知華州

田況題名在程遵路題名之下四行行七字八字不等左行正書

慶歷丁亥仲冬望□樞密直學士田況被

命赴涇原與弟淇同謁

按宋史傳田況字元均趙元昊反夏竦經畧陝西辟爲判官言治邊十四事累官陝西宣撫副使東都事略載其除龍圖閣直學士知成德軍徙秦州進樞密直學士知渭州

謁祠廟題名在田況題名之左五行行八字九字不等左行正書

慶歷丁亥仲冬□□□工部郎中□□□□□□使□□

□□前隴州汧陽縣事□□謁 靈祠

程琳謁嶽祠題名碣長四尺二寸八面每面寬七寸五分題名刻前兩面各三行行十七字正書

推誠保德功臣宣徽北院使武昌軍節度鄂州管內觀察處置等使光祿大夫檢校太傅使持節都督鄂州諸軍事行鄂州刺史兼御史大夫充陝西路安撫使兼鄜延路經略使馬步軍都部署判延州軍州事管內勸農使上柱國安定郡開國公食邑三千九百戸食實封七百戸程琳丁亥歲六月十三日塗次華陰恭謁 嶽祠

大理寺丞通判華州于待問大理寺丞簽署永興軍節度判官楊士彥前越州諸暨主簿陳傑廣文館進士呂慶祖男太常寺太祝嗣隆嗣弼嗣恭姪男太常寺奉禮郎嗣直從行

按宋史琳字天球永寧軍博野人累遷工部尚書加大學士河北安撫使改武昌軍節度使知永興軍陝西安撫使以宣徽北院使判延州仍爲陝西安撫使所載與題名互有詳畧而無年月可攷題名云丁亥歲六月則慶歷七年也東都事畧云寶

元二年遷工部尚書加資政殿大學士河北安撫
使拜武昌節度使知永興軍明年拜宣徽北院使
判延州則當在康定元年與題名不合傳不書琳
子此則有男嗣隆嗣弼嗣恭又有姪男嗣直可補
史鈌

程琳再題名 在石幢第七八兩面各三行行二十字正書

程琳皇祐己丑三月十六日蒙 恩制除同中書門下
平章事三月十九日奉 勑就差判大名府兼留守司
事河北安撫使二十八日被 詔入 覲四月十八日
再經華陰恭謁 嶽祠太常博士蔡挺殿中丞楊士彥

男太常寺太祝嗣隆嗣弼嗣恭嗣先侍行

内有云太常博士蔡挺即工部尚書蔡敏肅公也字
子政史但載從王堯臣范仲淹兩次宣撫陝西不及
程琳并不及爲太常博士俱是鈌略 關中金石記

按程琳自慶歷七年丁亥六月安撫陝西途經華
州謁廟題名至是皇祐元年己丑四月移判大名
被召入覲復經華陰有此題名也同中書門下平
章事傳載而無年月其云兼留守司事河北安撫
使則史與東都事畧皆從畧蔡挺爲蔡希言子其
從王堯臣范仲淹宣撫陝西皆在景祐及慶歷初
年傳不書其從程琳約畧在范仲淹之後也男嗣
隆嗣弼嗣恭已見前題而此又多一嗣先其前題
所有之姪男嗣直則此題不及

傅口題名 在汧國公題名之後六行字數不等正書

皇祐三年 七 月廿九日轉運使尚書兵部郎中傅口奉
詔歸 闕恭謁 靈口

李杞題名 在唐裴頲題名之右四行七字八字不等正書

華州渭南縣主簿權華陰縣事李杞伏謁 靈祠皇祐
辛卯仲冬初二日題

蘇軾有臘月遊孤山訪惠勤惠思二僧詩又有李杞

寺丞見和前篇復用元韻答之詩疑即其人 關中金石記

按李杞即熙寧中經畫蜀茶者坡詩所謂茶爲西南
病岷俗記二李言杞與稷也宋史無傳而續通鑑長
編載其事甚詳 馮應榴蘇詩注

孫昌夏大雒題名 石高四寸五分廣四寸四行行五字六字不等正書

孫昌夏大雒偏觀唐賢題名歲次庚子孟夏十六日口

成麟題名 題名上鈌在王希倚之左四行字數無攷左行正書

鈌 瑨 夏陽縣尉成麟
鈌 前趙王府司馬梁亘
鈌 單阮易

嘗歲九月廿有二日記

張恭禮設醮題記 在孔香記右側下截五行行十三字正書

嘉祐四年三月初五日入內內侍省內侍高品張恭禮
奉　聖旨於　西嶽□□□□□□七晝夜請道士
二七人罷散日設醮一座二百四十分位謹刊石記之

程遵路題名 在唐汧國公題名之後十行行二字左行隸書

試校書郎程遵路恭謁祠下嘉祐七年三月十四日一

內侍省□□設醮題記 在孔香記左側下截十一行行七字八字不等正書

入內內侍省 此下五行磨泐字數莫辨約四十餘字
夜各請道士一十四人治平二年正月十二日命同壇

道士□□觀主雷□□　題刻

史昭題名 石橫廣七寸五分高五寸餘上已剝缺五行行約七字正書

缺少卿史昭自□州路轉運使奉□還　謁恭謁　□
下治平三年十□廿三日題

閻詢題名 在華岳頌碑後蔡延慶題名之下一行二十四字正書

諫議大夫閻詢還　謁恭謁　金天帝戊申重陽日二
子籍簡侍行

宋史詢傳詢知商州神宗初轉右諫議大夫改邠同
二州提舉上清太平宮使此詢自署諫議大夫是從
商州還朝道經於此留題耳 關中金石記

按戊申是神宗熙寧元年

楊遂題名 在華岳頌碑右一行三十四字正書

宋馬軍都使容州觀察使新環慶副都總管楊遂熙寧
庚戌七月廿七日恭謁　嶽

題云宋馬軍都使容州觀察使新環慶副都總管楊
遂宋史本傳遂作燧云開封人累遷榮州刺史京
城左廂巡檢英宗即位以爲鄧州防禦使步軍都虞
候歷環慶涇原鄜延三路副都總管王馬軍副都指
揮使由容州觀察使拜寧遠軍節度殿前副都指揮
使卒謚莊敏地理志容州屬廣南路 關中金石記

按據傳所載楊燧歷官與題名雖合但俱在英宗
即位以後此題熙寧庚戌爲神宗即位之三年又
傳載官容州在環慶之後與題名小異

陳繹等題名 在華岳頌碑第十一行人神胥悅字之下二行行二十七字四十四字不等行
書

宋熙寧三年九月守彰化十一月移本路轉運副使制
置解鹽使明年十一月移京東轉運使十二月三日過
華陰河南陳繹題應體用科彥古進士彥恭彥成侍行
馮翊保之三解元盛宅趙豫同謁于　金天祠下

案宋史本傳繹字和叔開封人神宗立爲陝西轉運

副使入直舍人院修起居注知制誥拜翰林學士以侍講學士知鄧州史不及爲京東轉運使者缺也關中金石記

按此是由陜西移京東遂經華陰而有此題也子三人耆古彥恭彥成傳稱縡不能肅閨門子與婦一夕俱殞于卒伍之手不知其第幾子也體用科即才識兼茂明於體用科乃制舉六科之一景德二年及仁宗初俱增置詳見宋史選舉志

劉忱題名在華岳頌碑陰遂題名之下四行行十二字左行年數一行在前並正書

提點刑獄尚書職方郎中劉忱之任蒲中躬謁　祠下

男唐工唐老唐耗唐傑唐諭侍行

熙寧辛亥孟夏二十日

忱即議遣河東疆界者見宋史神宗本紀關中金石記

吕贇題名在李濟題名之右五行字數不等左行正書

口郡吕贇自京師口長安過謁口口男大忠大鈞大臨大觀侍　熙寧四年五月五日

題内有大忠大鈞大臨大觀名范育吕大鈞墓表云考贇比部郎中贈左諫議大夫六子五子相繼登科知名當世其季賢而早死君其第三子也攷宋史吕大防傳云兄大忠弟大鈞故大鈞爲第三子文云贇自京師口長安當是自京師至延安時大防知延州贇至其任所也關中金石記

按吕贇史附大防傳大防父贇官比部郎中家于藍田范育撰大鈞墓表則云考贇贈左諫議大夫宋史大鈞傳又云知三原縣請代贇入蜀移巴西縣贇致仕大鈞亦移疾不行不知贇又任蜀中何官贇有六子其季早死則存者五子而史列傳者四子惟大觀無傳長大忠字進伯次大防字微仲三大鈞字和叔四大臨字與叔當大防知延州時此四子想皆未入仕也史稱大忠大防大臨同居

切磋論道考禮大鈞從横渠學大臨受學伊川之門

張孝孫題名在邱據題名之右一行年號小字書于行下正書

張孝孫恭謁　靈祠熙寧辛亥中元日題

按辛亥爲熙寧四年

林顔題名石殘缺僅高七寸廣三寸五分二行字數無考正書

缺林顔恭謁　熙寧辛亥中冬八日

陳絢題名在唐李端題名之左二行字數不等左行正書

解梁陳絢河東薛昌朝　缺辛亥十月同過　祠下

蔡延慶題名在華岳頌碑後紀元之上二行字數不等正書

治平丁未領本路提點刑獄謁　祠下後六年蒙　恩
除天章閣待制秦鳳等路都轉運使過　祠下恭謁
金天帝宋熙寧六年癸丑正月二十九日東萊蔡延慶仲遠題

按題稱東萊蔡延慶宋史蔡齊傳齊字子思其先洛陽人曾祖綰爲萊州膠水令因家焉齊無子以從子延慶爲嗣延慶字仲遠中進士第通判明州歷福建路轉運判官提點京東陝西刑獄此題云治平丁未蓋英宗治平四年事也傳又云神宗初以集賢校理累直舍人院判流內銓拜天章閣待制秦鳳等路都轉運使卽此題所載熙寧六年事也

劉航等題名在華岳頌碑首行之左一行三十四字

河南監牧使劉航仲通提舉牧羊公事丘舜中聖徒同謁　祠下熙寧癸丑仲秋十七日題

按癸丑爲熙寧六年

呂公等題名在石幢程琳己丑題名第二面上二行字數不等左行行書

紫微呂公祈雪杖上盧訥洛陽程旨樊川王讜從熙寧癸丑仲冬十九日讜題

宋史神宗本紀熙寧六年十一月丙寅大雪案是歲八月壬申朔此云仲冬十九日祈雪當猶在丙寅之前也關中金石記

按首題云紫微呂公而不著名趙希弁讀書志載東萊呂紫微雜說一卷爲呂本中居仁之說本中當官中書人故稱曰紫微據此則此題紫微呂公嘗爲呂本中檢宋史呂本中傳本中係公著之曾孫好問之子紹興六年召赴行在特賜進士出身擢起居舍人兼權中書舍人則此題之非本中明矣宋史神宗紀熙寧五年二月丙寅以知鄭州呂公弼爲宣徽南院使判秦州或卽其人癸丑爲熙寧六年據遼史朔考是年十一月庚子朔丙寅爲廿七日當是十九日祈雪而廿七日大雪也秦中祈雪于前而京師紀大雪於後由京西至秦中一路降雪當不懸殊也

陳絃題名在華岳頌碑爲之頌曰之下二行行十八字二十二字不等正書

熙寧七年三月二十二日尚書職方員外郎陳絃自秦倅移開封令恭謁　金天祠下孩默孩澗孩正侍行

按陳絃史無傳亦不見他書其子三人皆用孩字爲名與陳繹同似絃與繹同弟兄行也餘無可考

益恭益昌等題名在廟鐵欄廡一尺二寸高八寸約七行行十二字正書

鈇七年十一月二十三日自知永興軍府事奉
詔秉傳歸　關將長子太子中舍益恭次子左侍禁益
昌長孫太常寺奉□郎懷吉祇謁　嘉字題名祈石
李倪祈雨題名在華岳廟碑陰譯題名之下一行十二字
李倪奉　敕祈雨甲寅三月晦
崔綸題名石變缺存高六寸廣三寸餘二行字數不等左行正書
崔綸恭謁　祠下辛酉重九
李道昌同至
郝闓題名在景德□仲卿題名之後三行行六字正書
中侍郝闓子□因赦

宸旨道場到此
張升卿題名在華岳廟碑蔡延慶題名之上五行字數不等正書
張升卿被命之利路恭謁
祠下男試秘書省校書郎康伯侍行熙寧十年三月十
九日題
吳中復題名在景德□仲卿題名第五六行之下四行行四字左行隸書
吳中復罷京兆　謁
祠下男□奉禮則　缺
俞次皋等題名在華岳廟碑陳紘之下二行行十七八字不等左行行書
元豐元年十一月十三日侍親出帥華池與友人鮮于森

宋彭恭謁　祠下鄭江俞次皋謹題
題云出帥華池者鄭慶州也華池以熙寧四年改名
合水此存舊稱關中金石記
按俞次皋無攷題云侍親出帥華池尚自書其貫
爲鄭江據宋史俞充傳云俞充字公達明州鄞人
熙寧中累遷成都路轉運使後擢天章閣待制知
慶州則次皋爲充之子也
謁嶽廟殘題石變缺僅存四行行七字八字不等左行正書
元豐戊午四月二十七日再謁
嶽祠時自本路移河北與雲臺武子曰同來孫迴齋

按關中金石記作孫迥謁祠記戊午爲元豐元年
薛昌朝等題名在華岳廟碑陰高六寸廣四寸四行行五字左行正書
薛昌朝昌年昌誇范帥卿同謁　祠下元豐戊午仲冬
廿九日
蔡延慶再題名在華岳廟碑陽蔡延慶題名之後一行二十九字正書
元豐己未夏自龍圖閣直學士涇原路經略使赴　召
謁祠下蔡延慶仲遠題
云自龍圖閣直學士涇原路經略使赴召者本傳延
慶以應辦熙河軍須功進龍圖閣直學士王韶入朝
擇熙帥不及爲涇原經略使者略也關中金石記

按己未爲元豐二年

王希倩題名（在陳絅題名之左三行字數不等左行正書）

判官王希倩　將之奇元豐己未六月四日

按此題但云判官而不詳其地以爲上下所有將之奇之文王希倩無考將之奇傳稱字穎叔常州宜興人神宗朝新法行爲福建轉運判官遷淮東轉運副使歴江西河北陝西副使在陝西經賦入以給用度邊粟皆支二年移淮南擢江淮荊浙發運副使元豐六年漕粟至京比常歲溢六百二十萬石錫服三品可知元豐六年以前正之奇官陝西

之時而官爲副使並非判官可知判官自屬王希倩而將之奇當別有官名已磨泐也

劉陶題名（在昭應神雀頌題名之下二行字數不等左行正書）

通直郎劉陶恭謁　祠下元豐五年正月十九日

趙諒題名（在陳奎築題記第七行下空處三行字數不等正書）

元豐五年孟秋月被
命華山雲臺觀謹於
祠下朝拜文思副使趙諒記押

諒自署爲文思副使者武階也有文思使又有副使東染院使應轉洛苑使有職功得轉文思使東染院副使應轉洛院副使有職功得轉文思副使其敘遷之例如是（關中金石記）

按雲臺觀在華陰縣華山下陝西通志云後周武帝時有道士焦道廣獨居雲臺峯辟粒餐霞常有三青鳥報未然之事武帝親詣山庭諮問道因於谷口置雲臺觀唐末之亂希夷先生實修是觀而隱居焉又宋史禮志眞宗神御殿十有四一曰華州雲臺觀集眞殿此題祠下朝拜必是趙諒奉命奠獻神御殿也未有押字據此題

薛紹彭題名（在司空圖詩之左三行字數不等正書）

樂安薛紹彭
日抄□勅　元豐六年六月十六日

王顯等題名（在唐劉士遂題名之下八行行四字五字不等正書）

快□王顯張彥世自東都來恭拜　祠下雲臺楊宗海巨𡌶張宗慶同至元豐六年九月十七日

陳康民等題名（石高八寸廣五寸五行行九字正書）

□□陳康民大中雜陽□□時御唐安王可道通之同謁嶽□嶽祠元豐七年歲次甲子八月初三日謹題

王子文設醮題記（在趙聖劉標題之下三行字數不等正書）

元豐乙丑歲戊寅月被　旨設醮于　嶽祠癸丑恭薦

齋誠王子告畢奉議郎知華州軍州事王子文謹記男
知章侍次
按此題所紀干支有外誤者乙丑爲元豐八年戊
寅則正月也是月丙申朔宋史神宗紀正月戊戌
帝不豫則三日也乙巳命輔臣代禱景靈宮乙卯
分遣羣臣禱于天地宗廟社稷而不言禱于嶽瀆
此題知華州王子文設醮嶽祠則是守土之官被
旨禱祀而史畧之也癸丑在王子之後此題先癸
丑而後王子其誤顯然王子爲十七日癸丑爲十
八日設醮之期或三晝夜而畢或七日而畢從無

兩日而畢者禱景靈宮在乙巳爲正月十日設醮
之旨戊郎降于是日數日而華州得旨行事則癸
丑當不誤王子誤也
薛保題名 在郃陽碑下截唐蘇敦題名之右四行行十一字至十四五字不等正書
中大夫致仕蒲津薛保恭奠：西嶽金天帝元祐元年
十一月十日記
男宣德郎知華陰縣事兼兵馬監押昌道孫太廟齋
郎鋒鈞鎬鎰鍼鋒侍
張舜民題名 在唐□陝題名之左四行字數不等行書
元祐二年自齊還幽往來皆拜 嶽祠張舜民芸叟記
石闕拶口
後八年歲乙亥自關東再過
按史傳舜民字芸叟邠州人中進士第爲襄樂令
元豐中在靈武作詩坐謫監郴州酒稅赦遷司馬
光薦其才氣秀異剛直敢言以館閣校勘爲監察
御史左遷通判虢州提點秦鳳刑獄召拜殿中侍
御史固辭改金部員外郎以此題證之自號還幽
者通判虢州時還邠州之鄉也司馬光之薦當在
元祐元年至二年則已左遷後八年歲乙亥爲紹
聖二年其時當是召拜還京也舜民又自號浮休

居士書史會要稱其擅豪翰其蹟雜見羣玉堂法
帖中則此題完善僅泐一字宜亦可貴矣
游師雄題名 石高七寸餘廣四寸四行行五字左行正書
游師雄奉使關中祭禱祠下元祐三年正月九日
按史傳師雄字景叔京兆武功人學于張載第進
士爲儀州司戶參軍遷德順軍判官元祐初爲宗
正寺主簿執政將棄四砦訪于師雄以爲不可棄
因著分疆錄遷軍器監丞鬼章搆夏人爲亂使師
雄與邊臣措置擒鬼章遷一官爲陝西轉運判官
提點秦鳳路刑獄叅攷宋史神宗紀及夏國傳棄

四岩按應未詳淳圖安瀘是元祐四年六月事兕章爲亂是
熙寧元年事皆與傳有錯互此題元祐三年正月
奉使關中不能詳其爲何事也帥雄家于京兆關
中形勝故實皆所熟閑嘗繪唐太宗昭陵圖題記
于後今附刻長安志以傳其所著分疆錄則未見
也

祐晟祀嶽廟題記石高一尺一寸廣六寸五行行十四十二字不等正書
得時閑士祐晟往涇原路看安撫李　供備三口至
聖帝口虔誠焚香燒紙保扶生平如意時巳巳孟夏
二十三日巳時記之候再來　祐晟

按祐晟不著姓巳巳又不知何年自號得時閑士
以題石不多見也下有燒紙保扶等字俗語巳見
於此時

劉承搆題名殘石石高二尺一寸廣六寸三行行六字正書
朝議郎前大理寺丞劉承搆爰口謁廟口口題

杜純題名石橫廣一尺四寸高一尺五分四行行九字十一字不等正書
轉運使濮陽杜純挈家恭謁丶祠下元祐戊辰閏月初
十日男開奉　命書
題云轉運使濮陽杜純本傳云元祐元年范純仁薦
雜王存孫永交薦之除河北轉運判官歷徙陝西轉
運使關中金石記
按戊辰是元祐三年閏月者閏十二月也

陳知新題名在唐李貽孫題名之右三行字數不等左行正書
右朝請郎權知華州軍州兼管內勸農事護軍借紫陳
知新以時雨久愆禱祭　祠下元祐辛未秋七月十日
男東侍行
按陳知新史無傳辛未爲元祐六年是年夏旱禱
雨宋史本紀及陝西通志祥異門俱不書

呂至山等題名在景德口仲鄉題名之右五行字數不等左行正書
呂至山朝謁

男試校書郎康成
外甥進士唐受侍行康成題
案呂至山有草堂寺題名在建中靖國元年故列
此

口澤仁題名在景德仲鄉題名之右四行行四字左行年號右行在末行之下隸書
口澤仁被旨赴闕率馬致古謁祠下崇寧四年五月廿
八日

王叙題名石高一尺一寸廣六寸六行行五字左行正書
崇寧乙酉口被召還　闕恭拜　祠下提舉口口軍等
路常口口事王叙

按乙酉爲崇寧四年

席旦題名 石迴圖裱缺存高九寸廣七寸三行字數無攷正書

缺閣直學士席旦

缺侍郎 守成都恭大觀元年

李傳題名 在石幢程琳丁亥題名第四面上三行字數不等正書

朝奉郎新差知耀州李傳專心致齋恭詣 帝祠供養

大觀四年十月二十一日

席旦再題名 在耶惠碑第六行將至于咸寧句之下一行二十九字正書

顯謨閣直學士席旦政和壬辰再守成都恭謁 祠下

二月二十三日奎益從

按史傳旦字晉仲河南人七歲能詩元豐中舉進士徽宗召對累擢顯謨閣直學士知成都府徙鄭州入見坐進對淹留黜知滁州久之帝思其治蜀功復知成都以前後兩題名證之前題爲大觀元年是初守成都時此爲政和二年壬辰歲題乃再守成都時也子二益益傳但云益字大光紹興初參知政事傳稱旦能詩而今詩碑本皆無其名殆久佚矣

蘇莊等題名 在程琳石幢額上共六面面各四字正書

口和乙未仲冬巳巳提點刑獄蘇莊提舉茶事王千秋謁祠下

按乙未爲政和五年十一月丙寅朔巳巳則四日也王千官提舉茶事宋史食貨志元豐元年置都大提舉茶場官置同提舉官徙司秦州大觀元年改名提舉茶事司尋命茶場茶事通爲一司題名不言司字省文也

梁瀓題名 在石幢樂清臣題名第一面上三行字數不等左行正書

交印東還恭謁 金天帝祠下宣和辛丑重九二日朝請大夫前知華州東平梁口

按辛丑爲宣和三年

王正叔題名 在淵國公題名之後二行行四字左行正書

正叔輔之同遊子告

按正叔王正叔也宣和時人慈恩草堂俱有題名

又按華嶽題名陝西畢巡撫沅修華嶽廟訖工取篆隸正行殘石之字悉陷置廡壁不下數百枚今擇其有人地官職梢可辨者摘錄之凡宋人題名今存八十六段

金石萃編卷一百二十八終

金石萃編卷一百二十九

賜進士出身誥授光祿大夫刑部右侍郎加七級王昶譔

宋七

重刊旌儒廟碑

碑高七尺四寸廣三尺八寸二十七行行四十八字正書篆額在臨潼縣學

大宋重刊有唐旌儒廟碑并序

兵部侍郎賈至撰

都官郎中徐珽書

觀象考經本乎體辨方正位稽乎極體爲御極先乎教教之大莫大於儒旌儒有祠我新典也昔秦滅羲軒之

制廢庠序之則大搜學徒竭焚儒窟燬書撤機殲集磨至然後罪尤流之異論尤百氏之殊術無辜戮身有道併命冤骸積於坑谷流血淬於泉壤蹈仁義而死者不可勝紀開元末　天子在驪山之宮覺巢靈之辜考圖驗地周覽原隰見鄉名坑儒頹垣猶在慨然感秦之敗德哀先儒之道喪殲死于秋避冤無依乃　詔有司是作新廟牲幣有數以時饗祀因祠命鄉號曰旌儒八神和悅怨氣消散於戲秦皇帝以虓詐遊吞并六合捕天下以一尊翦群雄如彙卑越自能俟大衛任己以斬轍已降平一宇由未有若此之恭也夫賊亂以逆守蓋以文文以正崇蓋以權勝秦皇知權之可以取不知正之可以守向使天下既定守正崇儒遵六經之謨訓用三代之文質則黃軒盛美湯武宏業之不若也觀坑焚之意乃欲蓋先王能事獨作者鴻名雖衆耳以前聞遂私慾於當代此儒之所忌秦之所志也夫儒以恭儉爲宗秦則疲弊生人極力宮室儒以道德柔遠秦則竭耗中國勞師四夷儒以宥過議賢秦則刻法峭刑賊虐諫輔儒以述先好古秦則師心御智擯棄墳典夫如是則秦不得不滅儒不得不坑事使然也　今天子矯覆車之前軌崇明祀於後葉秦之所毀我之所

興斯匪夏無彊之休子孫萬代之福也昔武王封比干墓則招諫之道勸矣晉文表鄉土田則志過之名立矣漢高藉信陵冢則尊義之風著矣末若激揚大教廟食衆賢主以興天地之經次以存顯賢之際下以絕厲災之眚建一祀而三德具焉臣不敏敢作頌曰

於維先王設教崇儒乃作六經爲代典謨降及夫子三千其徒再揚清風文在茲乎天喪斯文道有通塞定生暴秦反道敗德獨斧擯棄師心御智禁書坑儒萬古悽惻牢落千祀微茫九原驪山之北坊陷猶存草樹無顏愁雲盡昏時聞夜哭知有冤鬼　帝在華清登高訪

古倜黙頽塗悲京榛莽上蔵乜秦覆車遺迹下哀羣慹
䕫祀無主爰降　嘉詔聿修清祠饋之牲牢奠酹以時
幽幽廟門肅肅靈儀冥寞求食長無餒而粵自漢初迄
于隋唐亦有令主尊儒尙訓闕典罔崇斯文莫振昭昭
神理長懷幽憤　我后濬悊聰明文思敷宏大敎
咸秩神祇鬼無妖災人不癘疵俾爾蒼生福壽無期小
臣作頌敢繼刪詩
聖宋三葉皇帝統位之十二年　至德動天祥符薦
降遂修大禮於喬嶽告厥成功繹自三泉尉奉職貢
以及明年春　恩除知宰是邑不數月以政簡民泰

遊訪郊野去縣西南三里曰令公谷谷口崖壑深邃
臨之惴惴然乃秦坑儒之所也頹垣圮基彷彿廟口
乃唐旌儒之廟也豐碑蘚剝文字殘缺郎兵部賈公
之詞也讀其文十無三四矣自唐宋喪亂迨踰百祀
豐潔之饗寂寥無聞因嗟先儒之塗炭痛斯文之將
墜不有更刱必將泯絕旌顯之詞旣滅幽坑之憤復
興遂命磨礱重新書刻庶以副　聖君考古旌
善之道也止欲立於舊址則弗免樵童牧豎之所蹂
毀風雨塵蘚之所夷剝乃遷于邑中　宣聖廟從經
久也冀遊覽者不勞於命駕博識者坐究其始終旌

儒之德坑儒之暴善惡之跡不假復書但叙其移碑
之歲月爾時大中祥符三年太歲庚戌五月十五日
將仕郎試秘書省校書郎知京兆府昭應縣事張綽
記并重書篆額
將仕郎守昭應縣尉兼主簿事左惟永
鄉貢進士王口口建立
陝府西路諸州軍提點刑獄公事朝奉郎尙書都官
員外郎上輕車都尉賜緋魚袋李口
陝府西路諸州軍同提點刑獄公事東頭供奉官內
閤門口口郭盛

陝府西諸州水陸計度轉運使兼本路勸農使朝散
大夫行尙書司封員外郎上騎都尉賜紫金魚袋薛
顔
陝府西諸州水陸計度轉運使兼本路勸農使朝請
大夫行尙書屯田員外郎輕車都尉賜紫金魚袋李
士龍
觀察支使宣德郎試大理評事兼監察御史范奭
節度推官承奉郎試大理評事楊紆
朝散大夫守尙書工部侍郎兼永興軍府兼管內勸
農使同管勾駐泊兵馬事兼提轄乾耀商華坊丹同

等州巡檢捉賊事輕車都尉清河縣開國伯食邑九百戶賜紫金魚袋張秉

朝奉郎尚書屯田員外郎通判永興軍府兼管內勸農□□事上騎都尉賜緋魚袋冉宗閔

觀察推官將仕郎試秘書省校書郎姚拱

河中遂有方鐫

關西道雍州昭應縣坑儒谷在縣東南五里始皇以驪山溫處令人冬月種瓜招天下儒者議之各說不同因發機陷之唐元宗改爲旌儒鄉立旌儒廟賈至爲碑文太平寰宇記

右碑賈至撰廟在臨潼縣西南二十里驪山半原橫阬村舊名阬儒鄉引漢書注顏師古曰新豐縣溫湯之處號愍儒鄉西南三里有馬谷谷之西岸有阬相傳爲秦阬儒處衛宏詔定古文官書序云秦既焚書患苦天下不從所改更之法將諸生到者拜爲郎七百人乃密令冬種瓜于驪山阬谷中溫處瓜實成詔博士諸生說之人人不同乃命就視之爲伏機諸生方相難決發機從上填之此則愍儒之地也唐天寶中改爲旌儒鄉立旌儒廟按史記始皇三十五年因盧生侯生亡去遂疑諸生在咸陽者爲訞言以亂黔首于是使御史悉案問諸生諸生傳相告引乃自除犯禁者四百六十餘人皆阬之自除云者猶自守免罪也則所阬者在四百六十餘人之外並無數目未知衛宏所云種瓜冬實七百人洪難有何据也金石錄補

攷云天寶中改坑儒鄉爲旌儒鄉冊府元龜云天寶元年改麗山爲會昌山仍于坑儒之處立祠以祀遭難諸儒關中金石記

右重刊旌儒廟碑按唐書地理志昭應縣有旌儒鄉有廟故坑儒明皇更名碑本唐兵部侍郎賈至撰都官郎中徐珽書在昭應縣西南二里令公谷卽秦坑

儒之所也大中祥符初知昭應縣事張綽以碑年久剝落重書勒石移置城中至聖廟并記其顛末于碑左方宋史地理志臨潼縣唐昭德大中祥符改此碑立于大中祥符三年五月縣名尚未改史以昭應爲昭德傳寫之訛爾碑末知永興軍府張秉結銜云同管勾駐泊兵馬公事兼提轄乾耀商華坊丹同等州巡檢捉賊公事與咸平二年劉知信結銜又異此皆史家所未詳也潛研堂金石文跋尾

按碑立于大中祥符三年後列銜名十人以史傳攷之薛顏字彥回河中萬泉人累擢三司鹽鐵判

官丁謂薦代爲峽路轉運使遷尚書虞部員外郎陳進反勾當廣南東西路轉運司事賊平遷金部員外郎改河東轉運使祀汾陰徙陝西是其官員外是金部非司封官陝西在四年非三年與碑不同張秉字孟節歙州新安人景德初累拜工部侍郎出知永興軍府祀汾陰爲東京留守判官其知永興在四年祀汾陰以前與碑合餘俱無攷鍇者河中遂有方風俗通遂泰邑其大夫封于遂因氏焉前漢蒙鄉侯遂普王莽大司馬遂並後趙遂明其見于元史者有修武人遂魯曾見于明史者有

鎮撫戰死之遂德山仁和人遂端柳城人遂中立安平人遂果見于明詩綜者有遂昶遂希韓惟宋代不見于史籍因表出之

汧陽縣普濟禪院碑

碑高六尺七寸廣三尺七寸五分三十二行行五十五字行書篆額在汧陽縣

汧陽縣龍泉山普濟禪院碑銘并序

宣德郎守尚書都官員外郎知隴州軍州兼管內勸農事上騎都尉賜緋魚袋借紫閣仲卿撰

京兆府廣慈禪院文學沙門善僎習晉右將軍王羲之書并篆額

偉哉大雄氏之設教也始自周昭降乎西土終傳漢叟乃遍中華羣生得悟於三乘萬化爰歸於一印超騰聖果變金地而有因指救迷塗周沙界於無際於是人寰之内梵刹傾依塵網之間法輪常轉上以助　皇王之興政下以皷洪海之長瀾歷代承宗空門相望並著龜而取鑑酌善惡以歧分口無古以無今知有名而有統栖禪聚學莊嚴須輯於祇園行道司時翕習勤瞻於佛相普天之下真風揔持率土之濱清淨求本探龍宮而何極窮花藏以尤深齊日月以爭輝共乾坤而可久縱陵谷遷易難搖於四洲而風雨晦明常登於五位

闡揚解脫之理莽除煩惱之根億萬斯年人天作會圓通了義瑞應彌彰噫非上士勤行之者其孰能与於此乎今汧陽縣龍泉山普濟禪院起自唐武德中創建迄後因時而毁鞠爲茂草形勝其構死蔭在焉直至開平四年豐德山僧鑒幽屆此忝遊企慕靈跡曰栖足之地賢聖攀之化俗之方資緣可已負荷插就巖谷之平口是板是築架臺殿以浮光脩竹叢林乍迎春景緇流梵唱豈異仙居同光二年完葺未周有天福山宏表禪師惠然而來移住於此於廣順元年奄化付門人進明徹四十餘載值顯德中廢置建隆內存留洎開寶元年

賜紫僧進詞又繼明以居之經營度財弗遑寧息重疊興替盖增感口太平興國三年方降　勑改爲普濟禪院今之院主僧定莊克嗣其紹懇志虔恪積世五代聯綿永昌踰時百年光景如昨覩其峻宇高下飛泉淺深據汧隴之東壓西寶鷄之南極古木將虯龍之狀秋霞張綺繡之輝金磬初聞似傳聲於碧落朱樓半出疑接影於清涼非凡宮踰於王城安衆靡殊於鷲嶺晨昏動止俱生十智之心歲月香燈對守八關之禁前走長安之道高連吳岳之雲其口異也可以攀七葉喬其虛廣也可以召千羅漢洞楹刻桷妙用神機曲檻迴廊

丹青絕筆比往之制度十倍其功當今之規摸獨處其上若夫太華之陟屺樊川之花巖天台之國清中條之萬固皆幽奇貫絕車蓋孚到之處而或列於茲境者亦未許同日而論耳曾何必瓊瑤瑪瑙凝口於砦除琉璃旃檀累成於龕室然後以言其真淨福利也惟逹識而能議之于以見主斯院者夙夜而不怠其事焉其定莊早歟頻寵堅持法口紹分流之派滋連葉之榮擢拔羣掃之衣式報真如之願察其舉措諒足多焉至於蔬圃新畦松蘿舊塢彩繪塑像金碧盈堂道俗咸欽檀施餘積率從心匠匪曰天成是使戎聚之徒爭訪以如織吉祥之譽歡愜而動人仲卿景德四載冬罷守于鄜來牧隴右涉汧陽路次之北賞其山之鬱秀或對曰龍泉山院明年秋秦　上旨給假西都遷祔乃紆步以登于是焉其壞塏雅致則精微萬態月不能捨任鋪舒而罔及也忽有定昭定聊率搴僧進言渭院之得頷而實無碑情激再三不敢固請仲卿以其脫洒拔塵事狀可錄式因公餘含毫盡瀲理而摭實復爲銘曰

惟此南洲尊崇佛事傳由西土森羅漢寺現白毫相布黃金地代歷幾千法稱不二其一天地覆載聖教攸先日月臨照梵刹相連禪宗有覺沙界無邊清淨之化聲色

之緣其二高懸慧日下燭重昏塵勞解網方便開門俗持之道布施之源體若夫子記諸善言其三莊嚴多般種種供養珎寶窮奢重重瞻仰其神自通其文弥廣鑿戎足徵報應寧爽其四汧陽指東龍泉居北院宇隆盛嵐煙登陟園林蔽空雲霞隱色基搆口旋嘉名永得其五峨眉西顧彩鳳東隣門辟四達勢接三秦風清銷署地暖涵春顯茲勝槩貽之後人其六殿閣孤摽工巧增飾中座眂眂飛簷翼翼樹老飄紅潭腥湧黑安樂道場何往弗克其七端齊鶴樹儼若蓮宮諸漏已盡空王大宗美哉靈跡厥揚真風一乖貞範將播無窮其八

武威安文璨刻字

大中祥符三年歲次庚戌十一月丙子朔九日甲申
建　院主僧定莊典座僧定昇修造主講金剛經
僧定昭維那僧定暘供養主持瑜珈大教僧定暉佛
殿主僧定眞直歲僧定曉勾當僧定熔
左班殿直兵馬監押兼在城巡撿李濟
承奉郎守國子博士騎都尉賜緋魚袋監酒稅軒轅
簡
朝散大夫行尚書職方員外郎知軍州兼管內勸農
事上輕車都尉□紫穆說
將仕郎試秘書省挍書郎□汧源縣事攉推官楊偕

將仕郎試秘書省挍書郎守司法叅軍權判官楊正
用
內品宣德郎守內侍省內□伯武騎尉監酒稅梁延
意
將仕郎守司理叅軍王修己
將仕郎守司戶兼錄事叅□鄭義方
將仕郎守汧陽縣尉王曦
將仕郎守汧陽縣主簿李守節
將仕郎守汧陽縣令張國賓
碑在汧陽于侍御永淸始獲之亟稱賞以爲不減聖
教余得一紙觀其書非惟不及聖教抑且不及隆闡
法師碑時代爲之非書者責也書者爲僧普儔署曰
習晉右將軍王羲之書其年爲大中祥符此時蘇黃
四家未出故書雖遜古猶有唐風石墨鐫華
廣慈禪院者卽府城之香城寺也爲晉天福時改名
古有集書無稱習書者習書應是依仿爲之此碑筆
畫雖近却甚拙陋如閻字作門內陷右軍時必無此
體尤爲無所據矣關中金石記
關中金石記云古有集書無稱習書者習書應是依
仿爲之筆畫雖近却甚拙陋如閻字作門內陷右軍

時必無此體余案碑中譌字尚多如虔字似皮門右
似冈廻字似邨猒字左肙右犮奢字从夬範字从凡
至冠絕作貫絕谷可通用樊籠作煩籠殆不可通矣
閻字內左作阝右作夕下日似陷字而亦非也抱經堂文
集
按陝西通志普濟禪院舊名龍泉寺在汧陽縣東
十五里龍泉山龍泉一名隴泉有泉出山下故名
此碑撰者閻仲卿史無傳閻之作閻宋人作字往
往增偏傍以爲異文不必盡合六書集韻云閻或
作壛旣可以加土卽可以加阜其例一也後列銜

名十一人以史傳攷之李齊附潘美傳李超之子
字德淵冀州信都人然不言其官在城巡檢或別
一人湯偕字次公坊州中都人少從种放學于終
南山舉進士釋褐坊州軍事推官知汧源縣再調
漢州軍事判官數上書論時政又上所著文論召
試學士院不中改永興軍節度推官又上書論陝
西邊事復召試不赴卽還祕書省著作佐郎是其
官祕書省在知汧源縣之後與碑不同李守節有
傳乃周三臣李筠之子開寶中官和州團練使者
非此人餘俱無攷

藍田縣文宣王廟記

碑高六尺四寸三分廣三尺五寸五分十六行行四十字隸書在藍田縣

藍田縣重修至聖文宣王廟記

沃州僧嗣端書

居至尊之位立至聖之教者皆可以行帝王之道居位
則澤及當時身既歿而位且絕立教則化行萬古身雖
歿而道愈尊自姬周歷有唐　聖宋稱古之居至尊
行帝王之道者以唐虞夏商爲稱首尊其号則曰堯舜
禹湯故後之臣下有以文言達　君上必曰登堯邁
舜而夫子立至聖之教行帝王之道于戚之下歷有唐
　聖宋王者幸闕里陳釋奠忘　萬乘之尊行北
面之禮在唐崇號曰文宣於今增封曰玄聖如是則夫
子之道可易量哉故再頌　明詔而自國至於郡自
郡至於邑與七十二子重煥睟容歷億万斯年長享廟
食士君子由　先師之教居郡邑之長者得不盡心乎
藍田縣舊隸正畿古稱名邑俗飫詩書鄉富禮義何廟
貌頹圮多歷年所欀桷摧風雨服冕委塵泥口如在而
安仰歎何陋之玆甚人忘本根官孰先昔富春孫侯穆
之由牓口登進士第初官師古所至稱治去年自蘭臺
佐著作權宰是邑既視事之明日謁　先師堂室卑陋

楸然變容首出俸資始議必葺卽有齋郎白文政趙洙
泊舉公士族子弟共一十九人昌言日願贊成其事家
輸錢緡戶減儲蓄市杞梓之材逾月而山委購般王之
匠匪朝而子來棟宇窮宏壯之妙繪素畢輪奐之功塑
十哲侍坐於正殿之間畫衆賢環立於兩序之下山龍
華蟲藻服具舉籩豆簠簋祭器陳列不勞而成如斯
者君子曰非孫侯至德移風俗至誠道神明何速成之
若是也儲事孫侯爲同年長解印之暇枉道來觀命文
紀實不敢勞讓昔大中祥符四年　皇帝紀汾陰
之月壽進士董儲記

將仕郎壽守縣尉兼主簿張九錫　將仕郎守縣尉
兼主簿張懐吉　將仕郎守秘書省著作佐郎知縣
事孫穆之　進士姚慶　立
安璨刊字

孫穆之者宰是邑修孔廟而進士董儲記僧嗣端書董文廓弱殊無足採嗣端分隸則深得唐人法者后署大中祥符四年皇帝祀汾陰之月攷史爲二月是時契丹歲幣三十萬而水發徐兗旱連江淮無爲烈風金陵大火帝方且侈天書之妖尋漢武唐元之蹟無怪其后世之不振也石墨鐫華

按碑云富春孫侯穆之登進士第初官師古此郎未詳或謂其居官師法古人也所至稱治去年自蘭臺佐著作權宰是邑覩先師堂室卑陋首出俸資始議必葺云云檢陜西通志既不載修廟之事於學校復不載其政績於名宦又檢杭州府志選舉文苑循吏皆無其人可見此碑從不傳於世宜据此以補兩志之鈌也書者扶洲僧嗣端石墨鐫華稱其分隸深得唐法然椳楄之椳从褱作櫰則誤矣命文紀實不敢勞讓勞讓卽勞謙之意猶固讓也然唐碑有作牢讓者

龍門銘

碑高九尺一寸廣五尺三寸十三行行二十五字正書在洛陽

□製御書并篆額

夫□而爲□□而爲谷設險阻於地理資□距於國都足以表　坤載之無疆示神州之大壯者也列復洪源南導高岸中分夏禹濬川初通闕塞周成相宇肇建王城風雨所交形勢斯在靈葩珍木接畛而揚芬盤石檻泉奔流而激響寶塔千尺蒼崖萬尋祕等覺之眞身刻
大雄之尊像豈獨勝遊之是屬故亦　景貺之潛符躬薦兩圭祀　汾陰而祈民福言旋六轡臨雒

宅而覲土風既周覽於名區乃刊文於貞石銘曰
高闕巍峩　羣山迤邐　乃固王城　是通伊水
形勝居多　英靈萃止　螺髻扃華　鴈塔高峙
奠玉河濵　同輿山趾　鳴蹕再臨　貞珉斯紀
大中祥符四年三月十一日

李燾通鑑長編云大中祥符四年二月辛酉具法駕詣脽壇二月己卯車駕入西京今碑云躬薦兩圭祀汾陰而祈民福言旋六轡臨雒宅而覲土風卽其事也玉海云祥符四年三月癸未作游龍門詩付寶塔一新輝勝槩玉毫□飾蓊秫功之句又作龍門銘書

史會要稱眞宗善書得晉人風度觀此碑欲出蔡襄之上宋代未有過之者朱子評書云書學莫盛於唐然人各以其所長自見而漢魏之楷法遂廢入本朝來名勝相傳亦不過以唐人爲法至於黄米而欹傾側媚狂怪怒張之勢極矣朱子之言如此予觀眞宗書乃無此弊當時見之得不爽然心服邪中州金石記

按龍門銘又謂之伊闕銘金石攷云眞宗御製伊闕銘大中祥符四年即謂此銘也此碑今尚可搨汾者五字不知施誠撰河南府志金石卷內何以注云佚也

老子度關銘幷四子贊

碑高六尺四寸廣三尺八寸六分作五層首層度關閣二層銘二十六行行十三字隸書三層會眞閣四層讚二十七行行八字正書額題四子會眞之圖六字篆書下層跋二十八行行七字草書在盩厔縣

老子度關銘

夫聖達之心無適無莫神化之迹或闇或章儻遇烈之昭然即生民之仰止函谷關者　老君西昇之途也若夫含眞上悳闡教彊名屈臧室以栖眞邁流沙而匿景仲尼問禮旣吐於微言文始受經復占於眞氣斯蓋存之前載播厥方來若乃萬壽之季至神之道臻乎妙有豈易殫云蹤塞之郊疏河之境偃馭所歷車轍如存揭㠯關梁見崤函之阻紀斯縣邑彰靈寶之休所謂人往而徽存世殊而地久朕恭祠坤載因舉時巡瞻默之風永懷於曠望清靜之治靡捨於宗師將振清塵俾琹翠鐫銘曰

教父潛眞　神龍比德　方事神游　爰符默識　聖言聿昭　生民爲則　載望函關　永存軌蹟　寫玅無疆　清輝罔極　齊軫云經　貞珉迺刻

大中祥符四年帝祀　后土于汾陰駕至函谷關製文勒石

大德庚子歲重刊于　衛祖說經之臺

四子讚

唐嵩嶽宗聖先生吳筠述

南華眞人

南華原道宗聖遠故不測動與造化游靜合泰和息放曠生凡外逍遙神明域況乃資九丹輕舉歸太極

沖虛眞人

沖虛冥至理體道自然通不受子陽祿但欲壺丘宗洽然竟何依撓坐游太空未知風乘我爲是我乘風

通玄眞人

通玄貴陰德利物非市朝悠然大江上散髮揮輕橈已

陳緇帷說復表滄浪謠滅迹竟何從遺文獨昭昭
洞靈眞人
亢倉致虛極潛迹依遠岫智去愚獨留日斷歲方就鄉人謀尸祝不欲聞俎豆尙賢非至理堯舜□爲隔
終南山古樓觀大宗聖宮立石
大道隱□□起 靈元降世著五千文垂淸靜自然之教爲□□□雖易知易行而巧僞成性反若登天之難四子繼出發揮祖迹其道始行由是言之四子爲 靈元畏弼歟故世稱四輔唐開元間大興靈學封四子眞人號尊四子書爲經且以南華光明碩

大擴充其教功若聖門之孟子位諸三子之上蓋朝典也經臺舊有吳尊師贊圖自經叛蕩惟江表僅存今則璧返秦庭珠還合浦不翅披雲霧而覩靑天何其幸歟乃復寫之琬琰與天下公共必有目擊道存者矣大德辛丑歲旦日住臺一虛叟題
按老子度關銘檢玉海載眞宗御製獨不見此文惟樓觀之緣起則云關令尹傳曰尹喜結草爲樓精思至道周康王聞之拜爲大夫以其樓觀望故號此宅爲關令草樓觀卽觀之始也一云周穆王尙神仙因尹眞人草樓在終南山之陰召幽逸之人尹軌杜沖謂之道士居於草樓之所號草樓觀又據冊府元龜唐元宗開元十年四月帝夢京師終南山趾有天尊之象求得之于盩厔樓觀之側此又唐時興建之跡也樓觀之制陝西通志云唐高祖自以系出老氏元宗尊爲元元皇帝詔改樓觀爲宗聖觀宋端拱二年詔改順天興國觀元中統元年改爲宗聖宮前爲四子堂及文始三淸二殿再進則望氣樓後爲宗聖宮宮後林莽翠繞有臺據高岡之上曰說經臺此碑稱古樓觀之大宗聖宮蓋觀之改宮始于皇統而碑爲大德年間所

立故稱宮也四子者南華爲莊子沖虛爲列子通元爲文子洞靈爲亢桑子四眞人贊爲唐吳筠撰至元大德庚子辛丑二年之間住臺道士合宋銘唐贊刻石立于說經臺上題記於後自稱一虛叟而不署姓名庚子爲大德四年辛丑爲五年

石保吉碑

碑下缺約高一丈四尺七寸廣五尺八寸三十五行字數無考正書篆額在洛陽石碑室

大宋故推忠保節同德守正翊戴功臣鎭安軍節□陳州管內觀察□□□使開府儀同三司檢校太師同中書門下平章事使持節陳州諸軍事行□□刺史兼管

內勸農使上柱國駙馬都尉西平郡開國公食邑一万
三千九百戶□□□□□□□□□□□□□□
翰林學士同修　玉淸昭應宮使太中大夫行右諫
議大夫知　制誥判登□檢院柱國隴西郡開國侯
食邑一千三百戶食實封貳伯戶賜紫金魚袋臣李
宗諤奉　勑撰
翰林待　詔朝請大夫守將作少監□□騎都尉臣
白憲奉　勑書并篆額
臣聞　哲王紹慶基而撫運必有方召之侯然後
隆保大定功之業良臣挺明略以輔世非遇　飭

華之主不能展開物成務之績列乃興邦茂勲之後夸
業重侯之貴聯姻　帝室膺降嬪築館之榮致位
　　公朝極出藩入輔之盛從□□□□□□
親覩□□□□□□□□□舊封克闕下具美歷考前
聞未有如　故陝帥西平公者也　皇帝南汾
祈穀之年　華闕旋衡之日　大宮歆至方捨
爵以榮勳雲臺觀像遽興懷而念舊以爲紀功𨶒簡已
藏虎觀之書相質松阡未舉龜趺之制爰須　詔旨
申命詞臣備□□□之辭冀揚不朽之烈臣之公西□
識闕下懼敢憑實錄以示方來按石氏之世家本姬周而

肇姓康叔封受祉而開國大夫碏立義而揚名世胄聿
昌英賢蔚出蟬聯錫□史不絕書稽乎譜系閥閱之盛
其所由來舊矣　公諱保吉字祐之本家於眞定後
徙居浚儀今爲大梁人也大王父諱銑累贈太子□侍
中積善在躬韜光□耀終協其昌□□□□大闕下流光
慶鍾貽厥昺淸風以垂燕翼樹陰德以大門閭惟烈考
鎭安軍節度使守中書令贈尙書令追封秦王諱守信
輔　皇宋之開基爲元勳而佐命位崇上將名冠列
藩平叛壘於惟揚剪鴻階於上黨　聖祖篤塤箎
之□契君臣之分尤隆　□□□□□之純誠終

始之恩寵渥優游五鎭翊闕下□政備存表道之碑莫之
與京此不具載　公卽秦王之第二子母曰秦國太
夫人魏氏嶽瀆孕靈熊羆兆夢𠍫童心而好弄挺奇節
以不羣論兵究三略之書撫劍學萬人之敵九苞威鳳
逈標瑞世之姿千里神駒早動過庭之歎□王之節制
汝上也公實□行□□□□□□內都指揮使恭惟
　□□賢□闕下太祖皇帝第二女也以　帝子之
尊漸公宮之教降星津而下嫁開王第以疏封將擇名
才必先貴胄公以列侯之子膺副馬之求式協　帝
俞允符時望選尙之日授銀青光祿大夫檢校工部尙

書左衛將軍駙馬都尉崇武弁衛周廬星紀載遷寵私
荐洽遷撿校尚書左僕射行□州刺史闕下太宗皇帝丕
承　寶命嗣守　瑤圖展愛沁闘益鍾
恭眷推恩嘗館特峻徽章進位撿校司空充本州防禦
使三年肆類　上帝非𥳑嚴　泰畤之祠四
年薄伐太原金鼓下賁況之壤公陪竹宮之望拜屆
革輅以親征既□□□之□□□□□□□□□□
□□□□□□階金紫闕下拜朔州觀察使九年夏六月先
王葬於淮陽　先皇帝痛股肱之虧悲梁木之
壞永惟同德之舊遂推延世之恩有子象賢克家濟美

公候必復金革從權起於苫凷之中寵以旌幢之貴制
授起復雲麾將軍右金吾衛大將軍□州刺史威襄軍
節度使絲琴既御命□□□□進階光祿大夫俄𢌿卩□
之哀闕下太行之險是爲襟帶之地素重腹心之寄僉言
綏撫允屬勳賢受　詔知河陽軍州事大河之北魏爲
咽喉歷代已來號爲巨屏歲屯銳旅以備盛秋守土揔
戎素有難才之歎須條鞠旅遂膺兼領之榮移知天雄
軍兼　兵馬都部署公以　王□□□□□□□□
□□□□□有若於生知法令之行闕下衆也畏愛兼資
而人莫敢犯故連營士卒仰三令之嚴闔境蒸黎戴二

天之惠端拱初　帝籍展躬耕之禮率土覃遂行之
慶建牙易地瀕海毗邦加撿校太傅滄州横海軍節度
使進封西平郡開國公又明年加特進授邢州□□軍
節度使夫加地進□□□□□□□□有功也轉秩
賜金漢法所闕下風聲與備率頒以備晋賜書勞賚而褒
美故南遷龍節而獨撫銅臺𣐀後紀號改元就陽報本
嘗先軍核之貢屢進□□之□　皇帝膺寶運以
承乾繼　大明而出震誕敷寵澤首眷元侯惟彼
棠郊控於桃塞西□秦關百二□□□□□□□周
畿千里□□□□□□分陜□治闕下督府長史充保

平軍節度使歲在乙亥邊城晏閉控弦之衆内侵插羽
之書狎至虎臣式遏倚椅月捷之音　鑾輅有征遂
□□巡之馭　詔以公充河北諸路行營都部署公
梟　九重之成算先　萬乘以啓行受命忘
□有穰苴之□□師闕下皇威而清朔塞擴敵之效公實
首之旋加開府儀同三司景德元年　國家以公
有□□禦邊之績有龔黄惠民之□疇庸之際注□弥
隆議賞南宫亟舉旌賢之命改轅西楚遂升論道之司
加同中書門下平章事□州武寧軍節度使其闕下排衛
使受　面命於仁坐遣星馳而戎道揔精鋭之旅

軍於澶淵北門之外一旦戎騎數萬徑及城下公不俟
擐甲獨當其鋒即日　乘輿至於侯服　駐
蹕之始亟幸北城按節勞軍歡聲雷動二師迎口口前
口六師賈勇以增口　皇下闕洞鑒於丹闕　示
慈折衝爰加禮於元戎錫宴於州之行宮賜射於宮之
後巷　上射侯適中公与裴師次第中焉
上閣之喜遽命弓發矢隨而解之從官率籲稱賀左右
咸呼萬歲即時俱有襲衣寶帶雕鞍名馬之賜是時口
口稽首下闕宸謀之獨斷口北邨以布壁口亻強弩以當
前鋒苟閉壘以自安豈交兵而口勝公於　宸扆

之側慷慨自陳曰臣無鷹犬之材蒙破驅策仰資
廟勝獲覩謐寧誠賴繼降其申口海逃矌敗以期幸
姚勸勞而獲闖襄師復頓首懇言口口口口口口石某
之下口口口上器公能口賢而崇下闕賜巨觴極歡而罷
及　騄駬旋轅幕府口敷首益口封式隆寵數明年
肇禋行慶易壤推恩改陳州鎮安軍節度使宛
丘與區順口而近先王舊治之地布遺愛以在人高牙
繼世之榮嗣仁風而及物折薪之口未獲前修元口口
口口口　天眷口口口口口昭易改號旣均於大
慶下闕於來朝修口　上奉符而行公鳴珂以從

詔事岱宗之下捧俎封祀之壇及口祭於方祇洎歸格
於　清廟皆以侍中執事陟降　帝右率禮無
違加撿校太師進邑千戶實食四百幹詔歸鎮爲
　大長公主美口有如哀口未効口口口口口口
口口口口口之藥終歎於無口口口口口口口口
逝不下闕勉力赴朝不敢言病洎涉旬而增篤方請告以
家居王人太醫相望於道　天衷不憗　翌褒亟
臨初　上之來公雖困憊之甚不忘恭慎之儀俯
跼躅以門迎靡扡紳而卧見　上駭公羸憊促
命左右掖以就榻委曲口口口口形于色公口口而跪

淚交下口口而下闕舍以何之嗚呼以大中祥符三年四
月二日晡時啓手足於豐義坊之私第　天子初
口而覽奏撫几以震驚念同體之是虧歎殲良之何速
坐不俟旦亟開苑門命昭宣使入內內侍省內侍都都
知恩州刺史秦翰徑至其第口襄口口翌日口口都官
郎中口口口口假口鴻臚持節下闕爲之助舉由臺之謚
典給溫明之秘器地臨洛汭舊京兆之新阡家纂祁連
霍將軍之故事即以其年六月二十六日具鹵簿鼓吹
奉公靈柩歸河南府洛陽縣平樂鄉宣武原祔　先王
之塋与　大長公主合葬焉從周制也昔　先王歸

口之日五十七而薨公享任与年若合符契雖闕下而克
終盡善公又過之惟公儲大昴之純精稟空桐之勁氣
襟量豁無於城府志節礭如於石席慕前哲之行事思
立功於當年其臨民則遵守朝經嚴明有制治戎則申
明軍政果敢必行折獄訟於片言究學問於餘力御家
嗃嗃守易象之格言事　主兢兢奉詩人之深誡口以
嫉爲口口出於闕下之人常厚禮以延納其或邊陲告警
羽檄徵兵每畟革以上言口顏行而効命有踴躍用兵
之志多縱横制勝之謀前後三捴丈人之師六換元戎
之幕風聲茂著勳望攸崇及轝塞通驩輶軒修聘公以

戚里台衡之重主霊口宴射之儀北使贍十丈之奇姿
覩六鈞之絶藝歎月角山庭之闕下晉室英才中的獨推
於武子而已哉若夫位高能讓范宣子之存心功成不
伐孟之側之爲德昔亞夫絳侯之子也握兵漢室乏明
哲以保世官郭曖汾陽之嗣也尙主唐朝鮮勳庸以書
甲令夫如是則不驕而滿不溢善其始而令其終求之
口口公無媿於古人矣同氣三人長曰保興負雄武之
稱有闕下終於棣州防禦使季曰保從器宇恢宏風韻灑
落挺天鍾之秀氣遽促脩齡原海運之雄圖靡登貴仕
終於東頭供奉官閤門祗候男十人崇儀副使貽孫禮

賓副使孝孫並驥騄奇材珪璋令器剸犀千鎮俱瑩神
鋒擠廈楩楠終膺顯口餘口口口亡姪二人崇儀副使
慶孫西頭供奉官闕下女十有二人長適內園副使王承
德次適右侍禁符承祐次適左侍禁閤門祗候薛貽廓
次衣道士服法名蠶通次劣女五人自王氏長女而下
凡九人並早亡次適西頭供奉官吳守嚴次二人在室
大勳之後昭世祀以無疆盛德之門鏤冊書而有耀將
口口佳城而流懿範播口石以永清芬而闕下豐碑對聳
虎承　睿旨恭述斯文銘曰
赫赫皇宋　天集駿命　祖功宗德　重熙累盛

帝運會昌　王圖多慶　允資鉅賢　以輔元聖
煌煌西邙　才爲時生　星辰孕秀　岳瀆鍾靈
白猿授射　黃石傳兵　盤矛擅譽　探穴揚名闕下
肯搆承家　建侯胙土　兩世旌麾　一門龍虎
乃守宛丘　先正舊封　乃服口口　奕葉上公
緇衣濟美　油幕臨戎　朝推碩德　人仰英風
天臨銅臺　親秉武節　時公先驅　奮揚威烈
將師而行　口人氣口闕下　控茲犯寨　亟幸澶淵
時公受命　禦侮河壖　皇威誕震　睿略遐宣
卒臻偃伯　無復騷邊　愛國忘家　丹誠緼積

推美讓功　令猷充塞　宸懽浹洽　聖言奬激
榮□二字　寵踰三錫　奉符喬岫　□宗仙□闕下
□祠攝事　恪慎如初　齋心匪懈　執禮無踰
鳳去秦樓　忽歸遼廓　蓼莪兩極　俄悲夜壑
梁木其摧　將星遽落　邦國殄瘁　晃旒震愕
荷池飾壞　滕室開銘　鎸編勳伐　煙閣儀形
邙阡舊壤　□樹新□闕下
大中祥符四年歲次辛亥十一月庚午朔四日建
勾當人曾福□貴　都勾當元隨押衙李拱　翟□
均鄉從善王德用翟文會鐫字

保吉守信之子保興弟傳俱見東都事略白憲書復有大中祥符七年中嶽中天崇聖帝碑在登封字亦端雅中州金石記

碑多漫滅書撰人名氏俱不見今案其敘保吉歷官始末與宋史互勘太平興國初遷愛州防禦使以碑攷之尚有進檢校司空起復爲威塞軍節度以碑攷之尚有雲麾將軍右金吾衛大將軍其由人名改橫海也碑仍紀加檢校太傅進封西平郡開國公而本傳皆不書史從略也又碑言保吉占籍家丁眞定後徙浚儀史但云開封浚儀人是沒其祖居所自于文太不備此更宜以碑爲據也保吉葬平樂鄉宜武原先王之塋然則守信墓亦在此惜其碑無傳而傳訛致誤故附著于此俟訪得之爲補續也授堂金石三跋

按碑爲李宗諤撰白憲書史傳宗諤字昌武七歲能屬文大中祥符五年五月卒歷官與碑結銜同此碑立于四年十一月距其卒不遠矣白憲史無傳書譜引嵩陽石刻記祇載其所書中嶽中天崇聖帝一碑不載此碑亦不詳事蹟碑稱考守信追封秦王史傳及東都事略皆云追封武威郡王碑云太祖皇帝第二女降星津而下嫁此卽延慶公

主也累封晉國大長公主先一年寢病時設醮西嶽有題記已見前卷碑稱第二女隆平集作第五女宋史公主傳太祖六女三主早亡長魏國次卽延慶若爲第五女則早亡者皆二三四女矣太宗紀太平興國三年祀圜丘四年伐太原端拱元年耕籍田眞宗景德元年親征澶淵碑所載皆合其卒也碑不云薨而云啓手足保興碑同又卒後與公主合葬不云禮也而云從周制也皆他碑所未見者碑云舉曲臺之謚典則應有加謚而文內未見史傳云謚莊武隆平集及東都事略皆作壯武未知

執是卒之前碑云請告家居翠葆亟臨是卒于家也諸傳皆不言其告歸此則碑之異者又書孟子反爲孟之側論語注魯大夫孟之側杜預曰之側孟氏族字反碑甚書其名也序末云虎承睿旨恭述斯文虎疑是虔生女十二人第四女則衣道士服法名元通當時風尚如此猶太宗之女邠國公主爲尼號圓明大師眞宗之女昇國公主入道號清虛靈照大師是也

石保興碑

碑高一丈四尺四寸廣五尺九寸五分三十六行行一百五字行書篆額在洛陽石碑堂

大宋故棣州防禦使光祿大夫檢校大□□持節棣州諸軍事行棣州刺史兼御史大夫上柱國西平郡開國公食邑三千四百戶食實封貳伯戶贈貝州觀察使石公神道碑銘

翰林學士通奉大夫行尚書戶部郎中知　制誥同修國史□史館事上柱國南陽郡開國侯食邑一千一百戶賜紫金魚袋臣楊億奉　敕撰

翰林待　詔朝散大夫守太府少卿同正騎都尉賜紫金魚袋臣尹熙古奉　敕書并篆額

夫功加于時周官藏於盟府忠以奉上馬史列於世家蓋智勇之誕生必在乎將相之族慶靈之同復允鍾乎公侯之門若乃馮厚於德甚濟美於勲閥若季孫之仕魯是爲世卿條侯之仕漢纔掌兵柄□□餘比光弗□人見之於西□公矣　公諱□□字□□其先□□□周之胄盛於淇衛之邦春秋所記官族甚盛孝謹之譽既符於西京偉麗之姿實顯於晉室積累深遠蕃衍扶疎今爲大梁人也惟烈考諱守信以河目龜文之表通龍韜鶡冠之學□□祖以光啓王業奉□宗以四征□□握兵星□□□□□□　太祖宣戡亂之功佐佑　太宗極常尊之數周旋無悔高

朗令終凡節制五鎭而一保釐西都歷位守中書令追冊爲尚書令衛王累封秦王而曾王父諱銳累贈太保兼侍中曾祖妣王氏追封趙國太夫人王父□累贈太師兼中書令祖妣王氏追封魏國太夫人皆由□□之貴□□□王之□□母曰秦國太夫人魏氏蘊積善慶誕生晙㫬公始在孩提居然頴秀岐嶷之表本乎天資偏伍之容彰於兒戲先王見而異之拊其背曰軍旅之事仲尼辭以未聞詩禮之資卻縠由之登用不學牆面古典所非遺子金籝昔人不取因遣就外傅俾之講習□□□□併曉□□□而不遺多識前言博通大義建

隆初以仁子之令補東頭供奉官始年十四□□尙食
副使　太祖方創業垂統訓師阜財丕昭皇
靈式遏亂略寤寐人傑講求武經成湯之日新是圖文
王之朝食靡暇每東□延訪之□西濤□□之□必□
□□□□□□□□其能或質之以類挈俾剖釋其槃
結或叩之以疑似俾彈射其否臧咫尺不違□機攸愼
公應對明辯風義甚高　太祖奇之即拜如
京使且有意於進用也屬紫壇蕆辟將事於親□鑾案
帷□□嚴於宿寢命公爲御營四面都巡檢□□□
□□□□道□□□居岑寂羣靈受職而咸洎

至尊高枕而攸寧未幾領順州刺史專城之重荐啓於
侯封酬緩之榮仍忝於內侍　太宗皇帝天
飛在運帝籙升名四夷奉琛諸侯輯瑞閩越舉亡而宿
衛勾吳獻□於有司九州攸同三乘澈□□□□□
□□□□□□□□靡懷秉武節而躬討公從
容進對慷慨請討願得執殳以備前驅□掄而當一隊
　太宗嘉之以爲御寨四面都巡檢梁入之
衆止誅於元惡千掫之寄允賴於□□帝□撫□□之
虞群下□□□之罰太原平錄其勞加實封
太宗益知其有馭衆之略將付以治戎之任天街之

北鄙氛未消引弓之民仍歲爲寇自晉人失幽陵之地
周室復三關之壤列鄣相望盛兵□□有李□守□
之能□□□防□之□□□命公爲□陽關駐泊都
監公內□□□外□□□□□□□□□□容□生
養威懷必勝之略單醪所及絕甘而悉周爟火斯傳對
博而無廢威名以震紀律用張會先王捐館宛丘公即
見星而往行哭號慕哀感路人倚廬絕漿僅成死孝有
詔起復□□將軍順州團練使□世之賞□□於元□
□壘之□乃□□□□雍熙□□□□□□□□□□
□支之生羌連党項之雜種犯關縱擾以干鑕誅命公

爲銀夏綏麟府州故關都巡檢使秋氣始至塞外早寒
□□□□膠折弓勁公因率麾下以□戎索由卷□寨
並黑□□□□中戎人數千騎安義於□□立分精騎
二千持短兵伏於□側戎人□□□□□□以□□
□急擊斬首百餘級逐北數十里鼓儳沒水胳合於沉
機獻馘泮宮聿騰於善頌□詔褒諭英聲著聞俄丁內
艱殆將滅性中旨抑奪繇于用才出爲澶州駐泊都監
以綏軍政朔方猶□□車未□□貢銀夏徼巡之寄兩
河□□住兵未戢復□高陽□□□□□□知□□
軍未幾知莫州軍州事涿鹿之野百雉□制惟雄文□

之邪九合之□所出公緩帶爲治雅歌自娛𤣱事益修
條□咸叙　太宗念服戎之斯久屬乘塞之
甫寧□□□□□修覲俄爲西京水南北都巡檢使
貴先王□守之地多□□去□之人□□□□素□□
□第美檟咸列俯邇於塋阡慰勤孝之□懷多□公之
淸宴時塋方猶閉□□方馳公慨然歎曰金革未息吾
恐不得久居此矣月餘眞拜蘄州團練使京兆府駐泊
兵馬鈐轄兼管華□□商巡檢兵馬捕□等事戎首假
息□□於猳蹠遘壘飛嚴不忘於備□□□□鎭□□
所集兼總數道以當一面從公爲延州路鈐轄兼管界

都巡檢使至道中侖范廷召爲都部署俾公副之總萬
旅以□征□五□而□會山川聚米廣已見於成擒甲
胄起□才皆思於賈勇既致千□之□乃爲絕漠之行
錫□□□容䍌□金鼓之□□□□有□□□□□□
□拒王師公以其蠢蠢之妖無假堂堂之陣選敢死士
數百人銜枚夜襲盡滅其族無有噍類自是夾移越移
等□公□□□恩望風來歸適與賊遇□□泄彼既□
□公□□□出□□□□□□小流矢而踣公推
立□□□□敢向□□□□□□□□□□□□□
□□□我而我武益奮兇黨遂奔左輸朱丹豈嘗言寔

樵書月至安敢寧居朝命班師不獲窮討公諳銳氣以
京壯恨渠魁之未殲謂軍吏曰彼朝□者非臨陣先逝
將擒□□下矣□　太宗□□□□公□□
□□　皇帝□任舊人愼重邊寄命公知威
虜軍事明年聞于萬騎長圍孤堞雲梯並進術盡於九
攻蘋壞僅存危極於三版公以衆寡既懸利於堅壁激
勸斯在莫知拒金大發官帑以□□士□□□執□□
□□之□□□□□□□事寧□□□□□□□□
□既□□□□矢石雨下殺傷甚多烏烏聲樂徧夕
皆遁完守之績帝用嘉之就拜棣州防禦使俄以足疾

移知邢州又改知澶州事衆潦並集淇河暴漲激竹箭
之迅浪溢金隄之□防公洗心以齋□致□壽古制
以沉□□□□□□□□□□□冀於弭患□□□水
□攸□是□□苗亦有秋樂和之聲騰於里諺保鄣之
勍蕑于　天衷而美珎有加餉章荐至亦既受代肩輿
而歸賜告家居以便頤養王人太醫晨夕詠問嗚呼不
幸以□□□年秋八月十一日啓手足於□義坊之第
享年五十□　□□聞訃嗟悼□久□□□
□□□□□守□監護喪事凡百費用悉從官給以明
年秋八月甲午歸葬於河南洛陽縣平樂鄉宣武村梓

澤原之先塋皐夫人洪農縣君楊氏祔焉禮也夫人郎
故保大軍節度使廷璋之□女□□□德儀于通門先
公而亡不□□□□□□□□□崇儀□□□□□
□□□□□□內朝舊爲小相角巾東道方庇大宗實
華胄之恭人鍾高閎之積慶次曰懿孫西頭供奉官溫
良自守淑慎靡渝俯及勝冠已彰肯構五女長適西頭
供奉官閤門祗候程繼忠故□州團練使□元之子次
適侍禁□永崇故鎮□將軍節度使廷□之子次適□
□子□□□政□適供奉官曹伸今殿前都指揮使宿
歸璨之子次在室惟程氏李氏及幼女皆夭孫二人長

宗道右班殿直次尚幼孫女一人亦幼母弟故鎮安軍
節度使檢校太師同中書門下平章事駙馬都尉□中
書令諱保吉□□□□□□□□□□□□□□□□
□□□□□衛望冠于友邦胡不永年茲用太息
季弟保從東頭供奉官閤門祗候夙負美材未躋膴仕
亦悲早世莫申永圖中書之二子曰貽孫崇儀副使孝
孫禮賓副使咸挺英概無忝貽謀□下之儀□大□□
公之歷官□□□□□□□□□□□□□□□□
□□□□□公茱邑累千室其祿位之盛矣五典
郡政八司戎律屢馳使傳三護大營斯倚任之重矣公

至性純孝勤於致養先王太夫人或晦明微疢息偃弗
康冠帶侍旁□調自手藥先嘗而乃進□宿露以□□
出於誠心未遑卜□而□□□□□□□□□□□
□□□□□美閫門稱悌至於擊劍之妙飲羽之
能絕出輩流莫可倫儗穰苴兵法孔明陣圖臾匠之占
圯橋之略悉探其賾必索其精加以涉獵史傳應荅無
滯吟詠情性卬課特工莅瀆淵日作言懷詩一篇敘止
足之意得比興之體傳□人□作□□□□□□□
□□□□□漢藉攸記翁歸兼文武之才惟四美
之難偕於公斯無闕矣矧又體貌魁傑志懷沉毅重夫

然諾兼金是輕嫉彼回邪過門必聘善保基緒重世而
莫京謹守廉隅歷官而無過咎所謂人倫之□子王國
之吉士者□大中祥符□年□□□之□□□流根
之□　貝州觀察使貽燕之祉久而益光褒
命之數茲焉爲異公本名貞　太祖改賜今
諱允協充閭之慶以成知臣之美公亦拜君之賜退思
而有光裕父之蠱聿修而無忝載德之盛良可述焉諸
孤等以奄多郎安歲月增逝□□□□□□□□
□□□□□刊貞琰猥須　俞旨屬於下臣顧
慙究疎謬嘗論誤九原可作方惻於　宸襟一字之

褒虔遵於直筆銘曰
先民有言　立功不朽　公于出征　屢折戎醜　大
易之訓　積善慶餘　公之肯構　克昌門閭　紫禁
承榮　倫侯列爵　印兮纍纍　綬兮若若　通都列
城　居官有恪　二矛重弓　從軍信樂　擊鼓其鏜
我□□□　□□□□　□□□□　□□□□
威名日彰　嗚呼不弔　今也云亡　曲洛東流　維
嵩南峙　聳樹蒼蔥　周原瀰迤　逝者如斯　人生
到此　真宅言歸　新阡鬱起　日車奔兮風驅馳
□舟趍兮灰琯移　夜漫漫兮佳城閉　露瀼瀼兮宿

草滋　□□□□□□□□　□□德兮□□　□□□□
□□　欲報德兮無期　託斯文兮篆刻　尉終天之
孝思　礱貞石兮表幽域　亘萬來兮無愧辭
大中祥符四年歲次辛亥十二月庚子朔十一日庚
戌建
翟詢翟文□刻
勾當人張　羅
保興守信之子碑載事蹟與宋史頗合而歷官較詳
保興先為銀夏綏麟府州故關都巡檢使丁內艱起
為澶州駐泊都監史載澶州駐泊在徙銀夏綏府都
巡檢使之前當以碑為正餘銜亦少有異同碑云公
本名貞太祖改錫今諱史云本名保正太祖取興宗
之義改之東都事略亦作保正宋人避仁宗嫌名故
也按碑保興葬于河南洛陽縣平樂鄉宣武鄉梓澤
原之先塋今墓見存尹熙古者書史會要云官翰林
待詔工篆得擬鐙法所書為一時之絕觀其行書有
唐人風格而出于王右軍信可愛也東都事略保興
傳甚畧而宋史甚詳當據此碑而作然則金石之傳
其功不小矣中州金石記
碑下截已損缺就識尚可句讀言保興當太祖時進

如京使即為御營四面都巡檢史不備載碑言為京
州府兵馬駐泊鈐轄兼管華缺二字商巡檢兵馬捕盜
等事徙為延州路鈐轄兼管界都巡檢使則史較此
為略也保興本名保正碑云本名貞此由仁宗諱禎
當時史館收此並避貞故遂易貞為正而元修宋史
相仍不改故耳碑久為金石攷收及但誤為石守信
則非小誤也府志同此歟書有二王遺法尤為宋刻所希
授堂金石三跋
按此碑撰者楊億書者尹熙古史傳億字大年建
州浦城人七歲能屬文淳化中詣闕獻文命試翰

林賜進士第景德三年以後歷官與碑合大中祥符五年以疾告此碑立于四年在未疾之前一年尹熙古無傳此碑諱字皆泐惟題稱棣州防禦使石公考諱守信弟諱保吉季弟諱保從前後證之可定其爲石保興碑也碑泐其卒年據傳是咸平五年又享年五十下泐一字據傳是五十八碑云以明年秋八月甲午歸葬係六年而立碑在葬後八年殆因弟保吉卒營葬時同請于朝而後皆奉勑撰書以立也保吉碑立于大中祥符四年十一月四日此碑立于四年十二月十一日是在立保

吉碑後一月餘然保吉碑已有豐碑對聳之語是二碑並立也保興葬所平樂鄉宣武村先塋與保吉同是同祔一處所謂對聳當即指此碑則其父守信自必有碑不可攷矣碑書先世自曾祖以下皆詳及其妣保吉碑不書彼此少異餘則未有異例也碑書二子長子名泐据史名元孫次曰懿孫史則不書然保吉碑又載姪二人崇儀副使慶孫西頭供奉官下泐當是元孫史稱元孫以蔭爲東頭供奉官或東西互異耳而慶孫則史未見豈元孫之兄耶抑保從之子耶保從早世兩碑不言其

有子然史於保興傳有云保興世豪貴累財鉅萬悉爲季弟保從之子所廢是保從有子矣碑言保興能詩莅澶淵日作言懷詩一篇今宋詩紀事不存是久佚也

金石萃編卷一百三十

賜進士出身 誥授光祿大夫刑部右侍郎加七級王昶譔

宋八

中嶽中天崇聖帝碑

碑高一丈四尺二寸六分廣六尺二寸三十三行行八十二字行書在登封中嶽廟

大宋中嶽 中天崇聖帝碑銘并序

翰林學士中大夫行尚書主客郎中知 制誥史館
修撰知審刑院事柱國太原縣開國子食邑五百戶
食實封壹伯戶賜紫金魚袋臣王曾奉 勑撰
翰林待 詔朝奉大夫守 府少卿同正輕車都尉

臣白憲奉 勑書并篆額
□□登封 岱宗之四年有事於 汾陰后土親
□□□□□乃並洪河亙太華經塗溫洛望
莫黃玉對越 □□乃並洪河亙太華經塗溫洛望
秩 維嵩言旋上都誕受 丕祉無德不報靡闕
不思於是尊 五嶽之祠備加等之禮分命近□秷
薦 徽稱詔遣冊禮使攝太尉□諫議大夫龍圖閣
直學士陳彭年副使攝司徒光祿少卿沈繼宗奉玉書
袞章加上 中嶽中天崇聖王曰 中天崇聖
帝申𢦤典也粵若剛柔既位形器肇分上則圓蓋左旋
星辰爲之紀下則黃圖俯察山嶽奠其方卑□□□门
陳翕闢之精攸託是故昭彰景緯實參化育之權錯峙
崇巒式表 神明之褒用能妥綏厚載磅礴無垠宣
一氣以施生降 列真而主治事光虞典備五載之
時巡績著夏王正九州之封略惟中□之絕巘直闕塞
之□區 京邑在其旁經瀆流其域萬邦輻湊霜露
之所均二室天開風雲之所蓄仙館靖冥宅其下玉漿
□溢湛其間瀨木□其幽經紫芝擢乎靈藪晗□□塈
始終乎鶉火之墟岷嵋羣峯包舉乎坤元之紐龍轡月
童之陟降浮丘子晉之游□晝野逶迤干霄挺拔寓彼
至剛之質洪惟 不測之神至於輔德降祥祝融由

其典夏生賢命世申伯以之蕃周需膏潤於原田殖寶
藏於邦國博大崇高而可仰聰明正直以無私茲所以
盛尸□之儀首□沈□法歲時所報垂往載以不刊牲
幣吉蠲走殊方而胥暨者也退觀祕□傳考 靈蹤
自書契之云興郎等威之斯辨異軒冕服章之數爲山
林川澤之宗既秩祀於三公亦禮均於四望漢孝武之
□爰啓戶□唐天冊之年聿遵時邁 洪猷益茂昭
薦惟寅逮乎□德重熙坤□荐委乃特疏於玉爵用溥
洽於 神休雖事煥彌文而名非極摯汙隆在運消
長□時若乃 鉅宋之有天下也仗黃鉞以開階建

朱口而統聚掃僭僞荒屯之跡追皇王揖讓之風
烈祖以功格　上旻赫威靈於九服　神宗以
德綏羣品薄文軌於四遐瑞予紹孫重觀燕矩卜年有
永亦世其昌　崇文廣武感天尊道應真佑口上
門欽明仁孝皇帝躬濬哲之姿撫鴻明之運出乎震而
齊乎巽就如日而望如雲富九德以在躬定一戎而纂
業慎恤刑典鄙凝脂之煩苛敷布政經同馭朽之兢畏
絕濫巾於丘壑寬盍澈於農乘宮罔飾於采椽澤口口
於行葦萬民以察庶口伊凝破觚爲圜返羣情於太素
懷遠以德篤交聘於殊鄰口聾以朝　諸口志款不

顯被袞而郊　上帝神享克誠故得時協混同歲臻
豐稔　高穹委鑒　真馭戒期荐錫　寶符丕
昭口靈登　岱舉封崇之禮臨口展合莕之祠刻翠
崖之樹蒼巖　隆口之巘口升煙瘞玉闕祭之義口
修垂象資生應見之祥紹至遂成口　志對越純休
涓乎五玉會朝　六飛口軼貧緣二口口望三川旣
並走於祠官亦周爰於土口瞻言　翠嶠增肅
皇情口口至以弟勳益爲民而儲祉順時行慶　太
賁及於幽遐恭己嚮明寂慮周乎沖漠爰稽往誥肇易
鴻名座下詔於口口俾口儀於置口用口昭報答遂清

更以爲在　天有五情旣隆備謂靈　地著列鎮
咨極推崇壽祓之義則均佚叻之功爲其發于　帝
籙允契　靈心先是東巡之年已加　崇號之號
遜茲閱歲愈洽徽章于時孟冬戒辰輔軒仿駕巖法坐
闕端闈臨道以示乎必躬信辭以申乎有恪公卿就列
使介奉塗擁翠口之車載溫琅之冊山龍盛服羽衛多
儀脩物孔昭歸　尊斯在戊申發軔於京闕辛酉致
饗於　廟蓬四牡踰風六樽登薦其始至也凝露布
濩色晦平林其將升也霽景晏溫光含邃宇廓氣吐蛇
蜒之狀含雲呈綵綷之姿及清醮之肅陳復索口之祿

灑口殊禎於史牘浹餘潤於農疇昔者三境登晨乃靈
氛之協兆五車受職亦時雪之先期千古同符萬邦攸
仰矧復鋪皇　睿訓紬繹微言發爲垂象之文顯述
奉　神之旨循於耆位告厥多方同星月之耀芒口
與墳而擅美登鏗鏘之耳目示制作之楷模遂分率土
承流盈道獻議口刊翠琰徧揭　嚴祠衆口上邁俞
音純布琢作山而列踏擄口藻以相輝文籍以還莫斯
爲盛而又　壺闈之式　像設攸存　懿號未
彰羣黎安仰思舉正名之典用昭作合之崇褒服有加
禕衣允穆卽以其年十二月遣使致告特尊爲　貞

明后莫不義敦咸秩凸叢於禱虔慶洽惟新永光於儀
矩　昊蒼有成命我實受之　神祇有常奉
我實主之禮文之廢墜惟　聖人修之典冊之徽數
惟　拓后行之然則出雲播氣福善祉民啓紛沓之
殊徵保延洪之　景祚鎮靜坤軸□默都畿
純佑之功斯爲至矣　懷柔之道庸可闕乎得不
稽昭事之儀懋貧威之志翠旋玉藻飾　如在之粹
容肆稹明粢展惟馨之潔祭采物於焉而大備格思由
是而可期壽偉觀於八紘循景炎於億載事存因革禮
浹幽明煌煌焉秩秩焉眞竹素之英□而　帝皇之

盛則者矣是宜發揚　懿鑠篆刻豐碑俾民聽之弗
迷協　山聲而其永允賁麗藻煥彼　殊迹而臣
猥以瑣才濫膺　明詔屬辭比事雖慕於□秋相賢
披文懼遺於　德美旁稽儲典以爲斯銘其辭曰一
洗滑定位　块圠殊形　或融或結　爲紀爲經　奠
方作鎭　含潭儲靈　生物不匱　得一以寧　節彼
崧高　峙茲中土　帝宅開疆　仙臺胥宇　霜露所
均　梯航攸聚　四國是維　□儀式序　奚其主治
邈矣淸眞　宣功博載　授職高旻　財成庶類
陰騭齊民　列辟嚴奉　牲□有倫　乃視公爵　降

周集慶　乃啓王封　□唐昇盛　奎耆貞期　對揚
景命　將極推崇　聿□鴻聖　炎精撫運　蒼震承
基　天臨赤縣　□偃退圻　祀事肅增　祠官□蘊
勤恁大寶　爰修上儀　謁款隆雅　□塗太室
□慕仙館　裵回雲蹕　何以致誠　於焉望秩　明
詔誕敷　徽言有述　溫珉載刻　羽衛斯皇　登于
帝籙　飾以□章　信辞郁郁　鸞車鏘鏘　法座臨
遣　縟禮具揚　四牡于徂　殊庭戾止　潔志旁達
靈心遺喜　瑞雪霏霺　祥雲蔚起　□德歆馨
薦祥□祉　昔在治□　祇惕　明威　道苟中否　神

亦靡依　赫赫□后　聿彰鴻徽　祭則受福　先而
不違　顯顯克崇　丕歆允穆　流詠琬琰　飛英笑
祀　峻邑玄安　高巖□矗　等固瑤圖　永綏坤軸
大中祥符七年九月七日建
中書省玉冊官文林郎守高州司馬　御書院祗候
臣王欽刻字
碑稱封岱之四年謂大中祥符四年也五嶽自唐時
已加二字王號眞宗東封岱宗加仁聖二字親謁西
嶽加順聖二字中嶽南嶽北嶽史無加號之文然此
碑云加上中天崇聖王曰中天崇聖帝則崇聖二字

固已先加此時特易以帝號耳中嶽后稱貞明而文獻通考宋史禮志俱作正明者蓋避仁宗嫌名也宋史陳彭年沈繼宗傳不云爲中嶽册禮使亦史之略也潛研堂金石文跋尾

李燾通鑑長編云大中祥符四年五月詔加上中嶽曰中天崇聖東都事畧載其詔曰峻極之嶽神鑒丕焉其加上五嶽帝號即碑所云也白憲書名不甚顯觀其筆蹟雖使蘇靈芝李邕爲之不能復過北宋人物之盛亞于唐代矣中州金石記

按此碑立于大中祥符七年王曾白憲奉勅撰書史傳曾字孝先青州益都人由鄉貢試禮部廷對皆第一宋之三元景德初累遷右正言知制誥兼史館修撰遷翰林學士知審刑院再遷尚書主客郎中知審官院以上歷官傳皆不著年載據碑皆在大中祥符七年以前也白憲無傳說已見前中嶽中天崇聖帝號據本紀乃四年五月乙未所加禮志亦同文獻通考誤作五年而皆不言以前先已加之此碑云先是東巡之年已加崇聖之號則崇聖二字是東封時所加也貞明后號本紀不書禮志則云又加上五嶽帝后號通考作五年十一月戊戌詔加此碑云即以其年十二月遣使致告是亦四年也其册禮使臣本紀不書通考亦但載制詞此碑則加帝號時書陳彭年沈繼宗二人加后號則不詳碑載眞宗尊號泐者二字據本紀是崇文廣武感天尊道東都事畧作應眞佑德上聖欽明仁孝十八字也此號是五年閏十月丙子所加碑所不詳碑云孟冬戒辰輶軒飭駕儼法坐闢瑞閣臨遣以示乎必躬信辭以申乎有恪戊申發軔于京闕辛酉致饗于廟庭與本紀所書十月戊申御朝元殿發五嶽册之語合蓋加號在五月乙未而遣使在十月戊申也

賜陳堯咨勅

石橫廣四尺一寸七分高二尺四寸二分十九行行十三字行書在西安府布政司廨

龍圖閣直學士尚書工部郎中知永興軍府陳堯咨書

勅堯咨省所奏永興軍城裏井泉大半鹹苦居民不能得甜水喫用臣親自相度府城東二里已來有水一條名曰龍首渠其水清冷甘甜只將五七十人開一小渠引出入城四散於街市居民門前流過却出城壕之內閤郭士庶人民僧道盡得甜水喫用皆上感聖恩事具

悉卿幹用適時精心率職方委于藩之任允資治劇之
才而能相厥土之高卑究斯民之利病雁煩庶役潛導
迅流直貫城闉俯周廛閈旣蕩邪而難老亦播澤以無
窮矧龍首之淸渠寔漢京之舊跡克脩廢墜深副倚毗
閱乃奏章遽茲推美其於歎尙不捨竊與故茲獎諭想
宜知悉夏熱卿比平安好遣書指不多及　十五日
大中祥符七歲甲寅九月九日立
堯咨自署官與史本傳合傳云長安地斥鹵無甘泉
堯咨疏龍首渠注城中民利之卽指其事堯咨字嘉
謨堯叟之弟　關中金石記

按龍首渠因龍首山得名在西安府城山在城北
十里水經注蕭何因龍首山營未央宮山長六十
餘里頭入于渭尾達樊川云昔有黑龍從南山出
飲渭水其行道因山成跡山卽基闕不假築高名
山記云龍首山西北高處爲秦長樂漢未央稍東
南六坡爲隋城唐西內其東爲唐南內興慶龍池
之所其北爲唐東內大明宮含元宣政紫宸蓬萊
金鑾諸殿南內東南引滻水入城爲龍首渠入東
苑爲龍首池龍首殿皆以山得名此碑是陳堯咨
知永興軍時濬渠利民奏聞眞宗因降勑獎諭堯

咨卽自書勅而勒石也碑結銜與史傳合而傳無
年載可攷東都事畧亦同惟隆平集載堯咨咸平
三年登進士擢知制誥景德三年以鄆州團練副
使大中祥符九年復知制誥遷集賢院又遷龍圖
閣直學士知永興軍據此則知永興在九年前此
碑立于七年已据此官似隆平集誤以七爲九也
濬渠固利民而堯咨性豪侈所爲作不法史傳諸
書皆同朱子名臣言行錄稱堯咨精于弧矢自號
小由基爲知制誥出守荆南回其母馮氏問之曰
汝典名藩有何異政堯咨曰州當孔道過客以堯

咨善射無不歎服母曰汝父訓汝以忠孝輔國家
今不務仁政善化而專卒伍一夫之技豈汝先人
之意耶以杖擊之金魚墜地夫善射尙無裨于吏
治而母訓之嚴已如此此賢母之可爲法者因附
識之碑以九月九日立勅文有夏熱卿比平安好
之語下注十五日不詳何月大約是六月所降也

北嶽醮告文

石高六尺五寸四分八面每面廣一尺三分四行行四十字行書篆額在曲陽縣北嶽廟

北嶽醮告文

御製

中散大夫太子中舍上輕車都尉臣白憲奉　勑書
并篆額
維大中祥符八年歲次乙卯二月壬子朔二十五日丙
子皇帝　稽首言伏以列辟之規有邦之典必依憑於
神化用保祐於生民禮存大享之言書著咸秩
之訓上下之祀必在於交修人神之和乃臻於多福所
以勵明誠於豁窱奉嘉薦於苾芬庶使　不測之靈
誕昭於　忽怳無彊之應允洽於　希微竊念猥
以眇躬紹茲大寶荷　監觀於　穹昊承　積
累於　祖宗致百福之來同由　三神之儲祉

向自交馳玉帛倒載干戈尉候聊存風俗無外古先盛
德之事罔不繁興　圖清眷佑之心由其丕顯禖春戒
序吉日協期夕夢先通　秘文嗣降既而徇鄒魯之望
幸脩云岱之上封　緑錯之圖疊承於　錫美紫煙之
燎言獲於升中以至輯玉於魏雕旋軫於郝鄗款
后祇而躬祈穡事朝　山園而再展孝思　飈
馭下臨　瑀源遜悟珎臺肇葺　寶宇奉安將以
佃邃追谿乾肇定國陽之位方荅乎　天祺詒濄
曲之蓮先蒯乎　道秘歷平臺而駐蹕肯藝祖而建
都盛則繼揚爾文悉舉率土脩貢輿誦多歡律呂同環

未盈七載禮容首冠儀已三成自先置之辰洎飲至之
日鴻猷景鑠既已有融　美貺禎圖抑復無筭尓乃甘
泉滋液神草紛披珎木交柯靈禽接羽矞雲炳蔚嘉氣
氤氳日月揚於榮輝星宿應於瑞諜考於夐古蓋墳史
之未傳萃于方今乃耳目而咸熟至若齊琁璣之七政
和玉燭之四時通範圍之書文遐海域之黎獻千倉之
積盈儲峙於大農三尺之繁措刑辟於司寇顧惟眇薄
成此治平欲仰報於　百靈用永安於九寓乃詢甲
令于掌禮之官乃訪秘科于脩真之士載念始繕儀於
岱嶽俄飲至於譙都或豐厥牲牷或潔斯蘋藻

或崇壇而斯建或靖館而斯臨雖復欽翼內增齋明
上達然而茫茫　曾宙杳杳　方輿其載無聲其
功不宰高也明也豈禪竈之所詳知　經之緯之豈竪
亥之所徧步穹壤之表非可以臆論鬼神之形莫諧乎
綫見寒門所會既秩序而靡彰塗山所朝亦壇宇而曷
識　璇臺珠闕邈處於鴻濛之中金簡瑤函莫盡於
杳冥之際其有默熙　妙用幽贊　不功或　命
龗之云眂或　造化之攸輔烈風迅雨仰其所宣
精氣遊魂資其陶冶或高處於清都紫府或下居於名
山秘洞或　德及庶物世罔之間或　力濟羣生八

弗之繭罅茂承於 純嘏而終闕於豐祉茲謂弗
欽何伸大報由是內懷碧若遠考編于庶達寔感以彰
況施矧復載稽地志緬眺 靈區挺 喬嶽
以奠方號 下都而分治 神鄉福地咸紀寶章
乘煙御風常遊 欽駕是以擇陽和之序瞻 峻極
之峯祗遣輶車遽脩醮席纔形善禱響達至虔夫國之
所保者民民之所尙者生生之所切者食食之所豐者
歲儻或疵癘靡作富庶允登壽考可期順成常洽然後
八荒之外俗變風移九服之中導德齊禮衣冠不異何
止於緩刑文告靡施孰煩於用武是則 天之祐

也 神之顧也敢不勵乃志懲乃心以保乎盈成
以戒乎逸豫兢兢爲務庶協於永圖翼翼在懷實期乎
來格 無任懇惻之至謹言
御書院祗應臣王守清鐫

北嶽安天元聖帝碑

碑連額高一丈三尺八寸廣四尺四寸三十二行行七十字行書在曲陽縣北嶽廟

北嶽安天元聖帝碑銘并序

翰林學士太中大夫行給事中知 制誥兼龍圖閣
學士祕書監同修 國史集賢殿修撰知禮儀院上
柱國招信縣開國子食邑六百戶賜紫金魚袋臣陳
彭年奉 勅撰
翰林侍 部承奉郎守少府監主簿賜緋臣邢守元
奉 勅書并篆額
臣聞 天有成命所以啓貞期國有崇名所以伸
大報是知接 丕統擁 元符蓋 明靈之幽
賛考懿典興闕文乃邦家之欽奉而況地有喬嶽以奠
於坤維 嶽有至神以毗於 乾化含澤
布氣罔不蕃滋亟位辨方寳分壇域若乃俯當坎位仰
應辰星目以茂丘奠玆朔易宜乎禮秩之有盛感應之
无垠者也 崇文廣武感天尊道應眞佑德上聖

欽明仁孝皇帝膺元纂於 上穹繼 傳源於邃
古紹 祖武 宗文之烈承 天淸地寧
之基五營八校之兵罔興幾伐三德九事之政靡不誕
敷咸池濩汜之鄉由其底定楛矢没羽之貢亦既來臻
至道非子雲之可談盛德豈吉甫之能頌故宜舉列辟
未行之典新生民無疆之休粤以 霻文申錫之四
年郊丘欽至之十月上下之祀於是交脩小大之神以
之咸序瞻言巨址茂顯明威由是考曠絶之鴻規成欽
崇之縟典以爲奉 徽稱於王爵未沓炳靈增偉號
於 帝圖允昭輔德尓乃盤根千里設險兩河迴

交直於虛危是爲神域形勢隣於遼碣信曰名峯神卉
甘泉靈沚瑞紫禮述并州之鎭史傳商子之苻爲
皇朝受姓之區迹　先帝觀兵之地肇隆基命
肖冠羣方疇德　聰明克膺丕律乃詔曰　北
嶽安天王可增號　北嶽安天[illegible]聖帝既而治禮
之士涓吉日於惟良掌故之臣練鴻儀於有秩奉常布
令未央會朝百執交趍八音在御采章之色炤爚於
明庭雲日之祥焜煌乎昧旦　上被華袞秉鎭圭
步自靑蒲臨於黼坐出板詔命輶軒以尙書工部侍郎
馮起攝太尉太僕少卿裴莊攝司徒奉玉冊袞服于曲

陽之祠　上誠明內積乾乾翼外增緬想　威靈有
冏覩止恭冊將陞於文陛郎爲之興瑞節已出於端闈
然後乃能於是列葆衛引淸笳交戟夾於華輈列纛抗
於夷路六騑之騧鳴朔吹而蕭蕭九旗之斾映朝霞而
渾渾自神臯而肅駕屆靈阯而駐麾耆童聚觀袂成帷
而汗成雨次舍所歷車不殆而馬不煩載協元辰順揚
大禮先之以嘉薦是饗而是宜繼之以祝辭克誠而克
信奉琢玉之篆上升龍之衣殿邦之臣率官聯而侍祀
授命之使達朝旨而報釐於是　神鑒孚動　天
畜元吉紛紛而降六出以滋良田蕣蕣而收千箱終成

豐歲致茲上瑞屬在　乃神復以配　磅礴之靈
挺姚嬿之德中饋之治協象於儀經作合之功齊聲於
周雅增號曰　靖明后思河洲之茂德正褕狄之
不名所以昭秘祉於咸宜展徽章於盡善既而公輸班
蓺伸將效工增梅梁之規以成其大壯題銀牓之字用
示於方來當　景鑠之紹伸必丕徵之疊見或裘乎
方地爲英爲甘或麗於會穹爲慶爲喬布之與誦積于
禎圖足以見　天地之心聳華夷之聽載念
翕闢斯辨融結云分麗霄極而著明是名列緯峙方隅
而定位乃曰靈山昭回之輝既輔於臨鑒峻極之勢亦

助乎資生雖高下而殊形蓋生民而咸仰雖古今而異
制抑明祀而常脩而況藏疾以昭仁設險以爲固出油
雲而布澤稼穡是滋育珍木而中材斧斤斯取龍蛇所
宅瑶琨寔繁植物之依故無筭也羣生之利良則多焉
所以有邦翼崇爲享虞書之典既曰望于周詩之篇亦
云祈爾秦之創統圭幣言加漢之承平壇壝載闢豈獨
傳云乎廢禮謂之獲者哉矧復膺期運於千齡爲
宗主於萬國欽承乎　上帝不冒乎蒸民天下歸
仁壽之封海外同車文之迹　丹書綠圖之瑞繼乎
溫洛榮河五玉兩圭之祠盛乎泰壇方澤人之多幸千

食儉康之餘賁史不絕書景風甘露之嘉瑞蓋　兩
儀之所祐百靈之所扶故當濟祆　宸襟述宣丕祉
嘯咨令典順考禎獻遵必報之言協至公之舉尊名嘉
號升　帝纂之會昌備物多儀顯國容之豐洽然則
明神之職黙定於羣倫　元后之心大庇於區宇
靈命攸執蓋黔黎之所依精意以伸乃肹蠁之來鑒
德之馨也于以薦神神其聽之由夫享德今　皇
上以熙盛之德祗達於克誠　名山以正直之神茂
膺於徽典人祇胙合福祿來成與夫歲奉三祠聞於往
日邑封百戶著于舊章此其盛哉彼奚取也夫報況授

職之應　高嶽之鴻靈祈福庶民之心　昌朝之
純懿期億載之傳信捨斯文而曷觀金刻所憑筆精攸
屬臣顧慙楮學獲侍凝嚴雖謭謏才何伸嘆頌備副車
之問莫對於　德音刊樂石之銘徒膺於　恩詔
旣拜手而聞命乃洗心而屬辭銘曰
茫茫　后土實載羣倫森森峻嶽必有　明神彰厥丕
跡佑此黎民庶秩之祀舊史相因來祠之應多福常臻
猗歟常山寔鎮朔土其高烝千厥名兼五嘉卉蹇生靈
泉攸吐顯靈儲瑞聞於往古饗德依人輔于　明主巍
巍　昌運赫赫　大君　王澤誕布　帝德升聞乃成

王治乃受　祕文鴻儀曷弈嘉應紛紜浹洽區宇煥
映典墳順考舊章肇揚邪禮言奉　帝名仰酬　靈祉
刻字温壁遣使文陛載以齋車翊之緹騎合吉元日達
誠潔祭流輝銀牓增號　椒塗棟梁曲臺黍稷芬馨顯
茲　景貺冠于祥經人神交感命鬻嘉亨繼細協美瑰
響刊銘
大中祥符九年歲次丙辰四月甲戌朔二十一日甲
午建　臣王文秀刻
東染院使銀青光祿大夫檢校工部尚書知定州軍
州兼制置屯田管內勸農事充鎮定等路駐泊兵馬

鈐轄兼御史大夫騎都尉彭城郡開國侯食邑一千
五百戶臣劉承宗
眞宗旣封泰山祀汾陰而褒及恒山之神也陳彭年
故非端人諸多容媚邪守元書亦背聖教而有得者
但結體太疏倘遇王緒便當避三舍矣知右軍乎石墨
鐫華
文云粤以靈文申錫之四年鄭邸飲至之十月詔曰
北嶽安天王可增號北嶽安天元聖帝按宋史眞宗
紀大中祥符四年五月乙未加上五嶽帝號作奉神
述十月戊申御朝元殿發五嶽册碑稱十月者據奉

冊之日也說文鄭河東臨汾地名蓋之所祭后土處此云鄭邱欽至謂汾陰祀后土禮成也冊禮之使為攝太尉尚書工部侍郎馮起攝司徒太僕少卿裴莊通鑑長編紀事具載東嶽南嶽西嶽中嶽奉冊使副官職姓名獨遺北嶽當據此以補其闕宋史裴莊傳大中祥符祀汾陰遷太僕少卿為北嶽加號冊禮副使撰北行記三卷以獻即其事也職官志定州兼安撫使馬步軍都總管碑後列知定州軍州事劉承宗結銜稱充鎮定等路駐泊兵馬鈐轄蓋其時定州尚未設安撫司也潛研堂金石文跋尾

按北嶽之在曲陽本書卷七十三北嶽府君碑論之已詳茲不贅真宗親製醮告文首云大中祥符八年歲次乙卯二月壬子朔二十五日丙子稽之宋史本紀不書其事文獻通考祠禮志有云帝自製五嶽醮告文遣使醮告即建壇之地構亭立石柱刻文其上而不著年月以前後兩碑證之知撰文醮告在八年刻文立石在九年也醮告文為白憲書則萬陽石刻記所未及者此碑為陳彭年邢守元奉敕撰書史傳彭年字永年撫州南城人景德三年累遷右正言充龍圖閣待制賜金紫大中祥符中進秩工部郎中加集賢殿修撰三年改兵部郎中龍圖閣直學士遷右諫議大夫兼秘書監賜勲上柱國六年召入翰林充學士兼龍圖閣學士同修國史祀太清宮副丁謂為經度制置使又同知禮儀院禮成加給事中國史成遷工部侍郎九年拜刑部侍郎參知政事正月九日侍真宗朝天書如廁眩仆還家三月卒傳所載歷官如此以碑校之則加給事中以前歷官雖較傳為略而存者皆有年可攷遷工部侍郎以下碑皆不及宋史宰輔表亦不書彭年為參政祀太清宮乃七年正月事則此文當即撰

於是年或在八年與醮告文同時所出若九年四月立碑彭年卒已兩月矣書者邢守元無傳

宋昂等送陳膽赴任詩

石橫廣四尺高二尺九寸廿三行行二十一字正書

送新知永州陳秘丞膽赴任

翰林學士知 制誥判史館事宋昂

赴郡逢秋節晨征思爽然遡橋猶見月臨水忽聞蟬野色藏溪樹香風撼渚蓮此行 君得意千里獨搖鞭

尚書比部員外郎直史館洪湛

零陵古郡枕湘川 太守南歸得意年茶味欲邀衡岳

寺橘香先上洞庭舡錦衣照耀維桒地同年家于衡山今出其下石
驚驂飛欲雨天若到浯溪須艤棹次山遺頌想依然

秘書丞直集賢院劉隲

秋風清緊鴈初飛半醉搖鞭出帝畿名郡又分紅
旆去故鄉重見錦衣歸剖符雖暫宣皇澤覩草終
須直紫微從此南軒多倚望好詩芳信莫教稀

開封府推官秘書丞直史館孫冕

桂林南面近徵黄又愛江鄉出帝鄉新命不
辭提郡印衡山重喜過衡陽樓臺滿眼瀟湘色道路迎
風橘柚香知有太平經濟術政閑時節好飛章

秘書丞李防

昔年同醉杏園春别後花枝幾番新彼此宦遊疎翰墨
等閑交面喜緜綸比至拜口已頒印符榮親未必須萊子晝
錦何當只買臣布政莫爲三載計清朝臺閣豁口
人

按陳暘史無傳其知永州也作詩送之者五人其
中劉隲孫冕二人見宋詩紀事餘無攷紀事云劉
隲官工部員外郎直集賢院有詩見西崑酬唱集
孫冕字伯純新淦人雍熙進士天禧中尚書禮部
郎中直史館出守蘇州此石刻不題年月据孫冕
守蘇州在天禧中則其官推官當在天禧以前因
總附於大中祥符之末

保寧寺鐘樓碑

碑連額高九尺二寸廣三尺九寸二分二十八行行五十字正書篆額在興平縣

京兆府興平縣保寧寺浴室院新修鐘樓碑記

鄉貢進士冉曾撰并書

第三班借職監商税商篆額

粤自鶴林入滅大雲之教方行金字垂文甘露之源攸
遥是以廣大千之世界闡不二之法門用導群迷俾登
正覺故得朱星紫氣炳煥於禎祥銀樹金花精虔於供

養所謂神道設教於不滅民德歸厚於無邊爰從魏晉
已來降及齊梁之際竺乹之法漸暨於西方貝多之旨
盛傳於中夏蘭若櫛比固非五里以鳴牛治胡輪迴曷
覩三年而拂石前則達摩悪可更珎七聖之財後則羅
什圖澄愈大三乘之本蓋有裨於王化寔無忝於國經
遂俾常宁之尊益堅於信尚而變可封之俗盡
溺於修持剔乃削髮毁形者實繁有徒貪福畏禍者無
遠弗屆是故捨圭田之利以飾白蓮之宮殫圜府之財
用嚴紫金之像刹宇之勢相望於康莊鐘唄之音交遥
於雲漢欲以圖如來万字之印開菩提七寶之房者矣

興平縣居龍渭之陽隸鶉都之右局稱槐里唐号金城
乃石星殞異之鄉實浪井蔌祥之地咽喉旬服襟帶神
皋田疇上腴民物豐富故車航之混混信往來之憧憧
驗以版圖提封幾乎万井觀其地志列樹廣乎三條頋
象雷之居方乃劇縣之要害保寧寺茲邑之大招提也
面正南方位當乩鄙三扉顯敞上規閶闔之形百雉紆
餘俯臨闤闠之隘煥乎淨土昭然化城惟此邦之居民
多專心而佞佛香燈之供幾乎重賦木石之功殆乎勝
人故此寺鍾樓者乃浴室沙門知遵所修也知遵紹諸
祖之基稟先師之訓深成密行克持淨名更精初地之

因僅守小乘之戒而心實無相身尚有爲乃觀寶地之
庭攸闕豐山之器則何以聲乎晝夜節於迎遐歸依之
間莫安於四衆祭請之際或失於六時師乃堅匪石之
純誠鳩潤屋之餘利十方之所景附千室之所悅隨惣
萃豐財克成能事師於咸平中遂詣坊州大冶鑄斯洪
鍾□□□既成尙秘秋分之韻在懸攸擊漸揚霜降之
音其鑄也同夏鼎之功其名也類景鍾之大伊薄厚而
得所在侈弇以居中豈可同樂府以編形並靈臺而振
響師乃成茲重器載以大車不逾朞旬便臻攸館艱危
存歷功庸克全於是乃擇良辰遂營層搆當乎蒼震之

位居於定星之中蔵事弥精庀徒胥悅運斤者成風之
妙荷鍤者如雲之繁既豐撲斲之形復煥丹青之飾陰
虬坰絢踢馬騰光名翬飛以神行紺獸蹲而峯峙觀壯
麗之象極般爾之全能聽輪奐之詞叶趙文之善頌信
可侔井榦之制度擬麗譙之規模雖一匱以從巍峨三
休而崇峻形勝斯萃物力告殫簨簴攸張舉万鈞而在
上鯨魚用刻抑九耳以居旁象在其中盡覩有緣之相
聲聞于外咸臻極樂之方足以通法界之威靈感神龍
之護衛西霞非擊乃天風之自鳴大海初聞故刼輪而
不下方袍之士允蔌於至誠比屋之家愈遵於善道師

以懿勤式備勝利斯周忽夢兩楹之間示寂雙林之下
盡以歸三空之勝境正七覺之妙花俾白鶴以哀鳴動
青牛之悲感師之善果夫豈偶然上足弟子共以門人
克隆堂構堅挺鷄鳴之操不忘蟻術之勞爭於焚脩之
餘恪奉莊嚴之事復乃淨心蓮而不撓傳法印於無窮
曾寓迹公齋游心道素忽因暇日多訪仁祠與其嗣師
常相往復故聞其鍾則切於待扣登其檻則何止銷憂
是以先師之令名已垂於脩史先事之營事尙闕於文
言曾輒以謏才恭承重請察勤拳而弥固在牢讓以靡
違不然何以啓迪遐猷形容盛事覩此干雲之狀還疑

變化以云爲聽斯雝雉之音豈徒鏗鏘而已矣但磬空
疎之識聊書崇飾之因僶俛成文祗副來命
天禧二年歲在戊午六月壬辰朔十八日己酉立
小師前院主僧善明　院主僧善海建　供養主僧
善林　典座僧善通　善江　師孫□成　三綱僧
永□　本真　法智　官□□僧□□
將仕郎守武功縣主簿權擕尉郝□
承奉郎守大理寺丞知縣事兼兵馬監押冉宗元
將仕郎守縣尉陸□　刻字安文晟

文甚華贍足傳行書亦整健商自署官爲三班借職

監商稅者三班借職武臣之初階監商稅隸太府寺
都提舉所謂諸州易務雜買務雜買場者是也關中金石記

按陝西通志保寧寺但云在興平縣西街不詳興
建始末其浴室院鐘樓亦無攷書碑篆額之冉曾
冉商兄弟史固無傳書譜亦不列其名

教興頌

碑高二尺一寸二分廣四尺一寸三分十八行行二十一字篆書篆額

大宋教興頌并序

虛儀先生譔

趙郡唐英書

前朝顯德季年□□□□□沖人嗣位海嶽震盪鬼神不
寧玉版既終金碑□□巍乎神器殆若綴旒六合錄是
竦觀三靈以之改□神道輔德百姓與能邇無異言遠
無異望眷　我皇□龗數在躬嗣夏配天不失舊物
車旗正朔無改於□□文物聲明載采於周禮罰壺關
之叛平淮甸之□　□首戴干戈躬擐甲冑六挍之怒
未泄二兇之□俄平日者文表起戎保權告難北軍爰
整南服乂□磔湘烏以四分斬巴蜒於千斷席卷吳會
氣飛衡巫不四三年書軌渾同天地交泰則自古帝王

教興之道未有如建隆之盛哉無愧之辭敢以爲頌
維周嗣皇昏沖不綱二世而亾　維宋肇基受命咸宜
天人□祇　維帝龍飛膺運□時雲行雨施維天爲大
無□不蓋民斯愛戴於鑠　我皇神武會昌天地同光
授鞶亘室景靈昭質無彊唯卹洞庭漣漣巴陵遷遷億
萬斯年
皇帝嗣明离之三葉歲在未月建午日丁卯
攝太常寺太祝李夢徵傳本
安粲刻字

虛儀先生不著姓名不知爲何人但碑頌爲太祖作

臣子頌君而以先生稱何不恭之甚也按宋史乾德四年命慕容延昭等討湖南將張文表未至而文表已爲武平節度使周保權所殺延昭等又克潭州執保權湖南悉平碑所云文表起戎保權告難正指此也碑後所署歲月云皇帝嗣明离之三葉歲在未月建午日丁卯攷太祖開寶四年辛未是時宋有天下十二年矣所云三葉葢十二年也金石存

右㪍興頌題云虛儀先生撰而不著其名序云日者文表起戎保權告難北軍爰整南服乂口頌云洞庭漣漣巴陵遷遷億万斯年葢敘宋初平湖南事也宋

史文苑傳有馬應者薄有文名多服道士衣自稱先生開寶初倣元結中興頌作㪍興頌以述太祖下荆湖之功欲刊石于永州結頌之側縣令惡其夸誕不以聞此頌三句一轉韻與中興頌同格署先生而不名知其爲馬應所撰也碑後題年月云皇帝嗣明离之三葉歲在未月建午日丁卯山陽吳玉搢以爲開寶四年辛未予攷開寶四年五月乙未朔無丁卯日其時宋有天下十二年爾雖三改元不當云三葉且太祖開剏之主不得云嗣明离也碑末書攝太常寺太祝李夢徵傳本則勒石之時去開寶初已遠矣宋自太祖至眞宗有天下者三世葉者世也云三葉共在眞宗之世乎眞宗景德四年丁未五月丙申朔無丁卯日惟天禧三年己未五月丁巳朔丁卯乃月之十一日也故定以爲天禧三年云潛研堂金石文跋尾

按碑題大宋㪍興頌文云則自古帝王㪍興之道未有如建隆之盛哉㪍興二字葢取左傳其興也悖焉之義㪍字說文所無廣韻云㪍卒旋放之貌司馬相如子虛賦嫳婣勃窣上金隄顏師古注謂行於叢薄之間也勃窣卽㪍卒是㪍與勃通左傳音義云悖蒲忽反一作勃同是唐初古本有作興

也勃焉者勃悖㪍三字聲義並同故借㪍爲勃碑又云皇帝嗣明离之三月以離爲离從鄭氏易也宋人尙知古字如此惜唐英之名無可攷矣

中嶽醮告文

拓高五尺二寸八面周廣四尺六寸三十二行行三十八字行書篆額在登封中嶽廟

中嶽醮告文

御製

翰林侍　詔朝奉郎行少府監主簿賜緋臣劉太初

奉　勑書并篆額

文與前北嶽醮告文同不錄

中書省玉册官　御書院祗候臣沈慶
臣晉文寶鐫
天禧三年九月　日建
按太初爲翰林待詔以書爲職其書有唐人風故可
觀也宋諸奉勅書碑皆御書院祗候刻字設有專官
以共其事此他代所未及也說嵩
文用石柱起爲稜觚磨平面面刻之宋史禮志眞宗
自製五嶽醮告文遣使醮告即建壇之地搆亭立石
柱刻文其上余今所得中嶽廟者此蓋其一而以文
案之則大中祥符八年歲次乙卯二月壬子朔二十

五日丙子也志于年月從略得此可證明也授堂金石三跋

摩騰入漢靈異記
碑橫廣六尺高二尺七寸三十五行行二十五六七字不等行書在洛陽白馬寺
摩騰入漢靈異記第四中錄出白馬寺舍利
已已之歲四月八日　　孝明皇帝駕幸鴻臚卿寺
謁二三藏問對數次弥加禮重得迦葉摩騰□
陛下曰寺之東鄰是何館室　　皇帝曰彼中疇
昔無故忽然勇起可及丈餘人或之平尋復隆阜其上
往往時發光明民所異之乃聞上國政因該祀典遂名
洛陽土地之神其所阜者土俗謂之聖塚今在邇中凡
所祝告皆蹃懇願自□而下蟬聯命享情未知由三藏
曰憶余昔於中印度躬覽合藏其中所云如來滅度百
年之後有阿恕伽王起八方四千七寶塔安佛舍利鄏
闍羅漢運以神通將右手掩日放八萬四千光攝衆寶
塔□彼光內旁視四維上極空界八萬四千同時而葬
文曰東土支那有一十九處云□有□□時而出余今
至此屢目神光無異中印□光明□今陛下所言聖塚
者乃十九數中之一必不虛焉是時二三藏遂命
皇帝□百寮同詣彼廟列聖塚之前三藏數座與而
歸禮　　皇帝與宰臣亦禮當禮次聖塚上現一圓

相彰二三藏禮　　皇帝三身如鑑照容分明內現
其餘臣寮但覩其光不現其身□相謂曰我輩寡福不
現其身由是□□□各見□身獨在光內皆曰其门偏
照於我已而二三藏以梵語□□而衆咸稱未之如也
時　　皇帝聖情悅懌□□素□感恨流涕語二三
藏曰朕若不偶二師门能覺佛遺祐矣自是方深信
　釋迦牟尼眞身舍利之塔也　　皇帝遂勅所
師令稟三藏制度崇是浮圖自是年二月一日起□至
庚午歲十二月八日□功告畢凡□□高五百尺岌若
岳峙塔□齊雲寺通白馬至後周二年四月八日塔上

現五色神光天香氛氲罔知何至而自光中□一金寧
持起寶塔可高尺餘色如瑠璃內外明澈自午及申□
□方隱時　皇帝洎宰臣并士庶咸瞻睇相欽玩
無數人之右遶光亦右遶人之左旋光亦左旋皆悲嘆
仰不知所以然而然也當是□□□千衆中有梵僧九
□僧伽摩羅等咸謂正是阿恕伽王□□所造之塔□
様也然乾亦有三處我僧數禮奉因是靈感弥益信心
□流終古長興二年二月八日記
巨宋天禧五年正月七日重建
西蜀武都山僧景遵書

西京□□□白馬寺主淨□大師賜紫文翊

景遵無書名而字體絶類聖教序北宋人書猶有晉唐風格良可愛也中州金石記

按河南通志白馬寺在河南府城東漢明帝時摩騰竺法蘭始自西域以白馬馱經來初止鴻臚寺遂取寺爲名證白馬寺通志但詳興建之始而於入漢靈異無一語及之殆亦以此碑所載語近夸誕不足録也摩騰事詳高僧傳已見前卷碑云已巳之歲四月八日孝明皇帝駕幸鴻臚卿寺此指漢明帝也已巳爲永平十二年明帝以永平七年正月十五日夢金人遂遣王遵等西訪佛法至月氏遇摩騰竺法蘭將四十二章經載以白馬同囘洛陽時十年丁卯十二月三十日也此則紀十二年帝幸鴻臚寺禮聖塚因建浮圖事然前已云已巳歲四月八日後云自是年二月一日起至庚午年十二月八日功畢先四月而後二月其語不可解也又云後周二年四月八日塔現五色神光末云長興二年二月八日記所稱後周不知何時若云五代之後周則不應在長興之前若云宇文周則無年號可紀不知爲何帝之二年文之謬悠如此至其以鴻盧爲鴻臚以所師爲所司又不足論

巳

杭州放生池碑

碑連額高一丈四尺六寸廣七尺二寸五分二十一行行三十三字正書篆額在杭州府西湖寶石山麓

杭州放生池記

朝奉大夫給事中知杭州軍州兼管內隄堰橋道勸農市舶使提舉杭蘇一路兵甲巡檢公事護軍太原縣開國男食邑三百戶賜紫金魚袋王隨撰

錢塘僧思齊書

宣德郎守大理寺丞監杭州清酒務吳遵路篆額

粤若星辰麗天斗宿分揚州之域江漢爲紀制河控餘
杭之地斯郡也民俗繁侈山水奇秀總軍戎之重乃東
南之鉅屏無兵火之沴爲吳越之福壤羅城之西有湖
曰錢塘或謂上湖亦云西湖寶剎相望繚岸百餘寺煙
景可愛澄波三十里實二浙之佳致一方之上游也天
禧三年秋七月　相國太原公自嚴廊之任膺麾符
之寄坐召棠以敷化訟息而刑清奉　漢條以班春
境肅而物泰未朞月衆心熙熙然如登　杜史之臺矣明
年秋八月　公祇奉　詔召入覲　象闕澤國
留昔禱之頌　當宁厚晝接之眷因　上言是湖也

最爲勝境俯瀕　佛宮居人蠡食盡取其中　國
家每以歲時　祈乃民福星昭至止精設於
薦若羽服陳儀恭投於龍簡頤禁採捕仍以放生池名
爲請　皇帝仁及萬有　惠濟群品　法神武
之不殺守慈儉以爲寶　秦牘誠激　凝旒喜動
濬發　中旨普令茂育　綵綸適降已改觀於方
塘罔罟靡施兔有歎於頳尾既厚生生之樂永煥
巍巍之業賢忝職瑣闈承乏方面獲覩善利思勒於金
石媿無好辭聊紀於歲月者巳時天禧五年三月二十
七日記　陶珉趙克和鐫

朝奉郎行太常博士運判軍州兼管内隄堰橋道勸
農同監市舶司事騎都尉借緋林從周　承奉郎守
大理寺丞知錢塘縣事楊告　文林郎守錢塘縣尉
張仲顏
中散大夫行尚書都官員外郎通判軍州兼管内隄
堰橋道勸農同監市舶司事上輕車都尉李□□
承奉郎試大理評事知觀察判官廳公事段少連
登仕郎試秘書省校書郎錢塘縣主簿李祺
兩浙路提點刑獄勸農副使左侍禁□閤門祗候王
世文　左班殿直閤門祗候兵馬都監兼在城巡檢

臧逭　觀察推官承奉郎試大理評事苗□
兩浙路提點刑獄勸農使朝奉大夫行尚書度支員
外郎護軍借紫朱□　左班殿直閤門祗候杭蘇
等八州軍都巡檢使孫逢　節度推官文林郎試秘
書省校書郎□□
兩浙諸州水陸計度轉運使兼提點市舶司本路勸
農使朝奉郎尚書度支員外郎上騎都尉賜緋魚袋
借紫方仲荀　左班殿直閤門祗候兵馬都監兼在
城巡檢薛允文　承奉郎試大理評事知節度掌書
記□□

兩浙諸州水陸計度轉運使兼提點市舶司本路勸農使朝奉大夫尚書工部郎中柱國賜紫金魚袋曾定　西染院副使駐泊兵馬都監同提舉杭蘇一路兵甲巡檢公事李昭度　登化郎守少府監丞知仁和縣事李□

按此碑在杭州西湖北岸昭慶寺西石塔頭旁運民居環以土垣故雖露立山坡風雨凌轢外牆若多剝蝕而字徑三寸大書深刻揚而讀之了了可辨文僅泐五字全篇載西湖志藝文卷中今取以校補碑臨大路之北路南爲陳氏就莊乾隆四十七年間昶重修西湖志館寓莊中與此碑觚突相接編訂之暇往往步屧山岡徘徊碑下者久之碑爲王隨撰僧思齊書吳遵路篆額宋史列傳王隨字子正河南人東都事畧河陽人眞宗朝擢知制誥累知揚州加右諫議大夫權知開封府仁宗爲太子拜右庶子仍領府事坐事奪知制誥改給事中知杭州隨外若方嚴而治失于寬性喜佛慕裴休之爲人故其撰此碑述瀕湖佛官禁民採捕語多親切碑繫銜云兼管內隄堰橋道勸農市舶使提舉杭蘇一路兵甲巡檢公事此與他知軍銜不同浙西

水利以河渠爲亟河渠以隄堰橋道爲重宋史河渠志熙寧元年十月詔杭之長安秀之杉靑常之望亭三堰監護使臣並以管幹河塘繫銜常潤所屬令佐巡視修固以時啟閉据此碑則在天禧中已以隄堰橋道繫銜不待熙寧初矣職官志載巡檢司有沿邊溪峒都巡檢或蕃漢都巡檢或數州數縣管界或一州一縣巡檢掌訓治甲兵巡邏州邑擒捕盜賊事此王隨以杭蘇一路兵甲巡檢繫銜乃所謂數州數縣管界之巡檢也書史會要稱釋思齊杭人書師柳公權有所書放生池碑在杭州即此碑也吳遵路見宋史循吏傳字安道父淑見文苑傳遵路第進士累官至殿中丞爲秘閣校理章獻太后稱制遵路條奏十餘事語皆切直忤太后意出知常州章獻稱制乃仁宗初即位時事遵路之官大理寺丞監杭州酒務蓋在眞宗朝官殿中丞以前之任史從略也後列銜名十八人史傳載楊告字道之漢州綿竹人同學究出身累調南劍州判官知南安六合錢塘寧國縣大理寺丞通判江寧州据此碑則大理寺丞在知錢塘縣時已有此官段少連字希逸開封人舉服勤詞學

累知崇陽縣擢杭州觀察判官据碑則試大理許
事傳所略也餘俱無攷碑云斯郡也爲吳郡之福
壤羅城之西有湖曰錢塘或謂上湖亦云西湖羅
城者即杭州城也吳越備史唐昭宗大順元年閏
九月錢鏐築新夾城環包家山洎秦望山而迴凡
五十餘里景福二年七月錢鏐新築羅城自秦望
山由夾城東亘江干洎錢塘湖霍山范浦凡七十
里此即羅城之始也西湖志云西湖古稱明聖湖
又以其在錢塘故稱錢塘湖又以其輸委於下湖
故稱上湖其地負會城之西故通稱西湖碑言天

禧三年秋七月相國太原公自巖廊之任麾符
之寄明年秋八月公祗奉詔召入覲象闕相國太
原公謂王欽若也宰輔表三年六月甲午王欽若
自中書侍郎同平章事以太子太保免本傳云商
州捕得道士譙文易畜禁書能以術使六丁六甲
神自言嘗出入欽若家得欽若所遺詩帝以問欽
若謝不省遂以太子太保出判杭州仁宗爲皇太
子自以東宮師保請歸朝復爲資政大學士西湖
之禁採捕正在是時傳亦從畧也

金石萃編卷一百三十終

金石萃編卷一百三十一

賜進士出身誥授光祿大夫刑部右侍郎加七級王昶譔

宋九

增修中嶽廟碑

碑高一丈二尺七寸廣五尺八寸四分三十三行行七十五字行書篆額在登封中嶽廟

大宋增修中嶽中天崇聖帝廟碑銘并序

朝散大夫行尚書比部員外郎知　制誥判大理寺
輕車都尉賜紫金魚袋臣陳知微奉　勑撰
翰林待　詔朝散大夫太子中舍同正臣邢守元奉
勑書并篆額

臣聞融結斯分岧嶤列峙秀出奠方之勢財成育物之
功嶽鎮之炳靈也陰陽靡測變化難窮周大塊以無方
助鴻鈞而不宰　至神之妙用也交修享祀對越
神祇望秩于山川薦馨于籩簋有國之茂典也尊崇
顯號增葺　殊庭備物以致嚴祈覗而庇俗
帝王之精意也四口遞相爲用然後能罄昭事而膺
純錫矣非　聖人撫運踐何以臻于是乎巖巖維嵩
作鎮中夏控制轘轅之域連延郟鄏之區拳石流形自
胚渾而特起土圭測影驗寒暑之無愆舜典紀乎時巡
周詩壯其峻極加以功宜化育德輔沈潛四象相生惟

土也周流乎八卦羣山既列惟嵩也磅礴乎三川居參
神秀之委莫測崇高之狀是使眞仙攸託珎瑞沓臻石
壇騰金辟之輝天井潛蛟龍之宂鳳笙鶴馭嘉子晉之
嬉遊石髓玉漿見茂先之博識草木以之而效異峯巒
由是而標奇貝葉扶疎疑生於淨土神芝菌蠢幾秀於
中林許由韜晦而不還漢武封崇而有自三峯峭拔想
翠華以倚臨二室穹隆願赤霄而可接宜乎配天而比
峻鎭地而稱雄者也洪惟　至靈宅茲勝壤居中正
位受　命於紫淸毓粹含章顯仁於博厚體嫗煦生
成之造茂　聰明正直之僻得一生三眞符於道妙

卽來藏往莫究乎幾微丕應屢彰羣情斯屬眷惟歷代
率膺明誠顧名級以是分亦典章而盡在袞衣焜耀祀
公爵於成周羽葢葳蕤進王封於天寶雖申仰止未極
推崇允契　昌辰彌昭盛則　烈祖以建邦立極
禁暴勝殘革五代之澆漓副萬方之愛戴啓　炎靈
之祚本自一戎宣震耀之威咸淸九服芟除僭僞馴致
治平言念珎詞寶居溫洛式奉苾芬之祀聿嘗輪奐之
規正乎信辭不我殊祉　神宗以時膺下武化洽同
文徹烽燧於邊陲列黌庠於郡國干戈載戢美播乎聲
詩俎豆斯陳動遵乎典禮瞻彼靖眞之館素繫陰隲之

仁眞奉有加修嘗靡息貢厥長於永嘉聳壯觀於黎氓
誕集蕃釐爰鍾濬哲　崇文廣武感天尊道應眞佑
德欽明上聖仁孝皇帝撫　重熙之景運嗣
二聖之元基覽乙夜之書詳求治本布陽春之澤溥浸
含生鑒因草於前王洽謳謠於庶品參天兩地法亭毒
以無私一日萬機示躬親而靡倦威加冉服德被鴻荒
顓頊絜誠必先乎祭祀唐堯稽古用廣乎文思溫恭既
邁於有虞勤儉更逾於伯禹好問則裕成湯唯務於求
圖建官惟賢周武於焉而大定升王猷於八表式帝命
於九圍欽恤刑章命輶軒於列郡昭宣德化賜束帛於

高年睦鄰遂息於征徭教學逾臻於友悌下勸農之詔
與力穡而有秋精取士之科以得人而爲盛仁心格乎
動植孝感達于幽遐按蹕　諸陵肅展奉　先之
志燔柴吉土虔伸報本之儀一變淳風爰臻淨治然猶
兢兢馭朽翼翼持盈端委嚮明茂對重離之位儲精乘
思深窮衆妙之門黃屋非心　紫□降鑒元爽之使或
之以先期　綠字之書授之於獻歲諭以大中之旨崇
乎淸淨之風同河洛之秘文冠　皇王之嘉瑞欽承
寶命迭舉　鴻儀捻玉岱宗仰荅　慶靈
之祐奠琮□壤止祈豐稔之祥秘祝無聞蒸黎是賴既

畢頌祇之禮仍覃在宥之恩禹會斯嚴俾諸侯之肆覲
桑川載覽飭萬乘以言旋惟法御之經塗追祠官之舉
職皆申潔祭咸秩無文矧彼崧高鎮茲京邑宅中圖大
斯惟岂鼎之郊生甫及申實乃降神之嶽風存　廟
貌多歷歲時厥制未隆斯民何仰道不終否時遂會昌
辱惟守土之臣實奉保釐之寄因崇祀事周覽迸除露
奏以聞奚加必葺況升名帝籍早奉於徽章　列像
神皋載嚴於藻飾重以覃研　聖慮彪炳　乾文
奉　神既折於微言垂世永存於懿鑠而　宅靈
之地棟宇未崇增肅　宸衷特頒明詔大中祥符紀

號之六年癸丑歲季夏月於是乎命中使登高丘造嚴
祠數　睿旨消吉日協靈辰梓匠授其全謨林衡度
其貞榦因乎舊制煥以新規礱巨石以瑰琦廣餘基而
顯豁鳳斤載運雲鍤偕興鳩功靡奪於農時經費咸資
於御府崇墉繚繞屹若雲迎祕宇深沈呀如洞啓文梲
鏤檻燦琳碧以相輝銀牓璇題對煙霞而絢彩而又
神靈之迹應見之徵假繪事以章施俾民瞻而竦畏
畢成壯麗愈洽豐融龍袞珠旒　睟儀於正寢褕
衣闕翟昭　盛服於中闈羽衛駢羅簪裳拱侍以至
會同　四岳森列羣神泉像設於回廊赫　威容

於福地嚴警巡之丈蓋法周廬敞齋宿之宮爰資潔志
若乃性牷克備鼎俎惟寅嘉薦備乎吉蠲至誠通於肸
蠁垂鴻不朽率禮無違至乙卯歲季夏月載歷炎涼厥
功告畢增修殿宇并創造碑樓等共八百五十間移塑
尊像及裝□新舊功德畫壁等共四百七十所至
矣哉崒興雲構載擁　神休眞介福之奧區乃集靈
之邃宇也宜乎茂昭純嘏丕冒黎元躋膂蔚之容涵滋
昂蕃峻巖巖之質等固　蘿圖必資鴻碩之流式志
修崇之美而臣才非穎曜學本空疎徒塵切近之司莫
著揄揚之效遽承　芝檢輒叩蕪音徵黃絹之辭誠

慙麗藻刻翠珉之字曷暢　徽猷但謹歲時敢爲銘
曰
太極肇判　二儀乃分　草木麗地　山川出雲　風
雷噴薄　氣象絪緼　惟茲列鎮　實變前聞　崧高
峩峩　蟠亘千古　如轂處中　如日當午　遠控伊
洛　挺生申甫　肇岳之宗　列真之府　崛起隆阜
削成奇峯　崔嵬既結　純粹攸鍾　山靈表瑞
漢益戶封　土德符慶　岳致時雍　靈壤開基　明
神是宅　廟貌斯存　威嚴有赫　雲惟高張　巖扉
巨闢　幡旗　柔祇　居爲勝域　粤惟往古　咸勵欽

崇 軒裳孔異 爵秩增隆 國章雖盛 臣位攸同
允厲 昌運 爰推至公 縟典有加 鴻儀敕肅
濬談 天衷 昭升 帝籙 扆座斯皇 口旒允穆 備
極寅恭 惟新䄍穀 祠遊夙設 歷歲滋深 金鋪
雨駁 玉兕苔侵 宜崇偉觀 式契靈心 守臣飛
奏 宸旨遐臨 乃降輶軒 爰徵梓匠 即資謀新
重規大壯 架險陵虛 稱雄四望 神化難名
翬飛莫狀 虹梁偃蹇 藻井芬敷 雲甍掩映 霞
綺縈紆 高齊絕巘 永鎮名區 刊諸琬琰 禁以
樵蘇 籩豆有楚 犧牲是薦 奠祝陳信 鑮彝致

奠 能事斯畢 明靈乃眷 祚我皇圖 彌鍾錫羨
乾興元年歲次壬戌六月己亥朔十六日甲寅建
御書院袛應臣沈政臣鄢義等刻字
按乾興元年二月眞宗崩仁宗即位碑文稱崇文廣
武感天尊道應眞佑德欽明上聖仁孝皇帝則眞宗
天禧三年以前所上尊號也蓋修廟之役始事于祥
符六年癸丑畢功于八年乙卯知徵奉勑撰文亦在
此時更數年而後勒之石耳王曾中嶽廟碑陳彭年
北嶽廟碑所書尊號欽明二字在上聖之下宋史東
都事略並同獨此碑欽明在上聖上不可曉潛研堂金石文跋尾
碑爲大中祥符六年癸丑至乙卯歲增修殿宇創造
碑樓而作陳知微宋史有傳邢守元書亦謹飭似唐
人又有所書北嶽安天王元聖帝碑中州金石記
按中嶽廟自大中祥符四年加號中天崇聖帝至
七年立碑方已見前此碑云六年季夏命使修廟
是加號立碑正在修廟之時矣修廟之役𠝹于六
年季夏畢于八年季夏功僅兩年而立碑則距竣
工後八年奉勑撰文者陳知微史傳稱知微字希
顏高郵人由荆湖南路轉運使拜比部員外郎知

制誥判吏部銓兼刑部又判司農寺糾察在京刑
獄天禧二年加玉淸昭應宮判官俄以疾卒而不
言其判大理寺畧之也其卒在天禧二年則此文
作於二年以前矣書者邢守元無傳天下金石志
但載其所書北嶽安天聖帝碑而不及此碑是其
所遺也

永定陵采石記

碑高八尺一寸五分廣四尺許三十一行行六十五字正書篆額在偃師縣

永定陵修奉採石記
京西諸州水陸計度轉運使朝請大夫行尚書兵部

員外郎護軍□□瓘篆額
文林郎守河南府緱氏縣主簿管勾採取般運　山
陵石段樂輔國撰
若乃土圭定國卜洛爲二宅之雄地鎮飛雲維嵩冠五
嶽之首風雨之所會陰陽之所和□然□天地之心緯
爾是　皇王之宅□□□□載曰名都　我
國家巡契隆興　創業垂統俶平多壘奄宅中區
　京邑屯□□之師城關有□□之衆□水陸五
□之□□□□爲□之饒所以□淮汴之□游爲
都畿之勝地北之全盛又絕擬倫代自　太祖

太宗應順天人追尊　祖禰欽崇
懿號□奉　寢園乃於定鼎之□以□　藏
金之地爰從吉兆實建宏□□舉　□□□□
□□□□□道麼事鍾　萬世之基　大行
皇帝祗□　瑨圖恢融　寶命昚廸精妙逢
□粹和□□□□二聖之令猷紹九皇之懿範
睿文舒古宸經天緯地之源　神武膺期□□□
反正之業　仁以守□　孝以奉　先
四時固絕於畋遊七廟弥致於　怡護愛自
君臨兆庶　德服華夷運　神策於遐荒

執利器於掌握四夷□叙不施烽燧之輝百姓又安不
識軍旅之事綿□恬泰盛節交修翠嶰泥金聿舉增高
之典神雕奠璧復施益厚之功以至延　欽馭於
　霓清　授　珠符於　秘殿奉
希夷之誨昭示　仙源瞻　晬穆之容延昌
　寶祚顯　道宗之積累則　孝貺毫以
　朝眞荅　紫□之馳□則欵陽郊而薦
號顧　能事之畢舉仍　宸念以增虔
　旰昃萬機　□勞庶務六一丹就□□無舐
鼎之緣二十功成□后有攀　髯之歎莫不哀纏

聖嗣痛結　宮闈　六龍未達於杳
冥四海□閟於遏密倏臨遐日爰土廣阡指澶淵之濱
□蒼梧之野庀徒集事豈易其人□　命威塞軍
節度使侍衛親軍步軍副都指揮使夏公守恩充修奉
部署　左騏驥使忠州防禦使入内都知藍公繼宗
充修奉鈐轄　二公　先朝拔擢之恩副
當宁選掄之寄同心戮力夙夜在公仗鉞而來□以
便宜從事募諸道□士工匠來赴力役　表請文武
官□使命分掌其事雖欽承　治命以儉約而處
先而遵法古儀在堅固以爲事計用數砌　皇堂

石二万七千三百七十七口門石一十四侍從人物象
馬之狀六十二口口名山嵩比尋訪緱氏縣南有栗子
嶺者蓋少室之西山萬安之東嶺也多產巨石巖稜溫
潤翠與爲比輔國口居麾下仍屬陛封首口口口口口
計置還口口口口口乃　命中貴內殿崇班李知常
左侍禁李丕遠與輔國同辦其事部領工匠四千六百
口山并般運共口二萬七千茲山也口人煙蘿口口峭
口口口行口杳絕居民固無甘泉以充日用汲引甚遠
飲歠或愆士民之心方增勞止忽有石泉一眼湧出并
巖谷口有清泉一派口口山址其源深而流長其味甘

而且美挈瓶而至口口雲屯熬熬之心不勝其樂儻匪
一人之孝感　二公之至誠不能致也拜井
水湧詎已於耿恭刺山泉飛瀑專於李廣挺生傑出何
代無人此山舊口神祠綿歷口歲棟宇摧壞且基址具
存口口口口議其完葺揆請材瓦假力餘工曾未浹旬
儼然新廟異其降福以庇茲民復有靈虵出爲瑞應其
色皎潔其狀蜿口爰有飛章達于　天聽特
詔中使頒　睿旨賚名香奉道流二七人建靈
場三晝夜并設清醮以荅神貺而又屢宣　宸慈
撫恤士伍餌以醫藥　賚以物帛羣情感激罔不盡

心每梯霞躡雲捫崖抱樓若履平地咸欲先登鼎爭之
聲聞數百里凡所攻採應手而得鼎令所出口同心齊
般輦相繼有若風雷而未及前期厥數大備自非睿之
令序速獻袠之屆辰以日繫時其功就畢洎乎充用抑
有羨餘輔國獲處下風叨預陳力備觀事實仍仰
褒歎秉筆直書詞亦無媿至於崇奉　陵域種植
松楸嚴肅　威儀秘邃　宮闕規模宏壯制
度久長亦　二帥之輸忠諸君之協贊固不可得而
備言也聊書採石一時之事乃萬分之一二矣時乾興
元年八月十日記

左侍禁提舉　山陵逐程排頓及馬遞鋪管勾採取
般運石段李丕遠書口刻字
內殿崇班提舉　山陵逐程排頓及馬遞鋪管勾採
取般運石段李知常
山陵修奉鈐轄左騏驥使忠州防禦使入內內侍省
都知勾當皇城口口鄧蕭臨　駕口口藍繼宗
山陵修奉部署侍衛親軍步軍副都指揮使感塞軍
節度使夏守恩
億按碑漫漶尋其可與史證者惟藍繼宗見禮志志
云山陵按行使藍繼宗言據司天監定永安縣東北

六里曰卧龍岡堪充山陵今碑云繼宗充修奉部署又云山陵修奉鈐轄以見繼宗必初爲按行而後又充修奉史載或不備附於此見之也職官志使職兼領者親祀南郊則有大禮禮儀鹵簿橋道頓遞五使籍田泰山封禪汾陰奉祀恭上寶册南郊恭謝皆如之案橋道頓遞使當太祖崩而太宗時尹開封固嘗任之尋又兼五使則志於大喪充使職者亦當列之志內然竟未收入何與豈以國恤諱而不書與記所載李丕邉李知常並有提舉山陵逐程排頓及馬遞鋪等職蓋亦頓遞使之遺也故著之以補史闕偃師金石錄

按此碑篆額者但存其名瑾而泐其上二字以史考之當是鍾離瑾也傳稱瑾字公瑜廬州合肥人由淮南轉運副使歷京西河東河北轉運使改江淮制置發運使累遷尚書刑部郎中碑結銜云京西諸州水陸計度轉運使當即傳載京西轉運使而兵部員外郎傳特從畧耳撰者樂輔國無傳史有樂史之子黃目傳稱黃目字公禮撫州宜黃人世仕江左李氏其子理國爲衛尉寺丞定國爲大理評事疑輔國亦黃目之子或史畧之也文稱緱氏縣南有粟子嶺有石泉一眼湧出因葺舊祠爲新廟復有靈蛇出爲瑞應今撿河南通志皆不載惟云眞宗陵在鞏縣城西南蓋當時山陵在鞏縣采石在緱氏也碑文叙夏守恩藍繼宗二人碑末皆叙李丕遠李知常二人二李無傳夏守恩傳稱字君殊并州榆次人天聖初加步軍副都指揮使威塞軍節度使爲永定陵總管史惟總管與碑之稱部署異餘官皆同然云天聖初則史誤也山陵是乾興元年事非天聖初藍繼宗宦者傳稱字承祖廣州南海人仁宗即位遷左騏驥使忠州防禦

使永定陵修奉鈐轄與碑合碑下云勾當皇城司則繼宗原官下又有整肅隨駕等字舉以入銜則傳所無眞宗謁陵東封祀汾陰繼宗皆隨駕此必當時繫銜有此名而史畧之又繼宗之爲按行事非一次太宗時按視大小洛門二砦元德章穆三后葬爲按行園陵使特修奉永定陵傳無按行之文而別見於禮志碑亦不言先按行而後修奉且碑文明言充修奉部署者夏守恩充修奉鈐轄者藍繼宗偃師金石錄云繼宗充修奉部署誤也

緱縣重修至德常寧觀記

碑高四尺八寸七分廣三尺二十三行行四十二至四十八字不等行書

鳳翔府虢縣重修至德常寧觀記

進士高安撰

進士趙綱書

嵇康言神仙雖目所不覩而傳記所載其必有之此乃特禀異氣非積學能成議者紛紜莫能一致其謳詠妙則謂之昌言其攻短捨長則稱爲誕說或引軒轅黃帝埋弓劒攀龍髯以證必然之理或舉秦皇漢武求滄海拜竹宫以明無□之驗眞僞迷於千□褒貶興於百家若迺黼黻冲虛丹青紫府湧泉源於言下橋星辰於

筆端則王母雙成禀然可揖或指斥道教折衝仙籍散風霜□春囊森矛楯於青簡則列子莊生昭然可咎俾下士迷其朕負□闇昧於是非殊不知今古相遥天地至廣動植賦象質類性乖魚化虎變木連理草三秀萬物□□□□□之不可信也若然則濡毫之士不得不搦管意□焉而罔决將取監前聞始知叔夜之論最爲絕妙而剏於留倚丹鼎引領金闕慕緱山之舉手窮桃源以求路落落動羽化之思颷颷起凌雲之心能不嘅味將言趣酌精義得非徹骨入神之所寶惜乎量拼翟

韓詡之士未易輕喻也按縣圖經有常寧觀在邑之南斯則前代賜額之巨宫也流俗傳昔有劉眞人輕舉是地歷五代離乱碑碣湮沒止有石蓮座誌百餘言說劉綖張皮樊夫人全家上□以證其事似符流俗之傳疑者雖屋宇殘毀□至磨滅斯又若人民欽其前聞不忍使芳跡之永絕也故觀之內惟有石像一尊古殿一座風雨暴露香火寂寥至　邑令嚴公來莅此縣率道布政厚德薄刑復觀　聖□朕槩□興靈迹具事故慨然有葺脩之志於是命歧下賜紫道士顧項公自忠以主之俄有高泉道人趙公徙議自號慙愧尊引

辟穀僅三十載課釋典持□□俱盈數十萬卷混眞好酒時發微機可謂負拔俗之大名蹈高世之芳躅知嚴令之賢誠足振其大道繇是捨錢數十萬市瑰材召碩匠新大殿建道堂敞客廳廓廚宇回廊曲檻青瑣綠檽翼翼嚴宫朞歲而就若乃宗聖教貴遺址萬工千木偷□公門掌故鼎新速於衆力儻非尊道之名宰博施之逸士則前古福地竟爲禾黍矣若夫驗興廢明會遇又匪偶然矣　嚴令齎經始之謀慙愧擬圖終之誓言必合動無拒若商聲之應宫迅流之赴海間之可以精人神觀之可以快人意是能築宏基於久隳鼓眞

風於已墜者也而况趙公頤心方銳若傒九仞之山建
成而貲土始進其能自止乎不幾年更覩其樓閣□□
金碧燭日也□邑民奕才學無□□□□屬　　嚴
公秩甫滿□命爲記安亦欲紀公之休烈冈顧多讓敢
自謂雄文□但紀古觀中興年祀矣時
大宋天聖五年歲次丁卯九月一日戊戌朔九日丙
午建
儒林郎行縣尉兼主簿張文質
賜紫道士觀主甌項自忠
承事郎守虢縣令嚴望之

高泉道人趙從讌建
小師道士□□□　　淸河張志刊字
按宋之虢縣屬鳳翔府元時省入寶鷄縣今檢陝
西通志祠祀寺觀卷寶鷄縣不載至德常寧觀

勸慎刑文

石高六尺六寸八分廣三尺六寸五分三十三行行六十一字正書在西安府

勸愼刑文并序

正奉大夫守禮部尙書充集賢院學士判西京留司
御史臺柱國南安郡開國公食邑四千三百戸食實
封陸伯戸賜紫金魚袋晁迥述

序曰嘗覽前士所述戒殺生文服其善利居□□續之
以贊而資助之大旨惜乎生物之性焉惟人萬物之盡
厥理尢重因而別撰勸愼刑文明引善惡報應亦冀流
播警悟當官之吏救心于刑廣樹無疆□□也　　文
曰易稱君子明愼用刑而不留獄至矣哉前經格言凡
斷獄者旣明且愼而不滯留吏訓詳悉無□于此
國家歲舉恤刑之詔賜天下長吏除□甚備而年祀寖
遠因循怠忽若能視之如新奉行彌篤哀矜服念不失
其職此乃以惻隱之仁崇樹勝因□□佗等萬萬夐殊
矣□得情勿喜先哲垂戒者蓋□道化之末而及于禮

禮防之末而及于刑刑以輔政弗獲已而用之也不當
銳意以快其心然有便宜從事□用其刑者必須事出
權變以去巨蠹安齊民爲□非可常用苟不以此但好
深刻爲盡理酷暴爲絶倫窮極殘忍自徼赫赫之名者
非公也是私也違古聖欽哉之訓其有濫而不明輕而
不愼用情樂殺於人者殃咎響答安可勝紀布在信史
可舉大端有如西漢甯成以郎謁者事景帝猾賊任威
稍遷至濟南都尉其治如狼牧羊號曰乳虎至武帝即
位爲內史而外□□毀成之短成遂抵罪髡鉗又周陽
由居二千石中最爲暴酷後爲河東都尉與其守勝屠

公爭權相告言勝屠公自殺而由棄市又義縱爲定襄
太守捶獄□□罪二百餘人及賓客昆弟私入相視者
亦二百餘人皆捕鞫奏請殺之後爲右內史以燥格沮
事棄市又王溫舒爲河內太守好殺行威捕郡豪連坐
千餘□□奏殺之及爲右內史有人告溫舒受錢姦利
事其罪至族溫舒自殺又尹齊爲淮陽都尉所誅滅甚
多及死仇家欲燒其尸妻亡去歸葬又嚴延年爲河南
太□冎刑刻急總集屬縣囚論殺之流血數里河南號
曰屠伯其母謂延年曰天道神明人不可獨殺也我不
意當老見壯子被刑戮我今東歸與汝掃除墓地耳歲

餘延年果坐事棄市東漢段紀明爲司隸殺蘇不韋并
滅其族及紀明爲陽球所誅天下以爲蘇氏之報焉又
胡种爲司隸挍尉與王宏有隙及宏遇李傕之難□獄
种遂迫促殺之宏臨命訴曰胡种樂人之禍禍將及之
种後眠輙見宏以杖擊之因發病數日而死後魏時御
史中尉王顯以宿憾奏中庶子元壽興誹謗□廷宣武
賜壽興死臨刑顧謂其子曰我棺中可置紙百張筆兩
枚欲訟顯於地下若高祖之靈有知必取顯及孝明即
位顯尋被殺隋時梁敬真爲大理司直□帝忌魚俱羅
令敬真治其罪遂希旨奏俱羅擊賊敗衂陷之極刑未

幾敬真有疾見俱羅爲之厲數日而死唐郭霸爲監察
御史嘗推芳州刺史李□□榜捶□□不勝而死其後
見□□從數十騎止其庭曰汝枉陷我我今取汝霸周
章惶怖援刀自刳其腹斯須蛆爛矣又崔器爲御史中
丞性陰刻樂禍奏其陷賊官□□死後器病腳腫月餘
漸亟瞑目則見京兆尹達奚珣器但叩頭□稱大尹不
自由如此三日不止而死又舒元輿爲監察御史亳州
境有羣賊剽劫而累政□□不獲刺史李繁潛設機謀
悉知賊之巢穴盡加誅斬時議責繁不先啓聞於廉使
涉擅興之罪遣元輿覆治之素與繁有隙復以初官銳

於生事乃盡反其□□奏繁濫殺無辜勑賜繁死及元
輿被禍人謂有報應焉後唐西方鄴爲岸江軍節度使
爲政貪虐判官譚善達每箴其失鄴怒令左右告善達
受人金下獄栲□遂殺於獄中無幾寢疾時見善達入
其戶俄卒於治所惡報之類有如此者善報之類譁曰
無之西漢丙吉以故廷尉監被詔治巫蠱吉力拒使者
以保長安□武帝感寤因赦天下恩及四海至宣帝知
吉有舊恩將封侯以報而吉疾病帝憂其不起太子太
傅夏侯勝曰臣聞有陰德者必饗其樂以及子孫今吉
非死□也果病愈後五歲代魏相爲丞相又于公者其

閻門壞父老方其治之于公曰少高大閭門令容駟馬
高蓋車我治獄多陰德未嘗有所冤子孫必有興者至
□□國爲丞相永爲御史大夫封侯傳世東漢何敞六
世祖比干爲汝陰縣獄吏決曹掾平活數千人後爲丹
陽都尉獄無冤因武帝征和三年三月辛亥大陰雨□
有老嫗可八十餘求寄避雨□甚而衣履不霑漬雨止
送至門謂比干曰公有陰德天錫君策以廣公之子孫
當佩印綬因出懷中符策狀如簡以授比干□□本始
元年自汝陰徙平陵代爲名族又虞詡祖父經爲郡縣
獄吏按法平允務存寬恕嘗曰東海于公高爲里門而

其子定國至丞相吾決獄六十年矣雖不□于公子孫
何必不爲九卿故字詡曰升卿詡後爲尚書僕射又袁
安明帝時爲楚郡太守治楚王獄所申理者四百餘家
皆蒙全濟章帝時安位至司徒生蜀□□守京京弟敞
爲司空京子湯爲太尉湯子成爲左中郎將成弟逢逢
弟隗皆爲公後魏高允爲中書侍郎轉令監評刑三十
餘載內外稱平每謂人曰吾在□□時有陰德救濟人
命若陽報不差吾壽應享百年矣九十八而終唐徐有
功則天時爲司刑丞酷吏周興來俊臣丘神勣等搆陷
無辜皆抵極法詔下大理□□功皆議出之前後濟活

數十百家累遷□刑少卿以諫奏枉誅者三經斷死而
執志不渝酷吏由是少衰時人比漢之于張焉先是潤
州刺史竇孝諶妻龐□□奴所誣當坐斬有功明其無
罪至明皇時孝諶子希瑊請以己官讓有功之子以報
舊恩有功之子由是遷官又陸元方則天時爲宰相臨
終曰吾陰德□□□矣庶幾乎福不衰其後元方子象
先爲宰相景倩爲監察御史景融爲工部尚書景獻爲
屯田員外郎景裔爲庫部郎中並有美譽噫所勸無忘
慎刑勤□□□區區援引皆正經正史敢告深識之士
三復而盡心焉

此宋晁迥述自古酷吏循吏之報應以爲用刑者勸
文亢似縣鬼而書方整勁拔有歐陽率更法稍遜其
遒逸耳碑無書者姓名以后慎刑箴碑証之當爲盧
經書 石墨鐫華

愼刑箴

石高六尺六寸三分廣三尺三寸五分二十一行行四十四字正書篆額在西安府

愼刑箴　并序

正奉大夫守禮部尚書充集賢院學士判西京留司
御史臺柱國南安郡開國公食邑四千三百戶食實
封陸伯戶賜紫金魚袋晁迥述

河□府進士盧經書
將仕郎守鳳翔府岐山縣主簿龐房篆額
書曰欽哉欽哉惟刑之恤哉又曰與其殺不辜寧失不
經好生之德洽于民心禮曰刑者侀也侀者成也一成
而不可變故君子盡心焉斯乃古先垂世之文布在方
策之著明者也　聖朝順考古道以御萬邦建官
率屬尤重其事漢書曰張釋之爲廷尉天下無寃民于
定國爲廷尉民自以爲不寃噫凡親民莅政司刑典獄
之官若能明慎深切法漢之張于二賢則仁德之□無
出於此至如踐卿相之位固當然也曾莊公曰小大之

獄雖不能察必以情路温舒曰天下之患莫深於獄捶
□之下何求而不得又周勃有大功歷尊位威望素震
及坐事被攝猶歎獄吏之貴是知愚弱之民苟嬰縲紲
則鍛□誣服者可勝言哉故俗語曰畫地爲獄議不入
刻木爲吏期不對此皆悲痛之辭也迴嘗接深識鉅賢
先生之論□爲食祿之士固當惻隱濟衆自求多福殖
福之法必須善利及人善利之要莫若慎刑最爲急務
餘皆不足爲比□先生又云慎刑之至者既知其幽圄
可恤當親所治之人皆如已子必在乎始末疚心而軫
念爲無怠忽無苛留□報應之的其福禍是理貫神明

昭然無疑又云聽訟折獄至于評刑次第之間必具四
德公清爲之先正自心勿爲勢利所遷一也明察次之
究其事始勿至變亂成惑二也仁恕又次之既得其情
哀矜而勿喜三也平允又次之獄具取決無偏上下相
啟以刻爲明四也四者備矣何慶如之迴先述勸慎刑
文明引經史中善惡之報達諸聰□今又作此慎刑箴
續而助之敢告英才上智必信勤行與諸同志者更相
尊諭廣樹陰德大則合仁者安仁之安□亦獲智者利
仁之利也勗哉當職幸垂精鑒其箴曰
刑之所設　禁暴防淫　慎□戒濫　利澤惟深　如

燭於闇　如拯於沆　所以君子　必盡其心　慎刑
本仁　仁者多壽　濫□獲報　天網不漏　嚴毋先
見　于公有後　願布斯文　置諸座右
皇宋天聖六年歲次戊辰五月乙未朔十二日丙午
上石立於永興軍　至聖文宣王廟
陝府西諸州水陸計度轉運使兼本路勸農使宣德
郎守尚書兵部員外郎護軍賜紫金魚袋李周士
陝府西諸州水陸計度轉運使兼本路勸農使中大
夫尚書刑部郎中直史館上柱國賜紫金魚袋杜詹
安衆禪院主悟本大師惠□監刻字

迥既作愼刑文又爲是箴刻石永興軍文宣王廟即今西安府學碑立于天聖中是時迥判西京已年八十餘矣召宴太淸樓旣而獻斧扆愼刑箴是此耶中多爲長吏語似非上天子者迥爲殿中丞時失入死囚奪二秩故晚年津津愼刑如此耳書碑者進士盧經大有歐法并可存也石墨鐫華

按前篇愼刑文及此篇愼刑箴皆晁迥撰愼刑文述用刑善惡之報應此碑則勸人廣樹陰德而用蒭語系于末箴云願布斯文置諸座右則非對君上言矣史傳載迥字明遠世爲澶州淸豐人自其

父佺始徙家彭門舉進士累拜工部尚書集賢院學士判西京留司御史臺仁宗即位遷禮部尚書居臺六年以太子少保致仕天聖中進太子少傅獻斧扆愼刑箴大順審刑無盡燈頌凡五篇卒贈太子太保謚文元迥通釋老書以經傳傅致爲一家之說云云其所著道院集十五卷晁公武郡齋讀書志載入別集云五世祖文元公歷官臨事未嘗挾情害人以售進保全護固如免髮膚之傷眞宗數稱其長者李獻臣言其服膺墳典耆年不倦少遇異人指導心要不喜術數之說疑文滯義須質正後已文章典贍書法楷正時輩推重其所著昭德新編三卷法藏碎金錄十卷錄入四庫全書總目提要謂昭德新編爲其晚年所作因居昭德坊故以名書法藏碎金錄乃天聖五年退居昭德里所作皆融會佛理隨筆記載據此則此二碑所作亦在退居昭德里時矣碑中述古人用刑之禍福大致亦勉人爲善而兼入于釋氏者此文非對君之語非獻上之箴其用以獻者殆別一篇且傳載獻箴頌五篇在進太子少傅之後此碑刻于天聖六年結銜無太子少傅字則作于致仕之初年

益可證之文元壽至八十餘其子孫如公武等皆以文學名至二百年弗替爲善之報綿延無窮以視漢之于張抑又過之錄此亦足爲世勸也

文安公牡丹詩

石高五尺三寸七分廣三尺三寸二十八行行三十六字行書

廣平□□僕射文安公牡丹詩十首

□應春處即□春粉面□相□沓新語得必傳天上事

摘來眞是掌中身百花推戴教爲主□日妖□欲□人

無可奈何□愛惜少偷金蘂咽芳津

日華鮮麗露華濃梳洗香朝覓□容來在夢中甘化蝶

入伊心裏不如蜂宮娥捧擁西施醉天樂宣閟號國風
高拗浮口須繼燭玳簪分載酒千鍾
春心相惜最相親湘葉忩忩換翠裙雙蔕喜如嫦二女
一枝愁似寡文君艷繁誰卷真珠看香好曾歆琥珀聞
深染鮫綃籠玉檻莫教飛去作鄉雲
烟容粉態傍歌樓半似窺人半似羞把筆乍題先巧笑
凭欄微咲不廻頭吹乾玉笛香猶在槌破靈鼉愛未休
更得黃鸝將粉蝶東西南北說風流
澹黃容止間深檀妥嫡香紅露未乾和淚似嫌春漸老
向人如說夜來寒粧成有樣教天媛體絕無心下國蘭

針繡筆描俱未是好風相倚笑邊鸞
錦爲行障繡爲衾不殺猩猩色已深花譜揚名居一品
藥欄幾見賞黃金誰忘正爲宴珠箔得意惟能挑玉琴
洛水橋南三月裏兩無言語各知心
風排香陣拂瑶墀　御苑新晴爛漫時十五素娥羞水
色三千紅面洗烟脂宮腰暎酒思輕舞檀口偎牋欲詠
詩鐵石心腸爲君變多情多恨一枝枝
水精冠葉鏤春冰巧思鐫研倣未能風砑紅綃光黜血
暖銷金鏤細含稜韶容旖旎終無比晚艷低佪更可憎
戲脫仙衣親手覆香身柔軟力難勝

春風平地謫花仙紅裊生香下九天艷欲背身垂玉筋
動如移步凑金蓮含情待去爲雲雨忍笑佯來聽管絃
朧月輕寒應不慣夜深渾擬傍蘩眠
許多顏色涅春嬌就裏輕紅宸口饒生處地須名紫府
落時覓想返青霄霞英散熖燒纖手藥粉飄香著步搖
輕剪自憐支節痛倚煙啼露一無憀

牡丹詩後序

牡丹本木芍藥擅名於唐開元天寶間詞人才子竟爲
賦詠若李翰林舒元輿李山甫皆馳騖於文苑儒林中
聖宋翰林主人僕射文安公牡丹詩十首體制風雅不

讓前賢編集浩大未遍傳於天下之口覩其詞彩瀞淡
千態萬狀規諷刺倖得詩人之微旨憶草木之英無瑞
時濟俗之用而當世之盛一賞一翫有破產移風之蠹
詩之麗以則採之者宜精詳之　廣平寺丞階
文安公緒業字人有犀因刊斯詩于石俾傳諸好事者
以孟堅受知　文安公命爲序於後孟堅感懼不獲已
而述時乾興初紀號孟春月望日前漢中綱紀掾淛國
劉孟堅謹序
朝奉郎守國子博士同判原口軍州兼管內勸農事
上騎都尉賜緋魚袋宋漢臣於天聖九年五月口口

重建

香城禪院主賜紫□□出石　安文晟刻字

自唐以來咏牡丹者多矣未有連章累韻大極鋪揚如此者自太白以美人擬牡丹後之咏者類宗之又未有比物精工緣情綺靡如此者則十律卽謂之牡丹傳神之第一咏亦可也卽其中詩格卑弱體裁浮艶時有風花神之丰采光惟足以當之則惟恨其不盡寧厭其過況今之繁眎宋日不啻倍蓰則此詠又其嚆矢耳字亦老健清真行法之有典則每群英絢爛撫玩吟哦乍覺案上硯頭鼻端舌本互生異境園

林不可少此墨林快事

按廣平僕射文安公者宋白也史傳白字太素大名人建隆二年擢進士甲科乾德初獻文百軸試拔萃高等累官兵部尚書進吏部尚書大中祥符三年丁內艱五年正月卒贈左僕射謚文安有集百卷宋史藝文志及直齋書錄解題並列于目則當宋時未嘗散佚然呂東萊編宋文鑑此詩未載厲樊榭宋詩紀事輯宋白詩僅十一首牡丹詩十首無一存者是百卷之集久無傳而此碑復不顯於世採輯之家所未及也詩後序云廣平寺丞階文安公緒業謂文安公後人也撰序者劉孟堅自云孟堅受知文安公命爲序於後時乾興初紀號宋白嘗三掌貢士孟堅當是門下士白之卒在大中祥符五年至是孟堅作序距卒後十年此碑宋漢臣以天聖九年重建又距作序後十年漢臣不知爲文安之諸子與否傳稱白子憲臣良臣忠臣此漢臣或亦其兄弟行也

絳州重修夫子廟記

石高六尺九寸四分廣三尺九寸卅二行行五十八字至六十一字不等行書

大宋絳州重修夫子廟記

朝散大夫尚書祠部郎中充秘閣校理知軍州兼管內勸農事上護軍借紫李垂撰

三墳而下聖人非一首出千古爲聖之至　我夫子焉周公而上聖曰堯舜曰大禹文王曰湯武周公而下曰孔子子沒千百年而迄於今不復生謂聖人者達者曰亘萬世終天地不復生謂聖人也蓋周孔之作盡之矣後之有如周公如孔子烏越諸道越諸爲過過於不及迷大中之用烏聖耶烏賢耶楊朱墨翟之書詳其所存亦君臣父子之說然王霸平入悖我天常時或之謂孔墨焉索於辭果肆而爲叛者又奚及耶孟軻荀況

揚雄韓愈之徒正性天賨孜孜思及落筆行事推誠聖
人蔚爲而其文光炳焉而其德耀顯晦周變卒持於道
匪謂聖而謂賢者所謂周孔之作盡之矣止曰大儒曰
大賢僉堯舜之聖得位而治民克受賜於當時禹湯文
武皆時而已非所謂教補千古法御無窮者故禹没湯
喪生物塗地孰愈乎周孔立言天地俱□五材萬類動
悉其要一日去之中國不夷則狄矣夫周公之法制人
者也孔子之教誨賢者也祖述憲章知堯舜至仁桀紂
至暴歸其義君臣治而家國闕下之及斯者爲大賢過斯
者爲不及所謂亘萬世終天地不復生謂聖人也李唐

承平爵我以王禮我以王禮我攸宜爵我之王未正也
子王闕下道王故久焉丘明是以爲素臣予於周王其尊
矣謂天子得曰王孔子得曰王賢扆桼偏皇帝之號距
唐靡革若四夷小酋長戎將帥之負勲者□□□□□
孔子何爲尊韓愈唐臣也誌詞於碑不曰王曰孔子旨
其是矣維絳古晉之膏壤風物充饒氓庶繁益今其侈
奉於佛滛□□鬼□夫子廟雖　國章下郡縣告
長吏必完其宫必欽其祭咸不能脩禮進儀而屋壁堂
隳墟如不祀祀將弗恭矣咸平二年朝請大夫尚書□
□郎中上柱國譙國夏侯公壽來□於茲既恤其四窮

又安其四業知化藹公甫思欲葺祀事行禮容獨以夫
子爲先及廟象弗完僉新厥制闕下誰昜德祀□而靡脩
曷滛祀□而靡廢面賢識愚肉食罔恥吾將緣□地以
拓其垣墉起崇堂以儼其貞服搆重樓積羣書以誘其
學校架長廊給闕下祭□始誠未孰予其之衆庶□詵符
緡百萬楷工斤木奉若公旨四年承奉郎太常博士河
南梁卿昭璉同執郡司貳公之摸請制如一闕下公遂歸
　朝嗚呼梁卿□天厭賢不幸而卒於我廟事墳
焉弗興五年宣德郎尚書都官員外郎汾陽郭侯堯卿
代公而茲三賢同道其闕下望封維寧斯效僻南鬼西佛

各推教始彼光佩儒業豐守祿位胡不思之甚歟以是
　國朝用檢邪邑滛祀□宇悉議除之一穩一極
蠹削其職書曰葛伯不祀湯始征之則祀非後者也且
恕責無他合中而已既弗命祀而祀辜乃如之庶命祀
而弗祀辜亦如之則四方孰我不供乎侈附刑書則萬
世孰我不供乎君子曰孔子於亘萬世終天地不復生
謂聖人也可謂至聖矣王以道弗王以位可謂正名矣
典祀著法可謂制禮矣垂一命未行　召試闕下
於故梁卿得崇朝硯席之遇卿暨同埋於絳垂營學法
於解與夏侯公以夫子廟屠指爲記□□□兼局尋負

報命逮公歸卿卒聖人之門勉志而進亦少補於故鄉之意因知夫子沒不復生謂聖人也又知李唐之封非尊我下闕不供也語是三者然辭質義膚庶有成於理

□□□□□□□六月癸未朔二十八日庚戌重立

晉右軍將軍王羲之書　逸民□跌望集刻

絳州夫子廟記宋人集右軍書聖教序猶是眞跡中集者此又從序書及他石摹刻形似之外風流都盡矣然記得朱紫陽好曹孟德書劉共父好魯公書朱以時代譏之劉荅固耳吾唐忠臣若漢賊也朱乃屈

笑此夫子廟記不當勝作裝飾序耶吾姑爲此石解嘲（晉州山人稿）

絳州夫子廟記集王逸少書摹刻手俱精雅第中忽雜以一二草書杜撰不入格宋人傖父之態居然畢露矣（金石史）

按此碑泐其年號但存六月癸未朔二十八日庚戌重立據遼史朔考六月之爲癸未朔者在仁宗天聖十年又以宋史李垂傳證之垂字舜工聊城人咸平中登進士第遷著作郎館閣校理累修起居注罷知亳州還𩔗晉絳三州明道中還朝出知均州卒史不詳其知絳州在何年其爲明道以前已屬可據則此碑確爲天聖十年立也但垂之去絳亦正在是時碑何以云重立是所未詳也

解州鹽池新堰箴

（碑高七尺五寸三分廣三尺二寸一分十八行行約七十字行書）

解州鹽池新堰箴（并序）

朝請郎守尙書祠部員外郎充集賢校理知解州軍州□□□□農□□□□□□勸□□□騎都尉賜緋魚袋借紫張□□中尹（下缺）

晉右軍將軍王羲之書　後郊跌跌　集勒

趙郡李棠題篆

天聖九年冬十月奏請營兩池新堰　詔□□之越明年春正月擇鹽官曰文□□□□嘉安□□□□千人責葺□而□之歷仲春厥功成壯矣□板築與於□□鑿濬於□□□鄙護眞濤壘之固也烏乎鹽澤之區邠瑕之地其利衍沃則三代無取焉自元魏□還更變□定□□□□富彊專於所入貧弱仰而絕望歸國家則侵漁日□刑□□□□□是□□□□造□□　唐立一定之法重使權益刑名設兵以防之樹棘以禁之置屯以殺之建官以統之匆稾管藏運絡□□衡石参較

出納萬計官運商載晝夜如流貲□□無筭之饒減天
下□□□賦曰公曰私各有定分侵漁之弊自兹稍息
至朱梁干紀昭宗刼遷□□相仍經制無度邪□□薄
民賦寡入彊梁乘□得以肆貪守衛协謀公竊相半至
是以□□□□□之觀夫𩒗数□□□□斯革
太祖以欽承正統剏□諸夏　太宗以□隆丕
業奄有四海逮乎　眞皇御極　嗣聖纂圖
□□□□□□□□道聲教所□靡不□□□□斯民
動罹深辟體漢皇之約法遵成湯之解網昔之苛刻特
從末減故亦　詔計贓罪之死者止從□徒三年

自是近池之人□而犯以者□多矣　皇王之惠
其至也哉夫禁禦稍寬寬則僞出法令經久久則姧生
姧僞相滋抵犯何極繞而□之乃自然之□也去年春
□有□□州塩禁者　□□行之□□□□汾陰□
單□□□供奉官蔡公□領池事偶一日舉職餘閑因
歷覽而議之曰樹棘爲禁其可固乎設兵爲防其可□
乎不忠不固則表裏之□□□爲其禦哉且峻刑辟而
踈禁衛則民□□利而□之□□衆矣斯何□□□罟
以陷飛走之類乎何哉蓋利誘其人茫茫然殺者不知
乎□□生者不知乎苟免若然則下□之弊急可救之

矣救□□□在乎設隄防以塞民欲民欲旣塞□盐禁
之刑於兹而自錯矣苟至□□□是謂民安而刑清非
一時之利乃萬世之利也蔡曰設防之□□乎曰未若
起堰於上浚壕於下使外不能入□□能出□□□驍
精卒巡守要害自□人無其心而姧僞息矣夫如是□
□□可□蔡曰諾繇是卽日議定其狀馳騶以聞屬
二聖□育元元惠綏子懷乃睿勤請遴下命而督
成之自是□□□□□略無犯者□新其堰者非止護
其寶也抑亦護其民也具中人之性者必知之矣旣知
之則可□相誘導俾遷善而無犯也不然則網罟之陷

易如反掌耳故爲盐池新堰箴以易之其□□
盐池渺瀰環圓百里種斂千夫出□萬計因曰脂膏乃
生姧弊姧弊旣生法令斯啓孰謂其嚴設兵邏之孰謂
其峻樹棘□□□□□□兵多自擾連延公竊開張禍
基□□侍臣协□□獻　帝命曰俞俾營新堰乃
立制度乃分程限期以三旬厥功可建詢摎堤頌曰恩
曰鼎霜肅威稜風嚴彇令畚鍤交飛役□□□□□下
浚如城□池新堰伊何其利孔多□爲□盜無得□過
昔也施禁如張網羅今也固護如登太和勉旃解人□
□天眞勿念□□念乎湮□勿思盬賓思乎害身聞斯

行諸揚之□□
大宋天聖十年歲次壬申十月己亥朔五日癸卯記
碑半已磨損今案其序鹽澤之守設兵以防之樹棘以禁之置屯以歛之建官以統之與宋史食貨志参較所云巡邏之兵百人目爲薦資者合而新堰修建則又以設防滋弊故易之而便利于民也今史獨軼此事何與序言節日議定其狀馳驛以聞又云乃眷勤請遠下命而營成之當時改制之規奉命于上而又獲有成效不宜盡沒其實使才臣計畫不著於世也碑前題銜朝請郎守尚書祠部員外充集賢校理

知解州軍州下缺騎都尉賜緋魚袋借紫張名缺又有仲君字盖其奏請營兩池新堰在天聖九年冬十月而碑記之立則在十年十月兩池者解縣安邑也集勤字人拓本過黯重不可辨是役也以箴詞內云攄領曰恩曰鼎殆一時之人任事者故并著之亦以吾儕喜發人之名因事輙見如此授堂金石三跋

按兩池築新堰宋史食貨志不詳山西通志鹽法門載畦池之制五幅爲塍塍有渠十井爲溝溝有路臭之爲畦釃之爲門池如仰盂畦居灘際地勢南卑於北畦旁各開水爲港長與畦等汲引水上畦底如砥邊封爲埂中復留塍以段分之此治畦之法如此而亦不詳築堰之事要之池鹽漉曬全藉蓄水則築堰爲蓄水之良法此碑可補河東鹽法紀載所未備此碑與前碑重修夫子廟記皆集右軍書而此摹勒較勝惟所題後郊跋跌集勒者殊不可曉

金石萃編卷一百三十一終

金石萃編卷一百三十二

賜進士出身　誥授光祿大夫刑部右侍郎加七級王昶撰

宋十

零陵縣華嚴巖詩刻四段

石横廣二尺七寸高二尺七分十六行行十二字正書

癸酉仲夏自□道□　華嚴山主正師上人□□相
遇今忽至止且云□□□□□□攜酒□□　□□
□□□□□□□□□□麟臺致政丁謂
壞衲相過羽服迎可憐□静□營營我思江上忘身計
歸出山中乞寺名振錫迴還心未住江浙湖湘名山勝□□□□□布
金圓□意方平□□□華巖也零陵泉石三湘最莫踏□□□
□□

康定元年子秋九日開山住持沙門

小師知還　□□□德　忍守　□□□記

又横廣二尺三寸五分高一尺四寸八行行五字行書

□族僧房路屈盤不踰城郭到林巒何人為假丹青手
寫入輕綃掛壁看

元祐八年邢恕和詩

又横廣二尺四寸高二尺十三行行十六七八字不等行書

先君滄江守三池丁癸歲□□賦
洙泗□□日夜行天高地下昨猶今□□□□□六經意
識得皇皇萬古心宗□百官誰不見□□□□□□知音
同人得似三池盛屬目逝□□若林

丞假守二水秋丁釋奠宿齋靖惟湖□□學自　周
元公倡之　五峯南軒繼之遠有端緒因記先君舊
賦和韻述懷錄呈別駕并東僚友賓祐元年秋八月
丁未會稽虞丞

正學昭昭貴力行湖湘一派到于今好翻愚島詞鋒手
容察濂溪理窟心二水秋清嚴奠禮九經□□□□音
詠歸也覺西風□□□□□□□林

又高一尺八寸廣一尺三寸五分五行行七字行書

人如泡影隨時滅□□華嚴振古存今世摩挲前世刻
晚鐘山寺□黃昏

景定癸亥中

按零陵縣屬湖南永州府華嚴巖在縣南方輿勝覽唐時為石門精舍據法華寺南隅崖下此所搨詩皆磨崖一為丁謂與正師上人詩題曰癸酉仲夏是歲為明道二年時謂自崖州貶所徙雷州又徙道州授秘書監致仕故又題麟臺致政也次為邢恕元祐八年所題時恕方責監永州酒攷浯溪

集有恕遊浯溪一絕其詩題華嚴當即同此遊也
次爲虞玹字朗展無攷末一詩不著姓名癸亥爲景
祐四年

重修昇仙太子大殿記

碑高八尺廣三尺八寸十六行行四十七字正書篆額在偃師縣緱山仙君廟

聖宋西京永安縣緱山通天觀重修昇仙太子大殿記
朝奉郎尚書度支員外郎直集賢院同判河南府軍
車都尉謝絳撰
將仕郎守河南府右軍巡判官王顧篆額
豫章僧智成書

夫大道希微而不可詰者尸萬化之育而歸於自然
上帝杳冥而所以尊者宅太虛之奧而蘊於無迹有生
御辯裁如委蛻列真炳靈欻若脫屣是皆籍在仙品格
丁殊鄉茫乎邈焉未易究極者矣　昇仙太子恭華
帝胄遺榮少海注瑟對與臣之間挹袂接浮丘之游去
龍樓於震宮作鳳吹於洛曲三年上賓於帝所七日舉
手於雲阿歷右弼於玉晨職金庭於桐柏丹符素券親
受紫陽空洞靈音逖歌句曲遺俗疑慕逖聞叕日之諾
故山橫絕綽有順風之拜因是標檗作爲叢祠光塵藹
如遐處增勝唐天后聖曆中親製紀勒設置守衛厥後
靡易基兆再新觀宇年籥浸遠壞梁不支殿屋之餘鞠
爲宿莽初天聖四年今　西都分憲趙公以祠部郎
中治　園邑也會出境上即欽廟延念高構之湮乘
民政之隙謀作大壯以舍真像　公首捐貲用及率
鄉里人呂仲簡等相與佽助聿來營之粵自作圖迄于
役罷日力勿亟夫家不勞地爽且靈蔚爲福庭重陛叢
楹茲焉落成山月林風徘徊有待雲璈玉簫肸蠁如接
晬容淵穆而再儼蜺仗琴麗而肅設控衆真之妙境冥
景室之神奧音徽未泯軒臺西向而可畏岸谷相變靈
光巋然而獨存可與夫姑射仙山人能飲露建安舊壞

洲名墜馬者比焉以余稔聞典故懼逸歲月見咨譔述
不獲讓云時明道二年六月一日記
中奉大夫太常少卿權西京留司御史臺上柱國天
水縣開國男食邑三百戶賜紫金魚袋趙世長建
孫將仕郎守河南府永安縣尉乖祐同立
太原口思道刊字
助緣人進士口拱　學究趙靜　董正　馬驤
教練使呂若沖　姪仲宣　勾當人　馮遂

碑文工整字亦端秀有唐虞褚風格緇流游此當有
書名而不聞其人或有挺刃者與中州金石記

億按碑記西京留司御史臺趙世長首捐貲用重營殿宇也首列朝奉郎尚書度支員外郎直集賢院同判河南府輕車都尉謝絳譔絳見宋史傳云會修國史以絳爲編修官史成遷祠部員外郎直集賢院又云因請便養通判河南府案碑所謂同判河南府是其時也但碑以尚書度支而史作祠部宜以碑爲正至篆額爲王顧顧於史無傳今可見者將仕郎守河南府右軍巡判官職官志軍巡判官無左右之文錄此以補史所未備歐陽集有河南府司錄張君墓表云得金谷古塼命太原王顧以丹爲隸書今篆額者

亦即其人則篆隸顧蓋兼之矣古人材而且藝盗足寶也表言張君卒在明道二年八月王顧既爲之書塼納壙而篆額亦以是年六月必與希深同居幕府也希深以文學知名余觀碑所記禱於神仙方士家言蓋不稱其體製余故不具論碑陰宣和己亥題名一右側元符庚辰題名一紹聖元年題名一左側元祐庚午題名一偃師金石錄

按昇仙太子殿興建原委已詳六十三卷中茲不複述此碑撰者謝絳篆者王顧絳平時與歐公交善絳父太子賓客濤卒歐公嘗爲銘其德及絳卒歐公復爲誌其墓文見文忠公集中稱絳以文知名至於爲政無所不達其歷官政績大致與宋史本傳相同至云天聖中與修眞宗國史遷祠部員外郎直集賢院通判河南府歲滿權開封府判官再遷兵部員外爲三司度支判官亦與史同以臆揣之當由絳兩官度支判河南時爲員外郎遷兵部時爲判官歐公於判河南脫略其度支修宋史者本此爲傳亦因之失書耳又歐公撰河南府司錄張君墓表在嘉祐二年其張君墓誌銘亦歐公撰王顧以隸書金谷古塼納壙中在明道二年自

明道二年至嘉祐二年相距二十五年而歐公但云王顧之死已六七年矣不詳王顧事實亦不言其官位賴此碑知明道二年官守河南府右軍巡判官也檢書譜亦但引歐公張君墓表數語爲王顧立傳不及他書蓋王顧失傳久矣

玉兎淨居詩

石高一尺四寸四分廣三尺四寸四分十六行行十七十八字不等行書

朝請郎守尚書度支員外郎充集賢校理知解州軍州兼管內勸農提點兩池事輕車都尉賜緋魚袋借紫張仲尹

晉右軍將軍王羲之書　慈雲寺沙門靜萬集
晉之神山縣有淨居曰玉兎建樹之本記悉備之天聖
八年秋寺僧應公袖墨本事跡訪余爲詩因覽源流實
曰勝槩感懇勤至何以固辭乃成一章章二十句雖文
涉陳淺事無新異與今作者藻思弗侔盖所以塞其來
意用旌好事云耳
何事同眞館標名作淨坊金園存廢址玉兎効殊祥躍
漢勢罔絅瓊山瑩雪霜來疑崑岫出去訝月輪藏隱顯
經千載薰修歷一方寳壇廖道祖華牓耀空王奥域居
全晉靈祠接慶唐壓霞生四面樓殿起中央暎日杉陰

合飄空磬韵長伊余聞勝槩孚惜寄篇章
明道二年中秋日講經論修造主僧志應立石
甾郡栗文德刻

此晉之玉兎寺志應請之張仲尹詩之靜萬集右軍
書之集書起自文皇聖教后之興者茂以加矣此書
尚不及絳州碑僅存形似耳詩則余不敢知也石墨鐫華
按宋之晉州神山縣今爲浮山縣屬平陽府山西
通志玉兎寺在浮山縣西南十里故神山縣廢城
也唐武德二年平陽西北今汾西地有玉兎見遣
使祭之勅建玉兎觀麟德初兎復見勅增修萬歲
通天二年兎又見躡空而行遣中使王文恭求獲
玉兎偕平陽守杜承衍躬往兎出徐步趍之經數
日兎至平陽東神山縣西南隅而隱隱處穿地丈
餘獲玉石兎上貢命建玉兎觀于其地長安二年
河東路巡按使刑部尙書李景副使王承署平陽
守錢光濵同遊觀中于風穴山脚下見一僧引十
餘巨虎頂放白光言此地有虎患吾伏之告以姓
氏言訖而化因奏改觀爲寺此玉兎淨居之始末
也通志又云寺有宋明道二年僧靜萬集王右軍
書賈昌朝王隨詩今碑是張仲尹詩與通志不合
詩言寳壇廖道祖華榜耀空王郎指改觀爲寺之

事云靈祠接慶唐者開元十四年建慶唐觀天聖
五年改爲天聖宮詩猶舊稱爲慶唐在縣南三
十五里羊角山麓

會聖宮碑

碑高一丈八尺七寸廣八尺三寸三十六行行八十四字正書篆額在偃師縣

大宋新修西京永安縣會聖宮碑銘　并序
翰林學士金紫光祿大夫行給事中知　制誥判集
賢院勾當三班院上柱國樂陵郡開國侯食邑一千
二百戸食實封壹伯戸臣石中立奉　勑撰

翰林待　詔御書院祗候臣李孝章奉　勅書并
篆額
臣聞宅萬邦而垂統者　帝王之丕業也故
奉　先之道　崇其孝而爲大亘百世而流
光者　祖宗之懿德也故　錫羡之□
□其耀而弥顯成周之卜惟洛食驗風雨於神樞炎劉
之作我上京游衣冠於高寢蓋以欽其世烈莫厥靈居
履霜露以焉裳聿凝　宸感列扮榆而建社爰
　國章非夫　舄弈垂休無以襲　巍
巍之盛　吉鎬致饗無以□　烝烝之□

實系有開　皇眷攸屬　我國家應
五運之會接　三神之歡　炎上騰精赫
　淳耀而斯遐　靈長啓祚濬　洪源而
其紀　太祖誕受　休命恭膺
正統下民欣戴洽謳歌而有歸協氣横流億符瑞之交
爲　振一戎而大定　銘萬廷而克昌
　化廸清平　□□□衍　太宗挺
　惟睿之德恢　至治之具　聲明殺疊
紀律昭宣　嘉靖庶邦以攬乎權綱之要　欽承
大卞以建乎中和之極舜階舞羽□□□來格義□□

□□□□□□□□□□□業聿𢍜太□　眞宗
紹復　丕基憲章遂古　重華協
帝天啓於　神謨　濬哲惟商日躋於
　聖政宅群萌於醇粹納百揆於雍和展禾介丘
□□　□□之貺　鳴鑾景亳以揚希闊之
儀徵胡瑱而□顯　□有容而必照卓越之
度不可稱巳　皇上財成　景化祗適
　先猷藴　清□而在躬守　慈□以爲寶
御　六□之辨　□和於天人　躬千
畝之耕　憂勤於稼穡　嚮明成南面之□

　□□如流水之源　欽恤庶刑以徹乎脂綱
之密　詢求多士以來乎骨鯁之□貪金玉以垂
度一文軌以教風　德洞淪冥　信周翔泳
興廉舉孝所以灼于邦光□□□民所以厚于時□
　□□□梧至道也　陛下能行之
虔鞏勞謙聖則也　陛下能守之滋液之体披圖
而可見幅員之廣　闢鐵以惟明　其居也
靜而淵　其動也博而利俗躋壽而胥悦家懷讓□
□□　順考□道　欽奉天經　眷
三川之舊都乃　列聖之攸宅土圭測景契陰陽

之和文鼇負圖開神明之奥水繹繹以凝耀氣葱葱而
發祥　兆域有嚴　封樹相望　三后在天
□□□護□以儲□陟配于京旣祟於歸格
因山爲體自成於宏敞分繚垣而屹立楯雙表以齊平
折衷其宜高視前世以謂　墳衞之禁素舉於彝章
蘋藻之奠未廢於寅奉謹按地志嵩王山者冠於諸阜
僉□□□協太史之明□錫鳳臺之紀號前瞻少室偉
靈異之所躔邦負太行邈　穹旻之設險控川陸之
兼會介周鄭之通衢嵩顃豁以中開洨聲浩其雙接自
天聖八年孟春之初□議胥□□　壽原之爽塏擬

閟宫之靚深揆緯裁其以程乎豐約審曲面勢以
極乎經營人以悅來匠以心競林衡儭木文櫨綺栢之
賁山積而登用大壯取象上棟下宇之飾翬飛而增麗
粲餘霞於鏤楶歷倒景於□□　殊庭砥平界道繩
直礱他山之石□□於交楯節雕暘之杵以峻於頳㮿
據寶勢之夌兢迹　秘陵之岑寂圓淵綺煥翺鷗
仰而非遠重橑櫛比尺蠖動而成響與長廊之四注旅
萬楹而有闕輪焉奐焉稽百□之詠去泰去甚振三代
之規章程明審而神逝其方登降照爛而月眩其際不
愆于素罔或告勞越明年閏十月十有五日宫成隱若

中天宛如化出乃降　温詔命曰　會聖揭諸
銀牓煥在琁題保　天祚於寖昌旌　神功於不
朽於是宏開　秘殿儼設　睟容珠幄熉黄藻
旒晻藹鼎峙而分　聖位玉温而粹　天顔
想　豈豈穆穆之風　尊嚴可象卬
翯翯卬卬之德表　則斯存率拱侍於勲臣灼□
儀於近列其中則朱堂天邃瑱壁環周絢妙繪以交施
象　内朝之有肅銀璫左貂給亦殿省之列旅陳
于外壁□金屋充選披庭之綴序分乎内衛組樹羽澂
越鈞天之奏鱗差於後百司具備五采咸彰正爵辯儀

趨翔而中節隨形象□炳煥以揚輝落成之日特遣使
以奉安之昭殊禮也復陳　法醮旋啓　清
揚延　駕欸之高眞集屏塵之上士
金仙羽駕夌汗漫以交舒　紫極靈章卬青
冥而上達仍開宫五日許士庶朝謁衣纓雜襲綺組繽
紛摛裳連襼以施趨蹈德詠仁而胥樂表裏悅穆室家
相慶□□□典煥乎惟新毎星馹展軨天幾促駕或銜
　如綍之旨或被追鋒之召旆悠悠而照野人憧
憧而假途咸造于庭以申虔奉琬琰淼雪以灕於壥□
□既由拳以遵於臣禮著在甲令垂爲永猷揚世廟之

威□□　朝家之軌範爰命中使總涖其官閣闕
有程督察無曠仍即其東南之地特崇其像設之居寶
色煥乎焜煌禪林美乎繁□霓軒雲閣隆九仞於鹿□
□梵晨鐘交二音於鷲嶺曲沁涵功德□□衆果散清
京□□□□狎臻法筵大啓廣宣　妙諦以扇一
極之風恪奉　真游以濟三乘之轍四事之資給
豐矣百福之莊嚴備矣若乃寒暑易候寅昏警時陳□
□之□儀展祈禳之精意仙唄交發將□□以共清要
香馥芬與煙雲而競合等海衆之無量期道濟於不窮
神其格思　化感無外此乃

陛下聿追來孝翕受敷施潛發　睿心于以加於
百姓賔威　景命于以奉於十倫宜乎　純
嘏來同　丕應紹至霈　殊休之汪濊洽
靈貺之鴻平丹羽巢阿紛綸而表慶仙衣拂石延
秝以齊榮永底蒸□之生茂揚　盛德之事者矣臣
職塵扃禁學昧纖緗竊彰　丹帷昌承荅於
清問褒功樂石莫攄發於英辭仰被　俞音內
增惕厲敢揚　懿範庶示方來銘曰
炎靈啓運　赤伏呈祥　造我區夏　揚其烈光　真
系有屬　□徽聿昌　緹油茵藹　瓜瓞綿長　於鑠

三后　繼天作聖　□冒生民　紹開明
命　則堯爲大　與黃比盛　九服咸歸　萬景攸正
我皇嗣統　化格深淳　昭章雲漢　獨運陶鈞
禹不自假　湯惟又新　漏□既湿　弛罟推仁　奉
若　先猷　崇茲孝志　在祀彌恤　因心
罔匱　對越　清廟　備成禋事　孺慕興
懷　時思展義　乃眷溫洛　實惟帝都　壽陵高敞
拱木紛敷　風樹不止　春露既濡　□崇胥宇
永奠靈區　爰建　清宮　俯臨劇縣　率
見昭考　以時致薦　列堵若星　揮斤軼電　凹凸

凝采　丹青黯絢　雲屋天構　賜榮霧拔　以安
靈扆　以奉　仙祺　垂旒寫照
澤玉含姿　克昌厥後　永言　孝思
傍啓　梵庭　廣營　佛寶　禪
慧攸集　土木兼造　珠幡映日　金繩界道　讚唄
□□　薰修致禱　惟　祖德兮貽謀　惟　帝心方
荷休　誠僾肅之所感　期戩穀以來求　經始勿亟
兮卜茲寶勢　告厥成功兮靡逾間歲　壯崇址方控
三川　佑丕圖兮垂億□
景祐元年歲次甲戌九月丁亥朔十三日己亥建

中書省玉冊官　御書院祗候臣□□□
入内内侍省内侍高班勾當　會聖宮同監修碑樓
臣楊承政
入内内侍省内西頭供奉官監修碑樓權勾當　會
聖宮臣蕭繼元
禮賓副使勾當　御藥院提點管勾　會聖宮臣任
承亮
宮在北邙山鳳臺山上爲宋時祭陵飲福之所宋史
云天聖八年春正月作會聖宮于西京永安縣以奉
三聖御容歐陽修亦有會聖宮頌云國家采漢書原

廟之制作宮于永安以備園寢碑立于景祐蓋天聖
年作宮至是始成也宋時永安金改芝田縣今爲偃
師芝田鄉碑云披地誌訾王山者冠於諸阜僉曰奥
區考水經注洛水又北逕偃師城東東北歷鄩中逕
訾城西司馬彪所謂訾聚也訾王山當以訾聚得名
矣中州金石記
金石攷景祐元年呂仲元撰志誠元祐九年建宋臣
石中立撰文或係重修爲文以記童鈺按歐陽公有
會聖公頌未見石刻現有會聖宮碑乃景祐元年石
中立撰李孝章書金石考以爲呂仲元撰不知何據

縣志亦爲元祐九年亦誤㩁案玉海天聖八年正月
辛巳詔内臣張懷恩於永安縣訾王山上建三聖宮
漢原廟之制九年二月宮成甲辰以爲會聖宮三月甲寅
奉安三聖御容改訾王山爲鳳臺山今碑所謂訾王
山首冠諸阜僉曰奥區協太史之明占錫鳳臺而紀
號即此事也史文于改山名畧而不書玉碑云自天聖八年孟春
之初首議胥宇下云越明年閏十月十有五日宮成
宋史仁宗本紀八年春正月辛巳作會聖宮於西京
永安縣與玉海同至云三月甲寅奉安太祖太宗真
宗御容于會聖宮則脫書九年矣今碑文所載越明

年閏十月十有五日宮成下云宏開秘殿儼設睟容
則在九年十月與玉海記九年三月者月則適殊而
言八年三月奉安御容者又差隔一年則更誤也會
要云閏十一月十五日宮成遣三司使晏殊迎三聖
畫像奉安攷是年十一月不當閏會要當於十字衍
一字其餘皆同此碑碑當時所書必非舛誤宜依碑
爲正偃師金石錄

永興軍牒
碑高一丈一寸廣四尺七寸作兩截書上十六行下十四行字數二十六至八十三不等正書篆額在西安府學

中書門下　牒永興軍
西蜀眉陽僧惟悟書
宣德郎試秘書省校書郎權節度掌書記管句府學
陳諭篆額
戶部侍郎知永興軍范雍奏
國家剗甲教偃宅中開緒纔人文而布度建皇極以凝
猷三公論道於巖廊九牧僝功於方岳内則啓集仙之
署招徠□髦外則崇太學之官典教冑子臣伏見本府
城中見有係官隙地欲立學舍五十間乞於國子監請
經典史籍一監仍撥係官莊田一十頃以供其費訪經

明行修者爲之師範召篤學不倦者補以諸生候
勅旨
牒奉
勅依奏許建立府學仍勘會於係官荒閑地土内量撥
伍頃充府學支用及令國子監賜與九經書籍不得假
借出外及有損汚散失仍令本軍常切選差官一員管
句候得替批上曆子遞相交割牒至准
勅故牒
景祐元年正月五日
刑部侍郎參知政事宋

戶部侍郎參知政事王
工部尚書平章事李
門下侍郎兼吏部尚書平章事呂
時
大宋景祐二年歲次乙亥二月八日立石
應高蹈丘園科府學講授高□
節度推官宣德郎試大理評事趙惟清
朝奉郎試大理司直兼監察御史權觀察判官周宗
範
節度判官朝請大夫試大理司直兼殿中侍御史何

□
禮賓副使兵馬都監在城巡檢兼管勾駐泊軍馬公
事蔚信
禮賓副使駐泊兵馬都監兼管就粮本城軍馬公事
賈璘
朝奉郎尚書比部員外郎通判永興軍府兼管内勸
農事上輕車都尉賜緋魚袋梁吉甫
文思使昌州刺史駐泊兵馬鈐轄兼管勾屯駐本城
就粮兵馬公事盧守懃
邠州觀察使駐泊馬步軍副都部署兼管勾屯駐本

城鋭裉兵馬公事張遵
金紫光禄大夫行尚書戸部侍郎知永興軍府兼管
内勸農使管句駐泊軍馬提點乹燿商華坊丹同等
州廵檢兵甲公事上柱國高平郡開國公食邑三千
八百戸食實封一千二百戸范雍
皇叔推誠保順同德協恭贊治崇仁亮節守正佐運
翊戴功臣永興鳳翔等軍節度管内觀察處置等使
守太師尚書令兼中書令行雍州牧鳳翔牧荆王賜
劒履上殿詔書不名食邑二万二千三百戸食實封
壹萬戸口口

專知官滑仁口

按此碑乃景祐元年范雍知永興軍奏請立學舍
須經史撥庄田朝廷依奏而給此牒也立學大事
宋史及東都事畧俱不書選舉志於仁宗即位但
載賜兖州學田及命藩輔皆得立學而不及永興
立學賜田之制文獻通考學校門不詳范雍之奏
隆平集學舍一條祇紀書院之制而郡縣學畧焉
陝西通志西安府學宋以前全不載是以無從與
碑叅攷也牒載令國子監賜九經書籍不得假借
出外損汚散失令本軍選官一員管勾替相交割

朝廷慎重經籍之道詳審精密於此可見年月後
列銜四人有姓無名以宰輔表攷之刑部侍郎叅
知政事者宋綬也戸部侍郎叅知政事者王隨也
工部尚書平章事者李廸也門下侍郎兼吏部尚
書平章事者吕夷簡也後列銜名十一人内三人
泐其名餘八人中惟梁吉甫史附梁鼎傳鼎子華
陽人而不詳事蹟盧守懃見宦者傳字君錫開封
祥符人累官昌州刺史明道中罷爲永興軍兵馬
鈐轄徙鄜延路再遷六宅使范雍本傳累官尚書
禮部侍郎太后崩罷爲戸部侍郎知陝州改永興

軍正與碑給牒之年合餘人無攷蔚信之姓蔚似
即尉字想宋時加艸作蔚然史書所載尉姓至北
齊而止隋唐以下不但無蔚且無尉矣末列皇叔
泐其名宗室傳太宗第八子元儼仁宗即位封定
王拜太尉尚書令兼中書令賜詔書不名天聖七
年封鎭王又賜劒履上殿明道初拜太師换河陽
三城武成節度封孟王改永興鳳翔京兆尹封荆
王遷雍州鳳翔牧悉與碑合則碑所泐者乃元儼
也功臣之號宋史職官志及文獻通考賜皇子皇
親文武臣僚外臣共有三十八字注云初加四字

次加兩字此碑所載功臣號其二十字大抵初加
四字餘十六字則八次遞加也又史志載賜中書
樞密臣僚者有推忠二字賜皇子皇親者亦有推
忠二字此碑推誠二字史志所無餘十八字俱與
史合且迻觀他碑之賜臣僚者亦有推誠二字則
推誠非碑誤而史志作推忠者誤也文獻通考同此誤

永興軍中書劄子

碑高六尺二寸三分廣三尺五分十一行行二十八字正書在西安府學

戶部侍郎知河陽軍范雍奏臣昨知永興軍體量得前
資寄住官員頗多子弟輩不務肯構唯恣嘲謔輕薄鬪

訴詞訟自來累有條約與諸處不同有過犯情理重者
並奏聽
勑裁然終難峻革蓋由別無學校勵業之
所是致輕悍成風臣到任後奏乞建置府學兼賜得九
經書差官主掌每日講授據本府分析卽今見有本府
及諸州修業進士一百三十七八在學關中風俗稍變
頗益文理見是權節度掌書記陳諭管勾欲乞特降
勑命指揮下本府管勾官員令常切遵守所立規繩不
得隳廢候
勑旨右奉
聖旨依奏劄付永興軍准此者

景祐二年十一月一日宣德郎試祕書省校書郎節
度掌書記管勾府學陳諭立　安亮刻

按碑載景祐二年范雍知永興軍以寄住官員子
弟不務肯構恣行過犯因請建置府學賜九經書
每日講授見有修業進士一百三十七八在學關
中風俗稍變乞勑命指揮令常遵守規繩不得隳
廢奉聖旨依云云宋史傳雍字伯純河南人仁宗
朝累遷尚書禮部侍郎章獻太后崩罷爲戶部侍
郎知陝州改永興軍傳但載其關中饑疫雍爲賑
恤而不載建學教士之事夫寄住官員子弟不守

家風務爲嘲謔鬪訟雍設學教之使不致比匪蕩
檢則縉紳之家蒙其益者多矣此誠爲治之大不
可畧也因表而出之

文宣王廟講學堂記

碑連額高九尺六分廣三尺六寸三分十九行行五十四字正書篆額題講學堂記四字在曲阜孔廟

兗州仙源縣至聖文宣王廟新建講學堂記
泰寧軍節度行軍司馬朝散大夫撿校左散騎常侍
騎都尉賜紫金魚袋成昂撰
承奉郎守將作監主簿孔彥輔篆額
知景靈宮事宗一大師賜紫孫正己書

昂志從師學觀　　夫子道庶幾識其門因事
贊言當會帰號縣是生足矣假天與幸於百歲固心充
吝於一日也戊戌秋适　　帝恩允臺中郎就
我輿午卜老東蒙庚子春預從　　御禮備負
亞獻陪祭于　　廟屬中有工度堂構始思貢
新成佚酬宿願初匠事云畢幾造至極比求乎一意何
擇畜間年而趣無所得豈聖道藏吝不可見乎將大權
反合難為狀也幸覽韓公愈處州碑曰天下通祀惟社
稷與孔子為然以社稷壇而不屋取異代佐享豈如孔
子魏然當座用王者禮以門人為配自　　天

子已下北面拜跪薦祭誠敬禮如親弟子者又以自古
多有以功德得位而不得常祀不得位而得常祀者其
祀事皆不如孔子之盛所為有生人已來未有如夫子
者其賢過於堯舜遠者韓以孟子言其効歟昂適不得
已但廣明孟意覬實賢過之言耳夫道以無用妙以神
名德㳺有勤卒以形累聖人有以見其本知其末以无
不可以无顯必用有明以有不自於有生必待无造然
有以形為局有極无以神用運无窮盖神者無不應者
也應該至微不可以有極測有者有所係者也係該至
大不得與无窮稱若乃无有混融短長相取處无窮以

觀有極者窮窮則理應生變變則易故為新神行而理
通雖復堯舜之應聲有期文武之卜世有數則无窮也
居有極以計无窮无窮者通通則物或有矜矜則轉得
為失形滯而物窮雖復天地以覆載能常日月以運行
能久恐有極也大哉　　我夫子貫本末以研
幾持中正而應動恍惚萬變優游一致物當崩壞我得
經緯於後先理在會通我得彌綸於終始斷御群有用
出至無豈固時來以必位叙而後伸其道也夫故以言
乎見者莫窺以言乎作者莫覩爭者見之不得奪讓者
見之不得與高之者不知其然抑下之者不知其以舉

過不及者進退賢不肖者跂俯猗歟知後之世侯一方
子百里者可祭而不可瀆刑四海化地民者可則而不
可侮為師之善盡垂百王主善之慶永貽萬古老氏所
云善建者不拔善抱者不脫子孫祭祀不輟斯言至矣
斯言至矣杜牧亦嘗有言自古稱夫子之德莫如孟子
稱夫子之尊莫如韓吏部昂也愚敢體神而明之稱
　　夫子道乘變而文之為講學堂記當耶當耶壯哉
斯堂也棟宇崇崇尸囑空空師席斯正學人斯同淵乎
元首炎乎素風云誰有極極我无窮
皇宋景祐四年七月八日重立

吳興沈陛刻字

按曲阜縣志載此碑云額篆甚奇孔彥輔所書也其文雜用老氏之言無足錄此碑末題景祐四年重立則當有舊碑不知立於何時額篆全仿鍾鼎籀文彥輔為孔子四十五代孫字德甫年十八為仙源縣主簿秩滿除將作監主簿後知仙源縣官至國子監博士據景祐二年孔道輔祖廟祭文後列將仕郎守將作監主簿彥輔正卽書此額之時也文為成昂撰結體艱深將以文其淺陋不獨雜用老氏之言而已山左金石志謂其文淺陋不足錄者似未確也書者道士孫正已書譜無其名

零陵縣華嚴題名八段

石橫廣一尺六寸五分高一尺五寸三分四行每行字數不等正書左行

闕一行泐不辨

國子博士監市舶孫蒼舒

江陵節推知零陵縣王務本　皇宋景祐四年

又　橫廣三尺七寸三分高一尺九寸五分十行每行字數八九十字不等行書左行

聖宋康定二年歲直辛巳中秋前一日知郡中都外郎盛□仲□□□廣西提舉中都外郎田瑜貢忠　提舉賁鹽田曹外郎張譚巨卿左殿直監兵宋惠公度推官試校書郎楊搆起宗于此既遂命磨崖識其歲月耳

又　橫廣二尺五分高一尺八寸五行行五字正書

洪直景純王之才希聖丘程公遠林喬育卿李忠輔道舉丙戌十一月七日題

又　高廣均一尺四寸五行行六字正書左行

知永州柳拱辰通判永州尹瞻郴州郴令郭震至和二季十一月二十日遊此

又　橫廣一尺九寸高一尺八寸七行行八九字不等正書左行

本州軍事判官吳大元前道州軍事推官鄭□本州錄事參軍張仲回本州司法參軍宋翊東安縣尉范□□

□□員外參軍嘉祐四年八月　日題

又　此刻在康定二年盛□題名右闕四行正書左行

張殺數咸同遊花嚴元祐三年十月廿七日　開山住持　亞　進士周賁刊

又　高二尺一寸五分廣一尺四寸九分四行行六字行書

新安商季明紹聖三年三月初九日來遊男友夬殳及度　侍

又　高四尺三寸廣一尺五寸七分篆書

華嚴嵒

紹興甲子浮谿翁書

按華嚴巖題名八段一爲景祐四年次爲康定二年是歲十一月改元慶歷中秋時尙爲康定也次爲丙戌十一月當是慶歷六年次爲至和二年次爲嘉祐四年次爲元祐三年次爲紹聖三年次爲紹興甲子浮谿翁書華嚴巖三大字旁一行八小字並篆書甲子爲紹興十四年浮谿翁疑是汪藻所自號其所著詩文名浮谿集也傳載藻紹興八年上所修日歷升顯謨閣學士知徽州踰年徙宣州言者論其嘗爲蔡京王黼之客奪職居永州累赦不宥此所書三字是其時也

浯溪詩詞刻四段

□元顔二公中興頌碑

石横廣三尺六寸高一尺八寸四分十七行行十一字十字九字不等正書

提點□□公事尙書刑部中陳統

進士鄭紘書

中興碑頌□崢嶸正□年來藏不生湘水無窮流善價□山長在聳高名文傳幼婦詞源贍翰□崩雲筆力精按部艤舟因訪古拂塵珍賞眼偏明

經浯溪元次山舊隱

次山曾此隱溪堅水特奇賸宅華山合高名千古垂脩篁森約猶柴石磴碑惟有蔣林色蒼苔似昔時

景祐五季十月二十四日

內殿崇班□□祗候同提刑柴貽正同賞

進士周賁刻

讀唐中興頌

石高二尺六寸廣二尺三寸十一行行十一字或十二字正書

南運判尚書都官外郎□抗

周雅久不復楚騷方獨鳴崕崖弄氣態□我瀟湘清二公好奇古大節□時□□崖勒唐頌字字瓊□英□雲借體勢水石生光精浯溪僻□地自爾聞正聲□傳□

□夏執贄燕然銘絃歌入商魯永與人神聽江流或可竭此文如日星

熙寧己酉秋七月零陵令權祁陽縣事夏杲上石

寄題中興頌下

石横廣四尺三寸五分高三尺三寸五分十一行行七字正書

鼎沸漁陽塞馬鳴中興宏業李天成且爲萬世邦家計寧問他時父子情李郭功名無可儗元顔文字有何評若能銘刻燕然石方許雌黃此頌聲

紹定癸巳元日郡守中吳衛樵書

浯溪留題衆矣其間或美或刺歷數百年未有□□

其□者是是非非迄無定説

郡侯衛公以合肥之偉器守零陵之偏□□□□□□□□□□□□□□語□而□□詞婉而□□□□□□□

林草題滿江紅詞

石高三尺八寸廣二尺五寸五分十行行十一字至十三字不等行書

十載扁舟幾來往三吾溪上天寶事一回看着一回惆悵筆畫糢糊猶雅健文章褒貶添悲壯枉教人字字費沉吟評輕重西北望情無量東南氣真長王想忠臣應讀宋中興頌主聖自然皆樂土時平正好儲良將笑此身老矣倘奔馳知何用

右滿江紅西皋林草淳祐己酉良月庚子自淦入桂艤舟浯溪有感而作泝庶香橋下流泉

按浯溪詩詞四段一爲景祐五年陳統詩二首一爲熙寧己酉□抗詩一首泐其姓己酉是熙寧二年一爲紹定癸巳衛樵詩一首并跋癸巳是紹定六年一爲淳祐己酉良月林草詞一闋己酉是淳祐九年良月十月也四人史俱無傳林草題後云自淦入桂艤舟浯溪淦與灘同蓋自江南西路之贛州赴制湖南路之桂陽道經浯溪也是時元已滅金稱兵南犯朝廷方以泗州圖解兩淮息兵論功推賞偷倖偷安故林草詞有西北望情無量東南氣真長王想忠臣應讀宋中興頌云云蓋深望湖湘一路之長歌樂土也

衛廷謨墓誌

石横廣二尺九寸八分高二尺五寸二十二行行三十一字正書

宋故左千牛衛將軍衛府君墓誌銘

君諱廷謨字德言闕下材武爲將□闕下錢塘人闕下娶女趙氏□□闕下君□□□□□□府闕下承旨□□□奉職以捕賊功闕下鉛山税鎮□廣部闕下外□□吏今參知政事□公者□闕下君以族大自□得□□闕下除左千牛衛將軍□□闕下年七十八君□□□□餘年所至以廉稱不□□□過闕下士大夫所□□□□□盡未嘗問有無□異□□闕下父以忠孝爲□□□□□□稱者闕下在部州日□民□□□□□鬼神以齊其衆君捕之闕下上君□功君謂曰□□□□□而爲盗不過取□以自利耳闕下以自爲功闕下悉薦其罪不誅故禮賓□□□□□□道刑獄見其闕下之人能愛人遠利誠仁人也君始□王□□□以闕下男五人巽湖鼎觀賁巽用蔭今爲□□殿□鼎未仕而亡□觀□□□□□□□□而文二女

早天諸孫十餘人君臨終□諸孫曰吾（下闕）以吾歸錢塘巽等奉遺命以寶元二年八月十三日□君（下闕）銘曰

衛氏□世以武顯于諸侯□□□文□□□□□以□□□□□□□□人□光哉

按此誌磨泐過甚全篇約六百餘字今存者不及三百字銘詞稱衛氏先世以武顯于諸侯今誌文叙先世皆不可辨但存錢塘人三字而歷考諸史衛氏之著籍錢塘者竟無一人衛廷諤既不見於宋史復不見於浙江通志杭州府志人物傳不能詳其事蹟今節取誌文之存者云廷諤字德言錢

塘人除左千牛衛將軍年七十八歷官所至以廉稱未嘗問有無在韶州日民有託鬼神以脅其衆君捕之上君之功君謂曰貧民脅而爲盜不過取錢以自利耳不可以自爲功悉薄其罪不誅蓋能愛人遠利誠仁人也男五人巽淑鼎觀賁巽用藍爲某官鼎未仕而亡觀（下闕）二女早天諸孫十餘人君臨終謂諸孫曰以吾歸錢塘巽等奉遺命以寶元二年八月十三日（下闕）文之可讀者如此惜其湮沒已久尚賴此誌以傳而誌係近年出土流播未廣因詳錄之以裨武林文獻之徵云

棲霞寺碑

（袁本高廣行字皆不計行書）

金陵攝山棲霞寺碑文并銘

陳侍中尚書令宣惠將軍叅掌選事菩薩戒弟子濟陽江揔持撰

陳朔前會稽王行叅軍京兆韋霈書

聖宋賜紫沙門懷則重書

賜紫沙門有朋篆額

蓋聞天有神宮地云靈府桒欽博記始叙四衢之塔金翅著經因知千步之寺至如峯形甑岊岫勢堂密亦烏

足言哉南徐州瑯琊郡江乘縣界有攝山者其狀似繖亦名繖山尹先生記曰山多草藥可以攝養故以攝爲名焉南瞻舊落顧悌鎮戍之塢北望荒村區譙卜筮之宅此山西南隅有外道館地俄而疫痾磨滅三清遺法未明五怖之災方善開宗遂變四禪之境倏見齊居士平原明僧紹空解冊深至理高妙遨榮軒冕遁跡巖穴宋泰始中嘗遊此山仍有終焉之志村民野老覽來諫曰山多猩虎毒虵所以久絕行蹤僧紹曰毒中之毒無過三毒忠信可蹈水火猛烈亦何能爲乃刊木駕峯薙草開逕披拂蓁梗結搆茆茨廿許年不事人世渡河息

槩屢箴無　立　皆曰誠至所感有法度禪師家本黃龍來
遊白社梵行彈苦法性純脩与僧紹冥契甚善嘗於山
舍講無量壽經中夜忽見金光照室光中如有臺館形
像豈止一念之間入王照其香蓋八未倂有瀾石朗其
夜室居士遂捨夲宅欲成此寺創齊永明七年正月三
日度上人之所捐也山情率易野製蹤朴虚擔峻絶瀾
戶幽深井水滋榮四時助其彫綺煙霞舒卷五色成其
蓀絢居士嘗夢此巖有如來光彩又因閑居依俙目見
昔寶海梵志聽覩花臺智猛比丘行逢影窟故知神應
非遠靈相斯在居士有懷創造俄而物故其第二子仲

璋爲臨沂令克荷先業莊嚴龕像首於西峯后壁与度
禪師儁造無量壽佛坐身三丈一尺五寸通座四丈并
一菩薩倚高三丈三寸若乃圖寫瓌奇刻削宏壯蓮花
瑩目石鏡沉暉纁絲紫髮雲崖失彩頂日流影東方韜
其大明面月馳光西照匿其成兔大同二年龕頂放光
以色身相見若炎山林間樹下艷如火燄禪師自識終
期欣躍瑞應以建武四年於此寺順寂豈非六和精進
十念允諧向沐寶池方登金地者也齊文惠太子豫章
文獻王竟陵文宣始安王等慧心開發信力明悟各捨
泉貝共成福業宋太宰江夏王霍姬蕃閫內德齊雍州

刺史田奐方牧貴臣深曉石見妙識來果並於此巖阿
廣抽財施琢磨巨石影擬法身梁太尉臨川靖惠王道
契真如心疊禪寂見此山製冥跡罔功用稀少以天監
十年八月爰撤殺藏復加瑩飾續以丹青鏤之銑鋈五
分照發千輪啓煥排天堂瑞玉露分色接岫軒煒熒微
抽影八定之侶步纖草而揚梵三慧之僧挹飛泉而動
色音圖凝靜豈徽吏之凡遊溪谷虛靈非愚公之俗路
是以王公搢紳之輩郎吏胥史之屬步林鑿陛皐壤升
精舍拜道場莫不洗滌無明澣濯闇暗非直心之砥路
孰能如斯者乎慧振法師志業該練心力精確度上人

將就遷神深相付囑法師聿修厥緒勸助衆功恭業用
圓多所創置先有名德僧朗法師者去鄉遠水問道京
華濤規挺出碩學精論早成波若之筵夙擅尸羅之本
開方等之指歸振中道之宗致北山之北南山之南不
遊　皇都將涉三紀梁武皇帝能行四等善悟三空以
法師累降徵書確乎不拔天監十一年帝乃遣中寺釋
僧懷靈根寺釋慧令等十僧詣山諮受三論大義質道
日學聖道如日之明孫卿云登高山知天之峻介之探
賢其此之謂南蘭陵蕭昕幽栖抗志獨法絶學道世茲
山多歷年所臨終遺言葬法師墓側遊符山豫話西門

之家更似粱鴻偶要離之塚又按神錄云楚斯神在今
臨沂縣齊永明初神詣法度道人受戒自通曰斯倘郎
楚大夫之靈也大同元年二月五日神又見形著菩薩
巾披袈裟閑雅甚都來入禪堂請寺衆說法崑嶺之中
百神所在首陽之路八騶並驅未有修淨戒之品詣得
道之僧磬忍辱之衣入安禪之室是知名山大澤靈異
歸依者矣慧布法師夙落煩惱早出塵勞律儀明白貞
節峻遠貫綜三乘不自媒衒搢模七衆無所詆訶晨日
靜龕鐘晨余便覲止食仁飲德十有餘年頃於攝阜受
持珠戒佩服之敬雖敢怠於斯須汲引之勢且曷伸於

報効夫言意難盡銘槧易霜固比河山莫如金石凡諸
徵應并預隨喜並勒于碑左乃爲頌曰
湯〻心火寘〻世流論生若寄輸死如休三明未了十
智難周盡纏癡愛豈離瘡疣敬仰難足恭聞鷲頭斯風
可羡其路何由我開梵宇面擎臨丘我圖靈跡果植回
修兼金畫繪渺石彫鏤連雲出沒泄雨沉浮經行松磴
禪坐蕙樓澗風長瀉崖溜懸抽花發似雪夏室疑秋夕
僧宴息跡侶薰修三乘謂筏六度爲舟金幢合蓋寶鷲
驅軿地祇來格天衆追遊五時無爽七處相伴辞題翠
琰字勒銀鉤賢乎藥餌過客宜留

此碑經唐會昌毀廢後巳曾重立至今其石斷砆文
字訛隱前充寺主僧契先自捨襯貲購石依本寫之
康定元年口月十七日鐫立本寺維那僧齊澄上座
僧智達寺主僧元聳蓮記　袁文雅刻字

右重刻栖霞寺碑本江總持文草露書唐會昌中碑
毁今所存者宋康定元年沙門懷則重書也按總持
自序稱年二十餘入鍾山就靈曜寺則禪師受菩薩
戒暮齒官陳與攝山布上人遊欵深悟苦空更復練
戒故題銜有菩薩戒弟子之稱需官翊前會稽王行
參軍世未解翊前爲何語予攷陳書後主之第八子

莊封會稽王禎明二年除翊前將軍揚州刺史則需
即莊之屬吏當時皇子封王者必除都督刺史加將
軍號乃得開府置官屬故加翊前於會稽王之上也
梁時置翊左翊右翊前翊後四將軍在第二十班今
人知其名者尠矣　潛研堂金石文跋尾

按此碑勒者祇八字檢攝山志載此文取以校補
又校其不同者俄而瘦痾瘳減志作疫癘水火猛
烈志作猛獸面月馳光志作面目以色身相志作
光色身相八定之侶志作入定名德僧朗法師志
作明德僧早成波若之性志作般若樨慧令等十

僧志作𢊍僧慧等十僧蕭聆志作蕭𦗟余便覯止志作觀止似皆志有臆改也痾本疾疢字遂作癘可以不必改癘也面月對上文頂日若作面月則誤矣八定之侶對下文三慧之僧檢韻府正列江總此碑作八定則入定非也名德本高僧之稱南史何點傳招攜勝侶及名德桑門清言賦詠是不當作明德也波若亦見南史何求傳隱居波若寺不必作般若也聅即聯字之省音彌通作彌亦可不必改也蓋志為近時人所修或誤釋碑文疑有錯誤而改之耳書人姓氏潛研堂跋云章需詳玩碑文頗似車需据攝山志作李需則大不類矣

金石萃編卷一百三十三

賜進士出身　誥授光祿大夫刑部右侍郎加七級王昶譔

宋十一

興慶池禊宴詩

碑連額高九尺三寸二分廣三尺八寸分六截書每截二十八行行十一字正書隸額在西安府學

上巳日興慶池禊宴詩并序

夫鳴鐘列鼎以悅當世者王侯之事也緣情屬思以永歎遇者大夫之職也而況位崇巖廟伊稷之全謨地控崤函漢唐之遺業藩鎮雄於右輔冠蓋盛於作州揆藻摛華此焉攸萃艮辰美景兹豈難并時維莫春日乃元巳被于南國想像蘭亭之遊出其東門依俙曲水之會興慶池者開元之故邸也躍鱗巨沼蹴象回淵壯麗盡於本朝梗槩盈乎一水前頤華蕚夾右青門光靈僅存今昔相視　大尹賓政稽遵時憲敦講民熙駕言出遊仍故不改由是都人士女袨服而嘯儔駟牡鸞旂供帳而臨禊賓歡有醪燕坐無譁　運副直昭文劉公濬發詞源廓清吟域首裁雱詠詵大物兼有逸民可聽之談無摯虞不經之說以謂塤箎競奏宜聲應而參隨蘭桂揚芳固道同而氣合則有　資政大學士左轄高平公　天章待　制都運清河公以佐

王重器由聖鴻儒駕風義之相高用名教而爲
樂餘探強韻鏗振雅音自餘賓僚咸有篇唱無慮十九
首莫不天機銜巧月脅矜新揄揚　大國之風謌
詠　我公之美爛爛若琮璜之間珪璧洋洋如英
莖之合韶護靡叙懿鑠孰光勝踐子定濫游　幙府竊
比蓬麻絶希授簡之知姑多拜　命之辱韶承指
顧深愧題辭時慶曆壬午歲太常博士通判軍府事張
子定謹序
資政殿大學士尚書左丞知永興軍府事范雍
興慶春深樂禊辰清歡雅唱奉良賓韶光綺麗新經雨

詩句風流妙入神冠蓋紛紛紅杏徑歌鐘隱隱淥池濱
閣臺將漕皆　時傑共忝常安万井人耶轉運
學士
陝西都轉運使尚書刑部員外郎充天章閣待　制
張奎
公餘連騎賞芳妍柳重花明祓禊天綵竹繞堤浮舴艋
綺羅照水戲鞦韆回頭景物才三月屈指光陰又一年
台旆行春暫　均逸鳳凰池暖正　思賢
陝西轉運副使尚書刑部員外郎直昭文館劉渙
淸明佳節屬良辰行樂東郊宴席賓風柳不勝春氣力

露花無奈曉精神曾緣遠近青堤上樓閣高低淥水濱
多少艤舟何所用　府公便是濟川人
太常博士通判軍府事張子定
月標元巳樂嘉辰興慶煙波漲曉津宴集幸聯　合
亥坐風流仍繼禊堂春蘭亭事古成遺迹華蕚樓空委
路塵歌吹滿舡花夾岸酒俗無處不留人
秘書丞通判軍府事張掞
霽景東郊道風光北斗城　中樞膺　舊德上巳燕
羣英鏤管詩情逸彫觴禊事成樓臺動波色鼓吹逐春
聲繡蕚林花客芳茵岸草平願　公均愷樂函夏福黎

氓
秘書丞通判隴州軍州事王揚庭
宗臣上巳宴東池雅俗嘉賓盛集時禊席臨川花照耀
游車分路水逶迤賞心唯欲居民樂縱飲猶虞坐客疲
獨願我　公歸　柄用盡令天下洽春熙
殿中丞知司錄參軍事李諷
東風池館絶纖埃元巳佳辰樂衆來桃李陰成微雨後
管弦聲動畫舡開　主公望重經　邦業上客
詞高濟世才四海傳聞應有恨一方千里獨春臺
太子左贊善大夫簽書節度判官廳公事尹仲舒

長安本佳麗況復當盛春擷勝在城曲起亭臨水濱隅
花皆戲艇滿目盡遊人草賦疑梁圃楊毒認灞津自緣
農有望豈獸景長新佐宴誠欣遇非才與幘賓

著作佐郎知汝州梁縣事閻詢

李唐前事此遺宮春滿遺宮綠映紅緩帶有功閑白日
飛觴無算借東風香輪度陌煙容外畫舸淩波柳影中
祓禊賞心從此會　主人歸去漢三公

大理寺丞知萬年縣事趙濟

撫封占清境禊宴協良辰物態臨春秀歌聲洽政淳擷
芳舞陌綺泛棹擊波鱗天幸陪開府非才愧席賓

大理寺丞知涇陽縣事宋宏

名臣臨俊域和氣□芳春禊飲傳佳節　時賢冠上
賓漾波浮畫舸芳草染朱輪行樂由仁政歡聲沸水濱

右五言

上巳佳辰綺宴陳　大賢重鎮雍城春欲知遠近追
遊者盡是關中受　賜人右七言

校書郎新差簽署秦州觀察判官廳公事雷簡夫

上巳風流屬令辰禊堂開宴集佳賓濟時原野經新雨
行樂池塘得舊春千騎旌旗臨淥水万家車馬起香塵
自慚遺病無堪者敢預　平津末坐人

觀察判官楊初平

照坐壺冰寒凛凛北斗揮槊均祓飲興慶池頭春色濃
亂柳搖金花罩錦雕章麗藻俱時才落筆頌歌兩兩台
府公莫惜玉山醉明日　天綸鳳詔來

權節度掌書記史瑜

池館春光欲禁煙芳辰　修禊集羣賢茂林深處森
冠劍清籟鳴時當管弦召伯甘棠分陝地羊公風景峴
山前詩成莫訝天機俊潛握人間造化權

節度推官董士廉

歲和事簡正郜春興慶池邊樂衆賓舞勝此時追曲水

賞芳辰會屬　平津映花語笑瞰驪女隅岸綠簧祓
禊人深愧薄才叨下樽酒酣應許吐車茵

泰寧軍節度推官知隴州吳山縣事文彥若

上巳當嘉節　台庭識鉅賢使臺談玉瑩賓幙珉簪
鮮綦組威儀異樽罍禮讓宣歡聲喧渭曲瑞氣浹秦川
客奉熒煌坐人歸雜沓筵餘生叨禮召心久託　陶
甄

德州軍事推官趙寅

斗城初霽媚春暉託　乘舞芳鶴蓋飛修禊波深
輕急瀨舞雩風暖薄更衣香車寶馬嬉游盛別館離宮

往事非因憶鳳池新溜躍　異膰看逐　節函
歸

續寄一章

秘書丞通判乾州軍州事王沖

駘盪青郊祓禊辰東池冠蓋集嘉賓逍遥共入華胥國
綽約誰逢洛浦神障展露花長樂際袍歆煙草曲江濵
遥知台旆行春暇起作　元鈞輔弼人

左側厚一尺二行側行十八字行書

朙昌甲寅歲暮春祓禊日公餘獨來泛舟興慶池觀
覽勝絶京兆同尹燕臺劉仲游景文書

右側共六行行十一字行書

携酒送春偶賦小詩一絶

春光將欲朝夕盡携酒東郊邀數賓淺酌花前沉酩
酊誰人學我送殘春

明昌五年三月中休日燕山劉頎子翼書

四六序典雅清麗詩並卓卓可傳子定高平幕下士
也可想見一時之盛關中金石記

按興慶池在興慶宫唐書地理志宫在皇城東南
距京城之東開元初置至十四年又增廣之唐會
要云上在藩邸與宋王成器等同居興慶里人號
曰五王宅至是爲宫焉玉海云開元元年以隆慶
舊邸爲隆慶宫在隆慶坊元宗名隆基改興慶宫
長安志云開元二十年築夾城入芙蓉園自大明
宫夾東羅城經通化門以達此宫先是武后時民
井溢浸成大池數十頃號隆慶池丞相王子列第
其北望氣者言嘗鬱鬱有帝王氣中宗神龍二年
幸池上宴侍臣以厭之又據唐六典元宗隆慶坊
舊宅有井忽湧爲小池周袤十數丈常有雲龍或
黃龍出其中景雲間浸廣里中人悉移居遂爲龍
池又據雍勝略景龍池本爲隆慶池以諱元宗名

改興慶池立宫後謂之龍池此興慶池之原委也
此碑撰序者張子定史無傳序爲慶歷壬午歲作
壬午爲慶歷二年後載范雍張奎劉渙張子定張
掞王揚庭李諷尹仲舒閻詢趙濟宋宏雷簡夫楊
初平史瑜董士廉文彦若趙賓王沖十八人之詩
范雍詩和轉運學士郎張奎而不同韻劉渙王沖皆
同范雍韻張子定雷簡夫前後與范同而中二聯
別用韻餘皆各自爲韻體皆七律獨趙濟用五律
宋宏二首一五律一七絶爲異諸人之見于史者
范雍字伯純河南人累官資政殿學士知永興軍

兼轉運司事遷尚書左丞加大學士碑惟不系轉運司事餘悉同宋詩紀事引儒林公議載其紀西夏事三首而不錄此詩張奎附弟亢傳亢家于臨濮奎字仲舒先亢中進士累官侍御史爲河東轉運使進刑部員外郎及分陝西爲四路擢天章閣待制環慶路經略安撫招討使知慶州父名餘慶辭不許歷陝西都轉運使知永興軍劉渙附父文質傳文質保州保塞人渙字仲章以父任爲將作監主簿累知遼州獻唃氏指告與西州地圖加直昭文館遷陝西轉運使以工部郎中知滄州碑於

轉運下有副字又刑部員外郎爲傳所略張掞字文裕齊州歷城人舉進士知益都縣明道中知萊州掖縣通判永興軍爲集賢校理不言其爲秘書丞與碑不同宋詩紀事引西清詩話載其賀執政入東西府詩二句而不載此詩閻詢字議道鳳翔天興人其歷官傳不載其知汝州梁縣宋詩紀事引至元嘉禾志載其題招提院靜照堂一詩而不載此詩其詩載入嘉禾志必是嘗官嘉興而傳亦無攷雷簡夫附其父德驤傳同州郃縣人字太簡隱居不仕康定中樞密使杜衍薦之召見以秘書省校書郎簽書秦州觀察判官公事董士廉附見田京傳稱京少時與常山董士廉汾陰郭京相友善俱以倜儻聞而不詳其官位事蹟王沖附父王旦傳旦大名莘人三子雍國子博士沖左贊善大夫素別有傳而不詳沖之官秘書丞通判乾州軍州事宋詩紀事引雲門志略載其次韻范公仲淹遊雲門一首而不載此詩餘則史與紀事皆無攷碑左側有金人劉仲游題名右側有劉伉一絕句皆明昌五年

褒城縣文宣王廟記

碑連額高六尺六寸廣三尺八寸四分二十一行行三十六字正書額題新修至聖文宣王廟記九字篆書在褒城縣學

大宋興元府褒城縣新修至聖文宣王廟記

給事郎守秘書丞知縣事騎都尉竇充撰并書

鄉貢進士張公□篆額

服儒之服讀儒之書不知儒之道是猶終日戴天不知天之高終日履地不知地之厚亦何異搏埴索塗冥行已矣　我夫子之道文而明一以貫布在方策炳若日星祖述憲章顯仁藏用聖人之備者也若夫窮神知化自誠而明中庸可能皇猷可復其聖也天縱其性

也生知制作素王之道立三綱五常摠人倫之大紀以
正君臣以親父子以和夫婦以睦兄弟俾民日遷善而
不知斯則顯仁藏用之道盡矣子思謂如天地之無不
持載無不覆幬然猶道之用有所隱晦文中子謂天地
生我不能鞠我父母鞠我不能成我成我者夫子也道
不啻天地父母通於夫子受罔極之恩其與太極合德
神道並行誠哉言之至□道之藴矣乃知太極權輿一
氣并包二儀明下闕子之道包庠天地其道之管出庠一
而已　國家功格穹壤頌溢金石書軌混一
聲教無外庠序大闡禮樂大備使賢不家食野無遺

逸有以見人文化成天下輝　淳曜之盛烈也褒
城縣隸封漢中跨據秦隴控斜谷之嚴阻厥田沃衍其
俗富庶樂三堰之美利在學校之構弦誦之業窮爾罕
聞儒祠宇尙廢人局□教先是舊廟僻處山塢荒庭寥
落鞠成榛莽蓼榱傾陊風雨弗庇春秋釋奠何陋如之
兗居治是邑莅局之初乃肸其迹建白公府時
尙書水部□郎李公　雅鎮播翰惇意儒宗悅聞矢謀
亟從改作縣是周爰近署擇堰之右得官地一區芟穢
度址鳩材庀工靡踰月而棟宇鼎新不越時而塑像儼
列堂奥沉邃閈閎有嚴可以落成式觀大壯前以子思
之言但取喻天地未顯道之爲用而文中子明成我之
恩與太極彌合淵庠探道之賾遐焉臻道之極吾是□
□庶幾聖人之道者其中說之謂夫誌諸溫珉辭達□
□時慶曆二年□月四日謹記
將仕郎守縣尉兼主簿事宋立德立石
古吉刊字
按褒城縣屬陝西漢中府宋時與元府治此陝西
通志云縣有褒水在城東一里即黑龍江自鳳縣
界流入又南流入漢褒城縣學宋慶歷間倚於江
岸竇充宰褒建有自記即此碑也而不詳竇充未

建以前之所在據此碑云先是舊廟僻處山塢充
居治是邑亟從改作擇堰之右得官地一區云云
是舊廟近山失其址矣擇堰之右者當即褒水之
堰漢中府志云堰界石在褒城縣東三里黑龍江
中上一石有乾道元年史可觀記下一石鐫制置
大使司提修造張儀自嘉定三年至七年督責軍
人董工治堰自爲記觀此碑可知褒水之有堰已
見於慶歷以前其時未有黑龍江之名故碑中不
及也竇充無攷碑云誌諸溫珉當即貞珉避仁宗
諱改也

普通塔記

石高廣俱二尺七寸二十一行行二十字正書

弟子沙門可度書

塔非中國之有也制起于西域自東漢世翁行書來爲教以示人曰既侵熾塔則或大或小郡縣幾普矣謂藏佛骨舍利之所也外則其口能燀揚經律論暨施用厚者死則其徒或起以貯骨焉重真寺天王院沙門智鑾姓李氏京兆武功人自幼依師爲浮啚嗣長則能恭養父母久以孝聞父母死又能以送終之禮封樹之此其浮啚嗣之難者也復常悲其寓泊僧骨弃露零散乃於

寺之南城外不盡一里募施掘地爲壙際水起塔出地又丈餘塼用万餘口既成近左收拾得亡僧骨僅四十數於慶曆二年二月二十一日夜建道場請傳戒師爲亡僧懺罪受戒塔頂開一穴以備後之送骨嗚呼古稱葬者藏也欲人之不得見也今智鑾師能盡力於親而又悲其類作普通塔使遊方之徒來者未來者死悉有所歸其用可嘉也五年乙酉春二月一日前寧州從事盧覬過其院智鑾悉以事白余素熟其行因應請而記

太廟齋郎劉賁

文林郎守扶風縣尉任化成立石

三班借職前監鳳翔府岐陽鎮商稅兼巡防劉昌珏

右班殿直監鳳翔府岐陽鎮商稅兼巡防李用衡

助緣張守斌　馬中象　姚文信　魏平　齊安和

魏德輔　元宗說　趙英　郭士新　潘守用　潘

永　李定基　楊守貴　王全勝　程垠　巨立

安宥　楊文王等施石

師弟智廣　智仙　師姪智全

地藏院主僧義光　吉祥院主僧瓊玉

左會院主表白沙門澄演　張遵刻

按普通塔爲釋氏瘞骨之所今在叢林普同塔之

所昉也重真寺據碑當在扶風縣城內撿陝西通志已無攷矣劉昌李用衡皆監鳳翔府岐陽鎮商稅兼巡防官岐陽縣名即岐山縣唐武德七年所更名至德中復爲岐山而岐陽之名遂用之於鎮今亦未能詳攷似在岐山扶風之間也

澹山巖題名六十段

潘衢等題名　石高二尺三寸廣一尺六寸五分六行行十一字正書

中都外郎知郡事潘衢子莊　殿中丞通理郡事陳規正卿　太常博士監市箒李寔公實　軍事判官洪聖景純　軍事推官李洙希真　慶曆七年十一月五日

又橫廣五尺一寸六分高三尺六寸五分十二行行十字正書
至和二年乙未六月十九日尚書職方員外郎知永州
軍州事柳拱辰以久旱躬禱于零陵王之祠因題此巖
是日得雨時殿直齊懷德大理寺丞章詢判官李方推
官蘇台文錄事參軍張服司法參軍李光序零陵縣令
孫思道零陵縣主簿張拯信安進士趙揚武陵進士魏
堂從行男新黃州司法參軍平奉命題

又橫廣二尺七寸八分高二尺九寸六行行六字左行正書
滎子諒中樂陳起輔聖麻延年億夫魏景晦翁盧臧曾
卿夏鈞播之同遊嘉祐祁享後十一日

又橫廣三尺二寸八分高三尺八行行八字正書
知軍州事張子諒率通判張德淳同游峽中麻延年魏
景邑令夏鈞從大理丞陶弼校書郎章望之選吏李綱
盧臧實預焉嘉祐己亥四年五月二十六日己未臧題

又橫廣二尺四寸五分高二尺九寸八分六行行八字正書
皇宋嘉祐庚子歲六月巳巳日提點刑獄度支郎中宋
任仲堪同提點刑獄供備庫副使薪元翊公弼按部回
游此

又高一尺六寸廣一尺五寸六行行六字正書左行
徐大方冲道率曹元卿舜臣麻延年仙夫萬孝寬公南
黃致道道盧臧曾卿游臧題嘉祐辛丑上元後二日

又高二尺九寸五分廣二尺四寸五分八行行九字正書
司刑丞權郡徐大方同上模擢倅麻延年熙閎御書譬
逖馬公弼零陵令夏鈞從奉宸前知懷遠曹元卿邵陽
模萬孝寬前荔浦令黃致前湘潭簿盧臧預遊嘉祐辛
丑上元後三日臧題記

又高二尺二寸八分廣二尺四寸七分七行行七字正書
聖宋嘉祐辛丑歲六月三日轉運使尚書刑部員外郎
直集賢院陸詵介夫按部游此携家人與仙姑同至

又高二尺七寸廣二尺三寸五分六行行六字左行正書

馮璟唐輔曾肅固幹臣蕭注岳夫魏景晦翁何廓伯逵
張子山景仁龎潄子源辛丑秋社日遊

又高二尺五寸廣一尺四寸五分四行行七字正書
後二十有八日臨川徐嵩用之自潭如桂王臣因復載
酒與淇叔昞俱來

又高一尺四寸七分廣一尺五寸四行行六字正書
嘉祐八年三月初八日轉運判官尚書都官員外郎宋
迪遊

又橫廣二尺五寸高一尺八寸六分六行行四字左行正書
持正子西公亮巨卿毅甫隱甫同遊治平貳年九月十

四日隱甫題

又 横廣三尺五分高二尺三寸五分七行行八字左行正書

新賀州桂嶺令梁庚子西泊弟零陵令宏巨卿進士寘隱甫陪郡模項隨持正新淸湘尉蔣忱公亮進士周鎬毅甫同遊治平乙巳九月十四日題

又 高三尺四寸五分廣二尺七寸七行行十字正書

轉運使河東薛俅步按上六州一監渡瀟湘二水歷三門岩九龍洞至永遊朝陽澹山巖悉非人力乃神物所造之景通判樂咸縣令梁宏共行治平二年十一月三日題石

又 横廣四尺六寸高三尺四寸八行行七字正書

尙書都官郎中知軍州事陳藻君章尙書虞部員外郎通判軍州事周惇頤茂叔郡從事項隨持正零陵令梁宏巨卿同遊治平三年四月六日題

又 横廣三尺高二尺七寸六行行五字左行正書

前八日桂倅范子閗同永模項隨令梁宏採菫乾粹遊淡山治平丙午臘月吉誠叔題

又 高三尺一寸五分廣二尺一寸五分五行行七字隸書

治平四年正月壬申轉運判官尙書屯田郎中會稽沈紳公儀行春陵過瀟水還經澹山寺

又 高二尺五寸廣二尺二寸七行行八字正書

比部員外郎通判永州軍州事周惇頤治平四季二月一日公牒歸舂陵鄉里展 墓三月十三日迴至澹山巖將家人輩游 姪立男壽燾姪孫蕃侍

又 高三尺三寸五分廣二尺一寸三分八行行十字正書

尙書比部郎中知軍州事鞠拯道濟尙書比部員外郎通判軍州事周惇頤茂叔軍事推官項隨前錄事參軍劉璞零陵縣令梁宏司法參軍李茂宗縣尉周均治平四季三月十四日同遊永州澹山巖

又 高三尺二寸廣二尺一寸五分五行行五字正書

荆延季歐陽問趙昆范成之張勉厚熙寧已酉二月十

七日遊

又 高二尺三分廣一尺八寸七行行九字正書

供備庫使前知全州軍州事楊永節公操 前提舉廣西常平太常丞闕杞蔚宗 河陽節度推官知零陵縣事楊巨卿信甫熙寧七年正月十九日同遊

又 横廣一尺九寸七分高一尺三寸三分十行行七字隸書

河陽節度推官知零陵縣事錢塘楊巨卿信甫率大理寺丞監遊稅泉南蘇顗潛道零陵縣尉葵丘虞綜貫道同遊淡山遍尋巖穴之勝子儼道輔有期不至熙寧七

秊九月戊戌謹題　梓作石永淇

又橫廣一尺五寸八分高一尺三寸八分六行行五字左行正書

熙寧甲寅歲十月十一日承乏長沙局因祠零陵王迴至此華陰楊傑英甫記

又高二尺七寸廣二尺四寸九分行行十一二三字左行正書

澹山巖零陵之絶境蓋非朝陽之比也次山往來湘中爲最熟子厚居永十年爲最久二人者之於山水未有聞而不觀觀而不記者而玆巖獨無傳焉何也豈當時隱而未發耶不然使二人者之顧肯夸其籌常而遺其卓犖者哉物之顯晦固有時何可知也蔣穎炜題

又高二尺七寸廣一尺八寸四分四行行八字正書

儀真秦日新得之嘉興潘景純和叔長沙李茂宗慶孺熙寧九年十二月中休同遊

又高二尺七寸六分廣一尺八寸八行行十四字行書

至和乙未歲予爲舉子過零陵陪太守柳侯拱辰禱雨因至澹山巖於今廿三秊始得再遊其間絶景勝致當日賞愛之處髣髴如舊觀石間題名緬懷柳侯久爲異物使人惘然不能自已熙寧丁巳清明前二日荆湖南路轉運判官尚書屯田員外郎會稽趙揚題永州軍事判官衡陽黃頒同口

又高四尺廣二尺七寸五行行十字正書

淩江張申仲甫廬陵毛君卿正甫衡山侯天經元則汴陽盧綜貫道衡陽黃廣成壽翁長沙馬初平祖衡元豐已未季秋六日同遊

又高三尺六寸廣二尺六寸五分六行行八字正書

朝請大夫郡守陳遘朝請大夫通判蔣僅宣義郎前監鹽張伉軍事判官時宥縣尉劉日章元豐八秊乙丑六月十一日同遊

又高二尺七寸廣一尺三寸二行行五字正書

蔣僅屢遊元豐乙丑題

又高三尺二寸廣二尺七寸七行行五七字行書後二行小字正書

林邵才中還自春陵遊澹山巖夜宿僧舍明日再遊遂之衡陽元祐五年季夏二十二日題

憲使按部過此題石

左朝請大夫知永州軍州事周處厚命工刋之

又高二尺六寸廣二尺一寸五分六行行六字古篆文

元祐六年八月十八日王觀尼赤許師嚴希衜口師口口口口同遊是碧江口口錫題　四明鍾成亦至

又高二尺七寸廣二尺二寸八行行十字十一字左行正書

元祐辛未歲九月回檢潦田楚人高公傑子發吳人許

師嚴希道自賢女廟下宿何氏仙姑家翌日涉江遊龍宅覽仙姑得道處回宿僧舍明日遂入歸德福田等鄉沙門文真男敢同來　子發書

又橫廣三尺四寸高二尺七寸十行行八字正書

左朝奉大夫知州事劉蒙右通直郎通判州事阮之武躬閱　御書同遊管界廵撿張準知零陵縣事婁瑄祁陽縣令陳衎東安縣令徐處仁零陵縣尉陳寬夫與焉紹聖改元仲秋十二日徐處仁題

又高二尺七寸廣一尺四寸五行行九字正書

紹聖元年甲戌九月七日臨川劉用之行可帥豐盧

約潛禮富川吳克禮子仁同遊零陵澹山巖劉芭畫景防侍行

又高一尺八寸五分廣一尺五分四行行九字正書

紹聖乙亥孟冬五日陪范公淳父　曹守季明遊澹山巖郡倅張茂先題

又高二尺七寸廣二尺六行行九字左行正書

新安曹長倫元友弟長明德昭韓國魏中孚誠老衡陽黃元謚長蜀郡范沖元長同遊紹聖丙子仲夏十三日江南鄒洵老憲常題

又橫廣二尺七寸高一尺八寸八分七行行六字正書

武陽朱養源臨江劉德常上饒周濟叔餘杭唐欽叟宣城侍其稀聲溥陽周亨甫紹聖四年三月十二日同游

又橫廣三尺三寸高二尺四寸五分五行行四字行書

錦溪唐節公禮唐恪欽叟紹聖四年閏月九日

又高一尺六寸五分廣一尺四寸五行行六七字正書

高平范正思子默東沂畢冲子虛吳郡富爲子宣愚溪張縱純中元符元年十月十九日

又橫廣二尺七寸高二尺六分八行行六七字正書左行

長沙孫欽臣仲恭東都賈材彥成春陵王邃將明弟棠叔華元符二年己卯六月初七日戊寅同遊勝境遲留

累日泛舟東下自永還潭

又此刋在林邵之左二行行十二三字左行

睢陽蔡穀允元眉山陳續茂訓韓城范直方師厚高郵秦湛處度元符己卯十一月十五日游

又橫廣二尺高一尺七寸六行行七字左行正書

大名韓川北歸一游弟巛球子意姪康世康國康伯侍行道士何守靜偶至此元符庚辰歲六月二十二日題

又橫廣二尺四寸五分高二尺二寸五行行七八字正書

張適安時迪安道遘安會遠安行招陳莘子野蔣彥才之羨唐逸元道同遊壬午中春十八日

又此刻在張適之左六行行十字十一字行書

長沙慕容選公才周伯常達夫自陝西歸里中沿幹零

陵特遊澹山口　瞻禮金僊遍遊諸洞次日設僧粥浴

迤邐之城下崇寧甲申仲冬五日湘東朱炳明遠書

又高一尺九寸五分廣一尺二寸七分三行行五字正書

開封曹湜邵陽周奇同遊澹山巖崇寧四年六月八日

又高二尺一寸廣一尺五寸七行行九字行書

眞定猶鑒辨狀躬謁　御書至此歷覽古跡愛其巖穴

幽邃氣象爽然罕所口見也徘徊抵暮而歸時大觀二

年三月十有七日男庭實庭賓庭老侍行庭賓奉命題

又高一尺四寸五分廣一尺一寸三分五行行八字行書

胸水盖侗公厚因祀　靈顯行次嵓下就謁住持芳師

訪其古跡歷覽而歸時大觀戊子季春晦日題

又高廣俱三尺四寸十一行行十字篆書

靑社董令升罷官廣西還過零陵來觀澹山同王紹祖

趙佃夫宋傳道飯巖下思長老以其師燈禪師所書衲

襖頌顯上人以懷素千文墨本相示千文眞跡余家所

藏嘗刻石鄉里詢顯則同郡人也盖得之余家豈意兵

火流離之餘乃復見此顯亦可謂好事矣因語及鄉里

相對感嘆紹興乙卯歲春三月戊寅題

又高三尺五寸廣二尺三寸五分六行行八字正書

滏澤程遂德遠拉歷溪高祈應之魏邸趙彥侁安行開

封王維子厚同遊男恪與同年子趙潛夫侍行紹興丙

子仲冬六日記

又高二尺七寸廣一尺七寸八分五行行七字正書左行

東平劉董子舒臨江蕭賔擇可睢陽王光祖仲顯以乾

道戊子六月上休日來游淡山巖

又高三尺四寸廣一尺八寸四分五行行十字正書

路分王俊邦傑教官洪彥華叔晒判官趙汝愖德恂推

官葉天休嘉承戶曹攝零陵縣趙不揉從朴慶元乙卯

季夏十有二日同至

又橫廣一尺八寸高一尺四寸四分六行行五字正書

嘉泰癸亥歲仲春上澣日東都趙仲義來游淡巖徜徉

終日男師曹師厲侍行

又高二尺六寸廣二尺八行行九字正書

開封李震亨仲洪陽段晋龍伯律鄮山王圭粹伯來游

領月臺之風漱石井之泉摩抄山谷老人永州淡岩天

下稀之詩徘徊觀音嵒窮幽極勝醉心溢目而后歸時

嘉泰甲子季春中澣日

又高六尺廣一尺七寸四行行十六字正書

三山高惟月以慶元戊午校秋試于零陵竣事嘗遊淡巖觀山谷留題後廿九年揭來分符莫秋復遊覩景物之依然歎歲月之逾邁歸與翩翩賦念奴嬌一闋

又 高二尺七寸廣一尺五寸八分五行行八字正書

前守舂陵永嘉許綸任滿東歸攜累來遊妹婿鍾光大甥侯希韙錤鎡澄侍行時紹定庚寅正月二日題

又 高四尺九寸廣二尺二寸二分六行行八字左行正書

嘉熙戊戌中旹十有七日襄陽御塵王銓國道挈家徠游萊人習隱盧汶聖縱侍行

又 高三尺四寸廣二尺九寸六行行八字正書

景定壬戌春正月晦零陵令鍾有大以迓繡使俞計院宿此巖寺二月望再侍　判府丘秘丞劭農題石以紀事云

又 高二尺廣一尺五寸五行行七字正書

臨淮張孝先郡人鄉槐錦江陳時中謁靈祠就過澹巖景定壬戌菊節後三日書石以紀行

又 横高三尺三寸廣一尺七寸五行行五字六字隸書

景定五季冬十有一月乙酉永嘉劉錫自道之瑞來遊子思侍濂溪友劉元禧因赴南宫偕行

又 高四尺三寸廣二尺七寸五行行十字正書

咸淳己巳仲秋望踰浹合沙趙與岫仁甫以郡博士攝守倅出郊勸麥偕攝令廬陵劉伯文致平行竣事就訪古跡寺僧請書以記

按湖南通志澹巖在永州零陵縣南二十五里亦名澹山巖唐張顥記云盤伏兩江之間周迴二里中有巖竇可容萬夫古有老人處其下以澹氏稱因名方輿勝覽云中有澹山寺樓殿屋室隱躍鋪中雖風雨不能及四顧石壁削成旁有石竅古今莫測其遠近此磨崖題名六十段當即在石壁削成之上然據永州山水記但載澹山巖宋黃山谷

始題識之今洞中一石載山谷詩與書而不言此外之題記者甚多也山谷詩跋已附大唐中興頌後六十段外恐尚有遺姑就此六十段攷之始于慶歷七年迄咸淳五年己巳合二百二十年中姓名可見者得二百七人泐者二人其中可攷者陳規史傳稱字元則密州安邱人靖康末金人入侵殺鎮海軍節度使劉延慶其徒祝進王在夫爲盜犯隨郢復等州規爲安陸令以勤王兵赴汴至蔡州道梗而還建炎元年累知德安府與劉錡領兵同死守後移知廬州疾卒此題銜殿中丞通理郡

事傳無一語及之不知卽其人否也趙揚宋詩紀事載抗揚抃二弟皇祐間抃爲江源令抗揚與俱名勝志載引流聯句一詩有抃序云公暇事休與弟抗揚坐東軒樂然盤桓其爲詩章云云是趙揚爲抃之弟史抃傳抃字閱道衢州西安人此題趙揚爲信安進士信安爲衢州江名正與抃同貫蓋其時遊于知軍栁拱辰幕中也但抃傳不爲附載無事蹟可攷陶弼史傳字商翁永州人由陽朔主簿歷知邕州徙鼎州辰州忠州順州加東上閤門使未拜而卒此題大理丞則傳所略傳又稱弼能爲詩故其詩雜見方輿勝覽後村千家詩合璧事類別集錦繡萬花谷粤西詩載後村詩話諸書中其所著邕州集宋詩紀事采之章望之史傳稱字表民建州浦城人由伯父得象蔭爲秘書省校書郎監杭州茶庫累光祿寺丞致仕此題校書郎蓋未監茶庫時也傳又稱其北游齊趙南汎湖湘西至汧隴東極吳會山水勝處無所不歷有歌詩雜文數百篇此題知軍張子諒同游蓋南汎湖湘時也其爲詩則夏晝一篇見宋文鑑陸詵史傳稱字介夫餘杭人進士起家簽書北京判官加集賢校

理通判秦州判太常禮院吏部南曹提點陝西刑獄徙湖南北轉運使直集英院進集英殿修撰知桂州至邕州集左右江四十五峒首詣麾下補置將吏更鑄印章聲盖張召爲天章閣待制知諫院道除知延州知成都熙寧三年卒此題轉運使尚書刑部員外郎爲傳所略其云按部游此者卽至邕州集左右江峒首之時也蕭注史傳稱字巖夫臨江新喻人舉進士攝廣州番禺縣以破儂智高功擢禮賓副使廣南駐泊都監知道州拜西上閤門副使居邕數年坐貶泰州團練副使累起爲邠州都監累知桂州此題無號年但云辛丑秋社日稽其時爲嘉祐三年蓋知邕州時使道游此而留題也周惇頤史道學傳字茂叔道州營道人東都事略作舂陵人按舂陵見後漢光武紀舂陵節侯買注云舂陵鄉名本屬零陵在今唐興縣北唐興縣名武德四年所改天寶初改延唐縣後唐天福中改延喜縣宋乾德初改寧遠縣是舂陵本唐興縣之鄉名偶見於光武紀其地本與營道爲鄰觀周子自題云沿牒歸舂陵鄉里展墓可知其家在營道先墓在舂陵傳書其貫而東都事略則用其

先墓所在之古鄉名也傳又云以任爲分寧主簿
調南安軍司理參軍移郴之桂陽徙知南昌歷合
州判官通判虔州熙寧初知郴州爲廣東轉運判
官以疾求知南康軍因家廬山蓮花峯下卒此題
凡三見前治平三年題尙書虞部員部郎通判軍
州事後治平四年二次題比部員外郎通判永州
軍州事皆傳所不載又侍遊者有男壽燾姪立姪
孫蕃而傳祇載男壽燾不及立蕃且但稱壽官至
寶文閣待制不詳事蹟書譜引魏鶴山集稱濂溪
先生帖遂寧傅氏藏則周子有書名也書錄解題

載濂溪集七卷是有詩文著述也而傳皆不載惟
東都事略載其南安司理之後有通判永州一語
穀史稍詳宋詩紀事載壽字老一字元翁元豐
五年進士初任吉州司戶次秀州知錄終司封郎
中激水志載其題金粟寺庵詩蓋官秀州時作也
又元翁詞翰之妙前輩多稱之語見朱子文集紀
事又載燾字次元元祐進士爲貴池令官至寶文
閣待制成都文類載其晉雪軒詩咸淳臨安志載
其遊天竺觀激水詩是嘗至浙至蜀矣凡此皆可
廣史所未備也楊傑史傳字次公無爲人舉進士

元豐中官太常者數任元祐中爲禮部員外郎出
知潤州除兩浙提點刑獄卒此題華陰楊傑次甫
與傳不合疑別一人蔣穎叔名之奇常州宜興人
史傳稱其以蔭得官擢進士第至太常博士又舉
賢良方正英宗擢監察御史神宗立轉殿中侍御
史坐貶監道州酒稅改監宣州酒稅新法行爲福
建轉運判官崇寧元年累除觀文殿學士知杭州
以疾告歸卒此題不著年月亦不著官位當是監
道州酒稅時所題其監道州也由畔歐公之故爲
清議所薄穎叔必有不得意者故題云物之顯晦

固有時何可知也其大指已見乎詞矣穎叔能詩
零陵縣志載其遊澹巖七古一首此詩見下卷又
載其遊朝陽巖七古一首王弇州又稱其工書有
蘇黃法則此題句百餘字亦足貴也陳遘史傳字
亨伯自江寧徙永州登進士第累知雍邱縣徽宗
將以爲御史而遭憂畢喪爲廣西轉運判官欽宗
立積官至光祿大夫徙知中山金人再至受圍爲
步將害此題元豐八年爲郡守傳全不載當別是
一人徐處仁史傳字擇之應天府穀熟縣人由進
士甲科爲永州東安縣令蠻人叛處仁入峒開示

恩信讙感泣誓不復反此其官東安之政績也後
仕高宗初爲大名尹北道都總管卒此題在紹聖
改元正其令東安時也范沖史儒林傳字元長登
紹聖史誤作紹興進士累官翰林侍讀學士以龍圖閣
直學士奉祠卒史不著沖之里貫據此題知爲蜀
郡人而其時爲紹聖三年尚子恭初舉進士也宋
詩紀事又稱沖爲祖禹長子紹聖元年進士建炎
中官翰林學士守衢州坐與趙鼎有舊落職衢州
府志有贈了空長老詩爛柯山洞志有游爛柯山
青霞洞天詩皆其守衢日作也可補史之略唐恪

史傳恪字欽叟杭州錢塘人以蔭登第調郴尉歷
仕至靖康初累拜少宰兼中書侍郎以觀文殿大
學士中太一宮使兼侍讀二年金人逼立張邦昌
仰藥而死此題兩見皆在紹聖四年是其官郴尉
時而不自署其官但其貫則一曰餘杭一曰錦溪
錦溪是苕水分流入臨安者非其貫而餘杭則貫
也與傳之稱錢塘者異然傳有知潭州請往錢塘
掃墓然後之官遂改杭州之語或因其先墓在錢
塘故以爲錢塘人歟又唐節字公禮題在唐恪之
前似節爲恪之兄但事蹟無攷范正思仲淹之孫

純仁之次子史附見其兄正平傳云正平字子夷
父純仁卒詔特贈遺澤官其子孫正平推與幼弟
幼弟似卽謂正思也又云蔡京當國言正平矯撰
父遺表又謂李之儀所述純仁行狀妄載中使蔡
克明傳二聖虛佇之意遂以正平逮之儀克明同
詣御史府正平將行其弟正思曰議行狀時兄方
營奄窆之事參預筆削者正思也兄何爲哉正平
曰時相意屬我且我居長我不往兄弟俱將不免
不若身任之遂就獄云云此題高平范正思子默
與正平之字子夷同用子字信爲正平之弟惟傳

稱范仲淹其先邠州人後徙蘇州吳縣此題高平
吳縣無高平之稱或邠州舊名新平郡又可謂之
高平耶秦湛見詞綜稱其字處度觀子官宣教郎
載其謁金門詞一闋又見宋詩紀事嘗爲韓膺胄
作杖巢詩先得兩句云云見詩說雋永史文苑傳
秦觀高郵人元祐初累官國史院編修官紹聖初
坐削秩徙郴州此題在元符二年己卯是侍父貶
所時也韓川史傳稱字元伯陝人元祐初薦爲監
察御史累以龍圖閣待制守新州徙虢州與孫升
同受責由坊州郢州貶屯田員外郎分司岷州團

練副使道州安置徽宗立復故官此題在元符三年庚辰正其安置道州時但自署其貫爲大名傳則爲陝人殆大名是祖貫耶趙彥侁趙汝愧趙不揉趙師曹趙師厲趙與詘皆見宋史宗室世系表太祖兄弟五人兄光濟早亡弟光義卽太宗次廷美次光贊幼亡廷美封魏王有十子長高密郡王德恭彥侁卽德恭之六世孫承節郎公璟之子也太宗九子長元佐封漢王汝愧卽元佐七世孫善強之子也太宗第六子元偓封鎮王不揉卽元偓之五世孫乃武節郎士峰之第四子官從事郎太

祖四子次子德昭封燕王師曹師厲皆德昭七世孫師曹之父伯邈師厲之父伯道皆贈從義郎子說之子則師脩師厲爲其祖兄弟也太祖第四子德芳封秦王與詘爲德芳九世孫希瑀之第二子也題名諸人之可攷者祇此餘皆無攷三山高惟月題記云歸興翩翩賦念奴嬌一闋今搨本不見其詞檢詞綜亦未錄其人又題名中有郡人卿槐卿姓見風俗通云虞卿之後然無一人登史傳者此云郡人豈永州著族耶長沙慕容邈題記云瞻禮金僊遍遊諸洞次曰設僧粥浴殆在澹山寺也

飯僧爲檀越功德次之僧粥亦飯僧之意至設僧浴則僅見此題豈僧浴不易舉亦待檀施耶靑社董令升題云懷素千文墨本眞蹟余家所藏嘗刻石鄉里顯上人同郡人也得之余家此敘懷素眞蹟之顯晦亦書家法帖之故實識以備攷錢塘楊巨卿字信甫官河陽節度推官知零陵縣事熙甯七年兩度遊澹山一在正月一在九月夫以官爲縣令而能題名紀遊則其居官政績從容餘暇可知而稽之浙江通志杭州府志俱不載其人益修志不廣採金石則人物遺漏文獻無徵積病由來

已久附識以爲志乘家之勸石刻題名之有姓有名有字始乎宋時此題有襄陽郤塵王淦困道萊人習隱盧汝聖鄰郤塵習隱二人之號也以號冠乎姓名之上則始見此題葢在嘉熙二年南宋末之風尚矣作書有以弌弍爲戌戌者尚沿唐人書體之舊侯希壂字書無壂字似當作𡔈係唐武后所制聖字此仿而書之而有譌也

飛白七字

石橫廣五尺一寸四分高一尺五寸橫書在杭州府仁和學

皇三十九

天下昇平四民清
慶曆八年四月二十八日
仁和學仁宗御書飛白七字劉記皇三十九四字乃
碑石紀數也 孫星衍寰宇訪碑錄
慈恩寺塔題名二十二段
塔凡三門題名刻于門楣之上此其一也四行行十一字左行正書
提點刑獄□□□　□□□
部都王元百祥
同提點刑獄劉建勳周輔慶曆八年九月十六日同遊
又 隸書殘缺止存一行十字

庚太素雷簡夫太簡慶曆
又 正書殘缺止存四行行十字左行
嘉祐壬寅歲五 缺 祖考而降凡六喪既事會親舊于是
庚午衤□丞□興
又 正書五行行十三字左行
北宮外郎康定軍使盧盛損之前懷州河內簿陳知盎
友直弟知恭德基知宜德壯姪安期海翁借從都漕陳
大卿自杜城遊華嚴至此治平甲辰六月三日題
又 正書殘缺止存三行行十二字左行
缺 州河內簿陳知益友直弟 缺 基知宜□□姪安期海

翁□從 缺 □□□□□杜城遊華嚴至此□□□□□
□日題
又 正書五行行八字左行
都轉運使穎川孫永副使河東毋沆高平范純仁制置
解塩判官河南李師錫熙寧元年三月十八日游
又 隸書四行行七字
知府事吳中復新知梓州李大臨前知閬州崔度熙寧
六年二月九日題
又 隸書六行行十四字
資政殿大學士知越州趙抃度支郎中轉運使皮公弼

太常少卿知同州毋沆太常博士提點常平倉章楶同
登慈恩塔過杜祁公家廟遂會于興慶池館熙寧七年
仲冬二十有二日龍圖閣直學士知軍府事吳中復題
右吳中復題名在西安慈恩塔八分書甚有法按趙
閱道以熙寧三年四月自政府乞罷改資政殿學士
知杭州後改青州召見以大學士再知成都乞歸知
越州此題乃由成都移越道經京兆時也中復知永
興軍楶提舉陝西常平俱見宋史本傳公弼任陝西
轉運使亦見食貨志杜祁公衍家越之山陰晚年退
居南都即今之歸德府也似不當立家廟於長安且

北宋大臣罕有立家廟者或刱是一人非衍也潛研堂金石文跋尾
又隸書殘缺止存四行行十餘字不等
缺□□□□葉□□□□
缺事虞部外郎俞希及景賢
提舉□□□作佐郎杜常正甫
□□□□□□□佐郎喻房明仲
又正書七行行三字左行
張琬蔡文卿楊國寶葉攄同遊丙寅元祐元年閏二月
五日

又正書二行行八字左行
范登元祐二年丁卯歲四月十八日偶題
又正書四行行十字左行
承議郎新通守淸汀郡事瑯琊王評漢卿奉使岐雍展
先塋同登慈恩塔元祐三年八月上澣題
按漢制公卿以下皆五日一休沐唐會要永徽三年
上以天下無虞百司務簡每至旬假許不視事以便
百僚休沐則唐時十日一休沐矣休沐亦謂之休澣
唐書劉晏傳質明視事至夜分止雖休澣不廢是也
宋時百官旬假循唐故事故有上澣中澣下澣周益
公撰光堯丁亥本命道場滿散朱表有曰適中澣之
句攷其日乃十月二十一日又撰四月十八日丁亥
本命道場朱表亦云日近中休然則每月之二十日
爲中澣日上澣必月之十日矣一旬之中止一澣曰
今人以上澣中澣下澣當上旬中旬下旬既失其旨
又休澣惟有官人乃可用之不當通於士庶也漢卿
當是駙馬都尉詵之昆弟潛研堂金石文跋尾
又行書二行行十二字
駙馬都尉王詵再遊元祐癸酉
王詵晉卿宋初功臣全斌之裔全斌子審鈞爲永興

軍駐泊都監因家京兆晉卿於審鈞爲曾孫則京兆
乃其故鄉又攷王評題名有展先塋之語則晉卿之
屢遊慈恩殆亦以展禮先塋之便歟潛研堂金石文跋尾
又正書十行行三字左行
德安王端建安章綡南豳張舜民崇寧丙戌歲重九日
同登進士章棻從
又正書六行行九字
睢陽徐處仁擇之京兆何常德固管城李譓智甫大梁
曹詡子問成都郭倫與權西洛趙佺貞叟浚儀劉仲祥
公善政和改元孟夏十三日

又行書二行行八字

康訓种師周李延祚李景儉司馬朴政和四年四月晦日

又正書五行行六字

河南趙耘老因暇登塔觀唐人墨蹟時政和丙申七月二十有四日也

又正書八行七字左行

灊溪眞常寓此避暑自宣和庚子歲歷辛丑壬寅癸卯甲辰凡五夏更三十甲子雖未能拒造化而造化亦不能煉吾也復嬰返黑上眞豈欺我哉刊者姚彥

又行書九行行五字

宣和辛丑夏五月大熱異常與鄉子文李秉文种交冉王彤膺二十七日逃暑卧塔下晦日暫歸當卜再至王正叔題

又正書六行二字左行

黎獻民向宗京陳似楊舟李處俊宣和辛□

又草書四行十字左行

獨上慈恩塔疎懷亦慨然異朝多少事不改舊山川宣和四年八月旦范智聞

又正書二行行八字

張智周桑彥周孫昭遠趙君表袁仙夫

按陝西通志慈恩塔在西安府城南十里曲江池北內有浮圖塔六級卽雁塔後重加營建至十層兵餘止存七層長與中西京留守安重霸再修之判官王仁裕有記宋張茂中遊城南記云長安士庶每歲春秋遊者道路相屬熙寧中富民康生遺火經宵不滅而遊人自此衰矣此題名二十二段皆來遊者所刊起慶歷八年訖宣和四年凡七十餘年其中泐不能辨者數人其姓名可辨者得六十三人以史傳攷之雷簡夫字太簡德襄曾孫康

定中杜衍薦授簽書秦州觀察判官公事旣罷居長安此題上下殘缺上存康太素不知其姓下有慶歷字則是居長安時所題也墨池編稱其善眞行書書史會要稱其少年學褚河南聖教序歐陽率更醴泉銘顏太師家廟碑然則其居長安日久摩挲諸碑書學宜乎更進矣孫永字曼叔世爲趙人徙長社神宗卽位累擢天章閣待制安撫陝西歷河北陝西都轉運使此題熙寧元年正官都轉時也范純仁字堯夫英宗朝累遷侍御史議濮王典禮論奏不聽遂還所授告勅家居待罪尋詔罷

追尊起純仁就職純仁請出不已遂通判安州升
知蘄州歷京西陝西轉運副使此題與孫永同游
郎其時也吳中復字仲庶興國永興人累擢天章
閣待制知澤州瀛州移河東都轉運使進龍圖閣
直學士知江寧府歷成德軍成都府永興軍此題
有二一爲熙寧六年一爲七年皆知永興軍時也
中復又工八分書益部談資載百花潭口有任氏
一碑乃熙寧間吳中復撰書則其知成都府時事
矣又歲華紀麗譜載其遊海雲寺倡和詩亦知成
都時作其六年同遊者有新知梓州李大臨史傳

稱大臨字才元成都華陽人神宗朝累工部郎中
出知汝州徙知梓州據此題知當時大臨由汝州
經陝西入梓州路也又據畫繼稱成都李才元世
以書鳴又可知其書畫兼擅也其熙寧七年吳中
復題云與趙抃皮公弼毋沆章楶同登慈恩塔過
杜祁公家廟遂會于興慶池館潛研跋謂杜祁公
衍不當立家廟於長安此蓋誤以唐之杜岐公爲
宋之杜祁公也新唐書杜佑傳佑字君卿京兆萬
年人憲宗在諒闇攝冢宰明年拜司徒封岐國公
宋敏求長安志萬年縣所領朱雀門街之東從北

第一興道坊次開化坊次安仁門有太保致
仕岐國公杜佑宅其後或即以宅爲家廟未可知
也岐公祁公以音同致訛耳杜常字正甫衞州人
昭憲皇后族孫中進士第調河陽司法參軍事積
遷河東轉運判官崇寧中累至工部尚書以龍圖
閣學士知河陽軍又據畫墁錄云神宗聞昭憲之
家有登第者甚喜有旨令上殿翼日謂執政曰杜
常第四人登第却一雙鬼眼可令提舉農田水利
又據河上楮談云臨潼驪山華清宮溫泉在焉中
有萃玉屏皆宋元人及今人詩刻内杜常詩四篇

前題權發遣秦鳳等路提點刑獄公事太常寺杜
常後跋云正甫大寺自河北移使秦鳳元豐三年
九月二十七日過華清有詩四首云云此題殘闕
存者三行杜常與俞希及喻房同遊無年月俞喻
二人無攷惟杜常史有傳然不載其官陝西據河
上楮談則此題乃元豐三年提刑秦鳳時也而系
銜有太常寺史又不載此題上有提舉□□□作
佐郎八字若據畫墁錄所云則當是提舉農田著
作佐郎也然史又不載其官著作佐郎皆當闕疑
俟攷章綡附見章楶傳楶字質夫建州浦城人七

子第三子綜最知名第進士歷陝西轉運判官入爲戸部員外郎張舜民字芸叟邠州人徽宗立擢左諫議大夫徙吏部侍郎旋以龍圖閣待制知定州改同州此題以崇寧五年丙戌王端章綺張舜民章莱同登但署其貫而不系銜據傳則綜爲轉運判官舜民知同州也章莱雖無攷以章楶傳證之楶孫茇藎皆附傳莱與茇藎字皆从艸則亦楶之諸孫綜之從子也徐處仁字擇之穀孰人累拜中大夫尚書右丞丁母憂免喪以資政殿學士知青州徙知永興軍何常字德固京兆人累官顯謨

閣待制知秦州李譓附見李南公傳南公之子也鄭州人字智甫傳載其歷官陝西者四次初哲宗朝由河東轉運判官徙陝西次以直龍圖閣知熙州又次爲光祿卿後數年爲陝西轉運使又次代錢昂爲鄜延帥復徙永興此題以政和改元同遊而不系銜傳載歷官陝西而無年月故不能攷定也司馬朴附見司馬池傳池曾孫光兄旦之孫也字文季少育于外祖范純仁後以純仁遺恩爲官累調晉寧軍士曹參軍中州集稱文季工書翰有晉人筆意其遺墨有雪霽同韓公度登圓福寺閣

和李效之詩云云此題以政和四年與康訓种師周李延祚李景儉同遊皆不署官位里貫不知司馬朴卽其人否也張智周桑彥周孫昭遠趙君表袁仙夫五人但題姓名而無官位年月惟孫昭遠有傳云字顯叔眉山人元祐間進士歷鳳翔天興縣建炎元年累遷河南尹西京留守西道都總管其冬金人來攻昭遠戰不利爲其下所害當卽其人餘俱無攷

富平縣李太尉祠堂記

碑連額高一丈一寸廣四尺六分十二行行三十字並額俱正書在富平縣

耀州富平縣唐李太尉祠堂記

著作佐郎知縣事王哲撰

華陰張大中書

主簿廖山甫題額

予曰富平視事之踰月按圖邑之西三十里有李太尉墓誌曰臨淮也邑之西南十八里有廟曰赤眉誌不其載其事蓋炎劉中絶長安之亂厥號不滅里毗之所爲耳噫是可以篤訓耶因遺行視其墓則無有惟顏魯公爲其碑表存焉甚可怪也一日訟撿按至其所召父老詢之則曰是東直七百步越廬井林木之外崗之李相

公圖也遂往觀焉則東西二塚亘禾中僅存耳猶有石獸按顏文西則司空公東則太尉也太尉忠謀武烈克建大勳與郭汾陽偕爲唐社稷臣諸將無能出其右者魯公清賢傑識爲文以表其墓顧不得春秋時祭而亂臣賊子乃竊民之奉獨時祭而嚴畏之嗚呼俗狃淫祀不知善惡之别也至於此亟命毁之以其材作太尉祠堂使知忠賢勳勞可以享百世之祀亂臣賊子可以蒙千古之誅不亦宜乎皇祐元年夏六月壬戌朔記

僧普臻刊

按李太尉即唐李光弼也光弼累拜太尉兼侍中

進封臨淮郡王事蹟詳顏魯公撰神道碑已見本書九十二卷唐書有傳碑文又載顏魯公集此碑所稱西則司空公東則太尉司空公謂光弼之弟光進也太平寰宇記載李光弼墓在富平縣西四十里陝西通志則云在富平縣西北三十里覓子店光弼墓旁即太尉祠祠旁即光進墓然則太尉祠在兩墓之間矣碑亦云按圖邑之西三十里有李太尉墓疑寰宇記作四十里者訛也

改賜終南山宫觀名額牒

石横廣二尺七寸六分高一尺六寸十九行行十字至十七字不等正書在西安府盩厔縣

順天興國觀住持賜紫道士王全矩書

中書門下　牒鳳翔

內中高品都知李神福送到劄子鳳翔道士張守真奏乞改賜終南山宫觀名額奉

聖旨依奏送中書

　鳳翔終南山樓觀宜以順天興國之觀爲額牒

奉

勅如前牒至准

勅故牒

端拱元年十月十八日牒

戸部侍郎參知政事王

戸部侍郎參知政事辛

中書侍郎兼戸部尚書平章事吕

守太保兼侍中

大宋皇祐元年歲次己丑十一月丙申日建

師弟道士劉全穆　小師韓處淵胡處和李處清

觀主賜紫　道士強德安　梁志刊

按盩厔縣宋時屬鳳翔府故此牒云鳳翔終南山樓觀也據牒順天興國觀額以端拱元年改賜陝西通志訛作端拱三年長安志則云興國觀本名

宗塑觀太平興國三年改今名疑太平興國三年
所改者但有興國二字至端拱元年乃加順天二
字也牒以端拱元年賜至皇祐元年始刻石年月
後列銜四人據宰輔表戶部侍郎參知政事王者
王沔也戶部侍郎參知政事辛者辛仲甫也中書
侍郎兼戶部尚書平章事呂者呂蒙正也守太保
兼侍中不署姓乃趙普也勅牒之例宰相出使在
外則但列虛銜以表攷之則淳化元年正月趙普
出為西京太守河南尹但其時是守太保兼中書
令非兼侍中若端拱元年則兼侍中加太保非守
太保表與牒彼此小異

金石萃編卷一百三十四

賜進士出身 誥授光祿大夫刑部右侍郎加七級王昶譔

宋十二

重修北嶽廟記

碑高一丈二尺一寸廣六尺二寸六分二十二行行四十六字正書篆額在曲陽縣

大宋重修北嶽廟記

推誠保德功臣資政殿大學士光祿大夫行給事中
充定州路都部署兼安撫使兼知定州軍州事及管
內制置營田勸農使上柱國南陽郡開國公食邑二
千戶食實封肆伯戶韓琦撰并書

朝奉郎太常博士通判定州軍州兼制置營田及管
內勸農事上騎都尉借緋錢暚篆額

天下之嶽五獨北之常方人目為大茂山而嶽名不著
嶽有祠不知廞于何代今廟于曲陽縣之西附城距嶽
百餘里考有唐以來記刻皆不載廢遷之由故非質于
圖志人或不知嶽之所在焉於禮祀莫大于天地而五
嶽次之古者天子壇以祀四望若將巡至其所既柴然
後秩而望祀之廟而祭焉非古也其後世之文乎然則
為之者誠有意焉耳夫嶄然而石坳然而谷泉焉而衆
派別林焉而萬幹擢嶽之形也倏霽忽冥伏珍見祥喜

爲而風雨時怒焉而雷霆發嶽之神也人得其形而易之也蔪于是畋于是安知其所以爲神哉君人者患民之不知也於是廟而像之以警民之耳目致其毆奉之心使遠禍而趨福雖文于古其於教也固明明矣若其祀祭之品則三代以降皆以公有唐以王　我朝撫有天下馴致太平　眞宗皇帝紹　祖宗之隆以建皇極封泰山祀后土曠絶之禮無所不講由是尊五嶽而帝之復以安天齊聖之號表于　我神耀世人之未詳也又　製奉神述以明之蓋愛民之意深則報神之禮重斯誠也雖萬世可知矣故廟宮之

制崇飭宏大惟禮之稱著于定令以時繕修歷季既長吏職廢怠日風月雨以圯以漏功大費廣久焉不葺每歲立冬　天子以所署祝册就遣守臣以祗祀事至則羅其籩豆洗酌之具與執事者升降於頹簷壞廡之間退而安然罔以爲恤慢神瀆禮莫斯爲甚慶曆八年夏六月琦獲領州事得居　嶽鎭之下知廟之未完也由市材弗給役徒弗充而氏罹水災歲以大歉凡厥用度弗敢爲擾會有　詔毀鄉民之擅爲佛祠者得取其材以濟之益兵暨工責成于邑吏而曠時不集通判軍州事屯田員外郎游君開謹於其事願盡力焉率其縣主簿李奕留廟所百餘日悅使其衆而已焉弗懈於是敝陋朽橈之迹煥然一新又於其庭起士民薦獻之宇俾勿褻于　神而　神益以尊彩繪塗墍罔不精極宜　神之喜肹饗來宅皇祐元年冬十月九日以訖功來告僚屬請以鄙文志于廟石而弗克讓夫吏之爲政也有善惡焉神之爲監也有禍福焉善焉而以福惡焉而以禍神理之宜也或反是焉則非人之所知矣守臣當謹　天子之命而治神之居案　神之祀修己以愛其民人唯神之所以禍福而已謹記

皇祐二季正月十九日立

常山郭慶諫刻字

碑陰

碑陰作三截書上十一行中九行下七行每行字數十至三十六不等又題名二其一韓跋左行並正書

皇祐元年冬十月九日重修　嶽祠功畢旣勒
文以謹其事乃列將佐官屬名氏于石陰庶永後觀
文林郎守冀州武邑縣令管勾定州路安撫司機宜
文字陳　薦
入內內侍省內侍高品眞定府定州等路走馬承受
公事謝　禹珪

西頭供奉官眞定府定州等路走馬承受公事陳
有方
供備庫副使定州路駐泊兵馬都監趙　滋
供備庫副使定州路駐泊兵馬都監張　僎
西染院使資州刺史定州路駐泊兵馬鈐轄張　忠
北作坊使緜州團練使內侍省內侍右班副都知定
州路駐泊兵馬鈐轄任　守忠
侍衛親軍馬軍副都指揮使保大軍節度觀察留後
定州路駐泊馬步軍副都部署狄　青
順安軍判官將仕郎試秘書省校書郎權節度推官

莫州防禦推官將仕郎試秘書省校書郎權觀察推
公事仇　公緯
官周　革
節度推官承奉郎試大理評事劉　循
將仕郎試秘書省校書郎權節度掌書記馬　艮器
內殿崇班定州兵馬都監兼在城巡檢劉　斌
內殿崇班定州兵馬都監兼在城巡檢劉　宜孫
內殿崇班定州駐泊兵馬都監石　宗閔
朝奉郎太常博士通判定州軍州兼制置營田及管
內勸農事上騎都尉借緋錢　貽範

朝奉郎尚書屯田員外郎通判定州軍州兼制置營
田及管內勸農事騎都尉賜緋魚袋游　開
將仕郎守曲陽縣尉盧　至堅
將仕郎守曲陽縣主簿李　奕
左班殿直知曲陽縣事兼兵馬監押□　昭
文林郎守司法參軍房　士安
將仕郎守司戶參軍裴　士誘
登仕郎守司理參軍趙　諮
承奉郎守錄事參軍曹　盡忠
太常博士簽書節度判官廳公事徐　瓘累謁

祠下元豐庚申秋八月晦題　男韶美侍行
安陽韓跋元豐六年仲冬知成德軍稾城縣得替巳
嘗恭謁　祠下今復自祁之鼓城解官再遂瞻
拜連治二邑皆獲善罷者荷　陰佑之所賜也
元祐二年十一月二十七日
北嶽廟在曲陽中有一白石梁相傳云是舜時從嶽
飛至者因祀于此其說迂誕不可信然古樹道竦有
二塑鬼奇甚皆千年外物碑刻亦稱是魏公所書全
法顏平原而時時露柳骨鋒距四出令人不可正視
公之受遺二世以身係輕重此亦可窺一斑矣幷州山人

識

按文獻通考慶歷八年詔置河北四路安撫以韓琦王拱辰賈昌朝等充諸路使四路謂魏瀛鎭定四州也定州置安撫益昉於此宋初節度使領馬步軍都部署其後守臣帶一路安撫使者皆帶馬步軍都部署故有帥臣之稱英宗以後避御名改爲都總管宋史職官志定州兼安撫使馬步軍都總管據後改名書之也此碑結銜內已有制置之名而馬端臨謂安撫帶制置自建炎三年浙西康允之始攷之似未審矣潛研堂金石文跋尾

按此碑皇祐二年韓琦知定州重修北嶽廟工竣而撰書刻石以紀也史傳琦字稚圭相州安陽人累以資政殿學士知揚州徙鄆州成德軍定州兼安撫使進大學士碑系銜有行給事中爲傳所略皇朝事實類苑載魏公嘗作閱古堂自爲記刻于石後人又畫魏公像於堂上此亦其知定州時事也篆額者錢貽範無傳文云天下之嶽五獨北之常常即恒也避眞宗諱用常字碑陰列定州官屬二十四人內有傳可攷者陳薦字彥升邢州沙河人舉進士爲華陽尉從韓琦定州河東幕府而不載其守冀州武邑縣令傳略之也趙滋字子深開封人韓琦經略陝西舉滋可將領得閤門祗候爲鎭戎軍西路都巡檢後爲京東東路都巡檢在京東五年數獲盜不自言富弼爲言乃自東頭供奉官超授供備庫副使定州路駐泊都監張忠字聖毗開封人仁宗即位選天武左第三指揮使融州刺史改潮州齊州團練使擢滄州本路鈐轄徙澶州總管與碑系銜不合疑別一人任守忠見宦者傳字稷臣由蔭入內黃門仁宗親政西鄙用兵爲秦鳳涇原路駐泊都監以功再遷東染院使內侍

押班出爲定州鈐轄加內侍副都知碑系銜北作坊使綿州團練使傳所不載狄青字漢臣汾州西河人仁宗時徙眞定路副都總管歷侍衞步軍殿前都虞候眉州防禦使遷步軍副都指揮使保大安遠二軍節度觀察留後又遷馬軍副都指揮使與碑亦互有詳略劉斌史孝義傳有其人是報父仇稱孝者與碑別一人餘俱無攷

傳應法師行狀

碑高七尺八寸廣三尺八寸三十四行行七十三字正書碑陰畫圖額題終南山上淸太平宮之圖十字正書在盩厔縣

聖宋傳應大濾師行狀
法師姓張氏諱守眞字悟元後漢三蒖正一扶教大法
師逌丞相留侯六代孫法師卽子房之遠裔眞嗣曼延
不常厥居今爲盩厔人也濾師幼孤及長氣誼過人言
行相顧不交權豪篤濟物之心逮壯嘗遊終南山遇
上聖空中降曰吾北天大聖　玉帝輔臣授
命衛時乘龍降盍匪正直英傑之士无以振古道汝有
異骨殆非凡庶夙叶眞教可受吾教法師□□聖語□
□□事□還□吕蕫茹共記　眞君曰吾逌充眞
非奇□至于□□□□□□汝安得輒用腥穢然汝未

羶图不加辠可□□□□汝至誠□□□□□
□□□□□□□□者□加□罰法師乃寅恭致
謝復啓曰守眞聞在男曰巫在女曰覡□□□□□
大丈夫之所恥願聞丕訓　眞君曰□教汝歛濾爲
民除祆次指汝□□□□國祈福□□□□□□
□□巫覡哉後□□□蒸民災苦祈請者靡不赴之斬
邪去□一□□□□□自是不復爲患　眞君降
曰吾運化　本朝第二主將建宄闕置十一座殿宇
列中外界㬎辰□國□□□□□□□□汝發
運必受　大君祇遇法師稱謝曰□□□□

君曰吾爲天上師汝須得人開師法師逌詣古樓觀主
粱□門下朝眞叩靈□月中□□□□法師於古終
南縣私第剏搆　北帝宮塑　眞君聖像自是□遠
從□者□奔走求□日聞神異故時人呼法師爲通靈
先生張黑殺開寶□年　太祖皇帝□□□□□
□□□□馳驛召□是年十月三日赴命越十日□□
東都趨文陛　天子祓□百辟剡敘法師對敭神
氣自若左右爲之動容　上詢遇　眞君神異事
法師具對□□□□□□□　□謂法師曰
眞君降言有類此乎對曰若陛下不之信棄臣市

可驗無吕人聲媟嬻　上聖　帝然之曰果正
直之□卽日詔鵫建隆觀十九日　太祖上僊二
十一日　太宗皇帝嗣統命法師瓊林苑醮謝
上帝結壇施濟至誠幽贊潛通穹昊
眞君降曰　大宋宗社□永時
太宗伺午夜秘殿底誠稽首再拜謝曰仰賴　上眞
福浸生靈誓當修奉禮畢□□師西歸至太平興國二
年春命起居舍人王龜從內供奉王守節赴終南山愼
選勝基構立上清太平宮衆議未決昔　眞
君降曰北帝宮甫近可建殊庭繇是以定辰材雲□□

口風从迨三周歲給僻厭功顯符眞誥卤敕法師尸之
及賜縣官邸店越數百楹匄日利以充費法師前後錫
賚咸貿易創田園不啻萬晦立爲常住其經營後世弗
匱者實法師之力焉　宣命給卒百人供法師驅
役當時軺車沓至士俗嚮臻法師屢禮以延之迄今遹
爲永式三年冬十月修祝　聖壽之儀恭邀
象駕再覲咫威　帝昌高尙禮之賜紫口口簡於
黼座前涔被隆恩復之攸館六年十月御前賜師號曰
崇醴大師七年春正月入內高品盧文壽　中
悄委本宮祈禱用安宗社樂康兆民法師設普天大醮

威儀具陳寔非常　眞君降靈迺錄感應聞奏　朝廷
上知社稷有賴允加虔奉雍熙中
以口口口遞遣中貴麥守恩傳　天憲命法師昭
告旨卜禖祥遂启羅旡大醮口意緖絜愈于常度升聞
晃旒及大戎東手河朔帖然太史奏五福太一
臨吳分請修其祠　敕京城東南隅剏靈宇以
宅之亟召法師醮請太一眞君　上謂曰非卿何
以感通祈化祀畢而還淳化五年冬被制授鳳翔府管
內道正蓋尊嚴其教也　皇朝凡七祀圜丘必詔
法師導從　濫觴口都入跋蹕仰贍

大聖人遇法師殊常之禮實前古之罕聞俾還本宮
告謝黼黻蔵事　國史詳焉當時水旱災沴靡不
修禳式昭景貺則知法師寔　清世應運之士也
故得福應一方蕠勝道口服膺徒弟常不減數百法師
威而不猛有總領均平之讓教寧上下無敢違越豈非
懿德之淵源乎至于夙夜寅奉香燈諸殿朝祀越二十
年雖風雨不渝法師象簡執成指痕斯乃勤至之驗也
法師凡爲國家設二百餘醮修三百餘齋授宣敕三十
餘道居一日名門人謂曰吾有誅剪怪魅之功而虧修
鍊飛昇之妙奈何五行更王大數告窮胡能免於形謝

哉然而質雖遷殞神自有歸　上帝錄吾及物之
勳已領符命授五土之主汝等必能恢繼教風天弗違
願遽命蘭湯日三浴徐飲清泉斗餘易衣啓示手足以
至道二年閏七月十六日委蛻而化享年六十有六時
天地晦冥大雨三日於别墅權厝後復雨三日法師重
修古迹宮觀有三鋪敘飛奏各賜名額暍昔未遇有子
曰元濟業進士法師朝覲奏名敕賜同學究出身遂謂
選錄法師行狀以　聞奉　聖旨批付史官布衣
張濤集事跡門人刻石立于眞堂之右
弟子二十一人　賜紫劉元載　張元明　元元

德　滕元勝　李元亨　李元輔　趙元正　王元
秘　段元素　李元清　李元白　張元宗　程元
亮　劉元吉　姜諫信　李善應　許善能　強善
宗　趙善抱　楊善和　李善結　杜振塑　眞像
李楚裝　咸平二季六月二十弌日立石
夫立善功衆大名雖骨命所鍾誠明彰著然亦由志行
修蘊天心協應力行聖教而不泯者則　傳應大
法師其人也法師以景德二年八月中自別墅遷葬於
書臺鄉郭塚祉祥符七年　勑加翊聖將軍曰
翊聖保德眞君　法師舊號崇靜大師

今上乘籙嘗閱瓊函因覽　翊聖傳記頗動
睿念景祐中降　制書加號傳應大法師
司竹殿直張君簡每瞻祀　法師眞像欽歎久之
嘗謂人曰法師風貌瓌異眞神明之標表故得民到于
今稱之法師善功美實刻石存焉張君覽之曰石剝字
缺文謟訛舛使後之人曷以披現茂實者哉惜乎季祀
寖遠幾至湮滅具白主者願錄舊文命工重刊庶幾不
朽張君自出奉金以賞其費精求翠琰果成厥志識者
嘉之　監宫都官郎楊公通儒英特閒而溢美曰是
贊成實有力焉前守寧州定安縣主簿周郁後序及書

篆
師孫大人　住持延生觀賜紫閻知白　住持資聖
宫賜紫張知常　住持順天興國觀賜紫強德安
內住持順天興國觀賜紫王全矩　劉知道劉全穆
住持資聖宫賜紫蘇宗晏　上清太平宫副宫主賜
紫壽宗邈　上清太平宫主凝和大師賜紫劉子翔
三班借職監鳳翔府清平鎭酒稅務劉惟滋
朝散大夫尚書都官郎中監鳳翔府上清太平宫兼
兵馬都監輕車都尉賜緋魚袋楊中和
皇祐二禩上章攝提格夏五月弌十有五日重建
安定郡梁志刻

江寧崇教寺辟支佛塔記
石高二尺五寸五分廣二尺三寸一分十九行行二十六字正書在江寧
聖宋江寧府江寧縣牛首山崇教寺辟支佛塔記
顧清書
牛首雙峯高插雲漢寔金陵之巨屏東夏之福地林樹
葱鬱泉石相暎聖賢大士多所捿宅故　宋明帝
嘗問道林誌云牛首有何神聖曰文殊領一萬菩薩冬
居於此又辟支迦入定之所即稱爲佛窟寺上有巖洞
幽濬磅礴中鎸眞隱世傳辟支宴坐之洞也西竺曰辟

支迦唐去緣覺因觀十二因緣而覺性明悟又云獨覺
觀四時之凋變知諸識之何依无師自悟稱之獨覺其
或靈山隱秀名洞接眞因其所居卽爲化境矣若夫道
之汚隆地有興替得其盛者繫於人焉當寺自天聖年
中有僧德銓戮力自效遍慕擅信欲於山頂建造塼塔
以摽勝跡歲月茲久工力未就乃有　府城信人高
懷義嘆之因循慨其湮没遂集衆力同而成之卽於洞
前按圖定址審曲面勢下葬舍利上建塼塔惣高四丈
五尺中安辟支佛夾苧像一軀粹容儼若寶塔高妙瞻
者觀者罔不發菩提心耶噫人之生以寒暑之勞朝營

夕謀豐衣厚食不啻一普至於齒髖髮華乾没于世者
有之矣若　高氏生能搆斯善鳩率衆類建是塔作
是緣鎮此名藍摽于勝槩是不朽之矣長干圓照大師
普莊因覩斯善合掌讚嘆云爾皇祐二年歲次庚寅春
三月三日起工八月望日落成後三日謹記
與塔僧德銓　殿主僧德勤　維那僧德誠　寺主
僧處眞　　李鏊刊

右崇教寺辟支佛塔記長干圓照大師普莊爲文都
元敬遊牛首山記謂不著撰人者攷之未審爾碑書
揷爲插濬爲濬无爲无皆宋時俗體 潛研堂金石文跋尾

重修仙鶴觀記

碑連額高六尺八寸廣三尺一寸五分二十行行四十五字正書篆額在偃師縣緱氏鎮

重修仙鶴觀記

前進士河南王夷仲撰

□老之法要其所歸惟淸淨寂滅全自然之性不以外
物麋於中者也□□□老之法也遷史叙老子□□□
文傳記有說老子□□城而始爲□關者所以其書相
出入轍雖異而其歸一也其法牙於漢蔓於晉魏梁隋
之間後□欲□道之相勝也則□者必忌於老老者必
疾於□迭攻交毀歧而二焉然□之宮遍處天下竦然

相望鮮華偉壯莫□□加其徒豐衣旨食幾中夏四民
之□傾奉之心猶慊慊然患不能窮隆極侈以充其志
也老之居雖通都□邑□□一二垣頹屋敗僅有存者
其徒常汲汲於蚤暮間且猶不克自資於溫飽也嗚呼
彼何盛而此何衰邪豈□之者能恢張其說謂極天之
上而上際地之下而下洎人之死生去來貴賤壽夭凡
生民之□惡欲莫不舉出於□而主之焉是以鼓動群
衆使趨向之如走號令雖四海九州之外莫不一其心
也老之法有羽化□□歐役鬼神移變星文之休咎□
於禬禳厭伏之事□雄偉大苟淬而有之豈少哉蓋□

者衆而老者寘□□之人隨時趣舍向於後而忽於此
也故□治老之官者非奉道蔫信之士不可成已緱氏
縣前記有周靈王太子晉控鶴昇仙之事故城東三里
有仙鶴觀者得号於李唐開年祀浸遠屋□因廢廢縣
中里中之樂善者凡數十人相與歎曰是觀且廢今不
能復之則何以使人瞻仰信奉以漸於善乎乃卜地得
縣署之□□□□百步□於縣大夫龔君□爲請命於
府曰可得道士左慶之清苦者也使居且□□□□年
觀之門牆殿宇□慶之一□□吾□□曰爲是觀也用
非蠹於民而積丐其微以足其頃假非擅而作葢卽舊
号而起其廢功非逾乎制而□□庇其像請文勒石以
章興修之志於後予謂蠹於民擅於役逾於制者皆過
也今無一焉惡得不爲之書乎哉　大宋皇祐二
年九月乙酉記

觀主賜紫左慶之立石

將仕郎守河南府緱氏縣丞張昭爽

將仕郎守河南府緱氏縣主簿劉丕

□班殿直監西京緱氏縣鹽酒稅孟延亨書并篆額

禮部員外郎知河南府緱氏縣事上輕車都尉賜緋

魚袋路綸

億按宋史言宋初內外所授官名非本職唯以差遣
爲資歷建隆四年詔選朝士分治劇邑大理正奚嶼
知館陶監察御史王佑知魏楊應夢知永濟屯田員
外于繼徽知臨清常參官宰縣自此始日知錄引又于愼
行筆麈云宋時大縣四千戶以上選朝官知小縣三
千戶以下選京官知故知縣與縣令不同以京朝官
之銜知某縣事非外吏也然則今碑題銜禮部員外
郎知河南府緱氏縣事正以朝官爲之葢緱氏於宋
爲畿縣其地繁劇故知縣事者每重其人也偃師金石錄

重修仙鶴觀實錄

石高四尺九寸廣二尺一寸十八行行廿一字正書

武威安道卿書

緱氏縣郭下燈油醮社故比部郎中孫劉荀等經
縣陳狀請到東京上清宮賜紫道士左慶之充
仙鶴觀主焚修住持開排施主如後
郭下安中素捨施地基二十八畝三分係正稅絹七尺
外別無青苗稅斛亦無官私地課
郭下女弟子董氏獨辦修蓋正殿一坐
郭下女弟子闞氏獨辦塑老君并部從等
郭下韓宗正施造老君塼坐一所

郭下王居安自辦村木修道堂一坐
郭下田乂裴土地里域眞官兼造堂一所
左慶之与醮社等同共修眞武殿一坐并門樓了當
醮社人李元吉　高士元　王　乂　梁　熙
李從政　李仕誠　李居正　李道眞
張士元　李舜德　李仕簡　李　義
此仙鶴觀元在縣東三里已來年代深遠倒塌荒廢至
大宋慶曆六年三月中依本縣圖經內名額重修
皇祐二年庚寅歲九月乙酉建安中素施石
東平康垣刻字

德按宋史王安石傳及食貨志青苗法自王安石始立在神宗時今碑陰記云施地基二十八畝三分係正稅絹七尺外別無青苗稅數碑之建當仁宗皇祐二年已有此微法疑不可曉也或未變法以前課稅為已立青苗名目安石因倣而行之輸斂倍甚民始重困耳然則青苗名稅所起久矣又碑言燈油醮社今鄉人猶於諸寺廟供燈立社亦其遺俗也偃師金石錄

按宋史食貨志仁宗之世契丹增幣夏國增賜養兵兩陲費累百萬然帝性恭儉寡慾故取民之制不至掊克神宗欲伸中國之威革前代之弊王安石之流進售其強兵富國之術而青苗保甲之令行民始罹其害矣又檢李參傳參歷知興元府淮南京西陝西轉運使部多戍兵苦食少參審訂其闕令民自隱度麥粟之贏先貸以錢俟穀熟還之官號青苗錢經數年廩有羨糧熙寧青苗法蓋萌於此矣此傳可爲仁宗時已行青苗之証蓋參行之祇以贍兵而王安石行之遂爲厲民之政矣

復唯識廨院記

碑連額高九尺三寸廣三尺六寸四分十四行行三十字并額俱正書在藍田縣

孚九月自扈之藍田宿道傍寺問其名曰唯識□洪集

曰五代時石識存焉按其刻曰龍泉寺　國初更名義井遂以故廢逮開寶九年通唯識論□志與郎其地廬之乃號唯識院慶曆初西方用兵　詔寺不及三十室者皆毀至是院又廢後五年　冄言者陝以西寺毀而今願復宜勿禁故洪集實力之其費出於民姚氏嵤七人洪集有□行且老誦經回常一飯環其地數鄉之人趨信之蓋如歸姚氏七人非巨家耐得其不顧吝而洪集无寒暑犇走能勿懈故其室不俟久而成凡爲屋曰殿曰堂曰廚曰門曰閣砦八區三十有弍楹皆壯宏可觀噫儒□□未嘗爲尺寸地雖童子不肯輒屈

曰　國家嘗詔四方郡無小大皆立學本古庠序之法以爲教甫一年學不幸而　廢兎下士反無式言復之者今唯識再毀矣皆不幾□而復其不顧者有若七人者其勿懈有若洪集嘗其請而勿禁有若言□是儒果出□□甚遠也儒之人聆唯識豈獨不□越明季五月院成洪集㠯始末徠乞余言遂書之且以見其心之恥云旹皇祐三年也豫章黄□記瑯邪□□兎書朱太華鄭□□題額蘭陵□大雅立石　張遵刻

唯識廨院者藍田故龍泉寺也有洪集者與姚氏共復之而爲之碑碑文寥落耳書或正或行或草或兼一二筆小篆分隸其草又時作渴筆極奇怪遒偉似魯公誠縣而時復出入但記者爲豫章黄□闕其名書者爲瑯邪□□元闕其姓名二字題額者爲鄭□□闕其名立石者爲□大雅闕其姓諸人名姓無一全者獨刻者張遵姓名亡恙人固有幸不幸哉石墨鐫華

復唯識廨院記豫章黄庶譔庶字亞夫宋時人其文載伐檀集中觀妙齋金石考略

按碑云五代時石刻曰龍泉寺國初更名義井後乃號唯龍院今檢陜西通志藍田縣不載此寺蓋頽廢久矣豫章黄庶者山谷之父也字亞夫分寧人慶歷二年進士歷一府三州從事攝康州所著詩文名伐檀集宋史黄庭堅傳不附載

岱嶽觀題名四段

宋禧題名石横廣一尺四寸高六寸四分八行行五六字不等行書

轉運使尚書工部郎中宋禧因巡歷遊岱嶽觀皇祐四年三月二十有二日題時奉符宰殿省丞張周偕行

又石横實一尺四寸高六寸二分九行行七八字不等正書

州從事李昉因幹事至邑奉巡山使奉何懷智前巡山侍禁李安龔丘簿胡稷臣符離進士張琡□□時皇祐壬辰歲仲夏月十有一日昉題石　觀主王歸德　道

士李若清

又石高四尺五寸廣三尺五行每行九字正書

皇祐六年甲午歲正月廿一日尚書職方員外郎知永州郴拱辰同尚書駕部郎中分司周世南祁陽縣令齊術遊此

又記刻在唐岱嶽觀造像碑側之上截七行行四字五字不等行書左行

長清董元康權宰奉高受代將歸同王彦文遊政和甲午重九日崇道繼至

張遵等峴首題名二段

此刻未詳是何碑側高九尺一寸廣一尺三寸分上下截書上截四行行二十字

京西提點刑獄尚書職方員外郎張遵同提點刑獄東頭供奉官閤門祗候康遵度因按部經峴首登賞焉尚書屯田員外郎通判襄州黃孝立太常博士知襄陽縣事王嘉錫偕從皇祐癸巳重九日嘉錫題記

又四行行九字此節刻在皇祐癸巳張遵題名下

太守孫頎景脩同湘南運使苗時中子居運判唐義問君益遊此熙寧丙辰仲春十六日

李參等草堂寺題名

石高一尺五寸廣一尺八行行十三字十六字不等左行行書在鳳翔府鄠縣

淮南江浙荆湖等路都大制置發運使尚書司封郎中

李參清臣與尚書都官員外郎通判鳳州毋沆清臣著作佐郎知鄠縣郭霖君肅新知萬年劉顗景清大理寺丞前知保定步翔新知萍鄉王宗元元之同州司士嚴振伯起及弟衛尉丞泳道淵同遊皇祐甲午上巳日

此鳳翔題名也不知刻于何地後題皇祐甲午上巳亦不知何人之筆緯有筋骨法似顏柳最爲合作墨林快事

按陝西通志草堂寺在鄠縣東南四十里圭峯下後秦西僧鳩摩羅什譯經之處唐改棲禪寺即所謂草堂寺也鳩摩羅什自西竺來爾時未有寺爲樹草堂譯經其中其後建寺始定今名而俗猶呼草堂寺云題名七人惟李參有傳云字清臣鄆州須城人但載其歷知興元府淮南京西陝西轉運使與題名之所載淮南江浙荆湖等路都大制置發運使尚書司封郎中者不同末題皇祐甲午上巳日是年四月朔改元至和三月尚是皇祐六年也

京兆府小學規

碑連額高七尺二寸四分廣三尺八寸五分作四截書各十八行行七字正書篆額在西安府學

鄉貢進士裴袗書

大理寺丞簽署觀察判官廳公事專管勾府學李綖

篆額

府學　牓准　使帖指揮㫋　宣聖廟內置立小學所有合行事件須專指揮

一應生徒入小學並須先見教授投家狀并本家尊屬保狀其保狀內須聲說情願令男或弟姪之類入中學小學聽讀委得令某甲一依學內規矩施行官押署後上簿拘管

一旋生徒內選差學長二人至四人傳授諸生藝業及點撿過犯

一教授每日講說經書三兩帋授諸生所誦經書文句

音義題所學書字樣出所課詩賦題目撰所對屬詩句
擇所記故事
一諸生學課分爲三等
第一等
每日抽籤問所聽經義三道念書一二百字學書十行
吟五七言古律詩一首三日試賦一首或四韻看賦一道
看史傳三五紙內記故事三條
第二等
每日念書約一百字學書十行吟詩一絕對屬一聯念
賦二韻記故事一件

第三等
每日念書五七十字學書十行念詩一首
一應生徒有過犯並量事大小行罰年十五以下行扑
撻之法年十五以上罰錢充學內公用仍令學長上簿
學官教授通押
行止踰違盜博鬭訟不告出入毀棄書籍畫書悤壁損
壞器物互相往來課試不了戲玩諠譁
一應生徒依府學規歲時給假各有日限如妄求假告
及請假違限並關報本家尊屬仍依例行罰
右事須給牓小學告示各令知委

以前件如前
至和元年四月日
權府學教授蒲宗孟
府學說書兼教授裴瀆
祕書丞通判軍府兼管內勸農事提舉府學韓繹
尚書比部員外郎通判軍府兼管內勸農事提舉府
學薛俅
忠武軍節度使特進檢校太尉知軍府事文
本學教授兼說書草澤任民師
三峯進士李郃管句立石　豐邑樊仲刻

右京兆府小學規後題忠武軍節度使特進檢校太尉知軍府事文而不名者潞公彥博也潞公以前宰相知府事故題銜殿通判以下特大而不署名凡節度使必帶檢校官宋史彥博傳不云檢校太尉者略之也宋史職官志慶歷四年始置教授委運司及長吏於幕職州縣內薦或本處舉人有德藝者充蓋其時諸州教授皆由本路薦辟不奉朝旨故胡瑗教授蘇州不見於本傳據此碑蒲宗孟嘗爲京兆府教授本傳亦未之及也宋時有崇政殿說書及王府說書據此刻則府學亦有說書矣裴袗書學顏清臣而得

其形似其書於作於則宅碑無之 潛研堂金石文跋尾

按宋史地理志京兆郡永興軍節度使本次府大觀元年升大都督府舊領永興軍路安撫使宣和二年詔永興軍守臣等銜不用軍額稱京兆府然則永興軍之直稱京兆府始于宣和二年卽升大都督府亦在大觀元年據此碑則至和元年已稱京兆府矣蓋沿唐之舊也永興軍之建立府學始于景祐元年知軍范雍奏請中書門下有牒有劄刻石學中碑已見前此是小學生徒三等有年十五歲以下者未知與彼碑所載之修業進士一百

三十七人同在學否也書碑袁裕篆額李綎俱無攷年月後列銜有權府學教授有說書兼教授而又有教授兼說書有提舉府學者二人其知軍府事特以其尊而臨之也蒲宗孟史傳字傳正閬州新井人第進士調夔州觀察推官傳載仁宗時祗此止下但英宗時事其至和元年權教授不知與夔州推官孰前孰後也韓繹史附見韓億傳億字宗魏由靈壽徙雍邱八子綱綜絳繹維縝緯緬則繹乃第四子史無事蹟可攷文彥博累拜同中書門下平章事集賢殿大學士罷爲觀文殿大學士知許州

改忠武軍節度使知永興軍據宰輔表知許州在皇祐三年十一月至此知永興又越三年矣餘俱無攷

玉華宮詩

石高三尺六寸廣三尺七寸十行行十六字正書在坊州宜君縣

溪迴松風長蒼鼠竄古瓦不知何王殿遺構絕壁下陰房鬼火青壞道哀湍瀉萬籟眞笙竽秋色正蕭洒美人爲黃土況乃粉黛假當時侍金輿故物獨石馬憂來藉草坐浩歌淚盈把冉冉征途閒誰是長年者

宮在坊州宜君縣之西鳳皇谷今年秋予以吏役過是觀其遺址愴然于懷因記杜子美詩有故物獨石馬之句求其所謂石馬者蓋無得焉豈事益遠者其跡益泯而無存邪遂刻杜詩于宮西之玉華寺俾來者觀之□□□爲時至和元年八月二十日也中部縣主簿李元瑜題

按唐書地理志玉華宮在坊州宜君縣北四里鳳凰谷貞觀二十年置永徽二年廢爲寺册府元龜云太宗建玉華宮正門謂之南風門殿覆瓦餘皆葺之以茅帝以意在清涼務從儉約匠人以爲層崖峻谷元覽遐長於是疏泉抗殿包山通苑皇太

子所居南風門之東正門謂之嘉禮門殿名曄和殿其官曹署寺並皆創立徵事營造庶物亦擬市取供而折沓和僱之費以鉅億計矣及帝遊幸勅奉御王孝積於顯道門內起紫微殿十三間文號重基高敞宏壯帝見之甚悅據此則玉華宮之規模壯麗如此自貞觀二十年至永徽二年僅逾六年雖廢爲寺而宮殿之制不改也自永徽二年至杜少陵賦詩時相距百年而詩中已有不知何王殿之語似乎玉華宮名已不可問者又云蒼鼠竄古瓦陰房鬼火青則寺字尚存但人迹闃寂耳至

此碑之刻在宋至和初又閱三百年宜乎但有遺址存并石馬俱不可攷矣李元瑜以中部主簿愴然于懷刻杜詩以表遺蹟可謂賢簿矣惜無傳可考又其記未將興建之盛著於篇特詳識之

零陵縣朝陽巖題名六段

石横廣三尺三寸高二尺二寸八行行七字正書

尚書職方員外郎知永州柳拱辰禮賓副使湖南同提點刑獄李用和尚書比部員外郎通判永州尹暄至和二季乙未九月四日游此朝陽巖

又 高五尺七寸廣二尺三行中三大字左右年月人名正書

朝陽巖 嘉祐五季二月五日張子諒書虛藏題記

又 高三尺六寸廣一尺六寸五行行十四字正書

荆湖南路提點刑獄公事尚書職方郎中程濬治之尚書虞部郎中知軍州事鞠拯道濟尚書比部員外郎通判軍州事周惇頤茂叔治平三季十二月十二日同遊永州朝陽洞

又 高廣均一尺五寸六行行六字正書

臨川劉棠資明原武邢恕和叔河東安惇處厚元祐七年九月二十一日泛舟渡江同遊朝陽巖

又 横廣三尺二寸高三尺一寸六行行九十字正書

主郡吏南昌黃彪彪父暇日携子倓棪湬欒犖樾燮遊朝陽巖摩拂蒼崖觀伯父太史題刻歎慨久之表姪九江夏孝章同來乾道辛卯酉五日

又 四行行十四十六字行書武刻在黃彪之左

零陵令新王淮伯滿慶元庚申歲閏口月廿有二日招北嶽王沆叔甫桐鄉口致祥和之過水西總火星巖淪茗石上口飲朝陽洞竟日乃還男荷侍行致祥敬題

按湖南通志朝陽巖在零陵縣西南三里唐元結銘序自舂陵至零陵愛其郭中有水石之異泊舟尋之得巖與洞以其東向遂以命之明一統志在

零陵縣西瀟江之滸巖有洞涧自中流出入湘零
陵縣志一名流香洞有石淙源自羣玉山伏流出
巖腹氣如蘭蕙從石上瀉入綠潭洞門左右有石
壁黃山谷題名鐫其上巖後有祠祀唐宋諸官蓋
朝陽巖距城不遠凡遊華嚴巖澹山巖者必先經
朝陽巖此題名六段其中如柳拱辰張子諒盧臧
周惇頤諸人皆已見澹山巖題名者餘如邢恕見
宋史姦臣傳字和叔鄭州陽武人哲宗立累遷右
司員外郎起居舍人坐黜知隨州改汝褒河陽再
責監永州酒此題即監酒時也安惇亦見姦臣傳

字處厚廣安軍人上舍及第調成都府教授擢監
察御史哲宗初罷爲利州路轉運判官歷夔州湖
北江東三路是在元祐中未嘗官永州不知何以
得與邢恕同游或者嘗官於此而史脫畧耳主郡
吏南昌黃彥當是山谷之姪題云觀伯父太史題
刻者即指洞門左右石壁山谷題名也今山谷題
名已失搨矣零陵令君王淮字伯清宋史有王淮
傳字季海婺州金華人歷仕高孝二朝未嘗令零
陵則别一人也題云過永西憩火星巖方輿勝覽
火星巖在永州西江外地勝景清爲零陵最奇絶

處零陵縣志巖在羣玉山之側明嘉靖中改名德
星巖餘俱無攷

范文正公神道碑

碑高一丈二尺四寸二分廣五尺七寸三十行行七十二字隸書在洛陽

宋推誠保德功臣資政殿學士金紫光祿大夫尚書
戶部侍郎護軍汝南郡開國公食邑二千三百戶食
實封陸伯戶贈兵部尚書謚文正公□公神道碑銘
井序

翰林學士尚書吏部郎中知　制誥充下闕
翰林學士兼侍講尚書吏部□□□□□□□□□

王洙書

皇祐四年五月甲子資政殿學士尚書戶部侍郎汝南
文正公薨于徐州以其年十有二月壬申葬于河南尹
樊里之萬安山下公諱仲淹字希文五代之際世家蘇
州事吳越　太宗皇帝時吳越獻其地公之皇考從
錢俶朝京師後爲武寧軍掌書記以卒公生二歲而孤
母夫人貧無依再適長山朱氏既長知其世家感泣去
之南都入學舍埽壹室晝夜講誦其起居飲食人所不
堪而公自刻益苦居五年大通六經之旨爲文章論說
必本於仁義祥符八年舉進士禮部選第壹遂中乙科

為廣德司理參軍始歸迎其母以養及公既貴　天
子贈公曾祖蘇州糧料判官諱夢齡為太保祖祕書監
諱贊時為太傅考諱墉為太師妣謝氏為吳國夫人公
少有大節其於富貴貧賤毀譽權戚不一動其心而慨
然有志於天下常自誦曰當先天下之憂而憂後天下
之樂而樂也其事上遇人壹以自信不擇利害為趨捨
其所有為必盡其方曰為之自我者當如是其成與否
有不在我者雖聖賢不能必吾豈苟哉天聖中晏丞相
薦公文學以大理寺丞為祕閣校理以言事忤章獻
太后旨通判河中府陳州久之　上記其忠召拜右

司諫當　太后臨朝聽政時以至日大會前殿
上將率百官為壽有司已具公上疏言天子無北面且
開後世弱人主以彊母后漸其事遂已又上書請還政
天子不報及　太后崩言事者希旨多求
太后時事欲深治之公獨以謂　太后受託
先帝保佑　聖躬始終十年未見過失宜掩其小故
以全大德初　太后有遺命立楊太妃代為太后公
諫曰　太后母號也自古無代立者繇是罷其冊命
是歲大旱蝗奉使安撫東南使還會郭皇后廢率諫官
御史伏閤爭不能得貶知睦州又徙蘇州歲餘即拜禮

部員外郎天章閣待制召還益論時政闕失而大臣權
倖多忌惡之居數月以公知開封府開封號難治公治
有聲事日益簡暇則益取古今治亂安危為　上開
說又為百官圖以獻曰任人各以其材而百職修堯舜
之治不過此也因指其遷進遲速次序曰如此而可以
為公可以為私亦不可以不察由是呂丞相怒至交論
上前公求對辯語切坐落職知饒州徙潤州又徙
越州而趙元昊反河西乃以公為陝西經略安撫副使
遷龍圖閣直學士是時新失大將延州危公請自守鄜
延扞賊乃知延州元昊遣人遺書以求和公以謂無事

請和難信且書有僭號不可以聞乃自為書告以逆順
成敗之說甚辯坐擅復書奪壹官知耀州未逾月徙知
慶州既而四路置帥公為環慶路經略安撫招討使兵
馬都部署遷諫議大夫樞密直學士公為將務持重不
急近功小利於延州築青澗城墾營田復承平永平廢
寨熟羌歸業者數萬戶於慶州城大順以據要害奪賊
地而耕之又城細腰胡盧於是明珠滅臧等大族皆去
賊為中國用自邊制久隳至兵與將常不相識公始分
延州兵為六將訓練齊整諸路皆用以為灋公之所在
賊不敢犯人或疑公見敵應變為如何至其大順也一

旦引兵出諸將不知所向至柔遠始號令告其地處使
往築城至於版築之大小畢具而軍中初不知賊以騎
三萬來爭公戒諸將戰而賊走追勿過河已而賊果走
追者不度而河外果有伏賊既失計乃引去於是諸將
皆服公爲不可及公待將吏必使畏讋而愛已所得賜
賚皆以 上意分賜諸將使自爲謝諸蕃質子縱其
出入無口人逃者蕃酋來見召之卧內屏人徹衛與語
不疑公居三歲士勇邊實恩信大洽乃決策謀取橫山
復靈武而元昊數遣使稱臣請和 上亦召公歸矣
初西人藉爲鄉兵者十數萬既而黥以爲軍唯公所部

但刺其手公去兵罷獨得復爲民其於兩路既得熟羌
爲用使以守邊因徙屯兵就食內地而紓西人饋輓之
勞其所設施去而人德之與守其法不敢變者至今尤
多慶曆三年春召爲樞密副使五讓不許乃就道既至
數月以爲參知政事每進見必以太平責之公歎曰
上之用我者至矣然事有先後而革弊於久安非朝
夕可也既而上再賜 手詔趣使條天下事又開天
章閣召見賜坐授以紙筆使疏于前公惶恐避席始退
而條列時所宜先者十數事上之其詔天下興學取士
先德行不專文辭革磨勘例遷以別能否減任子之數

而除濫官用畏察考課守宰等事方施行而磨勘任子
之濫僥倖之人皆不便因相與騰口而嫉公者亦幸外
有言喜爲之佐佑會邊奏有警公即請行乃以公爲河
東陝西宣撫使至則上書願復守邊即拜資政殿學士
知邠州兼陝西四路安撫使其知政事纔壹歲而罷有
司悉奏罷公前所施行而復其故言者以危事中之賴
上察其忠不聽是時夏人已稱臣公因以疾請鄧
州守鄧三歲求知杭州又徙青州公益病又求知潁州
肩舁至徐遂不起享年六十有四方公之病 上賜
藥存問既薨輟朝壹日以其遺表無所請使就問其家

所欲爲贈以兵部尚書所以哀卹之甚厚公爲人外和
內剛樂善汎愛喪其母時尚貧終身非賓客食不重肉
臨財好施意豁如也及退而視其私妻子僅給衣食其
爲政所至民多立祠畫像其行臨事自搢紳處士里閭
田野之人外至夷狄莫不知其名字而樂道其事者甚
衆及其世次官爵誌于墓譜于家藏于有司者皆不論
著著其繫天下國家之大者亦公之志也歟銘曰
范於吳越世實陪臣俶納山水及其士民范始來北中
間幾息公奮自躬與時偕逢事有罪功言有違從豈公
必能 天子用公其難其勞一其初終夏童跳邊乘

吏怠安　帝命公往問彼驕頑有不聽順鉏其穴根
公居三年怯勇遷完兒憐獸擾卒俾徠臣夏人在廷其
事方議　帝趣公來以就于治公拜稽首茲惟難哉
初匪其難其在終之羣言營營卒壞于成匪惡其成惟
公是傾不傾不危　天子之明存有顯榮歿有贈諡
藏其子孫寵及後世惟百有位可勸無怠
至和三年二月□□日建
碑記仲淹名拜右司諫當太后臨朝聽政時以至日
大會前殿上將率百官爲壽公上疏言天子無北面
云云宋史載其事在拜右司諫前云太后崩名爲右

司諫東都事略云出通判河中府久之仁宗記其忠
名爲右司諫在上疏後下云章獻崩又各不同碑云
爲環慶路經略安撫招討使兵馬都部署史云爲環
慶路經略安撫緣邊招討使與碑微異其餘頗同此
碑隸書峭勁多帶篆體眞出唐人隸書之上惜下截
及書撰人名字多漫滅杜大珪名臣琬琰集載其全
文是歐陽修所著也王洙宋史有傳墨池編稱其晚
喜隸書尤得古法當時學者翕然宗尚而隸法復興
中州金石攷云有仁宗篆額褒賢之碑今未搨得中州
金石記

碑下損泐與集本參證皆次敘成文丞所記文正事
跡亦不異本傳惟碑言通判河中府陳州攷之史亦
云徙陳州則陳州決不可刪今集本無之而別本有
之然則別本宜可從也文正知饒州下碑無明年呂
公亦罷六字又下磨滅自坐呂公貶至置羣議而用
之凡九十一字碑本亦無案邵氏聞見錄文正子堯
夫自削去驩然戮力等語歐公不樂謂蘇明允曰范
公碑爲其子弟擅于石本改動文字令人恨之歐陽
公集與杜訢書又云范公家神刻爲其子擅自增損
不免更作文字發明欲後世以家集爲信是當日文

字上石所爲寔易已失原草而近人率然以石本爲
據豈其足信與故予向所録每以石本證他本今反
以他本訂石本義固各有取也困學紀聞歐陽公爲范文正碑云至日大會前殿上將率百官爲太后壽公上疏其事遂已其後老泉編太常因革禮有已行之明驗質之歐公公曰諫而不從碑誤此又永叔秉筆自誤非范家子弟所改　授堂金石跋
按此碑中多泐字其文則歐文忠公集與宋文鑑
皆全載之今取二書參按二書皆宋槧舊本尤爲可據泐者補
往于旁其不同者復條列之文云資政殿學士戸
部侍郎文鑑作禮部侍郎標題亦作禮部文正未嘗居此
官文鑑誤也然戸部侍郎文內並不敘及據東都

事略及史傳皆云加給事中知杭州再遷戸部侍郎徙青州則碑文漏也公生二歲而孤歐集無公生二字之南都入學舍文鑑作南郡據傳云之應天府依戚同文學則作南都者不誤而文鑑誤也祥符八年舉進士歐集脫士字爲廣德司理叅軍廣德下歐集文鑑事略史傳皆有軍字則碑文脫也其于富貴貧賤集鑑皆無其字當先天下之憂而憂集鑑當字上皆有士字亦碑文脫也通判河中府陳州集鑑皆無陳州二字集原注云一有陳州所謂一有者即指別本也而不知碑原有之以

至日大會前殿集鑑皆同史傳亦云將以冬至受朝涑水記聞亦云冬至立仗惟東都事略作元日弱人主以彊母后漸集鑑漸上皆有之字碑文脫也又上書請還政鑑與碑同集脫又字告以順逆成敗之說甚辯鑑脫成字公爲環慶路公字上集有以字遷諫議大夫遷字上集有累字築淸澗城文鑑同歐集作靑澗東都事略及宋史地理志亦皆作靑澗則碑與文鑑訛也復承平永平廢寨事略史傳文鑑皆同歐集脫永平二字奪賊地而耕之集鑑皆無此六字集原注云蘇本有之細腰胡

蘆傳作胡蘆文鑑訛作胡盧明珠滅臧等大族文鑑訛作大賊邊制久隳鑑作邊壘至其大順也大順上集鑑皆有城字碑文脫也至來歲至字上集鑑皆有軍字至於版築之大小畢具之字下集鑑皆有用字亦碑文脫賊既失計集鑑皆無既字集原注云一有既字諸蕃質子鑑作諸羌公居三歲集鑑同集原注云蘇家本作二既而驟以爲軍鑑脫爲字但刺其手鑑同集作但刺其臂上之用我者至矣集無者字但相與騰口鑑同集騰作滕亦幸外有言鑑同集脫言字兼陜西四路安撫使鑑

脫四字而復其故言者以危事中之賴上察其忠不聽是時夏人已稱臣文鑑無故言者至不聽是止凡十六字似係脫誤又言者下集有遂字危事集作危言使就問其家所欲爲集鑑皆無爲字集原注云蘇本有爲字其行臨事集鑑皆作其行已臨事碑脫已字自搢紳處士集鑑俱作山林處士集原注云山林一作搢紳銘詞與時偕逢集時作世兒憐猷擾鑑同集作鬼隣猷擾慈惟難哉鑑惟作爲其在終之集鑑俱作在其終之至碑文之與歐集文鑑大異者凡涉呂夷簡事碑皆刪之如知

饒州下集鑑皆有明年呂公亦罷公七字趙元昊反河西下集鑑皆有上復名相呂公六字至今尤多下集鑑皆云自公坐呂公貶羣士大夫各持二公曲直呂公患之凡直公者皆指爲黨或坐竄逐及呂公復相公亦再起被用於是二公驩然相約戮力平賊天下之士皆以此多二公然朋黨之論遂起而不能止上旣賢公可大用故卒置羣議而用之凡九十一字此蓋碑文有意刪去者卽聞見錄所謂文正子堯夫削去驩然戮力等語歐公不樂之事也玩聞見錄語堯夫刪削歐公及見之然

朱子名臣言行錄載此一條末注碑字則朱子當時所見碑文此段又似未嘗刪也不然則朱子何不据他書而引碑文耶又或者朱子之世洛陽立碑之所已屬金土朱子不得見搨本仍据歐集所載之碑文耳且東都事略於文正傳亦節取此條卽宋史傳亦云夷簡再入相帝諭仲淹使釋前憾仲淹頓首謝曰臣鄉論蓋國家事於夷簡無憾也是文正之與呂相不協仁宗深知之此事可以不諱不知何以刪去實不能推原其故也其餘碑與諸書互有詳略之處無大關係亦可不辨歐公撰文碑渉其結銜之後半故姓名不見書者王洙亦存系銜之前半而姓名尙見史傳稱旣葬帝親書其碑曰褒賢之碑今搨亦未見不知存佚何如也

柳子厚祠堂記

石横廣三尺七寸高二尺七寸十三行行十字正書

子厚謫永十餘年永之山水亭樹題詠固多矣韓退之謂衡湘以南爲進士者皆以子厚爲師其經承子厚口講指畫爲文詞者悉有法度可觀今建州學成立子厚祠堂于學舍東偏錄在永所著詞章滦于堂壁俾學者朝夕見之其無思乎至和三年丙申二月二日尙書職

方員外郎知永州柳拱辰記

白水路記

摩崖高一丈七寸廣七尺二寸二十六行行三十七字正書篆額

大宋興州新開白水路記

宣德郎守殿中丞知雅州軍州兼管內橋道勸農事管勾駐泊及提舉黎州兵甲巡檢賊盜公事騎都尉借緋雷簡夫撰并書篆額

至和元年冬利州路轉運使主客郎中李虞卿以蜀道青泥嶺舊路高峻請開白水路自鳳州河池驛至口州長舉驛五十一里有半以便公私之行具　上未

報卽預畫材費以待其　可明年春□興州巡轄
馬遞鋪殿直喬達領橋閣并郵兵五百餘人因山伐木
積于路處遂籍其人用訖是役又請知興州軍州事虞
部員外郞劉拱總護督作一切仰給悉令爲具命簽署
興州判官廳公事太子中舍李良祐權知長舉縣事順
政縣令商應程度遠近按視險易同督斯衆知鳳州河
池縣事殿中丞王令圖首建路議路占縣地且十五餘
里部屬陝西郞移文令圖通幹其事至秋七月始
可其奏然八月行者已走新路矣十二月諸功告畢
作閣道二千三百九間郵亭營屋纲院三百八十三間

減舊路三十三里廢青泥一驛除郵兵驛馬一百五十
六人騎歲省驛稟鋪糧五千石畜草一万圍放執事役
夫三十餘人路未成會　李還東川路今　轉運
使工部郞中集賢校理田諒至審其績狀可成故書猶
已出事益不懈於是斯役實肇於李而遂成於田也嘉
祐二年三月田以狀　上且曰虞卿以至和二年
仲春興是役仲夏移去其經營建樹之狀本與令圖同
臣雖承乏在臣何力願　朝廷旌虞卿令圖之
勞用勸來者又拱之總役應用良祐應之按視修創達
之採造監領皆有著効亦乞甄擢至于軍士什長而下

並望賜與以慰遠心　朝廷議依其請初景德
元年嘗通此路未幾而復廢者蓋青泥土豪輩唧唧巧
語以疑行路且驛廢則客邸酒壚爲棄物矣浮食游手
安所仰邪小人居嘗爭半分之利或睚眦抵死況坐要
路無有在我遲行人一切之急射一日十倍之贏顧肯
默默邪造作百端理當然爾嚮使愚者不怖其誕說賢
者不惑其風聞則斯路初亦不廢也大抵蜀道之難自
昔以青泥嶺稱首一旦避險卽安寬民省費斯利害斷
然易曉烏用聽其悠悠之談邪而後之人見已成之易
不念始成之難苟念其難則斯路永期不廢矣簡夫之

文雖磨崖鑱石亦恐不足其傳□□于尙書職方之籍
之圖則將久其傳也嘉祐二年二月六日記
前利州路諸州水陸計度轉運使兼本路勸農使朝
奉郞守尙書主客郞中上輕車都尉賜紫金魚袋李
虞卿

利州路諸州水陸計度轉運使兼本路勸農使朝奉
郞守尙書工部郞中充集賢校理輕車都尉賜緋魚
袋借紫田諒
案白水路因江爲名白水江水經注所稱濁水者是
也青泥亦水名太平寰宇記有左溪水入嘉陵江者

即是水經注漢水又東南于槃頭郡南與濁水合水出濁城東流與丁令溪水會又東逕武街城南故下辨縣治也又東宏休水注之又東逕白石縣南又東南泥陽水注之又東南與仇鳩水合又東南與河池水合又東南兩當水注之即故道水又南注漢水中關

金石記

按白水之名始于漢有白水縣與葭萌縣同屬廣漢郡歷三國至西魏皆因之隋唐改爲景谷縣五代縣廢惟葭萌存宋時屬利州路此名白水路者或亦因其舊縣而稱之也其路起于鳳州河池縣之河池驛北宋時屬陝西與秦州同路故開路須移文通幹之也開路至五十餘里作閣道亭屋至

二千六百餘間其功偉矣自陝入蜀棧道之首途雷簡夫此文可與漢之鄐君開通褒斜道魏之李苞通閣道題名並垂不朽文紀李虞卿田諒諸人之功而李田二人史無傳雷簡夫傳但載其知雅州其於開路之事非其所專故亦不書墨池編稱簡夫善眞行書守雅州聞江聲以悟筆法迹甚峻快蜀中珍之然不言其工篆書據此碑則兼及篆額也其聞江聲事詳見書史會要云近刺雅安晝卧郡閣因聞平羌江瀑漲聲想其波濤番番迅駛掀搕高下蹶逐奔去之狀無物可寄其情遽起作書則中心之想出筆下矣云云而獨不言其賞書此碑可知此碑之不傳于世久矣

文潞公宿少林寺詩

石高一尺二寸横廣一尺二寸五分詩共六行行十三字撰人并立石刊人共四行字數不等行書在嵩山少林寺

宿少林寺

保平軍節度使同中書門下平章事判大名府兼北京留守司事潞國公文彥博

六六仙峯繞佛居俗塵至此蹔銷除西來未悟禪師意北去還馳使者車予方受命移守北都五品封槐今尙在九年面辟昔何如心知一宿猶難覺花藏重尋貝葉書

嘉祐五年四月一日給事郎守太子中舍知河南府登封縣兼管句崇福宮事燕若拙立石

崇福宮副宮主明教大師董道紳

掌文籍賜紫王崇祐同摸刊

按文氏停雲館帖載潞公書與此不似公爲有宋名臣書史稱其筆勢淸勁不愧古人此碑或立石時代書歟嵩說

石窗少林寺詩保平軍節度使同中書門下平章事判大名府兼北京留守司事潞國公文彥博所作保平陝州軍額太平興國中賜名也潞公嘉祐三年罷政以河陽三城節度使平章事判河南府後改保平軍節度判大名府詩有西來未悟禪師意北去還馳使者車之句自注云方受命移守北都蓋移守之命已下而未離河南也宋之盛時大臣進退以禮潞公以故相在外而恩遇不替無憂讒畏譏之心又州郡守臣更代之際登臨山水觴咏如平日蓋上之察吏不苛以簿書期會之細而事亦未嘗叢脞而不治眞

可謂太平之象矣潛研堂金石文跋尾

萬安橋記

碑高廣皆一丈一尺三寸許十二行行十三字正書在泉州府

泉州萬安渡石橋始造於皇祐五年四月庚寅以嘉祐四年十二月辛未訖功絫趾于淵釃水爲四十七道梁空以行其長三千六百尺廣丈有五尺翼以扶欄如其長之數而兩之靡金錢一千四百萬求諸施者渡實支海去舟而徒易危而安民莫不利職其事盧錫王寔許忠浮圖義波宗善等十有五人既成太守莆陽蔡襄爲之合樂讌飲而落之明年秋蒙　召還京道繇是出因紀所作勒于岸左

萬安天下第一橋君謨此書雄偉遒麗當與橋爭勝結法全自顏平原來惟策法用虞永興耳晝錦堂差近之荔枝茶譜不足道也弇州山人藁

君謨此記原係兩石嘉靖中遭倭患燬其半士人取舊本摹補之前一片仍舊刻也書畫跋跋

鄭杓子經著衍極取古今才三人謂公書起五季之衰萬安爲摩崖之苗裔可謂確論蓋大書不難于矩矱而難于得天眞趣多今以此觀之只似作蠅頭小楷此因其過人者蒼潤軒帖跋

按福建通志萬安橋在泉州府城東北亦名洛陽橋皇祐五年郡守蔡襄建襄自爲記手書勒石橋下卽謂此碑也史傳蔡襄字君謨興化仙遊人仁宗朝累以樞密直學士再知福州徙知泉州距州二十里萬安渡絶海而濟往來畏其險襄立石爲梁其長三百丈種蠣于礎以爲固至今賴焉名爲翰林學士此記云明年秋蒙召還京蓋卽名爲學士時也墨池編稱君謨眞行草皆優入妙品篤好博學冠絶一時周必大平園集稱蔡忠惠公大字端重沈著宜爲本朝法書第一洛陽橋記與吐谷

渾詞皆大書之冠冕也然則萬安橋當南宋時已有洛陽之稱但不知何所取義而名洛陽未有人論及者

祈真巖題名五段

石横廣四尺高二尺九行行七字左行正書

天章閣待制新知襄州劉元瑜君玉殿中丞知弋陽縣高思永延之贊善大夫知貴谿縣李孝傑才孺同遊昭真觀王先生巖嘉祐庚子歲暑七　日才孺誌

又　二行行十二字正書刻在前題名之右

提舉常平何琬貴溪令馬持國熙寧丙辰九月廿九日同游

又　石横廣五尺二寸五分高二尺九寸七分十行行六字正書

宣和五年四月四日來訪招真之館峭壁四立嵯峨中虛羽人之所棲託清塵外思致遐想僊人王僑之高風低回留之不能去遂寓書于崖壁豫章洪□記

又　石横廣三尺八寸四分高一尺九寸三分七行行四字正書

嘉泰改元五月既望臨川王松年同建安熊仲機叔常來遊竟勤侍行

又　石横廣六尺四寸七分高一尺九寸五分前祈真巖三大字正書後有題名五行行五字隸書

祈真巖

宋淳祐丁未秋邑人余錄涂直諒約邑人滑增發鎰□處茂学來游

金石萃編卷一百三十四終